SORELI
HE
OT
SALVATORE
OSORIO

CW00977998

italiano

iter 2000

italiano

iter 2000

diccionario ilustrado
italiano-español
spagnolo-italiano

- 70.000 voces
- pronunciación figurada
- gramáticas
- verbos y conjugaciones
- proverbios y locuciones
- vocabulario temático

CASA EDITORIAL SOPENA
Nulla dies sine linea
1894

EDITORIAL RAMON SOPENA, S.A.

© EDITORIAL RAMON SOPENA, S.A.
MM
C/ Córcega, 60 - 08029 BARCELONA
Tel.: 93 322 00 35
Fax. 93 322 37 03
e-mail: edsopena@teleline.es
Depósito Legal: B-16.468-2001
Impreso en EDIM, S.C.C.L.
Printed in Spain

ISBN 84-303-1163-7

Introducción

No está lejano el día en que poseer más de un idioma será tan elemental como lo es en el presente saber leer y escribir. Los diccionarios bilingües están, pues, llamados a ser un instrumento imprescindible de trabajo y estudio, puentes tendidos entre los pueblos que luchan denodadamente por comprenderse y conocerse.

La consulta frecuente de los diccionarios conduce a conocer con propiedad la **equivalencia** exacta entre las palabras del propio idioma y las del que se estudia, enriquecer el **vocabulario,** es decir, el léxico de que se dispone, y resolver las **dudas ortográficas.**

Concebido el presente diccionario italiano-español y español-italiano para una amplia variedad de lectores —profesores, estudiantes, secretarias, viajeros y personas vinculadas al turismo, etc.—, se ha tenido en cuenta, en primer lugar, la necesidad de dar un máximo contenido en el menor espacio posible. Conscientes de esa necesidad se ha elevado al máximo, dentro de los límites de tamaño, el número de voces, creyendo que las 70.000 de que consta son suficientes para satisfacer las necesidades del amplio sector al que va destinado nuestro diccionario. El formato, cómodo y moderno, permite manejar el diccionario con una sola mano y que quepa en cualquier bolsillo o bolso de señora.

La pronunciación figurada, simplificada, que acompaña a cada voz, será un valioso auxiliar para una correcta fonía cuando se trate de pronunciar una palabra. Los oportunos cuadros gramaticales insertos en el cuerpo de la obra, la conjugación de los principales verbos irregulares, los modelos de conjugación y otras normas de orden gramatical servirán para un conocimiento más auténtico de la lengua. Y como colofón, un «Vocabulario temático ilustrado» presenta conjuntos de palabras relacionadas con una materia única y que de este modo aparecen agrupadas.

En una palabra, nuestro propósito ha sido editar un diccionario completo en su género, moderno en su presentación, científico en su contenido, actual en su léxico, y facilitar por su medio el buen conocimiento de las lenguas italiana y española.

Índice

– CONDICIONELS

ANEXO

GRAMÁTICA ESPAÑOLA

Abreviaturas _____

Adj. adjetivo, *aggettivo*
adv. adverbio, *avverbio*
agg. aggettivo, *adjetivo*
agr. agricultura, *agricoltura*
avia. aviación, *aviazione*
anat. anatomía, *anatomia*
arch. architettura, *arquitectura*
arq. arquitectura, *architettura*
art. artículo, *articolo*
astr. astronomía, *astronomia*
avv. avverbio, *adverbio*
bot. botánica, *botanica*
com. comercio, *commercio*
conj. conjunción, *congiunzione*
contr. contracción, *contrazione*
elec. electricidad, *elettricità*
f. femenino, *femminile*
fam. familiar, *famigliare*
ferr. ferrocarril, *ferrovia*
fig. figurado (sentido), *figurato (senso)*
Fil. filosofía, *filosofia*
fot. fotografía, *fotografia*
geog. geografía, *geografia*
geom. geometría, *geometria*
giur. giurisprudenza, *jurisprudencia*
gram. gramática, *grammatica*
ict. ictiología, *ittiologia*
int. interrogativo, *interrogativo*
itj. interjección, *interiezione*
itr. intransitivo, *intransitivo*
jur. jurisprudencia, *giurisprudenza*
m. masculino. *maschile*
mat. matemáticas, *matematica*
mec. mecánica, *meccanica*
med. medicina, *medicina*
mil. militar, *militare*
min. mineralogía, *mineralogia*
mús. música, *musica*
mus. musica, *música*
naut. náutica, *marina*
opt. óptica, *ottica*
orn. ornitología, *ornitologia*
pl. plural, *plurale*
pol. política, *politica*
pron. pronombre, *pronome*
prep. preposición, *preposizione*
rel. religión, *religione*
rfl. reflexivo, *riflessivo*
taur. tauromaquia, *tauromachia*
teat. teatro, *teatro*
tecn. técnica, *tecnica*
tr. transitivo, *transitivo*
zool. zoología, *zoologia*

Italiano-Español

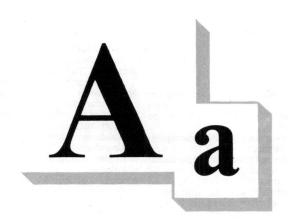

abada *(abáda)* f. abada, rinoceronte.

abadessa *(abadéssa)* f. abadesa.

abadia *(abadía)* abadía.

abate *(abáte)* m. abad.

abazia *(abadsía)* f. abadía.

abbacinamento *(abbachinaménto)* m. deslumbramiento.

abbacinare *(abbachináre)* tr. deslumbrar, obcecar.

abbagliamento *(abballiaménto)* m. deslumbramiento; equivocación, error.

abbagliare *(abballiáre)* tr. deslumbrar.

abbaglianza *(abballiándsa)* f. ilusión.

abbaiamento *(abbaiaménto)* m. ladrido.

abbaiare *(abbaiáre)* itr. ladrar; importunar.

abballare *(abbal-láre)* tr. empaquetar.

abballinare *(abbal-lináre)* tr. arrollar.

abballottare *(abbal-lottáre)* tr. manosear; sacudir.

abbandonare *(abbandonáre)* tr. abandonar, renunciar.

abbandono *(abbandóno)* abandono, desamparo.

abbarbagliare *(abbarbagliáre)* tr. deslumbrar violentamente.

abbarbicare *(abbarbicáre)* itr. arraigar.

abbarcare *(abbarcáre)* tr. hacinar, amontonar.

abbaruffamento *(abbaruffaménto)* m. riña; desorden, confusión.

abbaruffare *(abbaruffáre)* tr. enredar, desordenar.

abbaruffio *(abbaruffío)* m. tumulto, confusión.

abbassamento *(abbassaménto)* m. disminución; humillación.

abbassare *(abbassáre)* tr. bajar; humillar.

abbasso *(abbásso)* avv. abajo; debajo.

abbastanza *(abbastándsa)* avv. bastante, suficiente.

abbattere *(abbáttere)* tr. abatir, derribar.

abbattimento *(abbattiménto)* m. derribo, decaimiento.

abbattuta *(abbattúta)* f. derribo, ruina; decaimiento.

abbecedario *(abbechedário)* m. abecedario.

abbellimento *(abbel-liménto)* m. embellecimiento; adorno.

abbellire *(abbel-líre)* tr. embellecer.

abbeverare *(abbeveráre)* tr. abrevar.

abbeveratoio *(abbeveratóio)* m. abrevadero.

abbiatico *(abbiático)* m. nieto.

abbicì *(abbichí)* m. alfabeto.

abbiente *(abbiénte)* adj. acaudalado, pudiente.

abbiettare *(abbiettáre)* tr. envilecer, humillar.

abbiettezza *(abbiettétsa)* f. abyección.

abbietto *(abbiétto)* adj. vil.

abbigliamento *(abbilliaménto)* m. vestido, traje; tocado.

abbigliare *(abbilliáre)* tr. vestir; adornar (personas).

abbigliatoio *(abbilliatóio)* m. tocador.

abbindolamento *(abbindolaménto)* m. engaño; chasco.

abbindolare *(abbindaláre)* itr. engañar.

abbiosciarsi *(abbiosiársi)* rfl. desanimarse, abatirse.

abboccamento *(abbokkaménto)* m. entrevista, conversación.

abboccare *(abbokkáre)* tr. morder el anzuelo; itr. encajar.

abboccarsi *(abbokkársi)* rfl. abocarse; entrevistarse, conversar.

abboccatura *(abbokkatúra)* f. embocadura.

abbominabile *(abbominábile)* adj. abominable.

abbominare *(abbomináre)* tr. abominar, detestar.

abbonacciamento *(abbonacha-*

ménto) m. mejora del tiempo.

abbonamento *(abbonaménto)* m. abono; bonificación.

abbonare *(abbonáre)* tr. abonar; perdonar; suscribir.

abbondante *(abbondánte)* adj. abundante.

abbondanza *(abbondándsa)* f. abundancia.

abbondare *(abbondáre)* itr. abundar.

abbonire *(abboníre)* tr. calmar, aplacar.

abbono *(abbóno)* m. abono, descuento.

abborrevole *(abborrévole)* adj. aborrecible.

abborrimento *(abborriménto)* m. aborrecimiento.

abborrire *(abborríre)* tr. aborrecer. [charse.

abbottarsi *(abbotársi)* rfl. hin-

abbottinare *(abbottináre)* tr. pillar, saquear.

abbottonare *(abbottonáre)* tr. abotonar, abrochar.

abbottonatura *(abbottonatúra)* f. botonadura.

abbozzamento *(abbotsaménto)* m. bosquejo.

abbozzare *(abbotsáre)* tr. bosquejar.

abbozzata *(abbotsáta)* f. bosquejo.

abbozzaticcio *(abbodsatíchio)* m. trabajo mal hecho.

abbozzo *(abbotso)* m. bosquejo.

abbracciare *(abbratchiáre)* tr. abrazar.

abbraccio *(abbrátchio)* m. abrazo.

abbreviamento *(abbreviaménto)* m. abreviación.

abbreviare *(abbreviáre)* tr. abreviar.

abbreviatura *(abbreviatúra)* f. abreviatura.

abbeviazione *(abbreviadsione)* f. abreviación.

abbriccare *(abbrikkáre)* tr. golpear, pegar.

abbrividire *(abbrividíre)* itr. estremecerse.

abbronzare *(abbrondsáre)* tr. broncear.

abbruciacchiare *(abbruchiakkiáre)* tr. chamuscar.

abbruciamento *(abbruchiaménto)* m. quema, quemadura.

abbruciare *(abbruchiáre)* itr. quemar, abrasar.

abbruciato *(abbruchiáto)* adj. quemado, abrasado.

abbrunamento *(abbrunaménto)* m. bronceado; oscurecimiento.

abbrunare *(abbrunáre)* tr. oscurecer; enlutar.

abbrustiare *(abbrustiáre)* tr. chamuscar.

abbrustolire *(abbrustolíre)* tr. tostar.

abbrutimento *(abbrutiménto)* m. embrutecimiento.

abbrutire *(abbrutíre)* tr. embrutecer.

abbruttire *(abbruttíre)* tr. e itr. afear.

abbuiare *(abbuiáre)* tr. oscurecer. itr. oscurecer, anochecer.

abbuono *(abbuóno)* m. abono, mejora.

abdicare *(abdicáre)* tr. abdicar.

abdicazione *(abdicadsióne)* f. abdicación.

abduzione *(abdudsióne)* f. abducción.

aberrare *(aberráre)* itr. equivocarse.

aberrazione *(aberradsióne)* f. aberración.

abete *(abéte)* m. (bot.) abeto.

abiatico *(abiático)* m. nieto.

abiettezza *(abiettétsa)* f. abyección.

abietto *(abiétto)* adj. abyecto.

abile *(ábile)* adj. hábil, idóneo.

abilità *(abilitá)* f. habilidad.

abilitare *(abilitáre)* tr. habilitar.

abisso *(abísso)* m. abismo, sima.

abitante *(abitánte)* m. habitante.   [tar.

abitare *(abitáre)* tr. e itr. habi-

abitato *(abitáto)* m. poblado.

abitazione *(abitadsióne)* f. habitación; domicilio, morada.

abito *(ábito)* m. hábito.

abituare *(abituáre)* tr. acostumbrar.

abituarsi *(abituársi)* rfl. habituarse.

abitudinario *(abitudinário)* adj. habitual.

abitudine *(abitúdine)* f. hábito.

abnegare *(abnegáre)* tr. abnegar, renunciar.

abolire *(abolíre)* tr. abolir.

abolizione *(abolidsióne)* f. abolición.

abominazione *(abominadsióne)* f. abominación.

abominevole *(abominévole)* abominable.

aborrevole *(aborrévole)* adj. aborrecible.

aborrimento *(aborriménto)* m. aborrecimiento.

aborrire *(aborríre)* tr. aborrecer.

abortire *(abortíre)* itr. abortar.

aborto *(abórto)* m. aborto.

abrogare *(abrogáre)* tr. abrogar, abolir.

abrogazione *(abrogadsióne)* f. abrogación, abolición.

abulia *(abulía)* f. abulia.

abusare *(abusáre)* itr. abusar.

abuso *(abúso)* m. abuso.

accadere *(akkadére)* itr. acaecer, suceder.

accagionare *(akkadyionáre)* tr. imputar.

accagliare *(akkalliare)* tr. e itr. cuajar.

accattamento *(akkattaménto)* m. mendicidad.

accattare *(akkattáre)* tr. mendigar.

accattone *(akkattóne)* m. mendigo.

accavallare *(akkaval-láre)* tr. sobreponer, amontonar; sobrecargar.

accecamento *(atchecaménto)* m. obcecación.

accecare *(atchecáre)* tr. cegar; obcecar.

accedere *(atchédere)* itr. consentir; acercarse.

acceleramento *(atcheleraménto)* m. aceleración.

accelerare *(atcheleráre)* tr. acelerar.

acceleratore *(atcheleratóre)* adj. y m. acelerador.

accendere *(atchéndere)* tr. encender.

accalcare *(akkalcáre)* tr. apilar, amontonar.

accaldare *(akkaldáre)* tr. acalorar, calentar.

accaldato *(akkaldáto)* adj. acalorado, entusiasmado.

accalorare *(akkaloráre)* tr. acalorar.

accampamento *(akkampaménto)* m. campamento.

accampare *(akkampáre)* itr. acampar. [acampar.

accamparsi *(akkampársi)* rfl.

accanare *(akkanáre)* tr. azuzar.

accanimento *(akkaniménto)* m. encarnizamiento.

accanirsi *(akkanírsi)* rfl. encarnizarse.

accanito *(akkaníto)* adj. encarnizado; enfurecido.

accanto *(akkanto)* prep. cerca de, junto a.

accaparrare *(akkaparráre)* tr. acaparar, acopiar.

accapigliamento *(akkapilliaménto)* m. riña.

accappatoio *(akkappatoio)* m. albornoz de baño, peinador.

accapricciare *(akkapritchiáre)* itr. estremecerse, horrorizarse.

accarezzamento *(akkaretsaménto)* m. caricia.

accarezzare *(akkaretsáre)* tr. acariciar, mimar.

accasamento *(akkasaménto)* m. casamiento.

accasarsi *(akkasarsi)* rfl. poner casa, casarse.

accasciamento *(akkasiaménto)* m. decaimiento, desánimo.

accasciare *(akkasiáre)* tr. abatir, desanimar.

accatastamento *(akkatastaménto)* m. amontonamiento.

accatastare *(akkatastáre)* tr. apilar, amontonar.

——————— ACCENDERE ———————

INFINITO Presente: accendere. **Passato:** avere acceso. **GERUNDIO Semplice:** accendendo. **Composto:** avendo acceso. **PARTICIPIO Presente:** accendente. **Passato:** acceso. **INDICATIVO Presente:** io accendo, **tu** accendi, **egli** accende; **noi** accendiamo, **voi** accendete, **essi** accendono. **Passato prossimo:** ho acceso, hai acceso, ha acceso; abbiamo acceso, avete acceso, hanno acceso. **Imperfetto:** accendevo, accendevi, accendeva; accendevamo, accendevate, accendevano. **Trapassato prossimo:** avevo acceso, avevi acceso, aveva acceso; avevamo acceso, avevate acceso, avevano acceso. **Passato remoto:** accesi, accendesti, accese; accendemmo, accendeste, accesero. **Trapassato remoto:** ebbi acceso, avesti acceso, ebbe acceso; avemmo acceso, aveste acceso, ebbero acceso. **Futuro semplice:** accenderò, accenderai, accenderà; accenderemo, accenderete, accenderanno. **Futuro anteriore:** avrò acceso, avrai acceso, avrà acceso; avremo acceso, avrete acceso, avranno acceso. **CONDIZIONALE Presente:** accenderei, accenderesti, accenderebbe; accenderemmo, accendereste, accenderebbero. **Passato:** avrei acceso, avresti acceso, avrebbe acceso; avremmo acceso, avreste acceso, avrebbero acceso. **CONGIUNTIVO Presente:** accenda, accenda, accenda; accendiamo, accendiate, accendano. **Imperfetto:** accendessi, accendessi, accendesse; accendessimo, accendeste, accendessero. **Passato:** abbia acceso, abbia acceso, abbia acceso; abbiamo acceso, abbiate acceso, abbiano acceso. **Trapassato:** avessi acceso, avessi acceso, avesse acceso; avessimo acceso, aveste acceso, avessero acceso. **IMPERATIVO Presente:** accendi **tu,** accenda **egli; accen-**diamo **noi,** accendete **voi,** accendano **essi.**

accendimento *(atchendimen-to)* m. encendido.
accennamento *(atchennamén-to)* m. seña, indicación.
accennare *(atchennáre)* itr. y tr. hacer señas; indicar.
accensibile *(atchensíbile)* adj. inflamable.
accensione *(atchensióne)* f. abrasamiento; encendido.
accentare *(atchentáre)* tr. acentuar.
accentatura *(atchentatúra)* f. acentuación.
accento *(atchénto)* m. acento.

————— L'accento —————

• Según el acento las palabras italianas pueden ser agudas, llanas, esdrújulas y sobreesdrújulas.

• El acento gráfico únicamente se utiliza en las palabras agudas terminadas en vocal *(carità).*

• Se acentúan también algunos monosílabos en diptongo *(ciò)* y algunos otros para distinguir su significado (**è** del verbo ser para distinguirlo de **e** conjunción).

No existe signo ortográfico para distinguir las palabras llanas, esdrújulas y sobreesdrújulas.

accentramento *(atchentramén-to)* m. concentración.
accentrare *(atchentráre)* tr. concentrar.
accentuare *(atchentuáre)* tr. acentuar.
accertamento *(atchertaménto)* m. afirmación, verificación; indagación.
accertare *(atchertáre)* tr. afirmar, asegurar; verificar.

accertarsi *(atchertarsi)* rfl. asegurarse, cerciorarse.
accessibile *(atchessíbile)* adj. accesible, abordable.
accesso *(atchésso)* m. acceso, paso.
accettabile *(atchettábile)* adj. aceptable.
accettare *(atchettáre)* tr. aceptar. [ble, querido.
accetto *(atchétto)* adj. agrada-
accezione *(atchedsióne)* f. acepción, significado.
acchetamento *(akketaménto)* m. quietud.
acchetare *(akketáre)* tr. calmar. [marse.
acchetarsi *(akketársi)* rfl. cal-
acchiappare *(akkiappare)* tr. atrapar, coger.
acchiudere *(akkiúdere)* tr. incluir, poner adjunto.
acchiuso *(akkiúso)* adj. adjunto (a), incluso (en).
acciaccamento *(atchiakkamén-to)* m. aplastamiento.
acciaccare *(atchiakkáre)* tr. aplastar.
acciacco *(atchiákko)* m. achaque, enfermedad.
acciaccoso *(atchiakkóso)* adj. achacoso.
acciaieria *(atchiaiería)* f. acerería.
acciaio *(atchiáio)* m. acero.
acciarino *(atchiaríno)* m. eslabón.
acciaro *(atchiáro)* m. acero; espada, puñal.
accidente *(atchidénte)* m. accidente, suceso.
accidia *(atchídia)* f. pereza, acidia.
acciecare *(atchiecáre)* tr. cegar.
accigliarsi *(atchilliársi)* rfl. fruncir las cejas.

accingersi *(achíntyersi)* rfl. prepararse, disponerse a.

acció *(atchió)* conj. a fin de que, para que.

acciocchire *(atchiokkíre)* tr. adormecer. itr. dormir como un tronco.

accivettato *(atchivettáto)* adj. despierto, astuto.

acclamare *(akklamáre)* tr. aclamar, aplaudir.

acclamazione *(akklamadsióne)* f. aclamación, aplauso.

——— ACCLUDERE ———

INFINITO Presente: accludere. **Passato:** avere accluso. **GERUNDIO Semplice:** accludendo. **Composto:** avendo accluso. **PARTICIPIO Presente:** accludente. **Passato:** accluso. **INDICATIVO Presente: io** accludo, **tu** accludi, **egli** accluse; **noi** accludiamo, **voi** accludete, **essi** accludono. **Passato prossimo:** ho accluso, hai accluso, ha accluso; abbiamo accluso, avete accluso, hanno accluso. **Imperfetto:** accludevo, accludevi, accludeva; accludevamo, accludevate, accludevano. **Trapassato prossimo:** avevo accluso, avevi accluso, aveva accluso; avevamo accluso, avevate accluso, avevano accluso. **Passato remoto:** acclusi, accludesti, accluse; accludemmo, accludeste, acclusero. **Trapassato remoto:** ebbi accluso, avesti accluso, ebbe accluso; avemmo accluso, aveste accluso, ebbero accluso. **Futuro semplice:** accluderò, accluderai, accluderà; accluderemo, accluderete, accluderanno. **Futuro anteriore:** avrò accluso, avrai accluso, avrà accluso; avremo accluso, avrete accluso, avranno accluso. **CONDIZIONALE Presente:** accluderei, accluderesti, accluderebbe; accluderemmo, accludereste, accluderebbero. **Passato:** avrei accluso, avresti accluso, avrebbe accluso; avremmo accluso, avreste accluso, avrebbero accluso. **CONGIUNTIVO Presente:** accluda, accluda, accluda; accludiamo, accludiate, accludano. **Imperfetto:** accludessi, accludessi, accludesse; accludessimo, accludeste, accludessero. **Passato:** abbia accluso, abbia accluso, abbia accluso; abbiamo accluso, abbiate accluso, abbiano accluso. **Trapassato:** avessi accluso, avessi accluso, avesse accluso; avessimo accluso, aveste accluso, avessero accluso. **IMPERATIVO Presente:** accludi **tu**, accluda **egli**; accludiamo **noi**, accludete **voi**, accludano **essi**.

accludere *(akkludére)* tr. incluir, encerrar, insertar.

accoglienza *(akkolliéndsa)* f. acogida.

accogliere *(akkolliére)* tr. acoger.

——— ACCOGLIERE ———

INFINITO Presente: accogliere. **Passato:** avere accolto. **GERUNDIO Semplice:** accogliendo. **Composto:** avendo accolto. **PARTICIPIO Presente:** accogliente. **Passato:** accolto. **INDICATIVO Presente: io** accolgo, **tu** accogli, **egli** accoglie; **noi** accogliamo, **voi** accogliete, **essi** accolgono. **Passato prossimo:** ho accolto, hai accolto, ha accolto; abbiamo accolto, avete accolto, hanno accolto. **Imperfetto:** accoglievo, accoglievi, accoglieva; accoglievamo, accoglievate, accoglievano. **Trapassato prossimo:** avevo accolto, avevi accolto, aveva accolto; avevamo accolto, avevate accolto, avevano accolto. **Passato remoto:** accolsi, accogliesti, accolse; accogliemmo, accoglieste, accolsero. **Trapassato remoto:** ebbi accolto, avesti accolto, ebbe accolto; avemmo accolto, aveste accolto, ebbero accolto. **Futuro semplice:** accoglierò, accoglierai, accoglierà; accoglieremo, accoglierete, accoglieranno. **Futuro anteriore:** avrò accolto, avrai accolto, avrà accolto; avremo accolto, avrete accolto, avranno accolto. **CONDIZIONALE Presente:** accoglierei, accoglieresti, accoglierebbe; accoglieremmo, accogliereste, accoglierebbero. **Passato:** avrei accolto, avresti accolto, avrebbe accolto; avremmo accolto, avreste accolto, avrebbero accolto. **CONGIUNTIVO Presente:** accolga, accolga, accolga; accogliamo, accogliate, accolgano. **Imperfetto:** accogliessi, accogliessi, accogliesse; accogliessimo, accoglieste, accogliessero. **Passato:** abbia accolto, abbia accolto, abbia accolto; abbiamo accolto, abbiate accolto, abbiano accolto. **Trapassato:** avessi accolto, avessi accolto, avesse accolto; avessimo accolto, aveste accolto, avessero accolto. **IMPERATIVO Presente:** accogli **tu**, accolga **egli**; accogliamo **noi**, accogliete **voi**, accolgano **essi**.

accollare *(akkol-láre)* tr. cargar al hombro; (fig.) endosar.

accollarsi *(akkol-lársi)* rfl. tomar a su cargo; encargarse de un asunto por adjudicación o concurso.

accollo *(akkól-lo)* m. adjudicación.

accolta. *(akkólta)* f. asamblea, junta.

accoltellare *(akkoltel-láre)* tr. acuchillar.

accomiatare *(akkomiatáre)* tr. despedir; licenciar.

accomiatarsi *(akkomiatársi)* rfl. despedirse; separarse.

accomodamento *(akkomoda-ménto)* m. arreglo; acuerdo.

accomodare *(akkomodáre)* tr. arreglar.

accompagnare *(akkompañáre)* tr. acompañar.

accompagnarsi *(akkompañár-si)* rfl. acompañarse, acoplarse.

accomunamento *(akkomuna-ménto)* m. mancomunidad.

accomunare *(akkomunáre)* tr. compartir; contener; unir.

acconciamento *(akkonchia-ménto)* m. arreglo, atavío.

acconciare *(akkonchiáre)* tr. componer, ataviar.

acconciarsi *(akkonchiársi)* rfl. acomodarse; ataviarse.

acconciatura *(akkonchiatúra)* f. peinado, arreglo.

acconcin *(akkónchin)* loc. en conserva.

acconcio *(akkónchio)* adj. conveniente, apto.

accondiscendere *(akkondis-chéndere)* itr. consentir, condescender.

acconsentimento *(akkonsenti-ménto)* m. consentimiento.

acconsentire *(akkonsentíre)* tr. consentir.

accontentare *(akkontentáre)* tr. contentar.

acconto *(akkónto)* m. pago a cuenta, anticipo.

accoppiamento *(akkoppiamén-to)* m. acoplamiento; apareamiento.

accoppiare *(akkoppiáre)* tr. aparear.

accoramento *(akkoraménto)* m. aflicción, disgusto.

accorare *(akkoráre)* tr. afligir.

accorarsi *(akkorársi)* rfl. afligirse.

--- **ACCORGERSI** ---

INFINITO Presente: accorgersi. **Passato:** essersi accorto. **GERUNDIO Semplice:** accorgendosi. **Composto:** essedosi accorto. **PARTICIPIO Presente:** accorgentesi. **Passato:** accortosi. **INDICATIVO Presente:** io mi accorgo, **tu** ti accorgi, **egli** si accorge; **noi** ci accorgiamo, **voi** vi accorgete, **essi** si accorgono. **Passato prossimo:** mi sono accorto-a, ti sei accorto-a, si è accorto-a; ci siamo accorti-e, vi siete accorti-e, si sono accorti-e. **Imperfetto:** mi accorgevo, ti accorgevi, si accorgeva; ci accorgevamo, vi accorgevate, si accorgevano. **Trapassato prossimo:** mi ero accorto-a, ti eri accorto-a, si era accorto-a; ci eravamo accorti-e, vi eravate accorti-e, si erano accorti-e. **Passato remoto:** mi accorsi, ti accorgesti, si accorse; ci accorgemmo, vi accorgeste, si accorsero. **Trapassato remoto:** mi fui accorto-a, ti fosti accorto-a, si fu accorto-a; ci fummo accorti-e, vi foste accorti-e, si furono accorti-e. **Futuro semplice:** mi accorgerò, ti accorgerai, si accorgerà; ci accorgeremo, vi accorgerete, si accorgeranno. **Futuro**

anteriore: mi sarò accorto-a, ti sarai accorto-a, si sarà accorto-a; ci saremo accorti-e, vi sarete accorti-e, si saranno accorti-e. **CONDIZIONALE Presente:** mi accorgerei, ti accorgeresti, si accorgerebbe; ci accorgeremmo, vi accorgereste, si accorgerebbero. **Passato:** mi sarei accorto-a, ti saresti accorto-a, si sarebbe accorto-a; ci saremmo accorti-e, vi sareste accorti-e, si sarebbero accorti-e. **CONGIUNTIVO Presente** mi accorga, ti accorga, si accorga; ci accorgiamo, vi accorgiate, si accorgano. **Imperfetto:** mi accorgessi, ti accorgessi, si accorgesse; ci accorgessimo, vi accorgeste, si accorgessero. **Passato:** mi sia acorto-a, ti sia accorto-a, si sia accorto-a; ci siamo accorti-e, vi siate accorti-e, si siano accorti-e. **Trapassato:** mi fossi accorto-a, ti fossi accorto-a, si fosse accorto-a; ci fossimo accorti-e, vi foste accorti-e, si fossero accorti-e. **IMPERATIVO Presente:** accorgiti **tu,** si accorga **egli;** accorgiamoci **noi,** accorgetevi **voi,** si accorgano **essi.**

accorciamento *(akkorchiaménto)* m. acortamiento.

accorciare *(akkorchiáre)* tr. acortar.

accorciatura *(akkorchiatúra)* f. abreviatura.

accordamento *(akkordaménto)* m. acuerdo.

accordare *(akkordáre)* tr. acordar, reconciliar; templar (instrumentos).

accordo *(akkordo)* m. acuerdo, ajuste.

accorgersi *(akkordyérsi)* rfl. advertir, darse cuenta.

accorgimento *(akkordyiménto)* m. sagacidad.

accorrere *(akkórrere)* itr. socorrer, ayudar; correr hacia.

─────── ACCORRERE ───────

INFINITO Presente: accorrere. **Passato:** essere o avere accorso. **GERUNDIO Semplice:** accorrendo. **Composto:** essendo o avendo accorso. **PARTICIPIO Presente:** accorrendo. **Passato:** accorso. **INDICATIVO Presente:** io accorro, tu accorri, egli accorre; noi accorriamo, voi accorrete, essi accorrono. **Passato prossimo:** sono accorso-a o ho accorso, sei accorso-a o hai accorso, è accorso-a o ha accorso; siamo accorsi-e o abbiamo accorso, siete accorsi-e o avete accorso, sono accorsi-e o hanno accorso. **Imperfetto:** accorrevo, accorrevi, accorreva; accorrevamo, accorrevate, accorrevano. **Trapassato prossimo:** ero accorso-a o avevo accorso, eri accorso-a o avevi accorso, era accorso-a o aveva accorso; eravamo accorsi-e o avevamo accorso, eravate accorsi-e o avevate accorso, erano accorsi-e o avevano accorso. **Passato remoto:** accorsi, accorresti, accorse; accorremmo, accorreste, accorsero. **Trapassato remoto:** fui accorso-a o ebbi accorso, fosti accorso-a o avesti accorso, fu accorso-a o ebbe accorso; fummo accorsi-e o avemmo accorso, foste accorsi-e o aveste accorso, furono accorsi-e o ebbero accorso. **Futuro semplice:** accorrerò, accorrerai, accorrerà; accorreremo, accorrerete, accorreranno. **Futuro anteriore:** sarò accorso-a o avrò accorso, sarai accorso-a o avrai accorso, sarà ac-

corso-sa o avrà accorso; saremo accorsi-e o avremo accorso, sarete accorsi-e o avrete accorso, saranno accorsi-e o avranno accorso. **CONDIZIONALE Presente:** accorrerei, accorreresti, accorrerebbe; accorreremmo, accorrereste, accorrerebbero. **Passato:** sarei accorso-a o avrei accorso, saresti accorso-a o avresti accorso, sarebbe accorso-a o avrebbe accorso; saremmo accorsi-e o avremmo accorso, sareste accorsi-e o avreste accorso, sarebbero accorsi-e o avrebbero accorso. **CONGIUNTIVO Presente:** accorra, accorra, accorra; accorriamo, accorriate, accorrano. **Imperfetto:** accorressi, accorressi, accorresse; accorressimo, accorreste, accorressero. **Passato:** sia accorso-a o abbia accorso, sia accorso-a o abbia accorso, sia accorso-a o abbia accorso; siamo accorsi-e o abbiamo accorso, siate accorsi-e o abbiate accorso, siano accorsi-e o abbiano accorso. **Trapassato:** fossi accorso-a o avessi accorso, fossi accorso-a o avessi accorso, fosse accorso-a o avesse accorso; fossimo accorsi-e o avessimo accorso, foste accorsi-e o aveste accorso, fossero accorsi-e o avessero accorso. **IMPERATIVO Presente:** accorri tu, accorra egli; accorriamo noi, accorrete voi, accorrano essi.

accortezza *(akkortétsa)* f. agudeza, astucia.

accorto *(akkorto)* adj. agudo, astuto.

accosciarsi *(akkosiarsi)* rfl. acurrucarse.

accostamento *(akkostaménto)* m. acercamiento.

accostare *(akkostáre)* tr. acercar.

accosto *(akkósto)* adv. cerca.

accostumare *(akkostumáre)* tr. acostumbrar, habituar.

accostumarsi *(akkostumársi)* rfl. acostumbrarse.

accozzare *(akkotsáre)* tr. recoger; amontonar.

accreditare *(akkreditáre)* tr. acreditar.

accrescere *(akkréschere)* tr. aumentar, acrecentar.

─────── ACCRESCERE ───────

INFINITO Presente: accrescere. **Passato:** essere accresciuto. **GERUNDIO Semplice:** accrescendo. **Composto:** essendo accresciuto. **PARTICIPIO Presente:** accrescente. **Passato:** accresciuto. **INDICATIVO: io** accresco, **tu** accresci, **egli** accresce; **noi** accresciamo, **voi** accrescete, **essi** accrescono. **Passato prossimo:** sono accresciuto-a, sei accresciuto-a, è accresciuto-a; siamo accresciuti-e, siete accresciuti-e, sono accresciuti-e. **Imperfetto:** accrescevo, accrescevi, accresceva; accrescevamo, accrescevate, accrescevano. **Trapassato prossimo:** ero accresciuto-a, eri accresciuto-a, era accresciuto-a; eravamo accresciuti-e, eravate accresciuti-e, erano accresciuti-e. **Passato remoto:** accrebbi, accrescesti, accrebbe, accrescemmo, accresceste, accrebbero. **Trapassato remoto:** fui accresciuto-a, fosti accresciuto-a, fu accresciuto-a; fummo accresciuti-e, foste accresciuti-e, furono accresciuti-e. **Futuro semplice:** accrescerò, accrescerai, accrescerà; accresceremo, accrescerete, accresceranno. **Futuro anteriore:** sarò accresciuto-a, sarai accresciuto-a, sarà accresciuto-a; saremo accresciuti-e, sarete accresciuti-e, saranno accresciuti-e. **CONDIZIONALE Presente:** accrescerei, accresceresti, accrescerebbe; accresceremmo, accrescereste, accrescerebbero. **Passato:** sarei accresciuto-a, saresti accresciuto-a, sarebbe accresciuto-a; saremmo accresciuti-e, sareste accresciuti-e, sarebbero accresciuti-e. **CONGIUNTIVO Presente:** accresca, accresca, accresca; accresciamo, accresciate, accrescano. **Imperfetto:** accrescessi, accrescessi, accrescesse; accrescessimo, accresceste, accrescessero. **Passato:** sia accresciuto-a, sia accresciuto-a, sia accresciuto-a; siamo accresciuti-e, siate accresciuti-e, siano accresciuti-e. **Trapassato:** fossi accresciuto-a, fossi accresciuto-a, fosse accresciuto-a; fossimo accresciuti-e, foste accresciuti-e, fossero accresciuti-e. **IMPERATIVO Presente:** accresci **tu,** accresca **egli;** accresciamo **noi,** accrescete **voi,** accrescano **essi.**

---

accrespare *(akkrespáre)* tr. encrespar, rizar.

accudire *(akkudíre)* itr. acudir, atender, cuidar.

accumulare *(akkumuláre)* tr. acumular, juntar.

accuratezza *(akkuratétsa)* f. cuidado.

accurato *(akkuráto)* adj. cuidadoso; cuidado.

accusa *(akkúsa)* f. acusación.

accusare *(akkusáre)* tr. acusar, denunciar.

accusatore *(akkusatóre)* m. acusador; denunciante.

accusazione *(akkusadsióne)* f. acusación.

acerbare *(acherbáre)* tr. irritar.

acerbità *(acherbitá)* f. aspereza.

acerbo *(achérbo)* adj. áspero.

acerrimo *(achérrimo)* adj. acérrimo.

acidità *(achiditá)* f. acidez.

acqua *(ákkua)* f. agua.

acquacedrata *(akkuachedráta)* f. limonada.

acquaforte *(akkuafórte)* f. aguafuerte.

acquaio *(akkuáio)* m. pila, fregadero.

acquare *(akkuáre)* tr. regar.

acquartieramento *(akkuartieraménto)* m. acuartelamiento.

acquartierare *(akkuartieráre)* tr. acuartelar.

acquavite *(akkuavíte)* f. aguardiente.

acquazzone *(akkuatsóne)* m. aguacero.   [acueducto.

acquedotto *(akkuedotto)* m.

acquerella *(akkuerél-la)* f. llovizna.

acquerello *(akkuerél-lo)* m. acuarela.

acquiescenza *(akkuieschndsa)* f. aquiescencia.

acquietare *(akkuietáre)* tr. apaciguar, tranquilizar.

acquisizione *(akkuisidsióne)* f. adquisición.

acquistare *(akkuistáre)* tr. adquirir.

acquisto *(akkuísto)* m. compra, adquisición.

acquosità *(akkuositá)* f. acuosidad, humedad.

acrobata *(acróbata)* m. f. acróbata.

acume *(acúme)* punta; agudeza.

acuminare *(acumináre)* tr. aguzar; afilar.
acutezza *(acutétsa)* f. agudeza.
acuto *(acúto)* adj. agudo.
adacquamento *(adakkuaménto)* m. regadío.
adacquare *(adackkuáre)* tr. regar.
adagio *(adádyio)* m. adagio, adv. despacio.
adattamento *(adattaménto)* m. adaptación.
adattare *(adattáre)* tr. adaptar.
adatto *(adátto)* adj. apropiado.
addarsi *(addársi)* rfl. dedicarse; advertir.
addebitare *(addebitáre)* tr. adeudar.
addentare *(addentáre)* tr. morder.
addentatura *(addentatúra)* f. mordisco.
addentrare *(addentráre)* tr. hundir, penetrar.
addentrarsi *(addentrársi)* rfl. hundirse, penetrar.
addentro *(addéntro)* adv. adentro.
addestrare *(addestráre)* tr. adiestrar, ejercitar.
addestramento *(addestraménto)* m. adiestramiento.
addiacente *(addiachénte)* adj. adyacente.
addietro *(addiétro)* adv. detrás.
addiettivo *(addiettívo)* (gram.) adjetivo.
addio *(addío)* itj. adiós.
addiritura *(addiritúra)* adv. directamente; sin duda; además.
addirizzare *(addiritsáre)* tr. enderezar.
addirsi *(addírsi)* rfl. agradar; convenir.

addivenire *(addiveníre)* itr. llegar.
addizionale *(additsionále)* adj. adicional, accesorio.
addizionare *(additsionáre)* tr. sumar, añadir.
addizione *(addidsióne)* f. adición, suma.
addobbamento *(addobbaménto)* m. decoración.
addobbare *(addobbáre)* tr. adornar.
addolcire *(addolchíre)* tr. endulzar; calmar.
addolorare *(addoloráre)* tr. afligir, apenar.
addomesticare *(addomesticare)* tr. domesticar, domar.
addomesticarsi *(addomesticársi)* rfl. amansarse.
addoppiare *(addoppiáre)* tr. doblar; duplicar.
addoppiatura *(addoppiatura)* f. duplicación.
addormentare *(addormentáre)* tr. adormecer.
addormire *(addormíre)* tr. adormecer.
addossare *(addossáre)* tr. cargar; adosar.
addossarsi *(addossársi)* rfl. apoyarse.
addottrinare *(addottrináre)* tr instruir.
addottrinato *(addottrináto)* adj. docto; instruido.
addurre *(addúrre)* tr. aducir; traer.

———————— ADDURRE ————————

INFINITO Presente: addurre. Passato: avere addotto. GERUNDIO Semplice: adducendo. Composto: avendo addotto. PARTICIPIO Presente: adducente. Passato: addotto. INDICATIVO Presente: io adduco, tu adduci, egli adduce; noi adduciamo, voi adducete, essi adducono. Passato prossimo: ho addotto, hai addotto, ha addotto; abbiamo addotto, avete addotto, hanno addotto. Imperfetto: adducevo, adducevi, adduceva, adducevamo, adducevate, adducevano. Trapassato prossimo: avevo addotto, avevi addotto, aveva addotto; avevamo addotto, avevate addotto, avevano addotto. **Passato remoto:** addussi, adducesti, addusse; adducemmo, adduceste, addussero. **Trapassato remoto:** ebbi addotto, avesti addotto, ebbe addotto; avemmo addotto, aveste addotto, ebbero addotto. **Futuro semplice:** addurrò, addurrai, addurrà; addurremo, addurrete, addurranno. **Futuro anteriore:** avrò addotto, avrai addotto, avrà addotto; avremo addotto, avrete addotto, avranno addotto. **CONDIZIONALE Presente:** addurrei, addurresti, addurrebbe; addurremmo, addurreste, addurrebbero. **Passato:** avrei addotto, avresti addotto, avrebbe addotto; avremmo addotto, avreste addotto, avrebbero addotto. **CONGIUNTIVO Presente:** adduca, adduca, adduca; adduciamo, adduciate, adducano. **Imperfetto:** adducessi, adducessi, adducesse; adducessimo, adduceste, adducessero. **Passato:** abbia addotto, abbia addotto, abbia addotto; abbiamo addotto, abbiate addotto, abbiano addotto. **Trapassato:** avessi addotto, avessi addotto, avesse addotto; avessimo addotto, aveste addotto, avessero addotto. **IMPERATIVO Presente:** adduci **tu**, adduca **egli**; adduciamo **noi**, adducete **voi**, adducano **essi**.

adeguare *(adeguáre)* tr. adecuar.
adeguato *(adeguáto)* adj. adecuado.
adempiere *(adémpiere)* tr. cumplir.
aderimento *(aderiménto)* m. adherencia, apego; adhesión.
aderire *(aderíre)* itr. adherirse.
adesione *(adesióne)* f. adhesión.
adesso *(adésso)* adv. ahora, actualmente.
adiramento *(adiraménto)* m. arrebato, cólera.
adirarsi *(adirársi)* rfl. enojarse.
adocchiamento *(adokkiaménto)* m. ojeada.
adocchiare *(adokkiáre)* tr. ojear.
adolescente *(adoleschénte)* m. adolescente.
adolescenza *(adoleschéndsa)* f. adolescencia.
adombramento *(adombraménto)* m. oscurecimiento, sombra.

adombrare *(adombráre)* tr. sombrear; oscurecer.
adontarsi *(adontársi)* rfl. enfadarse, enojarse.
adoperare *(adoperáre)* tr. emplear.
adoperarsi *(adoperársi)* rfl. aplicarse, dedicarse a.
adorabile *(adorábile)* adj. adorable.
adorare *(adoráre)* tr. adorar, reverenciar.
adorazione *(adoratsióne)* f. adoración.
adornare *(adornáre)* tr. adornar.
adorno *(adórno)* m. adorno.
adottare *(adottáre)* tr. adoptar.
adozione *(adotsióne)* f. adopción.
adulare *(aduláre)* tr. adular.
adulazione *(aduladsióne)* f. adulación.
adulterare *(adulteráre)* tr. adulterar.
adulterazione *(adulteradsióne)* f. adulteración.
adulterio *(adultério)* m. adulterio.
adultero. *(adúltero)* adj. y m. adúltero.
adulto *(adúlto)* adj. y m. adulto.
adunamento *(adunaménto)* m. reunión, junta.
adunanza *(adunándsa)* f. reunión.
adunare *(adunáre)* tr. reunir, juntar.
adunata *(adunáta)* f. reunión.
adunghiare *(adunguiáre)* tr. apresar.
adunque *(adúnkue)* conj. pues, luego.
adusto *(adústo)* adj. adusto; delgado.
aerazione *(aeradsióne)* f. ventilación.

aere *(áere)* m. aire.

aereo *(aéreo)* adj. aéreo.

affabile *(affábile)* adj. afable, cortés.

affabilità *(affabilitá)* f. afabilidad.

affacciare *(affatchiáre)* tr. asomar; exponer.

affacchinarsi *(affakkinársi)* rfl. trabajar con exceso.

affamato *(affamáto)* adj. hambriento.

affannamento *(affannaménto)* m. afán.

affannare *(affannáre)* tr. inquietar.

affannarsi *(affannársi)* rfl. inquietarse, afanarse.

affanno *(affánno)* m. afán, anhelo, ansiedad.

affare *(affáre)* m. asunto.

affascinante *(affaschinánte)* adj. fascinante.

affascinare *(affaschináre)* tr. fascinar.

affaticamento *(affaticaménto)* m. cansancio.

affaticare *(affaticáre)* tr. fatigar.

affaticarsi *(affaticársi)* rfl. fatigarse.

affatto *(affátto)* adv. del todo, enteramente.

affatturamento *(affatturaménto)* m. hechicería.

affatturare *(affatturáre)* tr. embrujar; falsificar.

affazzonare *(affatsonáre)* tr. adornar.

affè *(affé)* itj. a fe, en verdad.

affermare *(affermáre)* tr. afirmar.

affermativo *(affermatívo)* adj. afirmativo.

affermazione *(affermadsione)* f. afirmación.

afferrare *(afferráre)* tr. aferrar, asir fuertemente.

affettare *(affettáre)* tr. hacer tajadas; aparentar, afectar.

affettato *(affettáto)* m. embutido.

affettazione *(affettadsióne)* f. afectación.

affetto *(affétto)* m. afecto.

affezionamento *(affedsionaménto)* m. afección, amor.

affezionare *(affedsionáre)* tr. aficionar.

affezionarsi *(affedsionársi)* rfl. aficionarse, apasionarse.

affezione *(affedsione)* f. amor; afición.

affidare *(affidáre)* tr. confiar.

affidarsi *(affidársi)* rfl. fiarse, confiarse.

affievolimento *(affievoliménto)* m. debilitación, aflojamiento. [bilitar.

affievolire *(affievolíre)* tr. deaffiggere *(affíyere)* tr. fijar o colgar (carteles); mirar fijamente.

———————— AFFIGGERE ————————

INFINITO Presente: affiggere. Passato: avere affisso. GERUNDIO Semplice: affiggendo. Composto: avendo affisso. PARTICIPIO Presente: affiggente. Passato: affisso. INDICATIVO Presente: io affiggo, tu affiggi, egli affigge, noi affiggiamo, voi affiggete, essi affiggono. Passato prossimo: ho affisso, hai affisso, ha affisso; abbiamo affisso, avete affisso, hanno affisso. Imperfetto: affiggevo, affiggevi, affiggeva; affiggevamo, affiggevate, affiggevano. Trapassato prossimo: avevo affisso, avevi affisso, aveva affisso; avevamo affisso, avevate affisso, avevano affisso. Passato remoto: affissi, affigesti, affisse; affiggemmo, affiggeste, affissero. Trapassato remoto: ebbi affisso, avesti affisso, ebbe affisso; avemmo affisso, aveste affisso, ebbero affisso. Futuro semplice: affiggerò, affiggerai, affiggerà; affiggeremo, affiggerete, affiggeranno. Futuro anteriore: avrò affisso, avrai affisso, avrà affisso; avremo affisso, avrete affisso, avranno affisso. CONDIZIONALE Presente: affiggerei, affiggeresti, affiggerebbe; affiggeremmo, affiggereste, affiggerebbero. Passato: avrei affisso, avresti affisso, avrebbe affisso; avremmo affisso, avreste

affisso, avrebbero affisso. **CONGIUNTI-
VO Presente:** affigga, affigga, affigga; affiggiamo, affiggiate, affiggano. **Imperfetto:** affiggessi, affiggessi, affiggesse; affig-
gessimo, affiggeste, affiggessero. **Passato:**
abbia affisso, abbia affisso, abbia affisso;
abbiamo affisso, abbiate affisso, abbiano
affisso. **Trapassato:** avessi affisso, avessi
affisso, avesse affisso; avessimo affisso,
aveste affisso, avessero affisso. **IMPERA-
TIVO Presente:** affiggi **tu,** affigga **egli;**
affiggiamo **noi,** affiggete **voi,** affiggano
essi.

affilare *(affiláre)* tr. afilar.
affilarsi *(affilarsi)* rfl. adelga-
zarse.
affilatura *(affilatúra)* f. filo.
affiliare *(affiliáre)* tr. afiliar.
affiliazione *(affiliadsióne)* f. afiliación.
affinare *(affináre)* tr. afinar.
affinché *(affinqué)* conj. para
que, a fin de que.
affine *(affíne)* adj. afín; m. pariente.
affinità *(affinitá)* f. afinidad;
semejanza.
affiochimento *(affioquiménto)*
m. ronquera.
affiochire *(affioquíre)* tr. e itr.
enronquecer.
affiorare *(affioráre)* itr. aflorar.
affissare *(affissáre)* tr. fijar
(carteles); mirar fijamente.
affisso *(affísso)* m. cartel,
anuncio.
affittanza *(affittándsa)* f. arrendamiento.
affittare *(affitáre)* tr. arrendar.
affitto *(affítto)* m. alquiler.
affliggere *(afflítyere)* tr. afligir.

——————— AFFLIGGERE ———

INFINITO Presente: affliggere. **Passato:**
avere afflitto. **GERUNDIO Semplice:**
affliggendo. **Composto:** avendo afflitto.
PARTICIPIO Presente: affliggente. **Passato:** afflitto. **INDICATIVO Presente:** io
affliggo, **tu** affliggi, **egli** affligge; **noi** affliggiamo, **voi** affliggete, **essi** affliggono.
Passato prossimo: ho afflitto, hai afflitto,
ha afflitto; abbiamo afflitto, avete afflitto,

hanno afflitto. **Imperfetto:** affliggevo, af-
fliggevi, affliggeva; affliggevamo, affligge-
vate, affliggevano. **Trapassato prossimo:**
avevo afflitto, avevi afflitto, aveva afflitto;
avevamo afflitto, avevate afflitto, avevano afflitto. **Passato remoto:** afflissi, af-
fliggesti, afflisse; affliggemmo, affliggeste,
afflissero. **Trapassato remoto:** ebbi afflitto, avesti afflitto, ebbe afflitto; avemmo
afflitto, aveste afflitto, ebbero afflitto.
Futuro semplice: affliggerò, affliggerai,
affliggerà; affliggeremo, affligerete, afflig-
geranno. **Futuro anteriore:** avrò afflitto,
avrai afflitto, avrà afflitto; avremo afflitto, avrete afflitto, avranno afflitto. **CON-
DIZIONALE Presente:** affliggerei, afflig-
geresti, affliggerebbe; affliggeremmo, af-
fliggereste, affliggerebbero. **Passato:** avrei
afflitto, avresti afflitto, avrebbe afflitto;
avremmo afflitto, avreste afflitto, avrebbero afflitto. **CONGIUNTIVO Presente:**
affligga, affligga, affligga; affliggiamo, af-
fliggiate, affliggano. **Imperfetto:** affliggessi,
affliggessi, affliggesse; affliggessimo, affliggeste, affliggessero. **Passato:** abbia
afflitto, abbia afflitto, abbia afflitto;
abbiamo afflitto, abbiate afflitto, abbiano
afflitto. **Trapassato:** avessi afflitto, avessi
afflitto, avesse afflitto; avessimo afflitto,
aveste afflitto, avessero afflitto. **IMPE-
RATIVO Presente:** affliggi **tu,** affligga
egli; affliggiamo **noi,** affliggete **voi,** affliggano **essi.**

afflizione *(afflidsióne)* f. aflicción.
affluenza *(affluéndsa)* f. afluencia, abundancia; concurren-
cia.
affluire *(affluíre)* itr. afluir.
affogamento *(affogaménto)* m.
ahogo.
affogare *(affogáre)* tr. ahogar.
affollamento *(affol-laménto)* m.
agolpamiento.
affollare *(affol-láre)* tr. agol-
par, juntar.
affondamento *(affondaménto)*
m. sumersión, hundimiento.
affondare *(affondáre)* tr. sumergir, hundir; echar a pique.
affondo *(affóndo)* adv. al fondo.
affossare *(affossáre)* tr. cavar,
excavar.

affossatura *(affossatúra)* f. excavación.

affrancare *(affrancáre)* tr. franquear, liberar.

affrancatura *(affrancatúra)* f. franqueo (postal).

affrangere *(affrándyere)* tr. cansar, abatir. [cansado.

affranto *(affránto)* adj. abatido,

affratellar *(affratel-lár)* tr. hermanar.

affratellarsi *(affratel-lársi)* rfl. hermanarse. [friar.

affreddare *(affreddáre)* tr. en-

affrescare *(affrescáre)* tr. pintar al fresco.

affresco *(affresco)* m. pintura al fresco.

affrettare *(affrettáre)* tr. apresurar.

affrettatamente *(affrettataménte)* adv. con prisa.

affrontamento *(affrontamento)* m. agresión; afrontamiento.

affrontare *(affrontáre)* tr. atacar; afrontar.

affronto *(affrónto)* m. afrenta, ofensa.

affumare *(affumáre)* tr. ahumar. [ahumar.

affumicare *(affumicáre)* tr.

afoso *(afóso)* adj. sofocante, oprimente.

afro adj. agrio.

agape *(ágape)* f. ágape.

agenda *(adyénda)* f. agenda.

agente *(adyénte)* m. agente — **di cambio** agente de cambios.

agenzia *(adyendsía)* f. agencia.

agevolamento *(adyevolaménto)* m. facilitación.

agevolare *(adyevoláre)* tr. facilitar.

agevole *(adyévole)* adj. fácil, ágil, hábil.

agganciare *(agganchiáre)* tr. enganchar; agarrar.

aggettivare *(atyettiváre)* tr. adjetivar.

aggettivo *(atyettivo)* m. adjetivo.

——————— **L'aggettivo** ———————

Grados del adjetivo calificativo

Los grados del adjetivo calificativo son tres: positivo, comparativo y superlativo.

Cuando el adjetivo expresa simplemente una cualidad está en grado *positivo* (*buono, cattivo*); cuando expresa una comparación está en grado *comparativo* (*migliore, peggiore*); cuando expresa una cualidad en grado máximo está en grado *superlativo* (*ottimo, pessimo*).

El comparativo puede ser de *igualdad* cuando ambos sujetos poseen una cualidad en el mismo grado (*Maria è così bella come Margarita*); de *inferioridad* cuando uno de los sujetos posee la cualidad en grado menor (*Maria è meno bella di Margherita*); y de *superioridad*, cuando uno de los sujetos posee la cualidad en grado superior (*Margherita è più bella di Maria*).

Los tres grados de comparación se forman con las siguientes partículas:

Igualdad *così... come, tanto... quanto* (tan... como)
Inferioridad *meno... di, meno... che* (menos... que)
Superioridad *più... di, più... che* (más que)

La partícula *di* suele usarse cuando la comparación se realiza entre sustantivos. La partícula *che* es obligatoria cuando los sustantivos van precedidos de preposición (*in inverno fa più freddo che in estate*).

El superlativo puede ser relativo y absoluto. Es *relativo* cuando la cualidad es poseída en grado máximo en relación con un grupo de personas, animales o cosas (*Giovanni è il più alto*); es *absoluto* cuando la cualidad es poseída en grado máximo sin idea de comparación (*Giovanni è altissimo*).

El superlativo relativo se forma con las partículas *il più..., la più..., il meno..., la meno... (el más..., la más..., el menos..., la menos...)*. El superlativo absoluto se forma con el sufijo *issimo* (*antichissimo*). También se puede formar anteponiendo al adjetivo *molto, assai, oltremodo, sommamente, di gran lunga, quanto mai*; con los prefijos *ultra, stra, sopra, arci* (*straricco*); reforzando el adjetivo con otro adjetivo (*stanco morto, pieno zeppo*); y repitiendo el adjetivo (*cheto, cheto*). Los adjetivos *acre, aspro, celebre, integro, misero* y *salubre* hacen el superlativo en *acerrimo, asperrimo, celeberrimo, integerrimo, mise-*

rrimo y *saluberrimo*. Los adjetivos *benefico, magnifico, munifico,* y *maledico* hacen el superlativo en *beneficentissimo, magnificentissimo, munificentissimo,* y *maledicentissimo.*

Comparativos y superlativos irregulares:

POSITIVO	COMPARATIVO
buono (bueno)	*migliore* (mejor)
cattivo (malo)	*peggiore* (peor)
grande (grande)	*maggiore* (mayor)
piccolo (pequeño)	*minore* (menor)
alto (alto)	*superiore* (superior)
basso (bajo)	*inferiore* (inferior)

SUPERLATIVO
ottimo (óptimo)
pessimo (pésimo)
massimo (máximo)
minimo (mínimo)
sommo, supremo (sumo, supremo)
infimo (ínfimo)

agghiacciamento *(agguiatchiaménto)* m. congelación.
agghiacciare *(agguiatchiáre)* tr. congelar, helar; (fig.) horrorizar.
aggiogamento *(atyiogaménto)* m. uñidura.
aggiogare *(atyiogáre)* tr. uncir, uñir.
aggiornamento *(atyiornaménto)* m. aplazamiento; modernización.
aggiornare *(atyiornáre)* tr. aplazar; poner al corriente, actualizar. itr. hacerse de día.
aggiudicazione *(atyiudicadsióne)* f. adjudicación.
aggiudiare *(atyiudicáre)* tr. adjudicar.
aggiungere *(atyiúndyere)* tr. añadir.

———— AGGIUNGERE ————

INFINITO Presente: aggiungere. **Passato:** avere aggiunto. **GERUNDIO Semplice:** aggiungendo. **Composto:** avendo aggiunto. **PARTICIPIO Presente:** aggiungente. **Passato:** aggiunto. **INDICATIVO Presente:** io aggiungo, tu aggiungi, egli aggiunge; essi aggiungono. **Passato prossimo:** ho aggiunto, hai aggiunto, ha aggiunto; bbiamo aggiunto, avete aggiunto, hanno aggiunto. **Imperfetto:** aggiungevo, aggiungevi, aggiungeva; aggiungevamo, aggiungevate, aggiungevano. **Trapassato pros-**

simo: avevo aggiunto, avevi aggiunto, aveva aggiunto; avevamo aggiunto, avevate aggiunto, avevamo aggiunto. **Passato remoto:** aggiunsi, aggiungesti, aggiunse; aggiungemmo, aggiungeste, aggiunsero. **Trapassato remoto:** ebbi aggiunto, avesti aggiunto, ebbe aggiunto; avemmo aggiunto, aveste aggiunto, ebbero aggiunto. **Futuro semplice:** aggiungerò, aggiungerai, aggiungerà; aggiungeremo, aggiungerete, aggiungeranno. **Futuro anteriore:** avrò aggiunto, avrai aggiunto, avrà aggiunto; avremo aggiunto, avrete aggiunto, avranno aggiunto. **CONDIZIONALE Presente:** aggiungerei, aggiungeresti, aggiungerebbe; aggiungeremmo, aggiungereste, aggiungerebbero. **Passato:** avrei aggiunto, avresti aggiunto, avrebbe aggiunto; avremmo aggiunto, avreste aggiunto, avrebbero aggiunto. **CONGIUNTIVO Presente:** aggiunga, aggiunga, aggiunga; aggiungiamo, aggiungiate, aggiungano. **Imperfetto:** aggiungessi, aggiungessi, aggiungesse; aggiungessimo, aggiungeste, aggiungessero. **Passato:** abbia aggiunto, abbia aggiunto, abbia aggiunto; abbiamo aggiunto, abbiate aggiunto, abbiano aggiunto. **Trapassato:** avessi aggiunto, avessi aggiunto, avesse aggiunto; avessimo aggiunto, aveste aggiunto, avessero aggiunto. **IMPERATIVO Presente:** aggiungi tu, aggiunga egli; aggiungiamo noi, aggiungete voi, aggiungano essi.

aggiungimento *(atyiundyiménto)* m. adición, añadidura.
aggiuntare *(atyiuntáre)* tr. añadir, adjuntar.
aggiunto *(atyiúnto)* adj. añadido, adjunto.
aggiustamento *(atyiustaménto)* m. arreglo, ajuste.
aggiustare *(atyiustáre)* tr. ajustar.
aggiustarsi *(atyustársi)* rfl. arreglarse; llegar a un acuerdo.
agglomerare *(agglomeráre)* tr. aglomerar.
agglomerazione *(agglomeradsióne)* f. aglomeración.
aggottare *(aggottáre)* tr. achicar.
aggradare *(aggradáre)* itr. agradar, satisfacer.

agiato *(adyiáto)* adj. acomodado. [tro, hábil.
agile *(ádyile)* adj. ágil, dies-
agilità *(adyilitá)* f. agilidad.
agio *(ádyio)* m. comodidad. stare a suo — estar a sus anchas.
agire *(adyíre)* itr. proceder, actuar.

aggradevole *(aggradévole)* adj.
agradable.
aggradimento *(aggradiménto)*
m. agrado.
aggrandimento *(aggrandimén-
to)* m. engrandecimiento.
aggrandire *(aggrandíre)* tr. engrandecer.
aggrappare *(aggrappáre)* tr. enganchar, agarrar.
aggraticciarsi *(aggratichiársi)*
rfl. enroscarse.
aggravante *(aggravante)* adj.
agravante.
aggravare *(aggraváre)* tr. agravar.
aggravio *(aggrávio)* m. agravio.
aggraziare *(aggradsiáre)* tr.
agraciar.
aggredire *(aggredíre)* tr. agredir.
aggregare *(aggregáre)* tr. agregar.
aggregazione *(aggregadsióne)*
f. agregación.
aggressione *(aggressióne)* f.
agresión.
aggressore *(aggressóre)* m.
agresor.
aggressivo *(aggresívo)* adj.
agresivo.
aggrovigliamento *(aggrovillia-
ménto)* m. embrollo, enredo.
aggruppare *(aggruppáre)* tr.
agrupar.
aggruzzolare *(aggrutsoláre)* tr.
reunir.
agguagliamento *(aggualliamén-
to)* m. igualación.
agguagliare *(aggualliáre)* tr.
igualar; cotejar.
agguantare *(agguantáre)* tr. coger; golpear.
agguato *(agguáto)* m. emboscada.
agiatezza *(adyiatétsa)* f. comodidad; riqueza.

agitare *(adyitáre)* tr. agitar.
agitarsi *(adyitársi)* rfl. agitarse, excitarse.
agitatore *(adyitatóre)* m. agitador.
agitazione *(adyitadsióne)* f.
agitación.
aglio *(állio)* m. (bot.) ajo.
agnello *(añél-lo)* m. cordero.
ago *(ágo)* aguja; aguijón; fiel
(de balanza).
agognare *(agoñáre)* tr. codiciar,
anhelar.
agonia *(agonía)* f. agonía.
agonizzare *(agonitsáre)* itr.
agonizar.
agosto *(agósto)* m. agosto.
agrario *(agrário)* adj. agrario.
agricola *(agrícola)* m. agricultor.
agricolo *(agrícolo)* adj. agrícola.
agricoltore *(agricoltóre)* m.
agricultor.
agricoltura *(agricoltúra)* f.
agricultura.
agronomo *(agrónomo)* m. agrónomo.
aguglia *(agúllia)* f. aguja; obelisco.
agugliata *(agulliáta)* f. hebra
aguzzamento *(agutsaménto)* m.
aguzamiento.
aguzzare *(agutsáre)* tr. aguzar,
afilar.
aguzzatore *(agutsatóre)* m. afilador.
aguzzo *(agútso)* adj. agudo.
aia *(áia)* f. era.
aiutante *(aiutánte)* m. ayudante.

aiutare *(aiutáre)* tr. ayudar, auxiliar, socorrer, asistir.

aiutarsi *(aiutársi)* rfl. ayudarse.

aiutatore *(aiutatóre)* adj. y m. ayudante, auxiliador.

aiuto *(aiúto)* m. ayuda, socorro.

aizzamento *(aitsaménto)* m. incitación.

aizzare *(aitsáre)* tr. incitar.

aizzatore *(aitsatóre)* adj. y m. instigador, provocador.

ala *(ála)* f. ala. **far —** hacer calle.

alacre *(alácre)* adj. diligente, eficaz, listo, solícito.

alacrità *(alacritá)* f. diligencia.

alba *(álba)* f. alba.

albeggiare *(albetyiáre)* itr. amanecer, alborear.

alberare *(alberáre)* tr. plantar árboles.

albereto *(alberéto)* m. arboleda.

albergare *(albergáre)* tr. albergar.

albergatore *(albergatóre)* m. posadero.

albergo *(albérgo)* m. posada; hotel.

albero *(álbero)* m. árbol; (náut.) mástil.

albo *(álbo)* adj. blanco.

albume *(albúme)* m. clara de huevo.

alchimia *(alkímia)* f. alquimia.

alchimista *(alkimísta)* m. alquimista.

alcool *(álcool)* m. alcohol.

alcuno *(alcuno)* adj. alguno. pron. alguien. **non vedo —** no veo a nadie.

aleggiare *(aletyiáre)* itr. alear, aletear.

alfabetico *(alfabético)* adj. alfabético.

alfabeto *(alfabéto)* m. alfabeto.

alfiere *(alfiére)* m. (mil.) alférez; abanderado.

alfine *(alfíne)* adv. por último.

L'alfabeto

El alfabeto italiano se compone de veintiuna letras.

A, a	H, h	Q, q
a	*acca*	*qu*
B, b	I, i	R, r
bi	*i*	*erre*
C, c	L, l	S, s
ci	*elle*	*esse*
D, d	M, m	T, t
di	*emme*	*ti*
E, e	N, n	U, u
e	*enne*	*u*
F, f	O, o	V, v
effe	*o*	*vi*
G, g	P, p	Z, z
gi	*pi*	*zeta*

● A éstas se añaden otras cinco letras:

K, k	X, x	Y, y
cappa	*ics*	*ipsilon*

derivadas del alfabeto latino;

W, w
vu doppia

procedente del alfabeto anglosajón, y

J, j
i lungo

usada en el pasado con valor de consonante delante de vocal (jena), o en lugar de una *i* en el plural de los nombres masculinos (studj, desiderj) y que hoy aún subsiste en nombres propios y apellidos (Ojetti).

● Para la correcta pronunciación de estas letras véase: SONIDOS y VOCALES en sus respectivas voces.

---

algido *(áldyido)* adj. álgido.

alias *(álias)* m. alias.

alibi *(álibi)* m. coartada.

alienare *(aliénare)* tr. enajenar; alienar.

alienato *(alienáto)* adj. loco.

alienazione *(alienadsióne)* f. locura.

alieno *(aliéno)* adj. ajeno.

alimentare *(alimentáre)* tr. alimentar. adj. alimentario.

alimentazione *(alimentadsióne)* f. alimentación.

alimento *(aliménto)* m. alimento.

alitare *(alitáre)* itr. respirar, jadear.

alito *(álito)* m. hálito, aliento.

allacciare *(allatchiáre)* tr. enlazar, atar, unir; abotonar.

allagamento *(al-lagaménto)* m. inundación.

allagare *(al-lagáre)* tr. inundar.

allargamento *(al-largaménto)* m. agrandamiento, ensanchamiento.

allargare *(al-largáre)* tr. agrandar, ampliar, ensanchar.

allargata *(al-largáta)* f. ensanche.

allarmare *(al-larmáre)* tr. alarmar.

allarme *(al-lárme)* m. alarma.

allato *(al-láto)* prep. al lado de, junto a.

allattamento *(al-lattaménto)* m. lactancia.

allattare *(al-lattáre)* tr. amamantar; criar.

alleanza *(al-leándsa)* f. alianza.

allearsi *(al-leársi)* rfl. aliarse.

alleato *(al-leáto)* m. aliado.

allegare *(al-legáre)* tr. alegar, citar.

allegato *(al-legáto)* m. alegato.

allegazione *(al-legadsióne)* f. alegación.

alleggerimento *(al-letyeriménto)* m. aligeramiento; alivio.

alleggerire *(al-letyeríre)* tr. aligerar; aliviar.

allegoria *(al-legoría)* f. alegoría.

allegrare *(al-legráre)* tr. alegrar.

allegrarsi *(al-legrársi)* rfl. alegrarse.

allegria *(al-legría)* f. alegría.

allegro *(al-légro)* adj. alegre.

allenamento *(al-lenaménto)* m. entrenamiento.

allenare *(al-lenáre)* tr. entrenar.

allenatore *(al-lenatóre)* m. entrenador.

allenire *(al-leníre)* tr. aliviar, calmar.

allentare *(al-lentáre)* tr. aflojar.

allentatura *(al-lentatúra)* f. (med.) hernia.

allestimento *(al-lestiménto)* m preparativo.

allestire *(al-lestíre)* tr. preparar.

allettamento *(al-lettaménto)* m. atractivo, aliciente.

allettante *(al-lettánte)* adj. seductor.

allettare *(al-lettáre)* tr. seducir atraer.

allevamento *(al-levaménto)* m cría.

allevare *(al-leváre)* tr. educar; criar.

alleviare *(al-leviáre)* tr. aliviar aligerar.

allibire *(al-libíre)* itr. palidecer

allibramento *(al-libraménto)* m asiento.

allibrare *(al-libráre)* tr. registrar.

allibratore *(al-libratóre)* m. corredor de apuestas.

allietare *(al-lietáre)* tr. alegrar

allievo *(al-liévo)* m. alumno.

allineamento *(al-lineaménto)* m. alineación.

allineare *(al-lineáre)* tr. alinear

allividimento *(al-lividiménto)* m. palidez.

allividire *(al-lividíre)* itr. palidecer.

allocco *(al-lócco)* m. búho.

allocuzione *(al-locudsióne)* f alocución.

allodola *(al-lódola)* f. alondra.

allogamento *(al-logaménto)* m colocación.

allogare *(al-logáre)* tr. colocar

alloggiamento *(al-lotyiaménto)* m. alojamiento.

alloggiare *(al-lotyáre)* tr. e itr. alojar, alojarse.

allontanamento *(al-lontanaménto)* m. alejamiento.

allontanare *(al-lontanáre)* tr. alejar, apartar.

allora *(al-lóra)* adv. entonces. **d' — in poi** desde entonces.

allucinare *(al-luchináre)* tr. alucinar.

allucinazione *(alluchinadsióne)* f. alucinación.

alludere *(al-lúdere)* tr. aludir.

―――――― ALLUDERE ――――――

INFINITO Presente: alludere. **Passato:** avere alluso. **GERUNDIO Semplice:** alludendo. **Composto:** avendo alluso. **PARTICIPIO Presente:** alludente. **Passato:** Illuso. **INDICATIVO Presente:** io alludo, tu alludi, egli allude; noi alludiamo, voi alludete, essi alludono. **Passato prossimo:** ho alluso, hai alluso, ha alluso; abbiamo alluso, avete alluso, hanno alluso. **Imperfetto:** alludevo, alludevi, alludeva; alludevamo, alludevate, alludevano. **Trapassato prossimo:** avevo alluso, avevi alluso, aveva alluso; avevamo alluso, avevate alluso, avevano alluso. **Passato remoto:** allusi, alludesti, alluse; alludemmo, alludeste, allusero. **Trapassato remoto:** ebbi alluso, avesti alluso, ebbe alluso; avemmo alluso, aveste alluso, ebbero alluso. **Futuro semplice:** alluderò, alluderai, alluderà; alluderemo, alluderete, alluderanno. **Futuro anteriore:** avrò alluso, avrai alluso, avrà alluso; avremo alluso, avrete alluso, avranno alluso. **CONDIZIONALE Presente:** alluderei, alluderesti, alluderebbe; alluderemmo, alludereste, alluderebbero. **Passato:** avrei alluso, avresti alluso, avrebbe alluso; avremmo alluso, avreste alluso, avrebbero alluso. **CONGIUNTIVO Presente:** alluda, alluda, alluda; alludiamo, alludiate, alludano. **Imperfetto:** alludessi, alludessi, alludesse; alludessimo, alludeste, alludessero. **Passato:** abbia alluso, abbia alluso, abbia alluso; abbiamo alluso, abbiate alluso, abbiano alluso. **Trapassato:** avessi alluso, avessi alluso, avesse alluso; avessimo alluso, aveste alluso, avessero alluso. **IMPERATIVO Presente:** alludi tu, alluda egli; alludiamo noi, alludete voi, alludano essi.

―――――――――――――――――――

allume *(al-lúme)* m. alumbre.

alluminio *(al-lumínio)* m. aluminio.

allungamento *(al-lungaménto)* m. alargamiento.

allungare *(al-lungáre)* tr. alargar.

allusione *(al-lusióne)* f. alusión.

allusivo *(al-lusívo)* adj. alusivo. [vión.

alluvione *(al-luvióne)* m. aluvión.

alma *(álma)* f. alma.

almanacco *(almanácco)* m. almanaque.

almanco *(almánco)* adv. al menos, por lo menos.

alpe *(álpe)* f. montaña.

Alpi *(álpi)* m. pl. los Alpes.

alquanto *(alkuánto)* adj., pron. y adv. algo, un poco.

altalena *(altaléna)* f. columpio.

altalenare *(altalenáre)* itr. columpiarse.

altana *(altána)* f. azotea.

altare *(altáre)* m. altar.

alterare *(alteráre)* tr. alterar.

alterazione *(alteradsióne)* f. alteración, irritación.

altercare *(altercáre)* tr. altercar.

alterco *(altérco)* m. altercado, disputa.

alterezza *(alterétsa)* f. altivez.

alternare *(alternáre)* tr. alternar.

alterno *(altérno)* adj. alterno.

altero *(altéro)* adj. altivo.

altezza *(altétsa)* f. altitud, altura; alteza.

altitudine *(altitúdine)* f. altitud.

alto *(álto)* adj. y m. alto.

altolocato *(altolocáto)* adj. de posición elevada.

altoparlante *(altoparlánte)* m. altavoz.

altrettanto *(altrettánto)* adj., pron. y adv. otro tanto.

─────── 1.ª coniugazione ─────── AMARE ───────

INFINITO		GERUNDIO		PARTICIPIO	
Presente	am-are	**Semplice**	am-ando	**Presente**	am-ante
Passato	avere am-ato	**Composto**	avendo am-ato	**Passato**	am-ato

INDICATIVO

Presente
io amo-o, tu a-mi, egli am-a;
noi am-iamo, voi am-ate, essi am-ano.

Passato prossimo
ho am-ato, hai am-ato, ha am-ato;
abbiamo am-ato, avete am-ato, hanno am-ato.

Imperfetto
am-avo, am-avi, am-ava;
am-avamo, am-avate, am-avano.

Trapassato prossimo
avevo am-ato, avevi am-ato, aveva am-ato;
avevamo am-ato, avevate am-ato, avevano am-ato.

Passato remoto
am-ai, am-asti, am-ò;
am-ammo, am-aste, am-arono.

Trapassato remoto
ebbi am-ato, avesti am-ato, ebbe am-ato;
avemmo am-ato, aveste am-ato, ebbero am-ato.

Futuro semplice
am-erò, am-erai, am-erà;
am-eremo, am-erete, am-eranno.

Futuro anteriore
avrò am-ato, avrai am-ato, avrà am-ato;
avremo am-ato, avrete am-ato, avranno am-ato.

CONDIZIONALE

Presente
am-erei, am-eresti, am-erebbe;
am-eremmo, am-ereste, am-erebbero.

Passato
avrei am-ato, avresti am-ato, avrebbe am-ato;
avremmo am-ato, avreste am-ato, avrebbero am-ato.

CONGIUNTIVO

Presente
am-i, am-i, am-i;
am-iamo, am-iate, am-ino.

Imperfetto
am-assi, am-assi, am-asse;
am-assimo, am-aste, am-assero.

Passato
abbia am-ato, abbia am-ato, abbia am-ato;
abbiamo am-ato, abbiate am-ato, abbiano am-ato.

Trapassato
avessi am-ato, avessi am-ato, avesse am-ato;
avessimo am-ato, aveste am-ato, avessero am-ato.

IMPERATIVO

Presente
am-a tu, am-i egli;
am-iamo noi, am-ate voi, am-ino essi.

● Los verbos terminados en *-care* o *-gare* (*caricare, cavalcare, navigare, pagare, pregare*, etc.) conservan su sonido gutural en toda la conjugación, y por lo tanto cuando la desinencia comienza por *e* o por *i*, interponen una *h* entre ésta y el tema (*caricherei, navigherei*).

altrieri *(altriéri)* adv. anteayer.   [otro modo.
altrimenti *(altriménti)* adv. de
altro *(áltro)* adj. y pron. otro,
distinto.
altronde *(altrónde)* adv. de
otro lugar. **D'** — por otra parte.   [parte.
altrove *(altróve)* adv. en otra
altrui *(altrúi)* adj. y pron. ajeno,
de otro, de otros.
altruismo *(altruísmo)* m. altruismo.   [truista.
altruista *(altruísta)* m. f. al-
altura *(altúra)* f. altura.
alunno *(alúnno)* m. alumno,
discípulo.
alveare *(alveáre)* f. colmena.
alzare *(aldsáre)* tr. alzar, levantar.
alzarsi *(aldsársi)* rfl. alzarse.
amabile *(amábile)* adj. amable.
amabilità *(amabilitá)* f. amabilidad, afabilidad.
amante *(amánte)* adj. m. y f.
amante, cariñoso.
amaramente *(amaraménte)*
adv. amargamente.
amare *(amáre)* tr. amar, querer [a uno]; apreciar.
amareggiare *(amaretyiáre)* tr.
amargar.
amareno *(amaréno)* m. (bot.)
guindo.
amarezza *(amarétsa)* f. amargura.
amaro *(amáro)* adj. amargo.
amarume *(amarúme)* m. amargura.
ambasciata *(ambaschiáta)* f.
embajada.
ambasciatore *(ambaschiatóre)*
m. embajador.
ambiente *(ambiénte)* m. ambiente.
ambiguità *(ambigüitá)* f. ambi-
güedad.
ambiguo *(ambígüo)* adj. ambiguo.
ambire *(ambíre)* tr. ambicionar.

ambizione *(ambidsióne)* f. ambición.
ambizionare *(ambidsionáre)* tr.
codiciar.
ambizioso *(ambidsioso)* adj.
ambicioso.
ambra *(ámbra)* f. ámbar.
ambulante *(ambulánte)* adj.
ambulante.
ambulanza *(ambulándsa)* f. ambulancia.
ambulare *(ambuláre)* itr. andar.
ambulatorio *(ambulatório)* agg.
ambulatorio. m. consultorio.
amenità *(amenitá)* f. amenidad.
ameno *(améno)* adj. ameno.
ametista *(ametísta)* f. amatis-
ta.
amicare *(amicáre)* tr. reconciliar.
amichevole *(amikévole)* adj.
amigable.
amicizia *(amichídsia)* f. amistad.
amico *(amíco)* m. amigo.
amido *(ámido)* m. almidón.
amigdale *(amígdale)* f. pl.
amígdalas.
amistà *(amistá)* f. amistad.
ammaccamento *(ammaccamén-
to)* m. magullamiento, cardenal.
ammaccare *(ammaccáre)* tr.
magullar.
ammaccatura *(ammaccatúra)*
f. magulladura.
ammaestrare *(ammaestráre)* tr.
amaestrar.
ammalare *(ammaláre)* itr. enfermar.
ammalato adj. enfermo.
ammaliare *(ammaliáre)* tr. hechizar.

ammaliatura *(ammaliatúra)* f. hechizo.

ammansare *(ammansáre)* tr. amansar, domesticar.

ammassare *(ammassáre)* tr. acumular.

ammasso *(ammásso)* m. montón.

ammattire *(ammattíre)* itr. enloquecer.

ammazzamento *(ammatsaménto)* m. matanza.

ammazzare *(ammatsáre)* tr. matar.

ammazzatoio *(ammatsatóio)* matadero.

ammencire *(ammenchíre)* tr. aflojar.

ammenda *(amménda)* f. multa; enmienda.

ammendare *(ammendáre)* tr. enmendar.

ammettere *(amméttere)* tr. admitir, aceptar.

──────── AMMETTERE ────────

INFINITO Presente: ammettere. Passato: avere ammesso. GERUNDIO Semplice: ammettendo. Composto: avendo ammesso. PARTICIPIO Presente: ammettènte. Passato: ammesso. INDICATIVO Presente: io ammetto, tu ammetti, egli ammette; noi ammettiamo, voi ammettete, essi ammettono. Passato prossimo: ho ammesso, hai ammesso, ha ammesso; abbiamo ammesso, avete ammesso, hanno ammesso. Imperfetto: ammettevo, ammettevi, ammetteva; ammettevamo, ammettevate, ammettevano. Trapassato prossimo: avevo ammesso, avevi ammesso, aveva ammesso; avevamo ammesso, avevate ammesso, avevano ammesso. Passato remoto: ammisi, ammettesti, ammise; ammettemmo, ammetteste, ammisero. Trapassato remoto: ebbi ammesso, avesti ammesso, ebbe ammesso; avemmo ammesso, aveste ammesso, ebbero ammesso. Futuro semplice: ammetterò, ammetterai, ammetterà; ammetteremo, ammetterete, ammetteranno. Futuro anteriore: avrò ammesso, avrai ammesso, avrà ammesso; avremo ammesso, avrete ammesso, avranno ammesso. CONDIZIONALE Presente: ammetterei, ammetteresti, ammetterebbe; ammetteremmo, ammettereste, ammetterebbero. Passato: avrei ammesso, avresti ammesso, avrebbe ammesso; avremmo ammesso, avreste ammesso, avrebbero ammesso. CONGIUNTIVO Presente: ammetta, ammetta, ammetta; ammettiamo, ammettiate, ammettano. Imperfetto: amméttessi, ammettessi, ammettesse; ammettessimo, ammetteste, ammettessero. Passato: abbia ammesso, abbia ammesso, abbia ammesso; abbiamo ammesso, abbiate ammesso, abbiano ammesso. Trapassato: avessi ammesso, avessi ammesso, avesse ammesso; avessimo ammesso, aveste ammesso, avessero ammesso. IMPERATIVO Presente: ammetti tu, ammetta egli; ammettiamo noi, ammettete voi, ammettano essi.

──────────────────────

amministrare *(amministráre)* tr. administrar, regir.

amministratore *(amministratóre)* m. administrador.

amministrazione *(amministradsióne)* f. administración.

ammirabile *(ammirábile)* adj. admirable. [rar.

ammirare *(ammiráre)* tr. admi-

ammiratore *(ammiratóre)* m. admirador.

ammirazione *(ammiradsióne)* f. admiración.

ammissibile *(ammissíbile)* adj. admisible.

ammissione *(ammissióne)* f. admisión.

ammobiliare *(ammobiliáre)* tr. amueblar.

ammodo *(ammódo)* adv. cuidadosamente, debidamente.

ammogliare *(ammolliáre)* tr. casar.

ammogliarsi *(ammolliársi)* rfl. casarse.

ammollare *(ammol-láre)* tr. ablandar; remojar; aflojar; propinar.

ammollarsi *(ammol-lársi)* rfl. ablandarse; mojarse.

ammonimento *(ammoniménto)* m. admonición, amonestación.

ammonire *(ammonire)* tr. amonestar.

ammortare *(ammortáre)* tr. amortizar; amortiguar.

ammortizzare *(ammortitsáre)* tr. amortizar.

ammortizzatore *(ammortitsatóre)* m. (mec.) amortiguador.

ammusire *(ammusíre)* itr. enfadarse.

ammutinamento *(ammutinaménto)* m. amotinamiento, tumulto.

amnistia *(amnistía)* f. amnistía.

amore *(amóre)* m. amor.

amoretto *(amorétto)* m. amor pasajero.

amorevole *(amorévole)* adj. amoroso.

amorevolezza *(amorevolétsa)* f. cariño. [tud.

ampiezza *(ampiétsa)* f. amplitud.

ampio *(ámpio)* adj. amplio.

ampolla *(ampol-la)* f. ampolla; vinajera.

ampolliera *(ampol-liéra)* f. vinajeras.

amputare *(amputáre)* tr. amputar.

anacronismo *(anacronísmo)* m. anacronismo.

analisi *(análisi)* f. análisis.

analizzare *(analitsáre)* tr. analizar.

anarchia *(anarkía)* f. anarquía.

anatomia *(anatomía)* f. anatomía.

anatra *(ánatra)* f. ánade.

anca *(ánca)* f. anca.

anche *(ánke)* adv. y conj. también, además; aún.

ancora *(ancóra)* adv. todavía, aún.

ancora *(áncora)*. f. ancla.

ancoraché *(ancoraké)* conj. aunque, si bien.

ancoraggio *(ancorátyio)* m. anclaje.

ancorare *(ancoráre)* tr. anclar, fondear.

andante *(andánte)* adj. (mús) andante.

andare *(andáre)* itr. ir, caminar. — **adagio** ir despacio. — **a finire** ir a parar.

────── ANDARE ──────

INFINITO Presente: andare. **Passato:** essere andato. **GERUNDIO Semplice:** andando. **Passato:** essendo andato. **PARTICIPIO Presente:** andante. **Passato:** andato. **INDICATIVO Presente: io** vado o vo, **tu** vai, **egli** va; **noi** andiamo, **voi** andate, **essi** vanno. **Passato prossimo:** sono andato-a, sei andato-a, è andato-a; siamo andati-e, siete andati-e, sono andati-e. **Imperfetto:** andavo, andavi, andava; andavamo, andavate, andavano. **Trapassato prossimo:** ero andato-a, eri andato-a, era andato-a; eravamo andati-e, eravate andati-e, erano andati-e. **Passato remoto:** andai, andasti, andò; andammo, andaste, andarono. **Trapassato remoto:** fui andato-a, fosti andato-a, fu andato-a; fummo andati-e, foste andati-e, furono andati-e. **Futuro semplice:** andrò o anderò, andrai o anderai, andrà o anderà; andremo o anderemo, andrete o anderete, andranno o anderanno. **Futuro anteriore:** sarò andato-a, sarai andato-a, sarà andato-a; saremo andati-e, sarete andati-e, saranno andati-e. **CONDIZIONALE Presente:** andrei o anderei, andresti o anderesti, andrebbe o anderebbe; andremmo o anderemmo, andreste o andereste, andrebbero o anderebbero. **Passato:** sarei andato-a, saresti andato-a, sarebbe andato-a; saremmo andati-e, sareste andati-e, sarebbero andati-e. **CONGIUNTIVO Presente:** vada, vada, vada; andiamo, andiate, vadano. **Imperfetto:** andassi, andassi, andasse; andassimo, andaste, andassero. **Passato:** sia andato-a, sia andato-a, sia andato-a; siamo andati-e, siate andati-e, siano andati-e. **Trapassato:** fossi andato-a, fossi andato-a, fosse andato-a; fossimo andati-e, foste andati-e, fossero andati-e. **IMPERATIVO Presente:** va' o vai **tu**, vada **egli**; andiamo **noi**, andate **voi**, vadano **essi**.

andata *(andáta)* f. paso; ida. — **e ritorno** ida y vuelta.

andito *(ándito)* m. corredor, pasillo; vestíbulo.

aneddoto *(anéddoto)* m. anécdota.

anelare *(aneláre)* tr. anhelar.
anelito *(anélito)* m. anhelo.
anello *(anél-lo)* m. anillo.
angelo *(ándyelo)* m. ángel.
angina *(andyína)* f. (med.) angina.
angolare *(angoláre)* adj. angular.
angolo *(ángolo)* m. ángulo.
angoloso *(angolóso)* adj. anguloso; arisco.
angoscia *(angósia)* f. angustia.
angosciare *(angoschiáre)* tr. angustiar.
angoscioso *(angoschioso)* adj. angustiado, angustioso.
angustia *(angústia)* f. angustia, pena.
angustiare *(angustiáre)* tr. angustiar.
angusto *(angústo)* adj. angosto, estrecho.
anima *(ánima)* f. alma, espíritu.
animale *(animále)* m. animal.
animare *(animáre)* tr. animar.
animato *(animáto)* adj. animado.
animo *(ánimo)* m. ánimo; intención.
animosità *(animositá)* f. animosidad, odio.
animoso *(animóso)* adj. animoso.
annacquafeste *(annakkuaféste)* m. aguafiestas.
annacquare *(annakkuáre)* tr. aguar, regar.
anaffiare *(annaffiáre)* tr. regar.
anaffiatoio *(anaffiatóio)* m. regadera.
annali *(annáli)* m. pl. anales.
annata *(annáta)* f. año.
annegare *(annegáre)* tr. anegar, ahogar.
annegazione *(annegadsióne)* f. abnegación.

annerire *(anneríre)* tr. ennegrecer, oscurecer.
annessione *(annessióne)* f. anexión.
annesso *(annesso)* adj. anejo, adjunto.
annettere *(annéttere)* tr. anexar, agregar.

——— ANNETTERE ———

INFINITO Presente: annettere. Passato: avere annesso. GERUNDIO Semplice: annettendo. Composto: avendo annesso. PARTICIPIO Presente: annettente. Passato: annesso. INDICATIVO Presente: io annetto, tu annetti, egli annette; noi annettiamo, voi annettete, essi annettono. Passato prossimo: ho annesso, hai annesso, ha annesso; abbiamo annesso, avete annesso, hanno annesso. Imperfetto. annettevo, annettevi, annetteva; annettevamo, annettevate, annettevano. Trapassato prossimo: avevo annesso, avevi annesso, aveva annesso; avevamo annesso, avevate annesso, avevano annesso. Passato remoto: annettei o annessi, annettesti, annetté o annesse; annettemmo, annetteste, annetterono o annessero. Trapassato remoto: ebbi annesso, avesti, annesso, ebbe annesso; avemmo annesso, aveste annesso, ebbero annesso. Futuro semplice: annetterò, anneterai, annetterà; annetteremo, annetterete, annetteranno. Futuro anteriore: avrò annesso, avrai annesso, avrà annesso; avremo annesso, avrete annesso, avranno annesso. CONDIZIONALE Presente: annetterei, annetteresti, annetterebbe; annetteremmo, annettereste, annetterebbero. Passato: avrei annesso, avresti annesso, avrebbe annesso; avremmo annesso, avreste annesso, avrebbero annesso. CONGIUNTIVO Presente: annetta, annetta, annetta; annettiamo, annettiate, annettano. Imperfetto: annettessi, annettessi, annettesse; annettessimo, annetteste, annettessero. Passato: abbia annesso, abbia annesso, abbia annesso; abbiamo annesso, abbiate annesso, abbiano annesso. Trapassato: avessi annesso, avessi annesso, avesse annesso; avessimo annesso, aveste annesso, avessero annesso. IMPERATIVO Presente: annetti tu, annetta egli; annettiamo noi, annettete voi, annettano essi.

annichilare *(annikiláre)* tr. aniquilar.
annidare *(annidáre)* itr. anidar.
annientare *(annientáre)* tr. anonadar; exterminar.

anniversario *(anniversário)* m. aniversario.

anno *(ánno)* m. año. **L'—scorso** el año pasado. — **bisestile** año bisiesto.

annobilire *(annobilire)* tr. ennoblecer.

annodare *(annodáre)* tr. anudar.

annoiare *(annoiáre)* tr. aburrir.

annotare *(annotáre)* tr. anotar.

annotazione *(annotadsióne)* f. anotación. [checer.

annottare *(annottáre)* itr. anoannuale *(annuále)* adj. anual.

annuale *(annuále)* adj. anual.

annualità *(annualitá)* f. anualidad.

annuario *(annuário)* m. anuario.

annullamento *(annul-laménto)* m. anulación.

annullare *(annul-láre)* tr. anular.

annuciare *(annunchiáre)* tr. anunciar.

annunzio *(annúndsio)* m. anuncio.

annusare *(annusáre)* tr. husmear, oler.

anodo *(ánodo)* m. ánodo.

anomalia *(anomalía)* f. anomalía.

anomalo *(anómalo)* adj. anómalo.

anonimo *(anónimo)* m. anónimo.

anormale *(anormále)* adj. anormal.

ansa *(ánsa)* f. asa.

ansamento *(ansaménto)* m. jadeo.

ansare *(ansáre)* itr. jadear.

ansietà *(ansietá)* f. ansiedad.

antagonismo *(antagonísmo)* m. antagonismo.

antagonista *(antagonísta)* m. f. antagonista.

antecedente *(antechedénte)* adj. y m. antecedente.

antecedenza *(antechedéndsa)* f. antecedencia.

antecedere *(antechédere)* itr. y tr. anteceder.

antecessore *(antechessóre)* m. antecesor.

antenna *(anténna)* f. antena.

anteporre *(antepórre)* tr. anteponer; preferir.

anteriore *(anteridre)* adj. anterior.

anticipare *(antichipáre)* tr. anticipar, adelantar.

anticipo *(antíchipo)* m. anticipo.

antico *(antíco)* adj. antiguo.

antidoto *(antídoto)* m. antídoto.

antipasto *(antipásto)* m. entrada, entremés.

antisettico *(antiséttico)* adj. antiséptico.

antitesi *(antítesi)* f. antítesis.

antracite *(antrachíte)* f. antracita.

anulare *(anúlare)* adj. anular.

anzi *(andsi)* antes; más bien; al contrario.

anzianità *(andsianitá)* f. ancianidad.

anziano *(andsiáno)* adj. y m. anciano.

anzidetto *(andsidétto)* adj. antedicho.

apatia *(apatía)* f. apatía.

apatico *(apático)* adj. apático, indiferente.

ape *(ápe)* f. (zool.) abeja.

aperto *(apérto)* adj. abierto.

apertura *(apertúra)* f. abertura; agujero; principio; inauguración.

apice *(ápiche)* m. ápice.

apicultore *(apicultóre)* m. apicultor.

apocalisse *(apocalísse)* m. apocalipsis.

apogeo *(apodyéo)* m. apogeo.

apostatare *(apostatáre)* itr. apostatar.

apostolico *(apostólico)* adj. apostólico.

apostolo *(apóstolo)* m. apóstol.

apostrofo *(apóstrofo)* m. apóstrofo. [sis.

apoteosi *(apoteósi)* f. apoteo-

appaccare *(appaccáre)* tr. empaquetar.

appaciare *(appachiáre)* tr. apaciguar, sosegar.

appacificare *(appachificáre)* tr. apaciguar, reconciliar.

appaltare *(appaltáre)* tr. arrendar.

appalto *(appalto)* m. arriendo.

appannare *(appannáre)* tr. empañar.

appannarsi *(appannarsi)* rfl. empañarse.

apparato *(apparáto)* m. aparato; preparación.

apparecchiamento *(apparekkiaménto)* m. preparativo.

apparecchiare *(apparekkiáre)* tr. aparejar, preparar.

apparecchio *(apparékkio)* m. aparejo; aparato, mecanismo; aeroplano.

apparente *(apparénte)* adj. aparente.

apparenza *(apparéndsa)* f. apariencia.

apparimento *(appariménto)* m. aparición.

apparire *(apparíre)* itr. aparecer.

────── APPARIRE ──────

INFINITO Presente: apparire. Passato: essere apparso. GERUNDIO Semplice: apparendo. Composto: essendo apparso. PARTICIPIO Presente: appparente. Passato: apparso o apparito. INDICATIVO Presente: io apparisco o appaio, tu apparisci o appari, egli apparisce o appare; noi appariamo, voi apparite, essi appariscono o appaiono. Passato prossimo: sono apparso-a, sei apparso-a, è apparso-a; siamo apparsi-e, siete apparsi-e, sono appar-

si-e. **Imperfetto:** apparivo, apparivi, appariva; apparivamo, apparivate, apparivano. **Trapassato prossimo:** ero apparso-a, eri apparso-a, era apparso-a; eravamo apparsi-e, eravate apparsi-e, erano apparsi-e. **Passato remoto:** apparii o apparvi o apparsi, apparisti, apparí o apparve o apparse; apparimmo, appariste, apparirono o apparvero o apparsero. **Trapassato remoto:** fui apparso-a, fosti apparso-a, fu apparso-a; fummo apparsi-e, foste apparsi-e, furono apparsi-e. **Futuro semplice:** apparirò, apparirai, apparirà; appariremo, apparirete, appariranno. **Futuro anteriore:** sarò apparso-a, sarai apparso-a, sarà apparso-a; saremo apparsi-e, sarete apparsi-e, saranno apparsi-e. **CONDIZIONALE Presente:** apparirei, appariresti apparirebbe; appariremmo, apparireste apparirebbero. **Passato:** sarei apparso-a, saresti apparso-a, sarebbe apparso-a; saremmo apparsi-e, sareste apparsi-e, sa rebbero apparsi-e. **CONGIUNTIVO Presente:** apparisca o appaia, apparisca o appaia, apparisca o appaia; appariamo appariate, appariscano o appaiano. **Imperfetto:** apparissi, apparissi, apparisse apparissimo, appariste, apparissero. **Passato:** sia apparso-a, sia apparso-a, sia apparso-a; siamo apparsi-e, siate appar si-e, siano apparsi-e. **Trapassato:** foss apparso-a, fossi apparso-a, fosse appar so-a; fossimo apparsi-e, foste apparsi-e fossero apparsi-e. **IMPERATIVO Presente:** appari tu, appaia o apparisca egli appariamo noi, apparite voi, appaiano o appariscano essi.

appartamento *(appartaménto)* m. apartamento, vivienda.

appartare *(appartáre)* tr. apartar, separar. [tarse

appartarsi *(appartársi)* rfl. apar

appartato *(appartáto)* adj. apartado, lejano.

appartenente *(appartenénte)* adj. perteneciente.

appartenenza *(appartenéndsa)* f. pertenencia.

appartenere *(appartenére)* itr pertenecer (a); depender (de).

appassionamento *(appassionamento)* m. pasión, apasionamiento.

appassionare *(appassionáre)* tr. apasionar.

appassionarsi *(appassionarsi)* rfl. apasionarse.

ppassire *(appassíre)* itr. marchitarse, ajarse.

ppellare *(appel-láre)* tr. llamar; apelar; apellidar.

ppellativo *(appel-latívo)* adj. apelativo.

ppello *(appél-lo)* m. llamada; apelación.

ppena *(appéna)* adv. y conj. apenas. **appena che** tan pronto como.

ppendere *(appéndere)* tr. colgar; suspender; ahorcar.

——— APPENDERE ———

NFINITO Presente: appendere. Passato: vere appeso. GERUNDIO Semplice: ppendendo. Composto: avendo appeso. ARTICIPIO Presente: appendente. Passto: appeso. INDICATIVO Presente: io ppendo, tu appendi, egli appende; noi ppendiamo, voi appendete, essi appenono. Passato prossimo: ho appeso, hai ppeso, ha appeso; abbiamo appeso, aveappeso, hanno appeso. Imperfetto: apendevo, appendevi, appendeva; appenevamo, appendevate, appendevano. Trassato prossimo: avevo appeso, avevi ppeso, aveva appeso; avevamo appeso, evate appeso, avevano appeso. Passato moto: appesi, appendesti, appese; apendemmo, appendeste, appesero. Trassato remoto: ebbi appeso, avesti apso, ebbe appeso; avemmo appeso, este appeso, ebbero appeso. Futuro mplice: appenderò, appenderai, appenrà; appenderemo, appenderete, appenranno. Futuro anteriore: avrò appeso, rai appeso, avrà appeso; avremo apso, avrete appeso, avranno appeso. ONDIZIONALE Presente: appenderei, penderesti, appenderebbe; appenderemo, appendereste, appenderebbero. Pasto: avrei appeso, avresti appeso, avrebappeso; avremmo appeso, avreste ppeso, avrebbero appeso. CONGIUNVO Presente: appenda, appenda, apnda; appendiamo, appendiate, appenno. Imperfetto: appendessi, appendesappendesse; appendessimo, appendesappendessero. Passato: abbia appeso, bia appeso, abbia appeso; abbiamo peso, abbiate appeso, abbiano appeso. apassato: avessi appeso, avessi appeso, esse appeso; avessimo appeso, aveste peso, avessero appeso. IMPERATIVO esente: appendi tu, appenda egli; apndiamo noi, appendete voi, appendano i.

appendice *(appendíche)* m. apéndice.

appendicite *(appendichíte)* f. (med.) apendicitis.

appetito *(appetíto)* m. apetito.

appetitoso *(appetitóso)* adj. apetitoso, sabroso.

appianare *(appianáre)* tr. allanar, nivelar.

appiattamento *(appiattaménto)* m. ocultación, escondimiento. [tar.

appiattare *(appiattáre)* tr. ocul-

appiccare *(appiccáre)* tr. colgar; unir, pegar; ahorcar.

appiccarsi *(appiccársi)* rfl. colgarse, ahorcarse.

appiccicare *(appitchicáre)* tr. pegar. itr. hacerse pegajoso o pertinaz.

appicco *(appícco)* m. pretexto, excusa.

appié *(appié)* prep. al pie; a pie (caminar).

appiedare *(appiedáre)* tr. apear, desmontar.

appieno *(appiéno)* adv. del todo, plenamente.

appigionamento *(appidyionaménto)* m. arriendo, alquiler.

appigionare *(appidyionáre)* tr. arrendar.

appigliarsi *(appilliársi)* rfl. agarrarse; afiliarse; (bot.) arraigar (plantas).

appiglio *(appíllio)* m. pretexto, excusa.

appisolarsi *(appisolársi)* rfl. adormecerse.

applaudimento *(applaudiménto)* m. aplauso, ovación.

applaudire *(applaudíre)* tr. aplaudir.

applauso *(applaúso)* m. aplauso.

applicabile *(applicábile)* adj. aplicable.

applicare *(applicáre)* tr. aplicar.

applicarsi *(applicársi)* rfl. aplicarse.

applicazione *(applicadsióne)* f. aplicación.

appoggiare *(appotyiáre)* tr. apoyar, ayudar.

appoggiarsi *(appotyársi)* rfl. apoyarse.

appoggiatoio *(appotyiatóio)* m. apoyo, respaldo; pasamano.

appoggio *(appótyio)* m. apoyo; (fig.) protección.

apporre *(appórre)* tr. poner; imputar, atribuir.

apporsi *(appórsi)* rfl. adivinar.

apportare *(apportáre)* tr. aportar, traer.

apporto *(appórto)* m. aportación.

apposito *(appósito)* adj. conveniente, apropiado.

apposizione *(apposidsióne)* f. aposición.

apposta *(appósta)* adv. a propósito, adrede.

appostamento *(appostaménto)* m. acecho, emboscada; trampa.

appostare *(appostáre)* tr. apostar.

apprendere *(appréndere)* tr. aprender; enterarse de.

———— APPRENDERE ————

INFINITO Presente: apprendere. Passato: avere appreso. GERUNDIO Semplice: apprendendo. Composto: avendo appreso. PARTICIPIO Presente: apprendente. Passato: appreso. INDICATIVO Presente: io apprendo, tu apprendi, egli apprende; noi apprendiamo, voi apprendete, essi apprendono. Passato prossimo: ho appreso, hai appreso, ha appreso; abbiamo appreso, avete appreso, hanno appreso. Imperfetto: apprendevo, apprendevi, apprendeva; apprendevamo, apprendevate, apprendevano. Trapassato pros-

simo: avevo appreso, avevi appreso, ave va appreso; avevamo appreso, aveva appreso, avevano appreso. Passato r moto: appresi, apprendesti, apprese; a prendemmo, apprendeste, appresero. Tr passato remoto: ebbi appreso, avesti a preso, ebbe appreso; avemmo appreso aveste appreso, ebbero appreso. Futur semplice: apprenderò, apprenderai, a prenderà; apprenderemo, apprendere apprenderanno. Futuro anteriore: av appreso, avrai appreso, avrà appres avremo appreso, avrete appreso, avrann appreso. CONDIZIONALE Presente: a prenderei, apprenderesti, apprenderebb apprenderemmo, apprendereste, apprer derebbero. Passato: avrei appreso, avres appreso, avrebbe appreso; avremmo a preso, avreste appreso, avrebbero appre so. CONGIUNTIVO Presente: apprenda apprenda, apprenda; apprendiamo, a prendiate, apprendano. Imperfett apprendessi, apprendessi, apprendesse apprendessimo, apprendeste, apprendes sero. Passato: abbia appreso, abbia a preso, abbia appreso; abbiamo appreso abbiate appreso, abbiano appreso. Tr passato: avessi appreso, avessi appreso avesse appreso; avessimo appreso, avest appreso, avessero appreso. IMPERATIV Presente: apprendi tu, apprenda egl apprendiamo noi, apprendete voi, apprer dano essi.

apprendista *(apprendísta)* m aprendiz.

apprensione *(apprensióne)* aprensión.

apprensivo *(apprensívo)* ad aprensivo.

appresso *(appresso)* adv. ce ca, al lado; detrás; despué poco — a poco rato, poco des pués.

apprezzamento *(appretsamér to)* m. apreciación.

apprezzare *(appretsáre)* t apreciar, valorar.

approdare *(approdáre)* itr. arr bar; conseguir.

approdo *(appródo)* m. llegad (fig.) meta.

approfitare *(approfitáre)* t aprovechar, utilizar.

approfondire *(approfondíre)* t profundizar.

approntare *(approntáre)* t preparar, aparejar.

ppropriare *(appropriáre)* tr.
apropiar.   [idóneo.
ppropriato *(appropriato)* adj.
ppropriazione *(appropriadsió-
ne)* f. apropiación.
pprossimare *(approssimáre)*
tr. aproximar, acercar.
pprossimazione *(approssi-
madsióne)* f. aproximación.
pprovare *(approváre)* tr. aprobar.
pprovazione *(approvadsióne)*
f. aprovación.
pprovvigionamento *(approv-
vidyionamento)* m. abastecimiento.
pprovvigionare *(approvvidyio-
náre)* tr. proveer.
pprovvigionarsi *(approvvidyio-
narsi)* rfl. abastecerse.
ppuntamento *(appuntaménto)*
m. cita.
ppuntare *(appuntáre)* tr.
apuntar, coser con unas
cuantas puntadas; dirigir el
tiro; afilar.
ppuntato *(appuntáto)* adj.
puntiagudo.
ppunto *(appunto)* m. apunte,
nota; pagaré. adv. exactamente; ahora mismo.
ppurare *(appuráre)* tr. apurar;
investigar.
prile *(apríle)* m. abril.
prire *(apríre)* tr. abrir; inaugurar.

——————— APRIRE ———————

NFINITO Presente: aprire. Passato: ave-
e aperto. GERUNDIO Semplice: apren-
o. Composto: avendo aperto. PARTI-
:IPIO Presente: apriente. Passato: aper-
>. INDICATIVO Presente: i> apro, tu
pri, egli apre; noi apriamo, voi aprite,
ssi aprono. Passato prossimo: ho aperto,
ai aperto, ha aperto; abbiamo aperto,
vete aperto, hanno aperto. Imperfetto:
privo, aprivi, apriva; aprivamo, aprivate,
privano. Trapassato prossimo: avevo
perto, avevi aperto, aveva aperto; ave-
amo aperto, avevate aperto, avevano
perto. Passato remoto: aprii o apersi,
pristi, aprì o aperse; aprimmo, apriste,
prirono o apersero. Trapassato remoto:
bbi aperto, avesti aperto, ebbe aperto;

avemmo aperto, aveste aperto, ebbero
aperto. Futuro semplice: aprirò, aprirai,
aprirà; apriremo, aprirete, apriranno. Futuro anteriore: avrò aperto, avrai aperto,
avrà aperto; avremo aperto, avrete aperto, avranno aperto. CONDIZIONALE
Presente: aprirei, apriresti, aprirebbe;
apriremmo, aprireste, aprirebbero. Passato: avrei aperto, avresti aperto, avrebbe
aperto; avremmo aperto, avreste aperto,
avrebbero aperto. CONGIUNTIVO Presente: apra, apra, apra; apriamo, apriate,
aprano. Imperfetto: aprissi, aprissi, apris-
se; aprissimo, apriste, aprissero. Passato:
abbia aperto, abbia aperto, abbia aperto;
abbiamo aperto, abbiate aperto, abbiano
aperto. Trapassato: avessi aperto, avessi
aperto, avesse aperto; avessimo aperto,
aveste aperto, avessero aperto. IMPERA-
TIVO Presente: apri tu, apra egli; apriamo noi, aprite voi, aprano essi.

——————————————

apritura *(apritúra)* f. abertura.
apriscatole *(apriscátole)* m.
abrelatas.
ara *(ára)* f. altar, ara.
aranceto *(aranchéto)* m. naran-
jal.
arancia *(aránchia)* f. (bot.) naranja.
aranciata *(aranchiáta)* f. naranjada.
arancio *(aránchio)* m. (bot.)
naranjo.
arare *(aráre)* tr. arar; surcar.
aratro *(arátro)* m. arado.
arazzo *(arátso)* m. tapiz.
arbitraggio *(arbitrátyio)* m. arbitraje.
arbitrare *(arbitráre)* tr. arbitrar.
arbitro *(árbitro)* m. árbitro.
arborato *(arborato)* adj. arbo-
lado.
arbore *(árbore)* m. árbol.
arboreto *(arboréto)* m. arboleda.
arbusto *(arbústo)* m. arbusto.
arca *(árca)* f. arca; caja.
arcata *(arcáta)* f. arcada; arco.

archeggiare *(arketyiáre)* tr. arquear, encorvar.
archeologia *(arkeolodyía)* f. arqueología.
architetto *(arkitétto)* m. arquitecto.
architettura *(arkitettúra)* f. arquitectura.
architrave *(arkitráve)* m. arquitrabe.
archiviare *(arkiviáre)* tr. archivar.
archivio *(arkívio)* m. archivo.
arcidiocesi *(archidióchesi)* f. archidiócesis.
arcipelago *(archipélago)* m. archipiélago.
arcivescovato *(archivescováto)* m. arzobispado.
arco *(árco)* m. arco, arcada.
arcobaleno *(arcobaléno)* m. arco iris.
arcuare *(arcuáre)* tr. arquear.
ardente *(ardénte)* adj. ardiente.
ardenza *(ardéndsa)* f. ardor.
ardere *(árdere)* itr. arder; brillar. tr. quemar.

─── **ARDERE** ───

INFINITO Presente: ardere. **Passato:** avere arso. **GERUNDIO Semplice:** ardendo. **Composto:** avendo arso. **PARTICIPIO Presente:** ardente. **Passato:** arso. **INDICATIVO Presente:** io ardo, tu ardi, egli arde; noi ardiamo, voi ardete, essi ardono. **Passato prossimo:** ho arso, hai arso, ha arso; abbiamo arso, avete arso, hanno arso. **Imperfetto:** ardevo, ardevi, ardeva; ardevamo, ardevate, ardevano. **Trapassato prossimo:** avevo arso, avevi arso, aveva arso; avevamo arso, avevate arso, avevano arso. **Passato remoto:** arsi, ardesti, arse; ardemmo, ardeste, arsero. **Trapassato remoto:** ebbi arso, avesti arso, ebbe arso; avemmo arso, aveste arso, ebbero arso. **Futuro semplice:** arderò, arderai, arderà; arderemo, arderete, arderanno. **Futuro anteriore:** avrò arso, avrai arso, avrà arso; avremo arso, avrete arso, avranno arso. **CONDIZIONALE Presente:** arderei, arderesti, arderebbe; arderemmo, ardereste, arderebbero. **Passato:** avrei arso, avresti arso, avrebbe arso; avremmo arso, avreste arso, avrebbero arso. **CONGIUNTIVO Presente:** arda, arda, arda; ardiamo, ardiate, ardano. **Imperfetto:** ardessi, ardessi, ardesse; ardessimo, ardeste, ardessero. **Passato:** abbia arso, abbia arso, abbia arso; abbiamo arso, abbiate arso, abbiano arso. **Trapassato:** avessi arso, avessi arso, avesse arso; avessimo arso, avessero arso. **IMPERATIVO Presente:** ardi tu, arda egli; ardiamo noi, ardete voi, ardano essi.

ardesia *(ardésia)* f. pizarra.
ardimento *(ardiménto)* m. valor, desfachatez.
ardire *(ardíre)* itr. atreverse. m. atrevimiento, audacia.
ardito *(ardíto)* adj. atrevido, valiente; descarado.
ardore *(ardóre)* m. ardor, fervor.
arduità *(arduitá)* f. dificultad grande.
arduo *(árduo)* adj. arduo, difícil.
area *(área)* f. área.
arena *(aréna)* f. arena; anfiteatro.
arenare *(arenáre)* itr. encallar, encallarse.
argentaio *(ardyentáio)* m. platero.
argentare *(ardyentáre)* tr. platear.
argenteria *(ardyentería)* f. platería.
argentato *(ardyentáto)* adj. plateado.
argento *(ardyénto)* m. plata. – vivo mercurio.
argilla *(ardyíl-la)* f. arcilla.
arginare *(ardyináre)* tr. construir diques.
argine *(árdyine)* m. dique; barrera; terraplén.
argomentare *(argomentáre)* tr. argumentar, argüir.
argomentazione *(argomentadsióne)* f. argumentación.
argomento *(argoménto)* m. argumento.

argutezza *(argutétsa)* f. sutileza.

arguto *(argúto)* adj. sutil, ingenioso; astuto.

aria *(ária)* f. aire; viento; apariencia, semblante. **all —
aperta** al aire libre.

aridezza *(aridétsa)* f. aridez.

aridità *(ariditá)* f. aridez.

arido *(árido)* adj. árido.

arieggiare *(arietyiáre)* tr. parecer; ventilar. itr. parecerse.

aringa *(arínga)* f. (ict.) arenque.

arioso *(arióso)* adj. airoso.

arista *(arísta)* f. arista.

aristocratico *(aristocrático)* adj. aristocrático. m. aristócrata.

aristocrazia *(aristocradsía)* f. aristocracia.

arma *(árma)* f. arma.

armadio *(armádio)* m. armario.

armamento *(armaménto)* m. armamento.

armare *(armáre)* tr. armar.

armata *(armáta)* f. armada.

armatore *(armatóre)* m. armador.

armatura *(armatúra)* f. armadura.

armi *(ármi)* f. pl. armas.

armonia *(armonía)* f. armonía.

armonico *(armónico)* adj. armonioso.

arnese *(arnése)* m. utensilio.

aroma *(aróma)* m. aroma.

aromatizzare *(aromatitsáre)* tr. aromatizar, perfumar.

arpa *(árpa)* f. arpa.

arrabattarsi *(arrabattársi)* rfl. esforzarse.

arrabbiare *(arrabbiáre)* itr. rabiar.

arrabbiarsi *(arrabbiársi)* rfl. enfurecerse.

arrabbiato *(arrabbiáto)* adj. rabioso (perro); enojado.

arraffare *(arraffáre)* tr. arrancar; arrebatar.

arrancare *(arrancáre)* itr. apresurarse, ir corriendo; renquear.

arrangiarsi *(arrandyársi)* rfl. arreglárselas, apañarse.

arredare *(arredáre)* tr. amueblar.

arredi *(arrédi)* m. pl. mobiliario. **— sacri** ornamentos sagrados.

arrembaggio *(arrembátyio)* m. (náut.) abordaje.

arrembare *(arrembáre)* tr. (náut.) abordar.

arrendevole *(arrendévole)* adj. flexible.

arrendevolezza *(arrendevolétsa)* f. flexibilidad.

arrestare *(arrestáre)* tr. detener.

arresto *(arrésto)* m. detención, arresto.

arretrare *(arretráre)* tr. e itr. hacer retroceder, arredrar, atrasar.

arretrato *(arretráto)* adj. atrasado; (com.) pendiente de pago.

arretrati *(arretráti)* m. pl. (com.) atrasos.

arricchimento *(arrikkiménto)* m. enriquecimiento.

arricchire *(arrikkíre)* tr. e itr. enriquecer.

arricchirsi *(arrikkírsi)* rfl. enriquecerse.

arricciare *(arritchiáre)* tr. rizar; revocar.

arricciatura *(arritchiatúra)* f. rizado; revoque.

arridere *(arrídere)* itr. sonreír. tr. favorecer.

arrischiamento *(arriskiaménto)* m. riesgo.

arrischiare *(arriskiáre)* tr. arriesgar.

arrischiarsi *(arriskiársi)* rfl. arriesgarse.

arrischiato *(arriskiáto)* adj. arriesgado.

arrivare *(arriváre)* itr. llegar, arribar.

arrivo *(arrívo)* m. llegada.

arrivederci *(arrivedérchi)* itj. ¡hasta la vista! [gancia.

arroganza *(arrogándsa)* f. arro-

arrogarsi *(arrogársi)* rfl. arrogarse.

arrossare *(arrossáre)* tr. ruborizar. itr. ruborizarse.

arrossimento *(arrossiménto)* m. enrojecimiento; rubor.

arrossire *(arrosíre)* itr. ruborizarse, avergonzarse.

arrostire *(arrostíre)* tr. asar; tostar.

arrostito *(arrostíto)* adj. asado.

arrosto *(arrósto)* m. asado.

arrotare *(arrotáre)* tr. afilar.

arrotolare *(arrotoláre)* tr. arrollar.

arrotondare *(arrotondáre)* tr. redondear.

arrovellarsi *(arrovel-lársi)* rfl. irritarse; afanarse.

arroventare *(arroventáre)* tr. poner al rojo vivo.

arrovesciare *(arroveschiáre)* tr. volcar, derribar.

arrovesciatura *(arroveschiatúra)* f. vuelco.

arruffamento *(arruffaménto)* m. enredo.

arruffare *(arruffáre)* tr. enredar, embrollar.

arrugginire *(arrudyiníre)* itr. aherrumbrase. [lar.

arruolare *(arruoláre)* tr. enro-

arruvidimento *(arruvidiménto)* m. endurecimiento.

arruvidire *(arruvidíre)* tr. endurecer; poner áspero.

arsenale *(arsenále)* m. arsenal.

arsura *(arsúra)* f. ardor; bochorno, sequedad.

arte *(árte)* f. arte; maña; oficio.

artefatto *(artefátto)* adj. artificial, adulterado.

artefice *(artéfiche)* m. artífice.

arteria *(artéria)* f. arteria.

articolare *(articoláre)* adj. articular. tr. articular.

articolato *(articoláto)* adj. articulado.

articolazione *(articoladsióne)* f. articulación.

articolo *(artícolo)* m. artículo.
— **di fondo** editorial.

--------- L'articolo ---------

1. **Determinato**
   il, lo (el)   *i, gli* (los)
   la (la)   *le* (las)

2. **Indeterminado**
   un, uno (un)
   una (una)

• Los artículos *il, i* se emplean delante de consonante *(il libro, i libri)*.

• Los artículos *lo, gli* (ver observaciones siguientes) se emplean delante de vocal, *s* impura, *z, gn* y *ps* *(lo specchio, gli zoppi)*.

• Los artículos *lo* y *la* se eliden *(l')* cuando van delante de vocal *(l'albero, l'acqua)*.

• El artículo *gli* se apostrofa *(gl')* cuando va delante de la vocal *i* *(gl'innocenti)*.

• El artículo *un* se emplea delante de vocal y consonante *(un albero, un libro)*.

• El artículo *uno* se emplea delante de *s* impura, *z, gn* y *ps* *(uno zoppo)*.

• El artículo *una* se apostrofa *(un')* cuando va delante de una vocal *(un'ombra)*.

• El artículo indeterminado plural no existe en italiano; en su lugar se usan los partitivos *dei, degli, delle* o los adjetivos indefinidos *alcuni, alcune*.

• El artículo contracto se llama en italiano *preposizione articolata*. Ver en **preposizione.**

artificiale *(artifichiále)* adj. artificial.

artificio *(artifíchio)* m. artificio; estratagema.

artificioso *(artifichióso)* adj. artificioso.

artigianato *(artidyanáto)* m. artesanía.

artigiano *(artidyiáno)* m. artesano.

artigliere *(artilliére)* m. artillero. [llería.

artiglieria *(artilliería)* f. artillería.

artiglio *(artíllio)* m. garra.

artista *(artísta)* m. f. artista.

artrite *(artríte)* f. (med.) artritis.

arzillo *(ardsíl-lo)* adj. vivo, vivaz, avispado.

ascella *(aschél-la)* f. sobaco, axila.

ascendente *(aschendénte)* adj. y m. ascendiente.

ascendenza *(aschendéndsa)* f. ascendencia.

ascendere *(aschéndere)* tr. e itr. ascender; importar una cuenta.

ascensione *(aschensióne)* f. ascensión, subida.

ascensore *(aschensóre)* m. ascensor.

ascia *(áschia)* f. hacha.

asciugamano *(aschiugamáno)* m. toalla.

asciugare *(aschiugáre)* tr. secar; enjugar.

asciuttezza *(aschiuttétsa)* f. sequedad.

asciutto *(aschiútto)* adj. seco; árido.

ascoltare *(ascoltáre)* tr. escuchar; (med.) auscultar.

ascolto *(ascólto)* m. escucha.

ascondere *(ascóndere)* tr. esconder, ocultar.

ascritto *(ascrítto)* adj. adscrito. [bir.

ascrivere *(ascrívere)* tr. inscribir.

asfalto *(asfálto)* m. asfalto.

asfissia *(asfissía)* f. asfixia.

asilo *(asílo)* m. asilo.

asino *(ásino)* m. (zool.) asno, burro; (fig.) tonto.

aspergere *(aspérdyere)* tr. asperjar.

———— **ASPERGERE** ————

INFINITO Presente: aspergere. **Passato:** avere asperso. **GERUNDIO Semplice:** aspergendo. **Composto:** avendo asperso. **PARTICIPIO Presente:** aspergente. **Passato:** asperso. **INDICATIVO Presente:** io aspergo, tu aspergi, egli asperge; noi aspergiamo, voi aspergete, essi aspergono. **Passato prossimo:** ho asperso, hai asperso, ha asperso; abbiamo asperso, avete asperso, hanno asperso. **Imperfetto:** aspergevo, aspergevi, aspergeva; aspergevamo, aspergevate, aspergevano. **Trapassato prossimo:** avevo asperso, avevi asperso, aveva asperso; avevamo asperso, avevate asperso, avevano asperso. **Passato remoto:** aspersi, aspergesti, asperse; aspergemmo, aspergeste, aspersero. **Trapassato remoto:** ebbi asperso, avesti asperso, ebbe asperso; avemmo asperso, aveste asperso, ebbero asperso. **Futuro semplice:** aspergerò, aspergerai, aspergerà; aspergeremo, aspergerete, aspergeranno. **Futuro anteriore:** avrò asperso, avrai asperso, avrà asperso; avremo asperso, avrete asperso, avranno asperso. **CONDIZIONALE Presente:** aspergerei, aspergeresti, aspergerebbe; aspergeremmo, aspergereste, aspergerebbero. **Passato:** avrei asperso, avresti asperso, avrebbe asperso; avremmo asperso, avreste asperso, avrebbero asperso. **CONGIUNTIVO Presente:** asperga, asperga, asperga; aspergiamo, aspergiate, aspergano. **Imperfetto:** aspergessi, aspergessi, aspergesse; aspergessimo, aspergeste, aspergessero. **Passato:** abbia asperso, abbia asperso, abbia asperso; abbiamo asperso, abbiate asperso, abbiano asperso. **Trapassato:** avessi asperso, avessi asperso, avesse asperso; avessimo asperso, aveste asperso, avessero asperso. **IMPERATIVO Presente:** aspergi tu, asperga egli; aspergiamo noi, aspergete voi, aspergano essi.

asperges *(aspérdyes)* m. aspersorio, aspersión.

asperità *(asperitá)* f. aspereza.

aspirare *(aspiráre)* tr. aspirar.

aspirazione *(aspiradsióne)* f. aspiración.

aspirina *(aspirína)* f. (med.) aspirina.

asprezza *(asprétsa)* f. aspereza.

aspro *(áspro)* adj. áspero.

assaggiare *(assatyiáre)* tr. probar.

assai *(assái)* adv. bastante, muy, mucho.

assalire *(assalíre)* tr. asaltar, atacar.

——————— ASSALIRE ———

INFINITO Presente: assalire. **Passato:** avere assalito. **GERUNDIO Semplice:** assalendo. **Composto:** avendo assalito. **PARTICIPIO Presente:** assalente. **Passato:** assalito. **INDICATIVO Presente: io** assalgo o assalisco, **tu** assali o assalisci, **egli** assale o assalisce; **noi** assaliamo, **voi** assalite, **essi** assalgono o assaliscono. **Passato prossimo:** ho assalito, hai assalito, ha assalito; abbiamo assalito, avete assalito, hanno assalito. **Imperfetto:** assalivo, assalivi, assaliva; assalivamo, assalivate, assalivano. **Trapassato prossimo:** avevo assalito, avevi assalito, aveva assalito; avevamo assalito, avevate assalito, avevano assalito. **Passato remoto:** assalii, assalisti, assalí; assalimmo, assaliste, assalirono. **Trapassato remoto:** ebbi assalito, avesti assalito, ebbe assalito; avemmo assalito, aveste assalito, ebbero assalito. **Futuro semplice:** assalirò, assalirai, assalirà; assaliremo, assalirete, assaliranno. **Futuro anteriore:** avrò assalito, avrai assalito, avrà assalito; avremo assalito, avrete assalito, avranno assalito. **CONDIZIONALE Presente:** assalirei, assaliresti, assalirebbe; assaliremmo, assalireste, assalirebbero. **Passato:** avrei assalito, avresti assalito, avrebbe assalito; avremmo assalito, avreste assalito, avrebbero assalito. **CONGIUNTIVO Presente:** assalga o assalisca, assalga o assalisca, assalga o assalisca; assaliamo, assaliate, assalgano o assaliscano. **Imperfetto:** assalissi, assalissi, assalisse; assalissimo, assaliste, assalissero. **Passato:** abbia assalito, abbia assalito, abbia assalito; abbiamo assalito, abbiate assalito, abbiano assalito. **Trapassato:** avessi assalito, avessi assalito, avesse assalito; avessimo assalito, aveste assalito, avessero assalito. **IMPERATIVO Presente:** assali **tu**, assalga **egli**; assaliamo **noi**, assalite **voi**, assalgano **essi**.

assalto *(assálto)* m. asalto, ataque.

assassinare *(assassináre)* tr. asesinar.

assassinio *(assassínio)* m. asesinato. [sino.

assassino *(assassíno)* m. ase-

asse *(ásse)* m. eje; tablero. — **patrimoniale** patrimonio.

assecondare *(assecondáre)* tr. secundar; satisfacer.

assediare *(assediáre)* tr. asediar, importunar.

assedio *(assédio)* m. asedio.

assegnare *(asseñáre)* tr. asignar.

assegnazione *(asseñadsióne)* f. asignación.

assegno *(asséño)* m. giro. **contro** — contra reembolso.

assemblea *(assembléa)* f. asamblea.

assente *(assénte)* adj. y m. ausente.

assentire *(assentíre)* tr. asentir, consentir.

assenza *(asséndsa)* f. ausencia.

asserire *(asseríre)* tr. asegurar, afirmar, aseverar.

assessore *(assessóre)* m. asesor.

assicurare *(assicuráre)* tr. asegurar; tranquilizar, animar.

assicurazione *(assicuradsióne)* f. seguridad; seguro.

assidarsi *(assiderársi)* rfl. aterirse.

assidersi *(assídersi)* rfl. sentarse.

——————— ASSIDERSI ———

INFINITO Presente: assidersi. **Passato:** essersi assiso. **GERUNDIO Semplice:** assidendosi. **Composto:** essendosi assiso. **PARTICIPIO Presente:** assidentesi. **Passato:** assiso. **INDICATIVO Presente: io** mi assido, **tu** ti assidi, **egli** si asside; **noi** ci assidiamo, **voi** vi assidete, **essi** si assidono. **Passato prossimo:** mi sono assiso-a, ti sei assiso-a, si è assiso-a; ci siamo assisi-e, vi siete assisi-e, si sono assisi-e. **Imperfetto:** mi assidevo, ti assidevi, si assideva; ci assidevamo, vi assidevate, si assidevano. **Trapassato prossimo:** mi ero assiso-a, ti eri assiso-a, si era assiso-a, ci eravamo assisi-e, vi eravate eravate assisi-e, si erano assisi-e. **Passato remoto:** mi assisi, ti assidesti, si assise; ci assidemmo, vi assideste, si assisero. **Trapassato remoto:** mi fui assiso-a, ti fosti assiso-a, si fu assiso-a; ci fummo assisi-e, vi foste assisi-e, si furono assisi-e. **Futuro semplice:** mi assidderò, ti assiderai, si assiderà; ci assideremo, vi assiderete, si assideranno. **Futuro anteriore:** mi sarò assiso-a, ti sarai assiso-a, si sarà assiso-a; ci saremo assisi-e, vi sarete assisi-e, si saranno assisi-e. **CONDIZIONALE Presente:** mi assiderei, ti assideresti, si assiderebbe; ci assideremmo, vi assidereste, si assiderebbero. **Passato:** mi sarei assiso-a, ti saresti assiso-a, si sarebbe assiso-a; ci saremmo assisi-e, vi sareste assisi-e, si sarebbero assisi-e. **CONGIUNTIVO Presente:** mi assida, ti assida, si assida; ci assidiamo, vi assidiate, si assidano. **Imperfetto:** mi assidessi, ti assidessi, si assidesse; ci assidessimo, vi assideste, si assidessero. **Passato:** mi sia assiso-a, ti sia assiso-a, si sia assiso-a; ci siamo assisi-e, vi siete assisi-e, si siano assisi-e. **Trapassato:** mi fossi assiso-a, ti fossi assiso-a, si fosse assiso-a; ci fossimo assisi-e, vi fosti assisi-e, si fossero assisi-e. **IMPERATIVO Presente:** assiditi **tu,** si assida **egli;** assidiamoci **noi,** assidetevi **voi,** si assidano **essi.**

---

assiduità *(assiduitá)* f. asiduidad.

assiduo *(assíduo)* adj. asiduo, constante.

assieme *(assiéme)* adv. juntamente, a la vez. m. conjunto, grupo.

assiepamento *(assiepaménto)* m. hacinamiento.

assiepare *(assiepáre)* tr. rodear.

assieparsi *(assiepársi)* rfl. amontonarse.

assimilare *(assimiláre)* tr. asimilar.

assimilazione *(assimiladsióne)* f. asimilación.

assioma *(assióma)* m. axioma.

assistente *(assisténte)* adj. y m. asistente.

assistenza *(assisténdsa)* f. asistencia.

assistere *(assístere)* tr. asistir.

——— **ASSISTERE** ———

INFINITO Presente: assistere. **Passato:** avere assistito. **GERUNDIO Semplice:** assistendo. **Composto:** avendo assistito. **PARTICIPIO Presente:** assistente. **Passato:** assistito. **INDICATIVO Presente: io** assisto, **tu** assisti, **egli** assiste; **noi** assistiamo, **voi** assistite, **essi** assistono. **Passato prossimo:** ho assistito, hai assistito, ha assistito; abbiamo assistito, avete assistito, hanno assistito. **Imperfetto:** assistevo, assistevi, assisteva; assistevamo, assistevate, assistevano. **Trapassato prossimo:** avevo assistito, avevi assistito, aveva assistito; avevamo assistito, avevate assistito, avevano assistito. **Passato remoto:** assistei o assistetti, assistesti, assistè o assistette; assistemmo, assisteste, assisterono o assistettero. **Trapassato remoto:** ebbi assistito, avesti assistito, ebbe assistito; avemmo assistito, aveste assistito, ebbero assistito. **Futuro semplice:** assisterò, assisterai, assisterà; assisteremo, assisterete, assisteranno. **Futuro anteriore:** avrò assistito, avrai assistito, avrà assistito; avremo assistito, avrete assistito, avranno assistito. **CONDIZIONALE Presente:** assisterei, assisteresti, assisterebbe; assisteremmo, assistereste, assisterebbero. **Passato:** avrei assistito, avresti assistito, avrebbe assistito; avremmo assistito, avreste assistito, avrebbero assistito. **CONGIUNTIVO Presente:** assista, assista, assista; assistiamo, assistiate, assistano. **Imperfetto:** assistessi, assistessi, assistesse; assistessimo, assisteste, assistessero. **Passato:** abbia assistito, abbia assistito, abbia assistito; abbiamo assistito, abbiate assistito, abbiano assistito. **Trapassato:** avessi assistito, avessi assistito, avesse assistito; avessimo assistito, aveste assistito, avessero assistito. **IMPERATIVO Presente:** assisti **tu,** assista **egli;** assistiamo **noi,** assistete **voi,** assistano **essi.**

---

associare *(assochiáre)* tr. asociar.

associazione *(assochiadsióne)* f. asociación.

assoggettare *(assotyettáre)* tr. sujetar, someter; obligar; contener, reprimir.

assolare *(assoláre)* tr. solear.

assoldare *(assoldáre)* tr. emplear, ajustar (obreros); reclutar.   [luto.

assoluto *(assolúto)* adj. abso-

assoluzione *(assoludsióne)* f. absolución.

assolvere *(assólvere)* tr. absolver, perdonar.

———————— ASSOLVERE ————————

INFINITO Presente: assolvere. Passato: avere assolto. GERUNDIO Semplice: assolvendo. Composto: avendo assolto. PARTICIPIO Presente: assolvente. Passato: assolto. INDICATIVO Presente: io assolvo, tu assolvi, egli assolve; noi assolviamo, voi assolvete, essi assolvono. Passato prossimo: ho assolto, hai assolto, ha assolto; abbiamo assolto, avete assolto, hanno assolto. Imperfetto: assolvevo, assolvevi, assolveva; assolvevamo, assolvevate, assolvevano. Trapassato prossimo: avevo assolto, avevi assolto, aveva assolto; avevamo assolto, avevate assolto, avevano assolto. Passato remoto: assolsi o assolvei, assolvesti, assolse; assolvemmo, assolveste, assolsero o assolvettero. Trapassato remoto: ebbi assolto, avesti assolto, ebbe assolto; avemmo assolto, aveste assolto, ebbero assolto. Futuro semplice: assolverò, assolverai, assolverà; assolveremo, assolverete, assolveranno. Futuro anteriore: avrò assolto, avrai assolto, avrà assolto; avremo assolto, avrete assolto, avranno assolto. CONDIZIONALE Presente: assolverei, assolveresti, assolverebbe, assolveremmo, assolvereste, assolverebbero. Passato: avrei assolto, avresti assolto, avrebbe assolto; avremmo assolto, avreste assolto, avrebbero assolto. CONGIUNTIVO Presente: assolva, assolva, assolva; assolviamo, assolviate, assolvano. Imperfetto: assolvessi, assolvessi, assolvesse; assolvessimo, assolveste, assolvessero. Passato: abbia assolto, abbia assolto, abbia assolto; abbiamo assolto, abbiate assolto, abbiano assolto. Trapassato: avessi assolto, avessi assolto, avesse assolto; avessimo assolto, aveste assolto, avessero assolto. IMPERATIVO Presente: assolvi tu, assolva egli; assolviamo noi, assolvete voi, assolvano essi.

———————

assomiglianza *(assomilliándsa)* f. semejanza.

assomigliare *(assomilliáre)* itr. parecerse.

assorbire *(assorbíre)* tr. absorber.

———————— ASSORBIRE ————————

INFINITO Presente: assorbire. Passato: avere assorbito o assorto. GERUNDIO Sempice: assorbendo. Composto: avendo assorbito. PARTICIPIO Presente: assorbente. Passato: assorbito o assorto. INDICATIVO Presente: io assorbisco o assorbo, tu assorbisci o assorbi, egli assorbisce o assorbe; noi assorbiamo, voi assorbite, essi assorbiscono o assorbono. Passato prossimo: ho assorbito, hai assorbito, ha assorbito; abbiamo assorbito, avete assorbito, hanno assorbito. Imperfetto: assorbivo, assorbivi, assorbiva; assorbivamo, assorbivate, assorbivano. Trapassato prossimo: avevo assorbito, avevi assorbito, aveva assorbito; avevamo assorbito, avevate assorbito, avevano assorbito. Passato remoto: assorbii, assorbisti, assorbí; assorbimmo, assorbiste, assorbirono. Trapassato remoto: ebbi assorbito, avesti assorbito, ebbe assorbito; avemmo assorbito, aveste assorbito, ebbero assorbito. Futuro semplice: assorbirò, assorbirai, assorbira; assorbiremo, assorbirete, assorbiranno. Futuro anteriore: avrò assorbito, avrai assorbito, avrà assorbito; avremo assorbito, avrete assorbito, avranno assorbito. CONDIZIONALE Presente: assorbirei, assorbiresti, assorbirebbe; assorbiremmo, assorbireste, assorbirebbero. Passato: avrei assorbito, avresti assorbito, avrebbe assorbito; avremmo assorbito, avreste assorbito, avrebbero assorbito. CONGIUNTIVO Presente: assorba o assorbisca, assorba o assorbisca, assorba o assorbisca; assorbiamo, assorbiate, assorbano o assorbiscano. Imperfetto: assorbissi, assorbissi, assorbisse; assorbissimo, assorbiste, assorbissero. Passato: abbia assorbito, abbia assorbito, abbia assorbito; abbiamo assorbito, abbiate assorbito, abbiano assorbito. Trapassato: avessi assorbito, avessi assorbito, avesse assorbito; avessimo assorbito, aveste assorbito, avessero assorbito. IMPERATIVO Presente: assorbisci tu, assorbisca egli; assorbiamo noi, assorbite voi, assorbiscano essi.

———————

assordamento *(assordaménto)* m. ensordecimiento.

assordare *(assordáre)* tr. ensordecer.

assortimento *(assortiménto)* m. surtido.

assortire *(assortíre)* tr. surtir.

assottigliamento *(assottigliaménto)* m. disminución.

assottigliare *(assottigliáre)* tr. reducir; adelgazar; afilar; agudizar.

assuefare *(assuefáre)* tr. acostumbrar.

assuefazione *(assuefadsióne)* f. costumbre.

—————— ASSUMERE ——————

INFINITO Presente: assumere. Passato: avere assunto. GERUNDIO Semplice: assumendo. Composto: avendo assunto. PARTICIPIO Presente: assumente. Passato: assunto. INDICATIVO Presente: io assumo, tu assumi, egli assume; noi assumiamo, voi assumete, essi assumono. Passato prossimo: ho assunto, hai assunto, ha assunto; abbiamo assunto, avete assunto, hanno assunto. Imperfetto: assumevo, assumevi, assumeva; assumevamo, assumevate, assumevano. Trapassato prossimo: avevo assunto, avevi assunto, aveva assunto; avevamo assunto, avevate assunto, avevano assunto. Passato remoto: assunsi, assumesti, assunse; assumemmo, assumeste, assunsero. Trapassato remoto: ebbi assunto, avesti assunto, ebbe assunto; avemmo assunto, aveste assunto, ebbero assunto. Futuro semplice: assumerò, assumerai, assumerà; assumeremo, assumerete, assumeranno. Futuro anteriore: avrò assunto, avrai assunto, avrà assunto; avremo assunto, avrete assunto, avranno assunto. CONDIZIONALE Presente: assumerei, assumeresti, assumerebbe; assumeremmo, assumereste, assumerebbero. Passato: avrei assunto, avresti assunto, avrebbe assunto; avremmo assunto, avreste assunto, avrebbero assunto. CONGIUNTIVO Presente: assuma, assuma, assuma; assumiamo, assumiate, assumano. Imperfetto: assumessi, assumessi, assumesse; assumessimo, assumeste, assumessero. Passato: abbia assunto, abbia assunto, abbia assunto; abbiamo assunto, abbiate assunto, abbiano assunto. Trapassato: avessi assunto, avessi assunto, avesse assunto; avessimo assunto, aveste assunto, avessero assunto. IMPERATIVO Presente: assumi tu, assuma egli; assumiamo noi, assumete voi, assumano essi.

assumere *(assúmere)* tr. asumir, encargarse de.

assunta *(assúnta)* f. Asunción de la Santísima Virgen.

assunto *(assúnto)* m. asunto; tarea, negocio, cargo.

assurdità *(assurditá)* f. absurdo, absurdidad.

assurdo *(assúrdo)* adj. y m. absurdo.

astenersi *(astenérsi)* rfl. abstenerse, contenerse.

astensione *(astensióne)* f. abstención, abstinencia.

astinenza *(astinéndsa)* f. abstinencia.

astio *(ástio)* m. rencor.

astrarre *(astrárre)* tr. separar, abstraer. itr. prescindir.

astratto *(astrátto)* adj. abstracto; distraído.

astringere *(astríndyere)* tr. obligar; astringir.

astro *(ástro)* m. astro.

astrologia *(astrolodyía)* f. astrología.

astronave *(astronáve)* f. astronave.

astronomo *(astrónomo)* m. astrónomo.

astuto *(astúto)* adj. astuto.

astuzia *(astúdsia)* f. astucia.

atleta *(atléta)* m. atleta.

atletica *(atlética)* f. atletismo.

atomo *(átomo)* m. átomo.

atroce *(atróche)* adj. atroz.

atrocità *(atrochitá)* f. atrocidad, crueldad.

attaccamento *(attaccaménto)* m. adhesión, apego.

attaccapanni *(attaccapánni)* m. percha.

attaccare *(attaccáre)* atacar; juntar; colgar; iniciar. itr. adherir.   [garse.

attaccarsi *(attaccársi)* rfl. pe-

attacco *(attácco)* m. ataque, (electr.) enchufe.

atteggiamento *(attetyiaménto)* m. actitud; aspecto.

atteggiarsi *(attetyiársi)* rfl. hacer de.

attendere *(atténdere)* tr. esperar. itr. atender; estar ocupado en, dedicarse a.

attenere *(attenére)* itr. concernir.

attenersi *(attenérsi)* rfl. atenerse a.

attentare (attentáre) tr. atentar.

attentarsi (attentársi) rfl. atreverse.

attentato (attentáto) m. atentado.

attento (atténto) adj. atento.

attenuare (attenuáre) tr. atenuar, aminorar.

attenzione (attendsióne) f. atención; obsequio; consideración. —! ¡atención!, ¡cuidado!

atterraggio (atterrátyio) m. aterrizaje.

atterrare (atterráre) tr. echar por el suelo. itr. aterrizar.

attesa (attésa) f. espera.

attestare (attestáre) tr. atestar, declarar.

attestato (attestáto) m. atestación, testimonio; certificado. — di nascita partida de nacimiento.

attiguità (attiguitá) f. contigüidad.

attiguo (attíguo) adj. contiguo.

attillare (attil-láre) tr. vestir con elegancia.

attillarsi (attil-lársi) rfl. atildarse.

attillato (atil-láto) adj. atildado.

attimo (áttimo) m. instante.

attinente (attinénte) adj. perteneciente.

attinenza (attinéndsa) f. pertenencia.

attingere (attíndyere) tr. sacar agua; tomar, extraer; alcanzar.

attirare (attiráre) tr. atraer.

attirarsi (attirarsi) rfl. atraerse.

attitudine (attitúdine) f. actitud; aptitud.

attività (attivitá) f. actividad

attivo (attívo) adj. activo, m. (com.) haber.

attizzare (attitsáre) tr. atizar

atto (átto) m. acto; gesto. adj apto.

atti (átti) m. pl. autos (jur.)

attonito (attónito) adj. atónito aturdido.

attorcere (attórchere) tr. torcer, retorcer, enroscar.

attorcigliamento (attorchillia mento) m. retorcimiento.

attorcigliare (attorchilliáre) tr torcer; enroscar.

attore (attóre) m. actor, (jur.) demandante.

attorniare (attorniáre) tr. rodear.

attorno (attórno) adv. y prep en torno.

attortigliare (attortilliáre) tr torcer, retorcer.

attrarre (attrárre) tr. atraer seducir.

attrattiva (attrattíva) f. atrac tivo; atracción.

attrattivo (attrattívo) adj. atrac tivo.

attraversare (attraversáre) tr atravesar (de lado a lado)

attraverso (attravérso) adv. a través de.

attrazione (attradsióne) f atracción.

attrezzare (attretsáre) tr. apres tar, proveer; (náut.) apare jar.

attrezzo (attrétso) m. instru mento.

attrezzi (attrétsi) m. pl. instru mentos, aparejos.

attribuire (attribuíre) tr. atri buir.

attribuirsi (attribuírsi) rfl. atri buirse.

attribuzione (attribudsióne) f atribución; jurisdicción.

attrice (attríche) f. actriz.

attruppamento (attruppamén to) m. agolpamiento.

attrupparsi *(attruppársi)* rfl.
   agolparse.
attuale *(attuále)* adj. actual.
attualità *(attualitá)* f. actualidad.
attuare *(attuáre)* tr. actuar;
   realizar.
audace *(audáche)* adj. audaz.
audacia *(audáchia)* f. audacia.
augurare *(auguráre)* tr. augurar.
augurio *(augúrio)* m. augurio;
   presagio.
aumentare *(aumentáre)* tr. e
   itr. aumentar, subir (el precio).
aumento *(auménto)* m. aumento; subida (de precios)
aureola *(auréola)* f. aureola.
ausiliare *(ausiliáre)* tr. auxiliar, socorrer. adj. auxiliar.
ausilio *(ausílio)* m. auxilio, socorro, ayuda.
austerità *(austeritá)* f. austeridad.
autenticare *(autenticáre)* tr.
   autenticar o legalizar (docu-
   mentos).
autenticazione *(autenticadsió-
   ne)* f. legalización.
autentico *(auténtico)* adj.
   auténtico.
autenticità *(autentichitá)* f. au-
   tenticidad.
autista *(autista)* m. chófer.
auto *(áuto)* f. auto.
autocarro *(autocárro)* m. auto-
   camión.   [ro.
autogiro *(autodyíro)* m. autogi-
automa *(autóma)* m. autómata.
automobile *(automóbile)* m.
   automóvil.
autopsia *(autopsía)* f. autopsia.
autore *(autóre)* m. autor.
autorevole *(autorévole)* adj.
   autorizado, competente.
autorevolezza *(autorevolétsa)*
   f. autoridad, competencia.
autorità *(autoritá)* f. autoridad;
   prestigio.
autorizzare *(autoritsáre)* tr.
   autorizar.

autoscafo *(autoscáfo)* m. canoa automóvil.
autostrada *(autostráda)* f. au-
   topista.
autunnale *(autunnále)* adj. otoñal.
autunno *(autúnno)* m. otoño.
ava *(áva)* f. abuela.
avallare *(aval-láre)* tr. avalar.
avallo *(avál-lo)* m. aval.
avambraccio *(avambrátchio)*
   m. (anat.) antebrazo.
avanguardia *(avanguárdia)* f.
   vanguardia.
avanti *(avánti)* adv. delante,
   antes. adj. anterior. prep. delante de, ante. **da qui —** de
   ahora en adelante. **farsi —**
   adelantarse. **Il giorno —** la
   víspera. **—!** ¡adelante!, ¡pase usted!
avantieri *(avantiéri)* adv. anteayer.
avanzamento *(avandsaménto)*
   m. adelantamiento, progreso.
avanzare *(avandsáre)* tr. avanzar, adelantar. itr. avanzar;
   presentar; sobrar.
avanzarsi *(avandsársi)* rfl. adelantarse.
avaria *(avaría)* f. avería.
avariato *(avariáto)* adj. averia-
   do.
avarizia *(avarídsia)* f. avaricia.
avaro *(aváro)* adj. y m. avaro.
avere *(avére)* tr. haber, tener.
   m. haber, activo.
aviatore *(aviatóre)* m. aviador.
aviazione *(aviadsióne)* f. aviación.
avidità *(aviditá)* f. avidez, codicia.
avido *(ávido)* adj. ávido.
avo *(ávo)* m. abuelo; antepa-
   sado.
avoltoio *(avoltóio)* m. (orn.)
   buitre.

-------------------- Verbo ausiliare -------------------- AVERE --------------------

INFINITO	GERUNDIO	PARTICIPIO
Presente avere	**Semplice** avendo	**Presente** avente
Passato avere avuto	**Composto** avendo avuto	**Passato** avuto

INDICATIVO

Presente
io ho, tu hai, egli ha;
noi abbiamo, voi avete, essi hanno.

Passato prossimo
ho avuto, hai avuto, ha avuto;
abbiamo avuto, avete avuto, hanno avuto.

Imperfetto
avevo, avevi, aveva;
avevamo, avevate, avevano.

Trapassato prossimo
avevo avuto, avevi avuto, aveva avuto;
avevamo avuto, avevate avuto, avevano avuto.

Passato remoto
ebbi, avesti, ebbe;
avemmo, aveste, ebbero.

Trapassato remoto
ebbi avuto, avesti avuto, ebbe avuto;
avemmo avuto, aveste avuto, ebbero avuto.

Futuro semplice
avrò, avrai, avrà;
avremo, avrete, avranno.

Futuro anteriore
avrò avuto, avrai avuto, avrà avuto;
avremo avuto, avete avuto, avranno avuto.

CONDIZIONALE

Presente
avrei, avresti, avrebbe;
avremmo, avreste, avrebbero.

Passato
avrei avuto, avresti avuto, avrebbe avuto;
avremmo avuto, avreste avuto, avrebbero avuto.

CONGIUNTIVO

Presente
abbia, abbia, abbia;
abbiamo, abbiate, abbiano.

Imperfetto
avessi, avessi, avesse;
avessimo, aveste, avessero.

Passato
abbia avuto, abbia avuto, abbia avuto;
abbiamo avuto, abbiate avuto, abbiano avuto.

Trapassato
avessi avuto, avessi avuto, avesse avuto;
avessimo avuto, aveste avuto, avessero avuto.

IMPERATIVO

Presente
abbi tu, abbia egli;
abbiamo noi, abbiate voi, abbiano essi.

avorio *(avório)* m. marfil.

avvalorare *(avvaloráre)* tr. valorar; comprobar; dar ánimos, infundir valor.

avvallamento *(avval-laménto)* m. hundimiento.

avvallare *(avval-láre)* itr. hundirse, tr. humillar.

avvallarsi *(avval-lársi)* rfl. doblegarse; hundirse.

avvampamento *(avvampaménto)* m. llamarada.

avvampare *(avvampáre)* tr. inflamar, encender. itr. arder, llamear.

avvantaggiare *(avvantatyiáre)* tr. aventajar.

avvantaggio *(avvantátyio)* m. ventaja.   [cuenta.

avvedersi *(avvedérsi)* rfl. darse

avvedimento *(avvediménto)* m. advertencia.

avveduto *(avvedúto)* adj. advertido; prudente; sagaz.

avvelenamento *(avvelenaménto)* m. envenenamiento.

avvelenare *(avvelenáre)* tr. envenenar.

avvelenarsi *(avvelenársi)* rfl. envenenarse.

avvenente *(avvenénte)* adj. agradable; gracioso.

avvenenza *(avvenéndsa)* f. agrado; gracia.

avvenimento *(avveniménto)* m. suceso, advenimiento.

avvenire *(avvenire)* itr. suceder, advenir. m. futuro, porvenir.

avvenirsi *(avvenírsi)* rfl. avenirse.

avventare *(avventáre)* tr. arrojar, lanzar; arriesgar.

avventarsi *(avventársi)* rfl. abalanzarse sobre.

avventura *(avventúra)* f. aventura.

avventurare *(avventuráre)* tr. aventurar.

avventuriere *(avventuriére)* m. aventurero.

avveramento *(avveraménto)* m. realización.

avverare *(avveráre)* tr. certificar, aseverar; realizar.

avverarsi *(avverársi)* rfl. realizarse.

avverbio *(avvérbio)* m. (gram.) adverbio.

avversario *(avversário)* adj. y m. adversario.

avversità *(avversitá)* f. adversidad.

avvertenza *(avverténdsa)* f. advertencia.

avvertire *(avvertíre)* tr. advertir, prevenir; darse cuenta.

avvezzamento *(avvetsaménto)* m. costumbre.

avvezzare *(avvetsáre)* tr. acostumbrar, habituar.

avvezzarsi *(avvetsársi)* rfl. acostumbrarse.

avviare *(avviáre)* tr. encaminar; empezar.

avviarsi *(avviársi)* rfl. encaminarse.

avvicinare *(avvichináre)* tr. acercar, aproximar.

avvilimento *(avviliménto)* m. envilecimiento.

avvilire *(avvilíre)* tr. envilecer, despreciar.

avvilirsi *(avvilírsi)* rfl. envilecerse, degradarse; humillarse.

avviluppamento *(avviluppaménto)* m. confusión.

avviluppare *(avviluppáre)* tr. confundir, enredar; envolver.

avvincere *(avvínchere)* tr. ceñir, estrechar, apretar; atar, liar.

avvisare *(avvisáre)* tr. avisar; creer, juzgar.

avviso *(avviso)* m. aviso, advertencia, opinión.

avvivare *(avviváre)* tr. avivar.

─────── AVVINCERE ───────

INFINITO Presente: avvincere. **Passato:** avere avvinto. **GERUNDIO Semplice:** avvincendo. **Composto:** avendo avvinto. **PARTICIPIO Presente:** avvincente. **Passato:** avvinto. **INDICATIVO Presente:** io avvinco, tu avvinci, egli avvince; noi avvinciamo, voi avvincete, essi avvincono. **Passato prossimo:** ho avvinto, hai avvinto, ha avvinto; abbiamo avvinto, avete avvinto, hanno avvinto. **Imperfetto:** avvincevo, avvincevi, avvinceva; avvincevamo, avvincevate, avvincevano. **Trapassato prossimo:** avevo avvinto, avevi avvinto, aveva avvinto; avevamo avvinto, avevate avvinto, avevano avvinto. **Passato remoto:** avvinsi, avvincesti, avvinse; avvincemmo, avvinceste, avvinsero. **Trapassato remoto:** ebbi avvinto, avesti avvinto, ebbe avvinto; avemmo avvinto, aveste avvinto, ebbero avvinto. **Futuro semplice:** avvincerò, avvincerai, avvincerà; avvinceremo, avvincerete, avvinceranno. **Futuro anteriore:** avrò avvinto, avrai avvinto, avrà avvinto; avremo avvinto, avrete avvinto, avranno avvinto. **CONDIZIONALE Presente:** avvincerei, avvinceresti, avvincerebbe; avvinceremmo, avvincereste, avvincerebbero. **Passato:** avrei avvinto, avresti avvinto, avrebbe avvinto; avremmo avvinto, avreste avvinto, avrebbero avvinto. **CONGIUNTIVO Presente:** avvinca, avvinca, avvinca; avvinciamo, avvinciate, avvincano. **Imperfetto:** avvincessi, avvincessi, avvincesse; avvincessimo, avvinceste, avvincessero. **Passato:** abbia avvinto, abbia avvinto, abbia avvinto; abbiamo avvinto, abbiate avvinto, abbiano avvinto. **Trapassato:** avessi avvinto, avessi avvinto, avesse avvinto; avessimo avvinto, aveste avvinto, avessero avvinto. **IMPERATIVO Presente:** avvinci tu, avvinca egli; avvinciamo noi, avvincete voi, avvincano essi.

──────────────

avvocato *(avvocáto)* m. abogado, defensor.
avvocatura *(avvocatúra)* f. abogacía.
avvolgere *(avvoldyére)* tr. envolver; (técn.) bobinar.
avvoltoio *(avvoltóio)* m. (orn.) buitre.

azienda *(adsiénda)* f. hacienda, bienes.
azione *(adsióne)* f. acción, acto; (jur.) demanda; (mil.) combate.
azionista *(adsionísta)* m. accionista.
azzardo *(atsárdo)* m. azar, riesgo, suerte.
azzardoso *(atsardóso)* adj. arriesgado.
azzuffamento *(atsuffaménto)* m. pelea, riña.
azzuffare *(atsuffáre)* itr. pelear.
azzurro *(atsúrro)* adj. y m. azul.

─────── AVVOLGERE ───────

INFINITO Presente: avvolgere. **Passato:** avere avvolto. **GERUNDIO Semplice:** avvolgendo. **Composto:** avendo avvolto. **PARTICIPIO Presente:** avvolgente. **Passato:** avvolto. **INDICATIVO Presente:** io avvolgo, tu avvolgi, egli avvolge; noi avvolgiamo, voi avvolgete, essi avvolgono. **Passato prossimo:** ho avvolto, hai avvolto, ha avvolto; abbiamo avvolto, avete avvolto, hanno avvolto. **Imperfetto:** avvolgevo, avvolgevi, avvolgeva; avvolgevamo, avvolgevate, avvolgevano. **Trapassato prossimo:** avevo avvolto, avevi avvolto, aveva avvolto; avevamo avvolto, avevate avvolto, avevano avvolto. **Passato remoto:** avvolsi, avvolgesti, avvolse; avvolgemmo, avvolgeste, avvolsero. **Trapassato remoto:** ebbi avvolto, avesti avvolto, ebbe avvolto; avemmo avvolto, aveste avvolto, ebbero avvolto. **Futuro semplice:** avvolgerò, avvolgerai, avvolgerà; avvolgeremo, avvolgerete, avvolgeranno. **Futuro anteriore:** avrò avvolto, avrai avvolto, avrà avvolto; avremo avvolto, avrete avvolto, avranno avvolto. **CONDIZIONALE Presente:** avvolgerei, avvolgeresti, avvolgerebbe; avvolgeremmo, avvolgereste, avvolgerebbero. **Passato:** avrei avvolto, avresti avvolto, avrebbe avvolto; avremmo avvolto, avreste avvolto, avrebbero avvolto. **CONGIUNTIVO Presente:** avvolga, avvolga, avvolga; avvolgiamo avvolgiate, avvolgano. **Imperfetto:** avvolgessi, avvolgessi, avvolgesse; avvolgessimo, avvolgeste, avvolgessero. **Passato:** abbia avvolto, abbia avvolto, abbia avvolto; abbiamo avvolto, abbiate avvolto abbiano avvolto. **Trapassato:** avessi avvolto, avessi avvolto, avesse avvolto; avessimo avvolto, aveste avvolto, avessero avvolto. **IMPERATIVO Presente:** avvolgi tu, avvolga egli; avvolgiamo noi, avvolgete voi, avvolgano essi.

──────────────

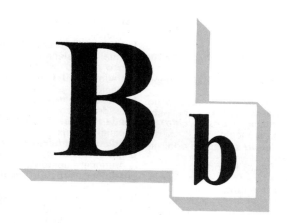

babbo *(bábbo)* f. papá, padre.
babele *(babéle)* f. confusión.
babordo *(babórdo)* m. (náut.) babor.
bacarsi *(bacársi)* rfl. agusanarse, apolillarse.
bacato *(bacáto)* adj. carcomido, apolillado.
bacca *(bácca)* f. baya.
baccalà *(baccalá)* m. bacalao.
baccanale *(baccanále)* m. bacanal.
baccano *(baccáno)* m. algazara.
bacchetta *(bakkétta)* f. varita, batuta.
bacchettare *(bakkettáre)* tr. varear.
bachicoltura *(bakicoltúra)* f. cría del gusano de seda.
baciamano *(bachiamáno)* m. besamanos.
baciare *(bachiáre)* tr. besar.
bacillo *(bachíl-lo)* m. bacilo.
bacino *(bachíno)* m. bacía; cuenca.
bacio *(báchio)* m. beso.
baco *(báco)* m. gusano. — **da seta** gusano de seda.
badare *(badáre)* tr. e itr. tener cuidado, vigilar.

badarsi *(badársi)* rfl. precaverse.
badessa *(badésa)* f. abadesa.
badia *(badía)* f. abadía.
badile *(badíle)* m. azada.
baffo *(báffo)* m. bigote.
bagaglio *(bagállio)* m. equipaje.
bagliore *(ballióre)* m. resplandor.
bagnante *(bañánte)* m. bañista.
bagnare *(bañáre)* tr. bañar; mojar.
bagno *(baño)* m. baño. — **penale** galeras. **bagni termali** caldas.
baia *(baia)* f. bahía.
balbettare *(balbettáre)* itr. balbucir, tartamudear.
balbo *(bálbo)* adj. tartamudo.
balbutire *(balbutíre)* itr. tartamudear.
balcone *(balcóne)* m. balcón.
baldanza *(baldándsa)* f. atrevimiento, osadía.
baldo *(báldo)* adj. atrevido.
baldoria *(baldória)* f. alegría, jolgorio.
balena *(baléna)* f. (zool.) ballena.

balenare *(balenáre)* itr. relampaguear.

balenio *(balenío)* m. relampagueo.

baleno *(baléno)* m. relámpago.

balestra *(baléstra)* f. ballesta.

balestruccio *(balestrútchio)* m. (orn.) vencejo.

balia *(bália)* f. ama de cría, nodriza.

balia *(balía)* f. poder.

balla *(bál-la)* f. bala, fardo; bola, mentira.

ballare *(bal-láre)* itr. bailar.

ballata *(bal-láta)* f. balada; baile.

ballerina *(bal-lerína)* f. bailarina.

ballerino *(bal-leríno)* m. bailarín.

ballo *(bál-lo)* m. baile.

balneario *(balneário)* adj. y m. balneario.

balocco *(balócco)* m. juguete; pasatiempo.

balordaggine *(balordátyine)* f. estupidez.

balordo *(balórdo)* adj. estúpido. [te.

baluardo *(baluárdo)* m. baluar-

balzare *(baltsáre)* itr. saltar.

balzo *(báldso)* m. salto; peñasco.

bambina *(bambína)* f. niña; muchachita.

bambinaia *(bambináia)* f. niñera.

bambino *(bambíno)* m. niño.

bambola *(bámbola)* f. muñeca.

banana *(banána)* f. (bot.) plátano.

banano *(banáno)* m. (bot.) platanero.

banca *(bánca)* f. banca, banco.

bancarotta *(bancarótta)* f. bancarrota.

banchetta *(bankétta)* f. banqueta.

banchetto *(bankétto)* m. banquete.

banchina *(bankína)* f. (náut.) muelle, malecón.

banco *(bánco)* m. banco; mostrador. — del lotto administración de lotería.

banconota *(banconóta)* f. billete de banco.

banda *(bánda)* f. banda; lado; pandilla; faja.

bandiera *(bandiéra)* f. bandera.

bandire *(bandíre)* tr. publicar, pregonar; desterrar.

banditismo *(banditísmo)* m. bandidismo.

bandito *(bándito)* m. bandido, salteador, bandolero; desterrado. adj. desterrado; anunciado.

bando *(bándo)* m. bando; destierro.

bar *(bar)* m. bar.

bara *(bára)* f. féretro.

baracca *(barácca)* f. barraca.

barba *(bárba)* f. barba. fare la — afeitar.

barbabietola *(barbabiétola)* f. (bot.) remolacha.

barbiere *(barbiére)* m. barbero.

barca *(bárca)* f. barca.

barcaiolo *(barcaiólo)* m. barquero.

barcarola *(barcaróla)* f. barcarola.

barcollare *(barcol-láre)* itr. balancear, bambolear, columpiar; vacilar.

bardamento *(bardaménto)* m. arreos, jaeces.

barella *(barél-la)* f. camilla; litera.

barile *(baríle)* m. barril, tonel, cuba.

barilaio *(bariláio)* m. tonelero.

barocciaio *(barotchiáio)* m. arriero.

barocciata *(barotchiáta)* f. carretada.

barocco *(barócco)* adj. barroco.

baronaggio *(baronátyio)* m. baronía.

baronata *(baronáta)* f. pillería, picardía.

barone *(baróne)* m. barón; bribón.

barra *(bárra)* f. barra.

barricata *(barricata)* f. barricada.

barriera *(barriéra)* f. barrera.

bassezza *(bassétsa)* f. bajeza.

basso *(básso)* adj. bajo; humilde; vil.

bassopiano *(bassopiáno)* m. llanura.

bassorilievo *(bassoriliévo)* m. bajorrelieve.

bastare *(bastáre)* itr. bastar, ser bastante.

bastimento *(bastiménto)* m. buque, barco, navío.

bastione *(bastióne)* m. bastión, baluarte.

bastonare *(bastonáre)* tr. apalear.

bastone *(bastóne)* m. bastón.

batista *(batísta)* f. batista.

battaglia *(battállia)* f. batalla, combate.

battagliare *(battalliáre)* itr. pelear.

battaglione *(battallióne)* m. (mil.) batallón.

battelliere *(battel-liére)* m. batelero.

battello *(battéllo)* m. bote, barca.

battente *(batténte)* m. batiente (de puertas y ventanas); aldaba.

battere *(báttere)* tr. golpear, chocar; latir; llamar a la puerta; batir, vencer (al enemigo). — le mani aplaudir. — battersela poner pies en polvorosa.

batteria *(battería)* f. batería.

batterio *(battério)* m. bacteria, microbio.

battesimale *(battesimále)* adj. bautismal.

battesimo *(battésimo)* m. bautismo.

battezzare *(battetsáre)* tr. bautizar.

batticuore *(batticuóre)* m. palpitación; angustia.

battimano *(battimáno)* m. aplauso.

battimento *(battiménto)* m. percusión; pulsación.

battitoio *(battitóio)* m. badajo.

battuta *(battuta)* f. golpe, choque; batida; (mus.) compás.

baule *(baúle)* m. baúl.

bava *(báva)* f. baba.

bazzoffia *(batsóffia)* f. bazofia; cosa despreciable.

beata *(beáta)* f. beata.

beatificare *(beatificáre)* tr. beatificar.

beatitudine *(beatitúdine)* f. beatitud; felicidad.

beato *(beáto)* adj. y m. beato; feliz.

beccaccia *(beccátchia)* f. becada, becaza.

beccaio *(beccáio)* m. carnicero.

beccare *(beccáre)* tr. picotear.

becchime *(bekkíme)* m. cebo.

becco *(bécco)* m. pico (de pájaros); (fig.) boca; chivo; marido engañado.

beffa *(béffa)* f. befa, burla. farsi beffe burlarse de.

beffardo *(beffardo)* adj. y m. burlón.

belare *(beláre)* itr. balar;

belato *(beláto)* m. balido.

belfiore *(belfióre)* m. (bot.) crisantemo.

bella *(bél-la)* adj. bella, hermosa.

bellezza *(bel-létsa)* f. belleza, hermosura.

bellicoso *(bel-licóso)* adj. belicoso; guerrero.

bellino *(bel-líno)* adj. bonito.
bello *(bél-lo)* adj. hermoso; lindo; guapo; despejado, claro, sereno (tiempo).
beltà *(beltá)* f. beldad.
belva *(bélva)* f. fiera.
belvedere *(belvedére)* m. mirador.
benché *(benké)* conj. aunque.
benda *(bénda)* f. venda.
bendare *(bendáre)* tr. vendar.
bene *(béne)* adv. bien; bueno. m. bien; utilidad, beneficio.
benedetto *(benedétto)* adj. bendito.
benedire *(benedíre)* tr. bendecir.

——— BENEDIRE ———

INFINITO Presente: benedire. **Passato:** avere benedetto. **GERUNDIO Semplice:** benedicendo. **Composto:** avendo benedetto. **PARTICIPIO Presente:** benedicente. **Passato:** benedetto. **INDICATIVO Presente:** io benedico, tu benedici, egli benedice; noi benediciamo, voi benedite, essi benedicono. **Passato prossimo:** ho benedetto, hai benedetto, ha benedetto; abbiamo benedetto, avete benedetto, hanno benedetto. **Imperfetto:** benedicevo o benedivo, benedicevi o benedivi, benediceva o benediva; benedicevamo o benedivamo, benedicevate o benedivate, benedicevano o benedivano. **Trapassato prossimo:** avevo benedetto, avevi benedetto, aveva benedetto; avevamo benedetto, avevate benedetto, avevano benedetto. **Passato remoto:** benedissi o benedii, benedicesti, benedisse; benedicemmo o benedimmo, benediceste o benediste, benedissero. **Trapassato remoto:** ebbi benedetto, avesti benedetto, ebbe benedetto; avemmo benedetto, aveste benedetto, ebbero benedetto. **Futuro semplice:** benedirò, benedirai, benedirà; benediremo, benedirete, benediranno. **CONDIZIONALE Presente:** benedirei, benediresti, benedirebbe; benediremmo, benedireste, benedirebbero. **Passato:** avrei benedetto, avresti benedetto, avrebbe benedetto; avremmo benedetto, avreste benedetto, avrebbero benedetto. **CONGIUNTIVO Presente:** benedica, benedica, benedica; benediciamo, benediciate, benedicano. **Imperfetto:** benedicessi o

benedissi, benedicessi o benedissi, benedicesse o benedisse; benedicessimo o benedissimo, benediceste, benedicessero o benedissero. **Passato:** abbia benedetto, abbia benedetto, abbia benedetto; abbiamo benedetto, abbiate benedetto, abbiano benedetto. **Trapassato:** avessi benedetto, avessi benedetto, avesse benedetto; avessimo benedetto, aveste benedetto, avessero benedetto. **IMPERATIVO Presente:** benedici tu, benedica egli; benediciamo noi, benedite voi, benedicano essi.

benedizione *(benedidsióne)* f. bendición.
benefattore *(benefattóre)* m. bienhechor.
beneficenza *(benefichéndsa)* f. beneficencia.
beneficio *(benefíchio)* m. beneficio.　　　[fico.
benefico *(benéfico)* adj. benéfico.
benefizio *(benefídsio)* m. beneficio.
benessere *(benéssere)* m. bienestar, prosperidad.
benestante *(benestánte)* adj. acomodado, de buena posición.
benevolenza *(benevoléndsa)* f. benevolencia.
benevole *(benévole)* adj. benévolo.
benigno *(beniño)* adj. benigno.
benissimo *(beníssimo)* adv. muy bien.
benportante *(benportánte)* adj. en buena salud, bien conservado.
bensì *(bensí)* conj. pero, mas, sin embargo.
benvenuto *(benvenúto)* adj. bienvenido.
benzina *(bendsína)* f. bencina.
bere *(bére)* tr. beber.

——— BERE ———

INFINITO Presente: bere. **Passato:** avere bevuto. **GERUNDIO Semplice:** bevendo. **Composto:** avendo bevuto. **PARTICIPIO Presente:** bevente. **Passato:** bevuto. **INDICATIVO Presente:** io bevo, tu bevi, egli beve; noi beviamo, voi bevete, essi bevono. **Passato prossimo:** ho bevuto, hai bevuto, ha bevuto; abbiamo bevuto, avete bevuto, hanno bevuto. **Imperfetto:** bevevo, bevevi, beveva; bevevamo, bevevate, bevevano. **Trapassato prossimo:** avevo bevuto, avevi bevuto, aveva bevuto; avevamo bevuto, avevate bevuto, avevano bevuto. **Passato remoto:** bevvi o bevetti, bevesti, bevve o bevette; bevemmo, beveste, bevvero o bevettero. **Trapassato remoto:** ebbi bevuto, avesti bevuto, ebbe bevuto; avemmo bevuto, aveste bevuto, ebbero bevuto. **Futuro semplice:** berrò o beverò, berrai o beverai, berrà o beverà; berremo o beveremo, berrete o beverete, berranno o beveranno. **Futuro anteriore:** avrò bevuto, avrai bevuto, avrà bevuto; avremo bevuto, avrete bevuto, avranno bevuto. **CONDIZIONALE Presente:** berrei, berresti, berrebbe; berremmo, berreste, berrebbero. **Passato:** avrei bevuto, avresti bevuto, avrebbe bevuto; avremmo bevuto, avreste bevuto, avrebbero bevuto. **CONGIUNTIVO Presente:** beva, beva, beva; beviamo, beviate, bevano. **Imperfetto:** bevessi, bevessi, bevesse; bevessimo, beveste, bevessero. **Passato:** abbia bevuto, abbia bevuto, abbia bevuto; abbiamo bevuto, abbiate bevuto, abbiano bevuto. **Trapassato:** avessi bevuto, avessi bevuto, avesse bevuto; avessimo bevuto, aveste bevuto, avessero bevuto. **IMPERATIVO Presente:** bevi **tu**, beva **egli**; beviamo **noi**, bevete **voi**, bevano **essi.**

bersagliare *(bersalliáre)* tr. disparar; perseguir.
bersagliere *(bersalliére)* m. cazador (soldado).
bersaglio *(bersállio)* m. blanco (de tiro).
bestemmia *(bestémmia)* f. blasfemia.
bestemmiare *(bestemmiáre)* itr. blasfemar.
bestemmiatore *(bestemmiatóre)* adj. y m. blasfemo.
bestia *(béstia)* f. bestia.
bestiame *(bestiame)* m. ganado; ganadería.
bettola *(béttola)* f. taberna, bodegón.
bettoliere *(bettoliére)* m. tabernero.
betulla *(betúl-la)* f. (bot.) abedul.
bevanda *(bevánda)* f. bebida.
beveraggio *(beverátyio)* m. brevaje.

beverone *(beveróne)* m. pócima.
bevitore *(bevitóre)* m. bebedor.
bevuta *(bevúta)* f. bebida.
bezzicare *(betsicáre)* tr. picotear; (fig.) molestar.
bezzicatura *(betsicatúra)* f. picotazo.
biacca *(biakka)* f. albayalde.
biada *(biáda)* f. pienso.
biancheria *(biankería)* f. ropa blanca. — **da dosso** ropa interior.
bianchire *(biankíre)* tr. blanquear; enjalbegar. itr. emblanquecer(se).
bianco *(biánco)* adj. blanco.
biancore *(biancoré)* m. blancor, blancura; luz blanca.
biasimabile *(biasimábile)* adj. criticable.
biasimare *(biasimáre)* tr. reprender, criticar.
biasimo *(biásimo)* m. reproche.
bibbia *(bíbbia)* f. biblia.
bibita *(bíbita)* f. bebida.
biblico *(bíblico)* adj. bíblico.
biblioteca *(bibliotéca)* f. biblioteca.
bibliotecario *(bibliotecário)* m. bibliotecario.
bicchiere *(bikkiére)* m. vaso.
bicicletta *(bichiclétta)* f. bicicleta.
bidello *(bidél-lo)* m. bedel.
biforcare *(biforcare)* tr. bifurcar.
biforcarsi *(biforcársi)* rfl. bifurcarse.
biforcazione *(biforcadsióne)* f. bifurcación.
bigio *(bídyio)* adj. gris, pardo.
bigliettaio *(billiettáio)* m. billetero, cobrador (de tranvía).
biglietto *(billiétto)* m. billete; entrada; pasaje; esquela; tarjeta.

bilancia *(bilanchia)* f. balanza.
bilanciare *(bilanchiáre)* tr. pesar; sopesar; equilibrar.
bilancio *(bilánchio)* balance.
bile *(bíle)* f. bilis.
bilicare *(bilicáre)* tr. equilibrar.
bilicarsi *(bilicársi)* rfl. mantenerse en equilibrio.
bilico *(bílico)* m. equilibrio.
bimba *(bímba)* f. niña.
bimbo *(bímbo)* m. niño.
bimotore *(bimotóre)* adj. bimotor.
binario *(binário)* m. vía férrea.
binocolo *(binócolo)* m. anteojos, gemelos.
biografia *(biografía)* f. biografía.
biondo *(bióndo)* adj. rubio.
birbone *(birbóne)* m. bribón.
birra *(bírra)* f. cerveza.
birreria *(birrería)* f. cervecería.
bisbetico *(bisbético)* adj. caprichoso, antojadizo.
bisbigliare *(bisbilliáre)* tr. e itr. cuchichear, susurrar.
bisbiglio *(bisbíllio)* m. cuchicheo, susurro.
bisca *(bísca)* f. garito.
biscaiuolo *(biscaiuólo)* m. tahúr.
biscia *(bíscha)* f. culebra.
biscotteria *(biscottería)* f. confitería.
biscotto *(biscótto)* m. bizcocho, galleta.
bisestile *(bisestíle)* adj. bisiesto.
bisognare *(bisoñáre)* tr. necesitar.
bisogno *(bisóño)* m. necesidad.
a un — en caso de necesidad.
bistecca *(bistécca)* f. biftec.
bizzarro *(bitsárro)* adj. estrambótico; bizarro.
blandimento *(blandiménto)* m. caricia.

blandire *(blandíre)* tr. acariciar; halagar; mitigar.
blasfemare *(blasfemáre)* itr. blasfemar.
blasone *(blasóne)* m. blasón, escudo.
blaterare *(blateráre)* itr. charlar.
blatta *(blátta)* f. cucaracha.
blindare *(blindáre)* tr. blindar.
bloccare *(bloccáre)* tr. bloquear.
bloccatura *(bloccatúra)* f. bloqueo.
blocco *(blócco)* m. bloqueo; bloc; bloque; alianza, coalición.
blu *(blu)* adj. y m. azul.
blusa *(blúsa)* f. blusa.
bobina *(bobína)* f. carrete, bobina.
bocca *(bócca)* f. boca; abertura, agujero.
bocchino *(bokkíno)* f. boquilla.
boccia *(bótchia)* f. garrafa; capullo (de flor); bocha.
bocciare *(botchiáre)* tr. rechazar; reprobar en exámenes.
bocconcino *(bocconchíno)* m. bocadillo, bocado.
boccone *(boccóne)* m. bocado.
bocconi *(boccóni)* adv. de bruces.
boia *(bóia)* m. verdugo.
boicottaggio *(boicottátyio)* m. boicot.
boicottare *(boicottáre)* tr. boicotear.
bolla *(ból-la)* f. burbuja; bula (papal).
bollare *(bol-láre)* tr. timbrar, sellar.
bollettino *(bol-letíno)* m. boletín.
bollire *(bol-líre)* tr. e itr. hervir; (fig.) calentarse.
bollo *(ból-lo)* m. sello.
bollore *(bol-lóre)* m. ebullición, hervor; (fig.) ímpetu.
bomba *(bómba)* f. bomba. — atomica bomba atómica. —

all'idrogeno bomba de hidrógeno.
ombardamento *(bombarda-
ménto)* m. bombardeo.
ombardare *(bombardáre)* tr.
bombardear.
onarietà *(bonarietá)* f. bondad, sencillez.
onario *(bonário)* adj. bondadoso, ingenuo.
onificamento *(bonificaménto)*
m. saneamiento. (com.) bonificación.
onificare *(bonificáre)* tr. boni-
ficar.
onificazione *(bonificadsióne)*
f. bonificación.
onomia *(bonomía)* f. afabilidad, amabilidad.
ontà *(bontá)* f. bondad.
orbogliamento *(borbolliamén-
to)* m. burbujeo, murmullo.
orbogliare *(borbolliáre)* itr.
burbujear, murmurar.
orbottare *(borbottáre)* itr. bar-
botar.
ordo *(bórdo)* m. borde; (náut.)
bordo.
orghese *(borguése)* adj. bur-
gués; ciudadano.
orghesia *(borguesía)* f. bur-
guesía.
orgo *(bórgo)* m. pueblo.
orgomastro *(borgomástro)* m.
burgomaestre.
orraccia *(borrátchia)* f. cantimplora.
orsa *(bórsa)* f. bolsa; cartera.
orsaiuolo *(borsaiuólo)* m. ratero.
oscaiuolo *(boscaiuólo)* m. leñador.
osco *(bósco)* m. bosque.
ossolo *(bóssolo)* m. cubilete;
cartucho, cápsula.
otanica *(botánica)* f. botánica.
otanico *(botánico)* adj. botánico.
otta *(bótta)* f. disparo, descarga; choque; estruendo.

bottaio *(bottáio)* m. tonelero.
botte *(bótte)* f. tonel, barril.
bottega *(bottéga)* f. tienda, almacén.
bottiglia *(bottíllia)* f. botella.
bottone *(bottóne)* m. botón.
bozza *(bótsa)* f. protuberancia;
bosquejo; galerada; (mar.)
boza.
bozzetto *(botsétto)* m. boceto;
bosquejo. [lío.
bozzima *(bótsima)* f. engrudo;
bozzimare *(botsimáre)* tr. en-
grudar.
braccialetto *(bratchialétto)* m.
brazalete.
braccio *(brátchio)* m. brazo;
braza (medida).
braciere *(brachiére)* m. brasero.
brama *(bráma)* f. ansia.
bramare *(bramáre)* tr. anhelar,
ansiar.
bramoso *(bramóso)* adj. ansioso.
branco *(bránco)* m. manada,
rebaño.
branda *(bránda)* f. hamaca.
brando *(brándo)* m. sable.
brasare *(brasáre)* tr. soldar metales; asar.
brasatore *(brasatóre)* m. soldador.
bravacciata *(bravatchiáta)* f.
baladronada, fanfarronada.
bravaccio *(bravátchio)* m. fanfarrón.
bravare *(braváre)* tr. desafiar.
bravazzare *(bravatsáre)* itr.
fanfarronear.
breccia *(brétchia)* f. brecha;
guijo.
brenna *(brénna)* f. rocín, ja-
melgo.
bretelle *(bretél-le)* f. pl. tirantes.
breve *(bréve)* adj. breve, cor-

to, conciso. **fra** — dentro de poco, en breve.

brevetto *(brevétto)* m. patente; diploma.

brevità *(brevitá)* f. brevedad.

brezza *(brétsa)* f. brisa.

briachezza *(briakétsa)* f. embriaguez.

briaco *(briáco)* adj. y m. borracho.

bricco *(brícco)* m. cafetera.

briciola *(bríchiola)* f. migaja.

brigadiere *(brigadiére)* m. brigadier.

brigantaggio *(brigantátyio)* m. bandolerismo; latrocinio; pillaje.

brigante *(brigánte)* m. bandolero.

briglia *(bríllia)* f. brida; freno.

brillante *(bril-lánte)* adj. brillante. *n.* brillante, diamante.

brillare *(bril-láre)* itr. brillar. tr. mondar.

brina *(brína)*. f. escarcha.

brindare *(brindáre)* itr. brindar.

brindisi *(bríndisi)* m. brindis.

brivido *(brívido)* m. calofrío, escalofrío.

brocca *(brócca)* f. jarro, cubo.

broccato *(broccáto)* m. brocado.

brodo *(bródo)* m. caldo.

bronchi *(brónki)* m. pl. bronquios.

bronchite *(bronkíte)* f. (med.) bronquitis.

broncio *(brónchio)* m. ceño; hocico. **avere il** — estar de morro.

brontolare *(brontoláre)* itr. refunfuñar, gruñir.

brontolone *(brontolóne)* adj. y m. gruñón.

bronzare *(brondsáre)* tr. broncear.

bronzo *(brondso)* m. bronce

brucare *(brucáre)* tr. deshojar; pacer.

bruciacchiare *(bruchiackiáre)* tr. socarrar, chamuscar.

bruciamento *(bruchiaménto)* m. incendio; quemadura.

bruciante *(bruchiánte)* adj. ardiente.

bruciapelo *(bruchiapélo)*; **a** — a quema ropa.

bruciare *(bruchiáre)* tr. quemar. itr. arder.

bruciatore *(bruchatóre)* m quemador.

bruciore *(bruchióre)* m. ardor escozor.

bruco *(brúco)* m. gusano.

brulicare *(brulicáre)* itr. hormiguear.

brunimento *(bruniménto)* m bruñimiento.

brunire *(bruníre)* tr. bruñir.

bruno *(brúno)* adj. moreno bruno; oscuro. **vestito a** — vestido de luto.

brusco *(brúsco)* adj. brusco áspero, rígido.

brusio *(brusío)* m. rumor.

brutalità *(brutalitá)* f. brutalidad.

brutalizzare *(brutalitsáre)* tr atormentar; tratar mal.

bruto *(brúto)* adj. bruto. m bruto, animal irracional, persona violenta.

bruttezza *(bruttétsa)* f. fealdad

brutto *(brútto)* adj. feo.

bruttura *(bruttúra)* f. fealdad suciedad; deshonestidad.

buca *(búca)* f. abertura, agujero; fosa, sepulcro. — **delle lettere** buzón.

bucaniere *(bucaniére)* m. bucanero.

bucare *(bucáre)* tr. agujerear taladrar; picar.

bucarsi *(bucársi)* rfl. agujerearse.

bucato *(bucáto)* m. colada.

buccia *(bútchia)* f. cáscara, pellejo, piel.

ıcherellare *(bukerel-láre)* tr.
agujerear, taladrar.

ıcinare *(buchináre)* tr. murmurar, correr la voz.

ıco *(búco)* m. agujero.

ıdello *(budél-lo)* m. tripa.

ıdino *(budino)* m. budín.

ıe *(búe)* m. buey.

ıfera *(buféra)* f. ventisca,
tormenta, tempestad.

ıffa *(búffa)* f. ráfaga de viento; capirote.

ıffare *(buffáre)* itr. soplar el
viento con fuerza.

ıffo *(búffo)* adj. y m. cómico; ráfaga (de viento).

ıffone *(buffóne)* m. bufón.

ıgia *(budyía)* f. mentira.

ıgiardo *(budyiárdo)* m. embustero, mentiroso.

ıgno *(búño)* m. colmena.

ıio *(búio)* adj. oscuro. m. oscuridad.

ılletta *(bul-létta)* f. cédula,
recibo; billete.

ıllettino *(bul-lettíno)* m. boletín.

ıono *(buóno)* adj. bueno. m.
bono, cheque.

ırattino *(burattíno)* m. títere,
marioneta.

ırla *(búrla)* f. burla, broma.

ırlare *(burláre)* tr. burlar, embaucar. itr. bromear.

ırlarsi *(burlársi)* rfl. reírse.

ırlesco *(burlésco)* adj. burlesco.

ırlone *(burlóne)* m. burlón,
bromista.

burocrazia *(burocradsía)* f. burocracia.

burraia *(burráia)* f. manteque-
ría.

burrasca *(burrásca)* f. borrasca, tempestad.

burro *(búrro)* m. mantequilla.

busca *(búsca)* f. busca.

buscare *(buscáre)* tr. buscar.

buscarsi *(buscársi)* rfl. ganar.

buscherare *(buskeráre)* tr. embrollar; disipar.

buscherata *(buskeráta)* f. tontería; bagatela, nonada.

bussare *(bussáre)* tr. pegar;
llamar a la puerta.

bussata *(bussáta)* f. golpe; llamada (a la puerta).

bussola *(bússola)* f. brújula;
biombo.

bussolotto *(bussolótto)* m. cubilete.

busta *(bústa)* f. sobre (de cartas); estuche.

bustarella *(bustarél-la)* f. soborno.

busto *(bústo)* m. corsé, corpiño, justillo; busto.

buttare *(buttáre)* tr. arrojar.
— **vía** despilfarrar.

buttarsi *(buttársi)* rfl. tirarse,
arrojarse.

buzzo *(bútso)* m. vientre.

C c

cabina *(cabína)* f. camarote; cabina; caseta.

cacao *(cacáo)* m. cacao.

cacasenno *(cacasénno)* m. sabihondo.

caccia *(cátchia)* f. caza.

cacciamosche *(catchiamóske)* m. cazamoscas, papamoscas.

cacciagione *(catchiatyióne)* f. caza (animales de).

cacciare *(catchiáre)* tr. cazar; perseguir; despedir; sacar.

cacciarsi *(catchiársi)* rfl. meterse, entrometerse.

cacciatore *(catchiatóre)* m. cazador.

cacciavite *(catchiavíte)* m. destornillador.

cacio *(cáchio)* m. queso.

cadavere *(cadávere)* m. cadáver.

cadenza *(cadéndsa)* f. cadencia, ritmo.

cadere *(cadére)* itr. caer; morir; incurrir en error.

duto. **INDICATIVO Presente:** io cad tu cadi, egli cade; noi cadiamo, voi c dete, essi cadono. **Passato prossimo:** sor caduto-a, sei caduto-a, è caduto-a; sian caduti-e, siete caduti-e, sono caduti **Imperfetto:** cadevo, cadevi, cadeva; cad vamo, cadevate, cadevano. **Trapassa prossimo:** ero caduto-a, eri caduto-a, e caduto-a; eravamo caduti-e, eravate c duti-e, erano caduti-e. **Passato remot** caddi, cadesti, cadde; cademmo, cad ste, caddero. **Trapassato remoto:** fui c duto-a, fosti caduto-a, fu caduto-a; fur mo caduti-e, foste caduti-e, furono cad ti-e. **Futuro semplice:** cadrò, cadrai, c drà; cadremo, cadrete, cadranno. **Futur anteriore:** sarò caduto-a, sarai caduto sarà caduto-a; saremo caduti-e, sare caduti-e, saranno caduti-e. **CONDIZIO NALE Presente:** cadrei, cadresti, cadre be; cadremmo, cadreste, cadrebber **Passato:** sarei caduto-a, saresti caduto sarebbe caduto-a; saremmo caduto-e, s reste caduti-e, sarebbero caduti-e. **CON GIUNTIVO Presente:** cada, cada, cad cadiamo, cadiate, cadano. **Imperfetto:** c dessi, cadessi, cadesse; cadessimo, cad ste, cadessero. **Passato:** sia caduto-a, s caduto-a, sia caduto-a; siamo caduti siate caduti-e, siano caduti-e. **Trapassat** fossi caduto-a, fossi caduto-a, fosse c duto-a; fossimo caduti-e, foste caduti fossero caduti-e. **IMPERATIVO Prese** te: cadi tu, cada egli; cadiamo noi, c dete voi, cadano essi.

--- CADERE ---

INFINITO Presente: cadere. **Passato:** essere caduto. **GERUNDIO Semplice:** cadendo. **Composto:** essendo caduto. **PARTICIPIO Presente:** cadente. **Passato:** ca-

caducità *(caduchitá)* f. caducidad.

caduta *(caduta)* f. caída; ruina.

caffè *(caffé)* m. café; cafeto.

caffettiera *(caffettiéra)* f. cafetera.

caffo *(cáffo)* m. número impar.

cagionare *(cadyionáre)* tr. ocasionar.

cagione *(cadyióne)* f. causa, razón.

caglio *(cállio)* m. cuajo.

cagna *(cáña)* f. perra; ramera.

cagnara *(cañára)* f. gritería.

cagnesco *(cañésco)* adj. perruno.

calamaio *(calamáio)* m. tintero.

calamaro *(calamáro)* m. calamar.

calamità *(calamitá)* f. calamidad.

calamita *(calamíta)* f. imán.

calappio *(caláppio)* m. lazo; trampa; asechanza.

calare *(caláre)* tr. bajar, rebajar (precios); amainar; arriar (velas). itr. bajar, descender. **al — del sole** al ponerse el sol.

calata *(calata)* f. bajada, pendiente; (náut.) muelle.

calcafogli *(calcafólli)* m. pisapapeles.

calcagno *(calcáño)* m. talón.

calcamento *(calcaménto)* m. pisada; compresión.

calcare *(calcáre)* tr. calcar; comprimir; oprimir.

calce *(cálche)* f. cal; pie (de página).

calcestruzzo *(calchestrútso)* m. hormigón.

calcetto *(calchétto)* m. escarpín.

calciare *(calchiáre)* itr. cocear. tr. chutar.

calciatore *(calchiatóre)* m. futbolista.

calcina *(calchína)* f. mortero, argamasa.

calcinaccio *(calchinátchio)* m. escombro.

calcinaio *(calchináio)* m. albañil.

calcinare *(calchináre)* tr. calcinar; enjalbegar.

calcinatura *(calchinatúra)* f. calcinación.

calcio *(cálchio)* m. patada; coz (de cuadrúpedo); fútbol; (quím.) calcio.

calcitrante *(calchitránte)* adj. rebelde.

calcitrare *(calchitráre)* itr. mostrarse recalcitrante.

calcolare *(calcoláre)* tr. e itr. calcular; evaluar; apreciar; suponer.

calcolo *(cálcolo)* m. cálculo, conjetura; (med.) cálculo, piedra.

caldaia *(caldáia)* f. caldera.

caldaio *(caldáio)* m. caldero.

caldana *(caldána)* f. bochorno.

caldeggiare *(caldetyiáre)* tr. impulsar, ayudar, proteger.

calderotto *(calderótto)* m. caldero.

caldo *(cáldo)* m. calor, clima cálido. adj. caliente; apasionado.

calefazione *(calefadsióne)* f. calefacción.

calice *(cáliche)* m. cáliz.

calido *(cálido)* adj. cálido.

calligrafia *(cal-ligrafía)* f. caligrafía.

calma *(cálma)* f calma.

calmare *(calmáre)* tr. calmar, sosegar.

calmo *(cálmo)* adj. quieto, tranquilo.

calore *(calóre)* m. calor; ardor; vehemencia.

caloria *(caloría)* f. caloría.

calorifero *(caloriféro)* m. calentador; calorífero.

caloroso *(caloróso)* adj. caluroso.

caloscia *(calóschia)* f. chanclo.

calpestamento *(calpestaménto)* m. pisada.

calpestare *(calpestáre)* tr. pisotear; menospreciar.

calugine *(calúdyine)* f. pelusa; vello, bozo.

calunnia *(calúnnia)* f. calumnia.

calunniare *(calunniáre)* tr. calumniar.

calza *(cáldsa)* f. media.

calzare *(caldsáre)* tr. calzar; itr. ajustar; convenir. m. calzado, zapato.

calzatoia *(caldsatóia)* f. calce, falca.

calzatoio *(caldsatóio)* m. calzador.

calzatura *(caltzatúra)* f. calzado.

calzerotto *(caldserótto)* m. calcetín.

calzetta *(caldsétta)* f. calceta; calcetín.

calzolaio *(caldsoláio)* m. zapatero.

calzoleria *(caldsolería)* f. zapatería.

calzoncini *(caldsonchíni)* m. pl. calzoncillos.

calzoni *(caldsóni)* m. pl. pantalones.

cambiale *(cambiále)* f. (com.) letra de cambio.

cambiamento *(cambiamento)* m. mutación, cambio.

cambiare *(cambiáre)* tr. cambiar, variar; sustituir; modificar.

cambiavalute *(cambiavalúte)* m. cambista.

cambio *(cámbio)* m. cambio, canje; cotización.

camera *(cámera)* f. habitación; cuarto.

camerata *(cameráta)* m. camarada.

cameriera *(cameriéra)* f. camarera.

cameriere *(cameriére)* m. camarero.

camerino *(camerino)* m. camarín, (naút.) camarote; excusado.

camiceria *(camichería)* f. camisería.

camicia *(camichia)* f. camisa.

camiciola *(camichiola)* f. camiseta.

camino *(camíno)* m. chimenea.

camione *(camióne)* m. camión.

camminante *(camminánte)* m. caminante.

camminare *(camminare)* itr. caminar; ir.

camminatura *(camminátura)* f. marcha.

cammino *(cammino)* m. camino; viaje.

camomilla *(camomíl-la)* f. (bot.) manzanilla.

camoscio *(camósio)* m. (zool.) gamuza.

campagna *(campáña)* f. campo; (mil.) campaña.

campana *(campána)* f. campana.

campanello *(campanél-lo)* m. campanilla; timbre.

campanile *(campaníle)* m. campanario.

campano *(campáno)* m. cencerro.

campare *(campáre)* itr. vivir, mantenerse.

campeggiare *(campetyiáre)* itr. campear; acampar; destacar.

campeggio *(campétyio)* m. campamento, camping.

campionario *(campionário)* m. muestrario.

campionato *(campionáto)* m. campeonato.

campione *(campióne)* m. campeón.

campo *(cámpo)* m. campo; campamento; pista.

camposanto *(camposánto)* m. cementerio, camposanto.

camuffare *(camuffáre)* tr. enmascarar, camuflar.

camuffazione *(camufadsióne)* f. disfraz, máscara.

canaglia *(canállia)* f. canalla.

canagliata *(canalliáta)* f. canallada.

canale *(canále)* m. canal.

canalizzazione *(canalitsadsióne)* f. canalización.

canapa *(cánapa)* f. cáñamo.

canarino *(canaríno)* m. (orn.) canario.

cancellare *(canchel-láre)* tr. borrar, tachar; anular.

cancelleria *(canchel-lería)* f. cancillería.

cancelliere *(canchel-liére)* m. canciller.

cancello *(canchél-lo)* m. verja.

cancrena *(cancréna)* f. (med.) gangrena.

cancrenarsi *(cancrenársi)* rfl. gangrenarse.

cancro *(cáncro)* m. (med.) cáncer.

candela *(candéla)* f. vela, bujía.

candelabro *(candelábro)* m. candelabro.

candidezza *(candidétsa)* f. candor; sinceridad.

candido *(cándido)* adj. cándido.

cane *(cáne)* m. can, perro.

canea *(canéa)* f. jauría.

canestra *(canéstra)* f. canasta.

canfora *(cánfora)* f. alcanfor.

cangiamento *(candyiaménto)* m. cambio.

cangiante *(candyiánte)* adj. cambiante; tornasolado.

cangiare *(candyiáre)* tr. cambiar; variar.

canile *(caníle)* m. perrera.

canino *(caníno)* adj. canino.
tosse canina tos ferina.

canna *(cánna)* f. caña; bastón.

cannello *(cannél-lo)* m. caño.

cannibale *(canníbale)* adj. y m. caníbal.

cannocchiale *(cannokkiále)* m. anteojo.

cannone *(cannóne)* m. cañón; tubo.

canone *(cánone)* m. canon.

canottiere *(canottiére)* m. remero.

canotto *(canótto)* m. bote, chalupa, canoa.

cantante *(cantánte)* m. y f. cantante.

cantare *(cantáre)* tr. cantar. m. canto, cantar.

canterellare *(canterel-láre)* tr. canturrear.

cantiere *(cantiére)* m. astillero.

cantina *(cantína)* f. cantina, bodega.

cantiniere *(cantiniére)* m. cantinero, bodeguero.

canto *(cánto)* m. canto, cantar, canción; esquina, canto. dal — mio por mi parte.

cantoniere *(cantoniére)* m. peón caminero.

cantore *(cantóre)* m. cantante, cantor. [cie.

canutezza *(canutétsa)* f. canicanuto *(canúto)* adj. canoso, cano; anciano.

canzonare *(candsonáre)* tr. poner en ridículo, tomar el pelo. itr. bromear, burlarse.

canzone *(candsóne)* f. canción.

canzoniere *(candsoniére)* m. cancionero.

capace *(capáche)* adj. capaz.

capacità. *(capachitá)* f. capacidad.

capanna *(capánna)* f. cabaña.

capello *(capél-lo)* m. cabello.

cappellano *(cappel-lano)* m. capellán.

cappelleria *(cappel-lería)* f. sombrerería.

capelluto *(capel-lúto)* adj. peludo.

capezzale *(capetsále)* m. cabezal, almohada.

capigliatura *(capilliatúra)* f. cabellera.

capire *(capíre)* tr. comprender, entender; contener. itr. caber.

capitale *(capitále)* adj. capital, principal. f. capital (de nación, provincia, etc.); letra mayúscula. m. capital, caudal.

capitano *(capitáno)* m. (mil.) capitán.

capitare *(capitáre)* itr. suceder; llegar.

capitolo *(capítolo)* m. capítulo; (rel.) cabildo.

capo *(cápo)* m. cabeza; jefe, caudillo; cabo. **—d'anno** (día de) Año Nuevo. **da —** desde el principio.

capobanda *(capobánda)* m. cabecilla; (mus.) maestro de banda; jefe de cuadrilla.

capocchia *(capókkia)* f. cabeza (de alfiler, cerilla, etc.)

capofitto *(capofítto)* adv. de cabeza. [do.

capogiro *(capodyíro)* m. vahí-

capolavoro *(capolavóro)* m. obra maestra.

capolinea *(capolínea)* f. estación terminal.

capomastro *(capomástro)* m. maestro de obras.

caporale *(caporále)* m. (mil.) cabo.

capotreno *(capotréno)* m. jefe de tren.

capovolgere *(capovóldyere)* tr. volcar; transformar.

cappa *(cáppa)* f. capa; manto; campana de chimenea.

cappella *(cappél-la)* f. capilla.

cappello *(cappél-lo)* m. sombrero.

cappone *(cappóne)* m. capón.

cappotta *(cappótta)* f. capa; capota.

cappotto *(cappótto)* m. capa; capote; abrigo. **—d'acqua** impermeable.

cappuccino *(capputchíno)* m. capuchino; café cortado.

cappuccio *(cappútchio)* m. capucha.

capra *(cápra)* f. (zool.) cabra.

capretto *(caprétto)* m. cabrito.

capriccio *(caprítchio)* m. capricho.

capriccioso *(capritchióso)* adj. caprichoso.

capriola *(caprióla)* f. cabriola.

capriolo *(capriólo)* m. corzo.

captare *(captáre)* tr. captar.

captivo *(captívo)* adj. cautivo, esclavo.

carabattole *(carabáttole)* m. pl. bagatelas.

caraffa *(caráffa)* f. garrafa.

carambola *(carámbola)* f. carambola.

carambolare *(caramboláre)* itr. hacer carambola.

caramella *(caramél-la)* f. caramelo.

caramello *(caramél-lo)* m. caramelo.

caràttere *(caráttere)* m. carácter; letra.

carbonaia *(carbonáia)* f. carbonera; carbonería.

carbone *(carbóne)* m. carbón.

carburante *(carburánte)* m. carburante.

carburatore *(carburatóre)* m. carburador.

carburo *(carbúro)* m. carburo.

carcerare *(carcheráre)* tr. encarcelar.

carcerato *(carcheráto)* adj. preso. m. preso, recluso.

carcerazione *(carcheradsióne)* f. encarcelamiento.

carcere *(cárchere)* m. cárcel.

carceriere *(carcheriére)* m. carcelero.

carciofo *(carchiófo)* m. (bot.) alcachofa.

cardare *(cardáre)* tr. cardar.

cardatore *(cardatóre)* m. cardador.

cardellino *(cardel-líno)* m. (orn.) jilguero.

cardenia *(cardénia)* f. (bot.) gardenia.

cardinalato *(cardinaláto)* m. cardenalato.

cardinale *(cardinále)* m. cardenal.

carena *(caréna)* f. (naút.) carena, obra viva (de un buque).

carestia *(carestía)* f. carestía.

carezza *(carétsa)* f. caricia.

carezzare *(caretsáre)* tr. acariciar.

cariare *(cariáre)* tr. carcomer, cariar.

cariato *(cariáto)* adj. cariado (diente).

carica *(cárica)* f. carga; cargo, empleo.

caricare *(caricáre)* tr. cargar.

caricatura *(caricatúra)* f. caricatura; carga.

carico *(cárico)* m. cargamento; encargo, comisión; (jur.) imputación, acusación; agravio.

carie *(cárie)* f. caries.

cariglione *(carillióne)* m. carillón.

carino *(caríno)* adj. lindo.

carità *(caritá)* f. caridad.

caritatevole *(caritatévole)* adj. caritativo.

carminio *(carmínio)* m. carmín.

carnale *(carnále)* adj. carnal; lascivo; consanguíneo.

carne *(carne)* f. carne.

carnefice *(carnéfiche)* m. verdugo.

carneficina *(carnefichína)* f. carnicería, matanza.

carnevale *(carnevále)* m. carnaval.

caro *(cáro)* adj. querido.

carogna *(caróña)* f. carroña.

carota *(caróta)* f. (bot.) zanahoria.

carovanna *(carovánna)* f. caravana.

carpentiere *(carpentiére)* m. carpintero.

carpone *(carpóne)* adv. a gatas.

carraia *(carráia)* f. carrera, camino carretero.

carrata *(carráta)* f. carretada.

carreggiata *(carretyiáta)* f. carril; rodada; camino, senda.

carreggio *(carrétyio)* m. acarreo.

carretta *(carrétta)* f. carreta.

carriera *(carriéra)* f. carrera.

carriola *(carrióla)* f. carretilla.

carro *(carro)* m. carro; vagón. **— armato** tanque.

carrozza *(carrótza)* f. coche; vagón. **— letto** coche cama.

carrozzella *(carrotsél-la)* f. cochecito de niño.

carrozzeria *(carrotsería)* f. carrocería.

carruba *(carrúba)* f. (bot.) algarroba.

carrucola *(carrúcola)* f. aparejo; polea; (fig.) mujer de vida alegre.

carta *(cárta)* f. papel. **— asciugante** papel secante; naipe; lista de comidas; carta, contrato. **carta bollata** papel timbrado. **carta da visita** tarjeta de visita. **carta smeriglia** papel esmeril.

cartata (cartáta) f. paquete, cucurucho.

carteggio (cartétyio) m. carteo, correspondencia.

cartella (cartél-la) f. carpeta; cartera.

cartello (cartél-lo) m. cartel.

cartilagine (cartiládyine) f. cartílago.

cartina (cartína) f. (med.) sello.

cartoccio (cartótchio) m. cartucho.

cartoleria (cartolería) f. papelería.

cartolina (cartolína) f. tarjeta postal.

cartone (cartóne) m. cartón. cartoni animati dibujos animados.

cartuccia (cartúchia) m. (mil.) cartucho.

casa (cása) f. casa; linaje. — di cura sanatorio.

casale (casále) m. caserío.

casalingo (casalíngo) adj. casero.

casamento (casaménto) m. casa de vecindad; inquilinato.

casato (casáto) m. estirpe, linaje.

cascare (cascáre) itr. caer.

cascata (cascáta) f. cascada.

caschetto (caskétto) m. casquete.

cascina (caschína) f. granja.

cascinaio (caschináio) m. granjero.

casco (cásco) m. casco, yelmo; cabellera.

casella (casél-la) f. casilla. — postale apartado de correos.

casellario (casel-lário) m. registro, fichero.

caserma (casérma) f. cuartel.

casermare (casermáre) tr. acuartelar.

casotto (casótto) m. caseta, quiosco.

cassa (cássa) f. caja, cajón. — forte caja fuerte, caja de caudales.

cassamento (cassaménto) m. cancelación.

cassare (cassáre) tr. borrar, tachar; cancelar, anular.

cassatura (cassatura) f. tachadura, borradura.

cassazione (cassadsióne) f. casación; cancelación, anulación.

casserola (casseróla) f. cacerola, cazuela.

cassetta (cassétta) f. cajita; cajón.

cassetto (cassétto) m. cajón.

cassettone (cassettóne) m. cómoda.

cassiere (cassiére) m. cajero.

castagna (castáña) f. (bot.) castaña.

castello (castél-lo) m. castillo; torre; andamio.

castigare (castigáre) tr. castigar; reprender.

castigo (castígo) m. castigo.

castità (castitá) f. castidad.

casto (cásto) adj. casto.

castoro (castóro) m. (zool.) castor.

castrare (castráre) tr. castrar.

casuale (casuále) adj. casual.

casualità (casualitá) f. casualidad.

casuccia (casútchia) f. casucha.

casupola (casúpola) f. choza.

catafalco (catafálco) m. catafalco.

cataletto (catalétto) m. ataúd, féretro.

catechismo (catekísmo) m. catecismo.

catarro (catárro) m. (med.) catarro.

categoria (categoría) f. categoría.

catena (caténa) f. cadena.

catenaccio *(catenátchio)* m. pasador, pestillo.

catenare *(catenáre)* tr. encadenar.

cateratta *(caterátta)* f. catarata.

catinella *(catinél-la)* f. jofaina, palangana. **piove a cantinelle** llueve a cántaros.

catino *(catíno)* m barreño; palangana.

catramare *(catramáre)* tr. alquitranar, asfaltar.

catrame *(catráme)* m. alquitrán.

cattedra *(cáttedra)* f. cátedra.

cattedrale *(cattedrále)* f. catedral.

cattedratico *(cattedrático)* m. catedrático.

cattivo *(cattívo)* adj. malo; travieso.

cattolicismo *(cattolichísmo)* m. catolicismo.

cattolicità *(cattolichitá)* f. catolicidad.

cattolico *(cattólico)* adj. y m. católico.

cattura *(cattúra)* f. captura.

catturare *(catturáre)* tr. capturar, prender.

caucciù *(cautchiú)* m. caucho.

causa *(cáusa)* f. causa; pleito.

causale *(causále)* adj. causal.

causare *(causáre)* tr. causar.

cautela *(cautéla)* f. cautela.

cauterizzare *(cauteritsáre)* tr. cauterizar.

cauto *(cáuto)* adj. cauto, prudente.

cauzione *(caudsióne)* f. garantía; caución.

cava *(cáva)* f. mina, gruta.

cavagno *(caváño)* m. cesta.

cavaiolo *(cavaiólo)* m. minero.

cavalcare *(cavalcáre)* tr. e itr. cabalgar; pasar por encima.

cavalcata *(cavalcáta)* f. cabalgata.

cavalcioni *(cavalchióni)* adv.; **a —** a horcajadas.

cavaliere *(cavaliére)* m. caballero.

cavalla *(cavál-la)* f. yegua.

cavalleggiero *(caval-ledyéro)* m. soldado de caballería.

cavalletta *(caval-létta)* f. saltamontes.

cavalletto *(caval-létto)* m. caballete.

cavallo *(cavál-lo)* m. caballo.

cavare *(caváre)* tr. excavar; extraer, sacar; conseguir.

CEDERE

NFINITO Presente: cedere. Passato: vere ceduto. GERUNDIO Semplice: celendo. Composto: avendo ceduto. PARTICIPIO Presente: cedente. Passato: ceuto. INDICATIVO Presente: io cedo, u cedi, egli cede; noi cediamo, voi ceete, essi cedono. Passato prossimo: ho eduto, hai ceduto, ha ceduto; abbiamo eduto, avete ceduto, hanno ceduto. Imerfetto: cedevo, cedevi, cedeva; cedeamo, cedevate, cedevano. Trapassato rossimo: avevo ceduto, avevi ceduto, veva ceduto; avevamo ceduto, avevate eduto, avevano ceduto. Passato remoto: edei o cessi o cedetti, cedesti, cedette o esse o cedé; cedemmo, cedeste, cedetero. Trapassato remoto: ebbi ceduto, vesti ceduto, ebbe ceduto; avemmo ceuto, aveste ceduto, ebbero ceduto. Fuuro semplice: cederò, cederai, cederà; cederemo, cederete, cederanno. Futuro anteriore: avrò ceduto, avrai ceduto, avrà ceduto; avremo ceduto, avrete ceduto, avranno ceduto. CONDIZIONALE Presente: cederei, cederesti, cederebbe; cederemmo, cedereste, cederebbero. Passato: avrei ceduto, avresti ceduto, avrebbe ceduto; avremmo ceduto, avreste ceduto, avrebbero ceduto. CONGIUNTIVO Presente: ceda, ceda, ceda; cediamo, cediate, cedano. Imperfetto: cedessi, cedessi, cedesse; cedessimo, cedeste, cedessero. Passato: abbia ceduto, abbia ceduto, abbia ceduto; abbiamo ceduto, abbiate ceduto, abbiano ceduto. Trapassato: avessi ceduto, avessi ceduto, avesse ceduto; avessimo ceduto, aveste ceduto, avessero ceduto. IMPERATIVO Presente: cedi tu, ceda egli; cediamo noi, cedete voi, cedano essi.

cavatappi *(cavatáppi)* m. sacacorchos.
caviale *(caviále)* m. caviar.
cavicchia *(cavíkkia)* f. clavija.
cavità *(cavitá)* f. cavidad.
cavo *(cávo)* adj. cóncavo, vacío. m. hueco; cable, maroma.
cavolfiore *(cavolfióre)* m. (bot.) coliflor.
cavolo *(cávolo)* m. col, berza.
— cappuccio repollo.
cece *(chéche)* m. (bot.) garbanzo.
cecità *(chechitá)* f. ceguera.
ceco *(chéco)* adj. ciego.
cedere *(chédere)* tr. ceder. itr. someterse.
cedevole *(chedévole)* adj. flexible.
cedevolezza *(chedevolétsa)* f. flexibilidad.
cedola *(chédola)* f. cédula.
cedro *(chédro)* m. (bot.) cedro; cidro.
ceffata *(cheffáta)* f. bofetada.
ceffo *(chéffo)* m. rostro; (animales) hocico.
celamento *(chelaménto)* m. encubrimiento.
celare *(cheláre)* tr. encubrir; esconder.
celebrare *(chelebráre)* tr. celebrar.
celebrazione *(chelebradsióne)* f. celebración.
celebre *(chélebre)* adj. célebre.
celebrità *(chelebritá)* f. celebridad.
celere *(chélere)* adj. rápido.
celerità *(cheleritá)* f. rapidez, celeridad.
celia *(chélia)* f. broma.
celiare *(cheliáre)* tr. bromear, burlarse.
celiatore *(cheliatóre)* m. bromista.

celibe *(chélibe)* adj. soltero, célibe.
cella *(chél-la)* f. celdilla (de panal); celda.
cellula *(chél-lula)* f. célula; celda, celdilla.
celluloide *(chel-lulóide)* f. celuloide.
cellulosa *(cel-lulósa)* f. celulosa.
cementare *(chementáre)* tr. cementar.
cemento *(cheménto)* m. cemento.
cena *(chéna)* f. cena.
cenare *(chenáre)* tr. cenar.
cencio *(chénchio)* m. trapo, andrajo.
cencioso *(chenchióso)* adj. andrajoso.
cenere *(chénere)* f. ceniza. le ceneri Miércoles de Ceniza
cenno *(chénno)* m. señal.
censo *(chénso)* m. renta.
censura *(chensúra)* f. censura
censurare *(chensuráre)* tr. censurar.
centenário *(chentenário)* adj y m. centenario.
centesimo *(chentésimo)* adj centésimo. m. céntimo.
centinaio *(chentináio)* m. centenar.
cento *(chénto)* adj. y m. cien
centrale *(chentrále)* adj. y f central.
centralino *(chentralino)* m centralilla.
centro *(chéntro)* m. centro.
ceppo *(cheppo)* m. cepa; cepo
cera *(chéra)* f. cera; aspecto
— lacca lacre.
ceramica *(cherámica)* f. cerámica.
cerchia *(chérkia)* f. cerca; (fig.) círculo.
cerchiare *(cherkiáre)* tr. cercar, rodear.
cerchio *(chérkio)* m. aro, llanta; círculo.
cerchione *(cherkióne)* llanta

cereali *(chereáli)* m. pl. cereales.

ceretta *(cherétta)* f. betún.

cerimonia *(cherimónia)* f. ceremonia.

cerino *(cheríno)* m. cerilla.

cero *(chéro)* m. cirio.

cerotto *(cherótto)* m. esparadrapo.

certamente *(chertaménte)* adv. ciertamente.

certezza *(chertétsa)* f. certeza.

certificare *(chertificáre)* tr. certificar.

certificato *(chertificáto)* m. certificado.

certo *(chérto)* adj. cierto.

cervello *(chervél-lo)* m. cerebro, seso.

cervo *(chérvo)* m (zool.) ciervo.

cesellare *(chesel-láre)* tr. cincelar.

cesello *(chesél-lo)* m. cincel.

cesoie *(chesóie)* f. pl. tijeras.

cespuglio *(chespúllio)* m. mata.

cessante *(chessánte)* adj. cesante.

cessare *(chessáre)* tr. e itr. cesar, desistir.

cessione *(chessióne)* f. cesión, transferencia.

cesta *(chésta)* f. cesta.

cesto *(chésto)* m. cesto; mata.

ceto *(chéto)* m. clase social.

cetra *(chétra)* f. cítara.

cetriolo *(chetriólo)* m. (bot.) pepino.

che *(ke)* conj. que. pron. que, quien.

chè *(ke)* conj. para qué, por qué.

checchè *(kekké)* pron. cualquier cosa.

checchessia *(kekkessía)* adv. cualquier cosa.

chetare *(ketáre)* tr. apaciguar.

cheto *(kéto)* adj. quieto.

chi *(ki)* pron. quien, quienes.

chiacchiera *(kiákkiera)* f. charla.

chiamare *(kiamáre)* tr. llamar.

chiamata *(kiamáta)* f. llamada.

chiappa *(kiáppa)* f. presa, captura; lucro.

chiappamosche *(kiappamoske)* m. papamoscas.

chiappare *(kiappáre)* tr. agarrar.

chiapparello *(kiapparél-lo)* m. trampa, lazo.

chiara *(kiára)* f. clara.

chiarezza *(kiarétsa)* f. claridad.

chiarificare *(kiarificáre)* tr. clarificar, iluminar.

chiarimento *(kiariménto)* m. clarificación; aclaración.

chiarire *(kiaríre)* tr. aclarar.

chiarità *(kiaritá)* f. claridad.

chiaro *(kiáro)* adj. claro; transparente; despejado (tiempo); célebre; m. claridad. adv. claro.

chiarore *(kiaróre)* m. resplandor.

chiaroscuro *(kiaroscúro)* m. claroscuro.

chiaroveggenza *(kiarovetyéntsa)* f. clarividencia.

chiasso *(kiásso)* m. ruido, bulla, alboroto.

chiassoso *(kiassóso)* adj. ruidoso; alborotador.

chiave *(kiáve)* f. llave; (mús.) clave.

chiavare *(kiaváre)* tr. cerrar con llave; clavar; fijar.

chiavetta *(kiavétta)* f. llavecilla; conmutador; espita.

chiavistello *(kiavistél-lo)* m. cerrojo, pestillo, pasador.

chiazza *(kiátsa)* f. mancha.

chiazzare *(kiatsáre)* tr. manchar.

chicchera *(kíkkera)* f. jícara.

chicchessia *(kikkessía)* pron. cualquiera.

chicco *(kíkko)* m. grano (de uva, café, etc.).

chiedere *(kiédere)* tr. preguntar; pedir.

———— CHIEDERE ————

INFINITO Presente: chiedere. **Passato:** avere chiesto. **GERUNDIO Semplice:** chiedendo. **Composto:** avendo chiesto. **PARTICIPIO Presente:** chiedente. **Passato:** chiesto. **INDICATIVO Presente:** io chiedo o chieggo, tu chiedi, egli chiede; noi chiediamo, voi chiedete, essi chiedono o chieggono. **Passato prossimo:** ho chiesto, hai chiesto, ha chiesto; abbiamo chiesto, avete chiesto, hanno chiesto. **Imperfetto:** chiedevo, chiedevi, chiedeva; chiedevamo, chiedevate, chiedevano. **Trapassato remoto:** avevo chiesto, avevi chiesto, aveva chiesto; avevamo chiesto, avevate chiesto, avevano chiesto. **Passato remoto:** chiesi, chiedesti, chiese; chiedemmo, chiedeste, chiesero. **Trapassato remoto:** ebbi chiesto, avesti chiesto, ebbe chiesto; avemmo chiesto, aveste chiesto, ebbero chiesto. **Futuro semplice:** chiederò, chiederai, chiederà; chiederemo, chiederete, chiederanno. **Futuro anteriore:** avrò chiesto, avrai chiesto, avrà chiesto; avremo chiesto, avrete chiesto, avranno chiesto. **CONDIZIONALE Presente:** chiederei, chiederesti, chiederebbe; chiederemmo, chiedereste, chiederebbero. **Passato:** avrei chiesto, avresti chiesto, avrebbe chiesto; avremmo chiesto, avreste chiesto, avrebbero chiesto. **CONGIUNTIVO Presente:** chieda o chiegga, chieda o chiegga, chieda o chiegga; chiediamo, chiediate, chiedano o chieggano. **Imperfetto:** chiedessi, chiedessi, chiedesse; chiedessimo, chiedeste, chiedessero. **Passato:** abbia chiesto, abbia chiesto, abbia chiesto; abbiamo chiesto, abbiate chiesto, abbiano chiesto. **Trapassato:** avessi chiesto, avessi chiesto, avesse chiesto; avessimo chiesto, aveste chiesto, avessero chiesto. **IMPERATIVO Presente:** chiedi tu, chieda o chiegga egli; chiediamo noi, chiedete voi, chiedano o chieggano essi.

chierica *(kiérica)* f. tonsura; clérigo.

chierico *(kiérico)* m. clérigo.

chiesa *(kiésa)* f. iglesia.

chiesta *(kiésta)* f. petición.

chilo *(kílo)* m. kilo, kilogramo.
　fare il — echar la siesta.

chilometro *(kilómetro)* m. quilómetro, kilómetro.

chimera *(kiméra)* f. quimera

chimica *(kímica)* f. química.

chimico *(kímico)* adj. químico

china *(kína)* f. declive, caída; bajada.　　　　　[bajar

chinare *(kináre)* tr. inclinar,

chinata *(kináta)* f. bajada; declive.

chincaglieria *(kincallería)* f. quincallería.

chinese *(kinése)* adj. y m. chino.

chino *(kíno)* adj. inclinado.

chioccia *(kiótchia)* f. clueca.

chiocciare *(kiotchiáre)* itr. cloquear.

chiocciola *(kiótchiola)* f. caracol. **scala a—** escalera de caracol.

chiodetto *(kiodétto)* m. tachuela.

chiodo *(kiódo)* m. clavo.

chiodone *(kiodóne)* m. chaveta.

chioma *(kióma)* f. cabellera, crines.

chiomato *(kiomáto)* adj. melenudo.

chiosco *(kiósco)* m. quiosco.

chiostro *(kióstro)* m. claustro, monasterio.

chirurgia *(kirurdyía)* f. cirugía.

chirurgo *(kirúrgo)* m. cirujano.

chisciottesco *(kischiottésco)* adj. quijotesco.

chissà *(kissá)* adv. quién sabe, tal vez, quizá.

chitarra *(kitárra)* f. guitarra.

chitarrista *(kitarrísta)* m. f. guitarrista.

chiudere *(kiúdere)* tr. cerrar.

———— CHIUDERE ————

INFINITO Presente: chiudere. **Passato:** avere chiuso. **GERUNDIO Semplice:** chiudendo. **Composto:** avendo chiuso. **PARTICIPIO Presente:** chiudente. **Passato:** chiuso. **INDICATIVO Presente:** io chiudo, tu chiudi, egli chiude; noi chiudiamo, voi chiudete, essi chiudono. **Passato prossimo:** ho chiuso, hai chiuso, ha chiuso; abbiamo chiuso, avete chiuso, hanno chiuso. **Imperfetto:** chiudevo, chiudevi, chiudeva; chiudevamo, chiudevate, chiudevano. **Trapassato prossimo:** avevo chiuso, avevi chiuso, aveva chiuso; avevamo chiuso, avevate chiuso, avevano chiuso. **Passato remoto:** chiusi, chiudesti, chiuse; chiudemmo, chiudeste, chiusero. **Trapassato remoto:** ebbi chiuso, avesti chiuso, ebbe chiuso; avemmo chiuso, aveste chiuso, ebbero chiuso. **Futuro semplice:** chiuderò, chiuderai, chiuderà; chiuderemo, chiuderete, chiuderanno. **Futuro anteriore:** avrò chiuso, avrai chiuso, avrà chiuso; avremo chiuso, avrete chiuso, avranno chiuso. **CONDIZIONALE Presente:** chiuderei, chiuderesti, chiuderebbe; chiuderemmo, chiudereste, chiuderebbero. **Passato:** avrei chiuso, avresti chiuso, avrebbe chiuso; avremmo chiuso, avreste chiuso, avrebbero chiuso. **CONGIUNTIVO Presente:** chiuda, chiuda, chiuda; chiudiamo, chiudiate, chiudano. **Imperfetto:** chiudessi, chiudessi, chiudesse; chiudessimo, chiudeste, chiudessero. **Passato:** abbia chiuso, abbia chiuso, abbia chiuso; abbiamo chiuso, abbiate chiuso, abbiano chiuso. **Trapassato:** avessi chiuso, avessi chiuso, avesse chiuso; avessimo chiuso, aveste chiuso, avessero chiuso. **IMPERATIVO Presente:** chiudi **tu**, chiuda **egli**; chiudiamo **noi**, chiudete **voi**, chiudano **essi.**

chiunque *(kiúnkue)* pron. cualquiera, quienquiera.
chiusa *(kiúsa)* f. cercado.
chiuso *(kiúso)* adj. cerrado.
chiusura *(kiusúra)* f. clausura.
ci *(chi)* adv. ahí, allí, aquí. pron. nos, a nosotros; en esto, en eso, en ello.
ciabatta *(chiabátta)* f. zapatilla, babucha.
ciabattino *(chiabattíno)* m. zapatero remendón.
ciambella *(chiambél-la)* f. rosquilla, bollo.
ciambellano *(chiambel-láno)* m. chambelán.
ciampicare *(chiampicáre)* itr. tropezar.
ciampicone *(chiampicóne)* m. tropezón.
ciancia *(chiánchia)* f. chisme; bagatela; frivolidad.
ciangottare *(chiangottáre)* itr. balbucear.

ciao *(chiáo)* itj. ¡hola! ¡adiós!
ciarla *(chiárla)* f. charla.
ciarlare *(chiarláre)* itr. charlar.
ciarlatanería *(chiarlatanería)* f. charlatanería.
ciarlatáno *(chiarlatáno)* m. charlatán.
ciarpa *(chiárpa).* f. banda, faja; chal; bufanda.
ciascuno *(chiascúno)* pron. cada uno, cada cual. adj. cada.
cibare *(chibáre)* tr. cebar; alimentar, nutrir.
cibaria *(chibária)* f. comida, vitualla. **cibarie** pl. víveres.
cibo *(chíbo)* m. comida; cebo.
ciborio *(chibório)* m. copón; custodia.
cicala *(chicála)* f. cigarra.
cicatrice *(chicatríche)* f. cicatriz.
cicatrizzare *(chicatritsáre)* itr. cicatrizar.
cicca *(chícca)* f. colilla.
cicisbea *(chichisbéa)* f. coqueta; querida.
cicisbeare *(chichisbeáre)* itr. cortejar.
cicisbeo *(chichisbéo)* m. amante.
ciclismo *(chiclísmo)* m. ciclismo.
ciclista *(chiclista)* m. f. ciclista.
cicogna *(chicóña)* f. (orn.) cigüeña.
cicoria *(chicória)* f. (bot.) achicoria.
cieco *(chiéco)* adj. y m. ciego.
cielo *(chiélo)* m. cielo.
cifra *(chífra)* f. cifra; número; suma, importe.
ciglia *(chíllia)* f. pl. pestañas.
ciglio *(chíllio)* m. ceja; pestaña.
cigno *(chíño)* m. (orn.) cisne.

cingesti, cinse; cingemmo, cingeste, cinsero. **Traspassato remoto:** ebbi cinto, avesti cinto, ebbe cinto; avemmo cinto, aveste cinto, ebbero cinto. **Futuro semplice:** cingerò, cingerai, cingerà; cingeremo, cingerete, cingeranno. **Futuro anteriore:** avrò cinto, avrai cinto, avrà cinto; avremo cinto, avrete cinto, avranno cinto. **CONDIZIONALE Presente:** cingerei, cingeresti, cingerebbe; cingeremmo, cingereste, cingerebbero. **Passato:** avrei cinto, avresti cinto, avrebbe cinto; avremmo cinto, avreste cinto, avrebbero cinto. **CONGIUNTIVO Presente:** cinga, cinga, cinga; cingiamo, cingiate, cingano. **Imperfetto:** cingessi, cingessi, cingesse; cingessimo, cingeste, cingessero. **Passato:** abbia cinto, abbia cinto, abbia cinto; abbiamo cinto, abbiate cinto, abbiano cinto. **Trapassato:** avessi cinto, avessi cinto, avesse cinto; avessimo cinto, aveste cinto, avessero cinto. **IMPERATIVO Presente:** cingi **tu,** cinga **egli;** cingiamo **noi,** cingete **voi,** cingano **essi.**

---

cigolamento *(chigolaménto)* m. rechinamiento; crujido.

cigolare *(chigoláre)* itr. rechinar, crujir.

ciliegia *(chiliédyia)* f. (bot.) cereza.

cilindro *(chilíndro)* m. cilindro; (mec.) tambor; sombrero de copa.

cima *(chíma)* f. cima, vértice, cumbre. **in —** encima.

cimentare *(chimentáre)* tr. arriesgar, ensayar.

cimentarsi *(chimentársi)* rfl. aventurarse.

cimento *(chiménto)* m. riesgo, prueba.

cimentoso *(chimentóso)* adj. arriesgado.

cimice *(chímice)* m. chinche.

ciminiera *(chiminiéra)* f. chimenea.

cimitero *(chimitéro)* m. cementerio.

cinegiornale *(chinedyiornále)* m. documental.

cinema *(chinéma)* m. cine.

cinematografo *(chinematógrafo)* m. cinematógrafo.

cinese *(chinese)* adj. y m. chino.

cingere *(chíndyere)* tr. ceñir; cercar.

——————— CINGERE ———————

INFINITO Presente: cingere. **Passato:** avere cinto. **GERUNDIO Semplice:** cingendo. **Composto:** avendo cinto. **PARTICIPIO Presente:** cingente. **Passato:** cinto. **INDICATIVO Presente:** io cingo, tu cingi, egli cinge; noi cingiamo, voi cingete, essi cingono. **Passato prossimo:** ho cinto, hai cinto, ha cinto; abbiamo cinto, avete cinto, hanno cinto. **Imperfetto:** cingevo, cingevi, cingeva; cingevamo, cingevate, cingevano. **Trapassato prossimo:** avevo cinto, avevi cinto, aveva cinto; avevamo cinto, avevate cinto, avevano cinto. **Passato remoto:** cinsi,

cinghia *(chínguia)* f. correa; cincha.

cinghiale *(chinguiále)* m. (zool.) jabalí.

cinghiare *(chinguiáre)* tr. cinchar; ceñir.

cingolo *(chíngolo)* m. cinturón.

cinguettare *(chingüettáre)* itr. piar; balbucear.

cinto *(chínto)* m. cinto.

cintura *(chintúra)* f. cintura; cinturón; faja.

ciò *(chió)* pron. esto, eso. — **chè** lo que. **per —** por eso.

cioccolata *(chiokkoláta)* f. chocolate.

cioè *(chioé)* adv. es decir, esto es, o sea.

ciottolo *(chióttolo)* m. guijarro.

cipolla *(chipól-la)* f. (bot.) cebolla; bulbo.

cippo *(chíppo)* m. cipo; hito, mojón.   [ciprés.

cipresso *(chiprésso)* m. (bot.)

circa *(chírca)* prep. en cuanto a, respecto de. adv. alrededor de, poco más o menos, cerca.

circo *(chírco)* m. circo, arena.

circolare *(chircoláre)* itr. circular; girar. adj. circular.

circolazione *(chircoladsióne)* f. circulación.

circolo *(chírcolo)* m. círculo.

circondamento *(chircondaménto)* m. rodeo.

circondare *(chircondáre)* tr. cercar; rodear, circundar.

circondario *(chircondário)* m. distrito, jurisdicción.

circonferenza *(chirconferéndsa)* f. circunferencia.

circoscrivere *(chircoscrívere)* tr. circunscribir.

circospezione *(chircospedsióne)* f. circunspección.

circostanza *(chircostándsa)* f. circunstancia.

circuire *(chircuíre)* tr. rodear.

circuito *(chircúito)* m. circuito.

citare *(chitáre)* tr. citar. (jur.) hacer comparecer ante un tribunal.

citazione *(chitadsióne)* f. citación.

città *(chittá)* f. ciudad.

cittadella *(chitadél-la)* f. ciudadela.

cittadino *(chittadíno)* m. ciudadano.   [moño.

ciuffo *(chiúffo)* m. mechón;

ciurma *(chiúrma)* f. chusma.

ciurmare *(chiurmáre)* tr. engañar.

ciurmatore *(chiurmatóre)* m. charlatán, embrollón.

civetta *(chivétta)* f. (orn.) lechuza; (fig.) coqueta.

civettare *(chivettáre)* itr. coquetear; ir de caza de pájaros (con mochuelo).

civetteria *(chivettería)* f. coquetería.

civico *(chívico)* adj. cívico.

civile *(chivíle)* adj. civil; civilizado.

civiltà *(chiviltá)* f. civilización.

clamore *(clamóre)* m. clamor.

classe *(clásse)* f. clase.

classico *(clássico)* adj. clásico.

classificare *(classificáre)* tr. clasificar.

classificazione *(classificadsióne)* f. clasificación.

clavicola *(clavícola)* f. (anat.) clavícula.

clemente *(cleménte)* adj. clemente.

clemenza *(cleméndsa)* f. clemencia.

clero *(clero)* m. clero.

cliente *(cliénte)* m. cliente.

clientela *(clientéla)* f. clientela.

clima *(clíma)* m. clima.

clinica *(clínica)* f. clínica.

cloaca *(cloáca)* f. cloaca.

cloro *(clóro)* m. cloro.

clorofila *(clorofíla)* f. clorofila.

coadiuvare *(coadiuváre)* tr. coadyuvar, asistir, secundar, cooperar.

coagulare *(coaguláre)* tr. e itr. coagular, coagularse.

coalizione *(coalidsióne)* f. coalición.

cocchiere *(cokkiére)* m. cochero.

cocco *(cócco)* m. coco.

coccodrillo *(coccodríl-lo)* m. (zool.) cocodrilo.

cocente *(cochénte)* adj. ardiente; agudo, violento.

cocimento *(cochiménto)* m. cocción.

cocomero *(cocómero)* m. (bot.) sandía.

coda *(códa)* f. cola.

codardo *(codárdo)* adj. cobarde.

codesto *(codésto)* adj. y pron. ese.

codice *(códiche)* m. código.

codicillo *(codichíl-lo)* m. codicilo.

codificare *(codificáre)* tr. codificar.

codino *(codíno)* adj. y m. retrógrado, reaccionario.

coerenza *(coeréndsa)* f. coherencia.

coesistere *(coesistere)* itr. coexistir.

cofano *(cófano)* m. baúl.

cogliere *(cólliere)* tr. coger, recoger.

──────── COGLIERE ────────

INFINITO Presente: cogliere. Passato: avere colto. GERUNDIO Semplice: cogliendo. Composto: avendo colto. PARTICIPIO Presente: cogliente. Passato: colto. INDICATIVO Presente: io colgo, tu cogli, egli coglie; noi cogliamo, voi cogliete, essi colgono. Passato prossimo: ho colto, hai colto, ha colto; abbiamo colto, avete colto, hanno colto. Imperfetto: coglievo, coglievi, coglieva; coglievamo, coglievate, coglievano. Trapassato prossimo: avevo colto, avevi colto, aveva colto; avevamo colto, avevate colto, avevano colto. Passato remoto: colsi, cogliesti, colse; cogliemmo, coglieste, colsero. Trapassato remoto: ebbi colto, avesti colto, ebbe colto; avemmo colto, aveste colto, ebbero colto. Futuro semplice: coglierò o corrò, coglierai o corrai, coglierà o corrà; coglieremo o corremo, coglierete o correte, coglieranno o corranno. Futuro anteriore: avrò colto, avrai colto, avrà colto; avremo colto, avrete colto, avranno colto. CONDIZIONALE Presente: coglierei o correi, coglieresti, coglierebbe; coglieremmo, cogliereste, coglierebbero. Passato: avrei colto, avresti colto, avrebbe colto; avremmo colto, avreste colto, avrebbero colto. CONGIUNTIVO Presente: colga, colga, colga; cogliamo, cogliate, colgano. Imperfetto: cogliessi, cogliessi, cogliesse; cogliessimo, coglieste, cogliessero. Passato: abbia colto, abbia colto, abbia colto; abbiamo colto, abbiate colto, abbiano colto. Trapassato: avessi colto, avessi colto, avesse colto; avessimo colto, aveste colto, avessero colto. IMPERATIVO Presente: cogli tu, colga egli; cogliamo noi, cogliete voi, colgano essi.

──────────

cognato *(coñáto)* m. cuñado.

cognazione *(coñadsióne)* f. afinidad.

cognito *(cóñito)* adj. conocido.

cognizione *(coñidsióne)* f. conocimiento.

cognome *(coñóme)* m. apellido; apodo.

coincidere *(coinchídere)* itr. coincidir; corresponder.

coincidenza *(coinchidéndsa)* f. coincidencia.

colà *(colá)* adv. ahí, allá.

colare *(coláre)* tr. colar.

colata *(coláta)* f. colada.

colazione *(coladsióne)* f. colación, desayuno. far — desayunar.

colei *(coléi)* pron. esa, aquella.

colera *(coléra)* m. (med.) cólera.

colerico *(colérico)* adj. y m. colérico, enfermo de cólera.

colica *(cólica)* f. (med.) cólico.   [con la.

colla *(cól-la)*. f. cola. prep. art.

collaborare *(col-laboráre)* itr. colaborar.

collaborazione *(col-laboradsióne)* f. colaboración.

collana *(col-lána)* f. collar; serie, colección.

collare *(col-láre)* m. collar.

colle *(cól-le)* m. cerro. prep. art. con las.

collega *(col-léga)* m. f. colega.

collegare *(col-legáre)* tr. unir, ligar.

collegiale *(col-ledyiále)* adj. y m. colegial.

collegio *(col-lédyio)* m. colegio; internado.

collera *(cól-lera)* f. cólera.

collerico *(col-lérico)* adj. colérico.

colletta *(col-létta)* f. colecta.

collettivismo *(col-lettivísmo)* m. colectivismo.

collettivo *(col-lettívo)* adj. colectivo.

colletto *(col-létto)* m. cuello.

collettore *(col-lettóre)* m. colector.

collezione *(col·ledsióne)* f. colección.

collezionista *(col·ledsionísta)* m. f. coleccionista.

collina *(col·lína)* f. colina, cerro, collado.

collisione *(col·lisióne)* f. colisión, choque.

collo *(cól·lo)* m. cuello; (animales) pescuezo; bulto, fardo. prep. art. con el.

collocamento *(col·locaménto)* m. colocación; casamiento.

collocare *(col·locáre)* tr. colocar, instalar; casar.

collocatore *(col·locatóre)* m. agente de colocaciones; corredor de mercancías.

collocazione *(col·locadsióne)* f. colocación.

colloquio *(col·lócuio)* m. coloquio, entrevista.

colmare *(colmáre)* tr. colmar.

colomba *(colómba)* f. (orn.) paloma.

colonia *(colónia)* f. colonia.

colonna *(colónna)* f. columna.

colonnello *(colonnéllo)* m. (mil.) coronel.

colore *(colóre)* m. color.

colorire *(coloríre)* tr. teñir; pintar; colorear.

colorito *(coloríto)* adj. pintado. m. colorido.

colpa *(cólpa)* f. culpa.

colpevole *(colpévole)* adj. y m. culpable.

colpevolezza *(colpevolétsa)* f. culpabilidad.

colpire *(colpíre)* tr. golpear, impresionar; lograr.

colpo *(cólpo)* m. golpe, choque. — di palla balazo. sul — de golpe.

colta *(cólta)* f. recolección, cosecha.

coltellata *(coltel·láta)* f. cuchillada, navajazo.

coltello *(coltél·lo)* m. cuchillo, navaja.

coltivare *(coltiváre)* tr. cultivar; (fig.) dedicarse a.

coltivazione *(coltivadsióne)* f. (agr.) cultivo.

colto *(cólto)* adj. culto, docto; recolectado. m. campo, terreno cultivado.

coltre *(cóltre)* f. cobertor.

coltrice *(cóltriche)* f. colchón.

coltrone *(coltróne)* m. colcha.

coltura *(coltúra)* f. cultura; (agr.) cultivo; cría.

colui *(colúi)* pron. ése, aquél.

comandamento *(comandaménto)* m. mandato; (rel.) mandamiento.

comandante *(comandánte)* (mil.) m. comandante.

comandare *(comandáre)* tr. mandar.

comando *(comándo)* m. orden; mando, comando.

combattente *(combatténte)* adj. y m. combatiente, soldado.

combattere *(combáttere)* tr. e itr. combatir, luchar.

combattimento *(combattiménto)* m. combate, batalla.

combinare *(combináre)* tr. combinar.

combinazione *(combinadsióne)* f. combinación.

combustibile *(combustíbile)* adj. y m. combustible.

combustione *(combustióne)* f. combustión.

come *(cóme)* adv. como, de modo; así como. —? ¿cómo?, ¿de qué manera? conj. pues, porque.

comecché *(comekké)* conj. aunque; de cualquier modo; en cualquier parte.

comecchessia *(comekkessía)* adv. de cualquier modo.

comico *(cómico)* adj. y m. cómico.

cominciamento (*cominchia-
ménto*) m. comienzo.
cominciare (*cominchiáre*) tr.
comenzar.
comitato (*comitáto*) m. comi-
té; junta.
comitiva (*comitíva*) f. comitiva.
comiziale (*comidsiále*) adj. co-
micial.
comizio (*comidsio*) m. comicio.
commedia (*commédia*) f. comedia.
commediante (*commediánte*)
m. cómico, actor; comedian-
te.
commemorare (*commemoráre*)
tr. conmemorar.
commensale (*commensále*) m.
comensal.
commentare (*commentáre*) tr.
comentar.
commentario (*commentário*)
m. comentario.
commento (*comménto*) m. comentario.
commerciale (*commerchiále*)
adj. comercial.
commerciante (*commerchián-
te*) m. comerciante.
commerciare (*commerchiáre*)
itr. comerciar; tratar.
commercio (*commérchio*) m.
comercio.
commesso (*commésso*) m. empleado; dependiente. — viaggiatore viajante.
commessura (*commessura*) f.
comisura, juntura.
commestibile (*commestíbile*)
adj. comestible.
commestibili (*commestíbili*) m.
pl. comestibles, víveres.
commettere (*comméttere*) tr.
cometer; juntar; ordenar.
itr. encajar.

―――――― COMMETTERE ――――――

INFINITO Presente: commettere. Passato: avere commesso. GERUNDIO Semplice: commettendo. Composto: avendo
commesso. PARTICIPIO Presente: com-
mittente. Passato: commesso. INDICATI-
VO Presente: io commetto. tu commetti.
egli commette; noi commettiamo, voi
commettete, essi commettono. Passato
prossimo: ho commesso, hai commesso,
ha commesso; abbiamo commesso, avete
commesso, hanno commesso. Imperfetto:
commettevo, commettevi, commetteva;
commettevamo, commettevate, commette-
vano. Trapassato prossimo: avevo commesso, avevi commesso, aveva commesso; avevamo commesso, avevate commesso, avevano commesso. Passato remoto:
commisi, commettesti, commise; com-
mettemmo, commetteste, commisero.
Trapassato remoto: ebbi commesso,
avesti commesso, ebbe commesso; avemmo commesso, aveste commesso, ebbero
commesso. Futuro semplice: commetterò,
commetterai, commetterà; commetteremo,
commetterete, commetteranno. Futuro
anteriore: avrò commesso, avrai commesso, avrà commesso; avremo commesso,
avrete commesso, avranno commesso.
CONDIZIONALE Presente: commetterei,
commetteresti, commetterebbe; commet-
teremmo, commettereste, commetterebbe-
ro. Passato: avrei commesso, avresti
commesso, avrebbe commesso; avremmo
commesso, avreste commesso, avrebbero
commesso. CONGIUNTIVO Presente:
commetta, commetta, commetta; commettiamo, commettiate, commettano. Imperfetto: commettessi, commettessi, commet-
tesse; commettessimo, commetteste, com-
mettessero. Passato: abbia commesso,
abbia commesso, abbia commesso; abbiamo commesso, abbiate commesso, abbiano commesso. Trapassato: avessi com-
messo, avessi commesso, avesse commes-
so; avessimo commesso, aveste commes-
so, avessero commesso. IMPERATIVO
Presente: commetti tu, commetta egli;
commettiamo noi, commettete voi, commettano essi.

commissario (*commissário*) m.
comisario.
commissione (*commissióne*) f.
comisión;   representación;
encargo.
commovere (*commóvere*) tr.
conmover.
commovente   (*commovénte*)
adj. conmovedor.
commozione (*commodsióne*) f.
conmoción; emoción.

commuovere *(commuóvere)* tr. conmover.   [conmutar.
commutare *(commutáre)* tr.
commutatore *(commutatóre)* m. conmutador.
commutazione *(commutadsione)* f. conmutación.
comò *(comó)* m. cómoda.
comodare *(comodáre)* itr. convenir.
comodino *(comodíno)* m. mesita de noche.
comodità *(comoditá)* f. comodidad.   [do.
comodo *(cómodo)* adj. cómo-
compagna *(compáña)* f. compañera.   [pañía.
compagnia *(compañía)* f. com-
compagno *(compáño)* m. compañero. (com.) socio.
comparabile *(comparábile)* adj. comparable.
comparare *(comparáre)* tr. comparar.
comparazione *(comparadsione)* f. comparación.
comparire *(comparíre)* itr. comparecer.

———————— COMPARIRE ————————

INFINITO Presente: comparire. **Passato:** essere comparso. **GERUNDIO Semplice:** comparendo. **Composto:** essendo comparso. **PARTICIPIO Passato:** comparso. **INDICATIVO Presente:** io comparisco o compaio, **tu** comparisci o compari, **egli** comparisce o compare; **noi** compariamo, **voi** comparite, **essi** compariscono o compaiano. **Passato prossimo:** sono comparso-a, sei comparso-a, è comparso-a; siamo comparsi-e, siete comparsi-e, sono comparsi-e. **Imperfetto:** comparivo, comparivi, compariva; comparivamo, comparivate, comparivano. **Trapassato prossimo:** ero comparso-a, eri comparso-a, era comparso-a; eravamo comparsi-e, eravate comparsi-e, erano comparsi-e. **Passato remoto:** comparvi, comparisti, comparì o comparve; comparimmo, compariste, comparirono o comparvero. **Trapassato remoto:** fui comparso-a, fosti comparso-a, fu comparso-a; fummo comparsi-e, foste comparsi-e, furono comparsi-e. **Futuro semplice:** comparirò, comparirai, comparirà; compariremo, comparirete, compariranno. **Futuro anteriore:** sarò comparso-a, sarai comparso-a, sarà comparso-a; saremo comparsi-e, sarete comparsi-e, saranno comparsi-e. **CONDIZIONALE Presente:** comparirei, compariresti, comparirebbe; compariremmo, comparireste, comparirebbero. **Passato:** sarei comparso-a, saresti comparso-a, sarebbe comparso-a; saremmo comparsi-e, sareste comparsi-e, sarebbero comparsi-e. **CONGIUNTIVO Presente:** comparisca o compaia, comparisca o compaia, comparisca o compaia; compariamo, compariate, compariscano o compaiano. **Imperfetto:** comparissi, comparissi, comparisse; comparissimo, compariste, comparissero. **Passato:** sia comparso-a, sia comparso-a, sia comparso-a; siamo comparsi-e, siate comparsi-e, siano comparsi-e. **Trapassato:** fossi comparso-a, fossi comparso-a, fosse comparso-a; fossimo comparsi-e, foste comparsi-e, fossero comparsi-e. **IMPERATIVO Presente:** compari **tu,** compaia o comparisca **egli;** compaiamo **noi,** comparite **voi,** compaiano o comparisca-no **essi.**

———————————————————

comparsa *(compársa)* f. aparición; (teat.) comparsa.
compartecipare *(compartechipáre)* itr. coparticipar.
compartecipazione *(compartechipadsióne)* f. coparticipación.
compartimento *(compartiménto)* m. compartimiento.
compartire *(compartíre)* tr. compartir; distribuir.
compassione *(compassióne)* f. compasión.   [pás.
compasso *(compásso)* m. com-
compatibile *(compatíbile)* adj. compatible.
compatibilità *(compatibilitá)* f. compatibilidad.
compatire *(compatíre)* itr. compadecer; ser indulgente.
compatriotta *(compatriótta)* m. compatriota.
compendiare *(compendiáre)* tr. compendiar.
compendio *(compéndio)* m. compendio.

compirete, compiranno. **Futuro anteriore:** avrò compiuto, avrai compiuto, avrà compiuto; avremo compiuto, avrete compiuto, avranno compiuto. **CONDIZIONALE Presente:** compirei, compiresti, compirebbe; compiremmo, compireste, compirebbero. **Passato:** avrei compiuto, avresti compiuto, avrebbe compiuto; avremmo compiuto, avreste compiuto, avrebbero compiuto. **CONGIUNTIVO Presente:** compia o compisca, compia o compisca, compia o compisca; compiamo, compiate, compiano o compiscano. **Imperfetto:** compissi o compiessi, compissi o compiessi, compisse o compiesse; compissimo o compiessimo, compiste o compieste, compissero o compiessero. **Passato:** abbia compiuto, abbia compiuto, abbia compiuto; abbiamo compiuto, abbiate compiuto, abbiano compiuto. **Trapassato:** avessi compiuto, avessi compiuto, avesse compiuto; avessimo compiuto, aveste compiuto, avessero compiuto. **IMPERATIVO Presente:** compi o compisci tu, compia o compisca egli; compiamo noi, compite voi, compiano o compiscano essi.

---

compensare *(compensáre)* tr. compensar, indemnizar.
compera *(cómpera)* f. compra.
comperare *(comperáre)* tr. comprar. [comprador.
comperatore *(comperatóre)* m.
competente *(competénte)* adj. competente.
competenza *(competéndsa)* f. competencia.
competere *(compétere)* itr. competir, rivalizar; corresponder.
compiacente *(compiachente)* adj. complaciente, servicial.
compiacere *(compiachére)* tr. complacer. itr. ser complaciente.
compiacersi *(compiachérsi)* rfl. complacerse.
compiangere *(compiándyere)* tr. compadecer.
compianto *(compiánto)* m. lamentación, llanto.
compiere *(cómpiere)* tr. completar; concluir.

compilare *(compiláre)* tr. recopilar; compilar.
compilazione *(compiladsióne)* f. recopilación; compilación.
compimento *(compiménto)* m. cumplimiento.
compire *(compíre)* tr. cumplir; llenar; concluir.

--- COMPIERE ---

INFINITO Presente: compiere. **Passato:** avere compiuto. **GERUNDIO Semplice:** compiendo. **Composto:** avendo compiuto. **PARTICIPIO Presente:** compiente. **Passato:** compiuto. **INDICATIVO Presente: io** compio, **tu** compi, **egli** compie; **noi** compiamo, **voi** compite, **essi** compiono. **Passato prossimo:** ho compiuto, hai compiuto, ha compiuto; abbiamo compiuto, avete compiuto, hanno compiuto. **Imperfetto:** compivo o compievo, compivi o compievi, compiva o compieva; compivamo o compievamo, compivate o compievate, compivano o compievano. **Trapassato prossimo:** avevo compiuto, avevi compiuto, aveva compiuto; avevamo compiuto, avevate compiuto, avevano compiuto. **Passato remoto:** compii, compisti, compì; compimmo, compiste, compirono. **Trapassato remoto:** ebbi compiuto, avesti compiuto, ebbe compiuto; avemmo compiuto, aveste compiuto, ebbero compiuto. **Futuro semplice:** compirò, compirai, compirà; compiremo,

--- COMPIRE ---

INFINITO Presente: compire. **Passato:** avere compiuto o compito. **GERUNDIO Semplice:** compiendo. **Composto:** avendo compiuto o compito. **PARTICIPIO Presente:** compiente. **Passato:** compiuto o compito. **INDICATIVO Presente: io** compisco, **tu** compisci, **egli** compisce; **noi** compiamo, **voi** compite, **essi** compiscono. **Passato prossimo:** ho compiuto, hai compiuto, ha compiuto; abbiamo compiuto, avete compiuto, hanno compiuto. **Imperfetto:** compivo o compievo, compivi o compievi, compiva o compieva; compivamo o compievamo, compivate o compievate, compivano o compievano. **Trapassato prossimo:** avevo compiuto, avevi compiuto, aveva compiuto; avevamo compiuto, avevate compiuto, avevano compiuto. **Passato remoto:** compii, compisti, compí; compimmo, compiste, compirono. **Trapassato remoto:** ebbi compiuto, avesti compiuto, ebbe compiuto; avemmo compiuto, aveste compiuto, ebbero compiuto. **Futuro semplice:** compirò, compirai, compirà; compiremo, compirete, compiranno. **Futuro anteriore:** avrò compiuto, avrai compiuto, avrà compiuto: avremo compiuto, avrete compiuto, avranno compiuto. **CONDIZIONALE Presente:** compirei, compiresti, compirebbe; compiremmo, compireste, compirebbero. **Passato:** avrei compiuto, avresti compiuto, avrebbe compiuto; avremmo compiuto, avreste compiuto, avrebbero compiuto. **CONGIUNTIVO Presente:** compia o compisca, compia o compisca, compia o compisca; compiamo, compiate, compiano o compiscano. **Imperfetto:** compissi o compiessi, compissi o compiessi, compisse o compiesse; compissimo o compiessimo, compiste o compieste, compissero o compiessero. **Passato:** abbia compiuto, abbia compiuto, abbia compiuto; abbiamo compiuto, abbiate compiuto, abbiano compiuto. **Trapassato:** avessi compiuto, avessi compiuto, avesse compiuto; avessimo compiuto, aveste compiuto, avessero compiuto. **IMPERATIVO Presente:** compi o compisci **tu,** compia o compisca **egli; compiamo noi,** compite **voi,** compiano o compiscano **essi.**

compitare *(compitáre)* tr. deletrear.
compitezza *(compitétsa)* f. cortesía.
compito *(compíto)* adj. cortés.
compito *(cómpito)* m. tarea; encargo; deberes.
complementare *(complementáre)* adj. complementario.
complemento *(compleménto)* m. complemento.
completare *(completáre)* tr. completar.
completo *(compléto)* adj. completo.
complicare *(complicáre)* tr. complicar.
complicazione *(complicadsióne)* f. complicación.
complice *(cómpliche)* m. cómplice.
complimentare *(complimentáre)* tr. cumplimentar.
complimenti *(compliménti)* m. pl. cumplidos.
complottare *(complottáre)* itr. conspirar, tramar.
complotto *(complótto)* m. complot, conjura.

componimento *(componiménto)* m. composición.
comporre *(compórre)* tr. (mús.) componer; redactar; (mec.) montar.

───── **COMPORRE** ─────

INFINITO Presente: comporre. **Passato:** avere composto. **GERUNDIO Semplice:** componendo. **Composto:** avendo composto. **PARTICIPIO Presente:** componente. **Passato:** composto. **INDICATIVO Presente: io compongo, tu componi, egli** compone; **noi componiamo, voi** componete, **essi** compongono. **Passato prossimo:** ho composto, hai composto, ha composto; abbiamo composto, avete composto, hanno composto. **Imperfetto:** componevo, componevi, componeva; componevamo, componevate, componevano. **Trapassato prossimo:** avevo composto, avevi composto, aveva composto; avevamo composto, avevate composto, avevano composto. **Passato remoto:** composi, componesti, compose; componemmo, componeste, composero. **Trapassato remoto:** ebbi composto, avesti composto, ebbe composto; avemmo composto, aveste composto, ebbero composto. **Futuro semplice:** comporrò, comporrai, comporrà; comporremo, comporrete, comporranno. **Futuro anteriore:** avrò composto, avrai composto, avrà composto; avremo composto, avrete composto, avranno composto. **CONDIZIONALE Presente:** comporrei, comporresti, comporrebbe; comporremmo, comporreste, comporrebbero. **Passato:** avrei composto, avresti composto, avrebbe composto; avremmo composto, avreste composto, avrebbero composto. **CONGIUNTIVO Presente:** componga, compoanga, componga; componiamo, componiate, compongano. **Imperfetto:** componessi, componessi, componesse; componessimo, componeste, componessero. **Passato:** abbia composto, abbia composto, abbia composto; abbiamo composto, abbiate composto, abbiano composto. **Trapassato:** avessi composto, avessi composto, avesse composto; avessimo composto, aveste composto, avessero composto. **IMPERATIVO Presente: componi tu, componga egli;** componiamo **noi,** componete **voi,** compongano **essi.**

compositore *(compositóre)* m. compositor.

composizione *(composidsióne)* f. composición.

composta *(compósta)* f. compota.

compostezza *(compostétsa)* f. compostura.

compra *(cómpra)* f. compra.

comprare *(compráre)* tr. comprar.

compratore *(compratóre)* m. comprador.

compravendita *(compravéndita)* f. compraventa.

comprendere *(compréndere)* tr. comprender; contener; invadir.

——————— COMPRENDERE ———

INFINITO Presente: comprendere. **Passato:** avere compreso. **GERUNDIO Semplice:** comprendendo. **Composto:** avendo compreso. **PARTICIPIO Presente:** comprendente. **Passato:** compreso. **INDICATIVO Presente: io** comprendo, **tu** comprendi, **egli** comprende; **noi** comprendiamo, **voi** comprendete, **essi** comprendono. **Passato prossimo:** ho compreso, hai compreso, ha compreso; abbiamo compreso, avete compreso, hanno compreso. **Imperfetto:** comprendevo, comprendevi, comprendeva; comprendevamo, comprendevate, comprendevano. **Trapassato prossimo:** avevo compreso, avevi compreso, aveva compreso; avevamo compreso, avevate compreso, avevano compreso. **Passato remoto:** compresi, comprendesti, comprese; comprendemmo, comprendeste, compresero. **Trapassato remoto:** ebbi compreso, avesti compreso, ebbe compreso; avemmo compreso, aveste compreso, ebbero compreso. **Futuro semplice:** comprenderò, comprenderai, comprenderà; comprenderemo, comprenderete, comprenderanno. **Futuro anteriore:** avrò compreso, avrai compreso, avrà compreso; avremo compreso, avrete compreso, avranno compreso. **CONDIZIONALE Presente:** comprenderei, comprenderesti, comprenderebbe; comprenderemmo, comprendereste, comprenderebbero. **Passato:** avrei compreso, avresti compreso, avrebbe compreso; avremmo compreso, avreste compreso, avrebbero compreso. **CONGIUNTIVO**
Presente: comprenda, comprenda, comprenda; comprendiamo, comprendiate, comprendano. **Imperfetto:** comprendessi, comprendessi, comprendesse; comprendessimo, comprendeste, comprendessero. **Passato:** abbia compreso, abbia compreso, abbia compreso; abbiamo compreso, abbiate compreso, abbiano compreso. **Trapassato:** avessi compreso, avessi compreso, avesse compreso; avessimo compreso, aveste compreso, avessero compreso. **IMPERATIVO Presente:** comprendi **tu**, comprenda **egli**; comprendiamo **noi**, comprendete **voi**, comprendano **essi**.

———————

comprensione *(comprensióne)* f. comprensión.

comprensiva *(comprensíva)* f. comprensividad, comprensibilidad.

compressa *(compréssa)* f. (med.) venda, apósito, compresa.

compressibile *(compressíbile)* adj. comprimible.

compresso *(comprésso)* adj. comprimido; reprimido.

comprimere *(comprímere)* tr. comprimir; reprimir.

——————— COMPRIMERE ———

INFINITO Presente: comprimere. **Passato:** avere compresso. **GERUNDIO Semplice:** comprimendo. **Composto:** avendo compresso. **PARTICIPIO Presente:** comprimente. **Passato:** compresso. **INDICATIVO Presente: io** comprimo, **tu** comprimi, **egli** comprime; **noi** comprimiamo, **voi** comprimete, **essi** comprimono. **Passato prossimo:** ho compresso, hai compresso, ha compresso; abbiamo compresso, avete compresso, hanno compresso. **Imperfetto:** comprimevo, comprimevi, comprimeva; comprimevamo, comprimevate, comprimevano. **Trapassato prossimo:** avevo compresso, avevi compresso, aveva compresso; avevamo compresso, avevate compresso, avevano compresso. **Passato remoto:** compressi, comprimesti, compresse; comprimemmo, comprimeste, compressero. **Trapassato remoto:** ebbi compresso, avesti compresso, ebbe compresso; avemmo compresso, aveste compresso, ebbero compresso. **Futuro semplice:** comprimerò, comprimerai, comprimerà; comprimeremo, comprimerete, comprimeranno. **Futuro anteriore:** avrò compresso, avrai compresso, avrà compresso; avremo compresso, avrete compresso, avranno compresso. **CONDIZIO-NALE Presente:** comprimerei, comprimeresti, comprimerebbe; comprimeremmo, comprimereste, comprimerebbero. **Passato:** avrei compresso, avresti compresso, avrebbe compresso; avremmo compresso, avreste compresso, avrebbero compresso. **CONGIUNTIVO Presente:** comprima, comprima, comprima; comprimiamo, comprimiate, comprimano. **Imperfetto:** comprimessi, comprimessi, comprimesse; comprimessimo, comprimeste, comprimessero. **Passato:** abbia compresso, abbia compresso, abbia compresso; abbiamo compresso, abbiate compresso, abbiano compresso. **Trapassato:** avessi compresso, avessi compresso, avesse compresso; avessimo compresso, aveste compresso, avessero compresso. **IMPERATIVO Presente:** comprimi **tu,** comprima **egli;** comprimiamo **noi,** comprimete **voi,** comprimano **essi.**

compromesso *(compromésso)* adj. comprometido. m. compromiso.

compromettente *(compromettènte)* adj. comprometedor.

compromettere *(compromèttere)* tr. comprometer.

comprovare *(comprováre)* tr. comprobar; justificar; atestiguar.

comprovazione *(comprovadsióne)* f. comprobación.

compungere *(compúndyere)* tr. compungir.

compungersi *(compundyérsi)* rfl. compungirse.

computare *(computáre)* tr. calcular, computar.

computisteria *(computistería)* f. contabilidad.

computo *(cómputo)* m. cómputo, cálculo.

comunale *(comunále)* adj. comunal.

comune *(comúne)* adj. común; ordinario. m. municipio, ayuntamiento. **luogo —** excusado.

comunemente *(comuneménte)* adj. comúnmente.

comunicare *(comunicáre)* tr. comunicar; transmitir una enfermedad; administrar la Eucaristía. itr. estar en comunicación.

comunicativo *(comunicatívo)* adj. comunicativo.

———— CONCEDERE ————

INFINITO Presente: concedere. **Passato:** avere concesso o conceduto. **GERUNDIO Semplice:** concedendo. **Composto:** avendo concesso. **PARTICIPIO Presente:** concedente. **Passato:** concesso o conceduto. **INDICATIVO Presente:** io concedo, tu concedi, egli concede; noi concediamo, voi concedete, essi concedono. **Passato prossimo:** ho concesso, hai concesso, ha concesso; abbiamo concesso, avete concesso, hanno concesso. **Imperfetto:** concedevo, concedevi, concedeva; concedevamo, concedevate, concedevano. **Trapassato prossimo:** avevo concesso, avevi concesso, aveva concesso; avevamo concesso, avevate concesso, avevano concesso. **Passato remoto:** concessi o concedei o concedetti, concedesti, concesse o concedette; concedemmo, concedeste, concessero o concedettero. **Trapassato remoto:** ebbi concesso, avesti concesso, ebbe concesso; avemmo concesso, aveste concesso, ebbero concesso. **Futuro semplice:** concederò, concederai, concederà; concederemo, concederete, concederanno. **Futuro anteriore:** avrò concesso, avrai concesso, avrà concesso; avremo concesso, avrete concesso, avranno concesso. **CONDIZIONALE Presente:** concederei, concederesti, concederebbe; concederemmo, concedereste, concederebbero. **Passato:** avrei concesso, avresti concesso, avrebbe concesso; avremmo concesso, avreste concesso, avrebbero concesso. **CONGIUNTIVO Presente:** conceda, conceda, conceda; concediamo, concediate, concedano. **Imperfetto:** concedessi, concedessi, concedesse; concedessimo, concedeste, concedessero. **Passato:** abbia concesso, abbia concesso, abbia concesso; abbiamo concesso, abbiate concesso, abbiano concesso. **Trapassato:** avessi concesso, avessi concesso, avesse concesso; avessimo concesso, aveste concesso, avessero concesso. **IMPERATIVO Presente:** concedi **tu,** conceda **egli;** concediamo **noi,** concedete **voi,** concedano **essi.**

comunicato *(comunicáto)* adj. comunicado. m. aviso; parte, comunicado.

comunicazione *(comunicadsióne)* f. comunicación; participación; oficio.

comunione *(comunióne)* f. comunión.

comunità *(comunitá)* f. comunidad.

comunque *(comúnkue)* adv. y conj. de cualquier modo, como quiera que.

con *(con)* prep. con; por medio de.

conca *(cónca)* f. artesa; tinaja; concavidad; esclusa.

concavo *(cóncavo)* adj. cóncavo. m. concavidad.

concedere *(conchédere)* tr. conceder, ceder; consentir.

concentramento *(conchentraménto)* m. concentración.

concentrare *(conchentráre)* tr. concentrar.

concentrico *(conchéntrico)* adj. concéntrico.

concepimento *(conchepiménto)* m. concepción.

concepire *(conchepíre)* tr. concebir; crear, inventar.

concernente *(conchernénte)* adj. concerniente.

concernere *(conchérnere)* tr. concernir.

concertare *(conchertáre)* tr. concertar.

concerto *(conchérto)* m. (mús.) concierto; acuerdo.

concessione *(conchessióne)* f. concesión.

concettismo *(conchettísmo)* m. conceptismo.

concetto *(conchétto)* m. concepto; idea; opinión.

concezione *(conchedsióne)* f. concepción; concepto.

conchiglia *(conkíllia)* f. concha.

conchiudere *(conkiúdere)* tr. concluir; establecer; resolver. itr. concluir; resumir; deducir.

conciapelli *(conchiapél-li)* m. curtidor.

conciare *(conchiáre)* tr. curtir.

conciarsi *(conchiársi)* rfl. ensuciarse; vestir mal.

conciliare *(conchiliáre)* adj. conciliar. tr. conciliar.

conciliazione *(conchiliadsióne)* f. conciliación. [lio.

concilio *(conchílio)* m. concicitamento

concimaia *(conchimáia)* f. estercolero.

concimare *(conchimáre)* tr. abonar.

concimatura *(conchimatúra)* f. abono, abonamiento.

concisione *(conchisióne)* f. concisión. [so.

conciso *(conchíso)* adj. concicitamento

concitamento *(conchitaménto)* m. concitación, agitación.

concitare *(conchitáre)* tr. concitar.

concludere *(conclúdere)* tr. concluir, terminar. itr. deducir, concluir.

conclusione *(conclusióne)* f. conclusión; resolución; deducción.

conclusivo *(conclusívo)* adj concluyente.

concordanza *(concordándsa)* f concordancia.

concordare *(concordáre)* tr concordar.

concordato *(concordáto)* m concordato.

concordia *(concórdia)* f. concordia.

concorrente *(concorrénte)*. adj y m. concurrente, competidor; rival.

concorrenza *(concorréndsa)* f concurrencia, competencia.

concorrere *(concórrere)* intr

concurrir; afluir, confluir; cooperar.

——————— **CONCORRERE** ———————

INFINITO Presente: concorrere. **Passato:** essere o avere concorso. **GERUNDIO Semplice:** concorrendo. **Composto:** essendo o avendo concorso. **PARTICIPIO Presente:** concorrente. **Passato:** concorso. **INDICATIVO Presente:** io concorro, tu concorri, egli concorre; noi concorriamo, voi concorrete, essi concorrono. **Passato prossimo:** sono concorso-a o ho concorso, sei concorso-a o hai concorso, è concorso-a o ha concorso; siamo concorsi-e o abbiamo concorso, siete concorsi-e o avete concorso, sono concorsi-e o hanno concorso. **Imperfetto:** concorrevo, concorrevi, concorreva; concorrevamo, concorrevate, concorrevano. **Trapassato prossimo:** ero concorso-a o avevo concorso, eri concorso-a o avevi concorso, era concorso-a o aveva concorso; eravamo concorsi-e o avevamo concorso, eravate concorsi-e o avevate concorso, erano concorsi-e o avevano concorso. **Passato remoto:** concorsi, concorresti, concorse; concorremmo, concorreste, concorsero. **Trapassato remoto:** fui concorso-a o ebbi concorso, fosti concorso-a o avesti concorso, fu concorso-a o ebbe concorso; fummo concorsi-e o avemmo concorso, foste concorsi-e o avesti concorso, furono concorsi-e o ebbero concorso. **Futuro semplice:** concorrerò, concorrerai, concorrerà; concorreremo, concorrerete, concorreranno. **Futuro anteriore:** sarò concorso-a o avrò concorso, sarai concorso-a o avrai concorso, sarà concorso-a o avrà concorso; saremo concorsi-e o avremo concorso, sarete concorsi-e o avrete concorso, saranno concorsi-e o avranno concorso. **CONDIZIONALE Presente:** concorrerei, concorreresti, concorrerebbe; concorreremmo, concorrereste, concorrerebbero. **Passato:** sarei concorso-a o avrei concorso, saresti concorso-a o avresti concorso, sarebbe concorso-a o avrebbe concorso; saremmo concorsi-e o avremmo concorso, sareste concorsi-e o avreste concorso, sarebbero concorsi-e o avrebbero concorso. **CONGIUNTIVO Presente:** concorra, concorra, concorra; concorriamo, concorriate, concorrano. **Imperfetto:** concorressi, concorressi, concorresse; concorressimo, concorreste, concorressero. **Passato:** sia concorso-a o abbia concorso, sia concorso-a o abbia concorso, sia concorso-a o abbia concorso; siamo concorsi-e o abbiamo concorso, siate concorsi-e o abbiate concorso, siano concorsi-e o abbiano concorso. **Trapassato:** fossi concorso-a o avessi concorso, fossi concorso-a o avessi concorso, fosse concorso-a o avesse concorso; fossimo concorsi-e o avessimo concorso, foste concorsi-e o aveste concorso, fossero concorsi-e o avessero concorso.

IMPERATIVO Presente: concorri tu, concorra egli; concorriamo noi, concorrete voi, concorrano essi.

concorso *(concórso)* m. concurso, concurrencia; asistencia; oposición.

concubina *(concubína)* f. concubina.

concubinato *(concubináto)* m. concubinato.

condanna *(condánna)* f. condena.

condannare *(condannáre)* tr. condenar.

condensare *(condensáre)* tr. condensar.

condensatore *(condensatóre)* m. condensador.

condensazione *(condensadsióne)* f. condensación.

condimento *(condiménto)* m. condimento.   [tar.

condire *(condíre)* tr. condimen-

condiscendente *(condischendénte)* adj. condescendiente.

condiscendere *(condischéndere)* itr. condescender.

condiscepolo *(condischépolo)* m. condiscípulo.

condizionale *(condidsionále)* adj. condicional.

condizionare *(condidsionáre)* tr. condicionar, acondicionar.

condizione *(condidsióne)* f. condición; estado.

condoglianza *(codolliándsa)* f. condolencia.

condolersi *(condolérsi)* rfl. condolerse; dar el pésame.

condotta *(condótta)* f. conducta, proceder; conducto, cañería.

condottiere *(condottiére)* m. jefe, guía.

condurre *(condúrre)* tr. conducir; llevar, transportar.

CONDURRE ————

INFINITO Presente: condurre. **Passato:** avere condotto. **GERUNDIO Semplice:** conducendo. **Composto:** avendo condotto. **PARTICIPIO Presente:** conducente. **Passato:** condotto. **INDICATIVO Presente: io** conduco, **tu** conduci, **egli** conduce; **noi** conduciamo, **voi** conducete, **essi** conducono. **Passato prossimo:** ho condotto, hai condotto, ha condotto; abbiamo condotto, avete condotto, hanno condotto. **Imperfetto:** conducevo, conducevi, conduceva; conducevamo, conducevate, conducevano. **Trapassato prossimo:** avevo condotto, avevi condotto, aveva condotto; avevamo condotto, avevate condotto, avevano condotto. **Passato remoto:** condussi, conducesti, condusse; conducemmo, conduceste, condussero. **Trapassato remoto:** ebbi condotto, avesti condotto, ebbe condotto; avemmo condotto, aveste condotto, ebbero condotto. **Futuro semplice:** condurrò, condurrai, condurrà; condurremo, condurrete, condurranno. **Futuro anteriore:** avrò condotto, avrai condotto, avrà condotto; avremo condotto, avrete condotto, avranno condotto. **CONDIZIONALE Presente:** condurrei, condurresti, condurrebbe; condurremmo, condurreste, condurrebbero. **Passato:** avrei condotto, avresti condotto, avrebbe condotto; avremmo condotto, avreste condotto, avrebbero condotto. **CONGIUNTIVO Presente:** conduca, conduca, conduca; conduciamo, conduciate, conducano. **Imperfetto:** conducessi, conducessi, conducesse; conducessimo, conduceste, conducessero. **Passato** abbia condotto, abbia condotto, abbia condotto; abbiamo condotto, abbiate condotto, abbiano condotto. **Trapassato:** avessi condotto, avessi condotto, avesse condotto; avessimo condotto, aveste condotto, avessero condotto. **IMPERATIVO Presente:** conduci **tu,** conduca **egli;** conduciamo **noi,** conducete **voi,** conducano **essi.**

---

condursi *(condúrsi)* rfl. conducirse, comportarse.

conduttore *(conduttóre)* m. conductor; guía.

confederale *(confederále)* adj. federal.

confederare *(confederáre)* tr. confederar.

confederarsi *(confederársi)* rfl. confederarse.

confederazione *(confederadsióne)* f. confederación, alianza.

conferenza *(conferéndsa)* f. conferencia; entrevista.

conferenziere *(conferendsiére)* m. conferenciante.

conferma *(conférma)* f. confirmación, ratificación.

confermare *(confermáre)* tr. confirmar, ratificar; (rel.) confirmar; aprobar.

confermazione *(confermadsióne)* f. confirmación; comprobación.

confessare *(confessáre)* tr. confesar (oír la confesión y hacerla); declarar.

confessarsi *(confessársi)* rfl. confesarse; declararse autor.

confessione *(confessióne)* f. confesión; declaración.

confessore *(confessóre)* m. confesor. [fitar.

confettare *(confettáre)* tr. con-

confetteria *(confettería)* f. confitería (tienda y géneros).

confezionare *(confedsionáre)* tr. confeccionar; fabricar, preparar.

confezione *(confedsióne)* f. confección; elaboración.

confidare *(confidáre)* tr. confiar. itr. confiar, fiarse.

confidenza *(confidéndsa)* f. confianza; secreto.

confidenziale *(confidendsiále)* adj. confidencial.

configurare *(configuráre)* tr. configurar.

configurazione *(configuradsióne)* f. configuración.

confinamento *(confinamento)* m. confinamiento.

confinare *(confináre)* tr. confinar. itr. confinar, lindar.

confinarsi *(confinársi)* rfl. confinarse, aislarse.

confine *(confíne)* m. confín, frontera.

confino *(confíno)* m. confinamiento.

confisca *(confísca)* f. confiscación.

confiscare *(confiscáre)* tr. confiscar, secuestrar.

confiscazione *(confiscadsióne)* f. confiscación.

conflitto *(conflítto)* m. conflicto, lucha.

confluenza *(confluéndsa)* f. confluencia.

confluire *(confluíre)* itr. confluir.

confondere *(confóndere)* tr. confundir; humillar; desconcertar.

confondersi *(confondérsi)* rfl. confundirse; equivocarse.

conformare *(conformáre)* tr. conformar.

conforme *(confórme)* adj. conforme; parecido.

conformità *(conformitá)* f. conformidad.

confortabile *(confortábile)* adj. confortable.

confortante *(confortánte)* adj. confortante.

confortare *(confortáre)* tr. confortar; corroborar.

confortazione *(confortadsióne)* f. confortación; consuelo; alivio.

conforto *(confórto)* m. confortación; consuelo; confort.

confrontare *(confrontáre)* tr. confrontar, carear.

confrontazione *(confrontadsione)* f. confrontación.

confusione *(confusióne)* f. confusión.

confuso *(confúso)* adj. confuso, revuelto.

congedare *(condyedáre)* tr. licenciar; despedir.

congedo *(condyédo)* m. despido (de empleo); licencia; (mil.) licenciamiento.

congelamento *(condyelaménto)* m. congelamiento.

congelare *(condyeláre)* tr. congelar.

congestionare *(condyestionáre)* tr. congestionar.

congestione *(condyestióne)* f. congestión. — **cerebrale** apoplejía.   [conjetura.

congettura *(condyettúra)* f.

congetturare *(condyetturáre)* tr. conjeturar.

congiungere *(condyiúndyere)* tr. juntar; añadir; empalmar.

congiuntivite *(condyiuntivíte)* f. (med.) conjuntivitis.

congiuntivo *(condyiuntívo)* adj. conjuntivo; subjuntivo.

congiunto *(condyiunto)* adj. unido. m. pariente.

congiuntura *(condyiuntúra)* f. coyuntura; coyuntura, oportunidad.

congiunzione *(condyundsióne)* f. conjunción; unión.

congiura *(condyiúra)* f. conjuración, conspiración.

congiurare *(condyiuráre)* itr. conjurar, conspirar.

congiurato *(condyiuráto)* adj. y m. conspirador.

congratularsi *(congratulársi)* rfl. congratularse.

congratulazione *(congratuladsióne)* f. congratulación.

congrega *(congréga)* f. congregación, reunión.

congregare *(congregáre)* tr. congregar.

congregazione *(congregadsióne)* f. congregación.

congresso *(congrésso)* m. congreso; conferencia.

coniare *(coniáre)* tr. acuñar.

coniatura *(coniatúra)* f. acuñación.

conigliera *(conilliéra)* f. conejera.

coniglio 90

coniglio *(coníllio)* m. (zool.)
conejo.
coniugale *(coniugále)* adj. conyugal.
coniugare *(coniugáre)* tr. conjugar; casar.
coniugarsi *(coniugársi)* rfl. casarse.
coniugato *(coniugáto)* adj. con-
jugado; casado.
coniugazione *(coniugadsióne)*
f. conjugación.
connessione *(connessióne)* f.
conexión, enlace.
connesso *(connésso)* adj. conexo, m. conexo.
connettere *(connéttere)* tr. conexionar, juntar, enlazar, trabar; relacionar, ligar.

—— CONNETTERE ——

INFINITO Presente: connettere. Passato: avere connesso. GERUNDIO Semplice: connettendo. Composto: avendo connesso. PARTICIPIO Presente: connet-
tente. Passato: connesso. INDICATIVO
Presente: io connetto, tu connetti, egli
connette; noi connettiamo, voi connettete,
essi connettono. Passato prossimo: ho
connesso, hai connesso, ha connesso; abbiamo connesso, avete connesso, hanno
connesso. Imperfetto: connettevo, con-
nettevi, connetteva: connettevamo, con-
nettevate, connettevano. Trapassato prossimo: avevo connesso, avevi connesso,
aveva connesso; avevamo connesso, avevate connesso, avevano connesso. Passato
remoto: connettei o connessi, connettesti,
connesse; connettemmo, connetteste, con-
nessero. Trapassato remoto: ebbi connesso, avesti connesso, ebbe connesso;
avemmo connesso, aveste connesso, ebbero connesso. Futuro semplice: connet-
terò, connetterai, connetterà; connettere-
mo, connetterete, connetteranno. Futuro
anteriore: avrò connesso, avrai connesso,
avrà connesso; avremo connesso, avrete
connesso, avranno connesso. CONDI-
ZIONALE Presente: connetterei, connet-
teresti, connetterebbe; connetteremmo,
connettereste, connetterebbero. Passato:
avrei connesso, avresti connesso, avrebbe
connesso; avremmo connesso, avreste connesso, avrebbero connesso. CONGIUN-

TIVO Presente: connetta, connetta, connetta; connettiamo, connettiate, connettano. Imperfetto: connettessi, connettessi,
connettesse; connettessimo, connetteste,
connettessero. Passato: abbia connesso,
abbia connesso, abbia connesso; abbiamo
connesso, abbiate connesso, abbiano connesso. Trapassato: avessi connesso, avessi connesso, avesse connesso; avessimo
connesso, aveste connesso, avessero connesso. IMPERATIVO Presente: connetti
tu, connetta egli; connettiamo noi, connettete voi, connettano essi.

cono *(cóno)* m. cono.
conocchia *(conókkia)* f. rueca.
conoscente *(conosente)* adj.
agradecido, reconocido. m.
conocido, amigo.
conoscenza *(conoschéndsa)* f.
conocimiento; amigo.
conoscere *(conóschere)* tr. conocer; saber; distinguir.

—— CONOSCERE ——

INFINITO Presente: conoscere. Passato:
avere conosciuto. GERUNDIO Semplice:
conoscendo. Composto: avendo conosciuto, PARTICIPIO Presente: conoscente.
Passato: conosciuto. INDICATIVO Presente: io conosco, tu conosci, egli co-
nosce; noi conosciamo, voi conoscete, essi
conoscono. Passato prossimo: ho conosciuto, hai conosciuto, ha conosciuto; abbiamo conosciuto, avete conosciuto, hanno conosciuto. Imperfetto: conoscevo,
conoscevi, conosceva; conoscevamo, co-
noscevate, conoscevano. Trapassato prossimo: avevo conosciuto, avevi conosciuto,
aveva conosciuto; avevamo conosciuto,
avevate conosciuto, avevano conosciuto.
Passato remoto: conobbi, conoscesti, co-
nobbe; conoscemmo, conosceste, conob-
bero. Trapassato remoto: ebbi conosciuto,
avesti conosciuto, ebbe conosciuto; avemmo conosciuto, aveste conosciuto, ebbero
conosciuto. Futuro semplice: conoscerò,
conoscerai, conoscerà; conosceremo, co-
noscerete, conosceranno. Futuro anteriore: avrò conosciuto, avrai conosciuto,
avrà conosciuto; avremo conosciuto, avrete conosciuto, avranno conosciuto. CON-
DIZIONALE Presente: conoscerei, co-
nosceresti, conoscerebbe; conosceremmo,
conoscereste, conoscerebbero. Passato:
avrei conosciuto, avresti conosciuto,
avrebbe conosciuto; avremmo conosciuto,
avreste conosciuto, avrebbero conosciuto.
CONGIUNTIVO Presente: conosca, conosca, conosca; conosciamo, conosciate,
conoscano. Imperfetto: conoscessi, conoscessi, conoscesse; conoscessimo, conosceste, conoscessero. Passato: abbia cono-

sciuto, abbia conosciuto, abbia conosciuto; abbiamo conosciuto, abbiate conosciuto, abbiano conosciuto. **Trapassato:** avessi
conosciuto, avessi conosciuto, avesse conosciuto; avessimo conosciuto, aveste conosciuto, avessero conosciuto. **IMPERA-
TIVO Presente:** conosci **tu,** conosca **egli;**
conosciamo **noi,** conoscete **voi,** conoscano **essi.**

---

conoscimento *(conoschiménto)*
m. conocimiento; juicio; experiencia.
conoscitore *(conoschitóre)* m.
conocedor, experto, perito.
conquista *(concuísta)* f. conquista.   [conquistar.
conquistare *(concuistáre)* tr.
conquistatore *(concuistatóre)*
m. conquistador.
consacrare *(consacráre)* tr.
consagrar.
consacrarsi *(consacrársi)* rfl.
consagrarse.
consacrazione *(consacradsióne)*
f. consagración.
consapevole *(consapévole)* adj.
conocedor, sabedor.
consapevolezza *(consapevolét-
sa)* f. conocimiento, conciencia.
consecutivo *(consecutívo)* adj.
consecutivo.
consegna *(conséña)* f. entrega;
depósito, consigna.
consegnare *(conseñáre)* tr. consignar; remitir.
consegnatario *(conseñatário)*
m. consignatario.
conseguente *(conseguénte)*
adj. siguiente; consiguiente.
conseguenza *(conseguéndsa)* f.
consecuencia.
conseguire *(conseguíre)* tr.
conseguir, obtener. itr. originarse.
conseguitare *(conseguitáre)* itr.
seguirse, suceder.
consenso *(consénso)* m. consentimiento, aprobación.
consentire *(consentíre)* tr. consentir, permitir. itr. condes-

cender, consentir; reconocer, admitir.
conserva *(consérva)* f. conserva.   conservar.
conservare *(conserváre)* tr.
considerabile *(considerábile)*
adj. considerable.
considerare *(consideráre)* tr.
considerar, examinar, estimar.
considerazione *(consideradsió-
ne)* f. consideración; prudencia.
considerevole *(considerévole)*
adj. considerable.
consigliare *(consilliáre)* tr.
aconsejar.
consigliarsi *(consilliársi)* rfl.
consultar.
consigliere *(consilliére)* m.
consejero.
consiglio *(consíllio)* m. consejo; parecer.
consistente *(consisténte)* adj.
consistente.
consistenza *(consisténdsa)* f.
consistencia.
consistere *(consístere)* itr. consistir.
consolare *(consoláre)* tr. consolar. adj. consular.
consolato *(consoláto)* m. consulado.
consolazione *(consoladsióne)*
f. consolación.
console *(cónsole)* m. cónsul.
consolidamento *(consolidamén-
to)* m. consolidación.
consolidare *(consolidáre)* tr.
consolidar.
constare *(constáre)* itr. constar.
constatare *(constatáre)* tr.
constatar.
consueto *(consuéto)* adj. acostumbrado.
consuetudinario *(consuetudiná-*

rio) adj. acostumbrado, consuetudinario.

consuetudine *(consuetúdine)* f. costumbre.

consulta *(consúlta)* f. consulta; consejo.

consultare *(consultáre)* tr. consultar.

consultazione *(consultadsióne)* f. consulta de médico.

consumare *(consumáre)* tr. consumar; consumir.

————— CONSUMARE —————

INFINITO Presente: consumare. **Passato:** avere consumato. **GERUNDIO Semplice:** consumando. **Composto:** avendo consumato. **PARTICIPIO Presente:** consumante. **Passato:** consumato o consunto. **INDICATIVO Presente:** io consumo, tu consumi, egli consume; noi consumiamo, voi consumate, essi consumano. **Passato prossimo:** ho consumato, hai consumato, ha consumato; abbiamo consumato, avete consumato, hanno consumato. **Imperfetto:** consumavo, consumavi, consumava, consumavamo, consumavate, consumavano. **Trapassato prossimo:** avevo consumato, avevi consumato, aveva consumato; avevamo consumato, avevate consumato, avevano consumato. **Passato remoto:** consumai o consunsi, consumasti, consumò o consunse; consumammo, consumaste, consumarono o consunsero. **Trapassato remoto:** ebbi consumato, avesti consumato, ebbe consumato; avemmo consumato, aveste consumato, ebbero consumato. **Futuro semplice:** consumerò, consumerai, consumerà; consumeremo, consumerete, consumeranno. **Futuro anteriore:** avrò consumato, avrai consumato, avrà consumato; avremo consumato, avrete consumato, avranno consumato. **CONDIZIONALE Presente:** consumerei, consumeresti, consumerebbe; consumeremmo, consumereste, consumerebbero. **Passato:** avrei consumato, avresti consumato, avrebbe consumato; avremmo consumato, avreste consumato, avrebbero consumato. **CONGIUNTIVO presente:** consumi, consumi, consumi; consumiamo, consumiate, consumino. **Imperfetto:** consumassi, consumassi, consumasse; consumassimo, consumaste, consumassero. **Passato:** abbia consumato, abbia consumato, abbia consumato; abbiamo consumato, abbiate consumato, abbiano consumato. **Trapassato:** avessi consumato, avessi consumato, avesse consumato; avessimo consumato, aveste consumato, avessero consumato. **IMPERATIVO Presente:** consuma tu, consumi egli; consumiamo noi, consumate voi, consumino essi.

consumarsi *(consumársi)* rfl. extinguirse.

consumazione *(consumadsióne)* f. consumación; consumición.

contabile *(contábile)* adj. y m. contador, contable.

contabilità *(contabilità)* f. contabilidad.

contadino *(contadíno)* m. campesino, labrador. [ca.

contado *(contádo)* m. comar-

contagiare *(contadyiáre)* tr. contagiar.

contagio *(contádyio)* m. contagio.

contante *(contánte)* adj. y m. contante. **pagare a contanti** pagar al contado.

contare *(contáre)* tr. contar; calcular; narrar. itr. contar, valer; confiar. [to.

contatto *(contátto)* m. contac-

conte *(cónte)* m. conde.

contea *(contéa)* f. condado.

contemplare *(contempláre)* tr. contemplar.

contemplazione *(contempladsióne)* f. contemplación.

contendere *(conténdere)* itr. contender, oponerse. tr. disputar. [tener.

contenere *(contenére)* tr. con-

contenersi *(contenérsi)* rfl. contenerse.

contentamento *(contentaménto)* m. satisfacción.

contentare *(contentáre)* tr. contentar.

contento *(conténto)* adj y m. contento.

contenuto *(contenúto)* adj. contenido. m. contenido.

contesa *(contésa)* f. contienda.

contessa *(contéssa)* f. condesa.

contestabile *(contestábile)* m. condestable. adj. discutible.

contestare *(contestáre)* tr. contestar; oponerse; negar; disputar; (jur.) notificar.

contestazione *(contestadsióne)* f. contestación, disputa; impugnación.

continente *(continénte)* adj. continente, parco. m. continente.

continenza *(continéndsa)* f. continencia, sobriedad.

continuare *(continuáre)* tr. continuar, seguir. itr. durar.

continuazione *(continuadsióne)* f. continuación.

continuità *(continuitá)* f. continuidad.

continuo *(contínuo)* adj. continuo. **di —** de continuo.

conto *(cónto)* m. cuenta; consideración; cargo. **a buon —** de todas formas.

contorcere *(contórchere)* tr. retorcer, torcer.

contorcersi *(contórchersi)* rfl. retorcerse.

contorcimento *(contorchiménto)* m. retorcimiento, contorsión. [contornear.

contornare *(contornáre)* tr.

contorno *(contórno)* m. contorno; borde.

contorsione *(contorsióne)* f. contorsión.

contrabbasso *(contrabbásso)* m. contrabajo.

contraddire *(contraddíre)* tr. contradecir.

contraddizione *(contraddidsióne)* f. contradicción.

contraffare *(contraffáre)* tr. contrahacer; desfigurar.

contraffarsi *(contraffársi)* rfl. camuflarse; transformarse.

contrappeso *(contrappéso)* m. contrapeso.

contrapporre *(contrappórre)* tr. oponer, contraponer; comparar.

contrapposizione *(contrapposidsióne)* f. contraposición.

contrariare *(contrariáre)* tr. contrariar. [trariedad.

contrarietà *(contrarietá)* f. contrario **contrario** *(contrário)* adj. contrario, antagónico. m. contrario, rival.

contrarre *(contrárre)* tr. contraer; estrechar.

contrarsi *(contrársi)* rfl. contraerse.

contrastare *(contrastáre)* tr. contrastar. tr. impedir.

contrasto *(contrásto)* m. contraste; oposición; debate; contienda.

contrattare *(contrattáre)* tr. contratar.

contrattazione *(contrattadsióne)* f. contratación; contrato. [to.

contratto *(contrátto)* m. contra-

contravveleno *(contravveléno)* m. contraveneno.

contravvenire *(contravvenire)* tr. contravenir.

contravvenzione *(contravvendsióne)* f. contravención; multa. [contribuir.

contribuire *(contribuíre)* itr.

contributo *(contribúto)* m. contribución.

contribuzione *(contribudsióne)* f. contribución; impuesto.

contristamento *(contristaménto)* m. pesadumbre, aflicción.

contristare *(contristare)* tr. contristar.

contro *(cóntro)* prep. contra; enfrente.

controattacco *(controattácco)* m. contraataque.

controbiglietto *(controbilliétto)* m. contraseña.

te contuso, avranno contuso. **CONDI-ZIONALE Presente:** contunderei, contunderesti, contunderebbe; contunderemmo, contundereste, contunderebbero. **Passato:** avrei contuso, avresti contuso, avrebbe contuso; avremmo contuso, avreste contuso, avrebbero contuso. **CONGIUNTIVO Presente:** contunda, contunda, contunda; contundiamo, contundiate, contundano. **Imperfetto:** contundessi, contundessi, contundesse; contundessimo, contundeste, contundessero. **Passato:** abbia contuso, abbia contuso, abbia contuso; abbiamo contuso, abbiate contuso, abbiano contuso. **Trapassato:** avessi contuso, avessi contuso, avesse contuso; avessimo contuso, aveste contuso, avessero contuso. **IMPERATIVO Presente:** contundi **tu,** contunda **egli;** contundiamo **noi,** contundete **voi,** contundano **essi.**

controfinestra *(controfinéstra)* f. contraventana.

controllare *(control-láre)* tr. controlar, vigilar.

controllo *(contról-lo)* m. control, inspección.

controllore *(control-lóre)* m. inspector; (ferr.) revisor.

controluce *(controlúche)* m. contraluz.

contropartita *(contropartíta)* f. contrapartida.

controporta *(contropórta)* f. contrapuerta.

controsenso *(controsénso)* m. contrasentido.

controvento *(controvénto)* adv. contra viento.

contumace *(contumáche)* adj. rebelde, contumaz.

contumacia *(contumáchia)* f. rebeldía, contumacia; (med.) cuarentena.

contundere *(contúndere)* tr. magullar.

convalescente *(convaleschénte)* adj. y m. f. convaleciente.

convalescenza *(convaleschéndsa)* f. convalecencia.

convalidamento *(convalidaménto)* m. convalidación.

convalidare *(convalidáre)* tr. convalidar.

convegno *(convéño)* m. convenio, cita.

convenevole *(convenévole)* adj. conveniente.

convenevolezza *(convenevolétsa)* f. conveniencia.

conveniente *(conveniénte)* adj. conveniente.

convenienza *(conveniéndsa)* f. conveniencia.

convenire *(conveníre)* tr. convenir, acordar. itr. convenir.

——————— CONTUNDERE ———————

INFINITO Presente: contundere. **Passato:** avere contuso. **GERUNDIO Semplice:** contundendo. **Composto:** avendo contuso. **PARTICIPIO Presente:** contundente. **Passato:** contuso. **INDICATIVO Presente:** io contundo, **tu** contundi, **egli** contunde; noi contundiamo, **voi** contundete, **essi** contundono. **Passato prossimo:** ho contuso, hai contuso, ha contuso; abbiamo contuso, avete contuso, hanno contuso. **Imperfetto:** contundevo, contundevi, contundeva; contundevamo, contundevate, contundevano. **Trapassato prossimo:** avevo contuso, avevi contuso, aveva contuso; avevamo contuso, avevate contuso, avevano contuso. **Passato remoto:** contusi, contundesti, contuse; contundemmo, contundeste, contusero. **Trapassato remoto:** ebbi contuso, avesti contuso, ebbe contuso; avemmo contuso, aveste contuso, ebbero contuso. **Futuro semplice:** contunderò, contunderai, contunderà; contunderemo, contunderete, contunderanno. **Futuro anteriore:** avrò contuso, avrai contuso, avrà contuso; avremo contuso, avre-

——————— CONVENIRE ———————

INFINITO Presente: convenire. **Passato:** essere convenuto. **GERUNDIO Semplice:** convenendo. **Composto:** essendo convenuto. **PARTICIPIO Presente:** conveniente. **Passato:** convenuto. **INDICATIVO Presente:** io convengo, **tu** convieni, **egli** conviene; **noi** conveniamo, **voi** convenite, **essi** convengono. **Passato prossimo:** sono convenuto-a, sei convenuto-a, è convenuto-a; siamo convenuti-e, siete convenuti-e, sono convenuti-e. **Imperfetto:** convenivo, convenivi, conveniva; convenivamo, convenivate, convenivano. **Trapassato prossimo:** ero convenuto-a, eri convenuto-a, era convenuto-a; eravamo convenuti-e, erava-

convenuti-e, erano convenuti-e. **Passato remoto:** convenni, convenisti, convenimmo, conveniste, convennero. **Trapassato remoto:** fui convenuto-a, fosti convenuto-a, fu convenuto-a; fummo convenuti-e, foste convenuti-e, furono convenuti-e. **Futuro semplice:** converrò, converrai, converrà; converremo, converrete, converranno. **Futuro anteriore:** sarò convenuto-a, sarai convenuto-a, sarà convenuto-a; saremo convenuti-e, sarete convenuti-e, saranno convenuti-e. **CONDIZIONALE Presente:** converrei, converresti, converrebbe; converremmo, converreste, converrebbero. **Passato:** sarei convenuto-a, saresti convenuto-a, sarebbe convenuto-a; saremmo convenuti-e, sareste convenuti-e, sarebbero convenuti-e. **CONGIUNTIVO Presente:** convenga, convenga, convenga; conveniamo, conveniate, convengano. **Imperfetto:** convenissi, convenissi, convenisse; convenissimo, conveniste, convenissero. **Passato:** sia convenuto-a, sia convenuto-a, sia convenuto-a; siamo convenuti-e, siate convenuti-e, siano convenuti-e. **Trapassato:** fossi convenuto-a, fossi convenuto-a, fosse convenuto-a; fossimo convenuti-e, foste convenuti-e, fossero convenuti-e. **IMPERATIVO Presente:** convieni **tu,** convenga **egli;** conveniamo **noi,** convenite **voi,** convengano **essi.**

convento *(convénto)* m. convento.

convenzionale *(convendsionále)* adj. convencional.

convenzione *(convendsióne)* f. convención.

conversare *(conversáre)* itr. conversar, hablar.

conversazione *(conversadsióne)* f. conversación.

conversione *(conversióne)* f. conversión.

convertire *(convertíre)* tr. convertir.

convertito *(convertíto)* adj. y m. convertido.

convessità *(convessitá)* f. convexidad.

convesso *(convésso)* adj. convexo.

convincente *(convinchénte)* adj convincente.

convincere *(convínchere)* tr. convencer.

——— CONVINCERE ———

INFINITO Presente: convincere. **Passato:** avere convinto. **GERUNDIO Semplice:** convincendo. **Composto:** avendo convinto. **PARTICIPIO Presente:** convincente. **Passato:** convinto. **INDICATIVO Presente:** io convinco, tu convinci, egli convince; noi convinciamo, voi convincete, essi convincono. **Passato prossimo:** ho convinto, hai convinto, ha convinto; abbiamo convinto, avete convinto, hanno convinto. **Imperfetto:** convincevo, convincevi, convinceva; convincevamo, convincevate, convincevano. **Trapassato prossimo:** avevo convinto, avevi convinto, aveva convinto; avevamo convinto, avevate convinto, avevano convinto. **Passato remoto:** convinsi, convincesti, convinse; convincemmo, convinceste, convinsero. **Trapassato remoto:** ebbi convinto, avesti convinto, ebbe convinto; avemmo convinto, aveste convinto, ebbero convinto. **Futuro semplice:** convincerò, convincerai, convincerà; convinceremo, convincerete, convinceranno. **Futuro anteriore:** avrò convinto, avrai convinto, avrà convinto; avremo convinto, avrete convinto, avranno convinto. **CONDIZIONALE Presente:** convincerei, convinceresti, convincerebbe; convinceremmo, convincereste, convincerebbero. **Passato:** avrei convinto, avresti convinto, avrebbe convinto; avremmo convinto, avreste convinto, avrebbero convinto. **CONGIUNTIVO Presente:** convinca, convinca, convinca; convinciamo, convinciate, convincano. **Imperfetto:** convincessi, convincessi, convincesse; convincessimo, convinceste, convincessero. **Passato:** abbia convinto, abbia convinto, abbia convinto; abbiamo convinto, abbiate convinto, abbiano convinto. **Trapassato:** avessi convinto, avessi convinto, avesse convinto; avessimo convinto, aveste convinto, avessero convinto. **IMPERATIVO Presente:** convinci **tu,** convinca **egli;** convinciamo **noi,** convincete **voi,** convincano **essi.**

convincersi *(convínchersi)* rfl. convencerse.

convitare *(convitáre)* tr. convidar.

convito *(convíto)* m. convite.

convitto *(convítto)* m. internado.

convivenza *(convivéndsa)* f. convivencia.

—————— COPRIRE ——————

INFINITO Presente: coprire. **Passat**
avere coperto. **GERUNDIO Semplic**
coprendo. **Composto:** avendo copert
PARTICIPIO Presente: coprente. **Pass**
to: coperto. **INDICATIVO Presente: i**
copro, **tu** copri, **egli** copre; **noi** copriam
voi coprite, **essi** coprono. **Passato pross**
mo: ho coperto, hai coperto, ha copert
abbiamo coperto, avete coperto, hann
coperto. **Imperfetto:** coprivo, copriv
copriva; coprivamo, coprivate, coprivan
Trapassato prossimo: avevo coperto, ave
coperto, aveva coperto; avevamo copert
avevate coperto, avevano coperto. **Pass**
to remoto: coprii, copristi, coprì; coprim
mo, copriste, coprirono. **Trapassato r**
moto: ebbi coperto, avesti coperto, ebb
coperto; avemmo coperto, aveste coper
to, ebbero coperto. **Futuro semplice: c**
prirò, coprirai, coprirà; copriremo, c
coprirete, copriranno. **Futuro anterior**
avrò coperto, avrai coperto, avrà copert
avremo coperto, avrete coperto, avrann
coperto. **CONDIZIONALE Presente: c**
prirei, copriresti, coprirebbe; coprirer
mo, coprireste, coprirebbero. **Passat**
avrei coperto, avresti coperto, avrebb
coperto; avremmo coperto, avreste cope
to, avrebbero coperto. **CONGIUNTIV**
Presente: copra, copra, copra; copriam
copriate, coprano. **Imperfetto:** copriss
coprissi, coprisse; coprissimo, coprist
coprissero. **Passato:** abbia coperto, abbi
coperto, abbia coperto; abbiamo copert
abbiate coperto, abbiano coperto. **Trapa**
sato: avessi coperto, avessi coperto, avess
coperto; avessimo coperto, aveste coper
to, avessero coperto. **IMPERATIVO Pr**
sente: copri **tu,** copra **egli,** copriamo **no**
coprite **voi,** coprano **essi.**

convivere *(convívere)* itr. convivir.
convocamento *(convocaménto)* m. convocación.
convocare *(convocáre)* tr. convocar.
convocazione *(convocadsióne)* f. convocación.
convogliare *(convolliáre)* tr. escoltar.
convoglio *(convóllio)* m. convoy; tren; escolta.
convulsione *(convulsióne)* f. convulsión.
cooperare *(cooperáre)* itr. cooperar.
cooperativa *(cooperatíva)* f. sociedad cooperativa.
cooperazione *(cooperadsióne)* f. cooperación.
coordinamento *(coordinaménto)* m. coordinación.
coordinare *(coordináre)* tr. coordinar.
coordinazione *(coordinadsióne)* f. coordinación.
coperchio *(copérkio)* m. cobertura; tapadera.
coperta *(copérta)* f. cubierta; cobertor; sobre (de cartas).
copertina *(copertína)* f. cubierta; colcha.
coperto *(copérto)* m. cubierto.
copertone *(copertóne)* m. toldo (de carros, camiones, etc.); cubierta (neumáticos).
copia *(cópia)* f. copia (reproducción fiel); ejemplar (de un libro); cantidad.
copiare *(copiáre)* tr. copiar; transcribir.
coppa *(cóppa)* f. copa, vaso; platillo de balanza; especie de embutido.
coppia *(cóppia)* f. pareja.
coprire *(copríre)* tr. cubrir, proteger; vestir.

coprisi *(coprírsi)* rfl. taparse abrigarse; ocultarse.
copritura *(copritura)* f. cober tura.
copula *(cópula)* f. cópula; coi to; unión.
copulare *(copuláre)* tr. copu lar, unir.
copularsi *(copulársi)* rfl. unirs carnalmente.
copulativo *(copulatívo)* adj. co pulativo.
copulazione *(copuladsióne)* f cópula.
coraggio *(corátyio)* m. coraje resolución.
coraggioso *(coratyióso)* adj. in trépido.

corale *(coróle)* adj. y f. (mús.) coral.

corallo *(corál-lo)* m. coral.

corazza *(corátsa)* f. coraza; concha de tortuga.

corazzare *(coratsáre)* tr. acorazar.

corbellare *(corbel-láre)* tr. burlar, engañar.

corbellatura *(corbel-latúra)* f. burla; engaño.

corbello *(corbél-lo)* m. cesto, cesta, canasto: (fig.) tonto, bobo.

corda *(córda)* f. cuerda.

cordame *(cordáme)* m. cordaje.

cordella *(cordél-la)* f. cuerdecilla, cordón.

cordiale *(cordiále)* adj. cordial.

cordialità *(cordialitá)* f. cordialidad.

coricare *(coricáre)* tr. acostar.

coricarsi *(coricársi)* rfl. acostarse; ponerse (el sol).

corista. *(corísta)* m. f. corista; diapasón.

cornamusa *(cornamúsa)* f. gaita.

cornare *(cornáre)* itr. pegar cornadas.

cornea *(córnea)* f. (anat.) córnea.

corneo *(córneo)* adj. córneo.

cornetta *(cornétta)* f. corneta.

cornettino *(cornettíno)* m. cornetín.

cornetto *(cornétto)* m. cuerno; trompetilla (de sordo).

cornice *(corníche)* f. cornisa.

corno *(córno)* m. cuerno, asta; extremidad; brazo (de río).
— da scarpe calzador.

coro *(córo)* m. coro.

corografia *(corografía)* f. corografía.

coroide *(coróide)* f. (anat.) coroides.

corolla *(coról-la)* f. (bot.) corola.

corona *(coróna)* f. corona.

coronamento *(coronaménto)* m. coronación.

coronare *(coronáre)* tr. coronar.

coronazione *(coronadsióne)* f. coronación.

CORREGGERE

INFINITO Presente: correggere. **Passato:** avere corretto. **GERUNDIO Semplice:** correggendo. **Composto:** avendo corretto. **PARTICIPIO Presente:** correggente o corrigente. **Passato:** corretto. **INDICATIVO Presente:** io correggo, tu correggi, egli corregge; noi correggiamo, voi correggete, essi correggono. **Passato prossimo:** ho corretto, hai corretto, ha corretto; abbiamo corretto, avete corretto, hanno corretto. **Imperfetto:** correggevo, correggevi, correggeva; correggevamo, correggevate, correggevano. **Trapassato prossimo:** avevo corretto, avevi corretto, aveva corretto; avevamo corretto, avevate corretto, avevano corretto. **Passato remoto:** corressi, correggesti, corresse; correggemmo, correggeste, corressero. **Trapassato remoto:** ebbi corretto, avesti corretto, ebbe corretto; avemmo corretto, aveste corretto, ebbero corretto. **Futuro semplice:** correggerò, correggerai, correggerà; correggeremo, correggerete, correggeranno. **Futuro anteriore:** avrò corretto, avrai corretto, avrà corretto; avremo corretto, avrete corretto, avranno corretto. **CONDIZIONALE Presente:** correggerei, correggeresti, correggerebbe; correggeremmo, correggereste, correggerebbero. **Passato:** avrei corretto, avresti corretto, avrebbe corretto; avremmo corretto, avreste corretto, avrebbero corretto. **CONGIUNTIVO Presente:** corregga, corregga, corregga; correggiamo, correggiate, correggano. **Imperfetto:** correggessi, correggessi, correggesse; correggessimo, correggeste, correggessero. **Passato:** abbia corretto, abbia corretto, abbia corretto; abbiamo corretto, abbiate corretto, abbiano corretto. **Trapassato:** avessi corretto, avessi corretto, avesse corretto; avessimo corretto, aveste corretto, avessero corretto. **IMPERATIVO Presente:** correggi tu, corregga egli; correggiamo noi, correggete voi, correggano essi.

corpacciuto *(corpachiúto)* adj. grueso, corpulento.

corpino *(corpíno)* m. corpiño.

corpo *(córpo)* m. cuerpo; comunidad.

corporale *(corporále)* adj. corporal.

corporatura *(corporatúra)* f. corpulencia.

corporazione *(corporadsióne)* f. corporación, entidad.

corporeo *(corpóreo)* adj. corpóreo, corporal.

corpulenza *(corpuléndsa)* f. corpulencia.

corredare *(corredáre)* tr. adornar; equipar.

corredo *(corrédo)* m. ajuar, equipo; canastilla; material escolar; equipo militar o marinero.

correggere *(corrétɣere)* tr. corregir; castigar; moderar.

correggimento *(corretɣiménto)* m. corrección.

correggitore *(corretɣitóre)* m. corrector.

corrente *(corrénte)* adj. corriente, común. f. corriente.

correre *(córrere)* tr. e itr. correr; fluir; transcurrir (el tiempo); viajar.

─────── CORRERE ───────

INFINITO Presente: correre. **Passato:** essere o avere corso. **GERUNDIO Semplice:** correndo. **Composto:** essendo o avendo corso. **PARTICIPIO Presente:** corrente. **Passato:** corso. **INDICATIVO presente:** io corro, tu corri, egli corre; noi corriamo, voi correte, essi corrono. **Passato prossimo:** sono corso-a o ho corso, sei corso-a o hai corso, è corso-a o ha corso; siamo corsi-e o abbiamo corso, siete corsi-e o avete corso, sono corsi-e o hanno corso. **Imperfetto:** correvo, correvi, correva; correvamo, correvate, correvano. **Trapassato prossimo:** ero corso-a o avevo corso, eri corso-a o avevi corso, era corso-a o aveva corso; eravamo corsi-e o avevamo corso, eravate corsi-e o avevate corso, erano corsi-e o avevano corso. **Passato remoto:** corsi, corresti, corse; corremmo, correste, corsero. **Trapassato remoto:** fui corso-a o ebbi corso, fosti corso-a o avesti corso, fu corso-a o ebbe corso; fummo corsi-e o avemmo corso, foste corsi-e o aveste corso, furono corsi-e o ebbero corso. **Futuro semplice:** correrò, correrai, correrà; correremo, correrete, correranno. **Futuro anteriore:** sarò corso-a o avrò corso, sarai corso-a o avrai corso, sarà corso-a o avrà corso; saremo corsi-e o avremo corso, sarete corsi-e o avrete corso, saranno corsi-e o avranno corso. **CONDIZIONALE Presente:** correrei, correresti, correrebbe; correremmo, correreste, correrebbero. **Passato:** sarei corso-a o avrei corso, saresti corso-a o avresti corso, sarebbe corso-a o avrebbe corso; saremmo corsi-e o avremmo corso, sareste corsi-e o avreste corso, sarebbero corsi-e o avrebbero corso. **CONGIUNTIVO Presente:** corra, corra, corra; corriamo, corriate, corrano. **Imperfetto:** corressi, corressi, corresse; corressimo, correste, corressero. **Passato:** sia corso-a o abbia corso, sia corso-a o abbia corso, sia corso-a o abbia corso; siamo corsi-e o abbiamo corso, siate corsi-e o abbiate corso, siano corsi-e o abbiano corso. **Trapassato:** fossi corso-a o avessi corso, fossi corso-a o avessi corso, fosse corso-a o avesse corso; fossimo corsi-e o avessimo corso, foste corsi-e o aveste corso, fossero corsi-e o avessero corso. **IMPERATIVO Presente:** corri tu, corra egli; corriamo noi, correte voi, corrano essi.

correttezza *(correttétsa)* f. corrección.

correttivo *(correttívo)* adj. y m. correctivo.

corretto *(corrétto)* adj. correcto; corregido. **caffé —** carajillo.

correttore *(correttóre)* m. corrector.

correzione *(corredsióne)* f. corrección.

corridoio *(corridóio)* m. corredor, galería, pasillo.

corridore *(corridóre)* adj. y m. corredor.

corriera *(corriéra)* f. diligencia, coche correo.

corriere *(corriére)* m. correo.

corrispondente *(corrispondén-*

te) m. corresponsal. adj. correspondiente.

corrispondenza *(corrispondénsa)* f. correspondencia.

corrispondere *(corrispóndere)* itr. corresponder; equivaler. tr. retribuir.

corrisposta *(corrispósta)* f. correspondencia; retribución.

corroboramento *(corroboraménto)* m. corroboración.

corroborare *(corroboráre)* tr. corroborar.

corrodere *(corródere)* tr. corroer.

corrompere *(corrómpere)* tr. corromper.

─────── CORROMPERE ───────

INFINITO Presente: corrompere. **Passato:** avere corrotto. **GERUNDIO Semplice:** corrompendo. **Composto:** avendo corrotto. **PARTICIPIO Presente:** corrompente. **Passato:** corrotto. **INDICATIVO Presente:** io corrompo, tu corrompi, egli corrompe; noi corrompiamo, voi corrompete, essi corrompono. **Passato prossimo:** ho corrotto, hai corrotto, ha corrotto; abbiamo corrotto, avete corrotto, hanno corrotto. **Imperfetto:** corrompevo, corrompevi, corrompeva; corrompevamo, corrompevate, corrompevano. **Trapassato prossimo:** avevo corrotto, avevi corrotto, aveva corrotto; avevamo corrotto, avevate corrotto, avevano corrotto. **Passato remoto:** corruppi, corrompesti, corruppe; corrompemmo, corrompeste, corruppero. **Trapassato remoto:** ebbi corrotto, avesti corrotto, ebbe corrotto; avemmo corrotto, aveste corrotto, ebbero corrotto. **Futuro semplice:** corromperò, corromperai, corromperà; corromperemo, corromperete, corromperanno. **Futuro anteriore:** avrò corrotto, avrai corrotto, avrà corrotto; avremo corrotto, avrete corrotto, avranno corrotto. **CONDIZIONALE Presente:** corromperei, corromperesti, corromperebbe; corromperemmo, corrompereste, corromperebbero. **Passato:** avrei corrotto, avresti corrotto, avrebbe corrotto; avremmo corrotto, avreste corrotto, avrebbero corrotto. **CONGIUNTIVO Presente:** corrompa, corrompa, corrompa; corrompiamo, corrompiate, corrompano. **Imperfetto:** corrompessi, corrompessi, corrompesse; corrompessimo, corrompeste, corrompessero. **Passato:** abbia corrotto, abbia corrotto, abbia corrotto; abbiamo corrotto, abbiate corrotto, abbiano corrotto. **Trapassato:** avessi corrotto, avessi corrotto, avesse corrotto; avessimo corrotto,

aveste corrotto, avessero corrotto. **IMPERATIVO Presente:** corrompi tu, corrompa egli; corrompiamo noi, corrompete voi, corrompano essi.

─────────────────

corrosione *(corrosióne)* f. corrosión.

corrosivo *(corrosívo)* adj. y m. corrosivo.

corrotto *(corrótto)* adj. corrompido, depravado; podrido.

corrucciare *(corrutchiáre)* tr. enfadar.

corrucciarsi *(corrutchiársi)* rfl. enfadarse.

corruccio *(corrútchio)* m. enfado.

corrugare *(corrugáre)* tr. fruncir, arrugar.

corruttore *(corruttóre)* adj. y m. corruptor.

corruzione *(corrudsióne)* f. corrupción.

corsa *(córsa)* f. carrera; corrida (de toros).

corsaro *(corsáro)* m. corsario.

corsia *(corsía)* f. pasillo; sala de hospital.

corso *(córso)* m. curso (de aguas, tiempo, estudio); decurso (del tiempo); calle.

corsoio *(corsóio)* adj. corredizo (nudo).

corte *(córte)* f. corte; patio; consejo (en España). — **marziale** consejo de guerra.

corteccia *(cortétchia)* f. corteza, cáscara.

corteggiamento *(cortetyiaménto)* m. cortejo.

corteggiare *(cortetyiáre)* tr. cortejar.

corteggio *(cortétyio)* m. cortejo, séquito.

cortese *(cortése)* adj. cortés.

cortesia *(cortesía)* f. cortesía. **per —** por favor.

cortezza *(cortétsa)* f. cortedad.

cortigiano *(cortidyiáno)* adj. cortesano (de corte); cortés. m. cortesano.

cortile *(cortíle)* m. corral; patio.

cortina *(cortína)* f. cortina.

cortinaggio *(cortinátyio)* m. cortinaje. **—di ferro** telón de acero.

corto *(córto)* adj. corto.

cortometraggio *(cortometrátyio)* m. cortometraje.

corvetta *(corvétta)* f. (náut.) corbeta; corveta. [vo.

corvo *(córvo)* m. (orn.) cuercosa *(cósa)* f. cosa, objeto; asunto. **(che)—?** ¿qué?; **qualche —** algo; **tante belle cose** muchos recuerdos.

coscia *(cóschia)* f. muslo; pierna, pernil.

cosciente *(coschiénte)* adj. consciente.

coscienza *(coschiéndsa)* f. consciencia, conciencia.

coscritto *(coscrítto)* m. conscripto, recluta.

coscrizione *(coscridsióne)* f. (mil.) alistamento, leva.

così *(cosí)* adv. así. **e — via** etcétera.

cosicché *(cosikké)* conj. de suerte que, de modo.

cosidetto *(cosidétto)* adj. llamado, así llamado.

cosifatto *(cosifátto)* adj. tal, parecido.

cosmografia *(cosmografía)* f. cosmografía.

cosmologia *(cosmolodyía)* f. cosmología.

cosmopolita *(cosmopolíta)* adj. y m. f. cosmopolita.

cospetto *(cospetto)* m. presencia; pensamiento. **—!** ¡caramba!

cospicuità *(cospicuitá)* f. notabilidad.

cospicuo *(cospícuo)* adj. conspicuo, notable.

cospirare *(cospiráre)* itr. conspirar.

cospirazione *(cospiradsióne)* f. conspiración.

costa *(cósta)* f. costa, playa, orilla; pendiente; lado; (anat.) costilla.

costà *(costá)* adv. allí, allá.

costante *(costánte)* adj. constante. [tancia.

costanza *(costándsa)* f. constare

costare *(costáre)* itr. costar.

costatare *(costatáre)* tr. comprobar, averiguar, constatar.

costato *(costáto)* m. costado, lado, flanco.

costeggiare *(costetyiáre)* itr. costear.

costei *(costéi)* pron. ésta.

costellazione *(costel-ladsióne)* f. constelación.

costernare *(costernáre)* tr. consternar.

costernazione *(costernadsióne)* f. consternación.

costì *(costí)* adv. allí, allá.

costiera *(costiéra)* f. orilla, costa; litoral; pendiente.

costipamento *(costipaménto)* m. constipación; constipado, resfriado.

costipato *(costipáto)* m. constipado, resfriado.

costituire *(costituíre)* tr. constituir.

costituirsi *(costituírsi)* rfl. constituirse.

costituzione *(costitudsióne)* f. constitución; (anat.) complexión; estatuto.

costola *(cóstola)* f. (anat.) costilla; (náut.) cuaderna.

costoro *(costóro)* pron. éstos, éstas, (hombres, mujeres).

costringere *(costríndyere)* tr. obligar; comprimir, apretar.

costruire *(costruíre)* tr. construir, edificar.

──────── COSTRUIRE ────────

INFINITO Presente: costruire. **Passato:** avere costruito. **GERUNDIO Semplice:** costruendo. **Composto:** avendo costruito. **PARTICIPIO Presente:** costruente. **Passato:** costruito o costrutto. **INDICATIVO Presente:** io costruisco, tu costruisci, egli costruisce; noi costruiamo, voi costruite, essi costruiscono. **Passato prossimo:** ho costruito, hai costruito, ha costruito; abbiamo costruito, avete costruito, hanno costruito. **Imperfetto:** costruivo, costruivi, costruiva; costruivamo, costruivate, costruivano. **Trapassato prossimo:** avevo costruito, avevi costruito, aveva costruito; avevamo costruito, avevate costruito, avevano costruito. **Passato remoto:** costruii o costrussi, costruisti, costruí o costrusse; costruimmo, costruiste, costruirono o costrussero. **Trapassato remoto:** ebbi costruito, avesti costruito, ebbe costruito; avemmo costruito, aveste costruito, ebbero costruito. **Futuro semplice:** costruirò, costruirai, costruirà; costruiremo, costruirete, costruiranno. **Futuro anteriore:** avrò costruito, avrai costruito, avrà costruito; avremo costruito, avrete costruito, avranno costruito. **CONDIZIONALE Presente:** costruirei, costruiresti, costruirebbe; costruiremmo, costruireste, costruirebbero. **Passato:** avrei costruito, avresti costruito, avrebbe costruito; avremmo costruito, avreste costruito, avrebbero costruito. **CONGIUNTIVO Presente:** costruisca, costruisca, costruisca; costruiamo, costruiate, costruiscano. **Imperfetto:** costruissi, costruissi, costruisse; costruissimo, costruiste, costruissero. **Passato:** abbia costruito, abbia costruito, abbia costruito; abbiamo costruito, abbiate costruito, abbiano costruito. **Trapassato:** avessi costruito, avessi costruito, avesse costruito; avessimo costruito, aveste costruito, avessero costruito. **IMPERATIVO Presente:** costruisci tu, costruisca egli; costruiamo noi, costruite voi, costruiscano essi.

costruzione *(costrudsióne)* f. construcción, edificio.
costui *(costúi)* pron. éste.
costumanza *(costumándsa)* f. costumbre.
costumato *(costumáto)* adj. acostumbrado; bien educado.
costume *(costúme)* f. costumbre, uso; traje, vestido.
cotesto *(cotésto)* adj. y pron. ese, esa, eso.

cotogna *(cotóña)* f. (bot.) membrillo.
cotoletta *(cotolétta)* f. chuleta.
cotone *(cotóne)* m. algodón.
cotta *(cótta)* f. cocción, cocedura; túnica; sobretúnica.
cottimo *(cóttimo)* m. destajo.
cova *(cóva)* f. incubación; cubil.
covare *(codáre)* tr. incubar.
covata *(codáta)* f. pollada.
covatura *(covatúra)* f. incubación.
covile *(covíle)* m. cubil, madriguera.
covo *(cóvo)* m. cueva.
covone *(covóne)* m. gavilla.
cozza *(cótsa)* f. mejillón.
cozzare *(cotsáre)* itr. acornear. tr. e itr. chocar.
crampo *(crámpo)* m. calambre.
cranio *(cránio)* m. cráneo.
crapula *(crápula)* f. crápula; disolución.
cratere *(crátere)* m. cráter.
cravatta *(cravátta)* f. corbata.
creanza *(creándsa)* f. educación.
creare *(creáre)* tr. crear.
creato *(creáto)* adj. creado. m. la Creación, el Universo; criado.
creatore *(creatóre)* m. creador; el Creador.
creatura *(creatúra)* f. criatura.
creazione *(creadsióne)* f. creación.
credenza *(credéndsa)* f. creencia; (com.) crédito; despensa; fe; parecer.
credenziale *(credendsiále)* adj. credencial.
credenziali *(credendsiáli)* f. pl. cartas credenciales.
credenziere *(credendsiére)* m. mayordomo.

INFINITO Presente crescere. **Passato:** essere cresciuto. **GERUNDIO Semplice:** crescendo. **Composto:** essendo cresciuto. **PARTICIPIO Presente:** crescente. **Passato:** cresciuto. **INDICATIVO Presente: io** cresco, **tu** cresci, **egli** cresce; **noi** cresciamo, **voi** crescete, **essi** crescono. **Passato prossimo:** sono cresciuto-a, sei cresciuto-a, è cresciuto-a; siamo cresciuti-e, siete cresciuti-e, sono cresciuti-e. **Imperfetto:** crescevo, crescevi, cresceva; crescevamo, crescevate, crescevano. **Trapassato prossimo:** ero cresciuto-a, eri cresciuto-a, era cresciuto-a; eravamo cresciuti-e, eravate cresciuti-e, erano cresciuti-e. **Passato remoto:** crebbi, crescesti, crebbe; crescemmo, cresceste, crebbero. **Trapassato remoto:** fui cresciuto-a, fosti cresciuto-a, fu cresciuto-a; fummo cresciuti-e, foste cresciuti-e, furono cresciuti-e. **Futuro semplice:** crescerò, crescerai, crescerà; cresceremo, crescerete, cresceranno. **Futuro anteriore:** sarò cresciuto-a, sarai cresciuto-a, sarà cresciuto-a; saremo cresciuti-e, sarete cresciuti-e, saranno cresciuti-e. **CONDIZIONALE Presente:** crescerei, cresceresti, crescerebbe; cresceremmo, crescereste, crescerebbero. **Passato:** sarei cresciuto-a, saresti cresciuto-a, sarebbe cresciuto-a; saremmo cresciuti-e, sareste cresciuti-e, sarebbero cresciuti-e. **CONGIUNTIVO Presente:** cresca, cresca, cresca; cresciamo, cresciate, crescano. **Imperfetto:** crescessi, crescessi, crescesse; crescessimo, cresceste, crescessero. **Passato:** sia cresciuto-a, sia cresciuto-a, sia cresciuto-a; siamo cresciuti-e, siate cresciuti-e, siano cresciuti-e. **Trapassato:** fossi cresciuto-a, fossi cresciuto-a, fosse cresciuto-a; fossimo cresciuti-e, foste cresciuti-e, fossero cresciuti-e. **IMPERATIVO Presente:** cresci **tu**, cresca **egli**; cresciamo **noi**, crescete **voi**, crescano **essi.**

credere (*crédere*) tr. e itr. creer; opinar, juzgar.

crédito (*crédito*) m. crédito; consideración.

creditore (*creditóre*) m. acreedor.

credo (*crédo*) m. credo, religión; el Credo.

credulo (*crédulo*) adj. crédulo.

credulone (*credulóne*) adj. y m. crédulo.

crema (*créma*) f. nata, crema; (fig.) flor y nata.

cremare (*cremáre*) tr. quemar, incinerar los cadáveres humanos.

cremazione (*cremadsióne*) f. cremación.

cremisi (*crémisi*) m. carmesí.

cremisino (*cremisíno*) adj. carmesí.

creolo (*créolo*) m. criollo.

crepa (*crépa*) f. grieta, raja.

crepacuore (*crepacuóre*) m. pena.

crepapelle (*crepapél-le*) a — a más no poder.

crepare (*crepáre*) itr. reventar; henderse.

crepatura (*crepatúra*) f. hendidura; raja.

crepitare (*crepitáre*) itr. crepitar.

crepitio (*crepitío*) m. crepitación, chisporroteo.

crepuscolo (*crepúscolo*) m. crepúsculo.

crescente (*creschénte*) adj. creciente.

crescenza (*creschéndsa*) f. crecimiento.

crescere (*créschere*) itr. crecer; aumentar. tr. aumentar; criar.

crescita (*créschita*) f. crecimiento; aumento.

cresima (*crésima*) f. (rel.) confirmación.

cresimare (*cresimáre*) tr. (rel.) confirmar.

crespa (*créspa*) f. arruga, pliegue.

crespare (*crespáre*) tr. arrugar, plegar; encrespar, rizar.

crespo (*créspo*) adj. crespo.

cresta (*crésta*) f. cresta.

cretino (*cretíno*) adj. y m. cretino.

cricchiare (*crikkiáre*) itr. crujir.

criminale *(criminále)* adj. y m. criminal.

crimine *(crímine)* m. crimen.

crinale *(crinále)* m. cresta (de una montaña).

crine *(críne)* m. crin.

criniera *(criniéra)* f. crines.

crino *(críno)* m. crin.

cripta *(crípta)* f. cripta.

crisi *(crísi)* f. crisis.

cristallame *(cristal-láme)* m. cristalería.

cristalliera *(cristal-liéra)* f. aparador.

cristallino *(cristal-líno)* adj. cristalino.

cristallizzare *(cristal-litsáre)* tr. cristalizar.

cristallizzazione *(cristal-litsadsióne)* f. cristalización.

cristallo *(cristál-lo)* m. cristal.

cristianesimo *(cristianésimo)* m. cristianismo.

cristianità *(cristianitá)* f. cristiandad.

cristianizzare *(cristianitsáre)* tr. cristianizar.

cristiano *(cristiáno)* adj. y m. cristiano.

criterio *(critério)* m. criterio.

critica *(crítica)* f. crítica.

criticare *(criticáre)* tr. criticar; censurar.

critico *(crítico)* m. crítico. adj. difícil, crítico, peligroso.

crivellare *(crivel-láre)* tr. cribar; acribillar; (fig.) criticar.

crivello *(crivél-lo)* m. criba, cribo.   [queta.

crocchetta *(crokkétta)* f. cro-

croce *(króche)* f. cruz.

crocevia *(crochevía)* f. encrucijada.

crociata *(crochiáta)* f. cruzada.

crocicchio *(crochíkkio)* m. cruce (de calles).

crociera *(crochiéra)* f. (náut.) crucero; (arq.) crucero.

crocifiggere *(crochifítyere)* tr. crucificar.

crocifissione *(crochifissióne)* f. crucifixión.

crocifisso *(chochifísso)* m. crucifijo.

crollare *(crol-láre)* tr. sacudir, agitar. itr. derrumbarse.

crollo *(cról-lo)* m. sacudida; hundimiento.

cronaca *(crónaca)* f. crónica.

cronico *(crónico)* adj. crónico. adj. y m. enfermo.

crosta *(crósta)* f. costra; (med.) postilla.

crostino *(crostíno)* m. tostada.

crucciare *(crutchiáre)* tr. atormentar; afligir.

cruccio *(crútchio)* m. dolor; tormento; irritación.

cruccioso *(crutchióso)* adj. enfadado.

crudele *(crudéle)* adj. cruel.

crudeltà *(crudeltá)* f. crueldad, inhumanidad.

crudezza *(crudétsa)* f. crudeza; aspereza.

crudo *(crúdo)* adj. crudo; duro, cruel; áspero, inclemente.

crusca *(crúsca)* f. salvado.

cubico *(cúbico)* adj. cúbico.

cubo *(cúbo)* m. cubo.

cuccagna *(cukkáña)* f. fortuna; felicidad. **paese della —** jauja.

cucchiaino *(cukkiaíno)* m. cucharilla.

cucchiaio *(cukkiáio)* m. cuchara.

cucchiaione *(cukkiaióne)* m. cucharón.

cucco *(cúkko)* m. cuco; (hijo) predilecto.

cuccù *(cukkú)* m. cuco.

cucina *(cuchína)* f. cocina.

cucinare *(cuchináre)* tr. cocinar, guisar.

cucire *(cuchíre)* tr. coser; componer. **— libri** encuadernar.

CUCIRE

INFINITO Presente: cucire. Passato: avere cucito. GERUNDIO Semplice: cucendo. Composto: avendo cucito. PARTICIPIO Presente: cucente. Passato: cucito. INDICATIVO Presente: io cucio, tu cuci, egli cuce; noi cuciamo, voi cucite, essi cuciono. Passato prossimo: ho cucito, hai cucito, ha cucito; abbiamo cucito, avete cucito, hanno cucito. Imperfetto: cucivo, cucivi, cuciva; cucivamo, cucivate, cucivano. Trapassato prossimo: avevo cucito, avevi cucito, aveva cucito; avevamo cucito, avevate cucito, avevano cucito. Passato remoto: cucii, cucisti, cucí; cucimmo, cuciste, cucirono. Trapassato remoto: ebbi cucito, avesti cucito, ebbe cucito; avemmo cucito, aveste cucito, ebbero cucito. Futuro semplice: cucirò, cucirai, cucirà; cuciremo, cucirete, cuciranno. Futuro anteriore: avrò cucito, avrai cucito, avrà cucito; avremo cucito, avrete cucito, avranno cucito. CONDIZIONALE Presente: cucirei, cuciresti, cucirebbe; cuciremmo, cucireste, cucirebbero. Passato: avrei cucito, avresti cucito, avrebbe cucito; avremmo cucito, avreste cucito, avrebbero cucito. CONGIUNTIVO Presente: cucia, cucia, cucia; cuciamo, cuciate, cuciano. Imperfetto: cucissi, cucissi, cucisse; cucissimo, cuciste, cucissero. Passato: abbia cucito, abbia cucito, abbia cucito; abbiamo cucito, abbiate cucito, abbiano cucito. Trapassato: avessi cucito, avessi cucito, avesse cucito; avessimo cucito, aveste cucito, avessero cucito. IMPERATIVO Presente: cuci tu, cucia egli; cuciamo noi, cucite voi, cuciano essi.

cucitrice *(cuchitríche)* f. costurera.
cucitura *(cuchitúra)* f. costura; sutura.
cucurbita *(cucúrbita)* f. (bot.) calabaza.
cuffia *(cúffia)* f. cofia; (teat.) concha del apuntador.
cugina *(cudyína)* f. prima.
cugino *(cudyíno)* m. primo.
cui *(cúi)* pron. que; el o la cual; los o las cuales; cuyo, cuya.
culla *(cúl-la)* f. cuna.
cullare *(cul-láre)* tr. mecer, acunar.

culminare *(culmináre)* itr. culminar.
culmine *(cúlmine)* m. cumbre cúspide; colmo.
culto *(cúlto)* m. culto; religión
cultura *(cultúra)* f. cultivo; cultura.
culturale *(culturále)* adj. cultural.
cumulare *(cumuláre)* tr. acumular, amontonar.
cumulazione *(cumuladsióne)* f acumulación.
cumulo *(cúmulo)* m. montón; cúmulo.
cuna *(cúna)* f. cuna.
cunetta *(cunetta)* f. cuneta.
cuoca *(cuóca)* f. cocinera.
cuocere *(cuóchere)* tr. cocer; cocinar.

CUOCERE

INFINITO Presente: cuocere. Passato: avere cotto. GERUNDIO Semplice: cocendo. Composto: avendo cotto. PARTICIPIO Presente: cocente. Passato: cotto. INDICATIVO Presente: io cuocio, tu cuoci, egli cuoce; noi cociamo, voi cocete, essi cuociono. Passato prossimo: ho cotto, hai cotto, ha cotto; abbiamo cotto, avete cotto, hanno cotto. Imperfetto: cocevo, cocevi, coceva; cocevamo, cocevate, cocevano. Trapassato prossimo: avevo cotto, avevi cotto, aveva cotto; avevamo cotto, avevate cotto, avevano cotto. Passato remoto: cossi, cocesti, cosse; cocemmo, coceste, cossero. Trapassato remoto: ebbi cotto, avesti cotto, ebbe cotto; avemmo cotto, aveste cotto, ebbero cotto. Futuro semplice: cocerò, cocerai, cocerà; coceremo, cocerete, coceranno. Futuro anteriore: avrò cotto, avrai cotto, avrà cotto; avremo cotto, avrete cotto avranno cotto. CONDIZIONALE Presente: cocerei, coceresti, cocerebbe; coceremmo, cocereste, cocerebbero. Passato: avrei cotto, avresti cotto, avrebbe cotto; avremmo cotto, avreste cotto, avrebbero cotto. CONGIUNTIVO Presente: cuocia, cuocia, cuocia; cociamo, cociate, cuociano. Imperfetto: cocessi, cocessi, cocesse; cocessimo, coceste, cocessero. Passato: abbia cotto, abbia cotto, abbia cotto; abbiamo cotto, abbiate cotto, abbiano cotto. Trapassato: avessi cotto, avess cotto, avesse cotto; avessimo cotto, aveste cotto, avessero cotto. IMPERATIVO Presente: cuoci tu, cuocia egli; cociamo noi, cocete voi, cuociano essi.

cuoio *(cuóio)* m. cuero, piel, pellejo curtido.

cuore *(cuóre)* m. corazón; ánimo, valor. **star a —** importar mucho.

cupidigia *(cupidídya)* f. avidez, ansia, codicia.

cupo *(cúpo)* adj. profundo; oscuro; bajo; taciturno.

cupola *(cúpola)* f. cúpula.

cupone *(cupóne)* m. cupón (de renta).

cura *(cúra)* f. cuidado; vigilancia; curación; gestión. **a — di** a cargo de; publicado por.

curabile *(curábile)* adj. curable.

curare *(curáre)* tr. curar; atender; vigilar; cuidar.

curarsi *(curarsi)* rfl. cuidarse; curarse; interesarse.

curato *(curáto)* m. (cura) párroco; feligresía.

curia *(cúria)* f. curia.

curiosità *(curiositá)* f. curiosidad.   [raro.

curioso *(curióso)* adj. curioso;

curva *(cúrva)* f. curva.

curvare *(curváre)* tr. curvar, arquear.

curvo *(cúrvo)* adj. curvo.

cuscinetto *(cuschinétto)* m. cojinete; almohadilla.

cuscino *(cuschíno)* m. cojín.

custode *(custóde)* m. guardián, vigilante.

custodia *(custódia)* f. guarda, custodia.

custodire *(custodíre)* tr. guardar, custodiar.

cutaneo *(cutáneo)* adj. cutáneo.

cute *(cúte)* m. cutis.

da *(da)* prep. de, por; en, a; desde; con. **aver — fare** tener que hacer.

dabbenaggine *(dabbenátyine)* f. ingenuidad, sencillez.

dabbene *(dabbéne)* adj. bueno, probo. **uomo —** hombre de bien.

daccapo *(daccápo)* adv. otra vez, de nuevo.

dacchè *(dakké)* conj. desde que, después que.

daga *(dága)* f. daga.

dagli *(dálli)* contr. de los.

dama *(dáma)* f. dama.

dannare *(dannáre)* tr. condenar.

dannazione *(dannadsióne)* f. condenación.

danneggiare *(danetyiáre)* tr. dañar, perjudicar.

danno *(dánno)* m. daño.

danza *(dándsa)* f. danza, baile.

danzare *(dandsáre)* tr. e itr. bailar.

danzatore *(dandsatóre)* m. bailarín.

dappertutto *(dappertútto)* adv. por todas partes.

dappocaggine *(dappocátyine)* f. flojedad; ineptitud.

dappoco *(dappóco)* adj. incapaz.

dappresso *(dapprésso)* adv. cerca, de cerca.

dapprima *(dappríma)* adv. primeramente, ante todo; al principio.

dare *(dáre)* tr. dar. **— del tu** tutear. **— nel segno** acertar **darsela a gambe** escapar.

———————— DARE ————

INFINITO Presente: dare. **Passato:** avere dato. **GERUNDIO Semplice:** dando. **Composto:** avendo dato. **PARTICIPIO Presente:** dante. **Passato:** dato. **INDICATIVO Presente:** io do, tu dai, egli dà; noi diamo, voi date, essi danno. **Passato prossimo:** ho dato, hai dato, ha dato; abbiamo dato, avete dato, hanno dato. **Imperfetto:** davo, davi, dava; davamo, davate, davano. **Trapassato prossimo:** avevo dato, avevi dato, aveva dato; avevamo dato, avevate dato, avevano dato. **Passato remoto:** diedi o detti, desti, diede o dié o dette; demmo, deste, diedero o dettero. **Trapassato remoto:** ebbi dato, avesti dato, ebbe dato; avemmo dato, aveste dato, ebbero dato. **Futuro semplice:** darò, darai, darà; daremo, darete, daranno. **Futuro anteriore:** avrò dato, avrai dato, avrà dato; avremo dato, avrete dato, avranno dato. **CONDIZIONALE Presente:** darei, daresti, darebbe; daremmo, dareste, darebbero. **Passato:**

avrei dato, avresti dato, avrebbe dato; avremmo dato, avreste dato, avrebbero dato. **CONGIUNTIVO Presente:** dia, dia, dia; diamo, diate, diano. **Imperfetto:** dessi, dessi, desse; dessimo, deste, dessero. **Passato:** abbia dato, abbia dato, abbia dato; abbiamo dato, abbiate dato, abbiano dato. **Trapassato:** avessi dato, avessi dato, avesse dato; avessimo dato, aveste dato, avessero dato. **IMPERATIVO Presente:** da' o dai **tu,** dia **egli;** diamo **noi,** date **voi,** diano **essi.**

---

data *(dáta)* f. fecha.

datare *(datáre)* tr. fechar. itr. datar.

dato *(dáto)* m. dato, detalle; noticia; documento. adj. dado. — **che** dado que, supuesto que.

dattero *(dáttero)* m. (bot.) dátil.

dattilografare *(dattilografáre)* tr. mecanografiar.

dattilografia *(dattilografía)* f. mecanografía.

dattorno *(dattórno)* adv. alrededor, en torno, cerca de.

davanti *(davánti)* adv. antes; delante; enfrente. prep antes, delante de. m. delante.

davanzale *(davandsále)* m. alféizar.

davvero *(davvéro)* adv. verdaderamente, de veras, en verdad.

daziare *(dadsiáre)* tr. (com.) gravar, tasar.

dazio *(dádsio)* m. impuesto.

dea *(déa)* f. diosa.

debile *(débile)* adj. débil.

debilitare *(debilitáre)* tr. debilitar.

debilitazione *(debilitadsióne)* f. debilitación.

debito *(débito)* m. deuda; adj. debido; oportuno.

debitore *(debitóre)* m. deudor.

debole *(débole)* adj. débil.

debolezza *(debolétsa)* f. debilidad.

deboscia *(debóschia)* f. orgía; libertinaje.

debosciato *(deboschiáto)* adj. y m. libertino.

debuttare *(debuttáre)* itr. debutar.

debutto *(debútto)* m. debut.

decadenza *(decadéndsa)* f. decadencia.

decadere *(decadére)* itr. decaer.

decano *(decáno)* m. decano; deán.

decapitare *(decapitáre)* tr. decapitar.

decedere *(dechédere)* itr. morir, fallecer.

deceduto *(dechedúto)* m. muerto.

decembre *(dechémbre)* m. diciembre.

decente *(dechénte)* adj. decente.   [cia.

decenza *(dechéndsa)* f. decencia.

decesso *(dechésso)* m. defunción, fallecimiento.

decidere *(dechídere)* tr. decidir.

decidersi *(dechídersi)* rfl. decidirse.

decifrare *(dechifráre)* tr. descifrar.

decimale *(dechimále)* adj. decimal.

decimare *(dechimáre)* tr. diezmar; imponer diezmos.

decina *(dechína)* f. decena.

decisione *(dechisióne)* f. decisión.   [sivo.

decisivo *(dechisívo)* adj. decisivo.

declamare *(declamáre)* tr. declamar.

declamazione *(declamadsióne)* f. declamación.

declinare *(declináre)* tr. declinar; renunciar. itr. declinar, descender.

declinazione *(declinadsione)* f. declinación; decaimiento.

declive *(declíve)* m. declive.

decorazione *(decoradsióne)* f. decoración; condecoración.
decrescere *(decrésere)* itr. disminuir, decrecer.

─────────── DECIDERE ───────────

INFINITO Presente: decidere. **Passato:** avere deciso. **GERUNDIO Semplice:** decidendo. **Composto:** avendo deciso. **PARTICIPIO Presente:** decidente. **Passato:** deciso. **INDICATIVO Presente:** io decido, **tu** decidi, **egli** decide; **noi** decidiamo, **voi** decidete, **essi** decidono. **Passato prossimo:** ho deciso, hai deciso, ha deciso; abbiamo deciso, avete deciso, hanno deciso. **Imperfetto:** decidevo, decidevi, decideva; decidevamo, decidevate, decidevano. **Trapassato prossimo:** avevo deciso, avevi deciso, aveva deciso; avevamo deciso, avevate deciso, avevano deciso. **Passato remoto:** decisi, decidesti, decise; decidemmo, decideste, decisero. **Trapassato remoto:** ebbi deciso, avesti deciso, ebbe deciso; avemmo deciso, aveste deciso, ebbero deciso. **Futuro semplice:** deciderò, deciderai, deciderà; decideremo, deciderete, decideranno. **Futuro anteriore:** avrò deciso, avrai deciso, avrà deciso; avremo deciso, avrete deciso, avranno deciso. **CONDIZIONALE Presente:** deciderei, decideresti, deciderebbe; decideremmo, decidereste, deciderebbero. **Passato:** avrei deciso, avresti deciso, avrebbe deciso; avremmo deciso, avreste deciso, avrebbero deciso. **CONGIUNTIVO Presente:** decida, decida, decida; decidiamo, decidiate, decidano. **Imperfetto:** decidessi, decidessi, decidesse; decidessimo, decideste, decidessero. **Passato:** abbia deciso, abbia deciso, abbia deciso; abbiamo deciso, abbiate deciso, abbiano deciso. **Trapassato:** avessi deciso, avessi deciso, avesse deciso; avessimo deciso, aveste deciso, avessero deciso. **IMPERATIVO Presente:** decidi tu, decida egli; decidiamo noi, decidete voi, decidano essi.

decollare *(decol-láre)* tr. degollar. itr. despegar.
decomporre *(decompórre)* tr. descomponer; desordenar.
decomporsi *(decompórsi)* rfl. descomponerse, pudrirse.
decomposizione *(decomposidsióne)* f. descomposición.
decorare *(decoráre)* tr. decorar; condecorar.
decoratore *(decoratóre)* m. decorador; tramoyista.

─────────── DECRESCERE ───────────

INFINITO Presente: decrescere. **Passato:** essere decresciuto. **GERUNDIO Semplice:** decrescendo. **Composto:** essendo decresciuto. **PARTICIPIO Presente:** decrescente. **Passato:** decresciuto. **INDICATIVO Presente:** io decresco, tu decresci, egli decresce; noi decresciamo, voi decrescete, essi decrescono. **Passato prossimo:** sono decresciuto-a, sei decresciuto-a, è decresciuto-a; siamo decresciuti-e, siete decresciuti-e, sono decresciuti-e. **Imperfetto:** decrescevo, decrescevi, decresceva; decrescevamo, decrescevate, decrescevano. **Trapassato prossimo:** ero decresciuto-a, eri decresciuto-a, era decresciuto-a; eravamo decresciuti-e, eravate decresciuti-e, erano decresciuti-e. **Passato remoto:** decrebbi, decrescesti, decrebbe; decrescemmo, decresceste, decrebbero. **Trapassato remoto:** fui decresciuto-a, fosti decresciuto-a, fu decresciuto-a; fummo decresciuti-e, foste decresciuti-e, furono decresciuti-e. **Futuro semplice:** decrescerò, decrescerai, decrescerà; decresceremo, decrescerete, decresceranno. **Futuro anteriore:** sarò decresciuto-a, sarai decresciuto-a, sarà decresciuto-a; saremo decresciuti-e, sarete decresciuti-e, saranno decresciuti-e. **CONDIZIONALE Presente:** decrescerei, decresceresti, decrescerebbe; decresceremmo, decrescereste, decrescerebbero. **Passato:** sarei decresciuto-a, saresti decrescito-a, sarebbe decresciuto-a; saremmo decresciuti-e, sareste drecresciuti-e, sarebbero decresciuti-e. **CONGIUNTIVO Presente:** decresca, decresca, decresca; decresciamo, decresciate, decrescano. **Imperfetto:** decrescessi, decrescessi, decrescesse; decrescessimo, decresceste, decrescessero. **Passato:** sia decresciuto-a, sia decresciuto-a, sia decresciuto-a; siamo decresciuti-e, siate decresciuti-e, siano decresciuti-e. **Trapassato:** fossi decresciuto-a, fossi decresciuto-a, fosse decresciuto-a; fossimo decresciuti-e, foste decresciuti-e, fossero decresciuti-e. **IMPERATIVO Presente:** decresci tu, decresca egli; decresciamo noi, decrescete voi, decrescano essi.

decretare *(decretáre)* tr. decretar, ordenar.
decreto *(decréto)* m. decreto.
dedica *(dédica)* f. dedicación.
dedicare *(dedicáre)* tr. dedicar.

dedicatoria *(dedicatória)* f. dedicatoria.

dedicazione *(dedicadsióne)* f. dedicación.

dedurre *(dedúrre)* tr. deducir.

deduzione *(dedudsione)* f. deducción; resta.

defalcare *(defalcáre)* tr. rebajar, desfalcar.

defalcazione *(defalcadsióne)* f. rebaja; desfalco.

defecare *(defecáre)* tr. defecar.

deferente *(deferénte)* adj. deferente.

deferenza *(deferéndsa)* f. deferencia.

deficiente *(defichiénte)* adj. deficiente.

deficienza *(defichiéndsa)* f. deficiencia.

definire *(definíre)* tr. definir.

definitivo *(definitívo)* adj. definitivo.

definizione *(definidsióne)* f. definición.

deformare *(deformáre)* tr. deformar.

deformazione *(deformadsióne)* f. deformación.

deforme *(defórme)* adj. deforme.   [midad.

deformità *(deformitá)* f. deformidad.

defraudare *(defraudáre)* tr. defraudar.

defraudazione *(defraudadsióne)* f. defraudación.

defunto *(defúnto)* adj. y m. difunto.

degenerare *(dedyeneráre)* itr. degenerar.

degenerazione *(dedyeneradsióne)* f. degeneración.

degenere *(dedyénere)* adj. degenerado.

degli *(délli)* contr. de los.

degnarsi *(deñársi)* rfl. dignarse.

degnazione *(deñádsióne)* f. condescendencia.

degno *(déño)* adj. digno.

degradare *(degradáre)* tr. degradar.

degradazione *(degradadsióne)* f. degradación.

degustare *(degustáre)* tr. probar, catar.

degustazione *(degustadsióne)* f. degustación.

deificare *(deificáre)* tr. deificar.

deificazione *(deificadsióne)* f. deificación.

deità *(deitá)* f. deidad.

delatore *(delatóre)* adj. y m. delator.

delega *(délega)* f. delegación.

delegare *(delegáre)* tr. delegar.

delegato *(delegáto)* m. delegado.

delegazione *(delegadsióne)* f. delegación.

deliberare *(deliberáre)* tr. deliberar.

deliberazione *(deliberadsióne)* f. deliberación.

delicatezza *(delicatétsa)* f. delicadeza.

delicato *(delicáto)* adj. delicado.

delineamento *(delineaménto)* m. delineamiento.

delineare *(delineáre)* tr. delinear.

delineatore *(delineatóre)* m. delineante, dibujante.

delineazione *(delineadsióne)* f. delineación.

delinquente *(delinkuénte)* adj. y m. f. delincuente.

delinquenza *(delinkuéndsa)* f. delincuencia.

delinquere *(delínkuere)* itr. delinquir.

delirare *(deliráre)* itr. delirar.

delirio *(delírio)* m. delirio.

delitto *(delítto)* m. delito.

delta *(délta)* f. delta; (geog.) delta.

deludere *(delúdere)* tr. defraudar.

──────── DELUDERE ────────

INFINITO Presente: deludere. **Passato:** avere deluso. **GERUNDIO Semplice:** deludendo. **Composto:** avendo deluso. **PARTICIPIO Presente:** deludente. **Passato:** deluso. **INDICATIVO Presente: io** deludo, **tu** deludi, **egli** delude; **noi** deludiamo, **voi** deludete, **essi** deludono. **Passato prossimo:** ho deluso, hai deluso, ha deluso; abbiamo deluso, avete deluso, hanno deluso. **Imperfetto:** deludevo, deludevi, deludeva; deludevamo, deludevate, deludevano. **Trapassato prossimo:** avevo deluso, avevi deluso, aveva deluso; avevamo deluso, avevate deluso, avevano deluso. **Passato remoto:** delusi, deludesti, deluse; deludemmo, deludeste, delusero. **Trapassato remoto:** ebbi deluso, avesti deluso, ebbe deluso; avemmo deluso, aveste deluso, ebbero deluso. **Futuro semplice:** deluderò, deluderai, deluderà; deluderemo, deluderete, deluderanno. **Futuro anteriore:** avrò deluso, avrai deluso, avrà deluso; avremo deluso, avrete deluso, avranno deluso. **CONDIZIONALE Presente:** deluderei, deluderesti, deluderebbe; deluderemmo, deludereste, deluderebbero. **Passato:** avrei deluso, avresti deluso, avrebbe deluso; avremmo deluso, avreste deluso, avrebbero deluso. **CONGIUNTIVO Presente:** deluda, deluda, deluda; deludiamo, deludiate, deludano. **Imperfetto:** deludessi, deludessi, deludesse; deludessimo, deludeste, deludessero. **Passato:** abbia deluso, abbia deluso, abbia deluso; abbiamo deluso, abbiate deluso, abbiano deluso. **Trapassato:** avessi deluso, avessi deluso, avesse deluso; avessimo deluso, aveste deluso, avessero deluso. **IMPERATIVO Presente:** deludi **tu**, deluda **egli**; deludiamo **noi**, deludete **voi**, deludano **essi.**

──────────────────────

delusione *(delusióne)* f. desilusión, desengaño.

deluso *(delúso)* adj. defraudado.

demarcare *(demarcáre)* tr. demarcar.

demarcazione *(demarcadsióne)* f. demarcación.

demente *(deménte)* adj. y m. demente, loco.

demenza *(deméndsa)* f. demencia, locura.

democratico *(democrático)* adj. democrático.

democrazia *(democradsía)* f. democracia.

demone *(démone)* m. demonio.

demonio *(demónio)* m. demonio.

demoralizzare *(demoralitsáre)* tr. desmoralizar.

demoralizzazione *(demoralitsadsióne)* f. desmoralización.

denaro *(denáro)* m. dinero.

denigrare *(denigráre)* tr. denigrar, difamar.

denigrazione *(denigradsióne)* f. denigración, difamación.

denominare *(denomináre)* tr. denominar.

denominazione *(denominadsióne)* f. denominación.

denotare *(denotáre)* tr. denotar.

denotazione *(denotadsióne)* f. denotación.

densità *(densitá)* f. densidad.

denso *(dénso)* adj. denso.

dente *(dénte)* m. diente; (mec.) púa.

dentiera *(dentiéra)* f. dentadura postiza.

dentifricio *(dentifríchio)* adj. y m. dentífrico.

dentista *(dentísta)* m. f. dentista.

dentro *(déntro)* adv. y prep. dentro; adentro; dentro de.

denudamento *(denudaménto)* m. despojamiento, expoliación.

denudare *(denudáre)* tr. desnudar; despojar.

denunciare *(denunchiáre)* tr. denunciar; delatar; declarar.

denunzia *(denúndsia)* f. denuncia; acusación; delación.

depauperare *(depauperáre)* tr. depauperar.

deperimento *(deperiménto)* m. deterioro, daño.

deperire *(deperíre)* itr. deteriorarse.

depilare *(depiláre)* tr. depilar.

depilatorio *(depilatório)* adj. y m. depilatorio.

depilazione *(depiladsióne)* f. depilación.

deplorare *(deploráre)* itr. deplorar, llorar.

deporre *(depórre)* tr. deponer; depositar; destituir.

deportare *(deportáre)* tr. deportar, desterrar.

deportazione *(deportadsióne)* f. deportación.

depositare *(depositáre)* tr. depositar.

deposito *(depósito)* m. depósito; almacén.

deposizione *(deposidsióne)* f. deposición; (jur.) declaración (en juicio).

depravare *(depraváre)* tr. depravar.

depravazione *(depravadsióne)* f. depravación.

depredare *(depredáre)* tr. despojar, expoliar; saquear.

depressione *(depressióne)* f. depresión.   [mido.

depresso *(deprésso)* adj. depri-

deprezzamento *(depretsaménto)* m. depreciación; menosprecio; descrédito.

deprezzare *(depretsáre)* tr. depreciar; menospreciar.

depurare *(depuráre)* tr. depurar.

depurazione *(depuradsióne)* f. depuración.

deputare *(deputáre)* tr. diputar, elegir.

deputato *(deputato)* adj. y m. diputado; delegado.

deputazione *(deputadsióne)* f. diputación, delegación.

deragliamento *(deralliaménto)* m. descarrilamiento.

deragliare *(deralliáre)* itr. descarrilar.

derivare *(deriváre)* itr. derivar.

derivazione *(derivadsióne)* f. derivación.

deroga *(déroga)* f. derogación.

derogare *(derogáre)* tr. derogar.

derubamento *(derubaménto)* m. robo, hurto.

derubare *(derubáre)* tr. robar.

descrittibile *(descrittíbile)* adj. descriptible.

descrivere *(descrívere)* tr. describir; trazar.

descrizione *(descridsióne)* f. descripción; trazamiento.

deserto *(desérto)* adj. y m. desierto, despoblado.

desiderabile *(desiderábile)* adj. deseable.

desiderare *(desideráre)* tr. desear, querer.

desiderio *(desidério)* m. deseo; anhelo.

desideroso *(desideróso)* adj. deseoso.

designare *(desiñáre)* tr. designar.

designazione *(desiñadsióne)* f. designación.

desinare *(desináre)* tr. almorzar, comer (al mediodía).

desolare *(desoláre)* tr. desolar; asolar.

desolazione *(desoladsióne)* f. desolación.

despota *(déspota)* m. déspota, tirano.

despotismo *(despotísmo)* m. despotismo.

destare *(destáre)* tr. despertar; excitar.

destinare *(destináre)* tr. destinar.

destinatario *(destinatário)* m. destinatario.

destinazione *(destinadsióne)* f. destino.

destino *(destíno)* m. destino; suerte.

destituire *(destituíre)* tr. destituir.

destituzione *(destitudsióne)* f. destitución.

destra *(déstra)* f. diestra, derecha. [za.

destrezza *(destrétsa)* f. destre-

destro *(déstro)* adj. derecho (lado, mano, costado, etc.); diestro, hábil. m. ocasión.

determinare *(determináre)* tr. determinar.

determinazione *(determinadsióne)* f. determinación.

detestare *(detestáre)* tr. detestar, odiar.

detonare *(detonáre)* itr. detonar, explotar.

detonatore *(detonatóre)* m. detonador.

detrattore *(detrattóre)* m. detractor.

detrazione *(detradsióne)* f. detracción.

detronizzare *(detronitsáre)* tr. destronar.

detronizzazione *(detronitsadsióne)* f. destronamiento.

dettagliante *(dettalliánte)* m. detallista, vendedor al por menor.

dettagliato *(dettalliáto)* adj. detallado.

dettaglio *(dettállio)* m. detalle, pormenor. al — al por menor.

dettame *(dettáme)* m. dictamen.

dettare *(dettáre)* tr. dictar.

dettato *(dettáto)* adj. y m. dictado.

detto *(détto)* adj. dicho, mencionado. m. dicho, palabra.

deturpare *(deturpáre)* tr. estropear, desfigurar.

devalutazione *(devalutadsióne)* f. devaluación.

devastamento *(devastaménto)* m. devastación.

devastare *(devastáre)* tr. devastar.

devastazione *(devastadsióne)* f. devastación.

deviamento *(deviaménto)* m. desviación, desvío; (ferr.) descarrilamiento.

deviare *(deviáre)* tr. desviar, apartar del camino; extraviar. itr. descarrilar; extraviarse.

deviazione *(deviadsióne)* f. desviación, desvío; descarrilamiento.

devoluzione *(devoludsióne)* f. devolución.

devolvere *(devólvere)* tr. devolver, restituir.

devoto *(devóto)* adj. devoto.

devozione *(devodsióne)* f. devoción; rezo.

di *(di)* prep. de, por, que, con. — mattina por la mañana. più ricco — me más rico que yo.

dí *(di)* m. día. al — d'oggi hoy día.

diabete *(diabete)* f. (med.) diabetes.

diacciare *(diatchiáre)* tr. e itr. helar.

diacciarsi *(diatchiársi)* rfl. helarse, congelarse.

diacciata *(diatchiáta)* f. helada.

diaccio *(diátchio)* m. hielo.

diaconato *(diaconáto)* m. diaconato, diaconado.

diacono *(diácono)* m. diácono.

diaframma *(diafrámma)* m. diafragma.

diagnosi *(diañósi)* f. diagnosis.

diagnosticare *(diañósticare)* tr. diagnosticar.

dialetto *(dialétto)* m. dialecto.

dialogare *(dialogáre)* itr. dialogar.

dialogo *(diálogo)* m. diálogo.
diamante *(diamánte)* m. diamante.   [tro.
diametro *(diámetro)* m. diáme-
dianzi *(diándsi)* adv. hace poco, poco ha.
diapositiva *(diapositíva)* f. diapositiva.
diaria *(diária)* f. dieta (honorario).
diario *(diário)* m. diario.
diarrea *(diarréa)* f. (med.) diarrea.
diavolo *(diávolo)* m. diablo.
dibattere *(dibáttere)* tr. batir; debatir, discutir.
dibattersi *(dibáttersi)* rfl. agitarse, debatirse.
dibattimento *(dibattiménto)* m. debate, discusión.
dibattito *(dibáttito)* m. debate, discusión.
diboscamento *(diboscaménto)* m. desmonte, tala de bosque.
diboscare *(diboscáre)* tr. desmontar, talar el bosque.
dicembre *(dichémbre)* m. diciembre.
dichiarare *(dikiaráre)* tr. declarar, testificar.

dichiarazione *(dikiaradsióne)* f. declaración, deposición. — **doganale** declaración de aduana.
diciottenne *(dichiotténne)* adj. y m. f. que tiene dieciocho años.
dieta *(diéta)* f. (med.) dieta, régimen; asamblea.
dietro *(diétro)* prep. detrás; atrás; según. adv. detrás, después, m. lo de atrás, el reverso.
difendere *(diféndere)* tr. defender; prohibir.
difendersi *(diféndersi)* rfl. defenderse, protegerse.
difensiva *(difensíva)* f. defensiva. **sulla** — a la defensiva.
difensore *(difensóre)* adj. y m. defensor.
difesa *(diféffésa)* f. defensa.
difetto *(difétto)* m. defecto.
difettoso *(difettóso)* adj. defectuoso.
difettuosità *(difettuosità)* f. defectuosidad.

DIFENDERE

INFINITO Presente: difendere. **Passato:** avere difeso. **GERUNDIO Semplice:** difendendo. **Composto:** avendo difeso. **PARTICIPIO Presente:** difendente. **Passato:** difeso. **INDICATIVO Presente:** io difendo, tu difendi, egli difende; noi difendiamo, voi difendete, essi difendono. **Passato prossimo:** ho difeso, hai difeso, ha difeso; abbiamo difeso, avete difeso, hanno difeso. **Imperfetto:** difendevo, difendevi, difendeva; difendevamo, difendevate, difendevano. **Trapassato prossimo:** avevo difeso, avevi difeso, aveva difeso; avevamo difeso, avevate difeso, avevano difeso. **Passato remoto:** difesi, difendesti, difese; difendemmo, difendeste, difesero. **Trapassato remoto:** ebbi difeso, avesti difeso, ebbe difeso; avemmo difeso, aveste difeso, ebbero difeso. **Futuro semplice:** difenderò, difenderai, difenderà; difenderemo, difenderete, difenderanno. **Futuro anteriore:** avrò difeso, avrai difeso, avrà difeso; avremo difeso, avrete difeso, avranno difeso. **CONDIZIONALE Presente:** difenderei, difenderesti, difenderebbe; difenderemmo, difendereste, difenderebbero. **Passato:** avrei difeso, avresti difeso, avrebbe difeso; avremmo difeso, avreste difeso, avrebbero difeso. **CONGIUNTIVO Presente:** difenda, difenda, difenda; difendiamo, difendiate, difendano. **Imperfetto:** difendessi, difendessi, difendesse; difendessimo, difendeste, difendessero. **Passato:** abbia difeso, abbia difeso, abbia difeso; abbiamo difeso, abbiate, difeso, abbiano difeso. **Trapassato:** avessi difeso, avessi difeso, avesse difeso; avessimo difeso, aveste difeso, avessero difeso. **IMPERATIVO Presente:** difendi tu, difenda egli; difendiamo noi, difendete voi, difendano essi.

diffamare *(diffamáre)* tr. difamar.
diffamazione *(diffamadsióne)* f. difamación.
differente *(differénte)* adj. distinto.
differenza *(differéndsa)* f. diferencia; desigualdad.
differenziare *(differendsiáre)* tr. diferenciar.
differimento *(differiménto)* m. dilación.
differire *(differíre)* tr. diferir, aplazar; retrasar. itr. diferir, ser diferente.
difficile *(diffíchile)* adj. difícil.
difficoltà *(difficoltá)* f. dificultad.
difficoltare *(difficoltáre)* tr. dificultar.
diffida *(diffída)* f. intimación.
diffidare *(diffidáre)* itr. desconfiar. tr. intimar, requerir.
diffidente *(diffidénte)* adj. desconfiado.
diffidenza *(diffidéndsa)* f. desconfianza.
difformare *(difformáre)* tr. deformar.
difforme *(diffórme)* adj. deforme.
difformità *(difformitá)* f. deformidad.
diffusione *(diffusióne)* f. difusión.
diffuso *(diffúso)* adj. difuso; divulgado.
diffusore *(diffusóre)* m. difusor; altavoz.
difterite *(difteríte)* f. (med.) difteria.
digerire *(didyeríre)* tr. digerir.
digestione *(didyestióne)* f. digestión.
digiunare *(didyiunáre)* itr. ayunar.
digiuno *(didyiúno)* m. ayuno.

dignità *(diñitá)* f. dignidad.
digradamento *(digradaménto)* m. degradación.
digradare *(digradáre)* tr. degradar.
digradazione *(digradadsióne)* f. degradación.
dilagare *(dilagáre)* itr. inundar; extenderse.
dilapidare *(dilapidáre)* tr. dilapidar, disipar.
dilatare *(dilatáre)* tr. dilatar, agrandar.
dilatazione *(dilatadsióne)* f. dilatación.
dilatorio *(dilatório)* adj. dilatorio.
dilazionare *(diladsionáre)* tr. diferir, retardar.
dilazione *(diladsióne)* f. dilación.
dilemma *(dilémma)* m. dilema.
dilettante *(dilettánte)* m. aficionado.
dilettare *(dilettáre)* tr. deleitar. itr. agradar.
dilettazione *(dilettadsióne)* f. deleite.
diletto *(diletto)* adj. dilecto. m. deleite; persona amada.
dilezione *(diledsióne)* f. dilección.
diligente *(dilidyénte)* adj. diligente.
diligenza *(dilidyéndsa)* f. diligencia.
diluviare *(diluviáre)* itr. diluviar.
diluvio *(dilúvio)* m. diluvio.
dimagrare, ire *(dimagráre, dimagríre)* tr. e itr. adelgazar.
dimanda *(dimánda)* f. demanda; pregunta.
dimandare *(dimandáre)* tr. demandar; preguntar; reclamar; pedir en matrimonio.
dimensione *(dimensióne)* f. dimensión.
dimenticaggine *(dimenticátyine)* f. olvido.

---------- I dimostrativi ----------

• En italiano los pronombres y adjetivos demostrativos tienen idénticas formas distinguiéndose únicamente por acompañar al nombre (los *adjetivos*) o sustituirlo (los *pronombres*).

questo (este)	*questi* (estos)
codesto (ese)	*codesti* (esos)
quello (aquel)	*quelli* (aquellos)
questa (esta)	*queste* (estas)
codesta (esa)	*codeste* (esas)
quella (aquella)	*quelle* (aquellas)

Quello se apocopa (*quel*) delante de consonante que no sea *s* impura, *z*, *gn* y *ps* (*quel libro*) y se elide (*quell'*) delante de vocal (*quell'albero*).
• Al nombre le pueden preceder dos o más adjetivos demostrativos (*questa e quella casa*).
• También son demostrativos *stesso*, *medesimo* (mismo) y *tale*, *cotale* (tal).
• Existen formas contractas de demostrativos con nombres: *stamane*, *stamattina* (esta mañana) y *stasera*, *stanotte* (esta noche).

---

dimenticanza *(dimenticándsa)* f. olvido, omisión.
dimenticare *(dimenticáre)* tr. olvidar.
dimenticarsi *(dimenticársi)* rfl. olvidarse.
dimentico *(diméntico)* adj. olvidadizo.
dimettere *(diméttere)* tr. destituir.
diminuire *(diminuíre)* tr. disminuir, reducir. itr. menguar.
diminuzione *(diminudsióne)* f. disminución.
dimissione *(dimissióne)* f. dimisión.
dimora *(dimóra)* f. demora; vivienda; permanencia.
dimorare *(dimoráre)* itr. habitar, vivir; permanecer; demorarse.
dimostrare *(dimostráre)* tr. demostrar, probar. itr. aparentar.

dimostrarsi *(dimostrársi)* rfl. manifestarse.
dimostrazione *(dimostradsióne)* f. demostración.
dinamica *(dinámica)* f. dinámica.
dinamitare *(dinamitáre)* tr. dinamitar.
dinamite *(dinamíte)* f. dinamita.
dinamo *(dínamo)* f. dinamo.
dinanzi *(dinándsi)* prep. delante de, ante. adv. antes, delante.
dinastia *(dinastía)* f. dinastía.
dinegare *(dinegáre)* tr. denegar.
diniego *(diniégo)* m. denegación.
dintorno *(dintórno)* adv. alrededor.
dintorni *(dintórni)* m. pl. alrededores.
dio *(dío)* m. Dios.
diocesano *(diochesáno)* adj. y m. diocesano.
diocesi *(dióchesi)* f. diócesis.
dipartimento *(dipartiménto)* m. departamento; distrito.
dipartire *(dipartíre)* tr. partir; separar. itr. marchar, partir.
dipartirsi *(dipartírsi)* rfl. marchar, partir.
dipartita *(dipartita)* f. partida.
dipendente *(dipendénte)* adj. y m. dependiente.
dipendenza *(dipendéndsa)* f. dependencia.
dipendere *(dipéndere)* itr. depender.

---------- DIPENDERE ----------

INFINITO Presente: dipendere. **Passato:** essere dipeso. **GERUNDIO Semplice:** dipendendo. **Composto:** essendo dipeso. **PARTICIPIO Presente:** dipendente. **Passato:** dipeso. **INDICATIVO Presente: io dipendo, tu dipendi, egli dipende; noi**

dipendiamo, voi dipendete, essi dipendono. Passato prossimo: sono dipeso-a, sei dipeso-a, è dipeso-a; siamo dipesi-e, siete dipesi-e, sono dipesi-e. Imperfetto: dipendevo, dipendevi, dipendeva; dipendevamo, dipendevate, dipendevano. Trapassato prossimo: ero dipeso-a, eri dipeso-a, era dipeso-a; eravamo dipesi-e, eravate dipesi-e, erano dipesi-e. Passato remoto: dipesi, dipendesti, dipese; dipendemmo, dipendeste, dipesero. Trapassato remoto: fui dipeso-a, fosti dipeso-a, fu dipeso-a; fummo dipesi-e, foste dipesi-e, furono dipesi-e. Futuro semplice: dipenderò, dipenderai, dipenderà; dipenderemo, dipenderete, dipenderanno. Futuro anteriore: sarò dipeso-a, sarai dipeso-a, sarà dipeso-a; saremo dipesi-e, sarete dipesi-e, saranno dipesi-e. CONDIZIONALE Presente: dipenderei, dipenderesti, dipenderebbe; dipenderemmo, dipendereste, dipenderebbero. Passato: sarei dipeso-a, saresti dipeso-a, sarebbe dipeso-a; saremmo dipesi-e, sareste dipesi-e, sarebbero dipesi-e. CONGIUNTIVO Presente: dipenda, dipenda, dipenda; dipendiamo, dipendiate, dipendano. Imperfetto: dipendessi, dipendessi, dipendesse; dipendessimo, dipendeste, dipendessero. Passato: sia dipeso-a, sia dipeso-a, sia dipeso-a; siamo dipesi-e, siate dipesi-e, siano dipesi-e. Trapassato: fossi dipeso-a, fossi dipeso-a, fosse dipeso-a; fossimo dipesi-e, foste dipesi-e, fossero dipesi-e. IMPERATIVO Presente: dipendi tu, dipenda egli; dipendiamo noi, dipendete voi, dipendano essi.

dipingere (dipíndyere) tr. pintar; (fig.) describir.
diploma (diplóma) m. diploma.
diplomatico (diplomático) m. diplomático.

─────── DIPINGERE ───────

INFINITO Presente: dipingere. Passato: avere dipinto. GERUNDIO Semplice: dipingendo. Composto: avendo dipinto. PARTICIPIO Presente: dipingente. Passato: dipinto. INDICATIVO Presente: io dipingo, tu dipingi, egli dipinge; noi dipingiamo, voi dipingete, essi dipingono. Passato prossimo: ho dipinto, hai dipinto, ha dipinto; abbiamo dipinto, avete dipinto, hanno dipinto. Imperfetto: dipingevo, dipingevi, dipingeva; dipingevamo, dipingevate, dipingevano. Trapassato prossimo: avevo dipinto, avevi dipinto, aveva dipinto; avevamo dipinto, avevate dipinto, avevano dipinto. Passato remoto: dipinsi, dipingesti, dipinse; dipingemmo, dipingeste, dipinsero. Trapassato remoto: ebbi dipinto, avesti dipinto, ebbe dipinto; avemmo dipinto, aveste dipinto, ebbero dipinto. Futuro semplice: dipingerò, dipingerai, dipingerà; dipingeremo, dipingerete, dipingeranno. Futuro anteriore: avrò dipinto, avrai dipinto, avrà dipinto; avremo dipinto, avrete dipinto, avranno dipinto. CONDIZIONALE Presente: dipingerei, dipingeresti, dipingerebbe; dipingeremmo, dipingereste, dipingerebbero. Passato: avrei dipinto, avresti dipinto, avrebbe dipinto; avremmo dipinto, avreste dipinto, avrebbero dipinto. CONGIUNTIVO Presente: dipinga, dipinga, dipinga; dipingiamo, dipingiate, dipingano. Imperfetto: dipingessi, dipingessi, dipingesse; dipingessimo, dipingeste, dipingessero. Passato: abbia dipinto, abbia dipinto, abbia dipinto; abbiamo dipinto, abbiate dipinto, abbiano dipinto. Trapassato: avessi dipinto, avessi dipinto, avesse dipinto; avessimo dipinto, aveste dipinto, avessero dipinto. IMPERATIVO Presente: dipingi tu, dipinga egli; dipingiamo noi, dipingete voi, dipingano essi.

dire (díre) tr. decir, hablar; relatar; manifestar. m. dicho, decir.
direttissimo (direttíssimo) m. tren expreso.

─────── DIRE ───────

INFINITO Presente: dire. Passato: avere detto. GERUNDIO Semplice: dicendo. Composto: avendo detto. PARTICIPIO Presente: dicente. Passato: detto. INDICATIVO Presente: io dico, tu dici, egli dice; noi diciamo, voi dite, essi dicono. Passato prossimo: ho detto, hai detto, ha detto; abbiamo detto, avete detto, hanno detto. Imperfetto: dicevo, dicevi, diceva; dicevamo, dicevate, dicevano. Trapassato prossimo: avevo detto, avevi detto, aveva detto; avevamo detto, avevate detto, avevano detto. Passato remoto: dissi, dicesti, disse; dicemmo, diceste, dissero. Trapassato remoto: ebbi detto, avesti detto, ebbe detto; avemmo detto, aveste detto, ebbero detto. Futuro semplice: dirò, dirai, dirà; diremo, direte, diranno. Futuro anteriore: avrò detto, avrai detto, avrà detto; avremo detto, avrete detto, avranno detto. CONDIZIONALE Presente: direi, diresti, direbbe; diremmo, direste, direbbero. Passato: avrei detto, avresti detto, avrebbe detto; avremmo detto, avreste detto, avrebbero detto. CONGIUNTIVO Presente: dica, dica, dica; diciamo, diciate, dicano. Imperfetto:

dicessi, dicessi, dicesse; dicessimo, dicessте, dicessero. **Passato:** abbia detto, abbia detto, abbia detto; abbiamo detto, abbiate detto, abbiano detto. **Trapassato:** avessi detto, avessi detto, avesse detto; avessimo detto, aveste detto, avessero detto. **IMPERATIVO Presente:** di' **tu,** dica **egli;** diciamo **noi,** dite **voi,** dicano **essi.**

diretto *(dirétto)* adj. y m. directo.

direttrice *(direttríche)* adj. y f. directriz, directora.

direzione *(diredsióne)* f. dirección, curso; (náut.) rumbo; dirección, junta directiva; gerencia.

dirigere *(dirídyere)* tr. dirigir, encaminar; gobernar.

—————— DIRIGERE ——————

INFINITO Presente: dirigere. **Passato:** avere diretto. **GERUNDIO Semplice:** dirigendo. **Composto:** avendo diretto. **PARTICIPIO Presente:** dirigente. **Passato:** diretto. **INDICATIVO Presente:** io dirigo, tu dirigi, egli dirige; noi dirigiamo, voi dirigete, essi dirigono. **Passato prossimo:** ho diretto, hai diretto, ha diretto; abbiamo diretto, avete diretto, hanno diretto. **Imperfetto:** dirigevo, dirigevi, dirigeva; dirigevamo, dirigevate, dirigevano. **Trapassato prossimo:** avevo diretto, avevi diretto, aveva diretto; avevamo diretto, avevate diretto, avevano diretto. **Passato remoto:** diressi, dirigesti, diresse; dirigemmo, dirigeste, diressero. **Trapassato remoto:** ebbi diretto, avesti diretto, ebbe diretto; avemmo diretto, aveste diretto, ebbero diretto. **Futuro semplice:** dirigerò, dirigerai, dirigerà; dirigeremo, dirigerete, dirigeranno. **Futuro anteriore:** avrò diretto, avrai diretto, avrà diretto; avremo diretto, avrete diretto, avranno diretto. **CONDIZIONALE Presente:** dirigerei, dirigeresti, dirigerebbe; dirigeremmo, dirigereste, dirigerebbero. **Passato:** avrei diretto, avresti diretto, avrebbe diretto; avremmo diretto, avreste diretto, avrebbero diretto. **CONGIUNTIVO Presente:** diriga, diriga, diriga; dirigiamo, dirigiate, dirigano. **Imperfetto:** dirigessi, dirigessi, dirigesse; dirigessimo, dirigeste, dirigessero. **Passato:** abbia diretto, abbia diretto, abbia diretto; abbiamo diretto, abbiate diretto, abbiano diretto. **Trapassato:** avessi diretto, avessi diretto, avesse diretto; avessimo diretto, aveste diretto, avessero diretto. **IMPERATIVO Presente:** dirigi **tu,** diriga **egli;** dirigiamo **noi,** dirigete **voi,** dirigano **essi.**

dirimpetto *(dirimpétto)* adv. y prep. en frente, frente a, por frente.

diritto *(diritto)* adj. recto, derecho. m. derecho.

diroccamento *(diroccaménto)* m. derrocamiento; derribo.

diroccare *(diroccáre)* tr. derrocar, derribar. itr. despeñarse.

dirupato *(dirupáto)* adj. abrupto.

dirupo *(dirúpo)* m. precipicio, despeñadero.

disabitare *(disabitáre)* tr. deshabitar.

disabitato *(disabitáto)* adj. deshabitado.

disaccordo *(disaccórdo)* m. desacuerdo.

disadatto *(disadátto)* adj. inepto, inadecuado.

disaffezione *(disaffedsióne)* f. desafecto, desamor; indiferencia.

disagevole *(disadyévole)* adj. difícil; incómodo.

disagevolezza *(disadyevolétsa)* f. dificultad; incomodidad.

disagiato *(disadyiáto)* adj. incómodo; menesteroso.

disagio *(disádyio)* m. incomodidad; penuria.

disamina *(disámina)* f. examen.

disaminare *(disamináre)* tr. examinar.

disappetenza *(disappeténdsa)* f. inapetencia.

disapprovare *(disapprováre)* tr. desaprobar; censurar; reprobar.

disapprovazione *(disapprovadsióne)* f. desaprobación; censura.

disarmare *(disarmáre)* tr. desarmar.

disarmo *(disármo)* m. desarme.

disarmonia *(disarmonía)* f. discordancia.

disarmonico *(disarmónico)* adj. disonante, desafinado.

disarticolare *(disarticoláre)* tr. desarticular.

disarticolazione *(disarticoladsióne)* f. desarticulación.

disastrare *(disastráre)* tr. perjudicar; arruinar.

disastro *(disástro)* m. desastre.

disattento *(disatténto)* adj. desatento.

disattenzione *(disattendsióne)* f. desatención.

disavanzo *(disavándso)* m. déficit, pérdida.

disavvantaggiarsi *(disavvantatyiársi)* rfl. hallarse en desventaja; perder ventaja.

disavvantaggio *(disavvantatyio)* m. desventaja.

disavventura *(disavventúra)* f. desventura, percance.

disavventurato *(disavventuráto)* adj. desventurado.

disbrigare *(disbrigáre)* tr. desembarazar.

disbrigo *(disbrígo)* m. despacho.

discarica *(discárica)* f. descarga.

discaricare *(discaricáre)* tr. descargar.

discarico *(discárico)* m. descargo.

discendente *(dischendénte)* adj. y m. f. descendiente.

discendenza *(dischendéndsa)* f. descendencia.

discendere *(dischéndere)* itr. descender; descender (por el origen o la raza).

──────── DISCENDERE ────────

INFINITO Presente: discendere. **Passato:** essere o avere disceso. **GERUNDIO Semplice:** discendendo. **Composto:** essendo o avendo disceso. **PARTICIPIO Presente:** discendente. **Passato:** disceso. **IN-**

DICATIVO Presente: io discendo, tu discendi, **egli** discende; **noi** discendiamo, **voi** discendete, **essi** discendono. **Passato prossimo:** sono disceso-a o ho disceso, sei disceso-a o hai disceso, è disceso-a o ha disceso; siamo discesi-e o abbiamo disceso, siete discesi-e o avete disceso, sono discesi-e o hanno disceso. **Imperfetto:** discendevo, discendevi, discendeva; discendevamo, discendevate, discendevano. **Trapassato prossimo:** ero disceso-a o avevo disceso, eri disceso-a o avevi disceso, era disceso-a o aveva disceso; eravamo discesi-e o avevamo disceso, eravate discesi-e o avevate disceso, erano discesi-e o avevano disceso. **Passato remoto:** discesi, discendesti, discese; discendemmo, discendeste, discesero. **Trapassato remoto:** fui disceso-a o ebbi disceso, fosti disceso-a o avesti disceso, fu disceso-a o ebbe disceso; fummo discesi-e o avemmo disceso, foste discesi-e o aveste disceso, furono discesi-e o ebbero disceso. **Futuro semplice:** discenderò, discenderai, discenderà; discenderemo, discenderete, discenderanno. **Futuro anteriore:** sarò disceso-a o avrò disceso, sarai disceso-a o avrai disceso, sarà disceso-a o avrà disceso; saremo discesi-e o avremo disceso, sarete discesi-e o avrete disceso, saranno discesi-e o avranno disceso. **CONDIZIONALE Presente:** discenderei, discenderesti, discenderebbe; discenderemmo, discendereste, discenderebbero. **Passato:** sarei disceso-a o avrei disceso, saresti disceso-a o avresti disceso, sarebbe disceso-a o avrebbe disceso; saremmo discesi-e o avremmo disceso, sareste discesi-e o avreste disceso, sarebbero discesi-e o avrebbero disceso. **CONGIUNTIVO Presente:** discenda, discenda, discenda; discendiamo, discendiate, discendano. **Imperfetto:** discendessi, discendessi, discendesse; discendessimo, discendeste, discendessero. **Passato:** sia disceso-a o abbia disceso, sia disceso-a o abbia disceso, sia disceso-a o abbia disceso; siamo discesi-e o abbiamo disceso, siate discesi-e o abbiate disceso, siano discesi-e o abbiano disceso. **Trapassato:** fossi disceso-a o avessi disceso, fossi disceso-a o avessi disceso, fosse disceso-a o avesse disceso; fossimo discesi-e o avessimo disceso, foste discesi-e o aveste disceso, fossero discesi-e o avessero disceso. **IMPERATIVO Presente:** discendi **tu**, discenda **egli**; discendiamo **noi**, discendete **voi**, discendano **essi**.

discepolo *(dischépolo)* m. discípulo, alumno.

discesa *(dischésa)* f. bajada.

dischiudere *(diskiúdere)* tr. abrir, destapar.

dischiuso *(diskiúso)* adj. abierto.

disciogliere *(dischiólliere)* tr. disolver; soltar.

discioglimento *(dischiolliménto)* m. disolución, desleimiento; desenlace.

disciplina *(dischiplína)* f. disciplina.

disciplinare *(dischiplináre)* tr. disciplinar.

disco *(dísco)* m. disco.

discobolo *(discóbolo)* m. discóbolo.

discolorare *(discoloráre)* tr. desteñir.

discolorarsi *(discolorársi)* rfl. palidecer.

discolpa *(discólpa)* f. disculpa.

discolpare *(discolpáre)* tr. disculpar.

disconoscente *(disconoschénte)* adj. ingrato.

disconoscenza *(disconoschénd\sa)* f. ingratitud.

disconoscere *(disconóschere)* tr. ignorar.

disconoscimento *(disconoschimento)* m. ignorancia.

discordanza *(discordándsa)* f. discordancia.

discordare *(discordáre)* itr. disentir; desafinar.

discorde *(discorde)* adj. discorde; discordante.

discordia *(discórdia)* f. discordia.

discorrere *(discórrere)* itr. discurrir; conversar.

——— DISCORRERE ———

INFINITO Presente: discorrere. **Passato:** avere discorso. **GERUNDIO Semplice:** discorrendo. **Composto:** avendo discorso. **PARTICIPIO Presente:** discorrente. **Passato:** discorso. **INDICATIVO Presente:** io discorro, tu discorri, egli discorre; noi discorriamo, voi discorrete, essi discorrono. **Passato prossimo:** ho discorso, hai discorso, ha discorso; abbiamo discorso, avete discorso, hanno discorso. **Imperfetto:** discorrevo, discorrevi, discorreva; discorrevamo, discorrevate, discorrevano. **Trapassato prossimo:** avevo discorso, avevi discorso, aveva discorso; avevamo discorso, avevate discorso, avevano discorso. **Passato remoto:** discorsi, discorresti, discorse; discorremmo, discorreste, discorsero. **Trapassato remoto:** ebbi discorso, avesti discorso, ebbe discorso; avemmo discorso, aveste discorso, ebbero discorso. **Futuro semplice:** discorrerò, discorrerai, discorrerà; discorreremo, discorrerete, discorreranno. **Futuro anteriore:** avrò discorso, avrai discorso, avrà discorso; avremo discorso, avrete discorso, avranno discorso. **CONDIZIONALE Presente:** discorrerei, discorreresti, discorrerebbe; discorreremmo, discorrereste, discorrerebbero. **Passato:** avrei discorso, avresti discorso, avrebbe discorso; avremmo discorso, avreste discorso, avrebbero discorso. **CONGIUNTIVO Presente:** discorra, discorra, discorra; discorriamo, discorriate, discorrano. **Imperfetto:** discorressi, discorressi, discorresse; discorressimo, discorreste, discorressero. **Passato:** abbia discorso, abbia discorso, abbia discorso; abbiamo discorso, abbiate discorso, abbiano discorso. **Trapassato:** avessi discorso, avessi discorso, avesse discorso; avessimo discorso, aveste discorso, avessero discorso. **IMPERATIVO Presente:** discorri tu, discorra egli; discorriamo noi, discorrete voi, discorrano essi.

discorso *(discórso)* m. discurso; conversación.

discostare *(discostáre)* tr. alejar.

discosto *(discósto)* adj. distante, lejano.

discreditare *(discreditáre)* tr. desacreditar.

discredito *(discrédito)* m. descrédito.

discreto *(discréto)* adj. discreto.

discrezione *(discredsióne)* f. discreción.

discussione *(discussióne)* f. discusión.

discutere *(discútere)* tr. e itr. discutir.

—————— DISCUTERE ——————

INFINITO Presente: discutere. **Passato:** avere discusso. **GERUNDIO Semplice:** discutendo. **Composto:** avendo discusso. **PARTICIPIO Presente:** discutente. **Passato:** discusso. **INDICATIVO Presente: io** discuto, **tu** discuti, **egli** discute; **noi** discutiamo, **voi** discutete, **essi** discutono. **Passato prossimo:** ho discusso, hai discusso, ha discusso; abbiamo discusso, avete dicusso, hanno discusso. **Imperfetto:** discutevo, discutevi, discuteva; discutevamo, discutevate, discutevano. **Trapassato prossimo:** avevo discusso, avevi discusso, aveva discusso; avevamo discusso, avevate discusso, avevano discusso. **Passato remoto:** discussi, discutesti, discusse; discutemmo, discuteste, discussero. **Trapassato remoto:** ebbi discusso, avesti discusso, ebbe discusso; avemmo discusso, eveste discusso, ebbero discusso. **Futuro semplice:** discuterò, discuterai, discuterà; discuteremo, discuterete, discuteranno. **Futuro anteriore:** avrò discusso, avrai discusso, avrà discusso; avremo discusso, avrete discusso, avranno discusso. **CONDIZIONALE Presente:** discuterei, discuteresti, discuterebbe; discuteremmo, discutereste, discuterebbero. **Passato:** avrei discusso, avresti discusso, avrebbe discusso, avremmo discusso, avreste discusso, avrebbero discusso. **CONGIUNTIVO Presente:** discuta, discuta, discuta; discutiamo, discutiate, discutano. **Imperfetto:** discutessi, discutessi, discutesse; discutessimo, discuteste, discutessero. **Passato:** abbia discusso, abbia discusso, abbia discusso; abbiamo discusso, abbiate discusso, abbiano discusso. **Trapassato:** avessi discusso, avessi discusso, avesse discusso; avessimo discusso, aveste discusso, avessero discusso. **IMPERATIVO Presente:** discuti **tu,** discuta **egli;** discutiamo **noi,** discutete **voi,** discutano **essi.**

disdegnare *(disdeñáre)* tr. desdeñar.
disdegno *(disdéño)* m. desdén.
disdegnoso *(disdeñóso)* adj. desdeñoso.
disdetta *(disdétta)* f. desgracia, desdicha.
disdetto *(disdétto)* adj. desdicho.
disdire *(disdíre)* tr. desdecir, retractar.

disdirsi *(disdírsi)* rfl. retractarse.
diseccare *(diseccáre)* tr. desecar, secar.
diseccazione *(diseccadsióne)* f. desecación.
disegnare *(diseñáre)* tr. diseñar, dibujar.
disegno *(diseño)* m. diseño, dibujo.
diseguale *(diseguále)* adj. desigual.
disertamento *(disertaménto)* m. deserción; devastación.
disertare *(disertáre)* itr. desertar. tr. devastar; abandonar.
disfare *(disfáre)* tr. deshacer; destruir.
disfatta *(disfátta)* f. derrota.
disgrazia *(disgrádsia)* f. desgracia, desdicha.
disgregare *(disgregáre)* tr. disgregar.
disgregazione *(disgregadsióne)* f. disgregación.
disgustare *(disgustáre)* tr. disgustar.
disgustevole *(disgustévole)* adj. desagradable.
disgusto *(disgústo)* m. disgusto.
disilludere *(disil-lúdere)* tr. desilusionar, desengañar.
disillusione *(disil-lusióne)* f. desilusión.
disimpegnare *(disimpeñáre)* tr. desempeñar; desembarazar; librar, exonerar.
disinfettare *(disinfettáre)* tr. desinfectar.
disinfezione *(disinfedsióne)* f. desinfección.
disingannare *(disingannáre)* tr. desengañar.
disinganno *(disingánno)* m. desengaño. [infiel.
disleale *(disleále)* adj. desleal,
dislocare *(dislocáre)* tr. trasladar; desplazar.
dislogazione *(dislogadsióne)* f. dislocación.

dismisura *(dismisúra)* f. desmesura.

dismisurato *(dismisuráto)* adj. desmesurado.

disoccupare *(disoccupáre)* tr. desocupar.

disoccupato *(disoccupáto)* adj. desocupado, ocioso.

disoccupazione *(disoccupadsióne)* f. ociosidad; desempleo.

disonestà *(disonestá)* f. deshonestidad.

disonesto *(disonésto)* adj. deshonesto.

disonorare *(disonoráre)* tr. deshonrar. [nor.

disonore *(disonóre)* m. desho-

disopra *(disópra)* adv. sobre, arriba, encima. adj. superior. m. la parte superior.

disordinare *(disordináre)* tr. desordenar.

disordine *(disórdine)* m. desorden.

disotto *(disótto)* adv. abajo, debajo. adj. inferior. m. la parte inferior. **al — di** menos que.

dispaccio *(dispátchio)* m. despacho.

disparere *(disparére)* m. discrepancia.

dispari *(díspari)* adj. dispar, desigual.

disparire *(disparíre)* itr. desaparecer.

disparità *(disparitá)* f. disparidad.

disparizione *(disparidsióne)* f. desaparición.

disparte *(dispárte)* adv. a parte, a un lado. **in —** aparte, separadamente.

dispartire *(dispartíre)* tr. separar; dividir.

dispendio *(dispéndio)* m. dispendio.

dispensa *(dispénsa)* f. despensa; dispensa; distribución.

dispensare *(dispensáre)* tr. dispensar; distribuir.

dispensazione *(dispensadsióne)* f. distribución; dispensa, absolución.

disperare *(disperáre)* itr. desesperar, impacientarse.

disperato *(disperáto)* adj. desesperado; (med.) desahuciado.

DISPORRE

INFINITO Presente: disporre. **Passato:** avere disposto. **GERUNDIO Semplice:** disponendo. **Composto:** avendo disposto. **PARTICIPIO Presente:** disponente. **Passato:** disposto. **INDICATIVO Presente:** io dispongo, tu disponi egli dispone; noi disponiamo, voi disponete, essi dispongono. **Passato prossimo:** ho disposto, hai disposto, ha disposto; abbiamo disposto, avete disposto, hanno disposto. **Imperfetto:** disponevo, disponevi, disponeva; disponevamo, disponevate, disponevano. **Trapassato prossimo:** avevo disposto, avevi disposto, aveva disposto; avevamo disposto, avevate disposto, avevano disposto. **Passato remoto:** disposi, disponesti, dispose; disponemmo, disponeste, disposero. **Trapassato remoto:** ebbi disposto, avesti disposto, ebbe disposto; avemmo disposto, aveste disposto, ebbero disposto. **Futuro semplice:** disporrò, disporrai, disporrà; disporremo, disporrete, disporranno. **Futuro anteriore:** avrò disposto, avrai disposto, avrà disposto; avremo disposto, avrete disposto, avranno disposto. **CONDIZIONALE presente:** disporrei, disporresti, disporrebbe; disporremmo, disporreste, disporrebbero. **Passato:** avrei disposto, avresti disposto, avrebbe disposto; avremmo disposto, avreste disposto, avrebbero disposto. **CONGIUNTIVO Presente:** disponga, disponga, disponga; disponiamo, disponiate, dispongano. **Imperfetto:** disponessi, disponesse, disponesse. **Passato:** abbia disposto, abbia disposto, abbia disposto; abbiamo disposto, abbiate disposto, abbiano disposto. **Trapassato:** avessi disposto, avessi disposto, avesse disposto; avessimo disposto, aveste disposto, avessero disposto. **IMPERATIVO presente:** disponi tu, disponga egli; disponiamo noi, disponete voi, dispongano essi.

dissidenza *(dissidéndsa)* f. disidencia.
dissimile *(dissímile)* adj. diferente, disímil.
dissimulare *(dissimuláre)* tr. disimular; ocultar.
dissimulazione *(dissimuladsióne)* f. disimulación, disimulo.
dissipare *(dissipáre)* tr. disipar, derrochar.
dissipazione *(dissipadsióne)* f. disipación.
dissolubile *(dissolúbile)* adj. disoluble.
dissoluzione *(dissoludsióne)* f. disolución.
dissolvente *(dissolvénte)* adj. y m. disolvente.
dissolvere *(dissólvere)* tr. disolver, dispersar (reunión, manifestación, etc.).
dissolversi *(dissólversi)* rfl. disolverse, desleírse.
dissomigliante *(dissomilliánte)* adj. disímil.
dissonante *(dissonánte)* adj. disonante, discordante.
dissonanza *(dissonándsa)* f. disonancia.
dissonare *(dissonáre)* tr. disonar.
dissuadere *(dissuadére)* tr. disuadir.
dissuasione *(dissuasióne)* f. disuasión.
distaccamento *(distaccaménto)* m. (mil.) destacamento; desapego.
distaccare *(distaccáre)* tr. desprender; (mil.) destacar soldados; separar.
distaccarsi *(distaccársi)* rfl. despegarse; destacarse.
distacco *(distácco)* m. desapego.
distante *(distánte)* adj. distante.
distanza *(distándsa)* f. distancia, lejanía.
distare *(distáre)* itr. distar.

disperazione *(disperadsióne)* f. desesperación.
disperdere *(dispérdere)* dispersar; disipar; destruir.
disperdersi *(dispérdersi)* rfl. dispersarse.
dispersione *(dispersióne)* f. dispersión; (técn.) difusión.
dispetto *(dispétto)* m. despecho; menosprecio.
dispiacente *(dispiachénte)* adj. displicente. **sono —** siento.
dispiacere *(dispiachére)* itr. desagradar. m. disgusto, desagrado.
dispiacevole *(dispiachévole)* adj. displicente; desagradable. [disponible.
disponibile *(disponíbile)* adj.
disporre *(dispórre)* tr. disponer; preparar, prescribir.
disposizione *(disposidsióne)* f. disposición; mandato; colocación, distribución.
disposto *(dispósto)* adj. dispuesto, preparado.
dispotico *(dispótico)* adj. despótico.
disprezzare *(dispretsáre)* tr. despreciar.
disprezzo *(disprétso)* m. desprecio.
disputa *(dispúta)* f. disputa; discusión.
disputare *(disputáre)* tr. disputar.
dissenteria *(dissentería)* f. (med.) disentería.
dissertare *(dissertáre)* itr. disertar.
dissertazione *(dissertadsióne)* f. disertación.
dissetare *(dissetáre)* tr. apagar la sed, refrigerar.
dissidente *(dissidénte)* adj. disidente.

distendere *(disténdere)* tr. extender.

distendersi *(disténdersi)* rfl. extenderse.

distensione *(distensióne)* f. extensión.

distesa *(distésa)* f. extensión; hilera.

distinguere *(distínguere)* tr. distinguir.

distinguersi *(distíngüersi)* rfl. distinguirse.

distinta *(distínta)* f. lista, nota; minuta.

distintivo *(distintívo)* adj. distintivo, característico. m. distintivo; condecoración.

──────── **DISSOLVERE** ────────

INFINITO Presente: dissolvere. **Passato:** avere dissolto. **GERUNDIO Semplice:** dissolvendo. **Composto:** avendo dissolto. **PARTICIPIO Presente:** dissolvente. **Passato:** dissolto o dissoluto. **INDICATIVO Presente:** io dissolvo, tu dissolvi, **egli** dissolve; **noi** dissolviamo, **voi** dissolvete, **essi** dissolvono. **Passato prossimo:** ho dissolto, hai dissolto, ha dissolto; abbiamo dissolto, avete dissolto, hanno dissolto. **Imperfetto:** dissolvevo, dissolvevi, dissolveva; dissolvevamo, dissolvevate, dissolvevano. **Trapassato prossimo:** avevo dissolto, avevi dissolto, aveva dissolto; avevamo dissolto, avevate dissolto, avevano dissolto. **Passato remoto:** dissolsi o dissolvei o dissolvetti, dissolvesti, dissolse o dissolvé o dissolvette; dissolvemmo, dissolveste, dissolverono o dissolvettero. **Trapassato remoto:** ebbi dissolto, avesti dissolto, ebbe dissolto; avemmo dissolto, aveste dissolto, ebbero dissolto. **Futuro semplice:** dissolverò, dissolverai, dissolverà; dissolveremo, dissolverete, dissolveranno. **Futuro anteriore:** avrò dissolto, avrai dissolto, avrà dissolto; avremo dissolto, avrete dissolto, avranno dissolto. **CONDIZIONALE Presente:** dissolverei, dissolveresti, dissolverebbe; dissolveremmo, dissolvereste, dissolverebbero. **Passato:** avrei dissolto, avresti dissolto, avrebbe dissolto; avremmo dissolto, avreste dissolto, avrebbero dissolto. **CONGIUNTIVO Presente:** dissolva, dissolva, dissolva; dissolviamo, dissolviate, dissolvano. **Imperfetto:** dissolvessi, dissolvessi, dissolvesse; dissolvessimo, dissolveste, diolvessero. **Passato:** abbia dissolto, abbia dissolto, abbia dissolto; abbiamo dissolto, abbiate dissolto, abbiano dissolto. **Trapassato:** avessi dissolto, avessi dissolto, avesse dissolto; avessimo dissolto, aveste dissolto, avessero dissolto. **IMPERATIVO Presente:** dissolvi **tu**, dissolva **egli**; dissolviamo **noi**, dissolvete **voi**, dissolvano **essi**.

──────── **DISSUADERE** ────────

INFINITO Presente: dissuadere. **Passato:** avere dissuaso. **GERUNDIO Semplice:** dissuadendo. **Composto:** avendo dissuaso. **PARTICIPIO Presente:** dissuadente. **Passato:** dissuaso. **INDICATIVO Presente:** io dissuado, tu dissuadi, **egli** dissuade; **noi** dissuadiamo, **voi** dissuadete, **essi** dissuadono **Passato prossimo:** ho dissuaso, hai dissuaso, ha dissuaso; abbiamo dissuaso, avete dissuaso, hanno dissuaso. **Imperfetto:** dissuadevo, dissuadevi, dissuadeva; dissuadevamo, dissuadevate, dissuadevano. **Trapassato prossimo:** avevo dissuaso, avevi dissuaso, aveva dissuaso; avevamo dissuaso, avevate dissuaso, avevano dissuaso. **Passato remoto:** dissuasi, dissuadesti, dissuase; dissuademmo, dissuadeste, dissuadesero. **Trapassato remoto:** ebbi dissuaso, avesti dissuaso, ebbe dissuaso; avemmo dissuaso, aveste dissuaso, ebbero dissuaso. **Futuro semplice:** dissuaderò, dissuaderai, dissuaderà; dissuaderemo, dissuaderete, dissuaderanno. **Futuro anteriore:** avrò dissuaso, avrai dissuaso, avrà dissuaso; avremo dissuaso, avrete dissuaso, avranno dissuaso. **CONDIZIONALE Presente:** dissuaderei, dissuaderesti, dissuaderebbe; dissuaderemmo, dissuadereste, dissuaderebbero. **Passato:** avrei dissuaso, avresti dissuaso, avrebbe dissuaso; avremmo dissuaso, avreste dissuaso, avrebbero dissuaso. **CONGIUNTIVO Presente:** dissuada, dissuada, dissuada; dissuadiamo, dissuadiate, dissuadano. **Imperfetto:** dissuadessi, dissuadessi, dissuadesse; dissuadessimo, dissuadeste, dissuadessero. **Passato:** abbia dissuaso, abbia dissuaso, abbia dissuaso; abbiamo dissuaso, abbiate dissuaso, abbiano dissuaso. **Trapassato:** avessi dissuaso, avessi dissuaso, avesse dissuaso; avessimo dissuaso, aveste dissuaso, avessero dissuaso. **IMPERATIVO Presente:** dissuadi **tu**, dissuada **egli**; dissuadiamo **noi**, dissuadete **voi**, dissuadano **essi**.

distretto *(distrétto)* m. distrito;
(mil.) región.
distribuire *(distribuíre)* tr. distribuir.
distribuzione *(distribudsióne)*
f. distribución.
distruggere *(distrútyere)* tr.
destruir, disipar.

—————— DISTINGUERE ——————

INFINITO Presente: distinguere. **Passato:** avere distinto. **GERUNDIO Semplice:**
distinguendo. **Composto:** avendo distinto.
PARTICIPIO Presente: distinguente. **Passato:** distinto. **INDICATIVO Presente: io**
distinguo, **tu** distingui, **egli** distingue; **noi**
distinguiamo, **voi** distinguete, **essi** distinguono. **Passato prossimo:** ho distinto, hai
distinto, ha distinto; abbiamo distinto,
avete distinto, hanno distinto. **Imperfetto:**
distinguevo, distinguevi, distingueva; di-
stinguevamo, distinguevate, distinguevano.
Trapassato prossimo: avevo distinto, avevi distinto, aveva distinto; avevamo distinto, avevate distinto, avevano distinto.
Passato remoto: distinsi, distinguesti, di-
stinse; distinguemmo, distingueste, distin-
sero. **Trapassato remoto:** ebbi distinto,
avesti distinto, ebbe distinto; avemmo
distinto, aveste distinto, ebbero distinto.
Futuro semplice: distinguerò, distinguerai,
distinguerà; distingueremo, distinguerete,
distingueranno. **Futuro anteriore:** avrò
distinto, avrai distinto, avrà distinto;
avremo distinto, avrete distinto, avranno
distinto. **CONDIZIONALE Presente:** di-
stinguerei, distingueresti, distinguerebbe;
distingueremmo, distinguereste, distingue-
rebbero. **Passato:** avrei distinto, avresti
distinto, avrebbe distinto; avremmo distinto, avreste distinto, avrebbero distinto.
CONGIUNTIVO Presente: distingua, distingua, distingua; distinguiamo, distin-
guiate, distinguano. **Imperfetto:** distinguessi, distinguessi, distinguesse; distin-
guessimo, distingueste, distinguessero.
Passato: abbia distinto, abbia distinto, abbia distinto; abbiamo distinto, abbiate
distinto, abbiano distinto. **Trapassato:**
avessi distinto, avessi distinto, avesse distinto; avessimo distinto, aveste distinto,
avessero distinto. **IMPERATIVO Presen-
te:** distingui **tu,** distingua **egli;** distinguiamo **noi,** distinguete, **voi,** distinguano **essi.**

—————— DISTRUGGERE ——————

INFINITO Presente: distruggere. **Passato:** avere distrutto. **GERUNDIO Semplice:** distruggendo. **Composto:** avendo distrutto. **PARTICIPIO Presente:** distrug-
gente. **Passato:** distrutto. **INDICATIVO
Presente: io** distruggo, **tu** distruggi, **egli**
distrugge; **noi** distruggiamo, **voi** distrugge-
te, **essi** distruggono. **Passato prossimo:** ho
distrutto, hai distrutto, ha distrutto; abbiamo distrutto, avete distrutto, hanno
distrutto. **Imperfetto:** distruggevo, di-
struggevi, distruggeva; distruggevamo, di-
struggevate, distruggevano. **Trapassato
prossimo:** avevo distrutto, avevi distrutto,
aveva distrutto; avevamo distrutto, avevate distrutto, avevano distrutto. **Passato
remoto:** distrussi, distruggesti, distrusse;
distruggemmo, distruggeste, distrussero.
Trapassato remoto: ebbi distrutto, avesti
distrutto, ebbe distrutto; avemmo distrutto, aveste distrutto, ebbero distrutto. **Futuro semplice:** distruggerò, distruggerai,
distruggerà; distruggeremo, distruggerete,
distruggeranno. **Futuro anteriore:** avrò
distrutto, avrai distrutto, avrà distrutto;
avremo distrutto, avrete distrutto, avranno distrutto. **CONDIZIONALE Presente:**
distruggerei, distruggeresti, distruggereb-
be; distruggeremmo, distruggereste, di-
struggerebbero. **Passato:** avrei distrutto
avresti distrutto, avrebbe distrutto; avremmo distrutto, avreste distrutto, avrebbero
distrutto. **CONGIUNTIVO Presente:** distrugga, distrugga, distrugga; distruggiamo, distruggiate, distruggano. **Imperfetto:**
distruggessi, distruggessi, distruggesse;
distruggessimo, distruggeste, distruggesse-
ro **Passato:** abbia distrutto, abbia distrutto, abbia distrutto; abbiamo distrutto, abbiate distrutto, abbiano distrutto.
Trapassato: avessi distrutto, avessi distrutto, avesse distrutto; avessimo distrutto,
aveste distrutto, avessero distrutto. **IM-
PERATIVO Presente:** distruggi **tu,** distrugga **egli;** distruggiamo **noi,** distrug-
gete **voi,** distruggano **essi.**

distinto *(distínto)* adj. distinto;
distinguido.
distinzione *(distindsióne)* f.
distinción.
distrarre *(distrárre)* tr. distraer; divertir.
distratto *(distrátto)* adj. distraido; absorto.
distrazione *(distradsióne)* f.
distracción; diversión.

distruggitore *(distrutyitóre)*
adj. y m. destructor.
distruttore *(distruttóre)* adj. y
m. destructor.

distruzione *(distrudsióne)* f. destrucción.

disturbare *(disturbáre)* tr. perturbar, disturbar; distraer, interrumpir.

disturbo *(distúrbo)* m. disturbio; estorbo, molestia. **— di salute** indisposición, enfermedad leve. **grave —** molestia.

disubbidiente *(disubbidiénte)* adj. desobediente.

disubbidienza *(disubbidiéndsa)* f. desobediencia.

disubbidire *(disubbidíre)* tr. desobedecer.

disuguaglianza *(disigualliándsa)* f. desigualdad, diferencia.

disuguale *(disiguále)* adj. desigual.

disugualità *(disigualitá)* f. desigualdad.

disunione *(disunióne)* f. desunión.   [separar.

disunire *(disuníre)* tr. desunir.

disusato *(disusáto)* adj. inusitado, desacostumbrado.

disutile *(disútile)* adj. inútil.

ditale *(ditále)* m. dedal.

dito *(díto)* m. dedo.

ditta *(dítta)* f. (com.) casa, empresa, firma.

divagamento *(divagaménto)* m. divagación.

divagare *(divagáre)* itr. divagar.

divenire, tare *(diveníre, diventáre)* itr. hacerse, convertirse en.

divergenza *(diverdyéndsa)* f. divergencia.

divergere *(divérdyere)* itr. divergir.

diversione *(diversióne)* f. (mil.) diversión; desviación.

diverso *(divérso)* adj. diverso.

divertimento *(divertiménto)* m. diversión.

divertirsi *(divertírsi)* rfl. divertirse.

——————— **DIVIDERE** ———————

INFINITO **Presente:** dividere. **Passato:** avere diviso. GERUNDIO **Semplice:** dividendo. **Composto:** avendo diviso. PARTICIPIO **Presente:** dividente. **Passato:** diviso. INDICATIVO **Presente:** io divido, **tu** dividi, **egli** divide, **noi** dividiamo, **voi** dividete, **essi** dividono. **Passato prossimo:** ho diviso, hai diviso, ha diviso; abbiamo diviso, avete diviso, hanno diviso. **Imperfetto:** dividevo, dividevi, divideva; dividevamo, dividevate, dividevano. **Trapassato prossimo:** avevo diviso, avevi diviso, aveva diviso; avevamo diviso, avevate diviso, avevano diviso. **Passato remoto:** divisi, dividesti, divise; dividemmo, divideste, divisero. **Trapassato remoto:** ebbi diviso, avesti diviso, ebbe diviso; avemmo diviso, aveste diviso, ebbero diviso. **Futuro semplice:** dividerò, dividerai, dividerà; divideremo, dividerete, divideranno. **Futuro anteriore:** avrò diviso, avrai diviso, avrà diviso; avremo diviso, avrete diviso, avranno diviso. CONDIZIONALE **Presente:** dividerei, divideresti, dividerebbe; divideremmo, dividereste, dividerebbero. **Passato:** avrei diviso, avresti diviso, avrebbe diviso; avremmo diviso, avreste diviso, avrebbero diviso. CONGIUNTIVO **Presente:** divida, divida, divida; dividiamo, dividiate, dividano. **Imperfetto:** dividessi, dividessi, dividesse; dividessimo, divideste, dividessero. **Passato:** abbia diviso, abbia diviso, abbia diviso; abbiamo diviso, abbiate diviso, abbiano diviso. **Trapassato:** avessi diviso, avessi diviso, avesse diviso; avessimo diviso, aveste diviso, avessero diviso. IMPERATIVO **Presente:** dividi **tu,** divida **egli;** dividiamo **noi,** dividete, **voi,** dividano **essi.**

———————————————

dividere *(divídere)* tr. dividir, partir; repartir.

divieto *(diviéto)* m. prohibición.

divinare *(divináre)* tr. adivinar.

divinatore *(divinatóre)* m. adivino.

divinazione *(divinadsione)* f. adivinación.

divinità *(divinitá)* f. divinidad.

divinizzare *(divinitsáre)* tr. divinizar.

divino *(divíno)* adj. divino.

divisa *(divísa)* f. divisa, lema; uniforme.   [sible.
divisibile *(divisíbile)* adj. divi-
divisione *(divisióne)* f. división.
divorare *(divoráre)* tr. devo-rar.
divorziarsi *(divordsiársi)* rfl. di-vorciarse.
divorzio *(divórdsio)* m. divor-cio.
divoto *(divóto)* adj. devoto.
divozione *(divodsióne)* f. devo-ción.
divulgamento *(divulgamento)* m. divulgación, difusión.
divulgare *(divulgáre)* tr. divul-gar, difundir.
dizionario *(didsionário)* m. dic-cionario.
doccia *(dótchia)* f. ducha; ca-nalón.
docciare *(dotchiáre)* tr. duchar.
docciarsi *(dotchiársi)* rfl. tomar una ducha.
docciatura *(dotchiatúra)* f. du-cha.
docente *(dochénte)* adj. docen-te. m. profesor, maestro.
docile *(dóchile)* adj. dócil.
documentare *(documentáre)* tr. documentar.
documento *(documénto)* m. do-cumento.
dogana *(dogána)* f. aduana.
doganale *(doganále)* adj. adua-nero.
doganiere *(doganiére)* m. adua-nero.
doglia *(dóllia)* f. dolor; pena, aflicción.
doglianza *(dolliándsa)* f. dolen-cia; lamento.
dolce *(dólche)* adj. dulce; (fig.) suave. m. dulce.
dolci *(dólchi)* m. pl. dulces.
dolcezza *(dolchétsa)* f. dulzu-ra; (fig.) suavidad.

dolcificare *(dolchificáre)* tr dulcificar.
dolciumi *(dolchiúmi)* m. pl. dul ces.
dolente *(dolente)* adj. doliente triste.
dolere *(dolére)* itr. doler.
dolersi *(dolérsi)* rfl. dolerse (fig.) arrepentirse.

——————— **DOLERSI** ———————

INFINITO Presente: dolersi. **Passato:** es sersi doluto. **GERUNDIO Semplice:** do lendosi. **Composto:** essendosi doluto **PARTICIPIO Presente:** dolentesi. **Passa** to: dolutosi. **INDICATIVO Presente: i** mi dolgo, **tu ti duoli, egli si duole; no** ci dogliamo, **voi vi dolete, essi si dolgo** no. **Passato prossimo:** mi sono doluto-a ti sei doluto-a, si è doluto-a; ci siamo do luti-e, vi siete doluti-e, si sono doluti-e **Imperfetto:** mi dolevi, ti dolevi, si dole va; ci dolevamo, vi dolevate, si dolevano **Trapassato prossimo:** mi ero doluto-a, **t** eri doluto-a, si era doluto-a; ci eravam doluti-e, vi eravate doluti-e, si erano do luti-e. **Passato remoto:** mi dolsi, ti dole sti, si dolse; ci dolemmo, vi doleste, **s** dolsero. **Trapassato remoto:** mi fui do luto-a, ti fosti doluto-a, si fu doluto-a; **e** fummo doluti-e, vi foste doluti-e, si fu rono doluti-e. **Futuro semplice:** mi dorrè ti dorrai, si dorrà; ci dorremo, vi dorrete si dorranno. **Futuro anteriore:** mi sarò do to-a, ti sarai doluto-a, si sarà doluto-a ci saremo doluti-e, vi sarete doluti-e, **s** saranno doluti-e. **CONDIZIONALE Pre** **sente:** mi dorrei, ti dorresti, si dorrebbe ci dorremmo, vi dorreste, si dorrebbero **Passato:** mi sarei doluto-a, ti saresti do luto-a, si sarebbe doluto-a; ci saremm doluti-e, vi sareste doluti-e, si sarebber doluti-e. **CONGIUNTIVO Presente: m** dolga, ti dolga, si dolga; ci dogliamo, **v** dogliete, si dolgono. **Imperfetto:** mi do lessi, ti dolessi, si dolesse; ci dolessimo vi doleste, si dolessero. **Passato:** mi si doluto-a, ti sia doluto-a, si sia doluto-a ci siamo doluti-e, vi siate doluti-e, **s** siano doluti-e. **Trapassato:** mi fossi do luto-a, ti fossi doluto-a, si fosse doluto-a ci fossimo doluti-e, vi foste doluti-e, **s** fossero doluti-e. **IMPERATIVO Presente** duoliti **tu,** si dolga **egli;** dogliamoci **no** doletevi **voi,** si dolgano **essi.**

dolore *(dolóre)* m. dolor.
doloroso *(doloróso)* adj. dol roso.   [da; pregunta
domanda *(dománda)* f. deman
domandare *(domandáre)* t preguntar, pedir.

ɔmani *(dománi)* adv. mañana.
— **l'altro** pasado mañana. —
a otto de mañana en ocho
(días). — **sera** mañana por
la tarde (o por la noche). **a**
— hasta mañana.

ɔmare *(domáre)* tr. domar,
domesticar.

ɔmatore *(domatóre)* m. domador.

ɔmattina *(domattína)* adv. mañana por la mañana.

ɔmenica *(doménica)* f. domingo.

ɔmestica *(doméstica)* f. criada, muchacha (de servicio).

ɔmesticare *(domesticáre)* tr.
domesticar.

ɔmestico *(doméstico)* adj. doméstico. m. criado.

ɔminare *(domináre)* tr. dominar.

ɔminio *(domínio)* m. dominio.

ɔnare *(donáre)* tr. dar, donar.

ɔnazione *(donadsióne)* f. donación.

ɔnde *(dónde)* adv. donde;
adonde, de donde.

ɔndola *(dóndola)* f. mecedora.

ɔndolamento *(dondolaménto)*
m. bamboleo.

ɔndolare *(dondoláre)* tr. balancear los brazos, la cabeza, el cuerpo; columpiar,
mecer. itr. oscilar.

donna *(dónna)* f. mujer; señora; esposa.

donnaiolo *(donnaiólo)* m. mujeriego.

dono *(dóno)* m. regalo.

donzella *(dondsél-la)* f. doncella, señorita; camarera.

donzello *(dondsél-lo)* m. doncel.

dopo *(dópo)* adv. después, luego. — **che** después que.

dopodomani *(dopodománi)*
adv. pasado mañana.

dopoguerra *(dopoguérra)* f.
postguerra.

doppiare *(doppiare)* tr. doblar.

doppio *(dóppio)* m. doble.

dormicchiare *(dormikkiáre)*
itr. dormitar.

dormire *(dormíre)* itr. dormir.

dormitorio *(dormitório)* m.
dormitorio para muchas personas.

dormiveglia *(dormivéllia)* f.
duermevela.

dorsale *(dorsále)* adj. dorsal.

─────── DOVERE ───────

INFINITO Presente: dovere. **Passato:** ere dovuto. **GERUNDIO Semplice:** do-ndo. **Composto:** avendo dovuto. **PAR-CIPIO Passato:** dovuto. **INDICATIVO** esente: io devo o debbo, tu devi, egli ve; noi dobbiamo voi dovete, essi de-no o debbono. **Passato prossimo:** ho vuto, hai dovuto, ha dovuto; abbiamo vuto, avete dovuto, hanno dovuto. **Im-rfetto:** dovevo, dovevi, doveva; dove-mo, dovevate, dovevano. **Trapassato** ossimo: avevo dovuto, avevi dovuto, eva dovuto; avevamo dovuto, avevate vuto, avevano dovuto. **Passato remoto:** vei o dovetti, dovesti, dové o dovet-dovemmo, doveste, doverono o dovet-o. **Trapassato remoto:** ebbi dovuto, esti dovuto, ebbe dovuto; avemmo vuto, aveste dovuto, ebbero dovuto. **turo semplice:** dovrò, dovrai, dovrà;

dovremo, dovrete, dovranno. **Futuro an-teriore:** avrò dovuto, avrai dovuto, avrà dovuto; avremo dovuto, avrete dovuto, avranno dovuto. **CONDIZIONALE Pre-sente:** dovrei, dovresti, dovrebbe; dovrem-mo, dovreste, dovrebbero. **Passato:** avrei dovuto, avresti dovuto, avrebbe dovuto; avremmo dovuto, avreste dovuto, avreb-bero dovuto. **CONGIUNTIVO Presente:** debba o deva, debba o deva, debba o deva; dobbiamo, dobbiate, debbano o de-vano. **Imperfetto:** dovessi, dovessi, doves-se; dovessimo, dovesse, dovessero. **Pas-sato:** abbia dovuto, abbia dovuto, abbia dovuto; abbiamo dovuto, abbiate dovuto, abbiano dovuto. **Trapassato:** avessi do-vuto, avessi dovuto, avesse dovuto; aves-simo dovuto, aveste dovuto, avessero do-vuto.

dorso *(dórso)* m. dorso.
dose *(dóse)* f. dosis.
dosso *(dósso)* m. dorso.
dotare *(dotáre)* tr. dotar.
dotazione *(dotadsióne)* f. dotación.
dote *(dóte)* f. dote.   [bio.
dotto *(dótto)* adj. docto, sabottore *(dottóre)* m. doctor; médico.
dottoressa *(dottoréssa)* f. doctora.
dottrina *(dottrína)* f. doctrina; catecismo.
dove *(dóve)* adv. donde; a donde, de donde, en donde.
dovere *(dovére)* m. deber. tr. deber, adeudar. itr. deber, tener que (hacer algo).
dovizia *(dovídsia)* f. abundancia, riqueza.
dovunque *(dovúncue)* adj. donde quiera.
dozzina *(dotsína)* f. docena.
dragare *(dragáre)* tr. dragar.
dramma *(drámma)* m. drama.
drammatico *(drammático)* adj. dramático.
drammaturgo *(drammatúrgo)* m. dramaturgo.
droga *(dróga)* f. droga.
drogare *(drogáre)* tr. aderezar con especias; drogar.
drogheria *(droguería)* f. droguería.   [guero.
droghiere *(droguiére)* m. drodubbio *(dúbbio)* m. duda, sospecha, temor. adj. incierto.

dubbioso *(dubbióso)* adj. dudoso, incierto.
dubitante *(dubitánte)* adj. dudoso.
dubitare *(dubitáre)* itr. dudar recelar.
dubitazione *(dubitadsióne)* irresolución, duda.
duca *(dúca)* m. duque.
ducato *(ducáto)* m. ducado.
duchessa *(dukéssa)* f. duquesa.
duce *(dúche)* m. caudillo.
due *(dúe)* adj. y m. dos. a — — de dos en dos.
duellare *(duel-láre)* itr. batirse en duelo.
duellatore *(duel-latóre)* m. duelista; espadachín.
duello *(duél-lo)* m. duelo.
duetto *(duétto)* m. (mús.) dúo
dunque *(dúnkue)* conj. con que, pues, por consiguiente
duomo *(duómo)* m. catedral.
duplicare *(duplicáre)* tr. duplicar.
duplicato *(duplicáto)* adj. duplicado.
duplice *(dúpliche)* adj. doble
duplicità *(duplichitá)* f. duplicidad.
durabile *(durábile)* adj. duradero.
durante *(duránte)* prep. durante, mientras.
durare *(duráre)* itr. durar, continuar. tr. soportar.
durata *(duráta)* f. duración.
durezza *(durétsa)* f. dureza aspereza.
duro *(dúro)* adj. duro, sólido arduo, severo.
duttile *(dúttile)* adj. ductil.

ebanista *(ebanísta)* m. ebanista.

ebano *(ébano)* m. ébano.

ebbene *(ebbéne)* conj. y bien, pues bien.

ebbrezza *(ebbrétsa)* f. embriaguez.

ebbrietà *(ebbrietá)* f. embriaguez.

ebbro *(ébbro)* adj. ebrio, borracho.

ebollizione *(ebol-lidsione)* f. ebullición.

ebraico *(ebráico)* adj. y m. hebreo.

eccedenza *(etchedéndsa)* f. exceso, excedencia.

eccedente *(etchedénte)* adj. y m. excedente.

eccedere *(etchédere)* tr. e itr. exceder; (fig.) extralimitarse.

--------- **ECCELLERE** ---------

INFINITO Presente: eccellere. **Passato:** avere eccelso. **GERUNDIO Semplice:** eccellendo. **Composto:** avendo eccelso. **PARTICIPIO Presente:** eccellente. **Passato:** eccelso. **INDICATIVO Presente:** io eccello, tu eccelli, egli eccelle; noi eccelliamo, voi eccellete, essi eccellono. **Passato prossimo:** ho eccelso, hai eccelso, ha eccelso; abbiamo eccelso, avete eccelso, hanno eccelso. **Imperfetto:** eccellevo, eccellevi, eccelleva; eccellevamo, eccellevate, eccellevano. **Trapassato prossimo:** avevo eccelso, avevi eccelso, aveva eccelso; avevamo eccelso, avevate eccelso, avevano eccelso. **Passato remoto:** eccelsi, eccellesti, eccelse; eccellemmo, eccelleste, eccelsero. **Trapassato remoto:** ebbi eccelso, avesti eccelso, ebbe eccelso; avemmo eccelso, aveste eccelso, ebbero eccelso. **Futuro semplice:** eccellerò, eccellerai, eccellerà; eccelleremo, eccellerete, eccelleranno. **Futuro anteriore:** avrò eccelso, avrai eccelso, avrà eccelso; avremo eccelso, avrete eccelso, avranno eccelso. **CONDIZIONALE Presente:** eccellerei, eccelleresti, eccellerebbe; eccelleremmo, eccellereste, eccellerebbero. **Passato:** avrei eccelso, avresti eccelso, avrebbe eccelso; avremmo eccelso, avreste eccelso, avrebbero eccelso. **CONGIUNTIVO Presente:** eccella, eccella, eccella; eccelliamo, eccelliate, eccellano. **Imperfetto:** eccellessi, eccellessi, eccellesse; eccellessimo, eccelleste, eccellessero. **Passato:** abbia eccelso, abbia eccelso, abbia eccelso; abbiamo eccelso, abbiate eccelso, abbiano eccelso. **Trapassato:** avessi eccelso, avessi eccelso, avesse eccelso; avessimo eccelso, aveste eccelso, avessero eccelso. **IMPERATIVO Presente:** eccelli tu, eccella egli; eccelliamo noi, eccellete voi, eccellano essi.

editto *(edítto)* m. edicto.
edizione *(edidsióne)* f. edición
educare *(educáre)* tr. educar.
educazione *(educadsióne)* educación.

eccellente *(etchel-lénte)* adj. excelente.
eccellenza *(etchel-léndsa)* f. excelencia. **sua —** su excelencia. **vostra —** vuecencia.
eccellere *(etchél-lere)* intr. sobresalir, superar.
eccessivo *(etchessívo)* adj. excesivo.
eccesso *(etchésso)* m. exceso.
eccetto *(etchétto)* prep. excepto, salvo.
eccettuare *(etchettuáre)* tr. exceptuar.
eccezionale *(etchedsionále)* adj. excepcional.
eccezione *(etchedsióne)* f. excepción.
eccitante *(etchitante)* adj. excitante.
eccitare *(etchitáre)* tr. excitar.
eccitazione *(etchitadsióne)* f. excitación.
ecclesiastico *(ekklesiástico)* adj. y m. eclesiástico.
ecco *(ékko)* adv. aquí, he allí. **—mi** aquí estoy. **— lo** aquí está.
eclissare *(eclissáre)* tr. eclipsar.
eclisse *(eclísse)* m. eclipse.
eco *(éco)* m. eco.
economia *(economía)* f. economía.
economico *(económico)* adj. económico.
economizzare *(economitsáre)* tr. economizar.
ed *(ed)* conj. y, e.
edicola *(edícola)* f. quiosco; nicho.
edificare *(edificáre)* tr. edificar, construir.
edificio *(edifíchio)* m. edificio.
editore *(editóre)* m. editor.
editoriale *(editoriále)* adj. y m. editorial.

effeminare *(effemináre)* t afeminar.
effeminato *(effemináto)* ad afeminado.
effervescente *(efferveschénte* adj. efervescente.
effervescenza *(efferveschéna sa)* f. efervescencia.
effettività *(effettività)* f. efe tividad. [tiv
effettivo *(effettívo)* adj. efe
effetto *(effétto)* m. efecto sensación; título (de la Deu da Pública). **— cambiario** le tra de cambio.
effetti *(effétti)* m. pl. efectos prendas. **— pubblici** valore públicos.
effettuale *(effettuále)* ad efectivo.
effettuare *(effettuáre)* tr. efec tuar, ejecutar.
efficace *(efficáche)* adj. eficaz
efficacia *(efficáchia)* f. efica cia.
egli *(élli)* pron. él.
eglino *(éllino)* pron. ellos.
egoismo *(egoísmo)* m. egoís mo.
egoista *(egoísta)* adj. y m. egoísta.
eguaglianza *(egüalliándsa)* f igualdad.
eguagliare *(egüalliáre)* tr igualar.
eguale *(egüále)* adj. igual.
egualità *(egüalitá)* f. igualdad
ei *(éi)* pron. él.
elaborare *(elaboráre)* tr. ela borar.
elaborazione *(elaboradsióne* f. elaboración.
elasticità *(elastichitá)* f. elas ticidad.
elastico *(elástico)* adj. elástico m. liga.

elegante *(elegánte)* adj. elegante.
eleganza *(elegándsa)* f. elegancia.
eleggere *(elétyere)* tr. elegir.

──────── ELEGGERE ────────

INFINITO Presente: eleggere. **Passato:**
avere eletto. **GERUNDIO Semplice:** eleg-
gendo. **Composto:** avendo eletto. **PARTI-
CIPIO Presente:** eleggente. **Passato:** eletto. **INDICATIVO Presente: io eleggo, tu
eleggi, egli elegge; noi eleggiamo, voi
eleggete, essi eleggono. Passato prossimo:**
ho eletto, hai eletto, ha eletto; abbiamo
eletto, avete eletto, hanno eletto. **Imperfetto:** eleggevo, eleggevi, eleggeva; eleg-
gevamo, eleggevate, eleggevano. **Passato
prossimo:** avevo eletto, avevi eletto, aveva eletto; avevamo eletto, avevate eletto,
avevano eletto. **Passato remoto:** elessi,
eleggesti, elesse; eleggemmo, eleggeste,
elessero. **Trapassato remoto:** ebbi eletto,
avesti eletto, ebbe eletto; avemmo eletto,
aveste eletto, ebbero eletto. **Futuro semplice:** eleggerò, eleggerai, eleggerà; eleg-
geremo, eleggerete, eleggeranno. **Futuro
anteriore:** avrò eletto, avrai eletto, avrà
eletto; avremo eletto, avrete eletto, avranno eletto. **CONDIZIONALE Presente:**
eleggerei, eleggeresti, eleggerebbe; eleg-
geremmo, eleggereste, eleggerebbero. **Passato:** avrei eletto, avresti eletto, avrebbe
eletto; avremmo eletto, avreste eletto,
avrebbero eletto. **CONGIUNTIVO Presente:** elegga, elegga, elegga; eleggiamo,
eleggiate, eleggano. **Imperfetto:** eleggessi,
eleggessi, eleggesse; eleggessimo, eleggeste,
eleggessero. **Passato:** abbia eletto, abbia
eletto, abbia eletto; abbiamo eletto, abbiate eletto, abbiano eletto. **Trapassato:**
avessi eletto, avessi eletto, avesse eletto;
avessimo eletto, aveste eletto, avessero
eletto. **IMPERATIVO Presente:** eleggi tu,
elegga egli; eleggiamo noi, eleggete voi,
eleggano essi.

elementare *(elementáre)* adj.
elemental; fundamental.
elemento *(eleménto)* m. elemento. [mosna.
elemosina *(elemósina)* f. li-
elemosinare *(elemosináre)* tr.
e itr. mendigar.
eletta *(elétta)* f. selección.
eletto *(elétto)* adj. elegido.
elettorale *(elettorále)* adj.
electoral.
elettricista *(elettrichísta)* m.
electricista.

elettricità *(elettrichitá)* f. electricidad.
elettrificare *(elettrificáre)* tr.
electrificar.
elettrico *(eléttrico)* adj. eléctrico.
elettrificazione *(elettrificadsió-
ne)* f. electrificación.
elettrizzare *(elettritsáre)* tr.
electrizar.
elettro *(eléttro)* m. electro.
elettrotecnica *(elettrotécnica)*
f. electrotécnia.
elevare *(eleváre)* tr. elevar.
elevarsi *(elevársi)* rfl. elevarse,
sobresalir.
elevatore *(elevatóre)* adj. elevador. m. ascensor.
elevazione *(elevadsióne)* f. elevación.
elezione *(eledsióne)* f. elección.
elica *(élica)* f. hélice; espiral.
elicottero *(elicóttero)* m. helicóptero.
eliminare *(elimináre)* tr. eliminar.
eliminazione *(eliminadsióne)* f.
eliminación.
elisione *(elidsióne)* f. elisión.

──────── L'elisione ────────

• Cuando una palabra (generalmente
monosílaba) que termina en vocal no
acentuada se encuentra con otra palabra
que empieza por vocal pierde la vocal
final y se une íntimamente a la palabra
siguiente. Esta pérdida de vocal viene
indicada por la colocación de un após-
trofe en su lugar (l'uomo).

• Hay que tener en cuenta que la
consonante final y la vocal siguiente
forman parte de la misma sílaba y por
lo tanto no es correcto poner la elisión
al final de una línea.

• La elisión es obligatoria en los artículos *lo, la, una* (l'uomo, l'anima,
un'anima) y en los adjetivos *bello, bella,
quello, quella, grande, santo, santa*
(bell'uomo, bell'anima, quell'uomo,
quell'anima, grand'anima, Sant'Antonio,
Sant'Anna).

● La elisión es potestativa con la preposición *di* (un po d'aria) y con las partículas pronominales *mi, ti, si, ci, vi*. *Gli* únicamente puede elidirse si la palabra siguiente empieza por *i* (gl'insegnanti). *Ci* y *vi* unicamente pueden elidirse cuando la palabra siguiente empieza por *e* o *i*.

ella *(él-la)* pron. ella; usted.
elmo *(élmo)* m. yelmo.
elogiare *(elotyiáre)* tr. elogiar.
elogio *(elótyio)* m. elogio.
eloquenza *(elokuéndsa)* f. elocuencia.
eloquio *(elókuio)* m. discurso.
eludere *(elúdere)* tr. eludir, evitar.

────── ELUDERE ──────

INFINITO Presente: eludere. **Passato:** avere eluso. **GERUNDIO Semplice:** eludendo. **Composto:** avendo eluso. **PARTICIPIO Presente:** eludente. **Passato:** eluso. **INDICATIVO Presente:** io eludo, tu eludi, egli elude; noi eludiamo, voi eludette, essi eludono. **Passato prossimo:** ho eluso, hai eluso, ha eluso; abbiamo eluso, avete eluso, hanno eluso. **Imperfetto:** eludevo, eludevi, eludeva; eludevamo, eludevate, eludevano. **Trapassato prossimo:** avevo eluso, avevi eluso, aveva eluso; avevamo eluso, avevate eluso, avevano eluso. **Passato remoto:** elusi, eludesti, eluse; eludemmo, eludeste, elusero. **Trapassato remoto:** ebbi eluso, avesti eluso, ebbe eluso; avemmo eluso, aveste eluso, ebbero eluso. **Futuro semplice:** eluderò, eluderai, eluderà; eluderemo, eluderete, eluderanno. **Futuro anteriore:** avrò eluso, avrai eluso, avrà eluso; avremo eluso, avrete eluso, avranno eluso. **CONDIZIONALE Presente:** eluderei, eluderesti, eluderebbe; eluderemmo, eludereste, eluderebbero. **Passato:** avrei eluso, avresti eluso, avrebbe eluso; avremmo eluso, avreste eluso, avrebbero eluso. **CONGIUNTIVO Presente:** eluda, eluda, eluda; eludiamo, eludiate, eludano. **Imperfetto:** eludessi, eludessi, eludesse; eludessimo, eludeste, eludessero. **Passato:** abbia eluso, abbia eluso, abbia eluso; abbiamo eluso, abbiate eluso, abbiano eluso. **Trapassato:** avessi eluso, avessi eluso, avesse eluso; avessimo eluso, aveste eluso, avessero eluso. **IMPERATIVO Presente:** eludi tu, eluda egli; eludiamo noi, eludete voi, eludano essi.

emanare *(emanáre)* itr. y tr. emanar.
emancipare *(emanchipáre)* tr. emancipar.
emanciparsi *(emanchipársi)* rfl. emanciparse.
emancipazione *(emanchipadsióne)* f. emancipación.
embargo *(embárgo)* m. embargo.   [ma.
emblema *(embléma)* m. emble-
emenda *(eménda)* f. enmienda.
emendamento *(emendaménto)* m. ver **emenda**.
emendare *(emendáre)* tr. enmendar.
emergenza *(emerdyéndsa)* f. emergencia.
emergere *(eméryere)* intr. emerger, brotar, surgir; flotar.

────── EMERGERE ──────

INFINITO Presente: emergere. **Passato:** essere emerso. **GERUNDIO Semplice:** emergendo. **Composto:** essendo emerso. **PARTICIPIO Presente:** emergente. **Passato:** emerso. **INDICATIVO Presente:** io emergo, tu emergi, egli emerge; noi emergiamo, voi emergete, essi emergono. **Passato prossimo:** sono emerso-a, sei emerso-a, è emerso-a; siamo emersi-e, siete emersi-e, sono emersi-e. **Imperfetto:** emergevo, emergevi, emergeva; emergevamo, emergevate, emergevano. **Trapassato prossimo:** ero emerso-a, eri emerso-a, era emerso-a; eravamo emersi-e, eravate emersi-e, erano emersi-e. **Passato remoto:** emersi, emergesti, emerse; emergemmo, emergeste, emersero. **Trapassato remoto:** fui emerso-a, fosti emerso-a, fu emerso-a; fummo emersi-e, foste emersi-e, furono emersi-e. **Futuro semplice:** emergerò, emergerai, emergerà; emergeremo, emergerete, emergeranno. **Futuro anteriore:** sarò emerso-a, sarai emerso-a, sarà emerso-a; saremo emersi-e, sarete emersi-e, saranno emersi-e. **CONDIZIONALE Presente:** emergerei, emergeresti, emergerebbe; emergeremmo, emergereste, emergerebbero. **Passato:** sarei emerso-a, saresti emerso-a, sarebbe emerso-a; saremmo emersi-e, sareste emersi-e, sarebbero emersi-e. **CONGIUNTIVO Presente:** emerga, emerga, emerga; emergiamo, emergiate, emergano. **Imperfetto:** emergessi, emergessi, emergesse; emergessimo, emergeste, emergessero. **Passato:** sia emerso-a, sia emerso-a, sia emerso-a; siamo emersi-e, siate emersi-e, siano emersi-e. **Trapassato:** fossi emerso-a, fossi emerso-a, fosse emerso-e; fossimo emersi-e, foste emersi-e, fossero emersi-e. **IMPERATIVO Presente:** emergi **tu,** emerga **egli;** emergiamo **noi,** emergete **voi,** emergano **essi.**

emettere *(eméttere)* tr. emitir.
emicrania *(emicránia)* f. (med.) jaqueca.
emigrante *(emigránte)* adj. y m. f. emigrante.
emigrare *(emigráre)* itr. emigrar.
emigrazione *(emigradsióne)* f. emigración.
eminente *(eminénte)* adj. eminente. [nencia.
eminenza *(eminéndsa)* f. emi-
emisfero *(emisféro)* m. hemisferio. [sario.
emissario *(emissário)* m. emi-
emissione *(emissióne)* f. emisión.
emozionare *(emodsionáre)* tr. emocionar. [ción.
emozione *(emodsióne)* f. emo-
empietà *(empietá)* f. impiedad; crueldad.
empio *(émpio)* adj. impío; cruel; lleno.
empire *(empíre)* tr. llenar.

—— EMPIRE ed EMPIERE ——

INFINITO Presente: empire e empiere. **Passato:** avere empito. **GERUNDIO Semplice:** empiendo. **Composto:** avendo empito o empiuto. **PARTICIPIO Presente:** empiente. **Passato:** empito o empiuto. **INDICATIVO Presente:** io empio o empisco, tu empi o empisci, **egli** empie o empisce; **noi** empiamo, **voi** empite, **essi** empiono o empiscono. **Passato prossimo:** ho empito, hai empito, ha empito; abbiamo empito, avete empito, hanno empito. **Imperfetto:** empivo, empivi, empiva; empivamo, empivate, empivano. **Trapassato prossimo:** avevo empito, avevi empito, aveva empito; avevamo empito, avevate empito, avevano empito. **Passato remoto:** empiei o empietti o empii, empiesti o empisti, empiette o empí; empimmo, empiste, empirono. **Trapassato remoto:** ebbi empito, avesti empito, ebbe empito; avemmo empito, aveste empito, ebbero empito. **Futuro semplice:** empirò, empirai, empirà; empiremo, empirete, empi-

ranno. **Futuro anteriore:** avrò empito, avrai empito, avrà empito; avremo empito, avrete empito, avranno empito. **CONDIZIONALE Presente:** empirei, empiresti, empirebbe; empiremmo, empireste, empirebbero. **Passato:** avrei empito, avresti empito, avrebbe empito; avremmo empito, avreste empito, avrebbero empito. **CONGIUNTIVO Presente:** empia o empisca, empia o empisca, empia o empisca; empiamo, empiate, empiano o empiscano. **Imperfetto:** empissi, empissi, empisse; empissimo, empiste, empissero. **Passato:** abbia empito, abbia empito, abbia empito; abbiamo empito, abbiate empito, abbiano empito. **Trapassato:** avessi empito, avessi empito, avesse empito; avessimo empito, aveste empito, avessero empito. **IMPERATIVO Presente:** empi **tu,** empia o empisca **egli;** empiamo **noi,** empite **voi,** empiano o empiscano **essi.**

emulare *(emuláre)* tr. emular.
emulazione *(emuladsióne)* f. emulación.
enciclopedia *(enchiclopedía)* f. enciclopedia.
encomiare *(encomiáre)* tr. encomiar, alabar.
encomio *(encómio)* m. encomio, elogio.
energia *(enerdyía)* f. energía.
energico *(enérdyico)* adj. enérgico.
enervare *(enerváre)* tr. enervar.
enervazione *(enervadsióne)* f. enervación.
enfasi *(énfasi)* m. énfasis.
enfatico *(enfático)* adj. enfático.
enigma *(enígma)* m. enigma.
enigmatico *(enigmático)* adj. enigmático.
enorme *(enórme)* adj. enorme.
enormità *(enormitá)* f. enormidad.
ente *(énte)* m. ente.
entità *(entitá)* f. entidad.
entrare *(entráre)* tr. penetrar. itr. entrar, introducirse.

entrata *(entráta)* f. entrada; introducción.

entro *(éntro)* adv. adentro, prep. en, dentro de.

entusiasmare *(entusiasmáre)* tr. entusiasmar.

entusiasmo *(entusiásmo)* m. entusiasmo.

enumerare *(enumeráre)* tr. enumerar, contar.

enumerazione *(enumeradsióne)* f. enumeración.

epica *(épica)* f. épica.

epico *(épico)* adj. épico.

epidemia *(epidemía)* f. (med.) epidemia.

epifania *(epifanía)* f. epifanía.

epigrafe *(epígrafe)* m. epígrafe.

episcopato *(episcopáto)* m. episcopado.

epoca *(época)* f. época.

epopea *(epopéa)* f. epopeya.

eppure *(eppúre)* conj. sin embargo, no obstante.

equazione *(ekuadsióne)* f. (mat.) ecuación.

equilibrio *(ekuilíbrio)* m. equilibrio.

equipaggiamento *(ekuipatyiaménto)* m. equipo.

equipaggiare *(ekuipatyiáre)* tr. equipar.

equipaggio *(ekuipátyio)* m. equipo; equipaje (efectos de viaje); (náut.) tripulación.

equità *(ekuitá)* f. equidad.

equitazione *(ekuitadsióne)* f. equitación. [equivalente.

equivalente *(ekuivalénte)* adj.

equivalenza *(ekuivaléndsa)* f. equivalencia.

equivalere *(ekuivalere)* intr. equivaler.

equivocare *(ekuivocáre)* tr. equivocar.

equivoco *(ekuívoco)* adj. equí-voco. m. equívoco, equivocación.

era *(éra)* f. era.

erba *(érba)* f. (bot.) hierba.

erbaggi *(erbátyi)* m. pl. hortalizas.

erbivoro *(erbívoro)* adj. y m. herbívoro.

erede *(eréde)* m. y f. heredero.

eredità *(ereditá)* f. herencia.

─────── EQUIVALERE ───────

INFINITO Presente: equivalere. **Passato:** essere o avere equivalso. **GERUNDIO Semplice:** equivalendo. **Composto:** essendo o avendo equivalso. **PARTICIPIO Presente:** equivalente. **Passato:** equivalso. **INDICATIVO Presente: io** equivalgo, **tu** equivali, **egli** equivale; **noi** equivaliamo, **voi** equivalete, **essi** equivalgono. **Passato prossimo:** sono equivalso-a o ho equivalso, sei equivalso-a o hai equivalso, è equivalso-a o ha equivalso; siamo equivalsi-e o abbiamo equivalso, siete equivalsi-e o avete equivalso, sono equivalsi-e o hanno equivalso. **Imperfetto:** equivalevo, equivalevi, equivaleva; equivalevamo, equivalevate, equivalevano. **Trapassato prossimo:** ero equivalso-a o avevo equivalso, eri equivalso-a o avevi equivalso, era equivalso-a o aveva equivalso; eravamo equivalsi-e o avevamo equivalso, eravate equivalsi-e o avevate equivalso, erano equivalsi-e o avevano equivalso. **Passato remoto:** equivalsi, equivalesti, equivalse; equivalemmo, equivaleste, equivalsero. **Trapassato remoto:** fui equivalso-a o ebbi equivalso, fosti equivalso-a o avesti equivalso, fu equivalso-a o ebbe equivalso; fummo equivalsi-e o avemmo equivalso, foste equivalsi-e o aveste equivalso, furono equivalsi-e o ebbero equivalso. **Futuro semplice:** equivarrò, equivarrai, equivarrà; equivarremo, equivarrete, equivarranno. **Futuro composto:** sarò equivalso-a o avrò equivalso, sarai equivalso-a o avrai equivalso, sarà equivalso-a o avrà equivalso; saremo equivalsi-e o avremo equivalso, sarete equivalsi-e o avrete equivalso, saranno equivalsi-e o avranno equivalso. **CONDIZIONALE Presente:** equivarrei, equivarresti, equivarrebbe; equivarremmo, equivarreste, equivarrebbero. **Passato:** sarei equivalso-a o avrei equivalso, saresti equivalso-a o avrebbe equivalso; saremmo equivalsi-e o avremmo equivalso, sareste equivalsi-e o avreste equivalso, sarebbero equivalsi-e o avrebbero equivalso. **CONGIUNTIVO Presente:** equivalga, equivalga, equivalga; equivaliamo, equivaliate, equivalgano.

Imperfetto: equivalessi, equivalessi, equivalesse; equivalessimo, equivaleste, equivalessero. **Passato:** sia equivalso-a o abbia equivalso, sia equivalso-a o abbia equivalso, sia equivalso-a o abbia equivalso; siamo equivalsi-e o abbiamo equivalso, siate equivalsi-e o abbiate equivalso, siano equivalsi-e o abbiano equivalso. **Trapassato:** fossi equivalso-a o avessi equivalso, fossi equivalso-a o avessi equivalso, fosse equivalso-a o avesse equivalso; fossimo equivalsi-e o avessimo equivalso, foste equivalsi-e o aveste equivalso, fossero equivalsi-e o avessero equivalso. **IMPERATIVO Presente:** equivali tu, equivalga egli; equivaliamo noi, equivalete voi, equivalgano essi.

———————————

ereditare *(ereditáre)* tr. heredar.
eremita *(eremíta)* m. ermitaño.
eresia *(eresía)* f. herejía.
eretico *(erético)* adj. herético. m. hereje.
ergere *(éryere)* tr. erguir, levantar, alzar.

——————— ERGERE ———————

INFINITO Presente: ergere. **Passato:** avere erto. **GERUNDIO Semplice:** ergendo. **Composto:** avendo erto. **PARTICIPIO Presente:** ergente. **Passato:** erto. **INDICATIVO Presente: io** ergo, **tu** ergi, **egli** erge; **noi** ergiamo, **voi** ergete, **essi** ergono. **Passato prossimo:** ho erto, hai erto, ha erto, hanno erto. **Imperfetto:** ergevo, ergevi, ergeva; ergevamo, ergevate, ergevano. **Trapassato prossimo:** avevo erto, avevi erto, aveva erto; avevamo erto, avevate erto, avevano erto. **Passato remoto:** ersi, ergesti, erse; ergemmo, ergeste, ersero. **Trapassato remoto:** ebbi erto, avesti esto, ebbe erto; avemmo erto, aveste erto, ebbero erto. **Futuro semplice:** ergerò, ergerai, ergerà; ergeremo, ergerete, ergeranno. **Futuro anteriore:** avrò erto, avrai erto, avrà erto; avremo erto, avrete erto, avranno erto. **CONDIZIONALE Presente:** ergerei, ergeresti, ergerebbe; ergeremmo, ergereste, ergerebbero. **Passato:** avrei erto, avresti erto, avrebbe erto; avremmo erto, avreste erto, avrebbero erto. **CONGIUNTIVO Presente:** erga, erga, erga; ergiamo, ergiate, ergano. **Imperfetto:** ergessi, ergessi, ergesse; ergessimo, ergeste, ergessero. **Passato:** abbia erto, abbia erto, abbia erto; abbiamo erto, abbiate erto, abbiano erto. **Trapassato:** avessi erto, avessi erto, avesse erto; avessimo erto, avesse erto, aves-

te erto, avessero erto. **IMPERATIVO Presente:** ergi tu, erga egli; ergiamo noi, ergete voi, ergano essi.

———————————

erigere *(erídyere)* tr. erigir, levantar, fundar.
ermellino *(ermel-líno)* m. (zool.) armiño.
ernia *(érnia)* f. (med.) hernia.
eroe *(eróe)* m. héroe.
eroico *(eróico)* adj. heróico.
eroismo *(eroísmo)* m. heroísmo.

——————— ERIGERE ———————

INFINITO Presente: erigere. **Passato:** evere eretto. **GERUNDIO Semplice:** erigendo. **Composto:** avendo eretto. **PARTICIPIO Presente:** erigente. **Passato:** eretto. **INDICATIVO Presente: io** erigo, **tu** erigi, **egli** erige; **noi** erigiamo, **voi** erigete, **essi** erigono. **Passato prossimo:** ho eretto, hai eretto, ha eretto; abbiamo eretto, avete eretto, hanno eretto. **Imperfetto:** erigevo, erigevi, erigeva; erigevamo, erigevate, erigevano. **Trapassato prossimo:** avevo eretto, avevi eretto, aveva eretto; avevamo eretto, avevate eretto, avevano eretto. **Passato remoto:** eressi, erigesti, eresse; erigemmo, erigeste, eressero. **Trapassato remoto:** ebbi eretto, avesti eretto, ebbe eretto; avemmo eretto, aveste eretto, ebbero eretto. **Futuro semplice:** erigerò, erigerai, erigerà; erigeremo, erigerete, erigeranno. **Futuro anteriore:** avrò eretto, avrai eretto, avrà eretto; avremo eretto, avrete eretto, avranno eretto. **CONDIZIONALE Presente:** erigerei, erigeresti, erigerebbe; erigeremmo, erigereste, erigerebbero. **Passato:** avrei eretto, avresti eretto, avrebbe eretto; avremmo eretto, avreste eretto, avrebbero eretto. **CONGIUNTIVO Presente:** eriga, eriga, eriga; erigiamo, erigiate, erigano. **Imperfetto:** erigessi, erigessi, erigesse; erigessimo, erigeste, erigessero. **Passato:** abbia eretto, abbia eretto, abbia eretto; abbiamo eretto, abbiate eretto, abbiano eretto. **Trapassato:** avessi eretto, avessi eretto, avesse eretto; avessimo eretto, aveste eretto, avessero eretto. **IMPERATIVO Presente:** erigi tu, eriga egli; erigiamo noi, erigete voi, erigano essi.

———————————

errabondo *(errabóndo)* adj.
errabundo, errante; vagabundo.

errare *(erráre)* itr. errar; andar vagando.

errata *(erráta)* f. errata.

erratico *(errático)* adj. errante, vagante, vago.

erroneo *(erróneo)* adj. erróneo.

errore *(erróre)* m. error, equivocación.

erta *(érta)* f. cuesta.

erto *(érto)* adj. empinado; áspero.

erudire *(erudíre)* tr. instruir.

erudito *(erudíto)* adj. y m. erudito.

erudizione *(erudidsióne)* f. erudición.

eruttare *(eruttáre)* itr. eructar.

eruttazione *(eruttadsióne)* f. eructo.

eruzione *(erudsióne)* f. erupción.

esagerare *(esadyeráre)* tr. exagerar.

esagerazione *(esadyeradsióne)* f. exageración.

esaltare *(esaltáre)* tr. exaltar.

esaltazione *(esaltadsióne)* f. exaltación.

esame *(esáme)* m. examen.

esaminare *(esamináre)* tr. examinar.

esattezza *(esattétsa)* f. exactitud, puntualidad.

esatto *(esátto)* adj. exacto.

esaurire *(esauríre)* tr. agotar, apurar.

esaurito *(esauríto)* adj. agotado; consumido.

esca *(ésca)* f. cebo; yesca.

esclamare *(esclamáre)* itr. exclamar.

esclamazione *(esclamadsióne)* f. exclamación.

─────── ESCLUDERE ───────

INFINITO Presente: escludere. **Passato:** avere escluso. **GERUNDIO Semplice:** escludendo. **Composto:** avendo escluso. **PARTICIPIO Presente:** escludente. **Passato:** escluso. **INDICATIVO Presente:** io escludo, tu escludi, egli esclude; noi escludiamo, voi escludete, essi escludono. **Passato prossimo:** ho escluso, hai escluso, ha escluso; abbiamo escluso, avete escluso, hanno escluso. **Imperfetto:** esclu devo, escludevi, escludeva; escludevamo, escludevate, escludevano. **Trapassato prossimo:** avevo escluso, avevi escluso aveva escluso; avevamo escluso, avevate escluso, avevano escluso. **Passato remoto:** esclusi, escludesti, escluse; escludemmo, escludeste, esclusero. **Trapassato remoto:** ebbi escluso, avesti escluso, ebbe escluso avemmo escluso, aveste escluso, ebbero escluso. **Futuro semplice:** escluderò, e scluderai, escluderà; escluderemo, escluderete, escluderanno. **Futuro anteriore** avrò escluso, avrai escluso, avrà escluso avremo escluso, avrete escluso, avranno escluso. **CONDIZIONALE Presente:** e scluderei, escluderesti, escluderebbe; e scluderemmo, escludereste, escluderebbe ro **Passato:** avrei escluso, avresti escluso avrebbe escluso; avremmo escluso, avre ste escluso, avrebbero escluso. **CON GIUNTIVO Presente:** escluda, escluda, escluda; escludiamo, escludiate, escludano. **Imperfetto:** escludessi, escludessi, e scludesse; escludessimo, escludeste, esclu dessero. **Passato:** abbia escluso, abbia e scluso, abbia escluso; abbiamo escluso abbiate escluso, abbiano escluso. **Trapassato:** avessi escluso, avessi escluso, avesse escluso; avessimo escluso, aveste escluso, avessero escluso. **IMPERATIVO Presente:** escludi tu, escluda egli; escludiamo noi, escludete voi, escludano essi.

escludere *(esclúdere)* tr. excluir.

esclusione *(esclusióne)* f. exclusión.   [clusivo

esclusivo *(esclusívo)* adj. exclusivo.

esecrabile *(esecrábile)* adj execrable.

esecrare *(esecráre)* tr. execrar

esecrazione *(esecradsióne)* f execración.

esecutore *(esecutóre)* m. ejecutor. — **testamentario** albacea.

esecuzione *(esecudsióne)* f ejecución.

eseguire *(eseg̈úire)* tr. ejecutar. [plo.
esempio *(esempio)* m. ejem-
esequie *(esékuie)* f. pl. exequias.
esercire *(eserchíre)* tr. ejercer.
esercitare *(eserchitáre)* tr.
ejercitar.
esercitazione *(eserchitadsióne)*
f. ejercitación, ejercicio.
esercito *(esérchito)* m. ejército. [cicio.
esercizio *(eserchídsio)* m. ejer-
esibire *(esibíre)* tr. exhibir.
esibizione *(esibidsióne)* f. exhibición.
esigente *(esidyénte)* adj. exigente.
esigenza *(esidyéndsa)* f. exigencia.
esigere *(esídyere)* tr. exigir.

——————— ESIGERE ———————

INFINITO Presente: esigere. Passato:
avere esatto. GERUNDIO Semplice: esi-
gendo. Composto: avendo esatto. PARTI-
CIPIO Presente: esigente. Passato: esatto. INDICATIVO Presente: io esigo,
tu esigi, egli esige; noi esigiamo, voi esigete, essi esigono. Passato prossimo: ho
esatto, hai esatto, ha esatto; abbiamo
esatto, avete esatto, hanno esatto. Imperfetto: esigevo, esigevi, esigeva; esigevamo,
esigevate, esigevano. Trapassato prossimo:
avevo esatto, avevi esatto, aveva esatto;
avevamo esatto, avevate esatto, avevano
esatto. Passato remoto: esigei o esigetti,
esigesti, esigè o esigette; esigemmo, esi-
geste, esigerono o esigettero. Trapassato
remoto: ebbi esatto, avesti esatto, ebbe
esatto; avemmo esatto, aveste esatto, ebbero esatto. Futuro semplice: esigerò, esi-
gerai, esigerà; esigeremo, esigerete, esi-
geranno. Futuro anteriore: avrò esatto,
avrai esatto, avrà esatto; avremo esatto,
avrete esatto, avranno esatto. CONDI-
ZIONALE Presente: esigerei, esigeresti,
esigerebbe; esigeremmo, esigereste, esige-
rebbero. Passato: avrei esatto, avresti
esatto, avrebbe esatto; avremmo esatto,
avreste esatto, avrebbero esatto. CON-
GIUNTIVO Presente: esiga, esiga, esiga;
esigiamo, esigiate, esigano. Imperfetto:
esigessi, esigessi, esigesse; esigessimo, esi-
geste, esigessero. Passato: abbia esatto,

abbia esatto, abbia esatto; abbiamo esat-
to, abbiate esatto, abbiano esatto. Trapassato: avessi esatto, avessi esatto, avesse esatto; avessimo esatto, aveste esatto,
avessero esatto. IMPERATIVO Presente:
esigi tu, esiga egli; esigiamo noi, esigete
voi, esigano essi.

——————————————————

esiliare *(esiliáre)* tr. exiliar.
esilio *(esílio)* m. exilio.
esistenza *(esisténdsa)* f. existencia, vida.
esistere *(esístere)* itr. existir.
esitare *(esitáre)* itr. dudar, vacilar.
esitazione *(esitadsióne)* f. indecisión.
esito *(ésito)* m. éxito; resultado; salida.
esodo *(ésodo)* m. éxodo.
esofago *(esófago)* m. (anat.)
esófago.
esorbitante *(esorbitánte)* adj.
exorbitante.
esortare *(esortáre)* tr. exhortar.
esortazione *(esortadsione)* f.
exhortación.
esotico *(esótico)* adj. exótico,
extranjero.
espandere *(espándere)* tr. extender, ensanchar, difundir,
esparcir, expandir.
espandersi *(espándersi)* rfl.
extenderse, esparcirse, ex-
pandirse.
espansione *(espansióne)* f. expansión. [patriarse.
espatriare *(espatriáre)* itr. ex-
espediente *(espediénte)* m.
expediente.
espedire *(espedíre)* tr. expedir, despachar.
espellere *(espél-lere)* tr. expeler, expulsar; arrojar, echar,
despedir.

--------- ESPELLERE ---------

INFINITO Presente: espellere. **Passato:** avere espulso. **GERUNDIO Semplice:** espellendo. **Composto:** avendo espulso. **PARTICIPIO Presente:** espellente. **Passato:** espulso. **INDICATIVO Presente:** io espello, tu espelli, egli espelle; noi espelliamo, voi espellete, ssi espellono. **Passato prossimo:** ho espulso, hai espulso, ha espulso; abbiamo espulso, avete espulso, hanno espulso. **Imperfetto:** espellevo, espellevi, espelleva; espellevamo, espellevate, espellevano. **Trapassato prossimo:** avevo espulso, avevi espulso, aveva espulso; avevamo espulso, avevate espulso, avevano espulso. **Passato remoto:** espulsi, espellesti, espulse; espellemmo, espelleste, espulsero. **Trapassato remoto:** ebbi espulso, avesti espulso, ebbe espulso; avemmo espulso, aveste espulso, ebbero espulso. **Futuro semplice:** espellerò, espellerai, espellerà; espelleremo, espellerete, espelleranno. **Futuro anteriore:** avrò espulso, avrai espulso, avrà espulso; avremo espulso, avrete espulso, avranno espulso. **CONDIZIONALE Presente:** espellerei, espelleresti, espellerebbe; espelleremmo, espellereste, espellerebbero. **Passato:** avrei espulso, avresti espulso, avrebbe espulso; avremmo espulso, avreste espulso, avrebbero espulso. **CONGIUNTIVO Presente:** espella, espella, espella; espelliamo, espelliate, espellano. **Imperfetto:** espellessi, espellessi, espellesse; espellessimo, espelleste, espellessero. **Passato:** abbia espulso, abbia espulso, abbia espulso; abbiamo espulso, abbiate espulso, abbiano espulso. **Trapassato:** avessi espulso, avessi espulso, avesse espulso; avessimo espulso, aveste espulso, avessero espulso. **IMPERATIVO Presente:** espelli tu, espella egli; espelliamo noi, espellete voi, espellano essi.

esperienza *(esperiéndsa)* f. experiencia.

esperimentare *(esperimentáre)* tr. experimentar.

esperimento *(esperiménto)* m. experimento.

espiare *(espiáre)* tr. expiar.

espiazione *(espiadsióne)* f. expiación.

espirare *(espiráre)* tr. espirar.

espirazione *(espiradsióne)* f. espiración.

espletáre *(espletáre)* tr. cumplir, realizar.

esplodere *(esplódere)* itr. es tallar, hacer explosión.

--------- ESPLODERE ---------

INFINITO Presente: esplodere. **Passato:** essere o avere esploso. **GERUNDIO Semplice:** esplodendo. **Composto:** avendo esploso. **PARTICIPIO Presente:** esplodente. **Passato:** esploso. **INDICATIVO Presente:** io esplodo, tu esplodi, egli esplode; noi esplodiamo, voi esplodete, essi esplodono. **Passato prossimo:** sono esploso-a o ho esploso, sei esploso-a o hai esploso, è esploso-a o ha esploso; siamo esplosi-e o abbiamo esploso, siete esplosi-e o avete esploso, sono esplosi-e o hanno esploso. **Imperfetto:** esplodevo, esplodevi, esplodeva; esplodevamo, esplodevate, esplodevano. **Trapassato prossimo:** ero esploso-a o avevo esploso, eri esploso-a o avevi esploso, era esploso-a o aveva esploso; eravamo esplosi-e o avevamo esploso, eravate esplosi-e o avevate esploso, erano esplosi-e o avevano esploso. **Passato remoto:** esplosi, esplodesti, esplose; esplodemmo, esplodeste, esplosero. **Trapassato remoto:** fui esploso-a o ebbi esploso, fosti esploso-a o avesti esploso, fu esploso-a o ebbe esploso; fummo esplosi-e o avemmo esploso, foste esplosi-e o aveste esploso, furono esplosi-e o ebbero esploso. **Futuro semplice:** esploderò, esploderai, esploderà; esploderemo, esploderete, esploderanno. **Futuro anteriore:** sarò esploso-a o avrò esploso, sarai esploso-a o avrai esploso, sarà esploso-a o avrà esploso; saremo esplosi-e o avremo esploso, sarete esplosi-e o avrete esploso, saranno esplosi-e o avranno esploso. **CONDIZIONALE Presente:** esploderei, esploderesti, esploderebbe; esploderemmo, esplodereste, esploderebbero. **Passato:** sarei esposo-a o avrei esploso, saresti esploso-a o avresti esploso, sarebbe esploso-a o avrebbe esploso; saremmo esplosi-e o avremmo esploso, sareste esplosi-e o avreste esploso, sarebbero esplosi-e o avrebberò esploso. **CONGIUNTIVO Presente:** esploda, esploda, esploda; esplodiamo, esplodiate, esplodano. **Imperfetto:** esplodessi, esplodessi, esplodesse; esplodessimo, esplodeste, esplodessero. **Passato:** sia esploso-a o abbia esploso, sia esploso-a o abbia esploso, sia esploso-a o abbia esploso; siamo esplosi-e o abbiamo esploso, siate esplosi-e o abbiate esploso, siano esplosi-e o abbiano esploso. **Trapassato:** fossi esploso-a o avessi esploso, fossi esploso-a o avessi esploso, fosse esploso-a o avesse esploso; fossimo esplosi-e o avessimo esploso, foste esplosi-e o aveste esploso, fossero esplosi-e o aves sero esploso. **IMPERATIVO Presente:** esplodi **tu,** esploda **egli;** esplodiamo **noi,** esplodete **voi,** esplodano **essi.**

esplorare *(esploráre)* tr. explorar; indagar.

esplorazione *(esploradsióne)* f. exploración.

esplosione *(esplosióne)* f. explosión.

esplosivo *(esplosívo)* adj. explosivo.

esponente *(esponénte)* m. exponente.

esporre *(espórre)* tr. exponer, explicar.

──────── **ESPORRE** ────────

INFINITO Presente: esporre. **Passato:** avere esposto. **GERUNDIO Semplice:** esponendo. **Composto:** avendo esposto. **PARTICIPIO Presente:** esponente. **Passato:** esposto. **INDICATIVO Presente:** io espongo, **tu** esponi, **egli** espone; **noi** esponiamo, **voi** esponete, **essi** espongono. **Passato prossimo:** ho esposto, hai esposto, ha esposto; abbiamo esposto, avete esposto, hanno esposto. **Imperfetto:** esponevo, esponevi, esponeva; esponevamo, esponevate, esponevano. **Trapassato prossimo:** avevo esposto, avevi esposto, aveva esposto; avevamo esposto, avevate esposto, avevano esposto. **Passato remoto:** esposi, esponesti, espose; esponemmo, esponeste, esposero. **Trapassato remoto:** ebbi esposto, avesti esposto, ebbe esposto; avemmo esposto, aveste esposto, ebbero esposto. **Futuro semplice:** esporrò, esporrai, esporrà; esporremo, esporrete, esporranno. **Futuro anteriore:** avrò esposto, avrai esposto, avrà esposto; avremo esposto, avrete esposto, avranno esposto. **CONDIZIONALE Presente:** esporrei, esporresti, esporrebbe; esporremmo, esporreste, esporrebbero. **Passato:** avrei esposto, avresti esposto, avrebbe esposto; avremmo esposto, avreste esposto, avrebbero esposto. **CONGIUNTIVO Presente:** esponga, esponga, esponga; esponiamo, esponiate, espongano. **Imperfetto:** esponessi, esponessi, esponesse; esponessimo, esponeste, esponessero. **Passato:** abbia esposto, abbia esposto, abbia esposto; abbiamo esposto, abbiate esposto, abbiano esposto. **Trapassato:** avessi esposto, avessi esposto, avesse esposto; avessimo esposto, aveste esposto, avessero esposto. **IMPERATIVO Presente:** esponi **tu,** esponga **egli;** esponiamo **noi,** esponete **voi,** espongano **essi.**

esporsi *(espórsi)* rfl. exponerse.

esportare *(esportáre)* tr. exportar.

esportazione *(esportadsióne)* f. exportación.

esposizione *(esposidsióne)* f. exposición.

espressione *(espressióne)* f. expresión.

espresso *(esprésso)* adj. expreso.

esprimere *(esprímere)* tr. exprimir; expresar.

──────── **ESPRIMERE** ────────

INFINITO Presente: esprimere. **Passato:** avere espresso. **GERUNDIO Semplice:** esprimendo. **Composto:** avendo espresso. **PARTICIPIO Presente:** esprimente. **Passato:** espresso. **INDICATIVO Presente:** io esprimo, **tu** esprimi, **egli** esprime; **noi** esprimiamo, **voi** esprimete, **essi** esprimono. **Passato prossimo:** ho espresso, hai espresso, ha espresso; abbiamo espresso, avete espresso, hanno espresso. **Imperfetto:** esprimevo, esprimevi, esprimeva; esprimevamo, esprimevate, esprimevano. **Trapassato prossimo:** avevo espresso, avevi espresso, aveva espresso; avevamo espresso, avevate espresso, avevano espresso. **Passato remoto:** espressi, esprimesti, espresse; esprimemmo, esprimeste, espressero. **Trapassato remoto:** ebbi espresso, avesti espresso, ebbe espresso; avemmo espresso, aveste espresso, ebbero espresso. **Futuro semplice:** esprimerò, esprimerai, esprimerà; esprimeremo, esprimerete, esprimeranno. **Futuro anteriore:** avrò espresso, avrai espresso, avrà espresso; avremo espresso, avrete espresso, avranno espresso. **CONDIZIONALE Presente:** esprimerei, esprimeresti, esprimerebbe; esprimeremmo, esprimereste, esprimerebbero. **Passato:** avrei espresso, avresti espresso, avrebbe espresso; avremmo espresso, avreste espresso, avrebbero espresso. **CONGIUNTIVO Presente:** esprima, esprima, esprima; esprimiamo, esprimiate, esprimano. **Imperfetto:** esprimessi, esprimessi, esprimesse; esprimessimo, esprimeste, esprimessero. **Passato:** abbia espresso, abbia espresso, abbia espresso; abbiamo espresso, abbiate espresso, abbiano espresso. **Trapassato:**

avessi espresso, avessi espresso, avesse espresso; avessimo espresso, aveste espresso, avessero espresso. **IMPERATIVO Presente:** esprimi **tu,** esprima **egli;** esprimiamo **noi,** esprimete **voi,** esprimano **essi.**

espropriare *(espropriáre)* tr. expropiar.
espropriazione *(espropriadsióne)* f. expropiación.
espugnabile *(espudyábile)* adj. expugnable.
espugnare *(espudyáre)* tr. expugnar, tomar por asalto. fig. vencer una resistencia.
espulsione *(espulsióne)* f. expulsión.
essa *(éssa)* pron. ella.
essenza *(esséndsa)* f. esencia.
essenziale *(essendsiále)* adj. esencial.
essere *(éssere)* itr. ser, estar. m. ser, ente.
esso *(ésso)* pron. él.
est *(est)* m. este.
estasi *(éstasi)* m. éxtasis.

estasiarsi *(estasiársi)* rfl. extasiarse.
estate *(estáte)* m. verano.
estendere *(esténdere)* tr. extender.   [tensión.
estensione *(estensióne)* f. extensión.
estenuare *(estenuáre)* tr. extenuar.
estenuazione *(estenuadsióne)* f. extenuación.   [rior.
esteriore *(esterióre)* adj. exterior.
esteriorità *(esteriorità)* f. exterioridad.
esterminare *(estermináre)* tr. exterminar.
esterminazione *(esterminadsióne)* f. exterminio.
esterminio *(estermínio)* m. exterminio.
esterno *(estérno)* adj. externo.
estero *(éstero)* adj. y m. extranjero, exterior.
estetica *(estética)* f. estética.
estinguere *(estíngüere)* tr. extinguir, apagar.
estintore *(estintóre)* m. extintor.   [tinción.
estinzione *(estindsióne)* f. extinción.
estivo *(estivo)* adj. veraniego, estival.
estraneo *(estráneo)* adj. y m. extraño, extranjero.

ESTENDERE

INFINITO Presente: estendere. **Passato:** avere esteso. **GERUNDIO Semplice:** estendendo. **Composto:** avendo esteso. **PARTICIPIO Presente:** estendente. **Passato:** esteso. **INDICATIVO Presente:** io estendo, tu estendi, egli estende; noi estendiamo, voi estendete, essi estendono. **Passato prossimo:** ho esteso, hai esteso, ha esteso; abbiamo esteso, avete esteso, hanno esteso. **Imperfetto:** estendevo, estendevi, estendeva; estendevamo, estendevate, estendevano. **Trapassato prossimo:** avevo esteso, avevi esteso, aveva esteso; avevamo esteso, avevate esteso, avevano esteso. **Passato remoto:** estesi, estendesti, estese; estendemmo, estendeste, estesero. **Trapassato remoto:** ebbi esteso, avesti esteso, ebbe esteso; avemmo esteso, aveste esteso, ebbero esteso. **Futuro semplice:** estenderò, estenderai, estenderà; estenderemo, estenderete, estende-

ranno. **Futuro anteriore:** avrò esteso, avrai esteso, avrà esteso; avremo esteso, avrete esteso, avranno esteso. **CONDIZIONALE Presente:** estenderei, estenderesti, estenderebbe; estenderemmo, estendereste, estenderebbero. **Passato:** avrei esteso, avresti esteso, avrebbe esteso; avremmo esteso, avreste esteso, avrebbero esteso. **CONGIUNTIVO Presente:** estenda, estenda, estenda; estendiamo, estendiate, estendano. **Imperfetto:** estendessi, estendessi, estendesse; estendessimo, estendeste, estendessero. **Passato:** abbia esteso, abbia esteso, abbia esteso; abbiamo esteso, abbiate esteso, abbiano esteso. **Trapassato:** avessi esteso, avessi esteso, avesse esteso; avessimo esteso, aveste esteso, avessero esteso. **IMPERATIVO Presente:** estendi **tu,** estenda **egli;** estendiamo **noi,** estendete **voi,** estendano **essi.**

————————— **Verbo ausiliare** ————— **ESSERE** —————

INFINITO		**GERUNDIO**		**PARTICIPIO**	
Presente	essere	**Semplice**	essendo	**Passato**	stato
Passato	essere stato	**Composto**	essendo stato		

INDICATIVO

Presente
io sono, tu sei, egli è;
noi siamo, voi siete, essi sono.

Passato prossimo
sono stato-a, sei stato-a; è stato-a;
siamo stati-e, siete stati-e, sono stati-e.

Imperfetto
ero, eri, era;
eravamo, eravate, erano.

Trapassato prossimo
ero stato-a, eri stato-a, era stato-a;
eravamo stati-e, eravate stati-e, erano stati-e.

Passato remoto
fui, fosti, fu;
fummo, foste, furono.

Trapassato remoto
fui stato-a, fosti stato-a, fu stato-a;
fummo stati-e, foste stati-e, furono stati-e.

Futuro semplice
sarò, sarai, sarà;
saremo, sarete, saranno.

Futuro anteriore
sarò stato-a, sarai stato-a, sarà stato-a;
saremo stati-e, sarete stati-e, saranno stati-e.

CONDIZIONALE

Presente
sarei, saresti, sarebbe;
saremmo, sareste, sarebbero.

Passato
sarei stato-a, saresti stato-a, sarebbe stato-a;
saremmo stati-e, sareste stati-e, sarebbero stati-e.

CONGIUNTIVO

Presente
sia, sia, sia;
siamo, siate, siano.

Imperfetto
fossi, fossi, fosse;
fossimo, foste, fossero.

Passato
sia stato-a, sia stato-a, sia stato-a;
siamo stati-e, siate stati-e, siano stati-e.

Trapassato
fossi stato-a, fossi stato-a, fosse stato-a;
fossimo stati-e, foste stati-e, fossero stati-e.

IMPERATIVO

Presente
sii tu, sia egli;
siamo noi, siate voi, siano essi.

ESTINGUERE

INFINITO Presente: estinguere. **Passato:** avere estinto. **GERUNDIO Semplice:** estinguendo. **Composto:** avendo estinto. **PARTICIPIO Presente:** estinguente. **Passato:** estinto. **INDICATIVO Presente:** io estinguo, tu estingui, egli estingue; noi estinguiamo, voi estinguete, essi estinguono. **Passato prossimo:** ho estinto, hai estinto, ha estinto; abbiamo estinto, avete estinto, hanno estinto. **Imperfetto:** estinguevo, estinguevi, estingueva; estinguevamo, estinguevate, estinguevano. **Trapassato prossimo:** avevo estinto, avevi estinto, aveva estinto; avevamo estinto, avevate estinto, avevano estinto. **Passato remoto:** estinsi, estinguesti, estinse; estinguemmo, estingueste, estinsero. **Trapassato remoto:** ebbi estinto, avesti estinto, ebbe estinto; avemmo estinto, aveste estinto, ebbero estinto. **Futuro semplice:** estinguerò, estinguerai, estinguerà; estingueremo, estinguerete, estingueranno. **Futuro anteriore:** avrò estinto, avrai estinto, avrà estinto; avremo estinto, avrete estinto, avranno estinto. **CONDIZIONALE Presente:** estinguerei, estingueresti, estinguerebbe; estingueremmo, estinguereste, estinguerebbero. **Passato:** avrei estinto, avresti estinto, avrebbe estinto; avremmo estinto, avreste estinto, avrebbero estinto. **CONGIUNTIVO Presente:** estingua, estingua, estingua; estinguiamo, estinguiate, estinguano. **Imperfetto:** estinguessi, estinguessi, estinguesse; estinguessimo, estingueste, estinguessero. **Passato:** abbia estinto, abbia estinto, abbia estinto; abbiamo estinto, abbiate estinto, abbiano estinto. **Trapassato:** avessi estinto, avessi estinto, avesse estinto; avessimo estinto, aveste estinto, avessero estinto. **IMPERATIVO Presente:** estingui tu, estingua egli; estinguiamo noi, estinguete voi, estinguano essi.

ESTRARRE

INFINITO Presente: estrarre. **Passato:** avere estratto. **GERUNDIO Semplice:** estraendo. **Composto:** avendo estratto. **PARTICIPIO Presente:** estraente. **Passato:** estratto. **INDICATIVO Presente:** io estraggo, tu estrai, egli estrae; noi estraiamo, voi estraete, essi estraggono. **Passato prossimo:** ho estratto, hai estratto, ha estratto; abbiamo estratto, avete estratto, hanno estratto. **Imperfetto:** estraevo, estraevi, estraeva; estraevamo, estraevate, estraevano. **Trapassato prossimo:** avevo estratto, avevi estratto, aveva estratto; avevamo estratto, avevate estratto, avevano estratto. **Passato remoto:** estrassi, estraesti, estrasse; estraemmo, estraeste, estrassero. **Trapassato remoto:** ebbi estratto, avesti estratto, ebbe estratto; avemmo estratto, aveste estratto, ebbero estratto. **Futuro semplice:** estrarrò, estrarrai, estrarrà; estrarremo, estrarrete, estrarranno. **Futuro anteriore:** avrò estratto, avrai estratto, avrà estratto; avremo estratto, avrete estratto, avranno estratto. **CONDIZIONALE Presente:** estrarrei, estrarresti, estrarrebbe; estrarremmo, estrarreste, estrarrebbero. **Passato:** avrei estratto, avresti estratto, avrebbe estratto; avremmo estratto, avreste estratto, avrebbero estratto. **CONGIUNTIVO Presente:** estragga, estragga, estragga; estraiamo, estraiate, estraggano. **Imperfetto:** estraessi, estraessi, estraesse; estraessimo, estraeste, estraessero. **Passato:** abbia estratto, abbia estratto, abbia estratto; abbiamo estratto, abbiate estratto, abbiano estratto. **Trapassato:** avessi estratto, avessi estratto, avesse estratto; avessimo estratto, aveste estratto, avessero estratto. **IMPERATIVO Presente:** estrai tu, estragga egli; estraiamo noi, estraete voi, estraggano essi.

EVADERE

INFINITO Presente: evadere. **Passato:** essere evaso. **GERUNDIO Semplice:** evadendo. **Composto:** essendo evaso. **PARTICIPIO Presente:** evadente. **Passato:** evaso. **INDICATIVO Presente:** io evado, tu evadi, egli evade; noi evadiamo, voi evadete, essi evadono. **Passato prossimo:** sono evaso-a, sei evaso-a, è evaso-a; siamo evasi-e, siete evasi-e, sono evasi-e. **Imperfetto:** evadevo, evadevi, evadeva; evadevamo, evadevate, evadevano. **Trapassato prossimo:** ero evaso-a, eri evaso-a, era evaso-a; eravamo evasi-e, eravate evasi-e, erano evasi-e. **Passato remoto:** evasi, evadesti, evase; evademmo, evadeste, evasero: **Trapassato remoto:** fui evaso-a, fosti evaso-a, fu evaso-a; fummo evasi-e, foste evasi-e, furono evasi-e. **Futuro semplice:** evaderò, evaderai, evaderà; evaderemo, evaderete, evaderan- no. **Futuro anteriore:** sarò evaso-a, sarai evaso-a, sarà evaso-a; saremo evasi-e, sarete evasi-e, saranno evasi-e. **CONDIZIONALE Presente:** evaderei, evaderesti, evaderebbe; evaderemmo, evadereste, evaderebbero. **Passato:** sarei evaso-a, saresti evaso-a, sarebbe evaso-a; saremmo evasi-e, sareste evasi-e, sarebbero evasi-e. **CONGIUNTIVO Presente:** evada, evada, evada; evadiamo, evadiate, evadano. **Imperfetto:** evadessi, evadessi, evadesse; evadessimo, evadeste, evadessero. **Passato:** sia evaso-a, sia evaso-a, sia evaso-a; siamo evasi-e, siate evasi-e, siano evasi-e. **Trapassato:** fossi evaso-a, fossi evaso-a, fosse evaso-a; fossimo evasi-e, foste evasi-e, fossero evasi-e. **IMPERATIVO Presente:** evadi tu, avada egli; evadiamo noi, evadete voi, evadano essi.

estrarre *(estrárre)* tr. extraer.
estratto *(estrátto)* m. extracto.
estremitá *(estremitá)* f. extremidad.
estremo *(estrémo)* adj. y m. extremo. **essere agli estremi** estar en la agonía.
esuberanza *(esuberándsa)* f. exuberancia.
esultare *(esultáre)* tr. exultar.
esultazione *(esultadsióne)* f. exultación.
età *(etá)* f. edad; tiempo.
etere *(étere)* m. eter.
eternità *(eternitá)* f. eternidad.
eterno *(etérno)* adj. eterno.
etica *(ética)* f. ética.
etichetta *(etikétta)* f. etiqueta; rótulo.
ettaro *(éttaro)* m. hectárea.
eucaristia *(eucaristía)* f. Eucaristía.
evacuamento *(evacuaménto)* m. evacuación.
evacuare *(evacuáre)* tr. evacuar.
evacuazione *(evacuadsióne)* f. evacuación.
evadere *(evádere)* itr. evadirse, escaparse. tr. evadir; despachar.
evangelista *(evandyelísta)* m. evangelista.

evangelizzare *(evandyelitsáre)* tr. evangelizar.
evangelo *(evandyélo)* m. Evangelio.
evaporamento *(evaporaménto)* m. evaporación.
evaporare *(evaporare)* tr. e itr. evaporar, evaporarse.
evaporadsione *(evaporadsióne)* f. evaporación.
evasione *(evasióne)* f. evasión.
evento *(evénto)* m. suceso. **in ogni —** en todo caso.
eventualità *(eventualitá)* f. eventualidad.
evidente *(evidente)* adj. evidente.
evidenza *(evidéndsa)* f. evidencia.
evitare *(evitáre)* tr. evitar.
evocare *(evocáre)* tr. evocar.
evocazione *(evocadsióne)* f. evocación.
evoluzione *(evoludsióne)* f. evolución.
eziologia *(edsiología)* f. etiología.

fabbrica *(fábbrica)* f. fábrica.
fabbricazione *(fabbricadsióne)* f. fabricación.
fabbro *(fábbro)* m. herrero; artesano, artífice.
fabuloso *(fabulóso)* adj. fabuloso, exagerado.
faccenda *(fatchénda)* f. tarea, faena, trabajo, labor; negocio, asunto.
facchino *(fakkíno)* m. mozo (de estación).
faccia *(fátchia)* f. rostro, cara.
facciata *(fatchiáta)* f. fachada.
facezia *(fachédsia)* f. gracia, chiste; broma.
facile *(fáchile)* adj. fácil.
facilità *(fachilitá)* f. facilidad.
facilitare *(fachilitáre)* tr. facilitar.
facilitazione *(fachilitadsióne)* f. facilitación.
facoltà *(facoltá)* f. facultad, autorización; facultad (en universidades).
faggio *(fátyio)* m. (bot.) haya.
fagiano *(fadyiáno)* m. (orn.) faisán.
fagiolino *(fadyolíno)* m. (bot.) judía verde.

fagiolo *(fadyólo)* m. judía.
fagotto *(fagótto)* m. paquete; (mús.) fagot.
falce *(fálche)* f. hoz.
falciare *(falchiáre)* tr. segar.
falciatura *(falchiatúra)* f. siega.
falco *(fálco)* m. (orn.) halcón.
falda *(fálda)* f. falda; lámina, hoja; ala de sombrero. — **di neve** copo de nieve.
falegname *(faleñáme)* m. carpintero.
falegnameria *(faleñamería)* f. carpintería.
fallimento *(fal-liménto)* m. fracaso; quiebra; error.
fallire *(fal-líre)* itr. fracasar; faltar; errar; quebrar.
fallo *(fál-lo)* m. falta; error; defecto; fallo. **senza —** de seguro.
falò *(faló)* m. hoguera.
falsaporta *(falsapórta)* f. puerta falsa.
falsare *(falsáre)* tr. falsear.
falsariga *(falsaríga)* f. pauta.
falsatore *(falsatóre)* m. falsificador.

falsificamento *(falsificamento)* m. falsificación.

falsificare *(falsificáre)* tr. falsificar.

falsità *(falsitá)* f. falsedad, hipocresía.

falso *(fálso)* adj. falso, hipócrita; infiel, traidor. m. falsedad.

fama *(fáma)* f. fama, celebridad; reputación. **è — se dice.**

fame *(fáme)* f. hambre.

famelico *(famélico)* adj. famélico, hambriento.

famiglia *(famíllia)* f. familia.

fami(g)liare *(famil(l)iáre)* adj. y m. familiar.

fami(g)liarità *(famil(l)iaritá)* f. familiaridad.

famoso *(famóso)* adj. famoso, afamado.

fanatico *(fanático)* adj. fanático.

fanatismo *(fanatísmo)* m. fanatismo.

fanciulla *(fanchiúl-la)* f. muchachita, niña.

fanciullezza *(fanchiul-létsa)* f. niñez.

fanciullo *(fanchiúl-lo)* m. muchachito, chico, niño.

fango *(fángo)* m. fango, cieno, lodo, barro.

fangoso *(fangóso)* adj. fangoso.

fantasia *(fantasía)* f. fantasía.

fantasma *(fantásma)* f. fantasma.

fantasticare *(fantasticáre)* itr. fantasear.

fantastico *(fantástico)* adj. fantástico.

fante *(fánte)* m. (mil.) infante.

fanteria *(fantería)* f. (mil.) infantería.

fardello *(fardél-lo)* m. fardo.

fare *(fáre)* tr. hacer, construir, fabricar. m. ademán, hábito.

---------------- **FARE** ----------------

INFINITO Presente: fare. **Passato:** avere fatto. **GERUNDIO Semplice:** facendo. **Composto:** avendo fatto. **PARTICIPIO Presente:** facente. **Passato:** fatto. **INDICATIVO Presente: io** faccio o fo, **tu** fai, **egli** fa; **noi** facciamo, **voi** fate, **essi** fanno. **Passato prossimo:** ho fatto, hai fatto, ha fatto; abbiamo fatto, avete fatto, hanno fatto. **Imperfetto:** facevo, facevi, faceva; facevamo, facevate, facevano. **Trapassato prossimo:** avevo fatto, avevi fatto, aveva fatto; avevamo fatto, avevate fatto, avevano fatto. **Passato remoto:** feci, facesti, fece; facemmo, faceste, fecero. **Trapassato remoto:** ebbi fatto, avesti fatto, ebbe fatto; avemmo fatto, aveste fatto, ebbero fatto. **Futuro semplice:** farò, farai, farà; faremo, farete, faranno. **Futuro anteriore:** avrò fatto, avrai fatto, avrà fatto; avremo fatto, avrete fatto, avranno fatto. **CONDIZIONALE Presente:** farei, faresti, farebbe; faremmo, fareste, farebbero. **Passato:** avrei fatto, avresti fatto, avrebbe fatto; avremmo fatto, avreste fatto, avrebbero fatto. **CONGIUNTIVO Presente:** faccia, faccia, faccia; facciamo, facciate, facciano. **Imperfetto:** facessi, facessi, facesse; facessimo, faceste, facessero. **Passato:** abbia fatto, abbia fatto, abbia fatto; abbiamo fatto, abbiate fatto, abbiano fatto. **Trapassato:** avessi fatto, avessi fatto, avesse fatto; avessimo fatto, aveste fatto, avessero fatto. **IMPERATIVO Presente:** fa' o fai **tu,** faccia **egli;** facciamo **noi,** fate **voi,** facciano **essi.**

---

faretra *(farétra)* m. carcaj.

farfalla *(farfál-la)* f. mariposa.

farina *(farína)* f. harina.

faringite *(farindyíte)* f. (med.) faringitis.

farmacia *(farmachía)* f. farmacia.

farmacista *(farmachísta)* m. farmacéutico.

farmacología *(farmacolodyía)* f. farmacología.

faro *(fáro)* m. faro.

farsa *(fársa)* f. farsa.

fascia *(fáscha)* f. faja.

fasciare *(fascháre)* tr. fajar, envolver.

fatturare *(fatturáre)* tr. facturar; manipular, adulterar.

fatuo *(fátuo)* adj. fatuo.

favola *(fávola)* f. fábula.

favore *(favóre)* m. favor; ayuda; estimación. lettere di — cartas de recomendación.

fasciatura *(faschatura)* f. envoltura; (med.) vendaje.

fascicolo *(faschícolo)* m. fascículo.

fascio *(fáschio)* m. manojo; haz; brazado, haz de hierba; legajo.

favoreggiare *(favoretyiáre)* tr. favorecer.

favorevole *(favorévole)* adj. favorable.

favorire *(favoríre)* tr. e itr. favorecer, hacer un favor.

favorito *(favoríto)* adj. favorito. m. favorito (del rey); (corresp.) la sua — su grata carta.

fastidio *(fastídio)* m. fastidio.

fastidioso *(fastidióso)* adj. fastidioso.

fata *(fáta)* f. hada.

fatale *(fatále)* adj. fatal.

fatalità *(fatalitá)* f. fatalidad.

fatato *(fatáto)* adj. encantado; predestinado.

fazzoletto *(fatsolétto)* m. pañuelo.

febbraio *(febbráio)* m. febrero.

febbre *(fébbre)* f. fiebre.

fecola *(fécola)* f. fécula.

fatica *(fatíca)* f. fatiga, pena; cansancio.

faticoso *(faticoso)* adj. fatigoso.

fecondare *(fecondáre)* tr. fecundar.

fecondità *(feconditá)* f. fecundidad.

fato *(fáto)* m. hado, destino; sino.

fatto *(fátto)* m. hecho, suceso. adj. hecho; acostumbrado.

fecondo *(fecóndo)* adj. fecundo.

fede *(féde)* f. fe; lealtad.

fattore *(fattóre)* m. administrador; creador; colono; factor. — supremo el Hacedor o Creador Supremo, Dios.

fedele *(fedéle)* adj. fiel, leal.

fedeltà *(fedeltá)* f. fidelidad, lealtad.

fattoria *(fattoría)* f. hacienda, alquería.

federarsi *(federársi)* rfl. federarse.

fattorino *(fattoríno)* m. mozo; dependiente. — postale cartero. — del tram cobrador. —del telegrafo repartidor de telegramas. — di piazza mozo recadero.

federazione *(federadsióne)* f. federación.

fegato *(fégato)* m. (anat.) hígado; (fig.) valor.

felice *(felíche)* adj. feliz, dichoso.

fattucchiera *(fattukkiéra)* f. hechicera.

fattucchiere *(fattukkiére)* m. hechicero.

felicità *(felichitá)* f. felicidad.

felicitare *(felichitáre)* tr. felicitar.

fattucchieria *(fattukkiería)* f. hechicería, brujería.

felicitazione *(felichitadsióne)* f. felicitación.

feltro *(féltro)* m. fieltro.

fattura *(fattúra)* f. factura (cuenta); trabajo; mano de obra (su coste); maleficio. vendere a — vender al contado.

femmina *(fémmina)* f. mujer; hembra.

femmineo *(femmíneo)* adj. femenino; (hombre) afeminado.

femore *(fémore)* m. (anat.) fémur.

fendere *(féndere)* tr. hendir; surcar (el campo).

───────── FENDERE ─────────

INFINITO Presente: fendere. **Passato:** avere fenduto o fesso. GERUNDIO Semplice: fendendo. **Composto:** avendo fenduto. PARTICIPIO Presente: fendente. Passato: fenduto o fesso. INDICATIVO Presente: io fendo, tu fendi, egli fende; noi fendiamo, voi fendete, essi fendono. Passato prossimo: ho fenduto, hai fenduto, ha fenduto; abbiamo fenduto, avete fenduto, hanno fenduto. **Imperfetto:** fendevo, fendevi, fendeva; fendevamo, fendevate, fendevano. **Trapassato prossimo:** avevo fenduto, avevi fenduto, aveva fenduto; avevamo fenduto, avevate fenduto, avevano fenduto. Passato remoto: fendei o fendetti, fendesti, fendè o fendette; fendemmo, fendeste, fenderono o fendettero. Trapassato remoto: ebbi fenduto, avesti fenduto, ebbe fenduto; avemmo fenduto, aveste fenduto, ebbero fenduto. Futuro semplice: fenderò, fenderai, fenderà; fenderemo, fenderete, fenderanno. Futuro anteriore: avrò fenduto, avrai fenduto, avrà fenduto; avremo fenduto, avrete fenduto, avranno fenduto. CONDIZIONALE Presente: fenderei, fenderesti, fenderebbe; fenderemmo, fendereste, fenderebbero. **Passato:** avrei fenduto, avresti fenduto, avrebbe fenduto; avremmo fenduto, avreste fenduto, avrebbero fenduto. CONGIUNTIVO Presente: fenda, fenda, fenda; fendiamo, fendiate, fendano. **Imperfetto:** fendessi, fendessi, fendesse; fendessimo, fendeste, fendessero. **Passato:** abbia fenduto, abbia fenduto, abbia fenduto; abbiamo fenduto, abbiate fenduto, abbiano fenduto. **Trapassato:** avessi fenduto, avessi fenduto, avesse fenduto; avessimo fenduto, aveste fenduto, avessero fenduto. IMPERATIVO Presente: fendi tu, fenda egli; fendiamo noi, fendete voi, fendano essi.

───────────────────────────

fendersi *(fendérsi)* rfl. henderse.   [dura.

fenditura *(fenditúra)* f. hendi-

feria *(féria)* f. fiesta, vacación; día laborable.

feriale *(feriále)* adj. ferial. **giorno** — día laborable.

ferire *(feríre)* tr. herir.

ferita *(feríta)* f. herida.

ferito *(feríto)* adj. y m. herido.

fermare *(fermáre)* tr. parar; afirmar.

fermarsi *(fermársi)* rfl. pararse; establecerse.

fermata *(fermata)* f. parada.

fermentare *(fermentáre)* tr. fermentar.

fermentazione *(fermentadsióne)* f. fermentación.

fermento *(ferménto)* m. fermento; fermentación.

fermezza *(fermétsa)* f. firmeza.

fermo *(férmo)* adj. firme; parado. **lettere ferme in posta** cartas en lista de correos. **punto** — punto final. m. detención; dispositivo de parada.

feroce *(feróche)* adj. feroz.

ferocità *(ferochitá)* f. ferocidad.

ferraio *(ferráio)* adj. y m. herrero.

ferrame *(ferráme)* m. herraje.

ferramenta *(ferraménta)* f. pl. herramientas.

ferrare *(ferráre)* tr. herrar.

ferrata *(ferráta)* f. reja, enrejado; planchado. **strada** — vía férrea, ferrocarril.

ferratura *(ferratúra)* f. herradura.

ferreo *(férreo)* adj. férreo.

ferriera *(ferriéra)* f. herrería, forja.

ferro *(férro)* m. hierro; espada, acero. — **da stirare** plancha (para la ropa). — **da calza** aguja.

ferri *(ferri)* m. pl. esposas, grillos.

ferrovia *(ferrovía)* f. ferrocarril.

ferroviario *(ferroviário)* adj. ferroviario.

fertile *(fértile)* adj. fértil.

fertilità *(fertilitá)* f. fertilidad.

fertilizzare *(fertilitsáre)* tr. fertilizar.

fervere *(férvere)* itr. hervir.

───────── FERVERE ─────────

INFINITO Presente: fervere. **GERUN-DIO Semplice:** fervendo. **PARTICIPIO Presente:** fervente. **INDICATIVO Presente: io** fervo, **tu** fervi, **egli** ferve; **noi** ferviamo, **voi** fervete, **essi** fervono. **Imperfetto:** fervevo, fervevi, ferveva; fervevamo, fervevate, fervevano. **Passato remoto:** fervei o fervetti, fervesti, fervè o fervette; fervemmo, ferveste, fervettero. **Futuro semplice:** ferverò, ferverai, ferverà; ferveremo, ferverete, ferveranno. **CONGIUNTIVO Imperfetto: egli** fervesse; **essi** fervessero. **IMPERATIVO Presente:** fervi **tu,** ferva **egli;** ferviamo **noi,** fervete **voi,** fervano **essi.**

fervore *(fervóre)* m. fervor.
fervoroso *(fervoróso)* adj. fervoroso.
fessura *(fessúra)* f. fisura.
festa *(fésta)* f. fiesta. — **civile** fiesta nacional.
festeggiamento *(festetyiaménto)* m. festejo, fiesta.
festeggiare *(festetyiáre)* tr. festejar. [jo.
festeggio *(festétyio)* m. festefestivale *(festivále)* m. festival.
festivo *(festívo)* adj. festivo.
fetta *(fétta)* f. tira, faja; loncha, tajada, rebanada.
feudale *(feudále)* adj. feudal.
fiaba *(fiába)* f. fábula.
fiacca *(fiacca)* f. flema; cansancio; ruido.
fiaccare *(fiaccáre)* tr. romper, quebrantar; cansar.
fiaccarsi *(fiaccársi)* rfl. debilitarse; quebrarse.
fiacchezza *(fiakkétsa)* f. flojedad.
fiaccola *(fiáccola)* f. antorcha.
fiala *(fiála)* f. ampolla; redoma; frasco.
fiamma *(fiámma)* f. llama; mechero de gas; gallardete.

fiammante *(fiammánte)* adj. flamante.
fiammare *(fiammáre)* itr. llamear.
fiammata *(fiammáta)* f. llamarada; fogata.
fiammeggiare *(fiammetyiáre)* itr. flamear, resplandecer.
fiammifero *(fiammífero)* m. fósforo, cerilla.
fiancare *(fiancáre)* tr. flanquear.
fianco *(fiánco)* m. flanco, lado.
fiaschetteria *(fiaskettería)* f. taberna, bodega.
fiaschetto *(fiaskétto)* m. frasco, botella; fiasco, fracaso.
fiatare *(fiatáre)* itr. respirar; hablar.
fiato *(fiáto)* m. respiración. **bere d'un** — beber de un trago. **in un** — en un instante.
fibbia *(fíbbia)* f. hebilla.
fibra *(fíbra)* f. fibra; filamento; vigor.
fibroso *(fibróso)* adj. fibroso.
fico *(fíco)* m. (bot.) higo; higuera.
ficosecco *(ficosécco)* m. higo seco.
fidanzamento *(fidandsaménto)* m. promesa (de matrimonio).
fidanzare *(fidandsáre)* tr. unir por promesa de matrimonio.
fidanzarsi *(findandsársi)* rfl. prometerse.
fidanzata *(fidandsáta)* f. prometida, novia.
fidanzato m. prometido, novio.
fidare *(fidáre)* tr. confiar. itr. fiarse, confiar.
fidatezza *(fidatétsa)* f. fidelidad.
fidato *(fidáto)* adj. fiel, leal.
fido *(fído)* adj. leal. m. crédito.
fiducia *(fidúchia)* f. confianza.
fieno *(fiéno)* m. (bot.) heno.
fiera *(fiéra)* f. feria, mercado;

fiera. —**campionaria** feria de muestras.
fierezza *(fierétsa)* f. fiereza.
fiero *(fiéro)* adj. fiero, feroz; orgulloso.
figgere *(fítyere)* tr. fijar.

——————— FIGGERE ———————

INFINITO Presente: figgere. **Passato:** avere fitto o fisso. **GERUNDIO Semplice:** figgendo. **Composto:** avendo fitto o fisso. **PARTICIPIO Presente:** figgente. **Passato:** fitto o fisso. **INDICATIVO Presente: io** figgo, **tu** figgi, **egli** figge; **noi** figgiamo, **voi** figgete, **essi** figgono. **Passato prossimo:** ho fitto, hai fitto, ha fitto; abbiamo fitto, avete fitto, hanno fitto. **Imperfetto:** figgevo, figgevi, figgeva; figgevamo, figgevate, figgevano. **Trapassato prossimo:** avevo fitto, avevi fitto, aveva fitto; avevamo fitto, avevate fitto, avevano fitto. **Passato remoto:** fissi, figgesti, fisse; figgemmo, figgeste, fissero. **Trapassato remoto:** ebbi fitto, avesti fitto, ebbe fitto; avemmo fitto, aveste fitto, ebbero fitto. **Futuro semplice:** figgerò, figgerai, figgerà; figgeremo, figgerete, figgeranno. **Futuro anteriore:** avrò fitto, avrai fitto, avrà fitto; avremo fitto, avrete fitto, avranno fitto. **CONDIZIONALE Presente:** figgerei, figgeresti, figgerebbe; figgeremmo, figgereste, figgerebbero. **Passato:** avrei fitto, avresti fitto, avrebbe fitto; avremmo fitto, avreste fitto, avrebbero fitto. **CONGIUNTIVO Presente:** figga, figga, figga; figgiamo, figgiate, figgano. **Imperfetto:** figgessi, figgessi, figgesse; figgessimo, figgeste, figgessero. **Passato:** abbia fitto, abbia fitto, abbia fitto; abbiamo fitto, abbiate fitto, abbiano fitto. **Trapassato:** avessi fitto, avessi fitto, avesse fitto; avessimo fitto, aveste fitto, avessero fitto. **IMPERATIVO Presente:** figgi tu, figga egli; figgiamo noi, figgete voi, figgano essi.

figlia *(fíllia)* f. hija; niña; muchacha.
figliare *(filliáre)* tr. e itr. parir, procrear.
figliastro *(filliástro)* m. hijastro.   [cría.
figliata *(filliáta)* f. camada,
figliatura *(filliatúra)* f. parto, alumbramiento.
figlio *(fíllio)* m. hijo; niño.
figlioccio *(filliótchio)* m. ahijado.
figliuola *(filliuóla)* f. hija.
figliuolo *(filliuólo)* m. hijo.

figura *(figúra)* f. figura; apariencia; símbolo.
figurare *(figuráre)* tr. e itr. figurar, parecer.
figurarsi *(figurársi)* rfl. figurarse, imaginarse.
filantropia *(filantropía)* f. filantropía.
filantropo *(filántropo)* m. filántropo.
filare *(filáre)* tr. hilar; filar. itr. correr velozmente. m. ringlera, hilera.
filatelica *(filatélica)* f. filatelia.
filiale *(filiále)* adj. y f. filial.
filiazione *(filiadsióne)* f. filiación.   [cable.
filo *(fílo)* m. filo, corte; hilo;
filobus *(fílobus)* m. trolebús.
filologia *(filolodyía)* f. filología.
filologo *(filólogo)* m. filólogo.
filosofia *(filosofía)* f. filosofía.
filosofo *(filósofo)* m. filósofo.
filtrare *(filtráre)* tr. filtrar.
filtro *(fíltro)* m. filtro.
filza *(fíldsa)* f. sarta.
finale *(finále)* adj. m. f. final.
finalità *(finalitá)* f. finalidad.
finanche *(finánke)* adv. hasta.
finanza *(finándsa)* f. hacienda pública; tesoro público.
finanze *(finándse)* f. pl. fondos, caudales públicos; finanzas; recursos.
finanziere *(finandsiére)* m. financiero.
finché *(finké)* adv. hasta que.
fine *(fíne)* adj. fino; sutil; delgado. m. fin.
finestra *(finéstra)* f. ventana. — **di sole** claro entre nubes.
finestrino *(finestríno)* m. ventanilla, taquilla.
finestrone *(finestróne)* m. ventana grande.
finezza *(finétsa)*. f. fineza; sutileza.

fingere *(fíndɣere)* tr. e itr. fingir, disimular.

───── FINGERE ─────

INFINITO Presente: fingere. **Passato:** avere finto. **GERUNDIO Semplice:** fingendo. **Composto:** avendo finto. **PARTICIPIO Presente:** fingente. **Passato:** finto. **INDICATIVO Presente: io fingo, tu fingi, egli finge; noi fingiamo, voi fingete, essi fingono. Passato prossimo:** ho finto, hai finto, ha finto; abbiamo finto, avete finto, hanno finto. **Imperfetto:** fingevo, fingevi, fingeva; fingevamo, fingevate, fingevano. **Trapassato prossimo:** avevo finto, avevi finto, aveva finto; avevamo finto, avevate finto, avevano finto. **Passato remoto:** finsi, fingesti, finse; fingemmo, fingeste, finsero. **Trapassato remoto:** ebbi finto, avesti finto, ebbe finto; avemmo finto, aveste finto, ebbero finto. **Futuro semplice:** fingerò, fingerai, fingerà; fingeremo, fingerete, fingeranno. **Futuro anteriore:** avrò finto, avrai finto, avrà finto; avremo finto, avrete finto, avranno finto. **CONDIZIONALE Presente:** fingerei, fingeresti, fingerebbe; fingeremmo, fingereste, fingerebbero. **Passato:** avrei finto, avresti finto, avrebbe finto; avremmo finto avreste finto, avrebbero finto. **CONGIUNTIVO Presente:** finga, finga, finga; fingiamo, fingiate, fingano. **Imperfetto:** fingessi, fingessi, fingesse; fingessimo, fingeste, fingessero. **Passato:** abbia finto, abbia finto, abbia finto; abbiamo finto, abbiate finto, abbiano finto. **Trapassato:** avessi finto, avessi finto, avesse finto; avessimo finto, aveste finto, avessero finto. **IMPERATIVO Presente:** fingi **tu**, finga **egli;** fingiamo **noi**, fingete **voi**, fingano **essi**.

fingersi *(fíndɣérsi)* rfl. fingirse.
finimento *(finiménto)* m. fin, conclusión.
finire *(finíre)* tr acabar, concluir; perfeccionar; matar. itr. finar, morir.
finitezza *(finitétsa)* f. perfección; imitación.
fino *(fíno)* adj. fino; refinado, sagaz. prep. hasta. — **a** hasta. — **da** desde.
finocchio *(finókkio)* m. (bot.) hinojo.

finora *(finóra)* adv. hasta ahora.
fioccare *(fiokkáre)* itr. nevar.
fiocco *(fiókko)* m. copo; fleco, (mar.) foque.
fioco *(fióco)* adj. débil.
fioraia *(fioráia)* f. florista.
fiore *(fióre)* m. flor.
fioretto *(fiorétto)* m. florete.
fiorire *(fioríre)* itr. florecer.
firma *(fírma)* f. firma.
firmamento *(firmaménto)* m. firmamento.
firmare *(firmáre)* tr. firmar.
fisarmonica *(fisarmónica)* f. acordeón.
fischiare *(fiskiáre)* itr. silbar. tr. silbar (una comedia, un discurso, etc.).
fischiata *(fiskiáta)* f. silba, pita.
fischietto *(fiskiétto)* silbato, pito.
fischio *(fískio)* m. silbato, pito; silbido.
fisica *(física)* f. física.
fisico *(físico)* adj y m. físico.
fissare *(fissáre)* tr. fijar.
fissatore *(fissatóre)* m. fijador.
fisso *(físso)* adj. fijo, estable, prefijado; tenaz. adv. fijamente. **fissi!** (mil.) ¡firmes!
fitta *(fítta)* f. punzada de dolor físico o moral.
fitto *(fítto)* adj. fijado, clavado; denso. adv. reciamente. m. alquiler.
fiume *(fiúme)* m. río; (fig.) abundancia.
fiutare *(fiutáre)* tr. oler, ventear (los perros); sospechar.
fiutata *(fiutáta)* f. husmeo, venteamiento.
fiuto *(fiúto)* m. olfato.
flagellare *(fladɣel-láre)* tr. azotar, flagelar.
flagellazione *(fladɣel-ladsióne)* f. flagelación.
flagello *(fladɣél-lo)* m. flagelo, plaga.
flanella *(flanél-la)* f. franela.

flautista *(flautísta)* m. flautista.

flauto *(fláuto)* m. flauta.

flemma *(flémma)* f. flema.

flemmatico *(flemmático)* adj. flemático, calmoso.

flessibile *(flessíbile)* adj. flexible.

flessione *(flessióne)* f. flexión.

flora *(flóra)* f. flora.

floricultore *(floricultóre)* m. floricultor.

floricultura *(floricultúra)* f. floricultura.

florido *(flórido)* adj. florido.

floscio *(flóschio)* adj. flojo.

flotta *(flótta)* f. flota.

flottante *(flottánte)* adj. flotante.

flottare *(flottáre)* tr. flotar (el corcho).

flottazione *(flottadsióne)* f. flotación.

fluido *(flúido)* adj. fluido; fácil. m. fluido.

fluire *(fluíre)* itr. fluir.

flusso *(flússo)* m. flujo.

flutto *(flútto)* m. ola, oleaje.

fluttuare *(fluttuáre)* itr. fluctuar, flotar, nadar.

fluttuazione *(fluttuadsióne)* f. fluctuación.

foca *(fóca)* f. (zool.) foca.

foce *(fóche)* f. desembocadura.

focolaio *(focoláio)* m. (med.) foco.

focolare *(focoláre)* m. hogar.

focoso *(focóso)* adj. fogoso, ardiente.

fodera *(fódera)* f. forro.

foderare *(foderáre)* tr. forrar.

foglia *(fóllia)* f. hoja.

fogliame *(folliáme)* m. follaje.

foglio *(fólio)* m. folio; hoja; lámina.

folgorante *(folgoránte)* adj. fulgurante.

folgorare *(folgoráre)* itr. fulgurar.

folgore *(fólgore)* m. fulgor; rayo.

folla *(fól-la)* f. muchedumbre, gentío.

folle *(fól-le)* adj. loco.

follia *(fol-lía)* f. locura.

fomentare *(fomentáre)* tr. fomentar.

fomentazione *(fomentadsióne)* f. fomento.

fomento *(foménto)* m. estímulo, fomento.

FONDERE

INFINITO Presente: fondere. **Passato:** avere fuso. **GERUNDIO Semplice:** fondendo. **Composto:** avendo fuso. **PARTICIPIO Presente:** fondente. **Passato:** fuso. **INDICATIVO Presente:** io fondo, tu fondi, **egli** fonde: **noi** fondiamo, **voi** fondete, **essi** fondono. **Passato prossimo:** ho fuso, hai fuso, ha fuso; abbiamo fuso, avete fuso, hanno fuso. **Imperfetto:** fondevo, fondevi, fondeva; fondevamo, fondevate, fondevano. **Trapassato prossimo:** avevo fuso, avevi fuso, aveva fuso; avevamo fuso, avevate fuso, avevano fuso. **Passato remoto:** fusi, fondesti, fuse; fondemmo, fondeste, fusero. **Trapassato remoto:** ebbi fuso, avesti fuso, ebbe fuso; avemmo fuso, aveste fuso, ebbero fuso. **Futuro semplice:** fonderò, fonderai, fonderà; fonderemo, fonderete, fonderanno.

Futuro anteriore: avrò fuso, avrai fuso, avrà fuso; avremo fuso, avrete fuso, avranno fuso. **CONDIZIONALE Presente:** fonderei, fonderesti, fonderebbe; fonderemmo, fondereste, fonderebbero. **Passato:** avrei fuso, avresti fuso, avrebbe fuso; avremmo fuso, avreste fuso, avrebbero fuso. **CONGIUNTIVO Presente:** fonda, fonda, fonda; fondiamo, fondiate, fondano. **Imperfetto:** fondessi, fondessi, fondesse; fondessimo, fondeste, fondessero. **Passato:** abbia fuso, abbia fuso, abbia fuso; abbiamo fuso, abbiate fuso, abbiano fuso. **Trapassato:** avessi fuso, avessi fuso, avesse fuso; avessimo fuso, aveste fuso, avessero fuso. **IMPERATIVO Presente:** fondi **tu,** fonda **egli;** fondiamo **noi,** fondete **voi,** fondano **essi.**

fondamentale *(fondamentále)* adj. fundamental.

fondamento *(fondaménto)* m. fundamento.

fondare *(fondáre)* tr. fundar; establecer.

fondarsi *(fondársi)* rfl. fundarse.

fondatore *(fondatóre)* m. fundador.

fondazione *(fondadsióne)* f. fundación; base; cimiento.

fondere *(fóndere)* tr. fundir.

fonderia *(fonderia)* f. fundición.

fondo *(fóndo)* adj. hondo. **piatto — plato sopero. m.** fondo (en todas sus acepciones); terreno.

fontana *(fontána)* f. fuente.

fontaniere *(fontaniére)* m. fontanero.

fonte *(fónte)* f. fuente, manantial; principio, origen. **— battesimale** pila del bautismo.

foraggio *(forátyio)* m. forraje.

forare *(foráre)* tr. horadar, barrenar.

forbici *(fórbichi)* f. pl. tijeras.

forbire *(forbíre)* tr. limpiar.

forbitezza *(forbitétsa)* f. limpieza.

forca *(fórca)* f. horca.

forchella *(forchél-la)* f. horquilla.

forchetta *(forkétta)* f. tenedor.

forchettone *(forkettóne)* m. trinchante.

foresta *(forésta)* f. floresta.

forestale *(forestále)* adj. forestal.

forestiero *(forestiéro)* m. forastero, extranjero.

forfora *(fórfora)* f. caspa.

forma *(fórma)* f. forma, horma; modo.

formaggino *(formatyíno)* m. queso (en porciones).

formaggio *(formátyio)* m. queso.

formale *(formále)* adj. formal.

formalità *(formalitá)* f. formalidad.

formare *(formáre)* tr. formar.

formato *(formáto)* m. formato.

formazione *(formadsióne)* f. formación.

formella *(formél-la)* f. baldosa.

formica *(formíca)* f. hormiga.

formicaio *(formicáio)* m. hormiguero.

formula *(fórmula)* f. fórmula.

formulare *(formuláre)* tr. formular.

formulario *(formulário)* m. formulario.

fornace *(fornáche)* f. (alto) horno.

fornaio *(fornáio)* m. panadero.

fornello *(fornél-lo)* m. hornillo.

fornire *(forníre)* tr. proveer.

fornitore *(fornitóre)* m. proveedor. [sión.

fornitura *(fornitúra)* f. provi-

forno *(fórno)* m. horno.

foro *(fóro)* m. foro; tribunal; agujero. **— della chiave** ojo de la cerradura.

forse *(fórse)* adv. quizás.

forte *(fórte)* adj. fuerte, firme.

fortezza *(fortétsa)* f. fortaleza.

fortificare *(fortificáre)* tr. fortificar.

fortificazione *(fortificadsióne)* f. fortificación.

fortuito *(fortúito)* adj. fortuito.

fortume *(fortúme)* m. acidez, acedía, agrura.

fortuna *(fortúna)* f. destino, azar; riqueza, fortuna.

fortunato *(fortunáto)* adj. afortunado.

forza *(fórdsa)* f. fuerza, poder, ímpetu.

forzare *(fordsáre)* tr. forzar.

fosforo *(fósforo)* m. fósforo.

fossa *(fóssa)* f. foso, zanja; fosa.

fossato *(fossáto)* m. acequia.

fotografare *(fotografáre)* tr. fotografiar.

fotografia *(fotografía)* f. fotografía.

fotografo *(fotógrafo)* m. fotógrafo.

fra *(fra)* prep. en, en medio de, dentro de.

fracasso *(fracásso)* m. alboroto; (fig.) muchedumbre, multitud.

fradicio *(fradíchio)* adj. mojado; podrido, estropeado; **ubriaco** — borracho como una cuba.

fragile *(frádyile)* adj. frágil.

fragilità *(fradyilitá)* f. fragilidad. [sa.

fragola *(frágola)* f. (bot.) fre-

fragore *(fragóre)* m. fragor.

fragoroso *(fragoróso)* adj. fragoroso.

fragrante *(fragránte)* adj. fragante. [gancia.

fragranza *(fragrándsa)* f. fra-

frammento *(framménto)* m. fragmento.

frana *(frána)* f. desprendimiento; precipicio.

franare *(franáre)* itr. derrumbarse.

francare *(francáre)* tr. franquear.

francatura *(francatúra)* f. franqueo.

francese *(franchése)* adj. y m. francés.

franchezza *(frankétsa)* f. franqueza. [quicia.

franchigia *(frankídyia)* f. fran-

franco *(fránco)* adj. franco, libre. adj. y m. francés. m. franco (moneda).

francobollo *(francobóllo)* m. sello de correos.

frangere *(frándyere)* tr. romper.

——————— FRANGERE ———————

frangendo. **Composto:** avendo franto. PARTICIPIO **Presente:** frangente. **Passato:** franto. INDICATIVO **Presente: io** frango, **tu** frangi, **egli** frange; **noi** frangiamo, **voi** frangete, **essi** frangono. **Passato prossimo:** ho franto, hai franto, ha franto; abbiamo franto, avete franto, hanno franto. **Imperfetto:** frangevo, frangevi, frangeva; frangevamo, frangevate, frangevano. **Trapassato prossimo:** avevo franto, avevi franto, aveva franto; avevamo franto, avevate franto, avevano franto. **Passato remoto:** fransi, frangesti, franse; frangemmo, frangeste, fransero. **Trapassato remoto:** ebbi franto, avesti franto, ebbe franto; avemmo franto, aveste franto, ebbero franto. **Futuro semplice:** frangerò, frangerai, frangerà; frangeremo, frangerete, frangeranno. **Futuro anteriore:** avrò franto, avrai franto, avrà franto; avremo franto, avrete franto, avrammo franto. CONDIZIONALE **Presente:** frangerei, frangeresti, frangerebbe; frangeremmo, frangereste, frangerebbero. **Passato:** avrei franto, avresti franto, avrebbe franto; avremmo franto, avreste franto, avrebbero franto. CONGIUNTIVO **Presente:** franga, franga, franga; frangiamo, frangiate, frangano. **Imperfetto:** frangessi, frangessi, frangesse; frangessimo, frangeste, frangessero. **Passato:** abbia franto, abbia franto, abbia franto; abbiamo franto, abbiate franto, abbiano franto. **Trapassato:** avessi franto, avessi franto, avesse franto; avessimo franto, aveste franto, avessero franto. IMPERATIVO **Presente:** frangi **tu,** franga **egli;** frangiamo **noi,** fragete **voi,** fragano essi.

frase *(fráse)* f. frase.

frastornare *(frastornáre)* tr. trastornar.

frastorno *(frastórno)* m. trastorno.

frastuono *(frastuóno)* m. griterío, alboroto.

frate *(fráte)* m. (rel.) fraile, fray.

fratellanza *(fratel-lándsa)* f. hermandad; fraternidad.

fratello *(fratél-lo)* m. hermano.

fraterno *(fratérno)* adj. fraterno.

frattanto *(frattánto)* adv. entretanto.

frattempo *(frattémpo)* m. intervalo.

frattura *(frattúra)* f. fractura.

fratturare *(fratturáre)* tr. fracturar.

fraude *(fráude)* m. fraude.

fraudolento *(fraudolénto)* adj. fraudulento.

frazionare *(fradsionáre)* tr. fraccionar.

frazione *(fradsióne)* f. fracción.

freccia *(frétchia)* f. flecha.

frecciare *(fretchiáre)* tr. flechar.

freddare *(freddáre)* tr. enfriar; matar.   [friarse.

freddarsi *(freddársi)* rfl. enfreddo *(fréddo)* adj. y m. frío.

fregagione *(fregadyióne)* f. fricción.

fregare *(fregáre)* tr. fregar; restregar; frotar; engañar.

fremere *(frémere)* itr. estremecerse, temblar.

fremito *(frémito)* m. estremecimiento, temblor; rugido.

frenare *(frenáre)* tr. frenar; refrenar, reprimir.

frenarsi *(frenársi)* rfl. contenerse.

freno *(fréno)* m. freno.

frequentare *(frekuentáre)* itr. frecuentar.

frequente *(frekuénte)* adj. frecuente.

frequenza *(frekuéndsa)* f. frecuencia.

freschezza *(freskétsa)* f. frescura.

fresco *(frésco)* adj. y m. fresco.

fretta *(frétta)* f. prisa.

friggere *(frítyere)* tr. freír. itr. chirriar; roerse, consumirse.

frigorifero *(frigorífero)* m. nevera, frigorífico.

frittata *(frittáta)* f. tortilla.

————— **FRIGGERE** —————

INFINITO Presente: friggere. **Passato:** avere fritto. **GERUNDIO Semplice:** friggendo. **Composto:** avendo fritto. **PARTICIPIO Presente:** friggente. **Passato:** fritto. **INDICATIVO Presente: io** friggo, **tu** friggi, **egli** frigge; **noi** friggiamo, **voi** friggete, **essi** friggono. **Passato prossimo:** ho fritto, hai fritto, ha fritto; abbiamo fritto, avete fritto, hanno fritto. **Imperfetto:** friggevo, friggevi, friggeva; friggevamo, friggevate, friggevano. **Trapassato prossimo:** avevo fritto, avevi fritto, aveva fritto; avevamo fritto, avevate fritto, avevano fritto. **Passato remoto:** frissi, friggesti, frisse; friggemmo, friggeste, frissero. **Trapassato remoto:** ebbi fritto, avesti fritto, ebbe fritto; avemmo fritto, aveste fritto, ebbero fritto. **Futuro semplice:** friggerò, friggerai, friggerà; friggeremo, friggerete, friggeranno. **Futuro anteriore:** avrò fritto, avrai fritto, avrà fritto; avremo fritto, avrete fritto, avranno fritto. **CONDIZIONALE Presente:** friggerei, friggeresti, friggerebbe; friggeremmo, friggereste, friggerebbero. **Passato:** avrei fritto, avresti fritto, avrebbe fritto; avremmo fritto, avreste fritto, avrebbero fritto. **CONGIUNTIVO Presente:** frigga, frigga, frigga; friggiamo, friggiate, friggano. **Imperfetto:** friggessi, friggessi, friggesse; friggessimo, friggeste, friggessero. **Passato:** abbia fritto, abbia fritto, abbia fritto; abbiamo fritto, abbiate fritto, abbiano fritto. **Trapassato:** avessi fritto, avessi fritto, avesse fritto; avessimo fritto, aveste fritto, avessero fritto. **IMPERATIVO Presente:** friggi tu, frigga egli; friggiamo noi, friggete voi, friggano essi.

---

frittella *(frittél-la)* f. buñuelo.

fritto *(frítto)* adj. y m. frito.

frittura *(frittúra)* f. fritada.

frivolezza *(frivolétsa)* f. frivolidad.

frivolo *(frívolo)* adj. frívolo, trivial.

frizione *(fridsióne)* f. fricción; (mec.) rozamiento; (técn.) embrague.

frodare *(frodáre)* tr. defraudar.

frode *(fróde)* m. engaño, fraude.

frodo *(fródo)* m. contrabando. **cacciatore di —** cazador furtivo.

fronte *(frónte)* f. frente; frontis; (mil.) frente.

frontiera *(frontiéra)* f. frontera.

frontone *(frontóne)* m. frontón.

frumento *(fruménto)* m. (bot.) trigo.

frumentone *(frumentóne)* m. (bot.) maíz.

frusta *(frústa)* f. látigo, fusta.

frustare *(frustáre)* tr. azotar.

frustata *(frustáta)* f. latigazo.

frutta *(frútta)* f. fruta.

fruttare *(fruttáre)* tr. e itr. fructificar.

frutteto *(fruttéto)* m. huerto (frutal).

fruttifero *(fruttífero)* adj. fructífero.

frutto *(frútto)* m. fruto.

fucilare *(fuchiláre)* tr. fusilar.

fucilazione *(fuchiladsióne)* f. fusilamiento.

fucile *(fuchíle)* m. fusil.

fucina *(fuchína)* f. fragua.

fucinare *(fuchináre)* tr. forjar.

fuga *(fúga)* f. fuga.

fugace *(fugáche)* adj. fugaz.

fugacità *(fugachitá)* f. fugacidad.

fugare *(fugáre)* tr. ahuyentar.

fuggevole *(futvévole)* adj. fugaz.

fuggire *(futyíre)* itr. huir. tr. evitar.

fulgore *(fulgóre)* m. fulgor.

fuliggine *(fulítyne)* f. hollín.

fulminante *(fulminánte)* adj. y m. fulminante. m. fósforo.

fulminare *(fulmináre)* tr. fulminar.

fulminazione *(fulminadsióne)* f. fulminación.

fulmine *(fúlmine)* m. rayo.

fumaiuolo *(fumaiuólo)* f. chimenea.

fumare *(fumáre)* itr. exhalar vapores. tr. fumar.

fumatore *(fumatóre)* m. fumador.

fumo *(fúmo)* m. humo.

fune *(fúne)* m. soga, maroma, cuerda.

funebre *(fúnebre)* adj. fúnebre.

funerale *(funerále)* m. funeral.

funesto *(funésto)* adj. funesto.

fungo *(fúngo)* m. (bot.) hongo, seta. nicular.

funicolare *(funicoláre)* m. funivia *(funivía)* m. teleférico.

funzionare *(fundsionáre)* itr. funcionar.

funzionario *(fundsionário)* m. funcionario.

funzione *(fundsióne)* f. función; cargo; (rel.) acto.

fuoco *(fúoco)* m. fuego.

fuori *(fúori)* adv. y prep. fuera, afuera; excepto.

fuoriuscito *(fuoriuschíto)* adj. y m. exiliado.

furberia *(furbería)* f. astucia; trampa.

furbo *(fúrbo)* adj. astuto. m. pícaro.

furgoncino *(furgonchíno)* m. furgoneta.

furgone *(furgóne)* m. furgón; camión.

furia *(fúria)* f. furia, furor.

furibondo *(furibóndo)* adj. furibundo.

furioso *(furióso)* adj. furioso.

furto *(fúrto)* m. hurto.

fusione *(fusióne)* f. fusión.

fuso *(fúso)* m. huso. adj. fundido.

fusto *(fústo)* m. tallo; fuste (de columna); armadura; tronco (de la persona).

futile *(fútile)* adj fútil, frívolo.

futilità *(futilitá)* f. futilidad.

futuro *(futúro)* adj. futuro.

gabbia *(gábbia)* f. jaula; (náut.) gavia; caja.

gabbiano *(gabbiáno)* m. (orn.) gaviota.

gabella *(gábel-la)* f. impuesto.

gabellare *(gabel-láre)* tr. gravar.

gabellotto *(gabel-lóto)* m. aduanero.

gabinetto *(gabinétto)* m. gabinete; retrete.

gagliardia *(galliardía)* f. gallardía; vigor.

gagliardo *(galliárdo)* adj. gallardo.

gaio *(gáio)* adj. alegre.

galante *(galánte)* adj. galante.

galanteggiare *(galantetyiáre)* itr. cortejar.

galanteria *(galantería)* f. galantería.

galera *(galéra)* f. (náut.) galera; prisión.

galla *(gál-la)* f. ampolla; tumor; agalla. **a — a** flote. **stare a — quedar a flote.**

gallare *(gal-láre)* itr. quedar a flote; alegrarse.

galleggiante *(gal-letyiánte)* adj. flotante. m. barco.

galleggiare *(gal-letyiáre)* itr. flotar.

galleria *(gal-lería)* f. galería, túnel; socavón; museo (de pintura).

gallina *(gal-lína)* f. (orn.) gallina.

gallinaccio *(gal-linátchio)* m. (orn.) pavo común.

gallinaio *(gal-lináio)* m. gallinero.

gallo *(gál-lo)* m. (orn.) gallo.

gallone *(gal-lóne)* m. galón.

galoppare *(galoppáre)* itr. galopar.

gamba *(gamba)* f. (anat.) pierna; pata (de mesa, de animal). **uomo in — persona fuerte.**

gambero *(gámbero)* m. cangrejo; disparate.

gancio *(gánchio)* m. gancho, garfio; presilla.

gara *(gára)* f. concurso; carrera.

garante *(garánte)* adj. y m. garante, fiador. [tía.

garanzia *(garandsía)* f. garan-

gareggiare *(garetyiáre)* itr. competir, rivalizar.

garitta *(garítta)* f. garita.
gargarizzare *(gargaritsáre)* itr. gargarizar.
garofano *(garófano)* m. (bot.) clavel; clavo (especia).
garzone *(gardsóne)* m. mozo; aprendiz.
gas *(gas)* m. gas.
gasosa *(gasósa)* f. gaseosa.
gatta *(gátta)* f. gata.
gatto *(gátto)* m. (zool.) gato.
gattoni *(gattóni)* adv. a gatas.
gazza *(gátsa)* f. (orn.) garza.
gazzetta *(gatsétta)* f. gaceta.
gelare *(dyeláre)* tr. helar. itr. helarse, helar.
gelata *(dyeláta)* f. helada.
gelateria *(dyelatería)* f. fábrica de helados.
gelato *(dyeláto)* adj. helado. m. helado, sorbete.
gelone *(dyelóne)* m. sabañón.
gelosia *(dyelosía)* f. celos; celosía, persiana.
geloso *(dyelóso)* adj. celoso.
gelso *(dyélso)* m. (bot.) morera.
gelsomino *(dyelsomíno)* m. (bot.) jazmín.
gemello *(dyemél-lo)* adj. gemelo, mellizo.
gemere *(dyémere)* itr. gemir, llorar; arrullar (las palomas o las tórtolas).
gemito *(dyémito)* m. gemido.
gemma *(dyémma)* f. piedra preciosa gema, yema.
generale *(dyenerále)* adj. general, universal. m. (mil.) general.
generalizzare *(dyeneralitsáre)* tr. e itr. generalizar.
generare *(dyneráre)* tr. engendrar, producir.
generatore *(dyeneratóre)* adj. m. generador.
generazione *(dyeneradsióne)* f. generación.
genere *(dyénere)* m. género; clase.

generi *(dyéneri)* m. pl. géneros.
generico *(dyenérico)* adj. genérico.

──────── **Il genere** ────────

En italiano existen dos géneros: el masculino y el femenino, habiendo desaparecido por completo el género neutro.
● Suelen ser masculinos los nombres terminados en *o* (excepto *mano, radio* y alguna otra) y algunos terminados en *e, i* (*padre, domani*). Suelen ser femeninos los terminados en *a* (excepto *poeta, planeta* y otros) y algunos terminados en *e, i* (*madre, uri*).
● Como en español, el femenino se forma, por regla general cambiando en *a* la *o, e, i* de la terminación; cambiando la terminación *tore* en *trice* (*attore - attrice*); forman un sufijo en *essa* algunos nombres de cargos, honores, etc., (*barone - baronessa*); existen femeninos completamente irregulares (*uono, donna*).
● Hay que tener en cuenta que muchos nombres que en español son masculinos en italiano son femeninos y viceversa (*la sentinella, il fiore*).

genero *(dyénero)* m. yerno.
generosita *(dyenerositá)* f. generosidad.
generoso *(dyeneróso)* adj. generoso.
gengiva *(dyendyíva)* f. (anat.) encía.
geniale *(dyeniále)* adj. genial.
geniere *(dyeniére)* m. (mil.) ingeniero.
genio *(dyénio)* m. genio; (mil.) cuerpo de ingenieros.
genitivo *(dyenitívo)* adj. genitivo.
genitori *(dyenitóri)* m. pl. padres.
gennaio *(dyennáio)* m. enero.
gente *(dyénte)* f. gente.
gentile *(dyentíle)* adj. gentil.

gentilezza *(dyentilétsa)* f. gentileza.

gentiluomo *(dyentiluómo)* m. gentilhombre.

genuinità *(dyenuinitá)* f. pureza.

genuino *(dyenuíno)* adj. genuino, natural.

geografia *(dyeografía)* f. geografía.

geologia *(dyeolodyía)* f. geología.

geometria *(dyeometría)* f. geometría.

gerente *(dyerénte)* m. gerente.

gerenza *(dyeréndsa)* f. gerencia, dirección.

gergo *(dyérgo)* m. jerga.

germe *(dyérme)* m. germen.

germinare *(dyermináre)* itr. germinar.

germinazione *(dyerminadsióne)* f. germinación.

germine *(dyérmine)* f. germen.

germogliare *(dyermolliáre)* itr. germinar.

germoglio *(dyermóllio)* m. brote, yema.

gessare *(dyessáre)* tr. enyesar.

gesso *(dyésso)* m. yeso.

gestione *(dyestióne)* f. gestión.

gestire *(dyestíre)* itr. gesticular; gestionar, administrar.

gesto *(dyesto)* m. gesto.

gettare *(dyettáre)* tr. echar. itr. brotar (las plantas).

getto *(dyétto)* m. lanzamiento, tiro; fundición; chorro; brote (de plantas).

gettone *(dyettóne)* m. ficha (de teléfono, etc.), contraseña. [vera.

ghiacciaia *(guiatchiáia)* f. nevera.

ghiacciaio *(guiatchiáio)* m. glaciar.

ghiacciare *(guiatchiáre)* tr. e itr. congelar, helar.

ghiaccio *(guiátchio)* m. hielo.

ghiacciolo *(guiatchiólo)* m. carámbano; polo (helado).

ghiaia *(guiáia)* f. grava, cascajo.

ghianda *(guiánda)* f. (bot.) bellota.

ghiotto *(guiótto)* adj. glotón; (fig.) ávido. m. tragón.

ghiottoneria *(guiottonería)* f. glotonería.

ghirlanda *(guirlánda)* f. guirnalda.

ghisa *(guísa)* f. fundición.

già *(dyiá)* adv. ya; en otro tiempo.

giacca *(dyácca)* f. chaqueta, americana.

giacché *(dyiakké)* conj. ya que, pues que.

giacere *(dyiachére)* itr. yacer.

——— **GIACERE** ———

INFINITO Presente: giacere. **Passato:** essere giaciuto. **GERUNDIO Semplice:** giacendo. **Composto:** essendo giaciuto. **PARTICIPIO Presente:** giacente. **Passato:** giaciuto. **INDICATIVO Presente:** io giaccio, **tu** giaci, **egli** giace; **noi** giaciamo o giacciamo, **voi** giacete, **essi** giacciono o giaciono. **Passato prossimo:** sono giaciuto-a, sei giaciuto-a, è giaciuto-a; siamo giaciuti-e, siete giaciuti-e, sono giaciuti-e. **Imperfetto:** giacevo, giacevi, giaceva; giacevamo, giacevate, giacevano. **Trapassato prossimo:** ero giaciuto-a, eri giaciuto-a, era giaciuto-a; eravamo giaciuti-e, eravate giaciuti-e, erano giaciuti-e. **Passato remoto:** giacqui, giacesti, giacque; giacemmo, giaceste, giacquero. **Trapassato remoto:** fui giaciuto-a, fosti giaciuto-a, fu giaciuto-a; fummo giaciuti-e, foste giaciuti-e, furono giaciuti-e. **Futuro semplice:** giacerò, giacerai, giacerà; giaceremo, giacerete, giaceranno. **Futuro anteriore:** sarò giaciuto-a, sarai giaciuto-a, sarà giaciuto-a; saremo giaciuti-e, sarete giaciuti-e, saranno giaciuti-e. **CONDIZIONALE Presente:** giacerei, giaceresti, giacerebbe; giaceremmo, giacereste, giacerebbero. **Passato:** sarei giaciuto-a, saresti giaciuto-a, sarebbe giaciuto-a; saremmo giaciuti-e, sareste giaciuti-e, sarebbero giaciuti-e. **CONGIUNTIVO Presente:** giaccia, giaccia, giaccia; giaciamo o giacciamo, giaciate o giacciate, giaciano. **Imperfetto:** giacessi, giaessi, giacesse; giacessimo, giaceste, giaessero. **Passato:** sia giaciuto-a, sia giaiuto-a, sia giaciuto-a; siamo giaciuti-e, iate giaciuti-e, siano giaciuti-e. **Trapasato:** fossi giaciuto-a, fossi giaciuto-a, osse giaciuto-a; fossimo giaciuti-e, foste iaciuti-e, fossero giaciuti-e. **IMPERA-TIVO Presente:** giaci **tu,** giaccia **egli;** iaciamo o giacciamo **noi,** giacete **voi,** iacciano **essi.**

iallastro *(dyial-lástro)* adj. amarillento.
iallo *(dyiál-lo)* adj. amarillo.
iammai *(dyiámmai)* adv. jamás, nunca.
iardinaggio *(dyiardinátyio)* m. jardinería.
iardino *(dyiardíno)* m. jardín.
iarrettiera *(dyarrettiéra)* f. liga (para medias).
igante *(dyigánte)* adj. y m. gigante.
iglio *(dyíllio)* m. (bot.) lirio, azucena.
inepraio *(dyinepráio)* m. (bot.) enebral; embrollo.
inepro *(dyinépro)* m. (bot.) enebro.
innasio *(dyinnásio)* m. gimnasio.
innastica *(dyinnástica)* f. gimnasia.
inocchio *(dyinókkio)* m. (anat.) rodilla. **in —** de rodillas.
inocchioni *(dyinokkióni)* adv. de rodillas.
iocare *(dyiocáre)* itr. jugar.
iocata *(dyiocáta)* f. jugada.
iocatore *(dyiocatóre)* m. jugador.   [guete.
iocattolo *(dyiocáttolo)* m. ju-
iocondità *(dyiocondità)* f. alegría.
iocondo *(dyiocóndo)* adj. alegre.
iogo *(dyiógo)* m. yugo.
ioia *(dyióia)* f. alegría; joya.
ioielleria *(dyioiel-lería)* f. joyería.

gioielliere *(dyioiel-liére)* m. joyero.
gioiello *(dyioiél-lo)* m. joya.
gioioso *(dyioióso)* adj. alegre.
gioire *(dyioíre)* itr. alegrarse.
giornalaio *(dyiornaláio)* m. vendedor de periódicos.
giornale *(dyiornále)* m. periódico, diario.
giornaliero *(dyiornaliéro)* m. jornalero.
giornalista *(dyiornalísta)* m. periodista.
giornata *(dyiornáta)* f. jornada; jornal; día.
giorno *(dyiórno)* m. día **buon —!** ¡buenos días!
giostra *(dyióstra)* f. torneo, justa.
giovane *(dyióvane)* adj. y m. f. joven.
giovanezza *(dyiovanétsa)* f. juventud.
giovanile *(dyiovaníle)* adj. juvenil.
giovare *(dyiováre)* itr. ayudar; ser útil. tr. ayudar; ser oportuno.
giovarsi *(dyiovársi)* rfl. servirse, valerse.
giovedí *(dyiovedí)* m. jueves.
giovenca *(dyiovénca)* m. ternera.
giovenco *(dyovénco)* m. ternero.
gioventù *(dyioventú)* f. juventud.
giovevole *(dyiovévole)* adj. útil.
gioviale *(dyioviále)* adj. jovial.
giovialità *(dyiovialitá)* f. jovialidad.
giovine *(dyióvine)* adj. y m. joven.
giovinezza *(dyiovinétsa)* f. juventud.

——————— **GIUNGERE** ———————

INFINITO Presente: giungere. **Passato** essere giunto. **GERUNDIO Semplice** giungendo. **Composto:** essendo giunto **PARTICIPIO Presente:** giungente. **Passa** to: giunto. **INDICATIVO Presente: i** giungo, **tu** giungi, **egli** giunge; **noi giur** giamo, **voi** giungete, **essi** giungono. **Pas** sato prossimo: sono giunto-a, sei giur to-a, è giunto-a; siamo giunti-e, siet giunti-e, sono giunti-e. **Imperfetto:** giur gevo, giungevi, giungeva; giungevam giungevate, giungevano. **Trapassato pros** simo: ero giunto-a, eri giunto-a, era giur to-a; eravamo giunti-e, eravate giunti-erano giunti-e. **Passato remoto:** giuns giungesti, giunse; giungemmo, giungeste giunsero. **Trapassato remoto:** fui giunto-a fosti giunto-a, fu giunto-a; fummo giu ti-e, foste giunti-e, furono giunti-e. **Fu turo semplice:** giungerò, giungerai, giur gerà; giungeremo, giungerete, giungerar no. **Futuro anteriore:** sarò giunto-a, sar giunto-a, sarà giunto-a; saremo giunti-sarete giunti-e, saranno giunti-e. **COND ZIONALE Presente:** giungerei, giunger st;, giungerebbe; giungeremmo, giunger ste, giungerebbero. **Passato:** sarei giur to-a, saresti giunto-a, sarebbe giunto-saremmo giunti-e, sareste giunti-e, sareb bero giunti-e. **CONGIUNTIVO Presente** giunga, giunga, giunga; giungiamo, giur giate, giungano. **Imperfetto:** giungess giungessi, giungesse; giungessimo, giur geste, giungessero. **Passato:** sia giunto-sia giunto-a, sia giunto-a; siamo giunti-siate giunti-e, siano giunti-e. **Trapassato** fossi giunto-a, fossi giunto-a, fosse giur to-a; fossimo giunti-e, foste giunti-e, fos sero giunti-e. **IMPERATIVO Presente** giungi **tu**, giunga **egli**; giungiamo **no** giungete **voi**, giungano **essi.**

giradischi *(dyiradiski)* m. toca-discos.

girare *(dyiráre)* tr. hacer girar (una rueda); rodear. itr. gi-rar (en torno), dar vueltas; circular; (com.) librar letras de cambio; enviar un giro.

girata *(dyiráta)* f. giro, vuelta; paseo.   [torio.

giratorio *(dyiratório)* adj. gira-

giravolta *(dyiravólta)* f. pirue-ta; giro, vuelta.

giro *(dyíro)* m. jira, paseo; gi-ro; vuelta.

gironzolare *(dyironzsoláre)* itr. vagar.

girovago *(dyiróvago)* adj. y m. vagabundo.

gita *(dyíta)* f. jira, excursión.

giù *(dyiú)* adv. bajo, abajo, de-bajo. **porre —** deponer. **su per —** poco más o menos.

giubba *(dyiúbba)* f. casaca, chaqueta; crines (caballo); melena (león).

giubilare *(dyiubiláre)* itr. ale-grarse. tr. jubilar.

giubilazione *(dyiubiladsióne)* f. jubilación, pensión.

giubilo *(dyiúbilo)* m. júbilo.

giudicare *(dyiudicáre)* tr. juz-gar; creer, pensar.

giudicato *(dyiudicáto)* m. sen-tencia.

giudice *(dyiúdiche)* m. juez; árbitro. **— conciliatore** juez de paz.

giudizio *(dyiudídsio)* m. juicio, sentencia, fallo.

giudizioso *(dyiudidsióso)* adj. juicioso.

giugno *(dyiuño)* m. junio.

giullare *(dyul-láre)* m. juglar.

giunco *(dyiúnco)* m. junco.

giungere *(dyiúndyere)* tr. unir. itr. llegar.

giunta *(dyiúnta)* f. suplemer to; añadidura; junta.

giuntare *(dyiuntáre)* tr. junta

giunto *(dyiúnto)* m. empalme juntura.

giuoco *(dyiuóco)* m. juego.

giuramento *(dyiuraménto)* n juramento; promesa.

giurare *(dyiuráre)* tr. e itr. ji rar; prometer.

giureconsulto *(dyureconsúlte* m. jurisconsulto.

giuria *(dyiuría)* f. jurado.

giuridico *(dyiurídico)* adj. juri dico.

giurisdizione *(dyiurisdidsióne* f. jurisdicción.

giurista *(dyiurísta)* m. jurista.

giuro *(diúro)* m. juramento.

giusta *(dyiústa)* prep. según, conforme a, de conformidad con.

giustapporre *(dyiutappórre)* tr. yuxtaponer.

giustezza *(dyiustétsa)* f. exactitud.

giustificare *(dyiustificáre)* tr. justificar.

giustificazione *(dyiustificadsióne)* f. justificación.

giustizia *(dyiustídsia)* f. justicia, derecho.

giustiziare *(dyiustídsiare)* tr. ajusticiar.

giustiziere *(dyiustidsiére)* m. verdugo; vengador; juez.

giusto *(dyiústo)* adj. justo, lícito. adv. exactamente. — adesso ahora mismo.

glaciale *(glachiále)* adj. glacial.

gladiatore *(gladiatóre)* m. gladiador.

glandula *(glándula)* f. glándula.

gli *(lli)* art. los.

glicerina *(llicherína)* f. glicerina.

globale *(globále)* adj. global.

globo *(glóbo)* m. globo.

gloria *(glória)* f. gloria.

gloriarsi *(gloriársi)* rfl. gloriarse.

glorificare *(glorificáre)* tr. glorificar.

glorioso *(glorióso)* adj. glorioso.

glossa *(glóssa)* f. glosa.

glossare *(glossáre)* tr. glosar.

glutine *(glútine)* f. gluten.

jobba *(góbba)* f. jiba, joroba.

jobbo *(góbbo)* adj. jiboso, jorobado.

joccia *(gótchia)* f. gota. a — a — poco a poco.

jocciare *(gotchiáre)* itr. gotear. tr. verter gota a gota.

jocciola *(gótchiola)* f. gota.

gocciolare *(gotchioláre)* itr. gotear. tr. verter gota a gota.

gocciolatoio *(gotchiolatóio)* m. gotera; cuentagotas.

godere *(godére)* itr. gozar; tener.

——————— GODERE ———————

INFINITO Presente: godere. Passato: avere goduto. GERUNDIO Semplice: godendo. Composto: avendo goduto. PARTICIPIO Presente: godente o gaudente. Passato: goduto. INDICATIVO Presente: io godo, tu godi, egli gode; noi godiamo, voi godete, essi godono. Passato prossimo: ho goduto, hai goduto, ha goduto; abbiamo goduto, avete goduto, hanno goduto. Imperfetto: godevo, godevi, godeva; godevamo, godevate, godevano. Trapassato prossimo: avevo goduto, avevi goduto, aveva goduto; avevamo goduto, avevate goduto, avevano goduto. Passato remoto: godei o godetti, godesti, godè o godette; godemmo, godeste, goderono o godettero. Trapassato remoto: ebbi goduto, avesti goduto, ebbe goduto; avemmo goduto, aveste goduto, ebbero goduto. Futuro semplice: godrò, godrai, godrà; godremo, godrete, godranno. Futuro anteriore: avrò goduto, avrai goduto, avrà goduto; avremo goduto, avrete goduto, avranno goduto. CONDIZIONALE Presente: godrei, godresti, godrebbe; godremmo, godreste, godrebbero. Passato: avrei goduto, avresti goduto, avrebbe goduto; avremmo goduto, avreste goduto, avrebbero goduto. CONGIUNTIVO Presente: goda, goda, goda; godiamo, godiate, godano. Imperfetto: godessi, godessi, godesse; godessimo, godeste, godessero. Passato: abbia goduto, abbia goduto, abbia goduto; abbiamo goduto, abbiate goduto, abbiano goduto. Trapassato: avessi goduto, avessi goduto, avesse goduto; avessimo goduto, aveste goduto, avessero goduto. IMPERATIVO Presente: godi tu, goda egli; godiamo noi, godete voi, godano essi.

godimento *(godiménto)* m. placer; goce, disfrute.

goffaggine *(goffátyine)* f. grosería. [ro.

goffo *(góffo)* adj. y m. grose-

gola *(góla)* f. garganta; cañón.

golfo *(gólfo)* m. golfo.

golosità *(golositá)* f. golosina; gula.

goloso *(golóso)* adj. goloso.

gomitata *(gomitáta)* f. codazo.

gomito *(gómito)* m. (anat.) codo.

gomma *(gómma)* f. goma; neumático.

gondola *(góndola)* f. góndola.

gondoliere *(gondoliére)* m. gondolero.

gonfalone *(gonfalóne)* m. estandarte, bandera.

gonfiare *(gonfiáre)* tr. inflar, hinchar.

gonfiatura *(gonfiatúra)* f. hinchazón.

gonna *(gónna)* f. falda.

gorgheggiare *(gorguetyiare)* itr. gorjear.

gorgheggio *(gorguétyio)* m. gorjeo.

gorgia *(górdyia)* f. garganta.

gorgiera *(gordyiéra)* f. gorguera, gola; garganta.

gorgo *(górgo)* m. remolino.

gorgogliare *(gorgolliáre)* itr. borbollar (el agua).

gorilla *(goríl-la)* m. gorila.

gotico *(gótico)* adj. y m. gótico.

gotta *(gótta)* f. (med.) gota.

governante *(governánte)* adj. gobernante. f. aya, institutriz.

governare *(governáre)* tr. e itr. gobernar.

governatore *(governatóre)* m. gobernador.

governo *(govérno)* m. gobierno; dirección.

gozzo *(gótso)* m. bocio; buche.

gracchia *(grákkia)* f. (zool.) corneja.

gracchiare *(grakkiáre)* itr. graznar.

gracile *(gráchile)* adj. grácil.

gracilità *(grachilitá)* f. gracilidad, delicadeza.

gradare *(gradáre)* tr. graduar

gradazione *(gradadsióne)* f graduación.

gradimento *(gradiménto)* m agrado.

gradino *(gradíno)* m. peldaño escalón.

gradire *(gradíre)* tr. agradecer aceptar.

gradito *(gradíto)* adj. grato.

grado *(grádo)* m. grado; peldaño; categoría. di buon — de buena gana. esser in — ser capaz.

graduale *(graduále)* adj. gradual.

graduare *(graduáre)* tr. graduar.

graduazione *(graduadsióne)* f graduación.

graffiare *(graffiáre)* tr. arañar

graffio *(gráffio)* m. arañazo.

grafite *(grafíte)* f. grafito.

grammatica *(grammática)* f gramática.

grammatico *(grammático)* m gramático.

grammo *(grámmo)* m. gramo

grammofono *(grammófono)* m gramófono.

grana *(grána)* f. grana, grano; fastidio, inconveniente; dinero. m. queso de Parma.

granaio *(granáio)* m. granero

granata *(granáta)* f. granada; bomba; escoba; granate.

granato *(granáto)* m. granate

granchio *(gránkio)* m. cangrejo; langosta; calambre; (fig.) equivocación.

grande *(gránde)* adj. grande.

grandezza *(grandétsa)* f. grandeza; magnitud.

grandinare *(grandináre)* itr granizar.

grandinata *(grandináta)* f. granizada.

grandine *(grándine)* m. granizo.

grandiosità *(grandiositá)* f. grandiosidad.

granello *(granél-lo)* m. gránulo.

grano *(gráno)* m. grano; trigo.

granone *(granóne)* m. (bot.) maíz.   [maíz.

granturco *(grantúrco)* m. (bot.)

grappa *(gráppa)* f. grapa; aguardiente.

grappolo *(gráppolo)* m. racimo (de uva).

grassello *(grassél-lo)* m. pedazo de grasa.

grasso *(grasso)* adj. gordo, grasiento. m. grasa, manteca.

grata *(gráta)* f. reja, rejilla.

gratella *(gratél-la)* f. parrilla.

graticcio *(grtítchio)* m. enrejado.

graticola *(graticola)* f. rejilla; parrilla.

graticolare *(graticoláre)* tr. enrejar; asar.

gratificare *(gratificáre)* tr. gratificar.

gratificazione *(gratificadsióne)* f. gratificación.

gratis *(grátis)* adv. gratis.

gratitudine *(gratitúdine)* f. gratitud.

grato *(gráto)* adj. agradecido; agradable.

grattacapo *(grattacápo)* m. preocupación.

grattacielo *(grattachiélo)* m. rascacielos.

grattare *(grattáre)* tr. rascar, rasguñar.   [to.

gratuito *(gratúito)* adj. gratui-

gravare *(graváre)* tr. gravar; embargar. itr. gravitar, pesar.

grave *(gráve)* adj. grave, serio.

gravezza *(gravetsa)* f. peso; gravedad.

gravità *(gravitá)* f. gravedad; seriedad.

gravitare *(gravitáre)* itr. gravitar, pesar.

gravitazione *(gravitadsióne)* f. gravitación.

grazia *(grádsia)* f. gracia; garbo; favor. **grazie!** ¡gracias! **grazie tante** muchas gracias.

graziare *(gradsiáre)* tr. indultar.

grazioso *(gradsióso)* adj. gracioso.

gregge *(grétye)* m. grey.

greggio *(grétyio)* adj. crudo; bruto (materiales).

grembiale *(grembiále)* m. delantal, mandil.

grembo *(grémbo)* m. regazo.

gremire *(gremíre)* tr. llenar.

greppia *(gréppia)* f. pesebre.

gridare *(gridáre)* itr. gritar. tr. reprender, regañar; divulgar.

gridio *(gridío)* m. gritería.

grido *(grído)* m. grito.

grifone *(grifóne)* m. (Zool.) buitre.

grigio *(grídyo)* adj. gris, pardo.

griglia *(gríllia)* f reja.

grillare *(gril-láre)* tr. chirriar.

grillo *(gríl-lo)* m. grillo (insecto); capricho.

grinfia *(grínfia)* f. garra.

grinza *(gríndsa)* f. arruga, pliegue.

grinzoso *(grindsóso)* adj. arrugado.

gronda *(grónda)* f. gotera; canalón; gárgola.

grondaia *(grondáia)* f. gotera, canalera.

grondare *(grondáre)* itr. gotear; manar.

grossa *(gróssa)* f. gruesa (doce docenas).

grossezza *(grossétsa)* f. grosor, tamaño; grosería.

grossista *(grossísta)* m. mercader al por mayor.

grosso *(grosso)* adj. grueso, gordo.

grossolano *(grossoláno)* adj. grosero.

grotta *(grótta)* f. gruta, cueva.

gru *(gru)* f. (orn.) grulla; grúa.

grugnire *(gruñíre)* itr. gruñir.

grugnito *(gruñíto)* m. gruñido.

grugno *(gruño)* m. hocico.

gruppo *(gruppo)* m. grupo.

guadagnare *(guadañáre)* tr. ganar; obtener.

guadagno *(guadáño)* m. ganancia.

guadare *(guadáre)* tr. vadear.

guado *(gúado)* m. vado.

guai *(güái)* itj. ¡ay!; ¡cuidado!

guaio *(guáio)* m. desgracia.

guancia *(guánchia)* f. mejilla.

guanciale *(guanchiále)* m. almohada.

guanto *(guánto)* m. guante.

guardabarriere *(guardabarriére)* m. guardabarreras.

guardaboschi *(guardabóski)* m. guardabosques.

guardare *(guardáre)* tr. mirar, examinar.

guardarsi *(guardársi)* rfl. mirarse; cuidarse; estar en guardia.

guardaroba *(guardaróba)* m. guardarropa.

guardia *(guárdia)* f. guardia; centinela; guarda. —**del fuoco** parque de bomberos. — **medica** puesto sanitario. — **notturna** sereno.

guaribile *(guaríbile)* adj. curable. [ración.

guarigione *(guaridyióne)* f. cu-

guarire *(guaríre)* tr. curar, sanar. itr. curar(se).

guarnigione *(guarnidyióne)* f. (mil.) guarnición.

guarnire *(guarníre)* tr. guarnecer, guarnir; adornar; equipar.

guarnizione *(guarnidsióne)* f. guarnición, adorno; junta.

guastamento *(guastaménto)* m. estrago, daño.

guastare *(guastáre)* tr. dañar, estropear; depravar; ensuciar.

guastarsi *(guastársi)* rfl. estropearse; empeorar.

guasto *(guásto)* m. estrago, daño. adj. dañado, estropeado.

guercio *(güérchio)* adj. y m. bizco.

guerra *(güerra)* f. guerra.

guerreggiare *(güerretyiáre)* itr. combatir, guerrear.

guerriero *(güerriéro)* adj. guerrero. m. guerrero.

gufo *(gúfo)* m. (orn.) búho.

guida *(güída)* f. guía.

guidare *(güidáre)* tr. guiar, dirigir; (náut.) gobernar.

guisa *(güísa)* f. modo.

guscio *(gúschio)* m. cáscara; concha (de moluscos).

gustare *(gustáre)* tr. catar. itr. gustar.

gustatore *(gustatóre)* m. catador; catavinos.

gusto *(gústo)* m. gusto, sabor; agrado.

guttaperca *(guttapérca)* f. gutapercha.

hangar *(ángar)* m. hangar.
harmonium *(armónium)* m. armonio.

hotel *(otél)* m. hotel.
hostess *(óstess)* f. azafata.

i *(i)* art. los.

iarda *(iárda)* f. yarda.

iattanza *(iattándsa)* f. jactancia.

ibrido *(íbrido)* adj. y m. híbrido.

iddio *(iddío)* m. Dios.

idea *(idéa)* f. idea, plan.

ideale *(ideále)* adj. y m. ideal.

idealizzare *(idealitsáre)* tr. idealizar.

ideare *(ideáre)* tr. idear, imaginar.

identificare *(identificáre)* tr. identificar.

identità *(identitá)* f. identidad.

ideologia *(ideolodyía)* f. ideología.

idillico *(idíl-lico)* adj. idílico.

idillio *(idíl-lio)* m. idilio.

idioma *(idióma)* m. idioma.

idolatrare *(idolatráre)* tr. idolatrar.

idolo *(ídolo)* m. ídolo.

idoneità *(idoneitá)* f. idoneidad.

idrogeno *(idródyeno)* m. hidrógeno.

iena *(iéna)* f. (zool.) hiena.

ieri *(iéri)* adv. ayer. — **l'altro** anteayer. — **mattina** ayer por la mañana. — **sera** ayer por la tarde. — **notte** ayer noche.

igiene *(idyiéne)* f. higiene.

igienico *(idyiénico)* adj. higiénico.

ignaro *(iñáro)* adj. ignorante.

ignavia *(iñávia)* f. indolencia.

ignorante *(iñoránte)* adj. y m. ignorante.

ignoranza *(iñorándsa)* f. ignorancia.

ignorare *(iñoráre)* tr. ignorar.

il *(il)* art. el.

ilare *(ílare)* adj. alegre.

ilarità *(ilaritá)* f. alegría.

illanguidimento *(il-langüidiménto)* m. languidez.

illanguidire *(il-langüidíre)* itr. languidecer. tr. debilitar.

illecito *(il-léchito)* adj. ilícito.

illegale *(il-legále)* adj. ilegal.

illeggibile *(il-letyíbile)* adj. ilegible.

illegittimo *(il-ledyíttimo)* adj. ilegítimo.

illudere *(il-lúdere)* tr. ilusionar; burlar, engañar.

──────── ILLUDERE ────────

INFINITO Presente: illudere. **Passato:** avere illuso. **GERUNDIO Semplice:** illudendo. **Composto:** avendo illuso. **PARTICIPIO Presente:** illudente. **Passato:** illuso. **INDICATIVO Presente: io illudo, tu illudi, egli** illude; **noi** illudiamo, **voi** illudete, **essi** illudono. **Passato prossimo:** ho illuso, hai illuso, ha illuso; abbiamo illuso, avete illuso, hanno illuso. **Imperfetto:** illudevo, illudevi, illudeva; illudevamo, illudevate, illudevano. **Trapassato prossimo:** avevo illuso, avevi illuso, aveva illuso; avevamo illuso, avevate illuso, avevano illuso. **Passato remoto:** illusi, illudesti, illuse; illudemmo, illudeste, illusero. **Trapassato remoto:** ebbi illuso, avesti illuso, ebbe illuso; avemmo illuso, aveste illuso, ebbero illuso. **Futuro semplice:** illuderò, illuderai, illuderà; illuderemo, illuderete, illuderanno. **Futuro anteriore:** avrò illuso, avrai illuso, avrà illuso; avremo illuso, avrete illuso, avranno illuso. **CONDIZIONALE Presente:** illuderei, illuderesti, illuderebbe; illuderemmo, illudereste, illuderebbero. **Passato:** avrei illuso, avresti illuso, avrebbe illuso; avremmo illuso, avreste illuso, avrebbero illuso. **CONGIUNTIVO Presente:** illuda, illuda, illuda; illudiamo, illudiate, illudano. **Imperfetto:** illudessi, illudessi, illudesse; illudessimo, illudeste, illudessero. **Passato:** abbia illuso, abbia illuso, abbia illuso; abbiamo illuso, abbiate illuso, abbiano illuso. **Trapassato:** avessi illuso, avessi illuso, avesse illuso; avessimo illuso, aveste illuso, avessero illuso. **IMPERATIVO Presente: illudi tu, illuda egli;** illudiamo **noi,** illudete **voi,** illudano **essi.**

illuminante *(il-luminánte)* adj. luminoso.
illuminare *(il-luminóre)* tr. iluminar; (fig.) instruir.
illuminazione *(il-luminadsióne)* f. iluminación. — **stradale** alumbrado público.
illusione *(il-lusióne)* f. ilusión; espejismo.
illusionista *(il-lusionísta)* m. y f. ilusionista, prestidigitador.
illuso *(il-lúso)* adj. y s. iluso, engañado, chiflado.
illustrazione *(il-lustradsióne)* f. ilustración.
illustrare *(il-lustráre)* tr. ilustrar.
illustre *(il-lústre)* adj. ilustre.

imballaggio *(imbal-látyio)* m. embalaje.
imballare *(imbal-láre)* tr. embalar.
imbalsamare *(imbalsamáre)* tr. embalsamar.
imbarazzare *(imbaratsáre)* tr. embarazar.
imbarazzo *(imbarátso)* m. embarazo, impedimento.
imbarcadero *(imbarcadéro)* m. embarcadero.
imbarcare *(imbarcáre)* tr. embarcar; cargar.
imbarcarsi *(imbarcársi)* rfl. embarcarse.
imbarcazione *(imbarcadsióne)* f. embarcación, barco.
imbarco *(imbárco)* m. embarco, embarque; embarcadero.
imbastire *(imbastíre)* tr. embastar, hilvanar.
imbastitura *(imbastitúra)* f. basta, hilván.
imbecille *(imbechíl-le)* adj. y m. imbécil, tonto.
imbecillità *(imbechil-litá)* f. imbecilidad, necedad.
imbellettamento *(imbel-lettaménto)* m. acicalamiento.
imbellettare *(imbel-lettáre)* tr. acicalar.
imbiancamento *(imbiancaménto)* m. blanqueo.
imbiancare *(imbiancáre)* tr. blanquear, enjalbegar; lavar la ropa.
imbizzarrire *(imbitsarríre)* itr. irritarse.
imbizzire *(imbitsíre)* itr. encolerizarse.
imboccamento *(imboccaménto)* m. embocadura.
imboccare *(imboccáre)* tr. embocar, meterse; enchufar. itr. empalmar.

imboccatura *(imboccatúra)* f. embocadura, boca.

imboscamento *(imboscaménto)* m. emboscada.

imboscare *(imboscáre)* tr. emboscar, ocultar.

imboscata *(imboscáta)* f. emboscada.

imbottigliare *(imbottilliáre)* tr. embotellar.

imbottire *(imbottíre)* tr. embutir; enguatar.

imbottitura *(imbottitura)* f. acolchado.

imbrogliare *(imbrolliáre)* tr. embrollar, enredar, confundir.

imbroglio *(imbróllio)* m. embrollo.

imbronciare *(imbronchiáre)* itr. enfadarse, incomodarse.

imbrunire *(imbrunire)* itr. oscurecerse.

imbucare *(imbucáre)* tr. echar (cartas al buzón); esconder.

imbuto *(imbúto)* m. embudo.

imitare *(imitáre)* tr. imitar; copiar.

imitazione *(imitadsióne)* f. imitación.

immacolata *(immacoláta)* f. la Inmaculada Concepción.

immacolato *(immacoláto)* adj. inmaculado, puro.

immaginare *(immadyináre)* tr. e itr. imaginar.

immaginario *(immadyinário)* adj. imaginario.

immaginazione *(immadyinadsióne)* f. imaginación.

immagine *(immádyine)* f. imagen.

immancabile *(immancábile)* adj. infalible, seguro.

immane *(immáne)* adj. horrible, espantoso; enorme.

immatricolare *(immatricoláre)* tr. matricular.

immatricolazione *(immatricoladsióne)* f. matriculación.

immaturo *(immatúro)* adj. inmaturo; prematuro (parto); verde.

immensità *(immensitá)* f. inmensidad.

immenso *(imménso)* adj. inmenso.

immediato *(immediáto)* adj. inmediato.

immergere *(immérdyere)* tr. sumergir, inmergir.

─────── IMMERGERE ───────

INFINITO Presente: immergere. Passato: avere immerso. GERUNDIO Semplice: immergendo. Composto: avendo immerso. PARTICIPIO Presente: immergente. Passato: immerso. INDICATIVO Presente: io immergo, tu immergi, egli immerge; noi immergiamo, voi immergete, essi immergono. Passato prossimo: ho immerso, hai immerso, ha immerso; abbiamo immerso, avete immerso, hanno immerso. Imperfetto: immergevo, immergevi, immergeva; immergevamo, immergevate, immergevano. Trapassato prossimo: avevo immerso, avevi immerso, aveva immerso; avevamo immerso, avevate immerso, avevano immerso. Passato remoto: immersi, immergesti, immerse; immergemmo, immergeste, immersero. Trapassato remoto: ebbi immerso, avesti immerso, ebbe immerso; avemmo immerso, aveste immerso, ebbero immerso. Futuro semplice: immergerò, immergerai, immergerà; immergeremo, immergerete, immergeranno. Futuro anteriore: avrò immerso, avrai immerso, avrà immerso; avremo immerso, avrete immerso, avranno immerso. CONDIZIONALE Presente: immergerei, immergeresti, immergerebbe; immergeremmo, immergereste, immergerebbero. Passato: avrei immerso, avresti immerso, avrebbe immerso; avremmo immerso, avreste immerso, avrebbero immerso. CONGIUNTIVO Presente: immerga, immerga, immerga; immergiamo, immergiate, immergano. Imperfetto: immergessi, immergessi, immergesse; immergessimo, immergeste, immergessero. Passato: abbia immerso, abbia immerso, abbia immerso; abbiamo immerso, abbiate immerso, abbiano immerso. Trapassato: avessi immerso, avessi immerso, avesse immerso; avessimo immerso, aveste immerso, avessero immerso. IMPERATIVO Presente: immergi tu, immerga egli; immergiamo noi, immergete voi, immergano essi.

immersione *(immersióne)* f. inmersión.

immigrante *(immigránte)* m. inmigrante.

immigrare *(immigráre)* itr. inmigrar.

immigrazione *(immigradsióne)* f. inmigración.

immischiarsi *(immiskiársi)* rfl. inmiscuirse.

immissione *(immissióne)* f. entrada; introducción. — **d'acque** desagüe.

immobile *(immóbile)* adj. inmóvil.

immolare *(immoláre)* tr. inmolar.

immolazione *(immoladsióne)* f. inmolación.

immondizia *(immondídsia)* f. inmundicia.

immorale *(immoréle)* adj. inmoral.

immoralità *(immoralitá)* f. inmoralidad.

immortale *(immortále)* adj. inmortal.

immortalità *(immortalitá)* f. inmortalidad.

immune *(immúne)* adj. inmune.

immunità *(immunitá)* f. inmunidad.

impaccare *(impaccáre)* tr. empaquetar.

impacciare *(impatchiáre)* tr. estorbar, molestar.

impacciarsi *(impatchiársi)* rfl. entremeterse.

impaccio *(impátchio)* m. estorbo.

impadronirsi *(impadronírsi)* rfl. apoderarse.

impalcatura *(impalcatúra)* f. andamiaje, tablado.

impallidire *(impal-lidíre)* itr. palidecer.

imparare *(imparáre)* tr. aprender; instruirse.

impari *(ímpari)* adj. impar, dispar.

imparità *(imparitá)* f. disparidad.

imparziale *(impardsiále)* adj. imparcial, justo.

impassibile *(impassíbile)* adj. impasible.

impastare *(impastáre)* tr. empastar; encolar.

impazientirsi *(impadsientírsi)* rfl. impacientarse.

impazienza *(impadsiéndsa)* f. impaciencia.

impazzire *(impatsíre)* itr. enloquecer.

impeccabile *(impeccábile)* adj. impecable.

impedimento *(impediménto)* m. impedimento.

impedire *(impedíre)* tr. impedir, cerrar (el paso).

impegnare *(impeñáre)* tr. empeñar; apalabrar.

impegnarsi *(impeñársi)* rfl. empeñarse.

impegno *(impéño)* m. obligación. **affare d'—** asunto serio.

impenetrabile *(impenetrábile)* adj. impenetrable.

impennare *(impennáre)* tr. emplumar.

impennarsi *(immpennársi)* rfl. encabritarse.

impensata *(impensáta)* adv; **all'—** de repente, de improviso.

impensato *(impensáto)* adj. impensado, imprevisto.

impensierire *(impensieríre)* tr. preocupar.

imperatore *(imperatóre)* m. emperador.

imperdonabile *(imperdonábile)* adj. imperdonable.

imperfetto *(imperfétto)* adj. imperfecto.

imperfezione *(imperfedsióne)* f. imperfección.

imperiale *(imperiále)* adj. imperial.

imperio *(império)* m. imperio.

impermeabile *(impermeábile)* adj. y m. impermeable.

impero *(impéro)* m. imperio.

impersonale *(impersonále)* adj. impersonal.

impersonarsi *(impersonársi)* rfl. personificarse.

impertinenza *(impertinéndsa)* f. impertinencia.

imperturbabile *(imperturbábile)* adj. imperturbable.

imperversare *(imperversare)* itr. arreciar; encarnizarse.

impestare *(impestáre)* tr. apestar; contagiar un mal venéreo.

impeto *(impeto)* m. ímpetu, violencia.

impetuoso *(impetuóso)* adj. impetuoso.

impiantare *(impiantáre)* tr. instalar; fundar.

impiantire *(impiantíre)* tr. entablar.

impiantito *(impiantíto)* m. pavimento, piso.

impianto *(impiánto)* m. instalación; fundación.

impiastrare *(impiastráre)* tr. emplastar; ensuciar.

impiastro *(impiástro)* m. emplasto.

impiccare *(impiccáre)* tr. ahorcar.

impiccarsi *(impiccársi)* rfl. ahorcarse.

impicciare *(impitchiáre)* tr. estorbar, embarazar.

impicciarsi *(impítchiársi)* rfl. meterse, entremeterse en algo.

impiccio *(impítchio)* m. embarazo, estorbo.

impiegare *(impiegáre)* tr. emplear, colocar.

impiegato *(impiegáto)* adj. y m. empleado.

impiego *(impiégo)* m. empleo, colocación.

impietrimento *(impietriménto)* m. petrificación.

impietrire *(impietríre)* tr. petrificar; endurecer. itr. petrificarse.

impiombare *(impiombáre)* tr. emplomar; precintar.

implacabile *(implacábile)* adj. implacable.

implicare *(implicáre)* tr. implicar; significar.

implicito *(implíchito)* adj. implícito. [plorar.

implorare *(imploráre)* tr. implorazione *(imploradsióne)* f. imploración.

imporre *(impórre)* tr. imponer; obligar.

──────── IMPORRE ────────

INFINITO Presente: imporre. Passato: avere imposto. GERUNDIO Semplice: imponendo. Composto: avendo imposto. PARTICIPIO Presente: imponente. Passato: imposto. INDICATIVO Presente: io impongo, tu imponi, egli impone; noi imponiamo, voi imponete, essi impongono. Passato prossimo: ho imposto, hai imposto, ha imposto; abbiamo imposto, avete imposto, hanno imposto. Imperfetto: imponevo, imponevi, imponeva; imponevamo, imponevate, imponevano. Trapassato prossimo: avevo imposto, avevi imposto, aveva imposto; avevamo imposto, avevate imposto, avevano imposto. Passato remoto: imposi, imponesti, impose; imponemmo, imponeste, imposero. Trapassato remoto: ebbi imposto, avesti imposto, ebbe imposto; avemmo imposto, aveste imposto, ebbero imposto. Futuro semplice: imporrò, imporrai, imporrà; imporremo, imporrete, imporranno. Futuro anteriore: avrò imposto, avrai imposto, avrà imposto; avremo imposto, avrete imposto, avranno imposto. CONDIZIONALE Presente: imporrei, imporresti, imporrebbe; imporremmo, imporreste, imporrebbero. Passato: avrei imposto, avresti imposto, avrebbe imposto; avremmo imposto, avreste imposto, avrebbero imposto. CONGIUNTIVO Presente: imponga, imponga, imponga; imponiamo, imponiate, impongano. Im-

perfetto: imporressi, imporressi, imporresse; imporressimo, imporreste, imporressero. **Passato:** abbia imposto, abbia imposto, abbia imposto; abbiamo imposto abbiate imposto, abbiano imposto. **Trapassato:** avessi imposto, avessi imposto, avesse imposto; avessimo imposto, aveste imposto, avessero imposto. **IMPERATIVO Presente:** imponi tu, imponga egli; imponiamo noi, imponete voi, impongano essi.

---

importante *(importánte)* adj. importante.

importanza *(importándsa)* f. importancia.

importare *(importáre)* tr. importar; comportar. itr. importar, tener importancia.

importazione *(importadsióne)* f. importación.

importo *(impórto)* m. importe; costo.

impossibile *(impossíbile)* adj. imposible.

impossibilità *(impossibilitá)* f. imposibilidad.

imposta *(impósta)* f. impuesto; hoja (de puerta o ventana); (arq.) imposta.

impostare *(impostáre)* tr. colocar; abonar en cuenta corriente; echar una carta al correo.

impostarsi *(impostársi)* rfl. apostarse.

impotente *(impoténte)* adj. impotente; débil.

impotenza *(impoténdsa)* f. impotencia.

impoverire *(impoveríre)* tr. e itr. empobrecer.

imprecare *(imprecáre)* itr. imprecar.

imprecazione *(imprecadsióne)* f. imprecación, maldición.

impresa *(imprésa)* f. empresa; trabajo.   [presario.

impresario *(impresário)* m. empresario.

impressionabile *(impressionábile)* adj. impresionable.

impressionare *(impressionáre)* tr. impresionar.

impressione *(impressióne)* f. impresión.

imprestito *(impréstito)* m. empréstito, préstamo.

imprigionare *(impridyionáre)* tr. encarcelar.

—— IMPRIMERE ——

INFINITO Presente: imprimere. **Passato:** avere impresso. **GERUNDIO Semplice:** imprimiendo. **Composto:** avendo impresso. **PARTICIPIO Presente:** imprimente. **Passato:** impresso. **INDICATIVO Presente:** io imprimo, tu imprimi, egli imprime; noi imprimiamo, voi imprimete, essi imprimono. **Passato prossimo:** ho impresso, hai impresso, ha impresso; abbiamo impresso, avete impresso, hanno impresso. **Imperfetto:** imprimevo, imprimevi, imprimeva; imprimevamo, imprimevate, imprimevano. **Trapassato prossimo:** avevo impresso, avevi impresso, aveva impresso; avevamo impresso, avevate impresso, avevano impresso. **Passato remoto:** impressi, imprimesti, impresse; imprimemmo, imprimeste, impressero. **Trapassato remoto:** ebbi impresso, avesti impresso, ebbe impresso; avemmo impresso, aveste impresso, ebbero impresso. **Futuro semplice:** imprimerò, imprimerai, imprimerà; imprimeremo, imprimerete, imprimeranno. **Futuro anteriore:** avrò impresso, avrai impresso, avrà impresso; avremo impresso, avrete impresso, avranno impresso. **CONDIZIONALE Presente:** imprimerei, imprimeresti, imprimerebbe; imprimeremmo, imprimereste, imprimerebbero. **Passato:** avrei impresso, avresti impresso, avrebbe impresso; avremmo impresso, avreste impresso, avrebbero impresso. **CONGIUNTIVO Presente:** imprima, imprima, imprima; imprimiamo, imprimiate, imprimano. **Imperfetto:** imprimessi, imprimessi, imprimesse; imprimessimo, imprimeste, imprimessero. **Passato:** abbia impresso, abbia impresso, abbia impresso; abbiamo impresso, abbiate impresso, abbiano impresso. **Trapassato:** avessi impresso, avessi impresso, avesse impresso; avessimo impresso, aveste impresso, avessero impresso. **IMPERATIVO Presente:** imprimi tu, imprima egli; imprimiamo noi, imprimete voi, imprimano essi.

---

imprimere *(imprímere)* tr. imprimir, estampar; grabar (en la memoria); imprimir (movimiento).

imprimitura *(imprimitúra)* f. imprimación.

impronta *(imprónta)* f. huella.

improntare *(improntáre)* tr. imprimir, estampar.

impronto *(imprónto)* adj. y m. indiscreto.

improperio *(impropério)* m. improperio, injuria.

improprio *(impróprio)* adj. impropio.

improvvisare *(improvvisáre)* tr. improvisar.

improvviso *(improvvíso)* adj. imprevisto, inesperado. all' — de repente, de improvisto.

imprudente *(imprudénte)* adj. imprudente.

imprudenza *(imprudéndsa)* f. imprudencia.

impugnare *(impuñáre)* tr. impugnar.

impulso *(impúlso)* m. impulso.

impune *(impúne)* adj. impune.

impunità *(impunitá)* f. impunidad.

impuntare *(impuntáre)* itr. tropezar; balbucir.

impuntire *(impuntíre)* tr. coser a pespunte.

impuntitura *(impuntitúra)* f. pespunteado.

impuntura *(impuntúra)* f. pespunte.

in *(in)* prep. en, a, con, por, contra, dentro de.

inabile *(inábile)* adj. incapaz, inhábil, inútil.

inaccettabile *(inatchettábile)* adj. inaceptable.

inadattabile *(inadattábile)* adj. inadaptable.

inadempibile *(inadempíbile)* adj. inejecutable.

inadempimento *(inadempimén-to)* m. inobservancia, incumplimiento. [pirar.

inalare *(inaláre)* tr. inhalar, aspirar.

inalazione *(inaladsióne)* f. inhalación, aspiración.

inalberare *(inalberáre)* tr. enarbolar; (náut.) arbolar un buque.

inalberarsi *(inalberársi)* rfl. encabritarse.

inammissibile *(inammissíbile)* adj. inadmisible.

inappetenza *(inappeténdsa)* f. inapetencia.

inapprezzabile *(inappretsábile)* adj. inapreciable.

inarcare *(inarcáre)* tr. arquear, enarcar.

inarcarsi *(inarcársi)* rfl. encorvarse, arquearse.

inaspettato *(inaspettáto)* adj. inesperado.

inasprimento *(inaspriménto)* m. exasperación, exacerbación.

inasprire *(inaspríre)* tr. exasperar, exacerbar.

inattenzione *(inattenzióne)* f. desatención.

inatteso *(inattéso)* adj. inesperado.

inattività *(inattivitá)* f. inactividad.

inattivo *(inattívo)* adj. inactivo.

inattuabile *(inattuábile)* adj. irrealizable.

inaugurare *(inauguráre)* tr. inaugurar, comenzar.

inaugurazione *(inauguradsióne)* f. inauguración.

inavvertenza *(inavverténdsa)* f. inadvertencia.

incalorire *(incaloríre)* tr. calentar; acalorar.

incalorirsi *(incalorírsi)* rfl. acalorarse.

incantare *(incantáre)* tr. encantar.

incantatore *(incantatóre)* adj. encantador, hechicero.

incantevole *(incantévole)* adj.
encantador.

incanto *(incánto)* m. encanto.
all'— en pública subasta.

incapace *(incapáche)* adj. incapaz.

incapacità *(incapachitá)* f. incapacidad.

incarcerare *(incarcheráre)* tr.
encarcelar.

incarcerazione *(incarcheradsióne)* f. encarcelamiento.

incaricare *(incaricáre)* tr. encargar, encomendar.

incarico *(incárico)* m. encargo.

incarnare *(incarnáre)* itr. encarnar.

incarnazione *(incarnadsióne)*
f. encarnación.

incartare *(incartáre)* tr. envolver (en papel).

incarto *(incárto)* m. legajo; papel de envolver.

incartonare *(incartonáre)* tr.
encartonar.

incasellare *(incasel-láre)* tr. encasillar.

incassare *(incassáre)* tr. encajonar; engastar; canalizar (un río); cobrar; encajar.

incassatura *(incassatúra)* encajadura; encaje; engaste.

incasso *(incásso)* m. cobro.

incatenare *(incatenáre)* tr. encadenar.

incendiare *(inchendiáre)* tr. incendiar.   [dio.

incendio *(inchéndio)* m. incen-

incenerimento *(incheneriménto)* m. incineración.

incenerire *(inchenerire)* tr. incinerar.   [censar.

incensare *(inchensáre)* tr. in-

incensiere *(inchensiére)* m. incensario.   [so.

incenso *(inchénso)* m. incien-

incerato *(incheráto)* m. hule.

incertezza *(inchertétsa)* f. incertidumbre, duda.

incerto *(inchérto)* adj. incierto.

incetta *(inchétta)* f. acaparamiento.

incettare *(inchettáre)* tr. acaparar.

inchinare *(inkináre)* tr. inclinar.

inchinarsi *(inkinársi)* rfl. inclinarse; ceder.

inchino *(inkíno)* m. inclinación; reverencia.

inchiostro *(inkióstro)* m. tinta.

INCIDERE

INFINITO Presente: incidere. **Passato:** avere inciso. **GERUNDIO Semplice:** incidendo. **Composto:** avendo inciso. **PARTICIPIO Presente:** incidente. **Passato:** inciso. **INDICATIVO Presente: io** incido, **tu** incidi, **egli** incide; **noi** incidiamo, **voi** incidete, **essi** incidono. **Passato prossimo:** ho inciso, hai inciso, ha inciso; abbiamo inciso, avete inciso, hanno inciso. **Imperfetto:** incidevo, incidevi, incideva; incidevamo, incidevate, incidevano. **Trapassato prossimo:** avevo inciso, avevi inciso, aveva inciso; avevamo inciso, avevate inciso, avevano inciso. **Passato remoto:** incisi, incidesti, incise; incidemmo, incideste, incisero. **Trapassato remoto:** ebbi inciso, avesti inciso, ebbe inciso; avemmo inciso, aveste inciso, ebbero inciso. **Futuro semplice:** inciderò, inciderai, inciderà; incideremo, inciderete, incideran-

no. **Futuro anteriore:** avrò inciso, avrai inciso, avrà inciso; avremo inciso, avrete inciso, avranno inciso. **CONDIZIONALE Presente:** inciderei, incideresti, inciderebbe; incideremmo, incidereste, inciderebbero. **Passato:** avrei inciso, avresti inciso, avrebbe inciso; avremmo inciso, avreste inciso, avrebbero inciso. **CONGIUNTIVO Presente:** incida, incida, incida; incidiamo, incidiate, incidano. **Imperfetto:** incidessi, incidessi, incidesse; incidessimo, incideste, incidessero. **Passato:** abbia inciso, abbia inciso, abbia inciso; abbiamo inciso, abbiate inciso, abbiano inciso. **Trapassato:** avessi inciso, avessi inciso, avesse inciso; avessimo inciso, aveste inciso, avessero inciso. **IMPERATIVO Presente:** incidi **tu,** incida **egli;** incidiamo **noi,** incidete **voi,** incidano **essi.**

incidentale *(inchidentále)* adj. incidental.

incidente *(inchidénte)* m. incidente; accidente. **— stradale** accidente de circulación o de tráfico.

incidere *(inchídere)* tr. Hacer una incisión o corte; grabar. tallar.

incirca *(inchírca)* prep. cerca de. **all'—** poco más o menos.

incisione *(inchisióne)* f. incisión; grabado.

incisivo *(inchisívo)* adj. incisivo. m. diente incisivo.

incisore *(inchisóre)* m. grabador.

incivile *(inchivíle)* adj. incivil, grosero.

incivilire *(inchivilíre)* tr. civilizar.

inclinare *(inclinare)* tr. inclinar.

inclinazione *(inclinadsióne)* f. inclinación.

includere *(inclúdere)* tr. incluir.

——————— INCLUDERE ———————

INFINITO Presente: Includere. Passato: avere incluso. GERUNDIO Semplice: includendo. Composto: avendo incluso. PARTICIPIO Presente: includente. Passato: incluso. INDICATIVO Presente: io includo, tu includi, egli include; noi includiamo, voi includete, essi includono, Passato prossimo: ho incluso, hai incluso, ha incluso; abbiamo incluso, avete incluso, hanno incluso. Imperfetto: includevo, includevi, includeva; includevamo, includevate, includevano. Trapassato prossimo: avevo incluso, avevi incluso, aveva incluso; avevamo incluso, avevate incluso, avevano incluso. Passato remoto: inclusi, includesti, incluse; includemmo, includeste, inclusero. Trapassato remoto: ebbi incluso, avesti incluso, ebbe incluso; avemmo incluso, aveste incluso, ebbero incluso. Futuro semplice: includerò, includerai, includerà; includeremo, includerete, includeranno. Futuro anteriore: avrò incluso, avrai incluso, avrà incluso; avremo incluso, avrete incluso, avranno incluso. CONDIZIONALE Presente: includerei, includeresti, includerebbe; includeremmo, includereste, includerebbero. Passato: avrei incluso, avresti incluso, avrebbe incluso; avremmo incluso, avreste incluso, avrebbero incluso. CONGIUNTIVO Presente: includa, includa, includa; includiamo, includiate, includano. Imperfetto: includessi, includessi, includesse; includessimo, includeste, includessero. Passato: abbia incluso, abbia incluso, abbia incluso; abbiamo incluso, abbiate incluso, abbiano incluso. Trapassato: avessi incluso, avessi incluso, avesse incluso; avessimo incluso, aveste incluso, avessero incluso. IMPERATIVO Presente: includi tu, includa egli; includiamo noi, includete voi, includano essi.

incollare *(incol-láre)* tr. pegar, encolar.

incollerire *(incol-leríre)* tr. encolerizar, irritar.

incolpare *(incolpáre)* tr. inculpar, acusar.

incolpazione *(incolpadsione)* f. acusación.

incolpevole *(incolpévole)* adj. inocente.

incolto *(incólto)* adj. inculto.

incombere *(incómbere)* itr. incumbir.

incominciamento *(incominchiaménto)* m. principio, comienzo.

incominciare *(incominchiáre)* tr. e itr. empezar, comenzar.

incomodare *(incomodáre)* tr. incomodar.

incomodarsi *(incomodársi)* rfl. incomodarse.

incomodità *(incomoditá)* f. incomodidad.

incomodo *(incómodo)* adj. incómodo. m. incomodidad, fastidio. **pigliarsi l'—** molestarse por algo.

incomparabile *(incomparábile)* adj. incomparable.

incompatibile *(incompatíbile)* adj. incompatible.

incompatibilità *(incompatibilitá)* f. incompatibilidad.

incompetente *(incompeténte)* adj. incompetente.

incompiuto *(incompiúto)* adj. incompleto.

inconseguenza *(inconseguéndsa)* f. inconsecuencia.

inconveniente *(inconveniénte)* adj. y m. inconveniente.

inconvenienza *(inconveniéndsa)* f. inconveniencia.

incoraggiamento *(incoratyiaménto)* m. incentivo.

incoraggiare *(incoratyiáre)* tr. animar.

incorporare *(incorporáre)* tr. incorporar.

incorrezione *(incorredsióne)* f. incorrección.

incorretto *(incorrétto)* adj. incorrecto.

incosciente *(incoschiénte)* adj. inconsciente.

incostante *(incostánte)* adj. inconstante.

incostanza *(incostándsa)* f. inconstancia.

incredibile *(incredíbile)* adj. increíble.

incredulo *(incrédulo)* adj. incrédulo.

increspare *(increspáre)* tr. encrespar, ensortijar.

incrociare *(incrochiáre)* tr. cruzar, atravesar.

incrociatore *(incrochiatóre)* m. (náut.) crucero.

incrocio *(incróchio)* m. cruce; encrucijada.

incubatrice *(incubatríche)* f. (tecn.) incubadora.

incubazione *(incubadsióne)* f. incubación.

incudine *(incúdine)* f. yunque.

incurvare *(incurváre)* tr. encorvar.

incutere *(incútere)* tr. inspirar, imponer, infundir.

─────── INCUTERE ───────

INFINITO Presente: incutere. **Passato:** avere incusso. **GERUNDIO Semplice:** incutendo. **Composto:** avendo incusso.

PARTICIPIO Presente: incutente. **Passato:** incusso. **INDICATIVO Presente: io** incuto, **tu** incuti, **egli** incute; **noi** incutiamo, **voi** incutete, **essi** incutono. **Passato prossimo:** ho incusso, hai incusso, ha incusso; abbiamo incusso, avete incusso, hanno incusso. **Imperfetto:** incutevo, incutevi, incuteva; incutevamo, incutevate, incutevano. **Trapassato prossimo:** avevo incusso, avevi incusso, aveva incusso; avevamo incusso, avevate incusso, avevano incusso. **Passato remoto:** incussi o incutei, incutesti, incusse o incuté; incutemmo, incuteste, incussero o incuterono. **Trapassato remoto:** ebbi incusso, avesti incusso, ebbe incusso; avemmo incusso, aveste incusso, ebbero incusso. **Futuro semplice:** incuterò, incuterai, incuterà; incuteremo, incuterete, incuteranno. **Futuro anteriore:** avrò incusso, avrai incusso, avrà incusso; avremo incusso, avrete incusso, avranno incusso. **CONDIZIONALE Presente:** incuterei, incuteresti, incuterebbe; incuteremmo, incutereste, incuterebbero. **Passato:** avrei incusso, avresti incusso, avrebbe incusso; avremmo incusso, avreste incusso, avrebbero incusso. **CONGIUNTIVO Presente:** incuta, incuta, incuta; incutiamo, incutiate, incutano. **Imperfetto:** incutessi, incutessi, incutesse; incutessimo, incuteste, incutessero. **Passato:** abbia incusso, abbia incusso, abbia incusso; abbiamo incusso, abbiate incusso, abbiano incusso. **Trapassato:** avessi incusso, avessi incusso, avesse incusso; avessimo incusso, aveste incusso, avessero incusso. **IMPERATIVO Presente:** incuti **tu**, incuta **egli**; incutiamo **noi**, incutete **voi**, incutano **essi**.

indagare *(indagáre)* tr. indagar, averiguar.

indagine *(indádyine)* f. indagación, investigación.

indebitarsi *(indebitársi)* rfl. contraer deudas, endeudarse.

indebolire *(indebolíre)* tr. debilitar.

indecente *(indechénte)* adj. indecente, obsceno.

indecenza *(indechéndsa)* f. indecencia.

indecisione *(indechisióne)* f. indecisión.

indeciso *(indechíso)* adj. indeciso.

Gl'indefiniti

Formas que pueden ser adjetivos o pronombres según acompañen al nombre o lo sustituyan:

uno, uno
alcuno, alguno
taluno, alguien
ciascuno, cada cual
nessuno, ninguno
cadauno, cada uno (poco usado)

altro, otro
poco, poco
molto, mucho
troppo, demasiado
parecchio, bastante
tanto, tanto
quanto, cuanto
alcuanto, algo
altrettanto, otro tanto
tutto, todo

Formas utilizadas únicamente como adjetivos.

ogni, todo, cada
qualche, algún
qualunque, cualquier
qualsivoglia, cualquier
qualsiasi, cualquier

Formas que se usan únicamente como pronombres:

qualcuno, alguno, alguien
ognuno, cada uno, cada cual
certuni, algunos
altrui, ajeno, de otros
altri, otro, otros
chi, el que
chiunque, cualquiera, quienquiera
chicchessia, cualquiera, quienquiera
niente, nada
nulla, nada
alcunchè, algo

● *Uno* y sus compuestos (*alcuno, taluno, ciascuno, nessuno*), se apocopan y se eliden como el artículo indeterminado cuando son adjetivos.

● Los adjetivos *ogni, qualche, qualunque, qualsivoglia, qualsiasi* acompañan al nombre en singular y son invariables para el masculino y el femenino.

● *Qualsiasi* y *qualunque* pueden posponerse al nombre.

---

indefinito *(indefiníto)* adj. indefinido, ilimitado, indeterminado; (gram.) indefinido.

indegnità *(indeñitá)* f. indignidad.

indegno *(indéño)* adj. indigno.

indenne *(indénne)* adj. indemne.

indennità *(indennitá)* f. indemnización; compensación; indemnidad.

indennizzare *(indennitsáre)* tr. indemnizar.

indennizzo *(indennítso)* m. indemnización.

indeterminazione *(indeterminadsióne)* f. indeterminación.

indi *(índi)* adv. enseguida, después; de allí.

indicare *(indicáre)* tr. indicar; mostrar.

indicazione *(indicadsióne)* f. indicación.

indice *(índiche)* m. índice; (técn.) aguja.

indietreggiare *(indietretyiáre)* itr. retroceder.

indietro *(indiétro)* adv. atrás.

indifferente *(indifferénte)* adj. indiferente.

indifferenza *(indifferéndsa)* f. indiferencia.

indigeno *(indídyeno)* adj. y m. indígena.

indigente *(indidyénte)* adj. indigente.

indigenza *(indidyéndsa)* f. indigencia.

indigestione *(indidyestióne)* f. indigestión.

indignare *(indiñáre)* tr. indignar.

indignarsi *(indiñársi)* rfl. indignarse.

indignazione *(indiñadsióne)* f. indignación, ira.

indipendente *(indipendénte)* adj. independiente.

indipendenza *(indipendéndsa)* f. independencia.

indiretto *(indirétto)* adj. indirecto.

indirizzare *(indiritsáre)* tr. enderezar; enviar; dirigir.

indirizzarsi *(indiritsársi)* rfl. dirigirse a o hacia.

indirizzo *(indirítso)* m. señas, dirección; curso; mensaje.

indiscrezione *(indiscredsióne)* f. indiscreción.

indisposizione *(indisposidsióne)* f. indisposición.

indistinto *(indistínto)* adj. indistinto; confuso.

indivia *(indívia)* f. (bot.) escarola.

individuale *(individuále)* adj. individual.

individualità *(individualitá)* f. individualidad.

individuo *(indivíduo)* m. individuo.

indizio *(indídsio)* m. indicio.

indocile *(indóchile)* adj. indócil.

indolcire *(indolchíre)* tr. endulzar. itr. endulzarse.

indole *(índole)* f. índole.

indolente *(indolénte)* adj. indolente.

indolenza *(indoléndsa)* f. indolencia.

indolenzire *(indolendsíre)* tr. entorpecer, entumecer.

indomani *(indománi)* m. mañana, el día siguiente.

indossare *(indossáre)* tr. vestir, poner o llevar encima.

indossatrice *(indossatríche)* f. modelo, maniquí.

indosso *(indósso)* adv. encima, sobre sí.

indotto *(indótto)* adj. ignorante; inducido.

indovinare *(indovináre)* tr. adivinar, pronosticar.

indovinello *(indolvinél-lo)* m. acertijo, enigma, adivinanza.

indovino *(indovíno)* m. adivino.

indubbio *(indúbbio)* adj. indudable.

indubitabile *(indubitábile)* adj. indudable.

indugiare *(indudyiáre)* tr. retardar. itr. titubear.

indugiarsi *(indudyiársi)* rfl. retardarse.

indugio *(indúdyio)* m. demora, indecisión.

--------- INDULGERE ---------

INFINITO Presente: indulgere. **Passato:** avere indulto. **GERUNDIO Semplice:** indulgendo. **Composto:** avendo indulto. **PARTICIPIO Presente:** indulgente. **Passato:** indulto. **INDICATIVO Presente:** io indulgo, tu indulgi, egli indulge; noi indulgiamo, voi indulgete, essi indulgono. **Passato prossimo:** ho indulto, hai indulto, ha indulto; abbiamo indulto, avete indulto, hanno indulto. **Imperfetto:** indulgevo, indulgevi, indulgeva; indulgevamo, indulgevate, indulgevano. **Trapassato prossimo:** avevo indulto, avevi indulto, aveva indulto; avevamo indulto, avevate indulto, avevano indulto. **Passato remoto:** indulsi, indulgesti, indulse; indulgemmo, indulgeste, indulsero. **Trapassato remoto:** ebbi indulto, avesti indulto, ebbe indulto; avemmo indulto, aveste indulto, ebbero indulto. **Futuro semplice:** indulgerò, indulgerai, indulgerà; indulgeremo, indulgerete, indulgeranno. **Futuro anteriore:** avrò indulto, avrai indulto, avrà indulto; avremo indulto, avrete indulto, avranno indulto. **CONDIZIONALE Presente:** indulgerei, indulgeresti, indulgerebbe; indulgeremmo, indulgereste, indulgerebbero. **Passato:** avrei indulto, avresti indulto, avrebbe indulto; avremmo indulto, avreste indulto, avrebbero indulto. **CONGIUNTIVO Presente:** indulga, indulga, indulga; indulgiamo, indulgiate, indulgano. **Imperfetto:** indulgessi, indulgessi, indulgesse; indulgessimo, indulgeste, indulgessero. **Passato:** abbia indulto, abbia indulto, abbia indulto; abbiamo indulto, abbiate indulto, abbiano indulto. **Trapassato:** avessi indulto, avessi indulto, avesse indulto; avessimo indulto, aveste indulto, avessero indulto. **IMPERATIVO Presente:** indulgi tu, indulga egli; indulgiamo noi, indulgete voi, indulgano essi.

indulgente *(induldyénte)* adj. indulgente.

indulgenza *(indulyéndsa)* f. indulgencia.

indulgere *(indúlyere)* intr. perdonar, tener indulgencia, tolerancia, benevolencia.

indurire *(induríre)* tr. endurecer.

indurimento *(induriménto)* m. endurecimiento.

indurre *(indúrre)* tr. inducir.

industria *(indústria)* f. industria.

industriale *(industriále)* adj. y m. industrial.

inebriarsi *(inebriársi)* rfl. emborracharse.

inefficace *(inefficáche)* adj. ineficaz.

inefficacia *(inefficáchia)* f. ineficacia.

ineguale *(ineguále)* adj. desigual.

inegualità *(inegualitá)* f. desigualdad.

inerte *(inérte)* adj. inerte.

inesattezza *(inesattétsa)* f. inexactitud.

inesatto *(inesátto)* adj. inexacto, falso.

inesperienza *(inesperiéndsa)* f. inexperiencia.

inetto *(inetto)* adj. inepto.

inevitabile *(inevitábile)* adj. inevitable.

infallibile *(infal-líbile)* adj. infalible.

infamare *(infamáre)* tr. difamar.

infamia *(infámia)* f. infamia.

infantile *(infantíle)* adj. infantil.

infanzia *(infándsia)* f. infancia.

infastidire *(infastidíre)* tr. fastidiar, enojar.

infatti *(infátti)* adv. en efecto.

infecondità *(infeconditá)* f. esterilidad, infecundidad.

infecondo *(infecóndo)* adj. estéril, infecundo.

infedele *(infedéle)* adj. infiel. m. infiel. [dad.

infedeltà *(infedeltá)* f. infidelidad.

infelice *(infelíche)* adj. y m. infeliz.

infelicità *(infelichitá)* f. infelicidad, desgracia. [rior.

inferiore *(inferióre)* adj. inferiore.

inferiorità *(inferioritá)* f. inferioridad.

infermeria *(infermería)* f. enfermería.

infermiere *(infermiére)* m. enfermero.

infermità *(infermitá)* f. enfermedad.

infermo *(inférmo)* adj. y m. enfermo. [nal.

infernale *(infernále)* adj. infernal.

inferno *(inférno)* m. infierno.

infestare *(infestáre)* tr. infestar.

infestazione *(infestádsióne)* f. infestación. [tar.

infettare *(infettáre)* tr. infectar.

infetto *(infetto)* adj. infecto.

infezione *(infedsióne)* f. infección.

infiammabile *(infiammábile)* adj. inflamable.

infiammare *(infiammáre)* tr. inflamar; excitar.

infiammazione *(infiamadsióne)* f. inflamación.

infilare *(infiláre)* tr. enhilar, enhebrar; ponerse; ensartar.

infilarsi *(infilársi)* rfl. ponerse (vestidos); meterse.

infimo *(ínfimo)* adj. ínfimo.

infine *(infíne)* adv. al fin.

infinità *(infinitá)* f. infinidad.

infinito *(infiníto)* adj. y m. infinito. m. infinitivo.

inflessibile *(inflessíbile)* adj. inflexible.

infliggere *(inflítyere)* tr. aplicar, imponer, dar, infligir.

———— INFLIGGERE ————

INFINITO Presente: infliggere. **Passato:**
avere inflitto. **GERUNDIO Semplice:** in-
fliggendo. **Composto:** avendo inflitto.
PARTICIPIO Presente: infliggente. **Passato:** inflitto. **INDICATIVO Presente:** io
infliggo, tu infliggi, egli inflige; noi infliggiamo, voi infliggete, essi infliggono.
Passato prossimo: ho inflitto, hai inflitto,
ha inflitto; abbiamo inflitto, avete inflitto,
hanno inflitto. **Imperfetto:** infliggevo, in-
fliggevi, infliggeva; infliggevamo, infligge-
vate, infliggevano. **Trapassato prossimo:**
avevo inflitto, avevi inflitto, aveva inflitto;
avevamo inflitto, avevate inflitto, avevano
inflitto. **Passato remoto:** inflissi, infligge-
sti, inflisse; infliggemmo, infliggeste, inflis-
sero. **Trapassato remoto:** ebbi inflitto,
avesti inflitto, ebbe inflitto; avemmo inflitto, aveste inflitto, ebbero inflitto. **Futuro semplice:** infliggerò, infliggerai, in-
fliggerà; infliggeremo, infliggerete, infligg-
eranno. **Futuro anteriore:** avrò inflitto,
avrai inflitto, avrà inflitto; avremo inflitto,
avrete inflitto, avranno inflitto. **CONDI-
ZIONALE Presente:** infliggerei, infligge-
resti, infliggerebbe; infliggeremmo, infligg-
ereste, infliggerebbero. **Passato:** avrei inflitto, avresti inflitto, avrebbe inflitto;
avremmo inflitto, avreste inflitto, avrebbero inflitto. **CONGIUNTIVO Presente:**
infligga, infligga, infligga; infliggiamo, in-
fliggiate, infliggano. **Imperfetto:** infliggessi, infliggessi, infliggesse; infliggessimo, infliggeste, infliggessero. **Passato:** abbia in-
flitto, abbia inflitto, abbia inflitto; abbiamo inflitto, abbiate inflitto, abbiano in-
flitto. **Trapassato:** avessi inflitto, avessi
inflitto, avesse inflitto; avessimo inflitto,
aveste inflitto, avessero inflitto. **IMPE-
RATIVO Presente:** infliggi tu, infligga
egli; infliggiamo noi, infliggete voi, infliggano essi.

influenza *(influéndsa)* f. influencia; (med.) gripe.
influire *(influíre)* tr. influir.
influsso *(influsso)* m. influjo.
infondere *(infóndere)* tr. infundir.
informare *(informáre)* tr. informar; conformar.
informarsi *(informársi)* rfl. informarse; conformarse.
informazione *(informadsióne)*
f. información; noticia.
informe *(infórme)* adj. informe.

infortunio *(infortúnio)* m. infortunio, desgracia.
infrangere *(infrándyere)* tr.
quebrar.

———— INFRANGERE ————

INFINITO Presente: infrangere. **Passato:**
avere infranto. **GERUNDIO Semplice:**
infrangendo. **Composto:** avendo infranto.
PARTICIPIO Presente: infrangente. **Passato:** infranto. **INDICATIVO Presente:**
io infrango, tu infrangi egli infrange, noi
infrangiamo, voi infrangete, essi infran-
gono. **Passato prossimo:** ho infranto, hai
infranto, ha infranto; abbiamo infranto,
avete infranto, hanno infranto. **Imperfetto:** infrangevo, infrangevi, infrangeva;
infrangevamo, infrangevate, infrangeva-
no. **Trapassato prossimo:** avevo infranto,
avevi infranto, aveva infranto; avevamo
infranto, avevate infranto, avevano infranto. **Passato remoto:** infransi, infran-
gesti, infranse; infrangemmo, infrangeste, infransero. **Trapassato remoto:** ebbi
infranto, avesti infranto, ebbe infranto;
avemmo infranto, aveste infranto, ebbero
infranto. **Futuro semplice:** infrangerò, in-
frangerai, infrangerà; infrangeremo, in-
frangerete, infrangeranno. **Futuro anteriore:** avrò infranto, avrai infranto, avrà
infranto; avremo infranto, avrete infranto, avranno infranto. **CONDIZIONALE
Presente:** infrangerei, infrangeresti, in-
frangerebbe; infrangeremmo, infrangere-
ste, infrangerebbero. **Passato:** avrei infranto, avresti infranto, avrebbe infranto;
avremmo infranto, avreste infranto,
avrebbero infranto. **CONGIUNTIVO
Presente:** infranga, infranga, infranga; infrangiamo, infrangiate, infrangano. **Imperfetto:** infrangessi, infrangessi, infran-
gesse; infrangessimo, infrangeste, infran-
gessero. **Passato:** abbia infranto, abbia
infranto, abbia infranto; abbiamo infranto, abbiate infranto, abbiano infranto.
Trapassato: avessi infranto, avessi infranto, avesse infranto; avessimo infranto,
aveste infranto, avessero infranto. **IMPE-
RATIVO Presente:** infrangi tu, infranga
egli; infrangiamo noi, infrangete voi, infrangano essi.

infrazione *(infradsióne)* f. violación, infracción.
infreddare *(infreddáre)* tr. enfriar, resfriar.

infreddatura *(infreddatúra)* f. resfriado.

infruttuoso *(infruttuóso)* adj. infructuoso.

infuori *(infuóri)* adv. fuera. **all' — di** fuera de.

infuriarsi *(infuriársi)* rfl. enfurecerse.

infusione *(infusióne)* f. infusión.

ingannare *(ingannáre)* tr. engañar, defraudar.

inganno *(ingánno)* m. engaño.

ingegnarsi *(indyeñársi)* rfl. ingeniarse.

ingegnere *(indyeñére)* m. ingeniero.

ingegno *(indyéño)* m. ingenio.

ingenuità *(indyenuitá)* f. ingenuidad.

ingenuo *(indyénuo)* adj. ingenuo.

ingerire *(indyeríre)* tr. ingerir.

ingerenza *(indyeréndsa)* f. ingerencia, intervención.

ingerirsi *(indyerírsi)* rfl. ingerirse, entremeterse.

ingessare *(indyessáre)* tr. enyesar.

inghiottire *(inguiottíre)* tr. engullir, tragar; ingerir.

inginocchiarsi *(indyinokkiarsi)* rfl. arrodillarse.

inginocchiatoio *(indyinokkiatóio)* m. reclinatorio.

ingiù *(indyiú)* adv. abajo.

ingiuria *(indyiúria)* f. injuria, ultraje.

ingiuriare *(indyiuriáre)* tr. injuriar.

ingiustizia *(indyiustídsia)* f. injusticia. [to.

ingiusto *(indyiústo)* adj. injus-

inglese *(inglése)* adj. y m. inglés.

ingombrare *(ingombráre)* tr. embarazar, estorbar.

ingombro *(ingómbro)* m. embarazo, estorbo.

ingranaggio *(ingranátyio)* m. (mec.) engranaje.

ingrandimento *(ingrandiménto)* m. engrandecimiento. — **fotográfico** ampliación fotográfica.

ingrandire *(ingrandíre)* tr. ampliar; exagerar; (fot.) ampliar.

ingrassaggio *(ingrassátyio)* m. (mec.) engrase.

ingrassare *(ingrassáre)* tr. engrasar; engordar. itr. engordar; enriquecer(se).

ingrassarsi *(ingrassársi)* rfl. engordarse; enriquecerse.

ingrasso *(ingrásso)* m. engorde; abono.

ingratitudine *(ingratitúdine)* f. ingratitud.

ingrato *(ingráto)* adj. y m. ingrato.

ingresso *(ingrésso)* m. ingreso, acceso, entrada; admisión.

ingrossare *(ingrossáre)* tr. engrosar; engordar; aumentar. itr. quedar embarazada.

ingrosso *(ingrosso)*; **all'—** adv. (com.) al por mayor.

inguaribile *(inguaríbile)* adj. incurable.

inguine *(ingüíne)* f. (anat.) ingle.

iniettare *(iniettáre)* tr. inyectar. [ción.

iniezione *(iniedsióne)* f. inyec-

inimicare *(inimicáre)* tr. enemistar.

inimicizia *(inimichídsia)* f. enemistad.

iniquità *(inikuitá)* f. iniquidad.

iniziale *(inidsiále)* adj. y f. inicial.

iniziare *(inidsiáre)* tr. iniciar.

iniziativa *(inidsiatíva)* f. iniciativa.

iniziazione *(inidsiadsióne)* f. iniciación.

innaffio *(innáffio)* m. riego, regadura.

innalzare *(innaldsáre)* tr. alzar; izar; elevar; ensalzar.

innalzarsi *(innaldsársi)* rfl. elevarse.

innamoramento *(innamora-ménto)* m. enamoramiento, amorío.

innamorare *(innamoráre)* tr. enamorar.

innamorarsi *(innamorársi)* rfl. enamorarse.

innamorata *(innamoráta)* adj. y f. enamorada.

innamorato *(innamoráto)* adj. y m. enamorado, amante.

innanzi *(innándsi)* prep. ante (alguien), delante de. adv. adelante; antes. **andare —** adelantar. **d'ora —** de ahora en adelante.

innegabile *(innegábile)* adj. innegable.

inno *(ínno)* m. himno.

innocente *(innochénte)* adj. inocente.

innocenza *(innochéndsa)* f. inocencia.

innovare *(innováre)* tr. innovar.

innovazione *(innovadsióne)* f. innovación.

innumerevole *(innumerévole)* adj. innumerable.

inoccupato *(inoccupáto)* adj. desocupado.

inoculare *(inoculáre)* tr. inocular. **— il vaccino** vacunar.

inoculazione *(inoculadsióne)* f. inoculación.

inoffensivo *(inoffensívo)* adj. inofensivo.

inoltrare *(inoltráre)* tr. transmitir; enviar.

inoltrarsi *(inoltrársi)* rfl. avanzar, dentrarse; adelantarse.

inoltre *(inóltre)* adv. además.

inondare *(inondáre)* tr. inundar.

inondazione *(inondadsióne)* f. inundación.

inopportunità *(inopportunitá)* f. inoportunidad.

inopportuno *(inopportúno)* adj. inoportuno.

inorridire *(inorridíre)* tr. horrorizar, espantar. itr. horrorizarse.

inossidabile *(inossidábile)* adj. inoxidable.

inquieto *(inkuiéto)* adj. inquieto.

inquietudine *(inkuietúdine)* f. inquietud.

inquilinato *(inkuilináto)* m. inquilinato.

inquilino *(inkuilíno)* m. inquilino.

inquisire *(inkuísire)* tr. inquirir, averiguar.

inquisizione *(inkuisidsióne)* f. investigación; inquisición.

insalare *(insaláre)* tr. salar.

insalata *(insaláta)* f. ensalada.

insaziabile *(insadsiábile)* adj. insaciable.

inscrivere *(inscrívere)* tr. inscribir.

inscrizione *(inscridsióne)* f. inscripción.

insecchire *(insekkíre)* tr. secar. itr. secarse; adelgazar.

insediamento *(insediaménto)* m. instalación.

insediare *(insediáre)* tr. instalar.

insediarsi *(insediársi)* rfl. tomar posesión; instalarse.

insegna *(inséña)* f. insignia; bandera; rótulo (de tienda).

insegnamento *(inseñaménto)* m. enseñanza.

insegnante *(inseñánte)* m. maestro.

insegnare *(inseñáre)* tr. enseñar.

inseguimento *(insegüiménto)* m. persecución.

inseguire *(insegüíre)* tr. perseguir.

insensatezza *(insensattétsa)* f. insensatez.

insensibile *(insensíbile)* adj. insensible.

insensibilità *(insensibilitá)* f. insensibilidad.

inseparabile *(inseparábile)* adj. inseparable.

inserire *(inseríre)* tr. insertar; incluir.

inserzione *(inserdsióne)* f. inserción; anuncio.

insetticida *(insettichída)* adj. y m. insecticida.

insetto *(insétto)* m. insecto.

insidia *(insídia)* f. insidia.

insidiare *(insidiáre)* tr. insidiar, acechar.

insidioso *(insidióso)* adj. insidioso.

insieme *(insiéme)* adv. junto con, en compañía de. m. conjunto, total.

insignificanza *(insiñificándsa)* f. insignificancia.

insinuazione *(insinuadsióne)* f. insinuación.

insistente *(insisténte)* adj. insistente.

insistere *(insístere)* itr. insistir, persistir.

insod(d)isfatto *(insod(d)isfátto)* adj. insatisfecho, descontento.

insolazione *(insoladsióne)* f. insolación.

insolente *(insolénte)* adj. insolente.

insolentire *(insolentíre)* itr. insolentarse.

insolenza *(insoléndsa)* f. insolencia.

insolito *(insólito)* adj. insólito, raro.

insomma *(insómma)* adv. en suma, en conclusión.

insonne *(insónne)* adj. insomne.

insonnia *(insónnia)* f. insomnio, desvelo.

insorgere *(insórdyere)* itr. sublevarse; surgir.

installare *(instal-láre)* tr. instalar.

installarsi *(instal-lársi)* rfl. instalarse.

installazione *(instal-ladsióne)* f. instalación.

instancabile *(instancábile)* adj. incansable.

insù *(insú)* adv. arriba.

insucesso *(insuchésso)* m. fracaso.

insufficienza *(insuffichiéndsa)* f. insuficiencia.

insulare *(insuláre)* adj. insular, isleño.

insultare *(insultáre)* tr. insultar.

insulto *(insúlto)* m. insulto.

insuperabile *(insuperábile)* adj. insuperable.

insurrezione *(insurredsióne)* f. insurrección.

intanto *(intánto)* adv. entretanto, mientras tanto.

intatto *(intátto)* adj. intacto.

intavolare *(intavoláre)* tr. entablar.

intavolato *(intavoláto)* m. entarimado. [grar.

integrare *(integráre)* tr. integrazione *(integradsióne)* f. integración.

integrità *(integritá)* f. integridad.

integro *(íntegro)* adj. íntegro.

intelletto *(intel-létto)* m. intelecto, entendimiento, inteligencia.

intellettuale *(intel-lettuále)* adj. m. y f. intelectual.

intelligente *(intel-lidyénte)* adj. inteligente.

intelligenza *(intel-lidyendsa)* f. inteligencia; entendimiento.

intendere *(inténdere)* tr. entender, comprender; interpretar; pretender; oír. itr. querer.

intendimento *(intendiménto)* m. entendimiento; intención. **coll'— di** con la intención de. **con —** adrede.

intensità *(intensitá)* f. intensidad.

intenso *(inténso)* adj. intenso.

intentare *(intentáre)* tr. intentar.

intento *(inténto)* m. intento, intención.

intenzione *(intendsióne)* f. intención.

intercessione *(interchessióne)* f. intercesión.

intercessore *(interchessóre)* m. intercesor.

intercettare *(interchettáre)* tr. interceptar.

interdetto *(interdétto)* adj. prohibido.

interdire *(interdíre)* tr. prohibir.

interdizione *(interdidsióne)* f. interdicción, prohibición.

interessamento *(interessaménto)* m. interés.

interessare *(interessáre)* tr. interesar. itr. importar, interesar.

interessarsi *(interessársi)* rfl. interesarse.

interessato *(interessáto)* adj. y m. interesado.

interesse *(interésse)* m. interés.

interiezione *(interiedsióne)* f. interjección.

interiore *(interiore)* adj. y m. interior.

interiorità *(interioritá)* f. interioridad.

interlocutore *(interlocutóre)* m. interlocutor.

intermediario *(intermediário)* m. intermediario, mediador.

intermedio *(intermédio)* adj. intermedio. m. entreacto.

internare *(internáre)* tr. internar.

internazionale *(internadsionále)* adj. internacional.

interno *(intérno)* adj. interno. m. interior.

intero *(intéro)* adj. y m. entero.

interpretare *(intepretáre)* tr. interpretar.

interprete *(intérprete)* m. intérprete.

interrogare *(interrogáre)* tr. interrogar.

interrogativo *(interrogativo)* adj. interrogativo. adj. y m. interrogante.

interrogatorio *(interrogatório)* m. interrogatorio.

interrogazione *(interrogadsióne)* f. interrogación.

interrompere *(interrómpere)* tr. interrumpir.

interruttore *(interruttóre)* m. interruptor.

interruzione *(interrudsióne)* f. interrupción.

intersezione *(intersedsióne)* f. intersección.

intervallo *(intervál-lo)* m. intervalo, espacio. **ad intervalli** a ratos.   [tervenir.

intervenire *(interveníre)* itr. intervenir.

intervento *(intervénto)* m. intervención. (med.) operación.   [vista.

intervista *(intervísta)* f. entrevista.

intervistare *(intervistáre)* tr. entrevistar.

intesa *(intésa)* f. acuerdo, inteligencia; convenio, pacto.

intestare *(intestáre)* tr. inscribir; encabezar; intitular.

intestarsi *(intestársi)* rfl. obstinarse.

intestato *(intestáto)* adj. sin testamento. **ab —** ab intestato.

intestatura *(intestatúra)* f. encabezamiento.

intestazione *(intestadsióne)* f. membrete; inscripción.

intimare *(intimáre)* tr. intimar; (jur.) demandar ante los tribunales.

intimazione *(intimadsióne)* f. intimación.

intimidire *(intimidíre)* tr. intimidar.

intimità *(intimitá)* f. intimidad.

intimo *(íntimo)* adj. íntimo.

intitolare *(intitoláre)* tr. intitular; rotular.

intollerabile *(intol-lerábile)* adj. intolerable.

intollerante *(intol-leránte)* adj. intolerante.

intolleranza *(intol-lerándsa)* f. intolerancia.

intonaco *(intónaco)* m. revoque, enlucido.   [afinar.

intonare *(intonáre)* tr. entonar;

intonatura *(intonatúra)* f. entonación; afinación.

intonazione *(intonadsióne)* f. tono, entonación.

intormentire *(intormentíre)* tr. entumecer.

intorniare *(intorniáre)* tr. circundar, rodear.

intorno *(intórno)* prep. y adv. alrededor; acerca de, con respecto a.

intraprendere *(intrapréndere)* tr. emprender.

intrapresa *(intraprésa)* f. empresa.

intrattabile *(intrattábile)* adj. intratable.

intrattenere *(intrattenére)* tr. entretener.

intrattenersi *(intrattenérsi)* rfl. entretenerse.

intrecciare *(intretchiáre)* tr. entretejer, entrelazar.

intrecciatura *(intretchiatúra)* f. trenzado.

intreccio *(intrétchio)* m. intriga; embrollo; trenzado.

intridere *(intrídere)* tr. empapar, mojar, desleír, bañar.

INTRIDERE

INFINITO Presente: intridere. **Passato:** avere intriso. **GERUNDIO Semplice:** intridendo. **Composto:** avendo intriso. **PARTICIPIO Presente:** intridente. **Passato:** intriso. **INDICATIVO Presente: io** intrido, **tu** intridi, **egli** intride; **noi** intridiamo, **voi** intridete, **essi** intridono. **Passato prossimo:** ho intriso, hai intriso, ha intriso; abbiamo intriso, avete intriso, hanno intriso. **Imperfetto:** intridevo, intridevi, intrideva; intridevamo, intridevate, intridevano. **Trapassato prossimo:** avevo intriso, avevi intriso, aveva intriso; avevamo intriso, avevate intriso, avevano intriso. **Passato remoto:** intrisi, intridesti, intrise; intridemmo, intrideste, intrisero. **Trapassato remoto:** ebbi intriso, avesti intriso, ebbe intriso; avemmo intriso, aveste intriso, ebbero intriso. **Futuro semplice:** intriderò, intriderai, intriderà; intrideremo, intriderete, intrideranno. **Futuro anteriore:** avrò intriso, avrai intriso, avrà intriso; avremo intriso, avrete intriso, avranno intriso. **CONDIZIONALE Presente:** intriderei, intrideresti, intriderebbe; intrideremmo, intridereste, intriderebbero. **Passato:** avrei intriso, avresti intriso, avrebbe, intriso; avremmo intriso, avreste intriso, avrebbero intriso. **CONGIUNTIVO Presente:** intrida, intrida, intrida; intridiamo, intridiate, intridano. **Imperfetto:** intridessi, intridessi, intridesse; intridessimo, intrideste, intridessero. **Passato:** abbia intriso, abbia intriso, abbia intriso; abbiamo intriso, abbiate intriso, abbiano intriso. **Trapassato:** avessi intriso, avessi intriso, avesse intriso; avessimo intriso, aveste intriso, avessero intriso. **IMPERATIVO Presente:** intridi **tu**, intrida **egli**; intridiamo **noi**, intridete **voi**, intridano **essi**.

intrigante *(intrigánte)* adj. intrigante.

intrigare *(intrigáre)* tr. intrigar.

intrigo *(intrígo)* m. intriga.

introdurre *(introdúrre)* tr. introducir, meter; establecer.

──────── **INTRODURRE** ────────

INFINITO Presente: introdurre. **Passato:** avere introdotto. **GERUNDIO Semplice:** introducendo. **Composto:** avendo introdotto. **PARTICIPIO Presente:** introducente. **Passato:** introdotto. **INDICATIVO Presente: io** introduco, **tu** introduci, **egli** inroduce; **noi** introduciamo, **voi** introducete, **essi** introducono. **Passato prossimo:** ho introdotto, hai introdotto, ha introdotto; abbiamo introdotto, avete introdotto, hanno introdotto. **Imperfetto:** introducevo, introducevi, introduceva; introducevamo, introducevate, introducevano. **Trapassato prossimo:** avevo introdotto, avevi introdotto, aveva introdotto; avevamo introdotto, avevate introdotto, avevano introdotto. **Passato remoto:** introdussi, introducesti, introdusse; introducemmo, introduceste, introdussero. **Trapassato remoto:** ebbi introdotto, avesti introdotto, ebbe introdotto; avemmo introdotto, aveste introdotto, ebbero introdotto. **Futuro semplice:** introdurrò, introdurrai, introdurrà; introdurremo, introdurrete, introdurranno. **Futuro anteriore:** avrò introdotto, avrai introdotto, avrà introdotto; avremo introdotto, avrete introdotto, avranno introdotto. **CONDIZIONALE Presente:** introdurrei, introdurresti, introdurrebbe; introdurremmo, introdurreste, introdurrebbero. **Passato:** avrei introdotto, avresti introdotto, avrebbe introdotto; avremmo introdotto, avreste introdotto, avrebbero introdotto. **CONGIUNTIVO Presente:** introduca, introduca; introduciamo, introduciate, introducano. **Imperfetto:** introducessi, introducessi, introducesse; introducessimo, introduceste, introducessero. **Passato:** abbia introdotto, abbia introdotto; abbiamo introdotto, abbiate introdotto, abbiano introdotto. **Trapassato:** avessi introdotto, avesse introdotto; avessimo introdotto, aveste introdotto, avessero introdotto. **IMPERATIVO Presente:** introduci **tu**, introduca **egli;** introduciamo **noi,** introducete **voi,** introducano **essi.**

introduzione *(introdudsióne)* f. introducción; (mús.) obertura.
intromettersi *(intromèttersi)* rfl. entrometerse.
intrugliare *(intrulliáre)* tr. mezclar; enredar.
intruglio *(intrúllio)* m. mezcla; embrollo.

intrusione *(intrusióne)* f. intrusión.
intruso *(intrúso)* adj. y m. intruso.   [mano.
inumano *(inumáno)* adj. inhu-
inumidire *(inumidíre)* tr. humedecer, mojar.
inutile *(inútile)* adj. inútil.
invadere *(invádere)* tr. invadir.

──────── **INVADERE** ────────

INFINITO Presente: invadere. **Passato:** avere invaso. **GERUNDIO Semplice:** invadendo. **Composto:** avendo invaso. **PARTICIPIO Presente:** invadente. **Passato:** invaso. **INDICATIVO Presente: io** invado, **tu** invadi, **egli** invade; **noi** invadiamo, **voi** invadete, **essi** invadono. **Passato prossimo:** ho invaso, hai invaso, ha invaso; abbiamo invaso, avete invaso, hanno invaso. **Imperfetto:** invadevo, invadevi, invadeva; invadevamo, invadevate, invadevano. **Trapassato prossimo:** avevo invaso, avevi invaso, aveva invaso; avevamo invaso, avevate invaso, avevano invaso. **Passato remoto:** invasi, invadesti, invase; invademmo, invadeste, invasero. **Trapassato remoto:** ebbi invaso, avesti invaso, ebbe invaso; avemmo invaso, aveste invaso, ebbero invaso. **Futuro semplice:** invaderò, invaderai, invaderà; invaderemo, invaderete, invaderanno. **Futuro composto:** avrò invaso, avrai invaso, avrà invaso; avremo invaso, avrete invaso, avranno invaso. **CONDIZIONALE Presente:** invaderei, invaderesti, invaderebbe; invaderemmo, invadereste, invaderebbero. **Passato:** avrei invaso, avresti invaso, avrebbe invaso; avremmo invaso, avreste invaso, avrebbero invaso. **CONGIUNTIVO Presente:** invada, invada, invada; invadiamo, invadiate, invadano. **Imperfetto:** invadessi, invadessi, invadesse; invadessimo, invadeste, invadessero. **Passato:** abbia invaso, abbia invaso, abbia invaso; abbiamo invaso, abbiate invaso, abbiano invaso. **Trapassato:** avessi invaso, avessi invaso, avesse invaso; avessimo invaso, aveste invaso, avessero invaso. **IMPERATIVO Presente:** invadi **tu,** invada **egli;** invadiamo **noi,** invadete **voi,** invadano **essi.**

invalidare *(invalidáre)* tr. invalidar, anular.

invalidazione *(invalidadsióne)* f. invalidación.

invalidità *(invaliditá)* f. invalidez.

invalido *(inválido)* adj. y m. inválido.

invano *(inváno)* adv. en vano, en balde.

invariabile *(invariábile)* adj. invariable.

invasione *(invasióne)* f. invasión.

invasore *(invasóre)* m. invasor.

invecchiare *(invekkiáre)* tr. e itr. envejecer.

invece *(invéche)* adv. en vez de, en lugar de.

inventare *(inventáre)* tr. inventar.

inventario *(inventário)* m. inventario.

inventiva *(inventíva)* f. inventiva.

invenzione *(invendsióne)* f. invención.

invernale *(invernále)* adj. invernal.

inverno *(invérno)* m. invierno.

invero *(invéro)* adv. en verdad, de veras.

inverosimile *(inverosímile)* adj. inverosímil.

inversione *(inversióne)* f. inversión. [hacia.

inverso *(invérso)* adv. y prep.

investigare *(investigáre)* tr. investigar.

investigazione *(investigadsióne)* f. investigación.

investimento *(investiménto)* m. inversión; choque.

investire *(investíre)* tr. investir; invertir; chocar con, embestir.

invetriata *(invetriáta)* f. vidriera.

inviare *(inviáre)* tr. enviar.

inviato *(inviáto)* m. enviado.

invidia *(invídia)* f. envidia.

invidiare *(invidiáre)* tr. envidiar.

invidioso *(invidióso)* adj. envidioso.

invigorire *(invigorire)* tr. e itr. reanimar; reanimarse; dar o adquirir vigor.

inviluppare *(inviluppare)* tr. envolver; enredar.

inviluppo *(invilúppo)* m. envoltorio, paquete; intriga.

invio *(invío)* m. envío.

invincibile *(invinchíbile)* adj. invencible.

inviolabile *(inviolábile)* adj. inviolable.

inviolabilità *(inviolabilitá)* f. inviolabilidad.

invitare *(invitáre)* tr. invitar.

invitato *(invitáto)* adj. invitado.

invitatore *(invitatóre)* adj. y m. convidador.

invocare *(invocáre)* tr. invocar.

invocazione *(invocadsióne)* f. invocación.

involamento *(involaménto)* m. robo.

involare *(involáre)* tr. robar.

involgere *(invóldyere)* tr. envolver.

involontario *(involontário)* adj. involuntario.

involtare *(involtáre)* tr. envolver.

involto *(invólto)* m. paquete, lío.

invulnerabile *(invulnerábile)* adj. invulnerable.

invulnerabilità *(invulnerabilitá)* f. invulnerabilidad.

inzuccherare *(indsukkeráre)* tr. azucarar.

inzuppare *(indsuppáre)* tr. empapar.

io *(ío)* pron. yo.

iodio *(iódio)* m. yodo.

ipnosi *(ipnósi)* f. hipnosis.

ipnotizzare *(ipnotitsáre)* tr. hipnotizar.

ipocondria *(ipocondría)* f. (med.) hipocondría.
ipocrisia *(ipocrisía)* f. hipocresía.
ipoteca *(ipotéca)* f. hipoteca.
ipotecare *(ipotecáre)* tr. hipotecar.
ipotesi *(ipótesi)* f. hipótesis.
ippico *(íppico)* adj. hípico.
ippodromo *(ippódromo)* m. hipódromo.
ira *(íra)* f. ira, cólera.
iracondo *(iracóndo)* adj. iracundo.
irascibile *(iraschíbile)* adj. irascible.
iride *(íride)* iris; arco iris.
ironia *(ironía)* f. ironía.
ironico *(irónico)* adj. irónico.
irradiare *(irradiáre)* tr. irradiar.
irradiazione *(irradiadsióne)* f. irradiación.
irragionevole *(irradyionévole)* adj. irrazonable.
irreale *(irreále)* adj. irreal.
irregolare *(irregoláre)* adj. irregular.
irregolarità *(irregolaritá)* f. irregularidad.
irremediabile *(irremediábile)* adj. irremediable.
irremissibile *(irremissíbile)* adj. irremisible.
irreparabile *(irreparábile)* adj. irreparable.
irresistibile *(irresistíbile)* adj. irresistible.
irresoluto *(irresolúto)* adj. irresoluto.
irresponsabile *(irresponsábile)* adj. irresponsable.
irresponsabilità *(irresponsabilitá)* f. irresponsabilidad.
irrevocabile *(irrevocábile)* adj. irrevocable.
irrigare *(irrigáre)* tr. irrigar, regar.
irrigazione *(irrigadsióne)* f. irrigación.
irritare *(irritáre)* tr. irritar.

irritazione *(irritadsióne)* f. irritación; (med.) inflamación.
irruzione *(irrudsióne)* f. irrupción.
irsuto *(irsúto)* adj. hirsuto.
iscrivere *(iscrívere)* tr. inscribir.
iscrizione *(iscridsióne)* f. inscripción.
isola *(ísola)* f. isla.
isolamento *(isolaménto)* m. aislamiento.
isolano *(isoláno)* adj. y m. isleño.
isolare *(isoláre)* tr. aislar.
isolato *(isoláto)* adj. aislado. m. manzana (de casas).
ispettore *(ispettóre)* m. inspector.
ispezionare *(ispedsionáre)* tr. inspeccionar.
ispezione *(ispedsióne)* f. inspección.
ispirare *(ispiráre)* tr. inspirar.
inspirazione *(ispiradsióne)* f. inspiración.
issare *(issáre)* tr. izar.
istantanea *(istantánea)* f. (fot.) instantánea.
istantaneo *(istantáneo)* adj. instantáneo.
istante *(istante)* m. instante.
istanza *(istándsa)* f. instancia.
isterico *(istérico)* adj. histérico.
istintivo *(istintívo)* adj. instintivo.
istinto *(istínto)* m. instinto.
istituire *(istituíre)* tr. instituir, fundar.
istituto *(istitúto)* m. instituto.
istituzione *(istitudsióne)* f. institución.
istmo *(ístmo)* m. istmo.
istruire *(istruíre)* tr. instruir; aconsejar; (jur.) formalizar
• un proceso.

istruirsi *(istruírsi)* rfl. instruirse; informarse.
istruttore *(istruttóre)* m. instructor.

istruzione *(istrudsióne)* f. instrucción.
italiano *(italiáno)* adj. y m. italiano.
itinerario *(itinerário)* m. itinerario.
ivi *(ívi)* adv. allí, allá.

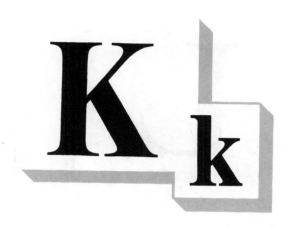

kepi *(képi)* m. kepis.
kermesse *(kermésse)* f. kermesse.
kilo *(kílo)* m. kilo, kilogramo.

kilogrammo *(kilográmmo)* m. kilogramo.
kilometro *(kilómetro)* m. kilómetro.

la *(la)* art. la.

là *(lá)* adv. allí, allá, **al di —** al otro lado. pron. la.

labbro *(lábbro)* m. labio; (fig.) borde.

laboratorio *(laboratório)* m. laboratorio.

lacca *(lácca)* f. laca.

laccio *(látchio)* m. lazo; red; insidia.

lacciolo *(latchiólo)* m. trampa, red.

lacerare *(lacheráre)* tr. lacerar, desgarrar.

lacerarsi *(lacherársi)* rfl. lacerarse, desgarrarse.

lacrima *(lácrima)* f. lágrima.

lacrimare *(lacrimáre)* itr. llorar.

lacuna *(lacúna)* f. laguna.

laddove *(laddóve)* conj. con tal que. adv. allí donde, el lugar en donde.

ladro *(ladro)* adj. y m. ladrón.

ladrone *(ladróne)* m. salteador, ladrón.

laggiù *(latyiú)* adv. allí (allá) abajo.

lagnanza *(lañándsa)* f. queja.

lagnarsi *(lañarsi)* rfl. quejarse.

lagno *(laño)* m. queja.

lago *(lágo)* m. lago.

laguna *(lagúna)* f. laguna.

laico *(láico)* adj. y m. laico, seglar.

laidezza *(laidétsa)* f. suciedad; obscenidad.

laido *(láido)* adj. sucio; obsceno.

lamentare *(lamentáre)* tr. lamentar.

lamentarsi *(lamentársi)* rfl. lamentarse.

lamentazione *(lamentadsióne)* f. lamentación.

lamiera *(lamiéra)* f. chapa; (técn.) plancha.

lamina *(lámina)* f. hoja; plancha, lámina.

laminare *(lamináre)* tr. laminar. [luz]

lampada *(lámpada)* f. lámpara

lampadario *(lampadário)* m araña (de luz).

lampadina *(lampadína)* f. bombilla.

lampeggiare *(lampetyiáre)* itr relampaguear; relucir.

lampo *(lámpo)* m. relámpago **treno —** tren exprés. **in un —** en un abrir y cerrar de ojos.

ana *(lána)* f. lana. — **filata** estambre.

ancetta *(lanchetta)* f. (med.) lanceta; manecilla del reloj.

ancia *(lánchia)* f. lanza.

anciare *(lanchiáre)* tr. lanzar.

anciarsi *(lanchiársi)* rfl. lanzarse.

ancio *(lánchio)* m. lanzamiento. **di** — de un golpe.

anguidezza *(languidetsa)* f. languidez.

anguido *(lánguido)* adj. lánguido, desfallecido.

anguire *(languíre)* itr. languidecer.

anterna *(lantérna)* f. linterna; fanal, farol.

apida *(lápida)* f. lápida.

apidare *(lapidáre)* tr. lapidar.

apis *(lápis)* m. lápiz. **porta** — lapicero.

ardo *(lárdo)* m. tocino.

arghezza *(larguétsa)* f. anchura; amplitud; (fig.) largueza.

argire *(lardyíre)* tr. dar con generosidad.

argitore *(lardyitóre)* m. liberal.

argo *(lárgo)* adj. y m. ancho; generoso. itj. ¡largo! **prendere il** — huir.

aringe *(laríndye)* f. (anat.) laringe.

aringite *(larindyíte)* f. (med.) laringitis.

arva *(lárva)* f. larva; fantasma.

arvare *(larváre)* tr. enmascarar.

sciare *(laschiáre)* tr. dejar; permitir; ceder.

sciatura *(laschiatúra)* f. olvido.

scito *(láschito)* m. legado.

ssù *(lassú)* adv. allá arriba.

stra *(lástra)* f. losa; placa.

stricare *(lastricáre)* tr. empedrar, adoquinar.

stricato *(lastricáto)* m. empedrado, adoquinado.

latifondo *(latifóndo)* m. latifundio.

latinizzare *(latinitsáre)* tr. latinizar.

latino *(latíno)* adj. y m. latino. m. latín.

latitudine *(latitúdine)* f. latitud; amplitud.

lato *(lato)* adj. dilatado; ancho. m. lado, cara. **senso** — sentido amplio.

latrare *(latráre)* itr. ladrar.

latrato *(latráto)* m. ladrido.

latrina *(latrína)* f. letrina.

latta *(látta)* f. hojalata; lata.

lattaio *(lattáio)* f. lechero.

lattante *(lattánte)* m. niño de pecho.

latte *(látte)* f. leche.

lattuga *(lattúga)* f. (bot.) lechuga.

laudare *(laudáre)* tr. alabar, elogiar.

laude *(láude)* m. alabanza.

laurea *(láurea)* f. láurea, grado de doctor, doctorado.

laureare *(laureáre)* tr. laurear; graduar.

laurearsi *(laureársi)* rfl. graduarse en una universidad.

lauro *(láuro)* m. (bot.) laurel.

lavabo *(lavábo)* m. lavabo; lavatorio.

lavandaia *(lavandáia)* f. lavandera.

lavandino *(lavandíno)* m. lavadero.

lavare *(laváre)* tr. lavar; limpiar.

lavarsi *(lavársi)* rfl. lavarse.

lavatoio *(lavatóio)* m. lavadero.

lavorante *(lavoránte)* m. trabajador, obrero, artesano.

lavorare *(lavoráre)* tr. e itr. trabajar; labrar.

lavoratore *(lavoratóre)* m .trabajador, obrero.

lavoro *(lavóro)* m. trabajo.
le *(le)* art. y pron. las; le.
leale *(leále)* adj. leal.
lealtà *(lealtá)* f. lealtad.
lebbra *(lébbra)* f. (med.) lepra.
lebbroso *(lebbróso)* adj. leproso.
lecito *(léchito)* adj. lícito.
ledere *(lédere)* tr. agraviar, ofender, dañar.

──────── LEDERE ────────

INFINITO Presente: ledere. **Passato:** avere leso. **GERUNDIO Semplice:** ledendo. **Composto:** avendo leso. **PARTICIPIO Presente:** ledente. **Passato:** leso. **INDICATIVO Presente:** io ledo, tu ledi, egli lede; noi lediamo, voi ledete, essi ledono. **Passato prossimo:** ho leso, hai leso, ha leso; abbiamo leso, avete leso, hanno leso. **Imperfetto:** ledevo, ledevi, ledeva; ledevamo, ledevate, ledevano. **Trapassato prossimo:** avevo leso, avevi leso, aveva leso; avevamo leso, avevate leso, avevano leso. **Passato remoto:** lesi o ledei, ledesti, lese; ledemmo, ledeste, lesero. **Trapassato remoto:** ebbi leso, avesti leso, ebbe leso; avemmo leso, aveste leso, ebbero leso. **Futuro semplice:** lederò, lederai, lederà; lederemo, lederete, lederanno. **Futuro anteriore:** avrò leso, avrai leso, avrà leso; avremo leso, avrete leso, avranno leso. **CONDIZIONALE Presente:** lederei, lederesti, lederebbe; lederemmo, ledereste, lederebbero. **Passato:** avrei leso, avresti leso, avrebbe leso; avremmo leso, avreste leso, avrebbero leso. **CONGIUNTIVO Presente:** leda, leda, leda; lediamo, lediate, ledano. **Imperfetto:** ledessi, ledessi, ledesse; ledessimo, ledeste, ledessero. **Passato:** abbia leso, abbia leso, abbia leso; abbiamo leso, abbiate leso, abbiano leso. **Trapassato:** avessi leso, avessi leso, avesse leso; avessimo leso, aveste leso, avessero leso. **IMPERATIVO Presente:** ledi tu, leda egli; lediamo noi, ledete voi, ledano essi.

lega *(léga)* f. liga, alianza; (técn.) aleación; ley (de la moneda).
legale *(legále)* adj. legal. m. abogado, jurista.
legalità *(legalitá)* f. legalidad.

legalizzare *(legalitsáre)* tr. legalizar.
legare *(legáre)* tr. ligar; legar (en testamento); engastar; encuadernar.
legato *(legáto)* m. legado, embajador.
legazione *(legadsióne)* f. legación.
legge *(létye)* f. ley; regla.
leggenda *(letyénda)* f. leyenda, cuento.
leggendario *(letyendário)* adj. legendario.
leggere *(létyere)* tr. leer.

──────── LEGGERE ────────

INFINITO Presente: leggere. **Passato:** avere letto. **GERUNDIO Semplice:** leggendo. **Composto:** avendo letto. **PARTICIPIO Presente:** leggente. **Passato:** letto. **INDICATIVO Presente:** io leggo, tu leggi, egli legge; noi leggiamo, voi leggete, essi leggono. **Passato prossimo:** ho letto, hai letto, ha letto; abbiamo letto, avete letto, hanno letto. **Imperfetto:** leggevo, leggevi, leggeva; leggevamo, leggevate, leggevano. **Trapassato prossimo:** avevo letto, avevi letto, aveva letto; avevamo letto, avevate letto, avevano letto. **Passato remoto:** lessi, leggesti, lesse; leggemmo, leggeste, lessero. **Trapassato remoto:** ebbi letto, avesti letto, ebbe letto; avemmo letto, aveste letto, ebbero letto. **Futuro semplice:** leggerò, leggerai, leggerà; leggeremo, leggerete, leggeranno. **Futuro anteriore:** avrò letto, avrai letto, avrà letto; avremo letto, avrete letto, avranno letto. **CONDIZIONALE Presente:** leggerei, leggeresti, leggerebbe; leggeremmo, leggereste, leggerebbero. **Passato:** avrei letto, avresti letto, avrebbe letto; avremmo letto, avreste letto, avrebbero letto. **CONGIUNTIVO Presente:** legga, legga, legga; leggiamo, leggiate, leggano. **Imperfetto:** leggessi, leggessi, leggesse; leggessimo, leggeste, leggessero. **Passato:** abbia letto, abbia letto, abbia letto; abbiamo letto, abbiate letto, abbiano letto. **Trapassato:** avessi letto, avessi letto, avesse letto; avessimo letto, aveste letto, avessero letto. **INDICATIVO Presente:** leggi tu, legga egli; leggiamo noi, leggete voi, leggano essi.

leggerezza *(letyerétsa)* f. ligereza; agilidad; frivolidad.
leggero *(letyéro)* adj. liger

eggiadria *(letyiadría)* f. encanto, belleza.

eggibile *(letyíbile)* adj. legible.

eggiero *(letyiéro)* adj. ligero; leve; voluble.

eggio *(letyío)* m. atril.

egislatore *(ledyislatóre)* m. legislador.

egislazione *(ledyisladsióne)* f. legislación.

egittimare *(ledyittimáre)* tr. legitimar.

egittimo *(ledyíttimo)* adj. legítimo.

egna *(léña)* f. leña.

egnaiolo *(leñaiólo)* m. leñador.

egname *(leñáme)* m. madera.

egno *(léño)* m. madera; leño.

egume *(legúme)* m. legumbre.

ei *(léi)* pron. ella; usted. dare del — tratar de usted.

enimento *(leniménto)* m. lenitivo.

enire *(leníre)* tr. mitigar, suavizar.

ente *(lénte)* f. (bot.) lenteja; (opt.) lente.

enti *(lénti)* f. pl. lentes.

entezza *(lentétsa)* f. lentitud.

enticchia *(lentíkkia)* f. (bot.) lenteja.

entiggine *(lentítyine)* f. lunar (en la piel).

ento *(lénto)* adj. lento.

enza *(léndsa)* f. sedal.

enzuolo *(lendsuólo)* m. sábana.

eone *(leóne)* m. (zool.) león.

epre *(lépre)* f. (zool.) liebre.

estezza *(lestétsa)* f. presteza; agilidad.

esto *(lésto)* adj. rápido, ágil.

etizia *(letídsia)* f. alegría, regocijo.

etiziare *(letidsiáre)* tr. alegrar. itr. alegrarse.

ettera *(léttera)* f. carta; letra.

letterale *(letteróle)* adj. literal. [rario.

letterario *(letterário)* adj. literetterato *(letteráto)* m. literato.

letteratura *(letteratúra)* f. literatura.

lettiera *(lettiéra)* f. somier; cama (para animales).

lettiga *(lettíga)* f. litera, camilla.

letto *(letto)* m. cama, lecho. andare a — acostarse; alzar dal — levantarse de la cama.

lettore *(lettóre)* m. lector.

lettura *(lettúra)* f. lectura.

leva *(léva)* f. (mec.) palanca; (mil.) leva.

levare *(leváre)* tr. levantar, elevar; sacar, quitar.

levarsi *(levársi)* rfl. levantarse, elevarse; alejarse; salir (el sol).

levata *(leváta)* f. levantamiento; recogida (del correo).

levatrice *(levatríche)* f. comadrona.

lezione *(ledsióne)* f. lección; enseñanza.

li *(li)* art. y pron. los.

lì *(lì)* adv. allí.

libbra *(líbbra)* f. libra.

liberale *(liberóle)* adj. liberal.

liberalità *(liberalitá)* f. liberalidad.

liberare *(liberóre)* tr. libertar; librar; adjudicar (en subasta).

liberarsi *(liberársi)* rfl. librarse.

liberazione *(liberadsióne)* f. liberación.

libero *(líbero)* adj. libre.

libertà *(libertá)* f. libertad.

libertinaggio *(libertinátyio)* m. libertinaje. [tino.

libertino *(libertíno)* adj. liber-

libraio *(libráio)* m. librero.
libreria *(librería)* f. librería; biblioteca.
libretto *(librétto)* m. librito; libreto (de ópera); libro de cuentas. — di mandati talonario de cheques.
libro *(líbro)* m. libro.
licenza *(lichéndsa)* f. licencia.
licenziare *(lichendsiáre)* tr. licenciar; despedir.
liceo *(lichéo)* m. liceo; enseñanza media; (mús.) conservatorio.
lido *(lído)* m. playa.
lieto *(liéto)* adj. contento.
lieve *(liéve)* adj. leve.
lievezza *(lievétsa)* f. ligereza.
lievitare *(lievitáre)* tr. fermentar.
lievitazione *(lievitadsióne)* f. fermentación.
lievito *(liévito)* m. fermento, levadura.
lignite *(liñíte)* f. lignito.
lima *(líma)* f. lima.
limare *(limáre)* tr. limar.
limitare *(limitáre)* tr. limitar.
limitarsi *(limitársi)* rfl. limitarse.
limitazione *(limitadsióne)* f. limitación.
limite *(límite)* m. límite.
limonata *(limonáta)* f. limonada.
limone *(limóne)* m. (bot.) limón.
limosina *(limósina)* f. limosna.
limosinare *(limosináre)* tr. e itr. mendigar.
limpidezza *(limpidétsa)* f. limpidez, claridad.
limpido *(límpido)* adj. límpido.
linea *(línea)* f. línea; raya.
lineamenti *(lineaménti)* m. pl. rasgos (del rostro).

lineare *(lineáre)* tr. alinear linear, rayar. adj. lineal.
linfa *(linfa)* f. (anat.) linfa.
linfatico *(linfático)* adj. linfátɩ co.
lingua *(língua)* f. (anat.) ler gua; idioma, lengua.
linguaggio *(linguátyio)* m. ler guaje.
linguista *(lingüista)* m. lingüis ta.
linguistica *(lingüística)* f. lir güística.
lino *(líno)* m. (bot.) lino; lier zo (tela). seme di — linaza
liquidare *(likuidáre)* tr. liqu dar.
liquidazione *(likuidadsióne)* ɩ liquidación.
liquido *(líkuido)* adj. y m. líquɩ do.
liquore *(likuóre)* m. licor.
lira *(líra)* f. lira (moneda); lira (instrumento).
lirica *(lírica)* f. lírica.
lirico *(lírico)* adj. lírico.
lisciare *(lischiáre)* tr. alisar pulir; peinar (el cabello) afeitar.
liscio *(líschio)* adj. liso, tersɩ (sin vello). m. afeite.
liscivia *(lischívia)* f. lejía.
lite *(líte)* f. litigio; lid; disputa
litigare *(litigáre)* itr. litigar pleitear.
litigio *(litítyio)* m. litigio, plei to.
litografia *(litografía)* f. litograf fía.
litografo *(litógrafo)* m. litógraf fo.
litorale *(litorále)* adj. y m. li toral.
litro *(lítro)* m. litro.
liuto *(liúto)* m. laúd.
livellare *(livel-láre)* tr. nivelar
livello *(livél-lo)* m. nivel.
lo *(lo)* art. el, lo. pron. lo, le
lobo *(lóbo)* m. (anat.) lóbulo
locale *(locále)* adj. y m. local
località *(localitá)* f. localidad

localizzare *(localitsáre)* tr. localizar.

locanda *(locánda)* f. posada, albergue.

locandiere *(locandiére)* m. posadero, mesonero.

locare *(locáre)* tr. alquilar.

locatario *(locatário)* m. inquilino.

locazione *(locadsióne)* f. locación, arrendamiento; situación.

locomotiva *(locomotíva)* f. locomotora. adj. locomotriz.

locomozione *(locomodsióne)* f. locomoción.

locusta *(locústa)* f. langosta.

lodare *(lodáre)* tr. alabar.

lode *(lóde)* f. alabanza.

lodola *(lódola)* f. (orn.) alondra.

loggia *(lótyia)* f. logia, balcón; palco de teatro.

loggiato *(lotyiáto)* m. galería; pórtico.

loggione *(lotyióne)* m. (teat.) paraíso; (fam.) gallinero.

logica *(lódyica)* f. lógica.

logico *(lódyico)* adj. lógico.

logorare *(logoráre)* tr. usar, gastar, ajar.

logorarsi *(logorársi)* rfl. consumirse, ajarse, gastarse.

lombrico *(lombríco)* m. lombriz.

lontananza *(lontanándsa)* f. lejanía. in— a lo lejos.

lontanare *(lontanáre)* tr. alejar.

lontano *(lontáno)* adj. y adv. lejos, lejano. di — de lejos.

loquace *(lokuáche)* adj. locuaz.

loquacità *(lokuachitá)* f. locuacidad.

lordare *(lordáre)* tr. ensuciar.

lordo *(lórdo)* adj. sucio. peso — peso bruto.

lordume *(lordúme)* m. basura.

lordura *(lordúra)* f. suciedad, basura.

loro *(lóro)* pron. ellos, ellas.

adj. su, sus. pron. suyos, suyas.

lotta *(lótta)* f. lucha.

lottare *(lottáre)* itr. luchar.

lotteria *(lottería)* f. lotería.

lozione *(lodsióne)* f. loción.

lubrificante *(lubrificánte)* adj. y m. lubricante, lubrificante.

lubrificare *(lubrificáre)* tr. lubricar, lubrificar.

luccicamento *(lutchicaménto)* m. brillo. llar.

luccicare *(lutchicáre)* itr. brillar.

lucciola *(lutchióla)* f. luciérnaga.

luce *(lúche)* f. luz.

lucere *(lúchere)* itr. lucir, brillar.

lucerna *(lucherna)* f. candil, linterna.

lucertola *(luchértola)* f. (zool.) lagarto; lagartija.

lucidare *(luchidáre)* tr. pulimentar, lustrar, bruñir; calcar.

lucidezza *(luchidétsa)* f. brillo; lucidez, claridad.

lucido *(lúchido)* adj. lúcido; lustroso, brillante. m. brillo.

lucrare *(lucráre)* tr. ganar, sacar provecho.

lucrativo *(lucratívo)* adj. lucrativo.

lucro *(lúcro)* m. lucro.

luglio *(lúllio)* m. julio.

lui *(lui)* pron. él, le, su.

lumaca *(lumáca)* f. caracol; babosa.

lume *(lúme)* m. luz; lámpara; (fig.) vista.

lumiera *(lumiéra)* f. araña (de luz).

luna *(lúna)* f. luna.

lunare *(lunáre)* adj. lunar.

lunedí *(lunedí)* m. lunes.

lunghezza *(lunguétsa)* f. largura, longitud.

lungo *(lúngo)* adj. largo.
luogo *(luógo)* m. lugar, sitio; ocasión. — **comodo** excusado, retrete. **far** — hacer sitio, apartarse.
luogotenente *(luogotenénte)* m. lugarteniente.
lupo *(lúpo)* m. (zool.) lobo.
lusinga *(lusínga)* f. halago, mimo.
lusingare *(lusingáre)* tr. halagar.
lusingarsi *(lusingársi)* rfl. ilusionarse; esperar.

lusinghevole *(lusinguévole)* adj. lisonjero.
lussare *(lussáre)* tr. luxar.
lussazione *(lussadsióne)* f. luxación, dislocación.
lusso *(lússo)* m. lujo.
lussuria *(lussúria)* f. lujuria.
lustrare *(lustráre)* tr. lustrar, abrillantar, dar cera o betún al calzado. itr. relucir.
lustrascarpe *(lustrascarpe)* m. limpiabotas.
lustro *(lústro)* m. brillo; gloria, lustre; lustro.
luto *(lúto)* m. lodo, barro.
lutto *(lútto)* m. luto.

ma *(ma)* conj. pero, mas.
maccheroni *(makkeróni)* m. pl. macarrones.
macchia *(mákkia)* f. mancha; culpa; matorral. **alla —** a escondidas.
macchiare *(makkiáre)* tr. manchar.
macchina *(mákkina)* f. máquina.
macchinare *(makkináre)* tr. maquinar, tramar.
macchinista *(makkinísta)* m. maquinista, mecánico.
macellaio *(machel-láio)* m. matarife. carnicero.
macellare *(machel-láre)* tr. matar; descuartizar reses.
macellaro *(machel-láro)* m. carnicero.
macellazione *(machel-ladsióne)* f. matanza.
macello *(machél-lo)* m. matadero; matanza (de hombres).
macerare *(macheráre)* tr. macerar; mortificar.
macerie *(macheríe)* f. pl. escombros.
macina *(máchina)* f. muela.

macinare *(machináre)* tr. moler.
macinino *(machiníno)* m. molinillo (de café. etc.)
madonna *(madónna)* f. (Santísima) Virgen.
madre *(mádre)* f. madre.
madrigale *(madrigále)* m. madrigal.
madrigna *(madríña)* f. madrastra.
madrina *(madrína)* f. madrina.
maestà *(maestá)* f. majestad.
maestro *(maéstro)* adj. y m. maestro.
magari *(magári)* itj. ¡ojalá!.
magazzino *(magatsíno)* m. almacén, depósito. **grande —** almacenes, bazar.
maggio *(mátyio)* m. mayo.
maggiolata *(matyioláta)* f. canción (fiesta) de mayo.
maggiolino *(matyiolíno)* m. abejorro.
maggioranza *(matyiorándsa)* f. mayoría.
maggiore *(matyióre)* adj. y m. (mil.) mayor.
maggiorenne *(matyiorénne)* adj. mayor de edad.

maggioritario *(matyoritario)* adj. mayoritario.

magia *(madyía)* f. magia.

magico *(mádyico)* adj. mágico.

magisterio *(madyistério)* m. magisterio; maestría.

magistrato *(madyistráto)* m. magistrado.

maglia *(mállia)* f. malla; punto; jersey.

maglieria *(malliería)* f. géneros de punto; fábrica o tienda de géneros de punto.

magnete *(mañéte)* m. imán.

magnetico *(mañético)* adj. magnético.

magnificenza *(mañifichéndsa)* f. magnificencia, esplendor.

magnifico *(mañífico)* adj. magnífico.

mago *(mágo)* m. hechicero, mago. **i tre re magi** los tres Reyes Magos. [dez.

magrezza *(magrétsa)* f. delga-

magro *(mágro)* adj. delgado. **giorno di** — día de abstinencia.

mai *(mái)* adv. nunca, jamás. — **più** nunca más. **se** — en todo caso.

maiale *(maiále)* m. (zool.) cerdo, cochino.

maiuscola *(maiúscola)* f. mayúscula.

malafede *(malaféde)* f. mala intención, mala fe.

malagevole *(maladyévole)* adj. difícil.

malagevolezza *(maladyevolétsa)* f. dificultad.

malanno *(malánno)* m. desgracia; enfermedad.

malapena *(malapéna)* a — adv. a duras penas.

malaticcio *(malatíchio)* adj. enfermizo, achacoso.

malato *(maláto)* adj. y m. enfermo.

malattia *(malattía)* f. enfermedad.

malaugurio *(malaugúrio)* m. mal agüero.

malavoglia *(malavóllia)* f. mala gana, mala voluntad.

malcontento *(malconténto)* adj. insatisfecho. m. descontento, disgusto.

malcostumato *(malcostumáto)* adj. malacostumbrado.

malcreato *(malcreáto)* adj. malcriado, mal educado.

maldestro *(maldéstro)* adj. inexperto; desmañado.

maldicente *(maldichénte)* adj. y m. f. maldiciente.

male *(mále)* adv. mal. m. mal; enfermedad. — **di mare** mareo.

maledetto *(maledétto)* adj. maldito.

maledire *(maledíre)* tr. maldecir.

———————— **MALEDIRE** ————————

INFINITO Presente: maledire. **Passato:** avere maledetto. **GERUNDIO Semplice:** maledicendo. **Composto:** avendo maledetto. **PARTICIPIO Presente:** maledicente. **Passato:** maledetto. **INDICATIVO Presente:** io maledico, tu maledici, egli maledice; noi malediciamo, voi maledite, essi maledicono. **Passato prossimo:** ho maledetto, hai maledetto, ha maledetto; abbiamo maledetto, avete maledetto, hanno maledetto. **Imperfetto:** maledicevo, maledicevi, malediceva; maledicevamo, maledicevate, maledicevano. **Trapassato prossimo:** avevo maledetto, avevi maledetto, aveva maledetto; avevamo maledetto, avevate maledetto, avevano maledetto. **Passato remoto:** maledissi, maledicesti, maledisse; maledicemmo, malediceste, maledissero. **Trapassato remoto:** ebbi maledetto, avesti maledetto, ebbe maledetto; avemmo maledetto, aveste maledetto, ebbero maledetto. **Futuro semplice:** maledirò, maledirai, maledirà; malediremo, maledirete, malediranno. **Futuro anteriore:** avrò maledetto, avrai maledetto, avrà maledetto; avremo maledetto, avrete maledetto, avranno maledetto. **CONDIZIONALE Presente:** maledirei, malediresti, maledirebbe; malediremmo, maledireste, maledirebbero. **Passato:** avrei maledetto, avresti maledetto, avrebbe maledetto; avremmo maledetto, avreste maledetto, avrebbero maledetto. **CONGIUNTIVO Presente:** maledica, maledica, maledica; malediciamo, malediciate, maledicano. **Imperfetto:** maledicessi, maledicessi, maledicesse; maledicessimo, maledicessimo, malediceste, maledicessero. **Passato:** abbia maledetto, abbia maledetto, abbia maledetto; abbiamo maledetto, abbiate maledetto, abbiano maledetto. **Trapassato:** avessi maledetto, avessi maledetto, avesse maledetto; avessimo maledetto, aveste maledetto, avessero maledetto. **IMPERATIVO Presente:** maledici **tu,** maledica **egli;** malediciamo **noi,** maledite **voi,** maledicano **essi.**

---

malefizio *(malefídsio)* m. maleficio.

malescio *(maléschio)* adj. enfermizo.

malessere *(maléssere)* m. malestar.

malevolo *(malévolo)* adj. malévolo.

malfare *(malfáre)* itr. obrar mal.

malfattore *(malfattóre)* m. malhechor.

malfermo *(malférmo)* adj. débil, flojo.

malfido *(malfido)* adj. desleal.

malgrado *(malgrádo)* adv. y conj. a pesar de, pese a.

maligno *(malíño)* adj. maligno.

malinconia *(malinconía)* f. melancolía.

malinconico *(malincónico)* adj. melancólico.

malinteso *(malintéso)* adj. mal entendido, equivocado. m. malentendido, equivocación.

malizia *(malídsia)* f. malicia.

malizioso *(malidsióso)* adj. malicioso.

malleolo *(mal-léolo)* m. (anat.) tobillo, maléolo.

malo *(málo)* adj. malo.

malocchio *(malókkio)* m. mal de ojo.

malore *(malóre)* m. dolencia.

malto *(málto)* m. malta.

maltrattare *(maltrattáre)* tr. maltratar.

malumore *(malumóre)* m. malhumor.

malva *(málva)* f. (bot.) malva. — **selvatica** malvavisco.

malversare *(malversáre)* tr. malversar.

malversazione *(malversadsióne)* f. malversación.

malvolentieri *(malvolentiéri)* adv. de mala gana.

malvolere *(malvolére)* tr. aborrecer, detestar. m. odio.

mamma *(mámma)* f. madre; mama, teta.

mammamia *(mammamía)* m. ingénuo, tímido. itj. ¡madre mía!

mammella *(mammél-la)* f. mama, teta; mamila.

mammolo *(mámmolo)* m. nene, criatura.

manata *(manáta)* f. manada, manojo; manotazo.

manca *(mánca)* f. mano izquierda.   [rencia.

mancanza *(mancandsa)* f. carencia.

mancare *(mancáre)* itr. faltar; carecer; fallecer.

manchevole *(mankévole)* adj. defectuoso.

manchevolezza *(mankevolétsa)* f. privación; imperfección.

mancia *(mánchia)* f. propina.

manciata *(manchiáta)* f. manada, puñado.

mancina *(manchína)* f. grúa; mano izquierda. **a** — a la izquierda.

mancino *(manchíno)* adj. y m. zurdo; siniestro.

manco *(mánco)* adj. izquierdo, adv. menos; ni siquiera.

mandamento *(mandaménto)* m. mandamiento, orden; distrito.

mandare *(mandáre)* tr. mandar; emitir; expedir. — via echar a la calle. — in pezzi hacer pedazos.

mandarino *(mandaríno)* m. mandarín; mandarina.

mandato *(mandáto)* m. mandato, comisión; orden.

mandolino *(mandolíno)* m. mandolina, bandolín.

mandorla *(mandórla)* f. (bot.) almendra.

maneggevole *(manetyévole)* adj. manejable.

maneggiamento *(manetyiaménto)* m. manejo.

maneggiare *(manetyiáre)* tr. manejar; gobernar; manipular.

maneggio *(manétyio)* m. manejo; administración; maniobra.

manesco *(manésco)* adj. manual. [sas.

manette *(manétte)* f. pl. espo-

manganare *(manganáre)* tr. calandrar, satinar.

mangano *(mángano)* m. calandria; ballesta.

mangereccio *(mandyerétchio)* adj. comestible.

mangiabile *(mandyiábile)* adj. comestible.

mangiare *(mandyiáre)* tr. comer.

mangiatoia *(mandyiatóia)* f. pesebre.

mangime *(mandyíme)* m. comida, pienso (de los animales domésticos).

manica *(mánica)* f. manga.

manico *(mánico)* m. mango, empuñadura.

manicomio *(manicómio)* m. manicomio.

manicotto *(manicótto)* m. manguito.

maniera *(maniéra)* f. manera.

manierare *(manieráre)* tr. amanerar.

manieroso *(maniéroso)* adj. cortés.

manifattura *(manifattúra)* f. manufactura, fabricación.

manifatture *(manifattúre)* f. pl. productos manufacturados.

manifestante *(manifestánte)* m. y f. manifestante.

manifestare *(manifestáre)* tr. manifestar.

manifestarsi *(manifestarsi)* rfl. manifestarse; declararse (una epidemia, un incendio).

manifestazione *(manifestadsióne)* f. manifestación.

manifesto *(manifésto)* adj. evidente. m. manifiesto.

maniglia *(maníllia)* f. manilla, manija; tirador (de muebles).

manipolare *(manipoláre)* tr. manipular.

manipolazione *(manipoladsióne)* f. manipulación.

manipolo *(manípolo)* m. manípulo; haz de espigas.

mano *(máno)* f. mano; costado; mano (de pintura); ayuda.

manodopera *(manodópera)* f. mano de obra.

manopola *(manópola)* f. manopla.

manoscritto *(manoscrítto)* adj. y m. manuscrito.

manovella *(manovél-la)* f. manivela.

manovra *(manóvra)* f. maniobra; (naut.) jarcia.

manovrare *(manovráre)* tr. maniobrar.

manritta *(manrítta)* f. mano derecha.

manritto *(manrítto)* adj. y m. derecho; diestro.

mansuefare *(mansuefáre)* tr. amansar, apaciguar.

mansueto *(mansuéto)* adj. manso.

mansuetudine *(mansuetúdine)* f. mansedumbre.

mantellina *(mantel-lína)* f. manteleta; capa corta.

mantello *(mantel-lo)* m. capa, manto; abrigo; piel (de los animales).

mantenere *(mantenére)* tr. mantener.

mantenimento *(manteniménto)* m. mantenimiento; manutención, sustento.

mantenuta *(mantenúta)* f. concubina.

mantice *(mántiche)* m. fuelle.

mantiglia *(mantíllia)* f. mantilla; manteleta.

mantile *(mantíle)* m. servilleta; mantel.

manto *(mánto)* m. manto; pretexto.

manuale *(manuále)* adj. manual.

manubrio *(manúbrio)* m. manubrio.

manzo *(mándso)* m. (zool.) novillo, becerro.

mappa *(máppa)* f. mapa.

maraviglia *(maravíllia)* f. maravilla.

maravigliare *(maravilliáre)* tr. maravillar.

maraviglioso *(maravillióso)* adj. maravilloso.

marca *(márca)* f. marca, señal; marchamo; comarca.

marcare *(marcáre)* tr. marcar; marchamar.

marcatore *(marcatóre)* m. marcador.

marchesa *(markésa)* f. marquesa.

marchese *(markése)* m. marqués.   [car.

marchiare *(markiáre)* tr. marcar.

marchio *(márkio)* m. marca.

marcia *(márchia)* f. marcha; (med.) pus.

marciapiede *(marchiapiéde)* m. acera; andén.

marciare *(marchiáre)* itr. marchar, andar, irse.

marcio *(márchio)* adj. podrido, pasado (fruta); (med.) purulento. m. podredumbre, corrupción.

mare *(máre)* m. mar.

marea *(maréa)* f. marea.

mareggiare *(maretyiáre)* itr. navegar; haber marejada.

mareggiata *(maretyiáta)* f. marejada.

mareggio *(marétyio)* m. mar agitado.

maremma *(marémma)* f. marisma; pantano.

maremmano *(maremmáno)* adj. de la marisma.

maremoto *(maremóto)* m. maremoto.

maresciallo *(mareschiál-lo)* m. mariscal.

margine *(márdyine)* m. margen; orilla.

marina *(marína)* f. mar; marina.

marinaio *(marináio)* m. marinero, marino.

marinaro *(marináro)* adj. y m. marinero.

marino *(maríno)* adj. marino.

marioleria *(marioleria)* f. pillería, trampa.

mariolo *(mariólo)* m. bribón, pillo.

marionetta *(marionétta)* f. muñeco, títere, marioneta.

maritaggio *(maritátyio)* m. casamiento, matrimonio.

maritale *(maritále)* adj. marital; conyugal.

maritare *(maritáre)* tr. e itr. casar, casarse; unir.

marito *(maríto)* m. marido, esposo. **andare a —** maridarse (una mujer).

marittimo *(maríttimo)* adj. marítimo.

marmaglia *(marmállia)* f. gentuza, canalla.

marmellata *(marmel-láta)* f. mermelada.

marmista *(marmísta)* m. marmolista.

marmitta *(marmítta)* f. marmita; olla.

marmo *(mármo)* m. mármol; lápida.

marmocchio *(marmókkio)* m. niño.

marmorizzare *(marmoritsáre)* tr. jaspear.

marrone *(marróne)* adj. marrón. m. castaña; (fig.) coladura, equivocación.

martedí *(martedí)* m. martes.

martellare *(martel-láre)* tr. martillar; atormentar. itr. palpitar.

martellata *(martel-láta)* f. martillazo.

martellatura *(martel-latúra)* f. martilleo.

martello *(martél-lo)* m. martillo. suonare a — tocar a rebato.

martire *(mártire)* adj. y m. mártir.

martirio *(martírio)* m. martirio, tormento.

martirizzare *(martiritsáre)* tr. martirizar.

martirologio *(martirolódyio)* m. martirologio.

martora *(mártora)* f. (zool.) marta (animal y piel).

marzapane *(mardsapáne)* m. mazapán.

marziale *(mardsiále)* adj. marcial.

marzo *(márdso)* m. marzo.

mascalzone *(mascaldsóne)* adj. bellaco.

mascella *(maschél-la)* f. (anat.) mandíbula.

mascellare *(maschel-láre)* adj. y m. maxilar.

maschera *(máskera)* f. máscara; careta, antifaz.

mascheramento *(maskeraménto)* m. enmascaramiento.

mascherare *(maskeráre)* tr. enmascarar, ocultar.

maschile *(maskíle)* adj. masculino. [macho.

maschio *(máskio)* m. varón;

massa *(mássa)* f. masa; montón; conjunto, far — acumular.

massacrare *(massacráre)* tr. asesinar.

massacro *(massácro)* m. matanza, carnicería.

massaggio *(massátyio)* m. masaje.

massaia *(massáia)* f. casera, ama de llaves.

massaio *(massáio)* m. mayordomo; guardián.

massima *(mássima)* f. máxima. in — en general.

massimo *(mássimo)* adj. máximo, sumo. m. el máximo. al — todo lo más.

masso *(másso)* m. peñasco; bloque.

masticare *(masticáre)* tr. masticar, mascar.

matematica *(matemática)* f. matemáticas.

materasso *(materásso)* m. colchón.

materia *(matéria)* f. materia; argumento, tema.

materializzare *(materialitsáre)* tr. materializar.

maternale *(maternále)* adj. maternal.

maternità *(maternitá)* f. maternidad; clínica de maternidad.

materno *(matérno)* adj. materno.

matita *(matíta)* f. lápiz.

matitatoio *(matitatóio)* m. lapicero.

matrice *(matríche)* f. matriz; molde. **libro a —** libro talonario.

matricola *(matrícola)* f. matrícula.

matricolare *(matricoláre)* tr. matricular.

matrigna *(matríña)* f. madrastra.

matrimonio *(matrimónio)* m. matrimonio.

matrona *(matróna)* f. matrona.

mattatoio *(mattatóio)* m. matadero.

mattina *(mattína)* f. mañana (la).

mattinata *(mattináta)* f. mañana; alborada; función diurna.

mattino *(mattíno)* m. la mañana.

matto *(mátto)* adj. y m. loco; mate (en el ajedrez).

mattone *(mattóne)* m. ladrillo.

maturare *(maturáre)* tr. madurar, reflexionar; itr. madurar.

maturazione *(maturadsióne)* f. maduración, madurez.

maturità *(maturitá)* f. madurez; edad del juicio.

maturo *(matúro)* adj. maduro.

mazza *(mátsa)* f. maza, mazo, clava; bastón.

mazzo *(mátso)* m. manojo; baraja.

mazzolino *(matsolíno)* m. ramillete.

me *(me)* pron. me, mi.

meccanica *(meccánica)* f. mecánica.

meccanico *(meccánico)* adj. y m. mecánico.

meco *(méco)* pron. conmigo.

medaglia *(medállia)* f. medalla.

medesimo *(medésimo)* adj. mismo, igual. pron. el mismo, m. lo mismo.

media *(média)* f. mediana, mitad; término medio.

mediano *(mediáno)* adj. mediano.

mediante *(mediánte)* prep. mediante.

mediatore *(mediatóre)* m. mediador.

mediazione *(mediadsióne)* f. mediación; (com.) corretaje.

medicamento *(medicaménto)* m. medicamento.

medicare *(medicáre)* tr. medicar, remediar.

medicastro *(medicástro)* m. medicastro.

medicazione *(medicadsióne)* f. medicación.

medichessa *(medikéssa)* f. doctora.

medicina *(medichína)* f. medicina.

medicinale *(medichinále)* adj. medicinal.

medico *(médico)* m. médico, facultativo, doctor. **— curante** médico de cabecera.

medietà *(medietá)* f. medianía.

medio *(médio)* adj. medio.

mediocrità *(mediocritá)* f. mediocridad.

medioevale *(medioevále)* adj. medioeval.

medioevo *(medioévo)* m. medioevo.

meditare *(meditáre)* tr. meditar.

meditazione *(meditadsióne)* f. meditación.

mediterraneo *(mediterráneo)* adj. mediterráneo. m. el Mediterráneo.

meglio *(méllio)* adv. y adj. mejor. m. lo mejor.

mela *(méla)* f. (bot.) manzana. **— cotogna** (bot.) membrillo.

melagrana *(melagrána)* f. (bot.) granada.

melanconia *(melanconía)* f. melancolía.

melanconico *(melancónico)* adj. melancólico.

melanzana *(melandsána)* f. (bot.) berenjena.

melarancia *(melaránchia)* f. (bot.) naranja.

melario *(melário)* m. colmena.

melassa *(melássa)* f. melaza.

melenso *(melénso)* adj. desabrido.

mellone *(mel-lóne)* m. (bot.) melón.

melma *(mélma)* f. barro, légamo.

melo *(mélo)* m. (bot.) manzano.

melodia *(melodía)* f. melodía.

melodico *(melódico)* adj. melódico.

melodramma *(melodrámma)* m. melodrama.

membro *(mémbro)* m. miembro.

memorabile *(memorábile)* adj. memorable.

memoria *(memória)* f. memoria.

menda *(ménda)* f. defecto, mancha.

mendace *(mendáche)* adj. mentiroso.   [tira.

mendacio *(mendáchio)* m. men-

mendare *(mendáre)* tr. enmendar, subsanar.

mendicante *(mendicánte)* adj. y m. mendicante. m. mendigo.

mendicare *(mendicáre)* tr. mendigar.

mendico *(mendíco)* adj. y m. mendigo.

meningite *(menindyíte)* f. (med.) meningitis.

meno *(méno)* adv. menos. adj. y m. menos, menor.

menomare *(menomáre)* tr. disminuir. itr. menguar.

menomazione *(menomadsióne)* f. mengua, disminución.

mensile *(mensíle)* adj. mensual. m. y f. sueldo.

menstruazione *(menstruadsióne)* f. menstruación.

menstruo *(ménstruo)* m. menstruo.

mensuale *(mensuále)* adj. mensual.

mentale *(mentále)* adj. mental.

mentalmente *(mentalménte)* adv. mentalmente.

mente *(ménte)* f. mente. avere in — tener intención.

mentire *(mentíre)* itr. mentir.

mentito *(mentíto)* adj. mentiroso, falso.

mento *(ménto)* m. barbilla, mentón.

mentre *(méntre)* adv. mientras. in quel — entretanto.

menzionare *(mendsionáre)* tr. mencionar.

menzione *(mendsióne)* f. mención.   [tira.

menzogna *(mendsóña)* f. mentira.

menzognero *(mendsoñéro)* m. mentiroso.

meraviglia *(meravíllia)* f. maravilla.

meravigliare *(meravilliáre)* tr. maravillar.

meraviglioso *(meravillióso)* adj. maravilloso.

mercante *(mercánte)* m. mercader, comerciante. marina — marina mercante.

mercanzia *(mercandsía)* f. mercancía.

mercatale *(mercatále)* adj. de mercado.

mercato *(mercáto)* m. mercado; tráfico. a buon — barato.

mercatura *(mercatúra)* f. tráfico, comercio.

merce *(mérche)* f. mercancía, género.

mercé *(merché)* f. merced, gra-

cia; premio. **la dio** — gracias a Dios. **chiedere** — pedir gracia.
mercede *(merchéde)* f. salario.
merceria *(merchería)* f. mercería.
mercoledì *(mercoledí)* m. miércoles.
mercurio *(mercúrio)* m. mercurio, azogue; Mercurio (dios y planeta).
merda *(mérda)* f. mierda, excremento.
merdaio *(merdáio)* m. estercolero.
merenda *(merénda)* f. merienda.
merendare *(merendáre)* itr. merendar.
meridiana *(meridiána)* f. reloj de sol.
meridiano *(meridiáno)* adj. del mediodía. m. meridiano.
meriggiare *(merityiáre)* itr. sestear.
meriggio *(merítyio)* m. mediodía. [cer.
meritare *(meritáre)* tr. merecer.
meritevole *(meritévole)* adj. merecedor.
merito *(mérito)* m. mérito; valor (de cosas o acciones). **parlare in** — hablar a sabiendas.
merlettare *(merlettáre)* tr. adornar con encajes.
merletto *(merlétto)* m. encaje.
merlo *(mérlo)* m. (orn.) mirlo; almena; bobo.
merluzzo *(merlútso)* m. (ict.) bacalao, abadejo; merluza.
mero *(méro)* adj. mero, puro.
mescere *(méscere)* tr. mezclar; verter.
meschinità *(meskinitá)* f. mezquindad.
meschino *(meskíno)* adj. mezquino.
meschita *(meskíta)* f. mezquita.

mescolanza *(mescolándsa)* f. mezcla.
mescolare *(mescoláre)* tr. mezclar.
mescolarsi *(mescolársi)* rfl. mezclarse en; fundirse.
mescolatura *(mescolatúra)* f. mezcla.
mese *(mése)* m. mes.
messa *(méssa)* f. (rel.) misa; puesta. — **bassa** misa rezada. — **cantata** misa mayor. **servire** — ayudar a misa. — **in scena** escenificación. — **in moto** puesta en marcha (motor).
messaggero *(messatyéro)* m. mensajero.
messaggio *(messátyio)* m. mensaje.
messale *(messále)* m. misal.
messe *(mésse)* f. mies.
mestiere *(mestiére)* m. oficio, profesión. [za.
mestizia *(mestídsia)* f. tristeza.
mesto *(mésto)* adj. triste.
mestola *(méstola)* f. cazo, cucharón.
meta *(méta)* f. meta.
metà *(metá)* f. mitad.
metallico *(metál-lico)* adj. metálico.
metallo *(metál-lo)* m. metal.
meteorologico *(meteorolódyico)* adj. meteorológico.
meteorologo *(meteorólogo)* m. meteorólogo.
meticolosità *(meticolositá)* f. meticulosidad.
meticoloso *(meticolóso)* adj. meticuloso. [tódico.
metodico *(metódico)* adj. metódico.
metodismo *(metodísmo)* m. metodismo.
metodo *(método)* m. método.
metrica *(métrica)* f. metrica.
metrico *(métrico)* adj. métrico.

metro *(métro)* m. metro.
metropoli *(metrópoli)* f. metrópoli.
metropolitana *(metropolitána)* f. ferrocarril urbano o metropolitano.
metropolitano *(metropolitáno)* adj. y m. metropolitano.
mettere *(méttere)* tr. poner, incluir.

──────── METTERE ────────

INFINITO Presente: mettere. Passato: avere messo. GERUNDIO Semplice: mettendo. Composto: avendo messo. PARTICIPIO Presente: mettende o mittente. Passato: messo. INDICATIVO Presente: io metto, tu metti, egli mette; noi mettiamo, voi mettete, essi mettono. Passato prossimo: ho messo, hai messo, ha messo; abbiamo messo, avete messo, hanno messo. Imperfetto: mettevo, mettevi, metteva; mettevamo, mettevate, mettevano. Trapassato prossimo: avevo messo, avevi messo, aveva messo; avevamo messo, avevate messo, avevano messo. Passato remoto: misi, mettesti, mise; mettemmo, metteste, misero. Trapassato remoto: ebbi messo, avesti messo, ebbe messo; avemmo messo, aveste messo, ebbero messo. Futuro semplice: metterò, metterai, metterà; metteremo, metterete, metteranno. Futuro anteriore: avrò messo, avrai messo, avrà messo; avremo messo, avrete messo, avranno messo. CONDIZIONALE Presente: metterei, metteresti, metterebbe; metteremmo, mettereste, metterebbero. Passato: avrei messo, avresti messo, avrebbe messo; avremmo messo, avreste messo, avrebbero messo. CONGIUNTIVO Presente: metta, metta, metta; mettiamo, mettiate, mettano. Imperfetto: mettessi, mettessi, mettesse; mettessimo, metteste, mettessero. Passato: abbia messo, abbia messo, abbia messo; abbiamo messo, abbiate messo, abbiano messo. Trapassato: avessi messo, avessi messo, avesse messo; avessimo messo, aveste messo, avessero messo. IMPERATIVO Presente: metti tu, metta egli; mettiamo noi, mettete voi, mettano essi.

──────────────────────

mezzaluna *(metsalúna)* f. media luna.
mezzanino *(metsaníno)* m. entresuelo.

mezzanotte *(metsanótte)* f. media noche.
mezzo *(métso)* adj. medio; semi. m. mitad, centro; recurso, medio.
mezzobusto *(metsobústo)* m. busto. [día.
mezzodì *(metsodí)* m. mediomi *(mi)* pron. me, a mí.
mia *(mía)* adj. mi. pron. mía, la mía.
mica *(míca)* adv. no, nada, de ningún modo. f. miaja, migaja; mica. **non ne ho** ── no tengo ni pizca.
miccia *(mítchia)* f. mecha.
microbo *(mícrobo)* m. microbio.
microfono *(micrófono)* m. micrófono.
microscopio *(microscópio)* m. microscopio.
midolla *(midól-la)* f. miga.
midollare *(midol-láre)* adj. medular.
midollo *(midól-lo)* m. médula; meollo.
miei *(miéi)* adj. mis. pron. míos, los míos
miele *(miéle)* m. miel.
mietere *(miétere)* tr. segar.
mietitore *(mietitóre)* m. segador.
mietitura *(mietitúra)* f. siega.
migliaio *(milliáio)* m. millar; milla (medida).
miglio *(míllio)* m. milla; (bot.) mijo.
migliorare *(millioráre)* tr. mejorar. itr. restablecerse.
migliore *(millióre)* adj. y m. mejor.
mignolo *(míñolo)* m. dedo meñique.
miliare *(miliáre)* adj. miliar.
milionario *(milionário)* adj. millonario.
milione *(milióne)* m. millón.
militare *(militáre)* itr. militar, luchar. adj. militar. m. militar (soldado).

milite *(mílite)* m. soldado, militar.
milizia *(milídsia)* f. milicia, ejército.
mille *(míl-le)* adj. y m. mil.
millimetro *(mil-límetro)* m. milímetro.
milza *(míldsa)* f. (anat.) bazo.
minaccia *(minátchia)* f. amenaza.
minacciare *(minatchiáre)* tr. amenazar.
minare *(mináre)* tr. minar.
minatore *(minatóre)* m. minero.
minchionare *(minkionáre)* tr. burlarse, tomar el pelo.
minchione *(minkióne)* m. tonto.
minerale *(minerále)* adj. y m. mineral.
minestra *(minéstra)* f. sopa, menestra.
minestrone *(minestróne)* m. potaje.
miniatura *(miniatúra)* f. miniatura.
miniera *(miniéra)* f. mina.
ministero *(ministéro)* m. ministerio.   [tro.
ministro *(ministro)* m. minis-
minoranza *(minorándsa)* f. minoría.
minore *(minóre)* adj. y m. menor.
minorenne *(minorénne)* adj. m. y f. menor de edad.
minuscolo *(minúscolo)* adj. minúsculo.
minuto *(minúto)* adj. menudo; preciso. m. minuto; minucia. al — al por menor.
minuzia *(minúdsia)* f. minucia.
minuzie *(minúdsie)* f. pl. baratijas.
minuzioso *(minudsióso)* adj. minucioso.
mio *(mío)* adj. mi, pron. mío, el mío.
miope *(míope)* adj. y m. miope, corto de vista.

miopia *(miopía)* f. miopía.
mira *(míra)* f. mira, punto de vista; intención, objeto. prendere la — apuntar.
miracolo *(mirácolo)* m. milagro.
miraggio *(mirátyio)* m. espejismo.
mirallegro *(miral-légro)* m. felicitación.
mirare *(miráre)* tr. mirar, considerar.
mirino *(miríno)* m. enfocador.
misantropia *(misantropía)* f. misantropía.
misantropo *(misántropo)* m. misántropo.
miscela *(mischéla)* f. mezcla.
mischia *(mískia)* f. confusión; pelea.
mischiare *(miskiáre)* tr. mezclar.
mischiarsi *(miskiársi)* rfl. mezclarse.
mischio *(mískio)* adj. mezclado. m. mezcla; confusión.
miscredente *(miscredénte)* adj. m. y f. incrédulo; infiel.
miscredenza *(miscredéndsa)* f. incredulidad.
miserabile *(miserábile)* adj. miserable.
miserevole *(miserévole)* adj. miserable, triste.
miseria *(miséria)* f. miseria, mezquindad.
misericordia *(misericórdia)* f. misericordia.
misericordioso *(misericordióso)* adj. misericordioso.
misero *(mísero)* adj. mísero, miserable.
missile *(míssile)* m. proyectil.
missione *(missióne)* f. misión.
missiva *(missíva)* f. misiva.
misterioso *(misteriôso)* adj. misterioso.

mistero *(mistéro)* m. misterio.
misticità *(mistichitá)* f. místi- cismo. [tico.
mistico *(místico)* adj. y m. mís-
mistificare *(mistificáre)* tr. bur- lar, enredar.
mistificazione *(mistificadsió- ne)* f. burla, embrollo.
misto *(místo)* adj. mixto, mez- clado. m. mezcla.
mistura *(mistúra)* f. mezcla, mixtura.
misura *(misúra)* f. medida; ti- no.
misurare *(misuráre)* tr. medir.
misurarsi *(misurársi)* rfl. me- dirse, compararse.
misuratezza *(misuratétsa)* f. mesura.
misurato *(misuráto)* adj. come- dido.
mite *(míte)* adj. bondadoso; agradable (clima); modera- do (precio).
mitezza *(mitétsa)* f. dulzura.
mitigare *(mitigáre)* tr. mitigar.
mitigazione *(mitigadsione)* f. mitigación.
mito *(míto)* m. mito; fábula.
mitologia *(mitolodyía)* f. mito- logía. [lla.
mitraglia *(mitrállia)* f. metra-
mitragliare *(mitralliáre)* tr. ametrallar.
mitragliatrice *(mitralliatríche)* f. ametralladora.
mittente *(mitténte)* m. remi- tente, expedidor.
mobile *(móbile)* adj. y m. mó- vil. m. mueble.
mobilia *(mobília)* f. mobiliario, muebles.
mobiliare *(mobiliáre)* adj. mo- biliario. tr. amueblar.
mobilizzare *(mobilitsáre)* tr. movilizar.

mobilizzazione *(mobilitsadsió- ne)* f. movilización.
moda *(móda)* f. moda.
modella *(modél-la)* m. modelo.
modellare *(model-láre)* tr. mo- delar; moldear.
modello *(modél-lo)* m. modelo.
moderare *(moderáre)* tr. mode- rar.
moderarsi *(moderársi)* rfl. mo- derarse.
moderatezza *(moderatétsa)* f. moderación.
moderazione *(moderadsióne)* f. moderación.
modernità *(modernitá)* f. mo- dernidad, modernismo.
moderno *(modérno)* adj. mo- derno.
modestia *(modéstia)* f. modes- tia.
modesto *(modésto)* adj. mo- desto.
modifica *(modífica)* f. modifi- cación.
modificare *(modificáre)* tr. mo- dificar.
modificarsi *(modificársi)* rfl. modificarse.
modificazione *(modificadsióne)* f. modificación.
modista *(modísta)* f. sombre- rera.
modo *(módo)* m. modo, mane- ra; recurso, medio; (gram.) modo.
modulare *(moduláre)* tr. modu- lar. adj. por elementos.
modulazione *(moduladsióne)* f. modulación.
mogano *(mógano)* m. (bot.) caoba, caobo.
moglie *(móllie)* f. mujer, es- posa.
mola *(móla)* f. muela.
molare *(moláre)* tr. afilar. m. molar, muela.
molestare *(molestáre)* tr. mo- lestar.
molestia *(moléstia)* f. molestia.

molesto *(molésto)* adj. molesto.

molla *(mól-la)* f. muelle.

molle *(mól-le)* f. pl. tenazas. adj. blando.

molleggiare *(mol-letyiáre)* itr. (mec.) ser elástico.

molleggio *(mol-létyio)* m. elasticidad.

mollificare *(mol-lificáre)* tr. ablandar.

molo *(mólo)* m. mole, dique, malecón.

moltiplicare *(moltiplicáre)* tr. multiplicar.

moltiplice *(moltípliche)* adj. múltiple.

moltitudine *(moltitúdine)* f. multitud. — **di gente** muchedumbre.

molto *(molto)* adj adv. mucho; abundante.

momentaneo *(momentáneo)* adj. momentáneo.

momento *(moménto)* m. momento.

monaca *(mónaca)* f. monja.

monaco *(mónaco)* m. monje.

monarca *(monárca)* m. monarca.

monarchia *(monarkía)* f. monarquía.

monastero *(monastéro)* m. monasterio.

monco *(mónco)* adj. m. manco. [ñón.

moncone *(moncóne)* m. muñón.

mondano *(mondáno)* adj. mundano.

mondare *(mondáre)* tr. mondar.

mondo *(móndo)* m. mundo, tierra. **mettere al** — parir, dar a luz. **donna di** — prostituta, ramera.

monelleria *(monel-lería)* f. travesura.

monello *(monél-lo)* m. pilluelo, ratero.

moneta *(monéta)* f. moneda. **carta** — papel moneda. — **spicciola** calderilla.

monetario *(monetário)* adj. monetario. m. monedero (falso).

monile *(moníle)* m. collar.

monoculo *(monócolo)* m. monóculo.

monoplano *(monopláno)* m. monoplano.

monosillabo *(monosíl-labo)* adj. monosílabo.

monotonia *(monotonía)* f. monotonía.

montagna *(montáña)* f. montaña, monte.

montagnoso *(montañóso)* adj. montañoso.

montare *(montáre)* tr. e itr. ascender, montar; importar (una cuenta o suma). — **un orologio** dar cuerda a un reloj. — **in superbia** ensoberbecerse.

montata *(montáta)* f. subida.

montatura *(montatúra)* f. engarce de joyas; montura, montaje; exageración.

monte *(mónte)* m. monte; montón; caja o casa de empeños. — **di pietà** monte de piedad. **polizza del** — papeleta de empeño. **a monti** a montones.

monumento *(monuménto)* m. monumento.

mora *(móra)* f. (bot.) mora; mora, demora. — **di rovo** (bot.) zarzamora.

morale *(morale)* adj. y f. moral. [dad.

moralità *(moralitá)* f. moralidad.

morbidezza *(morbidétsa)* f. morbidez.

morbillo *(morbíl-lo)* m. (med.) sarampión.

moribondo *(moribóndo)* adj. y
m.. moribundo.
morire *(moríre)* itr. morir.

mordace *(mordáche)* adj. mordaz.
mordacità *(mordachitá)* f. mordacidad.
mordere *(mórdere)* tr. morder;
picar.

──────── **MORDERE** ────────

INFINITO Presente: mordere. **Passato:**
avere morso. **GERUNDIO Semplice:**
mordendo. **Composto:** avendo morso.
PARTICIPIO Presente: mordendo. **Passato:** morso. **INDICATIVO Presente: io**
mordo, **tu** mordi, **egli** morde; **noi** mordiamo, **voi** mordete, **essi** mordono. **Passato prossimo:** ho morso, hai morso, ha
morso; abbiamo morso, avete morso,
hanno morso. **Imperfetto:** mordevo, mor-
devi, mordeva; mordevamo, mordevate,
mordevano. **Trapassato prossimo:** avevo
morso, avevi morso, aveva morso; avevamo morso, avevate morso, avevano
morso. **Passato remoto:** morsi, mordesti,
morse; mordemmo, mordeste, morsero.
Trapassato remoto: ebbi morso, avesti
morso, ebbe morso; avemmo morso, aveste morso, ebbero morso. **Futuro semplice:** morderò, morderai, morderà; morde-
remo, morderete, morderanno. **Futuro anteriore:** avrò morso, avrai morso, avrà
morso; avremo morso, avrete morso,
avranno morso. **CONDIZIONALE Presente:** morderei, morderesti, morderebbe;
morderemmo, mordereste, morderebbero.
Passato: avrei morso, avresti morso,
avrebbe morso; avremmo morso, avreste
morso, avrebbero morso. **CONGIUNTI-
VO Presente:** morda, morda, morda;
mordiamo, mordiate, mordano. **Imperfetto:** mordessi, mordessi, mordesse; mor-
dessimo, mordeste, mordessero. **Passato:**
abbia morso, abbia morso, abbia morso;
abbiamo morso, abbiate morso, abbiano
morso. **Trapassato:** avessi morso, avessi
morso, avesse morso; avessimo morso,
aveste morso, avessero morso. **IMPERA-
TIVO Presente:** mordi **tu,** morda **egli;**
mordiamo **noi,** mordete **voi,** mordano
essi.

morditura *(morditúra)* f. mordedura.
morfina *(morfína)* f. morfina.
morfinomania *(morfinomanía)*
f. morfinomanía.

──────── **MORIRE** ────────

INFINITO Presente: morire. **Passato:** essere morto. **GERUNDIO Semplice:** mo-
rendo. **Composto:** essendo morto. **PAR-
TICIPIO Presente:** morente. **Passato:**
morto. **INDICATIVO Presente: io**
muoio, **tu** muori, **egli** muore; **noi** moriamo, **voi** morite, **essi** muoiono. **Passato
prossimo:** sono morto-a, sei morto-a, è
morto-a; siamo morti-e, siete morti-e,
sono morti-e. **Imperfetto:** morivo, morivi,
moriva; morivamo, morivate, morivano.
Trapassato prossimo: ero morto-a, eri
morto-a, era morto-a; eravamo morti-e,
eravate morti-e, erano morti-e. **Passato
remoto:** morii, moristi, morì; morimmo,
moriste, morirono. **Trapassato remoto:**
fui morto-a, fosti morto-a, fu morto-a;
fummo morti-e, foste morti-e, furono
morti-e. **Futuro semplice:** morirò o mor-
rò, morirai o morrai, morira o morrà;
moriremo o morremo, morirete o morre-
te, moriranno o morranno. **Futuro anteriore:** sarò morto-a, sarai morto-a, sarà
morto-a; saremo morti-e, sarete morti-e,
saranno morti-e. **CONDIZIONALE Presente:** morirei o morrei, moriresti o mor-
resti, morirebbe o morrebbe; moriremmo
o morremmo, morireste o morreste, mo-
rirebbero o morrebbero. **Passato:** sarei
morto-a, saresti morto-a, sarebbe morto-a; saremmo morti-e, sareste morti-e,
sarebbero morti-e. **CONGIUNTIVO Presente:** muoia, muoia, muoia; moriamo,
moriate, muoiano. **Imperfetto:** morissi,
morissi, morisse; morissimo, moriste, mo-
rissero. **Passato:** sia morto-a, sia morto-a,
sia morto-a; siamo morti-e, siate morti-e,
siano morti-e. **Trapassato:** fossi morto-a,
fossi morto-a, fosse morto-a; fossimo
morti-e, foste morti-e, fossero morti-e.
IMPERATIVO Presente: muori **tu,** muoia
egli; moriamo **noi,** morite **voi,** muoiano
essi.

mormorare *(mormoráre)* tr. e
itr. murmurar.
mormorazione *(mormoradsió-
ne)* f. murmuración.
mormorio *(mormorío)* m. murmullo.
moro *(móro)* adj. y m. moreno, moro. m. (bot.) morera,
moral.
morsa *(mórsa)* f. (mec.) torno.

morsicare *(morsicáre)* tr. morder.

morsicatura *(morsicatúra)* f. mordedura.

morso *(mórso)* m. mordisco; bocado; freno, brida.

mortaio *(mortáio)* m. mortero.

mortale *(mortále)* adj. mortal.

mortalità *(mortalitá)* f. mortalidad.

morte *(mórte)* f. muerte, defunción.

mortificare *(mortificáre)* tr. mortificar.

morto *(mórto)* adj. y m. muerto, cadáver.

mortorio *(mortório)* m. funeral.

mortuario *(mortuário)* adj. mortuorio. **fede mortuaria** certificado de defunción.

mosaico *(mosáico)* adj. y m. mosaico.

moscatello *(moscatél-lo)* m. moscatel.

moscato *(moscáto)* m. (vino) moscatel. **noce moscata** (bot.) nuez moscada.

moschea *(moskéa)* f. mezquita.

moschetto *(moskétto)* m. mosquete.

moschettone *(moskettóne)* m. mosquetón.

mossa *(móssa)* f. movimiento. **dare le mosse** dar la señal de partida.

mostarda *(mostárda)* f. (bot.) mostaza.

mostra *(móstra)* f. feria, exposición; escaparate; muestra.

mostrare *(mostráre)* tr. mostrar; demostrar; explicar. — **a dito** señalar con el dedo.

mostro *(móstro)* m. monstruo.

mostruoso *(mostruóso)* adj. monstruoso.

motivare *(motiváre)* tr. motivar.

motivazione *(motivadsióne)* f. motivación.

motivo *(motívo)* m. motivo.

moto *(moto)* m. movimiento.

motocicletta *(motochiclétta)* f. motocicleta.

motociclista *(motochiclísta)* m. motociclista, motorista.

motonave *(motonáve)* f. motonave.

motore *(motóre)* m. motor.

motoscafo *(motoscáfo)* m. lancha motora.

motrice *(motríche)* f. motor, máquina.

motto *(mótto)* m. mote; chiste; máxima; palabra. **non far —** no despegar los labios.

movente *(movénte)* m. causa, móvil.

movimento *(moviménto)* m. movimiento; motín.

mozzare *(motsáre)* tr. tronchar; cortar; abreviar; desmochar.

mozzatura *(motsatúra)* f. tronchamiento; desmoche.

mozzo *(mótso)* m. mozo, criado. — **di bordo** grumete.

mozzorecchi *(motsorékki)* m. bribón, tunante.

mucca *(múcca)* f. vaca lechera.

mucchio *(múkkio)* m. montón, pila.

mucco *(múcco)* m. moco.

muccosa *(muccósa)* f. mucosa.

muccosità *(muccositá)* f. mucosidad.

muffa *(múffa)* f. moho.

muffire *(muffíre)* tr. enmohecerse.

muffosità *(muffositá)* f. moho.

mugghiare *(mugguiáre)* itr. mugir.   [do.

mugghio *(múgguio)* m. mugi-

mulinello *(mulinél-lo)* m. molinete; remolino.

mulino *(mulíno)* m. molino.

multa *(múlta)* f. multa.

multare *(multáre)* tr. multar.

munizione *(munidsióne)* f. munición; pertrechos.
muovere *(muóvere)* tr. mover; persuadir.

mummia *(múmmia)* f. momia.
mummificare *(mummificáre)* tr. momificar. [ñar.
mungere *(múndyere)* tr. orde-

──────── MUNGERE ────────

INFINITO Presente: mungere. Passato: avere munto. GERUNDIO Semplice: mungendo. Composto: avendo munto. PARTICIPIO Presente: mungente. Passato: munto. INDICATIVO Presente: io mungo, tu mungi, egli munge; noi mungiamo, voi mungete, essi mungono. Passato prossimo: ho munto, hai munto, ha munto; abbiamo munto, avete munto, hanno munto. Imperfetto: mungevo, mungevi, mungeva; mungevamo, mungevate, mungevano. Trapassato prossimo: avevo munto, avevi munto, aveva munto; avevamo munto, avevate munto, avevano munto. Passato remoto: munsi, mungesti, munse; mungemmo, mungeste, munsero. Trapassato remoto: ebbi munto, avesti munto, ebbe munto; avemmo munto, aveste munto, ebbero munto. Futuro semplice: mungerò, mungerai, mungerà; mungeremo, mungerete, mungeranno. Passato anteriore: avrò munto, avrai munto, avrà munto; avremo munto, avrete munto, avranno munto. CONDIZIONALE Presente: mungerei, mungeresti, mungerebbe; mungeremmo, mungereste, mungerebbero. Passato: avrei munto, avresti munto, avrebbe munto; avremmo munto, avreste munto, avrebbero munto. CONGIUNTIVO Presente: munga, munga, munga; mungiamo, mungiate, mungano. Imperfetto: mungessi, mungessi, mungesse; mungessimo, mungeste, mungessero. Passato: abbia munto, abbia munto, abbia munto; abbiamo munto, abbiate munto, abbiano munto. Trapassato: avessi munto, avessi munto, avesse munto; avessimo munto, aveste munto, avessero munto. IMPERATIVO Presente: mungi tu, munga egli; mungiamo noi, mungete voi, mungano essi.

──────── MUOVERE ────────

INFINITO Presente: muovere. Passato: avere mosso. GERUNDIO Semplice: muovendo. Composto: avendo mosso. PARTICIPIO Presente: movente. Passato: mosso. INDICATIVO Presente: io muovo, tu muovi, egli muove; noi muoviamo o moviamo, voi muovete o movete, essi muovono. Passato prossimo: ho mosso, hai mosso, ha mosso; abbiamo mosso, avete mosso, hanno mosso. Imperfetto: muovevo o movevo, muovevi o movevi, muoveva o moveva; muovevamo o movevamo, muovevate o movevate, muovevano o movevano. Trapassato prossimo: avevo mosso, avevi mosso, aveva mosso; avevamo mosso, avevate mosso, avevano mosso. Passato remoto: mossi, movesti, mosse; movemmo, moveste, mossero. Trapassato remoto: ebbi mosso, avesti mosso, ebbe mosso; avemmo mosso, aveste mosso, ebbero mosso. Futuro semplice: moverò, moverai, moverà; moveremo, meverete, moveranno. Futuro anteriore: avrò mosso, avrai mosso, avrà mosso; avremo mosso, avrete mosso, avranno mosso. CONDIZIONALE Presente: moverei, moveresti, moverebbe; moveremmo, movereste, moverebbero. Passato: avrei mosso, avresti mosso, avrebbe mosso; avremmo mosso, avreste mosso, avrebbero mosso. CONGIUNTIVO Presente: muova, muova, muova; moviamo, moviate, muovano. Imperfetto: movessi, movessi, movesse; movessimo, moveste, movessero. Passato: abbia mosso, abbia mosso, abbia mosso; abbiamo mosso, abbiate mosso, abbiano mosso. Trapassato: avessi mosso, avessi mosso, avesse mosso; avessimo mosso, aveste mosso, avessero mosso. IMPERATIVO Presente: muovi tu, muova egli; moviamo noi, movete voi, muovano essi.

municipale *(munichipále)* adj. municipal.
municipio *(munichípio)* m. municipio.
munire *(munire)* tr. proveer.
munirsi *(munírsi)* rfl. proveerse.

muraglia *(murállia)* f. muralla.
murario *(murário)* adj. mural, de albañilería. cinta muraria murallas.
muratura *(muratúra)* f. albañilería.
muro *(múro)* m. muro, pared.
muschio *(múskio)* m. almizcle.
musco *(músco)* m. (bot.) musgo.

muscolatura (*muscolatúra*) f. musculatura.
muscolo *(múscolo)* m. músculo.
museo *(muséo)* m. museo.
museruola *(museruóla)* f. bozal.
musica *(música)* f. música.
musicale *(musicále)* adj. musical.
musicante *(musicánte)* m. músico.
musicare *(musicáre)* tr. poner en música; componer música.
musico *(músico)* m. músico.
muso *(múso)* m hocico, morro; (fig.) cara.
mustacchi *(mustákki)* m. pl. mostachos, bigotes.
muta *(múta)* f. muda, cambio; relevo (de guardia). — **di cavalli** tronco de caballos.
mutabile *(mutábile)* adj. mudable, variable.
mutamento *(mutaménto)* m. mutación.

mutande *(mutánde)* f. pl. calzoncillos.
mutandine *(mutandíne)* f. pl. bragas; calzones de baño.
mutare *(mutáre)* tr. e itr. cambiar, mudar.
mutarsi *(mutársi)* rfl. mudarse (de ropa); transformarse.
mutazione *(mutadsióne)* f. mutación; cambio.
mutilare *(mutiláre)* tr. mutilar.
mutilazione *(mutiladsióne)* f. mutilación.
mutismo *(mutísmo)* m. mutismo, mudez.
muto *(múto)* adj. mudo, silencioso. m. mudo.
mutuare *(mutuáre)* tr. tomar en préstamo; imitar.
mutuazione *(mutuadsióne)* f. mutualidad.
mutuo *(mútuo)* adj. mútuo, recíproco. m. préstamo.

nacchere *(nákkere)* f. pl. castañuelas.

nafta *(náfta)* f. nafta, petróleo crudo.

nano *(náno)* adj. y m. enano.

narcotico *(narcótico)* adj. y m. narcótico.

narcotizzare *(narcotitsáre)* tr. narcotizar.

narrare *(narráre)* tr. narrar.

narrazione *(narradsióne)* f. narración, relato.

nasare *(nasáre)* tr. olfatear.

nascere *(náschere)* itr. nacer.

nascimento *(naschiménto)* m. nacimiento.

nascondere *(nascóndere)* tr. esconder.

nascondiglio *(nascondíllio)* m. escondite.

naso *(náso)* m. nariz.

nastro *(nástro)* m. cinta.

natale *(natále)* m. Navidad. adj. natal, natalicio. **feste di — ** vacaciones de Navidad.

natalizio *(natalídsio)* adj. navideño; natalicio. m. cumpleaños.

natante *(natánte)* adj. y m. flotador, natátil.

natività *(nativitá)* f. natividad.

NASCERE

INFINITO Presente: nascere. **Passato:** essere nato. **GERUNDIO Semplice:** nascendo. **Composto:** essendo nato. **PARTICIPIO Presente:** nascente. **Passato:** nato. **INDICATIVO Presente:** io nasco, tu nasci, egli nasce; noi nasciamo, voi nascete, essi nascono. **Passato prossimo:** sono nato-a, sei nato-a, è nato-a; siamo nati-e, siete nati-e, sono nati-e. **Imperfetto:** nascevo, nascevi, nasceva; nascevamo, nascevate, nascevano. **Trapassato prossimo:** ero nato-a, eri nato-a, era nato-a; eravamo nati-e, eravate nati-e, erano nati-e. **Passato remoto:** nacqui, nascesti, nacque; nascemmo, nasceste, nacquero. **Trapassato remoto:** fui nato-a, fosti nato-a, fu nato-a; fummo nati-e, foste nati-e, furono nati-e. **Futuro semplice:** nascerò, nascerai, nascerà; nasceremo, nascerete, nasceranno. **Futuro anteriore:** sarò nato-a, sarai nato-a, sarà nato-a; saremo nati-e, sarete nati-e, saranno nati-e. **CONDIZIONALE Presente:** nascerei, nasceresti, nascerebbe; nasceremmo, nascereste, nascerebbero. **Passato:** sarei nato-a, saresti nato-a, sarebbe nato-a; saremmo nati-e, sareste nati-e, sarebbero nati-e. **CONGIUNTIVO Presente:** nasca, nasca, nasca; nasciamo, nosciate, nascano. **Imperfetto:** nascessi, nascessi, nascesse; nascessimo, nasceste, nascessero. **Passato:** sia nato-a, sia nato-a, sia nato-a; siamo nati-e, siate nati-e, siano nati-e. **Trapassato:** fossi nato-a, fossi nato-a, fosse nato-a; fossimo nati-e, foste nati-e, fossero nati-e. **IMPERATIVO Presente:** nasci tu, nasca egli; nasciamo noi, nascete voi, nascano essi.

─────── NASCONDERE ───────

INFINITO Presente: nascondere. **Passato:** avere nascosto. **GERUNDIO Semplice:** nascondendo. **Composto:** avendo nascosto. **PARTICIPIO Presente:** nascondente. **Passato:** nascosto. **INDICATIVO Presente:** io nascondo, tu nascondi, **egli** nasconde; **noi** nascondiamo, **voi** nascondete, **essi** nascondono. **Passato prossimo:** ho nascosto, hai nascosto, ha nascosto; abbiamo nascosto, avete nascosto, hanno nascosto. **Imperfetto:** nascondevo, nascondevi, nascondeva; nascondevamo, nascondevate, nascondevano. **Trapassato prossimo:** avevo nascosto, avevi nascosto, aveva nascosto; avevamo nascosto, avevate nascosto, avevano nascosto. **Passato remoto:** nascosi, nascondesti, nascose; nascondemmo, nascondeste, nascosero. **Trapassato remoto:** ebbi nascosto, avesti nascosto, ebbe nascosto; avemmo nascosto, aveste nascosto, ebbero nascosto. **Futuro semplice:** nasconderò, nasconderai, nasconderà; nasconderemo, nasconderete, nasconderanno. **Futuro anteriore:** avrò nascosto, avrai nascosto, avrà nascosto; avremo nascosto, avrete nascosto, avranno nascosto. **CONDIZIONALE Presente:** nasconderei, nasconderesti, nasconderebbe; nasconderemmo, nascondereste, nasconderebbero. **Passato:** avrei nascosto, avresti nascosto, avrebbe nascosto; avremmo nascosto, avreste nascosto, avrebbero nascosto. **CONGIUNTIVO Presente:** nasconda, nasconda, nasconda; nascondiamo, nascondiate, nascondano. **Imperfetto:** nascondessi, nascondessi, nascondesse; nascondessimo, nascondeste, nascondessero. **Passato:** abbia nascosto, abbia nascosto, abbia nascosto; abbiamo nascosto, abbiate nascosto, abbiano nascosto. **Trapassato:** avessi nascosto, avessi nascosto, avesse nascosto; avessimo nascosto, aveste nascosto, avessero nascosto. **IMPERATIVO Presente:** nascondi **tu,** nasconda **egli;** nascondiamo **noi,** nascondete **voi,** nascondano **essi.**

nativo *(natívo)* adj. y m. nativo, natural.

nato *(náto)* adj. nato, nacido. **cieco —** ciego de nacimiento.

natura *(natúra)* f. naturaleza; complexión.

naturale *(naturále)* adj. natural; ilegítimo (hijo). m. natural.

naturalezza *(naturalédsa)* f. naturaleza.

naturalista *(naturalísta)* m. y f. naturalista.

naturalità *(naturalitá)* f. naturalidad.

naturalizzare *(naturalitsáre)* tr. naturalizar.

naufragare *(naufragáre)* itr. naufragar; fracasar.

naufragio *(naufrádyio)* m. naufragio.

naufrago *(náufrago)* adj. y m. náufrago.

nausea *(náusea)* f. nausea.

nauta *(náuta)* m. marinero.

nautica *(náutica)* f. náutica.

navale *(navále)* adj. naval. **cantiere —** astillero.

navalestro *(navaléstro)* m. barquero.

nave *(náve)* f. nave, navío, buque.

navigare *(navigáre)* itr. navegar.

navigatore *(navigatóre)* m. navegante.

navigazione *(navigadsióne)* f. navegación.

naviglio *(navillio)* m. flota, armada, escuadra; navío, buque.

nazionale *(nadsionále)* adj. nacional.

nazionalizzare *(nadsionalitsáre)* tr. nacionalizar.

nazione *(nadsióne)* f. nación, país, estado.

ne *(ne)* pron. nos, a nosotros; de esto. adv. de aquí, de allí, de allá.

né *(né)* conj. ni.

neanche *(neánke)* conj. ni siquiera, ni aún.

nebbia *(nébbia)* f. niebla.

necessario *(nechessário)* adj. y m. necesario.

necessità *(nechessitá)* f. necesidad; falta; miseria.

necessitare *(nechessitáre)* tr. e itr. necesitar.

nefrite *(nefríte)* f. (med.) nefritis.

negare *(negáre)* tr. negar; rehusar.

negativa *(negatíva)* f. negativa; (fot.) negativo.

negativo *(negatívo)* adj. negativo.

negazione *(negadsióne)* f. negación.

negletto *(neglétto)* adj. descuidado, negligente.

negli *(nélli)* contr. en los.

negligente *(neglidyénte)* adj. negligente.

negligenza *(neglidyéndsa)* f. negligencia.

negoziare *(negodsiáre)* tr. e itr. negociar.

negozio *(negódsio)* m. negocio, despacho.

negoziazione *(negodsiadsióne)* f. negociación.

nel, nello *(nel, nél-lo)* contr. en el.

nella *(nél-la)* contr. f. en la.

nemico *(nemíco)* adj. y m. enemigo.

nemmeno *(nemméno)* adv. y conj. ni siquiera, ni tampoco.

neo *(néo)* m. lunar, peca.

neonato *(neonáto)* m. recién nacido.

neppure *(neppúre)* adv. y conj. ni tampoco, ni siquiera.

nero *(néro)* adj. y m. negro.

nervatura *(nervatúra)* f. sistema nervioso; nervadura.

nervo *(nérvo)* m. nervio.

nervosità *(nervositá)* f. nerviosidad, nerviosismo.

nervoso *(nervóso)* adj. nervioso.

nessuno *(nessúno)* pron. y adj. ninguno, nadie. **nessuna cosa** nada.

nettare *(nettáre)* tr. limpiar.

nettezza *(nettétsa)* f. limpieza.

netto *(nétto)* adj. limpio, neto.

neutrale *(neutrále)* adj. neutral.

neutralità *(neutralitá)* f. neutralidad.

neutro *(néutro)* adj. neutral; neutro.

neve *(néve)* f. nieve.

nevicare *(nevicáre)* itr. nevar.

nevicata *(nevicáta)* f. nevada.

nevischio *(nevískio)* m. nevisca, nevasca.

nevralgia *(nevraldyía)* f. (med.) neuralgia.

nevralgico *(nevráldyico)* adj. neurálgico.

nevrosi *(nevrósi)* f. (med.) neurosis.

nevrotico *(nevrótico)* adj. neurótico.

nicchia *(níkkia)* f. nicho.

nichel *(níkel)* m. níquel.

nichelare *(nikeláre)* tr. niquelar.

nido *(nído)* m. nido; (fig.) hogar, morada.

niente *(niénte)* adv. nada. — **altro** nada más. **non fa** — no importa. — **dimeno** nada menos.

ninna, nanna *(nínna, nánna)* f. canción de cuna.

ninnare *(ninnáre)* tr. mecer.

nipote *(nipóte)* m. sobrino; nieto; f. sobrina; nieta.

nipoti *(nipóti)* m. pl. descendientes.

nitidezza *(nitidétsa)* f. nitidez, claridad.

nitido *(nítido)* adj. nítido, claro.

nitrire *(nitríre)* itr. relinchar.

nitrito *(nitríto)* m. relincho.

no *(no)* adv. no. **ti dico di no** te digo que no.

nobile *(nóbile)* adj. y m. noble.

nobilitare *(nobilitáre)* tr. ennoblecer.

nobiltà *(nobiltá)* f. nobleza.

nocca *(nócca)* f. nudillo.

nocciola *(notchióla)* f. (bot.) avellana.

nocciolo *(nótchiolo)* m. hueso (de la fruta). [no.

nocciolo *(notchiólo)* m. avella-

noce *(nóche)* m. (bot.) nogal. f. nuez. — del piede tobillo.

nocella *(nochél-la)* f. (anat.) muñeca.

nodo *(nódo)* m. nudo.

nodoso *(nodóso)* adj. nudoso.

noi *(nói)* pron. nosotros, nosotras. [tídio.

noia *(nóia)* f. aburrimiento, fasnoioso *(noióso)* adj. aburrido.

noleggiare *(noletyiáre)* tr. alquilar; (náut.) fletar.

noleggio *(nolétyio)* m. alquiler; (náut.) flete.

nolo *(nólo)* m. alquiler; (náut.) flete.

nome *(nóme)* m. nombre; fama.

nomea *(noméa)* f. fama.

nomina *(nómina)* f. nombramiento.

nominare *(nomináre)* tr. nombrar; llamar, denominar.

non *(non)* adv. no. — che así como. — dimeno sin embargo.

noncurante *(noncuránte)* adj. descuidado.

noncuranza *(noncurándsa)* f. descuido.

nondimeno *(nondiméno)* conj. no obstante, sin embargo, a pesar de.

nonna *(nónna)* f. abuela.

nonno *(nónno)* m. abuelo.

nonni *(nónni)* m. pl. abuelos.

nonostante *(nonostánte)* prep. y conj. a pesar de, no obstante, sin embargo. ciò — a pesàr de (ello).

nord *(nord)* m. norte.

nordest *(nordést)* m. nordeste.

nordovest *(nordovést)* m. noroeste.

nordico *(nórdico)* adj. nórdico.

norma *(nórma)* f. norma, regla.

normale *(normále)* adj. normal, regular.

nostrano *(nostráno)* adj. del país.

nostro *(nóstro)* adj. nuestro. i nostri los nuestros, nuestros parientes.

nostromo *(nostrómo)* m. (náut.) contramaestre.

nota *(nóta)* f. nota, apunte; cuenta.

notabilità *(notabilitá)* f. notabilidad.

notaio *(notáio)* m. notario.

notare *(notáre)* tr. notar, advertir; anotar.

notaria *(notaría)* f. notaría.

notazione *(notadsióne)* f. anotación, nota.

notevole *(notévole)* adj. notable.

notificare *(notificáre)* tr. notificar.

notizia *(notídsia)* f. noticia.

noto *(nóto)* adj. conocido.

notte *(nótte)* f. noche. buona —! ¡buenas noches!

nottolino *(nottolíno)* m. cerrojo, pestillo.

notturno *(nottúrno)* adj. nocturno. m. (mús.) nocturno.

novanta *(novánta)* adj. noventa.

novazione *(novadsióne)* f. innovación.

novella *(novél-la)* f. noticia; cuento, relato.

novelliere *(novel-liére)* m. cuentista, escritor de cuentos.

novello *(novél-lo)* adj. nuevo.

novembre *(novémbre)* m. noviembre.

I numerali

Los adjetivos numerales pueden ser cardinales, ordinales, partitivos y múltiples.

Cardinales   **Ordinales**

un, uno	1	*primo*
due	2	*secondo*
tre	3	*terzo*
quattro	4	*quarto*
cinque	5	*quinto*
sei	6	*sesto*
sette	7	*settimo*
otto	8	*ottavo*
nove	9	*nono*
dieci	10	*decimo*
undici	11	*undicesimo, undecimo*
dodici	12	*dodicesimo, duodecimo*
tredici	13	*tredicesimo, decimoterzo*
quattordici	14	*quattordicesimo, decimoquarto*
quindici	15	*quindicesimo, decimoquinto*
sedici	16	*sedicesimo, decimosesto*
diciassette	17	*diciassettesimo, decimosettimo*
diciotto	18	*diciottesimo, decimottavo*
diciannove	19	*diciannovesimo, decimonono*
venti	20	*ventesimo*
ventuno	21	*ventunesimo, ventesimoprimo*
trenta	30	*trentesimo*
trentuno	31	*trentunesimo, trentesimoprimo*
quaranta	40	*quarantesimo*
cinquanta	50	*cinquantesimo*
sessanta	60	*sessantesimo*
settanta	70	*settantesimo*
ottanta	80	*ottantesimo*
novanta	90	*novantesimo*
cento	100	*centesimo*
centouno, centuno	101	*centesimoprimo*
centodue	102	*centesimosecondo*
duecento	200	*duecentesimo*
trecento	300	*trecentesimo*
quattrocento	400	*quattrocentesimo*
cinquecento	500	*cinquecentesimo*
seicento	600	*seicentesimo*
settecento	700	*settecentesimo*
ottocento	800	*ottocentesimo*
novecento	900	*novencentesimo*
mille	1.000	*millesimo*
duemila	2.000	*duemillesimo*
un milione	1.000.000	*un milionesimo*
un miliardo	1.000.000.000	*un miliardesimo*

Partitivos
mezzo
terzo
quarto
quinto...

- *Mezzo* concuerda con el nombre cuando lo precede.

Múltiples
doppio
triplo
quadruplo...
---

novità *(novitá)* f. novedad; innovación; noticia.

noviziato *(novidsiáto)* m. noviciado.

novizio *(novídsio)* adj. novicio. m. (rel.) novicio; (fam.) novato.

nozione *(nodsióne)* f. noción.

nozze *(nótse)* f. pl. boda, nupcias, casamiento.

nube *(núbe)* f. nube.

nubifragio *(nubifrádyio)* m. chaparrón, aguacero.

nubile *(núbile)* adj. nubil.

nuca *(núca)* f. (anat.) nuca; (animales) pescuezo.

nucleare *(nucleáre)* adj. nuclear.

nucleo *(núcleo)* m. núcleo.

nudezza *(nudétsa)* f. desnudez.

nudo *(núdo)* adj. y m. desnudo.

nulla *(núl-la)* adv. y pron. nada. m. nada, la nada.

nulladimeno *(nul-ladiméno)* adv. nada menos.

nullità *(nul-litá)* f. nulidad.

nullo *(núl-lo)* adj. nulo, sin valor.

numerale *(numerále)* adj. y s. numeral.

numerare *(numeráre)* tr. numerar.

numerario *(numerário)* adj. numerario.

numeratore *(numeratóre)* m. numerador.

numerazione *(numeradsióne)* f. numeración.

numero *(número)* m. número; cifra, guarismo; ejemplar de periódico (o revista).

numeroso *(numeróso)* adj. numeroso.

numismatica *(numismática)* f. numismática.

nunziatura *(nundsiatúra)* f. nunciatura.

nunzio *(núndsio)* m. nuncio.

——————— **Il numero** ———————

El número, como en español, es singular cuando conviene a una sola cosa y es plural cuando conviene a más de una. Sin embargo, la formación del plural se realiza en modo muy diferente.

● Los nombres masculinos que terminan en *a, e, o* forman el plural en *i (poeti, cani, libbri)*.
Los nombres masculinos terminados en *ca, co* y *ga, go* forman el plural en *chi* y *ghi (monarchi, buchi, colleghi, funghi)*; pero algunos de estos nombres pierden la *h* de la desinencia al pasar al plural *(amici, asparagi)*.
Algunos nombres masculinos se convierten en femeninos al pasar al plural *(l'uovo, le uova)*, otros tienen un plural irregular *(uomo, uomini)*, y otros permanecen invariables *(gorilla)*.

● Los nombres femeninos que terminan en *a* forman el plural en *e (erbe)*, exceptuándose *ali, armi*. Los que terminan en *ca* y *ga* forman el plural en *che* y *ghe (barche, streghe)*.
Los que terminan en *cia* y *gia* con la *i* sin acentuar forman el plural en *ce, ge* (excepto aquellos que podrían confundirse con el adjetivo correspondiente *(audacia - audacie; adj. audace)*.
Los que terminan en *e* forman el plural en *i (navi)*.
Los que terminan en *ie* permanecen invariables *(specie)*.
Los plurales de *moglie* y *mano* son *mogli* e *mani*.

● Permanecen invariables al pasar al plural, aparte de algunos nombres que constituyen excepción *(radio, specie, etcétera)*, los nombres agudos *(bontà)*, los monosílabos *(re)*, los terminados en *i (crisi)*, los terminados en consonante *(tram)* y los apellidos *(Doria)*.

nuocere *(nuóchere)* tr. perjudicar.

――――― NUOCERE ―――――

INFINITO Presente: nuocere. **Passato:** avere nociuto. **GERUNDIO Semplice:** nuocendo. **Composto:** avendo nociuto. **PARTICIPIO Presente:** nuocente. **Passato:** nociuto. **INDICATIVO Presente:** io noccio o nuoccio, tu nuoci, **egli** nuoce; **noi** nociamo, **voi** nocete, **essi** nocciono o nuocciono. **Passato prossimo:** ho nociuto, hai nociuto, ha nociuto; abbiamo nociuto, avete nociuto, hanno nociuto. **Imperfetto:** nocevo, nocevi, noceva; nocevamo, nocevate, nocevano. **Trapassato prossimo:** avevo nociuto, avevi nociuto, aveva nociuto; avevamo nociuto, avevate nociuto, avevano nociuto. **Passato remoto:** nocqui, nocesti, nocque; nocemmo, noceste, nocquero. **Trapassato remoto:** ebbi nociuto, avesti nociuto, ebbe nociuto; avemmo nociuto, aveste nociuto, ebbero nociuto. **Futuro semplice:** nocerò, nocerai, nocerà; noceremo, nocerete, noceranno. **Futuro anteriore:** avrò nociuto, avrai nociuto, avrà nociuto; avremo nociuto, avrete nociuto, avranno nociuto. **CONDIZIONALE Presente:** nocerei, noceresti, nocerebbe; noceremmo, nocereste, nocerebbero. **Passato:** avrei nociuto, avresti nociuto, avrebbe nociuto; avremmo nociuto, avreste nociuto, avrebbero nociuto. **CONGIUNTIVO Presente:** nuoccia o noccia, nuoccia o noccia, nuoccia o noccia; nociamo, nociate, nuocciano o nocciano. **Imperfetto:** nocessi, nocessi, nocesse; nocessimo, noceste, nocessero. **Passato:** abbia nociuto, abbia nociuto, abbia nociuto; abbiamo nociuto, abbiate nociuto, abbiano nociuto. **Trapassato:** avessi nociuto, avessi nociuto, avesse nociuto; avessimo nociuto, aveste nociuto, avessero nociuto. **IMPERATIVO Presente:** nuoci tu, nuoccia o noccia **egli;** nociamo **noi,** nocete **voi,** nuocciano o nocciano **essi.**

―――――――――

nuora *(nuóra)* f. nuera.

nuotare *(nuotáre)* itr. nadar.

nuoto *(nuóto)* m. natación. **a** — a nado.

nuova *(nuóva)* f. noticia.

nuovo *(nuóvo)* adj. nuevo; novel, novato. m. novedad.

nutrice *(nutríche)* f. nodriza.

nutrimento *(nutriménto)* m. nutrición.

nutrire *(nutríre)* tr. nutrir, alimentar.

nutritivo *(nutritívo)* adj. nutritivo.

nutrizione *(nutridsióne)* f. nutrición.

nuvola *(núvola)* f. nube.

nuziale *(nudsiále)* adj. nupcial.

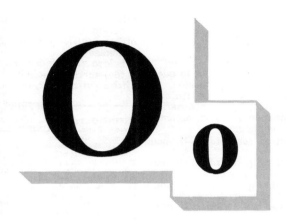

oasi *(óasi)* f. oasis.
obbediente *(obbediénte)* adj. obediente.
obbedienza *(obbediéndsa)* f. obediencia.
obbiettamento *(obbiettaménto)* m. objeción.
obbiettare *(obbiettáre)* itr. objetar.
obbietto *(obbiétto)* m. objeto.
obbligare *(obbligáre)* tr. obligar. [garse.
obbligarsi *(obbligársi)* rfl. obli-
obbligatorio *(obbligatório)* adj. obligatorio.
obbligazione *(obbligadsióne)* f. obligación; agradecimiento.
obbligo *(óbbligo)* m. obligación, deber.
obelisco *(obelísco)* m. obelisco.
obesità *(obesitá)* f. obesidad.
obeso *(obéso)* adj. obeso.
obiettare *(obiettáre)* tr. objetar.
obiettività *(obiettivitá)* f. objetividad.
obiettivo *(obiettívo)* adj. y m. objetivo.
obietto *(obiétto)* m. objeto.

obiezione *(obiedsióne)* f. objeción.
oblazione *(obladsióne)* f. oblación, ofrenda, óbolo.
obliare *(obliáre)* tr. olvidar.
oblio *(oblío)* m. olvido.
obliquo *(oblícuo)* adj. oblicuo.
occasionale *(occasionále)* adj. ocasional.
occasionare *(occasionáre)* tr. ocasionar.
occasione *(occasióne)* f. ocasión; motivo.
occhiaia *(okkiáia)* f. órbita del ojo.
occhiali *(okkiáli)* m. pl. anteojos, gafas.
occhiata *(okkiáta)* f. ojeada, vistazo.
occhiello *(okkiél-lo)* m. ojal.
occhio *(ókkio)* m. ojo.
occidentale *(otchidentále)* adj. occidental.
occidente *(otchidénte)* m. occidente.
occorrente *(occorrénte)* adj. y m. necesario.
occorrenza *(occorréndsa)* f. necesidad; ocasión. **all'** — en

caso de necesidad. **in quella** — en aquella ocasión.

occorrere *(occórrere)* itr. acaecer, ocurrir; ser necesario.

occultamento *(occultaménto)* m. ocultación.

occultare *(occultáre)* tr. ocultar.

occultarsi *(occultársi)* rfl. ocultarse, esconderse.

occultatore *(occultatóre)* adj. y s. ocultador, encubridor.

occultazione *(occultadsióne)* f. ocultación.

occupare *(occupáre)* tr. ocupar.

occuparsi *(occupársi)* rfl. ocuparse (en algo).

occupazione *(occupadsióne)* f. ocupación.

oculista *(oculísta)* m. y f. oculista.

odiare *(odiáre)* tr. odiar.

odio *(ódio)* m. odio.

odioso *(odióso)* adj. odioso.

odorare *(odoráre)* tr. oler, olfatear. itr. oler.

odorato *(odoráto)* m. olfato.

odore *(odóre)* m. olor; aroma; señal.

offendere *(offéndere)* tr. ofender.

offensiva *(offensíva)* f. ofensiva.

offensivo *(offensívo)* adj. ofensivo.

offerente *(offerénte)* m. y f. oferente; postor.

offerta *(offérta)* f. oferta.

offesa *(offésa)* f. ofensa, injuria.

offeso *(offéso)* adj. ofendido.

officiale *(offichiále)* adj. y m. oficial.

officiare *(offichiáre)* tr. e itr. oficiar.

officina *(offichína)* f. taller; laboratorio.

officio *(offíchio)* m. oficio, mediación.

officioso *(offichióso)* adj. cortés, servicial, solícito.

offrire *(offríre)* tr. ofrecer.

─── **OFFRIRE** ───

INFINITO Presente: offrire. **Passato:** avere offerto. **GERUNDIO Semplice:** offrendo. **Composto:** avendo offerto. **PARTICIPIO Presente:** offrente o offerente. **Passato:** offerto. **INDICATIVO Presente: io** offro o offerisco, **tu** offri o offerisci, **egli** offre o offerisce; **noi** offriamo, **voi** offrite, **essi** offrono o offeriscono. **Passato prossimo:** ho offerto, hai offerto, ha offerto; abbiamo offerto, avete offerto, hanno offerto. **Imperfetto:** offrivo, offrivi, offriva; offrivamo, offrivate, offrivano. **Trapassato prossimo:** avevo offerto, avevi offerto, aveva offerto; avevamo offerto, avevate offerto, avevano offerto. **Passato remoto:** offrii o offersi, offristi, offrì o offerse; offrimmo, offriste, offrirono o offersero. **Trapassato remoto:** ebbi offerto, avesti offerto, ebbe offerto; avemmo offerto, aveste offerto, ebbero offerto. **Futuro semplice:** offrirò, offrirai, offrirà; offriremo, offrirete, offriranno. **Futuro anteriore:** avrò offerto, avrai offerto, avrà offerto; avremo offerto, avrete offerto, avranno offerto. **CONDIZIONALE Presente:** offrirei, offriresti, offrirebbe; offriremmo, offrireste, offrirebbero. **Passato:** avrei offerto, avresti offerto, avrebbe offerto; avremmo offerto, avreste offerto, avrebbero offerto. **CONGIUNTIVO Presente:** offra, offra, offra; offriamo, offriate, offrano. **Imperfetto:** offrissi, offrissi, offrisse; offrissimo, offriste, offrissero. **Passato:** abbia offerto, abbia offerto, abia offerto; abbiamo offerto, abbiate offerto, abbiano offerto. **Trapassato:** avessi offerto, avessi offerto, avesse offerto; avessimo offerto, aveste offerto, avessero offerto. **IMPERATIVO Presente:** offri **tu,** offra **egli;** offriamo **noi,** offrite **voi,** offrano **essi.**

offuscare *(offuscáre)* tr. ofuscar.

offuscarsi *(offuscársi)* rfl. ofuscarse; encapotarse (el cielo).

offuscazione *(offuscadsióne)* f. ofuscación.

oggettivo *(otyettívo)* adj. y m. objetivo.

ggetto *(otyétto)* m. objeto; cosa; fin; materia, argumento.

ggi *(ótyi)* adv. hoy.

ggidí *(otyidí)* adv. hoy día.

ggigiorno *(otyidyiórno)* adv. hoy día.

ggimai *(otyimái)* adv. hoy día, ahora.

gni *(óñi)* adj. cada, todo. — **giorno** cada día, todos los días.

gnissanti *(oñissánti)* m. Todos los Santos.

gnuno *(oñúno)* pron. cada uno.

eodotto *(oleodótto)* m. oleoducto.

eoso *(oleóso)* adj. oleoso, aceitoso.

liera *(oliéra)* f. aceitera.

ligarchia *(oligarkía)* f. oligarquía.

limpiade *(olimpíade)* f. olimpiada.

lio *(ólio)* m. aceite, óleo. — **di sasso** petróleo. **pittura a** — pintura al óleo. **dare l'—santo** administrar la extremaunción.

liva *(olíva)* f. (bot.) oliva, aceituna.

livo *(olívo)* m. (bot.) olivo, aceituno. **domenica degli olivi** domingo de ramos.

locausto *(olocáusto)* m. holocausto.

ltracció *(oltratchió)* adv. además.

ltraggiare *(oltratyiáre)* tr. ultrajar. [je.

ltraggio *(oltrátyio)* m. ultraje.

ltre *(óltre)* prep. además de, fuera de. adv. ultra, más allá.

ltreché *(oltreké)* conj. además que.

ltremare *(oltremáre)* adv. adj. y m. ultramar.

ltrepassare *(oltrepassáre)* tr. traspasar; sobrepasar.

oltretomba *(oltretómba)* m. ultratumba.

omaggio *(omátyio)* m. homenaje; respeto.

ombra *(ómbra)* f. sombra.

ombrare *(ombráre)* tr. sombrear, asombrar.

ombrarsi *(ombrársi)* rfl. oscurecerse.

ombrellino *(ombrellíno)* m. sombrilla.

ombrello *(ombrél-lo)* m. paraguas.

ombrellone *(ombrel-lóne)* m. parasol.

omero *(ómero)* m. (anat.) húmero.

omettere *(ométtere)* tr. omitir, pasar por alto.

omicida *(omichída)* adj. y m. f. homicida.

omicidio *(omichídio)* m. homicidio.

omissione *(omissióne)* f. omisión. [bus.

omnibus *(ómnibus)* m. ómni-

onda *(ónda)* f. ola, onda.

onde *(ónde)* adv. donde, en donde, de donde. conj. por esto, por eso.

ondeggiamento *(ondetyiaménto)* m. ondulación; oleaje; indecisión.

ondeggiare *(ondetyiáre)* itr. ondear; ondular; titubear.

ondulare *(onduláre)* tr. e itr. ondular.

ondulazione *(onduladsióne)* f. ondulación.

onere *(ónere)* m. peso, carga, gravamen.

oneroso *(oneróso)* adj. oneroso.

onestà *(onestá)* f. honestidad.

onesto *(onésto)* adj. honesto, casto; justo.

onnipotente *(onnipoténte)* adj. omnipotente. l'— el Todopoderoso.

onnipotenza *(onnipoténdsa)* f. omnipotencia.

onorabile *(onorábile)* adj. honorable.

onorabilità *(onorabilitá)* f. honorabilidad, honra.

onoranza *(onorándsa)* f. honra, honor.

onoranze *(onorándse)* f. pl. honras fúnebres.

onorare *(onoráre)* tr. honrar.

onorario *(onorário)* adj. honorario. m. honorario, sueldo.

onore *(onóre)* m. honor.

onorevole *(onorévole)* adj. honorable.

onorificenza *(onorifichéndsa)* f. condecoración.

onorifico *(onorífico)* adj. honorífico.

onta *(ónta)* f. injuria, afrenta; vengüenza.

ontoso *(ontóso)* adj. vergonzoso.

opera *(ópera)* f. obra, trabajo, labor; (mús.) ópera.

operaio *(operáio)* m. obrero, trabajador, operario.

operare *(operáre)* tr. trabajar, obrar; operar.

operatore *(operatóre)* m. operador; cirujano.

operazione *(operadsióne)* f. operación; acción.

operetta *(operetta)* f. opereta, zarzuela.

opinare *(opináre)* tr. opinar, juzgar.

opinione *(opinióne)* f. opinión.

opporre *(oppórre)* tr. oponer.

opporsi *(oppórsi)* rfl. oponerse.

opportunità *(opportunitá)* f. oportunidad.

opportuno *(opportúno)* adj. oportuno.

opposizione *(opposidsióne)* f. oposición.

opposto *(oppósto)* adj. opuesto. all'— al contrario.

oppressare *(oppressáre)* tr. oprimir.

oppressione *(oppressióne)* f. opresión.

oppressore *(oppressóre)* m. opresor.

opprimere *(opprímere)* tr. oprimir; vejar; tiranizar.

oppure *(oppúre)* conj. o sea o, o bien.

opulento *(opulénto)* adj. opulento, rico.

opulenza *(opuléndsa)* f. opulencia, riqueza.

ora *(óra)* f. hora. conj. o, ora pero, mas; así pues; adv. ahora. **or** — ahora mismo **prima d'**— antes de ahora **d'**— **in poi** de ahora en adelante.

orafo *(órafo)* f. orfebre.

orale *(oróle)* adj. oral.

oramai *(oramái)* adv. de ahora en adelante; ahora.

orare *(oráre)* tr. orar, rezar.

orazione *(oradsióne)* f. oración

orario *(orário)* adj. m. horario **arrivare in** — llegar a punto

orbe *(órbe)* m. orbe.

orbita *(órbita)* f. órbita; (anat.) cuenca del ojo.

orchestra *(orkéstra)* f. orquesta. [nal

ordinale *(ordinále)* adj. ordi

ordinamento *(ordinaménto)* m ordenamiento, ordenación.

ordinanza *(ordinándsa)* f. or denanza.

ordinare *(ordináre)* tr. ordenar mandar; decretar; poner e orden, ordenar.

ordinario *(ordinário)* adj. ordi nario.

ordinazione *(ordinadsióne)* f ordenación; orden; encargo

rdine *(órdine)* m. orden, mandato; (rel.) orden; (com.) pedido.

rdire *(ordíre)* tr. urdir.

recchino *(orekkíno)* m. pendiente.

recchio *(orékkio)* m. (anat.) oreja, oído.

refice *(oréfiche)* m. joyero.

reficeria *(orefichería)* f. joyería; orfebrería.

rfano *(órfano)* adj. y m. huérfano.

rfanotrofio *(orfanotrófio)* m. asilo de huérfanos, orfanato.

rganino *(organíno)* m. organillo.

rganista *(organísta)* m. f. organista.

rganizzare *(organitsáre)* tr. organizar.

rganizzazione *(organitsadsióne)* f. organización.

rgoglio *(orgóllio)* m. orgullo.

rgoglioso *(orgollióso)* adj. orgulloso.

rientale *(orientále)* adj. oriental. [tar.

rientare *(orientáre)* tr. orientar.

rientazione *(orientadsióne)* f. orientación.

riente *(oriénte)* m. oriente, levante, este.

riginale *(oridyinále)* adj. y m. original.

riginalità *(oridyinalitá)* f. originalidad.

riginare *(oridyináre)* tr. originar.

rigine *(orídyine)* m. origen.

rigliare *(orilliáre)* tr. escuchar.

rigliere *(orilliére)* m. almohada.

rina *(orína)* f. orina.

rinale *(orinále)* m. orinal.

rinare *(orináre)* itr. orinar.

rinario *(orinário)* adj. urinario.

rinatoio *(orinatóio)* m. urinario.

orizzontale *(oritsontále)* adj. horizontal.

orizzontarsi *(oritsontársi)* rfl. orientarse.

orizzonte *(oritsónte)* m. horizonte.

orlare *(orláre)* tr. orlar.

orlo *(órlo)* m. orla.

orma *(órma)* f. huella.

ormai *(ormái)* adv. ahora; de aquí en adelante.

ormeggiare *(ormetyiáre)* tr. amarrar; anclar, fondear.

ormeggio *(ormétyio)* m. amarra, cable; ancla; fondeo.

ormone *(ormóne)* m. hormona.

ornamento *(ornaménto)* m. adorno, ornamento.

ornare *(ornáre)* tr. adornar.

oro *(óro)* m. oro.

orologeria *(orolodyería)* f. relojería.

orologio *(orolódyio)* m. reloj.

orpellare *(orpel-láre)* tr. guarnecer; enmascarar.

orpello *(orpél-lo)* m. oropel.

orrendo *(orréndo)* adj. horrendo.

orribile *(orríbile)* adj. horrible.

orrore *(orróre)* m. horror.

orso *(órso)* m. (zool.) oso.

ortica *(ortíca)* f. (bot.) ortiga.

orticultura *(orticultúra)* f. horticultura.

orto *(órto)* m. huerto.

ortodossia *(ortodossía)* f. ortodoxia.

ortodosso *(ortodósso)* adj. y m. ortodoxo.

ortolano *(ortoláno)* m. hortelano, horticultor.

orzaiuolo *(ordsaiuólo)* m. (med.) orzuelo.

orzata *(ordsáta)* f. horchata.

orzo *(órdso)* m. (bot.) cebada.

osare *(osáre)* itr. osar, atreverse.

oscenità *(oschenitá)* f. obscenidad.

oscurare *(oscuráre)* tr. oscurecer.

oscurarsi *(oscurársi)* rfl. oscurecèrse.

oscurità *(oscuritá)* f. oscuridad.

oscuro *(oscúro)* adj. oscuro. all'— a oscuras.

ospedale *(ospedále)* m. hospital. — da campo hospital de sangre.

ospitale *(ospitále)* adj. hospitalario.

ospitalità *(ospitalitá)* f. hospitalidad.

ospitare *(ospitáre)* tr. hospedar.

ospite *(óspite)* m. huésped; anfitrión.

ospizio *(ospídsio)* m. hospicio.

ossario *(ossário)* m. osario.

ossatura *(ossatúra)* f. osamenta; esqueleto.

ossequiare *(ossekuiáre)* tr. obsequiar.

ossequio *(ossékuio)* m. obsequio.

osservanza *(osservándsa)* f. observancia.

osservare *(osserváre)* tr. observar; obedecer.

osservatorio *(osservatório)* m. observatorio.

osservazione *(osservadsióne)* f. observación.

ossessione *(ossessióne)* f. obsesión.

ossesso *(ossésso)* adj. y m. obseso.

ossia *(ossía)* conj. o sea.

ossidare *(ossidáre)* tr. oxidar.

ossidarsi *(ossidársi)* rfl. oxidarse.

ossido *(óssido)* m. óxido.

ossigenare *(ossidyenáre)* tr oxigenar. [no

ossigeno *(ossídyeno)* m. oxíge

osso *(ósso)* m. hueso.

ostacolare *(ostacoláre)* tr. obs taculizar, impedir, dificultar

ostacolo *(ostácolo)* m. obstácu lo.

ostare *(ostáre)* itr. obstar. nor ostante no obstante.

oste *(óste)* m. huésped; meso nero. f. hueste. — nemica el enemigo.

osteggiare *(ostetyiáre)* tr. hos tilizar.

ostellaggio *(ostellátyio)* m. po sada. [dero

ostelliere *(ostel-liére)* m. posa

osteria *(ostería)* f. hostería.

ostia *(óstia)* f. Hostia (sagra da); oblea.

ostile *(ostíle)* adj. hostil.

ostilità *(ostilitá)* f. hostilidad.

ostinazione *(ostinadsióne)* f obstinación.

ostrica *(óstrica)* f. ostra.

ostruire *(ostruíre)* tr. obstruir

ostruzione *(ostrudsióne)* f. obs trucción.

otite *(otíte)* f. (med.) otitis.

ottanta *(ottánta)* adj. y m ochenta.

ottava *(ottáva)* f. octava.

ottavo *(ottávo)* adj. octavo.

ottenere *(ottenére)* tr. obtener

ottenimento *(otteniménto)* m logro.

ottica *(óttica)* f. óptica.

ottico *(óttico)* adj. y m. óptico

ottimo *(óttimo)* adj. óptimo.

otto *(ótto)* adj. y m. ocho. og gi a — de hoy en ocho.

ottobre *(ottóbre)* m. octubre.

ottone *(ottóne)* m. latón.

otturare *(otturáre)* tr. obturar

otturatore *(otturatóre)* m. ob turador.

ottuso *(ottúso)* adj. obtuso.

ovaio *(ováio)* m. huevero; ova rio.

ovale *(ovále)* adj. oval.

ovario *(ovário)* m. ovario.
ove *(óve)* adv. donde, adonde, en donde. conj. siempre que, mientras.
ovest *(óvest)* m. oeste.
ovile *(ovíle)* adj. aprisco.
ovunque *(ovúnkue)* adv. por todas partes.
ovvio *(óvvio)* adj. obvio.
oziare *(odsiáre)* tr. ociar, holgazanear.

ozio *(ódsio)* m. ocio.
oziosità *(odsiositá)* f. ociosidad.
ozioso *(odsióso)* adj. ocioso, perezoso.

P p

pacato *(pacáto)* adj. calmo, sereno.

pacchetto *(pakkétto)* m. paquete, cajetilla (de cigarrillos).

pacco *(pácco)* m. paquete. — **postale** paquete o encomienda postal.

pace *(páche)* f. paz.

pacificare *(pachificáre)* tr. pacificar.

pacificazione *(pachificadsióne)* f. pacificación.

pacifico *(pachífico)* adj. pacífico.

padella *(padél-la)* f. sartén.

padiglione *(padillióne)* m. pabellón; entoldado.

padre *(pádre)* m. padre.

padrino *(padríno)* m. padrino.

padronanza *(padronándsa)* f. autoridad; control; dominio.

padronato *(padronáto)* m. patronato.

padrone *(padróne)* m. patrón, dueño, amo.

paesaggio *(paesátyio)* m. paisaje.

paesano *(paesáno)* adj. y m. paisano.

paese *(paése)* m. país; pueblo.

paesista *(paesísta)* m. paisajista (pintor).

paga *(pága)* f. paga, salario, sueldo.

pagamento *(pagaménto)* m. pago.

paganesimo *(paganésimo)* m. paganismo.

pagano *(pagáno)* adj. y m. pagano.

pagare *(pagáre)* tr. pagar, abonar.

paggio *(pátyio)* m. page.

pagina *(pádyina)* f. página.

paglia *(pállia)* f. paja.

pagliaccio *(palliátchio)* m. payaso, bufón.

pagliericcio *(pallierítchio)* m. jergón.

paio *(páio)* m. par.

pala *(pála)* f. pala. — **da fuoco** badila.

palanca *(palánca)* f. tablón.

palanchino *(palankíno)* m. palanquín.

palato *(paláto)* m. (anat.) paladar.

palazzina *(palatsína)* f. quinta, palacete.

palazzo *(palátso)* m. palacio;

hotel. — **comunale** casa consistorial.
palchetto *(palkétto)* m. estante; (teat.) palco.
palco *(pálco)* m. palco; tablado; andamiaje. — **scenico** escenario.
palesamento *(palesamento)* m. revelación.
palesare *(palesáre)* tr. descubrir, revelar.
palesarsi *(palesársi)* rfl. descubrirse, revelarse.
palese *(palése)* adj. evidente.
paletta *(palétta)* f. paleta; badil.
paletto *(palétto)* m. pestillo; palito.
palla *(pál-la)* f. pelota, bala.
pallacanestro *(pal-lacanéstro)* m. baloncesto.
pallacorda *(pal-lacórda)* f. tenis.
pallamaglio *(pal-lamállio)* m. criquet.
pallata *(pal-láta)* f. pelotazo.
palliare *(pal-liáre)* tr. paliar; disimular.
palliativo *(pal-liatívo)* adj. y m. paliativo.
pallidezza *(pal-lidétsa)* f. palidez.
pallidità *(pal-liditá)* f. palidez.
pallido *(pál-lido)* adj. pálido, descolorido.
pallina *(pal-lína)* f. pelotita, bolita, bala, cuenta.
pallino *(pal-líno)* m. balín; perdigón; topo.
pallio *(pál-lio)* m. palio.
pallone *(pal-lóne)* m. balón; globo.
pallore *(pal-lóre)* m. palidez.
pallottola *(pal-lóttola)* f. bala.
pallottoliere *(pal-lottoliére)* m. ábaco.
palma *(pálma)* f. (bot.) palma, palmera.
palmizio *(palmídsio)* m. palmera.

palmo *(pálmo)* m. palmo; palma de la mano.
palombaro *(palombáro)* m. buzo.
palpare *(palpáre)* tr. palpar.
palpebra *(pálpebra)* f. párpado.
palpitare *(palpitáre)* itr. palpitar.
palpitazione *(palpitadsióne)* f. palpitación.
palpito *(pálpito)* m. palpitación.
palude *(palúde)* f. pantano.
palustre *(palústre)* adj. palustre.
panca *(pánca)* f. banco, escaño.
panchetto *(pankétto)* m. banquillo, taburete.
pancia *(pánchia)* f. barriga, vientre.
panciotto *(panchiótto)* m. chaleco.
pane *(páne)* m. pan.
panetteria *(panettería)* f. panadería.
panettone *(panettóne)* m. mazapán (de Milán).
panico *(pánico)* m. pánico.
paniera *(paniéra)* f. canasta.
paniere *(paniére)* m. cesto, cesta.
panificare *(panificáre)* tr. panificar.
panino *(paníno)* m. panecillo.
panna *(pánna)* f. nata, crema; (mec.) avería.
pannello *(pannél-lo)* m. entrepaño; tablier; panel.
panno *(pánno)* m. paño.
pannolino *(pannolíno)* m. lienzo; pañal.
pannocchia *(pannókkia)* f. panocha, panoja.
panorama *(panoráma)* f. panorama.
pantaloni *(pantalóni)* m. pl. pantalones.

pantofola *(pantófola)* f. zapatilla, chinela.

papa *(pápa)* m. el Papa.

papato *(papáto)* m. papado.

papà *(papá)* m. papá, padre.

papavero *(papávero)* m. (bot.) amapola.

pappa *(páppa)* f. papilla.

pappagallo *pappagál-lo)* m. (orn.) papagayo, loro.

paprica *(páprica)* f. (bot.) pimentón.

parabrezza *(parabrétsa)* f. parabrisas.

paracadute *(paracadúte)* m. paracaídas.

paracadutista *(paracadutísta)* m. paracaidista.

paradisiaco *(paradisíaco)* adj. paradisíaco.

paradiso *(paradíso)* m. paraíso.

parafango *(parafángo)* m. guardabarros.

parafulmine *(parafúlmine)* m. pararrayos.

paragonabile *(paragonábile)* adj. comparable.

paragonare *(paragonáre)* tr. comparar.

paragone *(paragóne)* m. parangón, comparación.

paralisi *(parálisi)* f. (med.) parálisis.

paralitico *(paralítico)* adj. y m. paralítico.

paralizzare *(paralitsáre)* tr. paralizar.

parallela *(paral-léla)* f. paralela.

parallelo *(paral-lélo)* adj. y m. paralelo.

paralume *(paralúme)* m. pantalla (de la luz).

parapetto *(parapétto)* m. parapeto.

parare *(paráre)* tr. detener; ataviar; preparar.

pararsi *(parársi)* rfl. repararse, cubrirse.

parasole *(parasóle)* m. parasol, quitasol.

parassita *(parassíta)* adj. y m. parásito; (fig.) chupón.

parata *(paráta)* f. parada; (mil.) desfile; muestra.

paraurti *(paraúrti)* m. parachoques.

parcare *(parcáre)* tr. e itr. aparcar.   [la.

parcella *(parchél-la)* f. parce-

parcheggiare *(parketyiáre)* tr. aparcar.

parco *(párco)* adj. parco. m. parque.

parecchi *(parékki)* adj. y pron. muchos, varios, algunos, unos.

parecchio *(parékkio)* adj. y adv. mucho, bastante.

pareggiare *(paretyiáre)* tr. igualar; saldar; comparar; hacer balance (de cuentas).

pareggio *(parétyio)* m. saldo, liquidación (de cuentas); balance.

parente *(parénte)* adj. y m. pariente.

parentela *(parentéla)* f. parentela, parentesco.

parere *(parére)* m. parecer. itr. parecer, aparecer; comparecer.

PARERE

INFINITO Presente: parere. **Passato:** essere parso. **GERUNDIO Semplice:** parendo. **Composto:** essendo parso. **PARTICIPIO Presente:** parvente. **Passato:** parso. **INDICATIVO Presente:** io paio, tu pari, egli pare; noi pariamo o paiamo, voi parete, essi paiono. **Passato prossimo:** sono parso-a, sei parso-a, è parso-a; siamo parsi-e, siete parsi-e, sono parsi-e. **Imperfetto:** parevo, parevi, pareva; parevamo, parevate, parevano. **Trapassato prossimo:** ero parso-a, eri parso-a, era parso-a; eravamo parsi-e, eravate parsi-e, erano parsi-e. **Passato remoto:** parvi, paresti, parve; paremmo, pareste, parvero. **Trapassato remoto:** fui parso-a, fosti parso-a, fu parso-a; fummo parsi-e, foste parsi-e, furono parsi-e. **Futuro semplice:**

parrò, parrai, parrà; parremo, parrete, parranno. **Futuro anteriore:** sarò parso-a, sarai parso-a, sarà parso-a; saremo parsi-e, sarete parsi-e, saranno parsi-e. **CONDIZIONALE Presente:** parrei, parresti, parrebbe; parremmo, parreste, parrebbero. **Passato:** sarei parso-a, saresti parso-a, sarebbe parso-a; saremmo parsi-e, sareste parsi-e, sarebbero parsi-e. **CONGIUNTIVO Presente:** paia, paia, paia; paiamo, paiate, paiano. **Imperfetto:** paressi, paressi, paresse; paressimo, pareste, paressero. **Passato:** sia parso-a, sia parso-a, sia parso-a; siamo parsi-e, siate parsi-e, siano parsi-e. **Trapassato:** fossi parso-a, fossi parso-a, fosse parso-a; fossimo parsi-e, foste parsi-e, fossero parsi-e.

parete *(paréte)* f. pared, tabique.

pari *(pári)* adj. par (número); parecido, semejante. **— ad altri** como otros. **del —** igualmente.

parlamentare *(parlamentáre)* itr. parlamentar. adj. parlamentario.

parlamento *(parlaménto)* m. parlamento; congreso.

parlare *(parláre)* itr. hablar.

parlata *(parláta)* f. discurso, arenga; lenguaje.

parlatore *(parlatóre)* m. hablador, orador.

parlatorio *(parlatório)* m. locutorio.

parola *(paróla)* f. palabra.

parolaccia *(parolátchia)* f. palabrota.   [quia.

parrocchia *(parrókkia)* f. parroquiano, feligrés.

parrocchiano *(parrokkiáno)* m. parroquiano, feligrés.

parroco *(párroco)* m. párroco.

parrucca *(parrúkka)* f. peluca.

parrucchiera *(parrukkiéra)* f. peluquera.

parrucchiere *(parrukkiére)* m. peluquero.

parte *(párte)* f. (teat.) papel; parte, porción; lugar, sitio; (pol.) partido.

partecipante *(partechipánte)* m. participante.

partecipare *(partechipáre)* tr. participar, tomar parte.

partecipazione *(partechipadsióne)* f. participación.

parteggiare *(partetyiáre)* itr. ser partidario.

partenza *(parténdsa)* f. partida, marcha, salida.

particella *(partichél-la)* f. partícula; parcela.

particolare *(particoláre)* adj. y m. particular.

particolareggiare *(particolaretyiáre)* tr. particularizar.

particolarità *(particolaritá)* f. particularidad.

partigiano *(partidyáno)* adj. y m. partidario, parcial; partisano, guerrillero.

partire *(partíre)* itr. partir, salir. tr. partir.

———— **PARTIRE** ————

INFINITO Presente: partire. **Passato:** essere partito. **GERUNDIO Semplice:** partendo. **Composto:** essendo partito. **PARTICIPIO Presente:** partente. **Passato:** partito. **INDICATIVO Presente:** io parto, tu parti, egli parte; noi partiamo, voi partite, essi partono. **Passato prossimo:** sono partito-a, sei partito-a, è partito-a; siamo partiti-e, siete partiti-e, sono partiti-e. **Imperfetto:** partivo, partivi, partiva; partivamo, partivate, partivano. **Trapassato prossimo:** ero partito-a, eri partito-a, era partito-a; eravamo partiti-e, eravate partiti-e, erano partiti-e. **Passato remoto:** partii, partisti, partì; partimmo, partiste, partirono. **Trapassato remoto:** fui partito-a, fosti partito-a, fu partito-a; fummo partiti-e, foste partiti-e, furono partiti-e. **Futuro semplice:** partirò, partirai, partirà; partiremo, partirete, partiranno. **Futuro anteriore:** sarò partito-a, sarai partito-a, sarà partito-a; saremo partiti-e, sarete partiti-e, saranno partiti-e. **CONDIZIONALE Presente:** partirei, partiresti, partirebbe; partiremmo, partireste, partirebbero. **Passato:** sarei partito-a, saresti partito-a, sarebbe partito-a; saremmo partiti-e, sareste partiti-e, sarebbero partiti-e. **CONGIUNTIVO Presente:** parta, parta, parta; partiamo, partiate, partano. **Imperfetto:** partissi, partissi, partisse; partissimo, partiste, partissero. **Passato:** sia partito-a, sia partito-a, sia partito-a; siamo partiti-e, siate partiti-e, siano partiti-e. **Trapassato:** fossi parti-to-a, fossi partito-a, fosse partito-a; fos-simo partiti-e, foste partiti-e, fossero partiti-e. **IMPERATIVO Presente:** parti **tu**, parta **egli**; partiamo **noi**, partite **voi**, partano **essi.**

partita *(partíta)* f. partida; (com.) lote.

partito *(partíto)* m. partido; provecho; (pol.) partido.

partitura *(partitúra)* f. (mús.) partitura.

parto *(párto)* m. parto, alumbramiento.

partoriente *(partoriénte)* adj. y f. parturienta.

partorire *(partoríre)* tr. e itr. parir, dar a luz.

parziale *(pardsiále)* adj. parcial. [cialidad.

parzialità *(pardsialitá)* f. parpascere *(páschere)* itr. pacer. tr. apacentar, alimentar.

pascolare *(pascoláre)* itr. pastar. tr. apacentar.

pascolo *(páscolo)* m. pasto.

pasqua *(páskua)* f. pascua. — **rosata** o **fiorita** pascua florida. — **dei morti** día de difuntos.

passaggio *(passátyo)* m. pasaje; paso. **passaggio a livello** paso a nivel.

passante *(passánte)* adj. y m. pasante, transeúnte.

passaporto *(passapórto)* m. pasaporte.

passare *(passáre)* itr. pasar. tr. pasar, atravesar.

passata *(passáta)* f. pasada; (orn.) paso (de las aves).

passatempo *(passatémpo)* m. pasatiempo.

passato *(passáto)* adj. pasado. m. el pasado.

passatoio *(passatóio)* m. pasadera.

passeggiare *(passetyiáre)* itr. pasear, pasearse.

passeggiata *(passetyiáta)* f. paseo.

passeggiero *(passetyiéro)* adj. y m. pasajero.

passeggio *(passétyio)* m. paseo.

passerella *(passerél-la)* f. pasarela.

passero *(pássero)* m. gorrión.

passione *(passióne)* f. pasión; amor; dolor.

passività *(passivitá)* f. pasividad.

passivo *(passívo)* adj. y m. pasivo; déficit.

passo *(pásso)* m. paso; adj. pasado.

pasta *(pásta)* f. pasta, masa. — **asciutta** aderezo de fideos. — **dolce** pastel, bollo.

pastaio *(pastáio)* m. fabricante o vendedor de pasta alimenticia.

pastellista *(pastel-lísta)* m. pastelista (pintor).

pastello *(pastél-lo)* m. pastel (lápiz).

pasticca *(pastícca)* f. pastilla.

pasticceria *(pastitchería)* f. pastelería.

pasticcio *(pastítchio)* m. pastel, embrollo.

pastificio *(pastifíchio)* m. fábrica de pastas.

pastiglia *(pastíllia)* f. pastilla.

pastina *(pastína)* f. fideos finos.

pasto *(pásto)* m. comida, cena; pasto; alimento. **a tutto** — continuamente. **vino da** — vino de mesa.

pastore *(pastóre)* m. pastor; cura protestante.

pastura *(pastúra)* f. apacentamiento.

pasturare *(pasturáre)* tr. apacentar.

patente *(paténte)* f. patente; carnet (de conductor).
paternale *(paternále)* adj. paternal.
paternità *(paternitá)* f. paternidad.
paterno *(patérno)* adj. paterno.
patimento *(patiménto)* m. sufrimiento, dolor.
patire *(patíre)* itr. padecer, sufrir. tr. tolerar.
patria *(pátria)* f. patria.
patriarca *(patriárca)* m. patriarca.
patriarcale *(patriarcále)* adj. patriarcal.
patrigno *(patríño)* m. padrastro.   [trimonio.
patrimonio *(património)* m. patrio *(pátrio)* adj. patrio.
patrio *(pátrio)* adj. patrio.
patriota *(patrióta)* adj. y m. f. patriota.
patriottico *(patrióttico)* adj. patriótico.
patrizio *(patrídsio)* adj. y m. patricio.
patronato *(patronáto)* m. patronato.
patrono *(patróno)* m. patrono, patrón.
patta *(pátta)* f. empate (en el juego).
patteggiamento *(pattetyiaménto)* m. pacto.
pattegiare *(pattetyiáre)* tr. e itr. pactar, convenir.
pattinare *(pattináre)* tr. patinar.
pattino *(páttino)* m. patín.
patto *(pátto)* m. pacto, convenio. **con — che** a condición de que. **a nessun —** de ningún modo.
pattuglia *(pattúllia)* f. patrulla.
pattugliare *(pattulliáre)* itr. patrullar.
pattuire *(pattuíre)* tr. pactar, convenir.
pattume *(pattúme)* m. basura.
pattumiera *(pattumiéra)* f. cubo de la basura.

paura *(páura)* f. miedo, temor.
pauroso *(pauróso)* adj. temeroso, miedoso.
pausa *(páusa)* f. pausa.
pausare *(pausáre)* itr. pausar.
paventare *(paventáre)* itr. temer, asustarse, amedrentarse. tr. asustar.
pavimentare *(pavimentáre)* tr. pavimentar.
pavimento *(paviménto)* m. pavimento, suelo.
pavone *(pavóne)* m. (orn.) pavo real.
pazientare *(padsientáre)* itr. tener paciencia; soportar.
paziente *(padsiénte)* adj. paciente. m. paciente, enfermo.
pazienza *(padsiéndsa)* f. paciencia.
pazzesco *(patsésco)* adj. de locos; insensato.
pazzia *(patsía)* f. locura.
pazzo *(pátso)* adj. y m. loco, demente.
peccare *(peccáre)* itr. pecar; equivocarse.
peccato *(peccáto)* m. pecado. **peccato che** lástima que.
peccatore *(peccatóre)* m. pecador.
pecchia *(pékkia)* f. abeja (obrera).
pecchione *(pekkióne)* m. zángano.
pece *(péche)* f. pez, brea.
pecetta *(pechétta)* f. emplasto.
pecora *(pécora)* f. (zool.) oveja.
pecoraio *(pecoráio)* m. pastor.
pecorile *(pecoríle)* m. redil, aprisco.
peculiare *(peculiáre)* adj. peculiar.
peculiarità *(peculiaritá)* f. peculiaridad.

pecunia (pecúnia) f. dinero; pecunia.

pecuniario (pecuniário) adj. pecuniario.

pedagogia (pedagodyía) f. pedagogía.

pedagogico (pedagódyico) adj. pedagógico.

pedagogo (pedagógo) m. pedagogo.   [lear.

pedalare (pedaláre) itr. pedale (pedále) m. pedal.

pedano (pedáno) m. gubia.

pedante (pedánte) adj. y m. f. pedante.

pedanteria (pedantería) f. pedantería.

pedata (pedáta) f. puntapié; (cuadrúpedos) coz.

pediatria (pediatría) f. pediatría.

pedicure (pedicúre) m. y f. pedicuro, callista.

pedina (pedína) f. peón; ficha.

pedone (pedóne) m. peatón.

peggio (pétyio) adj. y adv. peor.

peggioramento (petyioraménto) m. empeoramiento.

peggiorare (petyioráre) tr. e intr. empeorar.

peggiore (petyióre) adj. peor.

pegno (péño) m. empeño; garantía.

pelame (peláme) m. pelaje.

pelamento (peláménto) m. peladura; desplume.

pelare (peláre) tr. pelar; desplumar; estafar.

pellaio (pel-láio) m. peletero; curtidor.

pellame (pel-láme) m. pieles.

pelle (pél-le) f. piel; cuero.

pellegrina (pel-legrína) f. esclavina; peregrina.

pellegrinaggio (pel-legrinátyio) m. peregrinación, romería.

pellegrinare (pel-legrináre) itr. peregrinar.

pellegrinazione (pel-legrinadsióne) f. peregrinación.

pellegrino (pel-legríno) m. peregrino; romero. adj. peregrino, extraño.

pelletteria (pel-lettería) f. peletería.   [letero.

pellettiere (pel-lettiére) m. pellicola (pel-lícola) f. película: filme.

pelo (pélo) m. pelo, cabello.

pelvi (pélvi) f. (anat.) pelvis.

pena (péna) f. pena, pesar; trabajo.   [lista.

penalista (penalista) m. pena penalità (penalitá) f. penalidad.

penare (penáre) itr. fatigarse; penar, sufrir.

pendente (pendénte) adj. pendiente; dudoso.

pendenza (pendéndsa) f. asunto o pleito pendiente, pendencia; cuesta, declive.

pendere (péndere) itr. pender, colgar, inclinarse.

pendio (pendío) m. declive.

pendola (péndola) f. reloj (de péndola).

pendolo (péndolo) m. péndulo.

pene (péne) m. (anat.) pene.

penetrare (penetráre) itr. penetrar. tr. comprender; entrar, atravesar.

penetrazione (penetradsióne) f. penetración; perspicacia.

penisola (penísola) f. península.

penitente (peniténte) adj. y m. penitente.

penitenza (peniténdsa) f. penitencia.

penitenziario (penitendsiário) adj. y m. penitenciario.

penitenziere (penitendsiére) m. (rel.) penitenciario.

penna (pénna) f. pluma. — stilografica pluma estilográfica. — a sfera bolígrafo.

pennacchio *(pennákkio)* m. penacho; plumaje.

pennello *(pennéllo)* m. pincel; brocha.

pennone *(pennóne)* m. pendón; asta; (náut.) verga.

penombra *(penómbra)* f. penumbra.

penoso *(penóso)* adj. penoso.

pensamento *(pensaménto)* m. pensamiento.

pensare *(pensáre)* tr. e itr. pensar, opinar.

pensata *(pensáta)* f. pensamiento. [miento.

pensiero *(pensiéro)* m. pensa-

pensieroso *(pensieróso)* adj. pensativo.

pensionare *(pensionáre)* tr. pensionar; jubilar.

pensionario *(pensionário)* adj. y m. pensionista.

pensionato *(pensionáto)* adj. y m. jubilado; pensionado.

pensione *(pensióne)* f. pensión, jubilación; pensión, casa de huéspedes.

penso *(pénso)* m. tarea.

pensoso *(pensóso)* adj. preocupado, pensativo.

pentagono *(pentágono)* m. (geom.) pentágono.

pentecoste *(pentecóste)* f. Pentecostés.

pentimento *(pentiménto)* m. arrepentimiento. [tirse.

pentirsi *(pentírsi)* rfl. arrepen-

pentola *(péntola)* f. olla; m. puchero.

penultimo *(penúltimo)* adj. y m. penúltimo.

penuria *(penúria)* f. penuria.

penzolare *(pendsoláre)* itr. pender.

penzolo *(péndsolo)* m. colgajo.

penzoloni *(pendsolóni)* adv. que está colgando.

pepaiola *(pepaióla)* f. pimentero (recipiente).

pepato *(pepáto)* adj. picante; condimentado con pimienta.

pepe *(pépe)* m. (bot.) pimienta. [pimiento.

peperone *(peperóne)* m. (bot.)

per *(per)* prep. por, para, a fin de. — **me** en cuanto a mí.

percento *(perchénto)* m. porcentaje.

percentuale *(perchentuále)* adj. del tanto por ciento. m. porcentaje.

percepire *(perchepíre)* tr. percibir; cobrar.

——— PERCEPIRE ———

INFINITO Presente: percepire. **Passato:** avere percepito. **GERUNDIO Semplice:** percependo. **Composto:** avendo percepito. **PARTICIPIO Presente:** percipiente. **Passato:** percepito. **INDICATIVO Presente:** io percepisco, tu percepisci, egli percepisce; noi percepiamo, voi percepite, essi percepiscono. **Passato prossimo:** ho percepito, hai percepito, ha percepito; abbiamo percepito, avete percepito, hanno percepito. **Imperfetto:** percepivo, percepivi, percepiva; percepivamo, percepivate, percepivano. **Trapassato prossimo:** avevo percepito, avevi percepito, aveva percepito; avevamo percepito, avevate percepito, avevano percepito. **Passato remoto:** percepii, percepisti, percepì; percepimmo, percepiste, percepirono. **Trapassato remoto:** ebbi percepito, avesti percepito, ebbe percepito; avemmo percepito, aveste percepito, ebbero percepito. **Futuro semplice:** percepirò, percepirai, percepirà; percepiremo, percepirete, percepiranno. **Futuro anteriore:** avrò percepito, avrai percepito, avrà percepito; avremo percepito, avrete percepito, avranno percepito. **CONDICIONALE Presente:** percepirei, percepiresti, percepirebbe; percepiremmo, percepireste, percepirebbero. **Passato:** avrei percepito, avresti percepito, avrebbe percepito; avremmo percepito, avreste percepito, avrebbero percepito. **CONGIUNTIVO Presente:** percepisca, percepisca, percepisca; percepiamo, percepiate, percepiscano. **Imperfetto:** percepissi, percepissi, percepisse; percepissimo, percepiste, percepissero. **Passato:** abbia percepito, abbia percepito, abbia percepito; abbiamo percepito, abbiate percepito, abbiano percepito. **Trapassato:** avessi percepito, avessi percepito, avesse percepito; avessimo percepito, aveste percepito, avessero percepito. **IMPERATIVO Presente:** percepisci tu, percepisca egli; percepiamo noi, percepite voi, percepiscano essi.

percezione *(perchedsióne)* f. percepción.

perché *(perké)* conj. porque, para qué, a fin de que. intr. ¿por qué? m. el porqué. pron. por el cual, por lo cual, por la cual.

perciò *(perchió)* conj. por esto, por esta razón.

percorrere *(percórrere)* tr. recorrer; hojear (un libro).

percorso *(percórso)* m. recorrido.

percossa *(percóssa)* f. percusión, golpe.

percotimento *(percotiménto)* m. percusión, golpe.

percuotere *(percuótere)* tr. percutir, golpear.

——— PERCUOTERE ———

INFINITO Presente: percuotere. Passato: avere percosso. GERUNDIO Semplice: percotendo. Composto: avendo percosso. PARTICIPIO Presente: percotente o percuziente. Passato: percosso. INDICATIVO Presente: io percuoto, tu percuoti, egli percuote; noi percotiamo, voi percotete, essi percuotono. Passato prossimo: ho percosso, hai percosso, ha percosso; abbiamo percosso, avete percosso, hanno percosso. Imperfetto: percotevo, percotevi, percoteva; percotevamo, percotevate, percotevano. Trapassato prossimo: avevo percosso, avevi percosso, aveva percosso; avevamo percosso, avevate percosso, avevano percosso. Passato remoto: percossi, percotesti, percosse; percotemmo, percoteste, percossero. Trapassato remoto: ebbi percosso, avesti percosso, ebbe percosso; avemmo percosso, aveste percosso, ebbero percosso. Futuro semplice: percoterò, percoterai, percoterà; percoteremo, percoterete, percoteranno. Futuro anteriore: avrò percosso, avrai percosso, avrà percosso; avremo percosso, avrete percosso, avranno percosso. CONDIZIONALE Presente: percoterei, percoteresti, percoterebbe; percoteremmo, percotereste, percoterebbero. Passato: avrei percosso, avresti percosso, avrebbe percosso; avremmo percosso, avreste percosso, avrebbero percosso. CONGIUNTIVO Presente: percuota, percuota, percuota; percotiamo, percotiate, percuotano. Imperfetto: percotessi, percotessi, percotesse; percotessimo, percoteste, percotessero. Passato: abbia percosso, abbia percosso, abbia percosso; abbiamo percosso, abbiate percosso, abbiano percosso. Trapassato: avessi percosso, avessi percosso, avesse percosso; avessimo percosso, aveste percosso, avessero percosso. IMPERATIVO Presente: percuoti tu, percuota egli; percotiamo noi, percotete voi, percuotano essi.

percussione *(percussióne)* f. percusión, golpe.

percussore *(percussóre)* m. percusor.

perdere *(pérdere)* itr. perder. tr. perder, extraviar.

——— PERDERE ———

INFINITO Presente: perdere. Passato: avere perduto o perso. GERUNDIO Semplice: perdendo. Composto: avendo perduto o perso. PARTICIPIO Presente: perdente. Passato: perduto o perso. INDICATIVO Presente: io perdo, tu perdi, egli perde; noi perdiamo, voi perdete, essi perdono. Passato prossimo: ho perduto o perso, hai perduto o perso, ha perduto o perso; abbiamo perduto o perso, avete perduto o perso, hanno perduto o perso. Imperfetto: perdevo, perdevi, perdeva; perdevamo, perdevate, perdevano. Trapassato prossimo: avevo perduto o perso, avevi perduto o perso, aveva perduto o perso; avevamo perduto o perso, avevate perduto o perso, avevano perduto o perso. Passato remoto: persi o perdei o perdetti, perdesti, perse o perdé o perdette; perdemmo, perdeste, persero o perderono o perdettero. Trapassato remoto: ebbi perduto o perso, avesti perduto o perso, ebbe perduto o perso; avemmo perduto o perso, aveste perduto o perso, ebbero perduto o perso. Futuro semplice: perderò, perderai, perderà; perderemo, perderete, perderanno. Futuro anteriore: avrò perduto o perso, avrai perduto o perso, avrà perduto o perso; avremo perduto o perso, avrete perduto o perso, avranno perduto o perso. CONDIZIONALE Presente: perderei, perderesti, perderebbe; perderemmo, perdereste, perderebbero. Passato: avrei perduto o perso, avresti perduto o perso, avrebbe perduto o perso; avremmo perduto o perso, avreste perduto o perso, avrebbero perduto o perso. CONGIUNTIVO Presente: perda, perda, perda; perdiamo, perdiate, perdano. **Imperfetto:** perdessi, perdessi, perdesse; perdessimo, perdeste, perdessero. **Passato:** abbia perduto o perso, abbia perduto o perso, abbia perduto o perso; abbiamo perduto o perso, abbiate perduto o perso, abbiano perduto o perso. **Trapassato:** avessi perduto o perso, avessi perduto o perso, avesse perduto o perso; avessimo perduto o perso, aveste perduto o perso, avessero perduto o perso. **IMPERATIVO Presente:** perdi **tu,** perda **egli;** perdiamo **noi,** perdete **voi,** perdano **essi.**

---

perdigiorno *(perdidyiórno)* m. y f. gandul.

perdimento *(perdiménto)* m. pérdida.

perdinci *(perdínchi)* itj. ¡caramba!

perdita *(pérdita)* f. pérdida; perdición, ruina; extravío; escape.   [dición.

perdizione *(perdidsióne)* f. per-

perdonare *(perdonáre)* tr. perdonar, indultar.

perdono *(perdóno)* m. perdón; indulgencia.

perdurare *(perduráre)* itr. perdurar.

peregrinare *(peregrináre)* itr. peregrinar.

peregrinazione *(peregrinadsióne)* f. peregrinación.

peregrino *(peregríno)* adj. y m. peregrino. adj. raro.

perento *(perénto)* adj. extinto.

perentorio *(perentório)* adj. perentorio, urgente.

perfetto *(perfétto)* adj. perfecto. m. (gram.) perfecto.

perfezionamento *(perfedsionaménto)* m. perfeccionamiento.

perfezionare *(perfedsionáre)* tr. perfeccionar.

perfezione *(perfedsióne)* f. perfección.

perfidia *(perfídia)* f. perfidia.

perfido *(pérfido)* adj. pérfido.

perfino *(perfíno)* adv. hasta; asimismo, además.

perforare *(perforáre)* tr. perforar.

perforatrice *(perforatríche)* f. máquina perforadora.

perforazione *(perforadsióne)* f. perforación.

pergamena *(pergaména)* f. pergamino.

pergola *(pérgola)* f. pérgola.

pergolato *(pergoláto)* m. parral, emparrado.

pericolo *(perícolo)* m. peligro.

pericolante *(pericolánte)* adj. que está en peligro; ruinoso.

pericoloso *(pericolóso)* adj. peligroso.

periferia *(periferia)* f. periferia.   [sis.

perifrasi *(perífrasi)* f. perífrasis.

periodico *(periódico)* adj. periódico. m. periódico, diario.

periodo *(periodo)* m. periodo.

perire *(períre)* itr. perecer.

periscopio *(periscópio)* m. periscopio.

peritale *(peritále)* adj. pericial.

peritarsi *(peritársi)* rfl. titubear.

perito *(períto)* adj. y m. perito.

peritoníte *(peritoníte)* f. (med.) peritonitis.

peritoso *(peritóso)* adj. tímido.

perizia *(perídsia)* f. pericia.

perla *(pérla)* f. perla.

permanente *(permanénte)* adj. permanente.

permanenza *(permanéndsa)* f. permanencia; estancia.

permeabile *(permeábile)* adj. permeable.

permeare *(permeáre)* tr. impregnar.

permesso *(permésso)* m. permiso.

permettere *(perméttere)* tr. permitir, autorizar.

permissione *(permissióne)* f. permiso, autorización.

permutare *(permutáre)* tr. permutar.

permutazione *(permutadsióne)* f. permutación, permuta.

pernice *(perníche)* f. (orn.) perdiz.

pernicioso *(pernichióso)* adj. pernicioso, dañoso.

perno *(pérno)* m. (técn.) perno, vástago.

pernottare *(pernottáre)* itr. pernoctar.

pero *(péro)* m. (bot.) peral.

però *(peró)* conj. pero, sin embargo.

perocché *(perokké)* conj. ya que.

perpendicolare *(perpendicoláre)* adj. y f. perpendicular.

perpetuità *(perpetuitá)* f. perpetuidad.

perpetuo *(perpétuo)* adj. perpetuo, eterno. in — a perpetuidad.

perplessità *(perplessitá)* f. perplejidad.

perplesso *(perplésso)* adj. perplejo.

perquisizione *(perkuisidsióne)* f. pesquisa.

persecutore *(persecutóre)* m. perseguidor.

persecuzione *(persecudsióne)* f. persecución.

perseguire *(persegüíre)* tr. perseguir.

perseguitare *(persegüitáre)* tr. perseguir; continuar.

perseverante *(perseveránte)* adj. perseverante.

perseveranza *(perseverándsa)* f. perseverancia.

perseverare *(perseveráre)* itr. perseverar.

persiana *(persiána)* f. persiana, celosía.

persiano *(persiáno)* adj. y m. persa.

persino *(persíno)* adv. hasta, también, aún.

persistenza *(persisténdsa)* f. persistencia.

persistere *(persístere)* itr. persistir.

persona *(persóna)* f. persona.

personaggio *(personátyio)* m. personaje.

personale *(personále)* adj. personal. m. el personal (de una casa, oficina, etc.).

personalità *(personalitá)* f. personalidad.

personificare *(personificáre)* tr. personificar.

perspicace *(perspicáche)* adj. perspicaz.

perspicacia *(perspicáchia)* f. perspicacia.

persuadere *(persuadére)* tr. persuadir.

——————— PERSUADERE ———————

INFINITO Presente: persuadere. Passato: avere persuaso. GERUNDIO Semplice: persuadendo. Composto: avendo persuaso. PARTICIPIO Presente: persuadente. Passato: persuaso. INDICATIVO Presente: io persuado, tu persuadi, egli persuade; noi persuadiamo, voi persuadete, essi persuadono. Passato prossimo: ho persuaso, hai persuaso, ha persuaso; abbiamo persuaso, avete persuaso, hanno persuaso. Imperfetto: persuadevo, persuadevi, persuadeva; persuadevamo, persuadevate, persuadevano. Trapassato prossimo: avevo persuaso, avevi persuaso, aveva persuaso; avevamo persuaso, avevate persuaso, avevano persuaso. Passato remoto: persuasi, persuadesti, persuase; persuademmo, persuadeste, persuasero. Trapassato remoto: ebbi persuaso, avesti persuaso, ebbe persuaso; avemmo persuaso, aveste persuaso, ebbero persuaso. Futuro semplice: persuaderò, persuaderai, persuaderà; persuaderemo, persuaderete, persuaderanno. Futuro anteriore: avrò persuaso, avrai persuaso, avrà persuaso; avremo persuaso, avrete persuaso, avranno persuaso. CONDIZIONALE Presente: persuaderei, persuaderesti, persuaderebbe; persuaderemmo, persuadereste, persuaderebbero. Passato: avrei persuaso, avresti persuaso, avrebbe persuaso;

avremmo persuaso, avreste persuaso, avrebbero persuaso. **CONGIUNTIVO Presente:** persuada, persuada, persuada; persuadiamo, persuadiate, persuadano. **Imperfetto:** persuadessi, persuadessi, persuadesse; persuadessimo, persuadeste, persuadessero. **Passato:** abbia persuaso, abbia persuaso, abbia persuaso; abbiamo persuaso, abbiate persuaso, abbiano persuaso. **Trapassato:** avessi persuaso, avessi persuaso, avesse persuaso; avessimo persuaso, aveste persuaso, avessero persuaso. **IMPERATIVO Presente:** persuadi **tu,** persuada **egli;** persuadiamo **noi,** persuadete **voi,** persuadano **essi.**

persuasione *(persuasióne)* f. persuasión.
persuasivo *(persuasívo)* **adj.** persuasivo.
pertanto *(pertánto)* conj. sin embargo, no obstante. **non** — sin embargo.
pertica *(pértica)* f. vara; pértiga.   [tinaz.
pertinace *(pertináche)* adj. pertinaz.
pertinacia *(pertináchia)* f. pertinacia; persistencia.
pertinente *(pertinénte)* adj. pertinente.
pertinenza *(pertinéndsa)* f. pertinencia.
perturbare *(perturbáre)* tr. perturbar, turbar.
perturbarsi *(perturbársi)* rfl. turbarse.
perturbazione *(perturbadsióne)* f. perturbación.
pervenire *(pervenire)* itr. llegar; conseguir; ocurrir.
perversione *(perversióne)* f. perversión.
perversità *(perversitá)* f. perversidad.
perverso *(pervérso)* adj. perverso.
pervertire *(pervertíre)* tr. pervertir.
pesa *(pésa)* f. pesa; peso.
pesamento *(pesamento)* m. peso (acción de pesar).
pesante *(pesánte)* adj. pesado.

pesantezza *(pesantétsa)* f. pesadez.
pesare *(pesáre)* tr. pesar; valorar. itr. pesar; apoyarse, gravitar.
pesata *(pesáta)* f. pesada.
pesca *(pésca)* f. pesca (acto de pescar); (bot.) melocotón.
pescare *(pescáre)* tr. pescar. itr. sumergirse.
pescatore *(pescatóre)* m. pescador.
pesce *(pésche)* m. pez, pescado.
pescecane *(peschecáne)* m. (ict.) tiburón; (fig.) nuevo rico.
pescheria *(peskería)* f. pescadería.
pesco *(pésco)* m. (bot.) melocotonero.
peso *(péso)* m. peso, pesantez; carga; gravedad.
pessimismo *(pessimísmo)* m. pesimismo.
pesta *(pésta)* f. huella, vestigio.
pestare *(pestáre)* tr. machacar.
pestata *(pestáta)* f. majadura; golpe.
peste *(péste)* f. peste.
pestilente *(pestilénte)* adj. pestilente.
pestilenza *(pestiléndsa)* f. pestilencia.
petizione *(petidsióne)* f. petición; súplica.
petraia *(petráia)* f. cantera.
petrificare *(petrificáre)* tr. petrificar.
petrigno *(petríño)* adj. pétreo.
petroliera *(petroliéra)* f. (buque) petrolero.
petrolio *(petrólio)* m. petróleo.
pettegola *(pettégola)* f. cotorra.

pettegolare *(pettegoláre)* itr. chismear.

pettegolo *(pettégolo)* adj. y m. chismoso, charlatán.

pettinare *(pettináre)* tr. peinar.

pettinatura *(pettinatúra)* f. peinado.

pettine *(péttine)* m. peine; rastrillo.

pettino *(pettíno)* m. pechera.

petto *(pétto)* m. (anat.) pecho; mama.

petulante *(petulánte)* adj. petulante.

petulanza *(petulándsa)* f. petulancia.

pezza *(pétsa)* f. pieza (de tela); trozo; pañal.

pezzente *(petsénte)* m. mendigo, miserable.

pezzo *(pétso)* m. pedazo, trozo; pieza (de artillería), cañón; pieza (musical); rato (espacio de tiempo). **essere d'un —** ser de una pieza.

pezzuola *(petsuóla)* f. pañuelo.

piacente *(piachénte)* adj. agradable.

piacere *(piachére)* m. placer. itr. agradar.

────────── PIACERE ──────────

INFINITO Presente: piacere. **Passato:** essere piaciuto. **GERUNDIO Semplice:** piacendo. **Composto:** essendo piaciuto. **PARTICIPIO Presente:** piacente. **Passato:** piaciuto. **INDICATIVO Presente: io** piaccio, **tu** piaci, **egli** piace; **noi** piacciamo, **voi** piacete, **essi** piacciono. **Passato prossimo:** sono piaciuto-a, sei piaciuto-a, è piaciuto-a; siamo piaciuti-e, siete piaciuti-e, sono piaciuti-e. **Imperfetto:** piacevo, piacevi, piaceva; piacevamo, piacevate, piacevano. **Trapassato prossimo:** ero piaciuto-a, eri piaciuto-a, era piaciuto-a; eravamo piaciuti-e, eravate piaciuti-e, erano piaciuti-e. **Passato remoto:** piacqui, piacesti, piacque; piacemmo, piaceste, piacquero. **Trapassato remoto:** fui piaciuto-a, fosti piaciuto-a, fu piaciuto-a; fummo piaciuti-e, foste

piaciuti-e, furono piaciuti-e. **Futuro semplice:** piacerò, piacerai, piacerà; piaceremo, piacerete, piaceranno. **Futuro anteriore:** sarò piaciuto-a, sarai piaciuto-a, sarà piaciuto-a; saremo piaciuti-e, sarete piaciuti-e, saranno piaciuti-e. **CONDIZIONALE Presente:** piacerei, piaceresti, piacerebbe; piaceremmo, piacereste, piacerebbero. **Passato:** sarei piaciuto-a, saresti piaciuto-a, sarebbe piaciuto-a; saremmo piaciuti-e, sareste piaciuti-e, sarebbero piaciuti-e. **CONGIUNTIVO Presente:** piaccia, piaccia, piaccia; piacciamo, piacciate, piacciano. **Imperfetto:** piacessi, piacessi, piacesse; piacessimo, piaceste, piacessero. **Passato:** sia piaciuto-a, sia piaciuto-a, sia piaciuto-a; siamo piaciuti-e, siate piaciuti-e, siano piaciuti-e. **Trapassato:** fossi piaciuto-a, fossi piaciuto-a, fosse piaciuto-a; fossimo piaciuti-e, foste piaciuti-e, fossero piaciuti-e. **IMPERATIVO Presente:** piaci **tu**, piaccia **egli**; piacciamo **noi**, piacete **voi**, piacciano **essi**.

────────────────────

piacevole *(piachévole)* adj. agradable.

piacevolezza *(piachevolétsa)* f. afabilidad.

piaga *(piága)* f. llaga; plaga, calamidad.

piagare *(piagáre)* tr. llagar, herir. [ta.

piaggia *(piátyia)* f. playa, cos-

piaggiare *(piatyiáre)* itr. costear; (fig.) adular.

piaggiamento *(piatyiaménto)* m. adulación, lisonja.

pialla *(piál-la)* f. cepillo (de carpintero), garlopa.

piallare *(pial-láre)* tr. acepillar (madera). [losa; plana.

piana *(piána)* f. llano, llanura;

pianare *(pianáre)* tr. aplanar.

pianerottolo *(pianeróttolo)* m. descanso (en la escalera), rellano.

pianeta *(pianéta)* m. planeta.

────────── PIANGERE ──────────

INFINITO Presente: piangere. **Passato:** avere pianto. **GERUNDIO Semplice:** piangendo. **Composto:** avendo pianto. **PARTICIPIO Presente:** piangente. **Passato:** pianto. **INDICATIVO Presente: io** piango, **tu** piangi, **egli** piange; **noi** piangiamo, **voi** piangete, **essi** piangono. **Pas-

sato prossimo: ho pianto, hai pianto, ha pianto; abbiamo pianto, avete pianto, hanno pianto. **Imperfetto:** piangevo, piangevi, piangeva; piangevamo, piangevate, piangevano. **Trapassato prossimo:** avevo pianto, avevi pianto, aveva pianto; avevamo pianto, avevate pianto, avevano pianto. **Passato remoto:** piansi, piangesti, pianse; piangemmo, piangeste, piansero. **Trapassato remoto:** ebbi pianto, avesti pianto, ebbe pianto; avemmo pianto, aveste pianto, ebbero pianto. **Futuro semplice:** piangerò, piangerai, piangerà; piangeremo, piangerete, piangeranno. **Futuro anteriore:** avrò pianto, avrai pianto, avrà pianto; avremo pianto, avrete pianto, avranno pianto. **CONDIZIONALE Presente:** piangerei, piangeresti, piangerebbe; piangeremmo, piangereste, piangerebbero. **Passato:** avrei pianto, avresti pianto, avrebbe pianto; avremmo pianto, avreste pianto, avrebbero pianto. **CONGIUNTIVO Presente:** pianga, pianga, pianga; piangiamo, piangiate, piangano. **Imperfetto:** piangessi, piangessi, piangesse; piangessimo, piangeste, piangessero. **Passato:** abbia pianto, abbia pianto, abbia pianto; abbiamo pianto, abbiate pianto, abbiano pianto. **Trapassato:** avessi pianto, avessi pianto, avesse pianto; avessimo pianto, aveste pianto, avessero pianto. **IMPERATIVO Presente:** piangi **tu,** pianga **egli;** piangiamo **noi,** piangete **voi,** piangano **essi.**

---

piangere *(piándyere)* itr. llorar.

pianificare *(pianificáre)* tr. planear, planificar. [ta.

pianista *(pianista)* m. f. pianis-

piano *(piáno)* m. piano; plano, piso; adj. plano.

pianoforte *(pianofórte)* m. piano. **— a coda** piano de cola.

pianola *(pianóla)* f. pianola.

pianta *(piánta)* f. planta.

piantagione *(piantadyióne)* f. plantación.

piantare *(piantáre)* tr. plantar.

pianterreno *(pianterréno)* m. planta baja.

pianto *(piánto)* m. llanto.

piantone *(piantóne)* m. plantón.

pianura *(pianúra)* f. llanura.

piattaforma *(piattafórma)* f. plataforma; (mec.) plato.

piattino *(piattíno)* m. platillo.

piatto *(piatto)* adj. liso m. plato.

piazza *(piátsa)* f. plaza (pública); sitio; cargo.

piazzare *(piatsáre)* tr. emplazar.

piccante *(piccánte)* adj. picante; mordaz.

piccare *(piccáre)* tr. picar, pinchar. itr. picar (lo picante).

piccarsi *(piccársi)* rfl. picarse, ofenderse.

picchiare *(pikkiáre)* tr. golpear; llamar a la puerta. itr. chocar, topar.

picchiata *(pikkiáta)* f. apaleamiento; (avia.) picado.

piccineria *(pitchinería)* f. mezquindad.

piccino *(pitchíno)* adj. pequeño. m. niño.

piccionaia *(pitchionáia)* f. palomar; bandada de palomas; (teat.) gallinero.

piccione *(pitchióne)* m. palomino, pichón.

picco *(pícco)* m. pico. **andare a —** ir(se) a pique.

piccolezza *(piccolétsa)* f. pequeñez; nadería, mezquindad.

piccolo *(píccolo)* adj. pequeño, chico; bajo de estatura. m. niños; cría.

piede *(piéde)* m. pie; pata; pie (medida); base.

piedistallo *(piedistál-lo)*. m. pedestal.

piega *(piéga)* f. pliegue; arruga.

piegamento *(piegaménto)* m. plegadura, pliegue.

piegare *(piegáre)* tr. plegar, doblar.

piegarsi *(piegársi)* rfl. doblarse, inclinarse)

piena *(piéna)* f. llena; ímpetu; gentío.

pienezza *(pienétsa)* f. plenitud.

pinzette *(pindsétte)* f. pl. alicates.

pio *(pío)* adj. piadoso.

pioggerella *(piotyerél-la)* f. llovizna.

pieno *(piéno)* adj. lleno. m. plenitud.

pioggia *(piótyia)* f. lluvia.

pietà *(pietá)* f. piedad.

piombare *(piombáre)* tr. emplomar; (odont.) empastar (dientes). itr. caer.

pietoso *(pietóso)* adj. piadoso.

pietra *(piétra)* f. piedra.

pietraia *(pietráia)* f. cantera.

piombatura *(piombatúra)* f. emplomado; (odont.) empaste (de dientes).

pietrata *(pietráta)* f. pedrada.

pietrificare *(pietrificare)* tr. petrificar. [grava.

piombo *(piómbo)* m. plomo.

pioppo *(pióppo)* m. (bot.) chopo, álamo.

pietrisco *(pietrísco)* m. guijo,

pigiama *(pidyiáma)* m. pijama.

piova *(pióva)* f. lluvia.

pigiare *(pidyiáre)* tr. apretar; pisar.

piovere *(pióvere)* itr. llover.

pigione *(pidyióne)* f. alquiler, arrendamiento.

─────── PIOVERE ───────

pigliamento *(pilliaménto)* m. toma; presa.

pigliare *(pilliáre)* tr. tomar, asir; robar, adquirir. — congedo despedirse.

pigna *(píña)* f. (bot.) piña.

pignone *(piñóne)* m. (mec.) piñón; malecón.

pignorare *(piñoráre)* tr. embargar.

pigrizia *(pigrídsia)* f. pereza.

pigro *(pigro)* adj. perezoso.

pilastro *(pilástro)* m. pilar, pilastra.

pillola *(píl-lola)* f. píldora.

pilota *(pilóta)* m. piloto; práctico.

pilotare *(pilotáre)* tr. pilotar.

pinacoteca *(pinacotéca)* f. pinacoteca.

pineta *(pinéta)* f. pinar.

pinnacolo *(pinnácolo)* m. pináculo.

pino *(píno)* m. (bot.) pino.

pinocchio *(pinókkio)* m. piñón.

pinza *(píndsa)* f. pinza.

pinzare *(pindsáre)* tr. picar, punzar. [dura.

pinzatura *(pindsatúra)* f. pica-

pinze *(píndse)* f. pl. alicates, tenacillas.

INFINITO Presente: piovere. Passato: essere o avere piovuto. GERUNDIO Semplice: piovendo. Composto: essendo o avendo piovuto. PARTICIPIO Presente: piovente. Passato: piovuto. INDICATIVO Presente: io piovo, tu piovi, egli piove; noi pioviamo, voi piovete, essi piovono. Passato prossimo: sono piovuto-a o ho piovuto, sei piovuto-a o hai piovuto, è piovuto-a o ha piovuto; siamo piovuti-e o abbiamo piovuto, siete piovuti-e o avete piovuto, sono piovuti-e o hanno piovuto. Imperfetto: piovevo, piovevi, pioveva; piovevamo, piovevate, piovevano. Trapassato prossimo: ero piovuto-a o avevo piovuto, eri piovuto-a o avevi piovuto, era piovuto-a o aveva piovuto; eravamo piovuti-e o avevamo piovuto, eravate piovuti-e o avevate piovuto, erano piovuti-e o avevano piovuto. Passato remoto: piovvi, piovesti, piovve; piovemmo, pioveste, piovvero. Trapassato remoto: fui piovuto-a o ebbi piovuto, fosti piovuto-a o avesti piovuto, fu piovuto-a o ebbe piovuto; fummo piovuti-e o avemmo piovuto, foste piovuti-e o aveste piovuto, furono piovuti-e o ebbero piovuto. Futuro semplice: pioverò, pioverai, pioverà; pioveremo, pioverete, pioveranno. Futuro anteriore: sarò piovuto-a o avrò piovuto, sarai piovuto-a o avrai piovuto, sarà piovuto-a o avrà piovuto; saremo piovuti-e o avremo piovuto, sarete piovuti-e o avrete piovuto, saranno piovuti-e o avranno piovuto. CONDIZIONALE Presente: pioverei, pioveresti, pioverebbe; pioveremmo, piovereste, pioverebbero. Passato: sarei piovuto-a o avrei piovuto, saresti piovuto-a o avresti piovuto, sarebbe piovuto-a o avrebbe piovuto; saremmo piovuti-e o avremmo piovuto, sareste piovuti-e o avreste piovuto, sarebbero piovuti-e o avrebbero piovuto. **CONGIUNTIVO Presente:** piova, piova, piova; pioviamo, pioviate, piovano. **Imperfetto:** piovessi, piovessi, piovesse; piovessimo, pioveste, piovessero. **Passato:** sia piovuto-a o abbia piovuto, sia piovuto-a o abbia piovuto, sia piovuto-a o abbia piovuto; siamo piovuti-e o abbiamo piovuto, siate piovuti-e o abbiate piovuto, siano piovuti-e o abbiano piovuto. **Trapassato:** fossi piovuto-a o avessi piovuto, fossi piovuto-a o avessi piovuto, fosse piovuto-a o avesse piovuto; fossimo piovuti-e o avessimo piovuto, foste piovuti-e o aveste piovuto, fossero piovuti-e o avessero piovuto. **IMPERATIVO Presente:** piovi **tu,** piova **egli;** pioviamo **noi,** piovete **voi,** piovano **essi.**

---

piovigginare *(piovityinare)* itr. lloviznar.

pipa *(pípa)* f. pipa, cachimba.

pipare *(pipáre)* itr. fumar en pipa.

pipistrello *(pipistrél-lo)* m. (zool.) murciélago.

piramide *(pirámide)* f. pirámide.

pirata *(piráta)* m. pirata, corsario.

pirateria *(piratería)* f. piratería.

piroga *(piróga)* f. piragua.

piroscafo *(piróscafo)* m. vapor, buque, barco.

piscina *(pischína)* f. piscina.

pisello *(pisél-lo)* m. (bot.) guisante.

pispigliare *(pispilliáre)* tr. murmurar.

pispiglio *(pispillio)* m. murmuración; murmullo.

pisside *(písside)* m. (rel.) copón, píxide.

pista *(písta)* f. pista.

pistola *(pistóla)* f. pistola.

pistone *(pistóne)* m. pistón, émbolo; cápsula.

pitale *(pitále)* m. orinal.

pittore *(pittóre)* m. pintor.

pittoresco *(pittorésco)* adj. pintoresco.

pittorico *(pittórico)* adj. pictórico.

pittura *(pittúra)* f. pintura; cuadro.

pitturare *(pitturáre)* tr. pintar.

più *(piú)* adv. y adj. más, mayor. — **giorni** muchos días. **i** — la mayoría, los más, la mayor parte. — **ricco di me** más rico que yo.

piuma *(piúma)* f. pluma; plumaje.

piumaggio *(piumátyio)* m. plumaje.

piumino *(piumíno)* m. edredón.

piuttosto *(piuttósto)* adv. antes, más bien, antes bien.

pizza *(pítsa)* f. especie de empanada.

pizzeria *(pitsería)* f. tienda de pizzas.

pizzicagnolo *(pitsicáñolo)* m. salchichero, tocinero.

pizzicare *(pitsicáre)* tr. pellizcar; picar. itr. picar.

pizzicato *(pitsicáto)* m. (mús.) punteado.

pizzico *(pítsico)* m. pellizco; picazón, comezón.

pizzicore *(pitsicóre)* m. picazón; apetito; capricho.

placare *(placáre)* tr. aplacar.

placarsi *(placársi)* rfl. aplacarse, calmarse.

placca *(plácca)* f. placa; chapa.

placidezza *(plachidétsa)* f. placidez.

placido *(pláchido)* adj. plácido, apacible.   [ticidad.

plasticità *(plastichitá)* f. plas

plastico *(plástico)* adj. plástico.

platea *(platéa)* f. (teat.) platea.

platino *(plátino)* m. platino.

plausibile *(plausíbile)* adj. plausible.

plauso *(pláuso)* m. aplauso.

plebaglia *(plebállia)* f. chusma.

plebe *(plébe)* f. plebe.

plebeo *(plebéo)* adj. y m. plebeyo, vulgar.

plebiscito *(plebischíto)* m. plebiscito.

plenipotenza *(plenipoténdsa)* f. plenipotencia.

plenipotenziario *(plenipotendsiário)* adj. y m. plenipotenciario.

pletorico *(pletórico)* adj. pletórico.

pleura *(pléura)* f. (anat.) pleura.

plurale *(plurále)* adj. plural.

pluralità *(pluralitá)* f. pluralidad.

pluralizzare *(pluralitsáre)* tr. pluralizar.

pneumatico *(pneumático)* adj. y m. neumático.

po' *(po)* adj. y adv. poco. un — di un poco de.

podere *(podére)* m. finca.

poderoso *(poderóso)* adj. poderoso.

podio *(pódio)* m. podio, pedestal.

poema *(poéma)* m. poema.

poesia *(poesía)* f. poesía.

poeta *(poéta)* m. poeta.

poetare *(poetáre)* itr. poetizar.

poetico *(poético)* adj. poético.

poggiare *(potyiáre)* itr. apoyarse; encumbrarse; (mar.) arribar. tr. apoyar.

poggio *(pótyio)* m. colina.

poi *(pói)* adv. después; en fin. da ora in — de ahora en adelante.

poiché *(poiké)* conj. puesto que, ya que; porque; después que.

polacca *(polácca)* f. (mus.) polonesa.

polacco *(polácco)* adj. y m. polaco.

polca *(pólca)* f. polca.

polemica *(polémica)* f. polémica.

polemizzare *(polemitsáre)* itr. polemizar.

polenta *(polénta)* f. polenta.

poligamia *(poligamía)* f. poligamia.

poliglotto *(poliglótto)* adj. y m. poligloto, polígiota.

poligono *(polígono)* m. polígono.

politica *(política)* f. política.

politico *(político)* adj. y m. político.

polizia *(polidsía)* f. policía.

poliziotto *(polidsiótto)* m. agente de policía.

polizza *(pólitsa)* f. póliza.

pollice *(pól-liche)* m. (anat.) dedo pulgar.

pollicoltura *(pol-licoltúra)* f. avicultura.

polmone *(polmóne)* m. (anat.) pulmón.

polmonite *(polmoníte)* f. (med.) pulmonía.

polpa *(pólpa)* f. pulpa; (fig.) carne.

polpaccio *(polpátchio)* m. pantorrilla.

polpetta *(polpétta)* f. albóndiga.

polpo *(pólpo)* m. pulpo.

polposo *(polpóso)* adj. pulposo, carnoso.

polsino *(polsíno)* m. puño (de camisa).

polso *(pólso)* m. pulso.

poltrire *(poltríre)* itr. poltronear.

poltrona *(poltróna)* f. sillón, butaca; (teat.) sillón (de platea).

poltrone *(poltróne)* m. perezoso, gandul.

poltroneria *(poltronería)* f. pereza. [vora.
polvere *(pólvere)* f. polvo; pól-
polverina *(polverína)* f. (med.) polvos. [reda.
polverio *(polverío)* m. polva-
polverizzare *(polveritsáre)* tr. pulverizar.
polverizzazione *(polveritsadsióne)* f. pulverización.
pomata *(pomáta)* f. pomada.
pomeriggio *(pomerítyio)* m. tarde. [pómez.
pomice *(pómiche)* f. (piedra)
pomo *(pómo)* m. (bot.) manzano; manzana, poma; perilla, bola.
pomodoro *(pomodóro)* m. (bot.) tomate; tomatera:
pomogranato *(pomogranáto)* m. (bot.) granado; granada.
pompa *(pómpa)* f. pompa.
pompare *(pompáre)* tr. hacer funcionar la bomba, sacar agua. [bero.
pompiere *(pompiére)* m. bom-
pompositá *(pompositá)* f. pomposidad, pompa.
ponce *(pónche)* m. ponche.
ponderare *(ponderáre)* tr. ponderar; examinar, considerar.
ponderazione *(ponderadsióne)* f. ponderación.

ponente *(ponénte)* m. poniente, occidente, oeste.
ponte *(pónte)* m. puente. — **sospeso** puente colgante.
pontefice *(pontéfiche)* m. pontífice, papa.
popolare *(popoláre)* adj. popular. tr. poblar.
popolarsi *(popolársi)* rfl. poblarse.
popolaritá *(popolaritá)* f. popularidad.
popolazione *(popoladsióne)* f. población.
popolo *(pópolo)* m. pueblo; país, nación, el pueblo.
popoloso *(popolóso)* adj. populoso. [lón.
popone *(popóne)* m. (bot.) me-
poppa *(póppa)* f. (náut.) popa; pecho (de mujer), teta.
poppante *(poppánte)* m. niño de pecho.
poppare *(poppáre)* tr. mamar.
poppatoio *(poppatóio)* m. biberón.
porca *(pórca)* f (zool.) cerda; mujer sucia.
porcellana *(porchel-lána)* f. porcelana, loza.

─────────── **PORGERE** ───────────

INFINITO Presente: porgere. **Passato:** avere porto. **GERUNDIO Semplice:** porgendo. **Composto:** avendo porto. **PARTICIPIO Presente:** porgente. **Passato:** porto. **INDICATIVO Presente:** io porgo, tu porgi, egli porge; noi porgiamo, voi porgete, essi porgono. **Passato prossimo:** ho porto, hai porto, ha porto; abbiamo porto, avete porto, hanno porto. **Imperfetto:** porgevo, porgevi, porgeva; porgevamo, porgevate, porgevano. **Trapassato prossimo:** avevo porto, avevi porto, aveva porto; avevamo porto, avevate porto, avevano porto. **Passato remoto:** porsi, porgesti, porse; porgemmo, porgeste, porsero. **Trapassato remoto:** ebbi porto, avesti porto, ebbe porto; avemmo porto, aveste porto, ebbero porto. **Futuro semplice:** porgerò, porgerai, porgerà; porgeremo, porgerete, porgeran-

no. **Futuro anteriore:** avrò porto, avrai porto, avrà porto; avremo porto, avrete porto, avranno porto. **CONDIZIONALE Presente:** porgerei, porgeresti, porgerebbe; porgeremmo, porgereste, porgerebbero. **Passato:** avrei porto, avresti porto, avrebbe porto; avremmo porto, avreste porto, avrebbero porto. **CONGIUNTIVO Presente:** porga, porga, porga; porgiamo, porgiate, porgano. **Imperfetto:** porgessi, porgessi, porgesse; porgessimo, porgeste, porgessero. **Passato:** abbia porto, abbia porto, abbia porto; abbiamo porto, abbiate porto, abbiano porto. **Trapassato:** avessi porto, avessi porto, avesse porto; avessimo porto, aveste porto, avessero porto. **IMPERATIVO Presente:** porgi tu, porga egli; porgiamo noi, porgete voi, porgano essi.

porcellino *(porchel-líno)* m. lechón.

porcile *(porchíle)* m. pocilga.

porco *(pórco)* adj. cerdo. adj. y m. (hombre) sucio.

porgere *(pórdyere)* tr. presentar, ofrecer. itr. arengar.

porgersi *(pordyersi)* rfl. presentarse, mostrarse.

porgimento *(pordyiménto)* m. presentación; ofrenda.

porpora *(pórpora)* f. púrpura.

―――――― PORRE ――――――

INFINITO Presente: porre. **Passato:** avere posto. **GERUNDIO Semplice:** ponendo. **Composto:** avendo posto. **PARTICIPIO Presente:** ponente. **Passato:** posto. **INDICATIVO Presente:** io pongo, tu poni, egli pone; noi poniamo, voi ponete, essi pongono. **Passato prossimo:** ho posto, hai posto, ha posto; abbiamo posto, avete posto, hanno posto. **Imperfetto:** ponevo, ponevi, poneva; ponevamo, ponevate, ponevano. **Trapassato prossimo:** avevo posto, avevi posto, aveva posto; avevamo posto, avevate posto, avevano posto. **Passato remoto:** posi, ponesti, pose; ponemmo, poneste, posero. **Trapassato remoto:** ebbi posto, avesti posto, ebbe posto; avemmo posto, aveste posto, ebbero posto. **Futuro semplice:** porrò, porrai, porrà; porremo, porrete, porranno. **Futuro anteriore:** avrò posto, avrai posto, avrà posto; avremo posto, avrete posto, avranno posto. **CONDIZIONALE Presente:** porrei, porresti, porrebbe; porremmo, porreste, porrebbero. **Passato:** avrei posto, avresti posto, avrebbe posto; avremmo posto, avreste posto, avrebbero posto. **CONGIUNTIVO Presente:** ponga, ponga, ponga; poniamo, poniate, pongano. **Imperfetto:** ponessi, ponessi, ponesse; ponessimo, poneste, ponessero. **Passato:** abbia posto, abbia posto, abbia posto; abbiamo posto, abbiate posto, abbiano posto. **Trapassato:** avessi posto, avessi posto, avesse posto; avessimo posto, aveste posto, avessero posto. **IMPERATIVO Presente:** poni tu, ponga egli; poniamo noi, ponete voi, pongano essi.

porporato *(porporáto)* adj. purpurado. m. purpurado, cardenal.

porre *(pórre)* tr. poner, colocar; dirigir.

porsi *(pórsi)* rfl. ponerse, colocarse.

porro *(pórro)* m. (bot.) puerro; verruga.

porta *(pórta)* f. puerta; entrada.

portabile *(portábile)* adj. portátil.

portacappello *(portacappél-lo)* m. sombrerera.

portacenere *(portachénere)* m. cenicero.

portafoglio *(portafóllio)* m. cartera, billetero.

portale *(portále)* m. portal.

portalettere *(portaléttere)* m. cartero.

portamonete *(portamonéte)* m. portamonedas.

portapenne *(portapénne)* m. portaplumas, mango; plumier, plumero.

portare *(portáre)* tr. llevar; conducir. — seco llevar(se) consigo. — via llevarse.

portarsi *(portársi)* rfl. comportarse; trasladarse.

portata *(portáta)* f. alcance, tiro; importancia; plato; porte, cabida.

portatura *(portatúra)* f. porte, acarreo.

portiera *(portiéra)* f. portier, cortina; puerta del automóvil.

portiere *(portiére)* m. conserje; ujier.

portinaio *(portináio)* m. portero. [ría.

portineria *(portinería)* f. porte-

porto *(pórto)* m. puerto; porte; transporte. — assegnato a reembolso.

portone *(portóne)* m. portón.

porzione *(pordsióne)* f. porción, parte.

posa *(pósa)* f. puesta; pose; (fot.) exposición; poso; pausa.

posamento *(posaménto)* m. pausa.

posare *(posáre)* tr. poner, apoyar. itr. descansar; posarse; apoyarse; comportarse.

posata *(posáta)* f. reposo, pausa; poso (en los líquidos); cubierto (utensilios de mesa).

poscritto *(poscrítto)* m. posdata.

posdomani *(posdománi)* adv. pasado mañana.

positivo *(positívo)* adj. positivo, cierto.

posizione *(posidsióne)* f. posición; situación; postura.

posporre *(pospórre)* tr. posponer; diferir.

possedere *(possedére)* tr. e itr. poseer.

possente *(possénte)* adj. poderoso.

──────── I possessivi ────────

Adjetivos y pronombres posesivos

singular	plural
mio, mi, mío	*miei*, mis, míos
mia, mi, mía	*mie*, mis, mías
tuo, tu, tuyo	*tuoi*, tus, tuyos
tua, tu, tuya	*tue*, tus, tuyas
suo, su, suyo	*suoi*, sus, suyos
sua, su, suya	*sue*, sus, suyas
nostro, nuestro	*nostri*, nuestros
nostra, nuestra	*nostre*, nuestras
vostro, vuestro	*vostri*, vuestros
vostra, vuestra	*vostre*, vuestras
loro, su, de ellos, de ellas	*loro*, sus, de ellos, de ellas

• Son también adjetivos posesivos *proprio* (propio, suyo, de él) y *altrui* (ajeno, de otros).

────────

possessivo *(possessívo)* adj. posesivo.

possesso *(possésso)* m. posesión. **avere il —** poseer.

possessore *(possessóre)* m. poseedor, posesor.

possibilità *(possibilitá)* f. posibilidad.

possidente *(possidénte)* f. propietario.

possidenza *(possidéndsa)* f. posesión.

posta *(pósta)* f. correo, correos; puesto, cita; partida; posta; apuesta. **fermo in —** en lista de correos. **a giro di —** a vuelta de correo. **a bella —** adrede.

postale *(postále)* adj. postal, de correos. **cartolina —** tarjeta postal. **vaglia —** giro postal.

postare *(postáre)* tr. apostar.

postarsi *(postársi)* rfl. apostarse.

postema *(postéma)* f. postema, absceso.

posteri *(pósteri)* m. pl. descendientes, la posteridad.

posteriore *(posterióre)* adj. posterior.

posterità *(posteritá)* f. posteridad.   [ayer.

postieri *(postiéri)* adv. ante-

posticcio *(postítchio)* adj. postizo. m. plantel.

postiglione *(postillióne)* m. postillón.

posto *(pósto)* m. puesto; empleo.

postulare *(postuláre)* tr. postular, solicitar.

postulazione *(postuladsióne)* f. postulación, petición.

postumo *(póstumo)* adj. póstumo.   [ble.

potabile *(potábile)* adj. potabilità *(potabilitá)* f. potabilidad.

potente *(poténte)* adj. potente.

potenza *(poténdsa)* f. potencia; nación.

potenziale *(potendsiále)* adj. y m. potencial.

potere *(potére)* tr. e itr. poder. m. autoridad; facultad.

―――――――― POTERE ――――――――

INFINITO Presente: potere. **Passato:** avere potuto. **GERUNDIO Semplice:** potendo. **Composto:** avendo potuto. **PARTICIPIO Presente:** potente. **Passato:** potuto. **INDICATIVO Presente: io** posso, **tu** puoi, **egli** può; **noi** possiamo, **voi** potete, **essi** possono. **Passato prossimo:** ho potuto, hai potuto, ha potuto; abbiamo potuto, avete potuto, hanno potuto. **Imperfetto:** potevo, potevi, poteva; potevamo, potevate, potevano. **Trapassato prossimo:** avevo potuto, avevi potuto, aveva potuto; avevamo potuto, avevate potuto, avevano potuto. **Passato remoto:** potei o potetti, potesti, potè o potette; potemmo, poteste, poterono o potettero. **Trapassato remoto:** ebbi potuto, avesti potuto, ebbe potuto; avemmo potuto, aveste potuto, ebbero potuto. **Futuro semplice:** potrò, potrai, potrà; potremo, potrete, potranno. **Futuro anteriore:** avrò potuto, avrai potuto, avrà potuto; avremo potuto, avrete potuto, avranno potuto. **CONDIZIONALE Presente:** potrei, potresti, potrebbe; potremmo, potreste, potrebbero. **Passato:** avrei potuto, avresti potuto, avrebbe potuto; avremmo potuto, avreste potuto, avrebbero potuto. **CONGIUNTIVO Presente:** possa, possa, possa; possiamo, possiate, possano. **Imperfetto:** potessi, potessi, potesse; potessimo, poteste, potessero. **Passato:** abbia potuto, abbia potuto, abbia potuto; abbiamo potuto, abbiate potuto, abbiano potuto. **Trapassato:** avessi potuto, avessi potuto, avesse potuto; avessimo potuto, aveste potuto, avessero potuto.

potestà *(potestá)* f. potestad, poder.

poverello *(poverél-lo)* adj. y m. pobrecillo.

poveretto *(poverétto)* adj. y m. pobrecillo.

povero *(póvero)* adj. y m. pobre; (fig.) desgraciado.

povertà *(povertá)* f. pobreza.

pozzo *(pótso)* m. pozo.

pranzare *(prandsáre)* itr. comer (la comida principal).

pranzo *(prándso)* m. comida principal. **sala da** — comedor.

pratica *(prática)* f. practica, rutina. **far** — dar pasos, hacer diligencias.

praticaccia *(praticátchia)* f. rutina.

praticante *(praticánte)* adj. m. y f. practicante.

praticare *(praticáre)* tr. practicar. itr. frecuentar.

pratico *(prático)* adj. práctico, diestro.

prato *(práto)* m. prado.

precauzione *(precaudsióne)* f. precaución.

prece *(préche)* f. oración.

precedente *(prechedénte)* adj. y m. precedente.

precedenza *(prechedéndsa)* f. precedencia.

precedere *(prechédere)* tr. e itr. preceder.

―――――――― PRECEDERE ――――――――

INFINITO Presente: precedere. **Passato:** avere preceduto. **GERUNDIO Semplice:** precedendo. **Composto:** avendo preceduto. **PARTICIPIO Presente:** precedente. **Passato:** preceduto. **INDICATIVO Presente: io** precedo, **tu** precedi, **egli** precede; **noi** precediamo, **voi** precedete, **essi** precedono. **Passato prossimo:** ho preceduto, hai preceduto, ha preceduto; abbiamo preceduto, avete preceduto, hanno preceduto. **Imperfetto:** precedevo, precedevi, precedeva; precedevamo, precedevate, precedevano. **Trapassato prossimo:** avevo preceduto, avevi preceduto, aveva preceduto; avevamo preceduto, avevate preceduto, avevano preceduto. **Passato remoto:** precedei o precedetti, precedesti, precedette; precedemmo, precedeste, precedettero. **Trapassato remoto:** ebbi preceduto, avesti preceduto, ebbe preceduto; avemmo preceduto, aveste preceduto, ebbero preceduto. **Futuro semplice:** precederò, precederai, precederà; precederemo, precederete, precederanno. **Futuro anteriore:** avrò preceduto, avrai preceduto, avrà preceduto; avremo preceduto, avrete preceduto, avranno preceduto. **CONDIZIONALE presente:** precederei, precederesti,

precederebbe; precederemmo, precede-
reste, precederebbero. **Passato:** avrei preceduto, avresti preceduto, avrebbe preceduto; avremmo preceduto, avreste preceduto, avrebbero preceduto. **CON-
GIUNTIVO Presente:** preceda, preceda,
preceda; precediamo, precediate, precedano. **Imperfetto:** precedessi, precedessi,
precedesse; precedessimo, precedeste,
precedessero. **Passato:** abbia preceduto,
abbia preceduto, abbia preceduto; abbiamo preceduto, abbiate preceduto, abbiano preceduto. **Trapassato:** avessi prece-
duto, avessi preceduto, avesse preceduto;
avessimo preceduto, aveste preceduto,
avessero preceduto. **IMPERATIVO Pre-
sente:** precedi **tu,** preceda **egli;** precediamo **noi,** precedete **voi,** precedano **essi.**

---

precessore *(prechessóre)* m.
predecesor, precursor.

precettare *(prechettáre)* tr. notificar judicialmente; citar,
llamar a las armas.

precetto *(prechétto)* m. precepto; citación.

precipitare *(prechipitáre)* tr.
precipitar; acelerar. itr. arruinarse; caer, precipitarse;
(quím.) precipitar.

precipitazione *(prechipitadsió-
ne)* f. precipitación.

precipizio *(prechipídsio)* m.
precipicio.   [cisión.

precisione *(prechisióne)* f. pre-

preciso *(prechíso)* adj. preciso.

precoce *(precóche)* adj. precoz.

precocità *(precochitá)* f. precocidad.

precursore *(precursóre)* m.
precursor.

preda *(préda)* f. presa, botín
de guerra.

predare *(predáre)* tr. depredar,
saquear.

predestinare *(predestináre)* tr.
predestinar.

predestinazione *(predestinad-
sióne)* f. predestinación.

predica *(prédica)* f. sermón.

predicare *(predicáre)* tr. e itr.
predicar.

predicazione *(predicadsióne)* f.
predicación.

prediletto *(predilétto)* adj. predilecto.

predilezione *(prediledsióne)* f.
predilección.

prediligere *(predilídyere)* tr.
preferir.

--- PREDILIGERE ---

INFINITO Presente: prediligere. **Passato:** avere prediletto. **GERUNDIO Semplice:** prediligendo. **Composto:** avendo
prediletto. **PARTICIPIO Presente:** pre-
diligente. **Passato:** prediletto. **INDICA-
TIVO Presente:** io prediligo, **tu** prediligi,
egli prediige; **noi** predilegiamo, **voi** prediligete, **essi** prediligono. **Passato prossimo:** ho prediletto, hai prediletto, ha
prediletto; abbiamo prediletto, avete prediletto, hanno prediletto. **Imperfetto:** pre-
diligevo, prediligevi, prediligeva; predi-
ligevamo, prediligevate, prediligevano.
Trapassato prossimo: avevo prediletto,
avevi prediletto, aveva prediletto; avevamo prediletto, avevate prediletto, avevano prediletto. **Passato remoto:** predilessi,
prediligesti, predilesse; prediligemmo,
prediligeste, predilessero. **Trapassato remoto:** abbi prediletto, avesti prediletto,
ebbe prediletto; avemmo prediletto, aveste prediletto, ebbero prediletto. **Futuro
semplice:** prediligerò, prediligerai, predi-
ligerà; prediligeremo, prediligerete, pre-
diligeranno. **Futuro anteriore:** avrò prediletto, avrai prediletto, avrà prediletto;
avremo prediletto, avrete prediletto,
avranno prediletto. **CONDIZIONALE
Presente:** prediligerei, prediligeresti, pre-
diligerebbe; prediligeremmo, prediligere-
reste, prediligerebbero. **Passato:** avrei
prediletto, avresti prediletto, avrebbe
prediletto; avremmo prediletto, avreste
prediletto, avrebbero prediletto. **CON-
GIUNTIVO Presente:** prediliga, prediliga, prediliga; prediligiamo, prediligiate,
prediligano. **Imperfetto:** prediligessi, prediligessi, prediligesse; prediligessimo, prediligeste, prediligessero. **Passato:** abbia
prediletto, abbia prediletto, abbia prediletto; abbiamo prediletto, abbiate prediletto, abbiano prediletto. **Trapassato:**
avessi prediletto, avessi prediletto, avesse prediletto; avessimo prediletto, aveste
prediletto, avessero prediletto. **IMPERA-
TIVO Presente:** prediligi **tu,** prediliga
egli; prediligiamo **noi,** prediligete **voi,**
prediligano **essi.**

predire (predíre) tr. predecir, presagiar, adivinar.

predominare (predomináre) tr. predominar.

predominio (predomínio) m. predominio.

prefazione (prefadsióne) f. prólogo, prefacio.

preferenza (preferéndsa) f. preferencia.

preferire (preferíre) tr. preferir.

prefetto (prefétto) m. prefecto, gobernador civil.

prefettura (prefettúra) f. prefectura, gobierno civil.

prefisso (prefísso) adj. prefijado. m. (gram.) prefijo.

pregare (pregáre) tr. rogar. tr. e itr. orar, rezar.

preghiera (preguiéra) f. plegaria, oración.

pregiare (predyiáre) tr. apreciar; alabar.

pregiarsi (predyiársi) rfl. preciarse.

pregio (prédyio) m. aprecio; valor.

pregiudicare (predyiudicáre) tr. prejuzgar.

pregiudizio (predyiudídsio) m. perjuicio, daño; prejuicio.

preistoria (preistória) f. prehistoria.

preludere (prelúdere) intr. anunciar, presagiar, pronosticar; preparar, preludiar.

——————— PRELUDERE ———————

INFINITO Presente: preludere. Passato: avere preluso. GERUNDIO Semplice: preludendo. Composto: avendo preluso. PARTICIPIO Presente: preludente. Passato: preluso. INDICATIVO Presente: io preludo, tu preludi, egli prelude; noi preludiamo, voi preludete, essi preludono. Passato prossimo: ho preluso, hai preluso, ha preluso; abbiamo preluso, avete preluso, hanno preluso. Imperfetto: preludevo, preludevi, preludeva; preludevamo, preludevate, preludevano. Trapassato prossimo: avevo preluso, avevi preluso, aveva preluso; avevamo preluso, avevate preluso, avevano preluso. Passato remoto: prelusi, preludesti, preluse; preludemmo, preludeste, prelusero. Trapassato remoto: ebbi preluso, avesti preluso, ebbe preluso; avemmo preluso, aveste preluso, ebbero preluso. Futuro semplice: preluderò, preluderai, preluderà; preluderemo, preluderete, preluderanno. Futuro anteriore: avrò preluso, avrai preluso, avrà preluso; avremo preluso, avrete preluso, avranno preluso. CONDIZIONALE Presente: preluderei, preluderesti, preluderebbe; preluderemmo, preludereste, preluderebbero. Passato: avrei preluso, avresti preluso, avrebbe preluso; avremmo preluso, avreste preluso, avrebbero preluso. CONGIUNTIVO Presente: preluda, preluda, preluda; preludiamo, preludiate, preludano. Imperfetto: preludessi, preludessi, preludesse; preludessimo, preludeste, preludessero. Passato: abbia preluso, abbia preluso, abbia preluso; abbiamo preluso, abbiate preluso, abbiano preluso. Trapassato: avessi preluso, avessi preluso, avesse preluso; avessimo preluso, aveste preluso, avessero preluso. IMPERATIVO Presente: preludi tu, preluda egli; preludiamo noi, preludete voi, preludano essi.

preludio (prelúdio) m. introducción; (mús.) preludio.

premere (prémere) tr. comprimir, apretar. itr. urgir; gravar. [miar.

premiare (premiáre) tr. premiazione (premiadsióne) f. reparto de premios.

premio (prémio) m. premio; prima.

——————— PRENDERE ———————

INFINITO Presente: prendere. Passato: avere preso. CONGIUNTIVO Semplice: prendendo. Composto: avendo preso. PARTICIPIO Presente: prendente. Passato: preso. INDICATIVO Presente: io prendo, tu prendi, egli prende; noi prendiamo, voi prendete, essi prendono. Passato prossimo: ho preso, hai preso, ha preso; abbiamo preso, avete preso, hanno preso. Imperfetto: prendevo, prendevi, prendeva; prendevamo, prendevate, prendevano. Trapassato prossimo: avevo preso, avevi preso, aveva preso; aveva-

mo preso, avevate preso, avevano preso.
Passato remoto: presi, prendesti, prese;
prendemmo, prendeste, presero. **Trapassato remoto:** ebbi preso, avesti preso,
ebbe preso; avemmo preso, aveste preso,
ebbero preso. **Futuro semplice:** prenderò,
prenderai, prenderà; prenderemo, pren-
derete, prenderanno. **Futuro anteriore:**
avrò preso, avrai preso, avrà preso; avremo preso, avrete preso, avranno preso.
CONDIZIONALE Presente: prenderei,
prenderesti, prenderebbe; prenderemmo,
prendereste, prenderebbero. **Passato:**
avrei preso, avresti preso, avrebbe preso;
avremmo preso, avreste preso, avrebbero
preso. **CONGIUNTIVO Presente:** prenda, prenda, prenda; prendiamo, prendiate, prendano. **Imperfetto:** prendessi,
prendessi, prendesse; prendessimo, prendeste, prendessero. **Passato:** abbia preso,
abbia preso, abbia preso; abbiamo preso,
abbiate preso, abbiano preso. **Trapassato:** avessi preso, avessi preso, avesse pre-
so; avessimo preso, aveste preso, avessero preso. **IMPERATIVO Presente:** pren-
di **tu**, prenda **egli**; prendiamo **noi**, prendete **voi**, prendano **essi**.

lengua son todas las formas del artículo
determinado las que se pueden combinar
con las preposiciones *a, di, da, in, su*
y, algunas veces, *con* y *per*.

a + *il* = *al*		*di* + *il* = *del*	
a + *lo* = *allo*		*di* + *lo* = *dello*	
a + *la* = *alla*		*di* + *la* = *della*	
a + *i* = *ai*		*di* + *i* = *dei*	
a + *gli* = *agli*		*di* + *gli* = *degli*	
a + *le* = *alle*		*di* + *le* = *delle*	
da + *il* = *dal*		*in* + *il* = *nel*	
da + *lo* = *dallo*		*in* + *lo* = *nello*	
da + *la* = *dalla*		*in* + *la* = *nella*	
da + *i* = *dai*		*in* + *i* = *nei*	
da + *gli* = *dagli*		*in* + *gli* = *negli*	
da + *le* = *dalle*		*in* + *le* = *nelle*	
su + *il* = *sul*		*su* + *i* = *sui*	
su + *lo* = *sullo*		*su* + *gli* = *sugli*	
su + *la* = *sulla*		*su* + *le* = *sulle*	

● Se puede combinar *con* y *per* con
los artículos *il, i* para formar *col, coi,
pel, pei* pero siempre es mejor utilizar
las formas separadas.

● Para el uso de los artículos contractos hay que seguir las reglas de
los artículos correspondientes.

prendere *(préndere)* tr. coger;
robar. itr. prender, arraigar.
prenomato *(prenomáto)* adj.
mencionado.
prenome *(prenóme)* m. nombre
de pila.
prenotare *(prenotáre)* tr. pre-
notar.
preoccupare *(preoccupáre)* tr.
preocupar.
preoccuparsi *(preoccupársi)*
rfl. preocuparse.
preoccupazione *(preoccupad-
sióne)* f. preocupación.
preparare *(preparáre)* tr. preparar.
preparativo *(preparatívo)* adj.
y m. preparativo.
preparazione *(preparadsióne)*
f. preparación.
preporre *(prepórre)* tr. antepo-
poner.
preposizione *(preposidsióne)*
f. (gram.) preposición.

—— **Preposizioni articolate** ——

Las *preposizioni articolate* equivalen
al artículo contracto español, pero a
diferencia de lo que ocurre en esta

presa *(présa)* f. presa; toma.
presagio *(presádyio)* m. presagio.
presagire *(presadyíre)* tr. presagiar.
prescritto *(prescrítto)* adj.
prescrito; obligatorio.
prescrivere *(prescrívere)* tr. e
itr. prescribir.
prescrizione *(prescridsióne)* f.
prescripción; (med.) receta.
presedere *(presedére)* tr. presidir.
presentare *(presentáre)* tr.
presentar.
presentazione *(presentadsió-
ne)* f. presentación.
presente *(presénte)* adj. presente. m. don.
presentimento *(presentiménto)*
m. presentimiento.

presentire *(presentíre)* tr. presentir. [sencia.

presenza *(presendsa)* f. pre-

presenziare *(presendsiáre)* tr. e itr. presenciar, estar presente.

presepio *(presépio)* m. pesebre; belén.

preservare *(preserváre)* tr. preservar.

preservativo *(preservatívo)* adj. y m. preservativo.

preservazione *(preservadsióne)* f. preservación.

presidente *(presidénte)* m. presidente.

presidenza *(presidéndsa)* f. presidencia.

presidio *(presídio)* m. presidio.

preso *(préso)* adj. y m. preso.

pressa *(préssa)* f. prensa; presión; multitud.

pressare *(pressáre)* tr. prensar.

pressione *(pressióne)* f. presión.

presso *(présso)* adj. próximo. prep. en la casa de, en la oficina de; cerca de. adv. casi, cerca. — **a poco** poco más o menos..

prestabilire *(prestabilíre)* tr. prefijar, preestablecer.

prestare *(prestáre)* tr. prestar. — **fede** creer.

prestazione *(prestadsióne)* f. prestación.

prestezza *(prestétsa)* f. presteza, rapidez.

prestito *(préstito)* m. préstamo, empréstito.

presto *(présto)* adj. presto, pronto; veloz. adv. de prisa, a prisa; pronto; temprano.

presumere *(presúmere)* itr. presumir; creer; tr. imaginar.

──── **PRESUMERE** ────

INFINITO Presente: presumere. **Passato:** avere presunto. **GERUNDIO Semplice:** presumendo. **Composto:** avendo presunto. **PARTICIPIO Presente:** presumente. **Passato:** presunto. **INDICATIVO Presente: io** presumo, **tu** presumi, **egli** presume; **noi** presumiamo, **voi** presumete, **essi** presumono. **Passato prossimo:** ho presunto, hai presunto, ha presunto; abbiamo presunto, avete presunto, hanno presunto. **Imperfetto:** presumevo, presumevi, presumeva; presumevamo, presumevate, presumevano. **Trapassato prossimo:** avevo presunto, avevi presunto, aveva presunto; avevamo presunto, avevate presunto, avevano presunto. **Passato remoto:** presunsi o presumei, presumesti, presunse o presumette; presumemmo, presumeste,. presunsero o presumerono. **Trapassato remoto:** ebbi presunto, avesti presunto, ebbe presunto; avemmo presunto, aveste presunto, ebbero presunto. **Futuro semplice:** presumerò, presumerai, presumerà; presumeremo, presumerete, presumeranno. **Futuro anteriore:** avrò presunto, avrai presunto, avrà presunto; avremo presunto, avrete presunto, avranno presunto. **CONDIZIONALE Presente:** presumerei, presumeresti, presumerebbe; presumeremmo, presumereste, presumerebbero. **Passato:** avrei presunto, avresti presunto, avrebbe presunto; avremmo presunto, avreste presunto, avrebbero presunto. **CONGIUNTIVO Presente:** presuma, presuma, presuma; presumiamo, presumiate, presumano. **Imperfetto:** presumessi, presumessi, presumesse; presumessimo, presumeste, presumessero. **Passato:** abbia presunto, abbia presunto, abbia presunto; abbiamo presunto, abbiate presunto, abbiano presunto. **Trapassato:** avessi presunto, avessi presunto, avesse presunto; avessimo presunto, aveste presunto, avessero presunto. **IMPERATIVO Presente:** presumi **tu,** presuma **egli;** presumiamo **noi,** presumete **voi,** presumano **essi.**

presuntuoso *(presuntuóso)* adj. presuntuoso.

presunzione *(presundsióne)* f. presunción.

prete *(préte)* m. sacerdote.

pretendente *(pretendénte)* adj. y m. pretendiente.

pretendere *(preténdere)* tr. pretender; afirmar, sostener.

pretensione *(pretensióne)* f. pretensión.

PRETENDERE

INFINITO Presente: pretendere. **Passato:** avere preteso. **GERUNDIO Semplice:** pretendendo. **Composto:** avendo preteso. **PARTICIPIO Presente:** pretendente. **Passato:** preteso. **INDICATIVO Presente:** io pretendo, tu pretendi, **egli** pretende; **noi** pretendiamo, **voi** pretendete, **essi** pretendono. **Passato prossimo:** ho preteso, hai preteso, ha preteso; abbiamo preteso, avete preteso, hanno preteso. **Imperfetto:** pretendevo, pretendevi, pretendeva; pretendevamo, pretendevate, pretendevano. **Trapassato prossimo:** avevo preteso, avevi preteso, aveva preteso; avevamo preteso, avevate preteso, avevano preteso. **Passato remoto:** pretesi, pretendesti, pretese; pretendemmo, pretendeste, pretesero. **Trapassato remoto:** ebbi preteso, avesti preteso, ebbe preteso; avemmo preteso, aveste preteso, ebbero preteso. **Futuro sempice:** pretenderò, pretenderai, pretenderà; pretenderemo, pretenderete, pretenderanno. **Futuro anteriore:** avrò preteso, avrai preteso, avrà preteso; avremo preteso, avrete preteso, avranno preteso. **CONDIZIONALE Presente:** pretenderei, pretenderesti, pretenderebbe; pretenderemmo, pretendereste, pretenderebbero. **Passato:** avrei preteso, avresti preteso, avrebbe preteso; avremmo preteso, avreste preteso, avrebbero preteso. **CONGIUNTIVO Presente:** pretenda, pretenda, pretenda; pretendiamo, pretendiate, pretendano. **Imperfetto:** pretendessi, pretendessi, pretendesse; pretendessimo, pretendeste, pretendessero. **Passato:** abbia preteso, abbia preteso, abbia preteso; abbiamo preteso, abbiate preteso, abbiano preteso. **Trapassato:** avessi preteso, avessi preteso, avesse preteso; avessimo preteso, aveste preteso, avessero preteso. **IMPERATIVO Presente:** pretendi **tu,** pretenda **egli;** pretendiamo **noi,** pretendete **voi,** pretendano **essi.**

pretensioso *(pretensióso)* adj. exigente; pretencioso.
preterito *(pretérito)* adj. y m. pretérito, pasado. m. (gram.) pretérito.
pretesa *(pretésa)* f. pretensión.
pretestare *(pretestáre)* tr. pretextar.
pretesto *(pretésto)* m. pretexto.
pretore *(pretóre)* m. juez de paz, pretor.

pretura *(pretúra)* f. pretura, juzgado de paz.
prevalente *(prevalénte)* adj. preponderante, prevaleciente.
prevalenza *(prevaléndsa)* f. preponderancia.
prevalere *(prevalére)* itr. prevalecer.
prevalersi *(prevalérsi)* rfl. valerse.
prevenire *(preveníre)* tr. prevenir.

PREVENIRE

INFINITO Presente: prevenire. **Passato:** essere prevenuto. **GERUNDIO Semplice:** prevenendo. **Composto:** essendo prevenuto. **PARTICIPIO Presente:** preveniente. **Passato:** prevenuto. **INDICATIVO Presente:** io prevengo, tu previeni, **egli** previene; **noi** preveniamo, **voi** prevenite, **essi** prevengono. **Passato prossimo:** sono prevenuto-a, sei prevenuto-a, è prevenuto-a; siamo prevenuti-e, siete prevenuti-e, sono prevenuti-e. **Imperfetto:** prevenivo, prevenivi, preveniva; prevenivamo, prevenivate, prevenivano. **Trapassato prossimo:** ero prevenuto-a, eri prevenuto-a, era prevenuto-a; eravamo prevenuti-e, eravate prevenuti-e, erano prevenuti-e. **Passato remoto:** prevenni, prevenisti, prevenne; prevenimmo, preveniste, prevennero. **Trapassato remoto:** fui prevenuto-a, fosti prevenuto-a, fu prevenuto-a; fummo prevenuti-e, foste prevenuti-e, furono prevenuti-e. **Futuro semplice:** preverrò, preverrai, preverrà; preverremo, preverrete, preverranno. **Futuro anteriore:** sarò prevenuto-a, sarai prevenuto-a, sarà prevenuto-a; saremo prevenuti-e, sarete prevenuti-e, saranno prevenuti-e. **CONDIZIONALE Presente:** preverrei, preverresti, preverrebbe; preverremmo, preverreste, preverrebbero. **Passato:** sarei prevenuto-a, saresti prevenuto-a, sarebbe prevenuto-a; saremmo prevenuti-e, sareste prevenuti-e, sarebbero prevenuti-e. **CONGIUNTIVO Presente:** prevenga, prevenga, prevenga; preveniamo, preveniate, prevengano. **Imperfetto:** prevenissi, prevenissi, prevenisse; prevenissimo, preveniste, prevenissero. **Passato:** sia prevenuto-a, sia prevenuto-a, sia prevenuto-a; siamo prevenuti-e, siate prevenuti-e, siano prevenuti-e. **Trapassato:** fossi prevenuto-a, fossi prevenuto-a, fosse prevenu-

to-a; fossimo prevenuti-e, foste prevenuti-e, fossero prevenuti-e. **IMPERATIVO**
Presente: previeni tu, prevenga **egli;** preveniamo **noi,** prevenite **voi,** prevengano
essi.

---

preventivo *(preventívo)* adj.
preventivo. **bilancio** — presupuesto.
prevenzione *(prevendsióne)* f.
prevención.
previdente *(previdénte)* adj.
previsor.
previdenza *(previdéndsa)* f.
previsión.
preziosità *(predsiositá)* f. preciosidad.
prezioso *(predsióso)* adj. precioso.
prezzemolo *(pretsémolo)* m.
(bot.) perejil.
prezzo *(prétso)* m. precio, valor.
prigione *(pridyióne)* f. prisión,
cárcel.
prigioniero *(pridyioniéro)* m.
prisionero, preso.
prima *(príma)* adv. primero,
antes. prep. antes.
primario *(primário)* adj. primario.
primavera *(primavéra)* f. primavera.
primaverile *(primaveríle)* adj.
primaveral.
primo *(prímo)* adj. primero, primo. m. el primero.' **di** — **giorno** al amanecer.
primogenito *(primodyénito)*
adj. y m. primogénito.
principale *(princhipále)* adj.
principal.
principato *(princhipáto)* m.
principado. [pe.
principe *(prínchipe)* m. prínci-
principessa *(princhipéssa)* f.
princesa.

principiante *(princhipiánte)* m.
principiante.
principiare *(princhipiáre)* tr.
principiar.
principio *(princhípio)* m. principio.
privare *(priváre)* tr. privar.
privativa *(privatíva)* f. monopolio.
privato *(priváto)* adj. privado.
m. un particular.
privazione *(privadsióne)* f. privación.
privilegiare *(priviledyiáre)* tr.
privilegiar.
privilegio *(privilédyio)* m. privilegio.
privo *(prívo)* adj. privado de,
falto de, exento de.
prò *(pro)* m. provecho, utilidad.
buon —! ¡buen provecho!.
pro *(pro)* prep. pro, en pro, en
favor de.
probabile *(probábile)* adj. probable.
probabilità *(probabilitá)* f. probabilidad.
problema *(probléma)* m. problema.
procedere *(prochédere)* itr
proceder; caminar; obrar.
processione *(prochessióne)* f
procesión.
processo *(prochésso)* m. proceso; causa, pleito. — **verbale**
acta.
proclama *(procláma)* f. procla-
ma(ción), bando.
proclamare *(proclamáre)* tr.
proclamar.
procurare *(procuráre)* tr. procurar.
procuratore *(procuratóre)* m.
(jur.) procurador.
procurazione *(procuradsióne)*
f. procuración.
proda *(próda)* f proa; ribera,
orilla.
prode *(próde)* adj. valiente.
prodezza *(prodétsa)* f. proeza,
valentía.

prodigalità *(prodigalitá)* f. prodigalidad.

prodigalizzare *(prodigalidsare)* tr. e itr. prodigar, derrochar.

prodigare *(prodigáre)* tr. prodigar.

prodigio *(prodídyio)* m. prodigio.

prodigo *(pródigo)* adj. y m. pródigo.

prodotto *(prodótto)* m. producto.

produrre *(prodúrre)* tr. producir; causar.

prodursi *(prodúrsi)* rfl. exhibirse.

produttore *(produttóre)* m. productor.

produzione *(produdsióne)* f. producción.

profanare *(profanáre)* tr. profanar.

profanazione *(profanadsióne)* f. profanación.

profano *(profáno)* adj. y m. profano.

professare *(professáre)* tr. profesar; creer.

professione *(professióne)* f. profesión, oficio empleo.

professionista *(professionísta)* m. y f. profesional.

professo *(profésso)* adj. y m. profeso (religioso). **ex —** ex profeso, con intención.

professore *(professóre)* m. profesor, catedrático.

professoressa *(professoréssa)* f. profesora.

profeta *(proféta)* m. profeta.

profetessa *(profetéssa)* f. profetisa.

profetizzare *(profetitsáre)* tr. profetizar.

profezia *(profedsía)* f. profecía.

profferimento *(profferimento)* m. pronunciación.

profferire *(profferíre)* tr. pronunciar, proferir.

profilassi *(profilássi)* f. (med.) profilaxis.

profilo *(profílo)* m. perfil.

profittabile *(profittábile)* adj. provechoso.

profittare *(profittáre)* tr. aprovechar.

profittevole *(profittévole)* adj. útil, provechoso.

profitto *(profítto)* m. provecho.

profondare *(profondáre)* tr. profundizar, hundir. itr. hundirse.

profondarsi *(profondársi)* rfl. hundirse.

profondità *(profonditá)* f. profundidad.

profondo *(profóndo)* adj. profundo.

profumare *(profumáre)* tr. perfumar.

profumeria *(profumería)* f. perfumería.

profumo *(profúmo)* m. perfume, fragancia.

progettare *(prodyettáre)* tr. proyectar, idear.

progetto *(prodyétto)* m. proyecto.

programma *(prográmma)* m. programa.

progredire *(progredíre)* itr. progresar, adelantar.

progresso *(progrésso)* m. progreso.

proibire *(proibíre)* tr. prohibir.

proibizione *(proibidsióne)* f. prohibición.

proiettare *(proiettáre)* tr. proyectar.   [yectil.

proiettile *(proiettíle)* m. proiettore *(proiettóre)* m. proyector.

proiezione *(proiedsióne)* f. proyección.

prole *(próle)* f. prole.

proletariato *(proletariáto)* m. proletariado.

proletario *(proletário)* adj. y m. proletario.
prolisso *(prolísso)* adj. prolijo.
prolungamento *(prolungaménto)* m. prolongamiento, prolongación.
prolungare *(prolungáre)* tr. prolongar.
prolungarsi *(prolungársi)* rfl. extenderse, prolongarse.
prolungazione *(prolungadsióne)* f. prolongación.
promessa *(proméssa)* f. promesa.
promesso *(promésso)* adj. prometido. promessi sposi novios.
promettere *(prométtere)* tr. prometer.
prominenza *(prominéndsa)* f. prominencia.
promontorio *(promontório)* m. promontorio.
promotore *(promotóre)* m. promotor.
promovere *(promóvere)* tr. promover.
promovimento *(promoviménto)* m. promoción.
promozione *(promodsióne)* f. promoción; ascenso.
pronome *(pronóme)* m. (gram.) pronombre.
prontezza *(prontétsa)* f. prontitud, celeridad.
pronto *(prónto)* adj. pronto, rápido.
pronunzia *(pronúndsia)* f. pronunciación.
pronunziamento *(pronundsiaménto)* m. pronunciamiento, rebelión.
pronunziare *(pronundsiáre)* tr. pronunciar.
pronunziarsi *(pronundsiársi)* rfl. pronunciarse.

propaganda *(propagánda)* f. propaganda.
propagare *(propagáre)* tr. propagar, difundir.
propagazione *(propagadsióne)* f. propagación.
propendere *(propéndere)* itr. propender, inclinar(se).
propensione *(propensióne)* f. propensión.
propiziare *(propidsiáre)* tr. propiciar.
propizio *(propídsio)* adj. propicio. [ner.
proporre *(propórre)* tr. propoproporzionare *(propordsionáre)* tr. proporcionar.
proporzione *(propordsióne)* f. proporción.
proposito *(propósito)* m. propósito.
proposizione *(proposidsióne)* f. proposición, propuesta.
proposta *(propósta)* f. propuesta.
proposto *(propósto)* m. propuesta; propósito; prepósito, preboste.
proprietà *(proprietá)* f. propiedad; hacienda.
proprietario *(proprietário)* m. propietario, dueño.
proprio *(próprio)* adj. propio; natural. m. propio.
propulsione *(propulsióne)* f. propulsión.
propulsore *(propulsóre)* m. propulsor.
prora *(próra)* f. proa.
proroga *(próroga)* f. prórroga.
prorogare *(prorogáre)* tr. prorrogar.
prosa *(prósa)* f. prosa.
prosaico *(prosáico)* adj. prosaico.
prosare *(prosáre)* itr. escribir en prosa. [món.
prosciutto *(proschiútto)* m. japroscrivere *(proscrívere)* tr. proscribir.

En italiano, como en español, los pronombres personales adoptan formas distintas según el oficio (sujeto o complemento) que desempeñan en la oración. Así pues, los pronombres personales italianos adoptan las siguientes formas:

Pronombres que desempeñan la función de **sujeto:**

> *Io,* yo
> *Tu,* tú
> *Egli,* él (persona)
> *Esso,* el, ello (animal, cosa)
> *Ella,* ella (persona)
> *Essa,* ella (persona, animal, cosa)
> *Noi,* nosotros, nosotras
> *Voi,* vosotros, vosotras
> *Essi,* ellos (personas, animales, cosas)
> *Esse,* ellas (personas, animales, cosas)

Los pronombres personales que realizan la función de complemento pueden adoptar dos formas: una forma fuerte, que se acentúa, y sirve para el complemento directo (cuando va sin preposición) y para otros complementos (precedida de preposición); y una forma débil, no acentuada, que por lo general precede el verbo, no lleva preposición y sirve para los complementos directo e indirecto.

Forma fuerte

Complemento directo	Otros complementos
Me, a mí	*di me, per me, con me,* etc., de mí, por mí, conmigo, etc.
Te, a tí	*di te, per te, con te,* etc., de ti, por ti, contigo, etc.
Lui, a él	*di lui, per lui, con lui,* etc., de él, por él, con él, etc.
Lei, a ella	*di lei, per lei, con lei,* etc., de ella, por ella, con ella, etc.
sé, a él, a ella	*di sé, per sé, con sé,* etc., de sí, por sí, consigo, etc.
Noi, a nosotros, a nosotras	*di noi, per noi, con noi,* etc., de nosotros-as, por nosotros-as, con nosotros-as, etc.
Voi, a vosotros, a vosotras	*di voi, per voi, con voi,* etc., de vosotros-as, por vosotros-as, con vosotros-as, etc.
Loro, a ellos, a ellas	*di loro, per loro, con loro,* de ellos-as, por ellos-as, con ellos-as, etc.
sé, a ellos, a ellas	*di sé, per sé, con sé,* etc., de sí, por sí, consigo, etc.

Forma débil (partículas pronominales)

Complemento directo	Complemento indirecto
Mi, me	*mi*, me
Ti, te	*ti*, te
Lo, lo, le	*gli*, le
La, la	*Le*, le
Ci, nos	*Ci*, nos
Vi, os	*Vi*, os
Li, los	*Loro*, les
Le, las	*Loro*, les

Existe también la partícula reflexiva *si* (se).

● Los pronombres de complemento *lui, lei, loro* se emplean algunas veces com sujeto en la conversación familiar (lei era caçace di tutto), cuando se quier llamar la atención del que escucha y detrás de las conjunciones *anche, nemmeno neanche* (neanche lei parlava).

● La forma fuerte suele utilizarse cuando se quiere acentuar el significado d la frase (la mamma chiama te).

● Algunas veces las partículas pronominales (formas débiles) se unen al verb al que preceden formando una sola palabra:

 a) con la primera persona del plural y la segunda del singular y plura del modo imperativo *(ascoltiamolo, parlami, andatevi).*
 b) con los infinitivos *(ascoltarlo, parlargli).* En este caso el infinitivo pierd la *e* final.
 c) con los participios pasados *(amatolo, sedutosi).*
 d) con los gerundios *(parlandoli, facendolo).*

● Con la palabra *ecco* las partículas pronominales forman: *eccomi, eccoc eccolo, eccoli, eccoti, eccola, eccovi, eccole.*

● Cuando las partículas pronominales se unen a las formas del imperativo *di da', fa', sta'* y *va'* doblan la consonante *(dimmi, vatti).* Se exceptúa *gli* que per manece inmutable *(dagli).*

● Existe también la partícula pronominal *ne* que se refiere a personas, ani males o cosas en singular o en plural y que se usa con valor de complement Sustituye a los pronombres *di lui, di lei, di loro, di esso, di essa, di essi,* (de é de ella, de ellos, de ellas, de ello) y a los pronombres demostrativos *di questo-i di quello-i, di ciò* (de ése, de éste, de eso, de esto, etc.). Precede siempre a verbo (io ne penso bene).

● Las partículas pronominales *mi, ti, si, ci, vi* se transforman en *me, te, se ce, ve* cuando preceden inmediatamente los pronombres *lo, la, li, le, ne* (Eg me lo ha detto).

● El pronombre *gli* se une a los pronombres *lo, la, li, le, ne* añadiendo una (glielo, gliela, glieli, gliele, gliene).

● Después de las palabras *come, quanto, fuorché, tranne, eccetto che, fra, tr* y *ecco* se utilizan las formas fuertes del pronombre de complemento *(Io no. parlo come te,* yo no hablo como tú).

proscrizione *(proscridsióne)* f. proscripción, destierro.
proseguire *(prosegüíre)* tr. e itr. proseguir.
prosperare *(prosperáre)* itr. prosperar.
prosperità *(prosperitá)* f. prosperidad.   [pero.
prospero *(próspero)* adj. prós-
prosperoso *(prosperóso)* adj. próspero, feliz.
prospettiva *(prospettíva)* f. perspectiva.
prospetto *(prospétto)* m. aspecto; programa; fachada.
prossimità *(prossimitá)* f. proximidad.
prossimo *(próssimo)* adj. próximo cercano. m. prójimo.

——————— PROTEGGERE ———————

INFINITO Presente: proteggere. **Passato:** avere protetto. **GERUNDIO Semplice:** proteggendo. **Composto:** avendo protetto. **PARTICIPIO Presente:** proteggente. **Passato:** protetto. **INDICATIVO Presente:** io proteggo, tu proteggi, egli protegge; noi proteggiamo, voi proteggete, essi proteggono. **Passato prossimo:** ho protetto, hai protetto, ha protetto; abbiamo protetto, avete protetto, hanno protetto. **Imperfetto:** proteggevo, proteggevi, proteggeva; proteggevamo, proteggevate, proteggevano. **Trapassato prossimo:** avevo protetto, avevi protetto, aveva protetto; avevamo protetto, avevate protetto, avevano protetto. **Passato remoto:** protessi, proteggesti, protesse; proteggemmo, proteggeste, protessero. **Trapassato remoto:** ebbi protetto, avesti protetto, ebbe protetto; avemmo protetto, aveste protetto, ebbero protetto. **Futuro semplice:** proteggerò, proteggerai, proteggerà; proteggeremo, proteggerete, proteggeranno. **Futuro anteriore:** avrò protetto, avrai protetto, avrà protetto; avremo protetto, avrete protetto, avranno protetto. **CONDIZIONALE Presente:** proteggerei, proteggeresti, proteggerebbe; proteggeremmo, proteggereste, proteggerebbero. **Passato:** avrei protetto, avresti protetto, avrebbe protetto; avremmo protetto, avreste protetto, avrebbero protetto. **CONGIUNTIVO Presente:** protegga, protegga, protegga; proteggiamo, proteggiate, proteggano. **Imperfetto:** proteggessi, proteggessi, proteggesse; proteggessimo, proteggeste, proteggessero. **Passato:** abbia protetto, abbia protetto, abbia protetto; abbiamo protetto, abbiate protetto, abbiano protetto. **Trapassato:** avessi protetto, avessi protetto, avesse protetto; avessimo protetto, aveste protetto, avessero protetto. **IMPERATIVO Presente:** proteggi tu, protegga egli; proteggiamo noi, proteggete voi, proteggano essi.

proteggere *(protétyere)* tr. proteger.
protendere *(proténdere)* tr. tender; avanzar.
protesi *(prótesi)* f. prótesis.
protestante *(protestánte)* adj. y m. protestante.
protestantesimo *(protestantésimo)* m. protestantismo.
protestare *(protestáre)* tr. e itr. protestar.
protezione *(protedsióne)* f. protección.
protocollo *(protocól-lo)* m. protocolo.
protone *(protóne)* m. protón.
prova *(próva)* f. prueba, ensayo.   [ensayar.
provare *(prováre)* tr. probar,
provato *(prováto)* adj. probado.
provenienza *(proveniéndsa)* f. procedencia.
provenire *(proveníre)* itr. proceder, provenir.
provincia *(provínchia)* f. provincia.
provinciale *(provinchiále)* adj. y m. provinciano, provincial.
provocare *(provocáre)* tr. provocar, incitar.
provocatore *(provocatóre)* adj. y m. provocador.
provocazione *(provocadsióne)* f. provocación.
provvedere *(provvedére)* tr. e itr. proveer.
provvedimento *(provvediménto)* m. abastecimiento; precaución.

provveditore *(provveditóre)* m. proveedor.

provvidente *(provvidénte)* adj. providente; cauto.

provvidenza *(provvidéndsa)* f. providencia; disposición.

provvisione *(provvisióne)* f. provisión, disposición.

provvisorio *(provvisório)* adj. provisional.

provvisto *(provvísto)* adj. provisto.

prudente *(prudénte)* adj. prudente.

prudenza *(prudéndsa)* f. prudencia.

prugna *(prúña)* f. (bot.) ciruela.

prugno *(prúño)* m. ciruelo.

psicologia *(psicolodyía)* f. psicología.

psicologico *(psicolódyico)* adj. psicológico.

pubblicare *(pubblicáre)* tr. publicar.

pubblicazione *(pubblicadsióne)* f. publicación.

pubblicità *(pubblichitá)* f. publicidad; (com.) anuncio.

pubblico *(púbblico)* adj. y m. público.

pudore *(pudóre)* m. pudor.

puerile *(pueríle)* adj. pueril.

puerizia *(puerídsia)* f. infancia, puericia.

pugilato *(pudyiláto)* m. boxeo, pugilato.

pugilatore *(pudyilatóre)* m. boxeador, púgil.

pugna *(púña)* f. pugna, lucha.

pugnale *(puñále)* m. puñal.

pugnare *(puñáre)* tr. e itr. combatir.

pugno *(púño)* m. puño; puñado; puñetazo.

pulce *(púlche)* f. pulga.

pulcinella *(pulchinél-la)* m. polichinela.

pulcino *(pulchíno)* m. polluelo.

pulimento· *(puliménto)* m. pulimento.

pulire *(pulíre)* tr. pulir; limpiar.

pulitura *(pulitúra)* f. limpieza; pulimento; toque, retoque.

pulizia *(pulidsía)* f. aseo, limpieza.

pulsare *(pulsáre)* tr. pulsar.

pulsazione *(pulsadsióne)* f. pulsación, latido.

pungere *(púndyere)* tr. e itr. punzar, picar.

——— PUNGERE ———

INFINITO Presente: pungere. **Passato:** avere punto. **GERUNDIO Semplice:** pungendo. **Composto:** avendo punto. **PARTICIPIO Presente:** pungente. **Passato:** punto. **INDICATIVO Presente:** io pungo, tu pungi, egli punge; noi pungiamo, voi pungete, essi pungono. **Passato prossimo:** ho punto, hai punto, ha punto; abbiamo punto, avete punto, hanno punto. **Imperfetto:** pungevo, pungevi, pungeva; pungevamo, pungevate, pungevano. **Trapassato prossimo:** avevo punto, avevi punto, aveva punto; avevamo punto, avevate punto, avevano punto. **Passato remoto:** punsi, pungesti, punse; pungemmo, pungeste, punsero. **Trapassato remoto:** ebbi punto, avesti punto, ebbe punto; avemmo punto, aveste punto, ebbero punto. **Futuro semplice:** pungerò, pungerai, pungerà; pungeremo, pungerete, pungeranno. **Futuro anteriore:** avrò punto, avrai punto, avrà punto; avremo punto, avrete punto, avranno punto. **CONDIZIONALE Presente:** pungerei, pungeresti, pungerebbe; pungeremmo, pungereste, pungerebbero. **Passato:** avrei punto, avresti punto, avrebbe punto; avremmo punto, avreste punto, avrebbero punto. **CONGIUNTIVO Presente:** punga, punga, punga; pungiamo, pungiate, pungano. **Imperfetto:** pungessi, pungessi, pungesse; pungessimo, pungeste, pungessero. **Passato:** abbia punto, abbia punto, abbia punto; abbiamo punto, abbiate punto, abbiano punto. **Trapassato:** avessi punto, avessi punto, avesse punto; avessimo punto, aveste punto, avessero punto. **IMPERATIVO Presente:** pungi tu, punga egli; pungiamo noi, pungete voi, pungano essi.

pungitura *(pundyitúra)* f. pica- dura, punzada.
punire *(puníre)* tr. castigar.
punizione *(punidsióne)* f. cas- tigo.
punta *(púnta)* f. punta.
puntare *(puntáre)* tr. apuntar (arma); apostar (en los jue- gos de envite); estimular; empujar, apretar; puntuar; hincar. itr. contar con; diri- girse.
puntina *(puntína)* f. alfiler; chincheta; (técn.) aguja.
punto *(púnto)* m. punto; lugar; puntada.
puntuale *(puntuále)* adj. pun- tual.
puntualità *(puntualitá)* f. pun- tualidad.
pupilla *(pupíl-la)* f. pupila.
pupillo *(pupíl-lo)* m. pupilo.
pure *(púre)* adv. y conj. tam- bién, asímismo; sin embar-· go.
purè *(puré)* m. puré.
purezza *(purétsa)* f. pureza.
purga *(púrga)* f. (med.) purga, purgante.

purgare *(purgáre)* tr. purgar.
purgatorio *(purgatório)* m. (rel.) purgatorio.
purificare *(purificáre)* tr. pu- rificar.
purificazione *(purificadsióne)* f. purificación.
purità *(puritá)* f. puridad, pu- reza.
puro *(púro)* puro; limpio.
purtroppo *(purtróppo)* adv. a pesar mío, por desgracia.
purulenza *(puruléndsa)* f. pu- rulencia.
pus *(pus)* m. (med.) pus, ma- teria.
putridità *(putriditá)* f. putri- dez, putrefacción.
putrire *(putríre)* itr. pudrirse.
putto *(pútto)* m. niño pequeño (esculpido o pintado).
puzzare *(putsáre)* itr. heder.
puzzo *(pútso)* m. hedor.
puzzolente *(putsolénte)* adj. fé- tido.

Q q

qua *(kuá)* adv. aquí, acá. **di —** por aquí.

quaderno *(kuadérno)* m. cuaderno.

quadrante *(kuadránte)* m. cuadrante.

quadrare *(kuadráre)* tr. cuadrar. itr. convenir, agradar.

quadrato *(kuadráto)* adj. cuadrado; fornido, recio.

quadriennio *(kuadriénnio)* m. cuatrienio.

quadrilatero *(kuadrilátero)* m. (geom.) cuadrilátero.

quadro *(kuádro)* adj. cuadro, cuadrado. m. cuadro, pintura.

quadrupede *(kuadrúpede)* adj. y m. cuadrúpedo.

quaggiù *(kuatyiú)* adv. aquí abajo.

quaglia *(kuállia)* f. (orn.) codorniz.

quagliare *(kualliáre)* itr. cuajarse, coagularse.

qualche *(kuálke)* adj. y pron. algún, alguno, alguien; cualquier, cualquiera; unos, algunos.

qualcheduno *(kualkedúno)* pron. alguno.

qualcosa *(kualcósa)* pron. alguna cosa, algo.

qualcuno *(kualcúno)* pron. alguno, alguien.

quale *(kuále)* adj. y pron. que cual; cualquier. adv. como, en cualidad de.

qualificare *(kualificáre)* tr. calificar.

qualificazione *(kualificadsióne)* f. calificación.

qualità *(kualitá)* f. cualidad; calidad.

qualora *(kualóra)* conj. en caso de que, si acaso.

qualsiasi *(kualsíasi)* adj. cualquier, cualquiera.

qualsivoglia *(kualsivóllia)* adj. cualquier, cualquiera.

qualunque *(kualúnkue)* adj. y pron. cualquier, quienquiera.

quando *(kuándo)* adv. y conj. cuando, ya que, mientras.

quantità *(kuantitá)* f. cantidad.

quanto *(kuánto)* adj. pron. y adv. cuanto; cuan, cuán.

quanti *(kuánti)* adj. y pron. pl. cuantos. **— ne abbiamo oggi?** ¿a cuántos estamos hoy?

quaranta *(kuaránta)* adj. cuarenta.

quarantena *(kuaranténa)* f. cuarentena. [resma.
quaresima *(kuarésima)* f. cua-
quartabuono *(kuartabuóno)* m. cartabón.
quartetto *(kuartétto)* m. (mús.) cuarteto.
quartiere *(kuartiére)* m. barrio; aposento; (mil.) cuartel.
quarto *(kuárto)* adj. cuarto. m. cuarta parte.
quarzo *(kuárdso)* m. cuarzo.
quasi *(kuási)* adv. casi, cerca de.
quassù *(kuassú)* adv. aquí arriba.
quattro *(kuáttro)* adj. y m. cuatro.
quattrocento *(kuattrochénto)* adj. y m. cuatrocientos. m. siglo quince.
quegli *(kuélli)* pron. s. aquél, el que.
quei *(kuéi)* pron. los, aquellos, esos.
quello *(kuél-lo)* adj. y pron. aquél, ese; aquello, eso. — **che** el que.
quercia *(kuérchia)* f. encina.
querela *(kueréla)* f. querella.
querelante *(kuerelánte)* adj. y m. querellante.
querelare *(kuereláre)* tr. querellarse, demandar.
querelarsi *(kuerelársi)* rfl. querellarse; lamentarse.
questa *(kuésta)* adj. y pron. esta.
queste *(kuéste)* adj. y pron. estas.
questi *(kuésti)* adj. y pron., estos; pron. éste.
questionario *(kuestionário)* m. cuestionario.
questione *(kuestióne)* f. pregunta; cuestión, problema, pelea.

questo *(kuésto)* adj. y pron. este; esto, eso. **quest'oggi** hoy.
questore *(kuestóre)* m. jefe de policía.
questura *(kuestúra)* f. jefatura de policía.
questurino *(kuesturíno)* m. agente de policía.
qui *(kuí)* adv. aquí, acá. **di —
innanzi** de ahora en adelante.
quietanza *(kuietándsa)* f. recibo.
quietanzare *(kuietandsáre)* tr. saldar.
quietare *(kuietáre)* tr. aquietar.
quiete *(kuiéte)* f. quietud.
quieto *(kuiéto)* adj. quieto.
quinci *(kuínchi)* adv. de aquí; después; por esta razón. —
e quindi por aquí y por allá.
quindi *(kuíndi)* adv. de allí, de allá; después. conj. por eso, por esta razón. **da — innanzi** de aquí en adelante.
quinta *(kuínta)* f. (mús.) quinta; (teat.) bastidor.
quintale *(kuintále)* m. quintal.
quinto *(kuínto)* adj. y m. quinto.
quota *(kuóta)* f. cuota.
quotare *(kuotáre)* tr. cotizar.
quotazione *(kuotadsióne)* f. cotización (de valores).
quotidiano *(kuotidiáno)* adj. cotidiano, diario.
quotizzare *(kuotitsáre)* tr. cotizar.
quotizzazione *(kuotitsadsióne)* f. cotización.
quoziente *(kuodsiénte)* m. cociente.

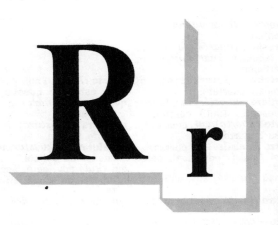

rabbia *(rábbia)* f. rabia.
rabbino *(rabbíno)* m. rabino.
rabbioso *(rabbióso)* adj. rabioso, furioso.
rabbonire *(rabboníre)* tr. calmar, reconciliar.
rabbonirsi *(rabbonírsi)* rfl. calmarse, reconciliarse.
rabbrividire *(rabbrividíre)* itr. estremecerse, tiritar.
rabbuiarsi *(rabbuiársi)* rfl. oscurecer(se); encapotarse (el cielo).
raccapezzare *(raccapetsáre)* tr. entender; reunir; averiguar (tras gran esfuerzo).
raccapricciare *(raccapritchiáre)* itr. estremecerse, horrorizarse.   [ta.
racchetta *(rakkétta)* f. raque-
raccogliere *(raccólliere)* tr. recoger, coger, cosechar, acoger; reunir.
raccoglimento *(raccollïménto)* m. recogida.
raccolta *(raccólta)* f. colección, recolección; reunión.
raccolto *(raccólto)* m. cosecha.
raccomandare *(raccomandáre)* tr. recomendar. — **una lettera** certificar una carta.

raccomandata *(raccomandáta)* f. carta certificada.
raccomandato *(raccomandáto)* adj. recomendado.
raccomandazione *(raccomandadsióne)* f. recomendación.
raccomodare *(raccomodáre)* tr. reparar, reconciliar.
raccomodatura *(raccomodatúra)* f. reparación.
raccontare *(raccontáre)* tr. contar, relatar.
racconto *(raccónto)* m. cuento, relato.
raccordare *(raccordáre)* tr. empalmar; reconciliar.
raccordarsi *(raccordársi)* rfl reconciliarse.
raccordo *(raccórdo)* m. empalme.
raccostare *(raccostáre)* tr. aproximar, acercar más.
rada *(ráda)* f. rada, bahía.
radar *(rádar)* m. radar.
raddolcimento *(raddolchiménto)* m. mitigación; endulzamiento.
raddolcire *(raddolchíre)* tr. endulzar; mitigar.
raddoppiare *(raddoppiáre)* tr redoblar; reiterar.

——— RADERE ———

INFINITO Presente: radere. **Passato:** avere raso. **GERUNDIO Semplice:** radendo. **Composto:** avendo raso. **PARTICIPIO Presente:** radente. **Passato:** raso. **INDICATIVO Presente:** io rado, tu radi, egli rade; noi radiamo, voi radete, essi radono. **Passato prossimo:** ho raso, hai raso, ha raso; abbiamo raso, avete raso, hanno raso. **Imperfetto:** radevo, radevi, radeva; radevamo, radevate, radevano. **Trapassato prossimo:** avevo raso, avevi raso, aveva raso; avevamo raso, avevate raso, avevano raso. **Passato remoto:** rasi, radesti, rase; rademmo, radeste, rasero. **Trapassato remoto:** ebbi raso, avesti raso, ebbe raso; avemmo raso, aveste raso, ebbero raso. **Futuro semplice:** raderò, raderai, raderà; raderemo, raderete, raderanno. **Futuro anteriore:** avrò raso, avrai raso, avrà raso; avremo raso, avrete raso, avranno raso. **CONDIZIONALE Presente:** raderei, raderesti, raderebbe; raderemmo, radereste, raderebbero. **Passato:** avrei raso, avresti raso, avrebbe raso; avremmo raso, avreste raso, avrebbero raso. **CONGIUNTIVO Presente:** rada, rada, rada; radiamo, radiate, radano. **Imperfetto:** radessi, radessi, radesse; radessimo, radeste, radessero. **Passato:** abbia raso, abbia raso, abbia raso; abbiamo raso, abbiate raso, abbiano raso. **Trapassato:** avessi raso, avessi raso, avesse raso; avessimo raso, aveste raso, avessero raso. **IMPERATIVO Presente:** radi tu, rada egli; radiamo noi, radete voi, radano essi.

---

radere *(rádere)* tr. afeitar, rasurar.

radersi *(rádersi)* rfl. afeitarse.

radiale *(radiále)* adj. radial.

radiare *(radiáre)* tr. tachar, borrar. itr. radiar, resplandecer.

radiatore *(radiatóre)* m. radiador.

radiazione *(radiadsióne)* f. radiación.

radica *(rádica)* f. raíz.

radicale *(radicále)* adj. y m. radical.

radicare *(radicáre)* itr. arraigar.   [garse.

radicarsi *(radicársi)* rfl. arraigar

radio *(rádio)* m. radio; rayo.

radioattività *(radioattivitá)* f. radiactividad.

radioattivo *(radioattívo)* adj. radiactivo.

radiodiffusione *(radiodiffusióne)* f. radiodifusión.

radiografia *(radiografía)* f. radiografía.

radioscopia *(radioscopía)* f. radioscopia.

radiotelegrafia *(radiotelegrafía)* f. radiotelegrafía.

radioterapia *(radioterapía)* f. radioterapia.

rado *(rádo)* adj. ralo, poco común.

radunamento *(radunaménto)* m. reunión.

radunanza *(radunándsa)* f. reunión; montón.

radunare *(radunare)* tr. reunir; amontonar.

radunata *(radunáta)* f. reunión.

rafano *(ráfano)* m. (bot.) rábano.

raffazzonare *(raffatsonáre)* tr. componer, arreglar.

rafferma *(rafférma)* f. confirmación; (mil.) reenganche.

raffermare *(raffermáre)* tr. ratificar; (mil.) reenganchar.

raffermarsi *(raffermársi)* rfl. consolidarse.

raffica *(ráffica)* f. ráfaga.

raffigurare *(raffiguráre)* tr. reconocer; simbolizar; representar.

raffinamento *(raffinaménto)* m. refinamiento.

raffinare *(raffináre)* tr. refinar.

raffineria *(raffinería)* f. refinería.

rafforzare *(raffordsáre)* tr. reforzar; fortificar.

raffreddamento *(raffreddaménto)* m. enfriamiento; (técn.) refrigeración.

raffreddare *(raffreddáre)* tr. enfriar.

raffreddarsi *(raffreddársi)* rfl. resfriarse, enfriarse.

raffreddore *(raffreddóre)* m. resfriado.

raffrenare *(raffrenáre)* tr. refrenar.

raffrescare *(raffrescáre)* itr. refrescar.

ragazza *(ragátsa)* f. muchacha.

ragazzo *(ragátso)* m. muchacho.

raggiante *(ratyiánte)* adj. radiante.

raggiare *(ratyiáre)* tr. e itr. radiar, irradiar.

raggio *(rátyio)* m. rayo.

raggirare *(ratyiráre)* tr. engañar.

raggiungere *(ratyiúndyere)* tr. alcanzar; lograr, conseguir; unir.

raggiustare *(ratyustáre)* tr. componer, arreglar; acomodar.

ragguagliare *(ragguallíáre)* tr. igualar; cotejar; informar.

ragguaglio *(ragguállio)* m. igualación; comparación; informe.

ragionamento *(radyionaménto)* m. razonamiento.

ragionare *(radyionáre)* itr. razonar; conversar; discutir.

ragione *(radyióne)* f. razón; juicio, argumento.

ragioneria *(radyionería)* f. contabilidad, teneduría de libros.

ragionevole *(radyionévole)* adj. razonable.

ragioniere *(radyioniére)* m. contable. [ña.

ragnatelo *(rañatélo)* m. telara-

ragno *(raño)* m. araña.

rallegramento *(ral-legraménto)* m. regocijo, alegría.

rallegrare *(ral-legráre)* tr. alegrar.

rallegrarsi *(ral-legrársi)* rfl. alegrarse.

rallentamento *(ral-lentaménto)* m. reducción de la marcha; moderación.

rallentare *(ral-lentáre)* tr. aflojar, relajar; moderar; disminuir la velocidad.

rama *(ráma)* f. rama.

rame *(ráme)* m. cobre.

ramificare *(ramificáre)* tr. ramificar.

ramificazione *(ramificadsióne)* f. ramificación.

rammaricarsi *(rammaricársi)* rfl. lamentarse.

rammarico *(rammárico)* m. lamentación.

rammendare *(rammendáre)* tr. remendar, componer; zurcir.

rammendatura *(rammendatúra)* f. remiendo; zurcido.

rammendo *(ramméndo)* m. remiendo.

rammentare *(rammentáre)* tr. recordar, mencionar.

rammentarsi *(rammentársi)* rfl. acordarse.

rammollire *(rammol-líre)* tr. ablandar.

ramo *(rámo)* m. ramo, rama; brazo (de río); sección, división; ramal (de un camino).

rampicare *(rampicáre)* itr. trepar.

rampino *(rampíno)* m. garfio, gancho, garabato.

rampollo *(rampól-lo)* m. manantial; retoño.

rampone *(rampóne)* m. arpón.

rana *(rána)* f. rana.

rancio *(ránchio)* m. (mil.) ración, rancho.

rancore *(rancóre)* m. rencor.

rango *(rángo)* m rango, clase; fila, línea.

rannicchiare *(rannikkiáre)* tr. enroscar, encoger.

rannicchiarsi *(rannikkiársi)* rfl. enroscarse, encogerse.

rannuvolarsi *(rannuvolársi)* rfl. nublarse.

rantolare *(rantoláre)* itr. agonizar.

rantolo *(rántolo)* m. estertor.

rapa *(rápa)* f. nabo; (fig.) necio, tonto.

rapace *(rapáche)* adj. rapaz.

rapacità *(rapachitá)* f. rapacidad.

rapidità *(rapiditá)* f. rapidez; velocidad.

rapido *(rápido)* adj. rápido, veloz.

rapina *(rapína)* f. rapiña, pillaje.

rapire *(rapíre)* tr. rapiñar; robar, raptar.

rappaciare *(rappachiáre)* tr. reconciliar.

rappezzare *(rappetsáre)* tr. remendar, zurcir.

rappezzo *(rappétso)* m. remiendo.

rapportarsi *(rapportársi)* rfl. referirse a.

rapporto *(rappórto)* m. informe; relación.

rappresaglia *(rappresállia)* f. represalia.

rappresentante *(rappresentánte)* adj. y m. representante; agente.

rappresentanza *(rappresentándsa)* f. representación.

rappresentare *(rappresentáre)* tr. representar (actuar en el teatro); representar (a alguien).

rappresentazione *(rappresentadsióne)* f. representación.

rarità *(raritá)* f. rareza.

raro *(ráro)* adj. raro, curioso. **di —** raramente.

rasare *(rasáre)* tr. rasurar, afeitar.

raschiare *(raskiáre)* raspar, rascar. itr. carraspear.

raschio *(ráskio)* m. carraspeo.

raso *(ráso)* adj. raso, liso. m. raso.

rasoio *(rasóio)* m. navaja de afeitar. **— di sicurezza** ma-

quinilla de afeitar. **— elettrico** máquina eléctrica.

rassegna *(rasséña)* f. reseña; (mil.) revista.

rassegnarsi *(rasseñársi)* rfl. resignarse.

rassegnazione *(rasseñadsione)* f. resignación.

rasserenare *(rasserenáre)* tr. tranquilizar.

rasserenarsi *(rasserenársi)* rfl. serenarse, despejarse (el cielo).

rassicurare *(rassicuráre)* tr. asegurar, animar.

rassomiglianza *(rassomilliándsa)* f. semejanza.

rassomigliare *(rassomilliáre)* itr. semejar.

rastrellare *(rastrel-láre)* tr. rastrillar; rastrear.

rata *(ráta)* f. plazo, vencimiento; cuota, porción. **a rate** a plazos.

rattenere *(rattenére)* tr. detener, retener.

rattenersi *(rattenérsi)* rfl. detenerse, retenerse.

ratto *(rátto)* m. rapto; (zool.) rata, ratón.

rattrappito *(rattrappíto)* adj. encogido, baldado.

rattristare *(rattristáre)* tr. entristecer.

rattristarsi *(rattristársi)* rfl. entristecerse.

raucedine *(rauchédine)* f. (med.) ronquera.

ravvedersi *(ravvedérsi)* rfl. arrepentirse, enmendarse.

ravvedimento *(ravvediménto)* m. arrepentimiento.

ravviamento *(ravviaménto)* m. arreglo; aseo.

ravviare *(ravviáre)* tr. arreglar, ordenar, asear.

ravviarsi *(ravviársi)* rfl. asearse; peinarse; corregirse.

ravvisare *(ravvisáre)* tr. reconocer, distinguir.

ravvivare *(ravviváre)* tr. avivar, reanimar.

ravvolgere *(ravvóldyere)* tr. envolver.

razionale *(radsionále)* adj. racional.

razionare *(radsionáre)* tr. racionar.

razione *(radsióne)* f. ración.

razza *(rátsa)* f. raza; (fig.) ralea; calidad, especie.

razzia *(ratsía)* f. razzia, correría. **far** — robar.

razzo *(rátso)* m. cohete.

re *(re)* m. rey, soberano.

reagire *(readyíre)* itr. reaccionar.

reale *(reále)* adj. real; verídico.

realismo *(realísmo)* m. realismo.

realità *(realitá)* f. realidad; realeza.

realizzare *(realitsáre)* tr. realizar.

realizzazione *(realitsadsióne)* f. realización.

realtà *(realtá)* f. realidad.

reame *(reáme)* m. reino.

reattivo *(reattívo)* adj. y m. reactivo.

reazione *(readsióne)* f. reacción.

recare *(recáre)* tr. llevar; causar.

recarsi *(recársi)* rfl. trasladarse.

recensione *(rechensióne)* f. crítica.

recensore *(rechensóre)* m. crítico.

recente *(rechénte)* adj. reciente.

recesso *(rechésso)* m. retiro, receso, desvío.

recezione *(rechedsióne)* f. recepción; acogida.

recidere *(rechídere)* tr. cortar; amputar.

——————— RECIDERE ———————

INFINITO Presente: recidere. **Passato:** avere reciso. **GERUNDIO Semplice:** recidendo. **Composto:** avendo reciso. **PARTICIPIO Presente:** recidente. **Passato:** reciso. **INDICATIVO Presente:** io recido, tu recidi, egli recide; noi recidiamo, voi recidete, essi recidono. **Passato prossimo:** ho reciso, hai reciso, ha reciso; abbiamo reciso, avete reciso, hanno reciso. **Imperfetto:** recidevo, recidevi, recideva; recidevamo, recidevate, recidevano. **Trapassato prossimo** avevo reciso, avevi reciso, aveva reciso; avevamo reciso, avevate reciso, avevano reciso. **Passato remoto:** recisi, recidesti, recise; recidemmo, recideste, recisero. **Trapassato remoto:** ebbi reciso, avesti reciso, ebbe reciso; avemmo reciso, aveste reciso, ebbero reciso. **Futuro semplice:** reciderò, reciderai, reciderà; recideremo, reciderete, recideranno. **Futuro anteriore:** avrò reciso, avrai reciso, avrà reciso; avremo reciso, avrete reciso, avranno reciso. **CONDIZIONALE Presente:** reciderei, recideresti, reciderebbe; recideremmo, recidereste, reciderebbero. **Passato:** avrei reciso, avresti reciso, avrebbe reciso; avremmo reciso, avreste reciso, avrebbero reciso. **CONGIUNTIVO Presente:** recida, recida, recida; recidiamo, recidiate, recidano. **Imperfetto:** recidessi, recidessi, recidesse; recidessimo, recideste, recidessero. **Passato:** abbia reciso, abbia reciso, abbia reciso; abbiamo reciso, abbiate reciso, abbiano reciso. **Trapassato:** avessi reciso, avesse reciso; avessimo reciso, aveste reciso, avessero reciso. **IMPERATIVO Presente:** recidi tu, recida egli; recidiamo noi, recidete voi, recidano essi.

recidiva *(rechidíva)* f. reincidencia; recaída, recidiva.

recidivo *(rechidívo)* adj. y m. reincidente.

recingere *(rechíndyere)* tr. ceñir.

recinto *(rechínto)* m. recinto.

recipiente *(rechipiénte)* m. recipiente.

reciprocità *(rechiprochitá)* f. reciprocidad.

reciproco *(rechíproco)* adj. recíproco.

recita *(réchita)* f. recitación; representación.

recitare *(rechitáre)* tr. recitar; representar (en el teatro).

recitazione *(rechitadsióne)* f. recitación.

reclamare *(reclamáre)* tr. reclamar.

reclamazione *(reclamadsióne)* f. reclamación.

reclamo *(reclámo)* m. reclamación.

recluta *(récluta)* f. recluta.

recondito *(recóndito)* adj. recóndito, escondido.

redattore *(redattóre)* m. redactor.

redazione *(redadsióne)* f. redacción.

reddito *(réddito)* m. rédito, renta.

redigere *(redídyere)* tr. redactar, escribir actas, artículos, libros, etc.

—————— REDIGERE ——————

INFINITO Presente: redigere. **Passato:** avere redatto. **GERUNDIO Semplice:** redigendo. **Composto:** avendo redatto. **PARTICIPIO Presente:** redigente. **Passato:** redatto. **INDICATIVO Presente:** io redigo, tu redigi, egli redige; noi redigiamo, voi redigete, essi redigono. **Passato prossimo:** ho redatto, hai redatto, ha redatto; abbiamo redatto, avete redatto, hanno redatto. **Imperfetto:** redigevo, redigevi, redigeva; redigevamo, redigevate, redigevano. **Trapassato prossimo:** avevo redatto, avevi redatto, aveva redatto; avevamo redatto, avevate redatto, avevano redatto. **Passato remoto:** redassi, redigesti, redasse; redigemmo, redigeste, redassero. **Trapassato remoto:** ebbi redatto, avesti redatto, ebbe redatto; avemmo redatto, aveste redatto, ebbero redatto. **Futuro semplice:** redigerò, redigerai, redigerà; redigeremo, redigerete, redigeranno. **Futuro anteriore:** avrò redatto, avrai redatto, avrà rèdatto; avremo redatto, avrete redatto, avranno redatto. **CONDIZIONALE Presente:** redigerei, redigeresti, redigerebbe; redigeremmo, redigereste, redigerebbero. **Passato:** avrei redatto, avresti redatto, avrebbe redatto; avremmo redatto, avreste redatto, avrebbero redatto. **CONGIUNTIVO Presente:**

rediga, rediga, rediga; redigiamo, redigiate, redigano. **Imperfetto:** redigessi, redigessi, redigesse; redigessimo, redigeste, redigessero. **Passato:** abbia redatto, abbia redatto; abbiamo redatto, abbiate redatto, abbiano redatto. **Trapassato:** avessi redatto, avessi redatto, avesse redatto; avessimo redatto, aveste redatto, avessero redatto. **IMPERATIVO Presente:** redigi tu, rediga egli; redigiamo noi, redigete voi, redigano essi.

—————— REDIMERE ——————

INFINITO Presente: redimire. **Passato:** avere redento. **GERUNDIO Semplice:** redimendo. **Composto:** avendo redento. **PARTICIPIO Presente:** redimente. **Passato:** redento. **INDICATIVO Presente:** io redimo, tu redimi, egli redime; noi redimiamo, voi redimete, essi redimono. **Passato prossimo:** ho redento, hai redento, ha redento; abbiamo redento, avete redento, hanno redento. **Imperfetto:** redimevo, redimevi, redimeva; redimevamo, redimevate, redimevano. **Trapassato prossimo:** avevo redento, avevi redento, aveva redento; avevamo redento, avevate redento, avevano redento. **Passato remoto:** redensi, redimesti, redense; redimemmo, redimeste, redensero. **Trapassato remoto:** ebbi redento, avesti redento, ebbe redento; avemmo redento, aveste redento, ebbero redento. **Futuro semplice:** redimerò, redimerai, redimerà; redimeremo, redimerete, redimeranno. **Futuro anteriore:** avrò redento, avrai redento, avrà redento; avremo redento, avrete redento, avranno redento. **CONDIZIONALE Presente:** redimerei, redimeresti, redimerebbe; redimeremmo, redimereste, redimerebbero. **Passato:** avrei redento, avresti redento, avrebbe redento; avremmo redento, avreste redento, avrebbero redento. **CONGIUNTIVO Presente:** redima, redima, redima; redimiamo, redimiate, redimano. **Imperfetto:** redimessi, redimessi, redimesse; redimessimo, redimeste, redimessero. **Passato:** abbia redento, abbia redento; abbiamo redento, abbiate redento, abbiano redento. **Trapassato:** avessi redento, avessi redento, avesse redento; avessimo redento, aveste redento, avessero redento. **IMPERATIVO Presente:** redimi tu, redima egli; redimiamo noi, redimete voi, redimano essi.

redimere *(redímere)* tr. redimir.

reduce *(réduche)* adj. y m. repatriado.

refe *(réfe)* m. hilo de coser.

referenza *(referéndsa)* f. referencia. [torio.

refettorio *(refettório)* m. refec-

refrigerare *(refridyeráre)* tr. refrigerar.

refrigerio *(refridyério)* m. refrigerio.

regalare *(regaláre)* tr. regalar.

regalo *(regálo)* m. regalo, don, presente.

regata *(regáta)* f. regata.

——————— REGGERE ———————

INFINITO Presente: reggere. Passato: avere retto. GERUNDIO Semplice: reggendo. Composto: avendo retto. PARTICIPIO Presente: reggente. Passato: retto. INDICATIVO Presente: io reggo, tu reggi, egli regge; noi reggiamo, voi reggete, essi reggono. Passato prossimo: ho retto, hai retto, ha retto; abbiamo retto, avete retto, hanno retto. Imperfetto: reggevo, reggevi, reggeva; reggevamo, reggevate, reggevano. Trapassato prossimo: avevo retto, avevi retto, aveva retto; avevamo retto, avevate retto, avevano retto. Passato remoto: ressi, reggesti, resse; reggemmo, reggeste, ressero. Trapassato remoto: ebbi retto, avesti retto, ebbe retto; avemmo retto, aveste retto, ebbero retto. Futuro semplice: reggerò, reggerai, reggerà; reggeremo, reggerete, reggeranno. Futuro anteriore: avrò retto, avrai retto, avrà retto; avremo retto, avrete retto, avranno retto. CONDIZIONALE Presente: reggerei, reggeresti, reggerebbe; reggeremmo, reggereste, reggerebbero. Passato: avrei retto, avresti retto, avrebbe retto; avremmo retto, avreste retto, avrebbero retto. CONGIUNTIVO Presente: regga, regga, regga; reggiamo, reggiate, reggano. Imperfetto: reggessi, reggessi, reggesse; reggessimo, reggeste, reggessero. Passato: abbia retto, abbia retto, abbia retto; abbiamo retto, abbiate retto, abbiano retto. Trapassato: avessi retto, avessi retto, avesse retto; avessimo retto, aveste retto, avessero retto. IMPERATIVO Presente: reggi tu, regga egli; reggiamo noi, reggete voi, reggano essi.

reggente *(retyénte)* adj. y m. regente. [cia.

reggenza *(retyéndsa)* f. regen-

reggere *(rétyere)* tr. sostener.

reggimento *(retyiménto)* m. (mil.) regimiento.

reggipetto *(retyipétto)* m. sostén, corpiño.

regia *(retyía)* f. dirección (de escena cinematográfica).

regime *(rédyime)* m. régimen.

regina *(redyína)* f. reina.

regio *(rédyio)* adj. regio.

registrare *(redyistráre)* tr. registrar.

registratore *(redyistratóre)* m. registrador.

registrazione *(redyistradsióne)* f. registro.

registro *(redyístro)* m. registro. [te.

regnante *(reñánte)* adj. reinan-

regnare *(reñáre)* itr. reinar.

regno *(réño)* m. reino.

regola *(régola)* f. regla; ley.

regolamento *(regolaménto)* m. reglamento.

regolare *(regoláre)* adj. regular. tr. regular.

regolarità *(regolaritá)* f. regularidad.

regressivo *(regressívo)* adj. regresivo.

regresso *(regrésso)* m. regresión.

relativo *(relatívo)* adj. relativo.

relazione *(reladsióne)* f. relación; trato, amistad.

religione *(relidyióne)* f. religión.

religiosità *(relidyiositá)* f. religiosidad.

religioso *(relidyióso)* adj. religioso, devoto. m. religioso.

remare *(remáre)* itr. remar, bogar.

rematore *(rematóre)* m. remero.

reminiscenza *(reminischéndsa)* f. reminiscencia.

——————— I relativi ———————

Variables

masculino   femenino

il quale, el cual   *la quale*, la cual
i quali, los cuales   *le quale*, las cuales

Invariables

che, que
chi, quien, quienes
cui, cuyo, cuya, cuyos, cuyas

• *Che* se usa únicamente como sujeto y como complemento directo.
• *Che* puede sufrir la elisión cuando va delante de una palabra que empiece por *e* o *i* (*ciò ch'io vedo*).
• *Cui* no se usa como sujeto ni como complemento directo.

——————————————————

remissione *(remissióne)* f. remisión, perdón.
remo *(rémo)* m. remo.
remoto *(remóto)* adj. remoto, distante, alejado.
remunerare *(remuneráre)* tr. remunerar.
rendere *(réndere)* tr. rendir; devolver, expresar; hacer, volver.

——————— RENDERE ———————

INFINITO Presente: rendere. **Passato:** avere reso. GERUNDIO Semplice: rendendo. Composto: avendo reso. PARTICIPIO Presente: rendente. Passato: reso. INDICATIVO Presente: io rendo, tu rendi, egli rende; noi rendiamo, voi rendete, essi rendono. Passato prossimo: ho reso, hai reso, ha reso; abbiamo reso, avete reso, hanno reso. Imperfetto: rendevo, rendevi, rendeva; rendevamo, rendevate, rendevano. Trapassato prossimo: avevo reso, avevi reso, aveva reso; avevamo reso, avevate reso, avevano reso. Passato remoto: resi o rendei o rendetti, rendesti, rese o rendé o rendette; rendemmo, rendeste, resero o renderono o rendettero. Trapassato remoto: ebbi reso, avesti reso, ebbe reso; avemmo reso, aveste reso, ebbero reso. Futuro semplice: renderò, renderai, renderà; renderemo, renderete, renderanno. Futuro anteriore: avrò reso, avrai reso, avrà reso; avremo reso, avrete reso, avranno reso. CONDIZIONALE Presente: renderei, renderesti, renderebbe; renderemmo, rendereste, renderebbero. Passato: avrei

reso, avresti reso, avrebbe reso; avremmo reso, avreste reso, avrebbero reso. CONGIUNTIVO Presente: renda, renda, renda; rendiamo, rendiate, rendano. Imperfetto: rendessi, rendessi, rendesse; rendessimo, rendeste, rendessero. Passato: abbia reso, abbia reso, abbia reso; abbiamo reso, abbiate reso, abbiano reso. Trapassato: avessi reso, avessi reso, avesse reso; avessimo reso, aveste reso, avessero reso. IMPERATIVO Presente: rendi tu, renda egli; rendiamo noi, rendete voi, rendano essi.

——————————————————

rendersi *(rendérsi)* rfl. rendirse, trasladarse.
rendimento *(rendiménto)* m. rendimiento; restitución.
rendita *(réndita)* f. renta; rédito.
rene *(réne)* m. (anat.) riñón.
renitente *(reniténte)* adj. reacio, renitente.
renitenza *(reniténdsa)* f. renitencia.
reo *(réo)* m. reo.
repente *(repente)* adj. repentino. di — de repente.
repentino *(repentíno)* adj. repentino.
repertorio *(repertório)* m. repertorio.
replica *(réplica)* f. réplica, respuesta; repetición.
replicare *(replicáre)* tr. replicar, responder; repetir.
repressione *(repressióne)* f. represión.
reprimere *(reprímere)* tr. reprimir.
repubblica *(repúbblica)* f. república.
repubblicano *(repubblicáno)* adj. y m. republicano.
reputare *(reputáre)* tr. reputar, considerar.
reputazione *(reputadsióne)* f. reputación.

requisire *(rekuisíre)* tr. requisar.

requisito *(rekuisíto)* m. requisito.

requisizione *(rekuisidsióne)* f.
requisición.

resa *(résa)* f. (mil.) rendición,
entrega.

rescindere *(reschíndere)* tr.
rescindir.

residente *(residénte)* adj. residente.

residenza *(residéndsa)* f. residencia.

residuo *(residuo)* m. residuo,
resto.

resina *(résina)* f. resina.

resistente *(resisténte)* adj. resistente.

resistenza *(resisténdsa)* f. resistencia.

resistere *(resístere)* itr. resistir, resistirse.

——————— RESISTERE ———

INFINITO Presente: resistere. **Passato:**
avere resistito. **GERUNDIO Semplice:**
resistendo. **Composto:** avendo resistito.
PARTICIPIO Presente: resistente. **Pas-**
sato: resistito. **INDICATIVO Presente:**
io resisto, tu resisti, egli resiste; noi resistiamo, voi resistete, essi resistono.
Passato prossimo: ho resistito, hai resistito, ha resistito; abbiamo resistito, avete resistito, hanno resistito. **Imperfetto:**
resistevo, resistevi, resisteva; resistevamo,
resistevate, resistevano. **Trapassato pros-**
simo: avevo resistito, avevi resistito, aveva resistito; avevamo resistito, avevate
resistito, avevano resistito. **Passato re-**
moto: resistei o resistetti, resistesti, resi-
sistè o resistette; resistemmo, resisteste,
resisterono o resistettero. **Trapassato re-**
moto: ebbi resistito, avesti resistito, ebbe
resistito; avemmo resistito, aveste resistito, ebbero resistito. **Futuro semplice:**
resisterò, resisterai, resisterà; resistere-
mo, resisterete, resisteranno. **Futuro an-**
teriore: avrò resistito, avrai resistito,
avrà resistito; avremo resistito, avrete
resistito, avranno resistito. **CONDIZIO-**
NALE Presente: resisterei, resisteresti,
resisterebbe; resisteremmo, resistereste,

resisterebbero. **Passato:** avrei resistito,
avresti resistito, avrebbe resistito; avremmo resistito, avreste resistito, avrebbero
resistito. **CONGIUNTIVO Presente:** resista, resista, resista; resistiamo, resistia-
te, resistano. **Imperfetto:** resistessi, resistessi, resistesse; resistessimo, resisteste,
resistessero. **Passato:** abbia resistito, abbia resistito, abbia resistito; abbiamo re-
sistito, abbiate resistito, abbiano resi-
stito. **Trapassato:** avessi resistito, avessi
resistito, avesse resistito; avessimo resistito, aveste resistito, avessero resistito.
IMPERATIVO Presente: resisti tu, resista
egli; resistiamo noi, resistete voi, resistano essi.

—————————————

resoconto *(resocónto)* m. relación, informe; rendición de
cuentas.

respingere *(respíndyere)* tr.
repeler, rechazar.

respirare *(respiráre)* tr. e itr.
respirar.

respirazione *(respiradsióne)* f.
respiración.

respiro *(respíro)* m. respiro;
suspiro; respiración.

responsabile *(responsábile)*
adj. responsable.

responsabilità *(responsabilitá)*
f. responsabilidad.

responso *(respónso)* m. respuesta; (med.) dictamen.

restante *(restánte)* adj. restante.

restare *(restáre)* itr. restar, sobrar; quedar.

restaurare *(restauráre)* tr. restaurar, restablecer.

restaurazione *(restauradsióne)*
f. restauración.

resti *(résti)* m. pl. restos; ruinas; sobras.

restituire *(restituíre)* tr. restituir.

restituzione *(restitudsióne)* f.
restitución.

resto *(résto)* m. resto. **del —**
por lo demás.

restringere *(restríndyere)* tr.
restringir.

restrizione *(restridsióne)* f.
restricción.

retaggio *(retátyio)* m. herencia; patrimonio.

rete *(réte)* f. red; gol (en fútbol).

retina *(rétina)* f. (anat.) retina.

retroattivo *(retroattívo)* adj. retroactivo.

retrobottega *(retrobottéga)* f. trastienda.

retrocamera *(retrocámera)* f. recámara.

retrocedere *(retrochédere)* itr. retroceder; (mil.) replegar. tr. (mil.) degradar; hacer retroceder; restituir; abonar.

retrocessione *(retrochessióne)* f. retrocesión; retroceso.

retrogrado *(retrógrado)* adj. retrógrado.

retta *(rétta)* f. atención; pensión, pupilaje; línea recta. **dare —** prestar atención. **mezza —** media pensión.

rettamente *(rettamente)* adv. rectamente.

rettangolo *(rettángolo)* m. rectángulo.

rettifica *(rettífica)* f. rectificación.

rettificare *(rettificáre)* tr. rectificar.

rettificazione *(rettificadsióne)* f. rectificación.

rettile *(réttile)* adj. y m. reptil. [titud.

rettitudine *(rettitúdine)* f. rectitud.

retto *(rétto)* adj. recto. m. (anat.) intestino recto.

rettore *(rettóre)* adj. y m. rector.

reuma *(réuma)* m. reuma, reumatismo.

reumatico *(reumático)* adj. reumático.

reumatismo *(reumatísmo)* m. reumatismo, reuma.

reverendo *(reveréndo)* adj. y m. reverendo.

revisione *(revisióne)* f. revisión.

revisore *(revisore)* m. revisor; inspector. [car.

revocare *(revocáre)* tr. revocación.

revocazione *(revocadsióne)* f. revocación.

rialzare *(rialdsáre)* tr. realzar; reedificar.

riapertura *(riapertúra)* f. reapertura.

riassumere *(riassúmere)* tr. reasumir; recapitular

riavere *(riavére)* tr. recuperar.

riaversi *(riavérsi)* itr. reanimarse; recuperarse.

ribassare *(ribassáre)* tr. rebajar; bajar. itr. bajar, disminuir.

ribasso *(ribasso)* m. baja de valores; (com.) descuento, rebaja.

ribellare *(ribel·láre)* tr. rebelar, sublevar.

ribelle *(ribél·le)* adj. y m. rebelde. [lión.

ribellione *(ribellióne)* f. rebe-

ribrezzo *(ribrétso)* m. repugnancia; susto. **far —** repugnar.

ricadere *(ricadére)* itr. recaer; reincidir.

ricaduta *(ricadúta)* f. recaída.

ricamare *(ricamáre)* tr. recamar, bordar.

ricambiare *(ricambiáre)* tr. recambiar; devolver.

ricambio *(ricámbio)* m. recambio.

ricamo *(ricámo)* m. bordado.

ricapitolare *(ricapitoláre)* itr. recapitular.

ricapitolazione *(ricapitoladsióne)* f. recapitulación.

ricavare *(ricaváre)* tr. sacar provecho; recabar; obtener, extraer.

ricavo *(ricávo)* m. producto, ganancia, importe; extracción.

ricchezza *(rikkétsa)* f. riqueza.
riccio *(rítchio)* m. rizo; (zool.) erizo.
ricco *(rícco)* adj. rico.
riccone *(riccóne)* m. ricachón.
ricerca *(richérca)* f. búsqueda; investigación.
ricercare *(richercáre)* tr. buscar, indagar; investigar.
ricetta *(richétta)* f. receta.
ricevere *(richévere)* tr. recibir.
ricevimento *(richeviménto)* m. recibimiento; recepción (en todas sus acepciones).
ricevuta *(richevúta)* f. recibo.
ricezione *(richedsióne)* f. recepción.
richiamare *(rikiamáre)* tr. llamar (de nuevo); (mil.) llamar a filas (a la reserva).
richiamo *(rikiámo)* m. llamada; reclamo.
richiedere *(rikiédere)* tr. requerir, preguntar. itr. ser menester, necesitarse.
richiesta *(rikiésta)* f. petición, pregunta; encargo; citación.
ricognizione *(riconidsióne)* f. reconocimiento.
ricompensa *(ricompénsa)* f. recompensa, remuneración.
ricompensare *(ricompensáre)* tr. recompensar.
riconcentrare *(riconchentráre)* tr. reconcentrar.
riconciliare *(riconchiliáre)* tr. reconciliar.
riconciliazione *(riconchiliadsióne)* f. reconciliación.
riconoscente *(riconoschénte)* adj. agradecido.
riconoscenza *(riconoschéndsa)* f. agradecimiento.
riconoscere *(riconóschere)* tr. reconocer; confesar.
ricordare *(ricordáre)* tr. recordar. [darse.
ricordarsi *(ricordársi)* rfl. acor-

ricordo *(ricórdo)* m. recuerdo.
ricorrere *(ricórrere)* itr. recurrir; acudir a.
ricorso *(ricórso)* m. recurso.
ricostruire *(ricostruíre)* tr. reconstruir, reedificar.
ricostruzione *(ricostrudsióne)* f. reconstrucción.
ricoverare *(ricoveráre)* tr. refugiar; albergar; ingresar.
ricoverarsi *(ricoverarsi)* rfl. refugiarse; albergarse.
ricovero *(ricóvero)* m. refugio, asilo; abrigo.
ricreare *(ricreáre)* tr. recrear, divertir; crear de nuevo.
ricrearsi *(ricreársi)* rfl. divertirse.
ricreazione *(ricreadsióne)* f. diversión, recreo, recreación; nueva creación.
ricuperare *(ricuperáre)* tr. recuperar.
ricupero *(ricúpero)* m. recuperación, rescate.
ricurvo *(ricúrvo)* adj. encorvado, curvado.
ricusarse *(ricusáre)* tr. recusar, rehusar.
ridere *(rídere)* itr. reír(se).

———————————— RIDERE ————

INFINITO Presente: ridere. **Passato:** avere riso. **GERUNDIO Semplice:** ridendo. **Composto:** avendo riso. **PARTICIPIO Presente:** ridente. **Passato:** riso. **INDICATIVO Presente:** io rido, tu ridi, egli ride; noi ridiamo, voi ridete, essi ridono. **Passato prossimo:** ho riso, hai riso, ha riso; abbiamo riso, avete riso, hanno riso. **Imperfetto:** ridevo, ridevi, rideva; ridevamo, ridevate, ridevano. **Trapassato prossimo:** avevo riso, avevi riso, aveva riso; avevamo riso, avevate riso, avevano riso. **Passato remoto:** risi, ridesti, rise; ridemmo, rideste, risero. **Trapassato remoto:** ebbi riso, avesti riso, ebbe riso; avemmo riso, aveste riso, ebbero riso. **Futuro semplice:** riderò, riderai, riderà; rideremo, riderete, rideranno. **Futuro anteriore:** avrò riso, avrai riso, avrà riso; avremo riso, avrete riso, avranno riso. **CONDIZIONALE Presente:** riderei, rideresti, riderebbe; rideremmo, ridereste, riderebbero. **Passato:** avrei riso, avresti riso, avrebbe riso; avremmo riso, avreste riso, avrebbero riso. **CONGIUNTIVO Presente:** rida, rida, rida; ridiamo, ridiate, ridano. **Imperfetto:** ridessi, ridessi, ridesse; ridessimo, rideste, ridessero. **Passato:** abbia riso, abbia riso, abbia riso; abbiamo riso, abbiate riso, abbiano riso. **Trapassato:** avessi riso, avessi riso, avesse riso; avessimo riso, aveste riso, avessero riso. **IMPERATIVO Presente:** ridi **tu,** rida **egli;** ridiamo **noi,** ridete **voi,** ridano **essi.**

---

ridicolo *(ridícolo)* adj. y m. ridículo.

ridurre *(ridúrre)* tr. reducir, disminuir.

------ RIDURRE ------

INFINITO Presente: ridurre. **Passato:** avere ridotto. **GERUNDIO Semplice:** riducendo. **Composto:** avendo ridotto. **PARTICIPIO Presente:** riducente. **Passato:** ridotto. **INDICATIVO Presente: io** riduco, **tu** riduci, **egli** riduce; **noi** riduciamo, **voi** riducete, **essi** riducono. **Passato prossimo:** ho ridotto, hai ridotto, ha ridotto; abiamo ridotto, avete ridotto, hanno ridotto. **Imperfetto:** riducevo, riducevi, riduceva; riducevamo, riducevate, riducevano. **Trapassato prossimo:** avevo ridotto, avevi ridotto, aveva ridotto; avevamo ridotto, avevate ridotto, avevano ridotto. **Passato remoto:** ridussi, riducesti, ridusse; riducemmo, riduceste, ridussero. **Trapassato remoto:** ebbi ridotto, avesti ridotto, ebbe ridotto; avemmo ridotto, aveste ridotto, ebbero ridotto. **Futuro semplice:** ridurrò, ridurrai, ridurrà; ridurremo, ridurrete, ridurranno. **Futuro anteriore:** avrò ridotto, avrai ridotto, avrà ridotto; avremo ridotto, avrete ridotto, avranno ridotto. **CONDIZIONALE Presente:** ridurrei, ridurresti, ridurrebbe; ridurremmo, ridurreste, ridurrebbero. **Passato:** avrei ridotto, avresti ridotto, avrebbe ridotto; avremmo ridotto, avreste ridotto, avrebbero ridotto. **CONGIUNTIVO Presente:** riduca, riduca, riduca; riduciamo, riduciate, riducano. **Imperfetto:** riducessi, riducessi, riducesse; riducessimo, riduceste, riducessero. **Passato:** abbia ridotto, abbia ridotto, abbia ridotto; abbiamo ridotto, abbiate ridotto, abbiano ridotto. **Trapassato:** avessi ridotto, avessi ridotto, avesse ridotto; avessimo ridotto, aveste ridotto, avessero ridotto. **IMPERATIVO Presente:** riduci **tu,** riduca **egli;** riduciamo **noi,** riducete **voi,** riducano **essi.**

---

riduzione *(ridudsióne)* f. reducción; baja (de precios).

riempimento *(riempiménto)* m. relleno; plenitud.

riempire *(riempíre)* tr. llenar, colmar.

rifacimento *(rifachiménto)* m. resarcimiento; restauración.

rifare *(rifáre)* tr. rehacer; resarcir; reedificar.

rifarsi *(rifarsi)* rfl. recobrarse; resarcirse; volver a; remontarse.

riferimento *(riferiménto)* m. referencia; relato.

riferire *(riferíre)* tr. referir; relacionar. itr. informar.

riferirsi *(riferírsi)* rfl. referirse.

rifermare *(rifermáre)* tr. confirmar.

rifiatare *(rifiatáre)* itr. alentar, respirar; decir una palabra.

rifinire *(rifiníre)* tr. acabar, extenuar; perfeccionar.

rifiorimento *(rifioriménto)* m. (re)florecimiento.

rifiorire *(rifioríre)* itr. rejuvenecerse; reflorecer.

rifiutare *(rifiutáre)* tr. rehusar, desechar; renunciar.

rifiuto *(rifiúto)* m. negativa; (fig.) desecho.

riflessione *(riflessióne)* f. reflexión.

riflessivo *(riflessívo)* adj. reflexivo.   [flejo.

riflesso *(riflésso)* adj. y m. re-

riflettere *(rifléttere)* tr. reflejar, reflectar. itr. reflexionar.

riflusso *(riflússo)* m. reflujo.

riforma *(rifórma)* f. reforma.

riformare *(riformáre)* tr. reformar.

riformazione *(riformadsióne)* f. reformación, reforma.

rifugiarsi *(rifudyiársi)* rfl. refugiarse, asilarse.

rifugiato *(rifudyiáto)* adj. y m. refugiado.

rifugio *(rifúdyio)* m. refugio. asilo; (fig.) protección.

rifúlgere *(rifúldyere)* itr. refulgir, brillar.

riga *(ríga)* f. raya; regla; línea; hilera; lista (en los tejidos).

rigare *(rigare)* tr. rayar, pautar.

rigettare *(ridyettáre)* tr. rechazar, desechar; devolver.

rigetto *(ridyétto)* m. rechazo; desecho. [dez.

rigidezza *(ridyidétsa)* f. rigirigido.

rigido *(rídyido)* adj. rígido.

rigirare *(ridyiráre)* tr. cercar, rodear; dar vueltas. itr. dar vueltas; pasear.

rigiro *(ridyíro)* m. rodeo, vueltas; vaivén; enredo.

rigoglio *(rigóllio)* m. exuberancia.

rigoglioso *(rigollióso)* adj. exuberante. [ridad.

rigore *(rigóre)* m. rigor, severidad.

rigoroso *(rigoróso)* adj. riguroso, severo.

riguardare *(riguardáre)* tr. considerar; vigilar.

riguardarsi *(riguardársi)* rfl. guardarse de.

riguardevole *(riguardévole)* adj. notable, importante.

riguardo *(riguardo)* m. atención, deferencia.

rilasciare *(rilaschiáre)* tr. soltar; consignar; relajar; condonar, remitir.

rilassamento *(rilassaménto)* m. relajación, relajamiento.

rilassare *(rilassáre)* tr. relajar.

rilassarsi *(rilassarsi)* rfl. relajarse.

rilassatezza *(rilassatétsa)* f. relajación (de costumbres).

rilegare *(rilegáre)* tr. religar; encuadernar; relegar; desterrar.

rilegatura *(rilegatúra)* f. encuadernación.

rilevare *(rilevare)* tr. realzar; poner en evidencia; inferir; relevar; advertir. itr. sobresalir; tener importancia.

rilievo *(riliévo)* m. relieve; observación. **cosa di poco —** cosa de poca importancia.

rilucente *(riluchénte)* adj. reluciente.

rilucere *(rilúchere)* itr. relucir, resplandecer.

rima *(ríma)* f. rima.

rimanente *(rimanénte)* adj. y m. remanente, resto.

rimanenza *(rimanéndsa)* f. resto, remanencia.

rimanere *(rimanére)* itr. quedar; sobrar; quedarse, permanecer.

————— **RIMANERE** —————

INFINITO Presente: rimanere. **Passato:** essere rimasto. **GERUNDIO Semplice:** rimanendo. **Composto:** essendo rimasto. **PARTICIPIO Presente:** rimanente. **Passato:** rimasto. **INDICATIVO Presente:** io rimango, tu rimani, egli rimane; noi rimaniamo, voi rimanete, essi rimangono. **Passato prossimo:** sono rimasto-a, sei rimasto-a, è rimasto-a; siamo rimasti-e, siete rimasti-e, sono rimasti-e. **Imperfetto:** rimanevo, rimanevi, rimaneva; rimanevamo, rimanevate, rimanevano. **Trapassato prossimo:** ero rimasto-a, eri rimasto-a, era rimasto-a; eravamo rimasti-e, eravate rimasti-e, erano rimasti-e. **Passato remoto:** rimasi, rimanesti, rimase; rimanemmo, rimaneste, rimasero. **Trapassato remoto:** fui rimasto-a, fosti rimasto-a, fu rimasto-a; fummo rimasti-e, foste rimasti-e, furono rimasti-e. **Futuro semplice:** rimarrò, rimarrai, rimarrà; rimarremo, rimarrete, rimarranno. **Futuro anteriore:** sarò rimasto-a, sarai rimasto-a, sarà rimasto-a; saremo rimasti-e, sarete rimasti-e, saranno rimasti-e. **CONDIZIONALE Presente:** rimarrei, rimarresti, rimarrebbe; rimarremmo, rimarreste, rimarrebbero. **Passato:** sarei rimasto-a, saresti rimasto-a, sarebbe rimasto-a; saremmo rimasti-e, sareste rimasti-e, sarebbero rimasti-e. **CONGIUNTIVO Presente:** rimanga, rimanga, rimanga; rimaniamo, rimaniate, rimangano. **Imperfetto:** rimanessi, rimanessi, rimanesse; rimanessimo, rimaneste, rimanessero. **Passato:** sia rimasto-a, sia rimasto-a, sia rimasto-a; siamo rimasti-e, siate rimasti-e, siano rimasti-e. **Trapassato:** fossi rimasto-a, fossi rimasto-a, fos-

se rimasto-a; fossimo rimasti-e, foste rimasti-e, fossero rimasti-e. **IMPERATI-
VO Presente:** rimani **tu,** rimanga **egli;**
rimaniamo **noi,** rimanete **voi,** rimangano **essi.**

---

rimarcare *(rimarcáre)* tr. notar, advertir.
rimarco *(rimárco)* m. reparo,
advertencia.
rimborsare *(rimborsáre)* tr.
reembolsar, reintegrar.
rimborso *(rimbórso)* m. reembolso.
rimediare *(rimediáre)* tr. remediar.
rimedio *(rimédio)* m. remedio.
rimembranza *(rimembrándsa)*
f. reminiscencia, recuerdo.
rimembrare *(rimembráre)* tr.
recordar.
rimescolamento *(rimescola-
ménto)* m. mezcla; alteración.
rimescolare *(rimescoláre)* tr.
mezclar de nuevo; revolver.
rimescolarsi *(rimescolársi)* rfl.
mezclarse de nuevo; turbar-
se.
rimessa *(riméssa)* f. envío, remesa; (bot.) retoño; cobertizo; cochera; (com.) pérdida.
rimettere *(riméttere)* tr. remitir; perdonar; reponer.
rimetterci *(rimétterchi)* itr.
perder.
rimettersi *(riméttersi)* rfl. remitirse; volver a, reempren-
der; recobrar la salud.
rimorchiare *(rimorkiáre)* tr. remolcar.
rimorchio *(rimórkio)* m. remolque.
rimordere *(rimórdere)* tr. remorder.
rimordimento *(rimordiménto)*
m. remordimiento, arrepentimiento.
rimorso *(rimórso)* m. remordimiento.

rimpatriare *(rimpatriáre)* tr.
repatriar. itr. repatriarse.
rimpatrio *(rimpátrio)* m. repa-
triación.
rimpiangere *(rimpiándyere)*
itr. deplorar, compadecerse.
rimpianto *(rimpiánto)* f. año-
ranza.
rimpiattare *(rimpiattáre)* tr.
esconder.
rimpiattarsi *(rimpiattársi)* rfl.
esconderse.
rimpiattino *(rimpiattíno)* m. escondite (juego de niños).
rimpiazzare *(rimpiatsáre)* tr.
reemplazar.
rimproverare *(rimproveráre)*
tr. reprender, reprochar.
rimprovero *(rimpróvero)* m. reproche, reprimenda.
rimunerare *(rimuneráre)* tr. recompensar.
rimunerazione *(rimuneradsió-
ne)* f. remuneración, recompensa. itr. rendir, dar provecho.
rinascere *(rináschere)* itr. renacer; renovarse.
rinascenza *(rinaschéndsa)* f.
renacimiento.
rinascimento *(rinaschiménto)*
m. renacimiento.
rincarare *(rincaráre)* tr. e itr.
encarecer, encarecerse.
rincarnarsi *(rincarnársi)* rfl.
engordar.
rincaro *(rincáro)* m. encarecimiento.
rinchiudere *(rinkiúdere)* tr. encerrar, recluir.
rincontrare *(rincontráre)* tr.
encontrar o hallar de nuevo;
encontrarse.
rincontro *(rincóntro)* m. encuentro; confrontación; choque. **di —** enfrente.

rincoramento *(rincoraménto)* m. alentamiento.

rincorare *(rincoráre)* tr. alentar, animar.

rincorarsi *(rincorársi)* rfl. reanimarse.

rincorrere *(rincórrere)* tr. perseguir.

rincrescere *(rincréschere)* itr. sentir. **mi rincresce che** siento mucho que.

───── RINCRESCERE ─────

INFINITO Presente: rincrescere. **Passato:** essere rincresciuto. **GERUNDIO Semplice:** rincrescendo. **Composto:** essendo rincresciuto. **PARTICIPIO Presente:** rincrescente. **Passato:** rincresciuto. **INDICATIVO Presente:** rincresce. **Passato prossimo:** è rincresciuto-a. **Imperfetto:** rincresceva. **Trapassato prossimo:** era rincresciuto-a. **Passato remoto:** rincrebbe. **Trapassato remoto:** fu rincresciuto-a. **Futuro semplice:** rincrescerà. **Futuro anteriore:** sarà rincresciuto-a. **CONDIZIONALE Presente:** rincrescerebbe. **Passato:** sarebbe rincresciuto-a. **CONGIUNTIVO Presente:** rincresca. **Imperfetto:** rincrescesse. **Passato:** sia rincresciuto-a. **Trapassato:** fosse rincresciuto-a.

rincrescimento *(rincreschiménto)* m. sentimiento.

rinculare *(rinculáre)* itr. recular; (mil.) replegarse.

rinculata *(rinculáta)* f. reculada.

rinforzamento *(rinfordsaménto)* m. refuerzo.

rinforzare *(rinfordsáre)* tr. reforzar.

rinforzarsi *(rinfordsársi)* rfl. recobrar fuerzas.

rinforzo *(rinfórdso)* m. refuerzo.

rinfrescamento *(rinfrescaménto)* m. refrescamiento.

rinfrescante *(rinfrescánte)* adj. refrescante.

rinfrescare *(rinfrescáre)* tr. e itr. refrescar.

rinfrescata *(rinfrescáta)* f. refrescamiento; frescor, fresco.

rinfresco *(rinfrésco)* m. refresco.

ringhiera *(ringuiéra)* f. barandilla, baranda.

ringiovanire *(rindyiovaníre)* tr. e itr. rejuvenecer, rejuvenecerse.

ringraziamento *(ringradsiaménto)* m. agradecimiento.

ringraziare *(ringradsiáre)* tr. agradecer.

rinnegare *(rinnegáre)* tr. renegar.

rinnegato *(rinnegáto)* adj. y m. renegado.

rinnovamento *(rinnovaménto)* m. renovación.

rinnovare *(rinnováre)* tr. renovar.

rinnovazione *(rinnovadsióne)* f. renovación; cambio, trueque.

rinomato *(rinomáto)* adj. famoso, célebre.

rinserrare *(rinserráre)* tr. encerrar; cerrar de nuevo.

rintoccare *(rintoccáre)* tr. repicar las campanas.

rintocco *(rintócco)* m. repique de campanas.

rinunzia *(rinúndsia)* f. renuncia.

rinunziare *(rinundsiáre)* tr. renunciar; desistir.

rinvenire *(rinveníre)* itr. reanimarse, volver en sí.

rinviare *(rinviáre)* tr. volver a enviar; diferir.

rinvigorire *(rinvigoríre)* tr. vigorizar, fortalecer. itr. reponerse.

rinvigorirsi *(rinvigorírsi)* rfl. fortalecerse.

rinvio *(rinvío)* m. aplazamiento; devolución.

riordinare *(riordináre)* tr. ordenar de nuevo.
riorganizzare *(riorganitsáre)* tr. reorganizar.
riorganizzazione *(riorganitsadsióne)* f. reorganización.
riparare *(riparáre)* tr. reparar; proteger; resarcir.
ripararsi *(riparársi)* rfl. resguardarse.
riparazione *(riparadsióne)* f. reparación; indemnización.
riparo *(ripáro)* m. reparación; reparo; abrigo; amparo.
ripartimento *(ripartiménto)* m. reparto, distribución.
ripartire *(ripartíre)* tr. repartir, distribuir. itr. volver a marcharse.
ripartizione *(ripartidsióne)* f. repartición, distribución.
riparto *(ripárto)* m. reparto.
ripassare *(ripassáre)* tr. repasar, perfeccionar. tr. e itr. pasar de nuevo.
ripassata *(ripassáta)* f. repaso; ojeada; reprimenda.
ripetere *(ripétere)* tr. repetir; reclamar.
ripetizione *(ripetidsióne)* f. repetición; reclamación.
ripianare *(ripianáre)* tr. allanar.
ripiano *(ripiáno)* m. rellano.
ripiegare *(ripiegáre)* tr. replegar.
ripiegarsi *(ripiegársi)* rfl. (mil.) replegarse.
ripiego *(ripiégo)* m. recurso.
ripieno *(ripiéno)* adj. relleno. m. relleno, picadillo.
riportare *(riportáre)* tr. reportar; narrar; causar.
riportarsi *(riportársi)* rfl. remitirse, referirse. **somma a —** suma y sigue.
riporto *(ripórto)* m. doble; (com.) suma anterior; adorno.
riposare *(riposáre)* tr. posar, apoyar de nuevo; descan-

sar. itr. reposar, yacer; apoyarse.
riposo *(ripóso)* m. reposo.
ripresa *(riprésa)* f. toma. (med.) convalecencia; repetición, reiteración. **— dei prezzi** subida de los precios.
riproduzione *(riprodudsióne)* f. reproducción.
riprova *(ripróva)* f. confirmación.
riprovare *(riprováre)* tr. reprobar; suspender (en examen).
ripudiare *(ripudiáre)* tr. repudiar.
ripudio *(ripúdio)* m. repudio.
ripugnante *(ripuñánte)* adj. repugnante.
ripugnanza *(ripuñándsa)* f. repugnancia.
ripugnare *(ripuñáre)* itr. repugnar.
ripulsione *(ripulsióne)* f. repulsión.
riputazione *(riputadsióne)* f. reputación, fama.
riquadrare *(rikuadráre)* tr. cuadrar. itr. medir superficies; cuadrar, satisfacer.
riquadro *(rikuádro)* m. recuadro.
risaia *(risáia)* f. arrozal.
risaltare *(risaltáre)* tr. e itr. saltar de nuevo. itr. resaltar.
risalto *(risálto)* m. resalto, resalte; relieve; esplendor. **di — de rebote.**
risanare *(risanáre)* tr. sanar. itr. sanar, curar.
risarcire *(risarchíre)* tr. resarcir.
riscaldamento *(riscaldaménto)* m. calefacción; enardecimiento.
riscaldare *(riscaldáre)* tr. recalentar; acalorar; calentar.

riscaldarsi *(riscaldársi)* rfl. calentarse (con fuego); irri-
tarse; excitarse.

rischiaramento *(riskiaraménto)*
m. esclarecimiento.

rischiarare *(riskiaráre)* tr. esclarecer.

rischiararsi *(riskiarársi)* rfl.
aclararse, despejarse.

rischiare *(riskiáre)* tr. arriesgar.   [go.

rischio *(riskio)* m. peligro, ries-

riscontrare *(riscontráre)* tr.
confrontar; comprobar; encontrar. itr. corresponder.

riscontro *(riscóntro)* m. encuentro; comparación.

risentimento *(risentimento)* m.
resentimiento.

risentire *(risentíre)* tr. volver
a oír, a sentir.

risentirsi *(risentírsi)* rfl. resentirse.

riserbare *(riserbáre)* tr. reservar; resguardar.

riserva *(risérva)* f. reserva.

riservare *(riserváre)* tr. reservar.

riservatezza *(riservatétsa)* f.
reserva, discreción.

riso *(ríso)* m. arroz; risa.

risolino *(risolíno)* m. risita,
sonrisa.

risolutezza *(risolutétsa)* f. resolución.

risoluto *(risolúto)* adj. resuelto.

risoluzione *(risoludsióne)* f. resolución.

risolvere *(risólvere)* tr. resolver; decidir; rescindir, anular (un contrato).

──────── RISOLVERE ────────

INFINITO Presente: risolvere. **Passato:**
avere risolto. **GERUNDIO Semplice:**
risolvendo. **Composto:** avendo risolto.

PARTICIPIO Presente: risolvente. **Passato:** risolto o risoluto. **INDICATIVO
Presente:** io risolvo, tu risolvi, egli risol-
ve; noi risolviamo, voi risolvete, essi
risolvono. **Passato prossimo:** ho risolto,
hai risolto, ha risolto; abbiamo risolto,
avete risolto, hanno risolto. **Imperfetto:**
risolvevo, risolvevi, risolveva; risolveva-
mo, risolvevate, risolvevano. **Trapassato
prossimo:** avevo risolto,, avevi risolto,
aveva risolto; avevamo risolto, avevate
risolto, avevano risolto. **Passato remoto:**
risolsi o risolvei o risolvetti, risolvesti,
risolse o risolvè o risolvette; risolvemmo,
risolveste, risolsero o risolverono o risol-
vettero. **Trapassato remoto:** ebbi risolto,
avesti risolto, ebbe risolto; avemmo risolto, aveste risolto, ebbero risolto. **Futuro semplice:** risolverò, risolverai, risol-
verà; risolveremo, risolverete, risolveran-
no. **Futuro anteriore:** avrò risolto, avrai
risolto, avrà risolto; avremo risolto, avrete risolto, avranno risolto. **CONDIZIO-
NALE Presente:** risolverei, risolveresti,
risolverebbe; risolveremmo, risolvereste,
risolverebbero. **Passato:** avrei risolto,
avresti risolto, avrebbe risolto; avremmo
risolto, avreste risolto, avrebbero risolto.
CONGIUNTIVO Presente: risolva, risolva, risolva; risolviamo, risolviate, risolvano. **Imperfetto:** risolvessi, risolvessi,
risolvesse; risolvessimo, risolveste, risol-
vessero. **Passato:** abbia risolto, abbia ri-
solto, abbia risolto; abbiamo risolto, abbiate risolto, abbiano risolto. **Trapassato:** avessi risolto, avessi risolto, avesse
risolto; avessimo risolto, aveste risolto,
avessero risolto. **IMPERATIVO Presente:** risolvi tu, risolva egli; risolviamo noi,
risolvete voi, risolvano essi.

────────

risonanza *(risonándsa)* f. resonancia, eco.

risonare *(risonáre)* tr. volver a
tocar. itr. resonar.

risorgere *(risórdyere)* itr. re-
surgir, resucitar, renacer.

risorgimento *(risordyiménto)*
m. resurgimiento; resurrección; renovación.

risorsa *(risórsa)* f. recurso.

risotto *(risótto)* m. plato de
arroz.

risparmiare *(risparmiáre)* tr.
ahorrar.   [rro.

risparmio *(rispármio)* m. aho-

rispecchiare *(rispekkiáre)* tr.
reflejar.

rispettare *(rispettáre)* tr. respetar.

rispettivo *(rispettívo)* adj. respectivo.

rispetto *(rispétto)* m. respeto; respecto.

rispettoso *(rispettóso)* adj. respetuoso.

risplendere *(rispléndere)* itr. resplandecer, relucir.

rispondere *(rispóndere)* tr. responder, contestar. itr. replicar; responder; garantizar; corresponder.

——————— RISPONDERE ———————

INFINITO Presente: rispondere. **Passato:** avere risposto. **GERUNDIO Semplice:** rispondendo. **Composto:** avendo risposto. **PARTICIPIO Presente:** rispondente. **Passato:** risposto. **INDICATIVO Presente: io** rispondo, **tu** rispondi, **egli** risponde; **noi** rispondiamo, **voi** rispondete, **essi** rispondono. **Passato prossimo:** ho risposto, hai risposto, ha risposto; abbiamo risposto, avete risposto, hanno risposto. **Imperfetto:** rispondevo, rispondevi, rispondeva; rispondevamo, rispondevate, rispondevano. **Trapassato prossimo:** avevo risposto, avevi risposto, aveva risposto; avevamo risposto, avevate risposto, avevano risposto. **Passato remoto:** risposi, rispondesti, rispose; rispondemmo, rispondeste, risposero. **Trapassato remoto:** ebbi risposto, avesti risposto, ebbe risposto; avemmo risposto, aveste risposto, ebbero risposto. **Futuro semplice:** risponderò, risponderai, risponderà; risponderemo, risponderete, risponderanno. **Futuro anteriore:** avrò risposto, avrai risposto, avrà risposto; avremo risposto, avrete risposto, avranno risposto. **CONDIZIONALE Presente:** risponderei, risponderesti, risponderebbe; risponderemmo, rispondereste, risponderebbero. **Passato:** avrei risposto, avresti risposto, avrebbe risposto; avremmo risposto, avreste risposto, avrebbero risposto. **CONGIUNTIVO Presente:** risponda, risponda, risponda; rispondiamo, rispondiate, rispondano. **Imperfetto:** rispondessi, rispondessi, rispondesse; rispondessimo, rispondeste, rispondessero. **Passato:** abbia risposto, abbia risposto, abbia risposto; abbiamo risposto, abbiate risposto, abbiano risposto. **Trapassato:** avessi risposto, avessi risposto, avesse risposto; avessimo risposto, aveste risposto, avessero risposto. **IMPERATIVO Presente:** rispondi **tu**, risponda **egli**; rispondiamo **noi**, rispondete **voi**, rispondano **essi**.

risposta *(rispósta)* f. respuesta.

ristabilimento *(ristabiliménto)* m. restablecimiento.

ristabilire *(ristabilíre)* tr. restablecer; reponer.

ristorante *(ristoránte)* m. restaurante.

ristorare *(ristoráre)* tr. restaurar, renovar.

ristoro *(ristóro)* m. consuelo (espiritual).

ristrettezza *(ristrettétsa)* f. restricción.

risultare *(risultáre)* itr. resultar.   [tado.

risultato *(risultáto)* m. resultado.

risuscitamento *(risuschitaménto)* m. resurrección.

risuscitare *(risuschitáre)* tr. e itr. resucitar.

risvegliare *(risvelliáre)* tr. despertar, avivar.

ritaglio *(ritállio)* m. retal, recorte.

ritardare *(ritardáre)* tr. retardar, atrasar.   [traso.

ritardo *(ritárdo)* m. atraso, retraso.

ritegno *(ritéño)* m. retención; discreción; apoyo. **senza —** sin medida, sin freno.

ritenere *(ritenére)* tr. retener; controlar; considerar; detener.

ritirare *(ritiráre)* tr. retirar, recoger.

ritirata *(ritiráta)* f. retirada; retrete.

ritirato *(ritiráto)* adj. retirado.

ritiro *(ritíro)* m. retiro; asilo.

rito *(ríto)* m. rito; costumbre, uso.

ritoccare *(ritoccáre)* tr. retocar; corregir.

ritornare *(ritornáre)* tr. devolver. itr. regresar, volver; repetirse.

ritorno *(ritórno)* m. retorno, regreso. [sión.

ritorsione *(ritorsióne)* f. retor-
ritrarre *(ritrarre)* tr. sacar; extraer; reproducir. itr. parecerse.

ritrattare *(ritrattáre)* tr. retratar; retractar.

ritrattarsi *(ritrattarsi)* rfl. retractarse.

ritrattazione *(ritrattadsióne)* f. retractación.

ritratto *(ritrátto)* m. retrato.

ritrovare *(ritrováre)* tr. encontrar; inventar.

ritrovarsi *(ritrovársi)* rfl. encontrarse de nuevo; encontrarse; adaptarse.

ritrovo *(ritróvo)* m. reunión.

ritto *(rítto)* adj. derecho.

riunione *(riunióne)* f. reunión, junta. [tar.

riunire *(riuníre)* tr. reunir, jun-
riunirsi *(riunírsi)* rfl. reunirse.

riuscire *(riuschíre)* itr. tener buen éxito, resultar; conseguir.

riuscita *(riuschíta)* f. acierto; resultado.

riva *(riva)* f. orilla, playa.

rivale *(rivále)* adj. y m. rival, competidor.

rivedere *(rivedére)* tr. rever, volver a ver; revisar; comprobar (cuentas). **a rivederci!** ¡hasta la vista!

rivelare *(riveláre)* tr. revelar, descubrir.

rivelazione *(riveladsióne)* f. revelación.

rivendere *(rivéndere)* tr. revender.

rivendita *(rivéndita)* f. reventa. [rente.

riverente *(riverénte)* adj. reve-
riverenza *(riverénsa)* f. reverencia.

riverire *(riveríre)* tr. reverenciar. **la riverisco distintamente** saludo a usted atentamente (en correspondencia).

rivestimento *(rivestiménto)* m. revestimiento.

rivestire *(rivestíre)* tr. revestir; vestir; ponerse; investir (de un cargo).

riviera *(riviéra)* f. ribera. .

rivista *(rivísta)* f. (mil.) revista, parada; revista.

rivivere *(rivívere)* itr. revivir; renacer.

rivolgere *(rivóldyere)* tr. dirigir; resolver; alejar.

rivolgersi *(rivóldyersi)* rfl. dirigirse.

rivolgimento *(rivoldyiménto)* m. trastorno; (med.) alteración.

rivolta *(rivólta)* f. revuelta, rebelión.

rivoltare *(rivoltáre)* tr. volver; sublevar.

rivoltarsi *(rivoltársi)* rfl. volverse; sublevarse.

rivoluzionario *(rivoludsionário)* adj. y m. revolucionario.

rivoluzione *(rivoludsióne)* f. revolución; (mec.) revolución.

rizzare *(ritsáre)* tr. erigir; izar; construir.

rizzarsi *(ritsársi)* rfl. enderezarse; erizarse (los cabellos).

roba *(róba)* f. cosas, víveres, vestidos, ropa.

robustezza *(robustétsa)* f. robustez, fortaleza.

robusto *(robústo)* adj. robusto.

rocca *(rócca)* f. rueca; roca; fortaleza.

roccia *(rótchia)* f. roca.

rodaggio *(rodátyio)* m. (técn.) rodaje.

rodere *(ródere)* tr. roer.

rodersi *(ródersi)* rfl. roerse, consumirse.

rogna *(róña)* f. (med.) roña, sarna.

—— RODERE ——

INFINITO Presente: rodere. **Passato:** avere roso. **GERUNDIO Semplice:** rodendo. **Composto:** avendo roso. **PARTICIPIO Presente:** rodente. **Passato:** roso. **INDICATIVO Presente: io rodo, tu rodi, egli rode; noi rodiamo, voi rodete, essi** rodono. **Passato prossimo:** ho roso, hai roso, ha roso; abbiamo roso, avete roso, hanno roso. **Imperfetto:** rodevo, rodevi, rodeva; rodevamo, rodevate, rodevano. **Trapassato prossimo:** avevo roso, avevi roso, aveva roso; avevamo roso, avevate roso, avevano roso. **Passato remoto:** rosi, rodesti, rose; rodemmo, rodeste, rosero. **Trapassato remoto:** ebbi roso, avesti roso, ebbe roso; avemmo roso, aveste roso, ebbero roso. **Futuro semplice:** roderò, roderai, roderà; roderemo, roderete, roderanno. **Futuro anteriore:** avrò roso, avrai roso, avrà roso; avremo roso, avrete roso, avranno roso. **CONDIZIONALE Presente:** roderei, roderesti, roderebbe; roderemmo, rodereste, roderebbero. **Passato:** avrei roso, avresti roso, avrebbe roso; avremmo roso, avreste roso, avrebbero roso. **CONGIUNTIVO Presente:** roda, roda, roda; rodiamo, rodiate, rodano. **Imperfetto:** rodessi, rodessi, rodesse; rodessimo, rodeste, rodessero. **Passato:** abbia roso, abbia roso, abbia roso; abbiamo roso, abbiate roso, abbiano roso. **Trapassato:** avessi roso, avessi roso, avesse roso; avessimo roso, aveste roso, avessero roso. **IMPERATIVO Presente:** rodi **tu,** roda **egli; rodiamo noi, rodete voi, rodano essi.**

rognone *(roñóne)* m. riñón (de animales).
romanico *(románico)* adj. y m. románico.
romano *(románo)* adj. y m. romano.
romànticismo *(romantichísmo)* m. romanticismo.
romantico *(romántico)* adj. y m. romántico.
romanziere *(romandsiére)* m. novelista.
romanzo *(romándso)* m. novela.·adj. romance. **lingue romanze** lenguas romances.
romito *(romíto)* adj. y m. eremita, solitario.
rompere *(rómpere)* tr. romper. itr. romperse; prorrumpir.

—— ROMPERE ——

INFINITO Presente: rompere. **Passato:** avere rotto. **GERUNDIO Semplice:** rompendo. **Composto** avendo rotto. **PARTICIPIO Presente:** rompente. **Passato:** rotto. **INDICATIVO Presente: io rompo, tu rompi, egli rompe; noi rompiamo, voi** rompete, essi rompono. **Passato prossimo:** ho rotto, hai rotto, ha rotto; abbiamo rotto, avete rotto, hanno rotto. **Imperfetto:** rompevo, rompevi, rompeva; rompevamo, rompevate, rompevano. **Trapassato prossimo:** avevo rotto, avevi rotto, aveva rotto; avevamo rotto, avevate rotto, avevano rotto. **Passato remoto:** ruppi, rompesti, ruppe; rompemmo, rompeste, ruppero. **Trapassato remoto:** ebbi rotto, avesti rotto, ebbe rotto; avemmo rotto, aveste rotto, ebbero rotto. **Futuro semplice:** romperò, romperai, romperà; romperemo, romperete, romperanno. **Futuro anteriore:** avrò rotto, avrai rotto, avrà rotto; avremo rotto, avrete rotto, avranno rotto. **CONDIZIONALE Presente:** romperei, romperesti, romperebbe; romperemmo, rompereste, romperebbero. **Passato:** avrei rotto, avresti rotto, avrebbe rotto; avremmo rotto, avreste rotto, avrebbero rotto. **CONGIUNTIVO Presente:** rompa, rompa, rompa; rompiamo, rompiate, rompano. **Imperfetto:** rompessi, rompessi, rompesse; rompessimo, rompeste, rompessero. **Passato:** abbia rotto, abbia rotto, abbia rotto; abbiamo rotto, abbiate rotto, abbiano rotto. **Trapassato:** avessi rotto, avessi rotto, avesse rotto; avessimo rotto, aveste rotto, avessero rotto. **IMPERATIVO Presente:** rompi **tu,** rompa **egli; rompiamo noi, rompete voi, rompano essi.**

roncare *(roncáre)* tr. rozar; podar.
rondine *(róndine)* f. (orn.) golondrina.
rondone *(rondóne)* m. (orn.) vencejo.
rosa *(rósa)* f. (bot.) rosa.
rosaio *(rosáio)* m. rosal.
rosario *(rosário)* m. rosario.
roseto *(roséto)* m. rosaleda.
rosetta *(rosétta)* f. roseta.
rosolia *(rosolía)* f. (med.) sarampión.
rossastro *(rossástro)* adj. rojizo.

rossetto *(rossétto)* m. carmín (para labios).

rosso *(rósso)* adj. y m. rojo; (fig.) comunista.

rossore *(rossóre)* m. rubor.

rosticceria *(rostitchería)* f. puesto o tienda de asados.

rosticciere *(rostitchiére)* m. propietario o empleado de una tienda de asados.

rostro *(róstro)* m. pico de las aves; (náut.) espolón.

rotaia *(rotáia)* f. raíl, carril.

rotare *(rotáre)* tr. e itr. rodar, girar.

rotativo *(rotatívo)* adj. rotativo. [ción.

rotazione *(rotadsióne)* f. rota-

rotella *(rotélla)* f. rodete; rueda pequeña; tuerca.

rotolo *(rótolo)* m. rollo (de papel o tejido).

rotondare *(rotondáre)* tr. redondear.

rotondo *(rotóndo)* adj. redondo.

rotta *(rótta)* f. desbordamiento; (náut.) derrota. **a — di collo** precipitadamente.

rottame *(rottáme)* m. escombros; chatarra.

rotto *(rótto)* adj. roto.

rottura *(rottúra)* f. rotura, fractura; desavenencia.

roventare *(roventáre)* tr. abrasar, enrojecer.

rovente *(rovénte)* adj. ardiente; al rojo vivo.

rovere *(róvere)* m. (bot.) roble.

rovescia *(rovéschia)* f. bocamanga. **alla — al revés, al contrario.

rovesciare *(roveschiáre)* tr. derramar; trastornar; derribar; volver del revés.

rovesciarsi *(roveschiarsi)* rfl. tumbarse, derramarse; caer.

rovescio *(rovéschio)* m. reverso; revés; chaparrón. adj. del revés.

rovescione *(roveschióne)* m. revés (golpe).

rovina *(rovína)* f. ruina.

rovinare *(rovináre)* tr. arruinar, derribar. itr. caer.

rubare *(rubáre)* tr. robar.

rubinetto *(rubinétto)* m. (técn.) llave, canilla, grifo.

rubino *(rubíno)* m. rubí.

rubrica *(rúbrica)* f. rúbrica; cuaderno (de direcciones).

ruga *(rúga)* f. arruga (de la piel).

ruggine *(rútyine)* f. herrumbre. [darse.

rugginire *(rutyiníre)* itr. oxi-

ruggire *(rudyíre)* itr. rugir.

rugito *(rudyíto)* m. rugido.

rugiada *(rudyiáda)* f. rocío.

rugoso *(rugóso)* adj. arrugado.

rullare *(rul-láre)* tr. allanar el terreno. itr. rodar; redoblar (el tambor).

rullo *(rúl-lo)* m. rodillo; cilindro; tambor; bolo; redoble.

rum *(rum)* m. ron.

ruminante *(rumináte)* adj. y m. rumiante.

ruminare *(rumináre)* tr. rumiar.

rumore *(rumóre)* m. rumor; ruido.

rumoreggiare *(rumoretyiáre)* tr. hacer ruido, alborotar.

rumoroso *(rumoróso)* adj. ruidoso; rumoroso.

ruolo *(ruólo)* m. registro; rol; papel, parte.

ruota *(ruóta)* f. rueda.

rupe *(rúpe)* f. peñasco.

ruscello *(ruschél-lo)* m. arroyo.

russare *(russáre)* itr. roncar.

russo *(rússo)* adj. y m. ruso.

rustico *(rústico)* adj. y m. rústico; (fig.) grosero.

ruttare *(ruttáre)* itr. eructar.

rutto *(rútto)* m. eructo.

ruvidezza *(ruvidétsa)* f. rudeza; aspereza.

ruvidità *(ruviditá)* f. rudeza; aspereza.

ruvido *(rúvido)* adj. rudo; áspero.

ruzzare *(rutsáre)* itr. retozar.

ruzzo *(rútso)* m. retozo. (fig.) capricho.

ruzzolare *(rutsoláre)* tr. hacer rodar; hacer bailar el peón. itr. rodar, dar vueltas.

ruzzolone *(rutsolóne)* m. vuelco, caída.

sabato *(sábato)* m. sábado.
sabbia *(sábbia)* f. arena.
sabotaggio *(sabotátyio)* m. sabotaje.
saccente *(satchénte)* adj. sabi-(h)ondo.
saccheggiare *(sakketyiáre)* tr. saquear.
saccheggio *(sakkétyio)* m. saqueo.
sacco *(sácco)* m. saco; costal; saqueo; (fig.) cantidad.
saccone *(saccóne)* m. jergón.
sacerdotale *(sacherdotále)* adj. sacerdotal.
sacerdote *(sacherdóte)* m. sacerdote.
sacramentare *(sacramentáre)* tr. jurar; blasfemar.
sacramento *(sacraménto)* m. sacramento; juramento solemne.
sacrare *(sacráre)* tr. consagrar. itr. blasfemar.
sacrario *(sacrário)* m. sagrario.
sacrestano *(sacrestáno)* m. sacristán. [tía.
sacrestia *(sacrestía)* f. sacris-
sacrificare *(sacrificáre)* tr. sacrificar. itr. celebrar misa.

sacrificio *(sacrifíchio)* m. sacrificio.
sacrilegio *(sacrilédyio)* m. sacrilegio.
sacro *(sácro)* adj. sacro, sagrado.
saetta *(saétta)* f. saeta; manecilla; rayo.
saettare *(saettáre)* tr. asaetear.
sagace *(sagáche)* adj. sagaz, astuto.
sagacità *(sagachitá)* f. sagacidad.
saggezza *(satyétsa)* f. sabiduría; juicio, cordura.
saggiare *(satyiáre)* tr. ensayar; probar.
saggio *(sátyio)* adj. sabio. m. sabio; ensayo. — **d'interesse** m. tipo de interés.
sagra *(ságra)* f. verbena.
sagrare *(sagráre)* tr. consagrar. itr. blasfemar.
sagrato *(sagráto)* m. blasfemia; recinto sagrado.
sagrestano *(sagrestáno)* m. sacristán. [tía.
sagrestia *(sagrestía)* f. sacris-
sala *(sála)* f. sala, salón; eje. — **da pranzo** comedor.
salame *(saláme)* m. salchichón.

alare *(saláre)* tr. salar. — **la scuola** faltar a la escuela (los chicos).

alario *(salário)* m. salario, sueldo, paga.

alassare *(salassáre)* tr. sangrar; derrochar.

alasso *(salásso)* m. sangría; derroche.

alato *(saláto)* adj. salado, chistoso; caro. m. embutido (de cerdo).

alatura *(salatúra)* f. salazón.

aldare *(saldáre)* tr. soldar; saldar; cicatrizarse (una herida).   [dor.

aldatoio *(saldatóio)* m. soldador.

aldo *(sáldo)* m. (com.) saldo. adj. firme.

ale *(sále)* f. sal; sal, agudeza, chiste. **dolce di** — insípido; tonto.

alice *(sáliche)* m. (bot.) sauce. — **piangente** sauce llorón.

aliera *(saliéra)* f. salero.

alina *(salína)* f. salina.

alino *(salíno)* adj. salino.

alire *(salíre)* itr. subir, elevarse; aumentar.

———————— **SALIRE** ————————

NFINITO **Presente** salire. **Passato:** essere o avere salito. **GERUNDIO Semplice:** salendo. **Composto:** essendo o avendo salito. **PARTICIPIO Presente:** saliente. **Passato:** salito. **INDICATIVO Presente:** io salgo, tu sali, egli sale; noi saliamo, voi salite, essi salgono. **Passato prossimo:** sono salito-a o ho salito, sei salito-a o hai salito, è salito-a o ha salito; siamo saliti-e o abbiamo salito, siete saliti-e o avete salito, sono saliti-e o anno salito. **Imperfetto:** salivo, salivi, saliva; salivamo, salivate, salivano. **Trapassato prossimo:** ero salito-a o avevo salito, eri salito-a o avevi salito, era salito-a o aveva salito; eravamo saliti-e o avevamo salito, eravate saliti-e o avevate salito, erano saliti-e o avevano salito. **Passato remoto:** salii, salisti, salì; salimmo, saliste, salirono. **Trapassato remoto:** fui salito-a o ebbi salito, fosti salito-a o avesti salito, fu salito-a o ebbe salito; fummo saliti-e o avemmo salito, foste saliti-e o aveste salito, furono saliti-e o ebbero salito. **Futuro semplice:** salirò, salirai, salirà; saliremo, salirete, saliranno. **Futuro anteriore:** sarò salito-a o avrò salito, sarai salito-a o avrai salito, sarà salito-a o avrà salito; saremo saliti-e o avremo salito, sarete saliti-e o avrete salito, saranno saliti-e o avranno salito. **CONDIZIONALE Presente:** salirei, saliresti, salirebbe; saliremmo, salireste, salirebbero. **Passato:** sarei salito-a o avrei salito, saresti salito-a o avresti salito, sarebbe salito-a o avrebbe salito; saremmo saliti-e o avremmo salito, sareste saliti-e o avreste salito, sarebbero saliti-e o avrebbero salito. **CONGIUNTIVO Presente:** salga, salga, salga; saliamo, saliate, salgano. **Imperfetto:** salissi, salissi, salisse; salissimo, saliste, salissero. **Passato:** sia salito-a o abbia salito, sia salito-a o abbia salito, sia salito-a o abbia salito; siamo saliti-e o abbiamo salito, siate saliti-e o abbiate salito, siano saliti-e o abbiano salito. **Trapassato:** fossi salito-a o avessi salito, fossi salito-a o avessi salito, fosse salito-a o avesse salito; fossimo saliti-e o avessimo salito, foste saliti-e o aveste salito, fossero saliti-e o avessero salito. **IMPERATIVO Presente:** sali tu, salga egli; saliamo noi, salite voi, salgano essi.

———————————————

saliscendi *(salischéndi)* m. picaporte; altibajo.

salita *(salíta)* f. subida.

saliva *(salíva)* f. saliva.

salma *(sálma)* m. cadáver, restos (mortales).

salmo *(sálmo)* m. salmo.

salmodia *(salmodía)* f. salmodia.

salmone *(salmóne)* m. (ict.) salmón.

salnitro *(salnítro)* m. salitre.

salone *(salóne)* m. salón.

salotto *(salótto)* m. salita.

salpare *(salpáre)* tr. e itr. (náut.) zarpar.

salsa *(sálsa)* f. salsa.

salsiccia *(salsítchia)* f. salchicha.

salsicciotto *(salsitchiótto)* m. salchichón.

saltare *(saltáre)* tr. e itr. saltar. [car.
saltellare *(saltel-láre)* itr. brincar.
saltimbanco *(saltimbánco)* m. saltabancos, saltimbanqui.
salto *(sálto)* m. salto.
salubre *(salúbre)* adj. salubre.
salubrità *(salubritá)* f. salubridad.
salumeria *(salumería)* f. salchichería, tienda de embutidos.
salumi *(salúmi)* m. pl. carnes saladas, embutidos.
salutare *(salutáre)* tr. saludar. adj. saludable.
salute *(salúte)* f. salud.
saluto *(salúto)* m. saludo.
salvadanaio *(salvadanáio)* m. hucha.
salvagente *(salvadyénte)* m. salvavidas.
salvamento *(salvaménto)* m. salvamento.
salvare *(salváre)* tr. salvar.
salvatore *(salvatóre)* m. salvador.
salvazione *(salvadsióne)* f. salvación. [ta.
salvietta *(salviétta)* f. serville-
salvo *(sálvo)* adj. salvo. **in salvo** a salvo. prep. salvo, excepto.
sanare *(sanáre)* tr. sanar, curar; sanear.
sanculotto *(sanculótto)* m. descamisado; (fig.) revolucionario.
sandalo *(sándalo)* m. sandalia.
sangue *(sangüe)* m. sangre; raza, casta.
sanguinare *(sangüináre)* itr. sangrar.
sanguinario *(sangüinário)* adj. sanguinario.
sanitario *(sanitário)* adj. sanitario. m. médico, facultativo, doctor.

sano *(sáno)* adj. sano; saludable.
santificare *(santificáre)* tr. santificar.
santissimo *(santíssimo)* adj. santísimo.
santità *(santitá)* f. santidad.
santo *(sánto)* adj. y m. santo.
santuario *(santuário)* m. santuario.
sapere *(sapére)* tr. saber. itr. tener sabor o gusto; oler a. m. sabiduría, ciencia.

———— SAPERE ————

INFINITO Presente: sapere. Passato: avere saputo. GERUNDIO Semplice: sapendo. Composto: avendo saputo. PARTICIPIO Presente: sapiente. Passato: saputo. INDICATIVO Presente: io so, tu sai, egli sa; noi sappiamo, voi sapete, essi sanno. Passato prossimo: ho saputo, hai saputo, ha saputo; abbiamo saputo, avete saputo, hanno saputo. Imperfetto: sapevo, sapevi, sapeva; sapevamo, sapevate, sapevano. Trapassato prossimo: avevo saputo, avevi saputo, aveva saputo; avevamo saputo, avevate saputo, avevano saputo. Passato remoto: seppi, sapesti, seppe; sapemmo, sapeste, seppero. Trapassato remoto: ebbi saputo, avesti saputo, ebbe saputo; avemmo saputo, aveste saputo, ebbero saputo. Futuro semplice: saprò, saprai, saprà; sapremo, saprete, sapranno. Futuro anteriore: avrò saputo, avrai saputo, avrà saputo; avremo saputo, avrete saputo, avranno saputo. CONDIZIONALE Presente: saprei, sapresti, saprebbe; sapremmo, sapreste, saprebbero. Passato: avrei saputo, avresti saputo, avrebbe saputo; avremmo saputo, avreste saputo, avrebbero saputo. CONGIUNTIVO Presente: sappia, sappia, sappia; sappiamo, sappiate, sappiano. Imperfetto: sapessi, sapessi, sapesse; sapessimo, sapeste, sapessero. Passato: abbia saputo, abbia saputo, abbia saputo; abbiamo saputo, abbiate saputo, abbiano saputo. Trapassato: avessi saputo, avessi saputo, avesse saputo; avessimo saputo, aveste saputo, avessero saputo. IMPERATIVO Presente: sappi tu, sappia egli; sappiamo noi, sappiate voi, sappiano essi.

————

sapiente *(sapiénte)* adj. sabio docto.
sapienza *(sapiéndsa)* f. sabiduría.
sapone *(sapóne)* m. jabón.

aponeria *(saponería)* f. jabonería.

aponetta *(saponétta)* f. pastilla de jabón.

apore *(sapóre)* m. sabor.

ardella, ina *(sardél-la, sardína)* f. sardina.

arta *(sárta)* f. sastra, costurera.

arto *(sárto)* m. sastre.

artoria *(sartoría)* f. sastrería.

asso *(sásso)* m. piedra, roca.

atira *(sátira)* f. sátira.

atireggiare *(satiretyiáre)* tr. e itr. satirizar.

atiro *(sátiro)* m. satírico; sátiro.

avio *(sávio)* adj. y m. cuerdo, juicioso.

aziare *(sadsiáre)* tr. saciar.

azio *(sádsio)* adj. harto, satisfecho; cansado.

baciucchiare *(sbachiukkiáre)* tr. besuquear.

baciucchio *(sbachiukkío)* m. besuqueo.

badataggine *(sbadatátyine)* f. distracción.

badato *(sbadáto)* adj. distraído.

badigliare *(sbadilliáre)* itr. bostezar.   [zo.

badiglio *(sbadíllio)* m. boste-

bagliare *(sballiáre)* tr. e itr. errar, equivocarse.

baglio *(sbállio)* m. error.

ballare *(sbal-láre)* tr. desembalar; (fig.) exagerar, fanfarronear.

balordimento *(sbalordiménto)* m. aturdimiento; asombro.

balordire *(sbalordíre)* tr. aturdir, pasmar. itr. aturdirse, pasmarse.

balzare *(sbaldsáre)* tr. lanzar; derribar; repujar. ¹itr. botar. — **dal letto** saltar de la cama.

sbalzo *(sbáldso)* m. salto, brinco; repujado.

sbandimento *(sbandiménto)* m. expulsión, destierro.

sbandire *(sbandíre)* tr. expulsar, desterrar.

sbarazzare *(sbaratsáre)* tr. desembarazar.

sbarazzarsi *(sbaratsársi)* rfl. desembarazarse.

sbarcare *(sbarcáre)* tr. desembarcar.

sbarco *(sbárco)* m. desembarco, desembarque.

sbarra *(sbárra)* f. barrote, barra.

sbarramento *(sbarraménto)* m. obstáculo.

sbarrare *(sbarráre)* tr. atajar, obstruir.

sbattere *(sbáttere)* tr. batir; sacudir; lanzar. itr. batir; chocar.

sbiadire *(sbiadíre)* tr. descolorar, desteñir. itr. desçolorarse, desteñirse.

sbiancare *(sbiancáre)* tr. blanquear. itr. palidecer.

sbiecare *(sbiecáre)* tr. sesgar. itr. torcerse.

sbigottimento *(sbigottiménto)* m. turbación, desconcierto.

sbigottire *(sbigottíre)* tr. turbar, desconcertar.

sbilanciare *(sbilanchiáre)* tr. desequilibrar. itr. estar desequilibrado; perder el equilibrio.

sbilanciarsi *(sbilanchiársi)* rfl. salirse de los límites.

sbilancio *(sbilánchio)* m. desequilibrio; (com.) déficit.

sbirro *(sbírro)* m. esbirro.

sboccare *(sboccáre)* tr. verter; desembocar.

sboccatura *(sboccatúra)* f. desembocadura.

sbocco *(sbócco)* m. desembocadura (de un río); (med.)

vómito (de sangre); (com.)
salida.

sbornia *(sbórnia)* f. borrachera.

sborniare *(sborniáre)* itr. emborrachar.

sborsare *(sborsáre)* tr. desembolsar.

sborso *(sbórso)* m. desembolso; gasto.

sboscare *(sboscáre)* tr. talar
(bosques).

sbottonare *(sbottonáre)* tr. de-
sabotonar.

sbozzare *(sbotsáre)* tr. bosquejar, esbozar.

sbozzatura *(sbotsatúra)* f. bosquejo, esbozo.

sbozzo *(sbótso)* m. esbozo.

sbranare *(sbranáre)* tr. despedazar.

sbriciolare *(sbrichioláre)* tr.
desmigajar.

sbrigamento *(sbrigaménto)* m.
despacho. [char.

sbrigare *(sbrigáre)* tr. despa-
sbrigarsi *(sbrigársi)* rfl. apresurarse.

sbrogliare *(sbrolliáre)* tr. de-
sembrollar.

sbuffare *(sbuffáre)* itr. bufar,
resoplar.

sbuffata *(sbuffáta)* f. bufido.

sbugiardare *(sbudyiardáre)* tr.
desmentir.

scabrosità *(scabrositá)* f. escabrosidad; dificultad.

scacchiera *(scakkiéra)* f. tablero (de ajedrez).

scacciamosche *(scatchiamós-
ke)* m. espantamoscas.

scacciare *(scatchiáre)* tr. ahuyentar; expulsar.

scacchi *(scákki)* m. pl. juego
de ajedrez.

scadente *(scadénte)* adj. ordinario; insuficiente.

scadenza *(scadéndsa)* f. ven‹
miento; plazo.

scadere *(scadére)* itr. declina
deteriorarse; vencer un t‹
mino.

scaffale *(scaffále)* m. anaqu‹
estantería.

scafo *(scáfo)* m. (náut.) casc

scaglia *(scállia)* f. escam‹
brizna.

scagliare *(scalliáre)* tr. lanza
escamar.

scagliarsi *(scalliársi)* rfl. arr
jarse; hacerse añicos.

scagliola *(scallióla)* f. escay‹
la.

scala *(scála)* f. escala; escal
(de mano, de cuerdas, etc.

scalare *(scaláre)* tr. escalar; r‹
bajar.

scalata *(scaláta)* f. escalada.

scaldamento *(scaldaménto)* n
calentamiento.

scaldapiatti *(scaldapiátti)* n
calientaplatos.

scaldapiedi *(scaldapiédi)* n
calientapiés.

scaldare *(scaldáre)* tr. cale‹
tar; animar, enardecer.

scalea *(scaléa)* f. escalinata
escalera.

scaleo *(scaléo)* m. gradilla, es
calerilla portátil.

scalinata *(scalináta)* f. escal
nata. [peldañc

scalino *(scalíno)* m. escalór

scalo *(scálo)* m. embarcadero
muelle; (náut.) grada. **— d
costruzione** astillero.

scaloppa *(scalóppa)* f. chulet‹
de ternera.

scalpellare *(scalpel-láre)* tr
cincelar.

scalpello *(scalpéllo)* m. (med.)
escalpelo; cincel.

scaltro *(scáltro)* adj. astuto
sagaz, pícaro.

scalzare *(scaldsáre)* tr. descal
zar; socavar.

scalzo *(scáldso)* adj. descalzo

cambiare *(scambiáre)* tr. cambiar, trocar.

cambio *(scámbio)* m. cambio, canje.

campagnare *(scampañáre)* itr. ir de campo.

campagnata *(scampañáta)* f. excursión, jira campestre.

campanata *(scampanáta)* f. campaneo.

campanellare *(scampanel-láre)* itr. campanillear.

campanellio *(scampanel-lío)* m. campanilleo.

campare *(scampáre)* tr. salvar. itr. escapar, salvarse.

camparsi *(scampársi)* rfl. ponerse a salvo.

scampo *(scámpo)* m. salvamento, salvación; (zool.) cigala.

cancellare *(scanchel-láre)* tr. tachar, borrar.

scandaglio *(scandállio)* m. sonda; sondeo.

scandalizzare *(scandalitsáre)* tr. escandalizar.

scandalo *(scándalo)* m. escándalo.

scantonare *(scantonáre)* tr. descantillar. itr. doblar la esquina (de la calle).

scapezzare *(scapetsáre)* tr. descabezar; desmochar (árboles).

scapola *(scápola)* f. (anat.) omoplato.

scapolare *(scapoláre)* tr. e itr. esquivar, evitar; escaparse, evadirse. itr. (náut.) escapular. m. escapulario.

scapolo *(scápolo)* adj. y m. célibe, soltero. **vecchio —** solterón.

scappare *(scappáre)* itr. escapar; evadirse.

scappata *(scappáta)* f. huida, escapada; salida; error.

scappellarsi *(scappel-lársi)* rfl. descubrirse.

scarabocchiare *(scarabokkiá-re)* tr. garabatear; emborronar.

scarceramento *(scarcheramén-to)* m. excarcelación.

scarcerare *(scarcheráre)* tr. excarcelar.

scarica *(scárica)* f. descarga.

scaricamento *(scaricaménto)* m. descarga.

scaricare *(scaricáre)* tr. descargar; disparar.

scaricatoio *(scaricatóio)* m. descargadero.

scaricatore *(scaricatóre)* m. descargador.   [carga.

scaricatura *(scaricatúra)* f. descarico *(scárico)* m. descarga, descargo; desecho; justificación.

scarlattina *(scarlattína)* f. (med.) escarlatina.

scarno *(scárno)* adj. descarnado, flaco, enjuto.

scarpa *(scárpa)* f. zapato; chanclo.

scarpino *(scarpíno)* m. escarpín.

scarsità *(scarsitá)* f. escasez; miseria, pobreza.

scarso *(scárso)* adj. escaso; falto, ralo; tacaño.

scartafaccio *(scartafátchio)* m. cartapacio.

scartare *(scartáre)* tr. descartar; desenvolver.

scassare *(scassáre)* tr. desembalar, descerrajar, forzar; (agr.) roturar.

scasso *(scásso)* m. fractura, descerrajadura; (agr.) roturación.

scatenamento *(scatenaménto)* m. desencadenamiento.

scatenare *(scatenáre)* tr. desencadenar.

scatola *(scátola)* f. caja, estuche.

scatto *(scátto)* m. disparo; salto; (fig.) ímpetu. **di scatto** de pronto.

scaturire *(scaturíre)* itr. surtir, brotar, manar, surgir.

scavalcare *(scavalcáre)* tr. apear del caballo; superar. itr. desmontarse, apearse, descabalgar.

scavamento *(scavaménto)* m. excavación, cavadura.

scavare *(scaváre)* tr. excavar, desenterrar.

scegliere *(schelliére)* tr. escoger, elegir; preferir.

scellino *(schel-líno)* m. chelín.

——————— **SCEGLIERE** ———————

INFINITO Presente: scegliere. **Passato:** avere scelto. **GERUNDIO Semplice:** scegliendo. **Composto:** avendo scelto. **PARTICIPIO Presente:** scegliente. **Passato:** scelto. **INDICATIVO Presente:** io scelgo, tu scegli, egli sceglie; noi scegliamo, voi scegliete, essi scelgono. **Passato prossimo:** ho scelto, hai scelto, ha scelto; abbiamo scelto, avete scelto, hanno scelto. **Imperfetto:** sceglievo, sceglievi, sceglieva; sceglievamo, sceglievate, sceglievano. **Trapassato prossimo** avevo scelto, avevi scelto, aveva scelto; avevamo scelto, avevate scelto, avevano scelto. **Passato remoto:** scelsi, scegliesti, scelse; scegliemmo, sceglieste, scelsero. **Trapassato remoto:** ebbi scelto, avesti scelto, ebbe scelto; avemmo scelto, aveste scelto, ebbero scelto. **Futuro semplice:** sceglierò, sceglierai, sceglierà; sceglieremo, sceglierete, sceglieranno. **Futuro anteriore:** avrò scelto, avrai scelto, avrà scelto; avremo scelto, avrete scelto, avranno scelto. **CONDIZIONALE Presente:** sceglierei, sceglieresti, sceglierebbe; sceglieremmo, scegliereste, sceglierebbero. **Passato:** avrei scelto, avresti scelto, avrebbe scelto; avremmo scelto, avreste scelto, avrebbero scelto. **CONGIUNTIVO Presente:** scelga, scelga, scelga; scegliamo, scegliate, scelgano. **Imperfetto:** scegliessi, scegliessi, scegliesse; scegliessimo, sceglieste, scegliessero. **Passato:** abbia scelto, abbia scelto, abbia scelto; abbiamo scelto, abbiate scelto, abbiano scelto. **Trapassato:** avessi scelto, avessi scelto, avesse scelto; avessimo scelto, aveste scelto, avessero scelto. **IMPERATIVO Presente:** scegli tu, scelga egli; scegliamo noi, scegliete voi, scelgano essi.

scelta *(schélta)* f. elección.

scemare *(schemáre)* tr. e itr. disminuir, bajar.

scena *(schéna)* f. escena.

scendere *(schéndere)* tr. e itr. descender, bajar; disminui (los precios).

——————— **SCENDERE** ———————

INFINITO Presente: scendere. **Passato** essere o avere sceso. **GERUNDIO Semplice:** scendendo. **Composto:** essendo avendo sceso. **PARTICIPIO Presente** scendente. **Passato:** sceso. **INDICATIVO Presente:** io scendo, tu scendi, egli scen de; noi scendiamo, voi scendete, es scendono. **Passato prossimo:** sono sceso-o ho sceso, sei sceso-a o hai sceso, sceso-a o ha sceso; siamo scesi-e o abbia mo sceso, siete scesi-e o avete sceso, son scesi-e o hanno sceso. **Imperfetto:** scen devo, scendevi, scendeva; scendevamo scendevate, scendevano. **Trapassato prossi mo:** ero sceso-a o avevo sceso, eri sceso o avevi sceso, era sceso-a o aveva sceso eravamo scesi-e o avevamo sceso, eravate scesi-e o avevate sceso, erano scesi-e o avevano sceso. **Passato remoto:** scesi scendesti, scese; scendemmo, scendeste scesero. **Trapassato remoto:** fui sceso-a o ebbi sceso, fosti sceso-a o avesti sceso, fu sceso-a o ebbe sceso; fummo scesi-e o avemmo sceso, foste scesi-e o aveste sceso, furono scesi-e o ebbero sceso. **Futuro semplice:** scenderò, scenderai, scenderà; scenderemo, scenderete, scenderan no. **Futuro anteriore:** sarò sceso-a o avrò sceso, sarai sceso-a o avrai sceso, sarà sceso-a o avrà sceso; saremo scesi-e o avremo sceso, sarete scesi-e o avrete sceso, saranno scesi-e o avranno sceso. **CONDIZIONALE Presente:** scenderei, scenderesti, scenderebbe; scenderemmo, scendereste, scenderebbero. **Passato:** sa rei sceso-a o avrei sceso, saresti sceso-a o avresti sceso, sarebbe sceso-a o avreb be sceso; saremmo scesi-e o avremmo sceso, sareste scesi-e o avreste sceso, sarebbero scesi-e o avrebbero sceso. **CONGIUNTIVO Presente:** scenda, scenda, scenda; scendiamo, scendiate, scendano. **Imperfetto:** scendessi, scendessi, scendesse; scendessimo, scendeste, scendessero. **Passato:** sia sceso-a o abbia sceso, sia sceso-a o abbia sceso, sia sceso-a o abbia sceso; siamo scesi-e o abbiamo sceso, siate scesi-e o abbiate sceso, siano scesi-e o abbiano sceso. **Trapassato:** fossi sceso-a o avessi sceso, fossi sceso-a o avessi sceso, fosse sceso-a o avesse sceso; fossimo scesi-e o avessimo sceso, foste scesi-e o aveste sceso, fossero scesi-e o avessero sceso. **IMPERATIVO Presente:** scendi tu, scenda egli; scendiamo noi, scendete voi, scendano essi.

ceneggiare *(schenetyiáre)* tr. escenificar.

ceneggiatura *(schenetyiatúra)* f. escenificación; guión.

cesa *(schésa)* f. bajada, pendiente. [tico.

cettico *(schéttico)* adj. excép-

cettro *(schéttro)* m. cetro.

cheda *(skéda)* f. cédula; papeleta de elecciones.

cheggia *(skétyia)* f. astilla.

cheggiare *(sketyiáre)* tr. astillar, resquebrajar. [leto.

cheletro *(skéletro)* m. esque-

schema *(skéma)* m. esquema; plan, proyecto.

scherma *(skérma)* f. esgrima.

schermire *(skermíre)* itr. esgrimir.

schermo *(skérmo)* m. defensa; pantalla (de cine); (fot.) filtro.

schernire *(skerníre)* tr. escarnecer; menospreciar.

scherno *(skérno)* m. escarnio; desprecio; burla.

scherzare *(skerdsáre)* itr. bromear.

scherzo *(skérdso)* m. broma.

scherzoso *(skerdsóso)* adj. chistoso.

schiacciamento *(skiatchiaménto)* m. aplastamiento.

schiaccianoci *(skiatchianóchi)* m. cascanueces.

schiacciare *(skiatchiáre)* tr. cascar; aplastar.

schiaffare *(skiaffáre)* tr. arrojar; meter.

schiaffeggiare *(skiaffetyiáre)* tr. abofetear.

schiaffo *(skiáffo)* m. bofetón, bofetada.

schiamazzare *(skiamatsáre)* itr. chillar, gritar, alborotar.

schiamazzio *(skiamatsío)* m. griterío, alboroto.

schiantare *(skiantáre)* tr. quebrar, arrancar. itr. estallar.

schianto *(skiánto)* m. rotura; estallido.

schiarimento *(skiariménto)* m. aclaración, esclarecimiento.

schiarire *(skiaríre)* tr. e itr. aclarar, aclararse.

schiavitù *(skiavitú)* f. esclavitud.

schiavo *(skiávo)* m. esclavo.

schiena *(skiéna)* f. dorso, espalda.

schiera *(skiéra)* f. línea, fila; (mil.) batallón; (fig.) multitud.

schierare *(skieráre)* tr. (mil.) disponer las tropas en orden de batalla.

schietto *(skiétto)* adj. sencillo; franco, sincero; puro.

schifare *(skifáre)* tr. desdeñar; evitar; repugnar.

schifezza *(skifétsa)* f. porquería; asco, repugnancia.

schifo *(skífo)* adj. asqueroso. m. asco.

schifoso *(skifóso)* adj. asqueroso.

schioccare *(skioccáre)* tr. chasquear (el látigo); restallar.

schiocco *(skiócco)* m. chasquido. [clavar.

schiodare *(skiodáre)* tr. des-

schioppettata *(skioppettáta)* f. escopetazo.

schioppo *(skióppo)* m. escopeta, rifle, fusil.

schiuma *(skiúma)* f. espuma.

schiumarola *(skiumaróla)* f. espumadera.

schiumare *(skiumáre)* tr. espumar.

schiumoso *(skiumóso)* adj. espumoso.

schivare *(skiváre)* tr. esquivar, evitar; desdeñar.

schivo *(skívo)* adj. esquivo.

schizzare *(skitsáre)* tr. salpicar; esbozar, bosquejar; brotar, manar. itr. saltar; salir con fuerza.

sci (*schi*) m. esquí.

scia (*schía*) f. estela.

sciabola (*schiábola*) f. sable.

sciacquare (*siakkuáre*) tr. enjuagar.

sciagura (*schiagúra*) f. desgracia, desventura.

scialacquare (*schialakkuáre*) tr. derrochar, despilfarrar.

scialacquo (*schialákkuo*) m. despilfarro.

scialare (*schialáre*) tr. despilfarrar.   [tón.

scialle (*schiál-le*) m. chal, man-

scialuppa (*schialúppa*) f. chalupa.

sciamare (*schiamáre*) itr. enjambrarse.

sciame (*schiáme*) m. enjambre.

sciampagna (*schiampáña*) f. champaña.

sciare (*schiáre*) itr. esquiar.

scientifico (*schientífico*) adj. científico.

scienza (*schiéndsa*) f. ciencia, sabiduría.

scienziato (*schiendsiáto*) adj. y m. docto, sabio; científico.

scilinguare (*schilinguáre*) itr. balbucear, tartamudear.

scilinguato (*schilinguáto*) adj. y m. tartamudo.

scimmia (*schímmia*) f. mono, mona.

scindere (*schíndere*) tr. dividir, separar, escindir.

——————— SCINDERE ———————

INFINITO Presente: scindere. **Passato:** avere scisso. **GERUNDIO Semplice:** scindendo. **Composto:** avendo scisso. **PARTICIPIO Presente:** scindente. **Passato:** scisso. **INDICATIVO Presente:** io scindo, tu scindi, egli scinde; noi scindiamo, voi scindete, essi scindono. **Passato prossimo:** ho scisso, hai scisso, ha scisso; abbiamo scisso, avete scisso, hanno scisso. **Imperfetto:** scindevo, scindevi, scindeva; scindevamo, scindevate, scindevano. **Trapas-**

sato prossimo: avevo scisso, avevi sciss aveva scisso; avevamo scisso, aveva scisso, avevano scisso. **Passato remoto** scissi, scindesti, scisse; scindemmo, sci deste, scissero. **Trapassato remoto:** eb scisso, avesti scisso, ebbe scisso; avemm scisso, aveste scisso, ebbero scisso. **Futu ro semplice:** scinderò, scinderai, scinder scinderemo, scinderete, scinderanno. **Fu turo anteriore:** avrò scisso, avrai sciss avrà scisso; avremo scisso, avrete sciss avranno scisso. **CONDIZIONALE Pr sente:** scinderei, scinderesti, scinderebb scinderemmo, scindereste, scinderebber **Passato:** avrei scisso, avresti scisso, avre be scisso; avremmo scisso, avreste sciss avrebbero scisso. **CONGIUNTIVO Pr sente:** scinda, scinda, scinda; scindiam scindiate, scindano. **Imperfetto:** scindess scindessi, scindesse; scindessimo, scind ste, scindessero. **Passato:** abbia scisso, a bia scisso, abbia scisso; abbiamo sciss abbiate scisso, abbiano scisso. **Trapass to:** avessi scisso, avessi scisso, aves scisso; avessimo scisso, aveste scisso, ave sero scisso. **IMPERATIVO Presente:** sci di **tu,** scinda egli; scindiamo **noi,** scind te **voi,** scindano **essi.**

scintilla (*schintíl-la*) f. cente lla; chispa.

scintillare (*schintil-láre*) itr centellear; chispear.

sciocchezza (*schiokkétsa* tontería.

sciocco (*schiókko*) adj. y m tonto, bobo.

sciogliere (*schiólliere*) tr. sol tar; anular; disolver; derre tir.

——————— SCIOGLIERE ———————

INFINITO Presente: sciogliere. **Passato** avere sciolto. **GERUNDIO Semplice** sciogliendo. **Composto:** avendo sciolto. **PARTICIPIO Presente:** sciogliente. **Pas sato:** sciolto. **INDICATIVO Presente** lo sciolgo, tu sciogli, egli scioglie; no sciogliamo, voi sciogliete, essi sciolgo no. **Passato prossimo:** ho sciolto, ha sciolto, ha sciolto; abbiamo sciolto, ave te sciolto, hanno sciolto. **Imperfetto:** scioglievo, scioglievi, scioglieva; scioglie vamo, scioglievate, scioglievano. **Trapas sato prossimo:** avevo sciolto, avevi sciol to, aveva sciolto; avevamo sciolto, ave vate sciolto, avevano sciolto. **Passato remoto:** sciolsi, sciogliesti, sciolse; scio gliemmo, scioglieste, sciolsero. **Trapas sato remoto:** ebbi sciolto, avesti sciolto, ebbe sciolto; avemmo sciolto, aveste sciolto, ebbero sciolto. **Futuro semplice:**

:ioglierò o sciorrò, scioglierai o sciorrai, :ioglierà o sciorrà; scioglierremo o sciorremo, scioglierete o sciorrete, scioglieran-
o o sciorranno. **Futuro anteriore:** avrò iolto, avrai sciolto, avrà sciolto; avremo iolto, avrete sciolto, avranno sciolto. **ONDIZIONALE Presente:** scioglierei o :iorrei, scioglieresti o sciorresti, scioglie-
ebbe o sciorrebbe; scioglieremmo o :iorremmo, sciogliereste o sciorreste, :ioglierebbero o sciorrebbero. **Passato:** vrei sciolto, avresti sciolto, avrebbe :iolto; avremmo sciolto, avreste sciolto, vrebbero sciolto. **CONGIUNTIVO Pre-
ente:** sciolga, sciolga, sciolga; scioglia-
io, sciogliate, sciolgano. **Imperfetto:** :iogliessi, sciogliessi, sciogliesse; scio-
iiessimo, scioglieste, sciogliessero. **Pas-
ato:** abbia sciolto, abbia sciolto, abbia :iolto; abbiamo sciolto, abbiate sciolto, bbiano sciolto. **Trapassato:** avessi sciol-
>, avessi sciolto, avesse sciolto; avessimo :iolto, aveste sciolto, avessero sciolto. **MPERATIVO Presente:** sciogli tu, sciol-
a egli; sciogliamo noi, sciogliete voi, :iolgano essi.

sciogliersi *(schiolliérsi)* rfl. soltarse, desatarse; derretirse (la nieve).

scioglilingua *(schiollilíngua)* m. trabalenguas.

scioglimento *(schiolliménto)* m. soltura; disolución; levantamiento (de sesión).

scioltezza *(schioltétsa)* f. soltura; agilidad.

sciolto *(schiólto)* adj. disuelto; libre, suelto.

scioperante *(schioperánte)* m. huelguista.

scioperare *(schioperáre)* itr. holgar; hacer huelga.

scioperatezza *(schioperatétsa)* f. ociosidad; disipación.

scioperato *(schioperáto)* adj. y m. holgazán; desocupado; disoluto.

sciopero *(schiópero)* m. huelga.

sciroppo *(schiróppo)* m. almíbar (med.) jarabe.

sciupare *(schiupáre)* tr. deteriorar; malgastar.

scivolare *(schivoláre)* itr. resbalar, deslizar(se).

scivolata *(schivoláta)* f. resbalón.

scodella *(scodél-la)* f. escudilla, plato sopero.

scogliera *(scolliéra)* f. escollera, arrecife.

scoglio *(scóllio)* m. escollo.

scoiattolo *(scoiáttolo)* m. (zool.) ardilla.

scolare *(scoláre)* tr. escurrir. itr. gotear, escurrirse, derramarse. m. escolar, estudiante.

scolaro *(scoláro)* m. escolar, alumno, estudiante.

scolastico *(scolástico)* adj. y m. escolar, escolástico.

scollare *(scol-láre)* tr. escotar (un vestido); desencolar.

scollo *(scól-lo)* m. escote (en vestido).

scolorare, scolorire *(scoloráre, scoloríre)* tr. descolorar, desteñir.

scolorarsi *(scolorársi)* rfl. descolorirse.

scolpa *(scólpa)* f. disculpa.

scolpare *(scolpáre)* tr. disculpar, justificar.

scolpimento *(scolpiménto)* m. escultura.

scolpire *(scolpíre)* tr. esculpir; grabar.

scommessa *(scomméssa)* f. apuesta. **fare una —** apostar.

scommettere *(scomméttere)* tr. apostar.

scomodare *(scomodáre)* tr. incomodar.   [modo.

scomodo *(scómodo)* adj. incó-

scomparire *(scomparíre)* itr. desaparecer; hacer mal papel.

scompartimento *(scompartiménto)* m. compartimento; estante; casilla.

scompartire *(scompartíre)* tr. partir; separar; distribuir.

scompiacente *(scompiachénte)* adj. y m. desatento.
scompiacere *(scompiachére)* tr. disgustar (por desatención).
scompiacenza *(scompiachéndsa)* f. descortesía.
scompigliare *(scompilliáre)* tr. trastornar.
scompiglio *(scompíllio)* m. trastorno, confusión.
scomporre *(scompórre)* tr. descomponer.
scomunica *(scomúnica)* f. excomunión.
scomunicare *(scomunicáre)* tr. excomulgar.
scomunicazione *(scomunicadsióne)* f. excomunión.
sconcertare *(sconchertáre)* tr. desconcertar.
sconcerto *(sconchérto)* m. desconcierto.
sconcezza *(sconchétsa)* f. suciedad, fealdad; obscenidad.
sconciare *(sconchiáre)* tr. desarreglar, estropear.
sconcio *(scónchio)* adj. sucio; feo; obsceno.
sconcordia *(sconcórdia)* f. discordia, desunión.
sconfitta *(sconfítta)* f. derrota.
sconfortare *(sconfortáre)* tr. desanimar; disuadir.
sconfortarsi *(sconfortársi)* rfl. abatirse, desanimarse.
scongiurare *(scondyiuráre)* tr. conjurar, rogar.
scongiuro *(scondyiúro)* m. conjuro, exorcismo; súplica.
sconnessione *(sconnessióne)* f. inconexión.
sconnettere *(sconnéttere)* tr. desconectar; desatar, desunir. itr. disparatar.
sconoscente *(sconoschénte)* adj. desconocido; ingrato.

sconoscenza *(sconoschénds)* f. desconocimiento; ingratud.
sconoscere *(sconóschere)* e itr. desconocer, ignora desagradecer.
sconosciuto *(sconoschiúto)* a y m. desconocido.
sconquassare *(sconcuassár* tr. destrozar, desvencijar; s cudir.
sconsideratezza *(sconsiderate sa)* f. irreflexión, desconsid ración.
sconsiderato *(sconsiderát* adj. y m. desconsiderado.
sconsigliare *(sconsilliáre)* desaconsejar.
sconsolato *(sconsoláto)* a desconsolado, afligido.
sconsolazione *(sconsoladsión* f. desconsuelo.
scontare *(scontáre)* tr. desco tar; purgar (una pena).
scontentare *(scontentáre)* t disgustar.
scontentezza *(scontentétsa)* descontento.
scontento *(sconténto)* adj. de contento, disgustado. m. di gusto.
sconto *(scónto)* m. descuent rebaja.
scontorcere *(scontórchere)* t torcer, retorcer.
scontorcimento *(scontorch ménto)* m. contorsión; reto cimiento.
scontrare *(scontráre)* tr. en contrar.
scontro *(scóntro)* m. encuen tro; colisión; discusión, pe lea.
sconveniente *(sconveniénte* adj. inconveniente.
sconvolgimento *(sconvoldyi ménto)* m. alteración; turba ción.
scopa *(scópa)* f. escoba.

scopare *(scopáre)* tr. barrer, escobar.

scoperta *(scopérta)* f. descubrimiento.

scoperto *(scopérto)* adj. descubierto.

scopo *(scópo)* m. fin, objeto, intención, intento. **raggiungere lo —** alcanzar el fin perseguido.

scoppiare *(scoppiáre)* tr. separar; desaparejar. itr. reventar, estallar.

scoppiatura *(scoppiatúra)* f. estallido, reventón.

scoprire *(scoprire)* tr. descubrir; manifestar.

scoraggiare *(scoratyiáre)* tr. desalentar, desanimar.

scoraggiato *(scoratyiáto)* adj. desanimado.

scorciare *(scorchiáre)* tr. acortar; escorzar.

scorciatoia *(scorchiatóia)* f. atajo.

scordare *(scordáre)* tr. olvidar; desafinar.

scordarsi *(scordársi)* rfl. olvidarse; (mús.) desafinarse, destemplarse.

scorgere *(scórdyere)* tr. percibir, notar.

scoria *(scória)* f. escoria.

scoriazione *(scoriadsióne)* f. escoriación.

scorrere *(scórrere)* tr. saquear; recorrer; echar una ojeada o vistazo. itr. deslizarse, fluir, resbalar; correr.

scorretto *(scorrétto)* adj. incorrecto; descortés.

scorso *(scórso)* adj. pasado, transcurrido. m. falta.

scorta *(scórta)* f. escolta.

scortese *(scortése)* adj. descortés. [tesía.

scortesia *(scortesía)* f. descortesía.

scorticare *(scorticáre)* tr. desollar, despellejar.

scorza *(scórdsa)* f. corteza, cáscara.

scorzare *(scordsáre)* tr. descortezar, pelar.

scossa *(scóssa)* f. sacudida; traqueteo; choque; chaparrón, chubasco.

scostare *(scostáre)* tr. apartar, separar. [ta.

scotta *(scótta)* f. (náut.) escota.

scottare *(scottáre)* tr. e itr. quemar.

SCRIVERE

INFINITO Presente: scrivere. **Passato:** avere scritto. **GERUNDIO Semplice:** scrivendo. **Composto:** avendo scritto. **PARTICIPIO Presente:** scrivente. **Passato:** scritto. **INDICATIVO Presente: io** scrivo, **tu** scrivi, **egli** scrive; **noi** scriviamo, **voi** scrivete, **essi** scrivono. **Passato prossimo:** ho scritto, hai scritto, ha scritto; abbiamo scritto, avete scritto, hanno scritto. **Imperfetto:** scrivevo, scrivevi, scriveva; scrivevamo, scrivevate, scrivevano. **Trapassato prossimo:** avevo scritto, avevi scritto, aveva scritto; avevamo scritto, avevate scritto, avevano scritto. **Passato remoto:** scrissi, scrivesti, scrisse; scrivemmo, scriveste, scrissero. **Trapassato remoto:** ebbi scritto, avesti scritto, ebbe scritto; avemmo scritto, aveste scritto, ebbero scritto. **Futuro semplice:** scriverò, scriverai, scriverà; scriveremo, scriverete, scriveranno. **Futuro anteriore:** avrò scritto, avrai scritto, avrà scritto; avremo scritto, avrete scritto, avranno scritto. **CONDIZIONALE Presente:** scriverei, scriveresti, scriverebbe; scriveremmo, scrivereste, scriverebbero. **Passato:** avrei scritto, avresti scritto, avrebbe scritto; avremmo scritto, avreste scritto, avrebbero scritto. **CONGIUNTIVO Presente:** scriva, scriva, scriva; scriviamo, scriviate, scrivano. **Imperfetto:** scrivessi, scrivessi, scrivesse; scrivessimo, scriveste, scrivessero. **Passato:** abbia scritto, abbia scritto, abbia scritto; abbiamo scritto, abbiate scritto, abbiano scritto. **Trapassato:** avessi scritto, avessi scritto, avesse scritto; avessimo scritto, aveste scritto, avessero scritto. **IMPERATIVO Presente:** scrivi **tu**, scriva **egli**; scriviamo **noi**, scrivete **voi**, scrivano **essi**.

scottatura *(scottatúra)* f. quemadura. [cio).
scotto *(scótto)* m. escote (prescreditare *(screditáre)* tr. desacreditar.
scredito *(srédito)* m. descrédito.
screpolare *(screpoláre)* tr. resquebrajar, agrietar.
screpolatura *(screpolatúra)* f. grieta, hendidura.
scrigno *(scríño)* m. cofre, joyero.
scritta *(scrítta)* f. escritura; inscripción.
scritto *(scrítto)* adj. escrito. m. escrito.
scrittoio *(scrittóio)* m. escritorio. [tor.
scrittore *(scrittóre)* m. escriscrittura *(scritúra)* f. escritura; contrato.
scrivania *(scrivanía)* f. escritorio, escribanía, despacho y mesa de escribir.
scrivano *(scriváno)* m. escribano; escribiente, amanuense.
scrivere *(scrívere)* tr. escribir; registrar; atribuir.
scroccare *(scroccáre)* tr. arrancar, conseguir; estafar. itr. saltar.
scrocco *(scrócco)* m. estafa; gorra.
scroccone *(scroccóne)* m. estafador, gorrón, gorrero, gorrista.
scrofa *(scrófa)* f. (zool.) puerca, cerda.
scrollare *(scrol-láre)* tr. sacudir, agitar.
scrollo *(scról-lo)* m. sacudida.
scrosciare *(scroschiáre)* itr. chaparrear, llover a cántaros.
scroscio *(scróschio)* m. chaparrón.

scrupolo *(scrúpolo)* m. escrupulo.
scrupolosità *(scrupolositá)* escrupulosidad.
scrupoloso *(scrupolóso)* ad escrupuloso.
scrutatore *(scrutatóre)* m. es cudriñador.
scrutare *(scrutáre)* tr. escudriñar; escrutar.
scrutinio *(scrutinio)* m. escrutinio; examen.
scucire *(scuchíre)* tr. descoser
scudo *(scúdo)* m. escudo.
scultore *(scultóre)* m. escultor. [ra
scultura *(scultúra)* f. escultu
scuola *(scuóla)* f. escuela.
scuotere *(scuótere)* tr. sacudir agitar; remover.

———— SCUOTERE ————

INFINITO Presente: scuotere. Passato: avere scosso. GERUNDIO Semplice: scuotendo. Composto: avendo scosso. PARTICIPIO Presente: scotente. Passato: scosso. INDICATIVO Presente: io scuoto, tu scuoti, egli scuote; noi scuotiamo o scotiamo, voi scuotete o scotete, essi scuotono. Passato prossimo: ho scosso, hai scosso, ha scosso; abbiamo scosso, avete scosso, hanno scosso. Imperfetto: scuotevo o scotevo, scuotevi o scotevi, scuoteva o scoteva; scuotevamo o scotevamo, scuotevate o scotevate, scuotevano o scotevano. Trapassato prossimo: avevo scosso, avevi scosso, aveva scosso; avevamo scosso, avevate scosso, avevano scosso. Passato remoto: scossi, scotesti, scosse; scotemmo, scoteste, scossero. Trapassato remoto: ebbi scosso, avesti scosso, ebbe scosso; avemmo scosso, aveste scosso, ebbero scosso. Futuro semplice: scuoterò o scoterò, scuoterai o scoterai, scuoterà o scoterà; scuoteremo o scoteremo, scuoterete o scoterete, scuoteranno o scoteranno. Futuro anteriore: avrò scosso, avrai scosso, avrà scosso; avremo scosso, avrete scosso, avranno scosso. CONDIZIONALE Presente: scuoterei o scoterei, scuoteresti o scoteresti, scuoterebbe o scoterebbe; scuoteremmo o scoteremmo, scuotereste o scotereste, scuoterebbero o scoterebbero. Passato: avrei scosso, avresti scosso, avrebbe scosso; avremmo scosso, avreste scosso, avrebbero scosso. CONGIUNTIVO Presente: scuota, scuota, scuota; scuotiamo o scotiamo, scuotiate o scotiate, scuotano. Imperfetto: scuotessi o scotessi, scuo-

essi o scotessi, scuotesse o scotesse;
cuotessimo o scotessimo, scuoteste o
coteste, scuotessero o scotessero. Pas-
ato: abbia scosso, abbia scosso, abbia
cosso; abbiamo scosso, abbiate scosso,
bbiano scosso. Trapassato: avessi scos-
o, avessi scosso, avesse scosso; avessimo
cosso, aveste scosso, avessero scosso.
MPERATIVO Presente: scuoti tu, scuo-
a egli; scuotiamo o scotiamo noi, scuo-
ete o scotete voi, scuotano essi.

scure (scúre) f. hacha.
scuretto (scuretto) m. postigo.
scusa (scúsa) f. excusa, pretexto.
scusare (scusáre) tr. excusar.
sdebitarsi (sdebitársi) rfl. pagar las deudas.
sdegnare (sdeñáre) tr. desdeñar.
sdegno (sdéño) m. desdén.
sdegnosità (sdeñositá) f. desdén.   [ñoso.
sdegnoso (sdeñóso) adj. desde-
sdentato (sdentáto) adj. y m.
desdentado.
sdrucciolare (sdrutchioláre)
itr. deslizarse, resbalar.
sdrucciolo (sdrútchiolo) adj.
esdrújulo. m. resbalón; pendiente; verso esdrújulo.
se (se) conj. si, en caso de
que. — no si no, de lo contrario. — non excepto, fuera de. anche — aún cuando.
sé (se) pron. sí, se. di — su.
da — por sí. per — por o
para sí.
sebbene (sebbéne) conj. bien
que, aunque.
secante (secánte) f. (geom.)
secante.
secca (sécca) f. sequía; (náut.)
banco de arena.
seccare (seccáre) tr. secar,
(fig.) molestar.
seccarsi (seccársi) rfl. secarse;
fastidiarse.
seccatura (seccatúra) f. fastidio, molestia.
secco (sécco) adj. seco.

secessione (sechessióne) f. secesión.
seco (séco) pron. consigo.
secolare (secoláre) adj. secular, seglar; mundano.
secolo (sécolo) m. siglo; estado seglar.
seconda (secónda) f. segunda.
a — di conforme a, a medida de.
secondare (secondáre) tr. secundar, ayudar.
secondario (secondário) adj.
secundario.
secondo (secóndo) m. segundo
(de tiempo); (náut.) primer
oficial de un buque. adj. segundo. prep. según, conforme a.
sedano (sédano) m. (bot.)
apio.
sedare (sedáre) tr. calmar, sosegar.
sedativo (sedatívo) adj. y m.
sedante, calmante.
sede (séde) f. sede; silla;
asiento; domicilio.
sedere (sedére) itr. sentarse;
residir; asentarse. m. trasero, culo.

———— SEDERE ————

INFINITO Presente: sedere. Passato:
essere o avere seduto. GERUNDIO
Semplice: sedendo. Composto: essendo o
avendo seduto. PARTICIPIO Presente:
sedente. Passato: seduto. INDICATIVO
Presente: io siedo o seggo, tu siedi, egli
siede; noi sediamo, voi sedete, essi sie-
dono o seggono. Passato prossimo: sono
seduto-a o ho seduto, sei seduto-a o hai
seduto, è seduto-a o ha seduto; siamo
seduti-e o abbiamo seduto, siete seduti-e
o avete seduto, sono seduti-e o hanno
seduto. Imperfetto: sedevo, sedevi, sede-
va; sedevamo, sedevate, sedevano. Trapassato prossimo: ero seduto-a o avevo
seduto, eri seduto-a o avevi seduto, era
seduto-a o aveva seduto; eravamo seduti-e o avevamo seduto, eravate seduti-e
o avevate seduto, erano seduti-e o ave-

vano seduto. **Passato remoto:** sedei o se- detti, sedesti, sedé o sedette; sedemmo, sedeste, sederono o sedettero. **Trapassato remoto:** fui seduto-a o ebbi seduto, fosti seduto-a o avesti seduto, fu seduto-a o ebbe seduto; fummo seduti-e o avemmo seduto, foste seduti-e o aveste seduto, furono seduti-e o ebbero seduto. **Futuro semplice:** sederò o siederò, sederai o siederai, sederà o siedarà; sederemo o siederemo, sederete o siederete, sederanno o siederanno. **Futuro anteriore:** sarò seduto-a o avrò seduto, sarai seduto-a o avrai seduto, sarà seduto-a o avrà seduto; saremo seduti-e o avremo seduto, sarete seduti-e o avrete seduto, saranno seduti-e o avranno seduto. **CONDIZIONALE Presente:** sederei o siederei, sederesti o siederesti, sederebbe o siederebbe; sederemmo o siederemmo, sedereste o siedereste, sederebbero o siederebbero. **Passato:** sarei seduto-a o avrei seduto, saresti seduto-a o avresti seduto, sarebbe seduto-a o avrebbe seduto; saremmo seduti-e o avremmo seduto, sareste seduti-e o avreste seduto, sarebbero seduti-e o avrebbero seduto. **CONGIUNTIVO Presente:** sieda o segga, sieda o segga, sieda o segga; sediamo, sediate, siedano o seggano. **Imperfetto:** sedessi, sedessi, sedesse; sedessimo, sedeste, sedessero. **Passato:** sia seduto-a o abbia seduto, sia seduto-a o abbia seduto, sia seduto-a o abbia seduto; siamo seduti-e o abbiamo seduto, siate seduti-e o abbiate seduto, siano seduti-e o abbiano seduto. **Trapassato:** fossi seduto-a o avessi seduto, fossi seduto-a o avessi seduto, fosse seduto-a o avesse seduto; fossimo seduti-e o avessimo seduto, foste seduti-e o aveste seduto, fossero seduti-e o avessero seduto. **IMPERATIVO Presente:** siedi **tu,** sieda o segga **egli;** sediamo **noi,** sedete **voi,** siedano o seggano **essi.**

sedersi *(sedérsi)* rfl. sentarse.
sedia *(sédia)* f. silla.
sèdile *(sedíle)* m. asiento.
sedurre *(sedúrre)* tr. seducir; encantar.
seduta *(sedúta)* f. sesión; sentada.
seduzione *(sedudsióne)* f. seducción.
sega *(séga)* f. sierra.
segala *(ségala)* f. (bot.) centeno.
segare *(segáre)* tr. segar.

seggio *(sétyio)* m. sillón.
seggiola *(setyióla)* f. silla.
seggiolone *(setyiolóne)* m. sillón.
segheria *(seguería)* f. aserradero, serrería.
segnalare *(señaláre)* tr. señalar; (fig.) distinguir.
segnale *(señále)* f. señal.
segnalibro *(señalíbro)* m. registro.
segnare *(señáre)* tr. señalar, marcar.
segno *(séño)* m. signo, marca.
sego *(ségo)* m. sebo.
segregare *(segregáre)* tr. segregar.
segregazione *(segregadsióne)* f. segregación.
segreta *(segréta)* f. (rel.) secreta.
segretario *(segretário)* m. secretario.
segreto *(segréto)* adj. y m. secreto.
seguire *(següíre)* tr. e itr. seguir; perseguir, acosar; suceder.
seguitare *(següitáre)* tr. seguir. itr. continuar.
seguito *(ségüito)* m. séquito; continuación. **in — a** en virtud de.
selezionare *(seledsionáre)* tr. seleccionar.
selezione *(seledsióne)* f. selección.
sella *(sél-la)* f. silla (de montar); sillín.
selva *(sélva)* f. selva.
selvaggina *(selvatyína)* f. caza.
selvaggio *(selvátyio)* adj. salvaje, bravío.
selvatico *(selvático)* adj. selvático, silvestre.
sembrare *(sembráre)* itr. parecer, parecerse.
seme *(séme)* m. semilla; semen; causa.

INFINITO		GERUNDIO		PARTICIPIO	
Presente	sent-ire	**Semplice**	sent-endo	**Presente**	sent-ente
Passato	avere sent-ito	**Composto**	avendo sent-ito	**Passato**	sent-ito

INDICATIVO

Presente
io sent-o, tu sent-i, egli sent-e;
noi sent-iamo, voi sent-ite, essi sent-ono.

Passato prossimo
ho sent-ito, hai sent-ito, ha sent-ito;
abbiamo sent-ito, avete sent-ito, hanno sent-ito.

Imperfetto
sent-ivo, sent-ivi, sent-iva;
sent-ivamo, sent-ivate, sent-ivano.

Trapassato prossimo
avevo sent-ito, avevi sent-ito, aveva sent-ito;
avevamo sent-ito, avevate sent-ito, avevano sent-ito.

Passato remoto
sent-ii, sent-isti, sent-ì;
sent-immo, sent-iste, sent-irono.

Trapassato remoto
ebbi sent-ito, avesti sent-ito, ebbe sent-ito;
avemmo sent-ito, aveste sent-ito, ebbero sent-ito.

Futuro semplice
sent-irò, sent-irai, sent-irà;
sent-iremo, sent-irete, sent-iranno.

Futuro anteriore
avrò sent-ito, avrai sent-ito, avrà sent-ito;
avremo sent-ito, avrete sent-ito, avranno sent-ito.

CONDIZIONALE

Presente
sent-irei, sent-iresti, sent-irebbe;
sent-iremmo, sent-ireste, sent-irebbero.

Passato
avrei sent-ito, avresti sent-ito, avrebbe sent-ito;
avremmo sent-ito, avreste sent-ito, avrebbero sent-ito.

CONGIUNTIVO

Presente
sent-a, sent-a, sent-a;
sent-iamo, sent-iate, sent-ano.

Imperfetto
sent-issi, sent-issi, sent-isse;
sent-issimo, sent-iste, sent-issero.

Passato
abbia sent-ito, abbia sent-ito, abbia sent-ito;
abbiamo sent-ito, abbiate sent-ito, abbiano sent-ito.

Trapassato
avessi sent-ito, avessi sent-ito, avesse sent-ito;
avessimo sent-ito, aveste sent-ito, avessero sent-ito.

IMPERATIVO

Presente
sent-i tu, sent-a egli;
sent-iamo noi, sent-ite voi, sent-ano essi.

● Menos: *aprire, avvertire, coprire, dormire, fuggire, partire, seguire, sentire, servire, vestire* y todos sus compuestos, la mayor parte de los verbos de esta conjugación interponen el sufijo -isc- entre el tema y la desinencia (cuando ésta no es acentuada) en la primera, segunda y tercera persona del singular y tercera del plural de los presentes de indicativo, subjuntivo e imperativo.

sementare *(sementáre)* tr. sembrar.

semente *(seménte)* f. simiente, semilla.

semestrale *(semestrále)* adj. semestral.

semestre *(seméstre)* m. semestre.

semi *(sémi)* adj. semi, medio.

seminare *(seminare)* tr. sembrar; esparcir.

seminario *(seminário)* m. seminario.

seminatore *(seminatóre)* m. sembrador.

semolino *(semolíno)* m. semola.

semovente *(semovénte)* adj. semoviente, automático.

semplice *(sémpliche)* adj. simple, sencillo. m. simple.

semplicità *(semplichitá)* f. simplicidad; sencillez.

semplificare *(semplificáre)* tr. simplificar.

semplificazione *(semplificadsióne)* f. simplificación.

sempre *(sémpre)* adv. siempre. [taza.

senapa *(sénapa)* f. (bot.) mossenato *(senáto)* m. senado.

senile *(seníle)* adj. senil.

seniore *(senióre)* adj. senior; decano.

senno *(sénno)* m. juicio, prudencia. da — de veras, formalmente. [vientre.

seno *(séno)* m. seno; pecho;

sensale *(sensále)* m. (com.) corredor. [to.

sensato *(sensáto)* adj. sensa-

sensazione *(sensadsióne)* f. sensación.

sensibilità *(sensibilitá)* f. sensibilidad.

senso *(sénso)* m. sentido.

sensualità *(sensualitá)* f. sensualidad.

sentenza *(senténdsa)* f. sentencia, fallo; condena; dictamen; sentencia.

sentenziare *(sentendsiáre)* tr. e itr. sentenciar.

sentiero *(sentiéro)* m. sendero, senda.

sentimentale *(sentimentále)* adj. sentimental.

sentimentalità *(sentimentalitá)* f. sentimentalismo.

sentimento *(sentiménto)* m. sentimiento.

sentire *(sentíre)* tr. sentir; oir, escuchar. itr. oler; saber. m. sentir, sentimiento.

senza *(séndsa)* prep. sin. senz'-altro sin más, inmediatamente.

senzatetto *(sendsatétto)* m. sin casa, desamparado.

separare *(separáre)* tr. separar.

separazione *(separadsióne)* f. separación.

sepolcro *(sepólcro)* m. sepulcro.

seppellimento *(seppel-liménto)* m. entierro, sepultura.

seppellire *(sepel-líre)* tr. enterrar, sepultar; ocultar; olvidar.

───── SEPPELLIRE ─────

INFINITO Presente: seppellire. Passato: avere seppellito. GERUNDIO Semplice: seppellendo. Composto: avendo seppellito. PARTICIPIO Presente: seppellente. Passato: spellito o sepolto. INDICATIVO Presente: io seppellisco, tu seppellisci, egli seppellisce; noi seppelliamo, voi seppellite, essi seppelliscono. Passato prossimo: ho seppellito o sepolto, hai seppellito o sepolto, ha seppellito o sepolto; abbiamo seppellito o sepolto, avete seppellito o sepolto, hanno seppellito o sepolto. Imperfetto: seppellivo, seppellivi, seppelliva; seppellivamo, seppellivate, seppellivano. Trapassato prossimo: avevo seppellito o sepolto, avevi seppellito o sepolto, aveva seppellito o sepolto; avevamo seppellito o sepolto, avevate seppellito o sepolto, avevano seppellito o sepolto. **Passato remoto:** seppellii, seppellisti, seppellí; seppellimmo, seppellisti, seppellirono. **Trapassato remoto:** ebbi seppellito o sepolto, avesti seppellito o sepolto, ebbe seppellito o sepolto; avemmo seppellito o sepolto, aveste seppellito o sepolto, ebbero seppellito o sepolto. **Futuro semplice:** seppellirò, seppellirai, seppellirà; seppelliremo, seppellirete, seppelliranno. **Futuro anteriore:** avrò seppellito o sepolto, avrai seppellito o sepolto, avrà seppellito o sepolto; avremo seppellito o sepolto, avrete seppellito o sepolto, avranno seppellito o sepolto. **CONDIZIONALE Presente:** seppellirei, seppelliresti, seppellirebbe; seppelliremmo, seppellireste, seppellirebbero. **Passato:** avrei seppellito o sepolto, avresti seppellito o sepolto, avrebbe seppellito o sepolto; avremmo seppellito o sepolto, avreste seppellito o sepolto, avrebbero seppellito o sepolto. **CONGIUNTIVO Presente:** seppellisca, seppellisca, seppellisca; seppelliamo, seppelliate, seppelliscano. **Imperfetto:** seppellissi, seppellissi, seppellisse; seppellissimo, seppelliste, seppellissero. **Passato:** abbia seppellito o sepolto, abbia seppellito o sepolto, abbia seppellito o sepolto; abbiamo seppellito o sepolto, abbiate seppellito o sepolto, abbiano seppellito o sepolto. **Trapassato:** avessi seppellito o sepolto, avessi seppellito o sepolto, avesse seppellito o sepolto; avessimo seppellito o sepolto, aveste seppellito o sepolto, avessero seppellito o sepolto. **IMPERATIVO Presente:** seppellisci **tu,** seppellisca **egli,** seppelliamo **noi,** seppellite **voi,** seppelliscano **essi.**

seppellirsi *(seppel-lírsi)* rfl. encerrarse.
sequestrare *(sekuestráre)* tr. secuestrar, embargar.
sequestro *(sekuéstro)* m. secuestro, embargo.
sera *(séra)* f. tarde, noche.
serale *(seréle)* adj. de noche.
serata *(seráta)* f. velada. — **di gala,** función de gala.
serbare *(serbáre)* tr. conservar.
serenare *(serenáre)* itr. (mil.) acampar al raso.
serenata *(serenáta)* f. serenata.
serenità *(serenitá)* f. serenidad.
sereno *(seréno)* adj. sereno, tranquilo.

sergento *(serdyénto)* m. (mil.) sargento.
serie *(série)* f. serie.
serietà *(serietá)* f. seriedad.
serio *(sério)* adj. serio. **sul —** en serio.
sermone *(sermóne)* m. sermón.
serpente *(serpénte)* m. (zool.) serpiente.
serrare *(serráre)* tr. cerrar; estrechar; apretar. itr. encajar.
serratura *(serratúra)* f. cerradura.
servile *(servíle)* adj. servil.
servire *(servíre)* tr. servir a. itr. servir.
servirsi *(servírsi)* rfl. servirse.
servitore *(servitóre)* m. criado.
servitù *(servitú)* f. servidumbre.
servizio *(servídsio)* m. servicio.
servo *(sérvo)* m. sirviente, siervo.
sesso *(sésso)* m. sexo.
sessuale *(sessuále)* adj. sexual.
seta *(séta)* f. seda.
setaiolo *(setaiólo)* m. fabricante o negociante de sedas.
sete *(séte)* f. sed.
seteria *(setería)* f. sedería.
setola *(sétola)* f. cerda, pelo (de animales).
setolino *(sétolíno)* m. cepillo.
settembre *(settémbre)* m. setiembre.
settentrionale *(settentrionále)* adj. septentrional.
settentrione *(settentrióne)* m. septentrión.
settimana *(settimána)* f. semana.
settimanale *(settimanále)* adj. semanal.
settore *(settóre)* m. sector.

severità *(severitá)* f. severidad.

severo *(sevéro)* adj. severo.

sezione *(sedsióne)* f. sección.

sfaccendare *(sfatchendáre)* itr. trabajar mucho.

sfaccendato *(sfatchendáto)* adj. y m. desocupado.

sfacciataggine *(sfatchiatátyine)* f. descaro.

sfacciato *(sfatchiáto)* adj. y m. descarado, sinvergüenza.

sfare *(sfáre)* tr. deshacer.

sfarsi *(sfársi)* rfl. deshacerse, descomponerse.

sfarzo *(sfárdso)* m. pompa.

sfavore *(sfavóre)* m. desfavor.

sfavorevole *(sfavorévole)* adj. desfavorable.

sfera *(sféra)* f. esfera.

sferico *(sférico)* adj. esférico.

sfiatare *(sfiatáre)* itr. respirar, alentar.

sfiatarsi *(sfiatársi)* rfl. desgañitarse.

sfiatato *(sfiatáto)* adj. sin aliento.

sfiatatura *(sfiatatúra)* f. respiración; respiradero.

sfida *(sfída)* f. desafío, reto.

sfidare *(sfidáre)* tr. desafiar, retar.

sfiducia *(sfidúchia)* f. desconfianza.

sfigurare *(sfiguráre)* tr. desfigurar. itr. deslucirse, hacer mal papel.

sfilacciare *(sfilatchiáre)* tr. deshilachar, deshilar.

sfilacciatura *(sfilatchiatúra)* f. deshilado, deshiladura.

sfinimento *(sfiniménto)* m. extenuación; desmayo.

sfinire *(sfiníre)* tr. extenuar, debilitar.

sfoderare *(sfoderáre)* tr. desenvainar; ostentar.

sfogare *(sfogáre)* tr. desahogar. itr. salir; prorrumpir.

sfogarsi *(sfogársi)* rfl. desahogarse.

sfoglia *(sfóllia)* f. lámina, hoja. **pasta** — hojaldre.

sfogliare *(sfolliáre)* tr. hojear (un libro); deshojar.

sfondato *(sfondáto)* adj. excesivo; roto.

sfondo *(sfóndo)* m. fondo (en paisaje).

sformare *(sformáre)* tr. deformar, desfigurar.

sfortuna *(sfortúna)* f. desgracia, infortunio.

sfortunato *(sfortunáto)* adj. y m. desafortunado.

sforzare *(sfordsáre)* tr. forzar, obligar; esforzar.

sforzo *(sfórdso)* m. esfuerzo.

sfrattare *(sfrattáre)* tr. desahuciar, desalojar.

sfratto *(sfrátto)* m. desalojo, desahucio.

sfregare *(sfregáre)* tr. fregar, estregar, frotar.

sfrenatezza *(sfrenatétsa)* f. desenfreno.

sfrenato *(sfrenáto)* adj. desenfrenado.

sfruttare *(sfruttáre)* tr. e itr. agotar; disfrutar; explotar.

sfuggevole *(sfutyévole)* adj. fugaz.

sfuggevolezza *(sfutyevolétsa)* f. fugacidad.

sfuggire *(sfutyíre)* tr. evitar. itr. escapar, escaparse.

sfumare *(sfumáre)* tr. esfumar. itr. evaporarse.

sfumatura *(sfumatúra)* f. matiz.

sfuriata *(sfuriáta)* f. arrebato (de cólera).

sgabello *(sgabél-lo)* m. escabel, taburete.

sgambare *(sgambáre)* itr. caminar de prisa. [piés.

sgambetto *(sgambetto)* m. tras-

sganciare *(sganchiáre)* tr. desenganchar; descolgar.

sgarbatezza *(sgarbatétsa)* f. grosería.

sgarbato *(sgarbáto)* adj. y m. grosero; desgarbado.

sgelare *(sdyeláre)* tr. deshelar.

sgelo *(sdyélo)* m. deshielo.

sgolarsi *(sgolársi)* rfl. desgañitarse.

sgomentare *(sgomentáre)* tr. amilanar, asustar.

sgommare *(sgommáre)* tr. engomar.

sgorgare *(sgorgáre)* itr. brotar; desbordar.

sgoverno *(sgovérno)* m. mal gobierno, corrupción.

sgradevole *(sgradévole)* adj. desagradable.

sgradire *(sgradíre)* tr. e itr. agradar; disgustar.

sgraffiare *(sgraffiáre)* tr. arañar.

sgranare *(sgranáre)* tr. desgranar.

sgravare *(sgraváre)* tr. desgravar (impuestos); aligerar, aliviar; parir.

sgraziato *(sgradsiáto)* adj. desgraciado, desdichado.

sgridare *(sgridáre)* tr. regañar, reñir.

sgridata *(sgridáta)* f. reprimenda.

sguardo *(sguárdo)* m. mirada.

sgusciare *(sguschiáre)* tr. descascarar, descortezar. itr. (fig.) escurrirse.

sì *(sí)* adv. sí; así, así como.

si *(si)* pron. se; sí mismo. m. el sí.

sia *(sía)* conj. o, ya, sea.

sibilare *(sibiláre)* itr. silbar (el viento).

sibilo *(síbilo)* m. silbido; silbo.

sicché *(sikké)* conj. así que, de manera que.

siccità *(sitchitá)* f. sequedad, sequía.

siccome *(siccóme)* adv. como, así como. conj. ya que.

sicurezza *(sicurétsa)* f. seguridad; confianza.

sicuro *(sicúro)* adj. cierto, seguro. adv. con certeza.

sidro *(sídro)* m. sidra.

siepe *(siépe)* m. seto.

siesta *(siésta)* f. siesta.

siffatto *(siffátto)* adj. tal.

sifone *(sifóne)* m. sifón.

sigaretta *(sigarétta)* f. cigarrillo.

sigaro *(sígaro)* m. cigarro, puro.

sigillare *(sidyil-láre)* tr. sellar; cerrar bien.

sigillo *(sidyil-lo)* m. sello.

significare *(siñificáre)* tr. significar.

significato *(siñificáto)* m. significado.

signora *(siñóra)* f. señora.

signore *(siñóre)* m. señor.

signoria *(siñoría)* f. señoría.

signorina *(siñorína)* f. señorita.

silenziatore *(silendsiatóre)* m. silenciador.

silenzio *(siléndsio)* m. silencio.

silenzioso *(silendsióso)* adj. silencioso.

sillaba *(síl-laba)* f. sílaba.

sillabare *(sil-labáre)* tr. silabear.

sillabario *(sil-labário)* m. silabario; abecedario.

siluramento *(siluraménto)* m. torpedeo.

silurare *(siluráre)* tr. torpedear.

siluro *(silúro)* m. torpedo.

simboleggiare *(simboletyiáre)* tr. simbolizar.

simbolo *(símbolo)* m. símbolo.

similare *(similáre)* adj. similar.

simile *(símile)* adj. símil, semejante. m. semejante.

simmetria *(simmetría)* f. simetría.

simpatia *(simpatía)* f. simpatía.

simpatico *(simpático)* adj. simpático.

simpatizzare *(simpatitsáre)* itr. simpatizar, tener simpatía por alguien.

simulare *(simuláre)* tr. simular, fingir.

sinagoga *(sinagóga)* f. sinagoga.

sincerarsi *(sincherársi)* rfl. cerciorarse.

sincerità *(sincheritá)* f. sinceridad.

sincero *(sinchéro)* adj. sincero.

sincope *(síncope)* f. síncope.

sincronizzare *(sincronitsáre)* tr. sincronizar.

sindacalista *(sindacalista)* adj. y m. f. sindicalista.

sindacato *(sindacáto)* m. sindicato.

sindaco *(síndaco)* m. alcalde.

sinfonia *(sinfonía)* f. sinfonía.

singolare *(singoláre)* adj. singular; raro.

singolarizzare *(singolaritsáre)* tr. singularizar.

singolarità *(singolaritá)* f. singularidad.

sinistra *(sinístra)* adj. y f. izquierda.

sinistro *(sinístro)* adj. izquierdo; aciago. m. desgracia.

sino *(síno)* prep. hasta. — a che hasta que.

sinodo *(sínodo)* m. sínodo.

sinonimo *(sinónimo)* m. sinónimo.

sintassi *(sintássi)* f. (gram.) sintaxis.

sintomo *(síntomo)* m. síntoma.

sipario *(sipário)* m. (teat.) telón.

siroppo *(siróppo)* m. almíbar; (med.) jarabe.

sistema *(sistéma)* m. sistema.

sistemare *(sistemáre)* tr. sistematizar.

sito *(síto)* adj. situado, sito. m. lugar, sitio.

situare *(situáre)* tr. situar.

situazione *(situadsióne)* f. situación.

slanciare *(slanchiáre)* tr. lanzar.

slanciarsi *(slanchiársi)* rfl. lanzarse; levantarse.

slancio *(slanchio)* m. salto, brinco; impulso.

slargare *(slargáre)* tr. ensanchar, alargar.

slegare *(slegáre)* tr. desatar.

slitta *(slítta)* f. trineo.

slittare *(slittáre)* itr. deslizarse (en trineo); resbalar.

slogamento *(slogaménto)* m. dislocación.

slogare *(slogáre)* tr. dislocar, luxar.

slogatura *(slogatúra)* f. dislocación, luxación.

sloggiare *(slotyiáre)* tr. e itr. desalojar.

smaltare *(smaltáre)* tr. esmaltar.

smalto *(smálto)* m. esmalte.

smania *(smánia)* f. inquietud, desazón; ansia.

smaniare *(smaniáre)* itr. desvariar; inquietarse, agitarse; ansiar.

smarrire *(smarríre)* tr. extraviar, equivocar.

smarrirsi *(smarrírsi)* rfl. extraviarse.

smentire *(smentíre)* tr. desmentir.

smeraldo *(smeráldo)* m. esmeralda.

smeriglio *(smeríllio)* m. esmeril.

smerlo *(smérlo)* m. puntilla, encaje.

smettere *(sméttere)* tr. e itr. cesar, interrumpir.

smisurato *(smisurato)* adj. desmesurado.

smobilitazione *(smobilitadsióne)* f. (mil.) desmovilización, licenciamiento.

smontare *(smontáre)* tr. desmontar, desarmar (una máquina). itr. desmontar, apearse, descender.

smorfia *(smórfia)* f. melindre.

smorto *(smórto)* adj. pálido.

smottamento *(smottaménto)* m. derrumbe.

smottare *(smottáre)* itr. derrumbarse.

smuovere *(smuóvere)* tr. remover. [to.

snello *(snél-lo)* adj. ágil; esbelto.

snodare *(snodáre)* tr. desanudar, desatar.

soave *(soáve)* adj. suave, delicado.

soavità *(soavitá)* f. suavidad.

soavizzare *(soavitsáre)* tr. suavizar.

sobborgo *(sobbórgo)* m. arrabal, suburbio.

sobrietà *(sobrietá)* f. sobriedad.

sobrio *(sóbrio)* adj. sobrio.

socchiudere *(sokkiúdere)* tr. entornar; entreabrir.

soccombere *(soccómbere)* itr. sucumbir, morir.

soccorrere *(soccórrere)* tr. socorrer, asistir, ayudar, auxiliar.

soccorso *(soccórso)* m. socorro. **al —!** itj. ¡socorro!

sociale *(sochiále)* adj. social.

socialismo *(sochialísmo)* m. socialismo.

socialista *(sochialísta)* m. f. socialista.

società *(sochietá)* f. sociedad.

socievole *(sochiévole)* adj. sociable.

socio *(sóchio)* m. socio.

soda *(sóda)* f. soda; sosa.

soddisfare *(soddisfáre)* tr. satisfacer.

———————— SODDISFARE ————————

INFINITO Presente: soddisfare. **Passato:** avere soddisfatto. **GERUNDIO Semplice:** soddisfacendo. **Composto:** avendo soddisfatto. **PARTICIPIO Presente:** soddisfacente. **Passato:** soddisfatto. **INDICATIVO Presente:** io soddisfaccio o soddisfò, tu soddisfi o soddisfai, egli soddisfa o soddisfà: noi soddisfiamo o soddisfacciamo, voi soddisfate, essi soddisfanno. **Passato prossimo:** ho soddisfato. hai soddisfatto, ha soddisfatto; abbiamo soddisfatto, avete soddisfatto, hanno soddisfatto. **Imperfetto:** soddisfacevo, soddisfacevi, soddisfaceva; soddisfacevamo, soddisfacevate, soddisfacevano. **Trapassato prossimo:** avevo soddisfatto, avevi soddisfatto, aveva soddisfatto; avevamo soddisfatto, avevate soddisfatto, avevano soddisfatto. **Passato remoto:** soddisfeci, soddisfacesti, soddisfece; soddisfacemmo, soddisfaceste, soddisfecero. **Trapassato remoto:** ebbi soddisfatto, avesti soddisfatto, ebbe soddisfatto; soddisfatto; avemmo soddisfatto, aveste soddisfatto, ebbero soddisfatto. **Futuro semplice:** soddisfarò, soddisfarai, soddisfarà; soddisfaremo, soddisfarete, soddisfaranno. **Futuro anteriore:** avrò soddisfatto, avrai soddisfatto, avrà soddisfatto; avremo soddisfatto, avrete soddisfatto, avranno soddisfatto. **CONDIZIONALE Presente:** soddisfarei, soddisfaresti, soddisfarebbe; soddisfaremmo, soddisfareste, soddisfarebbero. **Passato:** avrei soddisfatto, avresti soddisfatto, avrebbe soddisfatto; avremmo soddisfatto, avreste soddisfatto, avrebbero soddisfatto. **CONGIUNTIVO Presente:** soddisfi o soddisfaccia, soddisfi o soddisfaccia, soddisfi o soddisfaccia; soddisfacciamo, soddisfiate o soddisfacciate, soddisfino o soddisfacciano. **Imperfetto:** soddisfacessi, soddisfacessi, soddisfacesse; soddisfacessimo, soddisfaceste, soddisfacessero. **Passato:** abbia soddisfatto, abbia soddisfatto; abbiamo soddisfatto, abbiate soddisfatto, abbiano soddisfatto. **Trapassato:** avessi soddisfatto, avessi soddisfatto, avesse soddisfatto; avessimo soddisfatto, aveste soddisfatto, avessero soddisfatto. **IMPERATIVO Presente:** soddisfa tu, soddisfi egli; soddisfiamo noi, soddisfate voi, soddisfacciano essi.

soddisfazione (soddisfadsióne) f. satisfacción.

sodezza (sodétsa) f. solidez; dureza.

sodo (sódo) adj. sólido, firme; compacto, duro. adv. con fuerza. m. solidez, seguridad. parlare sul — hablar en serio. porre in — poner en claro.

sofà (sofá) m. sofá.

sofferente (sofferénte) adj. paciente; enfermo.

sofferenza (sofferéndsa) f. sufrimiento.

soffiare (soffiáre) tr. soplar; jadear. — il naso sonarse las narices.

soffietto (soffiétto) m. fuelle.

soffio (sóffio) m. soplo.

soffitta (soffítta) f. buhardilla, desván.

soffitto (soffíto) m. techo; cielo (habitación).

soffocamento (soffocaménto) m. sofocamiento, sofocación.

soffocare (soffocáre) tr. sofocar.

soffocazione (soffocadsióne) f. sofocación.

soffrire (soffríre) itr. sufrir; soportar; consentir. itr. sufrir, padecer.

soggettivo (sotyettívo) adj. subjetivo.

soggetto (sotyétto) adj. sujeto. m. sujeto; tipo; argumento, tema. [jeción.

soggezione (sotyedsióne) f. sujeción.

soggiogare (sotyiogáre) tr. subyugar, sojuzgar.

soggiornare (sotyiornáre) residir; vivir.

soggiorno (sotyiórno) m. residencia; estancia.

soggiungere (sotyiúndyere) tr. añadir.

soggiuntivo (sotyiuntívo) adj. (gram.) subjuntivo.

soglia (sóllia) f. umbral.

soglio (sóllio) m. solio, trono.

sogliola (sólliola) f. (ict.) lenguado. [ñar.

sognare (soñáre) tr. e itr. soñar.

sogno (sóño) m. sueño.

solaio (soláio) m. piso; granero; techo.

solatio (solátio) adj. soleado. m. solana.

solcare (solcáre) tr. surcar.

solco (sólco) m. surco.

soldato (soldáto) m. soldado.

soldo (sóldo) m. centavo; sueldo; (mil.) soldada.

soldi (sóldi) m. pl. dinero.

sole (sóle) m. sol.

soleggiare (soletyiáre) tr. solear. [ne.

solenne (solénne) adj. solemne.

solennità (solennitá) f. solemnidad.

solere (solére) itr. soler.

—— SOLERE ——

INFINITO Presente: solere. GERUNDIO Semplice: solendo. PARTICIPIO Passato: solito. INDICATIVO Presente: io soglio, tu suoli, egli suole; noi sogliamo, voi solete, essi sogliono. Imperfetto: solevo, solevi, soleva; solevamo, solevate, solevano. CONGIUNTIVO Presente: soglia, soglia, soglia; sogliamo, sogliate, sogliano. Imperfetto: solessi, solessi, solesse; solessimo, soleste, solessero.

* Los restantes tiempos y modos se suplen con la locución: essere solito.

soletta (solétta) f. plantilla (para el calzado).

solfa (sólfa) f. solfeo, solfa.

solfare (solfáre) tr. azufrar.

solfato (solfáto) m. sulfato.

solfo (sólfo) m. azufre.

solidale (solidále) adj. solidario.

solidarietà (solidarietá) f. solidaridad.

solidità (soliditá) f. solidez.

solido (sólido) adj. sólido.

solista *(solísta)* m. f. solista.
solitario *(solitário)* adj. y m. solitario.
solito *(sólito)* adj. habitual.
solitudine *(solitúdine)* f. soledad.
sollazzare *(sol-latsáre)* tr. solazar, entretener.
sollecitare *(sol-lechitáre)* tr. solicitar; apremiar; someter a un esfuerzo. itr. apresurarse.
sollecito *(sol-léchito)* adj. solícito, diligente.
solleticamento *(sol-leticaménto)* m. cosquilleo, hormigueo; cosquillas.
solleticare *(sol-leticáre)* tr. hacer cosquillas; estimular, excitar.
solletico *(sol-lético)* m. cosquilleo.
sollevamento *(sol-levaménto)* m. sublevación.
sollevare *(sol-leváre)* tr. sublevar.
sollievo *(sol-liévo)* m. descanso; alivio, consuelo.
solo *(sólo)* adj. solo.
soltanto *(soltánto)* adv. solamente.
solubile *(solúbile)* adj. soluble.
soluzione *(soludsióne)* f. solución.
solvente *(solvénte)* adj. (com.) solvente; disolvente.
solvenza *(solvéndsa)* f. solvencia.
somigliante *(somilliánte)* adj. semejante.
somiglianza *(somilliándsa)* f. semejanza.
somigliare *(somilliáre)* tr. semejar; cotejar. itr. parecerse.
somigliarsi *(somilliársi)* rfl. parecerse.
somma *(sómma)* f. suma, adición; total; cantidad (de dinero). **in —** en resumidas cuentas.

sommare *(sommáre)* tr. sumar. itr. importar.
sommario *(sommário)* m. sumario.
sommergere *(sommérdyere)* tr. sumergir, hundir.
sommergibile *(sommerdyíbile)* adj. sumergible. m. submarino.
sommissione *(sommissióne)* f. sumisión.
sonare *(sonáre)* tr. (mus.) tocar, sonar. itr. sonar, resonar. **— a martello** tocar a rebato.
sonda *(sónda)* f. sonda.
sondaggio *(sondátyio)* m. sondeo. [sondar.
sondare *(sondáre)* tr. sondear,
sonetto *(sonétto)* m. soneto.
sonnambulo *(sonnámbulo)* adj. y m. sonámbulo.
sonnecchiare *(sonnekkiáre)* itr. dormitar.
sonnifero *(sonnífero)* adj. y m. somnífero.
sonno *(sónno)* m. sueño.
sonnolento *(sonnolénto)* adj. soñoliento.
sonnolenza *(sonnoléndsa)* f. somnolencia.
sonorità *(sonoritá)* f. sonoridad.
sonoro *(sonóro)* adj. sonoro.
sontuosità *(sontuositá)* f. suntuosidad.
sontuoso *(sontuóso)* adj. suntuoso.
sopire *(sopíre)* tr. adormecer, calmar.
sopore *(sopóre)* m. sopor.
sopportare *(sopportáre)* tr. soportar.
sopporto *(soppórto)* m. soporte, sostén, apoyo.
sopprimere *(sopprímere)* tr. anular; suprimir.

sopra *(sópra)* prep. sobre, encima de. adv. sobre, encima.
soprabito *(soprábito)* m. abrigo, sobretodo.
sopracciglio *(sopratchíllio)* m. ceja.
sopraccoperta *(sopraccopérta)* f. (náut.) sobrecubierta.
sopraffare *(sopraffáre)* tr. oprimir; superar. itr. sobrar.
sopraggiungere *(sopratyiúndyere)* tr. añadir; coger por sorpresa. itr. suceder; añadirse.
soprannaturale *(soprannaturále)* adj. sobrenatural.
soprannome *(soprannóme)* m. sobrenombre, apodo.
soprappeso *(soprappéso)* m. sobrecarga.
soprascarpa *(soprascárpa)* f. chanclo.
soprattutto *(soprattútto)* adv. sobre todo.
sopravvivere *(sopravvívere)* itr. sobrevivir.
soprintendente *(soprintendénte)* m. superintendente.
sorbire *(sorbíre)* tr. sorber.
sordità *(sorditá)* f. sordera.
sordo *(sórdo)* adj. y m. sordo.
sorella *(sorél-la)* f. hermana.
sorellastra *(sorel-lástra)* f. hermanastra. [tial.
sorgente *(sordyénte)* f. manan-
sorgere *(sórdyere)* itr. nacer; manar; surgir; elevarse; salir (el sol).

──── SORGERE ────

INFINITO Presente: sorgere. Passato: essere sorto. GERUNDIO Semplice: sorgendo. Composto: esendo sorto. PARTICIPIO Presente: sorgente. Passato: sorto. INDICATIVO Presente: io sorgo, tu sorgi, egli sorge; noi sorgiamo, voi sorgete, essi sorgono. Passato prossimo: sono sorto-a, sei sorto-a, è sorto-a; sia-

mo sorti-e, siete sorti-e, sono sorti-e. Imperfetto: sorgevo, sorgevi, sorgeva; sorgevamo, sorgevate, sorgevano. Trapassato prossimo: ero sorto-a, eri sorto-a, era sorto-a; eravamo sorti-e, eravate sorti-e, erano sorti-e. Passato remoto: sorsi, sorgesti, sorse; sorgemmo, sorgeste, sorsero. Trapassato remoto: fui sorto-a, fosti sorto-a, fu sorto-a; fummo sorti-e, foste sorti-e, furono sorti-e. Futuro semplice: sorgerò, sorgerai, sorgerà; sorgeremo, sorgerete, sorgeranno. Futuro anteriore: sarò sorto-a, sarai sorto-a, sarà sorto-a; saremo sorti-e, sarete sorti-e, saranno sorti-e. CONDIZIONALE Presente: sorgerei, sorgeresti, sorgerebbe; sorgeremmo, sorgereste, sorgerebbero. Passato: sarei sorto-a, saresti sorto-a, sarebbe sorto-a; saremmo sorti-e, sareste sorti-e, sarebbero sorti-e. CONGIUNTIVO Presente: sorga, sorga, sorga; sorgiamo, sorgiate, sorgano. Imperfetto: sorgessi, sorgessi, sorgesse; sorgessimo, sorgeste, sorgessero. Passato: sia sorto-a, sia sorto-a, sia sorto-a; siamo sorti-e, siate sorti-e, siano sorti-e. Trapassato: fossi sorto-a, fossi sorto-a, fosse sorto-a; fossimo sorti-e, foste sorti-e, fossero sorti-e. IMPERATIVO Presente: sorgi tu, sorga egli; sorgiamo noi, sorgete voi, sorgano essi.

sorprendere *(sorpréndere)* tr. sorprender.
sorprendersi *(sorprendérsi)* rfl. sorprenderse.
sorpresa *(sorprésa)* f. sorpresa.
sorridere *(sorrídere)* itr. sonreír(se).
sorriso *(sorríso)* m. sonrisa.
sorso *(sórso)* m. sorbo.
sorta *(sórta)* f. suerte, clase.
sorte *(sórte)* f. suerte.
sorteggiare *(sortetyiáre)* tr. e itr. sortear.
sorteggio *(sortétyio)* m. sorteo.
sortire *(sortíre)* itr. salir; (mil.) hacer una salida (las tropas).
sortita *(sortíta)* f. salida; (mil.) incursión.
sorvegliare *(sorvelliáre)* tr. vigilar; hacer guardia.
sospendere *(sospéndere)* tr. colgar; suspender.
sospensione *(sospensióne)* f. suspensión.

sospettare *(sospettáre)* tr. e itr. sospechar.

sospetto *(sospétto)* adj. sospechoso. m. sospecha.

sospirare *(sospiráre)* tr. e itr. suspirar.

sospiro *(sospíro)* m. suspiro.

sosta *(sósta)* f. alto, parada; tregua; pausa.

sostantivo *(sostantívo)* adj. y m. sustantivo.

———— **Il sostantivo** ————

Sustantivos o nombres aumentativos, diminutivos y despectivos.

En italiano, como en español, el sentido del nombre puede verse alterado por un sufijo dando lugar a los nombres de tipo *aumentativo, diminutivo* y *cariñoso (vezzeglativo* en italiano) y *despectivo.*

• Los *aumentativos* se forman con el sufijo *one (ragazzo, ragazzone);* los nombres femeninos generalmente se transforman en masculinos al tomar forma aumentativa *(febbre, febbrone).*

• Los diminutivos y cariñosos se forman con los sufijos *ino (ragazzino), etto (ragazzetto), ello (pastorello), uccio (reuccio), uzzo (labbruzzo)* y *occio (belloccio);* y también se usan los sufijos *icino, icello, ellino, erello* y *olino;* los nombres terminados en *one* toman una *c* antes del sufijo *(padrone, padroncino).*

• Los despectivos se forman con los sufijos *accio (nasaccio), astro (politicastro), ucolo (maestrucolo), iciattolo (omiciattolo).*

sostanza *(sostándsa)* f. sustancia.

sostare *(sostáre)* itr. pararse, detenerse; descansar.

sostegno *(sostéño)* m. sostén.

sostenere *(sostenére)* tr. sostener.

sostenersi *(sostenérsi)* rfl. sostenerse.

sostentare *(sostentáre)* tr. sustentar, nutrir; sostener.

sostituire *(sostituíre)* tr. substituir, reemplazar.

sostituto *(sostitúto)* m. sustituto.

sostituzione *(sostitudsióne)* f. sustitución.

sottacqua *(sottákkua)* adv. en el fondo, debajo del agua.

sottana *(sottána)* f. falda; sotana.

sotterra *(sottérra)* adv. bajo tierra.

sotterraneo *(sotterráneo)* adj. subterráneo. m. sótano.

sotterrare *(sotterráre)* tr. soterrar.

sottile *(sottíle)* adj. sutil, delicado, fino; delgado.

sottilità *(sottilitá)* f. agudeza, sutilidad.

sotto *(sótto)* adv. abajo, bajo, debajo. prep. debajo de, bajo. **al di** — debajo. **il di** — la parte inferior de algo.

sottolineare *(sottolineáre)* tr. subrayar.

sottomarino *(sottomaríno)* adj. y m. submarino.

sottomettere *(sottométtere)* tr. someter.

sottoporre *(sottopórre)* tr. someter.

sottoscritto *(sottoscrítto)* adj. y m. infrascrito.

sottoscrivere *(sottoscrívere)* tr. subscribir.

sottosopra *(sottosópra)* adv. al revés; en desorden; en agitación. m. desórden.

sottoveste *(sottovéste)* f. chaleco.   [voz baja.

sottovoce *(sottovóche)* adv. en

sottrarre *(sottrárre)* tr. sustraer, restar.

sottrazione *(sottradsióne)* f. sustracción.

sottufficiale *(sottuffichiále)* m. (mil.) suboficial.

sovente *(sovénte)* adv. a menudo, frecuentemente.

soverchiare *(soverkiáre)* tr. vencer, oprimir; superar, exceder. itr. sobresalir; abundar.

soverchio *(sovérkio)* adj. excesivo, superabundante.

sovrano *(sovráno)* adj. y m. soberano. [recargo.

sovrimposta *(sovrimpósta)* f.

sovvenire *(sovveníre)* tr. subvenir, ayudar. itr. recordar; venir en ayuda.

sovvenirsi *(sovvenírsi)* rfl. acordarse.

sovvenzione *(sovvendsióne)* f. subvención.

spaccapietre *(spaccapiétre)* m. picapedrero.

spaccare *(spaccáre)* tr. rajar, destrozar, romper.

spaccatura *(spaccatúra)* f. raja, grieta.

spacciare *(spatchiáre)* tr. despachar (mercancías); vender.

spaccio *(spátchio)* m. despacho, venta.

spacco *(spácco)* m. ranura; desgarrón; abertura.

spada *(spáda)* f. espada.

spaghetti *(spaguétti)* m. pl. especie de fideos.

spalancare *(spalancáre)* tr. abrir de par en par.

spalla *(spál-la)* f. espalda; hombros. **stringersi nelle spalle** encogerse de hombros.

spalliera *(spal-liéra)* f. respaldo (de silla).

spandere *(spándere)* tr. esparcir, desparramar.

sparare *(sparáre)* tr. disparar, tirar (con arma de fuego).

sparata *(sparáta)* f. disparo.

spargere *(spárdyere)* tr. esparcir; divulgar.

──────── **SPARGERE** ────────

INFINITO Presente: spargere. **Passato:** avere sparso. **GERUNDIO Semplice:** spargendo. **Composto:** avendo sparso. **PARTICIPIO Presente:** spargente. **Passato:** sparso o sparto. **INDICATIVO Presente: io** spargo, **tu** spargi, **egli** sparge; **noi** spargiamo, **voi** spargete, **essi** spargono. **Passato prossimo:** ho sparso, hai sparso, ha sparso; abbiamo sparso, avete sparso, hanno sparso. **Imperfetto:** spargevo, spargevi, spargeva; spargevamo, spargevate, spargevano. **Trapassato prossimo:** avevo sparso, avevi sparso, aveva sparso; avevamo sparso, avevate sparso, avevano sparso. **Passato remoto:** sparsi, spargesti, sparse; spargemmo, spargeste, sparsero. **Trapassato remoto:** ebbi sparso, avesti sparto, ebbe sparso; avemmo sparso, aveste sparso, ebbero sparso. **Futuro semplice:** spargerò, spargerai, spargerà; spargeremo, spargerete, spargeranno. **Futuro anteriore:** avrò sparso, avrai sparso, avrà sparso; avremo sparso, avrete sparso, avranno sparso. **CONDIZIONALE Presente:** spargerei, spargeresti, spargerebbe; spargeremmo, spargereste, spargerebbero. **Passato:** avrei sparso, avresti sparso, avrebbe sparso; avremmo sparso, avreste sparso, avrebbero sparso. **CONGIUNTIVO Presente:** sparga, sparga, sparga; spargiamo, spargiate, spargano. **Imperfetto:** spargessi, spargessi, spargesse; spargessimo, spargeste, spargessero. **Passato:** abbia sparso, abbia sparso, abbia sparso; abbiamo sparso, abbiate sparso, abbiano sparso. **Trapassato:** avessi sparso, avessi sparso, avesse sparso; avessimo sparso, aveste sparso, avessero sparso. **IMPERATIVO Presente:** spargi **tu**, sparga **egli**; spargiamo **noi**, spargete **voi**, spargano **essi**.

sparire *(sparíre)* itr. desaparecer.

sparizione *(sparidsióne)* f. desaparición.

sparo *(spáro)* m. disparo, descarga (de arma de fuego).

spartiacque *(spartiákkue)* m. vertiente.

spartire *(spartíre)* tr. dividir.

spartizione *(spartidsióne)* f. partición, división.

sparto *(spárto)* m. esparto.

spasimo *(spásimo)* m. espasmo, congoja.

spassare *(spassáre)* tr. distraer, divertir.

spasso *(spásso)* m. distracción. **essere a**— estar sin trabajo.

spauracchio *(spaurákkio)* m. espantapájaros, espantajo.

spaurire *(spauríre)* tr. espantar.

spaventarsi *(spaventársi)* rfl. asustarse.

spavento *(spavénto)* m. espanto.

spaventoso *(spaventóso)* adj. espantoso.

spaziare *(spadsiáre)* tr. espaciar (palabras o letras). itr. esparcirse; moverse.

spazio *(spádsio)* m. espacio.

spaziosità *(spadsiositá)* f. espaciosidad.

spazioso *(spadsióso)* adj. espacioso.

spazzacamino *(spatsacamíno)* m. deshollinador.

spazzaneve *(spatsanéve)* m. máquina quitanieves.

spazzare *(spatsáre)* tr. barrer, limpiar.

spazzatura *(spatsatúra)* f. basura; barrido; limpieza.

spazzaturaio *(spatsatu
ráio)* m. basurero.

spazzino *(spatsíno)* m. barrendero; basurero.

spazzola *(spátsola)* f. cepillo; escobilla.

spazzolare *(spatsoláre)* tr. cepillar; limpiar.

spazzolino *(spatsolíno)* m. cepillo (de dientes).

specchiarsi *(spekkiársi)* rfl. mirarse al espejo.

specchiera *(spekkiéra)* f. tocador.

specchietto *(spekkiétto)* m. espejo (de bolsillo).

specchio *(spékkio)* m. espejo.

speciale *(spechiále)* adj. especial, particular.

specialista *(spechialísta)* m. especialista.

specialità *(spechialitá)* f. especialidad.

specializzare *(spechialitsáre)* tr. especializar.

specie *(spéchie)* f. especie.

specifico *(spechífico)* adj. específico.

speculare *(speculáre)* tr. e itr. especular, considerar.

speculazione *(speculadsióne)* f. especulación.

spedire *(spedíre)* tr. expedir.

speditore *(speditóre)* m. remitente.

spedizione *(spedidsióne)* f. expedición.

spegnere *(spéñere)* tr. apagar.

SPEGNERE e SPENGERE ──────

INFINITO Presente: spegnere e spengere. **Passato:** avere spento. **GERUNDIO Semplice:** spegnendo. **Composto:** avendo spento. **PARTICIPIO Presente:** spengente o spegnente. **Passato:** spento. **INDICATIVO Presente:** io spengo, **tu** spegni o spengi, **egli** spegne o spenge; **noi** spegniamo o spengiamo, **voi** spegnete o spengete, **essi** spengono. **Passato prossimo:** ho spento, hai spento, ha spento; abbiamo spento, avete spento, hanno spento. **Imperfetto:** spegnevo, spegnevi, spegneva; spegnevamo, spegnevate, spegnevano. **Trapassato prossimo:** avevo spento, avevi spento, aveva spento; avevamo spento, avevate spento, avevano spento. **Passato remoto:** spensi, spegnesti, spense; spegnemmo o spengemmo, spegneste o spengeste, spensero. **Trapassato remoto:** ebbi spento, avesti spento, ebbe spento; avemmo spento, aveste spento, ebbero spento. **Futuro semplice:** spegnerò, spegnerai, spegnerà; spegneremo, spegnerete, spegneranno. **Futuro anteriore:** avrò spento, avrai spento, avrà spento; avremo spento, avrete spento, avranno spento. **CONDIZIONALE Presente:** spegnerei, spegneresti, spegnerebbe; spegneremmo, spegnereste, spegnerebbero. **Passato:** avrei spento, avresti spento, avrebbe spento; avremmo spento, avreste spento, avrebbero spento. **CONGIUNTIVO Presente:** spenga, spenga, spenga; spegniamo o spengiamo, spegniate o spengiate, spengano. **Imperfetto:** spegnessi, spegnessi, spegnesse; spegnessimo, spegneste, spegnessero. **Passato:** abbia spento, abbia spento, abbia spento; abbiamo spento, abbiate spento, abbiano spento. **Trapassato:** avessi spento, avessi spento, avesse spento; avessimo spento, aveste spento, avessero spento. **IMPERATIVO Presente:** spegni tu, spenga **egli**; spegniamo **noi**, spegnete **voi**, spengano **essi**.

spendere (*spéndere*) tr. gastar; consumir.

──────── SPENDERE ────────

INFINITO Presente: spendere. Passato: avere speso. GERUNDIO Semplice: spendendo. Composto: avendo speso. PARTICIPIO Presente: spendente. Passato: speso. INDICATIVO Presente: io spendo, tu spendi, egli spende; noi spendiamo, voi spendete, essi spendono. Passato prossimo: ho speso, hai speso, ha speso; abbiamo speso, avete speso, hanno speso. Imperfetto: spendevo, spendevi, spendeva; spendevamo, spendevate, spendevano. Trapassato prossimo: avevo speso, avevi speso, aveva speso; avevamo speso, avevate speso, avevano speso. Passato remoto: spesi, spendesti, spese; spendemmo, spendeste, spesero. Trapassato remoto: ebbi speso, avesti speso, ebbe speso; avemmo speso, aveste speso, ebbero speso. Futuro semplice: spenderò, spenderai, spenderà; spenderemo, spenderete, spenderanno. Futuro anteriore: avrò speso, avrai speso, avrà speso; avremo speso, avrete speso, avranno speso. CONDIZIONALE Presente: spenderei, spenderesti, spenderebbe; spenderemmo, spendereste, spenderebbero. Passato: avrei speso, avresti speso, avrebbe speso; avremmo speso, avreste speso, avrebbero speso. CONGIUNTIVO Presente: spenda, spenda, spenda; spendiamo, spendiate, spendano. Imperfetto: spendessi, spendessi, spendesse; spendessimo, spendeste, spendessero. Passato: abbia speso, abbia speso, abbia speso; abbiamo speso, abbiate speso, abbiano speso. Trapassato: avessi speso, avessi speso, avesse speso; avessimo speso, aveste speso, avessero speso. IMPERATIVO Presente: spendi tu, spenda egli; spendiamo noi, spendete voi, spendano essi.

spensierato (*spensieráto*) adj. despreocupado.
speranza (*sperándsa*) f. esperanza.
sperare (*speráre*) tr. e itr. esperar.
spesa (*spésa*) f. gasto; coste.
spesare (*spesáre*) tr. mantener.
spese (*spése*) f. pl. gastos.

spesso (*spésso*) adj. espeso; frecuente. adv. a menudo.
spettacolo (*spettácolo*) m. espectáculo.
spettare (*spettáre*) itr. competer, concernir, atañer.
spettatore (*spettatóre*) m. espectador.
spettro (*spéttro*) m. espectro.
spezie (*spédsie*) f. pl. especias.
spezzare (*spetsáre*) tr. quebrar, romper; dividir, interrumpir.
spia (*spía*) f. espía.
spiacente (*spiachénte*) adj. desagradable.
spiacere (*spiachére*) itr. desagradar, disgustar.
spiacevole (*spiachévole*) adj. desagradable.
spiaggia (*spiátyia*) f. playa.
spianare (*spianáre*) tr. explanar, nivelar; explicar; derribar. [da.
spianata (*spianáta*) f. explana-
spiantare (*spiantáre*) tr. arrancar, destruir.
spiantarsi (*spiantarsi*) rfl. arruinarse.
spiare (*spiáre*) tr. espiar.
spicciolo (*spítchiolo*) adj. y m. suelto (dinero).
spiedo (*spiédo*) m. venablo, espiche; asador.
spiegare (*spiegáre*) tr. desplegar; explicar.
spiegazione (*spiegadsióne*) f. explicación, aclaración.
spiga (*spíga*) f. espiga.
spigare (*spigáre*) itr. espigar.
spigo (*spígo*) m. (bot.) espliego.
spigolare (*spigoláre*) tr. espigar; rebuscar.
spigolatura (*spigolatúra*) f. espigueo.
spigolo (*spígolo*) m. canto; arista; aspereza.
spilla (*spíl-la*) f. alfiler.
spillo (*spíl-lo*) m. alfiler, aguja; espita, canilla.

spillone *(spil-lóne)* m. broche.
spina *(spína)* f. espina; enchufe; (mec.) canilla.
spinacio *(spináchio)* m. (bot.) espinaca.
spingere *(spíndyere)* tr. empujar; incitar.

——— SPINGERE ———

INFINITO Presente: spingere. **Passato:** avere spinto. **GERUNDIO Semplice:** spingendo. **Composto:** avendo spinto. **PARTICIPIO Presente:** spingente. **Passato:** spinto. **INDICATIVO Presente:** io spingo, tu spingi, egli spinge; noi spingiamo, voi spingete, essi spingono. **Passato prossimo:** ho spinto, hai spinto, ha spinto; abbiamo spinto, avete spinto, hanno spinto. **Imperfetto:** spingevo, spingevi, spingeva; spingevamo, spingevate, spingevano. **Trapassato prossimo:** avevo spinto, avevi spinto, aveva spinto; avevamo spinto, avevate spinto, avevano spinto. **Passato remoto:** spinsi, spingesti, spinse; spingemmo, spingeste, spinsero. **Trapassato remoto:** ebbi spinto, avesti spinto, ebbe spinto; avemmo spinto, aveste spinto, ebbero spinto. **Futuro semplice:** spingerò, spingerai, spingerà; spingeremo, spingerete, spingeranno. **Futuro anteriore:** avrò spinto, avrai spinto, avrà spinto; avremo spinto, avrete spinto, avranno spinto. **CONDIZIONALE Presente:** spingerei, spingeresti, spingerebbe; spingeremmo, spingereste, spingerebbero. **Passato:** avrei spinto, avresti spinto, avrebbe spinto; avremmo spinto, avreste spinto, avrebbero spinto. **CONGIUNTIVO Presente:** spinga, spinga, spinga; spingiamo, spingiate, spingano. **Imperfetto:** spingessi, spingessi, spingesse; spingessimo, spingeste, spingessero. **Passato:** abbia spinto, abbia spinto, abbia spinto; abbiamo spinto, abbiate spinto, abbiano spinto. **Trapassato:** avessi spinto, avessi spinto, avesse spinto; avessimo spinto, aveste spinto, avessero spinto. **IMPERATIVO Presente:** spingi tu, spinga egli; spingiamo noi, spingete voi, spingano essi.

spingersi *(spíndyérsi)* rfl. avanzar.
spino *(spíno)* m. espino.
spionaggio *(spionátyio)* m. espionaje.
spione *(spióne)* m. espía.
spira *(spíra)* f. espira.
spirito *(spírito)* m. espíritu; (fig.) humor.

spiritoso *(spiritóso)* adj. espirituoso; chistoso.
spirituale *(spirituále)* adj. espiritual.
splendere *(spléndere)* itr. resplandecer.
splendido *(spléndido)* adj. espléndido.
splendore *(splendóre)* m. esplendor, resplandor.
spoglia *(spóllia)* f. despojo; cadáver; botín.
spogliare *(spolliáre)* tr. despojar; desnudar.
spogliarsi *(spolliársi)* rfl. despojarse; desnudarse.
spoglio *(spóllio)* m. revisión; escrutinio (de votos); ropa (vestidos). adj. desnudo; libre.
sponda *(spónda)* f. orilla.
spontaneo *(spontáneo)* adj. espontáneo.
sporcare *(sporcáre)* tr. ensuciar. [marse.
sporgersi *(spordyérsi)* rfl. asosport *(sport)* m. deporte.
sportivo *(sportívo)* adj. deportivo.
sposa *(spósa)* f. esposa, mujer, señora; novia, recién casada.
sposalizio *(sposalídsio)* m. casamiento, esponsales, enlace, boda.
sposare *(sposáre)* tr. casar, desposar. itr. casar(se).
sposarsi *(sposársi)* rfl. casarse, desposarse.
sposo *(spóso)* m. esposo, marido; novio, recién casado.
spossare *(spossáre)* tr. extenuar.
spossatezza *(spossatétsa)* f. extenuación.
spostare *(spostáre)* tr. apartar, desviar.

spostarsi *(spostársi)* rfl. abandonar su puesto; apartarse.

spregevole *(spredyévole)* adj. despreciable.

spregiare *(spredyiáre)* tr. despreciar, menospreciar.

spremere *(sprémere)* tr. exprimir.

sprezzare *(spretsáre)* tr. despreciar, desdeñar.

sprezzo *(sprétso)* m. desprecio, desdén.

sprizzare *(spritsáre)* tr. salpicar, rociar. [lear.

spronare *(spronáre)* tr. espo-

sprone *(spróne)* m. espuela; espolón.

sproposito *(spropósito)* m. despropósito; falta, error. •

spruzzaglia *(sprutsállia)* f. llovizna.

spruzzare *(sprutsáre)* tr. rociar, salpicar. itr. lloviznar.

spruzzatore *(sprutsatóre)* m. pulverizador (de líquidos).

spugna *(spúña)* f. esponja.

spuma *(spúma)* f. espuma.

spumante *(spumánte)* adj. espumoso. m. vino achampañado. [mar.

spumare *(spumáre)* itr. espu-

spuntare *(spuntáre)* tr. despuntar; superar; itr. despuntar; aparecer.

spuntellare *(spuntel-láre)* tr. desapuntalar.

spuntino *(spuntíno)* m. bocadillo.

sputacchiera *(sputakkiéra)* f. escupidera.

sputare *(sputáre)* tr. e itr. escupir, esputar.

sputo *(spúto)* m. esputo.

squadra *(skuádra)* f. escuadra; (náut. mil.) armada; brigada (de obreros).

squagliare *(skualliáre)* tr. licuar.

squagliarsi *(skualliársi)* rfl. derretirse.

squama *(skuáma)* f. escama; caspa (del pelo).

squartare *(skuartáre)* tr. descuartizar.

squartatura *(skuartatúra)* f. descuartizamiento.

squisito *(skuisíto)* adj. exquisito.

stabile *(stábile)* adj. estable. m. finca, casa.

stabilimento *(stabiliménto)* m. establecimiento; fábrica, taller.

stabilire *(stabilíre)* tr. establecer; decretar.

stabilità *(stabilitá)* f. estabilidad.

staccare *(staccáre)* tr. desatar, desprender, soltar; arrancar; separar. itr. destacarse, resaltar.

stacciare *(statchiáre)* tr. tamizar; cerner.

staccio *(státchio)* m. cedazo.

stadio *(stádio)* m. estadio.

staffa *(stáffa)* f. estribo.

stagione *(stadyióne)* f. estación; (teat.) temporada; sazón, madurez, punto.

stagnare *(stañáre)* tr. estañar; estancarse. itr. restañar (herida).

stagno *(stáño)* m. estaño.

stalla *(stál-la)* f. establo.

stallo *(stál-lo)* m. asiento, silla, escaño.

stamane, stamattina *(stamáne, stamattína)* adv. esta mañana.

stampa *(stámpa)* f. prensa, imprenta; periodismo; tirada; estampa, grabado.

stampare *(stampáre)* tr. imprimir; (fig.) fijar; publicar; grabar.

stampati *(stampáti)* m. pl. impresos.

stampatore *(stampatóre)* m. impresor.

stamperia *(stampería)* f. imprenta.

stampigliare *(stampilliáre)* tr. estampillar.

stampo *(stámpo)* m. molde; troquel.

stancare *(stancáre)* tr. cansar.

stanchezza *(stankétsa)* f. cansancio.

stanco *(stánco)* adj. cansado.

stanga *(stánga)* f. barra, barrote, tranca; percha; palanca.

stangare *(stangáre)* tr. atrancar; apalear.

stanotte *(stanótte)* adv. esta noche.

stantuffo *(stantúffo)* m. (mec.) pistón, émbolo.

stanza *(stándsa)* f. habitación; residencia; estancia.

──────── STARE ────────

INFINITO Presente: stare. Passato: essere stato. GERUNDIO Semplice: stando. Composto: essendo stato. PARTICIPIO Presente: stante. Passato: stato. INDICATIVO Presente: io sto, tu stai, egli sta; noi stiamo, voi state, essi stanno. Passato prossimo: sono stato-a, sei stato-a, è stato-a; siamo stati-e, siete stati-e, sono stati-e. Imperfetto: stavo, stavi, stava; stavamo, stavate, stavano. Trapassato prossimo: ero stato-a, eri stato-a, era stato-a; eravamo stati-e, eravate stati-e, erano stati-e. Passato remoto: stetti, stesti, stette; stemmo, steste, stettero. Trapassato remoto: fui stato-a, fosti stato-a, fu stato-a; fummo stati-e, foste stati-e, furono stati-e. Futuro semplice: starò, starai, starà; staremo, starete, staranno. Futuro anteriore: sarò stato-a, sarai stato-a, sarà stato-a; saremo stati-e, sarete stati-e, saranno stati-e. CONDIZIONALE Presente: starei, staresti, starebbe; staremmo, stareste, starebbero. Passato: sarei stato-a, saresti stato-a, sarebbe stato-a; saremmo stati-e, sareste stati-e, sarebbero stati-e. CONGIUNTIVO Presente: stia, stia, stia; stiamo, stiate, stiano. Imperfetto: stessi, stessi, stesse; stessimo, steste, stessero. Passato: sia stato-a, sia stato-a, sia stato-a; siamo stati-e, siate stati-e, siano stati-e. Trapassato: fossi stato-a, fossi stato-a, fosse stato-a; fossimo stati-e, foste stati-e, fossero stati-e. IMPERATIVO Presente: stai o sta' tu, stia egli; stiamo noi, state voi, stiano essi.

stare *(stáre)* itr. estar; residir, vivir. — al fresco estar en chirona.

starnutare *(starnutáre)* itr. estornudar.

starnuto *(starnúto)* m. estornudo.

stasera *(staséra)* adv. esta tarde, esta noche.

statale *(statále)* adj. estatal.

statista *(statísta)* m. estadista.

stato *(státo)* m. estado.

statua *(státua)* f. estatua.

statura *(statúra)* f. estatura.

statuto *(statúto)* m. estatuto.

stazionare *(stadsionáre)* tr. estacionar.

stazione *(stadsióne)* f. estación.

stazza *(státsa)* f. (náut.) arqueo, tonelaje.

stecca *(stécca)* f. varilla; taco (de billar).

steccare *(steccáre)* tr. estacar; entablillar.

stecchino *(stekkíno)* m. palillo de dientes.

stella *(stél-la)* f. estrella. — cadente estrella fugaz.

stemma *(stémma)* f. escudo de armas.

stendardo *(stendárdo)* m. estandarte.

stendere *(sténdere)* tr. extender; tender.

stenografare *(stenografáre)* tr. estenografiar.

stenografia *(stenografía)* f. estenografía.

sterco *(stérco)* m. estiércol.

sterile *(stérile)* adj. estéril.

sterilire *(sterilíre)* tr. esterilizar.

sterilità *(esterilitá)* f. esterilidad.

sterminare *(stermináre)* tr. exterminar.

sterminio *(stermínio)* m. exterminio.

sterzare *(sterdsáre)* tr. desviar; virar; terciar.

sterzo *(stérdso)* m. volante (de un automóvil).

stesso *(stésso)* adj. mismo, igual. **lo — lo** mismo.

stile *(stíle)* m. puñal, estilete; estilo (literario).

stilettare *(stilettáre)* tr. apuñalar.

stilettata *(stilettáta)* f. puñalada.

stilla *(stíl-la)* f. gotita.

stillare *(stil-láre)* tr. destilar.

stilografica *(stilográfica)* f. estilográfica.

stima *(stíma)* f. estima, cálculo.

stimare *(stimáre)* tr. estimar (en todas sus acepciones); apreciar.

stimolare *(stimoláre)* tr. estimular.

stimolo *(stímolo)* m. estímulo.

stinco *(stínco)* m. (anat.) tibia; espinilla.

stipendiare *(stipendiáre)* tr. asalariar.

stipendio *(stipéndio)* m. estipendio.

stipulare *(stipuláre)* tr. estipular, contratar.

stipulazione *(stipuladsióne)* f. estipulación.

stirare *(stiráre)* tr. estirar; planchar. **ferro da —** plancha.

stirarsi *(stirársi)* rfl. desperezarse.

stirpe *(stírpe)* f. estirpe.

stiva *(stíva)* f. bodega (de barco).

stivale *(stivále)* m. bota, botín.

stizza *(stítsa)* f. cólera.

stizzire *(stitsíre)* tr. enfadar. itr. enfadarse.

stoffa *(stóffa)* f. tejido, tela.

stoia *(stóia)* f. estera.

stoltezza *(stoltétsa)* f. insensatez, estupidez.

stolto *(stólto)* adj. y m. insensato, estúpido.

stomaco *(stómaco)* m. (anat.) estómago.

stoppa *(stóppa)* f. estopa.

stordimento *(stordiménto)* m. aturdimiento.

stordire *(stordíre)* tr. aturdir, sorprender.

storia *(stória)* f. historia; cuento, leyenda.

storico *(stórico)* adj. histórico. m. historiador.

storiella *(storiél-la)* f. historieta.

storione *(storióne)* m. (ict.) esturión.

stormire *(stormíre)* itr. susurrar.

stormo *(stórmo)* m. bandada de pájaros; multitud.

storta *(stórta)* f. torsión; distorsión; (tecn.) retorta.

stoviglie *(stovíllie)* f. pl. vajilla; cacharros.

stracciare *(stratchiáre)* tr. rasgar, despedazar.

straccio *(strátchio)* m. trapo, jirón; trozo, retal.

strada *(stráda)* f. carretera, camino. **— ferrata** vía férrea. **— maestra** calzada.

stradare *(stradáre)* tr. encaminar.

strage *(strádye)* f. estrago.

stralciare *(stralchiáre)* tr. podar; liquidar.

stralcio *(strálchio)* m. poda; elección.

stramazzare *(stramatsáre)* tr. abatir, derribar. itr. caerse redondo.

stramazzo *(stramátso)* m. caída.

stramazzone *(stramatsóne)* m. resbalón, tropezón.

strangolare *(strangoláre)* tr. estrangular.

strangolazione *(strangoladsióne)* f. estrangulación.

straniero *(straniéro)* adj. y m. extranjero.

strano *(stráno)* adj. extraño, extranjero.

straordinario *(straordinário)* adj. extraordinario.

strapazzare *(strapatsáre)* tr. maltratar, injuriar; cansar; reprender; estropear.

strapazzo *(strapátso)* m. estropeo; cansancio; injuria.

strappare *(strappáre)* tr. romper. [rrón.

strappo *(stráppo)* m. desga-

strascicare *(straschicáre)* tr. arrastrar. itr. arrastrarse.

strategia *(stratedyía)* f. estrategia.

strato *(stráto)* m. estrato, capa; tapiz.

stravagante *(stravagánte)* adj. y m. extravagante.

stravaganza *(stravagándsa)* f. extravagancia.

stravecchio *(stravekkío)* adj. muy añejo.

stravolgere *(stravóldyere)* tr. desordenar; torcer; turbar; tergiversar.

stravolgimento *(stravoldyiménto)* m. torcimiento; tergiversación; trastorno.

straziare *(stradsiáre)* tr. atormentar, despedazar (el alma, el corazón).

strazio *(strádsio)* m. desgarro; tormento.

strega *(stréga)* f. bruja, hechicera. [zar.

stregare *(stregáre)* tr. hechi-

stremato *(stremáto)* adj. extenuado.

strenna *(strénna)* f. aguinaldo.

strenuo *(strénuo)* adj. valiente, esforzado.

strepitare *(strepitáre)* itr. hacer estrépito.

strepito *(strépito)* m. estrépito.

stretta *(strétta)* f. aprieto; apretón; límite, extremo.

--- STRINGERE ---

INFINITO Presente: stringere. Passato: vere stretto. GERUNDIO Semplice: tringendo. Composto: avendo stretto. ARTICIPIO Presente: stringente. Passato: stretto. INDICATIVO Presente: io ringo, tu stringi, egli stringe; noi stringiamo, voi stringete, essi stringono. Passato prossimo: ho stretto, hai stretto, ha retto; abbiamo stretto, avete stretto, anno stretto. Imperfetto: stringevo, stringevi, stringeva; stringevamo, stringevate, ingevano. Trapassato prossimo: avevo retto, avevi stretto, aveva stretto; avemo stretto, avevate stretto, avevano retto. Passato remoto: strinsi, stringesti, inse; stringemmo, stringeste, strinsero. apassato remoto: ebbi stretto, avesti retto, ebbe stretto; avemmo stretto, este stretto, ebbero stretto. Futuro mplice: stringerò, stringerai, stringerà; ingeremo, stringerete, stringeranno.

Futuro anteriore: avrò stretto, avrai stretto, avrà stretto; avremo stretto, avrete stretto, avranno stretto. CONDIZIONALE Presente: stringerei, stringeresti, stringerebbe; stringeremmo, stringereste, stringerebbero. Passato: avrei stretto, avresti stretto, avrebbe stretto; avremmo stretto, avreste stretto, avrebbero stretto. CONGIUNTIVO Presente: stringa, stringa, stringa; stringiamo, stringiate, stringano. Imperfetto: stringessi, stringessi, stringesse; stringessimo, stringeste, stringessero. Passato: abbia stretto, abbia stretto, abbia stretto; abbiamo stretto, abbiate stretto, abbiano stretto. Trapassato: avessi stretto, avessi stretto, avesse stretto; avessimo stretto, aveste stretto, avessero stretto. IMPERATIVO Presente: stringi tu, stringa egli; stringiamo noi, stringete voi, stringano essi.

strettezza *(strettétsa)* f. estrechez; (fig.) miseria.

stretto *(strétto)* adj. y m. estrecho; apretado.

stridere *(strídere)* itr. chirriar; gritar (con estridor).

strillare *(stril-láre)* itr. chillar.

strillo *(stríl-lo)* m. chillido, grito, chirrido.

strillone *(stril-lóne)* m. vendedor de periódicos.

stringere *(stríndyere)* tr. estrechar, apretar, apremiar; estipular, concluir.

striscia *(stríschia)* f. tira, faja.

strisciare *(strischiáre)* tr. frotar; arrastrar. itr. arrastrar los pies.

striscio *(stríschio)* m. arrastramiento; roce.

stritolare *(stritoláre)* tr. triturar.

stritolatura *(stritolatúra)* f. trituración.

strofa, strofe *(strófa, strófe)* f. estrofa.

strofinaccio *(strofinátchio)* m. estropajo.   [tar.

strofinare *(strofináre)* tr. frotar.

stropicciare *(stropitchiáre)* tr. frotar, estregar. — **i piedi** arrastrar los pies.

stropicciata *(stropitchiáta)* f. frotamiento, frotación.

strozza *(strótsa)* f. garganta.

strozzare *(strotsáre)* tr. estrangular.

struggere *(strútyere)* tr. derretir, licuar, fundir.

——————— STRUGGERE ———

INFINITO Presente: struggere. **Passato:** avere strutto. **GERUNDIO Semplice:** struggendo. **Composto:** avendo strutto. **PARTICIPIO Presente:** struggente. **Passato:** strutto. **INDICATIVO Presente:** io struggo, tu struggi, egli strugge; noi struggiamo, voi struggete, essi struggono. **Passato prossimo:** ho strutto, hai strutto, ha strutto; abbiamo strutto, avete strutto, hanno strutto. **Imperfetto:** struggevo, struggevi, struggeva; struggevamo, struggevate, struggevano. **Trapassato prossimo:** avevo strutto, avevi strutto, aveva strutto; avevamo strutto, avevate strutto, avevano strutto. **Passato remoto:** strussi, struggesti, strusse; struggemmo, struggeste, strussero. **Trapassato remoto:** ebbi strutto, avesti strutto, ebbe strutto; avemmo strutto, aveste strutto, ebbero strutto. **Futuro semplice:** struggerò, struggerai, struggerà; struggeremo, struggerete, struggeranno. **Futuro anteriore:** avrò strutto, avrai strutto, avrà strutto; avremo strutto, avrete strutto, avranno strutto. **CONDIZIONALE Presente:** struggerei, struggeresti, struggerebbe; struggeremmo, struggereste, struggerebbero. **Passato:** avrei strutto, avresti strutto, avrebbe strutto; avremmo strutto, avreste strutto, avrebbero strutto. **CONGIUNTIVO Presente:** strugga, strugga, strugga; struggiamo, struggiate, struggano. **Imperfetto:** struggessi, struggessi, struggesse; struggessimo, struggeste, struggessero. **Passato:** abbia strutto, abbia strutto, abbia strutto; abbiamo strutto, abbiate strutto, abbiano strutto. **Trapassato:** avessi strutto, avessi strutto, avesse strutto; avessimo strutto, aveste strutto, avessero strutto. **IMPERATIVO Presente:** struggi tu, strugga egli; struggiamo noi, struggete voi, struggano essi.

strumentale *(strumentále)* adj instrumental.

strumentare *(strumentáre)* tr instrumentar.

strumento *(struménto)* m. ins trumento.   [de cerdo

strutto *(strútto)* m. manteca

struzzo *(strútso)* m. (orn. avestruz.

stuccare *(stuccáre)* tr. estucar (fig.) fastidiar.

stufa *(stúfa)* f. estufa; horn llo; invernadero; invernácul

stufare *(stufáre)* tr. estofar secar en la estufa; (fig.) fa tidiar, aburrir.

stufarsi *(stufársi)* rfl. fastidia se, aburrirse.

stuoia *(stuóia)* f. estera.

stupendo *(stupéndo)* adj. e tupendo.

stupidezza *(stupidétsa)* f. est pidez.

stupidire *(stupidíre)* itr. entontecerse. tr. entontecer (a uno).

stupidità *(stupiditá)* f. estupidez.

stupido *(stúpido)* adj. y m. estúpido.

stupirsi *(stupírsi)* rfl. sorprenderse.

stupore *(stupóre)* m. estupor, pasmo.

stupro *(stúpro)* m. estupro.

sturare *(sturáre)* tr. destapar (botellas); desobstruir.

stuzzicadenti *(stutsicadénti)* m. palillo.

stuzzicare *(stutsicáre)* tr. escarbar, hurgar; excitar.

su *(su)* adv. sobre, encima. prep. sobre, cerca de. itj. ¡ánimo!, ¡adelante! **venir —** crecer. **— e giù** de un lado para el otro. **— per giù** aproximadamente.

subaffitare *(subaffitáre)* tr. subarrendar.

subalterno *(subaltérno)* m. subalterno.

subbia *(súbbia)* f. cincel (de escultor).

subbiare *(subbiáre)* tr. cincelar.

subire *(subíre)* tr. sufrir; soportar.

subito *(súbito)* adj. súbito, rápido, adv. en seguida, acto seguido.

sublimare *(sublimáre)* tr. ensalzar; sublimar.

sublime *(sublíme)* adj. sublime. m. sublimidad.

subordinare *(subordináre)* tr. subordinar.

subordinazione *(subordinadsióne)* f. subordinación.

subornare *(subornáre)* tr. sobornar.

subornazione *(subornadsióne)* f. soborno.

succedere *(sutchédere)* itr. suceder; heredar; acaecer.

─────────── **SUCCEDERE** ───────────

INFINITO Presente: succedere. **Passato:** essere successo. **GERUNDIO Semplice:** succedendo. **Composto:** essendo successo. **PARTICIPIO Presente:** succedente. **Passato:** successo o succeduto. **INDICATIVO Presente:** io succedo, tu succedi, egli succede; noi succediamo, voi succedete, essi succedono. **Passato prossimo:** sono successo-a, sei successo-a è successo-a; siamo successi-e, siete successi-e, sono successi-e. **Imperfetto:** succedevo, succedevi, succedeva; succedevamo, succedevate, succedevano. **Trapassato prossimo:** ero successo-a, eri successo-a, era successo-a; eravamo successi-e, eravate successi-e, erano successi-e. **Passato remoto:** successi o succedei o succedetti, succedesti, successe o succedé o succedette; succedemmo, succedeste, successero o succederono o succedettero. **Trapassato remoto:** fui successo-a, fosti successo-a, fu successo-a; fummo successi-e, foste successi-e, furono successi-e. **FUTURO Semplice:** succederò, succederai, succederà; succederemo, succederete, succederanno. **Futuro anteriore:** sarò successo-a, sarai successo-a, sarà successo-a; saremo successi-e, sarete successi-e, saranno successi-e. **CONDIZIONALE Presente:** succederei, succederesti, succederebbe; succederemmo, succedereste, succederebbero. **Passato:** sarei successo-a, saresti successo-a, sarebbe successo-a; saremo successi-e, sareste successi-e, sarebbero successi-e. **CONGIUNTIVO Presente:** succeda, succeda, succeda; succediamo, succediate, succedano. **Imperfetto:** succedessi, succedessi, succedesse; succedessimo, succedeste, succedessero. **Passato:** sia successo-a, sia successo-a, sia successo-a; siamo successi-e, siate successi-e, siano successi-e. **Trapassato:** fossi successo-a, fossi successo-a, fosse successo-a; fossimo successi-e, foste successi-e, fossero successi-e. **IMPERATIVO Presente:** succedi tu, succeda egli; succediamo noi, succedete voi, succedano essi.

────────────────────────

successivo *(sutchessívo)* adj. sucesivo.

successo *(sutchésso)* m. suceso.

successore *(sutchessóre)* m. sucesor.

succhiare *(sukkiáre)* tr. sorber, chupar.

succo *(súcco)* m. jugo, zumo; savia.

succursale *(succursále)* adj. y f. sucursal.

sucido *(súchido)* adj. sucio.

sucidume *(suchidúme)* m. suciedad.

sud *(sud)* m. sur.

sudare *(sudáre)* itr. sudar, transpirar.

sudario *(sudário)* m. sudario.

suddetto *(suddétto)* adj. susodicho, sobredicho.

suddiacono *(suddiácono)* m. subdiácono.

suddito *(súddito)* m. súbdito.

sudicio *(sudícho)* adj. sucio.

sudicione *(sudichióne)* m. sucio.

sudiciume *(sudichiúme)* f. suciedad.

sudore *(sudóre)* m. sudor.

sudorifico *(sudorífico)* adj. sudorífico.

sufficiente *(suffichiénte)* adj. suficiente.

sufficienza *(suffichiéndsa)* f. suficiencia.

suffragare *(suffragáre)* tr. sufragar. [fragio.

suffragio *(suffrádyio)* m. sugante *(sugánte)* adj. secante; **carta** — papel secante.

sugare *(sugáre)* tr. secar; chupar, abonar.

suggerire *(sutyeríre)* tr. sugerir, aconsejar; (teat.) apuntar.

suggeritore *(sutyeritóre)* m. (teat.) apuntador.

sughero *(súguero)* m. corcho; (bot.) alcornoque.

sugna *(súña)* f. manteca (de cerdo).

sugo *(súgo)* m. jugo, zumo.

suicidarsi *(suichidársi)* rfl. suicidarse.

suicidio *(suichídio)* m. suicidio.

suino *(suíno)* adj. y m. cerdo.

sultano *(sultáno)* m. sultán.

suo *(súo)* adj. y pron. su, suyo de él, de ella, de usted. **il** — pron. el suyo.

suocera *(suóchera)* f. suegra.

suoceri *(suócheri)* m. pl. suegros.

suocero *(suóchero)* m. suegro.

suola *(suóla)* f. suela.

suolo *(suólo)* m. suelo.

suonare *(suonáre)* tr. e itr. sonar, tocar.

suono *(suóno)* m. sonido, toque.

suora *(suóra)* f. (rel.) sor, hermana.

superare *(superáre)* tr. superar.

superbia *(supérbia)* f. soberbia, orgullo.

superbo *(supérbo)* adj. y m. soberbio.

superficiale *(superfichiále)* adj. superficial.

superficie *(superfíchie)* f. superficie.

superfluo *(supérfluo)* adj. superfluo.

superiora *(superióra)* f. superiora (monja).

superiore *(superióre)* adj. y m. superior.

superiorità *(superioritá)* f. superioridad.

supersonico *(supersónico)* adj. supersónico.

superstite *(supérstite)* adj. y m. f. superviviente.

superstizione *(superstidsióne)* f. superstición.

superstizioso *(superstidsióso)* adj. y m. supersticioso.

superuomo *(superuómo)* m. superhombre.

suppellettile *(suppel-léttile)* f. muebles, enseres.

suppergiù *(supperdyiú)* adv. poco más o menos.

———— I suoni della lingua italiana ————

SIGNO	SONIDO ITALIANO	SONIDO APROXIMADO ESPAÑOL	EXPLICACIONES
a	casa	casa	Como en español.
e (abierta)	meglio		En español no suena la *e* abierta. Como la *è* abierta francesa y catalana.
e (cerrada)	pentola	perla	Como en español.
i	pipistrello	piña	Como en español.
o (abierta)	foglia		La *o* abierta no suena en español.
o (cerrada)	pozzo	pozo	Como en español.
u	numero	número	Como en español.
b	bocca	boca	Labial, como en español.
c	casa	casa	Delante de *a, o, u* tiene sonido gutural como en español.
	cosa	cosa	
	cupola	cúpula	
	cera	checo	Delante de *e, i* tiene sonido palatal como la *ch* española.
	cicoria	achicoria	
	cherubino	querubín	Delante de *he, hi* tiene sonido gutural como la *q* española.
	china	quina	
	ciarla	charla	
	cioccolata	chocolate	Delante de *ia, io, iu* tiene sonido palatal como la *ch* española.
	ciurma	chusma	
			En los demás casos como la *c* española.
d	dolore	dolor	Como en español.
f	fatica	fatiga	Como en español.
g	gatto	gato	Delante de *a, o, u* tiene sonido gutural como en español.
	gomma	goma	
	gusto	gusto	
	gente		Delante de *e, i* tiene sonido palatal como la *g* francesa o catalana.
	gita		
	ghepardo	guepardo	Delante de *he, hi* tiene sonido gutural como *gue, gui* en español.
	ghigliottina	guillotina	
	giacca		Delante de *ia, io, iu* tiene sonido palatal como la *g* francesa o catalana.
	giovane		
	giudizio		
	battaglia	batalla	Delante de *li* tiene un sonido blando como la *ll* española.
	castagna	castaña	Delante de *n* suena como la *ñ* española.
			En los casos restantes suena como la *g* española.

Signo	Sonido italiano	Sonido aproximado español	Explicaciones
h	hai cherubino ghigliottina	has querubín guillotina	Muda como en español. Da sonido gutural a las letras *c* y *g* cuando van seguidas de las letras *e*, *i*.
l	luce	luz	Como en español.
m	meglio	mejor	Como en español.
n	nessuno	nadie	Como en español.
p	pietra	piedra	Como en español.
q	quindice	quince	Como en español.
r	riga cervo	raya ciervo	Como en español.
s	casa osso	casa hueso	La *s* tiene un sonido suave por lo general, correspondiendo a la *s* española la doble *s* italiana.
	scialle scemo	chal checo	La *s* seguida de *ce*, *ci* toma un sonido parecido a la *ch*, pero más parecido a la *ch* francesa que a la española.
t	tempo	tiempo	Como en español.
v	vita	vida	Labiodental. Al revés que en español la *b* y la *v* distinguen su sonido perfectamente.
z	zio		La *z* italiana no tiene correspondiente en español. Correspondería aproximadamente a *ds* o *ts*.

Hay que tener en cuenta que en italiano las consonantes pueden doblarse reforzando de este modo su sonido. Muchas palabras cambian su significado con la consonante simple o doble: *pena* (pena), *penna* (pluma). Para doblar su sonido la letra *q* antepone la letra *c* (excepción, *soqquadro*, *soqquadrare*).

Hay palabras que aunque se escriban igual cambian de significado según la vocal sea abierta o cerrada: *pésca* (pesca), *pèsca* (melocotón).

Al revés que en español la *u* detrás de la *g* y de la *q* se pronuncia siempre.

supplemento (*suppleménto*) m. suplemento.

supplente (*supplénte*) adj. y m. suplente.

supplenza (*suppléndsa*) f. suplencia.

supplica (*súpplica*) f. súplica.

supplicare (*supplicáre*) tr. suplicar.

supplicazione (*supplicadsióne*) f. suplicación.

supplire (*supplíre*) itr. suplir. tr. substituir.

supporre (*suppórre*) tr. suponer.

supposizione (*supposidsióne*) f. suposición.

supposta *(suppósta)* f. (med.) supositorio.

supposto *(suppósto)* adj. y m. supuesto.

suppurare *(suppuráre)* itr. supurar.

suppurazione *(suppuradsióne)* f. supuración.

surrealismo *(surrealísmo)* m. surrealismo.

surrogare *(surrogáre)* réemplazar, sustituir; subrogar.

surrogazione *(surrogadsióne)* f. subrogación, sustitución.

suscettibile *(suschettíbile)* adj. susceptible.

suscettibilita *(suschettibilitá)* f. susceptibilidad.

suscitare *(suschitáre)* tr. suscitar.

suscitatore *(suschitatóre)* adj. y s. promotor, provocador, instigador.

suspicione *(suspidsióne)* f. sospecha.

sussecutivo *(sussecutívo)* adj. subsiguiente, subsecuente.

sussidiare *(sussidiáre)* tr. auxiliar; subvencionar.

sussidio *(sussídio)* m. subsidio.

sussistenza *(sussisténdsa)* f. subsistencia.

sussistire *(sussístire)* itr. subsistir.   [salto.

sussulto *(sussúlto)* m. sobre-

sussurrare *(sussurráre)* itr. susurrar, cuchichear.

sussurro *(sussúrro)* m. susurro.

svagare *(svagáre)* tr. recrear, distraer.   [valijar.

svaligiare *(svalidyiáre)* tr. des-

svalutare *(svalutáre)* tr. desvalorizar.

svalutazione *(svalutadsióne)* f. desvalorización.

svanire *(svaníre)* itr. desvanecerse; desaparecer.

svaporare *(svaporáre)* itr. evaporarse; desvanecerse.

svaporazione *(svaporadsióne)* f. evaporación; desvanecimiento.

svantaggio *(svantátyio)* m. desventaja.

svedese *(svedése)* adj. y m. sueco.

SVELLERE

INFINITO Presente: svellere. **Passato:** avere svelto. **GERUNDIO Semplice:** svellendo. **Composto:** avendo svolto. **PARTICIPIO Passato:** svelto. **INDICATIVO Presente:** io svello o svelgo, tu svelli, egli svelle; noi svelliamo, voi svellete, essi svellono o svelgono. **Passato prossimo:** ho svolto, hai svolto, ha svolto; abbiamo svolto, avete svelto, hanno svelto. **Imperfetto:** svellevo, svellevi, svelleva; svellevamo, svellevate, svellevano. **Trapassato prossimo:** avevo svelto, avevi svelto, aveva svelto; avevamo svelto, avevate svelto, avevano svelto. **Passato remoto:** svelsi, svellesti, svelse; svellemmo, svelleste, svelsero. **Trapassato remoto:** ebbi svelto, avesti svelto, ebbe svelto; avemmo svelto, aveste sveelto, ebbero svelto. **Futuro semplice:** svellerò, svellerai, svellerà; svelleremo, svellerete, svelleranno. **Futuro anteriore:** avrò svel- to, avrai svelto, avrà svelto; avremo svelto, avrete svelto, avranno svelto. **CONDIZIONALE Presente:** svellerei, svelleresti, svellerebbe; svelleremmo, svellereste, svellerebbero. **Passato:** avrei svelto, avresti svelto, avrebbe svelto; avremmo svelto, avreste svelto, avrebbero svelto. **CONGIUNTIVO Presente:** svelga o svella, svelga o svella, svelga o svella; svelliamo, svelliate, svelgano o svellano. **Imperfetto:** svellessi, svellessi, svellesse; svellessimo, svelleste, svellessero. **Passato:** abbia svelto, abbia svelto, abbia svelto; abbiamo svelto, abbiate svelto, abbiano svelto. **Trapassato:** avessi svelto, avessi svelto, avesse svelto; avessimo svelto, aveste svelto, avessero svelto. **IMPERATIVO Presente:** svelli tu, svelga o svella egli; svelliamo noi, svellete voi, svelgano o svellano essi.

sveglia *(svéllia)* f. despertador (reloj); (mil.) diana; desvelo, despertamiento.

svegliare *(svelliáre)* tr. despertar; animar.

svegliarino *(svelliaríno)* m. reproche.

sveglio *(svéllio)* adj. despierto; despejado.

svelare *(sveláre)* tr. revelar.

svelarsi *(svelársi)* rfl. descubrirse.

svellere *(svél-lere)* tr. arrancar, desarraigar, extirpar.

svelto *(svélto)* adj. esbelto; ágil, desenvuelto.

svenimento *(sveniménto)* m. desvanecimiento, desmayo.

svenire *(sveníre)* itr. desmayarse.

sventolare *(sventoláre)* tr. aventar, airear. itr. ondear.

sventura *(sventúra)* f. desventura, desgracia.

sventurato *(sventuráto)* adj. y m. desventurado.

svergogna *(svergóña)* f. desvergüenza.

svergognare *(svergoñáre)* tr. avergonzar.

svergognato *(svergoñáto)* adj. desvergonzado. m. sinvergüenza.

svestire *(svestíre)* tr. desnudar, desarropar.

sviamento *(sviaménto)* m. desviación; descarrilamiento.

sviare *(sviáre)* tr. desviar, descarrilar; apartar.

sviarsi *(sviársi)* rfl. descarrilar.

svignarsela *(sviñársela)* rfl. darse a la fuga.

sviluppare *(sviluppáre)* tr. desarrollar; (fot.) revelar.

─────── **SVENIRE** ───────

INFINITO Presente: svenire. Passato: essere svenuto. **GERUNDIO** Semplice: svenendo. Composto: essendo svenuto. **PARTICIPIO** Presente: svenente. Passato: svenuto. **INDICATIVO** Presente: io svengo, tu svieni, egli sviene; noi sveniamo, voi svenite, essi svengono. Passato prossimo: sono svenuto-a, sei svenuto-a, è svenuto-a; siamo svenuti-e, siete svenuti-e, sono svenuti-e. Imperfetto: svenivo, svenivi, sveniva; svenivamo, svenivate, svenivano. Trapassato prossimo: ero svenuto-a, eri svenuto-a, era svenuto-a; eravamo svenuti-e, eravate svenuti-e, erano svenuti-e. Passato remoto: svenni, svenisti, svenne; svenimmo, sveniste, svennero. Trapassato remoto: fui svenuto-a, fosti svenuto-a, fu svenuto-a; fummo svenuti-e, foste svenuti-e, furono svenuti-e. Futuro semplice: svenirò, svenirai, svenirà; sveniremo, svenirete, sveniranno. Futuro anteriore: sarò svenuto-a, sarai svenuto-a, sarà svenuto-a; saremo svenuti-e, sarete svenuti-e, saranno svenuti-e. CONDIZIONALE Presente: svenirei, sveniresti, svenirebbe; sveniremmo, svenireste, svenirebbero. Passato: sarei svenuto-a, saresti svenuto-a, sarebbe svenuto-a; saremmo svenuti-e, sareste svenuti-e, sarebbero svenuti-e. CONGIUNTIVO Presente: svenga, svenga, svenga; sveniamo, sveniate, svengano. Imperfetto: svenissi, svenissi, svenisse; svenissimo, sveniste, svenissero. Passato: sia svenuto-a, sia svenuto-a, sia svenuto-a; siamo svenuti-e, siate svenuti-e, siano svenuti-e. Trapassato: fossi svenuto-a, fossi svenuto-a, fosse svenuto-a; fossimo svenuti-e, foste svenuti-e, fossero svenuti-e. IMPERATIVO Presente: svieni tu, svenga egli; sveniamo noi, svenite voi, svengano essi.

sviluppo *(svilúppo)* m. desarrollo, desenvolvimiento; desarrollo; (fot.) revelado.

svitare *(svitáre)* tr. destornillar, sacar un tornillo.

svizzero *(svítsero)* adj. y m. suizo.

svolgere *(svóldyere)* tr. desenvolver; desenrollar; desarrollar. [do.

svolta *(svólta)* f. vuelta; recovoltare *(svoltáre)* itr. curvar, volver, girar. tr. desenrrollar.

svotare *(svotáre)* tr. vaciar.

tabaccaio *(tabaccáio)* m. estanquero.

tabaccheria *(tabakkería)* f. tabaquería, estanco.

tabacco *(tabácco)* m. tabaco.

tabella *(tabél-la)* f. tabla; cuadro; prospecto.

tabernacolo *(tabernácolo)* m. tabernáculo.

taccagneria *(taccañería)* f. tacañería.   [avaro.

taccagno *(taccáño)* adj. tacaño,

taccia *(tátchia)* f. tacha, mancha.   [acusar.

tacciare *(tatchiáre)* tr. tachar,

tacco *(tácco)* m. tacón.

taccuino *(taccuíno)* m. agenda; cuaderno de apuntes.

tacere *(táchere)* tr. callar, ocultar. itr. callarse. m. silencio.

tachigrafia *(takigrafía)* f. taquigrafía.

tacito *(táchito)* adj. silencioso, callado; tácito.

taciturno. *(tachitúrno)* adj. taciturno.

taglia *(tállia)* f. recompensa; rescate; (fig.) estatura.

tagliaboschi *(talliabóski)* m. leñador.

— **TACERE** —

INFINITO Presente: tacere. **Passato:** avere taciuto. **GERUNDIO Semplice:** tacendo. **Composto:** avendo taciuto. **PARTICIPIO Presente:** tacente. **Passato:** taciuto. **INDICATIVO Presente:** io taccio, tu taci, egli tace; noi taciamo, voi tacete, essi tacciono. **Passato prossimo:** ho taciuto, hai taciuto, ha taciuto; abbiamo taciuto, avete taciuto, hanno taciuto. **Imperfetto:** tacevo, tacevi, taceva; tacevamo, tacevate, tacevano. **Trapassato prossimo:** avevo taciuto, avevi taciuto, aveva taciuto; avevamo taciuto, avevate taciuto, avevano taciuto. **Passato remoto:** tacqui, tacesti, tacque; taciamo, taceste, tacquero. **Trapassato remoto:** ebbi taciuto, avesti taciuto, ebbe taciuto; avemmo taciuto, aveste taciuto, ebbero taciuto. **Futuro semplice:** tacerò, tacerai, tacerà; taceremo, tacerete, taceranno. **Futuro anteriore:** avrò taciuto, avrai taciuto, avra taciuto; avremo taciuto, avrete taciuto, avranno taciuto. **CONDIZIONALE Presente:** tacerei, taceresti, tacerebbe; taceremmo, tacereste, tacerebbero. **Passato:** avrei taciuto, avresti taciuto, avrebbe taciuto; avremmo taciuto, avreste taciuto, avrebbero taciuto. **GERUNDIO Presente:** taccia, taccia, taccia; taciamo, taciate, tacciano. **Imperfetto:** tacessi, tacessi, tacesse; tacessimo, taceste, tacessero. **Passato:** abbia taciuto, abbia taciuto, abbia taciuto; abbiamo taciuto, abbiate taciuto, abbiano taciuto. **Trapassato:** avessi taciuto, avessi taciuto, avesse taciuto; avessimo taciuto, aveste taciuto, avessero taciuto. **IMPERATIVO Presente:** taci tu, taccia, egli; taciamo noi, tacete voi, tacciano essi.

tagliacarte *(talliacárte)* m. cortapapeles.

tagliare *(talliáre)* tr. cortar.

tagliatelle *(talliatélle)* f. pl. fideos.

taglio *(tállio)* m. corte, herida; corte (de vestido o traje).

tale *(tále)* adj. y pron. tal.

talento *(talénto)* m. talento.

tallone *(tal-lóne)* m. talón.

talora *(talóra)* adv. a veces.

talpa *(tálpa)* f. (zool.) topo.

talvolta *(talvólta)* adv. a veces.

tamburare *(tamburáre)* itr. tocar el tambor; (fig.) golpear.

tamburo *(tambúro)* m. tambor.

tampone *(tampóne)* m. (med.) tapón (en heridas); tampón.

tana *(tána)* f. guarida.

tanaglia *(tanállia)* f. tenazas.

tanti *(tánti)* pron. muchos.

tanto *(tánto)* adj. tanto, mucho; pron. tanto. adv. tanto, de tal manera, hasta tal punto. m. tanto. **non per —** sin embargo. **tante grazie** muchas gracias. **ogni —** de vez en cuando.

tappare *(tappáre)* tr. tapar; cerrar.

tapparsi *(tappársi)* rfl. taparse, abrigarse.

tappeto *(tappéto)* m. alfombra; tapete; tapiz.

tappezzare *(tappetsáre)* tr. tapizar.

tappezzeria *(tappetsería)* f. tapicería.

tappo *(táppo)* m. tapón.

tara *(tára)* f. tara.

tardanza *(tardándsa)* f. tardanza.

tardare *(tardáre)* tr. retardar. itr. tardar, retrasarse.

tardi *(tárdi)* adv. tarde. **al più — ** a más tardar. **tosto o —** tarde o temprano.

tardivo *(tardívo)* adj. tardío.

tariffa *(taríffa)* f. tarifa.

tarlo *(tárlo)* m. carcoma.

tarma *(tárma)* f. polilla.

tarmare *(tarmáre)* itr. apolillarse.

tartagliare *(tartalliáre)* itr. tartamudear.

tartaglione *(tartallióne)* m. tartamudo.

tartaruga *(tartarúga)* f. (zool.) tortuga.

tartufo *(tartúfo)* m. (bot.) trufa; (fig.) hipócrita.

tasca *(tásca)* f. bolsillo (de traje).

tascapane *(tascapáne)* m. morral.

tassa *(tássa)* f. tasa, impuesto.

tassare *(tassáre)* tr. tasar.

tassì, taxi *(tassí, táxi)* m. taxi.

tasso *(tásso)* m. (com.) tipo de interés; (zool.) tejón.

tastare *(tastáre)* tr. tantear, tentar, palpar.

tasteggiare *(tastetyiáre)* tr. teclear.

tasto *(tásto)* m. tecla.

tastoni *(tastóni)* adv. a tientas.

tattica *(táttica)* f. táctica.

tatto *(tátto)* m. tacto.

tatuaggio *(tatuátyio)* m. tatuaje.

tatuare *(tatuáre)* tr. tatuar.

taverna *(tavérna)* f. taberna.

tavola *(távola)* f. mesa.

tavolino *(tavolíno)* m. mesita, mesilla.

tavolozza *(tavolótsa)* f. paleta (de pintor).

tazza *(tátsa)* f. taza, copa.

te *(te)* pron. te, ti, a ti.

tè *(te)* m. (bot.) té.

teatrale *(teatrále)* adj. teatral.

teatro *(téatro)* m. teatro. **— dei burattini** teatro de guiñol.

tecnica *(técnica)* f. técnica.

tecnico *(técnico)* adj. y m. técnico.

tedesco *(tedésco)* adj. y m. alemán.

INFINITO	GERUNDIO	PARTICIPIO
Presente tem-ere	Semplice tem-endo	Presente tem-ente
Passato avere tem-uto	Composto avendo tem-uto	Passato tem-uto

INDICATIVO

Presente	io tem-o, tu tem-i, egli tem-e; noi tem-iamo, voi tem-ete, essi tem-ono
Passato prossimo	ho tem-uto, hai tem-uto, ha tem-uto; abbiamo tem-uto, avete tem-uto, hanno tem-uto.
Imperfetto	tem-evo, tem-evi, tem-eva; tem-evamo, tem-evate, tem-evano.
Trapassato prossimo	avevo tem-uto, avevi tem-uto, aveva tem-uto; avevamo tem-uto, avevate tem-uto, avevano tem-uto.
Passato remoto	tem-ei o tem-etti, tem-esti, tem-è o tem-ette; tem-emmo, tem-este, tem-erono o tem-ettero.
Trapassato remoto	ebbi tem-uto, avesti tem-uto, ebbe tem-uto; avemmo tem-uto, aveste tem-uto, ebbero tem-uto.
Futuro semplice	tem-erò, tem-erai, tem-erà, tem-eremo, tem-erete, tem-eranno.
Futuro anteriore	avrò tem-uto, avrai tem-uto, avrà tem-uto; avremo tem-uto, avrete tem-uto, avranno tem-uto.

CONDIZIONALE

Presente	tem-erei, tem-eresti, tem-erebbe; tem-eremmo, tem-ereste, tem-erebbero.
Passato	avrei tem-uto, avresti tem-uto, avrebbe tem-uto; avremmo tem-uto, avreste tem-uto, avrebbero tem-uto.

CONGIUNTIVO

Presente	tem-a, tem-a, tem-a; tem-iamo, tem-iate, tem-ano.
Imperfetto	tem-essi, tem-essi, tem-esse; tem-essimo, tem-este, tem-essero.
Passato	abbia tem-uto, abbia tem-uto, abbia tem-uto; abbiamo tem-uto, abbiate tem-uto, abbiano tem-uto.
Trapassato	avessi tem-uto, avessi tem-uto, avesse tem-uto; avessimo tem-uto, aveste tem-uto, avessero tem-uto.

IMPERATIVO

Presente	tem-i tu, tem-a egli; tem-iamo noi, tem-ete voi, tem-ano essi.

tegola *(tégola)* f. teja.
teiera *(teiéra)* f. tetera.
tela *(téla)* f. tela; lienzo, cuadro (pintura). — di ragno telaraña. — incerata hule.
telaio *(teláio)* m. telar; bastidor; marco.
telefonare *(telefonáre)* tr. telefon(e)ar.
telefonico *(telefónico)* adj. telefónico.
telefonista *(telefonísta)* m. f. telefonista.
telefono *(teléfono)* m. teléfono.
telegrafare *(telegrafáre)* tr. telegrafiar.
telegrafia *(telegrafía)* f. telegrafía.
telegrafo *(telégrafo)* m. telégrafo.
telegramma *(telegrámma)* m. telegrama.
teleobiettivo *(teleobiettívo)* m. teleobjetivo.
telescopio *(telescópio)* m. telescopio.
televisione *(televisióne)* f. televisión.
televisore *(televisóre)* m. televisor (aparato).
tellina *(tel-lína)* f. almeja, telina.
telone *(telóne)* m. telón; pedazo grande de tela.
tema *(téma)* f. temor, miedo. m. tema.
temerario *(temerário)* adj. temerario.
temere *(temére)* tr. e itr. temer.
temerità *(temeritá)* f. temeridad.
tempera *(témpera)* f. temple.
temperamento *(temperaménto)* m. temperamento.
temperare *(temperáre)* tr.

templar, mitigar; (técn.) templar (metales); (mús.) templar (instrumentos); sacar punta (al lápiz).
temperatura *(temperatúra)* f. temperatura.
temperino *(temperíno)* m. cortaplumas. [pestad.
tempestà *(tempestá)* f. tempestare *(tempestáre)* tr. acribillar; itr. descargar la tormenta, arreciar.
tempestoso *(tempestóso)* adj. tempestuoso.
tempia *(témpia)* f. (anat.) sien.
tempio *(tempio)* m. templo.
templare *(templáre)* adj. y m. templario.
tempo *(témpo)* m. tiempo; época; plazo. per — de madrugada. darsi buon — divertirse.
temporale *(temporále)* adj. y m. temporal.
temporaneo *(temporáneo)* adj. temporáneo.
tenace *(tenáche)* adj. tenaz; firme.
tenacità *(tenachitá)* f. tenacidad.
tenda *(ténda)* f. toldo; tienda.
tendenza *(tendéndsa)* f. tendencia, propensión.
tendere *(téndere)* tr. extender, tender. itr. tender.

——— TENDERE ———

INFINITO Presente: tendere. Passato: avere teso. GERUNDIO Semplice: tendendo. Composto: avendo teso. PARTICIPIO Presente: tendente. Passato: teso. INDICATIVO Presente: io tendo, tu tendi, egli tende; noi tendiamo, voi tendete, essi tendono. Passato prossimo: ho teso, hai teso, ha teso; abbiamo teso, avete teso, hanno teso. Imperfetto: tendevo, tendevi, tendeva; tendevamo, tendevate, tendevano. Trapassato prossimo: avevo teso, avevi teso, aveva teso; avevamo teso, avevate teso, avevano teso. Passato remoto: tesi, tendesti, tese; tendemmo, tendeste, tesero. Trapassato remoto: ebbi teso, avesti teso, ebbe teso; avemmo teso, aveste teso, ebbero teso. Futuro semplice: tenderò, tenderai, ten-

derà; tenderemo, tenderete, tenderanno.
Futuro anteriore: avrò teso, avrai teso,
avrà teso; avremo teso, avrete teso,
avranno teso. **CONDICIONALE Presente:** tenderei, tenderesti, tenderebbe; ten-
deremmo, tendereste, tenderebbero. **Passato:** avrei teso, avresti teso, avrebbe
teso; avremmo teso, avreste teso, avrebbero teso. **CONGIUNTIVO Presente:**
tenda, tenda, tenda; tendiamo, tendiate,
tendano. **Imperfetto:** tendessi, tendessi,
tendesse; tendessimo, tendeste, tendes-
sero. **Passato:** abbia teso, abbia teso, abbia teso; abbiamo teso, abbiate teso, abbiano teso. **Trapassato:** avessi teso, avessi teso, avesse teso; avessimo teso, aveste
teso, avessero teso. **IMPERATIVO Presente:** tendi tu, tenda egli; tendiamo noi,
tendete voi, tendano essi.

tendina *(tendína)* f. cortina.
tendine *(téndine)* m. (anat.)
  tendón.
tenebre *(ténebre)* f. pl. tinieblas.   [niente.
tenente *(tenénte)* m. (mil.) te-
tenere *(tenére)* tr. tener; guardar; llevar (contabilidad).

——— TENERE ———

INFINITO Presente: tenere. **Passato:**
avere tenuto. **GERUNDIO Semplice:**
tenendo. **Composto:** avendo tenuto.
PARTICIPIO Presente: tenente. **Passato:**
tenuto. **INDICATIVO Presente:** io tengo, tu tieni, egli tiene; noi teniamo, voi
tenete, essi tengono. **Passato prossimo:**
ho tenuto, hai tenuto, ha tenuto; abbiamo tenuto, avete tenuto, hanno tenuto.
Imperfetto: tenevo, tenevi, teneva; tene-
vamo, tenevate, tenevano. **Trapassato
prossimo:** avevo tenuto, avevi tenuto,
aveva tenuto; avevamo tenuto, avevate
tenuto, avevano tenuto. **Passato remoto:**
tenni, tenesti, tenne; tenemmo, teneste,
tennero. **Trapassato remoto:** ebbi tenuto,
avesti tenuto, ebbe tenuto; avemmo tenuto, aveste tenuto, ebbero tenuto. **Futuro semplice:** terrò, terrai, terrà; terre-
mo, terrete, terranno. **Futuro anteriore:**
avrò tenuto, avrai tenuto, avrà tenuto;
avremo tenuto, avrete tenuto, avranno
tenuto. **CONDICIONALE Presente:** ter-
rei, terresti, terrebbe; terremmo, terre-
ste, terrebbero. **Passato:** avrei tenuto,
avresti tenuto, avrebbe tenuto; avremmo
tenuto, avreste tenuto, avrebbero tenuto.
CONGIUNTIVO Presente: tenga, tenga,
tenga; teniamo, teniate, tengano. **Imperfetto:** tenessi, tenessi, tenesse; tenssimo,
teneste, tenessero. **Passato:** abbia tenuto,
abbia tenuto, abbia tenuto; abbiamo tenuto, abbiate tenuto, abbiano tenuto.

Trapassato: avessi tenuto, avessi tenuto,
avesse tenuto; avessimo tenuto, aveste
tenuto, avessero tenuto. **IMPERATIVO
Presente:** tieni tu, tenga egli; teniamo
noi, tenete voi, tengano essi.

tenersi *(tenérsi)* rfl. contenerse.
tenerezza *(tenerétsa)* f. ternura; amor.
tenero *(ténero)* adj. tierno, cariñoso.
tennis *(ténnis)* m. tenis.
tennista *(tennísta)* m. f. tenis-
  ta, jugador de tenis.
tenore *(tenóre)* m. tenor.
tensione *(tensióne)* f. tensión.
tentare *(tentáre)* tr. tentar; tocar; intentar; seducir.
tentativo *(tentatívo)* m. tentativa; prueba.
tentazione *(tentadsióne)* f. tentación.
tentone, tentoni *(tentóne, ten-
tóni)* adv. a tientas.
tenue *(ténue)* adj. tenue.
tenuta *(tenúta)* f. contenido;
  (agr.) hacienda, finca;
  (com.) teneduría (de libros); (mil.) uniforme.
teologia *(teolodyía)* f. teología.
teologo *(teólogo)* m. teólogo.
teoretico *(teorético)* adj. teorético.
teoria *(teoría)* f. teoría.
tepidezza *(tepidétsa)* f. tibieza.
tepido *(tépido)* adj. tibio.
teppa *(teppa)* f. cuadrilla de
  malhechores.
teppista *(teppísta)* m. malhechor.

tergere *(térdyere)* tr. limpiar; enjugar.

——————— TERGERE ———————

INFINITO Presente: tergere. Passato: avere terso. GERUNDIO Semplice: tergendo. Composto: avendo terso. PARTICIPIO Presente: tergente. Passato: terso. INDICATIVO Presente: io tergo, tu tergi, egli terge; noi tergiamo, voi tergete, essi tergono. Passato prossimo: ho terso, hai terso, ha terso; abbiamo terso, avete terso, hanno terso. Imperfetto: tergevo, tergevi, tergeva; tergevamo, tergevate, tergevano. Trapassato prossimo: avevo terso, avevi terso, aveva terso; avevamo terso, avevate terso, avevano terso. Passato remoto: tersi, tergesti, terse; tergemmo, tergeste, tersero. Trapassato remoto: ebbi terso, avesti terso, ebbe terso; avemmo terso, aveste terso, ebbero terso. Futuro semplice: tergerò, tergerai, tergerà; tergeremo, tergerete, tergeranno. Futuro anteriore: avrò terso, avrai terso, avrà terso; avremo terso, avrete terso, avranno terso. CONDIZIONALE Presente: tergerei, tergeresti, tergerebbe; tergeremmo, tergereste, tergerebbero. Passato: avrei terso, avresti terso, avrebbe terso; avremmo terso, avreste terso, avrebbero terso. CONGIUNTIVO Presente: terga, terga, terga; tergiamo, tergiate, tergano. Imperfetto: tergessi, tergessi, tergesse; tergessimo, tergeste, tergessero. Passato: abbia terso, abbia terso, abbia terso; abbiamo terso, abbiate terso, abbiano terso. Trapassato: avessi terso, avessi terso, avesse terso; avessimo terso, aveste terso, avessero terso. IMPERATIVO Presente: tergi tu, terga egli; tergiamo noi, tergete voi, tergano essi.

——————————————————

tergicristallo *(terdyicristál-lo)* m. limpiaparabrisas.
tergo *(térgo)* m. dorso; revés. **a —** a la vuelta, al dorso.
termale *(termále)* adj. termal.
terme *(térme)* f. pl. termas.
terminale *(terminále)* adj. terminal; final.
terminare *(termináre)* tr. terminar; delimitar, itr. terminar.
terminazione *(terminadsióne)* f. terminación; límite.

termine *(términe)* m. término; (com.) plazo, término.
termometro *(termómetro)* m. termómetro.
termos *(térmos)* m. termo.
terra *(térra)* f. tierra; terreno.
terracotta *(terracótta)* f. terracota, barro cocido.
terraglia *(terrállia)* f. loza (de barro).
terrapieno *(terrapiéno)* m. terraplén.
terrazza *(terrátsa)* f. terraza, azotea.
terrazzino *(terratsíno)* m. balcón.
terremoto *(terremóto)* m. terremoto.
terreno *(terréno)* adj. terreno. m. terreno; tierra; territorio.
terrestre *(terréstre)* adj. terrestre.
terribile *(terríbile)* adj. terrible.
territorio *(território)* m. territorio.
terrore *(terróre)* m. terror.
terzo *(térdso)* adj. y m. tercero. m. tercio.
tesa *(tésa)* f. tensión; colocación de redes para pescar, ala (del sombrero).
teschio *(téskio)* m. cráneo.
tesi *(tési)* f. tesis.
tesoreggiare *(tesoretyiáre)* tr. atesorar.
tesoreria *(tesorería)* f. tesorería (oficial).
tesoro *(tesóro)* m. tesoro.
tessera *(téssera)* f. tarjeta de identidad; carné.
tessere *(téssere)* tr. tejer; componer, urdir.
tessile *(téssile)* adj. textil.
tessuto *(tessúto)* m. tejido; trama.
testa *(tésta)* f. (anat.) cabeza.
testamentario *(testamentário)* adj. testamentario.
testamento *(testaménto)* m. testamento.

testare *(testáre)* tr. testar.

testicolo *(testícolo)* m. (anat.) testículo.

testificazione *(testificadsióne)* f. testificación.

testimone *(testimóne)* m. testigo.

testimonianza *(testimoniándsa)* f. testimonio.

testimoniare *(testimoniáre)* tr. testimoniar, atestiguar.

testimonio *(testimónio)* m. testimonio; prueba.

testo *(tésto)* m. texto, libro de texto; tiesto; tortera.

testuale *(testuále)* adj. textual.

testuggine *(testútyine)* f. (zool.) tortuga.

tetano *(tétano)* m. (med.) tétano.

tetro *(tétro)* adj. tétrico.

tetto *(tétto)* m. tejado, techo.

tettoia *(tettóia)* cobertizo; marquesina.

ti *(ti)* pron. te, a ti.

tibia *(tíbia)* f. (anat.) tibia, canilla; (mús.) tibia, flauta.

tifo *(tífo)* m. (med.) tifus.

tifoidea *(tifoidéa)* f. fiebre tifoidea.

tiglio *(tíllio)* m. (bot.) tilo; fibra.

timbrare *(timbráre)* tr. timbrar.

timbro *(tímbro)* m. timbre.

timidezza, timidità *(timidétsa, timiditá)* f. timidez.

timido *(tímido)* adj. tímido.

timone *(timóne)* m. (náut.) timón.

timoniere *(timoniére)* m. timonel.

timorato *(timoráto)* adj. timorato.   [do.

timore *(timóre)* m. temor, mie-

timpano *(tímpano)* m. tímpano; (mús.) timbal.

tinca *(tínca)* f. (ict.) tenca.

tingere *(tíndyere)* tr. teñir.

tino *(tíno)* m. lagar; cuba, tonel, barril.

tinozza *(tinótsa)* f. tina, tinaja.

───── **TINGERE** ─────

INFINITO Presente: tingere. **Passato:** avere tinto. **GERUNDIO Semplice:** tingendo. **Composto:** avendo tinto. **PARTICIPIO Presente:** tingente. **Passato:** tinto. **INDICATIVO Presente: io** tingo, **tu** tingi, **egli** tinge; **noi** tingiamo, **voi** tingete, **essi** tingono. **Passato prossimo:** ho tinto, hai tinto, ha tinto; abbiamo tinto, avete tinto, hanno tinto. **Imperfetto:** tingevo, tingevi, tingeva; tingevamo, tingevate, tingevano. **Trapassato prossimo:** avevo tinto, avevi tinto, aveva tinto; avevamo tinto, avevate tinto, avevano tinto. **Passato remoto:** tinsi, tingesti, tinse; tingemmo, tingeste, tinsero. **Trapassato remoto:** ebbi tinto, avesti tinto, ebbe tinto; avemmo tinto, aveste tinto, ebbero tinto. **Futuro semplice:** tingerò, tingerai, tingerà; tingeremo, tingerete, tingeranno. **Futuro anteriore:** avrò tinto, avrai tinto, avrà tinto; avremo tinto, avrete tinto, avranno tinto. **CONDIZIONALE Presente:** tingerei, tingeresti, tingerebbe; tingeremmo, tingereste, tingerebbero. **Passato:** avrei tinto, avresti tinto, avrebbe tinto; avremmo tinto, avreste tinto, avrebbero tinto. **CONGIUNTIVO Presente:** tinga, tinga, tinga; tingiamo, tingiate, tingano. **Imperfetto:** tingessi, tingessi, tingesse; tingessimo, tingeste, tingessero. **Passato:** abbia tinto, abbia tinto, abbia tinto; abbiamo tinto, abbiate tinto, abbiano tinto. **Trapassato:** avessi tinto, avessi tinto, avesse tinto; avessimo tinto, aveste tinto, avessero tinto. **IMPERATIVO Presente:** tingi **tu,** tinga **egli;** tingiamo **noi,** tingete **voi,** tingano **essi.**

tinta *(tínta)* f. color, coloración.

tinteggiare *(tintetyiáre)* tr. colorear.

tintinnare *(tintinnáre)* itr. tintinear.

tintoria *(tintoría)* f. tintorería.

tintura *(tintúra)* f. tintura, tinte.

tipico *(típico)* adj. típico.

tipografia *(tipografía)* f. tipografía.

tipografo *(tipógrafo)* m. tipógrafo.

tiralinee *(tiralínee)* m. tiralíneas.

tiranneggiare *(tirannetyiáre)* tr. tiranizar.

tirannesco *(tirannésco)* adj. tiránico.

tirannia *(tirannía)* f. tiranía.

tiranno *(tiránno)* adj. y m. tirano.

tirare *(tiráre)* tr. tirar; tender; imprimir; obtener. itr. tirar, encaminarse (hacia algún sitio); tirar, disparar (armas de fuego); propender.

tirata *(tiráta)* f. tirada.

tiratore *(tiratóre)* m. tirador.

tiro *(tíro)* m. tiro, disparo. — **a segno** tiro al blanco.

tirocinio *(tirochínio)* m. aprendizaje, noviciado.

tisi *(tísi)* f. tisis.

tisichezza *(tisikétsa)* f. tisis; depauperación.

tisico *(tísico)* adj. y m. tísico.

titolare *(titoláre)* adj. y m. titular. tr. titular.

titolo *(título)* m. título.

titubare *(titubáre)* itr. titubear, vacilar, dudar.

toccare *(toccáre)* tr. tocar; conmover. itr. pertenecer. — **denari** cobrar una cantidad.

tocco *(tócco)* m. toque; birrete, gorro; toca; pedazo, trozo. **il —** la una (de la noche o del día).

toeletta *(toelétta)* f. aseo.

togliere *(tólliere)* tr. quitar; sacar; tomar; impedir.

──── **TOGLIERE** ────

INFINITO Presente: togliere. **Passato:** avere tolto. **GERUNDIO Semplice:** togliendo. **Composto:** avendo tolto. **PARTICIPIO Presente:** togliente. **Passato:** tolto. **INDICATIVO Presente:** io tolgo, tu togli, egli toglie; noi togliamo, voi togliete, essi tolgono. **Passato prossimo:** ho tolto, hai tolto, ha tolto; abbiamo tolto, avete tolto, hanno tolto. **Imperfetto:** to-glievo, toglievi, toglieva; toglievamo, toglievate, toglievano. **Trapassato prossimo:** avevo tolto, avevi tolto, aveva tolto; avevamo tolto, avevate tolto, avevano tolto. **Passato remoto:** tolsi, togliesti, tolse; togliemmo, toglieste, tolsero. **Trapassato remoto:** ebbi tolto, avesti tolto, ebbe tolto; avemmo tolto, aveste tolto, ebbero tolto. **Futuro semplice:** toglierò o torrò, toglierai o torrai, toglierà o torrà; toglieremo o torremo, toglierete o torrete, toglieranno o torranno. **Futuro anteriore:** avrò tolto, avrai tolto, avrà tolto; avremo tolto, avrete tolto, avranno tolto. **CONDIZIONALE Presente:** toglierei o torrei, toglieresti o torresti, toglierebbe o torrebbe; toglieremmo o torremmo, togliereste o torreste, toglierebbero o torrebbero. **Passato:** avrei tolto, avresti tolto, avrebbe tolto; avremmo tolto, avreste tolto, avrebbero tolto. **CONGIUNTIVO Presente:** tolga, tolga, tolga; togliamo, togliate, tolgano. **Imperfetto:** togliessi, togliessi, togliesse; togliessimo, toglieste, togliessero. **Passato:** abbia tolto, abbia tolto, abbia tolto; abbiamo tolto, abbiate tolto, abbiano tolto. **Trapassato:** avessi tolto, avessi tolto, avesse tolto; avessimo tolto, aveste tolto, avessero tolto. **IMPERATIVO Presente:** togli tu, tolga egli; togliamo noi, togliete voi, tolgano essi.

togliersi *(tólliersi)* rfl. irse.

tolda *(tólda)* f. (náut.) cubierta.

toletta *(tolétta)* f. tocador (mueble), aseo; tocado.

tollerante *(tol-leránte)* adj. tolerante.

tolleranza *(tol-lerándsa)* f. tolerancia.

tollerare *(tol-leráre)* tr. tolerar.

tomba *(tómba)* f. tumba.

tombola *(tómbola)* f. tómbola.

tomo *(tómo)* m. tomo.

tonare *(tonáre)* itr. tronar.

tondere *(tóndere)* tr. esquilar; podar.

tondo *(tóndo)* adj. redondo, circular; tonto, bobo. m. plato, bandeja; objeto de forma redonda.

tonnellaggio *(tonnel-látyio)* m. tonelaje; arqueo.

tonnellata *(tonnel-láta)* f. tonelada.

tonno *(tónno)* m. (ict.) atún, bonito.

tono *(tóno)* m. tono.

tonsilla *(tonsíl-la)* f. (anat.) amígdala.

tonsura *(tonsúra)* f. tonsura.

tonsurare *(tonsuráre)* tr. tonsurar.

topaia *(topáia)* f. ratonera.

topo *(tópo)* m. ratón.

torbido *(tórbido)* adj. tubio. m. tumuto; cosa turbia.

torcere *(tórchere)* tr. torcer; curvar, doblar.

——————— TORCERE ———————

INFINITO Presente: torcere. **Passato:** avere torto. **GERUNDIO Semplice:** torcendo. **Passato:** avendo torto. **PARTICIPIO Presente:** torcente. **Passato:** torto. **INDICATIVO Presente:** io torco, **tu** torci, **egli** torce; **noi** torciamo, **voi** torcete, **essi** torcono. **Passato prossimo:** ho torto, hai torto, ha torto; abbiamo torto, avete torto, hanno torto. **Imperfetto:** torcevo, torcevi, torceva; torcevamo, torcevate, torcevano. **Trapassato prossimo:** avevo torto, avevi torto, aveva torto; avevamo torto, avevate torto, avevano torto. **Passato remoto:** torsi, torcesti, torse; torcemmo, torceste, torsero. **Trapassato remoto:** ebbi torto, avesti torto, ebbe torto; avemmo torto, aveste torto, ebbero torto. **Futuro semplice:** torcerò, torcerai, torcerà; torceremo, torcerete, torceranno. **Futuro anteriore:** avrò torto, avrai torto, avrà torto; avremo torto, avrete torto, avranno torto. **CONDIZIONALE Presente:** torcerei, torceresti, torcerebbe; torceremmo, torcereste, torcerebbero. **Passato:** avrei torto, avresti torto, avrebbe torto; avremmo torto, avreste torto, avrebbero torto. **CONGIUNTIVO Presente:** torca, torca, torca; torciamo, torciate, torcano. **Imperfetto:** torcessi, torcessi, torcesse; torcessimo, torceste, torcessero. **Passato:** abbia torto, abbia torto, abbia torto; abbiamo torto, abbiate torto, abbiano torto. **Trapassato:** avessi torto, avessi torto, avesse torto; avessimo torto, aveste torto, avessero torto. **IMPERATIVO Presente:** torci **tu,** torca **egli;** torciamo **noi,** torcete **voi,** torcano **essi.**

torcia *(tórchia)* f. hacha, tea, antorcha.

torma *(tórma)* f. muchedumbre, turba.

tormentare *(tormentáre)* tr. atormentar.

tormento *(torménto)* m. tormento.

tornaconto *(tornacónto)* m. provecho, utilidad.

tornagusto *(tornagústo)* m. aperitivo.

tornare *(tornáre)* itr. tornar, regresar, volver; cuadrar.

tornasole *(tornasóle)* m. tornasol.

tornio *(tórnio)* m. torno.

tornire *(tornire)* tr. tornear.

toro *(tóro)* m. (zool.) toro.

torpedine *(torpédine)* f. torpedo.

torpediniera *(torpediniéra)* f. (náut. mil.) torpedero, lancha torpedera.

torpedo *(torpédo)* m. coche de carreras.

torpedone *(torpedóne)* m. autobús.

torpidezza *(torpidétsa)* f. torpeza.

torpido *(tórpido)* adj. torpe; lento.

torre *(tórre)* f. torre.

torrefare *(torrefáre)* tr. tostar.

torrefazione *(torrefadsióne)* f. tostadura.

torrente *(torrénte)* m. torrente.

torrone *(torróne)* m. turrón.

torsione *(torsióne)* f. torsión, torcimiento.

torso *(tórso)* m. (anat.) torso; tronco; troncho.

torsolo *(tórsolo)* m. troncho.

torta *(tórta)* f. torta, tarta; torcedura.

torto *(tórto)* adj. torcido. m. culpa. **a** — sin razón. **aver** — tener la culpa.

tortora *(tórtora)* f. (orn.) tórtola.

tortura. *(tortúra)* f. tortura.

torturare *(torturáre)* tr. torturar, atormentar.

tosare *(tosáre)* tr. esquilar.

tosatura *(tosatúra)* f. esquileo.

tosse *(tósse)* f. tos.

tossire *(tossíre)* itr. toser.

tostare *(tostáre)* tr. tostar.

tostatura *(tostatúra)* f. tostatura, torrefacción.

tosto *(tósto)* adv. pronto. **piú — más bien.** adj. duro; impertinente.

totale *(totále)* adj. total, entero. m. suma.

totalità *(totalitá)* f. totalidad.

tovaglia *(továllia)* f. mantel.

tovagliuolo *(toválliuólo)* m. servilleta.

tozzo *(tótso)* adj. burdo; macizo. m. mendrugo.

tra *(tra)* prep. en, con, entre, dentro de.

traccia *(trátchia)* f. huella, señal. **andare in —** ir en busca.

tracciare *(tratchiáre)* tr. trazar, esbozar.

trachea *(trákea)* f. (anat.) tráquea.

tradimento *(tradiménto)* m. traición.

tradire *(tradíre)* tr. traicionar.

traditore *(traditóre)* adj. y m. traidor.

tradizione *(tradidsióne)* f. tradición.

tradurre *(tradúrre)* tr. traducir.

traduttore *(traduttóre)* m. traductor.

traduzione *(tradudsióne)* f. traducción.

trafficare *(trafficáre)* tr. traficar, comerciar.

traffico *(tráffico)* m. tráfico.

traforare *(traforáre)* tr. perforar, taladrar.

traforo *(trafóro)* m. perforación; calado.

trafugamento *(trafugaménto)* m. sustracción.

trafugare *(trafugáre)* tr. sustraer. [dia.

tragedia *(tradyédia)* f. trage-

traghettare *(traguettáre)* tr. pasar de un lado al otro (un río, lago, etc.), atravesar en barca.

traghetto *(traguétto)* m. transbordador; travesía.

tragico *(trádyico)* adj. trágico.

tragitto *(tradyítto)* m. trayecto; (náut.) travesía.

trainare *(traináre)* tr. arrastrar; remolcar. [ción.

traino *(tráino)* m. trineo; trac-

tralasciamento *(tralaschiaménto)* m. omisión.

tralasciare *(tralaschiáre)* tr. omitir.

tralcio *(trálchio)* m. sarmiento; esqueje.

tralucere *(tralúchere)* itr. traslucirse.

tram *(tram)* m. tranvía.

tramandare *(tramandáre)* tr. transmitir.

tramare *(tramáre)* tr. tramar; maquinar.

tramenare *(tramenáre)* tr. remover.

tramenio *(tramenío)* m. trastorno, revuelo.

tramezza *(tramétsa)* f. tabique.

tramezzare *(trametsáre)* tr. interponer; separar. itr. interponerse; terciar.

tramezzo *(tramétso)* m. tabique; entremés.

tramite *(trámite)* m. trámite, paso; medio.

tramontana *(tramontána)* f. tramontana.

tramontano *(tramontáno)* adj. tramontano; septentrional. m. tramontana.

tramontare *(tramontáre)* itr. ponerse el sol.

tramonto *(tramónto)* m. ocaso.

tramortimento *(tramortiménto)* m. desmayo.

tramortire *(tramortíre)* itr. desmayarse.

trampolino *(trampolíno)* m. trampolín.

tramutare *(tramutáre)* tr. trasmutar; cambiar.

tranello *(tranél-lo)* m. trampa; engaño.

tranne *(tránne)* prep. salvo, fuera de, excepto.

tranquillare *(trankuil-láre)* tr. tranquilizar.

tranquillità *(trankuil-litá)* f. tranquilidad.

tranquillo *(trankuíl-lo)* adj. tranquilo.

transigere *(transídyere)* tr. transigir.

transire *(transíre)* itr. pasar, atravesar; morir.

transitare *(transitáre)* itr. transitar.

transito *(tránsito)* m. tránsito.

transizione *(transidsióne)* f. transición.

trapanare *(trapanáre)* tr. barrenar, taladrar. trepanar.

trapano *(trápano)* m. (mec.) barrena, taladro.

trapassare *(trapassáre)* tr. traspasar. itr. pasar; morir.

trapasso *(trapásso)* m. traspaso; paso; muerte.

trapelare *(trapeláre)* tr. conjeturar. itr. traslucirse; pasar, traspasar.

trapiantare *(trapiantáre)* tr. trasplantar.

trappola *(tráppola)* f. trampa, lazo; engaño; ratonera.

trappolare *(trappoláre)* tr. trampear, engañar.

trapuntare *(trapuntáre)* tr. pespuntear.

trapunto *(trapúnto)* m. pespunte.

:rarre *(trárre)* tr. traer; sacar, tirar. — **profito** sacar provecho.

—————— TRARRE ——————

INFINITO Presente: trarre. **Passato:** avere tratto. **GERUNDIO Semplice:** trendo. **Composto:** avendo tratto. **PARTICIPIO Presente:** traente. **Passato:** tratto. **INDICATIVO Presente:** io traggo, tu trai, egli trae; noi traiamo, voi traete, essi traggono. **Passato prossimo:** ho tratto, hai tratto, ha tratto; abbiamo tratto, avete tratto, hanno tratto. **Imperfetto:** traevo, traevi, traeva; traevamo, traevate, traevano. **Trapassato prossimo:** avevo tratto, avevi tratto, aveva tratto; avevamo tratto, avevate tratto, avevano tratto. **Passato remoto:** trassi, traesti, trasse; traemmo, traeste, trassero. **Trapassato remoto:** ebbi tratto, avesti tratto, ebbe tratto; avemmo tratto, aveste tratto, ebbero tratto. **Futuro semplice:** trarrò, trarrai, trarrà; trarremo, trarrete, trarranno. **Futuro anteriore:** avrò tratto, avrai tratto, avrà tratto; avremo tratto, avrete tratto, avranno tratto. **CONDIZIONALE Presente:** trarrei, trarresti, trarrebbe; trarremmo, trarreste, trarrebbero. **Passato:** avrei tratto, avresti tratto, avrebbe tratto; avremmo tratto, avreste tratto, avrebbero tratto. **CONGIUNTIVO Presente:** tragga, tragga, tragga; traiamo, traiate, traggano. **Imperfetto:** traessi, traessi, traesse; traessimo, traeste, traessero. **Passato:** abbia tratto, abbia tratto, abbia tratto; abbiamo tratto, abbiate tratto, abbiano tratto. **Trapassato:** avessi tratto, avessi tratto, avesse tratto; avessimo tratto, aveste tratto, avessero tratto. **IMPERATIVO Presente:** trai tu, tragga egli; traiamo noi, traete voi, traggano essi.

—————————————

trasbordare *(trasbordáre)* tr. e itr. tra(n)sbordar.

trasbordo *(trasbórdo)* m. tra(n)sbordo.

trascendere *(traschéndere)* tr. e itr. trascender.

trascinare *(traschináre)* tr. arrastrar.

trascorrere *(trascórrere)* tr. transcurrir, hojear (un libro). itr. pasar (el tiempo); pasarse, excederse; transcurrir.

trascrivere *(trascrívere)* tr. transcribir.

trascrizione *(trascridsióne)* f. transcripción.

trascurare *(trascuráre)* tr. descuidar; olvidar.

trascuratezza *(trascuratétsa)* f. descuido.

trasferimento *(trasferiménto)* m. transferencia, traslado, traspaso.

trasferire *(trasferíre)* tr. transferir, trasladar.

trasferirsi *(trasferírsi)* rfl. cambiar de domicilio, trasladarse.

trasfigurazione *(trasfiguradsióne)* f. transfiguración.

trasformare *(trasformáre)* tr. transformar.

trasformazione *(trasformadsióne)* f. transformación.

trasfusione *(trasfusióne)* f. transfusión.

trasgredire *(trasgredíre)* tr. transgredir, infringir.

trasgressione *(trasgressióne)* f. transgresión, infracción.

traslocare *(traslocáre)* tr. trasladar, transferir. itr. mudar de casa.

traslocarsi *(traslocársi)* rfl. trasladarse.

trasloco *(traslóco)* m. cambio; traslación, traslado; mudanza (de local).

trasmettere *(trasméttere)* tr. transmitir, transferir.

trasmissione *(trasmissióne)* f. transmisión, traspaso.

trasparente *(trasparénte)* adj. transparente.

trasparenza *(trasparéndsa)* f. transparencia.

trasparire *(trasparíre)* itr. transparentarse, vislumbrarse.

trasportare *(trasportáre)* tr. transportar.

trasporto *(traspórto)* m. transporte; (fig.) arrebato (de ánimo).

trastullare *(trastul-láre)* tr. recrear.

trastullo *(trastúl-lo)* m. recreo, pasatiempo.

trasversale *(trasversále)* adj. transversal.

tratta *(trátta)* f. trayecto; trata; tirón; (com.) giro.

trattamento *(trattaménto)* m. tratamiento.

trattare *(trattáre)* tr. tratar; manejar (un negocio); conversar.

trattato *(trattáto)* m. tratado, pacto.

trattenere *(trattenére)* tr. entretener; detener; retener; divertir.

trattenimento *(trattenimént o)* m. diversión; entretenimiento.

tratto *(trátto)* m. trato; trecho, tiro. ad ogni — a menudo. ad un — de repente. di — in — de cuando en cuando.

trattore *(trattóre)* m. (agr.) tractor.

trattoria *(trattoría)* f. fonda, restaurante.

travagliare *(travalliáre)* tr. afligir. itr. estar afligido.

travagliarsi *(travalliársi)* rfl. afligirse.

travaglio *(travállio)* m. sufrimiento; fatiga. — di stomaco bascas.

travasare *(travasáre)* tr. trasegar, transvasar.

travaso *(travá so)* m. trasiego, transvasación.

trave *(tráve)* f. viga.

travedere *(travedére)* itr. ver mal; equivocarse.

travedimento *(travediménto)* m. equivocación, error.

traversa *(travérsa)* f. travesaño; travesía; atajo.

traversare *(traversáre)* tr. atravesar.

traversata *(traversáta)* f. travesía; desgracia, contratiempo.

traverso *(travérso)* adj. travieso; travesero, oblicuo.

travestimento *(travestiménto)* m. disfraz.

travestire *(travestíre)* tr. disfrazar.

traviare *(traviáre)* tr. extraviar, desviar.

traviamento *(traviaménto)* m. extravío.

tre *(tre)* adj. y m. tres.

trebbia *(trébbia)* f. trilla; trilladora.

trebbiare *(trebbiáre)* tr. trillar.

treccia *(trétchia)* f. trenza; trenzado.

tregua *(trégua)* f. tregua.

tremare *(tremáre)* itr. temblar, vacilar.

tremarella *(tremarél-la)* f. miedo cerval, pavor; tembleque-teo.

tremebondo *(tremebóndo)* adj. tremebundo.

tremendo *(treméndo)* adj. tremendo, terrible.

tremolare *(tremoláre)* itr. tremolar.

tremolio *(tremolío)* m. temblor.

tremolo *(trémolo)* adj. trémulo. m. [mús.] trémolo.

treno *(tréno)* m. tren. — **diretto** tren rápido. — **merci** tren de mercancías.

trepidante *(trepidánte)* adj. trepidante, temeroso.

trepidare *(trepidáre)* itr. trepidar, temblar; tener miedo.

trepidazione *(trepidadsióne)* f. trepidación, miedo, susto.

treppiede *(treppiéde)* m. trípode.

triangolare *(triangoláre)* adj. triangular.

triangolo *(triángolo)* m. triángulo.

tribolare *(triboláre)* tr. atribular. itr. sufrir, estar atribulado.

tribolazione *(triboladsióne)* f. tribulación.

tribordo *(tribordo)* m. (náut.) estribor.

tribù *(tribú)* f. tribu.

tribuna *(tribúna)* f. tribuna.

tribunale *(tribunále)* m. tribunal.

tributario *(tributário)* adj. tributario.

tributo *(tribúto)* m. tributo.

tricolore *(tricolóre)* adj. tricolor.

tridente *(tridénte)* m. tridente.

trifoglio *(trifóllio)* m. (bot.) trébol.

trillare *(tril-láre)* itr. trinar.

trillo *(tríl-lo)* m. trino.

trimestrale *(trimestrále)* adj. trimestral.

trimestre *(triméstre)* m. trimestre.

trina *(trína)* f. encaje.

trincea *(trinchéa)* f. trinchera.

trinciare *(trinchiáre)* tr. trinchar.

trionfare *(trionfáre)* itr. triunfar; vencer.

trionfo *(triónfo)* m. triunfo.

triplicare *(triplicáre)* tr. triplicar.

triplice *(trípliche)* adj. triple.

triste *(tríste)* adj. triste.

tristezza *(tristétsa)* f. tristeza.

tristizia *(tristídsia)* f. malicia; tristeza.

tritare *(tritáre)* tr. triturar.

trittico *(tríttico)* m. tríptico.

trivellare *(trivel-láre)* tr. barrenar, taladrar.

trivello *(trivél-lo)* m. barreno.

triviale *(triviále)* adj. trivial, vulgar.

trivialità *(trivialitá)* f. trivialidad.

troncamento *(troncaménto)* m. trucamiento. — **di parole** apócope.

Il troncamento o apocope ——

• En italiano, algunas veces, para evitar un sonido desagradable, tiene lugar en palabras que no sean monosílabas ni agudas y contengan en su última sílaba las letras *l, m, n, r*, el fenómeno del apócope, es decir, la caída de la vocal o sílaba finales (dottore, dottor).

• Para que tenga lugar el fenómeno del apócope es necesario que la palabra siguiente no empiece por *s* impura, *gn, ps* o *z*.

• El apócope es obligatorio en *uno* (un) y sus compuestos *alcuno* y *nessuno* (alcun, nessun) y *buono* (buon); en *quello* (quel) y *bello* (bel) ante las palabras que empiezan por consonante.

• También se apocopan delante de consonante *santo* (san) y *grande* (gran); y delante de vocal y consonante *tale* (tal) y *quale* (qual).

• *Frate* (fra) y *suora* (suor) se apocopan delante de nombres propios.

——

troncare *(troncáre)* tr. truncar.

tronco *(trónco)* m. tronco; trozo (de vía).

tronfio *(trónfio)* adj. hinchado, engreído.

trono *(tróno)* m. trono.

tropicale *(tropicále)* adj. tropical.

tropico *(trópico)* m. trópico.

troppo *(tróppo)* adj. m. y adv. demasiado.

trota *(tróta)* f. (ict.) trucha.

trottare *(trottáre)* itr. trotar.

trottata *(trottáta)* f. carrera al trote; andar apresurado.

trotto *(trótto)* m. trote.

trovare *(trováre)* tr. encontrar; descubrir.

trovarsi *(trovársi)* rfl. encontrarse.

trovatello *(trovatél-lo)* m. expósito.

trovatore *(trovatóre)* m. trovador.

trucco *(trúcco)* m. truco.

truffa *(trúffa)* f. estafa.

truffare *(truffáre)* tr. estafar.

truffatore *(truffatóre)* m. estafador.

truppa *(trúppa)* f. tropa.

tu *(tu)* pron. tú. **dare del** — tutear. **a** — **per** — cara a cara.

tuba *(túba)* f. (mús.) trompa, trompeta; tuba. **cappello a** — sombrero de copa, chistera.

tubare *(tubáre)* itr. arrullar, arrullarse.

tubatura *(tubatúra)* f. tubería.

tubercolosi *(tubercolósi)* f. (med.) tuberculosis.

tubero *(túbero)* m. tubérculo.

tuffare *(tuffáre)* tr. zambullir.

tuffarsi *(tuffársi)* rfl. zambullirse. [dor.

tuffatore *(tuffatóre)* m. bucea-

tulipano *(tulipáno)* m. (bot.) tulipán.

tulle *(túl-le)* m. tul.

tumefazione *(tumefadsióne)* f. tumefacción.

tumidezza *(tumidétsa)* f. hinchazón.

tumore *(tumóre)* m. (med.) tumor.

tumulare *(tumuláre)* tr. sepultar.

tumulo *(túmulo)* m. sepulcro, túmulo.

tumulto *(tumúlto)* m. tumulto.

tumultuare *(tumultuáre)* itr. alborotar.

tunica *(túnica)* f. túnica.

tuo *(túo)* adj. tu, tuyo. **i tuoi,** tus parientes, los tuyos.

tuonare *(tuonáre)* itr. tronar.

tuono *(tuóno)* m. trueno.

tuorlo *(tuórlo)* m. yema (de huevo).

turacciolo *(turátchiolo)* tapón, corcho.

turare *(turáre)* tr. tapar, taponar.

turba *(túrba)* f. turba.

turbamento *(turbaménto)* m. turbación, turbamiento.

turbare *(turbáre)* tr. turbar, alterar.

turbazione *(turbadsióne)* f. turbación.

turbinare *(turbináre)* tr. remolinear.

turbine *(túrbine)* m. remolino, torbellino.

turbo *(túrbo)* adj. turbio. m. torbellino.

turbolenza *(turboléndsa)* f. turbulencia.

turco *(túrco)* adj. y m. turco.

turchina *(turkína)* f. turquesa.

turismo *(turísmo)* m. turismo.

turista *(turísta)* m. f. turista.

turno *(túrno)* m. turno.

turpe *(túrpe)* adj. torpe, deshonesto, soez.

tutela *(tutéla)* f. tutela.

tutore *(tutóre)* m. tutor.

tutoria *(tutoría)* f. tutela.

tuttavia *(tuttavía)* conj. sin embargo, no obstante.

tutti *(tútti)* pron. pl. todos.

tutto *(tutto)* adj. todo, entero. m. el todo. **da per —** por todas partes.

tuttoché *(tuttoké)* conj. si bien, aunque; casi.

tuttodì *(tuttodí)* adv. siempre.

tuttora *(tuttóra)* adv. todavía; siempre.

U u

ubbidiente *(ubbidiénte)* adj. obediente.

ubbidienza *(ubbidiéndsa)* f. obediencia.

ubbidire *(ubbidíre)* tr. obedecer.

ubriacarsi *(ubriacársi)* rfl. emborracharse.

ubriachezza *(ubriakétsa)* f. embriaguez.

ubriaco *(ubriáco)* adj. y m. embriagado, borracho.

uccello *(utchél-lo)* m. pájaro, ave.

uccidere *(utchídere)* tr. matar.

──────── UCCIDERE ────────

INFINITO Presente: uccidere. **Passato:** avere ucciso. **GERUNDIO Semplice:** uccidendo. **Composto:** avendo ucciso. **PARTICIPIO Presente:** uccidente. **Passato:** ucciso. **INDICATIVO Presente:** io uccido, tu uccidi, egli uccide; noi uccidiamo, voi uccidete, essi uccidono. **Passato prossimo:** ho ucciso, hai ucciso, ha ucciso; abbiamo ucciso, avete ucciso, hanno ucciso. **Imperfetto:** uccidevo, uccidevi, uccideva; uccidevamo, uccidevate, uccidevano. **Trapassato prossimo:** avevo ucciso, avevi ucciso, aveva ucciso; avevamo ucciso, avevate ucciso, avevano ucciso. **Passato remoto:** uccisi, uccidesti, uccise; uccidemmo, uccideste, uccisero. **Trapassato remoto:** ebbi ucciso, avesti ucciso, ebbe ucciso; avemmo ucciso, aveste ucciso, ebbero ucciso. **Futuro semplice:** ucciderò, ucciderai, ucciderà; uccideremo, ucciderete, uccideranno. **Futuro anteriore:** avrò ucciso, avrai ucciso, avrà ucciso; avremo ucciso, avrete ucciso, avranno ucciso. **CONDIZIONALE Presente:** ucciderei, uccideresti, ucciderebbe; uccideremmo, uccidereste, ucciderebbero. **Passato:** avrei ucciso, avresti ucciso, avrebbe ucciso; avremmo ucciso, avreste ucciso, avrebbero ucciso. **CONGIUNTIVO Presente:** uccida, uccida, uccida; uccidiamo, uccidiate, uccidano. **Imperfetto:** uccidessi, uccidessi, uccidesse; uccidessimo, uccideste, uccidessero. **Passato:** abbia ucciso, abbia ucciso; abbiamo ucciso, abbiate ucciso, abbiano ucciso. **Trapassato:** avessi ucciso, avessi ucciso, avesse ucciso; avessimo ucciso, aveste ucciso, avessero ucciso. **IMPERATIVO Presente:** uccidi tu, uccida egli; ucciadiamo noi, uccidete voi, uccidano essi.

udibile *(udíbile)* adj. oíble, audible.　　　　　[cia
udienza *(udiéndsa)* f. audien
udire *(udíre)* tr. e itr. oír.

──────── UDIRE ────────

INFINITO Presente: udire. **Passato:** avere udito. **GERUNDIO Semplice:** udendo. **Composto:** avendo udito. **PARTICIPIO Presente:** udente o udiente. **Passato:** udito. **INDICATIVO Presente:** io odo, tu odi, egli ode; noi udiamo, vo udite, **essi** odono. **Passato prossimo:** ho udito, hai udito, ha udito; abbiamo udito, avete udito, hanno udito. **Imperfetto:** udivo, udivi, udiva; udivamo, udivate, udivano. **Trapassato prossimo:** avevo udito, avevi udito, aveva udito; avevamo udito, avevate udito, avevano udito. **Passato remoto:** udii, udisti, udí; udimmo, udiste, udirono. **Trapassato remoto:** ebbi udito, avesti udito, ebbe udito; avemmo udito, aveste udito, ebbero udito. **Futuro semplice:** udrò o udirò, udrai o udirai, udrà o udirà; udremo o udiremo, udrete o udirete, udranno o udiranno. **Futuro anteriore:** avrò udito, avrai udito, avrà udito; avremo udito, avrete udito, avranno udito. **CONDIZIONALE Presente:** udrei o udirei, udresti o udiresti, udrebbe o udirebbe; udremmo o udiremmo, udreste o udireste, udrebbero o udirebbero. **Passato:** avrei udito, avresti udito, avrebbe udito; avremmo udito, avreste udito, avrebbero udito. **CONGIUNTIVO Presente:** oda, oda, oda; udiamo, udiate, odano. **Imperfetto:** udissi, udissi, udisse; udissimo, udiste, udissero. **Passato:** abbia udito, abbia udito, abbia udito; abbiamo udito, abbiate udito, abbiano udito. **Trapassato:** avessi udito, avessi udito, avesse udito; avessimo udito, aveste udito, avessero udito. **IMPERATIVO Presente:** odi **tu,** oda **egli;** udiamo **noi,** udite **voi,** odano **essi.**

udita *(udíta)* f. oída. **per —** de oídas.
udito *(udíto)* m. oído, audición.
uditorio *(uditório)* m. auditorio.
ufficiale *(uffichiále)* adj. y m. oficial.
ufficio *(uffíchio)* m. oficina, despacho. **— postale** correos (oficina).
ufo *(úfo)*; **a —** adv. de gorra.
uguaglianza *(ugualliándsa)* f. igualdad.
uguagliare *(ugualliáre)* tr. igualar.
uguale *(uguále)* adj. igual.
ulcera *(úlchera)* f. (med.) úlcera. [rar.
ulcerare *(ulcheráre)* tr. ulce-
ulcerarsi *(ulcherársi)* rfl. ulcerarse.
ulcerazione *(ulcheradsióne)* f. ulceración.

uliva *(ulíva)* f. (bot.) oliva, aceituna.
ulivo *(ulívo)* m. olivo. **domenica dell'—** domingo de ramos.
ultimare *(ultimáre)* tr. ultimar.
ultimazione *(ultimadsióne)* f. acabamiento; ultimación.
ultimo *(último)* adj. y m. último.
ululare *(ululáre)* itr. dar alaridos; aullar.
umanità *(umanitá)* f. humanidad.
umano *(umáno)* adj. humano.
umidità *(umiditá)* f. humedad.
umido *(úmido)* adj. húmedo. m. humedad.
umile *(úmile)* adj. humilde.
umiltà *(umiltá)* f. humildad.
umiliare *(umiliáre)* tr. humillar.
umore *(umóre)* m. humor.
umorismo *(umorísmo)* m. humorismo.
umoristico *(umorístico)* adj. humorístico.
un *(un)* art. un. **— altro** otro.
unanime *(unánime)* adj. unánime.
unanimità *(unanimitá)* f. unanimidad.
uncinare *(unchináre)* tr. garfear, enganchar.
uncino *(unchíno)* m. ganchillo, garfio.
ungere *(úndyere)* tr. ungir; untar, engrasar.

——————— UNGERE ———————

INFINITO Presente: ungere. **Passato:** avere unto. **GERUNDIO Semplice:** ungendo. **Composto:** avendo unto. **PARTICIPIO Presente:** ungente. **Passato:** unto. **INDICATIVO Presente:** io ungo, tu ungi, egli unge; noi ungiamo, voi ungete, essi ungono. **Passato prossimo:** ho unto, hai unto, ha unto; abbiamo unto, avete unto, hanno unto. **Imperfet-**

to: ungevo, ungevi, ungeva; ungevamo, ungevate, ungevano. **Trapassato prossimo:** avevo unto, avevi unto, aveva unto; avevamo unto, avevate unto, avevano unto. **Passato remoto:** unsi, ungesti, unse; ungemmo, ungeste, unsero. **Trapassato remoto:** ebbi unto, avesti unto, ebbe unto; avemmo unto, aveste unto, ebbero unto. **Futuro semplice:** ungerò, ungerai, ungerà; ungeremo, ungerete, ungeranno. **Futuro composto:** avrò unto, avrai unto, avrà unto; avremo unto, avrete unto, avranno unto. **CONDIZIONALE Presente:** ungerei, ungeresti, ungerebbe; ungeremmo, ungereste, ungerebbero. **Passato:** avrei unto, avresti unto, avrebbe unto; avremmo unto, avreste unto, avrebbero unto. **CONGIUNTIVO Presente:** unga, unga, unga; ungiamo, ungiate, ungano. **Imperfetto:** ungessi, ungessi, ungesse; ungessimo, ungeste, ungessero. **Passato:** abbia unto, abbia unto, abbia unto; abbiamo unto, abbiate unto, abbiano unto. **Trapassato:** avessi unto, avessi unto, avesse unto; avessimo unto, aveste unto, avessero unto. **IMPERATIVO Presente:** ungi **tu,** unga **egli,** ungiamo **noi,** ungete **voi,** ungano **essi.**

unghia *(únguia)* f. uña; (animales) garra; (caballos) casco.
unguento *(ungüénto)* m. ungüento.
unico *(único)* adj. único.
unificare *(unificáre)* tr. unificar.
unificazione *(unificadsióne)* f. unificación.
uniformare *(uniformáre)* tr. uniformar.
uniforme *(unifórme)* adj. uniforme. m. uniforme (traje).
uniformità *(uniformitá)* f. uniformidad.
unione *(unióne)* f. unión.
unire *(uníre)* tr. unir.
unirsi *(unírsi)* rfl. unirse.
unità *(unitá)* f. unidad.
unito *(uníto)* adj. unido.
universale *(universále)* adj. universal.

università *(universitá)* f. universidad.
universo *(univérso)* m. universo. adj. universal.
uno *(úno)* adj. uno, un. art. un. m. uno, un. pron. uno, alguien.
untare *(untáre)* tr. untar, engrasar.
untata *(untáta)* f. untura, untamiento.
untuosità *(untuositá)* f. untuosidad.
uomo *(uómo)* m. hombre.
uovo *(uóvo)* m. huevo. — **sodo** huevo duro. — **al guscio** huevo pasado por agua.
uragano *(uragáno)* m. huracán.
urbanità *(urbanitá)* f. urbanidad.
urbano *(urbáno)* adj. urbano, cortés. **vigile** — guardia urbano.
urgente *(urdyénte)* adj. urgente, apremiente.
urgenza *(urdyéndsa)* f. urgencia.
urgere *(úrdyere)* tr. apremiar, impeler, apresurar, estimular, dar prisa.

——— URGERE ———

INFINITO Presente: urgere. **GERUNDIO Semplice:** urgendo. **PARTICIPIO Presente:** urgente. **INDICATIVO Presente:** urge; urgono. **Imperfetto:** urgeva; urgevano. **Futuro semplice:** urgerà; urgeranno. **CONDIZIONALE Presente:** urgerebbe; urgerebbero. **CONGIUNTIVO Presente:** urga; urgessero.

urlare *(urláre)* itr. aullar; gritar.
urlo *(úrlo)* m. alarido; aullido.
urna *(úrna)* f. urna.
urtare *(urtáre)* tr. chocar.
urtata *(urtáta)* f. choque.
urto *(úrto)* m. choque; empuje, empujón.
usanza *(usándsa)* f. usanza, uso.
usare *(usáre)* itr. usar.

usato *(usáto)* adj. usado; deteriorado.

usciere *(uschiére)* m. ujier; alguacil.

uscio *(úschio)* m. puerta, entrada.

uscire *(uschíre)* itr. salir.

——————— USCIRE ———————

INFINITO Presente: uscire. **Passato:** essere uscito. **GERUNDIO Semplice:** uscendo. **Composto:** essendo uscito. **PARTICIPIO Presente:** uscente. **Passato:** uscito. **INDICATIVO Presente: io** esco, **tu** esci, **egli** esce; **noi** usciamo, **voi** uscite, **essi** escono. **Passato prossimo:** sono uscito-a, sei uscito-a, è uscito-a; siamo usciti-e, siete usciti-e, sono usciti-e. **Imperfetto:** uscivo, uscivi, usciva; uscivamo, uscivate, uscivano. **Trapassato prossimo:** ero uscito-a, eri uscito-a, era uscito-a; eravamo usciti-e, eravate usciti-e, erano usciti-e. **Passato remoto:** uscii, uscisti, uscì; uscimmo, usciste, uscirono. **Trapassato remoto:** fui uscito-a, fosti uscito-a, fu uscito-a; fummo usciti-e, foste usciti-e, furono usciti-e. **Futuro semplice:** uscirò, uscirai, uscirà; usciremo, uscirete, usciranno. **Futuro anteriore:** sarò uscito, sarai uscito, sarà uscito; saremo usciti, sarete usciti, saranno usciti. **CONDIZIONALE Presente:** uscirei, usciresti, uscirebbe; usciremmo, uscireste, uscirebbero. **Passato:** sarei uscito-a, saresti uscito-a, sarebbe uscito-a; saremmo usciti-e, sareste usciti-e, sarebbero usciti-e. **CONGIUNTIVO Presente:** esca, esca, esca; usciamo, usciate, escano. **Imperfetto:** uscissi, uscissi, uscisse; uscissimo, usciste, uscissero. **Passato:** sia uscito-a, sia uscito-a, sia uscito-a; siamo usciti-e, siate usciti-e, siano usciti-e. **Trapassato:** fossi uscito-a, fossi uscito-a, fosse uscito-a; fossimo usciti-e, foste usciti-e, fossero usciti-e. **IMPERATIVO Presente:** esci **tu,** esca **egli;** usciamo **noi,** uscite **voi,** escano **essi.**

uscita *(uschíta)* f. salida.

usignolo *(usiñólo)* m. (orn.) ruiseñor.

uso *(úso)* m. uso, costumbre, práctica.

usuale *(usuále)* adj. usual.

usufrutto *(usufrútto)* m. usufructo.

usura *(usúra)* f. usura.

usuraio *(usuráio)* m. usurero.

usurpare *(usurpáre)* tr. usurpar.

usurpazione *(usurpadsióne)* f. usurpación.

utensile *(uténsile)* m. utensilio. **macchina** — máquina herramienta.

utile *(útile)* adj. útil.

utilità *(utilitá)* f. utilidad.

utilizzare *(utilitsáre)* tr. utilizar.

utopia *(utopía)* f. utopía.

uva *(úva)* f. uva. — **passa** uva pasa. — **dei frati** grosella.

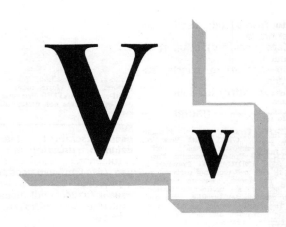

vacante *(vacánte)* adj. vacante.

vacanza *(vacándsa)* f. vacación; vacancia.

vacanze *(vacándse)* f. pl. vacaciones.

vacca *(vácca)* f. (zool.) vaca.

vaccheria *(vakkería)* f. vaquería; lechería.

vaccinare *(vatchináre)* tr. vacunar.

vaccinazione *(vatchinadsióne)* f. vacunación.

vacillamento *(vachil-laménto)* m. vacilación.

vacillare *(vachil-láre)* itr. vacilar; tambalear, tambalearse.

vacuità *(vacuitá)* f. vacuidad.

vacuo *(vácuo)* adj. y m. vacío.

vagabondare *(vagabondáre)* itr. vagabundear, holgazanear.

vagabondo *(vagabóndo)* adj. y m. vagabundo, holgazán.

vagare *(vagáre)* itr. vagar; (fig.) divagar.

vagheggiamento *(vaguetyia-ménto)* m. galanteo; admiración; anhelo.

vagheggiare *(vaguetyiáre)* tr. admirar; anhelar.

vagire *(vadyíre)* itr. gemir, llorar (los niños).

vagito *(vadyíto)* m. vagido.

vaglia *(vállia)* f. valor (postal).

vagliare *(valliáre)* tr. cribar; aechar, garbillar.

vagliatura *(valliatúra)* f. cribadura; ahecho.

vago *(vágo)* adj. vago.

vagolare *(vagoláre)* itr. vagar.

vagone *(vagóne)* m. vagón.

vainiglia *(vainíllia)* f. vainilla.

vaiuolo *(vaiuólo)* m. (med.) viruelas.

valanga *(valánga)* f. alud.

valente *(valénte)* adj. valiente, hábil.

valentia *(valentía)* f. valor; intrepidez.

valere *(valére)* itr. valer, costar; servir. **farsi** — hacerse respetar.

——————— **VALERE** ———————

INFINITO Presente: valere. **Passato:** essere o avere valso. **GERUNDIO Semplice:** valendo. **Composto:** essendo o avendo valso. **PARTICIPIO Presente:** valente. **Passato:** valso. **INDICATIVO Presente: io valgo, tu vali, egli vale; noi valiamo, voi valete, essi valgono. Passato**

prossimo: sono valso-a o ho valso, **sei** valso-a o hai valso, è valso-a o ha valso; siamo valsi-e o abbiamo valso, siete valsi-e o avete valso, sono valsi-e o hanno valso. **Imperfetto:** valevo, valevi, valeva; valevamo, valevate, valevano. **Trapassato prossimo:** ero valso-a o avevo valso, eri valso-a o avevi valso, era valso-a o aveva valso; eravamo valsi-e o avevamo valso, eravate valsi-e o avevate valso, erano valsi-e o avevano valso. **Passato remoto:** valsi, valesti, valse; valemmo, valeste, valsero. **Trapassato remoto:** fui valso-a o ebbi valso, fosti valso-a o avesti valso, fu valso-a o ebbe valso; fummo valsi-e o avemmo valso, foste valsi-e o aveste valso, furono valsi-e o ebbero valso. **Futuro semplice:** varrò, varrai, varrà; varremo, varrete, varranno. **Futuro anteriore:** sarò valso-a o avrò valso, sarai valso-a o avrai valso, sarà valso-a o avrà valso; saremo valsi-e o avremo valso, sarete valsi-e o avrete valso, saranno valsi-e o avranno valso. **CONDIZIONALE Presente:** varrei, varresti, varrebbe; varremmo, varreste, varrebbero. **Passato:** sarei valso-a o avrei valso, saresti valso-a o avresti valso, sarebbe valso-a o avrebbe valso; saremmo valsi-e o avremmo valso, sareste valsi-e o avreste valso, sarebbero valsi-e o avrebbero valso. **CONGIUNTIVO Presente:** valga, valga, valga; valiamo, valiate, valgano. **Imperfetto:** valessi, valessi, valesse; valessimo, valeste, valessero. **Passato:** sia valso-a o abbia valso, sia valso-a o abbia valso; siamo valsi-e o abbiamo valso, siate valsi-e o abbiate valso, siano valsi-e o abbiano valso. **Trapassato:** fossi valso-a o avessi valso, fossi valso-a o avessi valso, fosse valso-a o avesse valso; fossimo valsi-e o avessimo valso, foste valsi-e o aveste valso, fossero valsi-e o avessero valso. **IMPERATIVO Presente:** vali **tu,** valga **egli;** valiamo **noi,** valete **voi,** valgano **essi.**

valersi *(valérsi)* rfl. servirse, valerse.

valevole *(valévole)* adj. válido.

valicare *(valicáre)* tr. traspasar, atravesar.

valico *(válico)* m. paso, pasaje; puerto (de montaña).

validità *(validitá)* f. validez.

valido *(válido)* adj. válido; idóneo, apto; legítimo.

valigia *(valídyia)* f. maleta.

vallata *(val-láta)* f. valle.

valle *(vál-le)* f. valle.

vallo *(vál-lo)* m. valla.

valore *(valóre)* m. valor; precio.

valoroso *(valoróso)* adj. valeroso, valiente.

valuta *(valúta)* f. moneda; divisa.   [evaluar.

valutare *(valutáre)* tr. valorar,

valutazione *(valutadsióne)* f. evaluación, valoración.

valvola *(válvola)* f. válvula.

valzer *(vádser)* m. vals.

vampa *(vámpa)* f. llama.

vampata *(vampáta)* f. llamarada.

vanagloria *(vanaglória)* f. vanagloria, jactancia.

vaneggiamento *(vanetyiaménto)* m. desatino.

vaneggiare *(vanetyiáre)* itr. desatinar.

vanga *(vánga)* f. azada.

vangare *(vangáre)* tr. cavar.

vangelo *(vandyélo)* m. evangelio.

vaniglia *(vaníllia)* m. vainilla.

vano *(váno)* adj. vano; inútil.

vantaggiare *(vantatyiáre)* tr. aventajar.

vantaggiarsi *(vantatyiársi)* rfl. sacar partido, aprovecharse.

vantaggio *(vantátyio)* m. ventaja; utilidad.

vantaggioso *(vantatyióso)* adj. ventajoso.

vantamento *(vantaménto)* m. jactancia.

vantare *(vantáre)* tr. alabar, ensalzar; ostentar.

vantarsi *(vantársi)* rfl. jactarse.

vanto *(vánto)* m. orgullo; jactancia. **menar** — gloriarse.

vapore *(vapóre)* m. vapor.

vaporetto *(vaporétto)* m. vaporcito.

vaporoso *(vaporóso)* adj. vaporoso.

varcare *(varcáre)* tr. pasar, atravesar.

varco *(várco)* m. paso, pasaje.

variabile *(variábile)* adj. variable.

variare *(variáre)* tr. e itr. variar.

variazione *(variadsióne)* f. variación, mudanza.

varice *(varíche)* f. (med.) varice, variz.

variegato *(variegáto)* adj. abigarrado.

varietà *(varietá)* f. variedad.

vario *(vário)* adj. vario.

vasca *(vásca)* f. artesa, tina; depósito (de agua); bañera.

vascello *(vaschel-lo)* m. buque.

vaselina *(vaselína)* f. vaselina.

vasellame *(vasel-láme)* m. vajilla.

vaso *(váso)* m. vasija, vaso, jarrón. — da notte orinal.

vassoio *(vassóio)* m. bandeja.

vastezza *(vastétsa)* f. vastedad, extensión.

vasto *(vasto)* adj. vasto.

vaticinare *(vatichináre)* tr. vaticinar, profetizar.

vaticinio *(vatichínio)* m. vaticinio.

vecchiaia *(vekkiáia)* f. vejez.

vecchiezza *(vekkiétsa)* f. vejez; antigüedad.

vecchio *(vékkio)* adj. y m. viejo, antiguo.

vecchiume *(vekkiúme)* m. trastos viejos.

vece *(véche)* f. vez, lugar.

vedere *(vedére)* tr. ver; observar.

vedersi *(vedérsi)* rfl. verse.

vedetta *(vedétta)* f. atalaya, vigía; (teat.) actriz, estrella; (mil.) centinela.

vedova *(védova)* f. viuda.

—————— VEDERE ——————

INFINITO Presente: vedere. Passato: avere visto. GERUNDIO Semplice: vedendo. Composto: avendo visto. PARTICIPIO Presente: vedente o veggente. Passato: visto. INDICATIVO Presente: io vedo o veggo, tu vedi, egli vede; noi vediamo, voi vedete, essi vedono o veggono. Passato prossimo: ho visto, hai visto, ha visto; abbiamo visto, avete visto, hanno visto. Imperfetto: vedevo, vedevi, vedeva; vedevamo, vedevate, vedevano. Trapassato prossimo: avevo visto, avevi visto, aveva visto; avevamo visto, avevate visto, avevano visto. Passato remoto: vidi, vedesti, vide; vedemmo, vedeste, videro. Trapassato remoto: ebbi visto, avesti visto, ebbe visto; avemmo visto, aveste visto, ebbero visto. Futuro semplice: vedrò, vedrai, vedrà; vedremo, vedrete, vedranno. Futuro anteriore: avrò visto, avrai visto, avrà visto; avremo visto, avrete visto, avranno visto. CONDIZIONALE Presente: vedrei, vedresti, vedrebbe; vedremmo, vedreste, vedrebbero. Passato: avrei visto, avresti visto, avrebbe visto; avremmo visto, avreste visto, avrebbero visto. CONGIUNTIVO Presente: veda o vegga, veda o vegga, veda o vegga; vediamo, vadiate, vedano o veggano. Imperfetto: vedessi, vedessi, vedesse; vedessimo, vedeste, vedessero. Passato: abbia visto, abbia visto, abbia visto; abbiamo visto, abbiate visto, abbiano visto. Trapassato: avessi visto, avessi visto, avesse visto; avessimo visto, aveste visto, avessero visto. IMPERATIVO Presente: vedi tu, veda o vegga egli; vediamo noi, vedete voi, vedano o veggano essi.

---

vedovo *(védovo)* m. viudo.

veduta *(vedúta)* f. vista.

veemente *(veeménte)* adj. vehemente.

veemenza *(veeméndsa)* f. vehemencia.

vegetale *(vedyetále)* adj. y m. vegetal. [tar.

vegetare *(vedyetáre)* itr. vege-

vegetazione *(vedyetadsióne)* f. vegetación.

veglia *(véllia)* f. vigilia; velada; centinela.

vegliare *(velliáre)* tr. e itr. vigilar; velar.

veicolo *(veícolo)* m. vehículo.

vela *(véla)* f. (náut.) vela. a gonfie vele viento en popa.

velame *(veláme)* m. velamen

velare *(veláre)* tr. velar, cubrir.

velatura *(velatúra)* f. (náut.) velamen.

veleggiare *(veletyiáre)* itr. navegar a vela.

veleggiatore *(veletyiatóre)* m. planeador; embarcación de vela.

veleno *(veléno)* m. veneno.

velenoso *(velenóso)* adj. venenoso.

veliere *(veliére)* m. velero.

vellicare *(vel-licáre)* tr. cosquillear; excitar, estimular.

vellicazione *(vel-licadsióne)* f. picazón.

vello *(vél-lo)* m. vello, pelo; vellón.

velloso *(vel-lóso)* adj. velloso, velludo.

vellutare *(vel-lutáre)* tr. aterciopelar.

velluto *(vel-lúto)* m. terciopelo.

velo *(vélo)* m. velo; toca.

veloce *(velóche)* adj. veloz, rápido.

velocità *(velochitá)* f. velocidad.

vena *(véna)* f. vena.

venale *(venále)* adj. venal, mercenario; comercial.

venalità *(venalitá)* f. venalidad.

venato *(venáto)* adj. veteado (mármol, madera, etc.).

venatura *(venatúra)* f. veta.

vendemmia *(vendémmia)* f. vendimia.

vendemmiatore *(vendemmiatóre)* m. vendimiador.

vendere *(véndere)* tr. vender.

vendetta *(vendétta)* f. venganza.

vendicare *(vendicáre)* tr. vengar.

vendicativo *(vendicatívo)* adj. vengativo, vindicativo.

vendicatore *(vendicatóre)* m. vengador.

vendita *(véndita)* f. venta. —

all'ingrosso venta al por mayor. — **al minuto** venta al por menor. — **pubblica** subasta pública.

venditore *(venditóre)* m. vendedor.

venditrice *(venditríche)* f. vendedora.

venerare *(veneráre)* tr. venerar.

venerazione *(veneradsióne)* f. veneración.

venerdì *(venerdí)* m. viernes.

venere *(vénere)* f. venus.

venire *(veníre)* itr. venir, llegar; acontecer.

—————— **VENIRE** ——————

INFINITO **Presente:** venire. **Passato:** essere venuto. GERUNDIO **Semplice:** venendo. **Composto:** essendo venuto. PARTICIPIO **Presente:** veniente o venente. **Passato:** venuto. INDICATIVO **Presente:** io vengo, tu vieni, egli viene; noi veniamo, voi venite, essi vengono. **Passato prossimo:** sono venuto-a, sei venuto-a, è venuto-a; siamo venuti-e, siete venuti-e, sono venuti-e. **Imperfetto:** venivo, venivi, veniva; venivamo, venivate, venivano. **Trapassato prossimo:** ero venuto-a, eri venuto-a, era venuto-a; eravamo venuti-e, eravate venuti-e, erano venuti-e. **Passato remoto:** venni, venisti, venne; venimmo, veniste, vennero. **Trapassato remoto:** fui venuto-a, fosti venuto-a, fu venuto-a; fummo venuti-e, foste venuti-e, furono venuti-e. **Futuro semplice:** verrò, verrai, verrà; verremo, verrete, verranno. **Futuro anteriore:** sarò venuto-a, sarai venuto-a, sarà venuto-a; saremo venuti-e, sarete venuti-e, saranno venuti-e. CONDIZIONALE **Presente:** verrei, verresti, verrebbe; verremmo, verreste, verrebbero. **Passato:** sarei venuto-a, saresti venuto-a, sarebbe venuto-a; saremmo venuti-e, sareste venuti-e, sarebbero venuti-e. CONGIUNTIVO **Presente:** venga, venga, venga; veniamo, veniate, vengano. **Imperfetto:** venissi, venissi, venisse; venissimo, veniste, venissero. **Passato:** sia venuto-a, sia venuto-a, sia venuto-a; siamo venuti-e, siate venuti-e, siano venuti-e. **Trapassato:** fossi venuto-a, fossi venuto-a, fosse venuto-a; fossimo venuti-e, foste venuti-e, fossero venuti-e. IMPERATIVO **Presente:** vieni tu, venga egli; veniamo noi, venite voi, vengano essi.

ventaglio *(ventállio)* m. abanico.   [soplar.
ventare *(ventáre)* itr. ventear;
ventarola *(ventaróla)* f. veleta.
ventata *(ventáta)* f. ventolera.
ventilare *(ventiláre)* tr. ventilar.
ventilatore *(ventilatóre)* m.
ventilador.
vento *(vénto)* m. viento, aire.
ventosità *(ventositá)* f. ventosidad.
ventre *(véntre)* m. vientre.
ventura *(ventúra)* f. ventura,
fortuna.   [ro.
venturo *(ventúro)* adj. venide-
venuta *(venúta)* f. llegada.
verace *(veráche)* adj. veraz.
veracità *(verachitá)* f. veracidad.
verbale *(verbále)* adj. verbal.
verbo *(vérbo)* m. (gram.) verbo; palabra, voz.
verbosità *(verbositá)* f. verbosidad.
verde *(vérde)* adj. y m. verde.
verdeggiare *(verdetyiáre)* itr.
verdecer, reverdecer; verdear.
verecondia *(verecóndia)* f. pudor, honestidad.
verga *(vérga)* f. verga; bastón;
rama; lingote.
vergare *(vergáre)* tr. rayar;
azotar.
vergata *(vergáta)* f. latigazo.
vergine *(vérdyine)* adj. y f. virgen.
verginità *(verdyinitá)* f. virginidad.
vergogna *(vergóña)* f. vergüenza.
vergognarsi *(vergoñársi)* rfl.
avergonzarse.
vergognoso *(vergoñóso)* adj.
vergonzoso.
veridico *(verídico)* adj. verídico.

verifica *(verífica)* f. verificación.
verificare *(verificáre)* tr. verificar, revisar, controlar.
verità *(veritá)* f. verdad.
verme *(vérme)* m. gusano; lombriz (intestinal). — **solitario**
solitaria, tenia.
vermicelli *(vermichél-li)* m. pl.
fideos.
vernice *(verníche)* f. barniz.
verniciare *(vernichiáre)* tr. barnizar.
vero *(véro)* adj. verdadero. m.
lo verdadero; la verdad.
verruca *(verrúca)* f. verruga.
versamento *(versaménto)* m.
derrame; pago parcial.
versare *(versáre)* tr. verter, derramar; desembocar; cam-
biar. itr. tratarse de, versar
sobre.
versatile *(versátile)* adj. versátil.
versato *(versáto)* adj. versado.
verseggiare *(versetyiáre)* tr. e
itr. versificar.
versetto *(versétto)* m. versícu
lo.
versificare *(versificáre)* tr. e
itr. versificar.
versione *(versióne)* f. versión
verso *(vérso)* m. verso; voz
sonido; actitud; sentido, di
rección; cruz (de una mone
da); envés, dorso. prep. ha
cia, contra; sobre, acerca de
para con.
vertebra *(vértebra)* f. (anat.
vértebra.
vertebrale *(vertebrále)* adj
vertebral.
vertebrato *(vertebráto)* ad
y m. vertebrado.
verticale *(verticále)* adj. vert
cal.
vertice *(vértiche)* m. vértice
cumbre, cima.
vertigine *(vertídyine)* f. vért
go.

vertiginoso *(vertidyinóso)* adj. vertiginoso.

verza *(vérdsa)* f. (bot.) berza.

vescica *(veschíca)* f. vejiga; ampolla; burbuja.

vescovile *(vescovile)* adj. episcopal.

vescovo *(véscovo)* m. obispo.

vespa *(véspa)* f. avispa.

vespertino *(vespertíno)* adj. vespertino.

vespro *(véspro)* m. tarde, crepúsculo.

vessare *(vessáre)* tr. vejar, hostigar.

vessazione *(vessadsióne)* f. vejación.

vesta *(vésta)* f. ropa, vestido.

vestaglia *(vestállia)* f. bata.

veste *(véste)* f. ropa, traje.

vestiario *(vestiário)* m. vestuario. [bulo.

vestibolo *(vestíbolo)* m. vestí-

vestire *(vestíre)* tr. vestir (a uno). itr. vestir.

vestirsi *(vestírsi)* rfl. vestirse.

vestito *(vestíto)* m. vestido; traje.

veterinaria *(veterinária)* f. veterinaria.

veterinario *(veterinário)* adj. y m. veterinario.

vetraio *(vetráio)* m. vidriero.

vetrata *(vetráta)* f. vidriera.

vetriera *(vetriéra)* f. vidriera.

vetrina *(vetrína)* f. escaparate; vitrina.

vetro *(vétro)* m. vidrio.

vetta *(vétta)* f. cima.

vettovaglia *(vettovállia)* f. vitualla.

vettovagliamento *(vettovagliaménto)* m. suministro, abastecimiento.

vettura *(vettúra)* f. coche.

vetturino *(vetturíno)* m. cochero.

vezzeggiare *(vetsetyiáre)* tr. mimar. itr. hacer arrumacos.

vezzo *(vétso)* m. mimo, caricia.

vezzoso *(vetsóso)* adj. gracioso, cariñoso.

vi *(vi)* pron. os. adv. allí, allá.

via *(vía)* f. calle, camino; (mec.) paso; (med.) canal. **dare il —** iniciar, comenzar. (deporte). adv. fuera, lejos. **e così —** y así sucesivamente. **mandar —** echar, arrojar.

viadotto *(viadótto)* m. viaducto.

viaggiante *(viatyiánte)* adj. viajante.

viaggiare *(viatyiáre)* itr. viajar.

viaggiatore *(viatyiatóre)* m. viajero; (com.) viajante.

viaggio *(viátyio)* m. viaje. — **d'affari** viaje de negocios.

viale *(viále)* m. paseo. — **di pioppi** alameda.

vibrare *(vibráre)* tr. agitar; lanzar. itr. vibrar.

vibrazione *(vibradsióne)* f. vibración; oscilación.

vicariato *(vicariáto)* m. vicariato.

vicario *(vicário)* m. vicario.

vicenda *(vichénda)* f. vicisitud; serie, sucesión; casualidad.

vicendevole *(vichendévole)* adj. recíproco.

vicendevolezza *(vichendevolétsa)* f. reciprocidad.

vicinanza *(vichinándsa)* f. vecindad; cercanía.

vicino *(vichíno)* adj. cercano, próximo. m. vecino.

vicissitudine *(vichissitúdine)* f. vicisitud.

vicolo *(vícolo)* m. callejón. — **cieco** callejón sin salida.

vidimare *(vidimáre)* tr. legalizar, visar, autenticar.

vidimazione *(vidimadsióne)* f. legitimación, visado, autenticación.

vietare *(vietáre)* tr. vedar; prohibir.

vigilante *(vidŷilánte)* adj. y m. vigilante. [lancia.

vigilanza *(vidŷilándsa)* f. vigi-

vigilare *(vidŷiláre)* tr. vigilar. itr. velar.

vigile *(vídŷile)* adj. y m. vigilante. [la.

vigilia *(vidŷília)* m. vigilia, ve-

vigna *(viña)* f. viña.

vigneto *(viñéto)* m. viñedo.

vigore *(vigóre)* m. vigor, fuerza.

vigoreggiare *(vigoretŷiáre)* tr. vigorizar.

vigoroso *(vigoróso)* adj. vigoroso. [to.

vile *(víle)* adj. vil, bajo, abyec-

vilificare *(vilificáre)* tr. envilecer.

villa *(víl-la)* f. quinta, chalet, torre; pueblo.

villaggio *(vil-látŷio)* m. aldea.

villano *(vil-láno)* adj. y m. villano; campesino.

villeggiare *(vil-letŷiáre)* tr. veranear. [rre.

villino *(vil-líno)* m. chalet, to-

viltà *(viltá)* f. vileza.

vinaccia *(vinátchia)* f. orujo; vinaza.

vincere *(vínchere)* tr. vencer, ganar. — denari ganar dinero en el juego.

——————— VINCERE ———

INFINITO Presente: vincere. Passato: avere vinto. GERUNDIO Semplice: vincendo. Composto: avendo vinto. PARTICIPIO Presente: vincente. Passato: vinto. INDICATIVO Presente: io vinco, tu vinci, egli vince; noi vinciamo, voi vincete, essi vincono. Passato prossimo: ho vinto, hai vinto, ha vinto; abbiamo vinto, avete vinto, hanno vinto. Imperfetto: vincevo, vincevi, vinceva; vincevamo, vincevate, vincevano. Trapassato prossimo: avevo vinto, avevi vinto, aveva vinto; avevamo vinto, avevate vinto, ave-

vano vinto. Passato remoto: vinsi, vin cesti, vinse; vincemmo, vinceste, vinser to, ebbe vinto; avemmo vinto, avest vinto, ebbero vinto. Futuro semplice vincerò, vincerai, vincerà; vinceremo, vin cerete, vinceranno. Futuro anteriore: avr vinto, avrai vinto, avrà vinto; avrem vinto, avrete vinto, avranno vinto. CON DIZIONALE Presente: vincerei, vince resti, vincerebbe; vinceremmo, vincereste vincerebbero. Passato: avrei vinto, avre sti vinto, avrebbe vinto; avremmo vinto avreste vinto, avrebbero vinto. CON GIUNTIVO Presente: vinca, vinca, vi ca; vinciamo, vinciate, vincano. Imperfe to: vincessi, vincessi, vincesse; vincess mo, vinceste, vincessero. Passato: abb vinto, abbia vinto, abbia vinto; abbian vinto, abbiate vinto, abbiano vinto. Tr passato: avessi vinto, avessi vinto, avess vinto; avessimo vinto, aveste vinto, ave sero vinto. IMPERATIVO Presente: vi ci tu, vinca egli; vinciamo noi, vince voi, vincano essi.

——————————————————

vincita *(vínchita)* f. victoria ganancia; premio de lotería

vincitore *(vinchitóre)* m. ve cedor, ganador.

vincolare *(vincoláre)* tr. vinc lar; comprometer.

vincolo *(víncolo)* m. vínculo.

vino *(víno)* m. vino. — nostr no vino del país. — da past vino de mesa o común.

viola *(vióla)* f. (bot.) violet (mús.) viola.

violare *(violáre)* tr. violar; i fringir (una ley).

violentare *(violentáre)* tr. v lentar; violar.

violenza *(violéndsa)* f. viole cia.

violinista *(violinísta)* m. f. v linista.

violino *(violíno)* m. violín.

viottola *(vióttola)* f. sender senda; callejuela.

vipera *(vípera)* f. (zool.) víb ra.

virgola *(vírgola)* f. coma.

virile *(viríle)* adj. viril, varon

virtù *(virtú)* f. virtud.

virtuoso *(virtuóso)* adj. virtu so.

viscere *(víschere)* f. pl. entrañas, vísceras.

vischioso *(viskióso)* adj. viscoso.

visibilità *(visibilitá)* f. visibili-
dad.

visiera *(visiéra)* f. visera.

visione *(visióne)* f. visión.

visita *(vísita)* f. visita.

visitatore *(visitatóre)* m. visi-
tante.

viso *(víso)* m. rostro, cara.

vista *(vísta)* f. vista.

vistare *(vistáre)* tr. visar.

vita *(víta)* f. vida.

vitale *(vitále)* adj. vital.

vitamina *(vitamína)* f. vitamina.

vite *(víte)* m. vid. (mec.) tornillo.

vitello *(vitél-lo)* m. ternero.

vittima *(víttima)* f. víctima.

vittoria *(vittória)* f. victoria.

vittorioso *(vittorióso)* adj. vic-
torioso.

vivace *(viváche)* adj. vivaz; vivo.

vivacità *(vivachitá)* f. vivacidad.

vivaio *(viváio)* m. vivero.

vivere *(vívere)* itr. vivir; ser,
existir.

VIVERE

INFINITO Presente: vivere. **Passato:** essere o avere vissuto. **GERUNDIO Semplice:** vivendo. **Composto:** essendo o
vendo vissuto. **PARTICIPIO Presente:**
vivente. **Passato:** vissuto. **INDICATIVO
Presente: io** vivo, **tu** vivi, **egli** vive; **noi**
viviamo, **voi** vivete, **essi** vivono. **Passato
prossimo:** sono vissuto-a o ho vissuto, sei
vissuto-a o hai vissuto, è vissuto-a o ha
vissuto; siamo vissuti-e o abbiamo vissuto, siete vissuti-e o avete vissuto, sono
vissuti-e o hanno vissuto. **Imperfetto:**
vivevo, vivevi, viveva; vivevamo, vi-
vevate, vivevano. **Trapassato prossimo:**
ero vissuto-a o avevo vissuto, eri vissuto-a o avevi vissuto, era vissuto-a o aveva vissuto; eravamo vissuti-e o avevamo
vissuto, eravate vissuti-e o avevate vissuto, erano vissuti-e o avevano vissuto. **Passato remoto:** vissi, vivesti, visse; vivem-
mo, viveste, vissero. **Trapassato remoto:**
fui vissuto-a o ebbi vissuto, fosti vissuto-a

o avesti vissuto, fu vissuto-a o ebbe vissuto; fummo vissuti-e o avemmo vissuto,
foste vissuti-e o aveste vissuto, furono
vissuti-e o ebbero vissuto. **Futuro semplice:** vivrò, vivrai, vivrà; vivremo, vi-
vrete, vivranno. **Futuro anteriore:** sarò
vissuto-a o avrò vissuto, sarai vissuto-a
avrai vissuto, sarà vissuto-a o avrà vissuto; saremo vissuti-e o avremo vissuto,
sarete vissuti-e o avrete vissuto, saranno
vissuti-e o avranno vissuto. **CONDIZIO-
NALE Presente:** vivrei, vivresti, vivrebbe;
vivremmo, vivreste, vivrebbero. **Passato:**
sarei vissuto-a o avrei vissuto, saresti
vissuto-a o avresti vissuto, sarebbe vissuto-a o avrebbe vissuto: saremmo vissuti-e
o avremmo vissuto, sareste vissuti-e o
avreste vissuto, sarebbero vissuti-e o
avrebbero vissuto. **CONGIUNTIVO Presente:** viva, viva, viva; viviamo, viviate,
vivano. **Imperfetto:** vivessi, vivessi, vives-
se; vivessimo, viveste, vivessero. **Passato:**
sia vissuto-a o abbia vissuto, sia vissuto-a
o abbia vissuto, sia vissuto-a o abbia
vissuto; siamo vissuti-e o abbiamo vissuto, siate vissuti-e o abbiate vissuto,
siano vissuti-e o abbiano vissuto. **Trapassato:** fossi vissuto-a o avessi vissuto,
fossi vissuto-a o avessi vissuto, fosse vissuto-a o avesse vissuto; fossimo vissuti-e o avessimo vissuto, foste vissuti-e
o aveste vissuto, fossero vissuti-e o avessero vissuto. **IMPERATIVO Presente:**
vivi **tu**, viva **egli**; viviamo **noi**, vivete
voi, vivano **essi**.

viveri *(víveri)* m. pl. víveres,
provisiones.

vivezza *(vivétsa)* f. viveza; vivacidad.

vivo *(vívo)* adj. vivo, viviente.

viziare *(vidsiáre)* tr. viciar, corromper.

vizio *(vídsio)* m. vicio.

vizioso *(vidsióso)* adj. vicioso.

vocabolario *(vocabolário)* m.
vocabulario.

vocabolo *(vocábolo)* m. vocablo, palabra.

vocale *(vocále)* adj. y f. vocal.

———————— Le vocali ————————

● Las vocales italianas son cinco: *a, e, i, o* y *u*, pero en la práctica son siete, puesto que la *e* y la *o* tienen dos sonidos, uno abierto *(erba,* hierba; *corpo, cuerpo)* y otro cerrado *(mese,* mes; *corsa,* carrera); sonidos que, cuando sea necesario, se indican empleando el acento grave (') para los sonidos abiertos *(pèsca,* melocotón) y el agudo (') para los cerrados *(pésca,* pesca).

vocalizzare *(vocalitsáre)* tr. vocalizar.   [ción.
vocazione *(vocadsióne)* f. voca-
voce *(vóche)* f. voz; vocablo, término.
vociare *(vochiáre)* itr. vocear, gritar.   [mar.
vogare *(vogáre)* itr. bogar, re-
vogatore *(vogatóre)* m. remero.
voglia *(vóllia)* f. gana, deseo; voluntad. **di buona —** de buena gana.
voi *(vói)* pron. vosotros; usted, ustedes.
volante *(volánte)* adj. volante, volador. m. volante.
volare *(voláre)* itr. volar; (fig.) marchar velozmente.
volata *(voláta)* f. vuelo.
volatile *(volátile)* adj. volátil, volante. m. volátil, ave.
volentieri *(volentiéri)* adv. de buena gana.
volere *(volére)* tr. querer, desear. m. voluntad.

———————— VOLERE ————————

INFINITO Presente: volere. **Passato:** avere voluto. **GERUNDIO Semplice:** volendo. **Composto:** avendo voluto. **PARTICIPIO Presente:** volente. **Passato:** voluto. **INDICATIVO Presente:** io voglio, tu vuoi, **egli** vuole; **noi** vogliamo, **voi** volete, **essi** vogliono. **Passato prossimo:** ho voluto, hai voluto, ha voluto; abbiamo voluto, avete voluto, hanno voluto. **Imperfetto:** volevo, volevi, voleva; voleva-

mo, volevate, volevano. **Trapassato prossimo:** avevo voluto, avevi voluto, aveva voluto; avevamo voluto, avevate voluto, avevano voluto. **Passato remoto:** volli, volesti, volle; volemmo, voleste, vollero. **Trapassato remoto:** ebbi voluto, avesti voluto, ebbe voluto; avemmo voluto, aveste voluto, ebbero voluto. **Futuro semplice:** vorrò, vorrai, vorrà; vorremo, vorrete, vorranno. **Futuro anteriore:** avrò voluto, avrai voluto, avrà voluto; avremo voluto, avrete voluto, avranno voluto. **CONDIZIONALE Presente:** vorrei, vorresti, vorrebbe; vorremmo, vorreste, vorrebbero. **Passato:** avrei voluto, avresti voluto, avrebbe voluto; avremmo voluto, avreste voluto, avrebbero voluto. **CONGIUNTIVO Presente:** voglia, voglia, voglia; vogliamo, vogliate, vogliano. **Imperfetto:** volessi, volessi, volesse; volessimo, voleste, volessero. **Passato:** abbia voluto, abbia voluto, abbia voluto; abbiamo voluto, abbiate voluto, abbiano voluto. **Trapassato:** avessi voluto, avessi voluto, avesse voluto; avessimo voluto, aveste voluto, avessero voluto. **IMPERATIVO Presente:** vogli tu, voglia **egli;** vogliamo **noi,** vogliate **voi,** vogliano **essi.**

volgare *(volgáre)* adj. vulgar. m. idioma vulgar.
volgarizzare *(volgaritsáre)* tr. vulgarizar.
volgere *(vóldyere)* tr. volver; dirigir; convertir. itr. dirigirse; aproximarse; transformarse; transcurrir.

———————— VOLGERE ————————

INFINITO Presente: volgere. **Passato:** avere volto. **GERUNDIO Semplice:** volgendo. **Composto:** avendo volto. **PARTICIPIO Presente:** volgente. **Passato:** volto. **INDICATIVO Presente:** io volgo, tu volgi, **egli** volge; **noi** volgiamo, **voi** volgete, **essi** volgono. **Passato prossimo:** ho volto, hai volto, ha volto; abbiamo volto, avete volto, hanno volto. **Imperfetto:** volgevo, volgevi, volgeva; volgevamo, volgevate, volgevano. **Trapassato prossimo:** avevo volto, avevi volto, aveva volto; avevamo volto, avevate volto, avevano volto. **Passato remoto:** volsi, volgesti, volse; volgemmo, volgeste, volsero. **Trapassato remoto:** ebbi volto, avesti volto, ebbe volto; avemmo volto, aveste volto, ebbero volto. **Futuro semplice:** volgerò, volgerai, volgerà; volgeremo, volgerete, volgeranno. **Futuro anteriore:** avrò volto, avrai volto, avrà volto; avremo volto, avrete volto, avranno volto. **CONDIZIONALE Presente:** volgerei, volgeresti, volgerebbe; volgeremmo, volgereste, volgerebbero

Passato: avrei volto, avresti volto, avrebbe volto; avremmo volto, avreste volto, avrebbero volto. **CONGIUNTIVO Presente:** volga, volga, volga; volgiamo, volgiate, volgano. **Imperfetto:** volgessi, volgessi, volgesse; volgessimo, volgeste, volgessero. **Passato:** abbia volto, abbia volto, abbia volto; abbiamo volto, abbiate volto, abbiano volto. **Trapassato:** avessi volto, avessi volto, avesse volto; avessimo volto, aveste volto, avessero volto. **IMPERATIVO Presente:** volgi **tu,** volga **egli;** volgiamo **noi,** volgete **voi,** volgano **essi.**

volgersi *(voldyérsi)* rfl. volverse.
volgo *(vólgo)* m. vulgo.
volizione *(volidsióne)* f. volición.
volo *(vólo)* m. vuelo; carrera, curso rápido. **a — d'uccello** a vista de pájaro.
volontà *(volontá)* f. voluntad.
volontario *(volontário)* adj. y m. voluntario.
volonteroso *(volonteróso)* adj. voluntarioso.
volontieri *(volantiéri)* adv. de buena gana.
volpe *(vólpe)* m. (zool.) zorro.
volt *(volt)* m. voltio.
volta *(vólta)* f. vez; vuelta; bóveda.
voltaggio *(voltátyio)* m. voltaje.
voltare *(voltáre)* tr. volver; cambiar; girar. itr. girar.

voltarsi *(voltársi)* rfl. girar, dirigirse; cambiar.
voltata *(voltáta)* f. vuelta.
volto *(vólto)* m. cara.
volume *(volúme)* m. volumen.
voluminoso *(voluminóso)* adj. voluminoso.
voluttà *(voluttá)* f. voluptuosidad.
vomitare *(vomitáre)* tr. vomitar; arrojar.
vomito *(vómito)* m. vómito.
vorace *(voráche)* adj. voraz.
voracità *(vorachitá)* f. voracidad.
vostro *(vóstro)* adj. vuestro, su, de usted. pron. el vuestro, el de usted. el suyo.
votare *(votáre)* tr. votar; (rel.) consagrar, dedicar.
votazione *(votadsióne)* f. votación.
voto *(vóto)* m. voto.
vulcanico *(vulcánico)* adj. volcánico.
vulcano *(vulcáno)* m. volcán.
vulnerare *(vulneráre)* tr. vulnerar, herir, dañar.
vuotare *(vuotáre)* tr. vaciar; evacuar.
vuoto *(vuóto)* adj. y m. vacío.

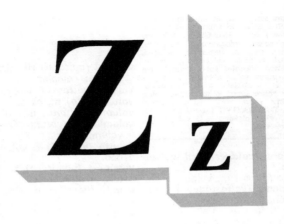

Z z

zafferano *(dsafferáno)* m. (bot.) azafrán.

zaffiro *(dsaffíro)* m. zafiro.

zaino *(dsáino)* m. zurrón.

zampa *(dsámpa)* f. pata, zanca.

zampare *(dsampáre)* tr. patear.

zampillare *(dsampil-láre)* itr. surtir, brotar.

zampogna *(dsampóña)* f. zampoña.

zampone *(dsampóne)* m. salchichón.

zanzara *(dsandsára)* f. mosquito.

zanzariera *(dsandsariéra)* f. mosquitero.

zappa *(dsáppa)* f. azadón, zapa.

zappare *(dsappáre)* tr. azadonar, zapar.

zappatura *(dsappatúra)* f. zapa.

zavorra *(dsavórra)* f. lastre.

zavorrare *(dsavorráre)* tr. (náut.) lastrar.

zecca *(dsécca)* f. ceca, casa de la moneda.

zeffiro *(dséffiro)* m. céfiro.

zelo *(dsélo)* m. celo.

zeppa *(dséppa)* f. cuña.

zeppare *(dseppáre)* tr. llenar; poner cuñas.

zero *(dséro)* m. cero.

zia *(dsía)* f. tía.

zimbello *(dsimbél-lo)* m. reclamo.

zinco *(dsínco)* m. zinc.

zingaro *(dsíngaro)* m. gitano.

zio *(dsío)* m. tío.

zitella *(dsitél-la)* f. solterona.

zittire *(dsittíre)* tr. hacer callar. itr. silbar; callar.

zitto *(dsítto)* adj. callado. itj. ¡chitón!, ¡silencio!

zizzania *(dsitsánia)* f. zizaña.

zoccolo *(dsóccolo)* m. zócalo; pezuña; zueco.

zolfanello *(dsolfanél-lo)* m. fósforo, cerilla.

zolfo *(dsólfo)* m. azufre.

zona *(dsóna)* f. zona.

zonzo *(dsóndso)* m. **andare a —** vagabundear, vagar.

zoologia *(dsoolodyía)* f. zoología.

zoologico *(dsoolódyico)* adj. zoológico.

zoppicare *(dsoppicáre)* itr. cojear.

zucca *(dsúcca)* f. (bot.) calabaza; (fig.) cabezota.

zuccherare *(dsukkeráre)* tr. azucarar.

zuccheriera *(dsukkeriéra)* f.* azucarera.

zuccherino *(dsukkeríno)* m. azucarillo.

zucchero *(dsúkkero)* m. azúcar.

zufolamento *(dsufolaménto)* m. silbido.

zufolare *(dsufoláre)* itr. silbar; zumbar.

zufolo *(dsúfolo)* silbido; pito, silbato.

zuppa *(dsúppa)* f. sopa (de pan).

zuppiera *(dsuppiéra)* f. sopera.

zuppo *(dsúppo)* adj. empapado.

Anexo

Abreviaturas italianas

a. Anno. || Ara.
A. (hist.) Augusto, Augustali. || Assolvo (en las votaciones). || (mús.) Contralto. || (Electr.) Amperio. || (teatr.) Atto. || (dep.) Asso. || Altezza (título). || (geog.) Australe. || (corr.) Assicurata (lettera). || (quím.) Argo.
ab. abitanti.
Ac (quím.) attinio.
a. c. anno corrente. || (tip.) a capo.
a. C. avanti Cristo.
A. C. (ecl.) Camera Apostolica. || (com.) Assegno circolare.
Acc. Accademia, accademico.
acc. (mús.) accelerando.
ACI. Azione Cattolica Italiana.
ad. (mús.) adagio.
A. D. Anno Dòmini.
ad lib. ad libitum, a piacere.
Al (quím.) alluminio.
A. L. I. Aviolinee Italiane.
all. (mús.) allegro.
a. m. antimeridiano.
A. M. D. G. Ad maiorem Dei gloriam.
AN. (aut.) Ancona.
and. (mús.) andantino.
A. R. (pl. **A. A. R. R**) Altezza Reale. || (ferr.) andata e ritorno.
arc. architetto.
ARC. arcivescovo.
A. R. I. Altezza Reale e Imperiale.
art. articolo.
A. S. Alterezza Sereníssima.
a. t. (mús.) a tempo.
A. T. Antico Testamento.
avv. avvocato.
B. beato.
Ba bario.
Be berillo.
Bi bismuto.
Br bromo.
c., c/ conto.

C. (for.) codice. || (quím.) carbonio. || (ecl.) con-
gregazione.

Ca. calcio.

ca'. casa.

Caf. costo e nolo senza assicurazione.

cap. capitano. || caporale.

Card. cardinale.

c. c. y c/ c/. conto corrente.

C. C. Codice Civile. || (electr.) corrente continua.
|| (mús.) col canto.

C. Co. Codice di Commercio.

C. D. Comitato Direttivo. Corpo Diplomatico.

C. de G. Compagnia di Gesú.

C. E. Comitato Esecutivo.

ced. cedola.

C. F. (mús.) canto fermo.

C. G. Console Generale.

C. G. I. L. Confederazione Generale Italiana del
Lavoro.

Cia. Compagnia.

C. I. T. Compagnia Italiana di Turismo.

c. m. corrente mese.

C. M. circolare ministeriale.

C. N. R. Consiglio Nazionale delle Ricerche.

C. P. C. Codice di Procedura Civile.

C. P. P. Codice di Procedura Penale.

c/o. a cura di.

Co cobalto.

Col. colonnello.

com. comandante.

Comm. commendatore.

CONI, o **C. I. O.** Comitato Olimpionico Nazionale Italiano.

c. p. cartolina postale.

C. P. Casella Postale. || Codice Penale.

C. R. I. Croce Rossa Italiana.

c. s. come sopra.

C. S. Comando Supremo.

C. S. I. Codice Sportivo Internazionale.

cssa. contessa.

cto. cte. conto corrente.

C. V. cavallo-vapore.

C. X. Consiglio dei Dieci.

D. A. (arqueol.) divus Augustus.

dag decagramma.
dam decametro.
D. A. T. Difesa Aérea Territoriale.
d. C. dopo Cristo.
D. C. (mús.) da capo.
DD. (ferr.) direttissimo.
D. D. donum dedit.
dec. (med.) decotto.
dev., dvmo. devoto, devotissimo.
Dg decagrammo.
dg decigrammo.
D. G. Direzione Generale.
D. I. E. Direzione Italiani all'Estero.
dil. (med.) diluito.
Dl decalitro.
dl decilitro.
dm decimetro.
Dm decametro.
D. M. Decreto Ministeriale.
D. N. Direttorio Nazionale.
dol. (mús.) dolce.
D. P. (eccl.) de profundis.
d. u. j. doctor utriusque juris.
E. eminenza.
E est.
E. A ente autonomo.
e. c. exempli causa.
Ecc. eccellenza.
eff. effetti.
Egr. egregio.
E. I. E. T. Ente Italiano Scambi Teatrali.
E. M. I. Edizioni Musicali Italiane.
Emmo. eminentissimo.
E. N. Educazione Nazionale.
E. N. E. est-nord-est.
E. N. I. C. Ente Nazionale Industrie Cinematografiche.
E. N. I. T. Ente Nazionale Industrie Turistiche.
ep. equazione.
Er (quím.) erbio.
E. S. E. est-sud-est.
E. V. Eccellenza Vostra.
fatt. fattura.
F. B. (arqueol.) forum boarium.
F. C. I. Federazione Calcistica Italiana.
Fco. (com.) franco.
Fe (quím.) ferro.

F. F. (arqueol.) filius familias. ‖ (ecl.) fratelli.
‖ (burocr.) facente funzioni. ‖ (mús.) fortis-
simo.
FF. SS. Ferrovie dello Stato.
FIDAL. Federazione Italiana di Atletica Leggera.
FIDAP. Federazione Italiana di Atletica Pesante.
FIM. Federazione Italiana di Motonautica.
FIR. Federazione Italiana di Rugby.
FIS. Federazione Italiana di Scherma.
FISA. Federazione Italiana di Canotaggio.
FISE. Federazione Italiana di Sport Equestri.
FIT. Federazione Italiana di Tennis.
fob. free on board.
FPI. Federazione Pugilistica Italiana.
Ga (quím.) gallio.
G. A. Giunta Amministrativa.
G. C. Gesú Cristo. ‖ Gran Croce.
Gd (quím.) gadolinio.
GE (aut.) Genova.
G. E. Giovani Esploratori.
Gen. Generale.
Gl (quím.) glucinio.
G. M. Gran Maestro.
G. N. Genio Navale.
G. P. Gran Premio.
gr grammo.
Gr. Cr. Gran Croce.
Gr. Uff. Grande Ufficiale.
G. U. Gazzetta Ufficiale.
G. V. (ferr.) grande velocità.
H. hidrogeno.
He. hemoglobina.
Hg mercurio.
Hos. ospite.
H. P. cavallo potenza.
I. Iunius, Iulius, Iupiter. ‖ iodio.
IAN. Ianuarius.
ib, ibid ibídem.
I. H. S. Jesus hominum salvator.
Illmo. illustrissimo.
I. R. imperiale regio.
kg chilogrammo.
kl chilolitro.
km chilometro.
kw kilowatt.
La (quím.) lantanio.
lat. latitudine. ‖ latino.
l. c. luogo citato.

Li (quím.) litio.
LICT. littore.
LIR. Librerie Italiane Riunite.
Lit. lire italiane.
LL. AA. Loro Altezze.
LL. EE. Loro Eccellenze.
LL. Em. Loro Eminenze.
LL. MM. Loro Maestá.
LL. PP. lavori pubblici.
LN. luna nuova.
L. N. I. Lega Navale Italiane.
log. logaritmo.
L. st. lire sterline.
m metro. ‖ (com.) mío, mía, mi.
Magg. (mil.) maggiore.
M. D. (mús.) mano destra.
M. d. S. Milizia della Strada.
M. E. Medio Evo.
ME. (aut.) Messina.
mf. (mús.) mezzo forte.
Mg (quím.) magnesio. ‖ miriagrammo.
mg miligrammo.
MI. (aut.) Milano.
MN. (aut.) Mantova.
Mn (quím.) manganese.
M. N. F. Milizia Nazionale Forestale.
M. N. M. manumissus.
Mo (quím.) molibdeno.
MO. (aut.) Modena.
mp. (mús.) mezzo piano.
mq metro quadrato.
M. R. molto reverendo.
m. v. (mús.) mezza voce.
M. V. María Vergine.
N. Napoleone I. ‖ nato. ‖ nobile. ‖ nominale. ‖
nominativo. ‖ neutro. ‖ nipote.
Na (quím.) sodio.
N. A. nostro autore.
N. B. nota bene.
N. D. Nostra Donna. ‖ nobil donna.
Ne. neo.
Ni nichelio.
N. O. nord-ovest.
N. S. Nostro Signore.
N. T. Nuovo Testamento.
N. U. nobil uomo.
OB. oblit.
O. C. T. Ottaviano.

O. D. C. offre, dedica, consacra.
O. d. G. Ordine del Giorno.
O. M. officine meccaniche.
On, on. Onoràbile.
O. N. M. I. Opera Nazionale Maternità e Infanzia.
O. N. O. ovest-nord-ovest.
OP. oppidum.
Os (quím.) osmio.
OSO. ovest-sud-ovest.
O. S. SS. A. Ordine Supremo del'Annunziata.
Ott. (mús.) ottava.
p. a. per augurio.
P. A. A. Protezione Antiaerea.
Pb piombo.
p. c. (en las tarjetas) per congratulazione.
PC. (aut.) Piacenza.
P. C. Padri coscritti. ·
p. c. c. per copia conforme.
Pd (quím.) palladio.
PD. (aut.) Padova.
P. d. O. Prete dell'Oratorio.
p. e. per esempio.
PE. (aut.) Pescara.
ped. (mús.) pedale.
p. es. per esempio.
p. f. prossimo futuro.
PG. (aut.) Perugia.
P. G. Procuratore Generale. || Padre Generale.
P. G. R. Per grazia ricevuta.
Ph. fosforo.
Pi. (aut.) Pisa.
P. I. Pubblica Istruzione. || Pubblico Impiego.
pizz. (mús.) pizzicato.
pl. (gram.) plurale.
Pl platino.
pm. pomeridiano.
P. M. Pontefice Massimo. || Pubblico Ministero.
|| Posta Militare.
P. N. pridie nonas.
pom. pomeridiano.
pp. per procura.
p. p. prossimo passato.
P. p. piano primo. || (gram.) participio passivo.
PP. Padri. || porto pagato. || (mús.) pianissimo.
P. P. pater patriae. || pacco postale. || (ferr.) posa
piano. || Primo Presidente.
P. P. I. Partito Popolare Italiano. ·
PPP. (mús.) estremamente piano.

P. PRT. praefectus praetorio.
PQ. primo cuarto (della luna).
P. Q. M. per questi motivo.
p. r. per ringraziamento.
Pr. príncipe.
PR. (aut.) Parma.
PRA. Pubblico Registro Automobilistico.
P. R. C. post Roman cónditam.
prof. professore.
Ps. salmo.
PS. Plebiscito. ‖ (aut.) Pesaro.
P. S. Pubblica Sicurezza. ‖ post escriptum.
P. S. I. Partito Socialista Italiano.
PT. (aut.) Pistoia.
P. T. Poste e Telecomunicazioni.
P. T. P. Posto Telefonico Pubblico.
P. T. T. Poste Telegrafi e Telefoni.
p. v. prossimo venturo.
PV. (aut.) Pavía.
P. V. (ferr.) piccola velocità.
PZ. (aut.) Potenza.
Q. Quinto, Quinzio. ‖ Questore.
q. e. d. quod erat demonstrandum.
Q. M. P. questa memoria pose.
QQ. V. quoque versum.
Q. R. P. questo ricordo pose.
Quir. quirinalia.
Q. V. F. qui vixit feliciter.
r. (numis.) raro.
R. Romanus. ‖ Roma. ‖ re. ‖ reale, regio. ‖ regno. ‖ (ferr.) rapido.
Ra radio.
RA. (aut.) Ravenna.
RAI. Radio Audizioni Italiana.
Rb (quím.) rubidio.
Rc radice cubica.
RC. rescriptum. ‖ (aut.) Reggio Calabria.
R. C. Rotary Club. ‖ (mil.) ruolo comando.
R. D. Regio Decreto.
RE. (aut.) Reggio Emilia.
REFC. reficiendum curavit.
REQ. riposi.
rf. (mús.) rinforzando.
rip. (mús.) ripresa.
R. i. P. resquiescat in pace.
R. M. Regia Marina. ‖ Richezza Mobile.
Rmo. reverendissimo.
R. N. Riserva Navale.

RO. (aut.) Rovigo.
R. P. Res Publica.
Rq. requievit. || radice quadrata.
rr. rarissimo.
R. R. realis.
RR. CC. Reali Carabinieri.
R. PP. Regie Poste. || reverendi padri.
RS. responsum.
RSM. (aut.) Repubblica di S. Marino.
R. T. radiotelegrafia.
Ru (quím.) rutenio.
S. sacello. || sacro Senato. || sepolto. || silenzio. || solvit. || santo. || sud. || zolfo. || (mús.) solo.
SA (aut.) Salerno.
S. A. Società Anonima. || Sua Alteza.
S. Acc. Società in Accomandita.
SAPRI. Soc. Anon. Pesca con Reti. Ital. || Soc. Anon. Produttori Risi Ital.
S. A. R. Sua Altezza Reale.
S. A. R. I. Sua Altezza Reale e Imperiale.
Sb (quím.) antimonio.
s. b. f. salvo buon fine.
s. c. secondo il consumo.
Sc (com.) sconto.
S. C. Senaconsulto. || Supremo Collegio. || Sacro Cuore. || Sede Centrale.
S. C. V. (aut.) Stato della Città del Vaticano.
S. D. salutem dat o dicit.
Se (quím.) selenio.
S. E. Sua Eccellenza.
SEAT. Società Elenchi Abbonati al Telefono.
sec. (geom.) secante.
S. E. e. O. salvo errore ed omisione.
seg. seguente.
segg. seguenti.
S. E. I. Società Editrice Internazionale.
S. Em. Sua Eminenza.
sen. senatore. || (geom.) seno.
serg. sergente.
SET. Società Esercizi Telefonicí.
S. E. T. L. sit ei terra levis.
Sf. (mús.) sforzando.
sfr. sottofascia raccomandato.
sf. sottofascia semplice.
s. g. secondo semplice.
s. g. secondo grandezza.
S. G. Sua Grazia.
Si (quím.) silicio.

SI. (aut.) Siena.
S. I. sacrum Iovi.
SIAE. Società Italiana Degli Autori ed Editori.
S. I. M. Servizio Informazioni Militari.
SIPRA. Società Italiana Propaganda Radioaudizioni.
S. I. S. A. Società Italiana Servizi Aerei.
S. I. T. A. Società Italiana Trasporti Automobilistici.
s. l. m. sul livello del mare.
Sm. (mús.) smorzando.
S. M. Sacrum Manibus. || Sua Maestà.
S. M. A. Sua Maestà Apostolica.
S. M. B. Sua Maestà Britannica.
S. M. C. Sua Maestà Cattolica. || S. M. Cristianissima.
S. M. F. Sua Maestà Fedelissima.
S. M. I. Sua Maestà Imperiale.
SO. (aut.) Sondrio. || sud-ovest.
S. O. M. M. Supremo Ordine Militare di Malta.
sor. (mús.) mettere la sordina.
SO. RI. MA. Società Ricuperi Marittimi.
sost. (mús.) sostenuto.
sp. spese.
SP (aut.) La Spezia.
S. P. Santo Padre.
SPA. Società Pesca Atlantica. || Soc. Protettrice degli Animali.
S. P. E. (mil.) Servizio Permanente Effettivo.
Spett. spettabile.
S. P. M. sue proprie (o pregiate) mani.
S. P. Q. R. senatus populusque romanus.
Sr (quím.) stronzio.
SR. (aut.) Siracusa.
S. R. Sacra Rota. || sezioni riunite.
S. R. C. Sacra Romana Chiesa.
S. R. I. Sacro Romano Impero.
S. R. N. G. senza (nostra) responsabilità ne garanzia.
SS. santi, santíssimo. || (aut.) Sassari.
S. S. Sua Santitá. || Santa Sede.
SS. A. Santissima Annunziata.
SSDL. Scuola Salesiana del Libro.
SSE. sud-sud-est.
SS. M. e L. Santi Maurizio e Lazzaro.
SSO. sud-sud-ovest.
SS. PP. Santi Padri.
s. t. (mús.) senza tempo.

succ. successori.

s. v. (mús.) sottovoce.

SV. (aut.) Savona.

S. V. Signoria Vostra.

S. V. B. E. E. QN. si vales, bene est; ego quoque valeo.

T. Tito. || tizio. || Tullio. || tibi. || terminus. || triario. || tribuno. || tutores. || termine (vocablo). || tonnellata. || terra (señal trazada en los campos de aviación para el aterrizaje). || (mús.) tutti.

Ta (quím.) tantalo. || (aut.) Taranto.

TAB. tabula.

Tb (quím.) terbio.

T. C. I. Touring Club Italiano.

T. E. (ferr.) trazione elettrica.

Te (quím.) tellurio.

ten. (mús.) tenuto.

Ten. (mil.) tenente.

Tom. tomo, volume.

tr. (mús.) trillo.

Tr. tratta, cambiale.

T. S. F. telegrafo o telefono senza fili.

T. U. testo unico.

U. urbis. || uranio.

UBI. Unione Bibliografica Italiana.

U. C. Officiale di Complemento.

uff. ufficiale.

U. I. L. Unione Internazionale del Lavoro.

U. P. U. Unione Postale Universale.

U. Q. Ultimo quarto della luna.

u. s. ultimo scorso.

V. Vitelio. || vale (está sano). || vestale. || veterano. || vedi. || volume. || vanadio (quím.) || Vescovo. || venerabile. || vergine.

V. C. viceconsole.

VDL. videlicet sioe.

V. E. Vostra Eccellenza.

V. Em. Vostra Eminenza.

V. G. vostra grazia, vostra grandezza.

V. L. o **v. l.** voce latina.

V. M. Valor Militare. || Vostra Maestà.

vs. vostro.

VS. (mús.) volta subito.

V. S. Vostra Signoria.

VT. (aut.) Viterbo.

Y. M. C. A. Associazione dei Giovani Cristiani.

Proverbios y locuciones ———

A briglia sciolta. A rienda suelta.
Chi non risica non rosica. Quien no se arriesga no pasa la mar.
Dio ci scampi e liberi! ¡No lo quiera Dios!
A porta chiusa. A puerta cerrada.
Alla deriva. A la deriva.
In vita e in morte. Para siempre.
Correre a gambe levate. A todo correr.
Tanto vale. Tanto monta.
Fare il sordo. Hacerse el sordo.
Fare la faccia feroce. Poner cara de pocos amigos.
Avere (qualcosa) sulla punta della lingua. Tener en la punta de la lengua.
Salute! o Alla salute! ¡A su salud!
Buon appetito! ¡Buen provecho!
Ci voglion fatti, non parole. Obras son amores y no buenas razones.
Restare a bocca aperta. Quedarse con la boca abierta.
Dormire come un ghiro, o come un tasso, o come una marmotta. Dormir como un tronco.
Avere l'acqua alla gola. Estar con el agua al cuello.
Il fine giustifica i mezzi. El fin justifica los medios.
Meglio tardi che mai. Más vale tarde que nunca.
Nessuno è profeta in patria. Nadie es profeta en su tierra.
Si salvi chi può! ¡Sálvese quien pueda!
Buon vino fa buon sangue. El buen vino cría buena sangre.
Chi la fa la paga. El que la hace la paga.
Chi semina vento raccoglie tempesta. Quien siembra vientos recoge tempestades.
Non vi è peggiose sordo di chi non vuole udire. No hay peor sordo que el que no quiere oír.
Gli entra da un orecchio e gli esce dall'altro. Le entra por un oído y le sale por el otro.
Mettere la coda fra le gambe. Con la cola entre las piernas.
Raddrizzare le gambe ai cani. Pedir peras al olmo.

I pesci grossi mangiano i piccoli. El pez grande se come al chico.

Non avere peli sulla lingua. No tener pelos en la lengua.

Andare (o cacciarsi) in bocca al lupo. Meterse en la boca del lobo.

Chi ha fortuna in amor non giochi a carte. Afortunado en el juego desgraciado en amores.

Tutto è bene quel che finisce bene. Bien está lo que bien acaba.

L'occasione fa l'uomo ladro. La ocasión hace al ladrón.

Parlare como un libro stampato. Hablar como un libro abierto.

Salva capra e cavoli. Nadar y guardar la ropa.

Meglio un uovo oggi che una gallina domani. Más vale pájaro en mano que ciento volando.

Rendere pan per focaccia. Dar gato por liebre.

Dire pane al pane, vino al vino. Al pan pan y al vino vino.

Restar di sale. Quedarse de piedra.

Oggi a me domani a te. Hoy por mí, mañana por ti.

Can che abbaia non morde. Perro que ladra no muerde.

Non è tutt'oro quel che riluce. No es oro todo lo que reluce.

L'uomo propone e Dio dispone. El hombre propone y Dios dispone.

Cercare il pelo nell'uovo. Buscar una aguja en un pajar.

L'ozio è il padre dei vizi. La pereza es la madre de todos los vicios.

L'abito non fa il monaco. El hábito no hace el monje.

Tra il dire e il fare c'è di mezzo il mare. Del dicho al hecho hay un gran trecho.

Nombres de personas

Abele. Abel.
Adamo. Adán.
Adolfo. Adolfo.
Agnese. Inés.
Agostino. Agustín.
Alessandro. Alejandro.
Alessio. Alejo.
Alfonso. Alfonso.
Alfredo. Alfredo.
Alice. Alicia.
Amalia. Amalia.
Ambrogio. Ambrosio.
Andrea. Andrés.
Àngelo. Ángel.
Anna. Ana.
Anselmo. Anselmo.
Antonio. Antonio.
Apollinare. Apolinar.
Assunta. Asunción.
Bàrnaba. Bernabé.
Bartolomeo. Bartolomé.
Basilio. Basilio.
Beatrice. Beatriz.
Benedetto. Benedicto.
Beniamino. Benjamín.
Benvenuto. Bienvenido.
Bernardo. Bernardo.
Betsabea. Betsabé.
Bonaventura. Buenaventura.
Callisto. Calixto.
Carlo. Carlos.
Càrmine. Carmen.
Carolina. Carolina.
Caterina. Catalina.
Cecilia. Cecilia.
Celestino. Celestino.
Celso. Celso.
Césare. César.
Cirillo. Cirilo.
Claudio. Claudio.
Costàntino. Constantino.
Cristina. Cristina.
Cristoforo. Cristóbal.
Damiano. Damián.
Daniele. Daniel.
Dàvide. David.
Dionigi. Dionisio.
Doménico. Domingo.
Edmondo. Edmundo.
Edoardo. Eduardo.
Elena. Elena.
Elía. Elías.
Eligio. Eloy.
Emilia. Emilia.
Eleonora. Leonor.
Emanuele. Manuel.
Emma. Ema.
Enrico. Enrique.
Ernesto. Ernesto.
Èster. Ester.
Eulalia. Eulalia.
Eva. Eva.
Evaristo. Evaristo.
Ezechiele. Ecequiel.
Fabiano. Fabián.
Federico. Federico.
Felice. Félix.
Fermino. Fermín.
Ferdinando. Fernando.
Fidele. Fidel.
Filippo. Felipe.
Francesco. Francisco.
Gabriele. Gabriel
Gaetano. Cayetano.
Genoveffa. Genoveva.

Geremía. Jeremías.
Giàcomo. Jaime.
Gioacchino. Joaquín.
Giorgio. Jorge.
Giovanni. Juan.
Giròlamo. Jerónimo.
Giuliano. Julián.
Giulio. Julio.
Giuseppe. José.
Giusto. Justo.
Graziano. Graciano.
Gregorio. Gregorio.
Ignazio. Ignacio.
Irene. Irene.
Isabella. Isabel.
Isidoro. Isidoro.
Jàcopo. Jacobo.
Làzzaro. Lázaro.
Lorenzo. Lorenzo.
Lucía. Lucía.
Luigi. Luis.

Maddalena. Magdalena.
Marco. Marcos.
Margherita. Margarita.
María. María.
Mario. Mario.
Matteo. Mateo.
Maurizio. Mauricio.
Michele. Miguel.
Nicola. Nicolás.
Pàolo. Pablo.
Raffaele. Rafael
Raimondo. Raimundo.
Riccardo. Ricardo.
Rosa. Rosa.
Susanna. Susana.
Valentino. Valentín.
Vicenzo. Vicente.
Vittoria. Victoria.
Vittorio. Víctor.
Zaccaría. Zacarías.

Vocabulario temático ilustrado

Los grandes almacenes – I grandi magazzini

1. Entrada, *entrata*.
2. Escaparate, *vetrina*.
3. Carteles, *cartelli*.
4. Sección de discos, *reparto dischi*.
5. Estanterías, *scaffali*.
6. Mostradores, *banchi*.
7. Manguera contra incendios, *bocca d'incendio*.
8. Extintor, *estintore*.
9. Portero, *portiere*.
10. Sección de fotografía, *reparto fotografía*.
11. Probador, *sala di prova*.
12. Sección de juguetes, *reparto giocattoli*.
13. Maniquí, *manichino*.
14. Dependienta, *commessa*.
15. Sección de bolsos y artícul de piel, *reparto articoli pelle*.
16. Sección de confección de señora, *reparto confezioni p signora*.
17. Escaleras, *scale*.
18. Escaleras mecánicas, *scale mobili*.
19. Sección de tejidos, *reparto tessuti*.

1. Sección de deportes, *reparto sport.*
2. Perfumería, *profumeria.*
3. Cafetería, *caffè.*
4. Camarero, *cameriere.*
5. Taburetes, *sgabelli.*
6. Oficinas para la venta a plazos, *ufficio vendite a rate.*
7. Artículos de recuerdo, *souvenirs.*
8. Indicación de los artículos expuestos en los diferentes pisos, *informazione reparti.*
9. Ascensor, *ascensore.*
10. Ascensorista, *ascensorista.*
11. Cuadro luminoso que señala la situación del ascensor, *indicatore luminoso dell'ascensore.*
12. Intérprete, *interprete.*
13. Cajera, *cassiera.*
14. Registradora, *registratore di cassa.*
15. Cajón, *cassetto.*
16. Albarán de venta, *scontrino.*
17. Papel engomado, *nastro adesivo.*
18. Paquete, *pacco.*
19. Rollo de papel, *rotolo di carta.*
20. Cordel, *spago.*
21. Toallas, *asciugamani.*
22. Sección de novedades para señora, *reparto novità per signora.*
23. Venta de artículos del día, *vendita di articoli ribassati.*
24. Medias, *calze.*

El automóvil – L'automobile

A. Esquema de un cupé a tracción delantera, *schema di un coupé a trazione anteriore*.
1. Carrocería, *carrozzeria*.
2. Capó, *cofano*.
3. Filtro del aire al carburador, *filtro dell'aria*.
4. Faros, *fanali, fari*.
5. Matrícula, *matricola*.
6. Ventilador del motor, *la ventola di raffreddamento*.
7. Chasis, *telaio*.
8. Rueda, *ruota*.
9. Neumático, *pneumatico*.
10. Tambor de freno, *tamburo del freno*.
11. Tracción delantera, *trazione anteriore*.
12. Cables, *conduttori*.
13. Eje del volante, *asse del volante*.
14. Parabrisas, *parabrezza*.
15. Ventanilla, *finestrino*.
16. Asiento delantero, *sedile anteriore*.
17. Ventanilla trasera, *finestrino posteriore*.
18 y 19. Ruedas traseras, *ruote posteriori*.
20. Tapa de la rueda, *coprimozzi*.
21. Amortiguador, *ammortizzatore*.
22. Tubo de entrada de la gasolina, *bocchettone*.
23. Depósito del combustible, *serbatoio del carburante*.
24. Tubo de circulación del líquido de los frenos hidráulicos, *tubo di circolazione dei freni idraulici*.
25. Volante, *volante*.
26. Respaldo, *spalliera*.
27. Maneta de la puerta, *maniglia della portiera*.
28. Ventanilla, *finestrino*.
29. Asiento delantero, *sedile anteriore*.
30. Asiento trasero, *sedile posteriore*.
31. Rueda delantera, *ruota anteriore*.
32. Guardabarros, *parafango*.
B. Esquema del motor y sus complementos, *schema del motore e i suoi complementi*.
33. Depósito de gasolina, *serbatoio della benzina*.
34. Carburador, *carburatore*.
35. Válvula, *valvola*.
36. Bujía, *candela*.
37. Cable de la bujía a la bobina, *cavo della candela alla bobina*.
38. Radiador, *radiatore*.

39. Resorte de la válvula, *molla per valvola*.
40. Platillo del resorte, *piattello della molla*.
41. Engranaje del árbol de levas, *ingranaggio dell'albero di negativi*.
42 y 46. Cojinetes, *cuscinetti*.
43. Tubo conductor del aceite a los cojinetes, *tubo conduttore dell'olio ai cuscinetti*.
44. Cárter, *carter*.
45. Piñón del cigüeñal, *pignone dell'albero a gomito*.
47. Codo del cigüeñal, *gomito dell'albero a gomito*.
48. Dinamo, *dinamo*.
49, 50, 55 y 57. Cables de conexión, *cavi di connessione*.
51. Masa o conexión de negativos, *massa o collegamento di negativi*.
52. Biela, *biella*.
53. Eje del pistón, *asse del pistone*.
54. Pistón, *pistone*.
56. Bobina, *bobina*.
58. Acumulador, *accumulatore*.
C. Tablero de mandos e indicadores, *cruscotto*.
59. Salida de aire caliente, *uscita dell'aria calda*.
60. Toma de corriente, *presa di corrente*.
61. Mando de apertura del capó, *leva per aprire il cofano*.
62. Mando para el líquido limpiaparabrisas, *leva per azionare il liquido del tergicristallo*.
63. Interruptor de los limpiaparabrisas, *interruttore dei tergicristalli*.
64. Mando del starter del carburador, *dispositivo d'azionamento dello starter del carburatore*.
65. Luces de carretera, *fari*.
66. Palanca de las luces de cambio de dirección (intermitentes), *interruttore degl'indicatori di direzione*.
67. Palanca del freno de mano, *freno a mano*.
68. Mando de regulación de la temperatura, *regolatore dell'aria calda*.
69. Ventilador, *ventilatore*.
70. Luces de posición, *luci di posizione*.
71. Toma de aire, *presa d'aria*.
72. Manivela, *manovella per aprire-chiudere il finestrino*.
73. Volante, *volante*.

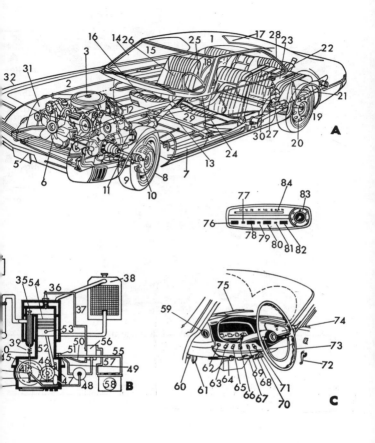

74. Tapa de la guantera,
    coperchio del cassetto del
    cruscotto.
    refrigeración del motor,
    termometro dell'acqua per il
    raffreudamento del motore.

79. Indicador del starter y freno
    de mano, *indicatore dello*
    starter e freno a mano.

0. Manómetro del aceite,
    manometro dell'olio.

1. Indicador de luces de
    carretera, *indicatore delle*
    luci stradali.

75. Limpiaparabrisas,
    tergicristallo.

76. Indicador del nivel de
    carburante, *indicatore di*
    benzina.

77. Indicador de las luces de
    posición, *indicatore delle luci*
    di posizione.

78. Termómetro del agua de

82. Amperímetro, *amperometro.*

83. Cuentarrevoluciones,
    contagiri.

84. Cuentakilómetros,
    contachilometri.

379

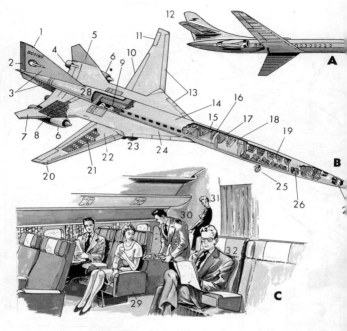

El avión — L'aeroplano

A. Reactor, *reattore*.
B. Reactor supersónico, *reattore supersonico*.
1. Luz de posición, *luce di posizione*.
2. Timón de dirección, *timone di direzione*.
3. Deriva, *deriva*.
4. Equilibrador, *equilibratore*.
5. Aletas móviles estabilizadoras, *impennaggi*.
6. Reactor, *turboreattore*.
7. Aleta móvil, *impennaggio*.
8, 21 y 24. Depósito de combustible, *serbatoio*.
9. Alojamiento del tren de aterrizaje principal, *vano del carrello*.
10. Flap, *aletta di compensazione*.
11. Alerones, *alettoni*.
12. Luz de posición de estribor, *luce di posizione a tribordo*.
13. Aletas anteriores de sustentación, *ipersostentatore*.
14. Carlinga, *fusoliera*.

15. Cocina, *cucinino*.
16 y 26. Puerta de entrada, *portello passeggeri*.
17 y 18. Servicios, *servizi*.
19. Cabina de pasajeros de 1.ª clase, *cabina passeggeri prima classe*.
20. Luz de posición de babor, *luce di posizione a babordo*.
22. Ala, *ala*.
23. Tren de aterrizaje principal, *carrello principale*.
25. Tren de aterrizaje delantero, *ruota (o ruote) anteriore (e anteriori)*.
27. Radar de proa, *radar anteriore*.
28. Departamento de carga, *stiva*.
C. Interior del avión, *interno dell'aereo*.
29. Butacas, *poltrone*.
30. Camarero, *cameriere*.
31. Azafata, *hostess*.
32. Viajero, *viaggiatore*.

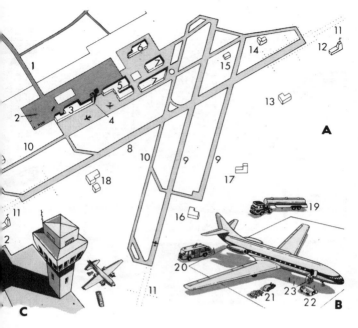

El aeropuerto — L'aeroporto

. Plano, *piano.*
. Avenida de acceso, *viale d'accesso.*
. Zona de estacionamiento de vehículos, *parcheggio.*
. Edificio central; oficinas, aduanas, bar, restaurante, etc., *edificio principale; uffici, dogane, bar, ristorante, ecc.*
. Torre de mando, *torre di controllo.*
. Hangares, *aviorimessa, hangar.*
. Talleres de reparación, *officine di riparazione.*
. Talleres de repaso del material de vuelo, *officine di controllo dei materiali di volo.*
. Pista principal, *pista di volo principale.*
y 10. Pistas secundarias, *piste di volo.*
. Balizas, *sentiero luminoso.*
. Emisores para definir un plano vertical de aterrizaje, *emittenti per definire un piano verticale di atterraggio.*

13. Emisores para definir un plano oblicuo de descenso, *emittenti per definire un piano obliquo di atterraggio.*
14. Radar, *radar.*
15. Radiofaro, *radiofaro.*
16. Radiogoniómetro, *radiogoniometro.*
17. Radar de cercanías, *radar di piccola portata.*
18. Estación meteorológica, *stazione meteorologica.*
B. Avión repostando en el aeropuerto, *rifornimento di un aeroplano nell'aeroporto.*
19. Camión cuba (repuesto de carburante), *autocisterna (rifornimento di carburante).*
20. Bomberos de servicio, *vigili del fuoco di guardia.*
21. Equipajes de los viajeros, *bagagli dei passeggieri.*
22. Avituallamiento de los pasajeros, *vettovagliamento dei passeggieri.*
23. Escalera portátil, *scala portatile a rotelle.*
C. Torre de control, *torre di controllo.*

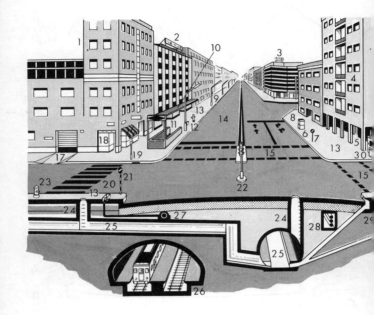

La calle — La strada, la via

1. Edificios, *edifici, costruzioni.*
2. y 3. Letreros luminosos, *cartelloni luminosi.*
4. Galerías, *loggia.*
5. Soportales, *portici.*
6. Cabina telefónica, *cabina di telefono.*
7. Señales de tráfico, *segnali stradali.*
8. Chaflán, *cantonata.*
9. Faroles, *fanali, lampioni.*
10. Marquesina, *pensilina.*
11. Boca de estación del metro, *entrata della metropolitana.*
12. Papelera, *cestino.*
13. Aceras, *marciapiedi.*
14. Calzada, *selciato.*
15. Paso de peatones. *passaggio pedonale.*
16. Toldo, *tenda.*
17. Vado, *passo carrabile.*

18. Escaparate, *vetrina.*
19. Semáforo, *semaforo.*
20. Paso cebra, *zebra.*
21. Señal de tráfico, *segnale stradale.*
22. Semáforo, *semaforo.*
23. Buzón de correos, *buca dell lettere.*
24. Pozos de registro, *pozzetto.*
25. Alcantarillas, *fogna.*
26. Estación de metro, *stazione della metropolitana.*
27. Conducción de agua, *conduttura d'acqua.*
28. Conducción de líneas telefónicas, *conduttura telefonica.*
29. Conducción de gas, *conduttura del gas.*
30. Quiosco, *edicola.*

El camping – Il campeggio

1. Remolque, *roulotte.*
2. Tienda de campaña, *tenda.*
3. Estaquilla, *picchetto.*
4. Tensor, *tenditore.*
5. Cuerda de tensión, *corda tensora.*
6. Mástil de la tienda, *palo della tenda.*
7. Almohada, *cuscino.*
8. Mantas, *coperte.*
9. Taburete plegable, *seggiolina a libro.*
10. Mesa plegable, *tavola piegabile.*
11. Vaso, *bicchiere.*
12. Termo, *termos.*
13. Fiambrera, *portavivande.*
14. Abrelatas, *apriscatole.*
15. Navaja con sacacorchos, *temperino con sturabottiglie.*
16. Cubiertos, *posate.*
17. Botiquín, *cassetta di pronto soccorso.*
18. Mantel, *tovaglia.*
19. Servilletas, *tovaglioli.*
20. Botella de plástico, *bottiglia di plastica.*
21. Tumbona plegable, *sedia a sdraio.*
22. Puchero, *pentola.*
23. Bombona de gas butano, *bombola di gas butano.*
24. Hornillo portátil, *fornello portatile.*
25. Cesta de vajilla y cubiertos, *valigetta con stoviglie e posate.*
26. Sillón plegable, *sedia piegabile.*

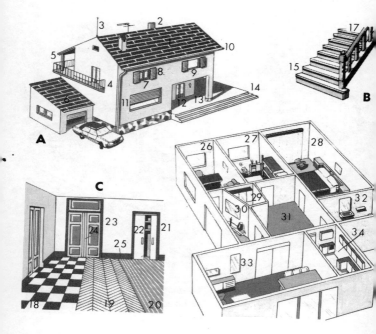

Casa — Casa

A. Vista exterior, *vista esterna*.
1. Techo, *tetto*.
2. Chimenea, *camino*.
3. Pararrayos, *parafulmine*.
4. Balcón, *balcone*.
5. Galería, *balconata*.
6. Garaje, *garage*.
7. Batientes de la ventana, *battenti della finestra*.
8. Contraventanas, *persiane scanalate*.
9. Ventana, *finestra*.
10. Canal recogedor de agua, *grondaia*.
11. Persiana, *persiana*.
12. Puerta, *porta*.
13. Porche, *portico*.
14. Escalinata, *scalinata*.
B. Escalera, *scala*.
15. Escalones, *scalini*.
16. Barandilla, *ringhiera*.
17. Pasamanos, *corrimano*.
C. Interior, *interno*.
18. Suelo embaldosado, *pavimento a mattonelle*.

19. Parqué, *parchè*.
20. Parqué liso a la inglesa, *parchè unito all'inglese*.
21. Armario empotrado, *armadio a muro*.
22. Puerta corredera, *porta scorrevole*.
23. Montante, *stipite*.
24. Manilla, *maniglia*.
25. Rodapié, *zoccalo*.
D. Vista interna general, *vista generale interna*.
26. Estudio, *studio*.
27. Cuarto de los niños, *stanza dei bambini*
28. Dormitorio, *camera da letto*.
29. Despensa, *ripostiglio*.
30. Recibidor, *anticamera*.
31. Patio interior, *cortile interno*.
32. Cuarto de baño, *bagno*.
33. Comedor y sala de estar, *sala da pranzo e soggiorno*.
34. Cocina, *cucina*.

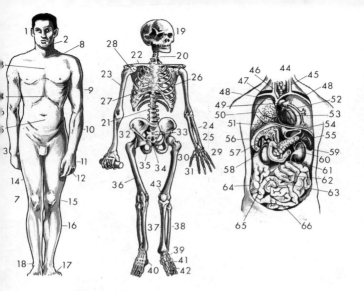

El cuerpo humano — Il corpo umano

1. Cabeza, *testa*.
2. Cuello, *collo*.
3. Pecho, *petto*.
4. Epigastrio, *epigastrio*.
5. Vientre, *ventre, addome*.
6. Codo, *gomito*.
7. Pierna, *gamba*.
8. Hombro, *spalla*.
9. Brazo, *braccio*.
10. Antebrazo, *avambraccio*.
11. Mano, *mano*.
12. Dedos, *dita*.
13. Muñeca, *polso*.
14. Muslo, *coscia*.
15. Rodilla, *ginocchio*.
16. Pantorrilla, *gamba*.
17. Pie, *piede*.
18. Tobillo, *malleolo*.
19. Cráneo, *cranio*.
20. Vértebras cervicales, *vertebre cervicali*.
21. Columna vertebral, *colonna vertebrale*.
22. Clavícula, *clavicola*.
23. Húmero, *omero*.
24. Radio, *radio*.
25. Cúbito, *cubito*.
26. Costillas, *coste*.
27. Esternón, *sterno*.
28. Escápula, *scapola*.
29. Carpo, *carpo*.
30. Metacarpo, *metacarpo*.
31. Falanges, *falangi*.
32. Ilíaco, *osso iliaco*.
33. Sacro, *osso sacro*.
34. Coccix, *coccige*.
35. Isquion, *osso ischio*.
36. Femur, *femore*.
37. Tibia, *tibia*.
38. Peroné, *peroneo*.
39. Cuboides, *cuboide*.
40. Calcáneo, *calcagno*.
41. Metatarso, *metatarsio*.
42. Falanges, *falangi*.
43. Rótula, *rotula*.
44. Cuerpo tiroideo, *tiroide*.
45. Vena yugular interna, *vena giugulare*.
46. Carótida (arteria), *carotide*.
47. Subclavia (arteria), *arteria succlavia*.
48. Vena cava superior, *vena cava superiore*.
49. Cayado de la aorta, *arco dell'aorta*.
50. Pulmón, *polmone*.
51. Diafragma, *diaframma*.
52. Arteria bronquial izquierda, *arteria polmonare sinistra*.
53. Corazón, *cuore*.
54. Estómago, *stomaco*.
55. Bazo, *milza*.
56. Hígado, *fegato*.
57. Vesícula biliar, *vescica biliare*.
58. Riñón derecho, *rene destro*.
59. Páncreas, *pancreas*.
60. Riñón izquierdo, *rene sinistro*.
61. Duodeno, *duodeno*.
62. Ombligo, *ombelico*.
63. Colon descendente, *colon discendente*.
64. Colon ascendente, *colon ascendente*.
65. Apendice vermiforme, *appendice*.
66. Vejiga urinaria, *vescica*.

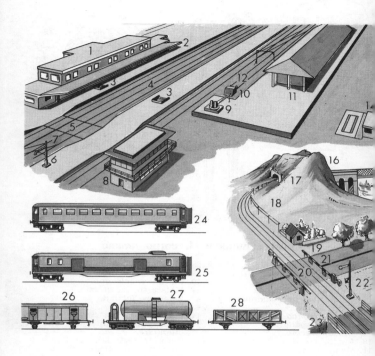

El tren – Il treno

---

1. Estación, *stazione*.
2. Andén, *marciapiede, banchina*.
3. Paso subterráneo, *sottopassaggio*.
4. Vías, *binari*.
5. Paso de andén, *passaggio ai binari*.
6. Toma de agua, *rifornitore*.
7. Agujas, *scambio*.
8. Mando de agujas, *posto di blocco*.
9. Grúa, *gru*.
10. Parachoques, *paraurti*.
11. Estación de mercancías, *scalo merci*.
12 y 13. Vías de servicio, *binario di manovra*.
14. Báscula, *bascula*.
15. Puente de hierro, *ponte di ferro*.
16. Viaducto, *viadotto*.
17. Túnel, *galleria*.
18. Postes telegráficos, *pali del telegrafo*.
19. Guardabarreras, *guardabarriere*.
20. Paso a nivel, *passaggio a livello*.
21. Barreras, *barriere*.
22. Poste de señales, *semaforo*.
23. Puente, *ponte*.
24. Vagón de viajeros, *carrozza vagone*.
25. Furgón postal, *vettura postale*.
26. Vagón de carga, *carro merc*
27. Vagón cisterna, *carro cisterna*.
28. Vagón de carga abierto, *carro merci aperto*.

La estación – La stazione

A. Vestíbulo de estación, *vestíbolo*.
1. Reloj, *orologio*.
2. Taquillas, *biglietteria*.
3. Consigna, *deposito dei bagagli a mano*.
4. Cambio de moneda, *cambio di valuta*.
5. Entrada, *entrata*.
6. Vigilante de andén, *sorvegliante d'entrata*.
7. Cuadro de horarios, *tabella degli orari*.
B. Interior de un vagón, *interno di carrozza*.
8. Departamento, *scompartimento*.
9. Asiento, *sedile*.
0. Respaldo, *spalliera*.

11. Portaequipajes, *portabagagli*.
12. Señal de alarma, *segnale d'allarme*.
13. Ventanilla, *finestrino*.
14. Mesita plegable, *tavolino ribaltabile*.
15. Cenicero, *portacenere*.
C. Andén, *banchina*.
16. Entrada, *entrata*.
17. Tablón de avisos, *tabellone*.
18. Sala de espera, *Sala d'aspetto*.
19. Poste indicador, *indicatore dei treni*.
20. Inspector, *ispettore*.
21. Paso subterráneo, *sotto-passaggio*.
22. Venta de libros y revistas, *chiosco dei giornali*.

Geografía general — Geografia generale

1. Cordillera, *catena*.
2. Pico, *picco*.
3. Volcán, *vulcano*.
4. Embalse, *bacino*.
5. Fuente, *sorgente*.
6. Laguna, *lacuna*.
7. Arroyo, *ruscello*.
8. Meseta, *altiplano*.
9. Cascada, *cascata*.
10. Pueblo, *paese*.
11. Lago, *lago*.
12. Valle, *valle*.
13. Río, *fiume*.

14. Afluente, *affluente*.
15. Catarata, *cateratta*.
16. Garganta, *gola*.
17. Rápidos, *rapide*.
18. Sima, *burrone*.
19. Cañón, *canyon*.
20. Desierto, *deserto*.
21. Oasis, *oasi*.
22. Dunas, *dune*.
23. Colina, *collina*.
24. Montaña, *monte, montagna*
25. Desfiladero, *passo*.

1. Océano, *oceano.*
2. Golfo, *golfo.*
3. Península, *penisola.*
4. Farallón, *faraglione.*
5. Isla, *isola.*
6. Canal, *canale.*
7. Acantilado, *costa dirupata.*
8. Archipiélago, *arcipelago.*
9. Escollos, *scogli.*
10. Islote, *isoletta, isolotto.*
11. Bahía, *baia.*
12. Cala, *cala.*
13. Playa, *spiaggia.*
14. Escarpadura, *scarpata.*
15. Mar, *mare.*
16. Faro, *faro.*
17. Puerto, *porto.*
18. Ciudad, *città.*
19. Ensenada, *insenatura.*
20. Tómbolo, *tombolo.*
21. Pantano, *palude.*
22. Desembocadura, *foce.*
23. Delta, *delta.*
24. Río, *fiume.*
25. Arrecifes, *scogliera.*

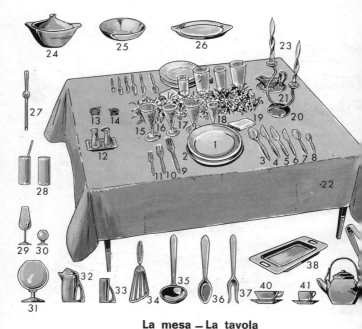

La mesa – La tavola

1. Plato sopero, *piatto fondo.*
2. Plato llano, *piatto.*
3. Cuchara, *cucchiaio.*
4. Cuchillo, *coltello.*
5. Cuchillo para pescado. *coltello da pesce.*
6. Cuchillo para postre, *coltello da dessert.*
7. Cucharilla, *cucchiaino.*
8. Cucharilla para postre, *cucchiaino da dessert.*
9. Tenedor, *forchetta.*
10. Tenedor para pescado, *forchetta da pesce.*
11. Tenedor para postre, *forchetta da dessert.*
12. Vinagreras, *oliera.*
13. Salero, *saliera.*
14. Pimienta, *pepaiola.*
15. Copa para champaña, *coppa da spumante.*
16. Copa para vino blanco, *calice da vino bianco.*
17. Copa para agua, *calice per acqua.*
18. Copa para vino tinto, *calice da vino rosso.*
19. Servilleta, *tovagliolo.*
20. Candelabro, *candelabro.*
21. Salsera, *salsiera.*
22. Mantel, *tovaglia.*
23. Velas, *candele.*
24. Sopera, *zuppiera.*
25. Ensaladera, *insalatiera.*
26. Fuente, *piatto grande.*
27. Tenedor para langosta, *forchetta d'aragosta.*
28. Vasos para aperitivo, *bicchieri per l'aperitivo.*
29. Copa para jerez, *bicchierino per jerez.*
30. Copa para licor, *bicchierino per liquori.*
31. Copa balón, *Napoleone.*
32. Jarra de terracota para cerveza, *brocca di terracotta per birra.*
33. Jarrita, *boccale.*
34. Espátula, *spatola.*
35. Cazo, *cucchiaione.*
36. Cucharón, *mestolo.*
37. Trinchante, *forchettone.*
38. Bandeja, *vasoio.*
39. Pinzas para ensalada, *mollette.*
40. Taza para té, *tazza da tè.*
41. Taza para café, *tazzina da caffè.*
42. Tetera, *teiera.*

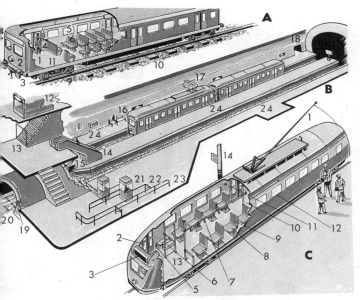

El metro — La metropolitana
y el tranvía —— ed il tram

A. Esquema de vagón, *schema di una vettura della metropolitana.*
1. Operador de las puertas, *addetto alle porte.*
2. Faro, *fanale.*
3. Topes, *respingenti.*
4. Controles de las puertas, *comando delle porte.*
5. Ventanillas, *finestrini.*
6. Asientos, *sedili.*
7. Cabina del conductor, *cabina del conducente.*
8. Luces de posición, *luci di posizione.*
9. Raíl, *binario.*
B. Esquema de una estación de metro, *schema di una stazione della metropolitana.*
12. Entrada, *entrata.*
13. Escalera, *scala.*
14. Escalera automática, *scala mobile.*
15. Escalerilla de servicio, *scala di servizio.*
16. Banco, *panca.*
17. Trole, *trolley, pantografo.*
18. Salida, *uscita.*
19. Semáforos, *semafori.*
20. Vías, *binari.*
21. Taquillas, *biglietterie.*

22. Entrada, *entrata.*
23. Salida, *uscita.*
24. Andenes, *marciapiedi, banchine.*
C. Esquema de tranvía, *schema di un tram.*
1. Trole, *asta di presa.*
2. Puerta automática, *porta a libro.*
3. Indicador de línea y recorrido, *numero e percorso.*
4. Cabina del conductor, *cabina del conducente.*
5. Mando de funcionamiento de las puertas, *comando pneumatico delle porte.*
6. Asiento del cobrador, *sedile del bigliettaio.*
7. Agarraderas de sujeción, *manopole.*
8. Asiento, *sedile.*
9. Respaldo, *spalliera.*
10. Plataforma central, *piattaforma centrale.*
11. Timbre de aviso de parada, *campanello di fermata.*
12. Ventanilla, *finestrino.*
13. Plataforma delantera, *piattaforma anteriore.*
14. Indicador de parada, *indicatore di fermata.*

391

Instrumentos musicales — Strumenti musicali

1. Vibráfono, *campane*.
2. Mazos, *mazzuoli*.
3. Xilófano, *xilofano*.
4. Triángulo, *triangolo*.
5. Bombo, *grancassa*.
6. Tambor, *tamburo*.
7. Platillos, *piatti*.
8. Trompa, *corno a pistoni*.
9. Clarinete, *clarinetto*.
10. Fagot, *fagotto*.
11. Oboe, *oboe*.
12. Contrafagot, *controfagotto*.
13. Trompeta, *tromba*.
14. Trombón de varas, *trombone*.
15. Maracas, *maracas*.
16. Timbal, *timpano*.
17. Tuba, *tuba, bassotuba*.
18. Contrabajo y su arco, *contrabbasso ed il suo arco*.
19. Violoncelo, *violoncello*.
20. Violín, *violino*.
21. Flauta, *flauto*.
22. Guitarra de jazz, *chitarra di jazz*. .
23. Cuerno inglés, *corno inglese*.
24. Saxofón, *saxofono*.
25. Guitarra, *chitarra*.
26. Piano de cola, *pianoforte*.
27. Armónica, *armonica*.
28. Conga, *tamburo africano*.
29. Trompeta de jazz, *tromba di jazz*.
30. Bandurria o mandolina, *mandolina*.
31. Acordeón, *fisarmonica*.
32. Arpa, *Arpa*.

392

Español-Italiano

a prep. a, con, dopo, in. da. **oler a rosas** sapere di rose. **dirigirse — Roma** recarsi a Roma. **— pie** a piè. **¿— cuántos estamos?** quanti ne abbiamo? **trabajo — mano** lavoro a mano. **— 2 de enero** il due gennaio. **— menudo** sovente.

abad m. abate.

abadesa f. abadessa, abbadessa, badessa. [dia.

abadía f. abadia, abbadia, baabajo avv. abbasso, in basso, sotto. **de arriba —** insù e ingiù. **hacia —** a valle.

abalanzar tr. bilanciare, equilibrare; slanciare.

abalanzarse rfl. slanciarsi, scagliarsi.

abanderado m. portabandiera, alfiere, banderaio. [nave.

abanderar tr. matricolare una **abandonado** agg. abbandonato.

abandonar tr. abbandonare, lasciare.

abandono m. abbandono.

abanicar tr. sventagliare.

abanico m. ventaglio.

abaratamiento m. calata di prezzi, ribasso.

abaratar tr. calare, ribassare il prezzo.

abarcar tr. abbracciare, includere. **quien mucho abarca**

poco aprieta chi troppo abbraccia, nulla stringe.

abarrotar tr. inzeppare, caricare completamente.

abastecedor agg. e m. provveditore, fornitore.

abastecer tr. fornire, assortire, munire, provvedere.

abastecimiento m. provvedimento, approvvigionamento.

abatido agg. abbattuto, costernato; demolito.

abatimiento m. abbattimento; costernazione.

abatir tr. abbattere; demolire; prostrare.

abatirse rfl. avvilirsi, umiliarsi.

abdicación f. abdicazione; rinunzia.

abdicar tr. abdicare.

abdomen m. addome.

abdominal agg. addominale.

abecé m. abbicì, alfabeto.

abecedario m. abbecedario, sillabario.

abedul m. (bot.) betula.

abeja f. ape, pecchia.

aberración f. aberrazione.

abertura f. apertura, apritura; foro; spaccatura; (fig.) lealtà, franchezza.

abeto m. (bot.) abete.

abierto agg. aperto; disserrato; spazioso; scoperto; franco, leale, sincero.

abigarrado agg. screziato, variegato.
abigarrar tr. screziare, rendere variegato.
abismal agg. abissale, profondissimo.
abismar tr. inabissare; sommergere; confóndere, umiliare.
abismo m. abisso; inferno; caos.
abjuración f. abiurazione; ritrattazione.
abjurar tr. abiurare; rinunciare.
ablandar tr. mollificare, (r)ammollire; addolcire, blandire.
abnegado agg. abnegato.
abnegación f. abnegazione.
abnegar tr. abnegare.
abofetear tr. schiaffeggiare.
abogacía f. avvocatura.
abogado m. avvocato; defensore; intercessore. — defensor avvocato patrocinante.
abolengo m. linaggio.
abolición f. abolizione.
abolir tr. abolire.
abominable agg. abominevole, esecrabile, detestabile.
abominación f. abbominazione, esecrazione.
abonado agg. e m. abbonato.
abonar tr. abbonare; concimare; accreditare; garantire.
abono m. abbuono; concimazione.
abordable agg. abbordabile.
abordaje m. (mar.) abbordaggio, abbordo. ¡al —! (mar.) all'abbordaggio.
abordar tr. e itr. abbordare; accostare.
abordo m. abbordo.
aborígenes m. pl. aborigeni.
aborrecer tr. abborrire, detestare.

aborrecible agg. abborrevole, detestabile, odioso.
aborrecimiento m. abborrimento, avversione, odio.
abortar itr. abortire.
abortivo agg. e m. abortivo.
aborto m. aborto.
abrasar tr. (ab)bruciare, inflammare; incendiare.
abrasarse rfl. ardere.
abrazar tr. abbracciare. — una religión divenir seguace di una religione.
abrazo m. abbraccio.
abreviación f. abbreviazione, abbreviatura.
abreviar tr. abbreviare.
abreviatura f. abbreviatura, abbreviazione.
abrigar tr. riparare, coprire; (fig.) covare, nutrire; proteggere. — esperanzas avere speranza.
abrigarse rfl. coprirsi bene; rifugiarsi.
abrigo m. riparo, ricovero; asilo; capoto, mantello. ponerse al — ricoverarsi.
abril m. aprile. [me].
abrillantar tr. sfaccettare (gemabrir tr. aprire, (di)schiudere; tagliare. — camino far strada. — de par en par spalancare. — la sesión aprire la seduta. en un — y cerrar de ojos in un battere d'occhio.
abrirse rfl. aprirsi, schiudersi.
abrochar tr. abbottonare.
abrumador agg. opprimente.
abrumar tr. abbattere; opprimere. — a preguntas affollare di domande.
abrumarse rfl. annebbiarsi, offuscarsi.
abrupto agg. dirupato.
ábside m. (arch.) abside.
absolución f. assoluzione, remissione dei peccati, perdono.
absolutismo m. assolutismo.

absolutista agg. e s. assolutis-
ta.
absoluto agg. assoluto, categorico. en — recisamente.
absolver tr. assolvere; liberare; riméttere (i peccati);
prosciogliere (un accusato).
absorber tr. assorbire.
absorción f. assorbimento.
absorto agg. assorto.
abstemio agg. astemio.
abstención f. astensione, aste-
nimento.
abstenerse rfl. astenersi da,
privarsi di, rinunciare a qualcosa.
abstinencia f. astinenza.
abstracción f. astrazione.
abstracto agg. astratto.
abstraer tr. astrarre.
abstraerse rfl. distrarsi, astrarre.
absuelto agg. assolto, prosciol-
to.
absurdo agg. assurdo. m. assurdo, assudità.
abuela f. nonna.
abuelo m. nonno.
abultado agg. grosso, voluminoso.
abultar tr. ingrossare; esagerare. itr. essere rilevante.
abundancia f. abbondanza.
abundante agg. abbondante, copioso.
abundantemente avv. abbon-
dantemente.
abundar itr. abbondare.
aburrido agg. annoiato; noioso,
tedioso.
aburrimiento m. noia, tedio,
fastidio.
aburrir tr. (an)noiare, fastidiare, seccare.
aburrirse rfl. (an)noiarsi, seccarsi.
abusar itr. abusare.
abusivo agg. abusivo.
abuso m. abuso. — de confianza abuso di fiducia.
abyecto agg. ab(b)ietto, vile.

acá avv. qui, qua. — y allá qua
e là. por — di quà.
acabado agg. perfetto, ultima-
to; terminato, concluso, finito.
acabamiento m. termine, fine.
acabar tr. terminare, finire, ultimare. itr. finire, espirare.
— con algo distruggere qualcosa. — de llegar giungere
proprio allora.
academia f. accademia.
académico agg. e. m. accademico.
acaecer itr. accadere, succedere, occorrere.
acaloramiento m. accaloramen-
to.
acalorar tr. accalorare.
acalorarse rfl. accalorarsi; in-
fiammarsi; irritarsi.
acampar tr. accampare.
acanalado agg. incanalato; sca-
nalato.
acanaladura f. incanalatura;
scanalatura.
acanalar tr. accanalare; incana-
lare; scanalare.
acantilado agg. dirupato, sco-
sceso. m. dirupo, scogliera.
acaparador agg. e m. accapar-
ratore, incettatore.
acaparamiento m. accaparra-
mento, incetta.
acaparar tr. accaparrare, incettare.
acariciar tr. (ac)carezzare.
acarrear tr. carreggiare; portare.
acarreo m. carreggio; trasporto.
acaso m. caso, avvenimento
imprevisto. avv. per caso, casualmente, probabilmente;
forse. si — in caso che. por
si — caso mai.

acatamiento m. venerazione, rispetto, ubbidienza.

acatar tr. rispettare, venerare; obbedire, sottomettersi.

acatarrarse rfl. raffreddarsi.

acaudalado agg. ricco, opulento.

acaudillar tr. comandare (truppe), capitanare.

acceder itr. accedere, consentire; condiscendere.

accesible agg. accessibile.

acceso m. accesso.

accesorio agg. accessorio. m. accessorio.

accidentado agg. accidentato; (terreno) disuguale.

accidental agg. accidentale, fortuito, casuale.

accidentar tr. produrre un accidente. rfl. cadere in síncope, in deliquio, svenire.

accidente m. accidente; avvenimento, evento; infortunio; svenimento.

acción f. azione; fatto. — **de gracias** testimonianza di riconoscenza.

accionamiento m. azionamento, comando.

accionar tr. azionare; gesticolare.

accionista m. e f. azionista.

acechar tr. appostarsi; spiare.

acecho m. agguato; spiamento; imboscata. **estar al —** stare in agguato.

acéfalo agg. acefalo.

aceitar tr. ungere con olio; (macchina) oliare.

aceite m. olio. — **de oliva** olio d'olivo. — **de ricino** olio di ricino. — **de hígado de bacalao** olio di fegato di merluzzo. — **de linaza** olio di lino.

aceitera f. oliera.

aceitoso agg. oleoso, untuoso.

aceituna f. oliva.

aceleración f. accelerazione.

acelerador m. acceleratore.

acelerar tr. e itr. accelerare. — **el paso** affrettare il passo.

acelerarse rfl. affrettarsi.

acento m. accento; tono.

——————— **El acento** ———————

L'accento è l'intonazione mássima con cui viene pronunciata una sillaba di ogni parola. Si chiama accento *tonico* quello che non viene segnato, e accento ortografico quello que viene indicato col segno corrispondente. È da notare che la linguna spagnuola ha soltanto l'accento acuto (ʹ).

Le regole ortografiche di accentuazione sono:

1.ª Portano l'accento tutte le parole tronche (l'accento cade sull'ultima sillaba) che finiscono in vocale *(sofá)* o nelle consonanti *n* o *s* *(canción, compás)*.

2.ª Portano l'accento tutte le parole piane (l'accento cade sulla penutima sillaba) che finiscono in consonante che non sia *n* o *s* *(lápiz)*.

3.ª Portano l'accento tutte le parole sdrucciole (l'accento cade sulla terz'ultima sillaba) e bisdrucciole (l'accento cade sulla quarta o quinta sillaba).

Nel primo e secondo caso non si segue la regola quando bisogna distruggere un dittongo *(baúl, María)*.

Non si accentuano i monosillabi, tranne quando bisogna distinguere il significato di due monosillabi uguali *(si, congiunzione; sí, avverbio)*.

Certe parole piane portano o no l'accento secondo la loro funzione *(este aggettivo; éste, pronome)*.

Conservano l'accento i tempi dei verbi che portano enclitiche *(pidióme)*.

——————————————

acentuación f. accentuazione.

acentuar tr. accentare, segnare con l'accento.

acepción f. accezione, significato (d'una parola).

aceptable agg. accettabile.

aceptación f. accettazione, consenso.   [tere.

aceptar tr. accettare, ammet-

acequia f. acquidoccio, canale d'irrigazione.

acera f. marciapiede.

acerca avv. —**de** intorno (a), rispetto.

acercar tr. avvicinare, approssimare.

acercarse rfl. avvicinarsi, approssimarsi.

acero m. acciaio; arma bianca, acciaro. — **fundido** acciaio fuso.

acertado agg. riuscito, indovinato.

acertar tr. indovinare; trovare; colpire nel segno; riuscire.

acertijo m. enimma o enigma, indovinello.

acicaladura f. acconciamento, imbellettatura.

acicalar tr. brunire, pulire, acconciare.

acicalarse rfl. abbellirsi; attillarsi, acconciarsi.

acidez f. acidezza, acidità.

acidificar tr. acidificare.

ácido agg. acido. m. acido.

acierto m. successo; saggezza.

aclamación f. acclamazione, applauso.

aclamar tr. acclamare, applaudire.

aclaración f. spiegazione, chiarimento.

aclarar tr. spiegare, chiarire, (ri)schiarire, dilucidare. — **una duda** dissipare un dubbio. — **la ropa** risciacquare la biancheria.

aclararse rfl. rischiararsi, (s)chiarirsi (il cielo).

aclimatación f. adattamento, acclimatazione.

aclimatar tr. acclimatare, abituare.

aclimatarse rfl. acclimatarsi.

acobardamiento m. scoraggiamento.

acobardar tr. scoraggiare, intimidare.

acobardarse rfl. scoraggiarsi, abbattersi.

acogedor agg. accogliente.

acoger tr. (r)accogliere, ospitare, dar asilo; proteggere.

acogerse rfl. rifugiarsi.

acogida f. accoglienza, accoglimento.

acometer tr. assalire, aggredire; affrontare; incominciare.

acometida f. assalto, aggressione; (mec.) raccordo.

acomodación f. accomodamento, accomodatura, accomodazione. [to.

acomodado agg. (ac)comodado-

acomodador m. accomodatore, fattorino del teatro.

acomodadora f. maschera del teatro.

acomodar tr. accomodare.

acomodarse rfl. accomodarsi. — **a las circunstancias** adattarsi alle circostanze.

acomodaticio agg. compiacente.

acompañamiento m. accompagnamento; comitiva, sequito. **con** — **de violín** accompagnato col violino.

acompañar tr. accompagnare; scortare, seguire; (mus.) accompagnare.

acondicionado agg. condizionato.

acondicionamiento m. condizionatura, condizionamento.

acondicionar tr. condizionare.

acongojar tr. opprimere, angosciare, affliggere.

acongojarse rfl. angosciarsi, affliggersi.

aconsejable agg. consigliabile.

aconsejar tr. consigliare, dar consiglio.

aconsejarse rfl. consigliarsi.

acontecer itr. accadere, occorrere, avvenire.

acontecimiento m. evento, avvenimento, caso, successo.

acoplado agg. accoppiato; collegato; innestato.

acoplamiento m. accoppiamento; innesto; collegamento.

acoplar tr. accoppiare; collegare; innestare.

acoquinado agg. scoraggiato, intimidito.

acoquinamiento m. scoraggiamento.

acoquinar tr. scoraggiare, intimidire, avvilire.

acoquinarse rfl. intimidirsi.

acorazado agg. corazzato, blindato. m. corazzata.

acorazar tr. corazzare, blindare.

acordar tr. convenire, stabilire, decretare, decidere.

——————— ACORDAR ———————

MODO INFINITIVO: FORMAS SIMPLES: Infinitivo: acordar. **Gerundio:** acordando. **Participio:** acordado. **FORMAS COMPUESTAS: Infinitivo:** haber acordado. **Gerundio:** habiendo acordado. **MODO INDICATIVO: Presente: yo** acuerdo, **tú** acuerdas, **él** acuerda; **nosotros** acordamos, **vosotros** acordáis, **ellos** acuerdan. **Pretérito imperfecto:** acordaba, acordabas, acordaba; acordábamos, acordabais, acordaban. **Pretérito indefinido:** acordé, acordaste, acordó; acordamos, acordasteis, acordaron. **Futuro imperfecto:** acordaré, acordarás, acordará; acordaremos, acordaréis, acordarán. **Pretérito perfecto:** he acordado, has acordado, ha acordado; hemos acordado, habéis acordado, han acordado. **Pretérito pluscuamperfecto:** había acordado, habías acordado, había acordado; habíamos acordado, habíais acordado, habían acordado. **Pretérito anterior:** hube acordado, hubiste acordado, hubo acordado; hubimos acordado, hubisteis acordado, hubieron acordado. **Futuro perfecto:** habré acordado, habrás acordado, habrá acordado; habremos acordado, habréis acordado, habrán acordado. **MODO POTENCIAL: Potencial simple:** acordaría, acordarías, acordaría; acordaríamos, acordaríais, acordarían. **Potencial compuesto:** habría acordado, habrías acordado, habría acordado; habríamos acordado, habríais acordado, habrían acordado. **MODO SUBJUNTIVO: Presente:** acuerde, acuerdes, acuer-

de; acordemos, acordéis, acuerden. **Pretérito imperfecto:** acordara o acordase, acordaras o acordases, acordara o acordase; acordáramos o acordásemos, acordarais o acordaseis, acordaran o acordasen. **Futuro imperfecto:** acordare, acordares, acordare; acordáremos, acordareis, acordaren. **Pretérito perfecto:** haya acordado, hayas acordado, haya acordado; hayamos acordado, hayáis acordado, hayan acordado. **Pretérito pluscuamperfecto:** hubiera o hubiese acordado, hubieras o hubieses acordado, hubiera o hubiese acordado; hubiéramos o hubiésemos acordado, hubierais o hubieseis acordado, hubieran o hubiesen acordado. **Futuro perfecto:** hubiere acordado, hubieres acordado, hubiere acordado; hubiéremos acordado, hubiereis acordado, hubieren acordado. **MODO IMPERATIVO: Presente:** acuerda **tú,** acuerde **él;** acordemos **nosotros,** acordad **vosotros,** acuerden **ellos.**

acordarse rfl. accordarsi; ricordare, ricordarsi.

acorde agg. concorde, conforme. m. (mús.) accordo.

acordeón m. fisarmonica.

acortamiento m. (r)accorciamento, scortamento.

acortar tr. (r)accorciare, (r)accortare.

acosamiento m. inseguimento, persecuzione.

acosar tr. perseguitare, inseguire, incalzare.

acostado agg. adagiato, coricato.

acostar tr. adagiare, coricare; accostare.

acostarse rfl. accostarsi; coricarsi, mettersi a letto.

acostumbrar tr. abituare, avvezzare. itr. avere per abitudine.

acostumbrarse rfl. abituarsi, avvezzarsi.

acotar tr. limitare, segnare il confine; annotare.

acre agg. aspro, agro. **olor** fortore.

acrecentamiento m. accrescimento, incremento.

acrecentar tr. (ac)crescere, aumentare, ingrandire, allargare.

acrecentarse rfl. crescere, ingrossarsi.

acreditado agg. accreditato, reputato.

acreditar tr. accreditare.

acreedor m. e agg. creditore.

acribillar tr. crivellare, foracchiare. — **a balazos** crivellare di palle.

acritud f. acredine, acrità, acrimonia.   [bolo.

acróbata m. f. acrobata, funam-

acrobacia f. acrobazia.

acrobático agg. acrobatico.

acta f. atto, documento, certificato legale. — **notarial** atto notarile. **leer el** — dar lettura del proceso verbale. **libro de** —**s** libro dei verbali.

actitud f. attitudine, posa.

activar tr. attivare; affrettare.

actividad f. attività, operosità.

activo agg. attivo, diligente; efficace.

acto m. atto, azione; (teat.) atto. — **seguido** inmediatamente dopo. **en el** — nell'atto, sull'atto.

actor m. attore, artista di teatro, commediante.

actriz f. attrice, artista di teatro. **primera** — prima donna.

actuación f. attuazione; procedura.

actual agg. attuale, odierno.

actualidad f. attualità.

actuar itr. attuare; esercitare, istruire un processo.

acuarela f. acquarello. **pintar a la** — acquarellare.

acuario m. acquario, vivaio; (astr.) acquario.

acuático agg. acquatico.

acudir tr. accorrere.

acueducto m. acquedotto.

acuerdo m. accordo, concordanza, concordia; decisione. **estar de** — accordare, rimanere intesi. **ponerse de** — mettersi d'accordo. **no estar de** — discordare.

acullá avv. là.

acumulación f. ˙(ac)cumulazione. — **de intereses** accumulazione d'interessi.

acumulador m. (ac)cumulatore (anche elettrico).

acumular tr. (ac)cumulare; agglomerare.

acuñación f. coniazione.

acuñar tr. coniare. — **moneda** monetare.

acuoso agg. acquoso.

acusación f. accusa, accusazione, incolpazione.

acusado agg. e m. accusato, imputato.   [patore.

acusador m. accusatore, incol-

acusar tr. accusare, incolpare, imputare; denunziare; accusare, manifestare.

acústica f. acustica.

acústico agg. acustico.

achacar tr. incolpare, imputare; attribuire.

achacoso agg. acciaccoso.

achaque m. acciacco, infermità.

adaptación f. adattamento.

adaptar tr. adattare.

adaptarse rfl. adattarsi.

adecuación f. adecuazione.

adecuadamente avv. adeguatamente.

adecuado agg. adeguato, conveniente, appropriato.

adecuar tr. adeguare, aggiustare.

adefesio m. stravaganza (nei vestiti, ecc.); strafalcione.

adelantado agg. anticipato, prevenuto.

adelantamiento m. avanzamento, anticipazione; progresso.

adelantar tr. anticipare, precedere, avanzare. — **la salida** affrettare la partenza. — **dinero** anticipare danaro. itr. andare avanti, avanzare.

adelantarse rfl. avvantaggiarsi, spingersi, avanzare. — a otro sorpassare qualcuno.
adelante avv. avanti. en — di qui innanzi, d'ora innanzi. más — più avanti, più innanzi. pasar — passar oltre. ¡—! avanti!, entri!.
adelanto m. anticipo, acconto.
adelgazamiento m. (as) sottigliamento, dimagrimento.
adelgazar tr. e itr. (as) sottigliare, dimagrare, dimagrire, sveltire.
ademán m. gesto, cenno. en — de in attitudine di. hacer — de far sembiante di. hacer ademanes gestire.
además avv. oltre, inoltre, di più. — de que oltreché.
adentro avv. dentro, indentro, addentro. mar — in alto mare. tierra — entro terra. ¡—! dentro!, su!, avanti!
aderezar tr. ornare, adornare; condire; preparare. — la ensalada condire l'insalata.
aderezo m. ornamento.
adherencia f. aderenza, aderimento.
adherente agg. aderente, adesivo.
adherir itr. aderire.
adherirse rfl. aderire, attaccarsi.
adhesión f. adesione.
adicto agg. e m. dedito, addetto.
adiestrador m. istruttore, addestratore, ammaestratore.
adiestramiento m. addestramento.
adiestrar tr. addestrare, istruire.
adiestrarse rfl. addestrarsi, esercitarsi, praticarsi.
adiós itj. addio. m. commiato,

saluto. decir — prendere commiato, accomiatarsi.
adiposidad f. adiposità.
adiposo agg. adiposo.
adivinación f. divinazione, predizione, indovinamento.
adivinable agg. indovinabile.
adivinador m. indovino, indovinatore.
adivinadora f. indovina, pitonessa.
adivinanza f. indovinello.
adivinar tr. indovinare, divinare, predire.
adivino m. indovino, divinatore.
adjetivo m. (gram.) aggettivo.

------- Adjetivos -------

Gradi dell'aggettivo qualificativo

• Nella lingua spagnuola come nell'italiana, gli aggettivi qualificativi possono essere *positivi*, *comparativi* e *superlativi*.

• Un aggettivo è in grado *positivo* quando indica semplicemente una qualità *(bueno, malo)*. Un aggettivo è in grado *comparativo* quando esprime una comparazione *(mejor, peor)*. Un aggettivo è in grado *superlativo* quando indica che una qualità è posseduta in grado massimo *(óptimo, pésimo)*.

L'aggettivo *comparativo* può essere: di *uguaglianza*, quando due persone, animali o cose possiedono una qualità nello stesso grado *(Juan es tan alto como Jorge)*; di *minoranza* quando uno dei soggetti possiede la qualità in grado minore *(Juan es menos alto que Jorge)*; e di *maggioranza* quando uno dei soggetti possiede la qualità in grado maggiore *(Juan es más alto que Jorge)*.

• I tre gradi di comparazione si formano con le particelle seguenti:

UGUAGLIANZA *tan... como (così... come, tanto... quanto)*.

MINORANZA *menos... que (meno... di, meno... che)*.

MAGGIORANZA *más... que (più... di, più... che)*.

• L'aggettivo *superlativo* può essere *assoluto* e *relativo*. È *relativo* quando la qualità è posseduta in grado massimo ma in relazione a un gruppo di persone, animali o cose *(Juan es el más alto)*. È *assoluto* quando la qualità è posseduta al grado massimo senza idea di comparazione *(Juan es altísimo)*.

• Il superlativo relativo si forma con le particelle *el más..., la más... (il più...,*

*la più); el menos..., la menos... (il me-
no..., la meno...).* Il superlativo assoluto si forma coi suffissi *ísimo (altísimo),
érrimo (ubérrimo)* o con l'avverbio *muy
(molto)* precedendo l'aggettivo *(muy bueno).*

• Nella formazione del superlativo gli
aggettivi che finiscono in *ble* cambiano
in *bilísimo (amable, amabilísimo);* gli aggettivi che finiscono in *io,* perdono la *o
(limpio, limpísimo),* excepciones *(piísimo,
frigidísimo);* gli aggettivi che hanno *ue*
nel radicale cambiano queste vocali in *o
(fuerte, fortísimo).*

• Comparativi e superlativi irregolari:

Positivo	Comparativo
bueno (buono)	*mejor* (migliore)
malo (cattivo)	*peor* (peggiore)
grande (grande)	*mayor* (maggiore)
pequeño (piccolo)	*menor* (minore)
alto (alto)	*superior* (superiore)
bajo (basso)	*inferior* (inferiore)

Superlativo

óptimo (ottimo)
pésimo (pessimo)
máximo (massimo)
mínimo (minimo)
supremo, sumo (supremo, sommo)
ínfimo (infimo)

adjudicación f. aggiudicazione.
adjudicar tr. aggiudicare.
adjudicarse rfl. appropriarsi.
adjunto agg. aggiunto, annesso.
administración f. amministrazione, governo, direzione, gerenza. **consejo de —** consiglio d'amministrazione. **—
de rentas** intendenza di finanza.
administrador m. amministratore, gerente.
administrar tr. amministrare,
governare.
administrativo agg. amministra-
tivo.
admirable agg. ammirabile, am-
mirevole.
admirablemente avv. ammire-
volmente, ammirabilmente.
admiración f. ammirazione.
admirador m. ammiratore, en-
tusiasta.
admirar tr. ammirare.
admirarse rfl. maravigliarsi.

admisible agg. ammissíbile, accettabile.
admisión f. ammissione.
admitir tr. amméttere, accogliere; soffrire, tollerare.
adobado agg. addobbato; con-
dito.
adobar tr. addobbare; condire.
adobo m. addobbamento; condimento.
adoctrinar tr. addottrinare.
adolecer itr. soffrire. **— de una
enfermedad** esser soggetto
ad una malattia.
adolescencia f. adolescenza.
adolescente agg. e s. adolescente.   [parte.
adonde avv. dove, ove, in qual
adondequiera avv. in qualunque luogo.   [mento.
adopción f. adozione, adotta-
adoptar tr. adottare. **— medi-
das** prendere provvedimen-
ti. **— por hijo** adottare per
figlio.
adoptivo agg. adottivo. **padres
—s** genitori adottivi.
adoquín m. selce.
adoquinado m. selciato.
adoquinar tr. selciare.
adorable agg. adorabile.
adoración f. adorazione.
adorador m. adoratore.
adorar tr. adorare; amare svis-
ceratamente.
adormecer tr. addormentare,
addormire.
adormecerse rfl. addormentarsi.
adornar tr. adornare, ornare.
adornarse rfl. ornarsi, adornarsi.
adorno m. adorno, ornamento,
guarnizione.
adquirir tr. acquistare, ottenere, acquisire. **— reputación**
acquistare fama, rendersi famoso.

adquisición f. acquisizione.
adquisitivo agg. acquisitivo.
adrede avv. scientemente, a (bella) posta, deliberatamente.
aduana f. dogana. derechos de — diritti di dogana. declaración de — dichiarazione doganale. despacho de — spedizione doganale. vista de — ufficiale di dogana.
aduanero agg. doganale. arancel — tariffa doganale. revisión aduanera vísita doganale. m. doganiere.
aducir tr. addurre. — pruebas addurre delle prove.
adulación f. adulazione.
adular tr. adulare, lusingare.
adulatorio agg. adulatorio.
adúltera f. adúltera.
adulteración f. adulterazione, corruzione; falsificazione.
adulterador m. adulteratore, falsificatore.
adulterar tr. adulterare, falsificare, alterare. itr. comméttere adulterio.
adulterio m. adulterio.
adúltero m. adultero.
adulto agg. e m. adulto.
adusto agg. austero, rigido.
advenedizo agg. avventizio. m. parvenu.   [avvento.
advenimiento m. avvenimento,
adverbio m. (gram.) avverbio.
adversario agg. e m. avversario, contrario, antagonista.
adversidad f. avversità, contrarietà; infortunio.
adverso agg. avverso.
advertencia f. avvertenza.
advertir tr. avvertire, avvisare; notare, rimarcare; prevenire. — un error rilevare un errore.
adviento m. avvento.

advocación f. invocazione.
adyacente agg. adiacente, contiguo.
aéreo agg. aereo. correo — aereoposta.
aerodinámica f. aerodinamica.
aerodinámico agg. aerodinamico.
aeródromo m. aerodromo.
aerolito m. aerolito.
aeronauta m. f. aeronauta.
aeronáutica f. aeronautica.
aeronáutico agg. aeronautico.
aeronave f. aeronave.
aeroplano m. aeroplano.
aeropuerto m. aeroporto.
afabilidad f. affabilità, amabilità, gentilezza.
afable agg. affabile, cortese.
afablemente avv. affabilmente.
afán m. ansietà, affanno. trabajar con — ammazzarsi dal lavoro.
afanar itr. affaccendarsi.
afanarse rfl. arrabattarsi.
afanoso agg. affannoso, laborioso.
afeamiento m. imbruttimento.
afear tr. imbruttire, abbruttire; denigrare, vituperare.
afearse rfl. imbruttire.
afección f. affezione, affetto, simpatia.
afectable agg. suscettíbile, impressionabile.
afectación f. affettazione, ammanieramento.
afectado agg. affettato, artificioso; (med.) afflitto.
afectar tr. affettare; fingere, simulare; afflíggere.
afectivo agg. affettivo, sensitivo.
afecto agg. affezionato (a qualcuno). m. affetto, affezione. tener — a uno essere caldo per uno. granjearse el — acquistare l'affetto.
afectuosamente avv. affettuosamente.
afectuosidad f. affettuosità.

afectuoso agg. affettuoso.
afeitar tr. abbellire, lisciare; imbellettare, sbarbare, radere.
afeitarse rfl. radersi; lisciarsi, imbellettarsi.
afeite m. ornamento; belletto.
afeminado agg. effemminato.
afeminar tr. effemminare.
afeminarse rfl. effemminarsi.
aferrar tr. afferrare, prendere o tenere con forza, aggrappare.
aferrarse rfl. aggrapparsi, afferrarsi. — **en sostener** ostinarsi a sostenere.
afianzamiento m. raffermamento, sicurezza, consolidamento.
afianzar tr. mallevare, garantire; consolidare, raffermare.
afición f. affezione, affetto, simpatía. **perder la** — disaffezionarsi.
aficionado agg. e m. affezionato, appassionato. **ser** — **a** essere amico di. — **a la pintura** amante dei quadri.
aficionarse rfl. affezionarsi. — **a algo** prendere affezione a qualcosa.
afilador m. affilatore, aguzzatore.
afilamiento m. affilamento.
afilar tr. (r)affilare, aguzzare. **máquina de** — affilatrice. **piedra de** — affilatoio.
afilarse rfl. affilarsi.
afiliación f. affiliazione.
afiliar tr. affiliare.
afiliarse rfl. affiliarsi; iscriversi.
afín agg. vicino; affine, congenere. m. affine.
afinación f. affinamento; (mús.) raccordatura.
afinador m. (r)affinatore. (mús.) accordatore.
afinar tr. (r)affinare. — **instrumentos** accordare, intonare.
afirmación f. affermazione, asseveranza, asserzione.

afirmar tr. affermare.
afirmarse rfl. affermarsi.
afirmativamente avv. affermativamente.
afirmativo agg. affermativo, asseverativo.
aflicción f. afflizione, contristamento; tristezza.
aflictivo agg. afflittivo, doloroso.
afligir tr. affliggere.
afligirse rfl. affliggersi.
aflojamiento m. rilassamento.
aflojar tr. rilassare, (r)allentare. itr. scemare, indebolire. — **un tornillo** svitare.
aflojarse rfl. (r)allentarsi.
afluencia f. affluenza; verbosità.
afluente agg. affluente; copioso, abbondante. m. affluente (fiume). — **de un lago** immissario.
afluir itr. affluire, venire in quantità.
aflujo m. (med.) afflusso.
afonía f. afonia.
afortunadamente avv. fortunatamente.
afortunado agg. (af)fortunato, felice, avventurato.
afortunar tr. rendere felice.
afrancesado agg. infrancesato.
afrancesar tr. infrancesare.
afrancesarse rfl. infrancesarsi.
afrenta f. affronto, ingiuria, offesa.   [riare.
afrentar tr. oltraggiare, ingiuriare.
afrontar tr. raffrontare (testimoni); far fronte; affrontare (il nemico).
afuera avv. fuori; all'aria aperta. ¡—! largo!, fuori!
afueras f. pl. dintorni, vicinanze, contorni (d'una città).
agachar tr. curvare; abbassare la testa.

agacharse rfl. curvarsi.
agalla f. galla.
agallas f. pl. (zool.) branquie dei pesci. **tener —** avere coraggio.
agarradero m. afferratoio, impugnatura; (fig.) appoggio.
agarrado agg. afferrato, abbrancato.
agarrar tr. afferrare, aggaffare; impugnare.
agarrarse rfl. aggrapparsi, afferrarsi, abbrancarsi, attricarsi, avorticchiarsi.
agasajador agg. accogliente, gentile.
agasajar tr. accogliere cortesemente, corteggiare, festeggiare.
agasajo m. ricevimento cortese, accoglienza affettuosa.
ágata f. (min.) agata.
agencia f. agenzia, rappresentanza. **— de informes** ufficio d'informazioni.
agenciar tr. procurare, sollecitare.
agenda f. agenda, taccuino.
agente m. agente, rappresentante. **— comisionista** agente comissionario.
ágil agg. agile, leggero.
agilidad f. agilità.
agitación f. agitazione, inquietudine.
agitador agg. e m. agitatore.
agitar tr. agitare, turbare. **— los ánimos** concitare. **— los brazos** sbracciarsi, dimenare le braccia.
agitarse rfl. agitarsi, turbarsi. **mar agitada** mare grosso.
aglomeración f. agglomerazione, accumulazione.
aglomerado agg. accumulato, agglomerato.

aglomerar tr. agglomerare, accumulare.
aglomerarse rfl. agglomerarsi.
aglutinación f. agglutinazione.
aglutinante agg. agglutinante.
aglutinar tr. agglutinare.
aglutinarse rfl. agglutinarsi.
agnosticismo m. agnosticismo.
agnóstico agg. e m. agnostico.
agobiar tr. inclinare, incurvare; (fig.) pesare, opprimere; stancare.
agobiarse rfl. incurvarsi; stancarsi.
agobio m. incurvatura; (fig.) oppressione.
agonía f. agonia. **estar en la —** essere più di là che di qua.
agonizante agg. agonizzante, moribondo.
agonizar itr. agonizzare. **estar agonizando** essere agli estremi.
agorar tr. predire, profetizzare, presagiare.
agorero agg. divinatore. m. indovino, augure.
agostamiento m. disseccamento.
agostar tr. seccare, disseccare.
agosto m. agosto. **hacer su —** far il suo affare.
agotable agg. esauribile.
agotamiento m. esaurimento.
agotar tr. esaurire. **— los víveres** esaurire i viveri. **— la paciencia** perdere la pazienza.
agradable agg. grato, gradevole, aggradevole. **— al paladar** grato al palato.
agradar tr. contentare, compiacere. itr. piacere.
agradecer tr. gradire a qualcuno; essere obbligato o grato a qualcuno.
agradecido agg. gradito; grato. **quedar — a alguien por algo** essere obbligato a uno per qualcosa.

————— AGRADECER —————

MODO INFINITIVO: FORMAS SIMPLES: Infinitivo: agradecer. **Gerundio:** agradeciendo. **Participio:** agradecido **FORMAS COMPUESTAS: Infinitivo:** haber agradecido. **Gerundio:** habiendo agradecido. **MODO INDICATIVO: Presente:** yo agradezco, tú agradeces, él agradece; **nosotros** agradecemos, **vosotros** agradecéis, **ellos** agradecen. **Pretérito imperfecto:** agradecía, agradecías, agradecía; agradecíamos, agradecíais, agradecían. **Pretérito indefinido:** agradecí, agradeciste, agradeció; agradecimos, agradecisteis, agradecieron. **Futuro imperfecto:** agradeceré, agradecerás, agradecerá; agradeceremos, agradeceréis, agradecerán. **Pretérito perfecto:** he agradecido, has agradecido, ha agradecido; hemos agradecido, habéis agradecido, han agradecido. **Pretérito pluscuamperfecto:** había agradecido, habías agradecido, había agradecido; habíamos agradecido, habíais agradecido, habían agradecido. **Pretérito anterior:** hube agradecido, hubiste agradecido, hubo agradecido; hubimos agradecido, hubisteis agradecido, hubieron agradecido. **Futuro perfecto:** habré agradecido, habrás agradecido, habrá agradecido; habremos agradecido, habréis agradecido, habrán agradecido. **MODO POTENCIAL: Potencial simple:** agradecería, agradecerías, agradecería; agradeceríamos, agradeceríais, agradecerían. **Potencial compuesto:** habría agradecido, habrías agradecido, habría agradecido; habríamos agradecido, habríais agradecido, habrían agradecido. **MODO SUBJUNTIVO: Presente:** agradezca, agradezcas, agradezca; agradezcamos, agradezcáis, agradezcan. **Pretérito imperfecto:** agradeciera o agradeciese, agradecieras o agradecieses, agradeciera o agradeciese; agradeciéramos o agradeciésemos, agradecierais o agradecieseis, agradecieran o agradeciesen. **Futuro imperfecto:** agradeciere, agradecieres, agradeciere; agradeciéremos, agradeciereis, agradecieren. **Pretérito perfecto:** haya agradecido, hayas agradecido, haya agradecido; hayamos agradecido, hayáis agradecido, hayan agradecido. **Pretérito pluscuamperfecto:** hubiera o hubiese agradecido, hubieras o hubieses agradecido, hubiera o hubiese agradecido; hubiéramos o hubiésemos agradecido, hubierais o hubieseis agradecido, hubieran o hubiesen agradecido. **Futuro perfecto:** hubiere agradecido, hubieres agradecido, hubiere agradecido; hubiéremos agradecido, hubiereis agradecido, hubieren agradecido. **MODO IMPERATIVO: Presente:** agradece **tú,** agradezca **él;** agradezcamos **nosotros,** agradeced **vosotros,** agradezcan **ellos.**

agradecimiento m. gradimento, gratitudine, riconoscenza.

agrado m. affabilità, gusto, piacere. **esto no es de mi —** ciò non mi piace.

agrandamiento m. ingrandimento. [gare.

agrandar tr. ingrandire, allar-

agrandarse rfl. ingrandirsi, allargarsi.

agrario. agg. agrario.

agravación f. aggravazione.

agravado agg. aggravato.

agravamiento m. aggravamento.

agravante agg. aggravante.

agravar tr. aggravare.

agravarse rfl. aggravarsi, peggiorare.

agravatorio agg. aggravante.

agraviar tr. offendere, oltraggiare.

agraviarse rfl. offendersi.

agravio m. offesa, affronto, oltraggio; danno, aggravio.

agredir tr. aggredire, assalire.

agregación f. aggregazione.

agregado agg. aggregato. m. aggregato.

agregar tr. aggregare, unire.

agregarse rfl. aggregarsi.

agresión f. aggressione.

agresivo agg. aggressivo.

agresor agg. e m. aggressore.

agreste agg. agreste, selvatico.

agriado agg. agro, aspro.

agriar tr. far inagrire, irritare, esacerbare.

agriarse rfl. esacerbarsi.

agrícola agg. agricolo.

agricultor m. agricoltore.

agricultura f. agricoltura.

agridulce agg. agrodolce.

agrietado agg. spaccato.

agrietar tr. screpolare.

agrietarse rfl. screpolarsi, spaccarsi.

agrimensor m. agrimensore.

agrimensura f. agrimensura.

agrio agg. agro, aspro. m. agro.

agrios m. pl. agrumi.

agronomía f. agronomia.

agrupación f. raggruppamento.

agrupar tr. raggruppare.

agua f. acqua; orina. — potable acqua potabile. — de lluvia acqua piovana. — salada acqua salsa. **botar un buque al** — varare una nave. **¡hombre al** —**!** un uomo in mare!

aguacero m. acquazzone.

aguador m. acquaiolo.

aguantar tr. sopportare, reggere.

aguantarse rfl. contenersi.

aguante m. vigore, forza; fermezza, coraggio; pazienza.

aguardar tr. aspettare, attendere.

aguardiente m. acquavite.

aguarrás m. acqua ragia, spirito di trementina.

agudeza f. acutezza, acume; perspicacia, prontezza d'ingegno.

agudo agg. acuto, tagliente; perspicace; mordente. **acento** — accento acuto. **enfermedad aguda** malattia acuta. — **de ingenio** acuto di mente.

agüero m. presagio, pronostico. **pájaro de mal** — ucello di cattivo augurio.

aguerrido agg. agguerrito.

aguerrir tr. agguerrire.

aguerrirse rfl. agguerrirsi.

aguijadura f. puntura.

aguijar tr. pungere; stimolare.

aguijarse rfl. affrenttarsi.

aguijón m. pungiglione; pungolo, sperone.

aguijonear tr. pungere; stimolare.

águila f. aquila. **ser un** — essere un genio.

aguileño agg. aquilino. **nariz aguileña** naso aquilino.

aguilucho m. aquilotto.

aguja f. ago; guglia, punta.

agujerear tr. forare, bucare.

agujerearse rfl. forarsi, bucarsi.

agujero m. foro, buco.

agujeta f. aghetto; stringa.

agujetas f. pl. rattrappimento dei membra per soverchia fatica.

agusanamiento m. bacatura.

agusanarse rfl. bacarsi.

aguzado agg. affilato, aguzzato.

aguzamiento m. aguzzamento.

aguzar tr. aguzzare, stimolare. — **el ingenio** acuire l'ingegno.

ahí avv. là, colà. **por** — all'incirca, su per giù.

ahijada f. figlioccia; figlia adottiva.

ahijado m. figlioccio; figlio adottivo.

ahijar tr. adottare, prendere per figlio.

ahínco m. accanimento, ardore, vigore.

ahíto agg. stufo, sazio.

ahogado agg. affogato, annegato. **verse** — aver un mondo di guai.

ahogador agg. soffocante.

ahogamiento m. affogamento.

ahogar tr. affogare, annegare; opprimere.

ahogarse rfl. affogarsi, soffocarsi.   [ne.

ahogo m. angoscia, oppressio-

ahondar tr. affondare, scavare in basso. itr. investigare, penetrare.

ahora avv. ora, adesso, al presente; in breve, fra poco. —

bien orbene, adunque. — **mismo** or ora.

ahorrar tr. risparmiare, economizzare; evitare.

ahorrarse rfl. affrancarsi.

ahorro m. risparmio, economia. **caja de —s** cassa di risparmio.

ahuecamiento m. scavatura.

ahuecar tr. scavare; smuovere.

ahuecarse rfl. gonfiarsi.

ahumado agg. affumicato.

ahumar tr. affumicare. itr. fumare.

ahuyentar tr. scacciare, mettere in fuga; (fig.) bandire (pensieri).

airado agg. irritato, furioso.

airamiento m. irritazione, ira.

airar tr. irritare.

airarse rfl. adirarsi.

aire m. aria; vento; aria (mus.); sembiante, aspetto; presunzione. **al — libre** all'aria aperta.

aireación f. ventilazione.

aireado agg. aereato, ventilato.

airear tr. aereare, ventilare.

airoso agg. arioso, elegante.

aislado agg. isolato, separato; solo.   [lante.

aislador m. isolatore. agg. iso-

aislamiento m. isolamento.

aislar tr. isolare.

ajar tr. guastare, maltrattare.

ajedrecista m. f. giocatore di scacchi.

ajedrez m. scacchi.

ajeno agg. altrui, d'altri; contrario a, alieno da. **lo —** il bene, l'avere altrui.

ajiaceite m. agliata, salsa con aglio e olio.

ajo m. aglio; spicchio d'aglio. **cabeza de —s** testa d'aglio.

ajuar m. mobilia o masserizie di una casa. **— de novia** corredo di sposa.

ajustado agg. aggiustato.

ajustador m. impaginatore; aggiustatore.

ajustar tr. aggiustare; convenire (il prezzo).

ajustarse rfl. accomodarsi, conformarsi. **— a jornal** impiegarsi alla giornata.

ajuste m. aggiustamento, accordo, contratto.

ajusticiado agg. giustiziato.

ajusticiar tr. giustiziare.

al art. al, allo, alla.

ala f. ala; fila, lato, fianco.

alabanza f. lode, elogio, encomio.

alabar tr. lodare, elogiare, encomiare.

alabarse rfl. lodarsi.

alabarda f. alabarda.

alabardero m. alabardiere.

alabastro m. alabastro.

alacrán m. scorpione.

alambicado agg. lambiccato, distillato; pedante.

alambicar tr. lambiccare.

alambique m. lambicco.

alambre m. filo metallico.

alameda f. pioppeto; passeggio pubblico.

álamo m. (bot.) pioppo.

alarde m. ostentazione. **hacer —** far pompa, ostentare coraggio.

alargamiento m. allungamento; proroga.

alargar tr. allungare, prolungare. **— el paso** accelerare il passo.

alargarse rfl. allungarsi, prolungarsi.

alarido m. urlo, grido di dolore.

alarma f. allarme; spavento, apprensione. **falsa —** falso allarme.

alarmante agg. allarmante.

alarmar tr. allarmare, inquietare.

alarmarse rfl. allarmarsi, inquietarsi.

alba m. alba. **al rayar el —** allo spuntar del giorno.

albacea m. esecutore testamentario.

albañal m. chiavica, cloaca.

albañil m. muratore.

albañilería f. lavoro o arte del muratore.

albaricoque m. albicocca.

albaricoquero m. albicocco.

albedrío m. arbitrio, volontà; fantasia, capriccio.

albergar tr. albergare, alloggiare.

albergarse rfl. alloggiarsi.

albergue m. albergo, alloggio.

albino agg. e m. albino.

albis; quedarse en — rimanere in asso, restar deluso.

albo agg. albo, bianco.

albóndiga f. polpetta.

albor m. albore; alba, aurora.

alborada f. alba, aurora; mattinata; diana.

alborear itr. albeggiare, spuntare il giorno.

alborotar tr. disturbare, sollevare, eccitare. **— el gallinero** schiamazzare.

alboroto m. tumulto, confusione.

alborozador agg. allegro, gioviale, di buon umore.

alborozar tr. rallegrare, dilettare.

alborozarse rfl. rallegrarsi, gioire.

alborozo m. giubilo, allegria.

álbum m. album.

albúmina f. albumina.

alcachofa f. carciofo.

alcahuete m. lenone.

alcahuetería f. lenocinio; intrigo.

alcalde m. sindaco.

alcaldesa f. moglie del sindaco.

alcaldía municipio, casa comunale.

alcance m. conseguimento, raggiungimento di qc.; portata di un'arma da fuoco. **al — de la mano** a portata di mano.

alcanfor m. canfora.

alcanforado agg. canforato.

alcanforar tr. canforare.

alcantarilla f. fogna, chiarica.

alcantarillado m. fognatura.

alcantarillar tr. costrurre fogne.

alcanzar tr. arrivare a toccare qc.; raggiungere, conseguire, ottenere. itr. essere sufficiente.

alcázar m. fortezza, castello fortificato.

alcoba f. alcova; stanza da letto.

alcohol m. alcool (spirito di vino).

alcohólico agg. alcoolico.

alcoholismo m. alcoolismo.

alcornoque m. (bot.) sughero; persona ignorante.

alcurnia f. prosapia, lignaggio.

alcuza f. boccetta per l'olio, piccola oliera.

aldaba f. battente, picchiotto. **tener buenas —s** avere alte protezioni.

aldea f. borgo, villaggio.

aldeana m. contadina, campagnuola.

aldeano m. contadino, campagnuolo. agg. villano, rozzo.

aleccionar tr. insegnare, istruire.

alegación f. allegazione; allegato.

alegar tr. allegare. **— en defensa** produrre in difesa. **— pretextos** adurre scuse.

alegato m. allegato.

alegoría f. allegoria.

alegórico agg. allegorico.

alegrar tr. rallegrare.

alegrarse rfl. rallegrarsi, divertirsi.

alegre agg. allegro, contento, gaio.

alegremente avv. allegremente.

alegría f. allegria, gioia.

alegro m. allegro (mús.)

alejamiento m. allontanamento.

alejar tr. allontanare.

alejarse rfl. allontanarsi.

aleluya m. alleluia.

alemán agg. e m. tedesco. m. lingua tedesca.

alemana f. tedesca.

alentar itr. fiatare, respirare. tr. incoraggiare.

alero m. gronda.

alerta f. allerta, all'erta. **estar** —**stare** in guardia.

alertar tr. mettere uno in guardia.

aleta f. aletta, piccola ala; pinna dei pesci.

aletargado agg. assopito.

aletargar tr. cagionare letargo, assopire.

aletargarse rfl. assopirsi.

aletear itr. aleggiare, battere le ali.

aleteo m. battimento, movimiento.

alevosía f. slealtà, perfidia. **con** — a tradimento.

alevoso agg. perfido.

alfabeto m. alfabeto.

alfarería f. arte dello stovigliaio; fabbrica di stoviglie, stovigleria.

alfarero m. stovigliaio.

alférez m. alfiere, portabandiera.

alfil m. alfiere (scacchi).

alfiler m. spillo.

alfilerazo m. colpo o puntura di spillo.

alfombra f. tappeto (da pavimento).

alfombrar tr. tappetare, coprire con tappeti.   [viaggio.

alforja f. bisaccia, sacco da

alga f. alga.

algarroba f. (bot.) carruba.

algarrobal m. carrubeto.

algarrobero m. carrubo.

álgebra f. algebra.

algo pron. alcunché, qualche cosa. avv. un poco, alquanto.

algodón m. cotone. — **en rama** cotone naturale. — **hidrófilo** cotone idrofilo.

alguacil m. ufficiale giudiziario, usciere.

alguien pron. qualche persona, qualcuno.

algún agg. alcun, alcuno, qualche. — **día** un giorno o l'altro.

alguna agg. e pron. alcuna, qualche.

alguno pron. qualcuno, qualcheduno.

——————— **El alfabeto** ———————

La lingua spagnuola ha 28 lettere:

A, a *a*	J, j *jota*	Q, q *cu*
B, b *be*	K, k *ka*	R, r *erre*
C, c *ce*	L, l *ele*	S, s *ese*
Ch, ch *che*	Ll, ll *elle*	T, t *te*
D, d *de*	M, m *eme*	U, u *u*
E, e *e*	N, n *ene*	V, v *uve*
F, f *efe*	Ñ, ñ *eñe*	X, x *equis*
G, g *ge*	O, o *o*	Y, y *i griega*
H, h *hache*	P, p *pe*	Z, z *zeta*
I, i *i*		

● Nella lingua spagnuola i nomi delle lettere sono femminili.

———————————————————

alhaja f. gemma, gioello.

aliado agg. e m. alleato, confederato.

alianza f. alleanza, confederazione.

aliarse rfl. allearsi, unirsi, confederarsi.   [alias.

alias avv. altrimenti detto,

alicates m. pl. pinzette.

aliciente m. allettamento.

alienación f. alienazione. — mental alienazione mentale.

alienado agg. e m. alienato, pazzo.

alienar tr. alienare.

alienarse rfl. impazzire; alienarsi.

aliento m. alito, respiro; coraggio, vigore. cobrar — riprendere fiato.

aligerar tr. alleggerire; moderare, temperare, mitigare.

aligerarse rfl. alleggerirsi; accellerare. — de ropa alleggerirsi di vestimenta.

alijar tr. allibare.

alijo m. allibo.

alimentación f. alimentazione, nutrizione.

alimentar tr. alimentare, nutrire; fomentare.

alimentarse rfl. alimentarsi, nutrirsi.

alimenticio agg. nutritivo, sostanzioso.

alimento m. alimento.

alineación f. allineamento, schieramento.

alinear tr. allineare, schierare.

alinearse rfl. allinearsi, schierarsi.

aliñar tr. abbellire; ammannire; condire.

aliño m. abbellimento, ornamento; condimento.

alisadura f. lisciatura, pulitura.

alisar tr. lisciare, pulire.

alistamiento m. arruolamento, reclutamento.

alistar tr. reclutare, arruolare.

alistarse rfl. arruolarsi.

aliviar tr. alleggerire, alleviare; mitigare, calmare.

aliviarse rfl. alleviarsi.

alivio m. alleggerimento; conforto —de luto mezzo lutto.

alma f. anima; persona, individuo; vivacità, spirito. — de cántaro imbecille; entregar su — a Dios rendere l'anima a Dio. como — que lleva el diablo correre come il vento. tocar en el — pungere sul vivo.

almacén m. magazzino; fondaco; arsenale marittimo.

almacenar tr. immagazzinare.

almacenista m. padrone o proprietario di magazzino.

almanaque m. almanacco, calendario.

almeja f. arsella, tellina.

almendra f. mandorla. —s garrapiñadas mandorle tostate ed inzuccherate.

almendro m. mandorlo (albero).

almíbar m. sciroppo.

almidón m. amido.

almidonado agg. inamidato.

almidonar tr. inamidare.

almirantazgo m. ammiragliato.

almirante m. ammiraglio.

almizclar tr. profumare con muschio.

almizcle m. muschio.

almizcleño agg. muschiato.

almohada f. cuscino, capezzale. consultar con la — dormirci sopra.

almohadilla f. cuscinetto.

almorranas f. pl. (med.) emorroidi.

almorzar tr. far colazione.

almuerzo m. colazione.

alocución f. allocuzione.

alojamiento m. alloggiamento, alloggio.

alojar tr. alloggiare, dare alloggio, albergare.

alondra f. (orn.) allodola.

alpargata f. sandalo, scarpa di corda di canapa.

alpinismo m. alpinismo.

alpinista m. f. alpinista.

alpiste m. (bot.) scagliola.

alquilar tr. affittare, locare.

alquiler m. affitto, locazione.

alquitrán m. catrame.

alquitranar tr. incatramare.

alrededor avv. all'intorno, d'intorno.

alrededores m. pl. dintorni.

alta f. ordine di lasciar l'ospedale; inscrizione a ruolo d'una recluta. **dar de** — inscrivere una recluta a ruolo; congedare un malato guarito.

altanería f. alterigia, superbia, orgoglio.

altanero agg. altezzoso, superbo.

altar m. altare. **— mayor** altare maggiore.

alterabilidad f. alterabilità.

alterable agg. alterabile.

alteración f. alterazione.

alterar tr. alterare; trasformare; turbare.

alterarse rfl. alterarsi, contrariarsi. **no — por nada** non commuoversi di nulla.

altercado m. alterco, litigio.

altercar itr. altercare, disputare.

alternar tr. alternare. itr. alternarsi; bazzicare, frequentare. **— en el servicio** darsi il cambio. **— con los sabios** bazzicare coi dotti.

alternativa f. alternativa; opzione.

alternativamente avv. alternativamente.

alterno agg. alterno.

alteza f. altezza.

altísimo agg. altissimo. m. Dio.

altivez f. alterigia, arroganza.

alto agg. alto, elevato. **hablar — parlare ad alta voce. pasar por —** passar sotto silen-

zio. **hacer —** fermarsi, far alt.

altura f. altezza; altitudine; altura.

alubia f. fagiuolo.

alucinación f. allucinazione.

alucinar tr. allucinare, abbagliare.

alucinarse rfl. ingannarsi.

alud m. valanga.

aludir itr. alludere, fare allusione.

alumbrado agg. illuminato. m. illuminazione. **— a gas** illuminazione a gas.

alumbrar tr. illuminare. itr. partorire.

alumna f. alunna, allieva.

alumno m. alunno, allievo.

alusión f. allusione; cenno.

alusivo agg. allusivo.

aluvión m. alluvione.

alza f. rialzo, aumento.

alzada f. statura del cavallo.

alzamiento m. alzamento, rialzo; ribellione.

alzar tr. alzare, erigere, costrurre; portar via, rapire; eccitare alla ribellione; alzare le carte. **— cabeza** rimettersi.

alzarse rfl. alzarsi; ribellarsi.

allá avv. là, ivi, colà. **— arriba** lassù. **— abajo** laggiù. **más — più** oltre.

allanamiento m. appianamento; pacificazione. **— de morada** violazione di domicilio.

allí avv. lí, là, ivi. **de — da** quel luogo.

ama f. padrona; proprietaria; donna di casa. **— de cría** balia, nutrice.

amabilidad f. amabilità, gentilezza, cortesia.

amable agg. amabile.

amablemente avv. amabilmente, affabilmente.

amaestramiento m. ammaestramento.

amaestrar tr. ammaestrare.

amagar tr. fingere; minacciare.

amago m. minaccia, sintoma, minaccia d'una malattia.

amainar tr. ammainare le vele. itr. cedere, desistere; placarsi il vento.

amalgama f. amalgama.

amalgamación f. amalgamazione.

amalgamar tr. amalgamare.

amamantamiento m. allattamento.

amamantar tr. allattare.

amanecer itr. albeggiare, spuntar l'alba.

amanerado agg. manierato.

amanerarse rfl. divenire ammanierato.

amante agg. amante, che ama. m. f. amante, innamorato.

amanuense m. amanuense.

amar tr. amare, volere bene. — con locura amare alla follia. hacerse — farsi amare.

amarse rfl. amarsi, volersi bene.

amargado agg. amareggiato.

amargamente avv. amaramente.

amargar tr. amareggiare. itr. esse amaro.

amargo agg. amaro, aspro.

amargura f. amarezza.

amarillear itr. tirare al giallo, ingiallire.

amarillento agg. giallognolo.

amarillo agg. giallo.

amarra f. caro d'ormeggio. —s ormeggi.

amarrar tr. legare; dar volta, ormeggiare.

amarrarse rfl. ormeggiarsi.

amasar tr. impastare; amalgamare.

amasijo m. pastone; ammasso.

ambages m. pl. ambagi sin — chiaramente.

ámbar m. ambra.

ambición f. ambizione.

ambicionar tr. ambire.

ambicioso agg. ambizioso.

ambiente m. ambiente.

ambiguo agg. ambiguo.

ámbito m. ambito.

ambos agg. ambidue. — a do‹ entrambi.

ambulancia f. ambulanza.

ambulante agg. ambulante.

amén m. amen, così sia. — d‹ oltre a, inoltre.

amenaza f. minaccia.

amenazador agg. minacciatore‹

amenidad f. amenità.

amenizar tr. rendere ameno.

ameno agg. ameno.

americana f. giacca.

americanizar tr. americanizza re. [no

americano agg. e m. america

ametralladora f. mitragliatrice

ametrallar tr. mitragliare.

amianto m. (min.) amianto.

amiga f. amica.

amigable agg. amichevole.

amigablemente avv. amiche volmente.

amigo m. amico. tener cara d‹ pocos —s aver una facci‹ poco rassicurante. un — mí‹ un mio amico.

amigote m. amicone.

amilanamiento m. stordiment‹

amilanar tr. stordire, scoraggia re.

amilanarse rfl. abbattersi, sco raggiarsi.

aminorar tr. diminuire.

amistad f. amicizia.

amistoso agg. amichevole.

amnistía f. amnistía.

amnistiar tr. amnistiare.

amo m. padrone, capo di casa proprietario.

amodorrarse rfl. assopirsi.

amoldarse rfl. conformarsi.

MODO INFINITIVO | **FORMAS SIMPLES** | **FORMAS COMPUESTAS**

Infinitivo amar — haber amado
Gerundio amando — habiendo amado
Participio amado

MODO INDICATIVO

Presente
yo am-o, tú am-as, él am-a;
nosotros am-amos, vosotros am-áis, ellos am-an.

Pretérito imperfecto o co-pretérito
am-aba, am-abas, am-aba;
am-ábamos, am-abais, am-aban.

Pretérito indefinido o pretérito
am-é, am-aste, am-ó;
am-amos, am-asteis, am-aron.

Futuro imperfecto o futuro
amar-é, amar-ás, amar-á;
amar-emos, amar-éis, amar-án.

Pretérito perfecto o ante-presente
he am-ado, has am-ado, ha am-ado;
hemos am-ado, habéis am-ado, han am-ado.

Pretérito pluscuamperfecto o ante-co-pretérito
había am-ado, habías am-ado, había am-ado;
habíamos am-ado, habíais am-ado, habían am-ado.

Pretérito anterior o ante-pretérito
hube am-ado, hubiste am-ado, hubo am-ado;
hubimos am-ado, hubisteis am-ado, hubieron am-ado.

Futuro perfecto o ante-futuro
habré am-ado, habrás am-ado, habrá am-ado;
habremos am-ado, habréis am-ado, habrán am-ado.

MODO POTENCIAL

Simple, imperfecto o pos-pretérito
amar-ía, amar-ías, amar-ía;
amar-íamos, amar-íais, amar-ían.

Compuesto, perfecto o ante-pos-pretérito
habría am-ado, habrías am-ado, habría am-ado;
habríamos am-ado, habríais am-ado, habrían am-ado.

MODO SUBJUNTIVO

Presente
am-e, am-es, am-e;
am-emos, am-éis, am-en.

Pretérito imperfecto o pretérito
am-ara o am-ase, am-aras o am-ases, am-ara o am-ase;
am-áramos o am-ásemos, am-arais, o am-aseis, am-aran o am-asen.

Futuro imperfecto o futuro
am-are, am-ares, am-are;
am-áremos, am-areis, am-aren.

Pretérito perfecto o ante-presente
haya am-ado, hayas am-ado, haya am-ado;
hayamos am-ado, hayáis am-ado, hayan am-ado.

Pretérito pluscuamperfecto o ante-co-pretérito
hubiera o hubiese am-ado, hubieras o hubieses am-ado, hubiera o hubiese am-ado;
hubiéramos o hubiésemos am-ado, hubierais o hubieseis am-ado, hubieran o hubiesen am-ado.

Futuro perfecto o ante-futuro
hubiere am-ado, hubieres am-ado, hubiere am-ado;
hubiéremos am-ado, hubiereis am-ado, hubieren am-ado.

MODO IMPERATIVO

Presente
am-a tú, am-e él;
am-emos nosotros, am-ad vosotros, am-en ellos.

amonestación f. ammonizione, avvertimento; pubblicazione di matrimonio.
amonestado agg. ammonito.
amonestar tr. ammonire, far le pubblicazioni o denunzie del matrimonio (in chiesa).
amoniaco m. ammoniaco.
amontonamiento m. accumulazione.
amontonar tr. ammucchiare, accumulare.
amontonarse rfl. ammucchiarsi; convivere con una donna; montare in collera.
amor m. amore; persona o cosa amata. **con mil —es** di tutto cuore.
amordazar tr. imbavagliare; (fig.) mettere il bavaglio.
amorfo agg. amorfo.
amorío m. innamoramento.
amoroso agg. amoroso.
amortiguar tr. ammortire; mitigare.
amortización f. ammortizzazione.
amortizar tr. ammortizzare.
amotinamiento m. ammutinamento.
amotinar tr. ammutinare.
amotinarse rfl. ammutinarsi.
amparar tr. proteggere, difendere.
ampararse rfl. porsi sotto la protezione di qc.
amparo m. protezione, asilo.
ampliación f. ampliazione, ingrandimento.
ampliador m. ingranditore.
ampliar tr. ampliare, ingrandire.
amplificar tr. amplificare.
amplio agg. ampio, spazioso.
amplitud f. amplitudine.
ampolla f. ampolla; vescica.
amputación f. amputazione.

amputar tr. amputare.
amueblar tr. arredare, ammobiliare, fornire di mobilia.
amuleto m. amuleto.
amunicionamiento m. approvvigionamento.
amunicionar tr. approvigionare.
amurallado agg. circondato di mura.
amurallar tr. circondare di mura.
anacoreta m. anacoreta.
anacrónico agg. anacronico.
anacronismo m. anacronismo.
anagrama m. anagramma.
anales m. pl. annali.
analfabeto m. analfabeta.
análisis m. analisi.
analista m. f. analista.
analítico agg. analitico.
analizar tr. analizzare.
analogía f. analogia.
análogo agg. analogo.
anaquel m. palchetto.
anarquía f. anarchia.
anárquico agg. anarchico.
anarquismo m. anarchismo.
anarquista m. f. anarchista.
anatema m. anatema; maledizione. [re
anatematizar tr. anatematizza
anatomía f. anatomia.
anatómico agg. anatomico.
anca f. anca.
ancianidad f. anzianità.
anciano agg. anziano, antico.
ancla f. ancora.
anclaje m. ancoraggio.
ancho agg. largo, ampio, spazioso. **a sus anchas** con tutto il suo comodo.
anchoa f. acciuga.
anchura f. larghezza.
andamio m. impalcatura.
andante agg. andante, errante; (mús.) andante.
andanza f. avvenimento, successo.
andar itr. andare, camminare.
— a gatas andare carpone.

— **por las ramas** prendere le
cose alla leggiera.

───────── **ANDAR** ─────────

**MODO INFINITIVO: FORMAS SIM-
PLES: Infinitivo:** andar. **Gerundio:** an-
ando. **Participio:** andado. **FORMAS
COMPUESTAS: Infinitivo:** haber anda-
o. **Gerundio:** habiendo andado. **MODO
INDICATIVO: Presente: yo** ando, **tú**
andas, **él** anda; **nosotros** andamos, **vosotros** andáis, **ellos** andan. **Pretérito imperfecto:** andaba, andabas, andaba; an-
ábamos, andabais, andaban. **Pretérito
indefinido:** anduve, anduviste, anduvo;
anduvimos, anduvisteis, anduvieron. **Futuro imperfecto:** andaré, andarás, anda-
rá; andaremos, andaréis, andarán. **Pretérito perfecto:** he andado, has andado,
ha andado; hemos andado, habéis andado, han andado. **Pretérito pluscuamperfecto:** había andado, habías andado, había
andado; habíamos andado, habíais
andado, habían andado. **Pretérito anterior:** hube andado, hubiste andado, hubo
andado; hubimos andado, hubisteis andado, hubieron andado. **Futuro perfecto:**
habré andado, habrás andado, habrá
andado; habremos andado, habréis andado, habrán andado. **MODO POTEN-
CIAL: Potencial simple:** andaría, anda-
rías, andaría; andaríamos, andaríais,
andarían. **Potencial compuesto:** habría
andado, habrías andado, habría andado;
habríamos andado, habríais andado,
habrían andado. **MODO SUBJUNTIVO
Presente:** ande, andes, ande; andemos,
andéis, anden. **Pretérito imperfecto:** anduviera o anduviese, anduvieras o andu-
vieses, anduviera o anduviese; anduvié-
ramos o anduviésemos, anduvierais o
anduvieseis, anduvieran o anduviesen.
Futuro imperfecto: anduviere, anduvie-
res, anduviere; anduviéremos, anduvie-
reis, anduvieren. **Pretérito perfecto:** haya
andado, hayas andado, haya andado;
hayamos andado, hayáis andado, hayan
andado. **Pretérito pluscuamperfecto:** hubiera o hubiese andado, hubieras o
hubieses andado, hubiera o hubiese andado; hubiéramos o hubiésemos andado,
hubierais o hubieseis andado, hubieran
o hubiesen andado. **Futuro perfecto:** hubiere andado, hubieres andado, hubiere
andado; hubiéremos andado, hubiereis andado, hubieren andado. **MODO
IMPERATIVO: Presente:** anda **tú,** ande
él; andemos **nosotros,** andad **vosotros,**
anden **ellos.**

andén m. marciapiede.
andrajo m. straccio.
andrajoso agg. stracciato.
anécdota f. aneddoto.

anejo agg. annesso, unito. m.
annesso.
anexión f. annessione.
anexo agg. annesso.
anfibio agg. anfibio.
anfiteatro m. anfiteatro.
ángel m. angelo; protettore.
angelical agg. angelico.
angina f. angina. — **de pecho**
angina pettorale.
anglicano agg. anglicano.
anglófilo agg. anglofilo.
anglófobo agg. anglofobo.
angosto agg. stretto.
angostura f. strettezza.
anguila f. anguilla.
angular agg. angolare. **piedra**
— pietra fondamentale.
ángulo m. angolo. — **agudo** angolo acuto. — **recto** angolo
retto. — **obtuso** angolo ottuso.
angustia f. angustia, afflizione.
angustiado agg. angustiato, afflitto.
angustiar tr. angustiare, affliggere.
anhelar itr. e tr. anelare.
anhelo m. brama, ansia.
anheloso agg. ansioso.
anilla f. anello, cerchietto.
anillo m. anello; cerchio. — **de
matrimonio** anello nuziale.
venir como — al dedo venire
a proposito.
ánima f. anima.
animación f. animazione; vivacità.
animado agg. animato.
animadversión f. animavversio-
ne.
animal agg. animale. m. animale, bestia; bestione, stupido.
animalada f. animaleria.
animar tr. animare; incoraggiare.

animarse rfl. animarsi.
ánimo m. animo; coraggio; intenzione. **cobrar —** incoraggiarsi. **tener —** aver intenzione. [nimo.
animosidad f. animosità, malanimo.
animoso agg. animoso.
aniquilación f. annichilazione.
aniquilar tr. annichilare.
anís m. (bot.) anice.
aniversario m. anniversario.
ano m. ano.
anoche avv. ierisera, la notte scorsa.
anochecer itr. annottare, farsi notte. **al —** sul far della notte.
anodino agg. anodino.
anomalía f. anomalia.
anómalo agg. anomalo.
anónimo agg. e m. anonimo.
anotación f. annotazione; nota, appunto.
anotar tr. annotare; commentare.
ansia f. ansia, ansietà; avidità.
ansiar tr. ansiare; bramare.
ansiedad f. ansietà.
ansiosamente avv. ansiosamente.
ansioso agg. ansioso; ávido.
antagónico agg. antagonistico.
antagonismo m. antagonismo, rivalità.
antagonista m. f. antagonista, rivale.
antaño avv. l'anno scorso; tempo fa. [le.
antártico agg. antartico, australe.
ante prep. innanzi a, davanti a. **— todo** anzitutto.
anteanoche avv. ier l'altro sera.
anteayer avv. avantieri, ieri l'altro, l'altro ieri.
antebrazo m. avambraccio.
antecedente agg. antecedente. m. antecedente.

anteceder tr. precedere, antecedere.
antecesor m. antecessore.
antelación f. anteriorità.
antemano avv.; **de —** anticipatamente.
antena f. antenna.
anteojo m. occhiale, lente.
antepasados m. pl. antenati, antecessori. rire
anteponer tr. anteporre, prete
anterior agg. anteriore.
anterioridad f. anteriorità
anticipación f. anticipazione.
anticipar tr. anticipare.
anticipo m. anticipazione.
anticuado agg. antiquato.
anticuario m. antiquario.
antídoto m. antidoto.
antigualla f. anticaglia.
antiguamente avv. anticamen te.
antigüedad f. antichità.
antiguo agg. antico. m. vete rano. **de —** ab antico.
antipatía f. antipatia, avversio ne.
antipático agg. antipatico.
antípodas m. pl. antipodi.
antítesis f. antitesi.
antitético agg. antitetico.
antojadizzo agg. capriccioso.
antojarse rfl. bramare. **—le** uno venire il ticchio.
antojo m. capriccio, voglia.
antología f. antologia.
antológico agg. antologico.
antorcha f. torcia.
antro m. antro, caverna.
antropófago agg. antropofago
antropología f. antropologia.
antropólogo m. antropologo.
anual agg. annuale, annuo.
anualidad f. annualità.
anualmente avv. annualmente ogni anno.
anuario m. annuario.
anudar tr. annodare.
anulación f. annullazione, cassazione.
anular tr. annullare. m. (dito) anulare.

nunciación f. annunciazione.

nunciar tr. annunciare, dar notizia.

nunciarse rfl. annunciarsi.

nuncio m. annunzio; bando, avviso. **insertar un — en un periódico** inserire un avviso in un giornale.

nzuelo m. amo. **morder el —** abboccare all'amo.

ñadidura f. giunta, addizione.

ñadir tr. aggiungere.

ñejo agg. vecchio, antico; annoso.

ñicos m. pl. briciole. **hacerse — farsi in quatro.**

ño m. anno, annata. **— bisiesto** anno bisestile. **— santo** anno giubilare. **tener —s** essere di età avanzata.

ñoranza f. nostalgia.

ovar tr. deporre le uova.

pacentamiento m. pastura.

pacentar tr. pascolare, pasturare.

pacible agg. placido, affabile.

paciguar tr. pacificare, rappaciare.

paciguarse rfl. pacificarsi, rappaciarsi.

pagado agg. spento, estinto; smorto; tranquillo; lángido.

apagar tr. spegnere.

pagarse rfl. spegnersi, estinguersi.

paleamiento m. bastonatura.

apalear tr. bastonare.

parador m. credenza.

aparato m. apparato, apparecchio; congegno; apparato, pompa.

aparatoso agg. molto appariscente.

aparecer itr. apparire.

aparecerse rfl. comparire d'improvviso.

aparecido agg. comparso. m. spettro, fantasma.

aparejador m. apparecchiatore.

aparejamiento m. apparecchiamento.

aparejar tr. apparecchiare.

aparejarse rfl. prepararsi, tenersi pronto.

aparejo m. apparecchio, disposizione.

aparejos m. pl. utensili, attrezzi.

aparentar tr. simulare, fingere.

aparente agg. apparente; evidente, manifesto.

aparentemente avv. apparentemente, in apparenza.

aparición f. apparizione; visione.

apariencia f. apparenza.

apartado agg. appartato, separato. **— de correos** casella postale.

apartamiento m. separazione; appartamento.

apartar tr. appartare, separare.

apartarse rfl. allontanarsi; separarsi.

aparte avv. separatamente, a parte. m. spazio.

apasionar tr. appassionare, suscitare una passione.

apasionarse rfl. appassionarsi.

apatía f. apatia, indolenza.

apático agg. apatico, indifferente.

apeadero m. smontatoio; posto di fermata.

apear tr. far scendere da cavallo.

apearse rfl. smontare.

apedrear tr. lapidare.

apegarse rfl. attaccarsi, affezionarsi.

apego m. affezione, affetto.

apelación f. appello. **no haber — non** esserci più rimedio.

apelar tr. e itr. appellare, ricorrere in appello.

apelativo agg. appellativo.

apellidado agg. chiamato.

apellidar chiamare (per nome e cognome); soprannominare.
apellidarse rfl. chiamarsi.
apellido m. cognome.
apenar tr. causare pena, affliggere.
apenas avv. appena.
apéndice m. appendice.
apendicitis f. appendicite.
apercibimiento m. preparazione.
apercibir tr. preparare, disporre; osservare, avvertire.
apercibirse rfl. prepararsi.
aperitivo agg. e m. aperitivo.
apestar tr. appestare.
apestarse rfl. attaccarsi la peste.
apetecer tr. desiderare.
apetecible agg. appetibile.
apetencia f. appetenza, appetito.
apiadarse rfl. impietosirsi.
ápice m. apice, cima.
apicultura f. apicoltura.
apiñar tr. stipare.
apiñarse stiparsi, aggrupparsi.
apio m. (bot.) appio, sedano.
apisonamiento m. spianamento.
apisonar tr. spianare.
aplacamiento m. placamento.
aplacar tr. placare, acquietare.
aplacarse rfl. placarsi.
aplanamiento m. appianamento.
aplanar tr. appianare.
aplastado agg. schiacciato; confuso.
aplastamiento m. schiacciamento. [nare.
aplastar tr. schiacciare, appia-
aplaudir tr. applaudire.
aplauso m. applauso, acclamazione; elogio, lode.
aplazamiento m. differimento, proroga.
aplazar tr. differire, prorogare.

— para mañana rimandare a domani.
aplazarse rfl. differirsi.
aplicación f. applicazione; attenzione, cura.
aplicar tr. applicare; destinare
aplicarse rfl. applicarsi, dedicarsi.
aplomado agg. plumbeo; sereno; messo a piombo.
aplomo m. sereno.
apocado agg. timido, vergognoso; misero, vile.
apocopado agg. apocopato.
apocopar tr. apocopare.
apócrifo agg. apocrifo.
apodar tr. motteggiare.
apoderado m. mandatario.
apoderar tr. munire di mandato.
apoderarse rfl. impossessarsi
apodo m. soprannome.
apogeo m. apogeo; colmo.
apolillado agg. tarlato, tarmato
apolillarse rfl. tarlarsi, tarmarsi.
apologético agg. apologetico
apología f. apologia.
apoplejía f. apoplessia.
aporreamiento m. bastonatura
aporrear tr. bastonare.
aportar tr. addurre (prove); apportare (capitali).
aposentar tr. alloggiare, albergare.
aposentarse rfl. prendere alloggio, alloggiarsi.
aposento m. appartamento, alloggio.
apósito m. benda, fasciatura.
aposta avv. apposta, a bello studio. [mettere.
apostar tr. appostare; scom-
apostarse rfl. appostarsi.
apostasía f. apostasia.
apóstata m. f. apostata.
apostatar itr. apostatare.
apostilla f. postilla, nota.
apostillar tr. postillare.
apostol m. apostolo.
apostolado m. apostolato.

apostólico agg. apostolico.

apoteosis f. apoteosi. .

apoyar tr. appoggiare.

apoyarse rfl. appoggiarsi, sostenersi.

apoyo m. appoggio, sostegno.

apreciable agg. apprezzabile.

apreciación f. stima, apprezzamento. [zato.

apreciado agg. stimato, apprezzato.

apreciar tr. stimare, valutare, apprezzare.

aprecio m. stima; valutazione.

aprehender tr. apprendere; afferrare.

aprehensión f. apprensione, apprendimento; timore; sequestro.

apremiar tr. premere, costringere, forzare.

apremio m. costringimento, premura.

aprender tr. apprendere, imparare.

aprendiz m. apprendista, novizio.

aprendizaje m. apprendistato, tirocinio, noviziato.

aprensión f. apprensione.

aprensivo agg. apprensivo.

apresar tr. prendere; imprigionare.

aprestar tr. apprestare, preparare; apprettare.

aprestarse rfl. tenersi pronto, prepararsi.

apresto m. preparazione, apprestamento; appretto.

apresuramiento m. affrettamento.

apresurar tr. affrettare.

apresurarse rfl. affrettarsi.

apretar tr. stringere, comprimere. — **el paso** accelerare il passo. **quien mucho abarca poco aprieta** chi troppo vuole nulla stringe.

apretón m. stringimento. — **de manos** stretta di mano.

apretura f. oppressione; stretta.

aprieto m. oppressione; pericolo; penuria.

aprisa avv. in fretta.

aprisionar tr. imprigionare, incarcerare.

aprobación f. approvazione, assenso.

aprobar tr. approvare, assentire.

apropiación f. appropriazione; assimilazione.

apropiado agg. appropriato.

apropiarse rfl. appropriarsi.

aprovechable agg. utile, profittevole.

aprovechado agg. approfittato.

aprovechamiento m. profitto; sfruttamento.

aprovechar tr. sfruttare. itr. approfittare, profittare. — **la oportunidad** profittare dell'occasione.

aprovecharse rfl. approfittarsi.

aproximación f. approssimazione.

aproximadamente avv. all'incirca, su per giù, approssimativamente.

aproximado agg. approssimato, approssimativo.

aproximar tr. approssimare.

aproximarse rfl. approssimarsi, avvicinarsi.

aptitud f. attitudine, disposizione naturale.

apto agg. atto, abile, idoneo.

apuesta f. posta; scommessa.

apuesto agg. ornato; gagliardo, gentile.

apuntación f. annotazione; nota.

apuntador m. suggeritore.

apuntalar tr. puntellare.

apuntar tr. puntare; notare. itr. spuntare; suggerire.

apunte m. appunto, nota.

apuñalar tr. pugnalare.
apurado agg. povero; difficile, pericoloso. **estar** — essere alle strette.
apurar tr. appurare; esaurire; premere.
apurarse rfl. affliggersi.
apuro m. ristrettezza di mezzi, neccessità; impaccio. **estar en** —s essere molto imbarazzato. **sacar de** —s togliere uno d'impaccio.
aquejar tr. affliggere.
aquel agg. e pron. quel, quello, quegli, colui.
aquella pron. e agg. quella, colei.
aquello pron. quello, ciò.
aquí avv. qui. — **estoy** eccomi.
aquietar tr. acquietare, calmare; pacificare, chetare.
aquietarse rfl. acquietarsi, chetarsi.
ara f. ara, altare.
árabe agg. e m. arabo. m. lingua araba.
arabesco m. arabesco.
arado m. aratro.
arancel m. tariffa doganale.
arancelario agg. relativo a tariffa doganale.
araña f. ragno. **ser una** — essere operosissimo.
arañar tr. graffiare.
arañarse rfl. prodursi graffiature.
arañazo m. graffiatura.
arar tr. arare.
arbitraje m. arbitraggio; arbitrato.
arbitral agg. arbitrale.
arbitrar tr. arbitrare.
arbitrariamente avv. arbitrariamente.
arbitrariedad f. arbitrio.
arbitrario agg. arbitrario.
árbitro m. arbitro.

árbol m. albero.
arbusto m. arbusto.
arca f. arca; cassa.
arcaico agg. arcaico, antiquato.
arcángel m. arcangelo.
arcediano m. arcidiacono.
arcilla f. argilla, creta.
arcilloso agg. argilloso.
arcipreste m. arciprete.
arco m. arco; cerchio; archetto di violino. — **de triunfo** arco di trionfo.
archipiélago m. arcipelago.
archivar tr. archiviare.
archivero m. archivista.
archivo m. archivio.
arder itr. ardere.
ardid m. artifizio, stratagemma.
ardiente agg. ardente; fervido.
ardientemente avv. ardentemente.
ardilla f. scoiattolo.
ardor m. ardore; fervore; impetuositá.
ardoroso agg. ardente.
área f. area, superficie.
arena f. arena, anfiteatro; sabbia, arena. **sembrar en** — seminare al vento.
arenal m. renaio.
arenar tr. insabbiare.
arenga f. arringa, discorso.
arengador m. arringatore, oratore.
arengar tr. arringare.
arenisco agg. arenario.
arenoso agg. sabbioso, arenoso.
arenque m. aringa. — **ahumado** aringa affumicata.
argamasa f. calcina da murare.
argamasar tr. preparare la calcina. [genteo.
argentado agg. argentato, argentino** agg. e m. argentino.
argucia f. arguzia.
argüir itr. arguire, inferire.
argumentación f. argomentazione.
argumentar itr. argomentare.

‛gumento m. argomento.
‛idez f. aridezza, aridità.
‛ido agg. arido, sterile.
‛isco agg. selvaggio; intrattabile.
‛ista f. arista, resta.
‛istocracia f. aristocrazia.
‛istócrata m. f. aristocratico.
‛isocrático agg. aristocratico.
‛itmética f. aritmetica.
‛rma f. arma. ¡a las —s! all'armi!. — blanca arma bianca. — de fuego arma da fuoco. pasar por las —s fucilare.
‛rmada f. armata, squadra, flotta.
‛rmado agg. armato.
‛rmador m. armatore.
‛rmamento m. armamento.
‛rmar tr. armare.
‛rmarse rfl. armarsi.
‛rmario m. armadio. — de luna armadio a specchio.
‛rmería f. armeria; arsenale.
‛rmero m. armaiolo.
‛rmiño m. ermellino.
‛rmisticio m. armistizio, tregua.
‛rmonía f. armonia, melodia; armonia.
‛rmónico agg. armonico.
‛rmonizar tr. itr. armonizzare.
‛rnés m. arnese.
‛ro m. cerchio.
‛roma m. aroma, odore.
‛romático agg. aromatico.
‛romatizar tr. aromatizzare.
‛rpa f. arpa.
‛rpillera f. tela iuta.
‛rpón m. rampone, fiocina.
‛rponar tr. ramponare, colpire col rampone, fiocinare.
‛rponero m. ramponiere, fiocinatore.
‛rqueología f. archeologia.
‛rqueológico agg. archeologico.
‛rqueólogo m. archeologo.
‛rquero m. arciere.
‛rquitecto m. architetto.

arquitectónico agg. architettonico.
arquitectura f. architettura.
arrabal m. sobborgo.
arraigar itr. radicare.
arraigarse rfl. radicarsi; stabilirsi.
arraigo m. stabilità. fianza de — ipoteca su beni stabili.
arrancar tr. strappare. itr. partire.
arrancarse rfl. sradicarsi.
arranque m. strappo; energia, impeto; slancio.
arrasado agg. spianato, abbattuto.
arrasar tr. spianare, abbattere; demolire.
arrastrar tr. trascinare. itr. strisciare.
arrastrarse rfl. trascinarsi; strisciare; umiliarsi, avvilirsi.
arrastre m. trascinamento.
arrebatar tr. strappare, portare via.
arrebatarse rfl. esaltarsi.
arrebato furore, trasporto di collera.
arrecife m. scogliera.
arreglado agg. regolato; convenuto.
arreglar tr. regolare; porre' in ordine; convenire.
arreglarse rfl. conformarsi; convenire.
arreglo m. assetto. con — a in conformità di.
arremangar tr. rimboccare le maniche.
arremangarse rfl. rimboccarsi le maniche.
arremeter tr. aggredire, assalire. itr. far cattiva impressione.
arremetida f. assalto, attacco.

arrendador m. arfittatore, locatore.
arrendamiento m. appigionamento, affitto, locazione.
arrendar tr. affittare, locare, appigionare.
arrendatario m. affittuario, locatario, inquilino.
arrepentido agg. pentito.
arrepentimiento m. pentimento.
arrepentirse rfl. pentirsi.
arrestar tr. arrestare.
arrestarse rfl. arrischiarsi, osare.
arresto m. arresto; temerità, audacia.
arriar tr. ammainare, abbassare.
arriba avv. sopra, di sopra, lassù, in su. **de — abajo** dall'alto in basso.
arribar itr. arrivare, giungere; toccare la meta.
arribo m. arrivo.
arriendo m. affitto, locazione.
arriesgado agg. arrischiato, avventurato; temerario, audace.
arriesgar tr. arrischiare, avventurare.
arriesgarse rfl. arrischiarsi.
arrimar tr. accostare, avvicinare, approssimare; appoggiare.
arrimarse rfl. avvicinarsi.
arrinconamiento m. rincantucciamento.
arrinconar tr. rincantucciare.
arrodillarse rfl. inginocchiarsi.
arrogancia f. arroganza.
arrogante agg. arrogante.
arrojadizo agg. lanciabile.
arrojado agg. audace, intrepido.
arrojar tr. gettare, lanciare.
arrojarse rfl. gettarsi.
arropamiento m. indossamento di vesti. [ttare.
arropar tr. imbacuccare, infago-

arroparse rfl. coprirsi bene.
arrostrar tr. affrontare. itr. pro pendere.
arrostrarse rfl. affrontare.
arroyo m. ruscello.
arroz m. (bot.) riso.
arrozal f. risaia.
arruga f. ruga.
arrugar tr. corrugare, raggrinzare.
arrugarse rfl. corrugarsi.
arruinar tr. rovinare; demolire
arruinarse rfl. rovinarsi.
arrullar tr. cantare la ninna nanna; accarezzare. itr. tubare. (i colombi).
arrullo m. ninna nanna.
arsenal m. arsenale.
arte f. arte; destrezza; artificio.
artefacto m. artefatto.
arteria f. arteria.
artesano m. artigiano, artefice
ártico agg. artico.
articulación f. articolazione.
articular tr. articolare.

——————— El artículo ———————

Come nella lingua italiana, nella lingua spagnola ci sono due articoli l'*articolo determinativo* e l'*articolo indeterminativo*.

ARTICOLO DETERMINATIVO	ARTICOLO INDETERMINATIVO
el (il, lo)	*un* (un, uno)
la (la)	*una* (una)
lo (il, lo)	*unos* (dei, degli, alcuni)
los (i, gli)	*unas* (delle, alcune)
las (le)	

● È da notare che a differenza dell'italiano nella lingua spagnola c'è l'articolo neutro *lo*. È anche da notare l'esistenza dell'articolo indeterminativo *unos*, *unas* che non esiste in italiano.
● Quando l'articolo determinativo *la* precede un nome incominciato con l'*a* o con *ha* si mette il maschile *el* (e agua, el hambre); lo stesso succede con l'indeterminativo *una* che può troncare la *a* finale (un águila).
● L'articolo *el* può unirsi alle preposizioni *a* e *de* per formare le *preposizioni articolate* (in spagn. artículos contractos al e del.

rtículo m. articolo (gram.);
articolo (di giornale); articolo, genere.
rtífice m. artefice, artista.
rtificial agg. artificiale.
rtificio m. artificio, stratagemma; astuzia.
rtificioso agg. artificioso.
rtillería f. artiglieria. — pesada artiglieria pesante o d'assedio. — ligera artiglieria
leggiera.
rtillero m. artigliere.
rtimaña f. insidia.
rtista m. f. artista.
rzobispado m. arcivescovato.
rzobispo m. arcivescovo.
as m. asso.
asa f. manico.
asado m. arrosto.
asador m. spiedo.
asaltador m. assalitore; aggressore.
asaltar tr. assalire, assaltare.
asalto m. assalto.
asamblea f. assemblea. celebrar una — tenere una riunione.
asar tr. arrostire.
asarse rfl. abbruciarsi.
ascendencia f. ascendenza.
ascendente agg. ascendente.
ascender itr. ascendere.
ascendiente m. autorità, ascendente; ascendente, antenna-
to.
ascensión f. ascensione, salita.
ascenso m. promozione.
ascensor m. ascensore.
asceta m. asceta.
ascético agg. ascetico.
ascetismo m. ascetismo.
asco m. schifo, nausea. dar
—s fare schifo.
asear tr. assettare, pulire;
adornare.
asearse rfl. attillarsi.
asediar tr. assediare.
asedio m. assedio.
asegurador m. assicuratore.

asegurar tr. assicurare pagamento di qc.; assicurare.
asegurarse rfl. assicurarsi; assicurarsi (contro un danno).
asemejarse rfl. rassomigliarsi.
asenso m. assenso, assenti
mento.
asentamiento m. il sedersi; lo
stabilirsi in un luogo.
asentar tr. porre a sedere; collocare; impiegare; (com.) registrare.
asentase rfl. sedersi.
asentir itr. assentire, consentire.
aseo m. assetto, nettezza.
aséptico agg. asettico.
asequible agg. conseguibile, ot-
tenibile.
aserción f. asserzione, asseverazione.
aserradero m. segheria.
aserrador m. segatore.
aserrar tr. segare.
asesinar tr. assassinare.
asesinato m. assassinio.
asesino m. assassino.
asesor m. assessore.
asesorado m. assessorato.
asesorar tr. consigliare.
aseveración f. asseverazione.
aseverar tr. asseverare.
asfalto m. asfalto.
asfixia f. asfissia.
asfixiante agg. asfissiante.
asfixiar tr. asfissiare; soffocare.
asfixiarse rfl. sfissiare.
así avv. cosi, in questo modo.
— como cosí come.
asiático agg. e m. asiatico.
asiduamente avv. assiduamen-
te.
asiduidad f. assiduità.
asiduo agg. assiduo.
asiento m. sedile, sedia; posto; base; (com.) registra-

zione; annotazione. **tomar —** sedersi.

asignación f. assegnazione.

asignar tr. assegnare; attribuire. [mento.

asignatura f. materia d'insegna-

asilar tr. dare asilo.

asilo m. asilo; protezione. **— de huérfanos** orfanotrofio. **— de niños expósitos** brefotrofio.

asimilación f. assimilazione.

asimilar tr. assimilare.

asimilarse rfl. assimilarsi.

asimismo avv. anche; nello stesso modo, cosí.

asir tr. afferrare, prendere.

asistencia f. assistenza; soccorso, aiuto.

asistente m. y f. assistente; (mil.) attendente.

asistir tr. assistere, soccorrere. itr. assistere. **— a la misa** udire messa.

asma f. asma.

asmático agg. asmatico.

asno m. asino, ciuco; (fig.) ignorantone.

asociación f. associazione.

asociado agg. m. y f. associato.

asociar tr. associare.

asociarse rfl. associarsi.

asomar tr. sporgere la testa o il busto. itr. spuntare.

asomarse rfl. affacciarsi (alla finestra).

asombrar tr. ombrare, oscurare; spaventare; meravigliare, stordire.

asombrarse rfl. spaventarsi; meravegliarsi, stordirsi.

asombro m. spavento; stupore, sorpresa, stordimento.

asombroso agg. stupendo, sorprendente.

asomo m. indizio, congettura. **ni por —** in nessun modo.

aspa f. aspo, naspo; ala (d mulino a vento).

aspecto m. aspetto, sembiante

aspereza f. asprezza; severità ruvidezza.

áspero agg. aspro, acerbo; sca broso; austero; ruvido.

aspiración f. aspirazione.

aspirar tr. aspirare.

aspirina f. aspirina.

asquear tr. nauseare; sdegna re. itr. avere schifo.

asquerosidad f. schifezza; nau sea.

asqueroso agg. schifoso, nau seante.

asta f. asta (della bandiera) corno.

asterisco m. asterisco.

astilla f. scheggia.

astillar tr. scheggiare.

astillero m. cantiere navale.

astringente agg. astringente.

astro m. astro.

astrología f. astrologia.

astrológico agg. astrologico.

astrólogo m. astrologo.

astronomía f. astronomia.

astronómico agg. astronomico

astrónomo m. astronomo.

astucia f. astuzia, sagacità.

astuto agg. astuto.

asumir tr. assumere.

asunción f. assunzione.

asunto m. assunto; soggetto.

asustadizo agg. pauroso; timido.

asustado agg. spaventato.

asustar tr. spaventare.

asustarse rfl. spaventarsi.

atacar tr. attaccare.

atacarse rfl. attaccarsi.

atalaya f. vedetta.

atañer itr. concernere.

ataque m. attacco, assalto; (med.) attacco.

atar tr. legare, attaccare.

atarse rfl. attaccarsi.

atascar tr. stoppare, ostruire.

atascarse rfl. impelagarsi; ostruirsi.

ataúd m. feretro, bara.
ataviado agg. abbellito, ornato.
ataviar tr. ornare.
ataviarse rfl. abbellirsi.
atavio m. ornamento.
ateísmo m. ateismo.
ateísta m. ateo, atea.
atemorización f. intimorimento, intimidazione.
atemorizado agg. intimorito.
atemorizar tr. intimorire.
atemorizarse rfl. intimorirsi.
atemperación f. temperanza.
atemperar tr. temperare; calmare.
atemperarse rfl. calmarsi.
atención f. attenzione, riguardo, cura; applicazione. **en — a** atteso che.
atender tr. curare, tener conto; stare attento; considerare.
ateneo m. ateneo.
atenerse rfl. attenersi.
atentado m. attentato.
atento agg. attento; cortese, gentile.
atenuante agg. attenuante.
atenuar tr. attenuare.
ateo agg. e m. ateo.
aterrador agg. terrorizzante.
aterrar tr. atterrire.
aterrarse rfl. atterrisi.
aterrorizar tr. terrorizzare, atterrire.
aterrorizarse rfl. atterrirsi.
atesorar tr. accumulare tesori, tesaurizzare.
atestación f. attestazione.
atestado agg. colmato; attestato, testificato. m. attestato, certificato.
atestar tr. attestare; colmare.
atestiguar tr. attestare, testificare.
ático agg. attico m. attico.
atinar itr. imbroccare, colpire nel segno.
atizar tr. attizzare; incitare.
atlántico agg. atlantico.
atlas m. atlante geográfico.

atleta m. f. atleta.
atletismo m. atletismo.
atmósfera f. atmosfera.
atmosférico agg. atmosferico.
atolladero m. fangaia; impedimento.
atollar itr. infangarsi.
atollarse rfl. infangarsi; imbrogliarsi.
atolondrado agg. sbalordito, stordito, stupido.
atolondramiento m. stordimento.
atolondrar tr. stordiro.
atolondrarse rfl. stordirsi.
atómico agg. atomico.
átomo m. atomo.
atontado agg. sbalordito.
atontar tr. sbalordire.
atontarse rfl. sbalordirsi.
atormentar tr. tormentare; torturare; affliggere.
atormentarse rfl. affliggersi.
atornillar tr. avvitare.
atracar tr. assalire; saziare. itr. attraccare.
atracarse rfl. saziarsi.
atraco m. assalto.
atracción f. attrazione.
atractivo agg. attrattivo. m. attrattiva.
atraer tr. attrarre.
atrapar tr. acchiappare.
atrás avv. dietro, indietro. **hacerse —** indietreggiare. **volverse —** voltarsi; (fig.) disdirsi.
atrasado agg. ritardato; arretrato, ignorante.
atrasar tr. ritardare. **— el reloj** ritardare l'orologio.
atrasarse rfl. ritardarsi.
atraso m. ritardo; mora.
atrasos m. pl. arretrati.
atravesar tr. attraversare; perforare.
atravesarse rfl. attraversarsi.

atrayente agg. attraente, allettante.

atreverse rfl. ardire, osare.

atrevido agg. audace, ardito, coraggioso; impertinente.

atrevimiento m. audacia, ardimento.

atribución f. attribuzione; facoltà.

atribuir tr. attribuire.

atribuirse rfl. attribuirsi.

atribulación f. tribolazione, afflizione.

atribulado agg. tribolato, afflitto.

atribular tr. tribolare.

atribularse rfl. affliggersi, tribolare.

atrincheramiento m. trinceramento.

atrincherar tr. trincerare.

atrincherarse rfl. trincerarsi.

atrio m. atrio, vestibolo, portico.

atrocidad f. atrocità, crudeltà.

atrofia f. atrofia.

atrofiado agg. atrofico.

atrofiarse rfl. atrofizzarsi.

atropelladamente avv. in fretta.

atropellar tr. investire; assalitre; urtare; calpestare; oltreggiare.

atropellarse rfl. precipitarsi.

atropello investimento; soppruso; oltraggio, offesa.

atroz agg. atroce, crudele.

atún m. tonno.

aturdido agg. sbalordito, stupefatto.

aturdir tr. sbalordire, sorprendere.

aturdirse rfl. sbalordirsi.

audacia f. audacia, ardimento.

audaz agg. audace, ardito.

audiencia f. udienza; tribunale.

auditor m. auditore.

auditorio m. auditorio, udito rio; sala d'udienza.

augurar tr. augurare, predire

augurio m. augurio, presagio.

aullar itr. urlare.

aullido m. urlo.

aumentar tr. aumentare, ac crescere.

aumentarse rfl. aumentarsi.

aumento m. aumento; rincaro (del prezzo).

aun avv. pure, tuttavia, ancora — cuando ancorchè.

aunque avv. sebbene, benchè quantunque; non ostante, malgrado che.

aureo agg. aureo, d'oro.

aureola f. aureola.

auricular m. auricolare.

aurora f. aurora, alba. romper la — spuntare l'alba.

auscultación f. ascoltazione (medica).

auscultar tr. ascoltare (un malato).

ausencia f. assenza.

ausentarse rfl. assentarsi.

ausente agg. assente.

austeridad f. austerità.

austero agg. austero.

autenticación f. autenticazione.

auténtico agg. autentico.

auto m. decreto, sentenza giuridica; automobile.

autobús m. bus, autobus.

automático agg. automatico.

automóvil m. automobile, vettura, macchina.

automovilismo m. automobilismo. [lista.

automovilista m. f. automobi-

autonomía f. autonomía, indipendenza.

autopsia f. autopsia.

autor m. autore; attore (giur.).

autoridad f. autorità, potere.

autoritariamente avv. autoritariamente.

autoritario agg. autoritario.

autoritarismo m. autoritarismo.

autorización f. autorizzazione.
autorizado agg. autorizzato.
autorizar tr. autorizzare, permettere.
autos m. pl. atti.
auxiliar tr. aiutare, assistere. agg. ausiliare.
auxiliarse rfl. aiutarsi.
auxilio m. ausilio, aiuto, soccorso. **prestar —** dare aiuto.
aval m. avallo.
avalancha f. valanga.
avalanzarse rfl. gettarsi.
avance m. avanzamento.
avanzada f. avanzata.
avanzar itr. avanzare; anticipare.
avaricia f. avarizia.
avaricioso agg. avaro, spilorcio.
avariento agg. avaro.
avasallamiento m. soggiogamento.
avasallar tr. soggiogare.
ave f. uccello. **— de paso** uccello di passaggio. **— de rapiña** uccello di rapina.
avecinarse rfl. avvicinarsi.
avellana f. nocciola, avellana.
avellanal m. avellaneto.
avellano m. nocciolo, avellano.
avena f. avena.
avenida f. avenue; viale alberato; piena, fiumana.
aventajado agg. avvantaggiato.
aventajar tr. avvantaggiare; avanzare.
aventura f. avventura; rischio, pericolo; evento, caso.
aventurar tr. avventurare.
aventurarse rfl. avventurarsi.
aventurero m. avventuriero.
avergonzar tr. vergognare.
avergonzarse rfl. vergognarsi.
avería f. avaria; danno.
averiarse rfl. soffrire avaria; deteriorarsi.
averiguación f. investigazione, ricerca.

averiguar tr. indagare.
aversión f. avversione, ripugnanza.
aviación f. aviazione.
aviador m. aviatore.
avicultor m. avicoltore.
avicultura f. avicoltura.
avidez f. avidità.
ávido agg. avido.
avieso agg. storto, cattivo.
avinagrado agg. inacetito; aspro.
avinagrar tr. inacetire.
avinagrarse rfl. inacetire.
avión m. aeroplano, velivolo.
avisado agg. avvisato; consigliato; sagace, astuto; prudente.
avisar tr. avvisare.
aviso m. avviso; consglio. **estar sobre —** stare sull'avviso.
avispa f. vespa.
avispar tr. eccitare.
avisparse rfl. scaltrirsi.
avistar tr. avvistare.
avistarse rfl. abboccarsi.
avituallamiento m. vettovagliamento.
avituallar tr. vettovagliare.
avituallarse rfl. vettovagliarsi.
avivamiento m. avvivamento.
avivar tr. avvivare.
avivarse rfl. ravvivarsi; eccitarsi.
axila f. ascella.
axioma m. assioma.
aya f. aia, governante.
ayer avv. ieri. **— por la tarde** ieri pomeriggio.
ayo m. tutore, aio.
ayuda f. aiuto, soccorso.
ayudador m. aiutatore.
ayudante m. f. aiutante.
ayudar tr. aiutare. **— a misa** servire la messa.
ayudarse rfl. aiutarsi.

azorar tr. turbare; irritare.
azorarse rfl. turbarsi; irritarsi.
azotaina f. staffilata.
azotar tr. staffilare.

ayunar itr. digiunare.
ayunas; en — a digiuno.
ayuno m. digiuno.
ayuntamiento m. municipio.
azada f. zappa.
azadón m. zappone.
azafata f. cameriera di corte;
  assistente di volo, hostess.
azafrán m. (bot.) zafferano.
azar m. azzardo; infortunio.
azoramiento m. turbazione,
  sussulto; irritazione.

azote m. staffile.
azotea f. terrazzo.
azúcar m. zucchero.
azucarado agg. inzuccherato.
azucarar tr. inzuccherare.
azucarero m. zuccheriera.
azucarillo m. zuccherino.
azucena f. (bot.) giglio.
azufre m. solfo, zolfo.
azul agg. azzurro.
azulado agg. azzurrognolo.
azulejo m. quadrello.

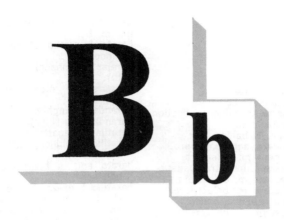

baba f. bava, saliva.
babear itr. sbavare.
babero m. bavaglino.
babia; estar en — aver la mente altrove.
babor m. (naut.) sinistra, babordo.
bacalao m. baccalà, merluzzo.
bacanal f. baccanale, orgia.
bacilo m. bacillo.
bacteria f. batterio, bacterio.
báculo m. bacolo. — pastoral pastorale.
bachiller m. baccelliere.
bachillerar tr. conferire il grado di baccelliere.
bachillerarse rfl. ottenere il grado di baccelliere.
bachillerato m. baccellierato.
bagaje m. bagaglio.
bagatela f. bagatella.
bahía f. baia, golfo.
bailable agg. e m. ballabile.
baile m. ballo, danza.
baja f. ribasso.
bajada f. scesa.
bajar tr. abbassare. itr. scendere, discendere. no — de non essere inferiore di.
bajarse rfl. abbassarsi.

bajeza f. bassezza; viltà.
bajo agg. basso; vile, abietto. en voz baja a bassa voce. m. basso; (mús.) basso. prep. sotto. avv. sotto. por lo — di nascosto.
bala f. palla; balla.
balada f. ballata.
baladí agg. frivolo, futile.
balance m. bilancio; barcollio.
balancear tr. bilanciare; tenere in equilibrio. itr. dondolare, barcollare; (naut.) rollare.
balanceo m. barcollio; (naut.) rollio.
balancín m. bilancina; bilanciere.
balanza f. bilancia.
balazo m. colpo di palla.
balbucear itr. balbettare, balbuzzire.
balbuceo m. balbettamento.
balbuciente agg. balbuziente.
balbucir itr. balbettare.
balcón m. balcone.
balde; de — gratis, gratuito. en — invano.
baldosa f. piastrella, quadrello.
balneario agg. balneario. m. stabilimento balneario.

balón m. pallone.
balsa f. zattera.
bálsamo m. balsamo.
baluarte m. baluardo, bastione; protezione.
ballena f. balena.
ballenero agg. baleniero.
ballenero m. baleniere.
ballesta f. balestra; balista.
ballestazo m. balestrata.
ballestero m. balestriere.
banca f. banca, banco.
bancarrota f. bancarotta.
banco m. banca, banco; banco (di arena).
banda f. truppa, banda; (mus.) banda.
bandeja f. vassoio.
bandera f. bandiera. **arriar —** ammainare la bandiera.
banderilla f. freccia con nastri (taur.).
banderillear tr. (taur.) lanciare frecce al toro.
banderillero m. (taur.) lanciatore di frecce.
bandido m. bandito.
bando m. bando, editto. **echar un —** pubblicare un bando.
bandolero m. brigante, bandito.
banquero m. banchiere.
banquete m. convito, banchetto.
banquillo m. panchetto.
bañador m. vasca, vaschetta; tenuta da bagno.
bañar tr. bagnare; adacquare.
bañarse rfl. bagnarsi.
bañera f. bagnina; vasca da bagno.
bañero m. bagnino.
bañista m. f. bagnante.
baño m. bagno; bagno (stabilimento). **— de pies** pediluvio.

baptisterio m. battistero.
bar m. bar.
baraja f. mazzo di carte (da gioco).
barajar tr. mescolare (le carte).
barajarse rfl. mescolarsi; imbrogliarsi.
baranda f. ringhiera.
barandilla m. ringhiera.
baratija f. bagattella.
baratillo m. chincaglieria da poco prezzo.
barato agg. a buon mercato, non caro.
baratura f. prezzo basso.
barba f. barba; mento. **cerrado de —** barbuto. **en las —s de uno** sulla faccia di uno.
barbaridad f. barbarità; crudeltà, ferocia.
barbarie f. barbarie.
barbarismo m. barbarismo.
bárbaro agg. barbaro; crudele, feroce.
barbería f. barbieria.
barbero m. barbiere.
barbudo agg. barbuto.
barca f. barca.
barcaza f. barcaccia.
barco m. barco, bastimento. **— de vela** nave a vela. **— de vapor** nave a vapore. **— de recreo** nave da diporto.
barítono m. baritono.
barlovento m. sopravvento.
barniz m. vernice.
barnizar tr. verniciare.
barómetro m. barometro.
barón m. barone.
baronesa f. baronessa.
baronía f. baronia.
barquero m. barcaiolo.
barquillo m. barchetto, barchino; cialda, cialdino.
barra f. barra, sbarra; verga (di metallo); leva.
barraca f. baracca.
barranco m. scoscendimento.
barredura f. scopatura.
barrena f. trivello; succhiello.

barrenar tr. trivellare, perforare; succhiellare.
barrendero m. spazzaturaio;
spazzino.
barrenero m. trivellatore.
barreno m. mina; foro, perforazione.
barrer tr. spazzare.
barrera f. barriera; ostacolo.
barriada f. sobborgo.
barricada f. barricata.
barriga f. pancia, ventre.
barril m. barile.
barrio m. quartiere. **irse al
otro —** andare all'altro mondo.
barrizal m. fangaia.
barro m. fango, melma.
barrote m. sbarra.
barruntamiento m. congettura.
barruntar tr. congetturare, presentire.
barrunto m. congettura, indizio.
bártulos m. pl. masserizie; arnesi; suppellettili. **liar los —**
preparare i bauli.
basa f. base, appoggio; fondamento.
basamento m. basamento.
basar tr. basare, itr. appoggiare.
basarse rfl. basarsi.
báscula f. basculla.
base f. base; origine.
basílica f. basilica.
basta itj. abbastanza!; f. basta,
imbastitura.
bastante avv. abbastanza, a sufficienza; sufficiente.
bastar itr. bastare.
bastardilla f. carattere bastardo, corsivo.
bastardo agg. bastardo. m. bastardo.
bastidor m. telaio; scenario.
basto agg. rozzo, rustico. m.
basto.
bastón m. bastone.
bastonazo m. bastonata.
basura f. spazzatura, immondizia.

basurero m. pattumiera; spazzino.
bata f. veste da camera.
batalla f. battaglia.
batallar itr. battagliare, combattere.
batallón m. battaglione.
batería f. batteria. **— de cocina** utensili di cucina.
batida f. battuta (caccia).
batido agg. battuto.
batidor m. battitore; esploratore.
batir tr. battere; abbattere.
batirse rfl. battersi, combattere.
batuta f. bacchetta di direttore
(d'orchestra). **llevar la —** comandare.
baúl m. baule.
bautismo m. battesimo.
bautista agg. battezzatore.
bautizar tr. battezzare. **— el vino** annacquare il vino.
bautizo m. battesimo.
bayeta f. stoffa rada di lana.
bayo agg. baio. m. cavallo baio.
bayoneta f. baionetta.
bayonetazo m. baionettata.
bazar m. bazar.
bazo m. milza.
bazofia f. bazzoffia.
beata f. beata; bacchettona, bi-
gotta.
beatería f. bacchettoneria.
beatificar tr. beatificare.
beatitud f. beatitudine.
beato agg. beato. m. beato; bacchettone, bigotto.
bebedor m. bevitore.
beber tr. bere.
bebida f. bevanda.
bebido agg. bevuto, ubriaco.
beca f. borsa di studio.
becerro m. vitello.
bedel m. bidello.

beldad f. bellezza, beltà.
belga agg. e m. belga.
bélico agg. bellico.
belicosidad f. bellicosità.
belicoso agg. bellicoso.
beligerante agg. e m. belligerante.
belleza f. belleza.
bello agg. bello.
bellota f. (bot.) ghianda.
bendecir tr. benedire.
bendición f. benedizione.
bendito agg. benedetto. ser un — essere un minchione.
benedictino agg. e m. benedettino (frate).
beneficencia f. beneficenza, carità.
beneficiar tr. beneficare.
beneficio m. benefizio; favore.
beneficioso agg. benefico, vantaggioso.
benéfico agg. benefico.
benemérito agg. benemerito.
beneplácito m. beneplacito.
benevolencia f. benevolenza.
benévolo agg. benevolo.
benignidad f. benignità.
benigno agg. benigno.
bermejo agg. vermiglio.
berrear itr. mugghiare, muggire.
berrido m. grugnito, muggito.
berrinche m. stizza fanciullesca.
berza f. cavolo.
besar tr. baciare.
besarse rfl. baciarsi.
beso m. bacio.
bestia f. bestia, animale. — de carga bestia da soma; (fig.) stupido, bestia.
bestial agg. bestiale.
bestialidad f. bestialità.
besuquear tr. s. baciucchiare.
besuqueo m. sbaciucchiamento.
betún m. bitume, asfalto.

biberón m. poppatoio.
biblia f. Bibbia.
bíblico agg. biblico.
bibliófilo agg. bibliófilo.
bibliógrafo m. bibliografo.
biblioteca f. biblioteca.
bibliotecario m. bibliotecario.
bicarbonato m. (chim.) bicarbonato.
bicicleta f. bicicletta. montar en — andare in bicicletta.
bidón m. latta (recipiente), bidone.
biela f. biella.
bien m. bene; utilità; fortuna. avv. bene. ahora — or dunque. más — piuttosto. si — sebbene.
bienal agg. biennale, di due anni.
bienandanza f. buona ventura, prosperità.
bienaventurado agg. fortunato, beato.
bienaventuranza f. felicità, beatitudine; fortuna.
bienestar m. benessere; benestare.
bienhechor m. benefattore.
bienio m. biennio.
bienvenida f. benvenuto.
biftec m. bistecca.
bifurcación f. biforcazione.
bifurcarse rfl. biforcarsi.
bigamia f. bigamia.
bígamo agg. m. bigamo.
bigote m. basetta, baffo. tener —s aver coraggio.
bilingüe agg. bilingue.
bilioso agg. bilioso.
bilis f. (anat.) bile.
billar m. biliardo.
billete m. biglietto.
billetera f. portafoglio.
biografía f. biografia.
biógrafo m. biografo.
biombo m. paravento.
bioquímica f. biochimica.
bisabuela f. bisavola, bisnonna.
bisabuelo m. bisavolo, bisnonno.

bisagra f. cerniera.
bisiesto agg. bisestile.
bisonte m. bisonte.
bisturí m. bisturi.
bizco agg. guercio, bircio.
bizcocho m. biscotto.
biznieta f. pronipote.
biznieto m. pronipote.
blanco agg. bianco. **ropa blanca** biancheria. m. colore bianco; punto di mira, segno, bersaglio. — **de huevo** chiara di uovo. **dar en el** — colpire nel segno.
blancura f. bianchezza.
blandir tr. brandire.
blando agg. blando, molle, morbido.
blandura f. morbidezza, mollezza; soavitá, dolcezza.
blanquear tr. imbiancare. itr. incanutire.
blanqueo m. imbiancamento.
blasfemar itr. bestemmiare, maledire.
blasfemia f. bestemmia, imprecazione.
blasfemo m. bestemmiatore.
blindaje m. blindaggio.
blindar tr. blindare.
bloquear tr. bloccare.
bloqueo m. blocco.
blusa f. blusa, camiciotto.
blusón m. camiciotto.
bobada f. sciocchezza.
bobalicón m. sciocconee.
bobear tr. dire o fare sciocchezze.
bobina f. rocchetto.
bobo agg. e m. stupido. **pájaro** — pinguino.
boca f. bocca; apertura, buco. **a** — **de jarro** a bruciapelo. **a pedir de** — proprio come uno desidera. **hacer** — intonare lo stomaco. **hacerse la** — **agua** venire l'acquolina in bocca. **no decir esta** — **es mía** non dire motto.
bocacalle f. imboccatura (d'una strada).

bocadillo m. bocconcino; panino imbottito, tramezzino.
bocado m. boccone, morso.
bocanada f. sorso; buffo.
boceto m. bozzetto, abbozzo, schizzo.
bocina f. buccina.
bocinar itr. sonare la buccina.
boda f. nozze, sponsali.
bodega f. cantina; osteria; (naut.) stiva.
bodegón m. taverna; quadro che rappresenta cose mangerecce.
bofetada f. schiaffo, guanciata.
bofetón m. schiaffo, ceffone.
boina f. berretto.
bola f. palla, sfera; palla (da gioco).
boletín m. bollettino.
boleto m. biglietto.
bolo m. birillo; rullo.
bolsa f. borsa, tasca, sacco; borsa (di commercio).
bolsillo m. borsetta, tasca. **de** — tascabile.
bolsista m. borsista, agente di cambio.
bolso m. sacchetto; borsetta.
bomba f. pompa; bomba, granata.
bombardear tr. bombardare.
bombardeo m. bombardamento.
bombardero m. bombardiere.
bombero m. pompiere.
bombilla f. lampadina electttrica.
bombo m. grancassa.
bombón m. confetto, zuccherino. — **de chocolate** cioccolatino.
bonanza f. bonaccia.
bondad f. bontà, dolcezza.
bondadoso agg. buono.
bonete m. berretto.

botánica f. botanica. ·
botánico agg. e m. botanico.
botar tr. buttare; (naut.) varare.
bote m. battello, canotto. —
bonito agg. bello, bellino. m.   salvavidas battello di salva-
tonno.   mento.
bono m. buono (del tesoro).   bote m. barattolo, vaso.
boqueada f. bocchegglamento.   bote m. salto; botta.
boquear itr. boccheggiare. tr. botella f. bottiglia.
proferire parole.   [tura. botellazo m. colpo di bottiglia.
boquete m. breccia; imbocca-   botica f. farmacia.
boquilla f. bocchetta; bocchino. boticario m. farmacista.
borda f. (naut.) bordo.   botija f. giara.
bordado m. ricamo.   botijero m. fabbricante o ven-
bordar tr. ricamare; adornare.   ditore di giare.
borde m. bordo, margine; fian- botijo m. brocca.
co.   botín m. preda, bottino; stiva-
bordear tr. bordeggiare.   letto.
bordo m. (naut.) bordo; borda- botiquín m. armadietto farma-
ta; fianco di nave. a — a   ceutico; cassetta dei medi-
bordo. trasladarse a — recar-   cinali.
si a bordo. de a — di bordo.   botón m. bottone.
borla f. fiocco, berretto dotto- botonadura f. bottonatura.
rale. tomar la — addottorar-   boveda f. arcata, volta.
si.   boxeador m. pugile.
borra f. borra di lana.   boxear itr. battersia pugni.
borrachera f. sbornia, ebbrezza. boxeo pugilato.
borrachín m. ubriacone.   boya f. boa, gavitello.
borracho m. ubriaco.   bracear itr. (naut.) bracciare;
borrador m. scartafaccio; mi-   nuotare a bracciate; muove-
nuta, brutta copia.   re le braccia.
borrar tr. cancellare; radiare. braceo m. bracciata.
borrarse rfl. cancellarsi.   bracero m. bracciere.
borrasca f. burrasca, tempestà; braga f. braca; pannolini dei
calamità.   bimbi. — s mutandine.
borrascoso agg. burrascoso,   braguero m. brachiere, cinto
tempestoso.   erniario.
borrica f. asinella.   bramar itr. bramire; muggire,
borrico m. somaro; ignorante.   . ruggire.
borrón m. scaraboccio; macchia bramido m. bramito; muggito,
d'inchiostro.   sibilio (del vento).
borroso agg. scarabocchiato;   brasa f. bragia, brace.
feccioso.   brasero m. braciere.
bosque m. bosco.   bravata f. bravata, provocazio-
bosquejar tr. abbozzare.   . ne.
bosquejo m. bozzetto.   bravío agg. indomito. .
bostezar itr. sbadigliare.   bravo agg. bravo, animoso, in-
bostezo m. sbadiglio.   trepido. ·
bota f. stival; otre da vino.   bravura f. bravura, coraggio.
botadura f. varo.   braza f. braccio.

brazada f. bracciata.
brazal m. bracciale (armatura del braccio).
brazalete m. braccialetto.
brazo m. braccio. **a — partido** senz'armi. **con los —s abiertos** a braccia aperte. **ir del — andare a braccetto.
brea f. catrame, pece.
brebaje m. bevanda; pozione; beveraggio.
brecha f. breccia; buco.
brega f. rissa, litigio.
bregar itr. litigare, altercare.
breve agg. breve, corto; laconico. **en — fra poco.
brevedad f. brevità.
breviario m. breviario.
bribón agg. e m. birbone.
bribonada f. birbonata.
bribonear itr. birboneggiare.
bribonzuelo m. birboncello.
brida f. briglia.
brigada f. brigata.
brigadier m. brigadiere.
brillante agg. brillante. m. brillante.
brillantemente avv. in modo splendido.
brillantez f. splendore.
brillantina f. brillantina.
brillar itr. brillare, splendere; distinguersi.
brillo m. brillo, splendore.
brincar itr. saltare, saltellare.
brinco m. salto.
brindar itr. brindare. **— por la salud de uno** bere alla salute di qu. **— por la paz** fare un brindisi per la pace. tr. offrire.
brindarse rfl. offrirsi di fare qc.
brindis m. brindisi.
brío m. brio.
brioso agg. brioso.
brisa f. brezza; venticello.
británico agg. britannico.
brizna f. briciolo, fuscello, filo d'erba.
broma f. burla, scherzo; chias-

so. **estar de — essere in vena di scherzare.
bromear itr. scherzare, burlare.
bromista m. f. burlone.
bronce m. bronzo.
bronceado agg. abbronzito.
bronquitis f. (med.) bronchite.
brotar itr. germinare, spuntare; scaturire, zampillare.
brote m. germoglio, rampollo; germe.
bruja f. strega.
brujear itr. stregare, fare stregonerie o sortilegi.
brujería f. stregonería.
brújula f. (naut.) bussola.
bruma f. bruma.
brumoso agg. nebbioso, nuvoloso.   [tura.
bruñido agg. brunito. m. brunitura.
bruñir tr. brunire.
bruscamente avv. bruscamente.
brusco agg. brusco.
brutal agg. brutale, feroce.
brutalidad f. brutalità.
bruto agg. bruto, rozzo. **en —** non lavorato. m. bruto, bestia.
bucear itr. nuotare sott'acqua; investigare.
buceo m. immersione.
bucle m. riccio (di capelli).
bucólico agg. bucolico.
buche m. gozzo (degli uccelli); stomaco (dei quadrupedi). **llenar el — rimpinzarsi.
buen agg. buon, buono.
buenamente avv. a bell'agio.
buenaventura f. buona sorte; fortuna.
bueno agg. buono; sano, forte; atto, proprio. **dar por — ammettere.** avv. bene.
buey m. bove, bue.

buñuelo m. frittella.
buque m. nave, bastimento. — de vapor nave a vapore. — de vela nave a vela.

bufanda f. ciarpa, cravattone.
bufete m. scrittoio; studio (di professionista).
bufo agg. buffo, comico. m. buffo.
bufón m. buffone.
bufonada f. buffonata.
buhardilla f. soffitta.
búho m. gufo.
buhonería f. chincaglieria.
buhonero m. chincagliere ambulante.
buitre m. avvoltoio.
bujía f. bugia, candeliere a mano; candela di cera.
bulbo m. bulbo.
bulto m. mole, fardello, fagotto. escurrir el — sottrarsi dall'impegno.
bulla f. mormorio, vocio, chiasso. meter — far del chiasso.
bullanguero agg. chiassoso.
bullicio m. chiasso; sedizione, tumulto.
bullicioso agg. chiassoso; sedizioso.
bullir itr. bollire; muoversi, agitarsi.

burbuja f. bolla.
burbujear itr. gorgogliare.
burdel m. bordello.
burla f. burla, beffa.
burlador m. burlatore, beffatore.
burlar tr. burlare, beffare.
burlarse rfl. burlarsi, beffarsi.
burlesco agg. burlesco.
burlón agg. e m. burlone.
burocracia f. burocrazia.
burócrata m. burocrate.
burra f. asina.
burrada f. branco d'asini; sciocchezza.
burro m. asino; (fig.) ignorante.
busca f. ricerca; investigazione.
buscar tr. cercare; investigare, indagare. — tres pies al gato cercare brighe.
búsqueda f. ricerca.
busto m. (anat.) busto; (scult.) busto.
butaca f. poltrona.
butifarra f. salsiccia catalana.
buzo m. palombaro.
buzón m. cassetta delle lettere.

cabalgada f. cavalcata.
cabalgadura f. cavalcatura.
cabalgar itr. cavalcare. tr. montare (il cavallo).
cabalgata f. cavalcata.
caballeresco agg. cavalleresco.
caballería f. cavalleria.
caballeriza f. cavallerizza.
caballero m. cavaliere; signore.
caballerosidad f. nobiltà, cavalleria.
caballeroso agg. cavalleresco.
caballete m. cavallino; cavalletto.
caballo m. cavallo.
cabaña f. capanna.
cabecear itr. crollare la testa; tracollare; (naut.) beccheggiare.
cabeceo m. scotimento di testa; (naut.) beccheggio.
cabecera f. testata; capezzale; capoluogo. **médico de —** medico curante.
cabecilla f. capoccia.
cabellera f. capigliatura.
cabello m. capello.
cabelludo agg. capelluto.
caber itr. capire, contenere. **no cabe duda** non c'è dubbio.

─────────── **CABER** ───────────

MODO INFINITIVO: FORMAS SIMPLES: Infinitivo: caber. **Gerundio:** cabiendo. **Participio:** cabido. **FORMAS COMPUESTAS: Infinitivo:** haber cabido. **Gerundio:** habiendo cabido. **MODO INDICATIVO: Presente:** yo quepo, tú cabes, él cabe; nosotros cabemos, vosotros cabéis, ellos caben. **Pretérito imperfecto:** cabía, cabías, cabía; cabíamos, cabíais, cabían. **Pretérito indefinido:** cupe, cupiste, cupo; cupimos, cupisteis, cupieron. **Futuro imperfecto:** cabré, cabrás, cabrá; cabremos, cabréis, cabrán. **Pretérito perfecto:** he cabido, has cabido, ha cabido; hemos cabido, habéis cabido, han cabido. **Pretérito pluscuamperfecto:** había cabido, habías cabido, había cabido; habíamos cabido, habíais cabido, habían cabido. **Pretérito anterior:** hube cabido, hubiste cabido, hubo cabido; hubimos cabido, hubisteis cabido, hubieron cabido. **Futuro perfecto:** habré cabido, habrás cabido, habrá cabido; habremos cabido, habréis cabido, habrán cabido. **MODO POTENCIAL: Potencial simple:** cabría, cabrías, cabría; cabríamos, cabríais, cabrían. **Potencial compuesto:** habría cabido, habrías cabido, habría cabido; habríamos cabido, habríais cabido, habrían cabido. **MODO SUBJUNTIVO: Presente:** quepa, quepas, quepa; quepamos, quepáis, quepan. **Pretérito imperfecto:** cupiera o cupiese, cupieras o cupieses, cupiera o cupiese; cupiéramos o cupiésemos, cupierais o cupieseis, cupieran o cupiesen. **Futuro imperfecto:** cupiere, cupieres, cupiere; cupiéremos, cupiereis, cupieren. **Preté-**

rito perfecto: haya cabido, hayas cabido, haya cabido; hayamos cabido, hayáis cabido, hayan cabido. **Pretérito pluscuamperfecto:** hubiera o hubiese cabido, hubieras o hubieses cabido, hubiera o hubiese cabido; hubiéramos o hubiésemos cabido, hubierais o hubieseis cabido, hubieran o hubiesen cabido. **Futuro perfecto:** hubiere cabido, hubieres cabido, hubiere cabido; hubiéremos cabido, hubiereis cabido, hubieren cabido. **MODO IMPERATIVO. Presente:** cabe **tú,** quepa **él;** quepamos **nosotros,** cabed **vosotros,** quepan **ellos.**

cabeza f. testa, capo; capocchia; principio; testata (d'un libro). — de partido capoluogo. escarmentar en — ajena imparare sui mali altrui.
cabezada f. testata. darse de —s scalmanarsi in vano.
cabezal m. capezzale.
cabezazo m. colpo di testa.
cabida f. capacità.
cabizbajo agg. malinconico, pensieroso.
cable m. cavo; telegramma.
cablegrafiar tr. telegrafare.
cabo m. capo, estremità, punta; condottiero; promontorio. al fin y al — in fin dei conti. de — cabo a rabo dal principio alla fine. llevar a — portare a compimento.
cabotaje m. cabotaggio.
cabra f. capra.
cabrío agg. caprino.
cabrito m. capretto.
cabrón m. caprone.
caca f. cacca.
cacahuete m. arachide.
cacao m. cacao.
cacarear itr. chiocciare; strombazzare.
cacareo m. coccodè; strombazzatura.

cacería f. partita di caccia.
cacerola f. casseruola.
cacique m. cacicco, capo d'indigeni.
cacto m. cactus.
cachalote m. capidoglio.
cacharrería f. fabbrica o bottega da stoviglie.
cacharrero m. stovigliaio.
cacharro m. vaso, recipiente.
cachear tr. perquisire.
cacheo m. perquisizione.
cachorro m. cucciolo.
cadalso m. patibolo.
cadáver m. cadavere.
cadavérico agg. cadaverico; macilento.
cadena f. catena; vínculo.
cadencia f. cadenza.
cadera f. (anat.) fianco, anca.
cadete m. cadetto.
caducar itr. deperire, scadere, prescrivere.
caducidad f. caducità.
caduco agg. caduco. mal — epilessia.
caer itr. cadere, cascare. — en la cuenta rendersi conto. — enfermo ammalarsi, cader malato.

———— CAER ————

MODO INFINITIVO: FORMAS SIMPLES: Infinitivo: caer. **Gerundio:** cayendo. **Participio:** caído. **FORMAS COMPUESTAS: Infinitivo:** haber caído. **Gerundio:** habiendo caído. **MODO INDICATIVO: Presente:** yo caigo, tú caes, él cae; nosotros caemos, vosotros caéis, ellos caen. **Pretérito imperfecto:** caía, caías, caía; caíamos, caíais, caían. **Pretérito indefinido:** caí, caíste, cayó; caímos, caísteis, cayeron. **Futuro imperfecto:** caeré, caerás, caerá; caeremos, caeréis, caerán. **Pretérito perfecto:** he caído, has caído, ha caído; hemos caído, habéis caído, han caído. **Pretérito pluscuamperfecto:** había caído, habías caído, había caído; habíamos caído, habíais caído, habían caído. **Pretérito anterior:** hube caído, hubiste caído, hubo caído; hubimos caído, hubisteis caído, hubieron caído. **Futuro perfecto:** habré caído, habrás caído, habrá caído; habremos caído, habréis caído, habrán caído. **MODO POTENCIAL: Potencial simple:** caería,

caerías, caería; caeríamos, caeríais, cae-
rían. **Potencial compuesto:** habría caído,
habrías caído, habría caído; habríamos
caído, habríais caído, habrían caído.
MODO SUBJUNTIVO: Presente: caiga,
caigas, caiga; caigamos, caigáis, caigan.
Pretérito imperfecto: cayera o cayese,
cayeras o cayeses, cayera o cayese; ca-
yéramos o cayésemos, cayerais o caye-
seis, cayeran o cayesen. **Futuro imperfecto:** cayere, cayeres, cayere; cayéremos,
cayereis, cayeren. **Pretérito perfecto:**
haya caído, hayas caído, haya caído;
hayamos caído, hayáis caído, hayan caído. **Pretérito pluscuamperfecto:** hubiera
o hubiese caído, hubieras o hubieses
caído, hubiera o hubiese caído; hubiéramos o hubiésemos caído, hubierais o
hubieseis caído, hubieran o hubiesen
caído. **Futuro perfecto:** hubiere caído,
hubieres caído, hubiere caído; hubiéremos caído, hubiereis caído, hubieren
caído. **MODO IMPERATIVO: Presente:**
cae **tú,** caiga **él;** caigamos **nosotros,** caed
vosotros, caigan **ellos.**

---

caerse rfl. cadere. — **de sueño** non poter più dal sonno.
café m. (bot.) caffè; caffé
(botteghino).
cafetera f. caffettiera.
cafre agg. e m. cafro.
cagar itr. defecare.
caída f. caduta, cascata. **a la
— del sol** al tramonto.
caído agg. caduto.
caimán m. caimano.
caja f. cassa, astuccio. — **de
caudales** cassaforte. — **de
música** cassetta armonica. —
de ahorros cassa di risparmio.
cajera f. cassiera.
cajero m. cassiere.
cajetilla f. pacchetto (di siga-
rette).
cajista m. compositore tipografo.
cajón m. cassetto; cassone.
ser de — essere cosa naturale.
cal f. calce, calcina. — **muerta**
calce spenta.
cala f. cala, seno di mare.
calabozo m. prigione sotterra-
nea.

calado m. traforo; ricamo a traforo; (naut.) pescaggio.
calamar m. calamaio.
calambre m. crampo.
calamidad f. calamità.
calamitoso agg. calamitoso.
calar tr. penetrare, perforare,
traforare; inzuppare; ricamare a traforo. — **la bayoneta**
inastare la baionetta. — **el
sombrero** calcare il cappello
in capo.
calarse introdursi; indossare;
bagnarsi. — **hasta los hue-
sos** bagnarsi sino alla midolla.
calavera f. teschio. m. scapes-
trato.
calaverada f. scapestraggine.
calcar tr. ricalcare; calcare.
calcáreo agg. calcareo.
calceta f. calza (alta).
calcinación f. calcinazione.
calcinar tr. calcinare.
calcio m. calcio.
calco m. calco.
calcografía. f. calcografia.
calculador agg. e m. calcolato-
re.
calcular tr. calcolare.
cálculo m. calcolo, computo;
(med.) calcolo.
caldear tr. riscaldare.
caldearse rfl. riscaldarsi.
caldeo m. riscaldamento.
caldera f. caldaia, caldaio.
calderero m. calderaio.
calderilla f. moneta spicciola,
spiccioli.
caldero m. calderotto, caldaio.
caldo m. brodo.
caldoso agg. brodoso.
calefacción f. riscaldamento.
calendario m. calendario.
calentador m. riscaldatore.
calentar tr. riscaldare, scaldare.

calentarse rfl. riscaldarsi, scaldarsi; adirarsi.

calentura f. febbre.

calenturiento agg. febbricitante.

calibrar tr. calibrare.

calibre m. calibro.

calidad f. qualità.

cálido agg. ardente, caldo.

caliente agg. caldo. en — a tambura battente.

calificación f. qualificazione.

calificado agg. qualificato; importante.

calificar tr. qualificare.

calificarse rfl. qualificarsi.

calificativo agg. qualificativo.

caligrafía f. calligrafia.

cáliz m. calice, coppa; (bot.) calice.

caliza f. pietra calcare.

calma f. calma; tranquillità, flemma.

calmante agg. e m. calmante.

calmar tr. calmare. itr. essere in calma.

calmarse rfl. calmarsi.

calor m. calore; ardore; fervore. asarse de — morire dal caldo.

caloría f. caloria.

calorífero m. calorifero.

calumnia f. calunnia.

calumniar tr. calunniare.

calurosamente avv. calorosamente.

caluroso agg. caloroso.

calva f. calvizie.

calvario m. calvario.

calvicie f. calvizie.

calvo agg. calvo.

calza f. braca.

calzada f. strada maestra.

calzado m. calzatura.

calzador m. calzatoio.

calzar tr. calzare (scarpe ecc.);

inzeppare, mettere una zeppa.

calzarse rfl. calzarsi.

calzoncillos m. pl. mutande.

callado agg. zitto, silenzioso, taciturno.

callar itr. tacere; omettere. quien calla otorga chi tace acconsente.

callarse rfl. tacere.

calle f. via, strada. echar a la — mettere alla porta.

calleja f. stradicciola.

callejear itr. girovagare.

callejero m. girandolone.

callejón m. viottolo.

callejuela f. viuzza.

callista m. callista.

callo m. callo.

callosidad f. callosità.

cama f. letto. guardar — essere costretto a letto.

camada f. nidiata.

camaleón m. camaleonte.

cámara f. camera; salone; cabina. [pagno.

camarada m. f. camerata, compagno.

camarera f. cameriera.

camarero m. cameriere.

camarilla f. camarilla.

camarín m. camerino.

camarote m. cabina.

camastro m. lettaccio.

cambiar tr. cambiare; barattare; variare; scambiare.

cambiarse rfl. cambiarsi, tramutarsi.

cambio m. cambio, baratto; scambio.

cambista m. cambiavalute.

camello m. camello.

camilla f. lettiga.

caminante m. viandante.

caminar itr. camminare.

caminata f. camminata.

camino m. cammino; strada. — de Santiago Vía Lattea. ponerse en — mettersi in viaggio.

camión m. camion, autocarro.

camisa f. camicia.

camiseta f. maglietta.
camisón m. camicione; camicia da notte.
camomila f. (bot.) camomilla.
campamento m. accampamento.
campana f. campana. **oír —s y no saber donde** avere una idea vaga.
campanada f. colpo di campana.
campanario m. campanile.
campanero m. campanaio, campanaro.
campanilla f. campanella, campanello.
campaña f. campagna.
campechano agg. gioviale.
campeón m. campione.
campeonato m. campionato.
campesino agg. e m. campagnolo.
campestre agg. campestre, rurale.
campiña f. estensione di terra coltivabile, campagna.
campo m. campo; campagna. **— santo** cimitero.
can m. cane.
cana f. capello bianco. **echar una — al aire** divertirsi.
canas f. pl. canizie. **peinar —** essere vecchio.
canal m. canale.
canalizar tr. canalizzare.
canalla f. canaglia.
canallada f. canagliata.
canapé m. canapè.
canario m. (orn.) canarino.
canasta f. canestra.
canastilla f. canestrina; corredino (di un neonato).
cancelación f. cancellazione.
cancelar tr. cancellare.
cáncer m. (med.) cancro, canchero.
canciller m. cancelliere.
cancillería f. cancelleria.
canción f. canzone.
cancionero m. canzoniere.
cancionista m. canzonettista.

candado m. lucchetto.
candela f. candela.
candelabro m. candelabro.
candelaria f. candelora.
candelero m. candeliere.
candente agg. incandescente, candente.
candidato m. candidato.
candidatura f. candidatura.
candidez f. candidezza, candore; semplicità.
cándido agg. ingenuo; sciocco; candido.   [no.
candil m. lucerna, lume a macandor** m. candore.
candoroso agg. innocente.
canela f. (bot.) cannella.
cangrejo m. gambero.
canguro m. canguro.
caníbal agg. e m. cannibale.
canícula f. canicola.
canino agg. canino. m. canino (dente).
canje m. scambio, permuta.
canjeable agg. cambiabile.
canjear tr. cambiare, cangiare.
canoa f. canoa.
canon m. canone.
canónico agg. canonico.
canónigo m. canonico.
canonización f. canonizzacione.
canonizar tr. canonizzare.
canoso agg. canuto.
cansado agg. stanco.
cansancio m. stanchezza.
cansar tr. stancare, affaticare.
cantador m. cantatore.
cantante m. f. cantante.
cantar tr. itr. cantare. **— de plano** confessare tutto. m. canzone, ballata. **ese es otro — que** questo è un altro paio di maniche.
cántaro m. brocca. **alma de —** stupido. **llover a —s** piovere a dirotto.

cantera f. cava di pietre.
cántico m. cantico.
cantidad f. quantità.
cantimplora f. cantimplora.
cantina f. cantina, taverna.
canto m. canto, canzone; pietra; canto, angolo.
cantor m. cantore.
caña f. canna.
cañada f. sentiero.
cañaveral m. canneto.
cañería f. tubatura.
caño m. tubo, condotto.
cañón m. cannone; tubo; canna (d'arma da fuoco).
cañonazo m. cannonata.
cañonear tr. cannoneggiare.
cañoneo m. cannoneggiamento.
caoba f. (bot.) mogano.
caos m. caos.
caótico agg. caotico.
capa f. cappa, mantello. andar de — caída essere caduto in bassa fortuna. el que tiene — escapa col denaro si ottiene tutto. ponerse a la — mettersi alla cappa.
capacidad f. capacità.
capar tr. castrare.
capataz m. capomastro, caposquadra.   [vasto.
capaz agg. capace; sufficiente,
capciosidad f. capziosità.
capcioso agg. capzioso.
capear tr. aizzare il toro colla cappa; mettersi alla cappa.
capellán m. cappellano.
caperuza f. cappuccio.
capilar agg. capillare.
capilaridad f. capillarità.
capilla f. cappella. — ardiente cappella ardente.
capital agg. principale. m. capitale. f. capitale.
capitalismo m. capitalismo.
capitalista m. f. capitalista.

capitalizar tr. capitalizzare.
capitán m. capitano.
capitanear tr. capitanare.
capitanía f. capitanato.
capitel m. capitello.
capitulación f. capitolazione.
capitular itr. capitolare. agg. capitolare.
capítulo m. capitolo.
capón m. cappone.
capota f. cappotta.
capote m. cappotto.
capricho m. capriccio.
caprichoso agg. capriccioso.
cápsula f. capsula.
captar tr. captare.
captarse rfl. cattivarsi (l'amicizia, la stima).
captura f. cattura.
capturar tr. catturare.
capucha f. cappuccio.
capuchino agg. e m. cappuccino.
capuchón m. cappuccione.
capullo m. bozzolo (del baco); boccio.
cara f. faccia, viso, volto; facciata, sembiante; diritto. — de pocos amigos faccia poco rassicurante. cruzar la — a uno schiaffeggiare. jugar a — o cruz giocare a testa o croce.
carabela f. caravella.
carabina f. carabina.
carabinero m. carabiniere.
caracol m. chiocciola, lumaca. escalera de — scala a chiocciola.
caracola f. conchiglia.
carácter m. carattere, natura; (stamp.) carattere, tipo.
característico agg. caratteristico.
caracterizar tr. caratterizzare.
caramba itj. capperi!, per bacco!
caramelo m. caramella.
caravana f. carovana.
carbón m. carbone.

carbonato m. (chim.) carbonato.

carboncillo m. carboncino.

carbonería f. bottega di carbonaio.

carbonero agg. carboniero. m. carbonaio.

carbonizar tr. carbonizzare.

carbono m. (chim.) carbonio.

carburador m. carburatore.

carcajada f. risata.

cárcel f. carcere.

carcelero m. carceriere.

carcoma f. tarlo.

carcomer tr. tarlare; rodere, consumare.

carcomerse rfl. tarlarsi.

carda f. cardatura.

cardar tr. cardare.

cardenal m. cardinale (prelato); lividura.

cardiaco agg. cardiaco.

cardinal agg. cardinale.

carear tr. confrontare.

carearse rfl. abboccarsi.

carecer itr. mancare, scarseggiare.

carencia f. mancanza.

careo m. confronto.

carestía f. carestia.

careta f. maschera.

carga f. carico, carica; peso; (mil.) carica (alla baionetta, ecc.); tributo.

cargado agg. caricato.

cargador m. caricatore.

cargamento m. carico.

cargar tr. caricare; addebitare; imbarcare.

cargo m. carico, peso; carica, impiego; accusa.

cariar tr. cariare.

cariarse rfl. cariarsi.

caricatura f. caricatura.

caricaturizar tr. mettere in caricatura.

caricia f. carezza.

caridad f. carità.

caries f. carie.

cariño m. affetto, amore.

cariñoso agg. affettuoso, amoroso.

caritativo agg. caritatevole.

cariz m. aspetto.

carmelita agg. e m. f. carmelitano.   [rosso.

carmesí agg. e m. chermisi,

carmín m. carminio.

carnal agg. carnale. **primo —** cugino carnale.

carnaval m. carnevale.

carne f. carne; polpa delle frutta. **criar —s** ingrassare.

carnicería f. macelleria; carneficina.

carnero m. montone.

carnestolendas f. pl. carnevale.

carnicero m. macellaio.

carnívoro agg. carnivoro.

carnoso agg. carnoso.

caro agg. caro, di gran prezzo; caro.

carpa f. (itt.) carpione.

carpeta f. sottomano; tappeto; copertina; carpetta; cartella.

carpintería f. falegnameria, bottega da falegname.

carpintero m. falegname, carpentiere.

carrera f. carriera; corsa. **— de caballos** corsa di cavalli.

carreta f. carretta.

carretada f. carrettata.

carretaje m. carreggio.

carrete m. rocchetto.

carretera f. strada.

carretero m. carrettiere.

carretilla f. carretta a mano.

carretón m. carrettone.

carril m. rotaia; guida. **ferro—** ferrovia.

carro m. carro.

carrocería f. carrozzeria.

carromato m. carro.

carroña f. carogna.

carroza f. carrozza.

carruaje m. carrozza, vettura.
carta f. lettera; carta (da gioco). **echar las —s** predire l'avvenire an le carte. — **certificada** lettera raccomandata.
cartearse rfl. scriversi abitualmente, carteggiare.
cartel m. cartello, affisso.
cartera f. portafoglio, cartella.
cartero m. postino, portalettere.
cartílago m. cartilagine.
cartón m. cartone.
cartonaje m. cartonaggio; articoli di cartone.
cartuchera f. cartucciera.
cartucho m. cartuccia.
cartuja f. certosa.
cartujo agg. e m. certosino.
cartulina f. cartoncino.
casa f. casa. — **consistorial** palazzo municipale. — **de huéspedes** casa d'alloggio, pensione. — **de campo** casetta di campagna. — **de empeños** ufficio di pegni. — **de maternidad** f. istituto di maternità. [matrimoni.
casamentero agg. mediatore di
casamiento m. matrimonio.
casar tr. sposare. itr. sposarsi.
casarse rfl. sposarsi. — **por la iglesia** sposarsi in chiesa.
cascabel m. sonaglio. **serpiente de —** serpente a sonaglio.
cascada f. cascata.
cascanueces m. schiaccianoci.
cascar tr. schiacciare.
cascarse rfl. frantumarsi.
cáscara f. scorza, buccia.
casco m. elmetto; scafo di nave; unghia di cavallo. **ligero de —s** di cervello leggero. **romperse los —s por algo** scalmanarsi.
cascote m. rottame.

casera f. governante.
caserío m. casale.
casero m. padrone di casa.
casi avv. quasi, circa.
casilla f. casella; casetta; casello. **sacar a uno de sus —s** far perdere la pazienza. **salirse de sus —s** andare in furia.
casino m. casino.
caso m. caso; congiuntura; fato.
casorio m. matrimonio fatto in fretta e senza riflessione.
caspa f. forfora.
casta f. casta, stirpe, razza.
castaña f. castagna.
castañar m. castagneto.
castaño m. (bot.) castagno. agg. color castagno. **pasar de — obscuro** essere cosa grave.
castañuelas f. pl. nacchere.
castellano agg. e m. castigliano. m. castellano.
castigador agg. e m. castigatore, punitore.
castigar tr. castigare, punire.
castigo m. castigo, punzione.
castillo m. castello. **hacer —s en el aire** far castelli in aria.
castizo agg. di razza pura.
casto agg. casto, pudico.
castor m. castoro.
castración f. castratura, castrazione.
castrar tr. castrare.
castrense agg. castrense.
casual agg. causuale, fortuito.
casualidad f. casualità.
casualmente avv. casualmente per caso.
cata f. assaggio.
cataclismo m. cataclisma.
catador m. assaggiatore.
catadura f. assaggiatura; semblante, ciera.
catafalco m. catafalco.
catalán agg. e m. catalano. m. catalano (idioma).
catalejo m. cannocchiale.

cataplasma f. cataplasma.
catapulta f. catapulta.
catar tr. assaggiare.
catarata f. cateratta.
catarro m. catarro.
catarroso agg. catarroso.
catastro m. catasto.
catástrofe f. catastrofe.
catecismo m. catechismo.
cátedra f. cattedra.
catedral f. cattedrale.
catedrático m. cattedratico; professore.
categoría f. categoria.
categórico agg. categorico.
cateto m. cateto; (fam.) rozzo, ignorante.
catolicismo m. cattolicismo.
católico agg. e m. cattolico.
catorce agg. quattordici.
caución f. precauzione; cauzione.
caudal m. portata (d'acqua); capitale, beni; agg. caudale.
caudaloso agg. abbondante, copioso.
caudillo m. capo, capoccia.
causa f. causa, motivo.
causal agg. causale.
causante agg. e m. causante.
causar tr. causare.
cautela f. cautela, prudenza.
cautivar tr. far prigionero; cattivare, sedurve.
cautiverio m. cattività, schiavitù.
cautivo agg. e m. prigionero, schiavo.
cauto agg. cauto, prudente.
cava f. scavatura; cava.
cavar tr. scavare, cavare.
caverna f. caverna.
cavidad f. cavità.
cavilación f. cavillazione.
cavilar itr. cavillare.
caza f. caccia.
cazador m. cacciatore.
cazar tr. cacciare.
cazo m. ramaiolo.
cazuela f. cazzeruola, casserno-la.

ceba f. alimento dato ai vaccini per ingrassarli.
cebada f. orzo.
cebar tr. ingrassare gli animali.
cebo m. esca (per pescare); pasto degli animali.
cebolla f. cipolla.
cebolleta f. cipolletta.
cebra f. zebra.
cedazo m. staccio, setaccio.
ceder tr. cedere.
cédula f. cedola, biglietto.
cegar accecare. itr. diventar cieco.
cegato m. miope.
ceguera f. cecità.
ceja f. sopracciglio.
celada f. celata; imboscata, insidia.
celador m. guardiano, custode.
celar tr. vigilare.
celda f. cella.
celebración f. celebrazione.
celebrar tr. celebrare.
célebre agg. celebre, famoso.
celebridad f. celebrità, fama.
celeridad f. celerità, rapidità.
celeste agg. celeste.
celestial agg. celestiale.
celibato m. celibato.
célibe agg. e m. f. celibe.
celo m. zelo, fervore.
celos m. pl. gelosia.
celoso agg. geloso; zelante.
celta agg. celtico. m. celta.
céltico agg. celtico.
célula f. cellula.
celuloide m. celluloide.
celulosa f. cellulosa.
cementerio m. cimitero, camposanto.
cemento m. cemento.
cena f. cena.
cenar tr. cenare.
cencerrada f. scampanata.
cencerro m. sonaglio.

cenefa f. frangia; orlo.
cenicero m. portacenere; cene-
raio.
ceniciento agg. cenerognolo.
ceniza f. cenere.
censo m. censo, censimento.
censor m. censore.
censura f. censura; critica.
censurable agg. censurabile.
censurar tr. censurare.
centella f. fulmine; scintilla.
centelleante agg. scintillante.
centellear itr. scintillare.
centelleo m. scintillio.
centena f. centinaio.
centenar m. centinaio.
centenario agg. e m. centenario.
centeno m. (bot.) segale.
centésimo agg. e m. centesimo.
centígrado agg. centigrado.
centímetro m. centimetro.
céntimo m. centesimo.
centinela m. f. sentinella.
central agg. e f. centrale.
centralización f. accentramento; centralizzazione.
centralizar tr. accentrare, cen-
tralizzare.
céntrico agg. centrale, centri-
co.
centro m. centro.
ceñidor m. cintura.
ceñir tr. cingere.
ceñirse rfl. limitarsi.
ceño m. cipiglio.
ceñudo agg. cipiglioso.
cepillar tr. spazzolare.
cepillo m. spazzola. — de dientes spazzolino da denti.
cepo m. ceppo.
cera f. cera. — de los oídos
cerume.
cerámica f. ceramica.
cerámico agg. ceramico.
cerca f. muro di cinta, stecca-

to. avv. circa, all'incirca. —
de presso a poco.
cercado m. steccato.
cercanía f. vicinanza.
cercanías f. pl. dintorni.
cercano agg. vicino.
cercar tr. circondare.
cercenadura f. spuntatura.
cercenar tr. ritagliare, spuntare.
cerciorar tr. accertare.
cerciorarse rfl. accertarsi.
cerco m. cerchio. (mil.) assedio. poner — assediare.
cerda f. crine; setola.
cerdo m. maiale, porco.
cereal agg. cereale.
cereales m. pl. cereali.
cerebral agg. cerebrale.
cerebro m. cervello.
ceremonia f. cerimonia.
ceremonioso agg. cerimonioso.
cereza f. ciliegia.
cerezo m. (bot.) ciliegio.
cerilla f. cerino, fiammifero;
candeletta.
cero m. zero. ser un — a la
izquierda non valere uno zero.
cerrado agg. chiuso; fosco, cupo; tardo.   [ra
cerradura f. serratura, chiusu-
cerrajería f. mestiere e botte
ga di magnano.
cerrajero m. magnano chiavaio
cerrar tr. serrare, chiudere; liquidare (un conto).
cerrojo m. chiavistello.
certamen m. certame, pugna.
certero agg. destro, abile.
certeza f. certezza.
certificado agg. certificato. m
certificato.
certificar tr. certificare.
cervecería f. birreria.
cerveza f. birra.
cesación f. cessazione.
cesante agg. cessante; disoc
cupato.
cesar itr. cessare. sin — con
tinuamente.

ese m. cessazione.
esión f. cessione.
ésped m. tappeto erboso.
esta f. cesta.
estería f. cesteria.
etáceo m. cetaceo.
etro m. scettro.
abacanada f. volgarità.
abacano agg. volgare.
acal m. sciacallo.
aflán m. sbieco, sguancio.
al m. scialle.
aleco m. panciotto.
alet m. villetta, chalet.
alupa f. scialuppa.
amuscado agg. bruciacchiato.
amuscar tr. bruciacchiare.
ancear itr. scherzare.
anclo m. zoccolo.
antage m. ricatto.
anza f. scherzo, burla.
apa f. lastra, lamiera.
apar tr. rivestire di lamiera.
aparrón m. acquazzone.
apucería f. acciarpatura.
apucero m. acciarpatore.
aqueta f. giacca.
arco m. pozzanghera, guazzo.
arla f. ciarla.
arlar itr. ciarlare.
arlatán agg. ciarliero. m.
ciarlatano.
arlatanería f. ciarlataneria.
arol m. cuoio verniciato.
asco m. burla; disinganno.
llevarse un — restare deluso.
asis m. telaio.
asquear tr. burlare; deludere; schioccare.
asquearse rfl. restare deluso.
ato agg. chiatto, schiacciato.
elín m. scellino.
eque m. assegno.
ico agg. piccolo; giovane. m.
ragazzo.
ichón m. bernoccolo; enfiagione.
ifladura f. fischiata; pazzia.

chillar itr. stridere; sgridare.
chillido m. strido, strillo.
chimenea f. ciminiera, fumaiolo; camino, caminetto.
chinche m. cimice; (fig.) persona noiosa.
chino agg. e m. cinese.
chiquillada f. bambinata.
chiquillo agg. piccolino. m.
bambino, fanciullino.
chirriar itr. stridere; stonare cantando.
chirrido m. stridio, cigolio.
chisme m. oggetto di poco conto; ciancia, pettegolezzo.
chispa f. scintilla; (fig.) sbornia.
chispazo m. scintilla.
chispear itr. scintillare.
chistar itr. parlare.
chiste m. facezia, barzelletta.
chistera f. cesta; tuba, cappello a cilindro.
chistoso agg. faceto.
chivo m. capro.
chocante agg. urtante.
chocar itr. urtare; disgustare.
chocolate m. cioccolata, cioccolato.
chocolatera f. cioccolatiera.
chochear itr. rimbambinire.
chófer m. conduttore, autista.
chopo m. (bot.) pioppo.
choque m. scontro, urto.
chorizo m. salsicciotto.
chorrear itr. colare.
chorreo m. colatura.
choza f. capanna.
chubasco m. acquazzone.
chuchería f. ninnolo.
chufa f. babbagigi.
chulería f. facezia, arguzia.
chulo agg. grazioso, faceto.
chupado agg. secco, smunto.
chupar tr. succhiare.
churro m. frittella a forma di cetriolo.
chusma f. ciurma.

meter en — sottomettere
uno.

cinturón m. cintura; cinturone

cicatriz f. cicatrice.

ciprés m. (bot.) cipresso.

cicatrizante agg. cicatrizzante.

circo m. circo.

cicatrizar tr. cicatrizzare.

circuito m. circuito.

ciclismo m. ciclismo.

circulación f. circolazione.

ciclista. m. f. ciclista.

circular agg. circolare. tr. cir

ciclo m. ciclo.

colare.

ciego agg. cieco; (anat.) intes-

círculo m. circolo.

tino cieco.

circuncidar tr. circoncidere.

cielo m. cielo. — **de la boca**

circuncisión f. circoncisione.

palato.

circundar tr. circondare.

cien agg. cento.

circunferencia f. circonferenza

ciénaga f. pantano.

circunspección f. circospezio

ciencia f. scienza.

ne.

cieno m. melma.

circunspecto agg. circospetto

científico agg. scientifico.

circunstancia f. circostanza.

ciento agg. cento.

cirio m. cero

ciertamente avv. con certezza,

ciruela f. prugna.

certamente.

ciruelo m. (bot.) prugno.

cierto agg. certo, sicuro.

cirugía f. chirurgia.

cierva f. cerva.

cirujano m. chirurgo.

ciervo m. cervo.

cisma m. scisma; discordia.

cifra f. cifra, numero.

cismático agg. scismatico.

cigarra f. cicala.

cisne m. cigno.

cigarrillo m. sigaretta.

cisterciense agg. cistercense.

cigarro m. sigaro.

cisterna f. cisterna.

cigüeña f. (orn.) cicogna.

cita f. citazione.

cilíndrico agg. cilindrico.

citación f. citazione.

cilindro m. cilindro.

citar tr. citare, dare l'appunta

cima f. cima.

mento; (taur.) incitare il tor

cimentar tr. fondare, erigere.

ad assaltare.

cimiento m. base.

citarse rfl. darsi convegno.

ciudad f. città.

cinc m. zinco.

ciudadano m. cittadino.

cincel m. scalpello.

ciudadela f. cittadella.

cincelar tr. scalpellare; cesel-

cívico agg. civico.

lare.

civil agg. civile; cortese.

cinco agg. cinque.

civilización f. civilizzazione, ci

cine m. cine, cinematografo.

viltà.

cinematógrafo m. cinematogra-

civilizar tr. civilizzare.

fo.

civismo f. civismo.

cínico agg. cinico. m. cinico.

cizaña f. zizzania.

cinismo m. cinismo.

clamar tr. invocare.

cinta f. nastro; orlo.

clamor m. clamore.

cintura f. cintura; vita; cintola.

clandestinidad f. clandestinità

clandestino agg. clandestino.
clara f. chiara, bianco dell'uovo.
claraboya f. lucernario.
clarear itr. farsi giorno.
clarete agg. e m. chiaretto (vino).
claridad f. chiarezza.
clarín m. (mus.) cornetta.
clarinete m. (mus.) clarinetto.
claro agg. chiaro, evidente; intelligibile. m. apertura.
claroscuro m. chiaroscuro.
clase f. sorta, categoria; classe, aula.
clásico agg. classico.
clasificación f. classificazione; classifica.
clasificador m. classificatore.
clasificar tr. classificare.
claustral agg. claustrale.
claustro m. chiostro, claustro.
cláusula f. clausola.
clausura f. clausura.
clausurar tr. chiudere.
clavar tr. inchiodare.
clave f. chiave (spiegazione); (mus.) chiave.
clavel m. (bot.) garofano.
clavícula f. (anat.) clavicola.
clavija f. caviglia cavicchio; (mús.) bischero.
clavo m. chiodo; callo; chiodo di garofano. **agarrarse a un — ardiendo** attaccarsi ai rasoi. **dar en el —** dar nel segno.
clemencia f. clemenza.
clemente agg. clemente.
clerecía f. clero, chiericato.
clerical agg. clericale.
clérigo m. chierico.
clero m. clero.
cliente m. cliente.
clientela f. clientela.
clima m. clima.

climatológico agg. climatologico.
clínica f. clinica.
clínico agg. e m. clinico.
cloaca f. cloaca.
cloro m. (chim.) cloro.
clorofila f. clorofilla.
cloroformo m. cloroformio.
club m. club, circolo.
coacción f. coazione.
coadyuvante agg. coadiuvante.
coadyuvar tr. coadiuvare.
coagulación f. coagulazione.
coagular tr. coagulare.
coagularse rfl. coagularsi.
coágulo m. coagulo.
coalición f. coalizione.
coartada f. alibi.
coartar tr. restringere; coartare.
cobalto m. (chim.) cobalto.
cobarde agg. e m. f. codardo.
cobardía f. cobardia.
cobertizo m. capannone, tettoia.
cobertura f. copertura.
cobijar tr. dar asilo; coprire.
cobijarse rfl. ricoverarsi.
cobijo m. copritura, copertura.
cobrador m. esattore.
cobranza f. esazione.
cobrar tr. riscuotere, incassare.
cobre m. rame.
cocaína f. cocaina.
cocción f. cottura.
cocear itr. tirar calci; ricalcitrare.
cocer tr. cuocere.
cocido m. bollito, lesso.
cocina f. cucina.
cocinar tr. cucinare.
cocinera f. cuciniera.
cocodrilo m. coccodrillo.
cocotero m. cocco.
coche m. vettura, carrozza. **— cama** vagone letto.
cochera f. rimessa.
cochero m. cocchiere.
cochina f. scrofa.
cochinada f. porcheria.

cochino agg. sporco. m. porco.
codazo m. gomitata.
codear itr. dar gomitate.
codearse rfl. trattarsi da pari.
codicia f. cupidigia, avidità
codicioso agg. cupido, avido.
codo m. gomito.
codorniz f. (orn.) quaglia.
coeficiente m. coefficiente.
coexistencia f. coesistenza.
coexistente agg. coesistente.
coexistir itr. coesistere.
cofia f. cuffia.
cofrade m. confratello.
cofradía f. confraternità.
cofre m. cofano, baule.
coger tr. pigliare.
cogida f. raccolta (delle frutta); (taur.) cornata.
cohabitación f. coabitazione.
cohabitar itr. coabitare, convivere.
coherente agg. coerente.
cohesión f. coesione.
cohesivo agg. coesivo.
cohete m. razzo.
cohetero m. fabbricante di razzi.
cohibición f. costrizione, repressione. [re.
cohibir tr. costringere, reprime-
coincidencia f. coincidenza.
coincidir itr. coincidere.
coito m. coito.
cojear itr. zoppicare.
cojín m. cuscino.
cojinete m. cuscinetto.
cojo agg. e m. zoppo.
col f. cavolo.
cola f. coda; strascico.
colaborador m. collaboratore.
colaborar itr. collaborare.
colada f. colata; lisciva; bucato.
coladera f. colabrodo, colatoio.
colador m. colatoio.
coladura f. colatura.
colar tr. colare.
colarse rfl. introdursi di soppiatto.
colcha f. coltrone.

colchón m. materasso. — **de muelles** pagliericcio elastico.
colección f. collezione.
coleccionar tr. collezionare.
colega m. f. collega.
colegial agg. collegiale. m. collegiale.
colegio m. collegio; associazione di medici, notari, ecc.
cólera f. collera, ira; (med.) colera (morbo asiatico).
colérico agg. collerico; relativo al colera.
coleta f. treccia, coda di capelli. **cortarse la** — (taur.) abbandonare il torero la sua professione.
coletazo m. colpo di coda.
colgadero m. gancio.
colgadura f. paramento, parato.
colgajo m. cencio o drappo che pende.
colgante agg. m. adorno penzolante.
colgar tr. appendere.
cólico m. colica.
coliflor f. cavolfiore.
colilla f. cicca.
colina f. collina.
colindante agg. confinante.
colindar itr. confinare.
coliseo m. colosseo.
colisión f. collissione.
colmado m. taverna; bottega.
colmar tr. colmare.
colmena f. alveare, arnia.
colmenar m. arniaio.
colmillo m. dente canino.
colmo m. colmo, culmine.
colocación f. collocazione.
colocar tr. collocare.
colocarse rfl. collocarsi.
colonia f. colonia.
colonial agg. coloniale.
colonización f. colonizzazione.
colonizar tr. colonizzare.
colono m. colono.

coloquio m. colloquio.
color m. colore.
colorado agg. rosso; colorato.
colorido m. colorito.
colorir tr. colorire.
coloso m. colosso.
columna f. colonna.
columnata f. colonnata.
columpiar tr. dondolare.
columpiarse rfl. dondolarsi.
columpio m. altalena.
collado m. colle.
collar m. collare, collana.
coma m. (med.) coma; virgola.
comadre f. levatrice.
comadreja f. (zool.) donnola.
comandancia f. ufficio del comandante.
comandante m. comandante.
comandar tr. comandare.
comandita f. (comm.) accomandita.
comando m. (mil.) comando.
comarca f. regione.
combate m. combattimento.
combatiente m. combattente.
combatir tr. e itr. combattere.
combatividad f. combattività.
combinación f. combinazione.
combinar tr. combinare.
combustible agg. e m. combustibile.
combustión f. combustione.
comedia f. commedia.
comedor agg. mangione. m. sala da pranzo.
comensal m. commensale.
comentador m. commentatore.
comentar tr. commentare.
comenzar tr. incominciare, principiare.
comer tr. mangiare. itr. alimentarsi. m. il mangiare, il vitto.
comercial agg. commerciale.
comerciante m. commerciante.

comerciar itr. commerciare.
comercio m. commercio.
comestible agg. e m. commestibile.
cometa m. (astr.) cometa.
cometer tr. commettere, fare (un errore).
cometido m. incarico.
cómico agg. comico.
comida f. alimento, cibo; pranzo.
comienzo m. principio.
comisaría f. commissariato.
comisario m. commissario.
comisión f. commissione; commissione, delegazione; prorrigione; (giur.) esecuzione (d'un delitto).
comitiva f. comitiva.
como avv. come.
cómo avv. int. in che modo; perchè. ¡— no! certamente.
cómoda f. cassettone, comò.
comodidad f. comodità.
compacto agg. compatto.
compadecer tr. compatire, avere compassione.
compadecerse rfl. compatire.
compadre m. compare.
compaginar tr. compaginare, riunire.
compañerismo m. cameratismo.
compañero m. compagno; collega.
compañía f. compagnia; società; (mil.) compagnia.
comparación f. comparazione.
comparar tr. comparare, confrontare.
comparecer itr. comparire.
comparsa f. accompagnamento; (teat.) comparsa.
compartimiento m. ripartimento; compartimento.
compartir itr. compartire, condividere.
compás m. compasso; (mus.) misura di tempo.
compasión f. compassione.
compatibilidad f. compatibilità.

compatriota m. f. compatriotta.
compendiar tr. compendiare.
compendio m. compendio.
compensación f. compensazione.
compensar tr. compensare.
competencia f. competenza; rivalità.
competente agg. competente, conveniente.
competidor m. competitore.
competir itr. competere.
compilación f. compilazione.
compilar tr. compilare.
complacencia f. compiacenza.
complacer tr. compiacere.
complacerse rfl. compiacersi.
complaciente agg. compiacente.
complejo agg. e m. complesso.
complementar tr. complementare.
complemento m. complemento.
completamente avv. completamente, compiutamente.
completar tr. completare.
completo agg. completo.
complicación f. complicazione.
complicado agg. complicato.
complicar tr. complicare.
cómplice m. complice.
complicidad f. complicità.
complot m. complotto, trama.
componente agg. e m. componente.
componer tr. comporre.
componerse rfl. adornarsi.
comportamiento m. comportamento.
comportarse rfl. comportarsi.
composición f. composizione.
compositor m. compositore.
compra f. compra, acquisto. hacer la — far la spesa giornaliera.
comprador m. compratore.
comprar tr. comprare.
compraventa f. compravendita.
comprender tr. comprendere; capire, intendere.

comprensión f. comprensione.
comprensivo agg. comprensivo.
compresa f. compressa.
compresión f. compressione.
comprimir tr. comprimere.
comprobación f. comprovazione.
comprobante agg. comprovante.
comprobar tr. comprovare.
comprometer tr. compromettere.
comprometerse rfl. obbligarsi.
compromiso m. compromesso.
compuerta f. cateratta; portello; sportello.
compuesto agg. e m. composto.
compunción f. compunzione.
compungirse rfl. pentirsi; affliggersi.
computar tr. computare.
cómputo m. computo.
comulgar tr. comunicare. itr. comunicarsi.
común agg. comune.
comunal agg. comunale.
comunicación f. comunicazione.
comunicado m. comunicato.
comunicante agg. comunicante.
comunicar tr. comunicare.
comunidad f. comunità.
comunión f. comunione.
comunismo m. comunismo.
comunista m. f. comunista.
con prep. con.
cóncavo agg. concavo.
concebible agg. concepibile.
concebir tr. concepire.
conceder tr. concedere.
concejal m. consigliere comunale.
concentración f. concentrazione.
concentrar tr. concentrare.

oncepción f. concezione.
oncepto m. concetto, idea.
oncernir itr. concernere.
oncertante agg. concertante.
oncertar tr. concertare.
oncertarse rfl. accordarsi.
oncesión f. concessione.
oncesionario m. concessionario.
onciencia f. coscienza.
oncienzudo agg. coscienzioso.
oncierto m. concerto.
onciliar tr. conciliare.
oncilio m. concilio.
oncisión f. concisione.
onciso agg. conciso, breve.
oncluir tr. concludere.
onclusión f. conclusione.
oncordancia f. concordanza.
oncordar tr. concordare.
oncordato m. concordato.
oncordia f. concordia.
oncretar tr. concretare.
oncreto agg. concreto.
oncubina f. concubina.
oncubinato m. concubinato.
oncupiscencia f. concupiscenza.
oncurrencia f. concorrenza.
oncurrir itr. concorrere; intervenire.
oncurso m. concorso; affluenza (di gente).
oncha f. conchiglia.
ondado m. contea.
onde m. conte.
ondecoración f. decorazione.
ondecorado agg. e m. decorato.
ondecorar tr. decorare.
ondena f. condanna.
ondenación f. condanna.
ondenado agg. e m. condannato.
ondenar tr. condannare.
ondensación f. condensazione.

condensador agg. e m. condensatore.
condensar tr. condensare.
condescender itr. condiscendere.
condescendiente agg. condiscendente.
condición f. condizione.
condicional agg. condizionale.
condicionar tr. condizionare.
condimentar tr. condire.
condimento m. condimento.
condiscípulo m. condiscepolo.
conducir tr. condurre, guidare.

———— CONDUCIR ————

MODO INFINITIVO: FORMAS SIMPLES: **Infinitivo:** conducir. **Gerundio:** conduciendo. **Participio:** conducido. FORMAS COMPUESTAS: **Infinitivo:** haber conducido. **Gerundio:** habiendo conducido. **MODO INDICATIVO: Presente:** yo conduzco, **tú** conduces, **él** conduce; **nosotros** conducimos, **vosotros** conducís, **ellos** conducen. **Pretérito imperfecto:** conducía, conducías, conducía; conducíamos, conducíais, conducían. **Pretérito indefinido:** conduje, condujiste, condujo; condujimos, condujisteis, condujeron. **Futuro imperfecto:** conduciré, conducirás, conducirá; conduciremos, conduciréis, conducirán. **Pretérito perfecto:** he conducido, has conducido, ha conducido; hemos conducido, habéis conducido, han conducido. **Pretérito pluscuamperfecto:** había conducido, habías conducido, había conducido; habíamos conducido, habíais conducido, habían conducido. **Pretérito anterior:** hube conducido, hubiste conducido, hubo conducido; hubimos conducido, hubisteis conducido, hubieron conducido. **Futuro perfecto:** habré conducido, habrás conducido, habrá conducido; habremos conducido, habréis conducido, habrán conducido. **MODO POTENCIAL: Potencial simple:** conduciría, conducirías, conduciría; conduciríamos, conduciríais, conducirían. **Potencial compuesto:** habría conducido, habrías conducido, habría conducido; habríamos conducido, habríais conducido, habrían conducido. **MODO SUBJUNTIVO: Presente:** conduzca, conduzcas, conduzca; conduzcamos, conduzcáis, conduzcan. **Pretérito imperfecto:** condujera o condujese, condujeras o condujeses, condujera o condujese; condujéramos o condujésemos, condujerais o condujeseis, condujeran o condujesen. **Futuro imperfecto:** condujere, condujeres, condujere; condujéremos, condujereis, condujeren. **Pretérito**

perfecto: haya conducido, hayas conducido, haya conducido; hayamos conducido, hayáis conducido, hayan conducido. **Pretérito pluscuamperfecto:** hubiera o hubiese conducido, hubieras o hubieses conducido, hubiera o hubiese conducido; hubiéramos o hubiésemos conducido, hubierais o hubieseis conducido, hubieran o hubiesen conducido. **Futuro perfecto:** hubiere conducido, hubieres conducido, hubiere conducido; hubiéremos conducido, hubiereis conducido, hubieren conducido. **MODO IMPERATIVO: Presente:** conduce tú, conduzca él; conduzcamos nosotros, conducid vosotros, conduzcan ellos.

conducirse rfl. condursi, comportarsi.
conducta f. condotta.
conducto m. condotto.
conductor agg. e m. conduttore.
conectar tr. connettere.
conejera f. tana di conigli; conigliera.
conejo m. coniglio.
conexión f. connessione.
conexionar tr. connettere.
conexo agg. connesso, unito.
confabulación f. confabulazione.
confabularse rfl. confabulare, tramare.
confección f. confezione.
confeccionar tr. confezionare.
confederación f. confederazione.
confederado agg. e m. confederato.
confederar tr. confederare.
conferencia f. conferenza.
conferenciar itr. discutere, trattare.
conferir tr. conferire; trattare un affare.
confesar tr. confessare.
confesarse rfl. confessarsi.
confesión f. confessione.
confesionario m. confessionario.
confeso agg. confesso. m. professo.
confesor m. confessore.
confiado agg. credulo, confidente.

confianza f. fiducia.
confiar tr. e itr. confidare.
confidencia f. confidenza.
configuración f. configurazione.
configurar tr. configurare.
confín m. confine.
confinar tr. e itr. confinare.
confirmación f. confermazione.
confirmar tr. confermare.
confiscar tr. confiscare, sequestrare.
confite m. confetto.
confitería f. confetteria.
confitura f. marmellata.
conflicto m. conflitto.
confluencia f. confluenza.
confluente agg. e m. confluente.
confluir itr. confluire.
conformar tr. conformare.
conformarse rfl. conformarsi.
conforme agg. conforme.
conformidad f. conformità. **de** — conformemente.
confort m. conforto.
confortar tr. confortare.
confraternidad f. confraternità.
confrontación f. confrontazione.
confrontar tr. confrontare.
confundir tr. confondere.
confundirse rfl. confondersi.
confusión f. confusione.
confuso agg. confuso.
congelamiento m. congelamento.
congelar tr. congelare.
congelarse rfl. congelarsi.
congeniar itr. andar d'accordo per il carattere.
congestión f. congestione.
congestionar tr. congestionare.
congoja f. angoscia.
congraciarse rfl. ingraziar, cattivarse la benevolenza.
congratulación f. congratulazione.

congratular tr. felicitare.
congratularse rfl. congratularsi.
congregación f. congregazione.
congregar tr. congregare.
congregarse rfl. congregarsi.
congreso m. congresso.
congruencia f. congruenza.
congruente agg. congruente.
conjetura f. congettura.
conjeturar tr. congetturare.
conjugación f. coniugazione.
conjugar tr. coniugare.
conjunción f. congiunzione.
conjunto m. insieme. agg. congiunto.
conjura f. congiura.
conjuración f. congiura.
conjurar tr. scongiurare. itr. congiurare.
conjuro m. scongiuro.
conmemoración f. commemorazione. [rativo.
conmemorativo agg. commemo-
conmemorar tr. commemorare.
conmigo pron. con me, meco.
conmiseración f. commiserazione.
conmoción f. commozione.
conmovedor agg. commovente.
conmover tr. commuovere.
conmoverse rfl. commuoversi.
conmutación f. commutazione.
conmutar tr. commutare.
cono m. cono.
conocedor agg. e m. conoscitore.
conocer tr. conoscere.

──────────── CONOCER ────────────

MODO INFINITIVO: FORMAS SIM-
PLES: Infinitivo: conocer. Gerundio: co-
nociendo. Participio: conocido. FORMAS
COMPUESTAS: Infinitivo: haber conocido. Gerundio: habiendo conocido. MO-
DO INDICATIVO: Presente: yo conoz-
co, tú conoces, él conoce; nosotros
conocemos, vosotros conocéis, ellos co-
nocen. Pretérito imperfecto: conocía,
conocías, conocía; conocíamos, cono-
cíais, conocían. Pretérito indefinido: co-
nocí, conociste, conoció; conocimos,
conocisteis, conocieron. Futuro imperfecto: conoceré, conocerás, conocerá; co-
noceremos, conoceréis, conocerán. Pretérito perfecto: he conocido, has conocido,
ha conocido; hemos conocido, habéis conocido, han conocido. Pretérito pluscuamperfecto: había conocido, habías
conocido, había conocido; habíamos conocido, habíais conocido, habían conocido. Pretérito anterior: hube conocido,
hubiste conocido, hubo conocido; hubimos conocido, hubisteis conocido, hubieron conocido. Futuro perfecto: habré co-
nocido, habrás conocido, habrá conocido;
habremos conocido, habréis conocido,
habrán conocido. MODO POTENCIAL:
Potencial simple: conocería, conocerías,
conocería; conoceríamos, conoceríais, co-
nocerían. Potencial compuesto: habría
conocido, habrías conocido, habría conocido; habríamos conocido, habríais conocido, habrían conocido. MODO SUB-
JUNTIVO: Presente: conozca, conozcas,
conozca; conozcamos, conozcáis, conozcan. Pretérito imperfecto: conociera o
conociese, conocieras o conocieses, conociera o conociese; conociéramos o co-
nociésemos, conocierais o conocieseis,
conocieran o conociesen. Futuro imperfecto: conociere, conocieres, conociere;
conociéremos, conociereis, conocieren.
Pretérito perfecto: haya conocido, hayas
conocido, haya conocido; hayamos conocido, hayáis conocido, hayan conocido.
Pretérito pluscuamperfecto: hubiera o
hubiese conocido, hubieras o hubieses
conocido, hubiera o hubiese conocido;
hubiéramos o hubiésemos conocido, hubierais o hubieseis conocido, hubieran o
hubiesen conocido. Futuro perfecto: hubiere conocido, hubieres conocido, hubiere conocido; hubiéremos conocido, hubiereis conocido, hubieren conocido.
MODO IMPERATIVO: Presente: conoce
tú, conozca él; conozcamos nosotros, co-
noced vosotros, conozcan ellos.

conocerse rfl. conoscersi.
conocido agg. e m. conosciuto.
conocimiento m. conoscimento. **poner en —** informare.
conquista f. conquista.
conquistador agg. e m. conquistatore.
conquistar tr. conquistare.
consabido agg. noto, risaputo.
consagración f. consacrazione.
consagrar tr. consacrare.
consagrarse rfl. consacrarsi.
consanguíneo agg. consangui-
neo.

consaguinidad f. consanguineità.

consciente agg. cosciente, consapevole.

consecución f. conseguimento, consecuzione.

consecutivo agg. consecutivo.

consecuencia f. conseguenza.

conseguir tr. conseguire, ottenere.

consejero m. consigliere.

consejo m. consiglio; consiglio, adunanza.

consentimiento m. consentimento, consenso.

consentir tr. e itr. consentire, acconsentire.

conserje m. portiere.

conserjería f. portineria.

conserva f. conserva (di cibi).

conservación f. conservazione.

conservar tr. conservare.

conservarse rfl. conservarsi.

conservatorio m. (mus.) conservatorio.

considerable agg. considerevole.

consideración f. considerazione.

considerar tr. considerare.

consigna f. (mil.) consegna.

consignación f. consegna (di merci).

consignar tr. consegnare.

consigo pron. con sè, seco.

consiguiente agg. conseguente.

consistencia f. consistenza.

consistir itr. consistere.

consistorial agg. concistoriale.

consolación f. consolazione.

consolar tr. consolare.

consolidación f. consolidazione.

consolidar tr. consolidare.

consonancia f. consonanza.

consonante agg. consonante.

consorcio m. consorzio.

consorte m. e f. consorte.

conspiración f. cospirazione.

conspirador agg. e m. cospiratore.

conspirar itr. cospirare.

constancia f. costanza, perseveranza; prova.

constante agg. costante.

constantemente avv. costantemente.

constar itr. constare.

consternación f. costernazione.

consternar tr. costernare.

constipación f. raffreddore.

constipado m. raffreddore.

constipar tr. costipare.

constiparse rfl. prendere un raffreddore, costiparsi.

constitución f. costituzione.

constituir tr. costituire.

construcción f. costruzione.

constructor agg. e m. costruttore.

construir tr. costruire, fabbricare.

consuelo m. consolazione.

cónsul m. console.

consulado m. consolato.

consulta f. consulta; consulto.

consultar tr. consultare. — con la almohada dormirci sopra.

consultor agg. e m. consultore.

consultorio m. consultorio. — médico gabinetto medico.

consumido agg. consumato.

consumidor agg. e m. consumatore.

consumir tr. consumare.

consumirse rfl. consumarsi.

consumo m. consumo.

contabilidad f. contabilità.

contable m. contabile.

contacto m. contatto.

contado agg. contato. al — in contanti.

contador agg. e m. contatore.

contaduría f. tenuta dei libri, contabilità.

contagiar tr. contagiare.

contagio m. contagio.

contagioso agg. contagioso.

contaminado agg. contaminato.
contaminar tr. contaminare.
contante agg. contante.
contar tr. contare, computare.
contemplación f. contemplazione.
contemplar tr. contemplare.
contemporáneo agg. e m. contemporaneo.
contemporizar itr. condiscendere.
contención f. raffrenamento trattenimento; contesa.
contender itr. contendere.
contendiente m. contendente.
contener tr. contenere.
contenerse rfl. contenersi.
contenido m. contenuto.
contentar tr. contentare.
contentarse rfl. contentarsi.
contento agg. contento.
contestable 'agg. contestabile.
contestación f. contestazione; risposta.
contestar tr. contestare; rispondere.
contexto m. contesto.
contextura f. contesto.
contienda f. contesa.
contigo pron. con te, teco.
contiguo agg. contiguo.
continencia f. continenza.
continental agg. continentale.
continente m. continente.
contingencia f. contingenza.
contingente agg. contingente. m. quota.
continuación f. continuazione.
continuamente avv. continuamente, senza interruzione.
continuar tr. continuare.
continuidad f. continuità.
continuo agg. continuo.
contornear tr. contornare.
contorno m. contorno.
contorsión f. contorsione.

contra prep. contro.
contrabandista m. contrabbandiere.
contrabando m. contrabbando.
contracción f. contrazione.
contradecir tr. contradire.
contradicción f. contradizione.
contradictorio agg. contradittorio.
contraer tr. contrarre.
contraerse rfl. contrarsi.
contrafuerte m. contrafforte.
contrahacer tr. contraffare.
contrahecho agg. contrafatto, deforme.
contramaestre m. capo operaio; (naut.) nostromo.
contraorden f. contrordine.
contraponer tr. contrapporre.
contraposición f. contrapposizione.
contrariar tr. contrariare.
contrariedad f. contrarietà.
contrario agg. contrario.
contrarrestar tr. contrastare.
contrasentido m. controsenso.
contraseña f. (mil.) contrassegno.   [giare.
contrastar tr. contrastare; sag-
contraste m. contrasto; saggio.
contrata f. contratto, convenzione.
contratación f. contrattazione.
contratar tr. contrattare, negoziare.
contratista m. appaltatore; impresario.
contrato m. contratto.
contratiempo m. contrattempo, ostácolo.
contribución f. contribuzione.
contribuir tr. contribuire.
contrición f. contrizione.
contrincante m. contendente; competitore.
control m. controllo.
controlar tr. controllare.
controversia f. controversia.
controvertir itr. controvertere. discutere ampiamente.
contundente agg. contundente.

contusión f. contusione.
convalecencia f. convalescenza.
convalecer itr. risanare, ricuperare la salute.
convencer tr. convincere.
convencerse rfl. convincersi.
convencimiento m. convincimento.
convención f. convenzione.
conveniencia f. convenienza.
conveniente agg. conveniente.
convenio m. patto, convenzione.
convenir itr. convenire; ammettere.
convento m. convento.
convergencia f. convergenza.
converger itr. convergere.
conversación f. conversazione.
conversar itr. conversare.
conversión f. conversione.
converso agg. converso.
convertir tr. convertire.
convertirse rfl. convertirsi.
convexidad f. convessità.
convexo agg. convesso.
convición f. convinzione.
convicto agg. convinto.
convidado agg. invitato.
convidar tr. invitare.
convite m. invito.
convocación f. convocazione.
convocar tr. convocare.
convocatoria f. avviso di convocazione.
convoy m. scorta, convoglio.
convulsión f. convulsione.
cónyuge m. coniuge.
coñac m. cognac.
cooperación f. cooperazione.
cooperar itr. cooperare.
coordinación f. coordinazione.
coordinar tr. coordinare.
copa f. coppa. — **de árbol** cima d'albero.
copar tr. (mil.) tagliare la ritirata.
copia f. copia.
copiar tr. copiare.

copiosamente avv. copiosamente.
copista m. copista.
copla f. canzone.
coplas f. pl. versi.
copo m. fiocco di neve.
cópula f. accoppiamento; (gram.) copula.
coque m. coke, cocche (carbone).
coqueta agg. civettuola.
coquetear itr. civettare.
coquetería f. civetteria.
coraje m. coraggio; ira.
coral agg. corale. m. corallo.
coraza f. corazza.
corazón m. cuore; coraggio.
con el — en la mano con tutta franchezza.
corazonada f. presentimento.
corbata f. cravatta.
corchete m. gànghero.
corcho m. sughero; turacciolo.
cordel m. cordicella, fune.
cordero m. agnello.
cordial agg. cordiale, affettuoso.
cordialidad f. cordialità.
cordillera f. cordigliera.
cordón m. cordone; cordiglio.
cordura f. senno, saggezza.
coreografía f. coreografia.
corista m. f. corista.
cornada f. cornata.
cornamenta f. corna.
corneja f. (zool.) cornacchia.
córneo agg. corneo.
cornisa f. cornice.
cornucopia f. cornucopia.
cornudo agg. cornuto.
coro m. (mus.) coro.
corona f. corona; corona (moneta).
coronación f. incoronazione.
coronar tr. incoronare.

coronel m. (mil.) colonnello.
corpachón m. corpaccione.
corpiño m. corpino, corpetto.
corporación f. corporazione.
corporal agg. corporale.
corporalidad f. corporalità.
corporativo agg. corporativo.
corpóreo agg. corporeo.
corpulencia f. corpulenza.
corpulento agg. corpulento.
corpus m. Corpus Domini.
corpúsculo m. corpuscolo.
corral m. corte, cortile.
correa f. correggia, cinghia.
correaje m. cinghie.
corrección f. correzione.
correccional agg. e m. corre-
    zionale.
correctamente avv. corretta-
    mente.
correcto agg. corretto.
corrector m. correttore.
corredizo agg. scorrevole.
corredor m. corridoio; galleria.
    agg. e m. corridore.
corregible agg. correggibile.
corregir tr. correggere.
corregirse rfl. correggersi.
correo m. posta; corriere; uf-
    ficio postale.
correr itr. correre; scorrere;
    trascorrere.
correría f. scorreria, incursio-
    ne.
correspondencia f. corrispon-
    denza.
corresponder itr. corrisponde-
    re.
corresponsal m. corrisponden-
    te.
corretear itr. girandolare.
corrida f. corsa; (taur.) corri-
    da. de — celeremente.
corriente agg. corrente. avv.
    d'accordo. m. y f. corrente.
corroboración f. corroborazio-
    ne.

corroborar tr. corroborare.
corroer tr. corrodere.
corromper tr. corrompere.
corromperse rfl. corrompersi.
corrosión f. corrosione.
corrosivo agg. corrosivo.
corrupción f. corruzione.
corruptibilidad f. corruttibilità.
corruptor agg. e m. corrutto-
    re.
corsario m. corsaro, pirata.
corsé m. busto.
cortapisa f. restrizione.
cortaplumas m. temperino.
cortar tr. tagliare.
cortarse rfl. tagliarsi, ferirsi.
corte m. taglio. f. corte.
cortejar tr. corteggiare.
cortejo m. corteggiamento; cor-
    teggio.
cortés agg. cortese.
cortesana f. cortigiana.
cortesano m. cortigiano.
cortesía f. cortesia.
corteza f. corteccia, scorza.
cortina f. cortina, tenda.
cortinaje m. cortinaggio, tende.
corto agg. corto, breve. — de
    vista miope.
cosa f. cosa. — de ver cosa
    degna d'essere veduta.
cosecha f. raccolta. de su —
    di sua invenzione.
cosechar tr. raccogliere.
coser tr. cucire.
cosmético m. cosmetico.
cosmopolita m. f. e agg. co-
    smopolita.
cosquillas f. pl. solletico.
cosquillear tr. fare il solletico.
costa f. costa (del mare); cos-
    to.
costado m. lato, fianco.
costar itr. costare.
costas f. pl. spese giudiziarie.
coste m. costo.
costear tr. spesare; costeggia-
    re.   [glie.
costilla f. costola; (fam.) mo-
costo m. costo.
costra f. crosta, corteccia.

costumbre f. costume, abitudine.

costura f. costura, cucitura.

costurero m. cofanetto degli arnesi da cucire.

cotidiano agg. quotidiano.

cotiledón m. (bot.) cotiledone.

cotización f. quotazione.

cotizar tr. quotare.

coto m. pietra di confine; limite, termine. **poner —** far cessare.

coyuntura f. congiuntura; articolazione.

coz f. calcio, pedata.

cráneo m. cranio.

crápula f. crapula.

cráter m. cratere.

creación f. creazione.

creador m. creatore.

crear tr. creare; stabilire.

crecer itr. crescere; aumentare.

crecida f. piena (d'un fiume).

creciente agg. crescente.

crecimiento m. crescimento, aumento.

credencial f. credenziale (d'un ministro).

crédito m. crédito.

credo m. credo.

credulidad f. credulità.

crédulo agg. credulo.

creencia f. credenza.

creer tr. credere.

creíble agg. credibile.

crema f. crema; panna.

crematorio agg. e m. crematorio.

cremallera f. cremagliera.

crepuscular agg. crepuscolare.

crepúsculo m. crepuscolo.

crespo agg. crespo.

crespón m. crespo.

cresta f. cresta (dei volatili); cresta (di monte).

cretino agg. cretino.

creyente m. f. credente.

cría f. allevamento (di animali); persona o animale lattante.

criada f. serva, domestica.

criadero m. vivaio.

criado m. servo, domestico.

crianza f. allevamento.

criar tr. allevare.

criatura f. creatura.

criba f. crivello, vaglio.

cribar tr. vagliare.

crimen m. crimine, delitto.

criminal agg. criminale.

criminalidad f. criminalità.

crin f. crine.

criollo agg. e m. creolo.

cripta f. cripta.

crisis f. crisi.

crisol m. crogiolo.

cristal m. cristallo.

cristalería f. cristalleria; fabbrica o negozio di cristallerie.

cristalino agg. cristallino. m. (anat.) cristallino.

cristalización f. cristallizzazione.

cristalizar tr. cristallizzare.

cristianar tr. battezzare.

cristiandad f. cristianità.

cristianismo m. cristianismo.

cristianizar tr. cristianizzare.

cristiano agg. e m. cristiano.

Cristo m. Cristo.

criterio m. criterio, norma; giudizio.

crítica f. critica.

crítico agg. e m. critico.

criticable agg. criticabile.

criticar tr. criticare.

cromo m. cromo; cromolitografia.

crónica f. cronaca.

crónico agg. e m. cronico.

cronicón m. breve narrazione storica.

cronista m. cronista.

cronología f. cronologia.

cronómetro m. cronometro.

croqueta f. crocchetta.

cruce m. incrociamento.
crucero m. (naut.) incrociatore (nave); crociera.
crucificar tr. crocifiggere.
crucifijo m. crocifisso.
crucifixión f. crocifissione.
crudeza f. crudezza.
crudo agg. crudo.
cruel agg. crudele.
crueldad f. crudeltà.
cruento agg. cruento.
crujido m. stridore, scricchiolio, fruscio.
crujir itr. stridere, scricchiolare, frusciare.
crustáceos m. pl. crostacei.
cruz f. croce. cara o — testa o croce.
cruzada f. crociata.
cruzar tr. incrociare.
cuaderno m. quaderno.
cuadra f. stalla; salone, sala.
cuadrado agg. e m. quadrato.
cuadrante m. quadrante.
cuadrar tr. e itr. quadrare.
cuadrarse rfl. fermarsi.
cuadricular tr. quadrettare.
cuadrilátero m. quadrilatero.
cuadrilla f. squadra, drappello; quadriglia.   [drato.
cuadro m. quadro; pittura; qua-
cuajar tr. coagulare. itr. riuscire.   [re.
cuajarse rfl. coagularsi, caglia-
cuajo m. caglio.
cuál pron. quale. adv. come.
cualidad f. qualità.
cualquiera agg. e pron. qualunque, chiunque.
cuan avv. quanto.
cuando avv. quando.
cuantía f. quantità.
cuarenta agg. e m. quaranta.
cuarentena f. quarantena.
cuaresma f. quaresima.
cuartel m. quartiere, rione; quartiere, caserma.

cuartilla f. quartina.
cuartillo m. quarta parte di una azumbre (mezzo litro).
cuarto agg. e m. quarto. m. stanza. — de dormir camera da letto.
cuarzo m. quarzo.
cuatro agg. quattro.
cuba f. botte.
cúbico agg. cubico.
cubierta f. coperchio; coperta; (naut.) coperta, ponte.
cubierto m. posata.
cubo m. cubo; tinozza.
cubrir tr. coprire.
cubrirse rfl. coprirsi.
cucaña f. cuccagna.
cucaracha m. scarafaggio.
cuclillas; en — a coccoloni.
cuchara f. cucchiaio.
cucharada f. cucchiaiata.
cucharilla f. cucchiaino.
cucharón m. cucchiaione.
cuchichear itr. bisbigliare.
cuchicheo m. bisbiglio.
cuchilla f. coltella.
cuchillada f. coltellata.
cuchillo m. coltello.
cuello m. (anat.) collo; collo, colletto (di vestito).
cuenca f. scodella; conca, bacino; (anat.) occhiaia, orbita.
cuenco m. conca.
cuenta f. conto.
cuentagotas m. contagocce.
cuentahilos m. contafili.
cuentista m. pettegolo.
cuento m. racconto.
cuerda f. corda.
cuerdo agg. giudizioso, saggio.
cuerno m. corno.
cuero m. cuoio. en —s ignudo.
cuerpo m. corpo.
cuervo m. corvo.
cuesta f. costa, pendio.
cuestión f. questione.
cueva f. spelonca; covo.
cuidado m. cura, diligenza. estar de — essere gravemente malato.   [gente.
cuidadoso agg. accurato, dili-

cuidar tr. curare, avere cura.
cuidarse rfl. curarsi.
culata f. culatta.
culebra f. colubro, serpente.
culminación f. culminazione.
culminar itr. culminare.
culo m. culo, sedere; fondo.
culpa f. colpa.
culpabilidad f. colpabilità.
culpar tr. incolpare.
cultivador m. coltivatore.
cultivar tr. coltivare.
cultivo m. coltivazione.
culto agg. culto.
cultura f. cultura.
cumbre f. cima, culmine.
cumpleaños m. compleanno.
cumplimentar tr. complimentare.
cumplir tr. compiere.
cúmulo m. cumulo.
cuna f. cuna, culla.
cundir itr. spargersi, propagarsi.
cuneta f. cunetta.
cuña f. cuneo, zeppa.
cuñada f. cognata.
cuñado m. cognato.
cuño m. conio
cuota f. quota; rata.
cupo m. quota di contribuzione.
cupón m. tagliando, cedola.

cúpula f. cupola.
cura m. sacerdote; parroco; cura (d'una malattia).
curación f. guarigione; cura.
curado agg. curato; essicato, conciato.
curandero m. empírico.
curar tr. curare. itr. guarire.
curia f. curia.
curiosidad f. curiosità.
curioso agg. curioso; elegante.
cursar tr. frequentare un corso di studi.
cursivo agg. e m. corsivo.
curso m. corso.
curtido agg. conciato.
curtidor m. conciatore.
curtir tr. conciare (pelli); inclurire, abbronzare.
curva f. curva.
curvatura f. curvatura.
curvo agg. curvo.
cúspide f. cuspide.
custodia f. custodia; ciborio.
custodiar tr. custodire.
cutáneo agg. cutaneo.
cutis m. cute.
cuyo pron. cui, il di cui.

D **d**

dactilografía f. dattilografia.
dádiva f. regalo, dono.
dadivoso agg. generoso.
dado m. dado. — **que** purchè.
dador m. donatore.
daga f. daga.
dama f. dama, signora.
damisela f. damigella.
damnificar tr. danneggiare.
danés agg. e m. danese.
danza f. danza, ballo.
danzante m. e f. ballerino, danzatore.
danzar itr. danzare.
danzarín m. ballerino.
danzarina f. ballerina.
dañar tr. danneggiare.
dañarse rfl. farsi male.
dañino agg. dannoso, pernicioso.
daño m. danno.
dar tr. dare. — **con uno** incontrare.

——————— **DAR** ———————

MODO INFINITIVO: TIEMPOS SIMPLES: Infinitivo: dar. **Gerundio:** dando. **Participio:** dado. **TIEMPOS COMPUESTOS: Infinitivo:** haber dado. **Gerundio:** habiendo dado. **MODO INDICATIVO: Presente: yo doy, tú das, él da; nosotros damos, vosotros dais, ellos dan. Preté-rito imperfecto:** daba, dabas, daba; dábamos, dabais, daban. **Pretérito indefinido:** di, diste, dio; dimos, disteis, dieron. **Futuro imperfecto:** daré, darás, dará; daremos, daréis, darán. **Pretérito perfecto:** he dado, has dado, ha dado; hemos dado, habéis dado, han dado. **Pretérito pluscuamperfecto:** había dado, habías dado, había dado; habíamos dado, habíais dado, habían dado. **Pretérito anterior:** hube dado, hubiste dado, hubo dado; hubimos dado, hubisteis dado, hubieron dado. **Futuro perfecto:** habré dado, habrás dado, habrá dado; habremos dado, habréis dado, habrán dado. **MODO POTENCIAL: Potencial simple:** daría, darías, daría; daríamos, daríais, darían. **Potencial compuesto:** habría dado, habrías dado, habría dado; habríamos dado, habríais dado, habrían dado. **MODO SUBJUNTIVO: Presente:** dé, des, dé; demos, deis, den. **Pretérito imperfecto:** diera o diese, dieras o dieses, diera o diese; diéramos o diésemos, dierais o dieseis, dieran o diesen. **Futuro imperfecto:** diere, dieres, diere; diéremos, diereis, dieren. **Pretérito perfecto:** haya dado, hayas dado, haya dado; hayamos dado, hayáis dado, hayan dado. **Pretérito pluscuamperfecto:** hubiera o hubiese dado, hubieras o hubieses dado, hubiera o hubiese dado; hubiéramos o hubiésemos dado, hubierais o hubieseis dado, hubieran o hubiesen dado. **Futuro perfecto:** hubiere dado, hubieres dado, hubiere dado; hubiéremos dado, hubiereis dado, hubieren dado. **MODO IMPERATIVO: Presente:** da tú, dé él; demos nosotros, dad vosotros, den ellos.

———————————————

darse rfl. darsi; accadere.
dardo m. dardo.
dársena f. darsena.
data f. data; orificio.
datar tr. e itr. datare.
dátil m. dattero.
dato m. dato; documento.
de prep. di, da, per — **pie** in piedi. — **repente** ad un tratto. — **una vez** in una volta. — **balde** gratis.
deán m. decano.
debajo avv. a basso. — **de** sotto.
debate m. dibattito.
debatir tr. dibattere.
deber m. dovere, obbligo; compito. tr. dovere.
debilidad f. debilità.
debilitación f. debilitazione.
debilitar tr. debilitare.
debilitarse rfl. debilitarsi.
débito m. debito.
debut m. esordio, debutto.
debutante agg. e m. f. debuttante.
debutar itr. debuttare.
década f. decade.
decadencia f. decadenza.
decadente agg. decadente.
decaer itr. decadere.
decaimiento m. decadimento.
decálogo m. decalogo.
decanato m. decanato.
decano m. decano.
decapitar tr. decapitare.
decena f. decina.
decencia f. decenza.
decepción f. delusione.
decepcionar tr. deludere.
decidido agg. deciso, risoluto.
decidir tr. decidere.
decidirse rfl. decidersi.
décima f. decima.
decimal agg. decimale.
décimo m. decimo. — **de lotería** decimo d'un biglietto di lotteria.
decir tr. dire.
decisión f. decisione.
declamación f. declamazione.

—————— DECIR ——————

MODO INFINITIVO: FORMAS SIMPLES: **Infinitivo:** decir. **Gerundio:** diciendo. **Participio:** dicho. FORMAS COMPUESTAS: **Infinitivo:** haber dicho. **Gerundio:** habiendo dicho. **MODO INDICATIVO: Presente:** yo digo, **tú** dices, **él** dice; **nosotros** decimos, **vosotros** decís, **ellos** dicen. **Pretérito imperfecto:** decía, decías, decía; decíamos, decíais, decían. **Pretérito indefinido:** dije, dijiste, dijo; dijimos, dijisteis, dijeron. **Futuro imperfecto:** diré, dirás, dirá; diremos, diréis, dirán. **Pretérito perfecto:** he dicho, has dicho, ha dicho; hemos dicho, habéis dicho, han dicho. **Pretérito pluscuamperfecto:** había dicho, habías dicho, había dicho; habíamos dicho, habíais dicho, habían dicho. **Pretérito anterior:** hube dicho, hubiste dicho, hubo dicho; hubimos dicho, hubisteis dicho, hubieron dicho. **Futuro perfecto:** habré dicho, habrás dicho, habrá dicho; habremos dicho, habréis dicho, habrán dicho. **MODO POTENCIAL: Potencial simple:** diría, dirías, diría; diríamos, diríais, dirían. **Potencial compuesto:** habría dicho, habrías dicho, habría dicho; habríamos dicho, habríais dicho, habrían dicho. **MODO SUBJUNTIVO: Presente:** diga, digas, diga; digamos, digáis, digan. **Pretérito imperfecto:** dijera o dijese, dijeras o dijeses, dijera o dijese; dijéramos o dijésemos, dijerais o dijeseis, dijeran o dijesen. **Futuro imperfecto:** dijere, dijeres, dijere; dijéremos, dijereis, dijeren. **Pretérito perfecto:** haya dicho, hayas dicho, haya dicho; hayamos dicho, hayáis dicho, hayan dicho. **Pretérito pluscuamperfecto:** hubiera o hubiese dicho, hubieras o hubieses dicho, hubiera o hubiese dicho; hubiéramos o hubiésemos dicho, hubierais o hubieseis dicho, hubieran o hubiesen dicho. **Futuro perfecto:** hubiere dicho, hubieres dicho, hubiere dicho; hubiéremos dicho, hubiereis dicho, hubieren dicho. **MODO IMPERATIVO: Presente:** di **tú,** diga **él;** digamos **nosotros,** decid **vosotros,** digan **ellos.**

—————————————————————

declamar tr. declamare.
declaración f. dichiarazione.
declarar tr. dichiarare.
declinación f. declinazione.
declinar tr. declinare.
declive m. declivio.
decoración f. decorazione.

decorador m. decoratore.
decorar tr. decorare.
decoro m. decoro.
decrecer itr. decrescere.
decrépito agg. decrepito.
decrepitud f. decrepitezza.
decretar tr. decretare.
decreto m. decreto.
dedal m. ditale.
dedicación f. dedica, dedicazione.
dedicar tr. dedicare.
dedicatoria f. dedica.
dedo m. dito.
deducción f. deduzione.
deducir tr. dedurre.
defección f. defezione.
defecto m. difetto.
defectuoso agg. difettoso.
defender tr. difendere.
defensa f. difesa.
defensiva f. difensiva.
defensivo agg. difensivo.
defensor m. difensore.
deferencia f. deferenza.
deferir tr. e itr. deferire.
deficiencia f. deficienza.
deficiente agg. deficiente.
déficit m. (comm.) deficit.
definición f. definizione.
definir tr. definire.
deformación f. deformazione.
deformar tr. deformare.
deforme agg. deforme.
defraudación f. defraudamento,
defraudazione; frode.
defraudar tr. defraudare.
defunción f. decesso.
degeneración f. degenerazione.
degenerar itr. degenerare.
deglución f. deglutizione.
deglutir tr. deglutire.
degollación f. decollazione, decollo.
degollar tr. decollare, scannare.
degradación f. degradazione.

degradar tr. degradare.
degüello m. decollo, decollazione; scannatura.
degustación f. degustazione.
degustar tr. degustare.
dehesa f. pascolo, prateria.
deidad f. deità, divinità.
deificación f. deificazione.
deificar tr. deificare.
deísmo m. deismo.
deísta m. f. deista.
dejación f. rinunzia; abbandono.   [za.
dejadez f. pigrizia, trascuratez-
dejado agg. pigro, trascurato.
dejar tr. lasciare.
dejarse rfl. avvilirsi.
delación f. delazione.
delantal m. grembiule.
delante avv. davanti.
delantera f. il davanti; facciata,
parte anteriore. tomar la —
sorpassare uno.
delantero agg. primo, anteriore.
delatar tr. denunziare.
delator agg. e m. delatore.
delegación f. delegazione, delega.
delegado agg. e m. delegato.
delegar tr. delegare.
deleitación f. dilettazione.
deleitar tr. dilettare.
deleite m. diletto.
deleitoso agg. dilettevole.
deletrear itr. compitare.
deletreo m. compitazione.
delfín m. (itt.) delfino.
delgadez f. magrezza.
delgado agg. magro, sottile.
deliberación f. deliberazione.
deliberar tr. deliberare, decidere. itr. deliberare.
delicadeza f. delicatezza.
delicado agg. delicato.
delicia f. delizia.
delicioso agg. delizioso.
delincuencia f. delinquenza.
delincuente m. delinquente.
delineación f. delineazione.
delineante m. disegnatore.
delinear tr. delineare.

delinquir itr. delinquere.
delirar itr. delirare.
delirio m. delirio.
delirium tremens m. delirium tremens.
delito m. delitto.
demagogia f. demagogia.
demagogo m. demagogo.
demanda f. domanda; ricerca.
demandar tr. domandare. itr. (giur.) domandare.
demarcación f. demarcazione.
demarcar tr. demarcare.
demás agg. altri, altre. avv. oltre. **por —** di soprappiù **por lo —** in cuanto al resto.
demasía f. eccesso. **en —** eccessivamente.
demasiado agg. e avv. troppo.
demencia f. demenza, follia.
demente agg. e m. f. demente.
democracia f. democrazia.
demócrata agg. e m. f. democratico.
democrático agg. democratico.
demoler tr. demolire.
demolición f. demolizione.
demonio m. demonio.
demora f. dilazione, ritardo.
demorar tr. ritardare. itr. trattenersi.
demostración f. dimostrazione.
demostrar tr. dimostrare.
demostrativo agg. dimostrativo.
denegación f. diniego, denegazione.
denegar tr. denegare.
denigración f. denigrazione.
denigrar tr. denigrare.
denominación f. denominazione.
denominar tr. denominare.
denominativo agg. denominativo.
denotar tr. denotare, indicare.
densidad f. densità.
denso agg. denso.
dentado agg. dentato.
dentadura f. dentatura.
dental agg. dentale.
dentar tr. e itr. dentare.

—— **Los demostrativos** ——

AGGETTIVI DIMOSTRATIVI

Singolare

Maschile	Femminile
Este, questo	*Esta*, questa
Ese, codesto	*Esa*, codesta
Aquel, quello	*Aquella*, quella

Plurale

Estos, questi	*Estas*, queste
Esos, codesti	*Esas*, codeste
Aquellos, quelli	*Aquellas*, quelle

PRONOMI DIMOSTRATIVI

Singolare

Éste, questo	*Ésta*, questa
Ése, codesto	*Ésa*, codesta
Aquél, quello	*Aquélla*, quella

Plurale

Éstos, questi	*Éstas*, queste
Ésos, codesti	*Ésas*, codeste
Aquéllos, quelli	*Aquéllas*, quelle

Hay también la forma singular neutra *esto* (questo).

● Come può vedersi l'aggettivo e il pronome dimostrativo hanno le stesse forme (tranne *esto* che è soltanto pronome) con l'unica differenza che l'aggettivo accompagna il nome e non reca l'accento.

● Sono anche aggettivi e pronomi dimostrativi le forme *tal* (tale) e *tanto* (tanto).

dentición f. dentizione.
dentista m. f. dentista.
dentífrico agg. dentifricio.
dentro avv. dentro.
denuncia f. denunzia.
denunciar tr. denunziare.
departamento m. dipartimento, reparto.
depauperar tr. impoverire.
dependencia f. dipendenza.
depender itr. dipendere.
dependiente agg. dipendente. m. dipendente, impiegato; commesso.

depilación f. depilazione.
depilar tr. depilare.
depilatorio agg. depilatorio.
deplorable agg. deplorabile.
deplorar tr. deplorare.
deponer tr. deporre.
deportar tr. deportare.
deporte m. sport.
deportivo agg. sportivo.
deposición f. deposizione.
depositar tr. depositare.
depositario m. depositario.
depósito m. deposito; vasca.
depravación f. depravazione.
depravado agg. depravato.
depravar tr. depravare.
depredar tr. depredare.
depresión f. depressione.
depresivo agg. depressivo.
deprimente agg. deprimente.
deprimido agg. depresso.
deprimir tr. deprimere.
depuración f. depurazione.
depurar tr. depurare.
depurativo agg. depurativo.
derecho agg. diritto, dritto, ritto; destro. m. diritto; giurisprudenza.
derechos m. pl. diritti, tasse.
deriva f. deriva.
derivar itr. derivare.
derogación f. deroga, derogazione.
derogar tr. derogare.
derramamiento m. spargimento.
derramar tr. spargere.
derramarse rfl. spargersi.
derredor m. contorno. en — all'intorno.
derretir tr. sciogliere.
derribar tr. abbattere, demolire; rovesciare.
derribarse rfl. gettarsi a terra.
derrochador agg. e m. scialacquatore.

derrochar tr. scialacquare.
derroche m. scialacquio.
derrota f. rotta; sconfitta.
derrotar tr. sconfiggere.
derruir tr. distruggere, abbattere.
derrumbamiento m. dirupamento.
derrumbar tr. dirupare.
desabrido agg. scipito.
desabrigar tr. spogliare; privare del riparo.
desabrigarse rfl. togliersi il mantello.
desabrochar tr. sbottonare.
desabrocharse rfl. confidarsi; sbottonarsi.
desacatar tr. mancar di rispetto; disobbedire.
desacato m. mancanza di rispetto; insulto; insubordinazione.
desacertado agg. stordito; errato. [re.
desacertar itr. sbagliare, erradesacierto m. sbaglio.
desacostumbrado agg. insolito, disusato.
desacostumbrar tr. disabituare.
desacreditar tr. screditare.
desacuerdo m. disaccordo.
desafiar tr. sfidare.
desafinar tr. e itr. stonare.
desafío m. sfida; provocazione.
desafortunado agg. sfortunato.
desagradable agg. sgradevole, spiacevole.
desagradar tr. sgradire; spiacere.
desagradecido agg. e m. ingrato, sconoscente.
desagradecimiento m. ingratitudine, sconoscenza.
desagrado m. dispiacere.
desagraviar tr. risarcire; riparare il torto.
desagravio m. risarcimento; riparazione dell'offesa.
desaguar itr. sboccare (un fiume). tr. prosciugare.

desagüe m. prosciugamento; sbocco.

desahogado agg. libero, aperto; agiato.

desahogar tr. alleviare; sfogare.

desahogarse rfl. rianimarsi, rimettersi; sfogarsi.

desahogo m. sfogo, espansione; libertà.

desahuciar tr. dare la disdetta; spedire un malato.

desahucio m. disdetta.

desairado agg. disprezzato.

desairar tr. disprezzare.

desajustar tr. disunire, scomporre.

desajuste m. disunione, scomponimento.

desalentar tr. scoraggiare.

desalentarse rfl. scoraggiarsi.

desaliento m. scoraggiamento, avvilimento.

desaliñar tr. disordinare, scomporre, sgualcire.

desaliño m. disordine, scompostezza.

desalmado agg. empio, inumano.

desalojamiento m. sloggiamento.

desalojar tr. e itr. sloggiare.

desamortización f. liberazione dei beni ammortizzati.

desamortizar tr. liberare ibeni ammortizzati.

desamparo m. abbandono.

desanimar tr. scoraggiare.

desanimarse rfl. scoraggiarsi.

desánimo m. scoraggiamento.

desapacible agg. spiacevole.

desaparecer itr. sparire, scomparire.

desaparición f. sparizione, scomparsa.

desapasionado agg. spassionato, imparziale.

desapego m. disaffezione.

desapercibido agg. impreparato, sprovveduto.

desaprobación f. disapprovazione.

desaprobar tr. disapprovare.

desaprovechado agg. pigro, negligente.

desaprovechamiento m. mancanza di profitto; trasuratezza.

desaprovechar tr. non profittare di qc.; trascurare.

desarmado agg. disarmato.

desarmar tr. disarmare.

desarme m. disarmo.

desarraigar tr. sradicare.

desarraigo m. sradicamento.

desarrapado agg. e m. pezzente.

desarreglado agg. sregolato, disordinato.

desarreglo m. sregolatezza, disordine.

desarrollar tr. svolgere, sviluppare.

desarrollo m. sviluppo, svolgimento.

desarrugar tr. spianare.

desaseado agg. disordinato; sozzo.

desasear tr. disordinare; insudiciare.

desaseo m. sporcizia, sudiciume; disordine.

desasosiego m. inquietudine, irrequietezza.

desastrado agg. sciatto; infausto.

desastre m. disastro.

desastroso agg. disastroso.

desatar tr. slegare, sciogliere.

desatención f. disattenzione.

desatender tr. trascurare.

desatento agg. disattento.

desatinado agg. sventato.

desatinar tr. turbare. itr. perdere il senno.

desatino m. sproposito, sventatezza.

desavenencia f. discordia; contrarietà.
desayunar itr. far colazione.
desayunarse rfl. far colazione.
desayuno m. colazione.
desazón f. scipitezza, insipidezza; disgusto.
desazonar tr. rendere scipito; disgustare.
desbandada f. sbandamento.
desbandarse rfl. sbandarsi.
desbarajuste m. disordine, scompiglio.
desbaratador agg. scialacquatore.
desbaratar tr. scialacquare, disperdere; scompillare.
desbastar tr. sgrossare.
desbordamiento m. trabocco; straripamento.
desbordar tr. traboccare; straripare.
descabalgar itr. smontare.
descabellado agg. (fig.) strampalato.
descabellar tr. spettinare; (taur.) ucidere il toro con una stoccata nella nuca.
descalabrar tr. ferire la testa; conciare per le feste.
descalabro m. contrattempo.
descalzar tr. scalzare.
descalzarse rfl. scalzarsi.
descamisado agg. scamiciato.
descampado agg. scoperto, senza intoppi.
descansado agg. riposato.
descansar itr. riposare; dormire.
descanso m. riposo.
descarado agg. spudorato, sfacciato.
descarga f. scaricazione, scarico; scarica.
descargar tr. scaricare.
descargue m. scaricamento.
descarnado agg. scarnato.

descarnar tr. scarnare.
descaro m. impudenza, sfacciataggine.
descarriar tr. sviare.
descarriarse rfl. smarrirsi; traviare.
descarrío m. sviamento; traviamento.
descartar tr. scartare.
descendencia f. discendenza.
descendente agg. discendente.
descender itr. discendere.
descendiente agg. e m. discendente.
descendimiento m. discesa.
descenso m. discesa.
descifrar tr. decifrare.
desclavar tr. schiodare, svitare.
descocado agg. sfacciato.
descoco m. impudenza.
descolgar tr. staccare, calare.
descolgarse rfl. calare, discendere.
descollar itr. segnalarsi; sovrastare.
descolorar tr. scolorire.
descolorido agg. scolorito.
descolorir tr. scolorare, scolorire.
descomponer tr. scomporre.
descomponerse rfl. scomporsi.
descomposición f. scomposizione.
descomunal agg. straordinario.
desconcertado agg. sconcertato; turbato.
desconcertar tr. sconcertare; turbare.
desconcierto m. sconcerto.
desconectar tr. sconnettere.
desconfiado agg. diffidente.
desconfianza f. diffidenza.
desconfiar itr. diffidare.
desconformar itr. discordare.
desconforme agg. discordante.
desconformidad f. discordanza.
desconocer tr. disconoscere, sconoscere.
desconocido agg. sconoscente. agg. e m. sconosciuto, ignoto.

desconocimiento m. sconoscimento.
desconsolado agg. sconsolato.
desconsolar tr. sconsolare.
desconsuelo m. sconsolazione.
descontar tr. scontare.
descontentar tr. scontentare.
descontento agg. e m. scontento.
descorchar tr. scortecciare; stappare una bottiglia.
descortés agg. scortese.
descortesía f. scortesia.
descoser tr. scucire.
descosido agg. scucito. m. scucitura.
descrédito m. discredito.
describir tr. descrivere.
descripción f. descrizione.
descriptivo agg. descrittivo.
descuartizar tr. squartare.
descubierto agg. scoperto.
descubrimiento m. scoprimento; scoperta.
descubrir tr. scoprire.
descuento m. sconto.
descuidado agg. trascurato. coger — sorprendere.
descuidar tr. e itr. trascurare.
descuido m. trascuratezza; negligenza.
desde prep. da. fino da. — ahora fin d'ora, d'ora innanzi. — entonces fin d'allora.
desdecir itr. non adattarsi; disdire.
desdecirse rfl. disdirsi.
desdén m. sdegno.
desdeñar tr. sdegnare, disdegnare, disprezzare.
desdeñoso agg. sdegnoso.
desdicha f. disdetta, disgrazia.
desdichado agg. y m. sfortunato.
desdoblar tr. sdoppiare.
desear tr. desiderare.
desecación f. disseccazione, essicazione.
desecamiento m. disseccazione, essicazione.

desecar tr. disseccare, essicare.
desechar tr. sprezzare, sdegnare; rifiutare; scartare.
desecho m. scarto, rifiuto.
desembarazar tr. sbarazzare.
desembarazo m. disinvoltura.
desembarcadero m. sbarcataio.
desembarcar tr. e itr. sbarcare.
desembarque m. sbarco, scarica di merci.
desembocadura f. sbocco, foce.
desembocar itr. sboccare, sfociare.
desembolsar tr. sborsare.
desembolso m. sborso.
desembragar tr. disinnestare.
desempaquetar tr. spacchetare.
desempeñar tr. disimpegnare.
desempeño m. disimpegno.
desencadenar tr. scatenare.
desencadenarse rfl. scatenarsi.
desencajar tr. scassinare, scardinare.   [llidire.
desencajarse rfl. mutarsi, impadesencallar tr. disincagliare.
desencaminar tr. sviare.
desencantar tr. disincantare, disilludere.
desencanto m. disillusione.
desenfadado agg. disinvolto.
desenfadar tr. rabbonire.
desenfado m. disinvoltura; sollievo.
desenfrenado agg. sfrenato.
desenfrenar tr. sfrenare.
desenfreno m. sfrenatezza.
desenfundar tr. sfoderare.
desenganchar tr. sganciare.
desengañar tr. disingannare.
desengaño m. disinganno.
desengrasar tr. sgrassare. itr. infiacchire.
desenlace m. esito.
desenredar tr. districare.
desenredo m. districamento.

desenrollar tr. sviluppare, svolgere.
desenroscar tr. svitare.
desentenderse rfl. far l'ndiano.
desenterrar tr. dissotterrare.
desentonar itr. stonare.
desenvoltura f. disinvoltura.
desenvolver tr. svolgere.
desenvuelto agg. disinvolto.
deseo m. desiderio.
deseoso agg. disideroso.
deserción f. diserzione.
desertar itr. disertare.
desertor m. disertore.
desesperación f. disperazione.
desesperado agg. disperato.
desesperar itr. disperare.
desesperarse rfl. disperarsi.
desestima f. disistima.
desestimar tr. disistimare.
desfalcar tr. defalcare, detrarre.
desfalco m. defalco, difalco; detrazione.
desfallecer tr. causare svenimento. itr. svenire.
desfallecido agg. svenuto.
desfallecimiento m. svenimento.
desfavorable agg. sfavorevole.
desfavorecer tr. sfavorire; contrariare.
desfiguración f. sfigurazione.
desfigurar tr. sfigurare.
desfiladero m. stretta, gola.
desfilar itr. sfilare.
desfile m. (mil.) sfilata.
desgana f. disappetenza; disgusto.
desgarrar tr. lacerare, stracciare.
desgarrarse rfl. appartarsi.
desgarro m. squarcio; lacerazione.
desgarrón m. strappo.
desgastar tr. logorare, sciupare.

desgastarse rfl. debilitarsi.
desgaste m. logoramento, consumo.
desgracia f. disgrazia.
desgraciado agg. e m. disgraziato.
desgraciar tr. disgustare; guastare, rovinare.
deshabitado agg. disabitato, spopolato.
deshabitar tr. sloggiare; spopolare.
deshacer tr. disfare; distruggere.
deshacerse rfl. disfarsi.
desharrapado agg. pezzente, straccioso.
deshecho agg. disfatto.
deshelar tr. sgelare, disgelare.
deshelarse rfl. liquefarsi, sgelare, disgelare.
desheredar tr. diseredare.
deshielo m. disgelo, sgelo.
deshinchar tr. sgonfiare.
deshollinador m. spazzacamini.
deshollinar tr. spazzar camini.
deshonestidad f. disonestà.
deshonesto agg. disonesto.
deshonor m. disonore.
deshonra f. disonore.
deshonrar tr. disonorare.
desidia f. accidia.
designación f. designazione.
designar tr. designare.
designio m. disegno.
desierto m. e agg. deserto.
desigual agg. disuguale.
desigualdad f. disuguaglianza.
desinterés m. disinteresse.
desinteresado agg. disinteressato.
desistir itr. desistere.
desleal agg. sleale.
deslealtad f. slealtà.
desleír tr. stemperare, diluire.
desleírse rfl. sciogliersi.
deslenguado agg. sboccato.
desliz m. sdrucciolo; scivolata.
deslizar tr. sdrucciolare; scivolare.
deslizarse rfl. sdrucciolare.

deslucido agg. appannato.
deslucir tr. sbiadire.
deslucirse rfl. screditarsi, perdere il credito.
deslumbrar tr. abbagliare.
deslustrar tr. togliere il lustro.
deslustre m. mancanza di lustro.
desmán m. eccesso, abuso.
desmandarse rfl. comportarsi male, uscire dai gangheri.
desmantelar tr. smantellare.
desmayado agg. svenuto.
desmayar tr. causare svenimento.
desmayarse rfl. svenire.
desmayo m. svenimento.
desmedido agg. smisurato.
desmejorar tr. deteriorare; peggiorare.
desmemoriado agg. smemorato.
desmentir tr. smentire.
desmenuzar tr. sminuzzare.
desmerecer tr. e itr. demeritare.
desmesurado agg. smisurato.
desmontar tr. diboscare; spianare. itr. smontare dal cavallo. [zazione.
desmoralización f. demoraliz-
desmoralizar tr. demoralizzare.
desmoronar tr. rovinare lentamente, sgretolare.
desmoronarse rfl. franare, sgretolarsi.
desnivel m. dislivello.
desnivelación f. perdita del livello.
desnivelar tr. togliere il livello.
desnudar tr. spogliare, denudare.
desnudez f. nudità.
desnudo agg. nudo, ignudo, spoglio.
desobedecer tr. disubbidire.
desobediencia f. disubbidienza.
desocupado agg. disoccupato.
desocupar tr. disoccupare.
desolación f. desolazione.
desolar tr. desolare.

desolarse rfl. affliggersi.
desollar tr. scuoiare, scorticare.
desorden m. disordine.
desordenar tr. disordinare.
desorganización f. disorganizzazione.
desorganizar tr. disorganizzare.
desorientado agg. disorientato.
desorientar tr. disorientare.
desovar tr. deporre le uova.
despachar tr. sbrigare, spacciare; smerciare, vendere.
despacho m. disbrigo; dispaccio; scrittoio; vendita.
despacio avv. adagio; pian, piano.
desparpajo m. spigliatezza.
desparramado agg. spaziato; sparso, sparpagliato.
desparramar tr. spargere, sparpagliare.
despectivo agg. disprezzativo, dispettoso.
despechar tr. indispettire.
despecho m. dispetto.
despedazar tr. spezzare.
despedida f. congedo, commiato.
despedir tr. congedare, accomiatare; licenziare.
despedirse rfl. congedarsi.
despegado agg. staccato.
despegar tr. staccare.
despego m. disamorevolezza.
despeinar tr. spettinare.
despejado agg. sveglio; disinvolto; aperto, sbarazzato.
despejar tr. sbarazzare.
despejarse rfl. rasserenarsi (il tempo).
despejo m. sbarazzamento; disinvoltura.
despensa f. dispensa.
despeñadero m. precipizio.
despeñar tr. precipitare.

despeñarse rfl. precipitarsi.
desperdiciar tr. sprecare, sciupare.
desperdicio m. spreco; avanzo.
desperdigar tr. disperdere, spargere.
desperezarse rfl. stirarsi, stiracchiarsi.
desperezo m. stiramento delle membra.
desperfecto m. guasto; imperfezione; danno.
despertador agg. svegliatore. m. sveglia.
despertar tr. svegliare.
despertarse rfl. svegliarsi.
despiadado agg. spietato.
despido m. congedo, commiato.
despilfarrador agg. e m. scialacquatore.
despilfarrar tr. sciupare, scialacquare.
despilfarro m. scialacquamento, scialacquo.
desplante m. posizione irregolare; sfacciataggine.
desplazamiento m. spostamento; (naut.) dislocamento.
desplazar tr. spostare; (naut.) dislocare.
desplegar tr. spiegare, distendere.
despliegue m. spiegamento.
desplomar tr. strapiombare.
desplomarse rfl. crollare.
desplome m. crollo.
despoblado agg. spopolato.
despoblamiento m. spopolamento.
despoblar tr. spopolare.
despojar tr. spogliare; spropriare.
despojarse rfl. spogliarsi.
despojo m. spogliamento, spoliazione; spoglio.

despojos m. pl. spoglie; rigaglie.
déspota m. despota.
despótico agg. despotico.
despotismo m. despotismo.
despreciable agg. spregevole, disprezzabile.
despreciar tr. disprezzare, spregiare.
despreciativo agg. dispregiativo, spregiativo.
desprecio m. spregio, disprezzo.
desprender tr. staccare.
desprendido agg. staccato; generoso.
desprendimiento m. distacco, generosità.
despreocupado agg. spregiudicato.
despreocuparse rfl. spregiudicarsi.
desprestigiar tr. levare il prestigio, screditare.
desprestigio m. perdita del prestigio, scredito.
desprevenido agg. imprevidente; sprovveduto.
desproporción f. sproporzione.
desprovisto agg. sprovvisto.
después avv. dopo, poi.
despuntar itr. spuntare.
desquiciamiento m. scardinamento.
desquiciar tr. scardinare.
desquitarse rfl. rifarsi; rivendicarsi.
desquite m. rivincita.
destacamento m. distaccamento.
destacar tr. distaccare.
destacarse rfl. distaccarsi, eccellere, emergere.
destajo m. cottimo. a — a cottimo.
destapar tr. stappare, sturare; scoprire.
destartalado agg. disordinato, scomposto.
destello m. sprazzo, fulgore.

destemplado agg. intemperan-
te.
destemplar tr. scompigliare;
(mús.) scordare.
destemplarse rfl. stemperarsi.
desteñir tr. stingere.
desterrado agg. esiliato, bandito.
desterrar tr. esiliare, bandire.
destetar tr. spoppare.
destetarse rfl. divezzarsi.
destete m. slattamento.
destierro m. bando, esilio.
destilación f. distillazione.
destilar tr. distillare.
destinación f. destinazione.
destinar tr. destinare; assegnare.
destinatario m. destinatario.
destino m. destino, destinazione.
destitución f. destituzione.
destituir tr. destituire.
destornillador m. cacciavite.
destornillar tr. svitare.
destreza f. destrezza.
destronamiento m. detronizzazione, deposizione.
destronar tr. detronizzare, deporre.
destrozar tr. spezzare, distruggere.
destrozo m. spezzamento; distruzione.
destrucción f. distruzione.
destructivo agg. distruttivo.
destructor agg. e m. distruttore.
destruir tr. distruggere.
desunión f. disunione.
desunir tr. disunire.
desvalido agg. e m. derelitto.
desvalijamiento m. svaligia-
mento.
desvalijar tr. svaligiare.
desván m. soffitta.
desvanecer tr. far svanire.
desvanecerse rfl. svenire, perdere i sensi; svanire, evapo-
rarsi, dissiparsi.

desvariar itr. vaneggiare, far-
neticare.
desvarío m. farnetico, delirio.
desvelar tr. svegliare, destare.
desvelo m. veglia; attenzione,
cura.
desventaja f. svantaggio.
desventura f. sventura.
desventurado agg. sventurato.
desvergonzado agg. svergognato, scostumato.
desvergonzarse rfl. parlare o
agire scostumatamente.
desvergüenza f. svergognatez-
za.
desviación f. deviazione, sviamento, svio.
desviar tr. sviare, deviare.
desvivirse rfl. agognare; strug-
gersi.
detallar tr. ragguagliare, detta-
gliare.
detalle m. ragguaglio, dettaglio.
detallista m. venditore al minuto.
detective m. agente segreto di
polizia.
detener tr. detenere; arrestare;
trattenere.
detenerse rfl. trattenersi.
detergente agg. e m. detergente.
deteriorar tr. deteriorare.
deterioro m. deterioramento.
determinación f. determinazione.
determinado agg. determinato.
determinante agg. determinante.
determinar tr. determinare.
detestable agg. detestabile.
detestar tr. detestare.
detonación f. detonazione.
detonar itr. esplodere, detonare.
detrás avv. dietro, di dietro.

deuda f. debito.
deudo m. parente.
deudor m. debitore.
devanar tr. annaspare.
devanear itr. vaneggiare, delirare.
devaneo m. vaneggiamento; distrazione, diversione colpevole.
devastación f. devastazione.
devastar tr. devastare.
devoción f. divozione.
devocionario m. libro di preghiere.
devolución f. restituzione; devoluzione.
devolver tr. rendere, restituire.
devorar tr. divorare.
devoto agg. divoto, pio.
día m. giorno. — de asueto giorno di vacanza. — festivo giorno festivo. — laborable giorno lavorativo.
diabetes f. (med.) diabete.
diabético agg. diabetico.
diablo m. diavolo, demonio.
diablura f. cattiveria, diavoleria.
diabólico agg. diabolico.
diácono m. diacono.
diáfano agg. diafano.
diafragma m. diaframma.
diagnosticar tr. diagnosticare.
diagnóstico m. diagnostico.
diagonal agg. e f. diagonale.
dialéctica f. dialettica.
dialecto m. dialetto.
diálogo m. dialogo.
diamante m. diamante.
diámetro m. diametro.
diario agg. giornaliero. m. giornale; diario.
diarrea f. (med.) diarrea.
dibujante m. f. disegnatore.
dibujar tr. disegnare.
dibujo m. disegno.

dicción f. dizione.
diccionario m. dizionario.
diciembre m. dicembre.
dictador m. dittatore.
dictadura f. dittatura.
dictamen m. opinione, giudizio.
dictaminar tr. dar parere, giudizio, consigli.
dictar tr. dettare.
dicha f. felicità, ventura.
dicho m. detto, sentenza.
dichoso agg. felice, venturoso.
didáctica f. didattica.
didáctico agg. didattico.
diente m. dente. — de ajo spicchio d'aglio.
diestra f. destra (mano).
diestro agg. destro.
dieta f. dieta.
dietética f. dietetica.
diez agg. dieci.
diezmar tr. decimare.
diezmo m. decima.
difamación f. diffamazione.
difamador m. diffamatore.
difamar tr. diffamare.
difamatorio agg. diffamatorio.
diferencia f. differenza.
diferenciar tr. differenziare.
diferente agg. differente.
diferir tr. differire, prorogare. itr. differire.
difícil agg. difficile.
dificultad f. difficoltà.
dificultar tr. difficoltare.
dificultoso agg. difficoltoso.
difundir tr. diffondere; divulgare.
difunto agg. e m. defunto, morto.
difusión f. diffusione.
digerible agg. digeribile.
digerir tr. digerire.
digestión f. digestione.
digestivo agg. digestivo.
dignarse rfl. degnarsi.
dignidad f. dignità.
dignificar tr. rendere degno.
digno agg. degno, meritevole.
dilatar tr. dilatare.
dilatarse rfl. dilungarsi.

dilema m. dilemma.
diligencia f. diligenza.
diligente agg. diligente.
diluir tr. diluire.
diluvio m. diluvio, nubifragio.
dimensión f. dimensione.
diminuto agg. minuto, piccolissimo.
dimisión f. dimissione.
dimitir tr. dimettersi, dare le dimissioni.
dinámica f. dinamica.
dinámico agg. dinamico.
dinamita f. dinamite.
dinamitero m. dinamitardo.
dinamo m. dinamo.
dinastía f. dinastia.
dineral m. grande quantità di denaro.
dinero m. denaro, moneta.
diócesis f. diocesi.
dioptría f. diottria.
Dios m. Dio.
diosa f. dea.
diploma m. diploma.
diplomacia f. diplomazia.
diplomático agg. e m. diplomatico.
diptongo m. dittongo.
diputación f. deputazione.
diputado m. deputato.
dique m. diga, argine.
dirección f. direzione.
directivo agg. direttivo.
directo agg. diritto, diretto.
director agg. direttivo. m. direttore.
directora f. direttrice.
dirigir tr. dirigere.
discernimiento m. discernimento.
discernir tr. discernere; distinguere.
disciplina f. disciplina.
disciplinado agg. disciplinato.
disciplinar tr. disciplinare.
discípulo m. discepolo, allievo.
disco m. disco.
díscolo agg. discolo.
disconforme agg. discordante.
disconformidad f. discordanza, differenza; disaccordo.

discordancia f. discordanza.
discordante agg. discordante.
discordar itr. discordare.
discorde agg. discorde.
discordia f. discordia.
discreción f. discrezione.
discrepancia f. discrepanza.
discrepante agg. discrepante.
discrepar itr. discrepare.
discreto agg. discreto.
disculpa f. discolpa.
disculpar tr. discolpare.
discurrir itr. scorrere; discorrere; trascorrere.
discurso m. discorso.
discusión f. discussione.
discutir tr. discutere.
disentir itr. dissentire.
diseñar tr. disegnare.
diseño m. disegno.
disertar itr. dissertare.
disforme agg. difforme; deforme.
disfraz m. travestimento; maschera.
disfrazar tr. travestire; mascherare.
disfrazarse rfl. travestirsi; mascherarsi.
disfrutar tr. godere, fruire.
disfrute m. godimento.
disgregación f. disgregazione.
disgregar tr. disgregare.
disgustado agg. disgustato.
disgustar tr. disgustare.
disgusto m. disgusto.
disidencia f. dissidenza.
disidente agg. dissidente.
disimulación f. dissimulazione.
disimular tr. dissimulare.
disimulo m. dissimulazione.
disipación f. dissipazione.
disipar tr. dissipare.
dislocar tr. slogare.
disminución f. diminuzione.
disminuir tr. diminuire.

disolución f. dissoluzione.
disoluto agg. dissoluto.
disolvente agg. e m. solvente.
disolver tr. sciogliere.
disonancia f. dissonanza.
disonante agg. dissonante.
dispar agg. dispari.
disparador m. sparatore; grilletto del fucile.
disparar tr. sparare.
dispararse rfl. partire con grande velocità.
disparatado agg. spropositato; smisurato.
disparatar tr. spropositare.
disparate m. sproposito.
disparo m. sparo, colpo d'arma da fuoco.
dispendio m. dispendio.
dispensa f. dispensa.
dispensar tr. dispensare.
dispersar tr. disperdere.
dispersión f. dispersione.
disperso agg. disperso.
disponer tr. disporre; preparare.
disponible agg. disponibile.
disposición f. disposizione.
disputa f. disputa.
disputar tr. disputare.
distancia f. distanza.
distante agg. distante.
distinción f. distinzione.
dintinguido agg. distinto.
distinguir tr. distinguere.
distinguirse rfl. distinguersi.
distintivo agg. e m. distintivo.
distinto agg. distinto.
distracción f. distrazione.
distraer tr. distrarre.
distraido agg. distratto.
distribución f. distribuzione.
distribuidor m. distributore.
distrito m. distretto.
disturbio m. disturbo.
disuadir tr. dissuadere.
disuasión f. dissuasione.

diurno agg. e m. diurno.
divagación f. divagazione.
divagar itr. divagare.
diván m. divano, sofà.
divergencia f. divergenza.
divergente agg. divergente.
divergir itr. divergere.
diversidad f. diversità.
diversificar tr. diversificare.
diversión f. divertimento.
divertir tr. divertire.
divertirse rfl. divertirsi.
dividendo m. dividendo.
dividir tr. dividere, separare.
divinizar tr. divinizzare.
divino agg. divino.
divisa f. divisa.
divisar tr. scorgere.
división f. divisione.
divorciar tr. divorziare.
divorcio m. divorzio.
divulgación f. divulgazione.
divulgar tr. divulgare.
doblar tr. doppiare; piegare itr. sonare a morto.
doblarse rfl. cedere.
doble agg. e m. doppio.
doblez m. piega, piegatura; doppiezza.
doce agg. dodici.
docena f. dozzina.
dócil agg. docile.
docto agg. dotto.
doctor m. dottore.
doctora f. dottoressa
doctorado m. dottorato.
doctorar tr. dottorare.
doctrina f. dottrina.
documento m. documento.
dogma m. dogma, domma.
dogmatizar tr. dogmatizzare, dommatizzare.
dolencia f. malattia, sofferenza.
doler itr. dolere.
doliente agg. dolente.
dolor m. dolore.
doloroso agg. doloroso.
domador m. domatore.
domar tr. domare.
domesticación f. addomesticamento.

domar tr. addomesticare.
doméstico agg. domestico. m. domestico, servitore.
domicilio m. domicilio.
dominación f. dominazione.
dominar tr. dominare.
domingo m. domenica.
dominio m. dominio.
don m. dono; don.
donación f. donazione.
donaire m. gentilezza, leggiadria.
donante agg. donatore.
donar tr. donare.
donativo m. donativo.
doncel m. donzello.
doncella f. donzella.
doncellez f. verginità.
donde avv. ove, dove. avv. int. ove?, dove?
dondequiera avv. ovecchessia.
doña f. donna.
dorado agg. dorato.
dorar tr. dorate, indorare.
dormilón m. dormiglione.
dormilona f. sofà, divano letto.
dormir itr. dormire.

———————— DORMIR ————————

MODO INFINITIVO: FORMAS SIMPLES: Infinitivo: dormir. **Gerundio:** durmiendo. **Participio:** dormido. **FORMAS COMPUESTAS: Infinitivo:** haber dormido. **Gerundio:** habiendo dormido. **MODO INDICATIVO: Presente:** yo duermo, tú duermes, él duerme; nosotros dormimos, vosotros dormís, ellos duermen. **Pretérito imperfecto:** dormía, dormías, dormía; dormíamos, dormíais, dormían. **Pretérito indefinido:** dormí, dormiste, durmió; dormimos, dormisteis, durmieron. **Futuro imperfecto:** dormiré, dormirás, dormirá; dormiremos, dormiréis, dormirán. **Pretérito perfecto:** he dormido, has dormido, ha dormido; hemos dormido, habéis dormido, han dormido. **Pretérito pluscuamperfecto:** había dormido, habías dormido, había dormido; habíamos dormido, habíais dormido, habían dormido. **Pretérito anterior:** hube dormido, hubiste dormido, hubo dormido; hubimos dormido, hubisteis dormido, hubieron dormido. **Futuro perfecto:** habré dormido, habrás dormido, habrá dormido; habremos dormido, habréis dormido, habrán dormido. **MODO POTENCIAL: Potencial simple:** dormiría, dormirías, dormiría; dormiríamos, dormiríais, dormirían. **Potencial com-**

puesto: habría dormido, habrías dormido, habría dormido; habríamos dormido, habríais dormido, habrían dormido. **MODO SUBJUNTIVO: Presente:** duerma, duermas, duerma; durmamos, durmáis, duerman. **Pretérito imperfecto:** durmiera o durmiese, durmieras o durmieses, durmiera o durmiese; durmiéramos o durmiésemos, durmierais o durmieseis, durmieran o durmiesen. **Futuro imperfecto:** durmiere, durmieres, durmiere; durmiéremos, durmiereis, durmieren. **Pretérito perfecto:** haya dormido, hayas dormido, haya dormido; hayamos dormido, hayáis dormido, hayan dormido. **Pretérito pluscuamperfecto:** hubiera o hubiese dormido, hubieras o hubieses dormido, hubiera o hubiese dormido; hubiéramos o hubiésemos dormido, hubierais o hubieseis dormido, hubieran o hubiesen dormido. **Futuro perfecto:** hubiere dormido, hubieres dormido, hubiere dormido; hubiéremos dormido, hubiereis dormido, hubieren dormido. **MODO IMPERATIVO: Presente:** duerme tú, duerma él; durmamos nosotros, dormid vosotros, duerman ellos.

dormirse rfl. addormentarsi.
dormitar itr. dormicchiare, sonnecchiare.
dormitorio m. camera da letto; dormitorio.
dorsal agg. dorsale.
dorso m. dorso.
dos agg. due. **en un — por tres** in quattro e quattr'otto.
dosificar tr. dosificare.
dosis f. dose.
dotación f. dotazione.
dotar tr. dotare.
dote f. dote.
draga f. draga.
dragar tr. dragare.
dragón m. dragone; (mil.) dragone.
drama m. dramma.
dramático agg. drammatico.
dramatizar tr. drammatizzare.
dramaturgia f. drammaturgia.
droga f. droga.
drogar tr. drogare.
droguería f. drogheria.

droguero m. droghiere.
dúctil agg. duttile.
ductilidad f. duttilità.
ducha f. doccia.
duchar tr. docciare.
ducho agg. destro, abile.
duda f. dubbio.
dudar tr. e itr. dubitare.
dudoso agg. dubbioso.
duelo m. duello; duolo; lutto.
duende m. fantasma, folletto.
dueña f. dama, signora; padrona.

dueño m. padrone.
dulce agg. dolce. m. dolce, confetto.
dulcificar tr. dolcificare.
dulzura f. dolcezza.
dúo m. (mus.) duetto.
duplicar tr. duplicare; raddoppiare.
duplo m. doppio, duplo.
duque m. duca.
duquesa f. duchessa.
duración f. durata.
duradero agg. duraturo.
durante prep. durante.
durar itr. durare.
dureza f. durezza.
durmiente m. e f. dormiente.
duro agg. duro.

e cong. y, e.
ebanista m. ebanista.
ebanistería f. ebanisteria.
ébano m. (bot.) ebano.
ebrio agg. ebbro, ubriaco.
ebullición f. ebollizione.
ecléctico agg. eclettico.
eclesiástico agg. e m. ecclesiastico.
eclipsar tr. (astr.) eclissare.
eclipse m. eclisse.
economato m. economato.
economía f. economia.
económico agg. economico.
economista m. e f. economista.
economizar tr. economizzare.
ecuación f. equazione.
ecuador m. equatore.
ecuanimidad f. equanimità.
ecuestre agg. equestre.
ecuménico agg. ecumenico.
echada f. gettito, gettata.
echar tr. gettare. — **a correr** mettersi a correre. — **a perder** mandare in aria (un affare). — **carnes** ingrassare. — **de menos** sentir la mancanza.
echarse rfl. gettarsi.

edad f. età. — **media** medioevo. **mayor de** — maggiorenne. **menor de** — minorenne.
edición f. edizione.
edificación f. edificazione.
edificante agg. edificante.
edificar tr. edificare; costruire.
edificio m. edificio.
editar tr. pubblicare.
editor m. editore.
editorial agg. editoriale. m. editoriale. f. casa editrice.
educación f. educazione.
educar tr. educare.
educativo agg. educativo.
efectivamente avv. effettivamente.
efectivo agg. effettivo.
efecto m. effetto.
efectuar tr. effettuare.
efervescencia f. effervescenza.
efervescente agg. effervescente.
eficacia f. efficacia.
eficaz agg. efficace.
eficiencia f. efficienza.
eficiente agg. efficiente.
egoísmo m. egoismo.
egoísta agg. e m. f. egoista.
eje m. asse.

ejecución f. esecuzione.
ejecutar tr. eseguire.
ejecutivo agg. esecutivo.
ejecutor m. esecutore.
ejemplar agg. e m. esemplare.
ejemplaridad f. esemplarità.
ejemplo m. esempio.
ejercer tr. esercitare.
ejercicio m. esercizio.
ejercitar tr. esercitare.
ejército m. esercito.
el art. il, lo, l'.
él pron. egli, colui.
elaboración f. elaborazione.
elaborar tr. elaborare.
elasticidad f. elasticità.
elección f. elezione.
electo agg. eletto.
elector m. elettore.
electricidad f. elettricità.
electricista m. elettricista.
eléctrico agg. elettrico.
electrificar tr. elettrificare.
electrizar tr. elettrizzare.
electrocutar tr. giustiziare mediante la sedia elettrica.
electrón m. elettrone.
elefante m. elefante.
elegancia f. eleganza.
elegante agg. elegante.
elegible agg. eleggibile.
elegir tr. eleggere.
elemental agg. elementale.
elemento m. elemento.
elevación f. elevazione.
elevado agg. elevato.
elevador agg. elevatore.
elevar tr. elevare; alzare.
eliminar tr. eliminare.
elocuencia f. eloquenza.
elocuente agg. eloquente.
elogiar tr. elogiare.
elogio m. elogio.
eludir tr. eludere.
emanación f. emanazione.

emanar tr. emanare.   [ne.
emancipación f. emancipazio-
emancipar tr. emancipare.
embajada f. ambasciata.
embajador m. ambasciatore.
embajadora f. ambasciatrice.
embalaje m. imballaggio.
embalar tr. imballare.
embalsamar tr. imbalsamare.
embarazada agg. incinta.
embarcación f. imbarcazione.
embarcadero m. imbarcatoio, imbarcadero.
embarcar tr. imbarcare.
embarcarse rfl. imbarcarsi.
embargar tr. imbarazzare; sequestrare.
embargo m. sequestro.
embarque m. imbarco (di merci).
embaucador agg. e m. abbindolatore, raggiratore.
embaucamiento m. abbindolamento, raggiro.
embaucar tr. abbindolare, raggirare.
embelesar tr. estasiare, incantare, rapire.
embeleso m. estasi, rapimento.
embellecer tr. abbellire.
embellecimiento m. abbellimento.
embestida f. assalto; urto, investimento.
embestir tr. assaltare, assalire; urtare, investire.
emblema m. emblema.
embolia f. (med.) embolia.
émbolo m. stantuffo.
emborrachar tr. ubriacare.
emborracharse rfl. ubriacarse.
emboscada f. (mil.) imboscata.
emboscar tr. imboscare.
embotar tr. spuntare, smussare; attutire.
embotarse rfl. spuntarsi.
embozado agg. imbacuccato; mascherato.
embozar tr. coprire la faccia;

occultare; mascherare; ostruire.

embozarse rfl. coprirsi il viso.

embozo m. bavero; rimboccatura del lenzuolo.

embragar tr. imbracare; (mec.) innestare.

embrague m. imbracatura; (mec.) innesto.

embriagador agg. inebriante.

embriagar tr. inebbriare.

embriaguez f. ubriachezza.

embrión m. embrione.

embrionario agg. embrionario.

embrollar tr. imbrogliare.

embrollo m. imbroglio.

embrujar tr. stregare.

embrutecer tr. abbrutire.

embrutecimiento m. abbrutimento.

embudo m. imbuto.

embuste m. menzogna, frottola.

embustero m. bugiardo.

embutido m. intarsio; insaccato.

embutir tr. intarsiare; imbottire; insaccare.

emergencia f. emergenza.

emergente agg. emergente.

emerger itr. emergere.

emigración f. emigrazione.

emigrante agg. e m. emigrante.

emigrar itr. emigrare.

eminencia f. eminenza.

eminente agg. eminente.

emisario m. emissario.

emisión f. emissione.

emitir tr. emettere.

emoción f. emozione.

emocionar tr. emozionare.

emotivo agg. emotivo.

empachado agg. maldestro.

empachar tr. impacciare; causare indigestione.

empacho m. impaccio; indigestione.

empalagamiento m. nausea.

empalagar tr. stomacare, nauseare.

empalago m. nausea.

empalizada f. palizzata.

empalmadura f. incastratura, collegamento.

empalmar tr. incastrare, innestare, collegare. itr. fare coincidenza (due treni ecc.).

empalme m. incastro, innesto, collegamento; coincidenza di treni.

empanada f. pasticcino ripieno.

empanadilla f. pasticcino.

empapar tr. inzuppare.

empaparse rfl. inzupparsi.

empapelador m. tappezziere (di carta da parati).

empapelar tr. incartare; tappezzare (con carta da parati).

empaque m. impaccatura; aspetto, figura.

empaquetador m. impaccatore.

empaquetar tr. impaccare, impacchetare.

emparedado m. panino imbottito, tramezzino.

emparejar tr. appaiare, accoppiare; pareggiare.

emparentar itr. imparentare.

empastar tr. impastare.

empaste m. impasto.

empatar tr. pareggiare; impattare.

empate m. pareggio.

empedernido agg. accanito.

empedernir tr. indurire.

empedernirse rfl. accanirsi; diventare insensibile.

empedrado m. selciato, lastricato, pavimento di pietra.

empedrar tr. lastricare, selciare.

empeñar tr. impegnare.

empeñarse rfl. impegnarsi; insistere.

empeño m. impegno; pegno; cura, diligenza.

empeoramiento m. peggioramento.
empeorar tr. e itr. peggiorare.
emperador m. imperatore.
emperatriz f. imperatrice.
empero cong. però, ma.
empezar tr. principiare, incominciare.
empinado agg. elevato.
empinar tr. alzare.
empinarse rfl. alzarsi.
empírico agg. e m. empirico.
empirismo m. empirismo.
emplastar tr. applicare impiastri, impiastrare.
emplasto m. impiastro.
emplazamiento m. (giur.) citazione; situazione, ubicazione.
emplazar tr. (giur.) citare; collocare.
empleado agg. e m. impiegato.
emplear tr. impiegare.
empleo m. impiego.
empobrecer tr. e itr. impoverire.
empobrecimiento m. impoverimento.
emporio m. emporio.
empotrar tr. incastrare.
emprendedor agg. intraprendente.
emprender tr. intraprendere.
empresa f. impresa.
empresario m. impresario; impreditore.
empréstito m. imprestito, prestito.
empujar tr. spingere.
empuje m. spinta; slancio.
empujón m. spintone.
empuñadura f. impugnatura.
empuñar tr. impugnare.
emulación f. emulazione.
emular tr. emulare.
en prep. in; sopra. — **broma** per scherzo.

enaguas f. pl. sottane.
enajenación f. alienazione, trasferimento; rapimento.
enajenar tr. alienare; trasferire; rapire.
enamoradizo agg. facile a innamorarsi.
enamorado agg. innamorato.
enamoramiento m. innamoramento.
enamorar tr. innamorare.
enamorarse rfl. innamorarsi.
enano agg. e m. nano.
enardecer tr. infervorare, eccitare, inasprire.
enardecerse rfl. inasprirsi.
encabezamiento m. registrazione, iscrizione; intestatura, intestazione; testata.
encabezar tr. intestare; registrare, iscrivere.
encabritarse rfl. impennarsi (il cavallo).
encadenar tr. incatenare.
encajar tr. incassare.
encaje m. incassatura; merletto. [calce].
encalar tr. imbiancare (con la)
encallar itr. (naut.) incagliare, arenare.
encaminar tr. incamminare, dirigere, avviare.
encandilar tr. abbagliare.
encandilarse rfl. accendersi.
encanecer itr. incanutire.
encanijamiento m. affievolimento, debolezza.
encanijarse rfl. affievolirsi.
encantación f. incanto.
encantado agg. incantato.
encantamiento m. incanto.
encantar tr. incantare.
encanto m. incanto, maraviglia.
encañonar tr. incannellare; incannare; puntare.
encapotar tr. incappottare.
encapotarse rfl. coprirsi (il cielo).
encapricharse rfl. incapricciarsi; ostinarsi.
encaramarse rfl. inerpicarsi.

encaramiento m. confronto.

encarar tr. porsi faccia a faccia; puntare un'arma; affrontare, confrontare.

encarcelamiento m. incarceramento.

encarcelar tr. incarcerare.

encarecer tr. e itr. rincarare; lodare; raccomandare.

encarecimiento m. rincaro; interesse.

encargado agg. e m. incaricato.

encargar tr. incaricare.

encargarse rfl. incaricarsi.

encargo m. incarico.

encariñarse rfl. affezionarsi.

encarnación f. incarnazione.

encarnado agg. incarnato (rosso).

encarnizado agg. sanguinoso; cruento.

encarnizar tr. incrudelire.

encarnizarse rfl. accanirsi.

encastillado agg. borioso.

encastillar tr. fortificare con castelli.

encastillarse rfl. ostinarsi.

encenagado agg. infangato.

encenagarse rfl. infangarsi.

encendedor m. accenditore.

encender tr. accendere.

encenderse rfl. accendersi.

encendido agg. acceso, infiammato.   [rata.

encerado m. inceratura; incerar tr. incerare.

encerrar tr. rinserrare, rinchiudere.

encerrarse rfl. rinchiudersi; ritirarsi in un convento.

encerrona f. ritiro (volontario).

encía f. (anat.) gengiva.

encíclica f. (rel.) enciclica.

enciclopedia f. enciclopedia.

enciclopédico agg. enciclopedico.

encierro m. chiusura; rinchiuso; prigione.

encima avv. su, sopra, in cima.

encina f. (bot.) quercia.

encinta agg. incinta.

enclavar tr. inchiodare.

enclenque agg. malaticcio.

encoger tr. scorciare, restringere. itr. restringersi (la tela); contrarsi.

encolar tr. incollare.

encolerizar tr. far incollerire.

encolerizarse rfl. incollerire, incollerirsi.

encomendar tr. raccomandare.

encomendarse rfl. raccomandarsi.

encomiasta m. panegirista.

encomiar tr. encomiare.

encomiástico agg. encomiastico.

encomienda f. incarico; commenda; raccomandazione.

encomio m. encomio.

enconamiento m. inasprimento (d'una piaga).

enconar tr. inasprire (una piaga); irritare.

encono m. rancore, odio.

encontrar tr. incontrare; trovare.

encontrarse rfl. incontrarsi; trovarsi. — bien, mal de salud stare bene, male.

encontronazo m. spintone, urto.

encorvadura f. incurvatura.

encorvar tr. incurvare.

encrespadura f. arricciatura.

encrespamiento m. arricciamento.

encrespar tr. arricciare.

encrucijada f. crocicchio.

encuadernación f. legatura (di libri).

encuadernador m. legatore (di libri).

encuadernar tr. legare (libri).

encubierta f. inganno; frode.

encubierto agg. coperto; occultato.

encubridor m. manutengolo; ricettatore.

encubrimiento m. occultamento; ricettazione.

encubrir tr. coprire; occultare; tenere mano; ricettare.

encuentro m. incontro.

encuesta f. inchiesta.

encumbramiento m. elevazione, innalzamento.

encumbrar tr. elevare, innalzare.

encumbrarse rfl. innalzarsi.

encharcado f. palude.

encharcar tr. riempire di pozze, allagare.

enchufar tr. innestare; collegare.

enchufe m. innesto.

endeble agg. debole.

endeblez f. debolezza.

endémico agg. endemico.

endemoniado agg. e m. indemoniato, posseduto.

enderezar tr. raddrizzare; indiriazare.

endeudarse rfl. indebitarsi.

endiablado agg. indiavolato.

endiosamiento m. deificazione.

endiosar tr. deificare.

endosar tr. (comm.) girare una cambiale.

endulzar tr. addolcire.

endurecer tr. indurire.

endurecerse rfl. indurire, indurirsi.

endurecimiento m. indurimento.

enemiga f. inimicizia, odio.

enemigo agg. e m. nemico.

enemistad f. inimicizia.

enemistar tr. inimicare.

energía f. energia.

enero m. gennaio.

enervar tr. snervare.

enfadar tr. infastidire, sdegnare, disgustare.

enfadarse rfl. adirarsi, sdegnarsi.

enfado m. sdegno, adiramento disgusto.

enfangar tr. infangare.

enfangarse rfl. infangarsi.

énfasis f. enfasi.

enfático agg. enfatico.

enfermar tr. cagionare malattia. itr. ammalare.

enfermedad f. infermità, malattia.

enfermería f. infermeria.

enfermero f. infermiere.

enfermizo agg. malatticcio.

enfermo agg. e m. infermo, malato.

enfervorizar tr. infervorare.

enflaquecer tr. infiacchire. itr dimagrare.

enflaquecimiento m. indebolimento; dimagramento.

enfrascar tr. infiascare.

enfrentar tr. affrontare, raffrontare.

enfrente avv. di fronte.

enfriamiento m. raffreddamento.

enfriar tr. raffreddare.

enfriarse rfl. raffrenddarsi.

enfundar tr. rinfoderare.

enfurecer tr. rendere furioso.

enfurecerse rfl. infuriare, adirarsi.

enfurruñarse rfl. stizzirsi.

engalanar tr. abbellire, ornare

engalanarse rfl. adornarsi, abbellirsi.

enganchamiento m. agganciamento.

enganchar tr. agganciare.

enganche m. agganciamento.

engañar tr. ingannare.

engañarse rfl. sbagliarsi.

engaño m. inganno.

engañoso agg. ingannevole.

engarce m. castone; incastonatura.

engarzar tr. infilzare; incastonare.

engastar tr. incastonare (p. preziosa).

engaste m. incastonatura; castone (di pietra preziosa).

engatar tr. lusingare.

engatusar tr. lusingare.

engendramiento m. generamento.

engendrar tr. generare, procreare.

engendro m. embrione; aborto di natura.

engomar tr. ingommare.

engordar tr. ingrassare.

engordarse rfl. diventar grasso.

engorro m. imbarazzo.

engorroso agg. imbarazzante.

engrandecer tr. ingrandire; esagerare.

engrandecimiento m. ingrandimento.

engranaje m. ingranaggio.

engrasar tr. ingrassare.

engreído agg. vanitoso.

engreimiento m. vanità, orgoglio.

engreír tr. inorgoglire.

engreirse rfl. insuperbirsi.

engrosar tr. ingrossare.

enguantar tr. inguantare.

engullir tr. inghiottire.

enhebrar tr. infilare.

enhorabuena f. rallegramenti.
  dar la — congratularsi. avv. felicemente.

enigma f. enimma.

enigmático agg. enimmatico.

enjabonadura f. insaponatura.

enjabonamiento m. insaponamento.

enjabonar tr. insaponare.

enjalbegadura f. imbiancatura.

enjalbegar tr. imbiancare (muri).

enjambre m. sciame.

enjaular tr. ingabbiare.

enjoyar tr. ingioiellare.

enjuagar tr. sciacquare, risciacquare.

enjuagarse rfl. sciacquarsi (la bocca).

enjuague m. risciacquamento.

enjugar tr. asciugare.

enjuiciamiento m. (giur.) istruzione di un processo.

enjuiciar tr. istruire un processo.

enjundia f. energia, vigore; grasso, sugna.

enjutez f. secchezza, siccità.

enjuto agg. asciutto.

enlace m. allacciamento; matrimonio; unione.

enladrillado m. ammattonato.

enladrillar tr. ammattonare.

enlazamiento m. allacciamento.

enlazar tr. allacciare.

enlodar tr. infangare.

enloquecer tr. far impazzire. itr. impazzire.

enloquecimiento m. impazzimento; follia.

enlosado m. lastricato.

enlosar tr. lastricare.

enlucido agg. imbiancato. m. intonaco.

enlucir tr. brunire, pulire; ingessare, intonacare.

enlutar tr. coprire di gramaglie; rattristire; osurare.

enmarañar tr. arruffare.

enmascarar tr. mascherare.

enmendar tr. emendare, ammendare, correggere; riformare (una sentenza).

enmienda f. amendamento, ammenda.

enmohecerse rfl. ammuffire.

enmohecimiento m. ammuffimento.

enmudecer tr. rendere muto. itr. ammutolire.

ennegrecer tr. annerire. itr. divenire nero.

ennoblecer tr. nobilitare.

ennoblecimiento m. nobilitamento.

enojadizo agg. irascibile.

enojar tr. far incollerire.

enojarse rfl. incollerire, incollerirsi.

enojo m. furore; noia.

enorgullecer tr. e itr. inorgoglire.

enorgullecerse rfl. inorgoglire, inorgoglirsi.

enorme agg. enorme.

enormidad f. enormità.

enrarecer tr. diradare; rarefare.

enrarecimiento m. diradamento; rarefazione.

enredadera f. convolvolo; pranta rampicante.

enredar tr. prendere colla rete; imbrogliare.

enredarse rfl. impigliarsi.

enredo m. intreccio; imbroglio; complicazione.

enrejado m. graticolato, inferriata.

enrejar tr. graticolare.

enrevesado agg. indocile; difficile.

enriquecer tr. arricchire. itr. arricchire.

enriquecerse rfl. arricchire, diventare ricco.

enrojecer tr. far diventar rosso. itr. arrossire.

enrojecerse rfl. arrossire.

enrollar tr. arrotolare.

enrollarse rfl. accartocciarsi.

enroscar tr. attorcigliare.

ensalada f. insalata.

ensaladera f. insalatiera.

ensalzar tr. esaltare, lodare.

ensambladura f. incastratura, calettatura.

ensamblar tr. incastrare, calettare.

ensanchamiento m. allargamento. [re.

ensanchar tr. allargare, amplia-

ensanche m. ampliamento, allargamento.

ensangrentar tr. insanguinare

ensañarse rfl. inferocire (con tro qu.).

ensartar tr. infilare; infilzare.

ensayar tr. assaggiare, provare. itr. esercitarsi.

ensayo m. saggio, prova.

ensenada f. baia.

enseña f. insegna.

enseñanza f. insegnamento.

enseñar tr. insegnare.

enseres m. pl. masserizie, mobili; istrumenti.

ensoberbecer tr. insuperbire.

ensoberbecerse rfl. insuperbire.

ensordecer tr. assordare.

ensordecimiento m. assordamento, assordimento.

ensortijamiento m. arricciamento.

ensortijar tr. inanellare, arricciare.

ensuciar tr. insudiciare, sporcare.

ensuciarse rfl. sporcarsi.

ensueño m. sogno; illusione.

entablado m. tavolato.

entablar tr. intavolare; tavolare.

entablillar tr. steccare.

entarimado m. tavolato.

entarimar tr. tavolare, rivestire di tavole.

ente m. ente.

entendederas f. pl. intendimento.

entender tr. intendere, capire.

entenderse rfl. intendersi, capirsi.

entendido agg. dotto, sapiente.

entendimiento m. intendimento

entenebrecer tr. ottenebrare.

entenebrecerse rfl. ottenebrarsi.

enterar tr. informare.

enterarse rfl. informarsi; prender notizia; venire a sapere.

entereza f. interezza, integrità; fermezza.
enternecer tr. intenerire.
enternecimiento m. intenerimento.
entero agg. intero; integro. m. numero intero.
enterrador m. seppellitore.
enterramiento m. seppellimento.
enterrar tr. seppellire.
entibiar tr. intiepidire.
entibiarse rfl. intiepidirsi.
entidad f. entità.
entierro m. seppellimento.
entintar tr. inchiostrare, tíngere.
entoldado agg. coperto di tenda. m. tendaggio, tendame.
entoldar tr. coprire di tenda.
entonación f. intonazione.
entonar tr. intonare.
entonarse rfl. darsi aria, inorgoglire.
entonces avv. allora. **por aquel — in quel mentre.
entornar tr. socchiudere.
entorpecer tr. intorpidire.
entorpecimiento m. intorpidimento.
entrada f. entrata; ingresso.
entrante agg. e m. entrante.
entrañable agg. intimo.
entrañar tr. contenere qc.
entrañas f. pl. viscere.
entrar itr. entrare, ingressare; penetrare.
entre prep. fra, tra.
entreabrir tr. socchiudere.
entrecejo m. intracciglio.
entredicho agg. interdetto. m. proibizione; interdetto.
entrega f. consegna.
entregar tr. consegnare; dare.
entregarse rfl. (mil.) rendersi.
entrelazar tr. intrecciare.
entremés m. intermezzo; antipasto.
entremeter tr. frammettere.
entremeterse rfl. intromettersi.
entremetido agg. e m. intruso.

entrenador m. allenatore.
entrenamiento m. allenamento.
entrenar tr. allenare.
entreoír tr. udire di sfuggita; fraintendere.
entresuelo m. ammezzato, mezzanino.
entretener tr. trattenere, intrattenere, divertire.
entretenerse rfl. intrattenersi.
entretenido agg. allegro, ameno.
entretenimiento m. trattenimento.
entretiempo m. mezza stagione. **traje de — vestito di mezza stagione.
entrever tr. intravedere.
entrevista f. intervista.
entrevistar tr. intervistare.
entristecer tr. rattristare. itr. rattristire.
entristecimiento m. tristezza.
entuerto m. torto, aggravio.
entumecer tr. intormentire, intorpidire.
entumecimiento m. intorpidimento.
enturbiar tr. intorbidare.
entusiasmar tr. entusiasmare.
entusiasmo m. entusiasmo.
enumeración f. enumerazione.
enumerar tr. enumerare.
enunciación f. enunciazione.
enunciar tr. enunciare.
envainar tr. inguainare.
envalentonar tr. incoraggiare.
envalentonarse rfl. incoraggiarsi.
envanecerse rfl. insuperbire.
envaramiento m. intirizzimento.
envararse rfl. intirizzirsi.
envasador m. imbottatore.
envasar tr. imbottare; inflascare; invasare.
envase m. botte, fiasco, recipiente, scatola.

envejecer itr. e tr. invecchiare. [mento.
envenenamiento m. avvelena-
envenenar tr. avvelenare.
enviado m. inviato.
enviar tr. inviare, mandare.
envidia f. invidia.
envidiable agg. invidiabile.
envidiar tr. invidiare.
envidioso agg. invidioso.
envilecer tr. invilire, avvilire.
envilecerse rfl. avvilirsi, invi-
lirsi.
envío m. invio; rimessa.
envoltorio m. involto.
envolver tr. involgere.
enyesar tr. ingessare.
enzarzar tr. coprire di rovi.
enzarzarse rfl. impigliarsi.
épica f. epica.
épico agg. epico.
epicúreo agg. e m. epicureo.
epidemia f. epidemia.
epidémico agg. epidemico.
epidermis f. epidermide.
epifanía f. epifania.
epígrafe m. epigrafe.
epigrama m. epigramma.
epilepsia f. epilessia.
epiléptico agg. epilettico.
epílogo m. epilogo.
episcopado m. episcopato.
episcopal agg. episcopale.
episodio m. episodio.
epístola f. epistola.
epistolar agg. epistolare.
epitafio m. epitafio.
epíteto m. epiteto.
época f. epoca.
epopeya f. epopea.
equidad f. equità.
equidistancia f. equidistanza.
equidistante agg. equidistante.
equidistar itr. essere equidistante.
equilibrar tr. equilibrare.

equilibrio m. equilibrio.
equinoccio m. equinozio.
equipaje m. bagaglio.
equiparar tr. equiparare.
equitación f. equitazione.
equitativo agg. equo, giusto.
equivalencia f. equivalenza.
equivalente agg. equivalente.
equivaler itr. equivalere.
equivocación f. sbaglio.
equivocar tr. e itr. equivocare,
sbagliare.
equivocarse rfl. sbagliare.
equívoco agg. e m. equivoco.
era f. era, periodo; aia; aiola.
erario m. erario.
erección f. erezione.
eremita m. eremita.
erigir tr. erigere, istituire.
erisipela f. (med.) erisipela.
erizar tr. rizzare (i capelli).
erizo m. riccio, porco spino.
ermita f. eremo, romitorio.
erosión f. erosione.
erótico agg. erotico.
erotismo m. erotismo.
errabundo agg. errabondo.
errante agg. errante.
errar tr. errare.

———————————— ERRAR ————

MODO INFINITIVO: FORMAS SIM-
PLES: **Infinitivo:** errar. **Gerundio:** erran-
do. **Participio:** errado. FORMAS COM-
PUESTAS: **Infinitivo:** haber errado.
Gerundio: habiendo errado. **MODO IN-
DICATIVO: Presente:** yo yerro, tú ye-
rras, él yerra; nosotros erramos, vosotros
erráis, ellos yerran. **Pretérito imperfecto:**
erraba, errabas, erraba; errábamos, erra-
bais, erraban. **Pretérito indefinido:** erré,
erraste, erró; erramos, errasteis, erraron.
Futuro imperfecto: erraré, errarás, erra-
rá; erraremos, erraréis, errarán. **Pretérito
perfecto:** he errado, has errado, ha errado; hemos errado, habéis errado, han
errado. **Pretérito pluscuamperfecto:** había
errado, habías errado, había errado; habíamos errado, habíais errado, habían
errado. **Pretérito anterior:** hube errado,
hubiste errado, hubo errado; hubimos
errado, hubisteis errado, hubieron errado.
Futuro perfecto: habré errado, habrás
errado, habrá errado; habremos errado,
habréis errado, habrán errado. **MODO
POTENCIAL: Potencial simple:** erraría,
errarías, erraría; erraríamos, erraríais,

errarían. **Potencial compuesto: habría** errado, habrías errado, habría errado; habríamos errado, habríais errado, habrían errado. **MODO SUBJUNTIVO: Presente:** yerre, yerres, yerre; erremos, erréis, yerren. **Pretérito imperfecto:** errara o errase, erraras o errases, errara o errase; erráramos o errásemos, errarais o erraseis, erraran o errasen. **Futuro imperfecto:** errare, errares, errare; erráremos, errareis, erraren. **Pretérito perfecto:** haya errado, hayas errado, haya errado; hayamos errado, hayáis errado, hayan errado. **Pretérito pluscuamperfecto:** hubiera o hubiese errado, hubieras o hubieses errado, hubiera o hubiese errado; hubiéramos o hubiésemos errado, hubierais o hubieseis errado, hubieran o hubiesen errado. **Futuro perfecto:** hubiere errado, hubieres errado, hubiere errado; hubiéremos errado, hubiereis errado, hubieren errado. **MODO IMPERATIVO: Presente:** yerra **tú,** yerre **él;** erremos no- sotros, errad vosotros, yerren **ellos.**

---

errata f. errore di stampa.
erróneo agg. erroneo.
error m. errore, sbaglio.
eructación f. eruttazione.
eructar itr. eruttare.
eructo m. rutto.
erudición f. erudizione.
erudito agg. e m. erudito.
erupción f. eruzione.
esa agg. cotesta.
ésa pron. cotesta.
esbeltez f. sveltezza, snellez- za.
esbelto agg. svelto, snello.
esbirro m. sbirro.
esbozo m. abbozzo.
escabechar tr. marinare (pes- ci).
escabeche m. marinata.
escabrosidad f. scabrosità.
escabroso agg. scabroso.
escala f. scala; scalo.
escalada f. scalata.
escalar tr. scalare. itr. far sca- lo.
escaldado agg. scottato.
escaldar tr. scottare.
escalera f. scala. — **de cara- col** scala a chiocciola. — **de mano** scala a pioli.

escalofrío m. brivido.
escalón m. gradino; scalino.
escalonar tr. scaglionare.
escama f. squama.
escamar tr. squamare.
escamarse rfl. temere.
escampado agg. sgombro.
escampar tr. sgombrare.
escandalizar tr. scandalizzare.
escándalo m. scandalo.
escandaloso agg. scandaloso.
escapada f. scappata.
escapar itr. scappare, fuggire.
escaparse rfl. fuggire, scappa- re.   [zio.
escaparate m. vetrina di nego-
escapatoria f. scappatoia, scap- pavia.
escape m. scappata, scappa- mento; fuga.
escarabajo m. scarafaggio.
escaramuza f. scaramuccia.
escarapela f. coccarda.
escarbar tr. frugare.
escarcha f. brina.
escarchar itr. brinare, cadere la brina.
escarlata f. scarlatto.
escarlatina f. scarlattina.
escarmentar tr. rinsavire.
escarmiento m. rinsavimento.
escarnecer tr. schernire.
escarnio m. scherno.
escarola f. (bot.) scarola.
escarpa f. scarpata.
escarpadura f. declivio.
escasear itr. scarseggiare.
escasez f. scarsezza.
escatimar tr. stiracchiare.
escayola f. scagliola.
escena f. scena.
escenario m. scenario.
escepticismo m. scetticismo.
escéptico agg. e m. scettico.
escindir tr. scindere.
escisión f. scissione.

esclarecer tr. rischiarare; schiarire. itr. far giorno.
esclavitud f. schiavitù.
esclavizar tr. ridurre a schiavitù.
esclavo agg. e m. schiavo.
esclerosis f. (med.) sclerosi.
esclusa f. chiusa, cateratta.
escoba f. scopa.
escobar tr. scopare.
escocer itr. frizzare.
escoger tr. scegliere.
escogido agg. scelto.
escolar agg. scolastico. m. scolaro.
escolástico agg. e m. scolastico.
escollera f. (naut.) scogliera.
escollo m. (naut.) scoglio.
escolta f. scorta.
escoltar tr. scortare.
escombros m. rottami, resti.
esconder tr. nascondere, occultare.
esconderse rfl. nascondersi.
escondite m. nascondiglio.
escondrijo m. nascondiglio.
escopeta f. schioppo, fucile. — de aire comprimido fucile ad aria compressa.
escorbuto m. (med.) scorbuto.
escoria f. scoria.
escorpión m. scorpione.
escotadura f. scollatura.
escotar tr. scollare.
escote m. scollatura, scollo.
escotilla f. (naut.) boccaporto.
escozor m. bruciore.
escriba m. scriba.
escribanía f. scrivania; notariato.
escribano m. notaio.
escribiente m. scrivano.
escribir tr. scrivere, comporre.
escrito m. scritto, scrittura.
escritor m. scrittore.

escritorio m. scrittoio.
escritura f. scrittura.
escrúpulo m. scrupolo.
escrupuloso agg. scrupoloso.
escrutador m. scrutatore.
escrutar tr. scrutare; scrutinare.
escrutinio m. scrutinio.
escuadra f. squadra.
escuadrón m. (mil.) squadrone.
escucha f. sentinella, scolta; ascolto, ascoltazione.
escuchar tr. ascoltare.
escudar tr. proteggere collo scudo.
escudero m. scudiero.
escudo m. scudo.
escudriñar tr. scrutinare.
escuela f. scuola.
esculpir tr. scolpire.
escultor m. scultore.
escultura f. scultura.
escupidera f. sputacchiera.
escupir tr. sputare.
escupitajo m. sputacchio.
escurreplatos m. sgocciolatoio.
escurridizo agg. sdrucciolevole.
escurrir tr. e itr. sgocciolare.
escurrirse rfl. scivolare.
ese agg. cotesto.
ése pron. cotesto.
esencia f. essenza.
esencial agg. essenziale.
esfera f. sfera.
esforzado agg. sforzato; coraggioso.
esforzar tr. sforzare.
esforzarse rfl. sforzarsi.
esfuerzo m. sforzo.
esfumar tr. sfumare.
esfumarse rfl. sfumarsi.
esgrima f. scherma.
esgrimir itr. tirare di scherma.
esguince m. (med.) distorsione. [acciarino.
eslabón m. anello di catena;
eslavo agg. e m. slavo.
esmaltar tr. smaltare.
esmalte m. smalto.
esmerado agg. accurato.

esmeralda f. smeraldo.
esmerar tr. lucidare, pulire.
esmerarse rfl. sforzarsi (per far bene).
esmero m. accuratezza.
eso pr. ciò.
esófago m. esofago.
espaciar tr. lasciar spazio.
espacio m. spazio.
espada f. spada.
espalda f. schiena, spalla.
espaldas f. pl. dorso.
espaldar m. spalliera.
espaldarazo m. piattonata.
espaldilla f. omoplata.
espantadizo agg. facile a spaventarsi.
espantajo m. spauracchio.
espantar tr. spaventare.
espanto m. spavento, terrore.
espantoso agg. spaventoso, spaventevole.
español agg. e m. spagnuolo. m. lingua spagnuola.
españolizar tr. spagnolizzare.
esparadrapo m. cerotto adesivo.
esparcimiento m. spargimento; svago.
esparcir tr. spargere.
esparcirse rfl. spargersi; svagarsi.
espárrago m. sparago.
esparto m. sparto.
espasmo m. spasimo.
especial agg. speciale.
especialidad f. specialità.
especialista m. specialista.
especias f. pl. spezie.
especie f. specie, sorta.
especiería f. spezieria.
especificar tr. specificare.
específico agg. e m. specifico.
espectáculo m. spettacolo.
espectador m. spettatore.
espectro m. spettro, fantasma.
especulación f. speculazione.
especular tr. e itr. speculare.
espejismo m. miraggio.
espejo m. specchio.

espeluznante agg. raccapricciante.
espeluznar tr. raccapricciare.
espera f. attesa.
esperantista m. f. esperantista.
esperanto m. esperanto.
esperanza f. speranza.
esperar tr. sperare; attendere.
esperma f. sperma.
esperpento m. mostriciattolo.
espesar tr. ispessire, condensare.
espesarse rfl. ispessirsi, condensarsi.
espeso agg. spesso, denso.
espesor m. spessore.
espesura f. spessezza.
espía m. f. spia.
espiar tr. spiare.
espiga f. spiga.
espigado agg. spigato.
espigar tr. spigolare. itr. spigare.
espigón m. punta; diga, muraglione.
espín m. porcospino.
espina f. spina; lisca di pesce; pruno.
espinaca f. spinace.
espinal agg. spinale.
espinazo m. spina dorsale.
espinilla f. parte anteriore della canna dello stinco.
espionaje m. spionaggio.
espira f. spira; spirale.
espiral f. spirale.
espirar tr. spirare, esalare.
espiritismo m. spiritismo.
espiritista agg. spiritistico. m. f. spiritista.
espíritu m. spirito; energia. — **Santo** Spirito Santo.
espiritual agg. spirituale.
espiritualidad f. spiritualità.
espiritualizar tr. spiritualizzare.
espita f. cannella.

esplendidez f. splendidezza.
espléndido agg. splendido.
esplendor m. splendore.
espliego m. (bot.) spigo, lavanda.
espoleadura f. spronatura.
espolear tr. spronare.
espoleta f. spoletta.
esponja f. spugna.
esponjar tr. rendere spugnoso.
esponjoso agg. spugnoso.
esponsales m. pl. sponsali.
espontaneidad f. spontaneità.
espontáneo agg. spontaneo.
esposa f. sposa, moglie.
esposas f. pl. manette.
esposo m. sposo.
espuela f. sprone, sperone.
espuma f. spuma, schiuma.
espumadera f. schiumaiola.
espumar tr. schiumare. itr. spumare, schiumare.
espumarajo m. bava, schiuma.
espumoso agg. schiumoso, spumoso.
espurio m. spurio.
esputo m. sputo.
esquela f. scheda.
esqueleto m. scheletro.
esquema m. schema.
esquemático agg. schematico.
esquife m. schifo.
esquila f. squilla, campanella.
esquilar tr. tosare.
esquilmar tr. raccogliere (il frutto); sfruttare.
esquina f. cantonata, canto, angolo.
esquivar tr. schivare, sfuggire.
esquivez f. ritrosia.
esquivo agg. ritroso, schivo.
estabilidad f. stabilità.
estabilizar tr. stabilizzare.
estable agg. stabile.
establecer tr. stabilire, fondare, creare.
establecimiento m. stabilimento.

establo m. stalla.
estaca f. piolo; staggio; palo; steccone.
estacada f. palizzata; steccaia; steccato.
estacazo m. bacchiata, steccata.
estación f. stagione; stazione.
estacionamiento m. stazionamento.
estacionario agg. stazionario.
estacionarse rfl. rimanere stazionario; stazionare.
estadio m. stadio.
estadística f. statistica.
estado m. stato, nazione; condizione.
estafa f. truffa.
estafador m. truffatore.
estafar tr. truffare.
estafeta f. staffetta.
estallar itr. scoppiare, schiattare.
estallido m. scoppio.
estambre m. stame; (bot.) stame.
estampa f. stampa; aspetto.
estampado m. stampato.
estampar tr. stampare.
estampida f. scoppio.
estampido m. scoppio.
estampilla f. stampino.
estancar tr. stancare, arrestare il corso.
estancarse rfl. stagnare, ristagnare.
estancia f. stanza; abitazione; permanenza; soggiorno.
estanco m. regia dei tabacchi.
estandarte m. stendardo.
estanque m. stagno.
estante m. scaffale.
estantería f. scaffale.
estañar tr. stagnare.
estaño m. stagno.
estar itr. stare; essere. — **en que** essere d'opinione. — **por las nubes** costare moltissimo. — **por** essere in procinto.

—————— ESTAR ——————

MODO INFINITIVO: FORMAS SIM-PLES: Infinitivo: estar. **Gerundio:** estando. **Participio:** estado. **FORMAS COMPUESTAS: Infinitivo:** haber estado. **Gerundio:** habiendo estado. **MODO IN-DICATIVO: Presente:** yo estoy, tú estás, él está; nosotros estamos, vosotros estáis, ellos están. **Pretérito imperfecto:** estaba, estabas, estaba; estábamos, estabais, estaban. **Pretérito indefinido:** estuve, estuviste, estuvo; estuvimos, estuvisteis, estuvieron. **Futuro imperfecto:** estaré, estarás, estará; estaremos, estaréis estarán. **Pretérito perfecto:** he estado, has estado, ha estado; hemos estado, habéis estado, han estado. **Pretérito pluscuamperfecto:** había estado, habías estado, había estado; habíamos estado, habíais estado, habían estado. **Pretérito anterior:** hube estado, hubiste estado, hubo estado; hubimos estado, hubisteis estado, hubieron estado. **Futuro perfecto:** habré estado, habrás estado, habrá estado; habremos estado, habréis estado, habrán estado. **MODO POTENCIAL: Potencial simple:** estaría, estarías, estaría; estaríamos, estaríais, estarían. **Potencial compuesto:** habría estado, habrías estado, habría estado; habríamos estado, habríais estado, habrían estado. **MODO SUBJUNTIVO: Presente:** esté, estés, esté; estemos, estéis, estén. **Pretérito imperfecto:** estuviera o estuviese, estuvieras o estuvieses, estuviera o estuviese; estuviéramos o estuviésemos, estuvierais o estuvieseis, estuvieran o estuviesen. **Futuro imperfecto:** estuviere, estuvieres, estuviere; estuviéremos, estuviereis, estuvieren. **Pretérito perfecto:** haya estado, hayas estado, haya estado; hayamos estado, hayáis estado, hayan estado. **Pretérito pluscuamperfecto:** hubiera o hubiese estado, hubieras o hubieses estado, hubiera o hubiese estado; hubiéramos o hubiésemos estado, hubierais o hubieseis estado, hubieran o hubiesen estado. **Futuro perfecto:** hubiere estado, hubieres estado, hubiere estado; hubiéremos estado, hubiereis estado, hubieren estado. **MODO IMPERATIVO:** está tú, esté él; estemos nosotros, estad vosotros, estén ellos.

estática f. statica.
estático agg. statico.
estatua m. statua.
estatuir tr. statuire.
estatura f. statura.
estatuto m. statuto.
este agg. questo. m. est, oriente.
éste pron. questo.
estepa f. (bot.) cisto; steppa.

estera f. stuoia.
estereofónico agg. stereofonico.
estereotipar tr. stereotipare.
estereotipia f. stereotipia.
estéril agg. sterile.
esterilidad f. sterilità.
esterilizar tr. sterilizzare.
esterlina f. sterlina (moneta).
esternón m. (anat.) sterno.
estertor m. stertore.
estiércol m. sterco; letame.
estilar tr. stilare. itr. usare.
estilo m. stile, carattere.
estima f. stima, considerazione.
estimación f. stima.
estimar tr. stimare, apprezzare; giudicare.
estimular tr. stimolare; eccitare, incitare.
estímulo m. stimolo.
estipendio m. stipendio.
estipulación f. stipulazione.
estipular tr. stipulare.
estirado agg. attillato; borioso.
estirar tr. stirare; allungare.
estirón m. strappo.
estirpe f. stirpe, razza.
estival agg. estivo.
esto pron. questo, ciò.
estocada f. stoccata, botta.
estoicismo m. stoicismo.
estoico agg. e m. stoico.
estola f. stola.
estolidez f. stolidezza.
estólido agg. stolido.
estomacal agg. stomacale.
estómago m. stomaco.
estoque m. stocco, gladio.
estorbar tr. disturbare, imbarazzare, ingombrare.
estorbo m. disturbo, ingombro.
estornudar itr. starnutare.
estornudo m. starnuto.
estrabismo m. (med.) strabismo.
estrado m. palco; predella; sala di ricevimento.

estrados m. pl. sale dai tribunali.

estrafalario agg. stravagante, eccentrico.

estragar tr. viziare; fare strage.

estrago m. strage, danno.

estrangulación f. strangolamento.

estrangular tr. strangolare.

estratagema f. stratagemma.

estrategia f. strategia.

estratégico agg. strategico.

estratificar tr. stratificare.

estrato m. strato.

estrechamiento m. stringimento; stretta; restringimento.

estrechar tr. stringere, restringere.

estrecharse rfl. contrarsi, stringersi.

estrechez f. strettezza.

estrecho agg. e m. stretto.

estrella f. stella.

estrellado agg. stellato.

estrellar agg. stellare. tr. fracassare, infrangere, scagliare.

estrellarse rfl. infrangersi, fracassarsi, scagliarsi; coprirsi di stelle.

estremecer tr. commuovere, stremire.

estremecerse rfl. fremere, stremirsi, rabbrividire.

estrenar tr. inaugurare; (teat.) fare la prima, rappresentare per la prima volta.

estrenarse rfl. debuttare.

estreno m. prima; esordio.

estreñimiento m. stitichezza.

estreñirse rfl. patire stitichezza.

estrépito m. strepito, fracasso.

estrepitoso agg. strepitoso.

estribación f. diramazione, propaggine.

estribar tr. appoggiarsi, basarsi.

estribillo m. (mus.) ritornello.

estribo staffa; montatoio di una vettura; propaggine.

estribor m. (naut.) dritta.

estridencia f. stridenza.

estridente agg. stridente.

estrofa f. strofa.

estropajo m. strofinaccio.

estropajoso agg. sudicio.

estropear tr. storpiare; guastare.

estropicio m. fracasso, baccano, guasto.

estructura f. struttura.

estruendo m. fragore, fracasso, strepito; chiasso.

estruendoroso agg. fragoroso.

estuario m. estuario.

estuche m. astuccio.

estudiante m. studente.

estudiantil agg. studentesco.

estudiantina f. studiantina.

estudiar tr. studiare.

estudio m. studio, applicazione; studio.

estudioso agg. e m. studioso.

estufa f. stufa.

estulticia f. stoltezza.

estupefacción f. stupefazione, stupore.

estupefacto agg. stupefatto.

estupendo agg. stupendo.

estupidez f. stupidezza.

estúpido agg. e m. stupido.

estupor m. stupore.

estuprar tr. stuprare.

estupro m. stupro.

esturión m. storione.

etapa f. tappa.

etcétera m. eccetera.

eternal agg. eternale.

eternidad f. eternità.

eternizar tr. eternare.

eterno agg. eterno.

ética f. etica.

ético agg. etico.

etimología f. etimologia.

etiqueta f. etichetta.

étnico agg. etnico.

eucaristía f. eucaristia.

eufemismo m. eufemismo.

euforia f. euforia.

europeo agg. e m. europeo.
evacuación f. evacuazione.
evacuar tr. evacuare.
evadir tr. evitare, eludere; evadere.
evadirse rfl. evadere.
evangélico agg. evangelico.
evangelio m. vangelo.
evangelista m. f. evangelista.
evangelizar tr. evangelizzare.
evaporación f. evaporazione.
evaporar tr. evaporare.
evaporarse rfl. evaporare.
evasión f. evasione; fuga.
evasivo agg. evasivo.
evento m. evento.
eventualidad f. eventualità.
evidencia f. evidenza.
evidente agg. evidente.
evitar tr. evitare.
evocar tr. evocare.
evolución f. evoluzione.
evolucionar itr. far evoluzioni;
svilupparsi, svolgersi.
exactitud f. esattezza.
exacto agg. esatto.
exageración f. esagerazione.
exagerar tr. esagerare.
exaltar tr. esaltare.
examen m. esame.
examinar tr. esaminare.
exánime agg. esanime.
exasperación f. esasperazione.
exasperar tr. esasperare.
excavación f. escavazione.
excavar tr. scavare.
exceder tr. eccedere.
excelencia f. eccellenza.
excelente agg. eccellente.
excelso agg. eccelso.
excentricidad f. eccentricità.
excéntrico agg. e m. eccentrico.
excepción f. eccezione.
excepto avv. eccetto.
exceptuar tr. eccettuare.
excesivo agg. eccessivo.
exceso m. eccesso.
excitable agg. eccitabile.
excitación f. eccitazione.
excitar tr. eccitare.

exclamación f. esclamazione.
exclamar itr. esclamare.
excluir tr. escludere.
exclusión f. esclusione.
exclusiva f. esclusiva.
excomulgar tr. scomunicare.
excomunión f. scomunica.
excremento m. escremento.
excursión f. escursione, gita.
excursionista m. f. escursio-
nista.
excusa f. scusa.
excusado agg. scusato; esente
di tributi. m. cesso.
excusar tr. scusare; esentare
dai tributi.
exención f. esenzione.
exento agg. esente.
exequias f. pl. esequie.
exhalación f. esalazione.
exhalar tr. esalare.
exhausto agg. esausto.
exhibición f. esibizione.
exhibir tr. esibire.
exhortación f. esortazione.
exhortar tr. esortare.
exhumación f. esumazione.
exhumar tr. esumare.
exigencia f. esigenza.
exigente agg. esigente.
exigir tr. esigere.
eximir tr. esimere.
existencia f. esistenza.
existir itr. esistere, essere.
éxito m. esito; successo.
éxodo m. esodo.
exorbitante agg. esorbitante.
exorcismo m. esorcismo.
exorcizar tr. esorcizzare.
exótico agg. esotico.
expansión f. espansione.
expatriación f. espatriazione.
expatriarse tr. espatriare.
expectación f. aspettazione.
expectativa f. aspettativa.
expedición f. speditezza; spedizione.
expediente m. espediente.

expedir tr. spedire, inviare.
expeditivo agg. speditivo, sbrigativo.
expedito agg. spedito.
expeler tr. espellere.
expendedor m. spenditore.
expender tr. spendere.
expensas f. pl. spese.
experiencia f. esperienza.
experimentación f. esperimento.
experimentar tr. sperimentare, provare.
experimento m. esperimento.
experto agg. esperto.
expiación f. espiazione.
expiar tr. espiare.
explicación f. spiegazione, esplicazione.
explicar tr. spiegare, esplicare.
explícito agg. esplicito.
exploración f. esplorazione.
explorador m. esploratore.
explorar tr. esplorare.
explosión f. esplosione.
explosivo agg. esplosivo.
explotación f. sfruttamento; impianto.
explotar tr. sfruttare.
expoliación f. spoliazione.
expoliar tr. spogliare.
exponer tr. esporre.
exponerse rfl. sporsi.
exportación f. esportazione.
exportar tr. esportare.
exposición f. esposizione.
expositivo agg. espositivo.
expósito agg. e m. esposto, trovatello.
expresar tr. esprimere.
expresión f. espressione.
expreso agg. e m. espresso.
exprimir tr. spremere.
expulsar tr. espellere.
expulsión f. espulsione.
exquisito agg. squisito.
éxtasis m. estasi.

extender tr. estendere; diffondere.
extensión f. estensione.
extenso agg. esteso.
exterior agg. e m. esteriore.
exteriorizar tr. esteriorizzare.
exterminación f. sterminio.
exterminar tr. sterminare.
exterminio m. sterminio.
externo agg. esterno. m. alunno esterno.
extinción f. estinzione.
extinguir tr. estinguere.
extinto agg. e m. estinto.
extintor m. estintore.
extirpación f. estirpazione.
extirpar tr. estirpare.
extorsión f. estorsione.
extracción f. estrazione.
extractar tr. estrarre.
extracto m. estratto.
extractor m. estrattore.
extraer tr. estrarre.
extranjero agg. e m. straniero, forastiero.
extrañar tr. vedere o sentire qc. con stupore; straniare, bandire.
extrañarse rfl. maravigliarsi; straniarsi.
extrañeza f. stranezza.
extraño agg. strano.
extraordinario agg. straordinario.
extravagancia f. stravaganza.
extravagante agg. stravagante.
extraviar tr. deviare; smarrire; traviare.
extraviarse rfl. deviarsi; smarrirsi; traviarsi.
extravío m. traviamento; smarrimento.
extremado agg. esagerato, estremo.
extremar tr. portare agli estremi.
extremaunción f. estrema unzione.
extremidad f. estremità.
extremo agg. e m. estremo.
exuberancia f. esuberanza.
exuberante agg. esuberante.

fábrica f. fabbrica; edificio.
fabricación f. fabbricazione.
fabricante m. fabbricante.
fabricar tr. fabbricare; edificare.
fábula f. favola.
fabulista m. favolista.
facción f. fazione.
facciones f. pl. fattezze.
faceta f. faccetta; aspetto.
fácil agg. facile.
facilidad f. facilità.
facilitar tr. facilitare.
factible agg. fattibile.
factor m. fattore. — **de equipajes** bagagliere.
factoría f. fattoria.
factura f. fattura.
facturar tr. fatturare.
facultad f. facoltà.
facultar tr. dare facolta.
facultativo agg. facoltativo. m. dottore, medico.
fachada f. facciata.
faisán m. fagiano.
faja f. fascia, striscia, benda.
fajo m. fascio.
falacia f. fallacia.
falda f. falda; sottana.
faldero agg. e m. che gli piace stare tra le donne.

falibilidad f. fallibilità.
falsario agg. e m. falsario.
falsear tr. falsare.
falsedad f. falsità.
falsificación f. falsificazione.
falsificador m. falsificatore.
falsificar tr. falsificare.
falso agg. falso.
falta f. difetto; mancanza; colpa; errore.
faltar itr. mancare.
falto agg. difettoso; mancante.
falla f. difetto; falla. **—s valencianas** baldoria.
fallar tr. e itr. fallire; fallare; decidere.
fallecer itr. morire.   [te.
fallecimiento m. decesso, morte.
fallido agg. fallito.
fallo m. (giur.) sentenza; fallimento.
fama f. fama, celebrità.
familia f. famiglia.
familiar agg. familiare.
familiaridad f. familiarità.
familiarizar tr. familiarizzare.
famoso agg. famoso, rinomato.
fanal m. fanale.
fanático agg. fanatico.
fanatismo m. fanatismo.
fanfarrón m. fanfarone.

fanfarronear itr. millantarsi.
fangal m. fangaia.
fango m. fango.
fangoso agg. fangoso.
fantasear itr. fantasticare.
fantasía f. fantasia.
fantasioso agg. fantasioso.
fantasma m. fantasma.
fantástico agg. fantastico.
farándula f. compagnia comica ambulante.
faringe f. faringe.
faringitis f. faringite.
farisaico agg. farisaico.
fariseísmo m. fariseismo.
fariseo agg. fariseo.
farmacéutico agg. farmaceutico. m. farmacista, speziale.
farmacia f. farmacia.
faro m. faro, lanterna.
farol m. lampione.
farola f. fanale.
farsa f. farsa.
farsante m. commediante; simulatore.
fascículo m. fascicolo.
fascinación f. fascino.
fascinar tr. affascinare.
fascismo m. fascismo.
fascista m. f. fascista.
fase f. fase.
fastidiar tr. infastidire.
fastidiarse rfl. infastidirsi.
fastidio m. fastidio.
fastidioso agg. fastidioso.
fastuoso agg. fastoso.
fatal agg. fatale.
fatalidad f. fatalità.
fatídico agg. fatidico.
fatiga f. fatica.
fatigar tr. affaticare.
fatuo agg. fatuo.
favor m. favore.
favorable agg. favorevole.
favorecedor agg. favolevole.
favorecer tr. favorire.

favorito agg. e m. favorito.
faz f. faccia, sembiante.
fe f. fede, dar — certificare.
fealdad f. bruttezza.
febrero m. febbraio.
febril agg. febbrile.
fécula f. fecola.
fecundación f. fecondazione.
fecundador agg. fecondatore.
fecundar tr. fecondare.
fecundidad f. fecondità.
fecundizar tr. fecondare.
fecundo agg. fecondo.
fecha f. data.
fechar tr. datare.
fechoría f. misfatto.
federación f. federazione.
federal agg. federale.
felicidad f. felicità.
felicitación f. felicitazione, congratulazione.
felicitar tr. felicitare, congratularsi.
feligrés m. parrocchiano.
feligresía f. parrocchia.
feliz agg. felice.
femenino agg. femminile.
femineidad f. femminilità.
fenómeno m. fenomeno.
feo agg. brutto.
feracidad f. feracità, fertilità.
feraz agg. ferace.
féretro m. feretro, bara.
feria f. fiera.
ferial agg. feriale. m. mercato, fiera.
fermentación f. fermentazione.
fermentar itr. fermentare.
fermento m. fermento.
ferocidad f. ferocia.
feroz agg. feroce.
ferretería f. ferramenta, ferrareccia; negozio di ferramenta.
ferrocarril m. ferrovia.
ferroviario agg. ferroviario.
fértil agg. fertile.
fertilidad f. fertilità.
fertilización f. fertilizzazione.
fertilizar tr. fertilizzare.
ferviente agg. fervente.

fervor m. fervore.
festejar tr. festeggiare.
festejo m. festeggio.
festín m. festino.
festividad f. festività.
festivo agg. festivo.
fetiche m. feticcio.
fétido agg. fetido.
feto m. feto.
feudal agg. feudale.
feudo m. feudo.
fiado agg. affidato. **comprar al — comprare a credito.
fiador m. garante.
fiambre m. vivanda fredda.
fiambrera f. cesta per le vivande fredde.
fianza f. malleveria, garanzia, fidanza.
fiar tr. garantire; vendere a credito.
fiarse rfl. fidarsi.
fibra f. fibra.
fibroso agg. fibroso.
ficción f. finzione.
ficha f. gettone; tessera; scheda.
fichero m. schedario.
ficticio agg. fittizio.
fidedigno agg. fidedegno.
fideicomiso m. fidecommesso.
fidelidad f. fedeltà.
fideos m. pl. vermicelli, spaghetti.
fiebre f. febbre. **— palustre** malaria.
fiel agg. fedele, leale. m. ispetore dei pesi e misure; indice; fedele.
fieltro m. feltro.
fiera f. bestia feroce, fiera, belva.
fiereza f. fierezza.
fiero agg. fiero, spietato.
fiesta f. festa, feria.
figura f. figura.
figurar tr. e itr. figurare.
figurarse rfl. figurarsi, immaginarsi.
figurativo agg. figurativo.
figurín m. figurino di mode.

fijador agg. e m. fissatore.
fijar tr. fissare.
fijarse rfl. fissarsi.
fijeza f. fermezza, fissità.
fijo agg. fermo, fisso. **de —** sicuramente.
fila f. fila, filza.
filamento m. filamento.
filantropía f. filantropia.
filantrópico agg. filantropico.
filarmónico agg. e m. filarmónico.
filatelia f. filatelia.
filete m. filetto (di carne).
filiación f. filiazione; matricola.
filial agg. filiale.
filiar tr. prendere i connotati.
filo m. filo.
filología f. filologia.
filológico agg. filologico.
filólogo m. filologo.
filón m. filone.
filosofar itr. filosofare.
filosofía f. filosofia.
filosófico agg. filosofico.
filósofo m. filosofo.
filtrar tr. filtrare.
filtro m. filtro.
fin m. fine. **al — y al cabo** in último. **al —** alla fine. **a — de** per. **por —** infine, alla fine.
finado m. morto, defunto.
final agg. finale, último. m. fine, finale, conclusione.
finalizar tr. terminare, finire.
finalmente avv. finalmente, infine.
financiero agg. finanziario. m. finanziere.
fineza f. finezza.
fingido agg. finto.
fingir tr. fingere.
fino agg. fino, fine.
finlandés agg. e m. finlandese. m. lingua finlandese.

finura f. finezza, squisitezza.
firma f. firma; sottoscrizione; ditta.
firmamento m. firmamento.
firmante m. firmatario.
firmar tr. firmare; sottoscrivere.
firme agg. fermo. avv. fermamente.
firmeza f. fermezza.
fiscal agg. fiscale. m. procuratore, pubblico ministerio. — de hacienda intendente di finanza.
fiscalía f. procura, procuratia.
fiscalizar tr. controllare.
fisco m. fisco.
física f. fisica.
físico agg. fisico. m. fisico.
fisiología f. fisiología.
fisioterapia f. fisioterapia.
flaco agg. fiacco, magro.
flama f. fiamma.
flamante agg. fiammante, splendente.
flamear itr. fiammeggiare.
flamenco agg. fiammingo; zingaresco. m. (orn.) fenicottero; fiammingo (idioma).
flan m. creme caramelle, dolce di crema.
flanco m. fianco.
flanquear tr. fiancheggiare.
flaquear itr. infiacchire.
flaqueza f. fiacchezza, indebolimento.
flauta f. flauto.
flautista m. flautista.
flecha f. freccia.
flechar tr. colpire con freccia, frecciare.
flechazo m. colpo di freccia, frecciata.
flema f. flemma.
flemático agg. flemmatico.
flemón m. flemmone.

fletar tr. (naut.) noleggiare.
flete m. (naut.) noleggio.
flexibilidad f. flessibilità.
flexible agg. flessibile.
flexión f. flessione.
flojear itr. infiacchire.
flojeo m. fiacchezza.
flor f. fiore.
flora f. flora.
floración f. fioritura, fiorita.
florecer itr. fiorire; prosperare.
floreciente agg. fiorente.
florero m. fioraio; vaso da fiori.
florido agg. fiorito.
florista m. fioraio f. fioraia.
flota f. flotta, marina.
flotante agg. galleggiante.
flotar itr. galleggiare.
flote m. galleggiamento. poner a — rimettere a galla (una nave).
flotilla f. flottiglia.
fluctuar itr. fluttuare.
fluidez f. fluidezza.
fluido agg. e m. fluido.
fluir itr. fluire, scorrere.
flujo m. afflusso, flusso.
fluvial agg. fluviale.
foca f. (zool.) foca.
foco m. fuoco; focolaio; luce.
fogata f. falò.
fogón m. focolare.
fogosidad f. focosità, ardore.
folklore m. folclore.
folklórico agg. folclorico.
folletín m. appendice; romanzo d'appendice.
folleto m. opuscolo.
fomentar tr. fomentare, promuovere.
fomento m. fomento.
fondeadero m. (naut.) ancoraggio.
fondear itr. (naut.) ancorarsi. tr. scandagliare, ancorare.
fondo m. fondo.
fondos m. pl. fondi, capitali.
fonética f. fonetica.

fonógrafo m. fonografo.
fontanería f. mestiere del fontaniere.
fontanero m. fontaniere.
forajido agg. e m. evaso; fuori legge.
forastero m. forastiero.
forense agg. forense.
forja f. fucina, forgia.
forjar tr. fucinare; creare.
forma f. forma.
formación f. formazione.
formalidad f. formalità.
formalizar tr. formalizzare.
formar tr. formare.
formato m. formato.
formidable agg. formidabile.
fórmula f. formula.
formular tr. formulare.
formulario m. formulario.
formulismo m. formulismo.
fornicación f. fornicazione.
fornicar itr. fornicare.
forrar tr. foderare.
forro m. fodera.
fortalecer tr. fortificare, rafforzare.
fortaleza f. fortezza.
fortificación f. fortificazione.
fortificar tr. fortificare.
fortuito agg. casuale, fortuito.
fortuna f. fortuna.
forzar tr. forzare.
forzoso agg. forzoso.
forzudo agg. forzuto.
fosa f. fossa.
fosar tr. fare un fosso.
foso m. fosso.
fotograbado m. fotoincisione.
fotografía f. fotografía.
fotógrafo m. fotografo.
frac m. frac, abito a coda.
fracasar itr. non riuscire, fallire, far fiasco.
fracaso m. insuccesso, fiasco, fallimento.
fracción f. frazione.
fractura f. frattura.
fracturar tr. fratturare.
fragancia f. fraganza.
fragante agg. fragrante.

fragata f. fregata.
frágil agg. fragile.
fragilidad f. fragilità.
fragmentario agg. frammentario.
fragmento m. frammento.
fraile m. frate, monaco.
frambuesa f. (bot.) lampone.
francés agg. o m. francese. m. lingua francese. **despedirse a la francesa** andarsene senza salutare.
francmasón agg. frammassone.
franco agg. franco; leale. m. franco (moneta).
franela f. flanella.
franja f. frangia.
franquear tr. affrancare; attraversare.
franqueo m. affrancatura.
franqueza f. franchezza, sincerità.
frasco m. fiasco; ampolletta, bottiglietta.
frase f. frase.
fraternal agg. fraterno.
fraternidad f. fraternità.
fraterno agg. fraterno.
fratricida agg. e m. fratricida.
fratricidio m. fratricidio.
fraude m. frode, inganno.
fraudulencia f. fraudolenza.
fray m. fra, frate.
frecuencia f. frequenza.
frecuente agg. frequente.
fregadero m. lavatoio.
fregar tr. fregare; lavare; strofinare.
fregona f. sguattera.
freír tr. friggere.
frenar tr. frenare.
frenesí m. frenesia.
frenético agg. frenetico.
freno m. freno.
frente f. fronte; facciata. — **por —** addirimpetto.
fresa f. (bot.) fragola.
frescachón agg. robusto e sano.

fresco agg. fresco. m. fresco.
frescor m. freschezza, frescura.
frescura f. frescura.
fresno m. (bot.) frassino.
frialdad f. freddezza.
fricción f. frizione.
friccionar tr. frizionare, fregare.
frigorífico agg. e m. frigorifero.
frío agg. freddo, frigido. m. freddo.
fritada f. frittata; frittura.
frito agg. fritto. — **variado** fritto misto.
fritura f. frittura.
frivolidad f. frivolità.
frívolo agg. frivolo.
frondosidad f. frondosità.
frontal agg. frontale.
frontera f. frontiera.
fronterizo agg. di frontiera; limitrofo.
frontón m. frontone.
frotación f. fregagione, frizione.
frotar tr. fregare, strofinare.
fructífero agg. fruttifero.
fructificar itr. fruttificare, fruttare.
frugal agg. frugale.
frugalidad f. frugalità.
frustrar tr. frustrare.
frustrarse rfl. non riuscire.
fruta f. frutta.
frutal agg. fruttifero. m. albero fruttifero.
frutería f. negozio del fruttivendolo.
frutero agg. frutticolo. m. fruttiera; fruttivendolo.
fruto m. frutto.
fuego m. fuoco; incendio. **pegar** — dar fuoco.
fuente f. fonte; fontanella; sorgente.
fuera avv. fuori, fuora. — **de** eccetto.

fuero m. legge e giurisdizione locale, foro.
fuerte agg. forte. m. forte, fortezza.
fuertemente avv. fortemente.
fuerza f. forza.
fuga f. fuga; fuggita, evasione.
fugacidad f. fugacità.
fugarse rfl. evadere, fuggire.
fugitivo agg. fuggitivo.
fulgor m. fulgore.
fulminante agg. fulminante.
fulminar tr. fulminare.
fumador m. fumatore.
fumar tr. e itr. fumare.
función f. funzione.
funcionar itr. funzionare.
fumador m. fumadore.
funcionario m. funzionario.
funda f. fodera; fascia; fodero.
fundación f. fondazione.
fundador m. fondatore.
fundamental agg. fondamentale.
fundamentar tr. fondamentare.
fundamento m. fondamento.
fundar tr. fondare.
fundición f. fusione; forderia; ghisa.
fundir tr. fondere.
fundirse rfl. fondersi.
fúnebre agg. funebre.
funeral m. funerale.
funeraria f. agenzia di trasporti funebri.
funerario agg. funerario.
funicular agg. funicolare. **ferrocarril** — funicolare.
furia f. furia.
furibundo agg. furibondo.
furor m. furore, collera.
furtivo agg. furtivo.
furúnculo m. (med.) foruncolo.
fusible agg. e m. fusibile.
fusil m. fucile.
fusilamiento m. fucilazione.
fusilar tr. fucilare.
fusión f. fusione.
fútil agg. futile.
futuro agg. futuro. m. tempo futuro; futuro (sposo).

G g

gabán m. gabbano, soprabito, paletò.

gabardina f. gabardine.

gabinete m. gabinetto; camerino.

gaceta f. gazzetta, giornale.

gacetilla f. cronaca di giornale.

gafas f. pl. occhiali.

gaita f. cornamusa, piva.

gaitero m. suonatore di piva o cornamusa.

gaje m. stipendio, salario. —s del oficio noie del mestiere.

gala f. gala.

galán agg. galante. m. amoroso.

galante agg. galante.

galantear tr. corteggiare.

galanteo m. corteggiamento.

galantería f. galanteria.

galardón m. guiderdone, ricompensa.

galardonar tr. ricompensare, guiderdonare.

galeón m. (naut.) galeone.

galera f. (naut.) galera.

galería f. galleria, loggia.

galerna f. maestrale.

galés agg. e m. gallese. m. lingua gallese.

galgo m. levriero, veltro.

galicismo m. gallicismo.

galimatías m. linguaggio confuso, garbuglio.

galón m. gallone.

galopada f. galoppata.

galopar itr. galoppare.

galope m. galoppo.

gallardear itr. bravare, braveggiare.

gallardete m. gagliardetto.

gallardía f. arditezza; gagliardia.

gallardo agg. gagliardo.

galleta f. galletta, biscotto.

gallina f. gallina.

gallo m. gallo.

gamo m. daino, capriolo.

gamuza f. camoscia.

gana f. voglia. de buena — volentieri. de mala — a malavoglia.

ganadería f. gregge; bestiame.

ganadero m. proprietario o allevatore di bestiame.

ganado m. bestiame; mandria.

ganador agg. e m. vincitore.

ganancia f. guadagno, profitto, lucro.   [vincere.

ganar tr. guadagnare, lucrare;

gancho m. gancio; uncino.
gandul agg. vagabondo; pigro. m. scioperato.
ganga f. ganga; starna; bazza.
gangrena f. cancrena.
gangrenarse rfl. incancrenire.
gansada f. stupidità.
ganso m. oca; maleducato.
ganzúa f. grimaldello.
garaje m. garage.
garantía f. garanzia.   [dere.
garantizar tr. garantire, rispon-
garbanzo m. cece.
garbo m. garbo.
garboso agg. garbato.
garfio m. gancio, raffio.
garganta f. gola, collo.
gargantilla f. collana, monile.
gárgara f. gargarismo.
garita f. casotto, garitta.
garito m. bisca.
garra f. artiglio.
garrafa f. caraffa.
garrapata f. zecca.
garrapatear itr. scarabocchiare.
garrotazo m. bastonata, randel-
lata.
garrote m. bastone, randello.
garza f. (orn.) airone, garza.
gas m. gas.
gasa f. garza.
gaseosa f. gassosa (bibita).
gaseoso agg. gassoso.
gasolina f. gasolina.
gastado agg. logoro, sciupato; speso; consumato; usato.
gastar tr. logorare, consumare, sciupare; spendere; usare.
gasto consumazione, consumo; spesa; uso.
gástrico agg. gastrico.
gastronomía f. gastronomia.
gata f. gatta. **a —s** carponi.
gatillo m. gattino; cane (di fucile).
gato m. gatto; gruzzolo; martinetto, cricco.

gatuno agg. gattesco, felino.
gavilán m. sparviere.
gavilla f. bica; covone.
gaviota f. gabbiano.
gazapo m. coniglietto.
gazmoño m. bacchettone.
gaznate m. gola, strozza.
gazpacho m. panzanella.
gemelo agg. e m. gemello.
gemelos m. pl. bottoni gemelli; binoccolo.
gemido m. gemito.
gemir itr. gemere.
gendarme m. gendarme.
gendarmería f. gendarmeria.
genealogía f. genealogia.
generación f. generazione.
general agg. e m. generale.
generala f. (mil.) generale, adunata.
generalidad f. generalità.
generalizar tr. generalizzare.
generar tr. generare.
genérico agg. generico.
género m. genere; classe.

— **Los géneros del nombre** —

• Nella lingua spagnuola, come nell'italiana, la maggioranza dei nomi appartengono al genere *maschile*, che conviene agli uomini, animali maschi e nomi relativi a loro, o al genere *femminile* che conviene alle donne, animali femmine e nomi relativi a loro. Nella lingua spagnuola il genere delle cose è convenzionale.

• Ci sono anche i generi: *neutro*, quello dei nomi generici o astratti (*lo bello*); *promiscuo* (spagn. *epiceno*), quello delle parole che servono indistintamente per indicare animali maschi o femmine (*elefante*); *comune*, quello delle parole che servono indistintamente per indicare uomini o donne (*abogado*); *ambiguo*, quello delle parole che servono per indicare cose che lo stesso possono essere maschili o femminili (mar).

• In generale sono maschili i nomi che finiscono in e, i, o, u, j, l, n, r, s, t, x, ma ci sono tante eccezioni (*mano, canción, labor*); e femminili quelli finiti in a, d, z (ma ci sono anche delle eccezioni (*papa, abad*). Sono maschili i segni musicali e i nomi di due e più sillabe finiti in *á* (*bajá*). Sono femminili le lettere dell'alfabeto. I nomi geografici hanno in generale il genere corrispondente alla loro desinenza, ma i nomi dei fiumi sono maschili.

Quei nomi maschili che hanno il corrispondente femminile lo formano nei modi seguenti:

Quelli finiti in *o* formano il femminile in *a (niño, niña)*.

Quelli finiti in consonante aggiungono un'*a (león, leona)*.

Quelli finiti in *a* possono divenire femminili senza mutare la terminazione *(pianista)*.

Certi nomi relativi a cariche, distinzioni, etc., fanno il femminile in *esa* o *isa (abadesa, poetisa)*.

Alcuni nomi finiti in *tor* cambiano in *trice (actor, actriz)*.

Ci sono anche femminili irregolari *hombre, mujer; rey, reina*.

Per i nomi di animali che non hanno la forma femminile si usano le parole *macho* (maschio) per il maschile ed *hembra* (femmina) per il femminile *(elefante macho, elefante hembra)*.

---

géneros m. pl. mercanzia, generi.

generosidad f. generosità.

generoso agg. generoso.

genial agg. geniale.

genialidad f. genialità.

genio m. carattere, indole; genio, talento.

genital agg. genitale.

genitales m. pl. genitali.

gente f. gente, persone.

gentil agg. gentile, grazioso. m. gentile.

gentileza f. gentilezza.

gentilhombre m. gentiluomo.

gentío m. ressa, folla.

genuino agg. genuino.

geografía f. geografia.

geográfico agg. geografico.

geógrafo m. geografo.

geología f. geologia.

geometría f. geometria.

geranio m. (bot.) geranio.

gerencia f. gerenza, gestione.

gerente m. gerente.

germanismo m. germanismo.

germanizar tr. germanizzare.

germano agg. germano, germanico. m. germano.

germen m. germe, embrione.

germinar itr. germinare.

gesticular itr. gesticolare.

gestión f. gestione.

gesto m. gesto.

gestor m. gerente, direttore di una impresa o società, gestore.   [gante.

gigante agg. gigantesco. m. gi-

gigantesco agg. gigantesco, colossale.

gimnasia f. ginnastica.

gimnasio m. ginnasio; palestra.

gimnasta m. f. ginnasta.

gimotear itr. piagnucolare.

gimoteo m. piagnucolio.

ginebra f. gin.

ginecología f. ginecologia.

girar tr. e itr. girare, volgere.

girasol m. girasole.

giratorio agg. girevole.

giro m. giro.

gitanada f. azione da zingaro.

gitanería f. lusinga; gruppo di zingari.

gitano m. zingaro.

glacial agg. glaciale.

glándula f. ghiandola, glandula.

globo m. globo, orbe. — **dirigible** dirigibile. — **cautivo** pallone frenato.

gloria f. gloria, fama.

glorificar tr. glorificare.

glorioso agg. glorioso.

glosa f. glossa.

glosar tr. glossare.

glosario m. glossario.

glotón agg. ghiottone.

glotonería f. ghiottoneria.

gobernación f. governo. **ministerio de la —** ministero degli interni.

gobernador m. governatore.

gobernar tr. governare.

gobierno m. governo.

goce m. piacere, gusto; godimento.

golfo m. golfo; vagabondo, monello, birbante.

golondrina f. rondine.
golosina f. goloseria.
golosinas f. pl. dolciume.
goloso agg. e m. goloso.
golpe m. colpo, percossa. de
— y porrazo all'improvviso.
golpear tr. colpire, dar colpi.
golpeo m. battitura. [ta.
golpeteo m. battitura continua-
goma f. gomma.
góndola f. gondola.
gondolero m. gondoliere.
gordinflón agg. paffuto; obeso.
gordo agg. grasso.
gorjear itr. gorgheggiare.
gorjeo m. gorgheggio.
gorra f. berretta, berretto. comer de — mangiare alle
spalle altrui.
gorrión m. (orn.) passero.
gorro m. berretto.
gota f. goccia; gotta. — a — la
mar se apoca a forza di togliere il sacco si vuota. sudar la — gorda far ogni sforzo per riuscire.
gotear itr. gocciolare.
gotera f. gocciolatura.
gozar tr. godere, fruire.
gozarse rfl. compiacersi.
gozne m. cardine.
gozo m. godimento; allegria.
gozoso agg. allegro, contento.
grabado m. incisione.
grabador m. incisore.
grabar tr. incidere; imprimere
(nella) memoria.
gracejo m. garbo, grazia.
gracia f. grazia.
gracioso agg. grazioso; comico, buffo.
grada f. gradino; (naut.) scalo.
gradación f. gradazione.
gradar tr. erpicare o spianare
il terreno.
gradería f. gradinata.
grado m. grado.

graduación f. graduazione.
graduado agg. graduato.
gradual agg. graduale.
graduar tr. graduare.
graduarse rfl. addottorarsi.
gráfico agg. grafico.
gramática f. grammatica.
gramático m. grammatico.
gramo m. grammo.
gramófono m. grammofono.
gran agg. grande.
granada f. (bot.) granata, melagrana; (mil.) granata.
granadero m. (mil.) granatiere.
granar itr. granire.
granate m. (min.) granato.
grande agg. grande; grosso.
grandeza f. grandezza.
grandilocuencia f. grandilo-
quenza. [quente.
grandilocuente agg. grandilo-
grandioso agg. grandioso.
granear tr. granire.
granero m. granaio.
granilloso agg. granelloso.
granito m. granito.
granizada f. grandinata.
granizar itr. grandinare.
granizo m. grandine.
granja f. masseria.
granjear itr. guadagnare, ottenere.
granjearse rfl. cattivarsi la stima, eccetera.
granjero m. massaio, massaro.
grano m. grano. ir al — venire
al fatto.
granuja f. uva sgranata; granello. m. monello, birbante,
briccone.
grasa f. sugna; grasso.
grasiento agg. lardoso, untuoso.
gratificación f. gratificazione.
gratificar tr. gratificare, ricompensare.
gratis avv. gratis.
gratitud f. gratitudine, riconoscenza.
grato agg. grato.
gratuito agg. gratuito.

gratulación f. congratulazione.
gratular tr. congratulare, felicitare.
gratularse rfl. congratularsi.
grava f. ghiaia.
gravamen m. gravame, onere.
gravar tr. gravare.
grave agg. grave, serio.
gravedad f. gravità.
gravitación f. gravitazione.
gravitar itr. gravitare.
gravoso agg. gravoso.
gremial agg. collegiale, corporativo. m. membro d'una corporazione.
gremio m. arte, corporazione.
grieta f. spaccatura, crepaccio; fessura.
grifo m. chiavetta; grifo; cannella. (stamp.) bastardo, corsivo.
grillo m. grillo; tallo.
grillos m. pl. ceppi.
gripe f. influenza.
gris agg. grigio. m. vento freddo.
grisáceo agg. grigiastro.
grisú m. grisù.
gritar itr. gridare, vociare.
gritería f. gridìo, gridata.
griterío m. gridìo, vocìo.
grito m. grido a — pelado a squarciagola. poner el — en el cielo lamentarsi ad alta voce.   [nità.
grosería f. scortesia; grossolagrosero agg. e m. scortese, grossolano.
grosor m. spessore.
grotesco agg. grottesco.
grúa f. gru, grue.   [so.
grueso agg. grosso, voluminogruñido m. grugnito.
gruñir itr. grugnire.
grupo m. gruppo.
gruta f. grotta, cava.
guadaña f. falce.
guante m. guanto.
guapo agg. bello, grazioso.

guarda m. guardia, guardiano. f. guardia, vigilanza.
guardabosque m. forestaro.
guardacostas m. guardacoste.
guardapolvo m. spolverino.
guardar tr. guardare, custodire; osservare (la legge); conservare; serbare.
guardarse rfl. ripararsi, guardarsi. — de hacer guardarsi dal fare, evitare di fare.
guardarropa m. guardaroba.
guardia f. guardia, difesa. m. guardia, milite.
guardián m. guardiano.
guarecer tr. accogliere; itr. ricoverare.
guarecerse rfl. rifugiarsi.
guarida f. tana, covo.   [re.
guarnecer tr. guarnire, adornaguarnición f. guarnizione, fregio, adorno; guarnigione.
guasa f. rozzezza; burla.
guasón agg. e m. burlone.
gubernativo agg. governativo.
guerra f. guerra.
guerrear itr. guerreggiare.
guerrero agg. e m. guerriero.
guerrilla f. guerriglia.
guerrillero m. guerrigliero.
guía m. f. guida (chi accompagna altrui). f. guida, norma; manuale.
guiar tr. guidare, dirigere.
guijarro m. ciottolo.
guillotina f. ghigliottina.
guillotinar tr. ghigliottinare.
guinda f. (bot.) ciliegia.
guindilla f. amarasca dell'India.
guiñapo m. cencio.
guiñar tr. ammiccare.
guión m. guida, lincetta.
guirnalda f. ghirlanda.
guisado m. intingolo.
guisante m. (bot.) pisello.

guisar tr. cucinare.
guiso m. intingolo.
guitarra f. chitarra.
guitarrista m. e f. chitarrista.
gula f. gola, golosità.

gusano m. verme, baco. — de
seda baco da seta.
gustar tr. gustare, assaporare;
assaggiare. itr. piacere.
gustación f. degustazione.
gusto m. gusto; sapore; piace
re.
gustoso agg. gustoso.

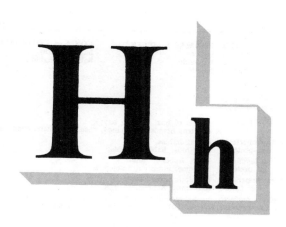

aba f. fava.

abano agg. d'Avana. **cigarro —** sigaro d'Avana.

aber m. avere, patrimonio, beni; (comm.) avere. tr. avere, possedere. **— de** dovere. **— que** bisognare, essere necessario.

abichuela f. (bot.) fagiuolo.

ábil agg. abile, capace.

abilidad f. abilità.

abilidoso agg. abile.

abilitación f. abilitazione.

abilitar tr. abilitare.

abitable agg. abitabile.

abitación f. abitazione; appartamento; stanza.

abitante m. abitante.

abitar tr. e itr. abitare.

ábito m. abitudine; abito.

abitual agg. abituale.

abituar tr. abituare, avvezzare.

abituarse rfl. abituarsi, avvezzarsi.

abitud f. relazione.

abla f. idioma, linguaggio; parlata.

ablador agg. e m. chiachierone; parlatore.

hacendado agg. possidente. m. proprietario di latifondi.

hacendoso agg. attivo.

hacer tr. fare, fabbricare. **— calor** essere o fare caldo. **— frío** essere o fare freddo. **— del cuerpo** andare di corpo. **— frente** far fronte.

hacerse rfl. farsi. **— con algo** appropriarsi.

hacia prep. verso.

hacienda f. tenuta, proprietà, patrimonio.

hacinamiento m. affastellamento, ammucchiamento.

hacinar tr. affastellare, ammucchiare.

hacha f. ascia; torcia.

hachazo m. asciata.

hada f. fata.

hado m. fato, sorte, destino.

halagar tr. lusingare; accarezzare.

halago carezza; lusinga, allettamento.

halagüeño agg. lusinghevole.

halcón m. (orn.) falco, falcone.

hálito m. alito, respiro.

hallado agg. trovato; scoperto.

hallar tr. trovare, incontrare.

MODO INFINITIVO	FORMAS SIMPLES	FORMAS COMPUESTAS
Infinitivo	haber	haber habido
Gerundio	habiendo	habiendo habido
Participio	habido	

MODO INDICATIVO

Presente	yo he, tú has, él ha o hay; nosotros hemos o habemos, vosotros habéis, ellos han.
Pretérito imperfecto o co-pretérito	había, habías, había; habíamos, habíais, habían.
Pretérito indefinido o pretérito	hube, hubiste, hubo; hubimos, hubisteis, hubieron.
Futuro imperfecto o futuro	habré, habrás, habrá; habremos, habréis, habrán.
Pretérito perfecto o ante-presente	he habido, has habido, ha habido; hemos habido, habéis habido, han habido.
Pretérito pluscuamperfecto o ante-co-pretérito	había habido, habías habido, había habido; habíamos habido, habíais habido, habían habido.
Pretérito anterior o ante-pretérito	hube habido, hubiste habido, hubo habido; hubimos habido, hubisteis habido, hubieron habido.
Futuro perfecto o ante-futuro	habré habido, habrás habido, habrá habido; habremos habido, habréis habido, habrán habido.

MODO POTENCIAL

Simple, imperfecto o pos-pretérito	habría, habrías, habría; habríamos, habríais, habrían.
Compuesto, perfecto o ante-pos-pretérito	habría habido, habrías habido, habría habido; habríamos habido, habríais habido, habrían habido.

MODO SUBJUNTIVO

Presente	haya, hayas, haya; hayamos, hayáis, hayan.
Pretérito imperfecto o pretérito	hubiera o hubiese, hubieras o hubieses, hubiera o hubie hubiéramos o hubiésemos, hubierais o hubieseis, hub ran o hubiesen.
Futuro imperfecto o futuro	hubiere, hubieres, hubiere; hubiéremos, hubiereis, hubieren.
Pretérito perfecto o ante-presente	haya habido, hayas habido, haya habido; hayamos habido, hayáis habido, hayan habido.
Pretérito pluscuamperfecto o ante-co-pretérito	hubiera o hubiese habido, hubieras o hubieses habi hubiera o hubiese habido; hubiéramos o hubiésemos habido, hubierais o hubies habido, hubieran o hubiesen habido.
Futuro perfecto o ante-futuro	hubiere habido, hubieres habido, hubiere habido; hubiéremos habido, hubiereis habido, hubieren habido.

MODO IMPERATIVO

Presente	he tú, haya él; hayamos nosotros, habed vosotros, hayan ellos.

515 hectólitro

hallarse rfl. trovarsi, essere, stare. [ta.
hallazgo m. trovamento; trova-
hamaca f. amaca.
hambre f. fame.
hambriento agg. affamato.
hampa f. malavita.
haragán agg. e m. ozioso, vagabondo. [dare.
haraganear itr. oziare, vagabon-
haraganería f. ozio, poltroneria.

——— HACER ———

MODO INFINITIVO: FORMAS SIMPLES: Infinitivo: hacer. Gerundio: haciendo. Participio: hecho. FORMAS COMPUESTAS: Infinitivo: haber hecho. Gerundio: habiendo hecho. MODO INDICATIVO: Presente: yo hago, tú haces, él hace; nosotros hacemos, vosotros hacéis, ellos hacen. Pretérito imperfecto: hacía, hacías, hacía; hacíamos, hacíais, hacían. Pretérito indefinido: hice, hiciste, hizo; hicimos, hicisteis, hicieron. Futuro imperfecto: haré, harás, hará; haremos, haréis, harán. Pretérito perfecto: he hecho, has hecho, ha hecho; hemos hecho, habéis hecho, han hecho. Pretérito pluscuamperfecto: había hecho, habías hecho, había hecho; habíamos hecho, habíais hecho, habían hecho. Pretérito anterior: hube hecho, hubiste hecho, hubo hecho; hubimos hecho, hubisteis hecho, hubieron hecho. Futuro perfecto: habré hecho, habrás hecho, habrá hecho; habremos hecho, habréis hecho, habrán hecho. MODO POTENCIAL: Potencial simple: haría, harías, haría; haríamos, haríais, harían. Potencial compuesto: habría hecho, habrías hecho, habría hecho; habríamos hecho, habríais hecho, habrían hecho. MODO SUBJUNTIVO: Presente: haga, hagas, haga; hagamos, hagáis, hagan. Pretérito imperfecto: hiciera o hiciese, hicieras o hicieses, hiciera o hiciese; hiciéramos o hiciésemos, hicierais o hicieseis, hicieran o hiciesen. Futuro imperfecto: hiciere, hicieres, hiciere; hiciéremos, hiciereis, hicieren. Pretérito perfecto: haya hecho, hayas hecho, haya hecho; hayamos hecho, hayáis hecho, hayan hecho. Pretérito pluscuamperfecto: hubiera o hubiese hecho, hubieras o hubieses hecho, hubiera o hubiese hecho; hubiéramos o hubiésemos hecho, hubierais o hubieseis hecho, hubieran o hubiesen hecho. Futuro perfecto: hubiere hecho, hubieres hecho, hubiere hecho; hubiéremos hecho, hubiereis hecho, hubieren hecho. MODO IMPERATIVO: Presente: haz tú, haga él; hagamos nosotros, haced vosotros, hagan ellos.

harapiento agg. cencioso.
harapo m. cencio.
harem m. arem, serraglio.
harina f. farina; polverina. ser — de otro costal essere cosa ben diversa.
harinoso agg. farinoso.
hartar tr. saziare, satollare; infastidire, annoiare.
hartarse rfl. saziarsi, satollarsi; infastidirsi.
hartazgo m. scorpacciata. darse un — mangiare a crepapelle.
harto agg. sazio, satollo. avv. abbastanza.
hartura f. sazietà, satollamento.
hasta prep. fino, sino. — luego arrivederci. — ahora finora, infino ad ora. — aquí insinquà. — la fecha finora. — que finchè, finattanto che.
hastiar tr. annoiare, stuccare; saziare.
hastío m. avversione, nausea; disgusto; fastidio.
hatillo m. fagottino. tomar el — far fagotto, andarsene.
hato m. fagotto di indumenti; branco, mandra. liar el — prepararsi per partire.
haya f. (bot.) faggio.
haz m. fascina, fascio. — de hierba fascio. — de leña fascina.
hazaña f. prodezza, gesta.
he itj. eh!, ehi!. avv. ecco. — aquí ecco qui. — allí ecco là. — me eccomi. — te eccoti.
hebilla f. fermaglio; fibbia.
hebraico agg. e m. ebraico.
hebreo agg. e m. ebreo, ebraico. m. lingua ebraica.
hectárea f. ettaro.
hectolitro m. ettolitro.

hectogramo m. ettogrammo.
hectómetro m. ettometro.
hechicera f. maga, strega.
hechicero m. fattuchiero, ammaliatore; mago.
hechizar tr. affascinare, ammaliare; fattucchiare, incantare.
hechizo m. fattucchieria, incantamento, magia, maleficio.
hecho m. fatto, azione. de — infatti.
hechura f. fattura, confezione.
heder itr. appestare; appuzzare.
hediondez f. fetidezza, fetore, puzzo.
hediondo agg. fetido, puzzoso, putido.
hedor m. fetore.
helada f. gelata.
helado agg. gelido; diacciato, ghiacchiato. m. gelato.
helar tr. gelare, ghiacciare.
helarse rfl. ghiacciare, gelarsi.
hélice f. elica.
helicóptero m. elicottero.
hematoma m. ematoma.
hembra f. femmina.
hemorragia f. emorragia.
hemorrágico agg. emorragico.
hemorroide m. emorroide.
hender tr. fendere, spaccare.
hendidura f. fenditura, fessura.
heno m. (bot.) fieno. fiebre del — catarro pratile.
hepático agg. epatico.
heráldica f. araldica.
heráldico agg. araldico.
heraldo m. araldo.
herbáceo agg. erbaceo.
herbaje m. foraggio; erbatico.
herbívoro agg. e m. erbivoro.
herbolario agg. e m. erborista; erboristeria.
heredad f. terreni, beni.
heredar tr. ereditare.

heredera f. erede, ereditiera
heredero agg. ereditario. m erede.
hereditario agg. ereditario.
hereje m. eretico.
herejía f. eresia.
herencia f. eredità; successione.
herético agg. eretico.
herida f. ferita.
herido agg. e m. ferito.
herir tr. ferire; colpire; offendere.
hermana f. sorella. — política cognata.
hermanastra f. sorellastra.
hemanastro m. fratellastro.
hermandad f. fratellanza; vircolo tra fratelli; confratern tà.
hermano m. fratello; frate.
hermosear tr. abbellire.
hermoso agg. bello, formoso.
hermosura f. bellezza, formos tà.
hernia f. (med.) ernia.
héroe m. eroe.
heroico agg. eroico.
heroína f. eroina.
heroísmo m. eroismo.
herramienta f. istrumento.
herramientas f. pl. ferramen ta; ferri, istrumenti, attrez di un mestiere.
herrar tr. ferrare (gli equini
herrería f. mascalcia (arte) ferriera.
herrero m. fabbro ferraio.
herrumbre f. ruggine (del f rro).
hervidero m. bulicame; bru chio.
hervir tr. bollire, fervere.
hervor m. bollimento, bollor
heterodoxia f. eterodossia.
heterodoxo agg. e m. eterodo so.
hez f. feccia; posatura.
hidalgo agg. nobile. m. gent luomo, idalgo.
hidalguía f. nobiltà.

hidratación f. idratazione.
hidratar tr. idratare.
hidráulica f. idraulica.
hidráulico agg. idraulico.
hidroavión m. idrovolante.
hidrofobia f. idrofobia.
hidrógeno m. idrogeno.
hiedra f. edera.
hiel f. fiele. **echar la** — ammazzarsi dal lavoro.
hielo m. gelo; ghiaccio.
hiena f. (zool.) iena.
hierba f. erba. — **buena** menta.
hierro m. ferro. — **colado** ghisa, ferraccio.
hígado m. fegato.
higiene f. igiene.
higiénico agg. igienico.
higo m. (bot.) fico. — **chumbo** fico d'India.
higuera f. (bot.) fico (albero).
hija f. figlia, figliola. — **adoptiva** figlia adottiva. — **política** nuora.
hijastra f. figliastra.
hijastro m. figliastro.
hijo m. figlio, figliolo. — **adoptivo** figlio adottivo. — **político** genero.
hila f. fila; filatura; filaccia.
hilandería f. filanda; filatura.
hilar tr. filare. —**fino** procedere con molta cura.
hilera f. fila.
hilo m. filo di tessuto; refe (da cucire).
himno m. inno.
hincha f. odio, rancore; (fam.) tifoso.
hinchado agg. gonfiato, gonfio.
hinchar tr. gonfiare.
hincharse rfl. gonfiarsi.
hinchazón f. gonfiezza; gonfiore; gonfiaggine.
hipar itr. singhiozzare, singultire.
hípico agg. ippico.
hipnosis f. ipnosi.
hipnótico agg. ipnotico.
hipnotismo m. ipnotismo.

hipnotizar tr. ipnotizzare.
hipo m. singulto, singhiozzo; ansia.
hipocondría f. ipocondria.
hipocondríaco agg. e m. ipocondriaco.
hipocresía f. ipocrisia.
hipócrita agg. e m. f. ipocrita.
hipódromo m. ippodromo.
hipopótamo m. ippopotamo.
hipoteca f. ipoteca.
hipotecable agg. ipotecabile.
hipotecar tr. ipotecare.
hipotecario agg. ipotecario.
hipótesis f. ipotesi.
hipotético agg. ipotetico.
hispánico agg. ispano, ispanico, spagnuolo.
hispanismo m. ispanismo, spagnolismo.
hispanizar tr. spagnolizzare.
hispano agg. e m. ispano, ispanico.
hispanoamericano agg. e m. ispano-americano.
histérico agg. e m. isterico.
histerismo m. isterismo.
historia f. storia.
historias f. pl. storie, fiabe.
historiador m. storico.
histórico agg. storico.
historieta f. storietta.
hita f. chiodo senza testa, punta.
hito m. pietra di confine; bersaglio. **mirar de** — **en** — guardare fissamente.
hocico m. muso, nifo.
hogar m. focolare.
hoguera f. falò, pira.
hoja f. foglia; foglio.
hojalata f. latta.
hojaldre m. pasta frolla.
hojarasca f. fogliame; (fig.) parole inutili.
hojear tr. sfogliazzare.

hola itj. olà!, ehi!

holandés agg. e m. olandese. m. lingua olandese.

holgado agg. ampio, comodo; agiato.

holganza f. riposo; comodità; divertimento.

holgazán agg. e m. fannullone, vagabondo.

holgazanear itr. girandolare, vagabondare.

holgazanería f. vagabondaggio, oziosità.

holgura f. ampiezza; divertimento.

holocausto m. olocausto.

hollín m. fuliggine.

hombrada f. azione eroica.

hombre m. uomo.

hombrera f. spallina; spallaccio.

hombría f. virilità.

hombro m. spalla.

hombruno agg. virile.

homenaje m. omaggio.

homicida m. omicida.

homicidio m. omicidio.

homogeneidad f. omogeneità.

homogéneo agg. omogeneo.

homosexual agg. omosessuale.

homosexualidad f. omosessualità.

honda f. fionda, frombola.

hondo agg. basso, fondo, profondo.

hondonada f. avvallamento.

hondura f. profondità.

honestidad f. onestà.

honesto agg. onesto.

hongo m. fungo.

honor m. onore.

honorable agg. onorevole, onorabile.

honorario agg. e m. onorario.

honorífico agg. onorifico.

honra f. onore, probità.

honradez f. onoratezza.

honrado agg. onorato, probo.

honrar tr. onorare.

honrilla f. puntiglio.

hora f. ora.

horario agg. orario. m. orario.

horca f. forca.

horchata f. orzata.

horizontal agg. orizzontale. f. linea orizzontale.

horizonte m. orizzonte.

horma f. forma; stampo.

hormiga f. formica.

hormigón m. calcestruzzo. — **armado** cemento armato.

hormiguear itr. formicolare.

hormigueo m. formicolio.

hormiguero m. formicaio; (orn.) torcicollo.

hornacina f. nicchia.

hornillo m. fornello.

horno m. forno.

horóscopo m. oroscopo.

horquilla f. forcone; forcella forcina.

horrendo agg. orrendo, orribile, spaventevole, spaventoso

horrible agg. orribile, spaventevole.

horripilante agg. spaventoso spaventevole.

horror m. orrore.

horrorizar tr. causar orrore.

horrorizarse rfl. spaventarsi.

horroroso agg. orrendo, orribile.

hortaliza f. ortaggio.

hortelano m. ortolano; (orn.) ortolano. agg. ortolano.

horticultura f. orticoltura.

hospedage m. ospitalità; alloggio.

hospedar tr. ospitare, albergare.

hospedería f. locanda; alloggio

hospedero m. locandiere, albergatore; pensionante.

hospiciano m. ricoverato (in u ospizio).

hospicio m. ospizio, ricovero

hospital m. ospedale.

ospitalario agg. ospedaliero.
ospitalidad f. ospitalità.
ospitalizar tr. ospedalizzare.
ostelero m. oste, albergatore, locandiere.
ostería f. osteria, albergo.
ostia f. ostia.
ostigamiento m. fustigazione.
ostigar tr. molestare, perseguitare.
ostil agg. ostile.
ostilidad f. ostilità.
oy avv. oggi; oggidì. de — en adelante d'oggi innanzi. — por — attualmente.
oya f. fossa, sepoltura.
oyo m. fosso, fossa.
oz f. falce, falcione.
ucha f. salvadanaio; cassapanca.
ueco agg. vuoto; concavo. m. cavità, buco.
uelga f. svago; sciopero.
uelguista m. f. scioperante.
uella f. impronta, impressione, orma.
uérfano agg. e m. orfano.
uerta f. orto; terreno di irrigazione.
uerto m. orto.
ueso m. osso. — de frutos nocciolo.
uésped m. ospite; oste, albergatore.
ueste f. oste, esercito, truppa.
uesudo agg. ossuto.
ueva f. uovo di pesce.
uevera f. venditrice d'uova portauovo.
uevo m. uovo. — pasado por agua uovo hervido. — revuelto uovo sbattuto e fritto — duro uovo sodo.
uida f. fuga.
uidizo agg. fuggitivo; fuggevole.
uir itr. fuggire.
ulla f. carbone fossile.

humanidad f. umanità.
humanismo m. umanesimo.
humanista m. umanista.
humanitario agg. umanitario.
humano agg. umano.
humareda f. fumata.
humear itr. fumare.
humedad f. umidità.
humedecer tr. inumidire.
húmedo agg. umido.
humildad f. umiltà.
humilde agg. umile.
humillación f. umiliazione.
humillar tr. umiliare.
humillarse rfl. avvillirsi, umiliarsi.
humo m. fumo.
humos m. pl. focolari; boria.
humor m. umore.
humorada f. facezia.
humorismo m. umorismo.
humorista m. e f. umorista.
humorístico agg. umoristico.
hundimiento m. sprofondamento; immersione; affondamento; crollo.
hundir tr. affondare, immergere.
hundirse rfl. ficcarsi, immergersi; crollare; affondare.
húngaro agg. e m. ungherese. m. lingua ungherese.
huracán m. uragano.
hurgar tr. frugare; agitare; rimuovere.
hurón m. furetto; frugacchione.
huronear itr. frugare, frugacchiare.
hurtar tr. rubare, pigliare, involare.
hurto m. furto, involamento.
husmear tr. annusare, fiutare.
huso m. fuso.

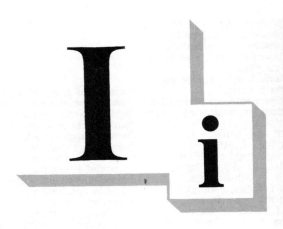

ictericia f. (med.) itterizia.
ida f. andata.
idea f. idea.
ideal agg. e m. ideale.
idealidad f. idealità.
idealismo m. idealismo.
idealizar tr. idealizzare.
idear tr. ideare.
idéntico agg. identico.
identidad f. identità.
identificar tr. identificare.
idilio m. idillio.
idioma m. idioma, lingua.
idiosincrasia f. idiosincrasia.
idiota agg. e m. f. idiota.
idiotez f. idiozia.
idólatra agg. e m. f. idolatra.
idolatrar tr. idolatrare.
idolatría f. idolatria.
ídolo m. idolo.
idóneo agg. idoneo.
iglesia f. chiesa.
ignominia f. ignominia.
ignominioso agg. ignominioso.
ignorancia f. ignoranza.
ignorante agg. e m. f. ignorante.
ignorar tr. ignorare.
igual agg. uguale.
igualar tr. eguagliare.

igualdad f. eguaglianza; uguaglianza; egualità.
ilación f. illazione.
ilegal agg. illegale.
ilegalidad f. illegalità.
ilegitimidad f. illegittimità.
ilegítimo agg. illegittimo.
ileso agg. illeso.
ilícito agg. illecito.
ilimitado agg. illimitato.
ilógico agg. illogico.
iluminación f. illuminazione.
iluminar tr. illuminare.
ilusión f. illusione.
ilusionarse rfl. illudersi.
ilusionista m. illusionista.
iluso agg. e m. illuso.
ilustración f. illustrazione.
ilustrado agg. illustrato.
ilustrar tr. illustrare.
ilustre agg. illustre.
imagen f. immagine.
imaginación f. immaginazione.
imaginar tr. immaginare.
imaginarse rfl. immaginarsi, gurarsi.   [gnet
imán m. calamita, imano, m
imantar tr. calamitare.
imbécil agg. e m. imbecille.
imbecilidad f. imbecillità.

mberbe agg. imberbe.
mbuir tr. infondere.
mitación f. imitazione.
mitar tr. imitare.
mpaciencia f. impazienza.
mpacientar tr. far perdere la pazienza.
mpacientarse rfl. impazientir-si.
mpaciente agg. impaziente.
mpar agg. impari.
mparcial agg. imparziale.
mparcialidad f. imparzialità.
mpartir tr. impartire.
mpasibilidad f. impassibilità.
mpasible agg. impassibile.
mpecable agg. impeccabile.
mpedido agg. impedito.
mpedimento m. impedimento, ostacolo.
mpedir tr. impedire.
mpeler tr. impellere.
mpenetrable agg. impenetra-bile.
mpensado agg. impensato, im-preveduto.
mperar itr. imperare; coman-dare.
mperativo agg. e m. imperati-vo.
mperceptible agg. impercept-tibile.
mperdible m. spillo di sicurez-za.
mperdonable agg. imperdona-bile.
mperfección f. imperfezione.
mperfecto agg. imperfetto.
mperial agg. imperiale.
mperio m. impero.
mpermeabilizar tr. impermea-bilizzare.
mpermeable agg. e m. imper-meabile.
mpersonal agg. impersonale.
mpertinencia f. impertinenza.
mpertinente agg. impertinente.
mpertinentes m. pl. occhiali-no, occhialetto.
mperturbable agg. imperturba-bile.

impetrar tr. impetrare.
ímpetu m. impeto.
impetuosidad f. impetuosità.
impetuoso agg. impetuoso.
impiedad f. empietà.
impío agg. e m. empio.
implacable agg. implacabile.
implicar tr. implicare.
implícito agg. implicito.
implorar tr. implorare.
imponer tr. imporre.
impopular agg. impopolare.
importación f. importazione.
importador m. importatore.
importancia f. importanza.
importante agg. importante.
importar tr. importare.
importe m. importo.
importunar tr. importunare.
importuno agg. e m. importu-no.
imposibilidad f. impossibilità.
imposibilitado agg. impossibili-tato. m. invalido.
imposibilitar tr. impossibilitare.
imposible agg. impossibile.
imposición f. imposizione.
impostor m. impostore.
impotencia f. impotenza.
impotente agg. impotente.
impracticable agg. impraticabi-le.
imprecación f. imprecazione.
imprecar tr. imprecare.
impregnar tr. impregnare.
imprenta f. stampa; tipografia.
imprescindible agg. imprescin-dibile.
impresión f. impressione.
impresionar tr. impressionare.
impreso agg. impresso, stam-pato. m. stampato, modulo.
impresor m. impressore.
imprevisto agg. e m. impre-visto.
imprimir tr. imprimere; stam-pare.
improbable agg. improbabile.

ímprobo agg. improbo.
improductivo agg. improduttivo.
improperio m. improperio.
impropio agg. improprio.
improvisación f. improvvisazione.
improvisar tr. improvvisare.
improviso agg. improvviso.
imprudencia f. imprudenza.
imprudente agg. imprudente.
impudicia f. impudicizia.
impuesto m. imposta, tassa, diritto, gravame.
impugnar tr. impugnare.
impulsar tr. impulsare, spingere.
impulso m. impulso, spinta.
impune agg. impune, impunito.
impunidad f. impunità.
impureza f. impurità.
impuro agg. impuro; immorale.
imputable agg. imputabile.
imputación f. imputazione.
imputar tr. imputare, attribuire.
inacabable agg. inesauribile, interminabile.
inacabado agg. incompiuto.
inaccesible agg. inaccessibile.
inaceptable agg. inaccettabile.
inactividad f. inattività.
inactivo agg. inattivo, inoperoso.
inadecuado agg. inadeguato.
inadmisible agg. inammissibile.
inadvertencia f. inavvertenza.
inadvertido agg. inavvertito.
inaguantable agg. insopportabile.
inalienable agg. inalienabile.
inalterable agg. inalterabile.
inanición f. inanizione.
inapetencia f. inappetenza.
inapetente agg. inappetente.
inaplicable agg. inapplicabile.

inapreciable agg. inapprezzabile.
inasequible agg. inaccessibile.
inaudito agg. inaudito.
inauguración f. inaugurazione.
inaugurar tr. inaugurare.
incalculable agg. incalcolabile.
incansable agg. instancabile.
incapacidad f. incapacità.
incapaz agg. incapace, inetto.
incautación f. consficazione, sequestro.
incautarse rfl. sequestrare.
incauto agg. incauto.
incendiar tr. incendiare.
incendiario agg. e m. incendiario.
incendio m. incendio.
incensar tr. incensare.
incentivo m. incentivo.
incertidumbre f. incertezza.
incesto m. incesto.
incidencia f. incidenza.
incidente m. incidente.
incidir itr. cadere (in errore, difetto, ecc.); incidere.
incienso m. incenso.
incierto agg. incerto.
incineración f. incinerazione.
incinerar tr. incinerare.
incisión f. incisione.
incisivo agg. incisivo.
inciso m. inciso; virgola.
incitación f. incitazione.
incitar tr. incitare.
inclemencia f. inclemenza.
inclemente agg. inclemente.
inclinación f. inclinazione.
inclinar tr. inclinare, chinare, inchinare.
inclinarse rfl. chinarsi, inchinarsi; inclinarsi.
incluir tr. includere.
inclusión f. inclusione.
inclusive avv. inclusivamente.
incluso agg. incluso.
incógnito agg. incognito.
incoherente agg. incoerente.
incoloro agg. incolore.
incombustible agg. incombustibile.

incomodar tr. incomodare.
incomodidad f. incomodità.
incómodo agg. scomodo, incomodo.
incomparable agg. incomparabile.
incompatible agg. incompatibile.
incompetencia f. incompetenza.
incompetente agg. incompetente.
incompleto agg. incompleto, incompiuto.
incomprensible agg. incomprensibile.
incondicional agg. incondizionale.
incongruencia f. incongruenza.
incongruente agg. incongruente.
inconsciente agg. e m. f. incosciente.
inconsecuente agg. inconseguente.
inconsistente agg. inconsistente. [le.
inconsolable agg. inconsolabile.
inconstante agg. incostante.
incontinencia f. incontinenza.
incontinente agg. incontinente.
inconveniencia f. inconvenienza.
inconveniente agg. e m. inconveniente.
incorporación f. incorporazione.
incorporar tr. incorporare.
incorrección f. scorrettezza.
incorrecto agg. scorretto.
incorregible agg. incorreggibile.
incredulidad f. incredulità.
incrédulo agg. e m. incredulo.
increíble agg. incredibile.
incrementar tr. accrescere, incrementare.
incremento m. incremento.
incruento agg. incruento.
incrustación f. incrostazione.
incrustar tr. incrostare.
incubación f. incubazione.

incubar tr. incubare.
inculcar tr. inculcare.
inculto agg. incolto.
incultura f. incoltura.
incumbencia f. spettanza.
incumbir itr. incombere, spettare.
incurable agg. incurabile.
incurrir itr. incorrere.
incursión f. incursione.
indagación f. indagazione.
indagar tr. indagare.
indebido agg. indebito.
indecencia f. indecenza.
indecente agg. indecente.
indecisión f. indecisione.
indeciso agg. indeciso.
indecoroso agg. indecoroso.
indefendible agg. indifendibile.
indefenso agg. indifeso.
indefinido agg. indefinito.

─────Pronombres y adjetivos─────
indefinidos

• Nella lingua spagnuola come nell'italiana molti aggettivi e pronomi indefiniti hanno la stessa forma e si distinguono soltanto perchè accompagnano il nome (gli aggettivi) o lo sostituiscono (i pronomi).
Sono pronomi e si riferiscono a persone:

  alguien, qualcuno
  nadie, nessuno
  cualquiera, qualunque, qualsiasi, chicchessia, etc.
  quienquiera qualsivoglia, chicchessia, etcétera

Sono pronomi e si riferiscono a cose:

  algo, alcunchè
  nada, niente, nulla

• E da notare che *cualquiera* può essere anche aggettivo. In questo caso si tronca *(cualquier)* quando precede il nome *(qualquier día).*
• I plurali di *cualquiera* e *quienquiera* sono *cualesquiera* e *quienesquiera.*
• *Alguien, nadie, algo* y *nada* non han-

no il plurale e servono per il maschile e il femminile.
Sono aggettivi e pronomi:

alguno, alcuno
ninguno, nessuno
otro, altro
todo, tutto
mucho, molto
demasiado, troppo
bastante, parecchio
harto, parecchio
poco, poco

● *Alguno* e *ninguno* quando sono aggettivi si troncano se precedono il nome *(algún día, ningún día)*.

● Si usano anche come pronomi il numerale *uno* (uno), gli interrogativi *cual* (quale) e *quien* (chi) e il dimostrativo *tal* (tale).

indemne agg. indenne.
indemnización f. indennità, indennizzo.
indemnizar tr. indennizzare.
independencia f. indipendenza.
independiente agg. indipendente.
indescifrable agg. indecifrabile.
indestructible agg. indistruttibile.   [nato.
indeterminado agg. indeterminado
indicación f. indicazione.
indicar tr. indicare.
indicativo agg. e m. indicativo.
índice m. indice.
indicio m. indizio.
indiferencia f. indifferenza.
indiferente agg. indifferente.
indígena agg. e m. indigeno.
indigencia f. indigenza.
indigente agg. indigente.
indigestión f. indigestione.
indigesto agg. indigesto.
indignación f. indignazione.
indignar tr. indignare.
indignarse rfl. indignarsi.
indignidad f. indegnità.
indigno agg. indegno.
indirecta f. allusione.
indirecto agg. indiretto.

indisciplina f. indisciplina.
indisciplinarse rfl. rendersi indisciplinato.
indiscreción f. indiscrezione.
indiscreto agg. indiscreto.
indispensable agg. indispensabile.
indisponer tr. indisporre.
indisposición f. indisposizione.
individual agg. individuale.
individualizar tr. individuare.
individuo m. individuo.
indivisible agg. indivisibile.
indiviso agg. indiviso.
indocumentado agg. indocumentado
índole f. indole.
indolencia f. indolenza.
indolente agg. indolente.
indomable agg. indomabile.
indomado agg. indomito.
indómito agg. indomito.
inducir tr. indurre.
inductor agg. e m. induttore.
indulgencia f. indulgenza.
indulgente agg. indulgente.
indultar tr. indultare, perdonare, concedere l'indulto.
indulto m. indulto.
industria f. industria.
industrial agg. e m. industriale.
inédito agg. inedito.
ineficacia f. inefficacia.
ineficaz agg. inefficace.
ineludible agg. ineludibile.
ineptitud f. inettitudine.
inepto agg. inetto.
inercia f. inerzia.
inerte agg. inerte.
inesperado agg. inaspettato.
inestimable agg. inestimabile.
inestimado agg. non stimato, non valutato.
inevitable agg. inevitabile.
inexacto agg. inesatto.
inexistente agg. inesistente.
inexperiencia f. inesperienza.
inexperto agg. inesperto.
inexplicable agg. inesplicabile.
inextinguible agg. inestinguibile, inesauribile.

infalibilidad f. infallibilità.
infalible agg. infallibile.
infamar tr. infamare, diffamare.
infame agg. e m. f. infame.
infamia f. infamia.
infancia f. infanzia.
infante m. infante; principe; fante.
infantería f. (mil.) fanteria.
infanticida m. f. infanticida.
infanticidio m. infanticidio.
infantil agg. infantile.
infatigable agg. infaticabile.
infección f. (med.) infezione.
infeccioso agg. infettivo.
infectar tr. infettare.
infectarse rfl. infettarsi.
infecto agg. infetto.
infecundidad f. infecondità.
infecundo agg. infecondo.
infelicidad f. infelicità.
infeliz agg. e m. f. infelice.
inferior agg. inferiore.
inferioridad f. inferiorità.
inferir tr. inferire.
infernal agg. infernale.
infestar tr. infestare.
infidelidad f. infedeltà.
infiel agg. e m. f. infedele.
infiernillo m. fornello.
infierno m. inferno.
infiltración f. infiltrazione.
infiltrarse rfl. infiltrarsi.
ínfimo agg. infimo.
infinidad f. infinità.
infinito agg. e m. infinito.
inflación f. inflazione.
inflamable agg. infiammabile.
inflamación f. infiammazione.
inflamar tr. infiammare.
inflexible agg. inflessibile.
influencia f. influenza.
influente agg. influente.
influir itr. influire.
influjo m. influsso.
influyente agg. influente.
información f. informazione, notizia, rapporto.
informador m. informatore.
informal agg. leggiero, non serio; informale.

informalidad f. leggerezza, mancanza di serietà.
informar tr. informare; rapportare; avvisare.
informarse rfl. informarsi.
informe agg. informe. m. relazione, rapporto.
infortunio m. infortunio.
infracción f. infrazione.
infractor m. trasgressore, contrarrentore.
infrascri(p)to agg. infrascritto.
infringir tr. infrangere.
infructuoso agg. infruttuoso.
ínfulas f. pl. vanità.
infundado agg. infondato.
infundir tr. infondere.
infusión f. infusione.
ingeniar tr. immaginare, inventare.
ingeniarse rfl. industriarsi.
ingeniería f. ingegneria; (mil.) genio.
ingeniero m. ingegnere.
ingenio m. ingegno, genio, talento.
ingeniosidad f. ingegnosità.
ingenioso agg. ingegnoso.
ingenuidad f. ingenuità.
ingenuo agg. e m. ingenuo.
ingle f. (anat.) inguine.
inglés agg. e m. inglese. m. lingua inglese.
ingratitud f. ingratitudine.
ingrato agg. e m. ingrato.
ingrediente m. ingrediente.
ingresar tr. incassare; itr. entrare.
ingreso m. ingresso; entrata; incassamento.
inhábil agg. inabile.
inhabilidad f. inabilità, disabilità.
inhabilitar tr. inabilitare.
inhalar tr. inalare.
inhabitable agg. inabitabile.
inhabitado agg. inabitato.

inherente agg. inerente.
inhibición f. inibizione.
inhibir tr. inibire.
inhumanidad f. inumanità.
inhumano agg. inumano.
iniciación f. iniziazione.
inicial agg. iniziale.
iniciales f. pl. cifra.
iniciar tr. iniziare.
iniciarse rfl. iniziarsi.
inimaginable agg. inimmagina-
   bile.
inimitable agg. inimitabile.
ininteligible agg. inintelligibile.
iniquidad f. iniquità.
injertar tr. innestare.
injerto m. innesto.
injuria f. ingiuria.
injuriar tr. ingiuriare.
injusticia f. ingiustizia.
injusto agg. ingiusto.
inmaculado agg. immacolato.
inmediación f. contiquità.
inmediaciones f. pl. dintorni.
inmediato agg. immediato.
inmejorable agg. immigliorabi-
   le.
inmemorial agg. immemorabile.
inmensidad f. immensità.
inmenso agg. immenso.
inmerecido agg. immeritato.
inmersión f. immersione.
inmigración f. immigrazione.
inmigrante m. immigrante.
inmigrar itr. immigrare.
inminente agg. imminente.
inmodestia f. immodestia.
inmodesto agg. immodesto.
inmolar tr. immolare.
inmoral agg. immorale.
inmortal agg. immortale.
inmortalidad f. immortalità.
inmortalizar tr. immortalizzare.
inmóvil agg. immobile.
inmueble m. immobile.
inmundicia f. immondizia.

inmundo agg. immondo.
inmune agg. immune.
inmunidad f. immunità.
inmunizar tr. immunizzare.
inmutable agg. immutabile.
inmutarse rfl. trasmutarsi, non
   manifestare commozione interna.
innecesario agg. non necessa
   rio.
innegable agg. innegabile.
innocuo agg. innocuo.
innovación f. innovazione.
innovar tr. innovare.
innumerable agg. innumerevo
   le.
inocencia f. innocenza.
inocente agg. innocente.
inofensivo agg. inoffensivo.
inolvidable agg. indimenticabi
   le.
inoportuno agg. inopportuno.
inorgánico agg. inorganico.
inquietante agg. inquietante.
inquietar tr. inquietare.
inquieto agg. inquieto.
inquietud f. inquietudine.
inquilinato m. affitto.
inquilino m. inquilino.
inquirir tr. inquisire.
inquisición f. inquisizione.
insaciable agg. insaziabile.
insalubre agg. insalubre.
insalubridad f. insalubrità.
insano agg. insano.
inscribir tr. iscrivere; inscrive
   re.
inscripción f. iscrizione; inscri
   zione.
insecto m. insetto.
inseguridad f. incertezza; mar
   canza di securità.
inseguro agg. incerto; non s
   curo.
insensatez f. insensatezza.
insensato agg. e m. insensat
insensibilidad f. insensibilità.
inseparable agg. inseparabile
inserción f. inserzione, inser
   mento.
insertar tr. inserire.

inserto agg. inserto.
inservible agg. inservibile.
insigne agg. insigne.
insignia f. insegna.
insignificancia f. insignificanza.
insignificante agg. insignificante
insinuación f. insinuazione.
insinuar tr. insinuare.
insípido agg. insipido, scipito.
insistir itr. insistere.
insociable agg. insociabile, in-
socevole.
insolación f. insolazione.
insolencia f. insolenza.
insolente agg. insolente.
insólito agg. insolito.
insoluble agg. irresolubile; in-
solubile.
insolvencia f. insolvenza.
insomnio m. insonnia.
insoportable agg. insopportabile.
insostenible agg. insostenibile.
inspección f. ispezione.
inspeccionar tr. ispezionare.
inspector m. ispettore.
inspiración f. ispirazione; inspirazione.
inspirar tr. ispirare; inspirare.
instalación f. installazione; impianto.
instalar tr. installare; impiantare.
instancia f. istanza.
instantánea f. istantanea.
instantáneo agg. istantaneo.
instante m. istante.
instar tr. instare, insistere.
instigar tr. istigare.
instinto m. istinto.
institución f. istituzione.
instituir tr. istituire, fondare.
instituto m. istituto.
instrucción f. istruzione.
instructivo agg. istruttivo.
instruir tr. istruire.
instrumental agg. strumentale.
m. strumentario.
instrumento m. strumento.

insubordinación f. insubordinazione.
insubordinar tr. rendere insu-
bordinato, sollevare.
insubordinarse rfl. sollevarsi.
insuficiente agg. insufficiente.
insular agg. e m. f. insulare.
insulsez f. insulsaggine.
insulso agg. insulso.
insultar tr. insultare.
insulto m. insulto.
insuperable agg. insuperabile.
insurgente agg. e m. insorto,
rivoltoso.
insurrección f. insurrezione.
intacto agg. intatto.
integral agg. integrale.
integridad f. integrità.
íntegro agg. integro.
intelecto m. intelletto.
intelectual agg. intellettuale.
inteligencia f. intelligenza.
inteligente agg. intelligente.
inteligible agg. intelligibile.
intemperie f. intemperie.
intempestivo agg. intempestivo.
intención f. intenzione.
intendencia f. intendenza.
intendente m. intendente.
intensidad f. intensità.
intenso agg. intenso.
intentar tr. intentare.
intento m. intento, fine.
intentona f. atto temerario.
intercalar tr. intercalare, frap-
porre.
intercambio m. scambio.
interceder itr. intercedere.
interceptar tr. intercettare.
intercesión f. intercessione.
intercontinental agg. intercon-
tinentale.
interés m. interesse.
interesado agg. e m. interessato.

interesante agg. interessante.
interesar tr. interessare.
interesarse rfl. interessarsi.
ínterin avv. frattanto. m. interim.
interinidad f. interinato.
interino agg. interino.
interior agg. interiore. m. interno.
interjección f. interiezione.
interlocución f. interlocuzione.
interlocutor m. interlocutore.
intermedio agg. intermedio. m. intermezzo.
interminable agg. interminabile.
intermitente agg. intermittente.
internacional agg. internazionale.
internacionalizar tr. internazionalizzare.
internado agg. internato. m. internato, convitto.
internar tr. internare.
internarse rfl. internarsi; indentrarsi.
interno agg. interno, interiore. m. interno (alunno).
interponer tr. interporre.
interponerse rfl interporsi.
interposición f. interposizione.
interpretación f. interpretazione.
interpretar tr. intrepretare.
intérprete m. e f. interprete.
interrogación f. interrogazione.
interrogatorio m. interrogatorio.
interrogar tr. interrogare.
interrumpir tr. interrompere.
interrupción f. interruzione.
interruptor agg. e m. interruttore.
intervalo m. intervallo.
intervención f. intervento.
intervenir itr. intervenire. tr. controllare.

interventor m. interventore.
interviú f. intervista, abboccamento. **solicitar una** — chiedere un colloquio.
intestino m. (anat.) intestino. agg. intestino.
intimar tr. intimare.
intimidación f. intimidazione.
intimidad f. intimità.
intimidar tr. intimidare.
íntimo agg. e m. intimo.
intolerable agg. intollerabile.
intolerancia f. intolleranza.
intransferible agg. intrasferibile.
intransigente agg. intransigente.
intransitable agg. intransitabile.
intratable agg. intrattabile.
intrepidez f. intrepidezza.
intrépido agg. intrepido.
intriga f. intrigo, complotto.
intrigar itr. intrigare. tr. inquietare.
intrincado agg. intricato, imbrogliato.
introducción f. introduzione.
introducir tr. introdurre, inserire.
introducirse rfl. introdursi, inserirsi, mescersi.
introductor m. introduttore.
intruso agg. e m. intruso.
intuición f. intuizione.
inundación f. inondazione.
inundar tr. inondare.
inusitado agg. inusitato.
inútil agg. inutile.
inutilidad f. inutilità.
inutilizar tr. inutilizzare.
invalidar tr. invalidare.
invalidez f. invalidità; nullità.
inválido agg. non valido, invalido. m. invalido.
invariable agg. invariabile.
invasión f. invasione.
invasor m. invasore.
invencible agg. invincibile.
invención f. invenzione.
inventar tr. inventare.

inventariar m. inventariare.
inventario m. inventario.
inventiva f. inventiva.
invento m. invenzione.
inventor m. inventore.
invernadero m. serra (da piante).
invernar itr. svernare.
inversión f. inversione.
invertir tr. invertire; investire.
investidura f. investitura.
investir tr. investire.
investigación f. investigazione.
investigar tr. investigare.
invierno m. inverno.
inviolable agg. inviolabile.
inviolado agg. inviolato.
invisibilidad f. invisibilità.
invisible agg. invisibile.
invitación f. invito.
invitar tr. invitare.
invocación f. invocazione.
invocar tr. invocare.
involuntario agg. involontario.
inyección f. iniezione.
inyectar tr. iniettare.
ir itr. andare, ire. — **a** essere in procinto, stare per. — **al grano** venire al fatto. — **por** andare a prendere.

─────── IR ───────

MODO INFINITIVO: FORMAS SIMPLES: **Infinitivo:** ir. **Gerundio:** yendo. **Participio:** ido. FORMAS COMPUESTAS: **Infinitivo:** haber ido. **Gerundio:** habiendo ido. MODO INDICATIVO: **Presente:** yo voy, tú vas, él va; nosotros vamos, vosotros vais, ellos van. **Pretérito imperfecto:** iba, ibas, iba; íbamos, ibais, iban. **Pretérito indefinido:** fui, fuiste, fue; fuimos, fuisteis fueron. **Futuro imperfecto:** iré, irás, irá; iremos, iréis, irán. **Pretérito perfecto:** he ido, has ido, ha ido; hemos ido, habéis ido, han ido. **Pretérito pluscuamperfecto:** había ido, habías ido, había ido; habíamos ido, habíais ido, habían ido. **Pretérito anterior:** hube ido, hubiste ido, hubo ido; hubimos ido, hubisteis ido, hubieron ido. **Futuro perfecto:** habré ido, habrás ido, habrá ido; habremos ido, habréis ido, habrán ido. MODO POTENCIAL: **Potencial simple:** iría, irías, iría; iríamos, iríais, irían. **Potencial compuesto:** habría ido, habrías ido, habría ido; habríamos

ido, habríais ido, habrían ido. MODO SUBJUNTIVO: **Presente:** vaya, vayas, vaya; vayamos, vayáis, vayan. **Pretérito imperfecto:** fuera o fuese, fueras o fueses, fuera o fuese; fuéramos o fuésemos, fuerais o fueseis, fueran o fuesen. **Futuro imperfecto:** fuere, fueres, fuere; fuéremos, fuereis, fueren. **Pretérito perfecto:** haya ido, hayas ido, haya ido; hayamos ido, hayáis ido, hayan ido. **Pretérito pluscuamperfecto:** hubiera o hubiese ido, hubieras o hubieses ido, hubiera o hubiese ido; hubiéramos o hubiésemos ido, hubierais o hubieseis ido, hubieran o hubiesen ido. **Futuro perfecto:** hubiere ido, hubieres ido, hubiere ido; hubiéremos ido, hubiereis ido, hubieren ido. MODO IMPERATIVO: **Presente:** ve tú, vaya él; vayamos nosotros, id vosotros, vayan ellos.

─────────────

irse rfl. marciare, andarsene.
ira f. ira, rabbia; collera.
iracundo agg. iracondo.
iris m. iride. **arco —** arcobaleno.
irisar tr. iridare.
ironía f. ironia.
irracional agg. irrazionale.
irradiación f. irradiazione.
irradiar tr. irradiare.
irreflexión f. irriflessione.
irreflexivo agg. irriflessivo.
irregular agg. irregolare.
irregularidad f. irregolarità.
irreligión f. irreligione.
irremediable agg. irrimediabile.
irreparable agg. irreparabile.
irreprochable agg. irreprensibile.
irresistible agg. irresistibile.
irreverencia f. irriverenza.
irreverente agg. irriverente.
irrevocable agg. irrevocabile.
irrigación f. irrigazione.
irrigar tr. irrigare.
irrisión f. irrisione.
irritable agg. irritabile.
irritación f. irritazione.
irritar tr. irritare, incollerire.

irrupción f. irruzione.
isla f. isola.
isleño agg. e m. isolano.

islote m. isolotto.
israelita agg. e m. israelita.
istmo m. istmo.
itinerario m. itinerario.
izquierda f. sinistra; mano sinistra.
izquierdo agg. sinistro.

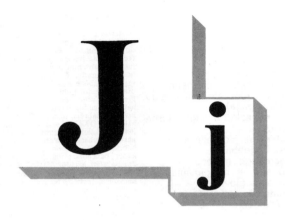

jabalí m. (zoo.) cinghiale, cignale.
jabalina f. (zool.) cinghiala; giavelotto.
jabón m. sapone.
jaca f. cavallino, cavallina.
jacinto m. (bot.) giacinto.
jactancia f. iattanza, millanteria.
jactancioso agg. vanaglorioso.
jactarse rfl. millantarsi.
jadear itr. ansare.
jadeo m. ansamento.
jalear tr. aizzare i cani; incitare con voci od applausi.
jaleo m. aizzamento; baldoria, chiasso.
jamás avv. giammai.
jamón m. prosciutto. **— dulce** prosciutto cotto.
japonés agg. e m. giapponese. m. lingua giapponese.
jaque m. scacco; gradasso. **— mate** scaccomatto.
jaqueca f. (med.) emicrania, dolor di capo.
jarabe m. sciroppo.
jardín m. giardino.
jardinería f. giardinaggio.
jardinero m. giardiniere.

jarra f. giara.
jarretera f. giarrettiera.
jarro m. boccale, brocca.
jarrón m. vaso.
jaula f. gabbia; ascensore di miniera.
jazmín m. (bot.) gelsomino.
jefatura f. direzione; comando. **— de policía** questura.
jefe m. capo, superiore; (mil.) comandante; duce. **— de tren** capoconvoglio. **— de taller** capofficina. **— de partido** capoparte. **— de guardia** capoposto. **— de policía** questore.
jerarquía f. gerarchia.
jerga f. gergo.
jergón m. saccone di paglia, pagliericcio.
jeringa f. siringa.
jeroglífico m. geroglifico.
jesuita m. gesuita.
jinete m. cavaliere.
jira f. striscia di tela; gita, escursione. **— campestre** scampagnata.
jirafa f. (zool.) giraffa.
jirón m. strappo, brandello.
jocosidad f. giocosità.

jocoso agg. giocoso.

jofaina f. catino, catinella.

jornada f. giornata (di viaggio, lavoro, paga).

jornal m. salario, paga giornaliera.

jornalero m. giornaliere.

joroba f. gobba.

jorobado agg. gobbo.

joven agg. e m. giovane.

jovial agg. gioviale.

jovialidad f. giovialità.

joya f. gioello, gioia.

joyas f. pl. gioielli.

joyería f. gioielleria.

joyero m. gioielliere.

jubilación f. giubilazione.

jubilar tr. giubilare.

jubilarse rfl. ottenere la giubilazione.

jubileo m. giubileo.

júbilo m. giubilo.

judaico agg. giudaico.

judía agg. e f. ebrea; fagiolo.

judicial agg. giudiziale.

judío agg. e m. ebreo; giudeo.

juego m. gioco. — de dormitorio mobilio completo da camera da letto.

jueves m. giovedì.

juez m. giudice. — de paz giudice di pace, conciliatore.

jugada f. giocata.

jugador m. giocatore.

jugar tr. e itr. giocare.

——————— JUGAR ———————

MODO INFINITIVO: FORMAS SIMPLES: Infinitivo: jugar. **Gerundio:** jugando. **Participio:** jugado. **FORMAS COMPUESTAS: Infinitivo:** haber jugado. **Gerundio:** habiendo jugado. **MODO INDICATIVO: Presente:** yo juego, tú juegas, él juega; nosotros jugamos, vosotros jugáis, ellos juegan. **Pretérito imperfecto:** jugaba, jugabas, jugaba; jugábamos, jugabais, jugaban. **Pretérito indefinido:** jugué, jugaste, jugó; jugamos, jugasteis, jugaron. **Futuro imperfecto:** jugaré, jugarás, jugará; jugaremos, jugaréis, jugarán. **Pretérito perfecto:** he jugado, has jugado, ha jugado; hemos jugado, habéis jugado, han jugado. **Pretérito pluscuamperfecto:** había jugado, habías jugado, había jugado; habíamos jugado, habíais jugado, habían jugado. **Pretérito anterior:** hube jugado, hubiste jugado, hubo jugado; hubimos jugado, hubisteis jugado, hubieron jugado. **Futuro perfecto:** habré jugado, habrás jugado, habrá jugado; habremos jugado, habréis jugado, habrán jugado. **MODO POTENCIAL: Potencial simple:** jugaría, jugarías, jugaría; jugaríamos, jugaríais, jugarían. **Potencial compuesto:** habría jugado, habrías jugado, habría jugado; habríamos jugado, habríais jugado, habrían jugado. **MODO SUBJUNTIVO: Presente:** juegue, juegues, juegue; juguemos, juguéis, jueguen. **Pretérito imperfecto:** jugara o jugase, jugaras o jugases, jugara o jugase; jugáramos o jugásemos, jugarais o jugaseis, jugaran o jugasen. **Futuro imperfecto:** jugare, jugares, jugare; jugáremos, jugareis, jugaren. **Pretérito perfecto:** haya jugado, hayas jugado, haya jugado; hayamos jugado, hayáis jugado, hayan jugado. **Pretérito pluscuamperfecto:** hubiera o hubiese jugado, hubieras o hubieses jugado, hubiera o hubiese jugado; hubiéramos o hubiésemos jugado, hubierais o hubieseis jugado, hubieran o hubiesen jugado. **Futuro perfecto:** hubiere jugado, hubieres jugado, hubiere jugado; hubiéremos jugado, hubiereis jugado, hubieren jugado. **MODO IMPERATIVO: Presente:** juega tú, juegue él; juguemos nosotros, jugad vosotros, jueguen ellos.

jugarreta f. giocataccia; viltà.

jugo m. succo, sugo.

jugosidad f. succosità, sugosità.

jugoso agg. succoso, sugoso.

juguete m. balocco, giocattolo. — cómico farsa.

juguetear itr. giocherellare.

juguetón m. baloccone.

juicio m. giudizio.

juicioso agg. giudizioso.

julio m. luglio.

junco m. (bot.) giunco.

junio m. giugno.

junta f. giunta, riunione.

juntar tr. congiungere, giuntare, unire.

juntarse rfl. congiungersi; copularsi (carnalmente); raccogliersi.

junto agg. congiunto, unito; vicino. avv. accanto.
juntos m. pl. entrambi.
jura f. giuramento. — **de bandera** giuramento delle reclute.
jurado m. giurato.
juramentar tr. far prestare giuramento.
juramentarse rfl. prendere o prestare giuramento.
juramento m. giuramento, giuro.
jurar tr. giurare.
jurídico agg. giuridico.
jurisconsulto m. giureconsulto.
jurisdicción f. giurisdizione.
jurista m. giurista.

justicia f. giustizia.
justiciero m. giustiziere.
justificación f. giustificazione.
justificado agg. giustificato.
justificar tr. giustificare.
justo agg. giusto; esatto. avv. esattamente.
juvenil agg. giovanile.
juventud f. gioventù, giovanezza, giovinezza.
juzgado m. tribunale; giudicatura. — **de paz** pretura.
juzgar tr. giudicare; sentenziare; credere.

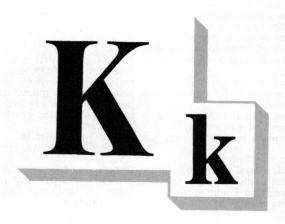

kepis m. kepi.
kilogramo m. chilogrammo.
kilométrico agg. chilometrico.
kilómetro m. chilometro.
kilovatio m. chilowat.
kiosco m. chiosco.

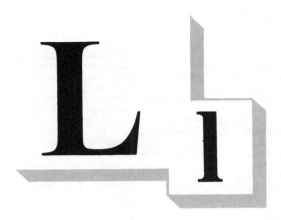

la art. la. m. (mús.) la. pron. la.

las art. pl. le; pron. gli, le.

labia f. facilità nel parlare.

labial agg. labiale.

labio m. labbro.

labor f. lavoro; adorno.

laborable agg. lavorabile.

laboratorio m. laboratorio.

laboriosidad f. laboriosità.

labrador m. contadino, lavoratore.

labrantío agg. lavorativo.

labranza f. aratura.

labrar tr. lavorare; coltivare.

lacayo m. lacchè.

lacio agg. marcio; lasso.

lacónico agg. laconico.

lacra f. stimma; difetto.

lacrar tr. inceralaccare.

lacre m. ceralacca.

lacrimoso agg. lacrimoso.

lactancia f. allattamento.

lácteo agg. latteo.

ladear tr. inclinare.

ladearse rfl. propendere.

ladera f. declivio, pendio.

lado m. lato, canto.

ladrar itr. latrare.

ladrido m. latrato.

ladrillo m. mattone, piastrella, quadruccio.

ladrón m. ladro.

lagartija f. lucertola, lucertolina.

lagarto m. lucertola.

lago m. lago.

lágrima f. lacrima, lagrima. **a — viva** a calde lagrime.

laguna f. laguna; lacuna.

laicismo m. laicismo.

laico agg. laico.

lamentable agg. lamentevole.

lamentación f. lamentazione.

lamentar tr. lamentare.

lamentarse rfl. lamentarsi.

lamento m. lamento.

lamer tr. leccare; lambire.

lámina f. lamina, piastra; incisione; placca.

laminado agg. e m. laminato.

laminar tr. laminare.

lámpara f. lampada, lume.

lamparilla f. lampadina. **— de noche** lumino da notte.

lana f. lana.

lanar agg. lanuto.

lance m. lanciamento; avvenimento. **de —** d'occasione.

lancear tr. colpire colla lancia.

lancero m. lanciere.
lancha f. (naut.) lancia.
lanero agg. laniero.
langosta f. cavalletta, locusta; aragosta.
langostín m. gamberetto.
languidecer itr. illanguidire, languire.
languidez f. languidezza, languore.
lánguido agg. languido.
lanudo agg. lanuto, lanoso.
lanza f. lancia; timone di carrozza.
lanzada f. lanciata.
lanzadera f. spola.
lanzamiento m. lancio; sfratto.
lanzar tr. lanciare; varare; sfrattare.
lanzarse rfl. lanciarsi.
lapa f. patella.
lápida f. lapide.
lápiz m. matita, lapis.
lapso m. lasso (di tempo).
largar tr. largare; mollare.
largarse rfl. andarsene.
largo agg. lungo. a la larga coll'andar del tempo.
larguero m. longherina, longherone; capezzale.
largueza f. larghezza; lunghezza.
largura f. lunghezza.
laringe f. (anat.) laringe.
laringitis f. (med.) laringite.
larva f. larva.
lascivia f. lascivia.
lascivo agg. lascivo.
lasitud f. lassezza, lassitudine.
lástima f. compassione.
lastimar tr. ferire; danneggiare.
lastimarse rfl. ferirsi; dolersi.
lastrar tr. (naut.) zavorrare.
lastre m. (naut.) zavorra.
lata f. latta (lamiera); latta (recipiente). dar la — fastidiare.

latente agg. latente, occulto.
lateral agg. laterale.
latido m. battito; palpitazione.
latifundio m. latifondo.
latigazo m. frustata.
látigo m. frusta, frustino.
latín m. latino.
latinajo m. latinaccio.
latinizar tr. latinizzare.
latino agg. e m. latino.
latir itr. battere, pulsare.
latitud f. latitudine.
latón m. ottone, oricalco.
laudable agg. lodevole.
laudar tr. laudare, lodare.
laureado agg. laureato.
laurear tr. laureare.
laurel m. (bot.) lauro.
lava f. lava.
lavabo m. lavabo; gabinetto.
lavadero m. lavatoio.
lavado m. lavatura, lavaggio.
lavandera f. lavandaia.
lavandería f. lavanderia.
lavaplatos m. lavapiatti, lavastoviglie, sguattero.
lavar tr. lavare.
lavarse rfl. lavarsi.
lavativa f. lavativo, clistere.
laxante agg. e m. lassativo.
laxar tr. mollificare.
laxitud f. lassitudine, lassezza.
lazareto m. lazzaretto.
lazarillo m. ragazzo che guida un cieco.
lazo m. laccio, cappio; vincolo.
le pron. le, lo, lui, gli.
leal agg. leale.
lealtad f. lealtà.
lebrel m. levriere.
lección f. lezione.
lector m. lettore.
lectura f. lettura.
lechada f. bianco da pareti.
lechal agg. poppante. m. lattonzolo; latte di certi frutti.
leche f. latte.
lechera f. lattivendola, lattaia; lattiera.
lechería f. latteria.

lecho m. letto; letto (di fiume); strato.
lechón m. porcellino.
lechoso agg. lattiginoso.
lechuga f. lattuga.
lechuguino m. vagheggino.
lechuza f. (zool.) civetta.
leer tr. leggere.
legación f. legazione.
legado m. legato.
legal agg. legale.
legalidad f. legalità.
legalizar tr. legalizzare.
legar tr. legare.
legendario agg. leggendario.
legible agg. leggibile.
legión f. legione.
legionario m. legionario.
legislación f. legislazione.
legislador m. legislatore.
legislar tr. legiferare.
legitimar tr. legittimare.
legítimo agg. legittimo.
lego agg. e m. laico; converso, frate laico; ignorante.
legumbre f. legume.
leguminoso agg. leguminoso.
lejanía f. lontananza.
lejano agg. lontano.
lejía f. lisciva; ranno.
lejos avv. distante, lontano.
lema m. lemma, motto.
lencería f. biancheria, lingeria.
lengua f. (anat.) lingua; idioma, lingua.
lenguado m. (itt.) sogliola.
lenguaje m. linguaggio, favella.
lengüeta f. linguetta.
lente f. lente.
lentes f. pl. occhiali.
lenteja f. lenticchia.
lentejuela f. lustrino.
lentitud f. lentezza.
lento agg. lento, tardo.
leña f. legna; legname.
leñador m. legnaiolo, taglialegna; mercante di legna.
leño m. legno.
león m. (zool.) leone.
leona f. leonessa.
leonado agg. lionato.

leonera f. covo di leoni; ripostiglio; bisca.
leopardo m. (zool.) leopardo.
lepra f. (med.) lebbra.
leproso agg. e m. lebbroso.
lesión f. lesione.
letal agg. letale.
letanía f. litania.
letárgico agg. letargico.
letargo m. letargo.
letra f. lettera, carattere. — **de cambio** cambiale.
letrero m. cartello; insegna.
letrina f. latrina.
levadizo agg. levatoio. **puente** — ponte levatoio.
levadura f. lievito.
levantamiento m. innalzamento, sollevamento; sollevazione.
levantar tr. sollevare, alzare, ergere; elevare.
levantarse rfl. levarsi, elevarsi. — **de la cama** balzar dal letto.
levante m. levante.
leve agg. leggero, lieve.
léxico m. lessico.
ley f. legge; norma, regola. — **de la moneda** lega. **oro de** — oro al titolo.
leyenda f. leggenda.
libelista m. libellista.
libelo m. libello.
libélula f. (zool.) libellula.
liberación f. liberazione.
liberador agg. liberatore.
liberal agg. liberale.
liberalidad f. liberalità.
liberar tr. liberare.
libertad f. libertà.
libertador agg. liberatore.
libertar tr. liberare.
libertinaje m. libertinaggio, dissoluzione. [luto.
libertino agg. libertino, disso-
libidinoso agg. libidinoso.

libra f. libbra; lira. — **esterlina** lira sterlina.

librador m. (com.) traente.

libramiento m. liberazione; (com.) tratta.

libranza f. cambiale. — **postal** vaglia.

librar tr. liberare; (com.) trarre, spiccare.

librarse rfl. liberarsi, redimersi.

libre agg. libero; esente.

librería f. libreria. — **de viejo** libreria antiquaria.

librero m. libraio.

libreta f. libretto, quaderno.

libreto m. libretto.

libro m. libro.

librote. m. librone.

licencia f. licenza.

licenciado agg. e m. licenziato.

licenciar tr. licenziare. (mil.) congedare.

licenciarse rfl. laurearsi, licenziarsi.

licenciatura f. licenza; laurea.

licencioso agg. licenzioso.

lícito agg. lecito.

licor m. liquore.

licorera f. porta liquori.

lid f. lite, litigio, disputa.

lidia f. combattimento; corsa di tori.

lidiador m. combattente; torero.

lidiar tr. combattere.

liebre f. (zool.) lepre.

liga f. lega; confederazione.

ligadura f. legatura.

ligamento m. legamento.

ligar tr. legare; allacciare.

ligarse rfl. legarsi, allegarsi; confederarsi.

ligazón f. legatura.

ligereza f. rapidità; leggerezza.

ligero agg. leggero, svelto.

lija f. (itt.) squalo, smeriglio; carta smeriglio.

lijar tr. smerigliare.

lila f. (bot.) lilla; scioccone.

lima f. (bot.) limone dolce; lima.

limadura f. limatura.

limalla f. limatura.

limar tr. limare.

limitación f. limitazione.

limitar tr. limitare.

límite m. limite.

limítrofe agg. limitrofo.

limo m. limo, fango.

limón m. (bot.) limone.

limonada f. limonata.

limonar m. agrumeto.

limonero m. (bot.) limone (pianta).

limosna f. elemosina.

limpiabarros m. zerbino, nettapiedi.

limpiabotas m. lustrascarpe.

limpiar tr. pulire; lavare, nettare.

limpieza f. pulizia, nettezza.

limpio agg. pulito. **poner en** — mettere in pulito.

linaje m. lignaggio.

linchamiento m. linciaggio.

linchar tr. linciare.

lindar itr. confinare.

linde m. limite, confine.

lindero m. confine.

lindeza f. bellezza, lindezza.

lindo agg. bello, grazioso, bellino, lindo.

línea f. linea, fila; rango. — **ferrea** ferrovia.

lineal agg. lineale.

linear tr. lineare, delineare.

lingote m. lingotto.

lingüista m. f. linguista.

lingüística f. linguistica.

lino m. (bot.) lino.

linóleo m. linoleo.

linotipia f. linotipia.

linterna f. lanterna; faro.

lío m. involto, fagotto, fardello, pacco; imbroglio, garbuglio.

liquidación f. liquidazione; liquefazione.
liquidar tr. liquidare; liquefare.
líquido agg. e m. liquido.
lira f. lira.
lírica f. lirica.
lírico agg. lirico.
lis f. giglio. **flor de —** fiordaliso.
lisiado agg. storpio.
lisiar tr. storpiare; ferire.
liso agg. liscio; piano.
lisonja f. lusinga.
lisonjear tr. lusingare.
lisonjero agg. lusinghiero.
lista f. lista; catalogo; nota. **en — de correos** ferma in posta. **pasar —** fare l'appello.
listado agg. listato, rigato.
listo agg. pronto; lesto; sagace.
listón m. listone.
litera f. cuccetta.
literal agg. letterale.
literario agg. letterario.
literato m. letterato.
literatura f. letteratura.
litigante m. litigante.
litigar itr. litigare.
litigio m. litigio.
litografía f. litografia.
litoral agg. e m. litorale.
litro m. litro.
liturgia f. liturgia.
litúrgico agg. liturgico.
liviandad f. leggerezza.
liviano agg. leggero, lieve; lascivo.
lividez f. lividezza.
lívido agg. livido.
llaga f. piaga.
llagar tr. piagare, impiagare.
llagarse rfl. impiagarsi.
llama f. fiamma. m. (zool.) lama.
llamada f. chiamata, appello.
llamamiento m. chiamata, appello.
llamar tr. chiamare; denominare; convocare.

llamarse rfl. chiamarsi, denominarsi.
llamarada f. fiammata.
llamativo agg. vistoso.
llameante agg. fiammeggiante.
llamear itr. fiammeggiare.
llaneza f. semplicità; modestia.
llano agg. piano. m. piana, piano.
llanto m. pianto, piangimento.
llanura f. pianura, piana.
llave f. chiave; interruttore; chiavetta.
llavero m. anillo per le chiavi.
llegada f. arrivo, arrivata.
llegar itr. arrivare; giungere, venire, addivenire; raggiungere. **—a ser** diventare.
llenar tr. riempire, colmare.
lleno agg. pieno; colmo.
llevadero agg. sopportabile.
llevar tr. portare; condurre. **— consigo** portare seco.
llevarse rfl. portare via.
llorar itr. piangere, piagnere, gemere.
lloriquear itr. piagnucolare.
lloriqueo m. piagnucolio.
lloro m. pianto.
llorón m. piagnone.
llover itr. piovere. **— a cántaros** piovere a catinelle.
llovizna f. pioggerella.
lloviznar itr. piovigginare, spruzzolare.
lluvia f. pioggia, piova.
lluvioso agg. piovigginoso, piovoso.
lo pron. e art. neutr. lo.
loa f. lode, elogio.
loar tr. lodare.
loba f. (zool.) lupa.
lobato m. lupatto.
lobezno m. lupicino.
lobo m. lupo.

lóbrego agg. buio.
lóbulo m. (anat.) lobo, lobulo.
local agg. e m. locale.
localidad f. località.
localizar tr. localizzare.
loción f. lozione.
loco agg. e m. pazzo, matto; alienato, demente.
locomoción f. locomozione.
locomotor agg. e m. locomotore.
locomotora f. locomotrice.
locuaz agg. loquace.
locución f. locuzione.
locura f. mattezza, pazzia, follia; alienazione.
locutorio m. parlatorio.
lodazal m. fangaia.
lodo m. loto, fango.
logia f. loggia.
lógica f. logica.
lógico agg. logico.
lograr tr. ottenere, conseguire, raggiungere.
logro m. ottenimento, conseguimento, raggiungimento; usura.   [verme.
lombriz f. (zool.) lombrico;
lomo m. lombo; dorso; costola, costolato.
lona f. olona, tela da vele.
longaniza f. salsiccia.
longevidad f. longevità.
longevo agg. longevo.
longitud f. longitudine.
lonja f. borsa di commercio; fetta; atrio, loggiato.
lontananza f. lontananza.
loro m. (orn.) pappagallo.
losa f. lastra.
lote m. lotto; porzione.
lotería f. lotto; lotteria.
loto m. (bot.) loto.

loza f. maiolica; porcellana, terraglia.
lozanía f. rigoglio, vigore; orgoglio.
lozano agg. rigoglioso, vigoroso; orgoglioso.
lubricante agg. lubrificante.
lubricar tr. lubrificare.
lúcido agg. lucido.
luciérnaga f. (zool.) lucciola.
lucifer m. lucifero.
lucimiento m. pregio; splendore.
lucir itr. splendere, distinguersi, spiccare. tr. intonacare.
lucirse rfl. distinguersi, spiccare.
lucrativo agg. lucrativo.
lucro m. lucro, guadagno.
luctuoso agg. luttuoso.
lucha f. lotta, conflitto.
luchador m. lottatore, combattente.
luchar itr. lottare, combattere.
luego avv. dopo; dipoi. cong. adunque. — **que** comunque, qualora.
lugar m. luogo; villaggio; parte.
lugareño agg. borghigiano.
lugarteniente m. luogotenente.
lúgubre agg. lugubre.
lujo m. lusso, fasto.
lujoso agg. lussuoso.
lujuria f. lussuria.
lumbago m. (med.) lombaggine.
lumbre f. fiamma; fuoco.
lumbrera f. corpo luminoso; luminare; lucernario; feritoia.
luna f. luna; lastra di vetrina; specchio.
lunar agg. lunare. m. lentiggine, neo.
lupanar m. bordello.
lúpulo m. (bot.) luppolo.
lustrar tr. lustrare, pulire.

lustre m. lustro.
lustro m. lustro (cinque anni);
  lampada.
lustroso agg. brillante.
luteranismo m. luteranesimo.
luterano agg. e m. luterano.

luto m. lutto, gramaglia.
luz f. luce; lampada; fanale.
  dar a — partorire.

macabro agg. macabro.
macarrones m. pl. maccheroni.
maceracón f. macerazione.
macerar tr. macerare.
maceta f. mazzetta; vaso da fiori.
macilento m. macilento.
macizo agg. e m. massiccio.
machacar tr. pestare; ammaccare.
machacón agg. molesto.
machetazo m. colpo di daga.
machete m. coltellaccio, daga a un solo taglio.
macho m. maschio; mulo. — **cabrío** becco.
madeja f. matassa.
madera f. legno; legname; madera (vino).
maderaje m. legname.
madero m. trave.
madrastra f. matrigna.
madraza f. madre condiscendente.
madre f. madre, mamma.
madreselva f. (bot.) madreselva.
madrigal m. madrigale.
madriguera f. covo, tana.

madrina f. madrina. — **de boda** pronuba.
madroño m. (bot.) corbezzolo.
madrugada f. alba. **a la** — di buon mattino.
madrugador agg. mattiniero.
madrugar itr. alzarsi di buon mattino.
maduración f. maturazione.
madurar itr. maturare.
madurez f. maturità.
maduro agg. maturo.
maestra f. maestra.
maestranza f. maestranza.
maestría f. maestria.
maestro m. maestro.
magia f. magia.
mágico agg. magico; maraviglioso. m. mago.
magisterio m. magistero.
magistrado m. magistrato.
magistral agg. magistrale.
magistratura f. magistratura.
magnánimo agg. magnanimo.
magnate m. magnate.
magnesia f. magnesia.
magnético agg. magnetico.
magnetización f. magnetizzazione.

magnetizar tr. magnetizzare.
magnificencia f. magnificenza.
magnífico agg. magnifico.
magnitud f. grandezza; magnitudine.
magno agg. magno.
mago m. mago.
magro agg. e m. magro.
magullamiento m. ammaccamento.
magullar tr. ammaccare.
mahometano agg. e m. maomettano. [mais.
maíz m. (bot.) granturco,
majadería f. sciocchezza, stupidaggine.
majadero agg. e m. sciocio, stupido.
majestad f. maestà.
majestuosidad f. maestosità.
majestuoso agg. maestoso.
majo agg. spavaldo; bello.
mal avv. male. agg. male. m. male; malattia; danno.
malaria f. (med.) malaria.
malaventura f. disgrazia.
malaventurado agg. disgraziato, malavventurato.
malcriado agg. maleducato, malcostumato.
maldad f. malvagità, cattiveria.
maldecir tr. maledire.
maldición f. maledizione.
maldito agg. maledetto.
maleable agg. malleabile.
malear tr. corrompere, guastare; pervertire.
malearse rfl. rincattivire; corrompersi.
malecón m. molo, argine.
maledicencia f. maldicenza.
maleficio m. maleficio.
maléfico agg. malefico.
malestar m. malessere.
maleta f. valigia; persona inetta o spregevole.
maletín m. valigetta.
malevolencia f. malevolenza.
malévolo agg. malevolo.
maleza f. malerba; macchia.

malgastar tr. dissipare, sprecare.
malhablado agg. sboccato, licenzioso nel parlare.
malhechor m. malfattore.
malherir tr. ferire gravemente; malmenare.
malicia f. malizia; furberia.
malicioso agg. malizioso.
malignidad f. malignità.
maligno agg. maligno.
malo agg. cattivo, perverso.
malograr tr. frustrare.
malograrse rfl. fallire, non riuscire.
malogro m. insuccesso.
maloliente agg. graveolente; puzzolente.
malparado agg. malmenato, malconcio.
malsano agg. malsano.
malta f. malto.
maltratar tr. maltrattare, malmenare.
maltrato m. maltrattamento.
maltrecho agg. bistrattato; malconcio, malmenato.
malvado agg. malvagio.
malversación f. malversazione.
malversador m. malversatore.
malversar tr. malversare.
malla f. maglia.
mallo m. maglio.
mama f. (anat.) mammella.
mamá f. mamma.
mamar tr. poppare.
mamífero agg. e m. mammifero.
mamón m. succhione.
mampara f. paravento.
mampostería f. arte muraria; muratura.
maná m. manna.
manada f. branco.
manantial m. sorgente; origine.

manar itr. scaturire, sgorgare.
manceba f. giovanotta; concubina. [ne.
mancebo m. giovanotto; garzo.
mancilla f. macchia, macula.
mancillar tr. macchiare, macolare, contaminare.
mancillarse rfl. contaminarsi.
manco agg. monco.
mancomunar tr. accomunare.
mancomunarse rfl. mettersi d'accordo; associarsi.
mancomunidad f. accomunamento; unione, associazione.
mancha f. macchia, macula.
manchar tr. macchiare.
mandadero m. fattorino, messo.
mandado m. mandato; incarico.
mandamiento m. comando, ordine, comandamento.
mandar tr. comandare, ordinare.
mandatario m. mandatario, incaricato.
mandato m. mandato.
mandíbula f. mandibola.
mando m. comando.
manecilla f. lancetta; manina.
manejable agg. maneggiabile.
manejar tr. maneggiare.
manejarse rfl. destreggiarsi.
manejo m. maneggio.
manera f. maniera, modo, forma, guisa.
manga f. manica; manichetta; (naut.) larghezza della nave.
mango m. manico.
manguera f. manichetta.
manguito m. manicotto.
manía f. mania.
maniatar tr. legar le mani.
maniático agg. maniaco.
manicomio m. manicomio.
manicura f. manicure.
manicuro m. manicure.

manifestación f. manifestazione.
manifestante agg. e m. f. manifestante.
manifestar tr. manifestare.
manifiesto agg. manifesto, evidente. m. manifesto.
maniobra f. manovra.
manipular tr. manipolare.
maniquí m. manichino.
manirroto agg. e m. sprecone, prodigo.
manivela f. manovella.
manjar m. mangiare, cibo, vivanda.
mano f. mano. — derecha diritta, manritta. — izquierda manca, sinistra. — de obra manodopera.
manojo m. mannella, mannello.
manopla f. manopola.
manosear tr. palpeggiare.
manoseo m. palpeggiamento.
manotada f. manata.
manotear tr. picchiare colle mani; gesticolare.
manoteo m. il picchiare colle mani; gesticolazione.
mansedumbre f. mansuetudine.
mansión f. dimora, mansione.
manso agg. mansueto.
manta f. coperta.
manteca f. grasso; burro. — de cerdo strutto.
mantecado m. mantecato (gelato).
mantel m. tovaglia.
mantelería f. biancheria da tavola.
mantenedor m. mantenitore.
mantener tr. mantenere.
mantenerse rfl. mantenersi.
mantenimiento m. mantenimento.
mantequera f. burraia; piatto da burro.
mantequilla f. burro.
mantilla f. mantiglia; gualdrappa.
manto m. manto; mantello.
mantón m. scialle.

manual agg. e m. manuale.
manufactura f. manifattura; manufatto.
manufacturar tr. fabbricare.
manuscrito agg. e m. manoscritto.
manutención f. manutenzione, mantenimento.
manzana f. (bot.) mela. — de casas quadra, isolato.
manzanilla f. (bot.) camomilla; vino bianco.
manzano m. melo.
maña f. destrezza, abilità.
mañana f. mattino. avv. domani. de — di buon'ora. pasado — posdomani, dopodomani. por la — nella mattinata. — por la — domattina.
mañoso agg. ingegnoso, abile.
mapa m. mappa, carta geografica.
mapamundi m. mappamondo.
maquiavélico agg. machiavellico.
máquina f. macchina.
maquinación f. macchinazione.
maquinaria f. macchinario.
maquinista m. macchinista.
mar m. mare. — picada maretta.
maravilla f. maraviglia, meraviglia.
maravillar tr. maravigliare, meravigliare.
maravilloso agg. maraviglioso, meraviglioso.
marca f. marca; marchio.
marcador agg. e m. marcatore.
marcar tr. marcare, marchiare.
marcial agg. marziale.
marcialidad f. marzialità.
marco m. cornice; marco (moneta).
marcha f. marcia; partenza.
marchante m. mercante.
marchar itr. marciare, andare.
marcharse rfl. andarsene.
marchitar tr. sciupare.
marchitarse rfl. appassire, marcire.

marchito agg. appassito, marcio.
marea f. marea.
marear tr. (naut.) governare la nave.
marearse rfl. avere il mal di mare, avere vertigini.
marejada f. mareggiata.
mareo m. mal di mare.
marfil m. avorio.
margarina f. margarina.
margarita f. (bot.) margherita.
margen f. margine.
marginal agg. marginale.
maridar tr. maritare.
marido m. marito.
marina f. marina.
marinero m. marinaio.
marino m. marinaio, navigante. agg. marino.
marioneta f. marionetta.
mariposa f. farfalla.
mariquita f. coccinella.
marisco m. frutto di mare.
marisma f. maremma.
marital agg. maritale.
marítimo agg. marittimo.
marmita f. marmitta.
mármol m. marmo. — veteado marmo mischio.
marqués m. marchese.
marquesa f. marchesa.
marquesina f. pensilina; pachiglione.
marquetería f. ebanisteria; intarsio.
marrana f. scrofa.
marrano m. maiale; marrano.
marroquí agg. e m. marrocchino.
martes m. martedì.
martillar tr. martellare.
martillazo m. martellata.
martillo m. martello. — pilón maglio. — de herrero mazzuolo.

mártir m. martire.
martirio m. martirio.
martirizar tr. martirizzare.
marxismo m. marscismo.
marxista agg. e m. f. maxista, marxiano.
marzo m. marzo.
mas cong. ma, però.
más avv. più. — bien piuttosto. — de sopra. por — que per quanto. sin — ni — senz'altro.
masa f. massa, pasta.
masaje m. massaggio.
masajista m. f. massagista.
máscara f. maschera.
mascarada f. mascherata.
mascarilla f. mezza maschera; maschera.
masculino agg. mascolino.
masón m. massone, frammassone.
masonería f. massoneria.
masticar tr. masticare.
mástil m. (naut.) albero (di nave); asta.
mastín m. mastino.
mata f. cespuglio.
matadero m. macello, ammazzatoio.
matador m. ammazzatore; uccisore; torero.
matanza f. macello; uccisione.
matar tr. ammazzare, uccidere; macellare. — el hambre sfamarsi. [zarsi.
matarse rfl. uccidersi, ammazmatarife m. beccaio, macellaio.
matasanos m. medicastro, medico ignorante.
mate m. (bot.) mate. agg. opaco, sbiadito, smorzato.
matemática(s) f. matematica.
matemático agg. e m. matematico.
materia f. materia; (med.) pus.
materialismo m. materialismo.

materialista agg. e m. f. materialista.
maternal agg. maternale.
materno agg. materno.
matón m. spaccamonti.
matorral m. sterpeto, sterpaia.
matrícula f. matricola.
matricular tr. iscrivere, matricolare.
matricularse rfl. matricolarsi.
matrimonial agg. matrimoniale
matrimonio m. matrimonio, maritaggio.
matriz f. matrice.
matrona f. matrona.
matutino agg. mattutino.
maullar itr. miagolare.
maullido m. miagolio.
mausoleo m. mausoleo.
maxilar agg. e m. (anat.) mascellare.
máxima f. massima, sentenza
máximo agg. massimo.
mayo m. maggio.
mayor agg. e m. maggiore.
mayores m. pl. maggiori, antenati.
mayoral m. vetturino; capo dei pastori; caposquadra.
mayordomo m. maggiordomo
mayoría f. maggioranza.
mayorista m. grossista.
mayúscula f. maiuscola.
maza f. mazza; maglio.
mazo m. mazza.
me pron. me, mi.
meandro m. meandro.
mear itr. orinare.
mecánica f. meccanica.
mecánico agg. e m. meccanico
mecanismo m. meccanismo.
mecanografía f. dattilografia.
mecanografiar tr. dattilografare.
mecanógrafo m. dattilografo.
mecedora f. seggiolone a dondolo.
mecenas m. mecenate.
mecer tr. dondolare, cullare.
mecha f. miccia; esca; filaccia — de lámpara stoppino.

mechar tr. allardare, lardella-re.

mechero m. luminello; accen-ditore.

mechón m. grosso lucignolo; batuffolo; ciocco; ciuffo.

medalla f. medaglia.

medallón m. medaglione.

media f. calza. — **corta** mezza calza. agg. mezza. **a —s** me-tà per ciascuno.

mediación f. mediazione.

medianía f. mediocrità.

mediano agg. medio, mezzano; mediocre.

mediante avv. mediante. prep. per mezzo.

mediar tr. mediare.

medicamento m. medicamento.

medicina f. medicina.

medicinal agg. medicinale.

medicinar tr. medicare.

médico agg. medico. m. medi-co, dottore. —- **de cabecera** medico curante.

medida f. misura; dimensione. **tomar —s** prendere provvedi-menti.

medio agg. mezzo; medio. avv. mezzo. **a medias** a metà. **de por —** frammezzo. m. **in** mezzo.

mediocre agg. mediocre.

mediocridad f. mediocrità.

mediodía m. mezzogiorno.

medios m. pl. mezzi (di fortu-na).

medir tr. misurare.

—————— MEDIR ——————

MODO INFINITIVO: FORMAS SIM-PLES: **Infinitivo:** medir. **Gerundio:** mi-diendo. **Participio:** medido. FORMAS COMPUESTAS: **Infinitivo:** haber medi-do. **Gerundio:** habiendo medido. **MODO INDICATIVO: Presente:** yo mido, tú mides, él mide; nosotros medimos, voso-tros medís, ellos miden. **Pretérito imper-fecto:** medía, medías, medía; medíamos, medíais, medían. **Pretérito indefinido:** medí, mediste, midió; medimos, medis-teis, midieron. **Futuro imperfecto:** me-diré, medirás, medirá; mediremos, me-diréis, medirán. **Pretérito perfecto:** he medido, has medido, ha medido; he-mos medido, habéis medido, han medido. **Pretérito pluscuamperfecto:** había medi-do, habías medido, había medido; ha-bíamos medido, habíais medido, habían medido. **Pretérito anterior:** hube medido, hubiste medido, hubo medido; hubimos medido, hubisteis medido, hubieron me-dido. **Futuro perfecto:** habré medido, habrás medido, habrá medido; habre-mos medido, habréis medido, habrán medido. **MODO POTENCIAL: Potencial simple:** mediría, medirías, mediría; me-diríamos, mediríais, medirían. **Potencial compuesto:** habría medido, habrías me-dido, habría medido; habríamos medido, habríais medido, habrían medido. **MO-DO SUBJUNTIVO: Presente:** mida, mi-das, mida; midamos, midáis, midan. **Pre-térito imperfecto:** midiera o midiese, mi-dieras o midieses, midiera o midiese; midiéramos o midiésemos, midierais o midieseis, midieran o midiesen. **Futuro imperfecto:** midiere, midieres, midiere; midiéremos, midiereis, midieren. **Preté-rito perfecto:** haya medido, hayas me-dido, haya medido; hayamos medido, hayáis medido, hayan medido. **Pretérito pluscuamperfecto:** hubiera o hubiese me-dido, hubieras o hubieses medido, hubie-ra o hubiese medido; hubiéramos o hu-biésemos medido, hubierais o hubieseis medido, hubieran o hubiesen medido. **Fu-turo perfecto:** hubiere medido, hubieres medido, hubiere medido; hubiéremos me-dido, hubiereis medido, hubieren medi-do. **MODO IMPERATIVO: Presente:** mide **tú**, mida **él**; midamos **nosotros**, me-did **vosotros**, midan **ellos.**

meditación f. meditazione.

meditar itr. e tr. meditare.

médula f. midollo, midolla.

mejilla f. (anat.) guancia.

mejor agg. migliore. avv. me-glio.

mejora f. miglioramento.

mejorar tr. migliorare. itr. ri-stabilirsi.

mejoría f. miglioria.

melancolía f. malinconia.

melancólico agg. malinconico.

melena f. criniera; chioma.

melocotón m. (bot.) pesco, persico.

melodía f. melodia.

melodioso agg. melodioso.
melodrama f. melodramma.
melón m. (bot.) mellone.
melosidad f. dolcezza.
meloso agg. mellifluo.
mella f. breccia; tacca.
mellar tr. intaccare.
mellizo agg. e m. gemello.
membrana f. membrana.
membrete m. intestazione.
membrillo m. (bot.) cotogna; cotogno.
memo agg. sciocco.
memorable agg. memorabile.
memoria f. memoria.
memorias f. pl. memorie.
memorial m. memoriale.
menaje m. corredo, fornitura, arredamento.
mención f. menzione.
mencionar tr. menzionare.
mendicante agg. e m. mendicante.
mendicidad f. mendicità.
mendigar itr. mendicare, elemosinare.
mendigo m. mendicante, mendico, accattone.
menear tr. menare, dimenare, muovere.   [narsi.
menearse rfl. muoversi, dimeneo m. dimenio.
menester m. bisogno; occupazione, affare. ser — bisognare.
menesteroso agg. bisognoso, indigente.
menestra f. pietanza di carne e verdura, minestra.
menestral agg. artigiano.
mengano m. tizio.
mengua f. mancanza, penuria.
menguado agg. diminuito.
menguante agg. decrescente.
menguar itr. diminuire.
menisco m. menisco.

menor agg. minore. — de edad minorenne. al por — al minuto.
menoría f. minorità.
menos avv. meno. echar de — trovare mancante. — mal manco male.
menoscabo m. pregiudizio, danno.   [gio
menosprecio m. sprezzo, spre
mensaje m. messaggio; comunicazione.
mensajero m. messagiere, messaggero.
menstruación f. mestruazione
menstruo m. mestruo.
mensual agg. mensile.
menta f. (bot.) menta.
mental agg. mentale.
mentalidad f. mentalità.
mentar tr. menzionare.
mente f. mente.
mentecato agg. e m. mentecatto.
mentir itr. mentire.
mentira f. menzogna.
mentiroso agg. menzognero.
menudear itr. eseguire sovente; spesseggiare.
menudencia f. minuzia.
menudillos m. pl. frattaglie.
menudo agg. minuto. a — sovente, spesso.
meollo m. midollo.
mercadear itr. mercanteggiare
mercader m. mercante.
mercado m. mercato.
mercancía f. mercanzia.
mercante agg. e m. mercante
mercantil agg. mercantile.
mercar tr. commerciare.
merced f. mercede, mercè.
mercenario agg. e m. mercenario.
mercería f. merceria.
mercurio m. mercurio.
merecer tr. meritare.
merecido m. castigo o premio meritato.
merecimiento m. merito; il meritare.

merendar itr. merendare.
meridiano agg. e m. meridiano.
meridional agg. meridionale.
merienda f. merenda.
mérito m. merito.
meritorio agg. meritorio. m. volontario (impiegato senza stipendio). [luzzo.
merluza f. (itt.) nasello, mer-
merma f. calo, diminuzione; consumo.
mermar itr. calare, diminuire.
mermelada f. marmellata.
mero agg. mero, puro.
merodear itr. foraggiare; predare.
mes m. mese.
mesa f. mensa; tavola. — **de noche** comodino.
meseta f. altipiano.
mesías m. Messia.
mesón m. osteria.
mesonero m. locandiere.
mestizo agg. e m. meticcio.
mesura f. garbatezza; urbanità; misura.
mesurado agg. ciscospetto, prudente, misurato.
meta f. meta.
metafísica f. metafisica.
metafísico agg. metafisico.
metáfora f. metafora.
metal m. metallo.
metálico agg. metallico. m. danaro monetato.
metalurgia f. metallurgia.
metalúrgico agg. metallurgico.
metamorfosis f. metamorfosi.
meteórico agg. meteorico.
meteoro m. meteora.
meter tr. mettere, porre.
meterse rfl. inmischiarsi.
metódico agg. metodico.
método m. metodo.
metralla f. mitraglia.
métrico agg. metrico.
metro m. metro.
mezcla f. miscuglio, mescolanza; miscela.
mezclar tr. mescolare, mischiare.

mezclarse rfl. mischiarsi.
mezquindad f. meschinità, miseria.
mezquino agg. meschino, miserabile.
mezquita f. moschea.
mí pron. me, mi.
mi agg. mio, mia.
mico m. (zool.) micco.
microbio m. microbio, microbo.
micrófono m. microfono.
microscopio m. microscopio.
miedo m. paura, timore.
miedoso agg. pauroso.
miel f. miele.
miembro m. membro.
mientras avv. mentre. — **tanto** frattanto.
miércoles m. mercoledì.
mierda f. merda.
mies f. messe.
miga f. midollo, mollica.
migaja f. briciola.
migración f. migrazione.
mil agg. mille.
milagro m. miracolo.
milicia f. milizia.
miliciano m. soldato, milite; miliziano.
militante agg. militante.
militar agg. militare. itr. militare.
milla f. miglio.
millar m. migliaio.
millón m. milione.
millonario agg. e m. milionario.
mimbre m. vinco, vimine.
mímica f. mimica.
mímico agg. mimico.
mimo m. mimo.
mimos m. pl. moine.
mina f. miniera; mina.
minar tr. minare.
mineral agg. e m. minerale.
minero m. minatore. agg. minerario.

miniatura f. miniatura.
mínimo agg. e m. minimo.
ministerio m. ministero.
ministro m. ministro.
minorar tr. minorare.
minoría f. minoranza.
minoridad f. minorità.
minucia f. minuzia.
minucioso agg. minuzioso.
minúscula f. minuscola.
minuta f. minuta.
minuto m. minuto, minuto primo. agg. minuto.
mío agg. e pron. mio.
miope agg. e m. miope.
miopía f. miopia.
mira f. mira; scopo; traguardo.
mirada f. occhiata, sguardo.
mirador m. belvedere.
miramiento m. mira; riguardo.
mirar tr. mirare, guardare.
mirlo m. (orn.) merlo.
misa f. messa. — **mayor** messa cantata. — **rezada** messa bassa. — **del gallo** messa di mezzanotte (a Natale). **ayudar a** — servire messa.
misal m. messale.
misantropía f. misantropia.
misántropo m. misantropo.
miscelánea f. miscellanea.
miserable agg. miserabile.
miseria f. miseria.
misericordia f. misericordia.
misericordioso agg. misericordioso.
mísero agg. misero.
misión f. missione.
misionero m. missionario.
mismo agg. medesimo, stesso. **lo** — lo stesso.
misterio m. mistero.
misterioso agg. misterioso.
mística f. mistica.
místico agg. e m. mistico.
mitad f. metà; mezzo.

mitigar tr. mitigare.
mito m. mito.
mitología f. mitologia.
mixto agg. misto.
mixturar tr. mescolare.
mobiliario m. mobili, mobilia.
mocedad f. giovinezza.
moción f. mozione.
moco m. moccio, muco.
mocoso agg. moccioso; mucoso.
mochila f. zaino.
moda f. moda. **estar de** — essere in voga.
modas f. pl. mode.
modelar tr. modellare.
modelo m. modello; modella.
moderación f. moderazione.
moderar tr. moderare.
modernismo m. modernismo.
modernizar tr. modernizzare.
moderno agg. moderno.
modestia f. modestia.
modesto agg. modesto.
módico agg. modico.
modificación f. modificazione.
modificar tr. modificare.
modismo m. idiotismo.
modista f. modista.
modo m. modo.
modorra f. sopore, sonnolenza.
modulación f. modulazione.
modular tr. modulare.
mofa f. beffa, burla.
mofar tr. beffare.
mofarse rfl. beffarsi, burlarsi.
mohín m. smorfia.
mohíno agg. mogio; triste.
moho m. muffa; verderame.
mohoso agg. arrugginito, muffo, ammuffito.
mojadura f. bagnatura, bagnamento.
mojar tr. bagnare.
mojarse rfl. bagnarsi.
mojigatería f. ipocrisia, bacchettoneria.
mojigato agg. e m. ipocrita, bacchettone.

mojón m. pietra limitare; pietra miliare.
molar agg. e m. molare.
molde m. forma, stampo.
moldear tr. formare, stampare.
mole agg. molle, soffice. f. mole.
molécula f. molecola.
moler tr. macinare. — **a palos** dar un sacco di legnate.
molestar tr. molestare, scomodare.
molestia f. molestia.
molesto agg. molesto.
molicie f. mollezza.
molienda f. macinatura, macinata; fastidio.
molinillo m. macinino.
molino m. molino, mulino. — **de viento** girone di vento. — **de aceite** macinatoio, frantoio.
molusco m. (itt.) mollusco.
molleja f. ventriglio.
momentáneo agg. momentaneo.
momento m. momento.
momia f. mummia.
momificar tr. mummificare.
mona f. (zool.) scimmia.
monacal agg. monacale.
monarca m. monarca.
monarquía f. monarchia.
monasterio m. monastero.
mondadientes m. stuzzicadenti.
mondadura f. mondatura.
mondar tr. mondare.
moneda f. moneta.
monedero m. monetiere.
monetario agg. monetario.
monigote m. frate laico; fantoccio; ignorante, rozzo.
monitor m. ammonitore; monitore.
monja f. monaca, religiosa; sorella.
monje m. monaco. — **franciscano** cordigliero.
mono m. (zool.) scimmia; scimmiotto. agg. gentile, bello.
monólogo m. soliloquio, monologo.

monopolio m. monopolio.
monopolizar tr. monopolizzare.
monotonía f. monotonia.
monótono agg. monotono.
monstruo m. mostro.
monstruosidad f. mostruosità.
monstruoso agg. mostruoso.
monta f. l'ammontare, somma totale; monta.
montacargas m. montacarichi.
montaje m. montaggio.
montaña f. montagna.
montañoso agg. montagnoso.
montar tr. e itr. montare.
monte m. monte; bosco. — **de piedad** monte di pietà.
montería f. arte della caccia.
montero m. cacciatore di montagna. — **mayor** capocaccia.
montón m. mucchio. **del —** senza alcun merito.
montura f. cavalcatura; finimenti.
monumento m. monumento.
moño m. crocchia (di capelli); nodo; ciuffo.
mora f. (bot.) mora.
morada f. abitazione; mansione, soggiorno.
morado agg. morato.
moral agg. e f. morale.
moraleja f. morale d'una favola.
moralidad f. moralità.
mórbido agg. morbido; morboso.
morbo m. morbo.
mordacidad f. mordacità.
mordaz agg. mordace, satirico.
mordaza f. museruola.
mordedura f. morso.
morder tr. mordere.
mordiscar tr. morsicchiare.
mordisco m. morso.
moreno agg. bruno.
morera f. (bot.) gelso.
morfina f. morfina.

morfinómano agg. e m. morfinomane.

moribundo agg. e m. moribondo.

morir itr. morire.

─────── MORIR ───────

MODO INFINITIVO: FORMAS SIMPLES: **Infinitivo:** morir. **Gerundio:** muriendo. **Participio:** muerto. FORMAS COMPUESTAS: **Infinitivo:** haber muerto. **Gerundio:** habiendo muerto. MODO INDICATIVO: **Presente:** yo muero, tú mueres, él muere; nosotros morimos, vosotros morís, ellos mueren. **Pretérito imperfecto:** moría, morías, moría; moríamos, moríais, morían. **Pretérito indefinido:** morí, moriste, murió; morimos, moristeis, murieron. **Futuro imperfecto:** moriré, morirás, morirá; moriremos, moriréis, morirán. **Pretérito perfecto:** he muerto, has muerto, ha muerto; hemos muerto, habéis muerto, han muerto. **Pretérito pluscuamperfecto:** había muerto, habías muerto, había muerto; habíamos muerto, habíais muerto, habían muerto. **Pretérito anterior:** hube muerto, hubiste muerto, hubo muerto; hubimos muerto, hubisteis muerto, hubieron muerto. **Futuro perfecto:** habré muerto, habrás muerto, habrá muerto; habremos muerto, habréis muerto, habrán muerto. MODO POTENCIAL: **Potencial simple:** moriría, morirías, moriría; moriríamos, moriríais, morirían. **Potencial compuesto:** habría muerto, habrías muerto, habría muerto; habríamos muerto, habríais muerto, habrían muerto. MODO SUBJUNTIVO: **Presente:** muera, mueras, muera; muramos, muráis, mueran. **Pretérito imperfecto:** muriera o muriese, murieras o murieses, muriera o muriese; muriéramos o muriésemos, murierais o murieseis, murieran o muriesen. **Futuro imperfecto:** muriere, murieres, muriere; muriéremos, muriereis, murieren. **Pretérito perfecto:** haya muerto, hayas muerto, haya muerto; hayamos muerto, hayáis muerto, hayan muerto. **Pretérito pluscuamperfecto:** hubiera o hubiese muerto, hubieras o hubieses muerto, hubiera o hubiese muerto; hubiéramos o hubiésemos muerto, hubierais o hubieseis muerto, hubieran o hubiesen muerto. **Futuro perfecto:** hubiere muerto, hubieres muerto, hubiere muerto; hubiéremos muerto, hubiereis muerto, hubieren muerto. MODO IMPERATIVO: **Presente:** muere tú, muera él; muramos nosotros, morid vosotros, mueran ellos.

morirse rfl. morire.

moro agg. e m. moro.

morosidad f. morosità.

moroso agg. moroso.

morriña f. malinconia.

morro m. broncio, muso.

mortaja f. lenzuolo mortuario.

mortal agg. e m. mortale.

mortalidad f. mortalità.

mortandad f. moria.

mortero m. (mil.) mortaio (da bombe); mortaio (da pestare); malta.

mortífero agg. mortifero.

mortuorio agg. mortuario.

mosaico agg. mosaico. m. mosaico.

mosca f. mosca.

moscardón m. grosso tafano; moscone.

moscatel m. moscatello.

mosquetón m. moschetto; moschettone.

mosquitero m. zanzariera.

mosquito m. zanzara, moscerino.

mostacho m. mustacchio.

mostaza f. (bot.) mostarda, senapa, senape.

mostrador m. mostratore; vetrina o banco di bottega.

mostrar tr. mostrare, far vedere. [mostrarsi.

mostrarse rfl. mostrarsi, dimota f. bioccoletto; neo.

mote m. motto, detto sentenzioso; nomignolo.

motejar tr. motteggiare.

motín m. ammutinamento, rivolta.

motivar tr. motivare.

motivo m. motivo; tema.

moto f. motocicletta.

motocicleta f. motocicletta.

motor agg. e m. motore.

motorista m. motorista.

movedizo agg. movibile.

mover tr. muovere.

─────── MOVER ───────

MODO INFINITIVO: FORMAS SIMPLES: **Infinitivo:** mover. **Gerundio:** moviendo. **Participio:** movido. **FORMAS COMPUESTAS: Infinitivo:** haber movido. **Gerundio:** habiendo movido. **MODO INDICATIVO: Presente: yo** movido **tú** mueves, **él** mueve; **nosotros** movemos, **vosotros** movéis, **ellos** mueven. **Pretérito imperfecto:** movía, movías, movía; movíamos, movíais, movían. **Pretérito indefinido:** moví, moviste, movió; movimos, movisteis, movieron. **Futuro imperfecto:** moveré, moverás, moverá; moveremos, moveréis, moverán. **Pretérito perfecto:** he movido, has movido, ha movido; hemos movido, habéis movido, han movido. **Pretérito pluscuamperfecto:** había movido, habías movido, había movido; habíamos movido, habíais movido, habían movido. **Pretérito anterior:** hube movido, hubiste movido, hubo movido; hubimos movido, hubisteis movido, hubieron movido. **Futuro perfecto:** habré movido, habrás movido, habrá movido; habremos movido, habréis movido, habrán movido. **MODO POTENCIAL: Potencial simple:** movería, moverías, movería; moveríamos, moveríais, moverían. **Potencial compuesto:** habría movido, habrías movido, habría movido; habríamos movido, habríais movido, habrían movido. **MODO SUBJUNTIVO: Presente:** mueva, muevas, mueva; movamos, mováis, muevan. **Pretérito imperfecto:** moviera o moviese, movieras o movieses, moviera o moviese; moviéramos o moviésemos, movierais o movieseis, movieran o moviesen. **Futuro imperfecto:** moviere, movieres, moviere; moviéremos, moviereis, movieren. **Pretérito perfecto:** haya movido, hayas movido, haya movido; hayamos movido, hayáis movido, hayan movido. **Pretérito pluscuamperfecto:** hubiera o hubiese movido, hubieras o hubieses movido, hubiera o hubiese movido; hubiéramos o hubiésemos movido, hubierais o hubieseis movido, hubieran o hubiesen movido. **Futuro perfecto:** hubiere movido, hubieres movido, hubiere movido; hubiéremos movido, hubiereis movido, hubieren movido. **MODO IMPERATIVO: Presente:** mueve **tú,** mueva **él;** movamos **nosotros,** moved **vosotros,** muevan **ellos.**

moverse rfl. muoversi.
móvil agg. mobile.
movilidad f. mobilità.
movilización f. mobilitazione.
movilizar tr. mobilitare.
movimiento m. movimento.
moza f. fanciulla, ragazza; serva.
mozo m. fanciullo, ragazzo; servo, domestico. — **de cuerda**

facchino. — **de cuadra** stalliere.
muchacha f. ragazza; fanciulla,
muchacho m. ragazzo, fanciullo.   [folla, ressa.
muchedumbre f. moltitudine,
mucho agg. e avv. molto.
muda f. muta; cambio.
mudar tr. mutare, cambiare.
mudarse rfl. cambiar casa; cambiare, cambiarsi.
mudez f. mutezza; mutismo.
mudo agg. e m. muto.
mueble agg. mobile. m. mobile.
mueca f. smorfia.
muecas f. pl. moine.
muela f. mola; molare.
muelle m. banchina, molo; molla. agg. molle.
muerte f. morte.   [funto.
muerto agg. e m. morto, de-
muestra f. insegna di negozio; modello; mostra; campione.
muestrario m. campionario.
mugre m. grassume.
mugriento agg. grassoso.
mujer f. donna; moglie. — **perdida** prostituta.   [nesco.
mujeriego agg. donnaiolo, don-
mujeril agg. donnesco.
mujerona f. donnona.
mula f. mula.
mular agg. mulesco.
mulato agg. e m. mulatto.
muleta f. gruccia; drappo rosso per burlare il toro.
mulo m. mulo.
multa f. multa.
multar tr. multare.
múltiple agg. multiplo.
multiplicación f. moltiplicazione.
multiplicar tr. moltiplicare.
multitud f. moltitudine.
mundano agg. mondano.
mundial agg. mondiale.

mundo m. mondo.
munición f. munizione.
municipal agg. municipale.
municipio m. municipio.
muñeca f. bambola; polso.
muñeco m. fantoccio, pupazzo, bamboccio.
mural agg. murale.
murar tr. murare.
murciélago m. (zool.) pipistrello.   [glio.
murmullo m. mormorio; bisbimurmuración f. mormorazione.
murmurar itr. mormorare, bisbigliare.

muro m. muro, parete.
muscular agg. muscolare.
musculatura f. muscolatura.
músculo m. muscolo.
musculoso agg. muscoloso.
museo m. museo.
musgo m. muschio.
música f. musica.
musical agg. musicale.
músico agg. musicale, musico. m. musicista, musicante.
muslo m. coscia.
mutabilidad f. mutabilità.
mutable agg. mutabile.
mutación f. mutazione.
mutilación f. mutilazione.
mutilar tr. mutilare.
mutualidad f. mutualità.
mutuo agg. mutuo.
muy avv. molto, assai; gran.

nabo m. (bot.) navone, ravizzone.

nacer itr. nascere.

NACER

MODO INFINITIVO: FORMAS SIMPLES: **Infinitivo:** nacer. **Gerundio:** naciendo. **Participio:** nacido. FORMAS COMPUESTAS: **Infinitivo:** haber nacido. **Gerundio:** habiendo nacido. **MODO INDICATIVO: Presente:** yo nazco, tú naces, él nace; **nosotros nacemos, vosotros nacéis, ellos nacen. Pretérito imperfecto:** nacía, nacías, nacía; nacíamos, nacíais, nacían. **Pretérito indefinido:** nací, naciste, nació; nacimos, nacisteis, nacieron. **Futuro imperfecto:** naceré, nacerás, nacerá; naceremos, naceréis, nacerán. **Pretérito perfecto:** he nacido, has nacido, ha nacido; hemos nacido, habéis nacido, han nacido. **Pretérito pluscuamperfecto:** había nacido, habías nacido, había nacido; habíamos nacido, habíais nacido, habían nacido. **Pretérito anterior:** hube nacido, hubiste nacido, hubo nacido; hubimos nacido, hubisteis nacido, hubieron nacido. **Futuro perfecto:** habré nacido, habrás nacido, habrá nacido; habremos nacido, habréis nacido, habrán nacido. **MODO POTENCIAL: Potencial simple:** nacería, nacerías, nacería; naceríamos, naceríais, nacerían. **Potencial compuesto:** habría nacido, habrías nacido, habría nacido; habríamos nacido, habríais nacido, habrían nacido. **MODO SUBJUNTIVO: Presente:** nazca, nazcas, nazca; nazcamos, nazcáis, nazcan. **Pretérito imperfecto:** naciera o naciese, nacieras o nacieses, naciera o naciese; naciéramos o naciésemos, nacierais o nacieseis, nacieran o naciesen. **Futuro imperfecto:** naciere, nacieres, naciere; naciéremos, naciereis, nacieren. **Pretérito perfecto:** haya nacido, hayas nacido, haya nacido; hayamos nacido, hayáis nacido, hayan nacido. **Pretérito pluscuamperfecto:** hubiera o hubiese nacido, hubieras o hubieses nacido, hubiera o hubiese nacido; hubiéramos o hubiésemos nacido, hubierais o hubieseis nacido, hubieran o hubiesen nacido. **Futuro perfecto:** hubiere nacido, hubieres nacido, hubiere nacido; hubiéremos nacido, hubiereis nacido, hubieren nacido. **MODO IMPERATIVO: Presente:** nace tú, nazca él; nazcamos **nosotros,** naced vosotros, nazcan **ellos.**

---

naciente agg. nascente.

nacimiento m. nascita; origine.

nación f. nazione, paese.

nacional agg. nazionale.

nacionalidad f. nazionalità.

nacionalismo m. nazionalismo.

nada avv. niente. pron. y f. nulla, niente.

nadador m. nuotatore.

nadar itr. nuotare.

nadie pron e m. nessuno.

naipe m. carta (da gioco).

nalga f. natica.

naranja f. (bot.) arancia.
naranjada f. aranciata.
naranjo m. (bot.) arancio.
narcótico agg. narcotico.
narcotizar tr. narcotizzare.
narigudo agg. nasuto.
nariz f. naso; narice.
narración f. narrazione.
narrador m. narratore.
narrar tr. narrare.
nata f. panna; crema.
natal agg. natale.
natalicio agg. e m. natalizio.
natalidad f. natalità.
natividad f. natività; Natale.
nativo agg. nativo.
natura f. natura; sorte.
natural agg. naturale. m. indole.
naturaleza f. natura; naturalezza.
naturalidad f. naturalezza.
naturalismo m. naturalismo.
naturalista m. f. naturalista.
naturalización f. naturalizzazione.
naturalizar tr. naturalizzare.
naufragar itr. naufragare.
naufragio m. naufragio.
náufrago m. naufrago.
náusea f. nausea.
nauseabundo agg. nauseabondo.
náutica f. nautica.
náutico agg. nautico.
navaja f. coltello a serramanico; rasoio.
naval agg. navale.
nave f. nave; navata.
navegable agg. navigabile.
navegación f. navigazione.
navegar itr. navigare.
navidad f. Natale.
navideño agg. natalizio.
naviero agg. armatore; della navigazione, navigatorio.

navío m. nave, bastimento.
necedad f. stupidità.
necesario agg. necessario.
necesidad f. necessità, bisogno.
necesitado agg. povero.
necesitar itr. e tr. necessitare, avere bisogno, bisognare.
necio agg. sciocco.
necrología f. necrologia.
necrópolis f. necropoli.
néctar m. nettare.
negación f. negazione.
negar tr. negare; dinegare.
negarse rfl. rifiutare.
negativa f. negativa.
negativo agg. negativo; (fot.) negativa.
negligencia f. negligenza.
negligente agg. negligente.
negociación f. negoziazione.
negociante m. negoziante.
negociar itr. negoziare.
negocio m. negozio, affare.
negro agg. e m. nero; nigro.
negrura f. nerezza.
nepotismo m. nepotismo.
nervio m. nervo.
nervioso agg. nervoso.
nerviosismo m. nervosismo.
neto agg. netto; puro.
neumático agg. pneumatico.
neumonía f. (med.) polmonite, pneumonite.
neuralgia f. (med.) neuralgia, nevralgia.
neurastenia f. (med.) nevrastenia, neurastenia.
neurasténico agg. nevrastenico.
neurótico agg. (med.) neurotico, nevrotico.
neutral agg. neutrale.
neutralidad f. neutralità.
neutralización f. neutralizzazione.
neutralizar tr. neutralizzare.
neutro agg. neutro.
nevada f. nevicata.
nevar itr. nevicare.
ni cong. ne; neanche, neppure.
nicotina f. nicotina.

nicho m. nicchia.
nido m. nido; covacciolo.
niebla f. nebbia.
nieto f. nipote, abbiatico.
nieve f. neve.
ningún agg. nessun, nessuno.
ninguno agg. e pron. nessuno.
niña f. bambina, fanciulla, ragazza, bimba.
niñera f. bambinaia.
niñería f. bambinata, bambinaggine.
niñez f. fanciullezza, infanzia.
niño m. bimbo, bambino, fanciullo, ragazzo.
níquel m. nichel, nichelio.
nivel m. livello.
nivelar tr. livellare.
nivelarse rfl. livellarsi.
no avv. no.
nobiliario agg. nobiliare.
noble agg. nobile; illustre.
nobleza f. nobiltà.
noción f. nozione.
nocivo agg. nocivo.
noctámbulo agg. e m. nottambulo.
nocturno agg. e m. notturno.
noche f. notte, sera.
nochebuena f. notte di Natale.
nodriza f. nutrice, balia.
nómada agg. e m. nomade.
nombradía f. rinomanza, fama.
nombramiento m. nomina.
nombrar tr. nominare.
nombre m. nome. — **de pila** nome di battesimo.
nominal agg. nominale.
non m. dispari.
noria f. bindolo, noria.
norma f. norma, regola.
normal agg. normale.
normalizar tr. normalizzare.
norte m. nord.
norteamericano agg. e m. nordamericano.
noruego agg. e m. norvegese. m. lingua norvegese.
nos pron. noi, ci.
nostalgia f. nostalgia.

──────── El nombre ────────

Accrescitivi, diminutivi, spreggiativi

Nella lingua spagnola come nell'italiana certi suffissi alterano il senso dei nomi dando luogo agli aumentativi, diminutivi e spreggiativi.

Gli *accrescitivi* si formano con i suffissi *on, ona, azo, aza, acho, acha, ote, ota (hombrón, hombrazo, hombrote, hombracho).*

I diminutivi si formano con i suffissi *ito, ita, illo, ico, ica (amorcillo, amorcito, amorcico)* e altri meno comuni *(uelo, ín, iño, ajo, ejo, ijo)* con i femminili rispettivi *(rapazuelo, rapazuela, pillín, pillina).*

Gli spreggiativi si formano con i suffissi *ajo, ejo, ijo, aco, uco, acho, alla, ato, astro, orrio, orro, uza, ucho (politicastro, tenducho).*

● Si tenga in conto che non tutti i nomi possono prendere un suffiso *(mare);* alcuni suffissi possono dare ugualmente un senso accrescitivo, diminutivo o spreggiativo *(on, ote, ucho);* che alcuni nomi mutano il genere nel diventare accrescitivi o diminutivi *(tienda, tenducho);* che certi nomi non sono aumentativi, diminutivi o spreggiativi pur avendo i suffissi corrispondenti *(canción, colmillo).*

nota f. nota, annotazione; voto; fama. (mús.) nota.
notable agg. notabile.
notar tr. notare; marcare.
notario m. notaio, notaro.
noticia f. notizia.
noticiero m. cronista di giornale.
notificación f. notificazione.
notificar tr. notificare.
notoriedad f. notorietà.
notorio agg. notorio.
novato agg. e m. novizio, principiante.
novedad f. novità.
novel agg. novello.
novela f. romanzo.
novelesco agg. romanzesco.
novelista m. f. romanziere.
novia f. fidanzata.

Los numerales

Tavola degli aggettivi numerali cardinali e ordinali.

Cardinali		Ordinali
Uno	1	Primero
Dos	2	Segundo
Tres	3	Tercero
Cuatro	4	Cuarto
Cinco	5	Quinto
Seis	6	Sexto
Siete	7	Séptimo
Ocho	8	Octavo
Nueve	9	Noveno, nono
Diez	10	Décimo
Once	11	Undécimo
Doce	12	Duodécimo
Trece	13	Decimotercero
Catorce	14	Decimocuarto
Quince	15	Decimoquinto
Dieciséis	16	Decimosexto
Diecisiete	17	Decimoséptimo
Dieciocho	18	Decimoctavo
Diecinueve	19	Decimonoveno, decimonono
Veinte	20	Vigésimo
Veintiuno	21	Vigésimo primero
Veintidós	22	Vigésimo segundo
Treinta	30	Trigésimo
Cuarenta	40	Cuadragésimo
Cincuenta	50	Quincuagésimo
Sesenta	60	Sexagésimo
Setenta	70	Septuagésimo
Ochenta	80	Octogésimo
Noventa	90	Nonagésimo
Cien	100	Centésimo
Ciento uno	101	Centésimo primero
Doscientos	200	Ducentésimo
Trescientos	300	Tricentésimo
Cuatrocientos	400	Cuadricentésimo
Quinientos	500	Quincuacentésimo
Seiscientos	600	Sexcentésimo
Setecientos	700	Septingentésimo
Ochocientos	800	Octingentésimo
Novecientos	900	Noningentésimo
Mil	1.000	Milésimo
Millón	1.000.000	Millonésimo

● *Primero* tronca l'ultima lettera se precede il nome *(primer día)*. *Tercero* di solito lo fa ma non è obbligatorio.

noviazgo m. fidanzamento.
noviciado m. noviziato.
novicio m. novizio.
noviembre m. novembre.
novillada f. corsa di giovani tori.
novillero m. combattitore nella corsa di torelli.
novillo m. vitello; torello. hacer —s marinarsi la scuola.
novio m. fidanzato.
nublado agg. nuvoloso, annuvolato.
nublar tr. rannuvolare, annuvolare.
nublarse rfl. annuvolarsi.
nuca f. nuca; cervice.
núcleo m. nocciolo; nucleo.
nudillo m. nodello.
nudo m. nodo; laccio.
nuera f. nuora.
nuestro agg. e pron. nostro.
nueva f. nuova, notizia.
nuevo agg. nuovo.
nuez f. noce. — moscada noce moscata.
nulidad f. nullità.
nulo agg. nullo, senza effetto.
numeración f. numerazione.
numeral agg. e m. numerale.
numerar tr. numerare.
numerario agg. e m. numerario.
numérico agg. numerico.
número m. numero.

——————— El número ———————

Come nella lingua italiana il numero nella lingua spagnuola può essere singolare se indica una persona, animale o cosa, e plurale, se ne indica più di una.

Invece la formazione del plurale avviene in tutt'altra forma che in italiano. Per regola generale il plurale si forma aggiungendo la lettera s ai nomi che finiscono in vocale non accentuata (*cosa, cosas; tarde, tardes*) o in *e* accentuata (*café, cafés*); o aggiungendo la sillaba *es* ai nomi che finiscono in consonante (*lápiz, lápices; metal, metales*) o in vocale accentuata che non sia la *e* (*alhelí, alhelíes; tabú, tabúes*).

● Fanno eccezione alcuni nomi di origine straniero (*club, clubs*).

● Non mutano forma nella formazione del plurale i cognomi finiti in *z* (*Pérez*) e le parole di più di una sillaba finite in *s* che non recano l'accento sull'ultima sillaba (*martes*).

● Non hanno plurale: i nomi geografici tranne *América, Castilla* e aluni altri poichè ce ne sono più di uno; i nomi che esprimono cose singolari (*caos, nada*); i nomi generici presi in senso assoluto (*plata, vino*); i nomi di virtù e vizi nel suo significato rigoroso (*fe, pereza*); i nomi di istituzioni militari, scienze e arti (*teología, arquitectura*) i nomi che finiscono in *ismo* (*islamismo*).

● Ci sono nomi plurali che non hanno singolare (*alicates, víveres*).

numeroso agg. numeroso.
nunca avv. mai, giammai.
nunciatura f. nunziatura.
nuncio m. nunzio.
nupcial agg. nuziale.
nupcias f. pl. nozze, matrimonio.
nutrición f. nutrizione.
nutrir tr. nutrire, alimentare.
nutritivo agg. nutritivo.

ñandú m. nandù.
ñoñería f. balordaggine.
ñoño agg. balordo.

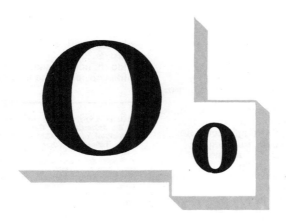

oasis m. oasi.
obcecación f. accecamento.
obcecar tr. accecare.
obedecer tr. ubbidire, obbedire.
obediencia f. ubbidienza, obbedienza.
obediente agg. ubbidiente, obbediente.
obelisco m. obelisco.
obesidad f. obesità.
obeso agg. obeso.
obispado m. vescovado, vescovato.
obispo m. vescovo.
objeción f. obiezione.
objetar tr. obiettare.
objetivo m. obiettivo.
objeto m. oggetto.
oblicuidad f. obliquità.
oblicuo agg. obliquo.
obligación f. obbligazione, obbligo.
obligar tr. obbligare.
obligarse rfl. obbligarsi.
obligatorio agg. obbligatorio.
obra f. opera; lavoro. — **maestra** capolavoro.
obrar tr. operare, lavorare, agire.

obrero agg. e m. operaio.
obscenidad f. oscenità.
obsceno agg. osceno.
obscurecer tr. oscurare.
obscurecerse rfl. oscurarsi.
obscuridad f. oscurità.
obscuro agg. oscuro.
obsequiar tr. ossequiare.
obsequio m. ossequio, regalo.
observación f. osservazione.
observador m. osservatore.
observar tr. osservare.
observatorio m. osservatorio.
obsesión f. ossessione.
obsesionar tr. ossessionare.
obstáculo m. ostacolo.
obstar imp. ostare. itr. ostacolare.
obstinación f. ostinazione.
obstinado agg. ostinato.
obstinarse rfl. ostinarsi.
obstrucción f. ostruzione.
obstruir tr. ostruire.
obtención f. ottenimento.
obtener tr. ottenere.
obtuso agg. ottuso.
obús m. obice.
obviar tr. e itr. ovviare.
obvio agg. ovvio.
oca f. (zool.) oca.

ocasión f. occasione.
ocasionar tr. occasionare.
ocaso m. occaso.
occidental agg. occidentale.
occidente m. occidente.
occipital agg. occipitale.
occipucio m. occipite.
océano m. oceano.
ocio m. ozio.
ociosidad f. oziosità; disoccupazione. [to.
ocioso agg. ozioso, sfaccenda-
octubre m. ottobre.
ocultar tr. occultare.
oculto agg. occulto, coperto.
ocupación f. occupazione.
ocupante agg. e m. occupante.
ocupar tr. occupare.
ocuparse rfl. occuparsi.
ocurrencia f. caso, occasione;
arguzia.
ocurrente agg. arguto.
ocurrir itr. accadere, occorrere;
venire in mente.
oda f. ode.
odiar tr. odiare, aborrire, detestare.
odio m. odio.
odioso agg. odioso.
odontólogo m. odontologo.
oeste m. ovest, occidente.
ofender tr. offendere.
ofensa f. offesa.
ofensiva f. offensiva.
ofensivo agg. offensivo.
oferta f. offerta.
oficial agg. e m. ufficiale.
oficiar itr. ufficiare.
oficina f. officina; ufficio.
oficinista m. f. impiegato di un
ufficio od officina.
oficio m. ufficio, professione.
ofrecer tr. offrire.
ofrecerse rfl. offrirsi.
ofrecimiento m. offerta.
ofuscación f. offuscamento.

ofuscar tr. offuscare; abbagliare.
ofuscarse rfl. offuscarsi.
ogro m. orco.
oído m. udito; (anat.) orecchia.
oídos m. pl. orecchi, orecchie.

——— OIR ———

MODO INFINITIVO: FORMAS SIM-
PLES: Infinitivo: oír. Gerundio: oyendo.
Participio: oído. FORMAS COMPUES-
TAS: Infinitivo: haber oído. Gerundio:
habiendo oído. MODO INDICATIVO:
Presente: yo oigo, tú oyes, él oye; nosotros oímos, vosotros oís, ellos oyen.
Pretérito imperfecto: oía, oías, oía; oía-
mos, oíais, oían. Pretérito indefinido: oí,
oíste, oyó; oímos, oísteis, oyeron. Futuro
imperfecto: oiré, oirás, oirá; oiremos,
oiréis, oirán. Pretérito perfecto: he oído,
has oído, ha oído; hemos oído, habéis
oído, han oído. Pretérito pluscuamperfecto: había oído, habías oído, había
oído; habíamos oído, habíais oído, habían oído. Pretérito anterior: hube oído,
hubiste oído, hubo oído; hubimos oído,
hubisteis oído, hubieron oído. Futuro
perfecto: habré oído, habrás oído, habrá
oído; habremos oído, habréis oído, habrán oído. MODO POTENCIAL: Potencial simple: oiría, oirías, oiría; oiríamos,
oiríais, oirían. Potencial compuesto:
habría oído, habrías oído, habría oído;
habríamos oído, habríais oído, habrían
oído. MODO SUBJUNTIVO: Presente:
oiga, oigas, oiga; oigamos, oigáis, oigan.
Pretérito imperfecto: oyera u oyese, oye-
ras u oyeses, oyera u oyese; oyéramos
u oyésemos, oyerais u oyeseis, oyeran u
oyesen. Futuro imperfecto: oyere, oye-
res, oyere; oyéremos, oyereis, oyeren.
Pretérito perfecto: haya oído, hayas oído,
haya oído; hayamos oído, hayáis oído,
hayan oído. Pretérito pluscuamperfecto:
hubiera o hubiese oído, hubieras o hubieses oído, hubiera o hubiese oído; hubiéramos o hubiésemos oído, hubierais o
hubieseis oído, hubieran o hubiesen oído.
Futuro perfecto: hubiere oído, hubieres
oído, hubiere oído; hubiéremos oído, hubiereis oído, hubieren oído. MODO IM-
PERATIVO: Presente: oye tú, oiga él;
oigamos nosotros, oíd vosotros, oigan
ellos.

oír tr. udire, sentire; ascoltare.
ojal m. occhiello.
ojalá itj. Dio voglia!, fosse vero!
ojeada f. sguardo, occhiata.

ojear tr. occhiare; scrutare.
ojera f. occhiaia.
ojeriza f. astio, rancore.
ojo m. (anat.) occhio; cruna; buco; foro.
ola f. onda, flutto.
oleada f. ondata, flutto.
oler tr. odorare.

────── OLER ──────

MODO INFINITIVO: FORMAS SIMPLES: Infinitivo: oler. **Gerundio:** oliendo. **Participio:** olido. **FORMAS COMPUESTAS: Infinitivo:** haber olido, **Gerundio** habiendo olido. **MODO INDICATIVO: Presente:** yo huelo, tú hueles, él huele; **nosotros** olemos, **vosotros** oléis, **ellos** huelen. **Pretérito imperfecto:** olía, olías, olía; olíamos, olíais, olían. **Pretérito indefinido:** olí, oliste, olió; olimos, olisteis, olieron. **Futuro imperfecto:** oleré, olerás, olerá; oleremos, oleréis, olerán. **Pretérito perfecto:** he olido, has olido, ha olido; hemos olido, habéis olido, han olido. **Pretérito pluscuamperfecto:** había olido, habías olido, había olido; habíamos olido, habíais olido, habían olido. **Pretérito anterior:** hube olido, hubiste olido, hubo olido; hubimos olido, hubisteis olido, hubieron olido. **Futuro perfecto:** habré olido, habrás olido, habrá olido; habremos olido, habréis olido, habrán olido. **MODO POTENCIAL: Potencial simple:** olería, olerías, olería; oleríamos, oleríais, olerían. **Potencial compuesto:** habría olido, habrías olido, habría olido; habríamos olido, habríais olido, habrían olido. **MODO SUBJUNTIVO: Presente:** huela, huelas, huela; olamos, oláis, huelan. **Pretérito imperfecto:** oliera u oliese, olieras u olieses, oliera u oliese; oliéramos u oliésemos, olierais u olieseis, olieran u oliesen. **Futuro imperfecto:** oliere, olieres, oliere; oliéremos, oliereis olieren. **Pretérito perfecto:** haya olido, hayas olido, haya olido; hayamos olido, hayáis olido, hayan olido. **Pretérito pluscuamperfecto:** hubiera o hubiese olido, hubieras o hubieses olido, hubiera o hubiese olido; hubiéramos o hubiésemos olido, hubierais o hubieseis olido, hubieran o hubiesen olido. **Futuro perfecto:** hubiere olido, hubieres olido, hubiere olido; hubiéremos olido, hubiereis olido, hubieren olido. **MODO IMPERATIVO: Presente:** huele tú, huela él; olamos **nosotros,** oled **vosotros,** huelan **ellos.**

olfatear tr. fiutare, odorare, nasare.
olfato m. olfatto.

olimpiada f. olimpiade.
olímpico agg. olimpico.
oliva f. oliva, uliva.
olivar m. oliveto.
olivo m. olivo, ulivo.
olor m. odore, fragranza; fiuto.
oloroso agg. odoroso.
olvidadizo agg. oblioso, dimentico.
olvidar tr. dimenticare, obliare.
olvidarse rfl. dimenticarsi.
olvido m. dimenticanza, obblio.
olla f. pentola, marmitta. — **de cobre** calderotto.
ombligo m. ombelico.
omisión f. omissione.
omiso agg. tralasciato, omesso.
omitir tr. omettere, tralasciare.
omnipotencia f. onnipotenza.
omnipotente agg. onnipotente.
onda f. onda; ondulazione.
ondear itr. ondeggiare.
ondulación f. ondulazione.
ondular tr. ondulare.
onza f. oncia.
opaco agg. opaco.
opción f. opzione.
ópera f. opera.
operación f. operazione.
operar tr. operare.
operario m. operaio.
opinar itr. opinare.
opinión f. opinione.
opio m. oppio.
oponer tr. opporre, contrapporre.
oponerse rfl. contraporsi, opporsi, resistere.
oportunidad f. opportunità.
oportunismo m. opportunismo.
oportuno agg. opportuno.
oposición f. opposizione; concorso.
opositor m. oppositore; concorrente.

opresión f. oppressione.
opresivo agg. oppressivo.
oprimir tr. opprimere.
oprobio m. obbrobrio.
optar tr. optare.
óptica f. ottica.
óptico agg. e m. ottico.
optimismo m. ottimismo.
optimista agg. e m. f. ottimista.
óptimo agg. ottimo.
opulencia f. opulenza.
opulento agg. opulento, ricco.
oración f. orazione; preghiera; proposizione.
orador m. oratore.
oral agg. orale.
orar itr. orare; pregare.
oratoria f. oratoria.
oratorio agg. oratorio. m. oratorio.
órbita f. orbita.
orden m. ordine; disposizione; bando.
ordenación f. ordinamento; ordinazione.
ordenanza f. ordinanza; disposizione.
ordenar tr. ordinare; decretare.
ordeñar tr. mungere.
ordinal agg. ordinale.
ordinario agg. ordinario. m. ordinario.
oreja f. orecchio.
orfebre m. orefice.
orfelinato m. orfanotrofio.
orfeón m. società corale.
orgánico agg. organico.
organillo m. organino, organetto.
organización f. organizzazione.
organizar tr. organizzare.
órgano m. organo.
orgía f. orgia.
orgullo m. orgoglio.
orgulloso agg. orgoglioso.

oriental agg. orientale.
orientar tr. orientare.
orientarse rfl. orientarsi.
oriente m. oriente, est, levante.
orificio m. orifizio.
origen m. origine, provenienza. dar — originare.
original agg. originale. m. originale.
originalidad f. originalità.
originar tr. originare.
originarse rfl. originarsi.
originario agg. originario.
orilla f. orlo; sponda.
orín m. ruggine.
orina f. orina.
orinal m. orinale.
orinar itr. orinare.
ornamentar tr. ornamentare, ornare, adornare.
ornamento m. ornamento.
oro m. oro.
oropel m. orpello.
orquesta f. orchestra.
ortiga f. (bot.) ortica.
ortodoxia f. ortodossia.
ortodoxo agg. ortodosso.
ortografía f. ortografia.
ortopedia f. ortopedia.
os pron. vi, a voi.
osadía f. arditezza, coraggio.
osado agg. ardito.
osamenta f. ossatura, ossame.
osar itr. osare, ardire.
oscilación f. oscillazione.
oscilar itr. oscillare.
oscurecer tr. oscurare. itr. oscurarsi, annottare.
oscurecerse rfl. oscurarsi.
oscuridad f. oscurità.
oscuro agg. oscuro.
óseo agg. osseo.
oso m. (zool.) orso.
ostentación f. ostentazione.
ostentar tr. ostentare.
ostra f. ostrica.
otoñal agg. autunnale.
otoño m. autunno.
otorgamiento m. concessione.
otorgar tr. concedere; accordare; stipulare.

otro agg. e m. altro.
ovación f. ovazione.
ovacionar tr. acclamare.
óvalo m. ovale.
ovario m. ovario; ovaia.
oveja f. pecora.
ovejero m. pecoraio. perro —
   cane da pastore.
óvulo m. ovulo.
oxidación f. ossidazione.

oxidar tr. ossidare.
óxido m. ossido.
oxigenar tr. ossigenare.
oxígeno m. ossigeno.
oyente agg. e m. uditore.

P p

pabellón m. padiglione.
pacer itr. pascere, pascolare.
paciencia f. pazienza.
paciente agg. paziente. m. paziente.
pacificar tr. pacificare.
pacífico agg. pacifico.
pacifismo m. pacifismo.
pactar tr. patteggiare, pattuire, stipulare.
pacto m. patto.
padecer itr. patire; penare; soffrire.
padecimiento m. patimento; danno; sofferenza.
padrastro m. patrigno.
padrazo m. padre troppo indulgente.
padre m. padre. **—nuestro** Paternostro.
padrinazgo m. patrocinio, protezione; comparatico.
padrino m. padrino, compare.
padrón m. modello; registro.
paga f. paga.
pagable agg. pagabile.
pagano agg. e m. pagano.
pagar tr. pagare.
página f. pagina.
pago m. pagamento.

país m. paese, nazione.
paisaje m. paesaggio.
paisano m. compaesano, paesano.
paja f. paglia.
pajar m. pagliaio.
pájaro m. uccello.
pajarraco m. uccellaccio.
paje m. paggio, donzello.
pala f. pala; racchetta.
palabra f. parola. **de —** verbalmente.
palabrería f. chiaccherio.
palaciego agg. palatino.
palacio m. palazzo.
paladar m. (anat.) palato.
paladear tr. assaggiare, assaporare.
palanca f. leva.
palangana f. catinella.
palco m. palco.
palestra f. palestra.
paleta f. paletta; tavolozza; cazzuola.
paletada palettata.
paleto m. zotico, uomo rustico.
palidecer itr. impallidire.
palidez f. pallidezza.
pálido agg. pallido.
palillero m. portastecchini.

palillo m. stuzzicadenti, stecchino.
paliza f. bastonatura.
palma f. (bot.) palma; palmo, palma (della mano).
palmada f. palmata.
palmera f. (bot.) palma.
palmo m. palmo (misura).
palmotear itr. batter le mani.
palmoteo m. battimano.
palo m. palo; (naut.) albero di nave; bastone.
paloma f. (orn.) colomba. — **mensajera** colombo viaggiatore.
palomar m. colombaia, piccionaia.
palomino m. piccioncino.
palomo m. colombo, piccione.
palpable agg. palpabile.
palpar tr. palpare.
palpitación f. palpitazione.
palpitar itr. palpitare.
palurdo m. rustico, rozzo, zotico.
pan m. pane. — **rallado** pangrattato.
panacea f. panacea.
panadería f. panetteria.
panadero m. panettiere.
panal m. favo.
páncreas m. (anat.) pancreas.
pandero m. tamburello.
pandilla f. combriccola; banda, branco.
panecillo m. panino.
pánico m. panico.
panorama m. panorama.
pantalón m. pantaloni.
pantalones m. pl. pantaloni.
pantalla f. paralume.
pantano m. pantano.
pantanoso agg. pantanoso.
panteísmo m. panteismo.
panteón m. panteon.
pantera f. (zool.) pantera.
pantomima f. pantomima.
pantorrilla f. polpaccio.
panza f. pancia, ventre.
pañal m. pannicello; fascia da bimbo.

paño m. panno, tela. — **s higiénicos** tele da mestruo.
pañuelo m. fazzoletto.
papa f. patata; Papa, Pontefice.
papá m. babbo.
papado m. papato.
papagayo m. (orn.) pappagallo.
papal agg. papale.
papanatas m. babbione, babbeo.
paparrucha f. fanfaluca.
papel m. carta; ruolo, parte.
papeleo m. lo smuovere di carte.
papelera f. cartelliera; cestino.
papelería f. cartoleria.
papeleta f. bolletta; cartina.
paperas f. pl. (med.) parotite, orecchioni.
papilla f. pappa.
paquebote m. (naut.) battello mercantile e postale.
paquete m. pacco, involto, pacchetto. — **postal** pacco postale.
par agg. pari. m. paio; pari (titolo).
para prep. per; da. — **con** verso. — **que** perchè.
parábola f. parabola.
paracaídas m. paracadute.
parada f. fermata; parata; arresto.
paradero m. recapito.
parado agg. fermo; impacciato; zitto; disoccupato.
paradoja f. paradosso.
parador m. osteria, locanda.
parafina f. paraffina.
paraguas m. ombrello, paracqua.
paraíso m. paradiso.
paraje m. paraggio, luogo.
paralelo agg. e m. parallelo.
parálisis f. (med.) paralisi.
paralítico agg. e m. paralitico.
paralizar tr. paralizzare.

parrilla f. graticola.
párroco m. parroco, curato.
parroquia f. parrocchia.
parroquiano m. parrocchiano;
cliente.
parangón m. paragone.
parangonar tr. paragonare.
paraninfo m. paraninfo; aula
magna, sala per le adunanze
dell'università.
parapetarse rfl. difendersi con
parapetti.
parapeto m. parapetto.
parar itr. fermarsi, arrestarsi.
tr. fermare, arrestare; parare. ir a — andare a finire.
pararse rfl. fermarsi, arrestarsi.
pararrayos m. parafulmine.
parásito m. parassita.
parasol m. parasole.
parcial agg. parziale.
parcialidad f. parzialità.
parco agg. parco, sobrio.
parecer m. parere, opinione.
itr. parere; apparire.
parecerse rfl. somigliare.
parecido agg. somigliante. m.
somiglianza; aspetto.
pared f. parete, muro.
paredón m. grande parete.
pareja f. paio, coppia.
parejo agg. uguale, pari.
parentela f. parentela, parenta-
do, parentato.
parentesco m. parentela, pa-
rentado, parentato.
paréntesis f. parentesi.
pariente m. parente.
parihuelas f. pl. barella.
parir tr. e itr. partorire.
parlamentar tr. parlamentare.
parlamentario agg. parlamentario.
parlamento m. parlamento.
parlanchín agg. e m. chiacchie-
rone.
parodia f. parodia.
párpado m. palpebra.
parque m. parco.
parquedad f. parchezza.
párrafo m. paragrafo.
parricida m. f. parricida.

parsimonia f. parsimonia.
parte f. parte.
partición f. partizione.
participación f. partecipazione.
participante agg. e m. partecipante.
participar tr. e itr. partecipare.
partícipe agg. partecipe.
partícula f. particella.
particular agg. e m. particolare.
particularidad f. particolarità.
particularizar tr. particolareggiare.
partida f. partenza; partita atto,
fede, certificato; gruppo di
gente armata.
partidario agg. partigiano.
partido m. partito; distretto;
profitto; partita.
partir tr. partire; dividere. —
en dos bipartire.
partirse rfl. partirsi; dividersi.
parto m. parto.
parturienta f. partoriente.
párvulo m. parvolo, pargolo.
pasada f. passaggio; passata.
pasadizo m. passaggio, stretto;
andito; vicolo.
pasado m. il passato. agg. passato; marcio (frutto).
pasador m. chiavistello; spillone.
pasaje m. passaggio.
pasajero agg. e m. passeggero.
pasante m. assistente di un
professore.
pasaporte m. passaporto.
pasar tr. e itr. passare. — por
alto omettere.
pasatiempo m. passatempo.
pascua f. pasqua.
pascual agg. pasquale.
pase m. lascia passare; tessera.
pasear itr. e tr. passeggiare.
paseo m. passeggio.

MODO INFINITIVO	FORMAS SIMPLES	FORMAS COMPUESTAS
Infinitivo	partir	haber partido
Gerundio	partiendo	habiendo partido
Participio	partido	

MODO INDICATIVO

Presente
yo part-o, tú part-es, él part-e;
nosotros part-imos, vosotros part-ís, ellos part-en.

Pretérito imperfecto o co-pretérito
part-ía, part-ías, part-ía;
part-íamos, part-íais, part-ían.

Pretérito indefinido o pretérito
part-í, part-iste, part-ió;
part-imos, part-isteis, part-ieron.

Futuro imperfecto o futuro
partir-é, partir-ás, partir-á;
partir-emos, partir-éis, partir-án.

Pretérito perfecto o ante-presente
he part-ido, has part-ido, ha part-ido;
hemos part-ido, habéis part-ido, han part-ido.

Pretérito pluscuamperfecto o ante-co-pretérito
había part-ido, habías part-ido, había part-ido;
habíamos part-ido, habíais part-ido, habían part-ido.

Pretérito anterior o ante-pretérito
hube part-ido, hubiste part-ido, hubo part-ido;
hubimos part-ido, hubisteis part-ido, hubieron part-ido.

Futuro perfecto o ante-futuro
habré part-ido, habrás part-ido, habrá part-ido;
habremos part-ido, habréis part-ido, habrán part-ido.

MODO POTENCIAL

Simple, imperfecto o pos-pretérito
partir-ía, partir-ías, partir-ía;
partir-íamos, partir-íais, partir-ían.

Compuesto, perfecto o ante-pos-pretérito
habría part-ido, habrías part-ido, habría part-ido;
habríamos part-ido, habríais part-ido, habrían part-ido.

MODO SUBJUNTIVO

Presente
part-a, part-as, part-a;
part-amos, part-áis, part-an.

Pretérito imperfecto o pretérito
part-iera o part-iese, part-ieras o part-ieses, part-iera o part-iese;
part-iéramos o part-iésemos, part-ierais o part-ieseis, part-ieran o part-iesen.

Futuro imperfecto o futuro
part-iere, part-ieres; part-iere;
part-iéremos, part-iereis, part-ieren.

Pretérito perfecto o ante-presente
haya part-ido, hayas part-ido, haya part-ido;
hayamos part-ido, hayáis part-ido, hayan part-ido.

Pretérito pluscuamperfecto o ante-co-pretérito
hubiera o hubiese part-ido, hubieras o hubieses part-ido, hubiera o hubiese part-ido;
hubiéramos o hubiésemos part-ido, hubierais o hubieseis part-ido, hubieran o hubiesen part-ido.

Futuro perfecto o ante-futuro
hubiere part-ido, hubieres part-ido, hubiere part-ido;
hubiéremos part-ido, hubiereis part-ido, hubieren part-ido.

MODO IMPERATIVO

Presente
part-e tú, part-a él;
part-amos nosotros, part-id vosotros, part-an ellos.

pasillo m. corridoio, galleria; piccolo passaggio.
pasión f. passione.
pasional agg. passionale.
pasivo agg. passivo.
pasmar tr. sbalordire.
pasmarse rfl. stordirsi.
pasmo m. spasimo, sbalordimento.
paso m. andata, andatura; passaggio; passo (di cavallo).
pasta f. pasta. — alimenticia pasta alimentare.
pastar tr. pasturare. itr. pascolare.
pastel m. pastello; (fig.) imbroglio, pasta, pasticcino.
pastelería f. pasticceria.
pastilla f. pastiglia, pastica. — de jabón saponetta.
pasto m. pascolo, pasto.
pastor m. pastore. — de ganado mayor armentiere. — de cabras guardacapre.
pastoral agg. pastorale. f. pastorale. [rale.
pastoril agg. pastorizio, pastopata f. zampa.
patada f. pedata.
patalear itr. sgambettare; battere i piedi.
pataleo m. sgambettio.
patata f. (bot.) patata.
patatal m. campo di patate.
patente f. patente. agg. patente, chiaro, evidente.
patentizar tr. rendere evidente.
paternal agg. paterno.
paternidad f. paternità.
paterno agg. paterno.
patético agg. patetico.
patíbulo m. patibolo.
patilla f. basetta.
patín m. pattino.
patinar itr. pattinare.
patio m. cortile.
patizambo agg. strambo.

pato m. (orn.) anitra.
patología f. patologia.
patria f. patria.
patriarca m. patriarca.
patricio agg. e m. patrizio.
patrimonial agg. patrimoniale.
patrimonio m. patrimonio.
patrio agg. patrio.
patriota m. patriotta.
patriótico agg. patriottico.
patriotismo m. patriottismo.
patrocinar tr. patrocinare.
patrocinio m. patrocinio.
patrón m. padrone; modello.
patronato m. patronato.
patrono m. patrono.
patrulla f. pattuglia.
patrullar itr. pattugliare.
pausa f. pausa.
pausado agg. lento.
pauta f. falsariga; righello; norma, modello.
pavimentar tr. pavimentare.
pavimento m. pavimento.
pavo m. (orn.) tacchino, dindo. — real pavone.
pavonear itr. pavoneggiarsi.
pavor m. paura, spavento.
payaso m. pagliaccio.
paz f. pace. hacer las paces rappacificarsi.
peaje m. pedaggio.
peatón m. pedone.
peca f. lentiggine.
pecado m. peccato; colpa.
pecador m. peccatore.
pecar itr. peccare.
pecoso agg. lentigginoso.
peculiar agg. peculiare.
peculiaridad f. peculiarità.
pecunia f. pecunia.
pecuniario agg. pecuniario.
pecho m. petto; poppa, seno.
pechuga f. petto di pollo ecc.
pedagogía f. pedagogia.
pedagogo m. pedagogo.
pedal m. pedale.
pedalear itr. pedalare.
pedaleo m. pedalata.
pedante agg. e m. pedante.
pedantería f. pedanteria.

●edazo m. pezzo, pezza; morsello.

●edestal m. piedestallo.

●edestre agg. pedestre.

●edicuro m. pedicure.

●edido m. domanda, richiesta, ordine.

●edigüeño agg. e m. qui domanda fino a seccare.

───────────── PEDIR ─────────────

IODO INFINITIVO: FORMAS SIM-
●LES: Infinitivo: pedir. **Gerundio:** pi-
●iendo. Participio: pedido. FORMAS
:OMPUESTAS: **Infinitivo:** haber pedi-
o. **Gerundio:** habiendo pedido. **MODO**
NDICATIVO: Presente: yo pido, tú
●ides, él pide; **nosotros** pedimos, **vosotros**
●edís, ellos piden. **Pretérito imperfecto:**
●edía, pedías, pedía; pedíamos, pedíais,
●edían. **Pretérito indefinido:** pedí, pedis-
●e, pidió; pedimos, pedisteis, pidieron.
●uturo imperfecto:** pediré, pedirás, pe-
irá; pediremos, pediréis, pedirán. **Pre-**
érito perfecto: he pedido, has pedido,
a pedido; hemos pedido, habéis pedido,
an pedido. **Pretérito pluscuamperfecto:**
abía pedido, habías pedido, había pe-
ido; habíamos pedido, habíais pedido,
abían pedido. **Pretérito anterior:** hube
●edido, hubiste pedido, hubo pedido;
●ubimos pedido, hubisteis pedido, hu-
●ieron pedido. **Futuro perfecto:** habré
●edido, habrás pedido, habrá pedido;
abremos pedido, habréis pedido, habrán
●edido. **MODO POTENCIAL:** Potencial
●imple: pediría, pedirías, pediría; pedi-
●íamos, pediríais, pedirían. **Potencial**
●ompuesto:** habría pedido, habrías pedi-
o, habría pedido; habríamos pedido,
abríais pedido, habrían pedido. **MODO**
●UBJUNTIVO: Presente:** pida, pidas,
●ida; pidamos, pidáis, pidan. **Pretérito**
●mperfecto:** pidiera o pidiese, pidieras o
●idieses, pidiera o pidiese; pidiéramos
● pidiésemos, pidierais o pidieseis, pi-
●ieran o pidiesen. **Futuro imperfecto:**
●idiere, pidieres, pidiere; pidiéremos,
●idiereis, pidieren. **Pretérito perfecto:**
●aya pedido, hayas pedido, haya pedido;
●ayamos pedido, hayáis pedido, hayan
●edido. **Pretérito pluscuamperfecto:** hu-
●iera o hubiese pedido, hubieras o hubie-
●es pedido, hubiera o hubiese pedido;
ubiéramos o hubiésemos pedido, hubie-
●ais o hubieseis pedido, hubieran o hu-
●iesen pedido. **Futuro perfecto:** hubiere
●edido, hubieres pedido, hubiere pedido;
ubiéremos pedido, hubiereis pedido, hu-
●ieren pedido. **MODO IMPERATIVO:**
●resente:** pide tú, pida él; pidamos noso-
●ros, pedid vosotros, pidan ellos.

───────────────────────────────

pedir tr. chiedere, domandare.
— **limosna** elemosinare.

pedo m. scoreggia, peto.

pedrada f. pietrata.

pedregal m. terreno sassoso, ghiareto, pietraia.

pedregoso agg. pietroso.

pedrería f. pietre preziose.

pedrisco m. grandine; pietrisco; pietrame.

pega f. incollatura; impeciatura. **de** — falso, finto.

pegadizo agg. appiccicaticcio.

pegajoso agg. appiccicoso.

pegar tr. appiccicare, incollare.

pegarse rfl. appiccicarsi, attaccarsi.

peinado m. pettinatura.

peinador m. pettinatore; accappatoio.

peinar tr. pettinare, rarriare i capelli.

peinarse rfl. rarriarsi i capelli.

peine m. pettine.

peineta f. pettine d'adorno.

pelado agg. pelato; pitocco.

peladura f. mondatura o sbucciatura.

pelagatos m. pelagatti.

pelaje m. pelame.

pelar tr. pelare, mondare.

peldaño m. scalino, gradino.

pelea f. pugna, battaglia; lotta.

pelear itr. battagliare, combattere, lottare.

pelearse rfl. bisticciarsi.

peletería f. pellicceria.

peletero m. pellicciaio.

pelícano m. (orn.) pellicano.

película f. pellicola.

peligrar itr. pericolare.

peligro m. pericolo, rischio.

peligroso agg. pericoloso, rischioso, periglioso.

pelo m. pelo; pellame.

pelota f. palla; pillotta.

pelotazo m. colpo di palla, pallata.
pelotón m. plotone.
peluca f. parrucca.
peludo agg. peloso.
peluquería f. barbieria, mestiere e negozio del parrucchiere. [biere.
peluquero m. parrucchiere; barbiere.
pellejo m. pelle; buccia. — **de vino** otre.
pellizcar tr. pizzicare.
pellizco m. pizzicotto.
pena f. pena, rammarico; dolore.
penal agg. penale.
penalidad f. penalità.
penar itr. patire, penare. **tr.** castigare.
pendencia f. pendenza.
pender itr. pendere; dipendere.
pendiente agg. pendente. m. orecchino. f. declivio.
penetración f. penetrazione.
penetrante agg. penetrante.
penetrar tr. e itr. penetrare.
península f. penisola.
penitencia f. penitenza.
penitente agg. e m. penitente.
penoso agg. penoso.
pensado agg. pensato.
pensador m. pensatore.
pensamiento m. pensiero.
pensar itr. pensare.
pensativo agg. pensativo.
pensión f. pensione.
pensionado agg. e m. pensionato. m. pensionato.
pensionar tr. pensionare.
pensionista m. f. pensionato.
pentecostés m. Pentecoste.
penúltimo agg. penultimo.
penumbra f. penombra.
penuria f. penuria.
peña f. balza, macigno; roccia; circolo, cenacolo.

peñasco m. rupe, dirupo; roccia.
peñón m. montagna dirupata.
peón m. pedone; pedina; braciante. — **caminero** cantoniere. — **de albañil** manovale.
peonza f. trottola.
peor agg. peggiore.
pepino m. (bot.) cetriolo.
pequeñez f. piccolezza.
pequeño agg. piccolo, piccino.
pera f. (bot.) pera.
peral m. (bot.) pero.
percance m. contrattempo, incidente.
percatarse rfl. rendersi conto.
percepción f. percezione.
perceptible agg. percettibile.
percibir tr. percepire.
percusión f. percussione.
percutir tr. percuotere.
percha f. attaccapanni; asta.
perder tr. perdere, smarrire.
perderse rfl. perdersi, smarrirsi.
perdición f. perdita; perdizione.
pérdida f. perdita.
perdigón m. perniciotto; pallino.
perdiz f. (orn.) pernice.
perdón m. perdono.
perdonar tr. perdonare.
perdonavidas m. spaccamonti.
perdurable agg. perdurabile.
perdurar itr. perdurare.
perecer itr. perire.
peregrinación f. peregrinazione.
peregrinar itr. peregrinare.
peregrino m. pellegrino. agg. strano, raro.
perejil m. (bot.) prezzemolo.
perenne agg. perenne.
perentoriedad f. perentorietà.
perentorio agg. perentorio.
pereza f. pigrizia; ignavia.
perezoso agg. pigro.
perfección f. perfezione.
perfeccionamiento m. perfezionamento.
perfeccionar tr. perfezionare.

perfecto agg. perfetto.
perfidia f. perfidia.
pérfido agg. perfido.
perfil m. profilo.
perfilado agg. profilato.
perfilar tr. profilare.
perforación f. perforazione.
perforar tr. perforare.
perfumar tr. profumare.
perfume m. profumo.
perfumería f. profumeria.
pergamino m. pergamena, cartapecora.
pericia f. perizia, abilità.
perífrasis f. perifrasi.
perilla f. pomo; barbetta; pizzo. **de —** a proposito.
perímetro m. perimetro.
periódico agg. periodico. m. giornale.
periodismo m. giornalismo.
periodista m. f. giornalista.
periodo m. periodo.
periscopio m. periscopio.
perito agg. e m. perito.
perjudicar tr. danneggiare, pregiudicare.
perjudicial agg. dannoso, pregiudizievole.
perjuicio m. pregiudizio, danno.
perjurar itr. pergiurare, spergiurare.
perjurio m. spergiuro, pergiuro.
perjuro agg. e m. spergiuro.
perla f. perla.
permanecer itr. rimanere; permanere, perdurare.
permanencia f. permanenza.
permanente agg. permanente.
permisible agg. permissibile.
permiso m. permesso.
permitir tr. permettere.
permuta f. permuta.
pernicioso agg. pernicioso.
perno m. perno. **— de rosca** bullone a vite.
pernoctar tr. pernottare.
pero cong. però, ma.
perpendicular agg. e f. perpendicolare.

perpetuar tr. perpetuare.
perpetuidad f. perpetuità.
perpetuo agg. perpetuo.
perplejidad f. perplessità.
perplejo agg. perplesso.
perra f. cagna. **— gorda** 10 centesimi. **— chica** 5 centesimi.
perrera f. canile.
perrería f. moltitudine di cani; cattiva azione.
perro m. cane. **— de caza** bracco. **— de presa** dogo.
perruno agg. canino.
persecución f. persecuzione.
perseguir tr. inseguire, perseguitare, perseguire.
perseverancia f. perseveranza.
perseverante agg. perseverante.
perseverar itr. perseverare.
persiana f. persiana.
persistencia f. persistenza.
persistente agg. persistente.
persistir itr. persistere.
persona f. persona.
personaje m. personaggio.
personal agg. personale.
personalidad f. personalità.
personarse rfl. abboccarsi con uno; presentarsi.
personificar tr. personificare.
perspectiva f. prospettiva.
perspicacia f. perspicacia.
perspicaz agg. perspicace.
persuadir tr. persuadere.
persuasión f. persuasione.
persuasivo agg. persuasivo.
pertenecer itr. appartenere.
pertenencia f. appartenenza.
pértiga f. pertica.
pertinacia f. pertinacia.
pertinente agg. pertinente.
pertrechar tr. attrezzare, vettovagliare.
pertrechos m. pl. attrezzi, munizioni ed armi.

perturbación f. perturbazione.
perturbar tr. perturbare.
perversidad f. perversità.
perversión f. perversione.
perverso agg. perverso.
pervertir tr. pervertire.
pervertirse rfl. pervertirsi.
pesadez f. pesantezza.
pesadilla f. incubo.
pesado agg. pesante.
pesadumbre f. afflizione.
pésame m. condoglianza. dar el — far le condoglianze.
pesar m. dolore, pena. tr. pesare. itr. gravare. a — de que contuttociò, contuttoquesto, pertanto. con — a malincuore.
pesca f. pesca.
pescadería f. pescheria.
pescadilla f. piccolo merluzzo.
pescado m. pesce.
pescador m. pescatore.
pescar tr. pescare. — con anzuelo pescare all'amo.
pescuezo m. nuca, collottola; collo.
pesebre m. greppia, mangiatoia.
pesimismo m. pessimismo.
pesimista agg. e m. f. pessimista.
pésimo agg. pessimo.
peso m. peso; carico. — bruto peso lordo.
pesquería f. pescaia; pescheria.
pesquisa f. ricerca, indagazione.
pestaña f. ciglia.
pestañear itr. battere le ciglia.
pestañeo m. battimento di ciglia.
peste f. (med.) peste.
pestilencia f. pestilenza.
pestilente agg. pestilente.

pestillo m. stanghetta; chiavistello.
petaca f. borsa da tabacco; porta sigari.
pétalo m. (bot.) petalo.
petardo m. petardo.
petición f. petizione.
petimetre m. bellimbusto.
pétreo agg. pietroso.
petrificación f. pietrificazione.
petrificar tr. pietrificare.
petróleo m. petrolio.
petrolero agg. m. petroliere.
petrolífero agg. petrolifero.
petulancia f. petulanza.
petulante agg. petulante.
pez m. pesce; pece.
pezón m. (anat.) capezzolo (della mammella).
piadoso agg. pietoso.
piano m. piano, pianoforte.
pica f. picca.
picacho m. punta aguzza; picco, sommità acuta di monti.
picadero m. maneggio (di cavalli), cavallerizza.
picadillo m. (cuc.) ammorsellato.
picado agg. forato; pizzicato.
picador m. torero a cavallo.
picadura f. pungitura, puntura; beccata.
picante agg. e m. piccante.
picapedrero m. scalpellino.
picaporte m. saliscendi.
picar tr. pungere; morsicare, mordere; beccare; pizzicare.
picarse rfl. tarlarsi; offendersi.   [astuzia.
picardía f. cattività; furberia,
picaresco agg. canagliesco; birbantesco.
pícaro m. briccone, birbante.
pico m. becco; punta.
picota f. berlina, gogna.
picotazo m. beccata.
picotear tr. beccare, bezzicare.
pictórico agg. pittorico.
pichón m. (orn.) piccione.
pie m. piede; sostegno; piede (misura). al — de la letra

esattamente. **no dar — con
bola** non azzecarne una.
piedad f. pietà.
piedra f. pietra; (med.) calcolo; grandine. — **pómez** pomice.
piel f. pelle; cuoio.
pienso m. biada, foraggio.
pierna f. gamba; cianca; coscia (di animale).
pieza f. pezzo; stanza, camera; pezza.
pigmeo agg. e m. pigmeo.
pijama m. pigiama.
pila f. pila; gruzzolo. — **eléctrica** pila elettrica. — **bautismal** fonte battesimale. **nombre de —** nome di battesimo.
pilar m. pilastro; pilone.
pilastra f. pilastro.
píldora f. pillola.
pilotaje m. pilotaggio.
piloto m. pilota, piloto.
pillaje m. rapina; saccheggio.
pillar tr. saccheggiare, depredare; rapinare.
pillo agg. briccone.   [ka.
pimentón m. peperone; papri-
pimienta f. (bot.) pepe.
pimiento m. (bot.) peperone.
pimpollo m. (bot.) germoglio.
pinar m. pineta.
pincel m. pennello.
pincelada f. pennellata.
pincelar tr. e itr. pennellare.
pinchar tr. pungere.
pinchazo m. puntura.
pinche m. sguattero.
pincho m. punteruolo, punta.
pino m. (bot.) pino. — **silvestre** pinastro.
pinta f. pinta (misura); macchia; marchio; apparenza.
pintado agg. dipinto.
pintar tr. dipingere.
pintarse rfl. dipingersi. — **la
cara** imbellettarsi.
pintor m. pittore.
pintoresco agg. pittoresco.
pintura f. pittura. — **a la acuarela** pittura all'acquarello. —

al **óleo** pittura a olio. — **al
pastel** pastello.
pinza f. pinza.
pinzas f. pl. pinzette.
piña f. ananasso; pigna, pina.
piñón m. pignone; pinolo, pig-
nolo.
pío agg. pietoso, pio.
piojo m. pidocchio.
pipa f. pipa; seme di fruta.
piqueta f. piccone, piccozza.
pira f. pira; rogo.
piragua f. piroga.
pirámide f. piramide.
pirata m. pirata.
piratear itr. pirateggiare.
piratería f. pirateria.
piropear tr. galanteggiare.
piropo m. piropo; galanteria.
pirotecnia f. pirotecnica.
pirueta f. piroletta, piroetta.
pisada f. pigiata, pedata, pestata.
pisar tr. pestare.
piscina f. piscina.
piso m. pavimento; piano.
pisotear tr. calpestare.
pisoteo m. calpestio.
pista f. pista, campo, arena;
pista, orma.
pistola f. pistola.
pistón m. pistone; stantuffo di
pompa; capsula.
pitar itr. fischiare.
pitillera f. sigaraia; portasiga-
rette.
pitillo m. sigaretta.
pito m. fischietto.
pitonisa f. pitonessa, maga.
pizarra f. lavagna, ardesia.
placa f. placca; piastra; lastra.
placentero agg. gradevole.
placer itr. piacere. m. piacere,
diletto.
placidez f. placidità, placidezza.
plácido agg. placido.
plaga f. piaga; epidemia.

plebe f. plebe.
plebeyo agg. e m. plebeo.
plegable agg. piegabile, pieghevole.

plagar tr. infestare.
plagiar tr. plagiare.
plagio m. plagio.
plan m. piano.
plana f. facciata, pagina; piana.
plancha f. lastra o lamina di metallo; plancia; ferro da stiro.
planchar tr. stirare.
planeta m. pianeta.
planetario agg. planetario.
planicie f. pianura.
plano agg. piano, piatto; liscio. m. piano.
planta f. pianta.
plantación f. piantagione.
plantar tr. piantare.
plantarse rfl. fermarsi.
planteamiento m. impostazione.
plantear tr. impostare, stabilire.
plantel m. vivaio.
plantilla f. soletta; sagoma.
plasmar tr. plasmare.
plata f. argento; denaro. — de ley argento al titolo.
plataforma f. piattaforma.
plátano m. (bot.) platano; banano; banana.
platea f. (teat.) platea.
plateado agg. argentato. m. argentatura.
platear tr. argentare, inargentare.
platero m. argentaio, argentiere.
platicar itr. conversare.
platillo m. piattello, piattino; stufatino; piatto (della bilancia).
plato m. piatto. — hondo fondina. — grande piattone.
playa f. spiaggia, lido.
plaza f. piazza. — fuerte fortezza.
plazo m. mora, dilazione al pagamento; scadenza; rata.

plegar tr. piegare.
plegarse rfl. piegarsi.
plegaria f. preghiera; supplica.
pleitear itr. litigare.
pleito m. lite, processo.
plenario agg. plenario.
plenilunio m. plenilunio.
plenipotenciario agg. e m. plenipotenziario.
plenitud f. pienezza; totalità.
pleno agg. pieno.
pliego m. foglio; plico.
pliegue m. piega.
pluma f. piuma; penna, portapenna.
plumaje m. piumaggio.
plumón m. piumino; materasso di piume.
plural agg. e m. plurale.
pluralidad f. pluralità.
población f. popolazione.
poblar tr. popolare.
poblado agg. popolato. m. borgata, luogo popolato.
pobre agg. e m. povero, mendico.
pobreza f. povertà.
pocilga f. porcile.
poco agg. poco, scarso. avv. poco. — más o menos all'incirca.
poda f. potatura.
podadera f. potatoio.
podadura f. potatura.
podar potare.
poder tr. potere. m. potere.

———————————— PODER ————

MODO INFINITIVO: FORMAS SIMPLES: Infinitivo: poder. Gerundio: pudiendo. Participio: podido. FORMAS COMPUESTAS: Infinitivo: haber podido. Gerundio: habiendo podido. MODO INDICATIVO: Presente: yo puedo, tú puedes, él puede; nosotros podemos, vosotros podéis, ellos pueden. Pretérito imperfecto: podía, podías, podía; podíamos, podíais, podían. Pretérito indefinido: pude, pudiste, pudo; pudimos, pudisteis, pudieron. **Futuro imperfecto:** podré, podrás, podrá; podremos, podréis, podrán. **Pretérito perfecto:** he podido, has podido, ha podido; hemos podido, habéis podido, han podido. **Pretérito pluscuamperfecto:** había podido, habías podido, había podido; habíamos podido, habíais podido, habían podido. **Pretérito anterior:** hube podido, hubiste podido, hubo podido; hubimos podido, hubisteis podido, hubieron podido. **Futuro perfecto:** habré podido, habrás podido, habrá podido; habremos podido, habréis podido, habrán podido. **MODO POTENCIAL: Potencial simple:** podría, podrías, podría; podríamos, podríais, podrían. **Potencial compuesto:** habría podido, habrías podido, habría podido; habríamos podido, habríais podido, habrían podido. **MODO SUBJUNTIVO: Presente:** pueda, puedas, pueda; podamos, podáis, puedan. **Pretérito imperfecto:** pudiera o pudiese, pudieras o pudieses, pudiera o pudiese; pudiéramos o pudiésemos, pudierais o pudieseis, pudieran o pudiesen. **Futuro imperfecto:** pudiere, pudieres, pudiere; pudiéremos, pudiereis, pudieren. **Pretérito perfecto:** haya podido, hayas podido, haya podido; hayamos podido, hayáis podido, hayan podido. **Pretérito pluscuamperfecto:** hubiera o hubiese podido, hubieras o hubieses podido, hubiera o hubiese podido; hubiéramos o hubiésemos podido, hubierais o hubieseis podido, hubieran o hubiesen podido. **Futuro perfecto:** hubiere podido, hubieres podido, hubiere podido; hubiéremos podido, hubiereis podido, hubieren podido. **MODO IMPERATIVO: Presente:** puede tú, pueda él; podamos nosotros, poded vosotros, puedan ellos.

poderío m. potere.
poderoso agg. poderoso, potente.
podredumbre f. putridume, putredine.
poema m. poema.
poesía f. poesia.
poeta m. poeta.
poética f. poetica.
poético agg. poetico.
poetisa f. poetessa.
poetizar tr. poetare; poeticizzare.
polaco agg. e m. polacco, m. lingua polacca.
polar agg. polare.
polea f. carrucola; (naut.) bozzello.
polémica f. polemica.

polémico agg. polemico.
polen m. (bot.) polline.
policía f. polizia. m. poliziotto.
policíaco agg. poliziesco.
policlínica f. poliambulanza, policlínico.
polícromo agg. policromo.
poliedro m. poliedro.
poligamia f. poligamia.
polígamo m. poligamo.
polígloto m. poliglotto.
polilla f. tarma, tignola.
politeísmo m. politeismo.
politeísta m. f. politeista. agg. politeista, politeistico.
política f. politica.
político agg. e m. politico. **hermano** — cognato. **hermana política** cognata. **padre** — suocero. **madre política** suocera.
póliza f. polizza.
polo m. polo.
polvareda f. polverio.
polvo m. polvere.
polvoriento agg. polveroso.
polvorín m. polverina; polveriera.
polla f. pollastra, gallina.
pollería f. polleria.
pollino m. asinello; (fig.) ignorante.
pollo m. pollo.
pomada f. pomata.
pompa f. pompa, fasto.
pomposo agg. pomposo.
ponche m. ponce.
ponchera f. tazzone per il ponce.
ponderación f. ponderazione.
ponderar tr. ponderare.
ponedero m. nido, covo.
poner tr. porre, mettere.

———— PONER ————

MODO INFINITIVO: FORMAS SIMPLES: **Infinitivo:** poner. **Gerundio:** poniendo. **Participio:** puesto. FORMAS

COMPUESTAS: **Infinitivo:** haber puesto. **Gerundio:** habiendo puesto. **MODO INDICATIVO: Presente:** yo pongo, tú pones, él pone; nosotros ponemos, vosotros ponéis, ellos ponen. **Pretérito imperfecto:** ponía, ponías, ponía; poníamos, poníais, ponían. **Pretérito indefinido:** puse, pusiste, puso; pusimos, pusisteis, pusieron. **Futuro imperfecto:** pondré, pondrás, pondrá; pondremos, pondréis, pondrán. **Pretérito perfecto:** he puesto, has puesto, ha puesto; hemos puesto, habéis puesto, han puesto. **Pretérito pluscuamperfecto:** había puesto, habías puesto, había puesto; habíamos puesto, habíais puesto, habían puesto. **Pretérito anterior:** hube puesto, hubiste puesto, hubo puesto; hubimos puesto, hubisteis puesto, hubieron puesto. **Futuro perfecto:** habré puesto, habrás puesto, habrá puesto; habremos puesto, habréis puesto, habrán puesto. **MODO POTENCIAL: Potencial simple:** pondría, pondrías, pondría; pondríamos, pondríais, pondrían. **Potencial compuesto:** habría puesto, habrías puesto, habría puesto; habríamos puesto, habríais puesto, habrían puesto. **MODO SUBJUNTIVO: Presente:** ponga, pongas, ponga; pongamos, pongáis, pongan. **Pretérito imperfecto:** pusiera o pusiese, pusieras o pusieses, pusiera o pusiese; pusiéramos o pusiésemos, pusierais o pusieseis, pusieran o pusiesen. **Futuro imperfecto:** pusiere, pusieres, pusiere; pusiéremos, pusiereis, pusieren. **Pretérito perfecto:** haya puesto, hayas puesto, haya puesto; hayamos puesto, hayáis puesto, hayan puesto. **Pretérito pluscuamperfecto:** hubiera o hubiese puesto, hubieras o hubieses puesto, hubiera o hubiese puesto; hubiéramos o hubiésemos puesto, hubierais o hubieseis puesto, hubieran o hubiesen puesto. **Futuro perfecto:** hubiere puesto, hubieres puesto, hubiere puesto; hubiéremos puesto, hubiereis puesto, hubieren puesto. **MODO IMPERATIVO: Presente:** pon tú, ponga él; pongamos nosotros, poned vosotros, pongan ellos.

ponerse rfl. porsi.
poniente m. ponente.
pontificado m. pontificato.
pontífice m. pontefice.
ponzoña f. veleno.
ponzoñoso agg. velenoso.
popa f. (naut.) poppa.
populacho m. plebaglia.
popular agg. popolare.

popularidad f. propolarità.
popularizar tr. popolarizzare.
poquito m. pocchino, mica.
por prep. per, da; con, mediante. — **otra parte** daltronde. — **cierto** davvero. — **tanto** dunque. — **esto** perciò. — **fin** perfine.
porcelana f. porcellana.
porcentaje m. percentuale.
porción f. porzione.
porche m. porticato, atrio.
pordiosero m. mendicante, accattone.
porfía f. pertinacia.
porfiado agg. pertinace.
porfiar itr. ostinarsi.
pormenor m. dettaglio.
pornografía f. pornografia.
poro m. poro.
porosidad f. porosità.
porque cong. perchè.
porquería f. porcheria.
porra f. clava, mazza.
porrazo m. mazzata.
portada f. frontespizio, frontispizio.
portador m. portatore.
portal m. portico; portale; andito. [te.
portamonedas m. portamone-
portar tr. portare.
portarse rfl. portarsi.
portátil agg. portatile.
portavoz m. portavoce.
porte m. porto; trasporto; contegno. **en — debido** in porto assegnato. **en — pagado** in porto affrancato.
porteador m. portatore, facchino.
portear tr. trasportare; sbatacchiare.
portento m. portento.
portería f. porteria; portineria.
portero m. portiere.
portezuela f. porticina.
pórtico m. portico.
porvenir m. avvenire.
pos; en — avv. dietro.
posada f. albergo, locanda.

posar itr. riposare; posare.
posarse rfl. posarsi.
posdata f. poscritto.
poseedor m. possessore.
poseer tr. possedere.
poseído agg. posseduto. m. possesso.
posesión f. possesso.
posesivo agg. possessivo.

──────── Los posesivos ────────

Nella lingua spagnuola come nell'italiana i pronomi e gli aggettivi possessivi hanno la stessa forma e soltanto si distinguono perché l'aggettivo accompagna il nome e il pronome invece lo sostituisce (il pronome è preceduto dell'articolo determinativo).

Singolare

Maschile	Femminile
Mío, mio	*Mía*, mia
Tuyo, tuo	*Tuya*, tua
Suyo, suo	*Suya*, sua
Nuestro, nostro	*Nuestra*, nostra
Vuestro, vostro	*Vuestra*, vostra
Su (de ellos), loro	*Su* (de ellas), loro

Plurale

Míos, miei	*Mías*, mie
Tuyos, tuoi	*Tuyas*, tue
Suyos, suoi	*Suyas*, sue
Nuestros, nostri	*Nuestras*, nostre
Vuestros, vostri	*Vuestras*, vostre
Sus (de ellos), loro	*Sus* (de ellas), loro

● *Mío, mía, tuyo, tuya, suyo, suya* si troncano se precedono il nome (*mi casa, tu libro, su lápiz*).

────────────────

posibilidad f. possibilità.
posibilitar tr. facilitare qc.
posición f. posizione; postura.
posponer tr. posporre.
postal agg. postale. **tarjeta —** cartolina postale.
poste m. palo; pilastro.
postergar tr. postergare.
posteridad f. posterità.
posterior agg. posteriore.
posterioridad f. posteriorità.
postigo m. sportello; battente.

postín m. presunzione.
postizo agg. e m. posticcio.
postración f. postrazione.
postrar tr. postrare.
postre m. pospasto; ultima portata del pranzo. [mo.
postrero agg. ultimo, postre-
postulación f. postulazione.
postulado m. postulato.
postular tr. postulare.
póstumo agg. postumo.
postura f. postura; posizione.
potable agg. potabile.
potencia f. potenza.
potente agg. potente.
potestad f. potestà.
potestativo agg. potestativo.
potranca f. puledra; cavallina.
potro m. puledro.
pozo m. pozzo.
práctica f. pratica.
practicante agg. praticante. m. assitente (di medico o chirurgo).
practicar tr. praticare.
práctico agg. pratico. m. (naut.) pilota.
pradera f. prateria.
prado m. prato.
preámbulo m. preambolo.
precario agg. precario.
precaución f. precauzione.
precaver tr. prevenire un rischio.
precaverse rfl. cautelarsi.
precedencia f. precedenza.
precedente agg. e m. precedente.
preceptivo agg. precettivo.
precepto m. precetto.
preceptor m. precettore.
preces f. pl. preci.
preciado agg. pregiato.
preciar tr. aprezzare, pregiare.
preciarse rfl. vantarsi, pregiarsi.
precintar tr. fasciare, precingere.

precio m. prezzo.
preciosidad f. preziosità.
precioso agg. prezioso.
precipicio m. precipizio.
precipitación f. precipitazione.
precipitar tr. precipitare.
precipitarse rfl. precipitarsi; precipitare.
precisar tr. precisare; obbligare.
precisión f. precisione.
preciso agg. preciso.
precocidad f. precocità.
preconizar tr. preconizzare.
precoz agg. precoce.
precursor m. precursore.
predecesor m. predecessore.
predecir tr. predire, presagire, profetare.
predestinación f. predestinazione.
predestinar tr. predestinare.
predicación f. predicazione.
predicar tr. e itr. predicare.
predicción f. predizione.
predilección f. predilezione.
predisponer tr. predisporre.
predisposición f. predisposizione.
predominar tr. predominare.
predominio m. predominio.
prefacio m. prefazione.
prefecto m. prefetto.
preferencia f. preferenza.
preferir tr. preferire.
prefijo m. prefisso.
pregón m. bando; grida.
pregonar tr. bandire.
pregunta f. domanda; quesito, questione.
preguntar tr. domandare.
prejuicio m. pregiudizio.
prejuzgar tr. pregiudicare.
prelado m. prelato.
preliminar agg. e m. preliminare.
preludio m. preludio.

prematuro agg. prematuro.
premeditación f. premeditazione.
premeditar tr. premeditare.
premiar tr. premiare.
premio m. premio; frutto.
premioso agg. pressante, urgente.
premisa f. premessa.
premura f. premura.
prenda f. pegno; dote morale.
— de vestir capo di vestiario.
prendar tr. prendere o dare in pegno.
prendarse rfl. invaghirsi.
prender tr. prendere, arrestare (un ladro). itr. attecchire; prendere (il fuoco).
prensa f. pressa; stampa.
prensar tr. pressare, premere.
preocupación f. preoccupazione.
preocupar tr. preoccupare.
preparación f. preparazione.
preparar tr. preparare.
prepararse rfl. prepararsi.
preparativo m. preparativo.
preponderancia f. preponderanza.
preponderar itr. preponderare.
preposición f. (gram.) preposizione.

——— Las preposiciones ———

Le preposizioni proprie sono le seguenti:

a, a, su, di, in, da, verso
ante, anzi, dinanzi, innanzi
bajo, sotto
cabe, presso
con, con, a, su, per, sotto, di, in, insieme
contra, contro
de, di, da, a, tra, per
desde, da
en, in, tra, entro, fra, di, sopra
entre, fra, tra, intra, infra
hacia, verso
hasta, fino, infino, sino, insino, financo, perfino
para, per, onde, di, da, verso
por, per, di, da, con, su, a
según, secondo, dietro
sin, senza, salvo, fuori

so, V. .*bajo*
sobre, sopra, sovra, su, circa
tras, dietro, dopo

● Come può dedursi dal quadro precedente l'uso delle preposizioni è tanto differente nelle due lingue. Si noti soprattsiva dove gli italiani usano *da* gli spatutto che nella formazione della voce pasgnoli usano *por* (*He sido elegido por todos, sono stato eletto da tutti*).

prerrogativa f. prerogativa.
presa f. presa; cattura; preda; diga.
presagiar tr. presagire.
presagio m. presagio, augurio.
presbiteriano agg. e m. presbiteriano.
presbítero m. sacerdote.
prescindir tr. prescindere.
prescribir tr. prescrivere.
prescripción f. prescrizione.
presencia f. presenza.
presenciar tr. presenziare, assistere.
presentar tr. presentare.
presente agg. e m. f. presente.
presentimiento m. presentimento.
presentir tr. presentire.
preservación f. preservazione.
preservar tr. preservare.
preservativo agg. e m. preservativo.
presidencia f. presidenza.
presidente m. presidente.
presidiario forzato, ergastolano.
presidio m. presidio.
presidir tr. e itr. presiedere.
presión f. pressione.
preso agg. e m. carcerato.
prestación f. prestazione.
prestamista m. prestatore.
préstamo m. prestito.
prestar tr. prestare. — **dinero** mutuare.
presteza f. prestezza, celerità.
prestidigitación f. prestidigitazione.
prestidigitador m. prestigiatore, prestidigitatore.

prestigio m. prestigio.
presto agg. presto, pronto. avv. subito, prontamente.
presumido agg. e m. presuntuoso.
presumir tr. presumere. itr. presumere, vantarsi.
presunción f. presunzione.
presunto agg. presunto.
presuponer tr. presupporre.
presupuesto m. preventivo, spesa presuntiva; presupposto.
presuroso agg. frettoloso.
pretender tr. pretendere.
pretendiente m. pretendente.
pretensión f. pretensione.
pretexto m. pretesto.
prevalecer itr. prevalere.
prevención f. prevenzione.
prevenir tr. prevenire, evitare.
preventivo agg. preventivo.
prever tr. prevedere.
previo agg. previo.
previsión f. previsione.
previsor agg. e m. previdente.
previsto agg. previsto.
prima f. premio; cugina; recargo (cappa); prima.
primacía f. primazia.
primario agg. primario.
primavera f. primavera.
primaveral agg. primaverile.
primer agg. primo, primiero.
primero agg. primo. avv. prima.
primitivo agg. primitivo.
primo agg. primo; ingenuo. m. cugino. — **hermano** cugino carnale. — **segundo** cugino in secondo grado. **hacer el** — far lo gnorri.
princesa f. principessa.
principado m. principato.
principal agg. principale. m. ammezzato.
príncipe m. principe.

principiante agg. e m. principiante.
principiar tr. principiare.
principio m. principio; preludio.
prior m. priore.
priora f. priora.
prioridad f. priorità.
prisa f. premura, fretta.
prisión f. prigione.
prisionero m. prigioniero.
privación f. privazione.
privado agg. privato.
privar tr. privare.
privilegiar tr. privilegiare.
privilegio m. privilegio.
pro; en — avv. in pro, in favore.
proa f. (naut.) prora, prua.
probabilidad f. probabilità.
probable agg. probabile.
probadura f. prova, assaggio.
probar tr. provare, assaggiare; degustare.
problema m. problema.
problemático agg. problematico.
procacidad f. procacità.
procaz agg. procace.
procedencia f. procedenza.
procedente agg. procedente, proveniente.
proceder m. condotta. itr. procedere.
procedimiento m. procedimento.
procesado agg. processato. m. imputato.
procesar tr. processare.
procesión f. processione.
proceso m. processo.
proclama f. proclama.
proclamación f. proclamazione.
proclamar tr. proclamare.
procreación f. procreazione.
procrear tr. procreare.
procura f. procura.
procurador m. procuratore.
procurar tr. procurare.

prodigalidad f. prodigalità.
prodigar tr. prodigare.
prodigio m. prodigio.
pródigo agg. e m. prodigo.
producción f. produzione.
producir tr. produrre; causare; apportare.
producirse rfl. prodursi.
productivo agg. produttivo.
producto m. prodotto.
proeza f. prodezza.
profanación f. profanazione.
profanar tr. profanare.
profano agg. e m. profano.
profecía f. profezia.
proferir tr. proferire.
profesar tr. professare.
profesión f. professione.
profeso agg. e m. professo.
profesor m. professore.
profeta m. profeta.
profético agg. profetico.
profetizar tr. profetizzare, predire, vaticinare.
profiláctica f. profilassi.
profiláctico agg. profilattico.
profilaxis f. profilassi.
prófugo agg. e m. profugo.
profundidad f. profondità.
profundizar tr. approfondire, profondare.
profundo agg. profondo.
profusión f. profusione.
profuso agg. profuso.
progenie f. progenie.
progenitor m. progenitore.
programa m. programma.
programar tr. programmare.
progresar itr. progredire.
progreso m. progresso.
prohibición f. proibizione.
prohibir tr. proibire.   [re.
prohijar tr. adottare; patrocina-
prohombre m. antico proboviro, maggiorente.
prójimo m. prossimo.
prole f. prole.
proletario agg. e m. proletario.
prolífico agg. prolifico.
prólogo m. prologo, introduzione.

prolongación f. prolungazione.
prolongar tr. prolungare, dilungare.
promedio m. media, termine medio.
promesa f. promessa.
prometer tr. promettere.
prometerse rfl. promettersi.
prometido m. fidanzato, futuro sposo.
promiscuo agg. promiscuo.
promoción f. promozione.
promontorio m. promontorio.
promotor agg. e m. promotore.
promover tr. promuovere.
promulgación f. promulgazione.
promulgar tr. promulgare.
pronombre m. (gram.) pronome.

Pronombres personales ——

1.ª persona

Singolare	Plurale
Yo, io	Nosotros, noi
Me, mí, me, mi	Nosotras, noi
Conmigo, con me	Nos, ci

2.ª persona

Tú, tu	Vosotros, voi
Te, ti, te, ti	Vosotras, voi
Contigo, con te	os, vi

3.ª persona

Él, egli	Ellos, essi
Ella, ella, essa	Ellas, esse
Ello, esso	les, los, las, li, le,
Le, lo, la, lui, lo, gli, la, le	loro
	se, sí, se, si
Se, sí, se, si	Consigo, con loro
Consigo, con se	

● I pronomi *mí* e *tú* recano l'accento per non confondersi con i possessivi *mi, tu.*
● Il pronome *él* reca l'accento per non confondersi con l'articolo determinativo *el.*

——

pronosticar tr. pronosticare.
pronóstico m. pronostico.
prontitud f. prontitudine, prontezza.
pronto agg. pronto, veloce. avv. prontamente, subito, presto.

pronunciación f. pronuncia, pronunzia.
pronunciar tr. pronunziare, pronunciare, proferire.
pronunciarse rfl. pronunziarsi.
propagación f. propagazione.
propaganda f. propaganda.
propagar tr. propagare. [re.
propalar tr. propalare, divulga-
propensión f. propensione.
propenso agg. propenso.
propiedad f. proprietà. [tario.
propietario agg. e m. proprie-
propina f. propina, mancia.
propio agg. proprio.
proponer tr. proporre; disegnare.
proporción f. proporzione.
proporcionar tr. proporzionare.
proposición f. proposizione.
propósito m. proposito.
propuesta f. proposta.
prórroga f. proroga.
prorrogar tr. prorogare.
prorrumpir itr. prorompere.
prosa f. prosa.
prosaico agg. prosaico.
proscribir tr. proscrivere.
prosélito m. proselito.
prosista m. prosatore.
prospecto m. prospetto.
prosperar itr. prosperare.
prosperidad f. prosperità.
próspero agg. prospero.
prostitución f. prostituzione.
prostituir tr. prostituire.
prostituta f. prostituta.
protección f. protezione.
protector agg. e m. protettore.
protectorado m. protettorato.
proteger tr. proteggere.
proteína f. proteina.
protesta f. protesta.
protestante agg. e m. protestante. [simo.
protestantismo m. protestante-
protestar tr. protestare.
protocolo m. protocollo.

prototipo m. prototipo.
protuberancia f. protuberanza.
provecho m. profitto; lucro.
provechoso agg. profittevole.
proveedor m. provveditore.
proveeduria f. provveditoria.
proveer tr. provvedere.
provenir tr. provenire.
proverbio m. proverbio.
providencia f. provvidenza.
providencial agg. provvidenziale.
provincia f. provincia.
provinciano agg. e m. provinciale.
provisión f. provvisione.
provisional agg. provvisorio.
provocación f. provocazione.
provocar tr. provocare.
provocativo agg. provocativo.
proximidad f. prossimità.
próximo agg. prossimo.
proyección f. proiezione.
proyectar tr. proiettare.
proyectil m. proiettile.
proyectista m. progettista.
proyecto m. progetto; disegno; schema.
proyector m. proiettore.
prudencia f. prudenza.
prudente agg. prudente.
prueba f. prova; assaggio.
psicología f. psicologia.
psíquico agg. psichico.
púa f. punta acuta; dente di pettine; spina.
pubertad f. pubertà.
publicación f. pubblicazione.
publicar tr. pubblicare.
publicidad f. pubblicità.
público agg. e m. pubblico.
púdico agg. pudico.
pudiente agg. e m. f. potente; ricco, agiato.
pudor m. pudore.
pudrir tr. imputridire.
pudrirse rfl. putrire, putrefare, putrefarsi.

pueblo m. villaggio, borgo, borgata; popolo.
puente m. ponte.
puerco m. (zool.) maiale, porco. agg. sporco.
puericultura f. puericoltura.
pueril agg. puerile.
puerilidad f. puerilità.
puerro m. (bot.) porro.
puerta f. porta. — cochera portone. — falsa falsaporta.
pues cong. dunque, ebbene.
puesta f. posta (al gioco); tramonto.
puesto m. posto, luogo; impiego. p. p. messo, posto.
púgil m. pugile, pugilatore.
pugilato m. pugilato.
pugna f. pugna.
pugnar itr. pugnare, combattere.
puja f. aumento all'asta.
pujanza f. forza, vigore.
pujar tr. aumentare all'asta.
pulcritud f. cura; nettezza.
pulcro agg. accurato, lindo.
pulga f. pulce.
pulgada f. pollice (misura).
pulgar m. pollice (dito).
pulido agg. brunito, liscio; pulito.   [strare.
pulimentar tr. pulimentare; lupulir tr. pulire; lustrare.
pulmón m. (anat.) polmone.
pulmonía f. (med.) polmonite.
púlpito m. pulpito.
pulpo m. (itt.) polpo.
pulsación f. pulsazione.
pulsar tr. pulsare, battere.
pulsera f. braccialetto.
pulso m. polso; pulsazione. tomar el — tastare il polso.
pulverizar tr. polverizzare; spruzzare.
punta f. punta.
puntal m. puntello.
puntapié m. calcio, pedata.
puntear tr. punteggiare.
puntería f. punteria.
puntilla f. puntina; merletto, trina, pizzo.

punto m. punto.
puntuación f. puntuazione, punteggiatura; punteggio.
puntual agg. puntuale.
puntualidad f. puntualità, esattezza.
puntuar tr. punteggiare.
punzada f. puntura.
punzar tr. pungere.
punzón m. punteruolo, punzone.
puñado m. pugno.
puñal m. pugnale, stilo.
puñalada f. pugnalata.
puñetazo m. pugno.
puño m. pugno.
pupila f. (oft.) pupilla.
pupilaje m. condizione di pupillo; retta di pupillo; convitto.
pupilo m. pupillo; convittore.

pureza f. purezza, purità.
purga f. purga.
purgante agg. e m. purgante.
purgar tr. purgare.
purificar tr. purificare, depurare.
puritanismo m. puritanesimo.
puro agg. puro. m. sigaro.
púrpura f. porpora.
pus m. pus, marciume.
pusilánime agg. pusillanime.
pústula f. pustola.
puta f. prostituta, puttana.
putrefacción f. putrefazione.
putrefacto agg. putrefatto.

Q q

que pron. che; cui; quale. cong. ché, quale. **no hay de —** prego, si figuri.

quebrada f. spaccatura.

quebradero m. rompitore. **— de cabeza** rompicapo.

quebradizo agg. fragile; delicato.

quebrado agg. rotto; fallito; indebolito. m. frazione.

quebrantar tr. rompere; violare.

quebrar tr. rompere; frangere. itr. fallire.

quebrarse rfl. infrangersi.

queda f. coprifuoco.

quedar itr. rimanere. **— en** accordarsi.

quedarse rfl. rimanere.

quedo agg. cheto, quieto. avv. chetamente, sotto voce.

quehacer m. faccenda.

queja f. lamento, lagnanza.

quejarse rfl. lagnarsi, lamentarsi.   [dio.

quema f. bruciamento, incen-

quemadura f. bruciatura.

quemar tr. bruciare; incendiare.

quemarse rfl. bruciarsi.

quemazón f. abbruciamento.

querella f. querela.

querellante agg. e m. querelante.

querellarse rfl. querelarsi.

querencia f. affetto al luogo natio; affetto.

querer tr. volere, amare.

————————— QUERER —————————

MODO INFINITIVO: FORMAS SIMPLES: Infinitivo: querer. **Gerundio:** queriendo. **Participio:** querido. **FORMAS COMPUESTAS: Infinitivo:** haber querido. **Gerundio:** habiendo querido. **MODO INDICATIVO: Presente: yo** quiero, **tú** quieres, **él** quiere; **nosotros** queremos, **vosotros** queréis, **ellos** quieren. **Pretérito imperfecto:** quería, querías, quería; queríamos, queríais, querían. **Pretérito indefinido:** quise, quisiste, quiso; quisimos, quisisteis, quisieron. **Futuro imperfecto:** querré, querrás, querrá; querremos, querréis, querrán. **Pretérito perfecto:** he querido, has querido, ha querido; hemos querido, habéis querido, han querido. **Pretérito pluscuamperfecto:** había querido, habías querido, había querido; habíamos querido, habíais querido, habían querido. **Pretérito anterior:** hube querido, hubiste querido, hubo querido; hubimos querido, hubisteis querido, hubieron querido. **Futuro perfecto:** habré querido, habrás querido, habrá querido; habremos querido, habréis querido, habrán querido. **MODO POTENCIAL: Potencial simple:** querría, querrías, querría; querríamos, querríais, querrían. **Potencial compuesto: habría querido, habrías querido, habría querido; habríamos querido, habríais querido, habrían querido. **MODO SUBJUNTIVO: Presente:** quiera, quieras, quiera; queramos, queráis, quieran. **Pretérito imperfecto:** quisiera o quisiese, quisieras o quisieses, quisiera o quisiese; quisiéramos o quisiésemos, quisierais o quisieseis, quisieran o quisiesen. **Futuro imperfecto:** quisiere, quisieres, quisiere; quisiéremos, quisiereis, quisieren. **Pretérito perfecto:** haya querido, hayas querido, haya querido; hayamos querido, hayáis querido, hayan querido. **Pretérito pluscuamperfecto:** hubiera o hubiese querido, hubieras o hubieses querido, hubiera o hubiese querido; hubiéramos o hubiésemos querido, hubierais o hubieseis querido, hubieran o hubiesen querido. **Futuro perfecto:** hubiere querido, hubieres querido, hubiere querido; hubiéremos querido, hubiereis querido, hubieren querido. **MODO IMPERATIVO:** quiere **tú,** quiera **él;** queramos **nosotros,** quered **vosotros,** quieran **ellos.**

querida f. innamorata; amante.
querido agg. caro, diletto.
queso m. formaggio, cacio.
quiebra f. fallimento, bancarotta; rottura; danno, perdita.
quien pron. chi, che; quale, cui.
quienquiera pron. chiunque, chicchessia.
quieto agg. quieto, tranquillo, calmo.   [tà.
quietud f. quietezza, tranquilli-
quijada f. mascella.
quijotada f. azione strana e ridicola.

quijote m. idealista.
quilate m. carato.
quilla f. (naut.) chiglia, carena.
quimera f. chimera.
quimérico agg. chimerico.
química f. chimica.
químico agg. e m. chimico.
quina f. china; cinquina.
quincalla f. chincaglie.
quincallería f. chincaglieria.
quincena f. quindicina.
quincenal agg. quindicinale.
quinina f. chinina.
quinquenal agg. quinquennale.
quinquenio m. quinquennio.
quinta f. leva militare; masseria.   [recluta.
quinto agg. quinto. m. quinto;
quiosco m. chiosco, edicola.
quirúrgico agg. chirurgico.
quisquilla f. quisquilia; gambero.
quisquilloso agg. puntiglioso, meticoloso.
quitamanchas m. smacchiatore.
quitanieves agg. **máquina —** spazzaneve.
quitar tr. togliere, levare.
quitasol m. parasole.
quite m. toglimento.
quizá(s) avv. chissà, forse.

rábano m. (bot.) ravanello, rafanello.
rabí m. rabbi, rabbino.
rabia f. rabbia.
rabiar itr. arrabbiare; incollerirsi, arrabbiarsi.
rabieta f. rabbietta.
rabino m. rabbino.
rabioso agg. rabbioso.
rabo m. coda; picciolo.
raciocinio m. raziocinio.
ración f. razione.
racional agg. razionale.
racionalismo m. razionalismo.
racionalista agg. razionalistico, razionalista. m. f. razionalista.
racionamiento m. razionamento.
racionar tr. razionare.
radiación f. radiazione.
radiador m. radiatore.
radial agg. radiale.
radiante agg. raggiante, radiante.
radiar itr. raggiare.
radicación f. radicamento; radicazione.
radical agg. radicale.
radicar itr. radicare.

radio m. radio; raggio.
radiodifusión f. radiodiffusione.
radiografía f. radiografia.
radiotelegrafía f. radiotelegrafia.
radioyente m. radioascoltatore.
ráfaga f. raffica.
raído agg. logoro; sfacciato.
raíz f. radice.
raja f. fessura.
rajar tr. spaccare, scheggiare.
rajarse rfl. fendersi, mangiarsi la parola.
ralladura f. grattatura; cosa grattugiata.
rallar tr. grattugiare.
rallo m. grattugia.   [gio.
rama f. ramo, rama. **en —** gregramaje m. frascame, frasche, ramaglia.
ramera f. meretrice, puttana, putta.
ramificación f. ramificazione.
ramificarse rfl. ramificarsi.
ramillete m. mazzo.
ramo m. ramo, frasca, rama.
rampa f. rampa; crampo; piano inclinato.
rana f. rana, ranocchio.
rancio agg. rancido.

rango m. rango, grado.
ranura f. scanalatura.
rapacidad f. rapacità.
rapar tr. rapare; sbarbare.
rapé m. rapé, tabacco da fiuto.
rapidez f. rapidità.
rapiña f. rapina.
raposa f. (zool.) volpe.
rapsodia f. rapsodia.
rapto m. rapimento, ratto.
raqueta f. racchetta.
raquítico agg. rachitico.
raquitis f. rachitide.
raquitismo m. rachitismo.
rareza f. rarità, rarezza.
raro agg. raro.
ras m. livello; superficie liscia.
rasar tr. rasare; rasentare.
rascar tr. grattare, graffiare.
rasgar tr. lacerare, strappare, stracciare.
rasgo m. tratto, lineamento. — **heroico** azione eroica.
rasguño m. graffiatura.
raso agg. spianato, raso. **soldado** — soldato semplice. m. raso.   [**cado** lisca.
raspa f. lolla, pula. — **de pes-**
raspar tr. raschiare, raspare.
rastra f. traino.
rastrear tr. rastrellare. itr. volare rasente.
rastrero agg. strisciante; basso, spregevole.
rastrillo m. rastrello.
rastro m. rastrello, rastro; traccia.
rasurar tr. radere, tosare.
rata f. (zool.) topo, ratto. m. ladro.
ratear itr. ripartire a prorata.
ratería f. bassezza; borseggio.
ratero m. borsaiuolo.
ratificación f. ratificazione.
ratificar tr. ratificare.
ratón m. (zool.) sorcio, topo.
ratonera f. trappola da topi; topaia.
raudal m. fiumana, torrente.
raya f. (itt.) razza; riga, linea. — **del peinado** scriminatura.

rayado agg. rigato.
rayar tr. rigare, listare.
rayo m. raggio; fulmine. —**s X** raggi X.
raza f. razza, casta.
razón f. ragione; motivo. — **social** ditta.
razonable agg. ragionevole.
razonamiento m. ragionamento.
razonar itr. ragionare.
reacción f. reazione.
reaccionar itr. reagire.
reacio agg. renitente, restio.
reactivo agg. e m. reattivo.
real agg. reale. m. reale (moneta).
realeza f. regalità.
realidad f. realtà.
realismo m. realismo.
realista agg. realistico, realista. m. f. realista.
realizar tr. realizzare.
realizarse rfl. avverarsi, realizzarsi.
realzar tr. rialzare; rilevare.
reanimar tr. rianimare.
reanudar tr. riprendere, riannodare.
reaparecer itr. riapparire.
reaparición f. riapparizione.
rebaja f. ribasso, deduzione.
rebajar tr. ribassare, dedurre; avvilire; smorzare.
rebajarse rfl. avvilirsi.
rebanada f. fetta
rebanar tr. affettare.
rebaño m. gregge.
rebatir tr. ribattere.
rebato m. allarme. **tocar a** — sonare a stormo.
rebelarse rfl. rivoltarsi, ribellarsi, insorgere.
rebelde m. ribelle.
rebeldía f. ribellione; resistenza; contumacia.
rebelión m. ribellione.
rebosar itr. traboccare.

rebotar itr. rimbalzare. tr. ribadire.

rebote m. rimbalzo; ribadimento.

rebozar tr. panare, infarinare, intridere; imbacuccare.

rebozarse rfl. imbacuccarsi, coprirsi la faccia col mantello.

rebozo m. occultamento della faccia; simulazione.

rebusca f. ricerca; spigolatura, racimolatura.

rebuscamiento m. ricerca.

rebuscar tr. spigolare, racimolare; ricercare.

rebuznar itr. ragliare.

rebuzno m. raglio.

recadero m. messo, fattorino.

recado m. messaggio (di parola); servizio.

recaer itr. ricadere; riammalarsi.

recaída f. ricaduta.

recalcar tr. pigiare; ricalcare, scandire.

recámara f. retrocamera.

recambio m. ricambio.

recapacitar tr. riflettere.

recapitular tr. ricapitolare, riepilogare.

recargar tr. ricaricare; sovraccaricare.

recargo m. sovraccarico.

recatado agg. prudente, cauto.

recato m. cautela.

recaudación f. riscossione, esazione.

recaudador m. riscotitore, esattore.

recaudar tr. riscuotere.

recelar tr. temere; sospettare; diffidare.

recelo m. timore; sospetto.

recepción f. ricevimento, ricezione.

receptáculo m. ricettacolo.

receptor m. recettore, ricettore; ricevitore; destinatario.

receta f. ricetta.

recibimiento m. ricevimento, ricezione.

recibir tr. ricevere; percepire; accogliere (visite).

recibo m. ricevuta; quietanza.

reciente agg. recente.

recinto m. recinto.

recio agg. forte, robusto; duro, aspro.

recipiente m. recipiente.

recíproco agg. reciproco.

recitación f. recitazione.

recitar tr. recitare.

reclamación f. reclamo.

reclamar tr. reclamare.

reclamo m. richiamo.

reclinar tr. reclinare, chinare.

reclinatorio m. inginocchiatoio.

recluir tr. rinchiudere.

reclusión f. reclusione.

recluso agg. e m. recluso.

recluta f. (mil.) reclutamento. m. recluta.

reclutamiento m. (mil.) reclutamento.

reclutar tr. (mil.) reclutare.

recobrar tr. ricuperare, riacquistare.

recobrarse rfl. rinvenire.

recobro m. ricupero; rinvenimento.

recodo m. svolta, gomito.

recoger tr. raccogliere.

recogerse rfl. ritirarsi, raccogliersi.

recogida f. raccolta.

recolección f. raccolta.

recomendable agg. raccomandabile.

recomendación f. raccomandazione.

recomendar tr. raccomandare.

recomendarse rfl. raccomandarsi.

recompensa f. ricompensa.

recompensar tr. ricompensare.

reconciliación f. riconciliazione.

reconciliar tr. riconciliare.
reconciliarse rfl. riconciliarsi, amicarsi.
reconocer tr. riconoscere; esaminare.
reconocimiento m. riconoscimento; riconoscenza, gratitudine.
reconquista f. riconquista.
reconquistar tr. riconquistare.
reconstrucción f. ricostruzione.
reconstruir tr. ricostruire.
recopilación f. collezione; raccolta; ricapitolazione.
recopilar tr. compilare; ricapitolare.
recordar tr. ricordare, rammemorare.
recorrer tr. percorrere; scorrere.
recorrido m. percorso.
recortar tr. raccorciare; ritagliare.   [mento.
recorte m. ritaglio; raccorcia-
recostar tr. appoggiare, reclinare.
recostarse rfl. coricarsi.
recreación f. ricreazione.
recrear tr. ricreare.
recrearse rfl. ricrearsi.
recreo m. ricreazione.
recriminar tr. recriminare.
rectángulo agg. e m. rettangolo.
rectificación f. rettifica, rettificazione; correzione.
rectificar tr. rettificare.
rectilíneo agg. rettilineo.
rectitud f. rettitudine.
recto agg. retto, diritto; giusto.
rector agg. e m. rettore.
rectorado m. rettorato; rettoria.
rectoría f. rettoria, rettorato.
recuento m. riscontro; conto di verifica; inventario.
recuerdo m. ricordo; memoria.
recuerdos m. pl. saluti.
recusar tr. ricusare.

recuperación f. ricupero, ricuperazione, riacquisto.
recuperar tr. ricuperare, riacquistare.
recurrir itr. ricorrere.
recurso m. ricorso, rimedio.
recursos m. pl. fondi, mezzi.
recusar tr. ricusare.
rechazar tr. rifiutare, rigettare.
rechazo m. rigetto; ripulsa.
rechinar itr. scricchiolare, dirugginare, cigolare. — **los dientes** digrignare.
red f. rete.
redacción f. redazione.
redactar tr. redigere.
redada f. retata; razzia.
rededor m. contorno. **al** — intorno.
redención f. redenzione.
redentor m. redentore.
rédito m. reddito, rendita.
redonda f. rotonda; regione; (mus.) semibreve. **a la** — intorno.
redondear tr. arrotondare.
redondel m. circolo; (taur.) arena.
redondez f. rotondità.
redondo agg. rotondo.
reducción f. riduzione, deduzione.
reducir tr. ridurre, diminuire.
reducirse rfl. ridursi.
reducto m. (mil.) ridotta.
redundancia f. ridondanza.
redundar itr. ridondare.
reelección f. rielezione.
reelegir tr. rieleggere.
reembolsar tr. rimborsare.
reembolso m. rimborso.
reenganchar tr. (mil.) arruolare di nuovo.
reengancharse rfl. (mil.) arruolarsi di nuovo.
reenganche m. (mil.) l'arruolarsi una seconda volta.

regalado agg. delicato; dilettevole.
regalar tr. regalare, donare.
regalarse rfl. dilettarsi.
referencia f. riferimento; referenza.
referéndum m. referendum.
referente agg. referente, relativo.
referir tr. riferire.
referirse rfl. riferirsi.
refinado agg. raffinato.
refinamiento m. raffinamento;
raffinazione.
refinar tr. raffinare.
refinería f. raffineria.
reflector m. riflettore.
reflejar tr. riflettere.
reflejarse rfl. riflettersi.
reflejo m. riflesso.
reflexión f. riflessione.
reflexionar tr. riflettere.
reflexivo agg. riflessivo.
reflujo m. riflusso.
reforma f. riforma.
reformar tr. riformare.
reformatorio m. riformatorio.
reforzar tr. rinforzare.
refrán m. proverbio.
refrenar tr. raffrenare.
refrescar tr. rinfrescare.
refesco m. rinfresco.
refrigeración f. refrigerio; re-
frigerazione.
refrigerar tr. refrigerare.
refrigerio m. refrigerio.
refuerzo m. rinforzo.
refugiado agg. e m. rifugiato.
refugiar tr. accogliere, dar rifugio.
refugiarse rfl. raccogliersi, rifugiarsi.
refugio m. rifugio.
refundir tr. rifondere.
refunfuñar tr. borbottare.
refutación f. confutazione, re-
futazione.
refutar tr. confutare.
regadera f. innaffiatoio.
regadío agg. irriguo, irrigabile.
m. irrigamento, irrigazione.

regaliz m. (bot.) liquirizia, re-
golizia.
regalo m. regalo.
regañar itr. ringhiare; spaccarsi. tr. rimproverare.
regaño m. rimprovero.
regañón agg. e m. brontolone.
regar tr. irrigare.
regata f. regata; canaletto.
regatear tr. stiracchiare (il
prezzo).
regateo m. stiracchiamento.
regazo m. grembo.
regencia f. reggenza.
regeneración f. rigenerazione.
regenerador m. rigeneratore.
regenerar tr. rigenerare.
regentar tr. reggere, governare
da reggente.
regente m. f. reggente.
régimen m. regime; (med.)
dieta.
regimiento m. (mil.) reggimento.
regio agg. regio, reale.
región f. regione, contrada,
paese.
regional agg. regionale, distret-
tuale.
regir tr. reggere, governare;
regnare.
registrador agg. e m. registratore.
registrar tr. registrare, notare.
registro m. registro (libro e ufficio); iscrizione; segnalibro.
regla f. regola; precetto; mestruazione; norma.
reglamentar tr. regolare.
reglamento m. regolamento.
regocijar tr. rallegrare.
regocijarse rfl. godersi, gioire.
regocijo m. allegria, gioia.
regresar itr. ritornare, tornare.
regresión f. regressione, regresso.

regreso m. ritorno.
regulación f. regolamento, regolazione.
regulador m. regolatore.
regular agg. e tr. regolare.
rehabilitación f. riabilitazione.
rehabilitar tr. riabilitare.
rehacer tr. rifare; rimaneggiare.
rehacerse rfl. rifarsi.
rehén m. ostaggio.
rehuir tr. itr. sfuggire, rifuggire.
rehusar tr. rifiutare, ricusare; negare.
reina f. regina.
reinado m. regno.
reinante agg. regnante.
reinar itr. regnare.
reincidencia f. recidiva.
reincidente agg. e m. recidivo.
reincidir itr. recidivare.
reincorporar tr. rincorporare.
reino m. regno.
reintegrar tr. reintegrare.
reintegro m. reintegrazione.
reír itr. ridere.

——————— REIR ———————

MODO INFINITIVO: FORMAS SIMPLES: **Infinitivo:** reír. **Gerundio:** riendo. **Participio:** reído. FORMAS COMPUESTAS: **Infinitivo:** haber reído. **Gerundio:** habiendo reído. **MODO INDICATIVO: Presente: yo río, tú ríes, él ríe; nosotros reímos, vosotros reís, ellos** ríen. **Pretérito imperfecto:** reía, reías, reía; reíamos, reíais, reían. **Pretérito indefinido:** reí, reíste, rió; reímos, reísteis, rieron. **Futuro imperfecto:** reiré, reirás, reirá; reiremos, reiréis, reirán. **Pretérito perfecto:** he reído, has reído, ha reído; hemos reído, habéis reído, han reído. **Pretérito pluscuamperfecto:** había reído, habías reído, había reído; habíamos reído, habíais reído, habían reído. **Pretérito anterior:** hube reído, hubiste reído, hubo reído; hubimos reído, hubisteis reído, hubieron reído. **Futuro perfecto:** habré reído, habrás reído, habrá reído; habremos reído, habréis reído, habrán reído. **MODO POTENCIAL: Potencial simple:** reiría, reirías, reiría; reiríamos, reiríais, reirían. **Potencial compuesto:** habría reído, habrías reído, habría reído; habríamos reído, habríais reído, habrían reído. **MODO SUBJUNTIVO: Presente:** ría, rías, ría; riamos, riáis, rían. **Pretérito imperfecto:** riera o riese, rieras o rieses, riera o riese; riéramos o riésemos, rierais o rieseis, rieran o riesen. **Futuro imperfecto:** riere, rieres, riere; riéremos, riereis, rieren. **Pretérito perfecto:** haya reído, hayas reído, haya reído; hayamos reído, hayáis reído, hayan reído. **Pretérito pluscuamperfecto:** hubiera o hubiese reído, hubieras o hubieses reído, hubiera o hubiese reído; hubiéramos o hubiésemos reído, hubierais o hubieseis reído, hubieran o hubiesen reído. **Futuro perfecto:** hubiere reído, hubieres reído, hubiere reído; hubiéremos reído, hubiereis reído, hubieren reído. **MODO IMPERATIVO: Presente:** ríe **tú,** ría **él;** riamos **nosotros,** reíd **vosotros,** rían **ellos.**

reírse rfl. ridere; burlarsi.
reiterar tr. reiterare, ripetere.
reiterarse rfl. ripetersi.
reivindicación f. rivendicazione.
reivindicar tr. rivendicare.
reja f. vomero; inferriata.
rejuvenecer tr. e itr. ringiovanire; rinverdire.
rejuvenecerse rfl. ringiovanirsi.
relación f. relazione, connessione, contatto.
relacionar tr. riferire.
relacionarse rfl. corrispondersi.
relajación f. rilassatezza.
relajamiento m. rilassamento.
relajar tr. rilassare; rallentare.
relajarse rfl. rilassarsi.
relámpago m. lampo.
relampaguear itr. lampeggiare.
relatar tr. riferire, narrare.
relatividad f. relatività.
relativo agg. relativo.
relato m. rapporto, racconto.
relegar tr. relegare.
relevante agg. rilevante, eminente.
relevar tr. rilevare; esonerare (da un obbligo).
relevo m. (mil.) cambio della guardia; soldato o corpo che rileva.

─────── Los relativos ───────

I pronomi relativi sono:

que, che

cual, il quale, la quale
cuales, i quali, le quale

quien, chi
quienes, chi

cuyo, cui
cuya, cui
cuyos, cui
cuyas, cui

cuanto, quanto
cuanta, quanta
cuantos, quanti
cuantas, quante

Come si vede *que* è invariabile, *cual*
e *quien* hanno soltanto il numero, e
cuyo e *cuanto* hanno il genero e il numero.

─────────────────────────────

relicario m. reliquiario.
relieve m. rilievo; risalto.
religión f. religione.
religiosidad f. religiosità.
religioso agg. religioso.
relinchar itr. nitrire.
relincho m. nitrito.
reliquia f. reliquia.
reloj m. orologio. — **de sol** meridiana. — **de pared** pendola. — **de bolsillo** orologio da tasca. — **de pulsera** orologio da tasca.
relojería f. orologeria.
relojero m. orologiaio.
reluciente agg. rilucente.
relucir itr. rilucere.
rellenar tr. riempire; farcire.
rellenarse rfl. riempirsi.
relleno agg. e m. ripieno.
remanente m. rimanente.
remar tr. remare, vogare.
rematado agg. inguaribile; finito.
rematar tr. finire; dare il colpo di grazia.
remate m. fine, estremità; asta pubblica.

remediar tr. rimediare, riparare.
remedio m. rimedio, medicamento.
remedo m. imitazione; rassomiglianza.
rememorar tr. rammemorare, ricordare.
remendar tr. rammendare, rimendare.
remendón m. rammendatore; ciabattino.
remero m. vogatore, rematore.
remesa f. rimessa; invio.
remiendo m. rammendo.
remilgado agg. affettato.
remilgo m. affettazione.
reminiscencia f. reminiscenza, rimembranza.
remisión f. remissione.
remiso agg. remissivo.
remitir tr. rimettere; consegnare; ritornare.
remitirse rfl. riportarsi, rimettersi.
remo m. remo.
remojar tr. ammollare, ammollire; inzuppare.
remojo m. inzuppamento; ammollimento.
remolacha f. (bot.) barbabietola.
remolcar tr. rimorchiare.
remolino m. remolino; mulinello, vortice.
remolque m. rimorchio.
remonta f. rimonta.
remontar tr. rimontare.
remontarse rfl. elevarsi, innalzarsi; rimontare, risalire.
rémora f. remora.
remorder tr. rimordere.
remordimiento m. rimorso.
remoto agg. remoto.
remover tr. rimuovere; togliere.
remuneración f. rimunerazione.
remunerar tr. rimunerare.
renacer itr. rinascere; risorgere.

renacimiento m. rinascimento, rinascenza.
renacuajo m. girino.
rencilla f. contesa.
rencor m. rancore, astio.
rencoroso agg. astioso.
rendición f. rendizione, caduta.
— **de cuentas** rendiconto, resoconto.
rendija f. fessura.
rendimiento m. rendita; rendimento.
rendir tr. rendere.
rendirse rfl. arrendersi; capitolare, rendersi.
renegado agg. e m. rinnegato.
renegar tr. rinnegare.
renombrado agg. rinomato, celebre.
renombre m. rinomanza; fama, celebrita.
renovación f. rinnovazione.
renovador agg. e m. rinnovatore.
renovar tr. rinnovare.
renta f. rendita, reddito, frutto.
rentar tr. rendere, fruttare.
rentista m. chi vive di rendita.
renuncia f. rinunzia.
renunciar tr. rinunziare.
reñido agg. inimicato.
reñir itr. altercare, contendere; inimicarsi. tr. sgridare.
reo m. reo; colpevole.
reojo; mirar de — guardare con la coda dell'occhio.
reorganización f. riorganizzazione.
reorganizar tr. riorganizzare.
reparación f. riparazione.
reparar tr. riparare; considerare. itr. badare; avvertire.
repartición f. ripartizione, distribuzione.
repartir tr. ripartire, distribuire.
repasar tr. ripassare; rivedere.
repaso m. ripassata, ripasso.
repeler tr. repellere.
repelente agg. repellente.
repente m. moto improvviso.

de — di repente; all'impensata, all'improvviso.
repentino agg. repentino.
repercusión f. ripercussione.
repercutir itr. ripercuotere.
repertorio m. repertorio.
repetición f. ripetizione.
repetir tr. ripetere; ridire.
repique m. rintocco.
repiquetear tr. scampanare, rintoccare.
repisa f. mensola.
replegar tr. ripiegare.
replegarse rfl. ripiegare, ripiegarsi.
réplica f. replica; risposta.
repleto agg. ripieno.
replicar tr. e itr. replicare; rispondere.
repoblación f. ripopolamento.
repoblar tr. ripopolare.
repoblarse rfl. ripopolarsi.
reponer tr. riporre, ristabilire; rimettere.
reportaje m. rapporto, riferimento di notizie ai giornali.
reportar tr. riportare; moderare, reprimere.
reportero m. reporter, giornalista.   [sato.
reposado agg. tranquillo, riposato.
reposar itr. riposare.
reposarse rfl. riposarsi.
reposición f. riposizione.
repostería f. pasticceria, ripostiglio; credenza.
repostero m. pasticciere.
reprender tr. riprendere; rimproverare; correggere.
reprensión f. rimprovero, riprensione.
represalia f. rappresaglia.
representación f. rappresentazione.
representante m. rappresentante.
representar tr. rappresentare.

representativo agg. rappresentativo.

reprimenda f. riprensione, reprimenda.

reprimir tr. reprimere, contenere, raffrenare.

reprimirse rfl. raffrenarsi.

reprobar tr. riprovare.

réprobo agg. reprobo.

reprochar tr. rimproverare.

reproche m. rimprovero.

reproducción f. riproduzione.

reproducir tr. riprodurre.

reproducirse rfl. riprodursi.

reptil m. rettile.

república f. repubblica.

republicanismo m. repubblicanesimo.

republicano agg. e m. repubblicano.

repudiación f. ripudio.

repudiar tr. ripudiare, repudiare.

repudio m. ripudio.

repuesto agg. e m. riposto. de — di ricambio.

repugnancia f. ripugnanza.

repugnante agg. ripugnante.

repugnar itr. ripugnare.

repujar tr. sbalzare.

repulsa f. ripulsa, repulsa, rigetto.

repulsar tr. rifiutare.

repulsión f. ripulsione.

repulsivo agg. repulsivo, ripulsivo.

reputación f. reputazione, riputazione.

reputar tr. reputare, riputare.

requemado agg. abbruciacchiato.

requemar tr. ribruciare; abbruciacchiare.

requerimiento m. intimazione, richiesta.

requerir tr. intimare, richiedere.

requesón m. ricotta.

requisa f. requisizione; perquisizione.

requisar tr. requisire.

requisito m. requisito.

res f. capo di bestiame.

resaca f. risacca; rivalsa; malessere dopo la ubbriachezza.   [tare.

resaltar itr. rimbalzare; risaltare.

resalte m. risalto; rimbalzo.

resarcir tr. risarcire.

resbaladizo agg. sdrucciolevole.

resbalar itr. sdrucciolare, scivolare.

resbalón m. sdrucciolone, scivolone.

rescatar tr. riscattare, liberare.

rescate m. riscatto.

rescindir tr. rescindere.

rescisión f. rescissione.

rescoldo m. cinigia.

resentimiento m. risentimento.

resentirse rfl. risentirsi.

reseña f. rassegna.

reseñar tr. fare una rassegna.

reserva f. riserva; riservatezza; riserbo.

reservado agg. riservato; privato, confidenziale.

reservar tr. reservare, riservare.

resfriado m. raffreddore, costipamento.

resfriarse rfl. raffreddarsi.

resguardar tr. riparare, preservare.

resguardarse rfl. ripararsi.

resguardo m. riparo.

residencia f. residenza, domicilio, dimora.

residencial agg. residenziale.

residente agg. residente.

residir itr. risiedere, dimorare.

residuo m. residuo.

resignación f. rassegnazione.

resignarse rfl. rassegnarsi, adattarsi.

resina f. resina.

resistencia f. resistenza, opposizione.

resistente agg. resistente.
resistir itr. resistere.
resistirse rfl. resistere.
resolución f. risoluzione, decisione.
resolver tr. risolvere, conchiudere.
resolverse rfl. decidersi.
resonancia f. risonanza.
resonante agg. risonante.
resonar itr. risonare.
resorte m. molla; mezzo.
respaldar tr. spalleggiare; attergare. m. spalliera.
respaldo m. rovescio, tergo; spalliera, schienale.
respectivo agg. rispettivo.
respecto m. rapporto, rispetto.
respetable agg. rispettabile.
respetar tr. rispettare.
respeto m. rispetto.
respetuoso agg. rispettoso.
respiración f. respirazione, respiro.
respiradero m. spiraglio, sfiatatoio, feritoia.
respirar itr. respirare.
respiro m. respiro.
resplandecer itr. risplendere.
resplandeciente agg. risplendente.
resplandor m. splendore.
responder tr. e itr. rispondere; replicare.
responsabilidad f. responsabilità.
responsable agg. responsabile.
responso m. responso.
respuesta f. risposta.
resquebrajar tr. fendere.
resquebrajarse rfl. fendersi.
resquemo(r) m. bruciore.
resta. f. sottrazione; resto.
restablecer tr. ristabilire, ristorare.
restablecerse rfl. migliorarsi, ristabilirsi.
restablecimiento m. ristabilimento.
restante agg. restante. m. rimanente, restante.

restar tr. sottrarre; restare.
restauración f. restaurazione.
restaurante m. ristorante.
restaurar tr. restaurare.
restitución f. restituzione.
restituir tr. restituire.
resto m. resto, residuo.
restricción f. restrizione.
restrictivo agg. restrittivo.
restriñimineto m. restringimento.
resucitar tr. e itr. risuscitare.
resuelto agg. risoluto.
resulta f. risultato; effetto.
resultado m. risultato, effetto.
resultar itr. risultare.
resumen m. compendio, riassunto.
resumir tr. riassumere.
resurrección f. risurrezione.
retaguardia f. retroguardia.
retal m. ritaglio. — **de cuero** limbello.
retar tr. sfidare a duello; provocare; rimproverare.
retardar tr. ritardare; rimandare, dimorare.
retardo m. ritardo.
retén m. provvisione; truppa di riserva.
retención f. ritenzione, trattenimento.
retener tr. ritenere, trattenere.
retentiva f. ritentiva, retentiva.
reticencia f. reticenza.
reticente agg. reticente.
retina f. (anat.) retina.
retirada f. ritirata.
retirado agg. ritirato.
retirar tr. ritirare.
retiro m. ritiro.
reto m. sfida; provocazione.
retocar tr. ritoccare.
retoño m. germoglio.
retoque m. ritocco, ritoccata.
retorcer tr. ritorcere; attorcigliare, contorcere.

retorcimiento m. ritorsione; attorcigliamento.
retórica f. rettorica.
retórico agg. e m. rettorico.
retornar tr. e itr. ritornare.
retorno m. ritorno.
retractación f. ritrattazione.
retractar tr. ritrattare.
retractarse rfl. disdirsi, ritrattarsi.
retraer tr. ritrarre.
retraerse rfl. ritrarsi.
retraído agg. ritratto, tímido; ritirato.
retraimiento m. ritiratezza; ritrazione; timidezza.
retrasar tr. ritardare. itr. arretrarsi, regredire.
retrasarse rfl. ritardare.
retraso m. ritardo.
retratar tr. ritrattare; fotografare.
retratista m. f. ritrattista.
retrato m. ritratto.
retreta f. (mil.) ritirata.
retrete m. gabinetto; cesso; latrina.
retribución f. retribuzione.
retribuir tr. retribuire.
retroceder itr. indietreggiare, retrocedere.
retroceso m. retrocessione; regressione.
retrógrado agg. retrogrado.
reuma m. (med.) reuma.
reumático agg. (med.) reumático.   [tismo.
reumatismo m. (med.) reumareunión f. riunione; assemblea.
reunir tr. riunire, congregare; concentrare.
reunirse rfl. riunirsi, concentrarsi.
reválida f. addottoramento.
revalidar tr. ratificare, convalidare.
revancha f. rivincita.

revelación f. rivelazione, palesamento.
revelado m. (fot.) sviluppamento.
revelador m. rivelatore; sviluppatore.
revelar tr. rivelare; sviluppare.
revelarse rfl. rivelarsi, palesarsi.
revendedor m. rivenditore.
revender tr. rivendere.
reventa f. rivendita.
reventar itr. crepare; affaticare; stancarsi; scoppiare.
reventón m. scoppio.
reverencia f. riverenza.
reverendo agg. e m. reverendo.
reverente agg. riverente.
reversión f. reversione, riversione.
reverso m. dietro; rovescio; tergo.
revés m. rovescio, riverso.
revisar tr. rivedere, esaminare.
revisión f. revisione, riveduta.
revisor m. revisore.
revista f. rivista, riveduta.
revistar tr. rivedere; (mil.) passare la rivista.
revivificar tr. rivivificare.
revivir itr. rivivere.
revocación f. revocazione.
revocar tr. revocare.
revolotear itr. svolazzare.
revoloteo m. svolazzo, svolazzamento, svolazzio.
revoltillo m. miscuglio; garbuglio.
revoltoso agg. e m. rivoltoso.
revolución f. rivoluzione.
revolucionar tr. rivoluzionare.
revolucionario agg. e m. rivoluzionario.
revólver m. rivoltella.
revolver tr. sconvolgere; rivolgere; rivoltare.
revoque m. intonaco.
revuelo m. svolazzo; subbuglio.
revuelto agg. rivolto.
revulsión f. revulsione.

rey m. re, rege.
reyezuelo m. reuccio; scricciolo.
rezagar tr. ritardare, trattenere; lasciare indietro.
rezar tr. pregare, orare.
rezo m. preghiera, prece.
riada f. piena di fiume, fiumana.
ribera f. riviera, riva.
ribereño agg. rivierasco.
ribete m. orlo, filetto; indizio, traccia.
ribetear tr. orlare, filettare.
rico agg. ricco; gustoso, saporito; fertile.
ridiculez f. ridicolezza.
ridiculizar tr. mettere in ridicolo, ridicolizzare.
ridículo agg. ridicolo.
riego m. irrigazione, inaffiamento.
riél m. rotaia, guida; binario.
rienda f. redine, briglia.
riesgo m. rischio, pericolo.
rifa f. lotteria, riffa, lotto; rissa.
rifar tr. sorteggiare, allottare.
rifle f. fucile, carabina.
rigidez f. rigidezza.
rígido agg. rigido; severo.
rigor m. rigore; severità; rigidezza. **de rigor** indispensabile.
rigorismo m. rigorismo.
rigorista m. f. rigorista.
riguroso agg. rigoroso.
rima f. rima.
rimar itr. rimare.
rincón m. angolo, canto.
rinoceronte m. (zool.) rinoceronte.
riña f. rissa, contesa.
riñón m. (anat.) rognone.
río m. fiume.
riqueza f. ricchezza.
risa f. riso, pl. risa. **morirse de —** sbellicarsi dalle risa.
risible agg. risibile, ridicolo.
risotada f. risata.
risueño agg. sorridente.
rítmico agg. ritmico.

ritmo m. ritmo, cadenza.
rito m. rito, cerimonia.
ritual agg. e m. rituale.
rival agg. e m. rivale; competitore, emolo.
rivalidad f. rivalità.
rivalizar itr. rivaleggiare, competere.
rizado m. arricciatura.
rizar tr. arricciare.
rizo m. riccio, ricciolo.
robar tr. rubare, involare.
roble m. (bot.) rovere.
robo m. furto, derubamento.
robustecer tr. irrobustire, fortificare.
robustecerse fl. diventare robusto.
robustez f. robustezza.
robusto agg. robusto, forte.
roca f. rocca, roccia.
roce m. attrito, sfregamento; relazione, tratto familiare.
rociada f. spruzzo; rugiada.
rociar tr. spruzzare. itr. cadere la rugiada.
rocín m. ronzino.
rocío m. rugiada.
rodada f. rotaia, solco.
rodaje m. rotismo, complesso di ruote; rodaggio; ripresa, girare di un film.
rodar itr. rotolare; rotare; girare.
rodear itr. girare intorno; rigirare. tr. cingere, avvolgere, rigirare.
rodeo m. rigiro; circuito; circondamento; preambolo.
rodeos m. pl. raggiri; andirivieni.
rodilla f. ginocchio.
rodillera f. ginocchiera.
rodillo m. rullo.
roedor agg. e m. roditore.
roedura f. roditura.
roer tr. rodere.

rogar tr. pregare, supplicare.
rogativa f. rogazione.
rojez f. rossezza, rossore.
rojizo agg. rossigno, rossiccio.
rojo agg. rosso.
rollo m. rotolo; rullo.
romance agg. romanzo, neolatino. m. idioma spagnuolo; romanzo, novella cavalleresca.
romancero m. romanzero, raccolta di romanze.
romanizar tr. romanizzare.
romano agg. e m. romano.
rombo m. rombo.
romboide m. romboide.
romería f. pellegrinaggio; sagra.
romero m. pellegrino, romeo; (bot.) rosmarino.
rompecabezas m. fionda; rompicapo.
rompehielos m. rompighiaccio.
rompeolas m. paraonde.
romper tr. rompere, fracassare, spezzare; spuntare. itr. rompere; frangersi.
ron m. rum.
roncar itr. russare.
ronco agg. rauco, roco.
ronda f. ronda.
rondalla f. serenata.
rondar itr. rondare.
ronquear itr. avere la raucedine, essere rauco.
ronquera f. raucedine.
ronquido m. russamento; suono rauco.
roña f. rogna.
roñería f. avarizia, spilorceria.
roñoso agg. rognoso; sporco; miserabile.
ropa f. tela o panno; roba, capi di vestiario. — **blanca** biancheria. **a quema** — a bruciapelo.

ropas f. pl. indumenti. — **hecha a medida** abiti fatti su misura.
ropaje m. vestiario.
ropero m. guardaroba.
rosa f. (bot.) rosa.
rosado agg. rosato, rosaceo.
rosal m. rosaio.
rosaleda f. roseto.
rosario m. rosario. **rezar el** — dire il rosario.
rosca f. vite; spira; verme, filetto; ciambella.
rostro m. rostro, becco; faccia, viso; punta.
rotación f. rotazione.
rotar itr. rotare.
roto agg. rotto, spezzato.
rótula f. (anat.) rotella, rotula.
rotular tr. intitolare; mettere un'insegna.
rótulo m. insegna; titolo.
rotundo agg. rotondo.
rotura f. rottura, frattura.
rozadura f. sfregatura, attrito, sfregamento.
rozamiento m. sfregamento, attrito.
rozar tr. sarchiare, rodere. itr. strisciare.
rozarse rfl. frequentarsi.
rubí m. rubino.
rubio agg. biondo, flavo.
rubor m. rossore; vergogna.
ruborizarse rfl. vergognarsi; arrossire.
rúbrica f. rubrica.
rubricar tr. rubricare.
ruda f. (bot.) ruta.
rudeza f. rozzezza; rudezza.
rudimento m. rudimento.
rudo agg. rude.
rueda f. rota, ruota.
ruedo m. giro; cerchio; contorno; (taur.) arena.
ruego m. supplica.
rufián m. ruffiano.
rugido m. ruggito.
rugir itr. ruggire.
rugosidad f. rugosità.
rugoso agg. rugoso, grinzoso.

ruido m. rumore, fragore; fracasso; strepito.

ruidoso agg. rumoroso, fragoroso.

ruin agg. spregevole, vile; malvaggio; avaro.

ruina f. rovina, ruina; crollo.

ruinas f. pl. rovine, ruderi.

ruindad f. bassezza.

ruinoso agg. rovinoso.

ruiseñor m. (orn.) rosignolo.

rumano agg. e m. rumeno. m. lingua rumena.

rumbo m. (naut.) rotta; pompa, sfarzo; direzione.

rumboso agg. splendido, sfarzoso.

rumiante agg. e m. ruminante.

rumiar itr. ruminare.

rumor m. brusio, rumore.

ruptura f. rottura.

rural agg. rurale, rusticale, rusticano.

ruso agg. e m. russo. m. lingua russa.

rusticidad f. rusticità.

rústico agg. rustico, rurale. m. contadino.

ruta f. rotta, via; itinerario; strada.

rutina f. abitudine, uso, pratica.

rutinario agg. abituale. m. praticone.

S

sábado m. sabato.
sábana f. lenzuolo; tovaglia d'altare.
sabana f. savana.
sabañón m. gelone.
sabedor agg. e m. conoscitore.
saber m. sapere, erudizione. tr. sapere, conoscere; itr. sapere, avere sapore.

——— SABER ———

MODO INFINITIVO: FORMAS SIMPLES: Infinitivo: saber. **Gerundio:** sabiendo. **Participio:** sabido. **FORMAS COMPUESTAS: Infinitivo:** haber sabido. **Gerundio:** habiendo sabido. **MODO INDICATIVO: Presente:** yo sé, **tú** sabes, **él** sabe; **nosotros** sabemos, **vosotros** sabéis, **ellos** saben. **Pretérito imperfecto:** sabía, sabías, sabía; sabíamos, sabíais, sabían. **Pretérito indefinido:** supe, supiste, supo; supimos, supisteis, supieron. **Futuro imperfecto:** sabré, sabrás, sabrá; sabremos, sabréis, sabrán. **Pretérito perfecto:** he sabido, has sabido, ha sabido; hemos sabido, habéis sabido, han sabido. **Pretérito pluscuamperfecto:** había sabido, habías sabido, había sabido; habíamos sabido, habíais sabido, habían sabido. **Pretérito anterior:** hube sabido, hubiste sabido, hubo sabido; hubimos sabido, hubisteis sabido, hubieron sabido. **Futuro perfecto:** habré sabido, habrás sabido, habrá sabido; habremos sabido, habréis sabido, habrán sabido. **MODO POTENCIAL: Potencial simple:** sabría, sabrías, sabría; sabríamos, sabríais, sabrían. **Potencial compuesto:** habría sabido, habrías sabido, habría sabido; habríamos sabido, habríais sabido, habrían sabido. **MODO SUBJUNTIVO: Presente:** sepa, sepas, sepa; sepamos, sepáis, sepan. **Pretérito imperfecto:** supiera o supiese, supieras o supieses, supiera o supiese; supiéramos o supiésemos, supierais o supieseis, supieran o supiesen. **Futuro imperfecto:** supiere, supieres, supiere; supiéremos, supiereis, supieren. **Pretérito perfecto:** haya sabido, hayas sabido, haya sabido; hayamos sabido, hayáis sabido, hayan sabido. **Pretérito pluscuamperfecto:** hubiera o hubiese sabido, hubieras o hubieses sabido, hubiera o hubiese sabido; hubiéramos o hubiésemos sabido, hubierais o hubieseis sabido, hubieran o hubiesen sabido. **Futuro perfecto:** hubiere sabido, hubieres sabido, hubiere sabido; hubiéremos sabido, hubiereis sabido, hubieren sabido. **MODO IMPERATIVO: Presente:** sabe **tú,** sepa **él;** sepamos **nosotros,** sabed **vosotros,** sepan **ellos.**

sabiendas; a — a bella posta.
sabio agg. e m. sapiente; saggio.
sablazo m. sciabolata.
sable m. sciabola.
sabor m. sapore.

saborear tr. assaporare.
sabotaje m. sabotaggio.
sabroso agg. saporito, saporoso.
saca f. sacco (grande); sacca; estrazione; esportazione.
sacacorchos m. cavaturaccioli.
sacar tr. cavare, trarre, togliere.
sacarina m. (med.) saccarina.
sacerdocio m. sacerdozio.
sacerdote m. sacerdote, prete.
sacerdotisa f. sacerdotessa.
saciable agg. saziabile.
saciar tr. saziare, sbromare, satollare.
saciedad f. sazietà.
saco m. sacco.
sacramento m. sacramento.
sacrificar tr. sacrificare.
sacrificio m. sacrificio.
sacrilegio m. sacrilegio.
sacrílego agg. sacrilego.
sacristía f. sacristia, sacrestia o sagrestia.
sacro agg. sacro.
sacudida f. scossa; scrollata.
sacudir tr. scuotere; sbattere; scrollare.
sacudirse rfl. scuotersi.
saeta f. saetta.
sagacidad f. sagacità; astuzia.
sagaz agg. sagace.
sagrado agg. sacro, sacrato.
sagrario m. sacrario.
sainete m. (teat.) farsa.
sal f. sale.
sala f. sala, salotto.
salado agg. salato.
salamandra f. salamandra.
salar tr. salare.
salario m. salario, paga.
salaz agg. salace.
salazón f. salatura.
salchicha f. salsiccia.
salchichón m. salame.
saldar tr. saldare, liquidare.
saldo m. saldo.
salero m. saliera.
saleroso agg. grazioso.
salida f. uscita; fuoruscita; sor-

tita; partenza. — **del sol** levata del sole.
saliente agg. pronunziato; uscente, sporgente.
salina f. salina.
salino agg. salino.
salir itr. uscire, sortire; partire; levarsi (il sole ecc.).

─────────── SALIR ───────────

MODO INFINITIVO: FORMAS SIMPLES: **Infinitivo:** salir. **Gerundio:** saliendo. **Participio:** salido. FORMAS COMPUESTAS: **Infinitivo:** haber salido. **Gerundio:** habiendo salido. **MODO INDICATIVO: Presente:** yo salgo, **tú** sales, él sale; **nosotros** salimos, **vosotros** salís, ellos salen. **Pretérito imperfecto:** salía, salías, salía; salíamos, salíais, salían. **Pretérito indefinido:** salí, saliste, salió; salimos, salisteis, salieron. **Futuro imperfecto:** saldré, saldrás, saldrá; saldremos, saldréis, saldrán. **Pretérito perfecto:** he salido, has salido, ha salido; hemos salido, habéis salido, han salido. **Pretérito pluscuamperfecto:** había salido, habías salido, había salido; habíamos salido, habíais salido, habían salido. **Pretérito anterior:** hube salido, hubiste salido, hubo salido; hubimos salido, hubisteis salido, hubieron salido. **Futuro perfecto:** habré salido, habrás salido, habrá salido; habremos salido, habréis salido, habrán salido. **MODO POTENCIAL: Potencial simple:** saldría, saldrías, saldría; saldríamos, saldríais, saldrían. **Potencial compuesto:** habría salido, habrías salido, habría salido; habríamos salido, habríais salido, habrían salido. **MODO SUBJUNTIVO: Presente:** salga, salgas, salga; salgamos, salgáis, salgan. **Pretérito imperfecto:** saliera o saliese, salieras o salieses, saliera o saliese; saliéramos o saliésemos, salierais o salieseis, salieran o saliesen. **Futuro imperfecto:** saliere, salieres, saliere; saliéremos, saliereis, salieren. **Pretérito perfecto:** haya salido, hayas salido, haya salido; hayamos salido, hayáis salido, hayan salido. **Pretérito pluscuamperfecto:** hubiera o hubiese salido, hubieras o hubieses salido, hubiera o hubiese salido; hubiéramos o hubiésemos salido, hubierais o hubieseis salido, hubieran o hubiesen salido. **Futuro perfecto:** hubiere salido, hubieres salido, hubiere salido; hubiéremos salido, hubiereis salido, hubieren salido. **MODO IMPERATIVO: Presente:** sal **tú**, salga **él**; salgamos **nosotros**, salid **vosotros**, salgan **ellos**.

───────────────────────────────

salirse rfl. traboccare, fuoruscire.
saliva f. saliva.
salmear itr. salmeggiare.
salmista m. salmista.
salmo m. salmo.
salmón m. (itt.) salmone.
salmonete m. (itt.) triglia.
salmuera f. salamoia.
salobre agg. salmastro.
salón m. salone, salotto.
salpicadura f. schizzo, pillacchera.
salpicar tr. schizzare.
salsa f. salsa.
saltamontes m. cavalletta.
saltar tr. e itr. saltare; balzare.
— de la cama balzare dal letto.
salteador m. grassatore, bandito.
saltear tr. assaltare; soffriggere.
salto m. salto, balzo. — de agua cascata.
salubre agg. salubre.
salubridad f. salubrità.
salud f. salute.
saludable agg. salutare.
saludar tr. salutare.
saludo m. saluto.
salva f. salva. — de aplausos scoppio di applausi.
salvación f. salvamento, salvazione.
salvajada f. atto da selvaggio, barbarie.
salvaje agg. selvaggio.
salvamento m. salvamento.
salvar tr. salvare.
salvarse rfl. salvarsi.
salvavidas m. salvagente. chaleco — cintura di salvamento.
salve f. salve.
salvedad f. scusa; avvertenza.
salvo agg. salvo, salvato. avv. eccetto, fuorchè.

salvoconducto m. salvacondotto.
san agg. san, santo.
sanar tr. e itr. guarire.
sanatorio m. sanatorio.
sanción f. sanzione.
sancionar tr. sanzionare.
sandalia f. sandalo.
sandez f. balordaggine.
saneamiento m. bonifica, bonificazione (di terre).
sanear tr. bonificare, sanare; liberare da gravami.
sangradura f. salasso; scolo di acque.
sangrar tr. salassare. itr. sanguinare.
sangrarse rfl. farsi salassare.
sangre f. sangue.
sangría f. salasso.
sanguijuela f. (zool.) sanguisuga.
sanguinario agg. sanguinario.
sanidad f. sanità.
sanitario agg. sanitario. m. sanitario.
sano agg. sano. — y salvo incolume.
santiamén m. attimo.
santidad f. santità.
santificación f. santificazione.
santificar tr. santificare.
santiguar tr. fare il segno della Croce, segnarsi.
santísimo agg. e m. santissimo.
santo agg. e m. san, santo.
santuario m. santuario.
saña f. rabbia, collera.
sapo m. (zool.) rospo.
saquear tr. saccheggiare.
saqueo m. saccheggio, sacco.
sarampión m. (med.) morbillo.
sarcasmo m. sarcasmo.
sardina f. (itt.) sarda, sardina, sardella.
sargento m. (mil.) sergente.
sarna f. (med.) scabbia.
sarraceno agg. e m. saraceno.
sarro m. sedimento; tartaro.
sarta f. serie; filza.
sartén f. padella.

sastre m. sarto, sartore.
Satán m. Satana.
satelite m. satellite.
satinar tr. satinare.
sátira f. satira.
satírico agg. satirico.
satirizar tr. satireggiare.
sátiro m. satiro.
satisfacción f. soddisfazione, satisfazione.
satisfacer tr. sodisfare, satisfare.
satisfactorio agg. soddisfacente.
satisfecho agg. soddisfatto, contento.
saturar tr. saturare.
saturarse rfl. saturarsi, saziarsi.
sauce m. (bot.) salice.
saxofón m. sassofono.
sazón f. maturità. **a la —** allora, in quell'epoca.
sazonar tr. condire; stagionare.
se pron. se, si.
sebo m. sego; grasso.
secadero m. asciugatoio, essicatoio; seccatoio.
secano m. terreno seccagno; secca, seccagna.
secante agg. seccante, essicante; asciugante. **papel —** carta asciugante. agg. e f. secante.
secar tr. seccare, essicare, asciugare.
secarse rfl. seccarsi, asciugarsi.
sección f. sezione; compartimento.
secesión f. secessione.
seco agg. secco, asciutto; arido.
secreción f. secrezione.
secretaría f. segretaria.
secretario m. segretario.
secreto agg. e m. segreto.
secta f. setta.
sectario agg. e m. settario.
sector m. settore.
secuaz m. seguace.

secuela f. sequela.
secuestrar tr. sequestrare.
secuestro m. sequestro.
secular agg. secolare.
secularizar tr. secolarizzare.
secundar tr. assecondare.
sed f. sete.
seda f. seta.
sedal m. lenza, setale.
sede f. sedia, sede, seggio.
sedentario agg. sedentario.
sedición f. sedizione.
sediento agg. assetato.
seducción f. seduzione.
seducir tr. sedurre.
seductor m. seduttore.
segador m. falciatore.
segar tr. mietere, falciare.
seglar agg. secolare.
segmento m. segmento.
segregación f. segregazione.
segregar tr. segregare; secernere.
seguida f. seguito; continuazione; serie. **de —** di seguito. **en —** subito; di subito; dopo, indi.
seguido agg. seguito; continuo; diritto.
seguir tr. seguire, seguitare.

——————— SEGUIR ———

MODO INFINITIVO: FORMAS SIMPLES: Infinitivo: seguir. **Gerundio:** siguiendo. **Participio:** seguido. **FORMAS COMPUESTAS: Infinitivo:** haber seguido. **Gerundio:** habiendo seguido. **MODO INDICATIVO: Presente:** yo sigo, tú sigues, él sigue; nosotros seguimos, vosotros seguís, ellos siguen. **Pretérito imperfecto:** seguía, seguías, seguía; seguíamos, seguíais, seguían. **Pretérito indefinido:** seguí, seguiste, siguió; seguimos, seguisteis, siguieron. **Futuro imperfecto:** seguiré, seguirás, seguirá; seguiremos, seguiréis, seguirán. **Pretérito perfecto:** he seguido, has seguido, ha seguido; hemos seguido, habéis seguido, han seguido. **Pretérito pluscuamperfecto:** había seguido, habías seguido, había seguido; habíamos seguido, habíais seguido, habían seguido. **Pretérito anterior:** hube seguido, hubiste seguido, hubo seguido; hubimos seguido, hubisteis seguido, hubieron seguido. **Futuro perfecto:** habré seguido, habrás seguido, habrá seguido; habremos seguido, habréis seguido, habrán seguido. **MODO POTENCIAL: Potencial simple:** seguiría, seguirías, seguiría; seguiríamos, seguiríais, seguirían. **Potencial compuesto:** habría seguido, habrías seguido, habría seguido; habríamos seguido, habríais seguido, habrían seguido. **MODO SUBJUNTIVO: Presente:** siga, sigas, siga; sigamos, sigáis, sigan. **Pretérito imperfecto:** siguiera o siguiese, siguieras o siguieses, siguiera o siguiese; siguiéramos o siguiésemos, siguierais o siguieseis, siguieran o siguiesen. **Futuro imperfecto:** siguiere, siguieres, siguiere; siguiéremos, siguiereis, siguieren. **Pretérito perfecto:** haya seguido, hayas seguido, haya seguido; hayamos seguido, hayáis seguido, hayan seguido. **Pretérito pluscuamperfecto:** hubiera o hubiese seguido, hubieras o hubieses seguido, hubiera o hubiese seguido; hubiéramos o hubiésemos seguido, hubierais o hubieseis seguido, hubieran o hubiesen seguido. **Futuro perfecto:** hubiere seguido, hubieres seguido, hubiere seguido; hubiéremos seguido, hubiereis seguido, hubieren seguido. **MODO IMPERATIVO: Presente:** sigue **tú,** siga **él;** sigamos **nosotros,** seguid **vosotros,** sigan **ellos.**

según prep. secondo.

segundo agg. secondo. m. secondo.

seguridad f. sicurezza.

seguro agg. sicuro. m. assicurazione, sicurtà; sicura; sicuro.

seis agg. e m. sei. — **mil** seimila.

selección f. selezione.

seleccionar tr. selezionare.

selecto agg. scelto.

selva f. selva.

selvático agg. selvatico.

sellar tr. sigillare, suggellare, bollare.

sello m. sigillo, suggello, bollo; (med.) cartina. — **de correos** francobollo.

semáforo m. semaforo.

semana f. settimana.

semanal agg. settimanale.

semanario agg. settimanale. m. settimanale.

semblante m. sembiante.

sembrado m. seminato.

sembrar tr. seminare.

semejante agg. simile, somigliante.

semejanza f. rassomiglianza, similitudine.

semejar itr. rassomigliare, somigliare.

semejarse rfl. assomigliarsi, sembrare.

semen m. seme.

semental agg. seminale. m. stallone (cavallo).

semestre m. semestre.

semilla f. semenza, semente seme; grano.

seminario m. seminario.

seminarista m. seminarista.

sémola f. semola; semolino.

senado m. senato.

senador m. senatore.

sencillez f. semplicità.

sencillo agg. semplice.

senda f. sentiero.

sendero m. sentiero.

senil agg. senile.

seno m. seno.

sensación f. sensazione.

sensatez f. senno, assennatezza.

sensato agg. sensato, assennato.

sensibilidad f. sensibilità.

sensible agg. sensibile.

sensual agg. sensuale.

sensualidad f. sensualità.

sentado agg. seduto.

sentar tr. mettere a sedere stabilire; adattarsi.

sentarse rfl. sedere, sedersi.

sentencia f. sentenza.

sentenciar tr. sentenziare.

sentido m. senso; significato

sentimental agg. sentimentale

sentimiento m. sentimento.

sentir tr. sentire; ascoltare; soffrire; dolersi, far dispiacere.

─────── SENTIR ───────

MODO INFINITIVO: FORMAS SIMPLES: Infinitivo: sentir. **Gerundio:** sintiendo. **Participio:** sentido. **FORMAS COMPUESTAS: Infinitivo:** haber sentido. **Gerundio:** habiendo sentido. **MODO INDICATIVO: Presente:** yo siento, tú sientes, él siente; nosotros sentimos, vosotros sentís, ellos sienten. **Pretérito imperfecto:** sentía, sentías, sentía; sentíamos, sentíais, sentían. **Pretérito indefinido:** sentí, sentiste, sintió; sentimos, sentisteis, sintieron. **Futuro imperfecto:** sentiré, sentirás, sentirá; sentiremos, sentiréis, sentirán. **Pretérito perfecto:** he sentido, has sentido, ha sentido; hemos sentido, habéis sentido, han sentido. **Pretérito pluscuamperfecto:** había sentido, habías sentido, había sentido; habíamos sentido, habíais sentido, habían sentido. **Pretérito anterior:** hube sentido, hubiste sentido, hubo sentido; hubimos sentido, hubisteis sentido, hubieron sentido. **Futuro perfecto:** habré sentido, habrás sentido, habrá sentido; habremos sentido, habréis sentido, habrán sentido. **MODO POTENCIAL: Potencial simple:** sentiría, sentirías, sentiría; sentiríamos, sentiríais, sentirían. **Potencial compuesto:** habría sentido, habrías sentido, habría sentido; habríamos sentido, habríais sentido, habrían sentido. **MODO SUBJUNTIVO: Presente:** sienta, sientas, sienta; sintamos, sintáis, sientan. **Pretérito imperfecto:** sintiera o sintiese, sintieras o sintieses, sintiera o sintiese; sintiéramos o sintiésemos, sintierais o sintieseis, sintieran o sintiesen. **Futuro imperfecto:** sintiere, sintieres, sintiere; sintiéremos, sintiereis, sintieren. **Pretérito perfecto:** haya sentido, hayas sentido, haya sentido; hayamos sentido, hayáis sentido, hayan sentido. **Pretérito pluscuamperfecto:** hubiera o hubiese sentido, hubieras o hubieses sentido, hubiera o hubiese sentido; hubiéramos o hubiésemos sentido, hubierais o hubieseis sentido, hubieran o hubiesen sentido. **Futuro perfecto:** hubiere sentido, hubieres sentido, hubiere sentido; hubiéremos sentido, hubiereis sentido, hubieren sentido. **MODO IMPERATIVO: Presente:** siente tú, sienta él; sintamos nosotros, sentid vosotros, sientan ellos.

─────────────────

sentirse rfl. sentirsi.
seña f. cenno; accennamento.
señas f. pl. indirizzo. — **personales** connotati.

señal f. segno, segnale; marca.
señalado agg. segnalato.
señalar tr. segnalare; contrassegnare.
señalarse rfl. segnalarsi.
señor m. signore; padrone; Dio.
señora f. signora; dama; madonna; sposa.
señorear itr. signoreggiare.
señorearse rfl. impadronirsi; comportarsi da signore.
señoría f. signoria.
señorial agg. signorile.
señorita f. signorina; damina.
separación f. separazione.
separar tr. separare; dividere.
separarse rfl. separarsi.
separatismo m. separatismo.
septentrión m. settentrione.
septentrional agg. settentrionale.
septiembre m. settembre.
sepulcral agg. sepolcrale.
sepulcro m. sepolcro.
sepultar tr. seppellire.
sepultura f. sepoltura; seppellimento; fossa.
sepulturero m. seppellitore.
sequedad f. siccità, aridità.
sequía f. siccità.
séquito m. seguito.
ser itr. essere, esistere. m. essere.
serenar tr. rasserenare.
serenarse rfl. rasserenarsi, serenarsi (il cielo, il tempo).
serenata f. serenata.
serenidad f. serenità.
sereno agg. sereno, calmo. m. guardiano notturno; sereno.
serie f. serie.
seriedad f. serietà.
serio agg. serio.
sermón m. sermone.
sermonear tr. sermoneggiare.
serpentear itr. serpeggiare.
serpiente f. (zool.) serpente.

serrador m. segatore.
serranía f. paese montagnoso.
serrar tr. segare.
serrín m. segatura.
servicial agg. servizievole.
servicio m. servizio, servigio.
servidor m. servitore, domestico.
servidumbre f. servitù.
servil agg. servile.
servilleta f. salvietta, tovagliolo.
servir tr. e itr. servire.
servirse rfl. degnarsi; servirsi.
sesión f. sessione, seduta.
seso m. cervello, cervella. devanarse los —s lambiccarsi il cervello.
seta f. (bot.) fungo; setola.
seto m. chiusa, siepe.
seudónimo m. pseudonimo.
severidad f. severità.
severo agg. severo.
sexo m. sesso.
sextante m. sestante.
sexual agg. sessuale.
sexualidad f. sessualità.
si cong. se, se mai.
sí pron. sè, si. avv. sì, già. por — per sè.
sicología f. psicologia.
sidra f. sidro.
siega f. mietitura.
siembra f. semina.
siempre avv. sempre; ognora. — que ognora chè.
sien f. (anat.) tempia.
sierra f. sega; catena di montagne.
siervo m. servo.
siesta f. siesta, meriggio.
siete agg. e m. sette.   [no.
sietemesino agg. e m. settimi-
sífilis f. sifilide.
sifilítico agg. e m. sifilitico.
sifón m. sifone.
sigilo m. sigillo; segreto.

sigilosamente avv. segretamente.
sigiloso agg. segreto.
siglo m. secolo.
significación f. significazione.
significado m. significato.
significar tr. significare.
significativo agg. significativo.
signo m. segno, indizio.
siguiente agg. seguente.
sílaba f. sillaba.
silbar itr. fischiare.
silbato m. fischio.
silbido m. fischio, sibilo.
silenciar tr. passar sotto silenzio, silenziare.
silencio m. silenzio.
silogismo m. sillogismo.
silueta f. siluetta, figurina.
silvestre agg. silvestre.
silla f. sedia, seggiola.
sillar m. dorso (dei quadrupedi); pietra da costruzione.
sillín m. sellino.
sillón m. poltrona.
simbólico agg. simbolico.
simbolismo m. simbolismo.
simbolizar tr. simboleggiare.
símbolo m. simbolo.
simetría f. simmetria.
simétrico agg. simmetrico.
simiente f. semenza.
simil agg. e m. simile.
similar agg. similare.
similitud f. similitudine.
simio m. scimmia.
simpatía f. simpatia.
simpático agg. simpatico.
simpatizar itr. simpatizzare.
simple agg. semplice.
simplicidad f. semplicità.
simplificar tr. semplificare.
simulación f. simulazione.
simulacro m. simulacro.
simular tr. simulare.
simultáneo agg. simultaneo.
sin prep. senza; salvo.
sinagoga f. sinagoga.
sincerar tr. sincerare.
sincerarse rfl. sincerarsi.
sinceridad f. sincerità.

Verbo auxiliar **SER**

MODO INFINITIVO   **FORMAS SIMPLES**   **FORMAS COMPUESTAS**

    Infinitivo ser   haber sido
    Gerundio siendo   habiendo sido
    Participio sido

MODO INDICATIVO

Presente
yo soy, tú eres, él es;
nosotros somos, vosotros sois, ellos son.

Pretérito imperfecto o co-pretérito
era, eras, era;
éramos, erais, eran.

Pretérito indefinido o pretérito
fui, fuiste, fue;
fuimos, fuisteis, fueron.

Futuro imperfecto o futuro
seré, serás, será;
seremos, seréis, serán.

Pretérito perfecto o ante-presente
he sido, has sido, ha sido;
hemos sido, habéis sido, han sido.

Pretérito pluscuamperfecto o ante-co-pretérito
había sido, habías sido, había sido;
habíamos sido, habíais sido, habían sido.

Pretérito anterior o ante-pretérito
hube sido, hubiste sido, hubo sido;
hubimos sido, hubisteis sido, hubieron sido.

Futuro perfecto o ante-futuro
habré sido, habrás sido, habrá sido;
habremos sido, habréis sido, habrán sido.

MODO POTENCIAL

Simple, imperfecto o pos-pretérito
sería, serías, sería;
seríamos, seríais, serían.

Compuesto, perfecto o ante-pos-pretérito
habría sido, habrías sido, habría sido;
habríamos sido, habríais sido, habrían sido.

MODO SUBJUNTIVO

Presente
sea, seas, sea;
seamos, seáis, sean.

Pretérito imperfecto o pretérito
fuera o fuese, fueras o fueses, fuera o fuese;
fuéramos o fuésemos, fuerais o fueseis, fueran o fuesen.

Futuro imperfecto o futuro
fuere, fueres, fuere;
fuéremos, fuereis, fueren.

Pretérito perfecto o ante-presente
haya sido, hayas sido, haya sido;
hayamos sido, hayáis sido, hayan sido.

Pretérito pluscuamperfecto o ante-co-pretérito
hubiera o hubiese sido, hubieras o hubieses sido, hubiera o hubiese sido;
hubiéramos o hubiésemos sido, hubierais o hubieseis sido, hubieran o hubiesen sido.

Futuro perfecto o ante-futuro
hubiere sido, hubieres sido, hubiere sido;
hubiéremos sido, hubiereis sido, hubieren sido.

MODO IMPERATIVO

Presente
sé tú, sea él;
seamos nosotros, sed vosotros, sean ellos.

sincero agg. sincero.
sindicalismo m. sindacalismo.
sindicar tr. sindacare.
sindicato m. sindacato.
sinfonía f. sinfonia.
sinfónico agg. sinfonico.
singular agg. e m. singolare.
singularidad f. singolarità.
singularizar tr. singolarizzare.
siniestra f. sinistra.
siniestro agg. sinistro; infausto, funesto. m. sinistro.
sino cong. ma, bensì.
sinónimo m. sinonimo.
sinopsis f. sinossi.
sintaxis f. sintassi.
síntesis f. sintesi.
sintético agg. sintetico.
sintetizar tr. sintetizzare.
síntoma m. sintomo.
sintomático agg. sintomatico.
sionismo m. sionismo.
sionista m. f. sionista.
siquiera avv. almeno; nemmeno. conj. ancorché.
sirena f. sirena.
sirvienta f. serva, domestica.
sirviente m. servo.
sísmico agg. sismico.
sistema m. sistema.
sistemático agg. sistematico.
sitiar tr. assediare.
sitio m. assedio; luogo, sito.
sito agg. situato, sito.
situación f. situazione.
situar tr. situare.
sobaco m. (anat.) ascella.
sobar tr. palpeggiare; brancicare, mantrugiare.
soberanía f. sovranità.
soberano agg. e m. sovrano.
sobornar tr. subornare.
soborno m. subornazione.
sobra f. eccesso.
sobrante agg. soverchio, sovrabbondante. m. avanzo; soverchio.

sobrar itr. eccedere, restare, soverchiare. [ti.
sobras f. pl. resti, rifiuti, scarsobre prep. sopra, di sopra, insù. m. busta. [danza.
sobreabundancia f. sovrabbonsobrecarga f. sopraccarico, sovraccarico.
sobrecoger tr. sorprendere.
sobrecogerse (de miedo) rfl. sussultare, spaventarsi.
sobreentender tr. sottintendere.
sobrehumano agg. sovrumano.
sobrellevar tr. sopportare.
sobrenatural agg. soprannaturale.
sobreponer tr. sovrapporre.
sobreprecio m. soprapprezzo.
sobresaliente agg. eminente. m. ottimo.
sobresalir itr. eccellere.
sobresaltar tr. spaventare.
sobresaltarse rfl. sussultare, trasalire. [sulto.
sobresalto m. soprassalto, sussobrestante m. soprastante.
sobresueldo m. soprassoldo.
sobrevenir itr. sopravvenire.
sobrevivir itr. sopravvivere.
sobriedad f. sobrietà.
sobrino m. nipote, nipote. — segundo pronipote.
sobrio agg. sobrio, parco.
socavar tr. scavare; scalzare.
socavón m. spelonca; sprofondamento.
sociabilidad f. sociabilità.
sociable agg. sociabile.
social agg. sociale.
socialismo m. socialismo.
socialista agg. e m. f. socialista. agg. socialistico.
socialización f. socializzazione.
socializar tr. socializzare.
sociedad f. società.
socio m. socio, compagno.
sociología f. sociologia.
socorrer tr. soccorrere.
socorrerse rfl. prestarsi reciproco soccorso.

socorro m. soccorso.
soda f. soda.
sodomía f. sodomia.
sodomita agg. e m. sodomita.
soez agg. sudicio.
sofá m. sofà.
sofisma m. sofisma.
sofista m. f. sofista.
sofisticar tr. sofisticare.
sofocar tr. soffocare.   [re.
sofocón m. disgusto, dispiace-
sofreír tr. soffriggere.
sojuzgar tr. soggiogare.
sol m. sole.
solar agg. solare. m. suolo, te-
    rreno. tr. selciare, lastricare.
solariego agg. nobile.
solaz agg. sollazzo.
solazar tr. sollazzare.
solazarse rfl. sollazzarsi.
soldadesca f. soldatesca.
soldado m. soldato.
soldadura f. saldatura.
soldar tr. saldare.
soledad f. solitudine.
solemne agg. solenne.
solemnidad f. solennità.
solemnizar itr. solennizzare.
soler itr. solere.

──────────── SOLER ────────────

MODO INFINITIVO: FORMAS SIM-
PLES: Infinitivo: soler. **Gerundio:** solien-
do. **Participio:** solido. **FORMAS COM-**
PUESTAS: Infinitivo: haber solido.
Gerundio: habiendo solido. **MODO IN-**
DICATIVO: Presente: yo suelo, **tú** sue-
les, **él** suele; **nosotros** solemos, **vosotros**
soléis, **ellos** suelen. **Pretérito imperfecto:**
solía, solías, solía; solíamos, solíais, so-
lían. **Pretérito indefinido:** solí, soliste,
solió; solimos, solisteis, solieron. **Futuro**
imperfecto: soleré, solerás, solerá; solere-
mos, soleréis, solerán. **Pretérito perfecto:**
he solido, has solido, ha solido; hemos
solido, habéis solido, han solido. **Pretéri-**
to pluscuamperfecto: había solido, habías
solido, había solido; habíamos solido,
habíais solido, habían solido. **Pretérito**
anterior: hube solido, hubiste solido, hubo solido; hubimos solido, hubisteis soli-
do, hubieron solido. **Futuro perfecto:** habré solido, habrás solido, habrá solido;
habremos solido, habréis solido, habrán
solido. **MODO POTENCIAL: Potencial**
simple: solería, solerías, solería; solería-
mos, soleríais, solerían. **Potencial com-**
puesto: habría solido, habrías solido, habría solido; habríamos solido, habríais
solido, habrían solido. **MODO SUBJUN-**
TIVO: Presente: suela, suelas, suela; solamos, soláis, suelan. **Pretérito imperfec-**
to: soliera o soliese, solieras o solieses,
soliera o soliese; soliéramos o soliésemos,
solierais o solieseis, solieran o soliesen.
Futuro imperfecto: soliere, solieres, soliere; soliéremos, soliereis, solieren. **Pre-**
térito perfecto: haya solido, hayas solido,
haya solido; hayamos solido, hayáis solido, hayan solido. **Pretérito pluscuamper-**
fecto: hubiera o hubiese solido, hubieras
o hubieses solido, hubiera o hubiese solido; hubiéramos o hubiésemos solido,
hubierais o hubieseis solido, hubieran o
hubiesen solido. **Futuro perfecto:** hubiere solido, hubieres solido, hubiere solido; hubiéremos solido, hubiereis solido,
hubieren solido. **MODO IMPERATIVO:**
Presente: suele **tú**, suela **él**; solamos **nos-**
otros, soled **vosotros**, suelan **ellos**.

────────────────────────────

solera f. feccia, fondata; trave
    maestra.
solfa f. solfa.
solfear tr. solfeggiare.
solfeo m. solfeggio.
solicitar tr. sollecitare.
solicitud f. sollecitudine; solle-
    citazione; richiesta.
solidaridad f. solidarità.
solidario agg. solidario.
solidez f. solidità, durezza.
solidificar tr. solidificare.
solidificarse rfl. solidificarsi.
sólido agg. e m. solido.
solitaria f. (med.) tenia.
solitario agg. solitario.
soliviantar tr. eccitare, solle-
    vare.
solo agg. solo, unico.
sólo avv. solo, soltanto, sola-
    mente.
solomillo m. filetto.
solsticio m. solstizio.
soltar tr. sciogliere, lasciare.
soltarse rfl. slacciarsi.
soltería f. celibato.
soltero agg. e m. celibatario,
    celibe, scapolo.

solterón m. scapolone.
solterona f. zitella, zitellona.
soluble agg. solubile.
solución f. soluzione.
solvencia f. solvenza.
solvente agg. solvente.
sollozar itr. singhiozzare.
sollozo m. singhiozzo.
sombra f. ombra; spettro.
sombrear tr. ombreggiare.
sombrero m. cappello. — de copa cilindro.
sombrilla f. ombrellino.
sombrío agg. oscuro, fosco, cupo.
someter tr. assoggettare, sottomettere.
someterse rfl. sottomettersi.
somnífero agg. e m. sonnifero.
somnolencia f. sonnolenza.
son m. suono.
sonado agg. celebre, famoso.
sonajero m. sonaglino.
sonar tr. suonare, sonare.
sonarse rfl. soffiarsi il naso.
sonata f. sonata.
sonambulismo m. sonnambulismo.   [bulo.
sonámbulo agg. e m. sonnam-
sonda f. sonda; (naut.) scandaglio.
sondear tr. sondare; scandagliare.
sondeo m. sondaggio; scandagho.
soneto m. sonetto.
sonido m. suono; timbro.
sonoridad f. sonorità.
sonoro agg. sonoro.
sonreír itr. sorridere.
sonreírse rfl. sorridere.
sonrisa f. sorriso, risolino.
sonrojar tr. far arrossire.
sonrojarse rfl. arrossire.
soñar itr. e tr. sognare.
soñolencia f. sonnolenza.

soñoliento agg. sonnolento.
sopa f. zuppa; minestra. — de caldo minestra al brodo. — de fideos minestrina. — de pan panata. — juliana minestra verde.
sopera f. zuppiera.
soplar tr. soffiare.
soplo m. soffio.
soplón m. delatore.
sopor m. sopore.
soporífero agg. soporifero.
soportal m. portico.
soportar tr. sopportare.
soporte m. appoggio, supporto.
sor f. suora, monaca.
sorber tr. succhiare, sorbire, sorseggiare.
sorbete m. sorbetto.
sorbo m. sorso, sorsata.
sordera f. sordità.
sordidez f. sordidezza.
sórdido agg. sordido.
sordo agg. sordo.
sordomudo agg. e m. sordomuto.
sorprendente agg. sorprendente.
sorprender tr. sorprendere, stordire.
sorprenderse rfl. sorprendersi.
sortear tr. e itr. sorteggiare; sfuggire.
sorteo m. sorteggio.
sortija f. anello. — de pedida anello di fidanzata.
sosegado agg. calmo, cheto.
sosegar tr. calmare, chetare.
sosegarse rfl. calmarsi, tranquillizzarsi.
sosiego m. calma, riposo.
soso agg. scipito.
sospecha f. sospetto.
sospechar tr. sospettare.
sospechoso agg. sospettoso.
sostén m. sostegno; reggipetto.
sostener tr. sostenere, sostentare.
sostenerse rfl. appoggiarsi, sostenersi.

LETTERA	SUONO SPAGNUOLO	SUONO APROS. ITALIANO	SPIEGAZIONE
a	casa	casa	Come in italiano.
e	verde	verde	Come la *e* chiusa.
i	libro	libbro	Come in italiano.
o	como	come	Come la *o* chiusa.
u	lugar	luogo	Come in italiano.
b	bueno	buono	Come in italiano.
c	casa cesto	casa	Davanti *a, o, u* si pronuncia come in italiano; davanti *e, i* si pronuncia come la *th* inglese (è un suono che non esiste in italiano).
ch	chimenea	città	Questa lettera come tale lettera non esiste in italiano. Suona come la *c* davanti *i, e*.
d	dedo	dito	Come in italiano.
f	familia	famiglia	Come in italiano.
g	gato gemelo guillotina	gatto ghigliottina	Davanti *a, o* ha un suono gutturale come in italiano; davanti *e, i* ha un suono somigliante a la *ch* tedesca che non esiste in italiano. La *u* non suona dietro la *g*, serve per dare suono gutturale a la *g* quando precede le lettere *e, i* (come la *gh* italiana).
h	he	ho	L'*h* è muta como in italiano
j	jamás		La *j* suona come la *g* spagnuola quando precede *e, i*.
k	Kilómetro	chilòmetro	Suona come la *c* davanti *a, o, u* o come *ch*.
l	luz	luce	Come in spagnuolo.
ll	llover	giglio	Questa lettera non esiste in italiano (è una doppia *l);* suona come *gl*.
m	mar	mare	Come in italiano.
n	nuestro	nostro	Come in italiano.
ñ	castaña	castagna	Questa lettera non esiste in italiano; suona come *gn*.
p	pintura	pittura	Come in italiano.

LETTERA	SUONO SPAGNUOLO	SUONO APROS. ITALIANO	SPIEGAZIONE
q	química	chímica	Suona come la *ch*. Precede sempre la lettera *u* che non suona.
r	rosa ciervo	rosa cervo	Come in italiano.
s	casa prescindir	cassa	La *s* spagnuola ha un suono forte, come la doppia *s* italiana. Quando la *s* precede la *c* suonano due lettere distinte poiche la *s* forma parte della sillaba precedente.
t	tempestad	tempesta	Come in italiano.
v	vida	vita	In spagnuolo la lettera *v* assomiglia abbastanza in suono alla *b*.
x	xilografía	cilicio	Questa lettera non esiste in italiano. Suona più o meno come la *ch* spagnuola.
y	ayer	ieri	Questa lettera non esiste in italiano. Suona come l'*i*.
z	zapato		Suona come la *c* spagnuola quando precede *e*, *i*; questo suono non esiste in italiano e somiglia la *th* inglese.

sotana f. sottana.

sótano m. sotterraneo.

sotavento m. (naut.) sottovento.

su agg. suo, sua; di lei, di lui, di loro.

suave agg. soave.

suavidad f. soavità.

suavizar tr. rendere soave, ammorbidire; mitigare.

subalterno agg. e m. subalterno.

subarrendar tr. subaffittare.

subarrendatario m. subaffittuario.

subarriendo m. subaffitto.

subasta f. asta; licitazione.

subastar tr. subastare, vendere all'asta; licitare.

súbdito m. suddito.

subdividir tr. suddividire.

subdivisión f. suddivisione.

subida f. salita; ascensione; aumento.

subir tr. alzare. itr. ascendere, salire.

sublevación f. sollevazione.

sublevar tr. sollevare.

sublevarse rfl. sollevarsi.

sublimar tr. sublimare.

sublime agg. sublime.

submarino agg. sottomarino. m. sommergibile, sottomarino.

subordinado agg. e m. subordinato, subalterno.

subordinar tr. subordinare.

subrayar tr. sottolineare.

subsanar tr. riparare, emendare; risarcire.

subscribir tr. scttoscrivere.
subscribirse rfl. inscriversi.
subcriptor m. sottoscrittore.
subsecretario m. sottosegretario.
subsidio m. sussidio.
subsistencia f. sussistenza.
subsistir itr. sussistere.
substitución f. sostituzione.
substituir tr. sostituire.
substituto m. sostituto.
substracción f. sottrazione.
substraer tr. sottrarre.
substraerse rfl. sottrarsi.
subsuelo m. sottosuolo.
subterfugio m. sotterfugio.
subterráneo agg. sotterraneo.
suburbano agg. suburbano.
suburbio m. sobborgo.
subvención f. sovvenzione.
subvencionar tr. sovvenzionare.
subversión f. sovversione.
subversivo agg. sovversivo.
subvertir tr. sovvertire.
subyugar tr. soggiogare.
suceder itr. succedere.
sucedido m. successo.
sucesión f. successione.
sucesivo agg. successivo.
suceso m. successo.
suciedad f. sporcizia, sozzura.
sucio agg. sudicio, sporco; lordo; brodoloso.
suculento agg. succulento.
sucumbir itr. soccombere.
sud m. sud.
sudamericano agg. e m. sudamericano.
sudar itr. sudare.
sudeste m. sud-est.
sudor m. sudore.
sudorífero agg. sudorifero.
sudoroso agg. sudato.
sudoeste m. sud-ovest.
sueco agg. e m. svedese. m. lingua svedese.
suegra f. suocera.
suegro m. suocero.
suela f. suola; cuoio.
sueldo m. soldo; paga.

suelo m. suolo; pavimento.
suelta f. scioglimento.
suelto agg. sciolto. m. trafiletto; spiccioli.
sueño m. sonno; sogno.
suero m. siero.
suerte f. sorte, fortuna. de — que cosicchè.
suficiencia f. sufficienza.
suficiente agg. sufficiente.
sufragar tr. suffragare.
sufragio m. suffragio.
sufrimiento m. sofferenza, dolore.
sufrir itr. soffrire, patire.
sugerir tr. suggerire.
sugestión f. suggestione.
suicida agg. e m. f. suicida.
suicidarse rfl. suicidarsi.
suicidio m. suicidio.
suizo agg. e m. svizzero.
sujeción f. soggezione, assoggettamento.
sujetar tr. soggettare, assoggettare.
sujetarse rfl. assoggettarsi.
sujeto agg. soggetto. m. soggetto; individuo.
suma f. somma; addizione. — anterior somma retro.
sumar tr. sommare, addizionare, ammontare.
sumario agg. sommario. m. (jur.) inchiesta.
sumergible agg. sommergibile.
sumergir tr. sommergere, immergere.
sumergirse rfl. immergersi.
suministrar tr. somministrare.
suministro m. somministrazione.
sumir tr. nascondere (sottoterra); sommergere.
sumirse rfl. affondarsi.
sumisión f. sommessione.
sumiso agg. sommesso.

sumo agg. sommo.
suntuoso agg. sontuoso.
superable agg. superabile.
superar tr. superare, oltrepassare.
superávit m. eccedenza, attiva, sopreccedenza.
superchería f. soperchieria.
superficial agg. superficiale.
superficialidad f. superficialità.
superficie f. superficie.
superfluo agg. superfluo.
superior agg. e m. superiore.
superioridad f. superiorità.
superstición f. superstizione.
supersticioso agg. superstizioso.
supervivencia f. sopravvivenza.
superviviente agg. e m. sopravvisuto, superstite.
suplantación f. soppiantamento.
suplantar tr. soppiantare.
suplemento m. supplemento.
suplente agg. e m. f. supplente.
supletorio agg. suppletorio.
súplica f. supplica.
suplicar tr. supplicare.
suplicio m. supplizio.
suplir tr. supplire.
suponer tr. supporre; congetturare.
suposición f. supposizione.
supositorio m. (med.) supposta.
supremacía f. supremazia.
supremo agg. supremo.
supresión f. soppressione.
suprimir tr. sopprimere.
supurar itr. suppurare.
sur m. sud, mezzogiorno.

surcar tr. solcare, insolcare; fendere.
surco m. solco, solcatura.
surgir itr. sorgere, insorgere; scaturire; nascere.
surtido m. assortimento.
surtidor m. provveditore, zampillo; posto di rifornimento.
surtir tr. assortire. itr. zampillare.
surtirse rfl. provvedersi.
susceptiblidad f. suscettibilità.
susceptible agg. suscettibile.
suscitar tr. suscitare.
suscribir tr. sottoscrivere, soscrivere; firmare.
suscribirse rfl. abbonarsi.
suspender tr. sospendere.
suspensión f. sospensione.
suspensivo agg. sospensivo.
suspenso agg. sospeso. — en exámenes bocciato.
suspicacia f. diffidenza, suspicione.
suspicaz agg. diffidente.
suspirar itr. sospirare.
suspiro m. sospiro.
sustancia f. sostanza.
sustancial agg. sostanziale.
sustentar tr. sostentare; alimentare.
sustentarse rfl. sostentarsi, sostenersi; cibarsi.
sustento m. sostegno, sostentamento; alimento.
susto m. spavento, paura.
susurrar tr. sussurrare.
susurro m. sussurro.
sutil agg. sottile.
sutileza f. sottigliezza.
suyo agg. suo, sua, loro. lo — il suo. el — il suo.
suyos pl. loro. los —s i suoi (parenti).

tabaco m. tabacco. — **en polvo** rapè.

taberna f. bottega, taverna.

tabernero m. bottegaio, tavernaio, taverniere.

tabicar tr. chiudere con tramezzo, tramezzare, murare.

tabique m. tramezzo.

tabla f. tavola, asse.

tablado m. tavolato.

tablero m. scacchiere; tavoliere; bisca.

tableta f. tavoletta; pastiglia.

tablón m. tavolone, pancone.

taburete m. sgabello.

tacañería f. taccagneria.

tacaño agg. e m. taccagno.

tácito agg. tacito.

taciturno agg. taciturno.

tacón m. tacco di scarpa.

táctica f. tattica.

táctico agg. tattico.

tacto m. tatto.

tacha f. macchia; difetto; taccia; bullettone.

tacar tr. macchiare.

tachuela f. bulletta.

tahúr m. biscaiolo.

tajada f. fetta.

tajar tr. tagliare a fette, affettare.

tajo m. taglio; pietra d'affilare.

tal agg. tale. — **vez** forse.

taladrar tr. succhiellare, traforare, trapanare, trivellare.

taladro m. trapano, trivello, succhiello, verrina.

talante m. voglia, inclinazione; modo di fare. **buen, mal —** buon, cattivo umore.

talar tr. diboscare; distruggere.

talco m. talco.

talento m. talento, ingegno.

talismán m. talismano.

talón m. calcagno; tagliando, cedola, tallone. — **resguardo** bulletta.

talonario m. bollettario.

talla f. taglia; intaglio.

talle m. cintura; statura; taglio.

taller m. officina.

tallo m. stelo, fusto.

tamaño agg. cotanto, sì grande. m. volume, formato; grossezza.

tambalear itr. traballare, barcollare, tentennare.

tambalearse rfl. barcollare, tentennare.

tambaleo m. traballio, barcollio, tentennamento.
también avv. pure, anche.
tambor m. tamburo; tamburino.
— **mayor** capotamburo.
tamiz m. staccio, setaccio.
tamizar tr. stacciare.
tampoco avv. neppure, nemmeno.
tan avv. tanto, cosí.
tantear tr. esaminare; ponderare; calcolare; marcare (al gioco).
tanteo m. numero di punti (al gioco); calcolo; esame.
tanto agg. pron. e avv. tanto, cosí, cotanto. — **por ciento** percentuale.
tapa f. coperchio; copertina.
tapadera f. coperchio.
taparrabo m. perizoma.
tapete m. tappeto.
tapia f. muro di argilla; muro di cinta.
tapiar tr. murare.
tapicería f. tappezzeria.
tapicero m. tappezziere.
tapioca f. tapioca.
tapiz m. arazzo.
tapizar tr. tappezzare.
tapón m. tappo, zaffo, turacciolo; tampone.
taquigrafía f. tachigrafia, stenografia.
taquígrafo m. tachigrafo, stenografo.
taquilla f. casellario; sportello.
taquillero m. sportellista, bigliettaio.
tara f. tara.
tararear itr. e tr. canterellare.
tardanza f. ritardo, dimora.
tardar itr. tardare; indugiare. **a más** — al più tardi.
tarde f. pomeriggio; sera. avv. tardi. — **o temprano** tosto o tardi.

tardío agg. tardivo.
tarea f. compito.
tarifa f. tariffa.
tarima f. predella.
tarjeta f. cartolina; biglietto (di visita); targhetta; tessera. — **postal** cartolina postale.
tarta f. torta.
tartamudear itr. balbettare, tartagliare.
tartamudeo m. balbettamento.
tartamudo agg. balbuziente, tartaglione.
tasa f. tassa; tassazione; moderazione, freno.
tasación f. tassazione.
tasador m. tassatore, perito stimatore.
tasar tr. tassare.
tatarabuela f. trisavola, terzavola.   [volo.
tatarabuelo m. trisavolo, terzavolo.
tataranieto m. pronipote in quarto grado.
tatuaje m. tatuaggio.
tatuar tr. tatuare.
taurino agg. taurino.
tauromaquia f. tauromachia.
taza f. tazza.
tazón m. tazzone, scodella.
té m. (bot.) tè.
te pron. te, ti.
tea f. torcia, fiaccola.
teatral agg. teatrale.
teatro m. teatro.
tecla f. tasto.
teclado m. tastiera.
técnico agg. e m. tecnico.
tecnología f. tecnologia.
techado m. tettoia.
techar tr. copprire con tetto.
techo m. tetto; soffitto.
tedio m. tedio.
teja f. tegola.
tejado m. tetto.
tejedor m. tessitore.
tejer tr. tessere.
tejido m. tessuto.
tela f. stoffa, tela.
telar m. telaio.

MODO INFINITIVO	FORMAS SIMPLES	FORMAS COMPUESTAS
Infinitivo	temer	haber temido
Gerundio	temiendo	habiendo temido
Participio	temido	

MODO INDICATIVO

Presente
yo tem-o, tú tem-es, él tem-e;
nosotros tem-emos, vosotros tem-éis, ellos tem-en.

Pretérito imperfecto o co-pretérito
tem-ía, tem-ías, tem-ía;
tem-íamos, tem-íais, tem-ían.

Pretérito indefinido o pretérito
tem-í, tem-iste, tem-ió;
tem-imos, tem-isteis, tem-ieron.

Futuro imperfecto o futuro
temer-é, temer-ás, temer-á;
temer-emos, temer-éis, temer-án.

Pretérito perfecto o ante-presente
he tem-ido, has tem-ido, ha tem-ido;
hemos tem-ido, habéis tem-ido, han tem-ido.

Pretérito pluscuamperfecto o ante-co-pretérito
había tem-ido, habías tem-ido, había tem-ido;
habíamos tem-ido, habíais tem-ido, habían tem-ido.

Pretérito anterior o ante-pretérito
hube tem-ido, hubiste tem-ido, hubo tem-ido;
hubimos tem-ido, hubisteis tem-ido, hubieron tem-ido.

Futuro perfecto o ante-futuro
habré tem-ido, habrás tem-ido, habrá tem-ido;
habremos tem-ido, habréis tem-ido, habrán tem-ido.

MODO POTENCIAL

Simple, imperfecto o pos-pretérito
temer-ía, temer-ías, temer-ía;
temer-íamos, temer-íais, temer-ían.

Compuesto, perfecto o ante-pos-pretérito
habría tem-ido, habrías tem-ido, habría tem-ido;
habríamos tem-ido, habríais tem-ido, habrían tem-ido.

MODO SUBJUNTIVO

Presente
tem-a, tem-as, tem-a;
tem-amos, tem-áis, tem-an.

Pretérito imperfecto o pretérito
tem-iera o tem-iese, tem-ieras o tem-ieses, tem-iera o tem-iese;
tem-iéramos o tem-iésemos, tem-ierais o tem-ieseis, tem-ieran o tem-iesen.

Futuro imperfecto o futuro
tem-iere, tem-ieres, tem-iere;
tem-iéremos, tem-iereis, tem-ieren.

Pretérito perfecto o ante-presente
haya tem-ido, hayas tem-ido, haya tem-ido;
hayamos tem-ido, hayáis tem-ido, hayan tem-ido.

Pretérito pluscuamperfecto o ante-co-pretérito
hubiera o hubiese tem-ido, hubieras o hubieses tem-ido, hubiera o hubiese tem-ido;
hubiéramos o hubiésemos tem-ido, hubierais o hubieseis tem-ido, hubieran o hubiesen tem-ido.

Futuro perfecto o ante-futuro
hubiere tem-ido, hubieres tem-ido, hubiere tem-ido;
hubiéremos tem-ido, hubiereis tem-ido, hubieren tem-ido.

MODO IMPERATIVO

Presente
tem-e tú, tem-a él;
tem-amos nosotros, tem-ed vosotros, teman ellos.

telaraña f. ragnatela.
telefonear tr. telefonare.
teléfono m. telefono.
telegrafía f. telegrafia.
telegrafiar tr. telegrafare.
telégrafo m. telegrafo.
telegrama m. telegramma.
telescopio m. telescopio.
telón m. telone, sipario.
tema m. tema, soggetto.
temblar itr. tremare, fremere.
temblor m. tremore, tremito, fremito.
tembloroso agg. tremante, tremolante.
temer tr. temere; dubitare.
temerario agg. temerario.
temeridad f. temerità.
temible agg. temibile.
temor m. timore.
témpano m. timpano.
temperamento m. temperamento.
temperatura f. temperatura.
tempestad f. tempesta.
tempestuoso agg. tempestoso.
templado agg. temperato, tiepido, mite.
templar tr. temperare, intiepidire.
templarse rfl. moderarsi.
temple m. temperamento; temperatura; tempra; tempera.
templo m. tempio.
temporada f. stagione (dei bagni, ecc.), epoca.
temporal agg. temporale. m. temporale.
temporalidad f. temporalità.
temprano avv. presto, di buon'ora. agg. precoce; primaticcio.
tenacidad f. tenacità.
tenacillas f. pl. pinze, mollette.
tenaz agg. consistente; tenace.

tenaza f. tanaglia.
tendedero m. stenditoio.
tendencia f. tendenza.
tender tr. e itr. tendere.
tenderse rfl. stendersi.
tenderete m. negozio all'aria aperta.
tendón m. (anat.) tendine.
tenebrosidad f. tenebrosità.
tenebroso agg. tenebroso.
tenedor m. detentore, possessore; forchetta. — de libros contabile.
teneduría f. azione ed effetto di tenere. — de libros computisteria, contabilità.

——————— TENER ———————

MODO INFINITIVO: FORMAS SIMPLES: Infinitivo: tener. Gerundio: teniendo. Participio: tenido. FORMAS COMPUESTAS: Infinitivo: haber tenido. Gerundio: habiendo tenido. MODO INDICATIVO: Presente: yo tengo, tú tienes, él tiene; nosotros tenemos, vosotros tenéis, ellos tienen. Pretérito imperfecto: tenía, tenías, tenía; teníamos, teníais, tenían. Pretérito indefinido: tuve, tuviste, tuvo; tuvimos, tuvisteis, tuvieron. Futuro imperfecto: tendré, tendrás, tendrá; tendremos, tendréis, tendrán. Pretérito perfecto: he tenido, has tenido, ha tenido; hemos tenido, habéis tenido, han tenido. Pretérito pluscuamperfecto: había tenido, habías tenido, había tenido; habíamos tenido, habíais tenido, habían tenido. Pretérito anterior: hube tenido, hubiste tenido, hubo tenido; hubimos tenido, hubisteis tenido, hubieron tenido. Futuro perfecto: habré tenido, habrás tenido, habrá tenido; habremos tenido, habréis tenido, habrán tenido. MODO POTENCIAL: Potencial simple: tendría, tendrías, tendría; tendríamos, tendríais, tendrían. Potencial compuesto: habría tenido, habrías tenido, habría tenido; habríamos tenido, habríais tenido, habrían tenido. MODO SUBJUNTIVO: Presente: tenga, tengas, tenga; tengamos, tengáis, tengan. Pretérito imperfecto: tuviera o tuviese, tuvieras o tuvieses, tuviera o tuviese; tuviéramos o tuviésemos, tuvierais o tuvieseis, tuvieran o tuviesen. Futuro imperfecto: tuviere, tuvieres, tuviere; tuviéremos, tuviereis, tuvieren. Pretérito perfecto: haya tenido, hayas tenido, haya tenido; hayamos tenido, hayáis tenido, hayan tenido. Pretérito pluscuamperfecto: hubiera o hubiese tenido, hubieras o hubieses tenido, hubiera o hubiese tenido; hubiéramos o hubiésemos tenido, hubierais o hubieseis tenido, hubieran o hubiesen tenido. **Futuro perfecto:** hubiere tenido, hubieres tenido, hubiere tenido; hubiéremos tenido, hubiereis tenido, hubieren tenido. **MODO IMPERATIVO: Presente:** ten **tú**, tenga **él**; tengamos **nosotros**, tened **vosotros**, tengan **ellos**.

tener tr. tenere, avere, possedere.
tenerse rfl. tenersi.
teniente m. (mil.) tenente.
tenis m. tennis.
tenor m. tenore, contenuto; tenore (cantante).
tensión f. tensione.
tenso agg. teso.
tentación f. tentazione.
tentar tr. tentare.
tentativa f. tentativo.
teñir tr. tingere, colorire.
teñirse rfl. tingersi.
teocracia f. teocrazia.
teología f. teologia.
teólogo m. teologo.
teorema m. teorema.
teoría f. teoria.
teórico agg. e m. teorico.
terapéutica f. terapeutica, terapia.
terapéutico agg. terapeutico.
tercería f. mediazione.
tercero m. terzo; mediatore; terza persona. agg. terzo.
tercio m. terzo; reggimento.
terciopelo m. velluto.
terco agg. ostinato, caparbio.
tergiversación f. tergiversazione.
tergiversar tr. tergiversare.
termal agg. termale.
termas f. pl. terme.
térmico agg. termico.
terminación f. terminazione.
terminar tr. terminare, finire.
término m. termine, meta.
termodinámica f. termodinamica.
termómetro m. termometro.
ternera f. vitella.
ternura f. tenerezza.

terquedad f. ostinazione, caparbietà, cocciutaggine.
terrado m. terrazza.
terraplén m. terrapieno.
terraplenar tr. terrapienare.
terraza f. orcio, brocca; terrazza, terrazzo.
terremoto m. terremoto, sismo.
terrenal agg. terrestre.
terreno agg. terreno. m. terreno.
terrestre agg. terrestre; terreno.
terrible agg. terribile.
territorial agg. territoriale.
territorio m. territorio.
terror m. terrore.
terrorífico agg. terrifico.
terrorismo m. terrorismo.
terrorista m. terrorista.
terso agg. terso, limpido.
tersura f. tersezza.
tertulia f. riunione, cenacolo.
tesis f. tesi.
tesón m. impegno, tenacia.
tesorería f. tesoreria.
tesorero m. tesoriere.
tesoro m. tesoro.
testa f. testa; facciata.
testador m. testatore.
testamentario agg. testamentario.
testamento m. testamento.
testar tr. cancellare; itr. testare, far testamento.
testarudo agg. ostinato, caparbio.
testículo m. (anat.) testicolo.
testificación f. testificazione, testimonianza.
testificar tr. testificare, attestare.
testigo m. teste, testimonio.
testimoniar tr. testimoniare, testificare, attestare.
testimonio m. testimonio; attestato; testificazione, testimonianza.

teta f. poppa, mammella.
tetánico agg. tetanico.
texto m. testo.
textual agg. testuale, letterale.
ti pron. te.
tía f. zia.
tiara f. tiara.
tibieza f. tiepidezza, tiepidità.
tibio agg. tiepido.
tiburón m. (itt.) pescecane.
tiempo m. tempo; stagione; età.
tienda f. tenda; bottega, negozio.
tienta f. saggio dei giorani tori; sagacità; specillo. **andar a — s** andare a tastoni.
tierno agg. tenero.
tierra f. terra; territorio.
tieso agg. solido, robusto; rigido, teso.
tiesto m. coccio; vaso, testo.
tifus m. (med.) tifo.
tifón m. tifone.
tigre m. (zool.) tigre.
tijera(s) f. (pl.) forbici, cesoie, cisoie.
tila f. (bot.) tiglio.
timbrar tr. timbrare, bollare.
timbre m. timbro; campanello.
timidez f. timidezza.
tímido agg. timido.
timo m. frode; burla; (anat.) timo. **dar un —** gabbare o burlare qu.
timón m. (naut.) timone.
timonel m. timoniere.
tímpano m. (anat.) timpano.
tina f. tino, tinazza.
tinaja f. bigoncia, tinozza, tina.
tinieblas f. pl. tenebre.
tino m. senno; abilità.
tinta f. inchiostro.
tintar tr. tingere.
tinte m. tinta, tintura.
tintero m. calamaio.

tinto agg. tinto. **vino —** vino rosso.
tiña f. (med.) tigna.
tío m. zio; uomo noioso.
tíovivo m. giostra, carosello meccanico.
típico agg. tipico.
tiple m. soprano.
tipo m. tipo; matrice.
tipografía f. tipografia.
tipógrafo m. tipografo.
tira f. striscia.
tirabuzón m. cavatappi; ricciolo. [za.
tirada f. tirata; tiratura, distan-
tirador m. tiratore; specie di fionda; maniglia.
tiranía f. tirannia.
tiranizar tr. tiranneggiare.
tirano agg. e m. tiranno.
tirante agg. teso. m. tirante; tirella.
tirantes m. pl. bretelle.
tirantez f. tensione.
tirar tr. tirare; trafilare; gettare, buttare; dissipare.
tirarse rfl. buttarsi.
tiro m. tiro; sparo; tirata.
tisana f. tisana.
tísico agg. e m. tisico.
tisis f. (med.) tisi.
titán m. titano, gigante.
títere m. burattino, fantoccio, marionetta.
titubear itr. titubare; barcollare, ciampicare.
titubeo m. titubanza.
titulado agg. titolato; intitolato.
titular agg. e m. f. titolare.
título m. titolo.
tiza f. gessetto.
tiznar tr. annerire.
tizón m. tizzo, tizzone; carbone (del grano).
toalla f. tovagliolo, asciugamano, asciugatoio.
tobillo m. caviglia.
toca f. cuffia; manto; tela da cuffie.
tocado m. pettinatura.
tocador m. sonatore; toletta.

tocar tr. toccare; suonare.
tocarse rfl. acconciarsi; coprirsi il capo.
tocayo agg. e m. omonimo.
tocino m. pancetta.
todavía avv. tuttavia; ancora.
todo agg. avv. e m. tutto, intero. **con todo eso** contuttociò.
todos agg. e m. pl. tutti. **— los días** ogni giorno. **— los santos** ognissanti.
todopoderoso agg. e m. onnipotente.
toga f. toga; magistratura.
toldo m. tendale, tenda, tendone. **— de carro** copertone.
tolerable agg. tollerabile.
tolerancia f. tolleranza.
tolerante agg. tollerante.
tolerar tr. tollerare.
toma f. presa; conquista.
tomar tr. prendere, pigliare.
tomate m. (bot.) pomodoro, pomidoro.
tómbola f. riffa.
tomo m. tomo, volume.
ton m. tono. **sin — ni son** senza motivo.
tonada f. canzone.
tonadilla f. canzonetta.
tonel m. botte.
tonelada f. tonnellata.
tonelaje m. tonnellaggio; portata (di una nave).
tónico agg. e m. tonico.
tono m. tono, intonazione.
tontada f. sciocchezza.
tontear itr. dire o fare sciocchezze.
tontería f. sciocchezza.
tonto agg. e m. sciocco.
topar tr. urtare, cozzare.
tope m. cima; paraurti; urto.
tópico agg. e m. topico.
topo m. (zool.) talpa.
topografía f. topografia.
topógrafo m. topografo.
toque m. tocco, toccata; tatto. **piedra de —** pietra di paragone.
torbellino m. turbine, turbinio.

torcedura f. torcimento, storcimento; distorsione.
torcer tr. torcere, storcere, distorcere, contorcere.
torcerse rfl. storcersi, contorcersi, torcersi.
toreador m. toreador.
torear itr. toreare, combattere contro i tori.
toreo m. corsa di tori.
torero m. torero.   [ta.
tormenta f. tormenta; tempesta.
tormento m. tormento, tortura.
torna f. ritorno; restituzione.
tornar tr. tornare, restituire. itr. ritornare.
tornasol m. (bot.) girasole; tornasole.
torneador m. tornitore.
tornear tr. tornire.
torneo m. torneo.
tornero m. tornitore.
tornillo m. vite, chiodo a vite, bullone.
torno m. tornio, torno; morsa.
toro m. toro.   [turpe.
torpe agg. torpido; maldestro;
torpedear tr. silurare.
torpedero m. torpediniera.
torpedo m. torpedine.
torpeza f. torpidezza, torpidità; goffaggine; turpitudine.
torre f. torre; campanile.
torrefacción f. torrefazione.
torrencial agg. torrenziale; torrentizio.
torrente m. torrente.
torreón m. torrione.
torta f. torta.
tortilla f. frittata.
tórtola f. (orn.) tortora.
tórtolo m. tortora maschio.
tortuga f. (zool.) tartaruga.
tortuoso agg. tortuoso.
tortura f. tortura.
torturar tr. torturare.

tos f. tosse.
tosferina f. tosse asinina, pertosse.
tosco agg. rozzo.
toser itr. tossire.
tostada f. crostino.
tostador m. apparecchio per tostare; tostapane, tostacaffè, tostino.
tostar tr. tostare.
tostarse rfl. arrostirsi.
tostón m. cece tostato.
total agg. e m. totale.
totalidad f. totalità.
tóxico agg. e m. tossico.
traba f. legame; capestro; impedimento, ostacolo.
trabado agg. unito, legato.
trabajador agg. lavoratore, lavorante. m. giornaliere, operaio.
trabajar itr. e tr. lavorare.
trabajo lavoro, faccenda.
trabajoso agg. penoso.
trabar tr. legare, unire; ostacolare, impedire; congiungere.
— combate ingaggiare.
trabazón m. collegamento, legame.
tracción f. trazione.
tractor m. trattore.
tradición f. tradizione.
tradicional agg. tradizionale.
traducción f. traduzione.
traducir tr. tradurre.
traductor m. traduttore.
traer tr. trarre, portare.

──────── TRAER ────────

MODO INFINITIVO: FORMAS SIMPLES: Infinitivo: traer. Gerundio: trayendo. Participio: traído. FORMAS COMPUESTAS: Infinitivo: haber traído. Gerundio: habiendo traído. MODO INDICATIVO: Presente: yo traigo, tú traes, él trae; nosotros traemos, vosotros traéis, ellos traen. Pretérito imperfecto: traía, traías, traía; traíamos, traíais, traían. Pretérito indefinido: traje, trajiste, trajo; trajimos, trajisteis, trajeron. Futuro imperfecto: traeré, traerás, traerá; traeremos, traeréis, traerán. Pretérito perfecto: he traído, has traído, ha traído; hemos traído, habéis traído, han traído. Pretérito pluscuamperfecto: había traído, habías traído, había traído; habíamos traído, habíais traído, habían traído. Pretérito anterior: hube traído, hubiste traído, hubo traído; hubimos traído, hubisteis traído, hubieron traído. Futuro perfecto: habré traído, habrás traído, habrá traído; habremos traído, habréis traído, habrán traído. MODO POTENCIAL: Potencial simple: traería, traerías, traería; traeríamos, traeríais, traerían. Potencial compuesto: habría traído, habrías traído, habría traído; habríamos traído, habríais traído, habrían traído. MODO SUBJUNTIVO: Presente: traiga, traigas, traiga; traigamos, traigáis, traigan. Pretérito imperfecto: trajera o trajese, trajeras o trajeses, trajera o trajese; trajéramos o trajésemos, trajerais o trajeseis, trajeran o trajesen. Futuro imperfecto: trajere, trajeres, trajere; trajéremos, trajereis, trajeren. Pretérito perfecto: haya traído, hayas traído, haya traído; hayamos traído, hayáis traído, hayan traído. Pretérito pluscuamperfecto: hubiera o hubiese traído, hubieras o hubieses traído, hubiera o hubiese traído; hubiéramos o hubiésemos traído, hubierais o hubieseis traído, hubieran o hubiesen traído. Futuro perfecto: hubiere traído, hubieres traído, hubiere traído; hubiéremos traído, hubiereis traído, hubieren traído. MODO IMPERATIVO: Presente: trae tú, traiga él; traigamos nosotros, traed vosotros, traigan ellos.

──────────

traficante agg. e m. trafficante.
traficar itr. trafficare.
tráfico m. traffico.
tragaluz m. abbaino.
tragar tr. ingoiare.
tragedia f. tragedia.
trágico agg. e m. tragico.
tragicomedia f. tragicommedia.
trago m. sorso, sorsata; infortunio.
traición f. tradimento.
traicionar tr. tradire.
traicionero agg. traditore.
traidor agg. e m. traditore.
traje m. costume, abito, vestito.
trajín m. carreggio, traffico; andirivieni.
trajinar tr. trafficare.

trama f. trama.
tramar tr. tramare.
trámite m. tramite.
trámites m. pl. formalità.
tramoya f. macchina teatrale.
tramoyista m. macchinista teatrale.
trampa f. trappola.
trampear tr. trappolare. itr. trascinarsi alla meglio.
tramposo agg. e m. ingannatore, trappolone.
trance m. pericolo; occasione pericolosa. **a todo —** forzatamente.
tranquilidad f. tranquillità, pace, riposo.
tranquilizar tr. tranquilizzare, calmare.
tranquilizarse rfl. traquillizzarsi, acquietarsi.
tranquilo agg. tranquillo.
transacción f. transazione.
transatlántico agg. e m. transatlantico.
transbordar tr. trasbordare.
transbordo m. trasbordo.
transcribir tr. trascrivere.
transcripción f. trascrizione.
transcurrir tr. e itr. trascorrere.
transcurso m. trascorso.
transeúnte agg. e m. passante, transeunte.
transferir tr. trasferire.
transfiguración f. trasfigurazione.
transfigurar tr. trasfigurare.
transfigurarse rfl. trasfigurarsi.
transformación f. trasformazione.
transformador agg. e m. trasformatore; trasformativo.
transformar tr. trasformare.
transfusión f. trasfusione.
transgredir itr. trasgredire, contravvenire.
transición f. transizione.
transigir tr. transigere.
transitar itr. transitare.
tránsito m. transito.

transmisión f. trasmissione.
transmitir tr. trasmettere.
transparencia f. trasparenza.
transparente agg. trasparente, traslucido.
transpiración f. traspirazione.
transpirar itr. traspirare.
transportar tr. trasportare.
transporte m. trasporto.
transversal agg. trasversale.
tranvía m. tram, tramvai.
trapecio m. trapezio.
trapería f. negozio di rigattiere.
trapero m. rigattiere, cienciao.
trapo m. cencio, straccio.
tráquea f. (anat.) trachea.
tras avv. dietro. prep. dopo.
trascendencia f. trascendenza.
trascendental agg. trascendentale.
trascender itr. divulgarsi, trascendere.
trasero agg. posteriore. m. deretano, sedere.
trashumancia f. transumanza.
trashumante agg. transumante.
trashumar itr. transumare.
trasiego m. travaso.
trasladar tr. traslocare, trasferire. [carsi.
trasladarse rfl. recarsi, traslo-
traslado m. trasloco, trasferimento.
traslucirse rfl. traslucere.
trasluz m. luce che traspare, controluce.
trasnochador m. nottambulo.
trasnochar itr. vegliare.
traspasar tr. trapassare; trafiggere.
traspaso m. trapasso.
traspié m. sgambetto, inciampo; scivolone.
trasplantar tr. trapiantare.
trasplante m. trapianto.
trastienda f. retrobottega.
trasto m. vecchio mobile; ciarpa.

trastos m. pl. arnesi, utensili.
trastornar tr. scompigliare, travolgere.
trastorno m. scompiglio, travolgimento.
trata f. tratta (dei negri o di bianche).
tratable agg. trattabile.
tratado m. trattato.
tratamiento m. trattamento.
tratante m. negoziante.
tratar tr. trattare; commerciare, negoziare.
tratarse rfl. trattarsi.
trato m. tratto.
trauma m. (med.) trauma.
través m. traversa; traverso; traversia.
travesía f. traversata.
travesura f. diavoleria, monelleria.
travieso agg. birichino; traverso.
traza f. traccia.
trazado m. tracciato.
trazar tr. tracciare.
trazo m. disegno, progetto; tratto.
trébol m. (bot.) trifoglio.
tregua f. tregua.
tremebundo agg. tremebondo.
tremendo agg. tremendo.
trementina f. trementina.
trémulo agg. tremulo.
tren m. treno; convoglio. — expreso espresso.
trenza f. treccia.
trenzar tr. intrecciare.
trepanación f. (med.) trapanazione.
trepanar tr. trapanare.
trepar itr. arrampicarsi.
tres agg. e m. tre.
tresillo m. terziglio (gioco); due segioloni ed un sofà; (mus.) terzina.
treta f. statagemma.

triángulo m. triangolo.
tribu f. tribù.
tribulación f. tribolazione.
tribuna f. tribuna.
tribunal m. tribunale; curia, foro. — de lo criminal assise. — de honor giurì d'onore.
tributar tr. tributare.
tributo m. tributo.
triciclo m. triciclo.
tricolor agg. tricolore.
tricornio m. tricorno.
trienal agg. triennale.
trienio m. triennio.
trigal m. campo di frumento.
trigo m. frumento, grano.
trigueño agg. di color frumento.
trilla f. trebbia; trebbiatura.
trillar tr. trebbiare.
trimestral agg. trimestrale.
trimestre m. trimestre.
trinca f. terna; trinca.
trinchante m. trinciante.
trinchar tr. trinciare.
trinchera f. (mil.) trincea, trinciera.
trineo m. slitta, treggia.
trinidad f. trinità.   [ggio.
trino agg. trino. m. gorghe-
trío m. trio, terzetto.
tripa f. (anat.) trippa, ventre. hacer de —s corazón far di necessità virtù.
triple agg. triplo, triplice. m. triplo.
triplicar tr. triplicare.
trípode m. tripode.
tríptico m. trittico.
tripulación f. equipaggio, ciurma.
tripulante m. marinaio.
tripular tr. equipaggiare.
triscar tr. trescare, salterellare.
triste agg. triste.
tristeza f. tristezza.
trituración f. triturazione.
triturar tr. triturare.
triunfal agg. trionfale.
triunfar itr. trionfare.
triunfo m. trionfo.

trivial agg. triviale.
trivialidad f. trivialità.
trofeo m. trofeo.
trole m. trolley.
tromba f. tromba.
trompa f. tromba; proboscide; trottola.
trompada f. colpo violento.
trompeta f. trombetta.
trompicón m. urto.
tronada f. tempesta di tuoni.
tronar itr. tuonare.
tronco m. tronco; ceppo, fusto; torso. **— de caballos** muta di cavalli.
tronchar tr. tagliare; troncare.
troncho m. torso, torsolo.
tropa f. (mil.) truppa; orda, turba.
tropel m. affollamento, mucchio.
tropelía f. vessazione; videnza.
tropezar itr. inciampare.
tropezón m. intoppo, inciampo.
trópico m. tropico.
tropiezo m. inciampo.
troquel m. conio.
trotar itr. trottare.
trote m. trotto.
trovador m. trovatore.
trovar itr. poetare.
trozo m. pezzo, troncone.
truco m. trucco.
truculento agg. trucolento, crudele, sanguinario.
trucha f. (itt.) trota.
trueno m. tuono.
trueque m. baratto; permuta, ricambio.
trufa f. (bot.) tartufo.
truhán agg. e m. sfacciato, truffatore.
trucar tr. truccare.
tú pron. tu.
tu agg. e pron. tuo, tua.
tuberculosis f. (med.) tubercolosi.
tuberculoso agg. e m. tubercoloso.

tubería f. tubatura.
tubo m. tubo.
tubular agg. tubolare.
tuerca f. (mec.) dado, chiocciola, vite femmina.
tuerto agg. guercio. m. torto.
tuétano m. midollo.
tufo m. tanfo, puzzo.
tugurio m. tugurio; canile.
tul m. tulle.
tulipán m. (bot.) tulipano.
tullir tr. malmenare.
tullirse rfl. rattrapirsi.
tumba f. tomba.
tumbar tr. abbattere, rovesciare.
tumbarse rfl. adagiarsi.
tumefacción f. tumefazione.
tumor m. (med.) tumore.
túmulo m. tumulo.
tumulto m. tumulto, turbolenza.
tuna f. scapigliatura, vita vagabonda.
tunante agg. e m. scapigliato.
túnel m. tunnel, galleria.
tuno m. furfante.
tupé m. ciuffetto.
turba f. turba; torba.
turbación f. turbazione.
turbar tr. turbare.
turbina f. turbina.
turbio agg. torbido.
turbulencia f. turbolenza.
turbulento agg. turbolento.
turismo m. turismo.
turista m. f. turista.
turnar itr. alternare; far turno.
turno m. turno.
turrón m. torrone.
tutela f. tutela.
tutelar tr. e agg. tutelare.
tutor m. tutore.
tutoría f. tutela.
tuyo agg. y pron. tuo. **los —s** i tuoi.

ubicación f. ubicazione.
ubre f. poppa, mammella.
ufanarse rfl. gloriarsi.
ufano agg. arrogante, borioso.
ujier m. usciere, — mayor ca-
  postanza.
úlcera f. (med.) ulcera.
ulcerar tr. ulcerare, impiagare.
ulcerarse rfl. ulcerarsi.
ulterior agg. ulteriore.
ultimar tr. ultimare.
ultimátum m. ultimatum.
último agg. e m. ultimo.
ultrajar tr. oltraggiare, ingiuriare.   [insulto.
ultraje m. oltraggio, ingiuria,
ultramar m. oltremare.
ultramarino agg. oltremarino.
ultramarinos m. pl. coloniali.
ultratumba f. oltretomba.
umbral m. soglia.
umbría f. luogo ombroso.
umbrío agg. ombroso.
unánime agg. unanime.
unanimidad f. unanimità.
unción f. unzione.
uncir tr. aggiogare.
ungir tr. ungere.
ungüento m. unguento.
único agg. unico.

unidad f. unità.
unificar tr. unificare.
uniformar tr. uniformare.
uniforme m. uniforme, tenuta,
  montura. agg. uniforme.
uniformidad f. uniformità.
unión f. unione; collegamento,
  copula.   [lare.
unir tr. unire; collegare; copu-
unirse rfl. unirsi.
universal agg. universale.
universalidad f. universalità.
universidad f. università.
universo m. universo.
uno agg. e pron. uno.
untar tr. ungere, untare.
unto m. unto.
uña f. unghia, ugna.
uranio m. uranio.
urbanidad f. urbanità.
urbanización f. urbanizzazione.
urbanizar tr. urbanizzare.
urbano agg. urbano. m. guardia
  municipale.
urdimbre f. ordito.
urdir tr. ordire.
urgencia f. urgenza; bisogno,
  necessità.   [rio.
urgente agg. urgente; perento-
urgir itr. urgere.

urinario agg. urinario. m. orina-
  toio.
urna f. urna.
usado agg. usato; logoro.
usar tr. e itr. usare.
usía m. vostra signoria.
uso m. uso, usanza.
usted pron. Lei, Ella.
usual agg. usuale.
usuario m. usuario.
usufructo m. usufrutto.
usufructuar tr. usufruttare.
usura f. usura.
usurero m. usuraio.
usurpación f. usurpazione.
usurpador m. usurpatore.
usurpar tr. usurpare.

utensilio m. utensile, arnese.
utensilios m. pl. masserizie,
  utensili, attrezzi.
útil agg. utile, atto.
útiles m. pl. arnesi, utensili.
utilidad f. utilità.
utilitario agg. utilitario.
utilizar tr. utilizzare.
utopía f. utopia.
utópico agg. utopico.
uva f. (bot.) uva. — **pasa** uva
  secca.

V

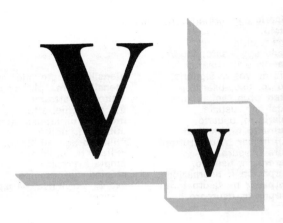

vaca f. (zool.) vacca.
vacación f. vacanza.
vacaciones f. pl. vacanze.
vacante agg. vacante. f. posto vacante.
vaciar tr. scavare; vuotare.
vaciedad f. vacuità.
vacilación f. vacillazione.
vacilar itr. vacillare.
vacío agg. vacuo, vuoto.
vacuidad f. vacuità.
vacuna f. vaccino.
vacunación f. vaccinazione.
vacunar tr. vaccinare.
vacuno agg. vaccino.
vadeable agg. guadabile.
vadear tr. guadare.
vado m. guado; rimedio.
vagabundo agg. e m. vagabondo.
vagancia f. vagabondaggine.
vagar itr. vagare.
vagido m. vagito.
vago agg. vagante; vagabondo, ozioso; vago. m. vago.
vagón m. vagone.
vagoneta f. vagoncino.
vaguear itr. vagare.
vaguedad f. vaghezza.
vahído m. vertigine; svenimento.

vaho m. vapore.
vaina f. guaina. — de cuchillo coltelliera.
vainilla f. (bot.) vainiglia.
vaivén m. viavai.
vajilla f. vasellame. — de oro doreria. — de plata argenteria. — de cristal cristalleria.
vale m. vaglia; buono.
valedero agg. valevole.
valentía f. valentia.
valer itr. valere.

——————— VALER ———————

MODO INFINITIVO: FORMAS SIMPLES. Infinitivo: valer. Gerundio: valiendo. Participio: valido. FORMAS COMPUESTAS: Infinitivo: haber valido. Gerundio: habiendo valido. MODO INDICATIVO: Presente: yo valgo, tú vales, él vale; nosotros valemos, vosotros valéis, ellos valen. Pretérito imperfecto: valía, valías, valía; valíamos, valíais, valían. Pretérito indefinido: valí, valiste, valió; valimos, valisteis, valieron. Futuro imperfecto: valdré, valdrás, valdrá; valdremos, valdréis, valdrán. Pretérito perfecto: he valido, has valido, ha valido; hemos valido, habéis valido, han valido. Pretérito pluscuamperfecto: había valido, habías valido, había valido; habíamos valido, habíais valido, habían valido. Pretérito anterior: hube valido, hubiste valido, hubo valido; hubimos valido, hubisteis valido, hubieron valido. Futuro perfecto: habré valido, habrás valido, habrá valido; habremos valido, habréis valido, habrán valido. **MODO POTEN-CIAL: Potencial simple:** valdría, valdrías, valdría; valdríamos, valdríais, valdrían. **Potencial compuesto:** habría valido, habrías valido, habría valido; habríamos valido, habríais valido, habrían valido. **MODO SUBJUNTIVO: Presente:** valga, valgas, valga; valgamos, valgáis, valgan. **Pretérito imperfecto:** valiera o valiese, valieras o valieses, valiera o valiese; valiéramos o valiésemos, valierais o valieseis, valieran o valiesen. **Futuro imperfecto:** valiere, valieres, valiere; valiéremos, valiereis, valieren. **Pretérito perfecto:** haya valido, hayas valido, haya valido; hayamos valido, hayáis valido, hayan valido. **Pretérito pluscuamperfecto:** hubiera o hubiese valido, hubieras o hubieses valido, hubiera o hubiese valido; hubiéramos o hubiésemos valido, hubierais o hubieseis valido, hubieran o hubiesen valido. **Futuro perfecto:** hubiere valido, hubieres valido, hubiere valido; hubiéremos valido, hubiereis valido, hubieren valido. **MODO IMPERATIVO: Presente:** vale **tú,** valga **él;** valgamos **nosotros,** valed **vosotros,** valgan **ellos.**

valerse rfl. servirsi.
valeroso agg. valoroso.
valía f. valore.
validez f. validità.
válido agg. valido.
valiente agg. valente, valoroso, intrepido, bravo.
valioso agg. caro, di valore.
valor m. valore; coraggio.
valoración f. valutazione.
valorar tr. avvalorare.
vals m. (mus.) valzer.
valuación f. valutazione.
valuar tr. prezzare, valutare.
válvula f. valvola.
valla f. palizzata, vallo.
vallar tr. assiepare, vallare.
valle m. valle, vallata.
vampiro m. vampiro.
vanagloria f. vanagloria.
vanagloriarse rfl. vanagloriarsi.
vanguardia f. avanguardia, vanguardia.
vanidad f. vanità, presuntuosità, presunzione; boria.
vanidoso agg. vanitoso.
vano agg. vano; frivolo.
vapor m. vapore.

vaporizar tr. vaporizzare, vaporare.
vaporoso agg. vaporoso.
vapulear tr. sferzare, frustare.
vapuleo m. frustata.
vaquería f. vacheria.
vaqueriza f. bovile.
vaquero m. vaccaio.
vara f. verga, bacchetta.
varadero m. (naut.) scalo d'alaggio.
varar itr. (naut.) incagliare; varare.
varear tr. picchiare, battere.
variable agg. variabile.
variación f. variazione.
variado agg. vario, variato.
variar tr. variare, cambiare, modificare.
varice f. (med.) varice.
varicela f. (med.) varicella.
variedad f. varietà.
vario agg. vario; diverso.
varón m. maschio.
varonil agg. virile.
vasallaje m. vassallaggio.
vasallo m. vassallo.
vasija f. vaso, recipiente.
vaso m. vaso, bicchiere.
vástago m. germoglio.
vasto agg. vasto, disteso.
vate m. poeta, vate.
vaticinar tr. vaticinare.
vaticinio m. vaticinio.
vecinal agg. vicinale.
vecindad f. vicinanza; vicinato.
vecindario m. vicinato.
vecino agg. vicino, prossimo. m. abitante, vicino, concittadino.
veda f. divieto; proibizione.
vedar tr. proibire, vietare.
vegetación f. vegetazione.
vegetal agg. e m. vegetale.
vegetariano agg. e m. vegetariano.
vehemencia f. veemenza.

vendido agg. venduto.
vendimia f. vendemmia.
vendimiador m. vendemmiatore.
veneno m. veleno.
venenoso agg. velenoso.
venerable agg. venerabile.
veneración f. venerazione.
venerar tr. venerare.
venéreo agg. venereo.
vengador m. vendicatore.
venganza f. vendetta.
vengar tr. vendicare.
vengarse rfl. vendicarsi.
vengativo agg. vendicativo.
venial agg. veniale.
venialidad f. venialità.
venida f. venuta, ritorno.
venidero agg. venturo.
venir itr. venire, giungere.

vehemente agg. veemente.
vehículo m. veicolo.
veinte agg. venti.
vejación f. vessazione.
vejamen m. vessazione.
vejar tr. vessare.
vejestorio m. vecchione, vegliardo ridicolo.
vejez f. vecchiezza.
vejiga f. (anat.) vescica.
vela f. veglia; candela; vela.
velada f. veglia; circolo.
velador m. sorvegliante; tavolino rotondo.
velamen m. (naut.) velatura.
velar tr. velare. itr. vegliare.
veleidad f. velleità, incostanza.
veleidoso agg. velleitario, incostante.
velero m. (naut.) veliero.
veleta f. banderuola; girandola, girella.
velo m. velo.
velocidad f. velocità.
velódromo m. velodromo.
veloz agg. veloce, rapido.
vello m. pelo, vello; lanuggine.
vellosidad f. villosità.
velloso agg. villoso, velloso.
vena f. (anat.) vena.
venal agg. venale.
venalidad f. venalità.
vencedor agg. e m. vincitore.
vencer tr. vincere. itr. scadere (un termine).
vencible agg. vincibile.
vencido agg. battuto, vinto; scaduto.
vencimiento m. vittoria, trionfo; vincita; scadenza.
venda f. benda, fascia.
vendaje m. fasciatura, bendatura.
vendar tr. bendare, fasciare.
vendedor m. venditore.
vender tr. vendere.
vendible agg. vendibile.

─────────── **VENIR** ───────────

MODO INFINITIVO: FORMAS SIMPLES: Infinitivo: venir, **Gerundio:** viniendo. **Participio:** venido. **FORMAS COMPUESTAS: Infinitivo:** haber venido. **Gerundio:** habiendo venido. **MODO INDICATIVO: Presente:** yo vengo, tú vienes, él viene; **nosotros** venimos, **vosotros** venís, **ellos** vienen. **Pretérito imperfecto:** venía, venías, venía; veníamos, veníais, venían. **Pretérito indefinido:** vine, viniste, vino; vinimos, vinisteis, vinieron. **Futuro imperfecto:** vendré, vendrás, vendrá; vendremos, vendréis, vendrán. **Pretérito perfecto:** he venido, has venido, ha venido; hemos venido, habéis venido, han venido. **Pretérito pluscuamperfecto:** había venido, habías venido, había venido; habíamos venido, habíais venido, habían venido. **Pretérito anterior:** hube venido, hubiste venido, hubo venido; hubimos venido, hubisteis venido, hubieron venido. **Futuro perfecto:** habré venido, habrás venido, habrá venido; habremos venido, habréis venido, habrán venido. **MODO POTENCIAL: Potencial simple:** vendría, vendrías, vendría; vendríamos, vendríais, vendrían. **Potencial compuesto:** habría venido, habrías venido, habría venido; habríamos venido, habríais venido, habrían venido. **MODO SUBJUNTIVO: Presente:** venga, vengas, venga; vengamos, vengáis, vengan. **Pretérito imperfecto:** viniera o viniese, vinieras o vinieses, viniera o viniese; viniéramos o viniésemos, vinierais o vinieseis, vinieran o viniesen. **Futuro imperfecto:** viniere, vinieres, viniere; viniéremos, viniereis, vinieren. **Pretérito perfecto:** haya venido, hayas venido, haya venido; hayamos venido, hayáis venido, hayan venido. **Pretérito pluscuamperfecto:** hubiera o hubiese venido, hubieras o hubieses venido, hubiera o hubiese venido; hubiéramos o hubiésemos venido, hubierais o hubieseis venido, hubieran o hubiesen venido. **Futuro perfecto:** hubiere venido, hubieres venido, hubiere venido; hubiéremos venido, hubiereis venido, hubieren venido. **MODO IMPERATIVO: Presente:** ven **tú**, venga **él**; vengamos **nosotros**, venid **vosotros**, vengan **ellos.**

venta f. vendita, esito.
ventaja f. vantaggio; benefizio; convenienza.
ventajoso agg. vantaggioso.
ventana f. finestra.
ventilación f. ventilazione.
ventilador m. ventilatore.
ventilar tr. ventilare.
ventisca f. burrasca.
ventolera f. ventata, folata.
ventosa f. ventosa.
ventosear itr. spetezzare.
ventosidad f. ventosità.
ventrílocuo m. ventriloquo.
ventura f. ventura.
venturoso agg. fortunato.
ver tr. vedere; avvistare.

——————— VER ———

MODO INFINITIVO: FORMAS SIMPLES: Infinitivo: ver. **Gerundio:** viendo. **Participio:** visto. FORMAS COMPUESTAS: **Infinitivo:** haber visto. **Gerundio:** habiendo visto. **MODO INDICATIVO: Presente:** yo veo, **tú** ves, **él** ve; **nosotros** vemos, **vosotros** veis, **ellos** ven. **Pretérito imperfecto:** veía, veías, veía; veíamos, veíais, veían. **Pretérito indefinido:** vi, viste, vio; vimos, visteis, vieron. **Futuro imperfecto:** veré, verás, verá; veremos, veréis, verán. **Pretérito perfecto:** he visto, has visto, ha visto; hemos visto, habéis visto, han visto. **Pretérito pluscuamperfecto:** había visto, habías visto, había visto; habíamos visto, habíais visto, habían visto. **Pretérito anterior:** hube visto, hubiste visto, hubo visto; hubimos visto, hubisteis visto, hubieron visto. **Futuro perfecto:** habré visto, habrás visto, habrá visto; habremos visto, habréis visto, habrán visto. **MODO POTENCIAL: Potencial simple:** vería, verías, vería; veríamos, veríais, verían. **Potencial compuesto:** habría visto, habrías visto, habría visto; habríamos visto, habríais visto, habrían visto. **MODO SUBJUNTIVO:**

Presente: vea, veas, vea; veamos, veáis, vean. **Pretérito imperfecto:** viera o viese, vieras o vieses, viera o viese; viéramos o viésemos, vierais o vieseis, vieran o viesen. **Futuro imperfecto:** viere, vieres, viere; viéremos, viereis, vieren. **Pretérito perfecto:** haya visto, hayas visto, haya visto; hayamos visto, hayáis visto, hayan visto. **Pretérito pluscuamperfecto:** hubiera o hubiese visto, hubieras o hubieses visto, hubiera o hubiese visto; hubiéramos o hubiésemos visto, hubierais o hubieseis visto, hubieran o hubiesen visto. **Futuro perfecto:** hubiere visto, hubieres visto, hubiere visto; hubiéremos visto, hubiereis visto, hubieren visto. **MODO IMPERATIVO: Presente:** ve **tú**, vea **él**; veamos **nosotros**, ved **vosotros**, vean **ellos.**

verse rfl. vedersi.
veracidad f. veracità.
veranear itr. villeggiare.
veraneo m. villeggiatura.
veraniego agg. estivo.
verano m. estate.
veras; de — avv. in verità, invero.
veraz agg. verace.
verbal agg. verbale, orale.
verbena f. (bot.) verbena; sagra.
verbo m. verbo; parola, termine.
verbosidad f. verbosità; facondia.
verdad f. verità; vero.
verdadero agg. vero, verace.
verde agg. verde; crudo, immaturo.
verdear itr. verdeggiare.
verdor m. verdezza, verdore.
verdoso agg. verdognolo.
verdugo m. boia, carnefine; pollone; frusta; lividura.
verdulero m. erbivendolo.
verdura f. verdura, ortaggio.
verduras f. pl. ortaggi.
vereda f. marciapiede.
vergonzante agg. vergognoso.
vergonzoso agg. vergognoso; timido.

vergüenza f. vergogna.
verídico agg. veridico.
verificación f. verifica, verificazione.
verificar tr. verificare.
verja f. inferriata, griglia, graticolata, cancello.
vermut m. vermut.
vernáculo agg. vernacolo.
verosímil agg. verosimile.
verosimilitud f. verosimilitudine.
verruga f. verruca.
versado agg. versato.
versar itr. versare, vertere.
versátil agg. versatile.
versatilidad f. versatilità.
versificación f. versificazione.
versión f. versione.
verso m. verso.
vértebra f. (anat.) vertebra.
vertebrado agg. e m. vertebrato.
vertedero m. letamaio.
verter tr. versare.
vertical agg. verticale.
vértice m. vertice.
vertiente m. versante.
vertiginoso agg. vertiginoso.
vértigo m. vertigine.
vespertino agg. vespertino.
vestíbulo m. vestibolo, atrio, andito.
vestido m. vestito.
vestidos m. pl. arredi, indumenti.
vestigio m. vestigio, traccia.
vestimenta f. vestimento, vestiario.
vestir tr. vestire.
vestirse rfl. vestirsi.
vestuario m. vestiario.
veterano m. veterano.
veterinaria f. veterinaria.
veterinario m. veterinario.
veto m. veto.
vetusto agg. vetusto.

vez f. vece; volta. tal — forse. en — in vece.
vía f. via; cammino; (ferr.) binario. — férrea ferrovia.
viaducto m. viadotto.
viajante m. viaggiatore.
viajar itr. viaggiare.
viaje m. viaggio. — de recreo viaggio di piacere.
viajero m. viaggiatore.
vianda f. vivanda.
viático m. viatico.
víbora f. (zool). vipera.
vibración f. vibrazione.
vibrar tr. e itr. vibrare.
vicaría f. vicaria.
vicario m. vicario.
vicealmirante m. viceammiraglio.
vicecónsul m. viceconsole.
viceconsulado m. viceconsolato.
vicepresidente m. vicepresidente.
viciar tr. viziare.
viciarse rfl. viziarsi, depravarsi.
vicio m. vizio.
vicioso agg. vizioso.
vicisitud f. vicissitudine.
víctima f. vittima.
victoria f. vittoria, vincita.
vid f. (bot). vite.
vida f. vita.
vidriado agg. retroso; invetriato. m. terracotta invetriata.
vidriar tr. invetriare.
vidriera f. invetriata, vetrata.
vidrio m. vetro.
viejo agg. e m. vecchio. — decrépito coccio.
viento m. vento.
vientre m. (anat.) ventre, pancia.
viernes m. venerdí.
viga f. trave.
vigente agg. vigente.
vigía m. vedetta.
vigilancia f. vigilanza.
vigilante agg. e m. vigilante.
vigilar tr. e itr. vigilare.
vigilia f. veglia; vigilia.

vigor m. vigore, energia.
vigoroso agg. vigoroso.
vil agg. vile, basso.
vileza f. viltà.
vilipendiar tr. vilipendere.
vilipendio m. vilipendio.
villa f. villa; borgo.
villancico m. villanella; pastorella di Natale.
villano agg. e m. villano.
villorrio m. borgata, villaggio.
vinagre m. aceto.
vinagrera f. ampolla per l'aceto.
vinajera f. ampolliera.
vinatero m. vinaio.
vincular tr. vincolare.
vínculo m. vincolo.
vindicación f. vendicazione.
vindicar tr. vendicare.
vino m. vino. — **de mesa** vino da pasto. — **tinto** vino rosso. — **blanco** vino bianco. — **del país** vino nostrano.
viña f. vigna, vigneto.
viñedo m. vigneto.
viñeta f. vignetta.
violación f. violazione.
violador m. violatore.
violar tr. violare.
violencia f. violenza; forza.
violentar tr. violentare.
violento agg. violento.
violeta f. (bot.) violetta.
violín m. violino.
violinista m. f. violinista.
violón m. contrabbasso.
violoncelo m. violoncello.
virar tr. e itr. virare.
virgen agg. e f. vergine.
virginal agg. verginale.
virginidad f. verginità.
virgo m. verginità.
viril agg. virile.
virilidad f. virilità.
virreina f. viceregina.
virrey m. vicerè.
virtual agg. virtuale.
virtualidad f. virtualità.
virtud f. virtù; facoltà.
virtuoso agg. virtuoso.

viruela f. (med.) vaiuolo.
virulencia f. virulenza.
virus m. virus.
viruta f. truciolo.
visado m. visto.
visaje m. smorfia.
visar tr. apporre il visto, vistare.
víscera f. viscere.
viscosidad f. viscosità.
viscoso agg. viscoso.
visera f. visiera; celata.
visible agg. visibile.
visión f. visione.
visionario agg. e m. visionario.
visita f. visita.
visitar tr. visitare.
vislumbrar tr. intravvedere, scorgere.
víspera f. vigilia.
vista f. vista; occhiata; aspetto. — **de aduana** doganiere.
vistazo m. occhiata, occhiatina.
vistoso agg. vistoso; bello.
visual agg. e f. visuale.
vital agg. vitale.
vitalicio agg. vitalizio.
vitalidad f. vitalità.
vitorear tr. applaudire.
vitrina f. vetrina.
vitualla f. vettovaglia.
vituperable agg. vituperabile.
vituperar tr. vituperare.
vituperio m. vituperio.
viuda f. vedova.
viudedad f. vedovanza.
viudez f. vedovanza.
viudo m. vedovo.
viva itj. viva.
vivac m. posto di guardia; bivacco.
vivacidad f. vivacità.
vivaque m. bivacco; posto di guardia.
vivaracho agg. vivace.
vivaz agg. vivace.
víveres m. pl. viveri.

vivero m. vivaio.
viveza f. vivezza.
vividor m. vitaiolo. agg. laborioso.
vivienda f. abitazione.
viviente agg. e m. vivente, vivo.
vivificar tr. vivificare.
vivo agg. vivo, vivente; furbo, scaltro.   [rola.
vocablo m. vocabolo, voce, pa-
vocabulario m. vocabolario.
vocación f. vocazione.
vocalizar itr. vocalizzare.
vocear tr. e itr. vociare, urlare, dar voci.
vocería f. schiamazzo, gridio.
vociferar tr. vociferare.
voladizo agg. sporgente. m. sporgenza.
volador agg. volatore, volante.
voladura f. volata; volo; scoppio.
volante agg. volante. m. volante.
volar itr. volare. tr. far volare, far esplodere.
volatería f. uccellame.
volátil agg. volatile.
volcán m. vulcano.
volcánico agg. vulcanico.
volcar tr. rovesciare, capovolgere. tr. e itr. ribaltare.
volición f. volizione.
volitivo agg. volitivo.
volquete m. ribaltabile.
voltaje m. voltaggio.
voltear tr. rovesciare, ribaltare; voltare, volteggiare.
volteo m. volteggiamento.

voltereta f. giravolta; capriola.
volubilidad f. volubilità.
volumen m. volume.
voluminoso agg. voluminoso.
voluntad f. volontà.
voluntariedad f. volontarietà.
voluntario agg. volontario.
voluntarioso agg. bizzoso, bisbetico; volonteroso.
voluptuosidad f. voluttuosità.
voluptuoso agg. voluttuoso.
volver tr. volgere; restituire. itr. rientrare; tornare, ritornare.
volverse rfl. volgersi verso.
vomitar itr. vomitare.
vomitivo agg. e m. vomitivo.
vómito m. vomito.
voracidad f. voracità.
voraz agg. vorace.
vos pron voi.
vosotros pron. voi, voialtri.
votación f. votazione.
votar tr. offrire in voto. itr votare, dar il voto.
votivo agg. votivo.
voto m. voto.
voz f. voce; suono.
vuelco m. rovesciamento; ribaltamento; balzo; capitombolo.
vuelo m. volo, volata.
vuelta f. volta; giro; circuito; ritorno; rovescio.
vuestro pron. e agg. vostro.
vulcanizar tr. vulcanizzare.
vulgar agg. volgare.
vulgaridad f. volgarità.
vulgarizar tr. volgarizzare.
vulgo m. volgo, vulgo.
vulnerable agg. vulnerabile.
vulneración f. vulnerazione.
vulnerar tr. vulnerare.

xenofobia f. xenofobia.
xilografía f. silografia.
xilógrafo m. silografo.

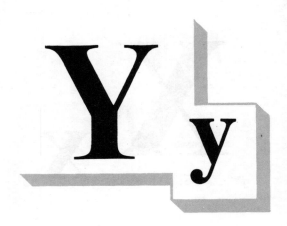

ya avv. già; ora; poi. — **que** giacché; poichè.
yacente agg. giacente.
yacer itr. giacere.
yacimiento m. giacimento.
yarda f. iarda.
yate m. (naut.) panfilo, yacht.
yegua f. (zool.) cavalla, giumenta.
yema f. gemma; tuorlo d'uovo. —**del dedo** polpastrello.
yermo agg. deserto, ermo.
yerno m. genero.

yerro m. sbaglio, errore.
yerto agg. rigido; morto.
yeso m. gesso.
yo pron. io.
yodo m. iodio.
yugo m. giogo.
yugular f. (anat.) iugulare, giugulare.
yunque m. incudine.
yuxtaponer tr. sovrapporre.
yuxtaposición f. sovrapposizione.

zafarse rfl. sfuggire; disimpacciarsi.

zafarrancho m. azione di preparare una nave da guerra per combattere subito; rissa, baruffa.

zafiro m. zaffiro.

zagal m. pastore.

zaguán m. cortile.

zaherir tr. punzecchiare.

zahorí m. indovino.

zalamería f. adulazione.

zalamero agg. e m. adulatore.

zambo agg. strambo.

zambullida f. tuffata.

zambullir tr. tuffare.

zambullirse rfl. tuffarsi.

zampar tr. ingoiare, divorare.

zanahoria f. (bot.) carota.

zanca f. zampa; cianca.

zancada f. salto.

zancadilla f. sgambetto.

zanco m. asta.

zancos m. pl. trampoli.

zancudo agg. perticone, di gambe lunghe.

zángano m. fannullone; fuco, pecchiore.

zanja f. fosso.

zanjar tr. scavare.

zapa f. zappa.

zapador m. (mil.) zappatore.

zapapico m. zappa, piccone.

zapar itr. zappare.

zapatear itr. battere con scarpe; strapazzare.

zapatería f. calzoleria.

zapatero m. calzolaio. — **remendón** ciabattino.

zapatilla f. scarpino.

zapato m. scarpa.

zar m. czar.

zarandear tr. agitare, dimenare; vagliare.

zarandeo m. vagliamento; scotimento; agitazione.

zarina f. czarina.

zarpa f. granfia, granchio.

zarpar tr. salpare.

zarpazo m. brancata; tonfo.

zarza f. rovo; fratta.

zarzal m. prunaio, roveto.

zarzamora f. (bot.) mora del rovo.

zarzaparrilla f. (bot.) salsapariglia.

zarzuela f. (teat.) operetta, zarzuela.

zigzag m. zigzag.

zócalo m. zoccolo, balza.

zodiaco m. zodiaco.
zona f. zona.
zoología f. zoologia.
zoológico agg. zoologico.
zopenco agg. balordo.
zoquete m. pezzo di legno o di pane.
zorrería f. astuzia volpina.
zorro m. (zool.) volpe.
zozobra f. vento contrario; batticuore.
zozobrar itr. (naut.) naufragare; capovolgersi.

zueco m. zoccolo.
zumba f. campanaccio.
zumbar itr. ronzare.
zumbido m. ronzio d'orecchi.
zumbón agg. faceto.
zumo m. sugo, premitura.
zumoso agg. sugoso.
zurcido m. rammendo.
zurcir tr. rammendare.
zurdo agg. e m. mancino.
zurra f. conciatura, concia.
zurrar tr. conciare. — de lo lindo bastonare di santa regione.
zurrón m. sacco di cuoio.
zutano m. tizio, un tale.